Sergio Sammarone

Tecniche di rappresentazione.verde

PER IL COMPUTER E PER IL TABLET

L'eBook multimediale

1 REGÌSTRATI A MYZANICHELLI

Vai su **my.zanichelli.it** e regìstrati come studente

2 SCARICA BOOKTAB

- Scarica **Booktab** e installalo
- Lancia l'applicazione e fai login

3 ATTIVA IL TUO LIBRO

- Clicca su **Attiva il tuo libro**
- Inserisci il **codice di attivazione** che trovi sul **bollino argentato adesivo** in questa pagina

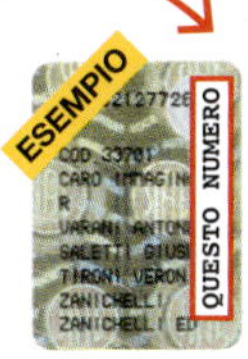

4 CLICCA SULLA COPERTINA

Scarica il tuo libro per usarlo offline

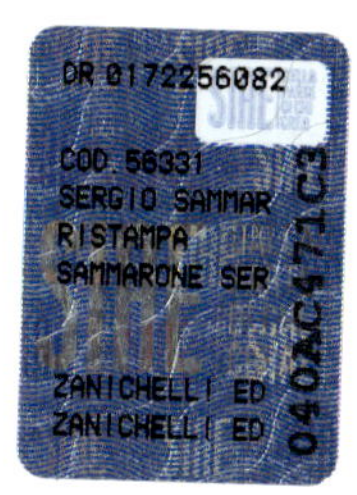

Realizzazione editoriale:
- Coordinamento redazionale: Matteo Fornesi
- Redazione: Luisa Alessio, Matteo Fornesi
- Rilettura del testo: il Nove, Bologna
- Progetto grafico, impaginazione e ricerca iconografica: Stilgraf, Bologna
- Segreteria di redazione: Deborah Lorenzini, Rossella Frezzato

Realizzazione eBook:
- Coordinamento redazionale: Matteo Fornesi
- Redazione: Luisa Alessio
- Collaborazione redazionale: Donatella Gironi
- Realizzazione editoriale: duDAT srl, Bologna

Copertina:
- Progetto grafico: Miguel Sal & C., Bologna
- Ideazione: Studio 8vo, Bologna
- Realizzazione: Roberto Marchetti e Francesca Ponti
- Immagine di copertina: SJ Watt/Shutterstock. Aleksandr Bryliaev/Shutterstock. rk_graphic/Shutterstock. Artwork Studio 8vo, Bologna

Prima edizione: febbraio 2017

Ristampa:
8 7 6 5 2020 2021 2022 2023

Zanichelli garantisce che le risorse digitali di questo volume sotto il suo controllo saranno accessibili, a partire dall'acquisto dell'esemplare nuovo, per tutta la durata della normale utilizzazione didattica dell'opera. Passato questo periodo, alcune o tutte le risorse potrebbero non essere più accessibili o disponibili: per maggiori informazioni, leggi my.zanichelli.it/fuoricatalogo

File per sintesi vocale
L'editore mette a disposizione degli studenti non vedenti, ipovedenti, disabili motori o con disturbi specifici di apprendimento i file pdf in cui sono memorizzate le pagine di questo libro. Il formato del file permette l'ingrandimento dei caratteri del testo e la lettura mediante software screen reader. Le informazioni su come ottenere i file sono sul sito http://www.zanichelli.it/scuola/bisogni-educativi-speciali

Grazie a chi ci segnala gli errori
Segnalate gli errori e le proposte di correzione su **www.zanichelli.it/correzioni**. Controlleremo e inseriremo le eventuali correzioni nelle ristampe del libro. Nello stesso sito troverete anche l'errata corrige, con l'elenco degli errori e delle correzioni.

Zanichelli editore S.p.A. opera con sistema qualità
certificato CertiCarGraf n. 477
secondo la norma UNI EN ISO 9001:2015

Questo libro è stampato su carta che rispetta le foreste.
www.zanichelli.it/chi-siamo/sostenibilita

Stampa: La Fotocromo Emiliana
Via Sardegna 30, 40060 Osteria Grande (Bologna)
per conto di Zanichelli editore S.p.A.
Via Irnerio 34, 40126 Bologna

Sergio Sammarone

Tecniche di rappresentazione.verde

TECNOLOGIA ZANICHELLI

Sommario

SEZIONE A DISEGNO GEOMETRICO

1 Fondamenti del disegno

2 Costruzioni geometriche

SEZIONE B SISTEMI DI RAPPRESENTAZIONE

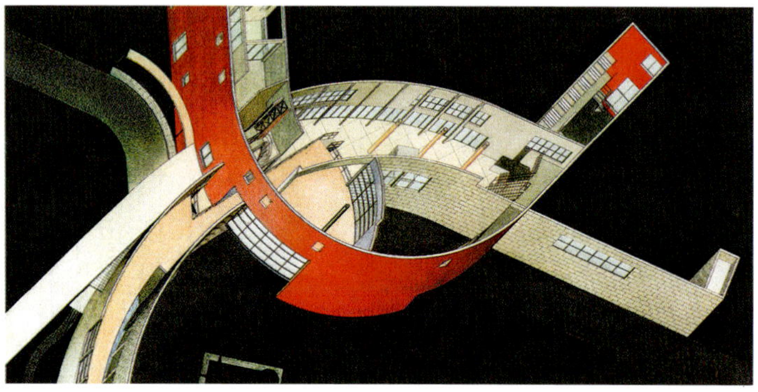

1 Proiezioni ortogonali

2 Assonometria

SEZIONE C PROSPETTIVA E OMBRE

Struttura del corso

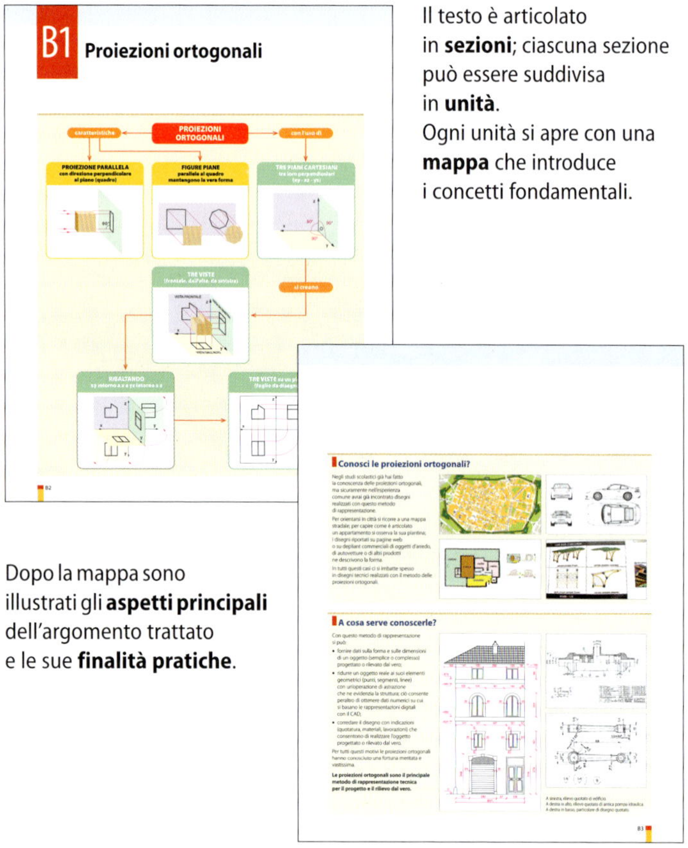

Il testo è articolato in **sezioni**; ciascuna sezione può essere suddivisa in **unità**.
Ogni unità si apre con una **mappa** che introduce i concetti fondamentali.

Dopo la mappa sono illustrati gli **aspetti principali** dell'argomento trattato e le sue **finalità pratiche**.

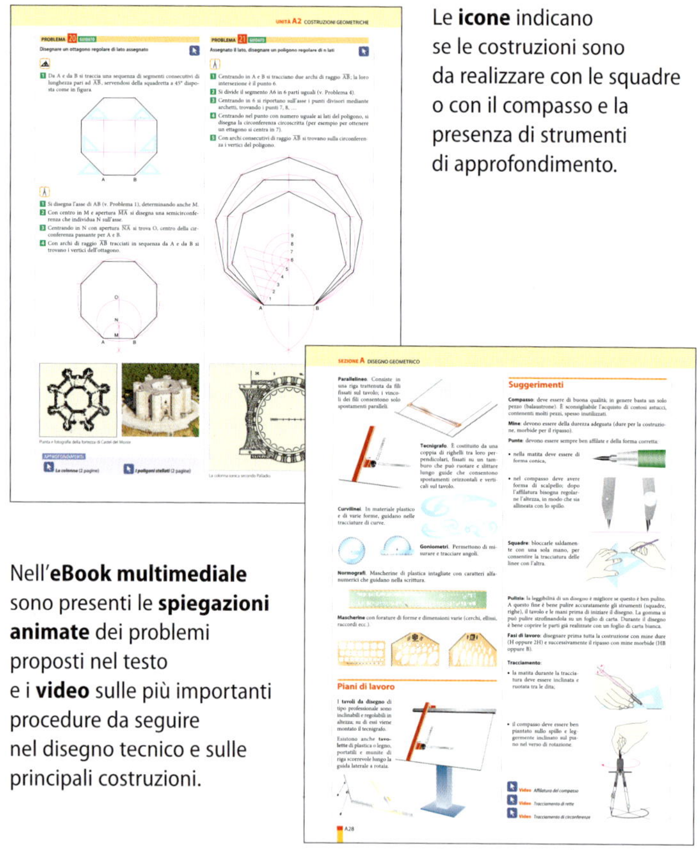

Le **icone** indicano se le costruzioni sono da realizzare con le squadre o con il compasso e la presenza di strumenti di approfondimento.

Nell'**eBook multimediale** sono presenti le **spiegazioni animate** dei problemi proposti nel testo e i **video** sulle più importanti procedure da seguire nel disegno tecnico e sulle principali costruzioni.

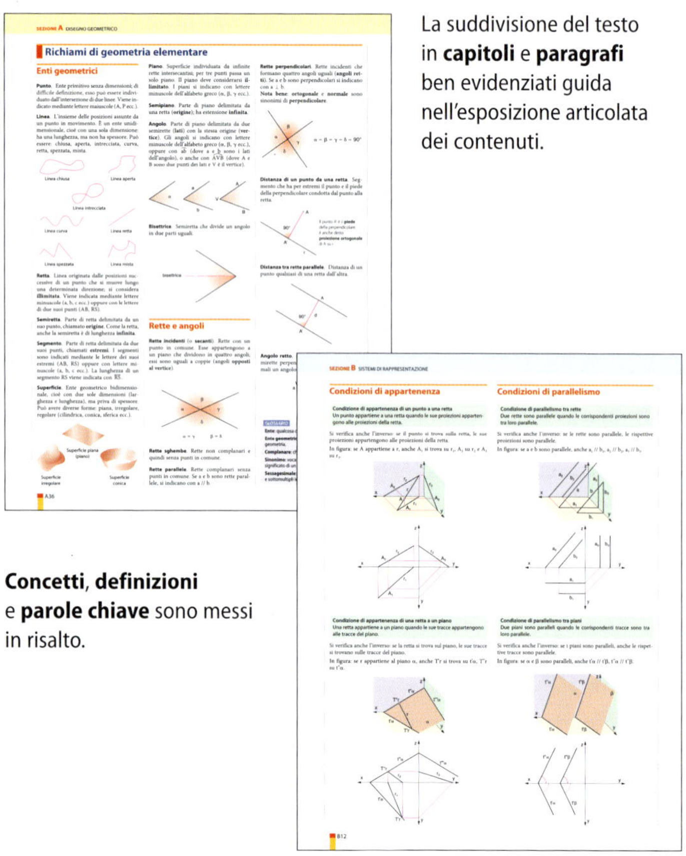

La suddivisione del testo in **capitoli** e **paragrafi** ben evidenziati guida nell'esposizione articolata dei contenuti.

Concetti, **definizioni** e **parole chiave** sono messi in risalto.

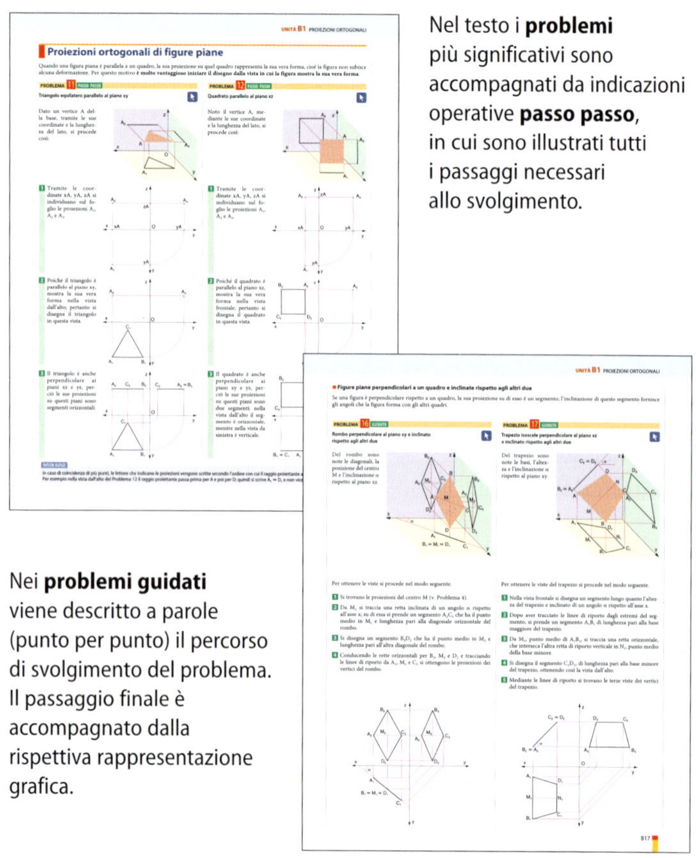

Nel testo i **problemi** più significativi sono accompagnati da indicazioni operative **passo passo**, in cui sono illustrati tutti i passaggi necessari allo svolgimento.

Nei **problemi guidati** viene descritto a parole (punto per punto) il percorso di svolgimento del problema. Il passaggio finale è accompagnato dalla rispettiva rappresentazione grafica.

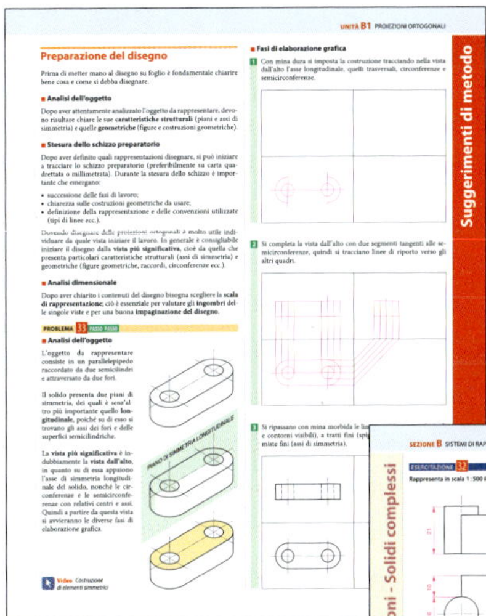

Le pagine dedicate ai **suggerimenti di metodo** introducono alle esercitazioni da svolgere.

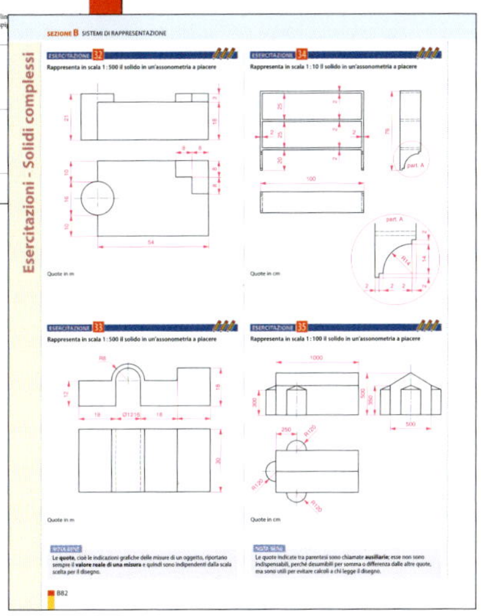

Le **esercitazioni da svolgere** offrono una vasta gamma di opportunità per verificare l'apprendimento.

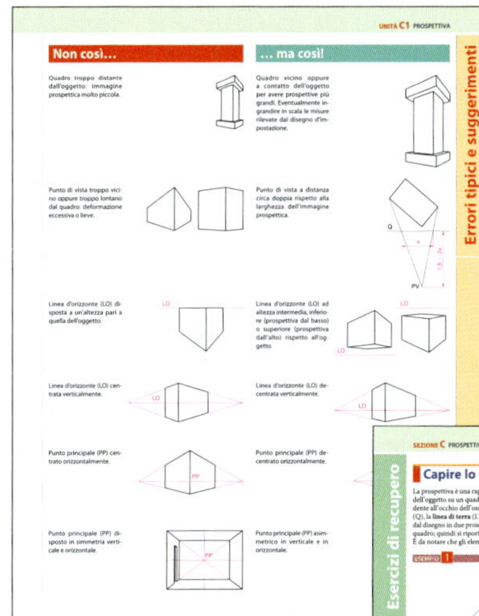

Le pagine dedicate al **recupero** espongono **errori tipici**, suggerimenti e spiegazioni essenziali.

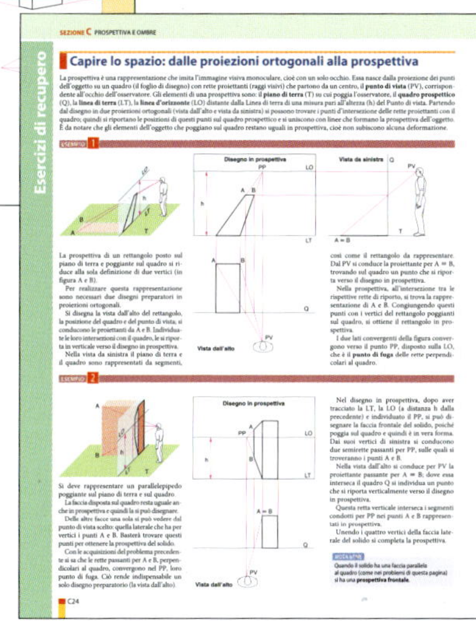

Queste pagine si concludono con gli **esercizi di recupero**.

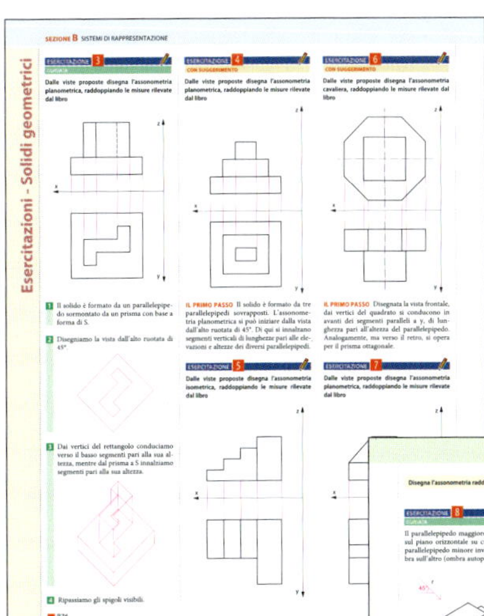

Le **esercitazioni** sono di tre tipi: guidate, con suggerimento e libere.

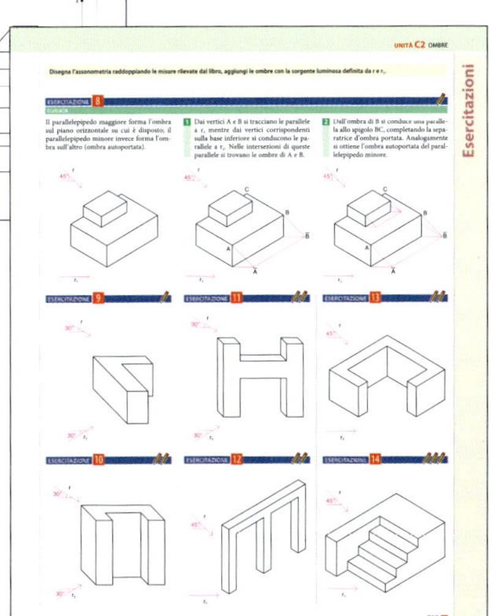

Nelle esercitazioni il numero di matite indica il **livello di difficoltà**, da 1 a 3.

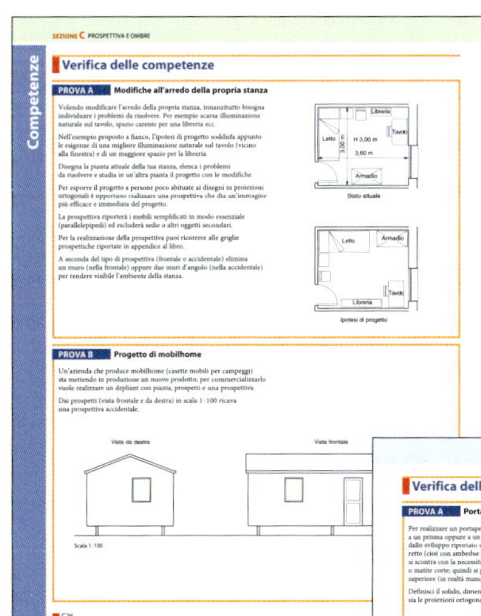

Ogni sezione si chiude con una o più prove di **verifica delle competenze**.

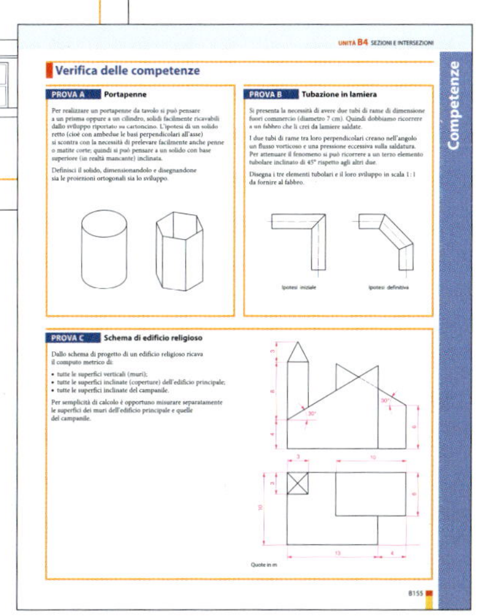

SEZIONE

A Disegno geometrico

1 Fondamenti del disegno

2 Costruzioni geometriche

S. Maria Novella a Firenze: particolare della facciata.

A1 Fondamenti del disegno

FONDAMENTI DEL DISEGNO

DISEGNO

Tracciato (*segno*) per comunicare informazioni su oggetti (*disegno tecnico*), concetti o emozioni (*disegno artistico*)

DISEGNO TECNICO

linguaggio di rappresentazione

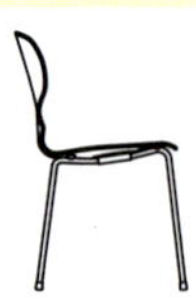

linguaggio integrato

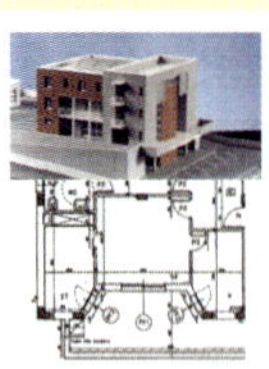

Disegno tecnico integrato con altri modi di comunicazione

linguaggio figurato

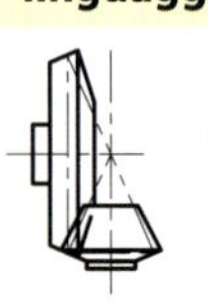

Disegno tecnico altamente simbolico

linguaggio duttile

Evoluzione del disegno della città nei secoli

PERCEZIONE VISIVA

luce

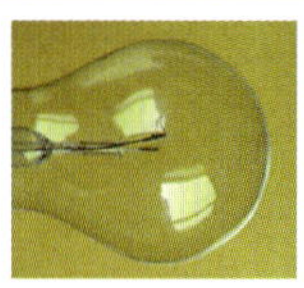

La luce viene riflessa dalle superfici lisce

interpretazione dell'immagine

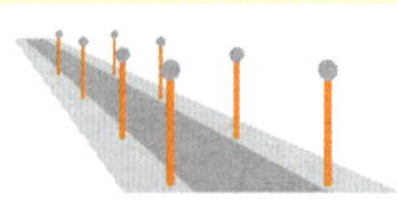

Il cervello interpreta l'immagine di rette convergenti in rette parallele, mentre gli elementi più piccoli sono solo più lontani

illusioni ottiche

Illusione ottica di non parallelismo

OSSERVAZIONE

analisi formale

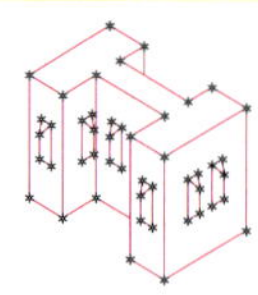

La forma dell'oggetto è ridotta a linee e punti

analisi strutturale

Struttura geometrica

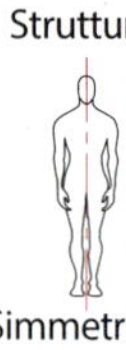

Simmetria

Modularità

Struttura di trasformazione

analisi dimensionale

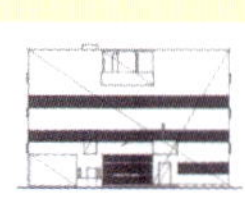

Le dimensioni rivelano le proporzioni dell'oggetto

analisi posizionale

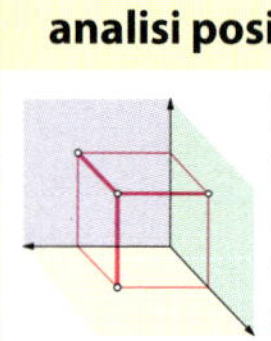

Posizione del punto descritta dalle sue coordinate

CONVENZIONI DEL DISEGNO TECNICO

formati unificati

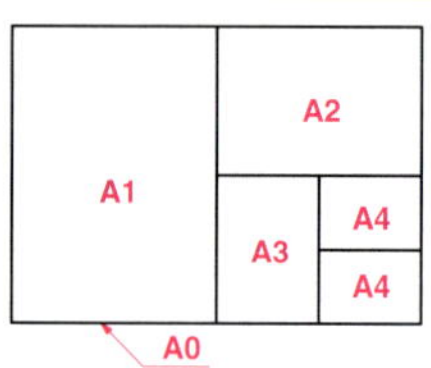

A0	841 × 1189 mm	
A1	594 × 841 mm	
A2	420 × 594 mm	
A3	297 × 420 mm	
A4	210 × 297 mm	

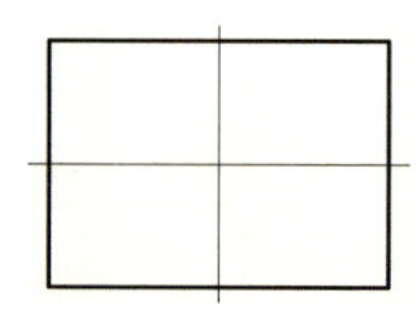

Squadratura del foglio

scale

Scala 1:5

tipi di linee

Principali tipi di linee unificati

scritture

ABCDEF(
abcdefgl

Caratteri della scrittura B verticale della UNI

STRUMENTI DEL DISEGNO TECNICO

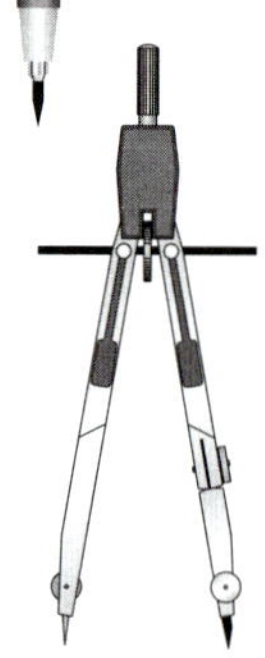

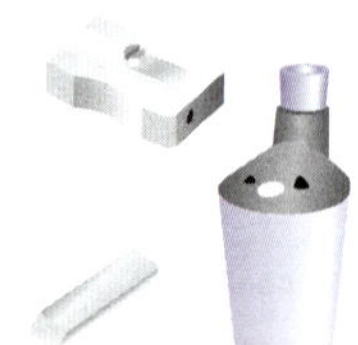

Conosci i fondamenti del disegno?

Sicuramente sai che con il disegno si possono comunicare in modo sintetico ed essenziale i dati formali della realtà o dell'immaginazione (progetti). Questo linguaggio si serve di segni ottenuti con tracciatori (matite o penne); nel disegno strumentale a essi si aggiungono strumenti, quali riga, squadre, compasso.

Per avere dati più precisi si disegna in scala; per ottenere riproduzioni dei disegni si lavora su carta in formati standardizzati (A4, A3 ecc.).

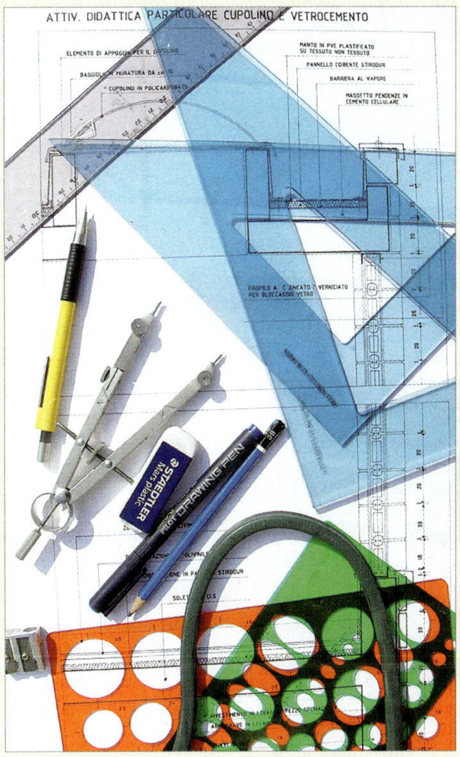

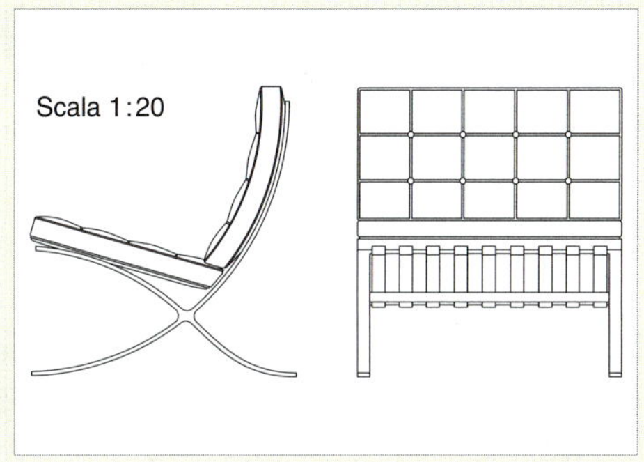

Le fotocopiatrici impiegano carta in formati standardizzati.

A cosa serve conoscerli?

I fondamenti del disegno sono indispensabili per:

- interpretare le informazioni provenienti dalla realtà attraverso la vista;
- comunicare in modo chiaro e preciso come sono gli oggetti reali o immaginati;
- usare gli strumenti adeguati alle esigenze del disegno;
- riprodurre comodamente i nostri disegni su supporti standardizzati (carta o altro).

Attraverso un'analisi attenta dell'immagine si possono ricavare dati essenziali per una rappresentazione dell'oggetto.

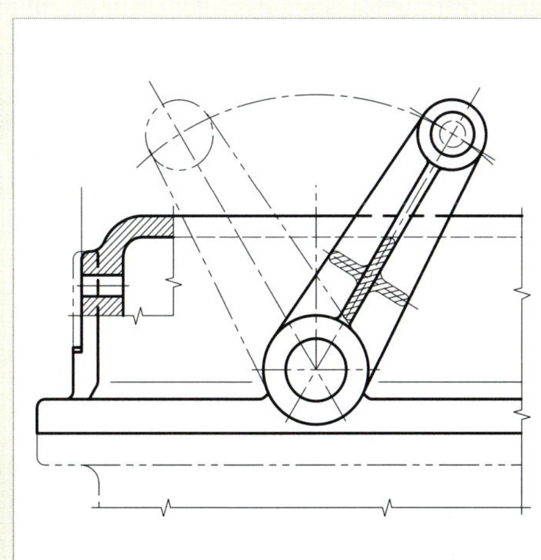
I diversi tipi di linea impiegati nel disegno forniscono informazioni precise sulle caratteristiche dell'oggetto.

Cos'è il disegno?

L'istinto primordiale dell'uomo di lasciare *tracce* del suo passaggio ha visto modalità assai diverse di espressione; le tracce dell'uomo primitivo sulle rocce testimoniano questo bisogno. Nel bambino sopravvive questo istinto nella necessità di scoprire la realtà e di esprimersi mediante segni. L'evoluzione storica verso una strutturazione più consapevole e complessa dei segni ha condotto alla nascita di **linguaggi grafici**, cioè composti di segni.

Graffito nella Grotta di Chauvet, Francia (20 000-17 500 a.C.).

La *lingua scritta* è una particolare manifestazione di linguaggio grafico destinato a comunicare oggetti, sensazioni, idee.

Ignudo di Michelangelo, studio a sanguigna per gli affreschi sulla volta della Cappella Sistina (1510).

Il **disegno** è una figurazione realizzata sulla base di un *tracciato* più o meno complesso per trasmettere informazioni relative a oggetti esistenti o immaginari, concetti, emozioni.

Il tracciato può essere effettuato su fondo di materiali diversi, dalla pietra all'intonaco, alla carta, alla tela, ai supporti digitali. Il materiale può essere scelto sulla base delle disponibilità concrete e della funzione comunicativa (bisogno di trasportabilità, di diffusione ecc.).

Inoltre si possono impiegare materiali diversi per eseguire il tracciato: inchiostro, grafite, colori di vario tipo (tempera, pastelli, a olio) ecc.

Il tracciato stesso può essere arricchito di chiaroscuri e colorazioni; può essere realizzato *a mano libera* oppure con strumenti (*disegno strumentale*).

In base alle scelte compiute il tracciato acquisisce delle qualità, diventa **segno**.

Il segno può rendere il disegno *sensibile*, cioè capace di esprimere le sensazioni e la personalità del disegnatore.

Quanto più il disegno è strutturato sulla base di *codici rigorosi*, tanto meno esso diventa sensibile; la comunicazione diviene chiara, inequivocabile; l'attenzione del fruitore si concentra sull'oggetto della rappresentazione.

Quando invece il linguaggio è fondato su *codici deboli*, il disegno acquista una maggiore sensibilità; il disegnatore può esprimere più liberamente la sua soggettività. È questo il caso del **disegno artistico**, che invia al fruitore un messaggio liberamente interpretabile. Esso può anche svolgere per l'artista il ruolo di strumento di ideazione e preparazione dell'opera d'arte (*studio* oppure *bozzetto*).

Particolare della decorazione della tomba della regina Nefertari (Egitto, circa 1250 a.C.).

Disegno di Egon Schiele (1912).

In tutte le modalità, comunque, il disegno può essere strumento di indagine, di studio e di progettazione, sia nel mondo dell'arte, sia in quello della scienza e della tecnica.

In questi ultimi ambiti il *disegno strumentale* è un mezzo fondamentale di ricerca e progettazione; esso si distingue in **disegno geometrico**, quando si occupa dello studio scientifico di entità geometriche, e in **disegno tecnico**, quando deve descrivere forma, dimensioni e proprietà materiali dell'oggetto rappresentato.

Il disegno tecnico si estende dai confini dell'architettura (*disegno architettonico*) a quelli della produzione industriale (*disegno industriale*).

Nelle pagine che seguono si analizzeranno più dettagliatamente le caratteristiche del disegno tecnico, per l'importanza che esso ha acquisito nella società contemporanea.

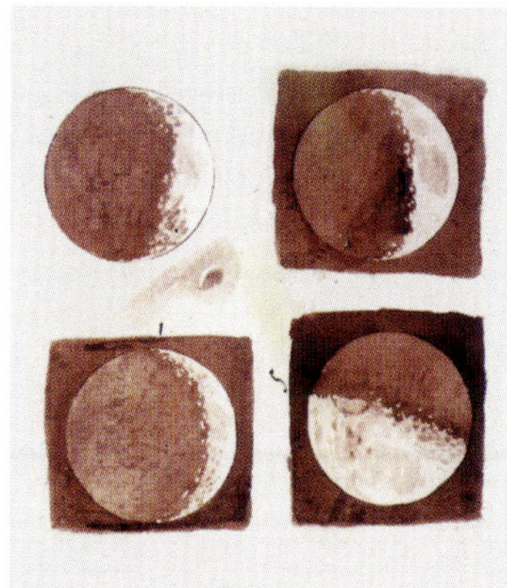

Disegno di Galileo Galilei per lo studio delle fasi lunari (1609).

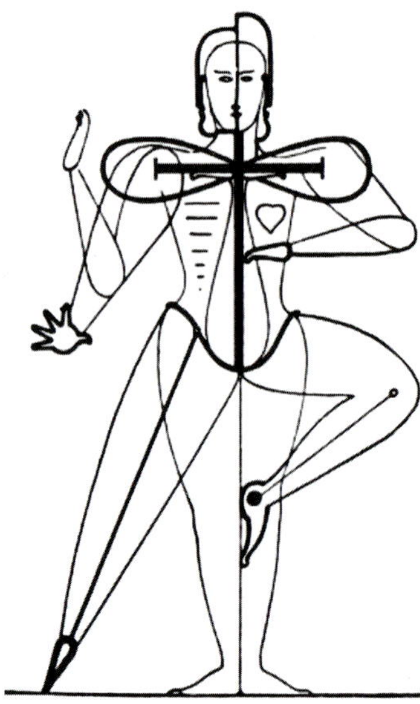

Disegno di Oskar Schlemmer per lo studio del movimento del corpo umano (1926).

GLOSSARIO

Codice: sistema convenzionale di segnali o simboli per la comunicazione.

Un linguaggio essenziale

Il **disegno tecnico** è un particolare sistema di segni per mezzo del quale gli uomini comunicano tra loro; per questa sua funzione si rivela indubbiamente come un **linguaggio**. Tale linguaggio nella nostra società è sempre più **essenziale**, perché nella nostra vita quotidiana, nel nostro ideare, progettare e operare esso ha assunto un ruolo primario, assolutamente insostituibile, ma anche essenziale perché, nel descrivere un oggetto, lo riduce alla sua essenza, lo descrive nelle sue parti fondamentali e caratterizzanti.

Queste sue prerogative di linguaggio semplice e immediato hanno reso il disegno tecnico uno strumento indispensabile sia per i professionisti o i tecnici, sia per i comuni cittadini; ognuno di noi è frequentemente alle prese con la piantina di una città, con il disegno di un mobile o di un alloggio.

Il disegno tecnico ha però delle caratteristiche che lo differenziano da altri tipi di **disegno strumentale**, cioè realizzato con l'aiuto di strumenti. Per esempio il disegno elettronico privilegia la *struttura topologica*, cioè la posizione reciproca delle parti.

Al contrario il disegno tecnico si serve di **rappresentazioni grafiche per comunicare essenzialmente la forma e le dimensioni di un oggetto**; esso dunque deve essere chiaro e inequivocabile, preciso e completo.

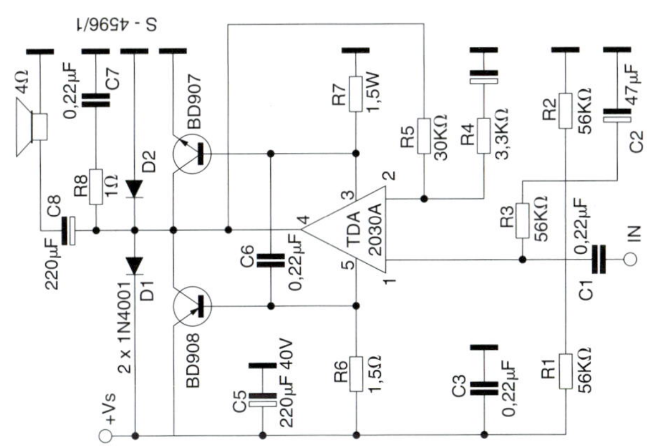

Disegno elettronico (schema di amplificatore).

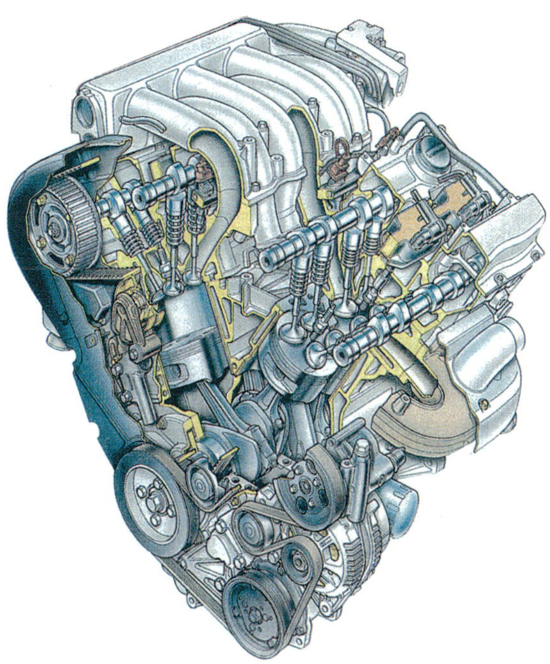

Disegno meccanico (motore 6V di produzione Peugeot).

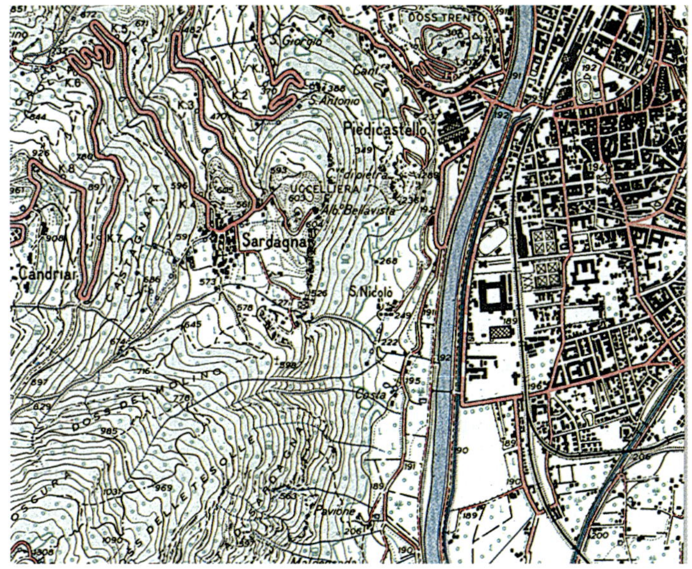

Disegno topografico (particolare di una carta IGM).

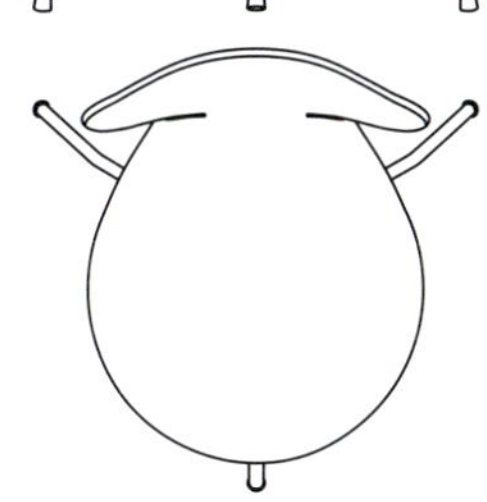

Sedia 3100,
produzione F. Hansen
(A. Jacobsen, 1952).

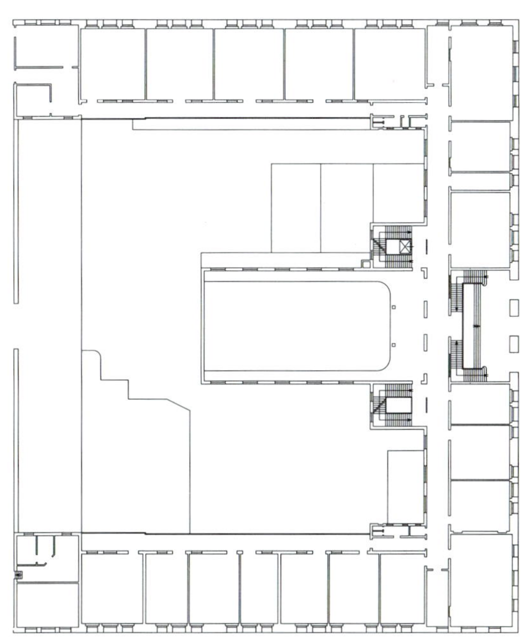

Pianta di edificio scolastico. Scala 1 : 1000

Un linguaggio di rappresentazione

Il disegno tecnico è lo strumento fondamentale per consentire all'uomo-scienziato di studiare la realtà oggettiva in modo rigoroso, a partire da una sua fedele e precisa rappresentazione, ma è anche il linguaggio privilegiato dall'uomo-progettista che deve razionalizzare il suo intervento operativo.

Pertanto il disegno tecnico serve alla rappresentazione sia di oggetti esistenti (**disegno di rilievo**), sia di oggetti da realizzare (**disegno di progetto**).

È tanto diffuso il senso di questo duplice ruolo del disegno tecnico, che anche nella lingua comune «disegnare» ha assunto il significato estensivo di *descrivere accuratamente*, *progettare*. Per esempio si pensi a espressioni quali «disegnare la personalità del protagonista» oppure «disegno politico dello statista».

Va anche ricordato che nella lingua inglese il termine **design** significa propriamente **progetto**.

Sezione di edificio scolastico.

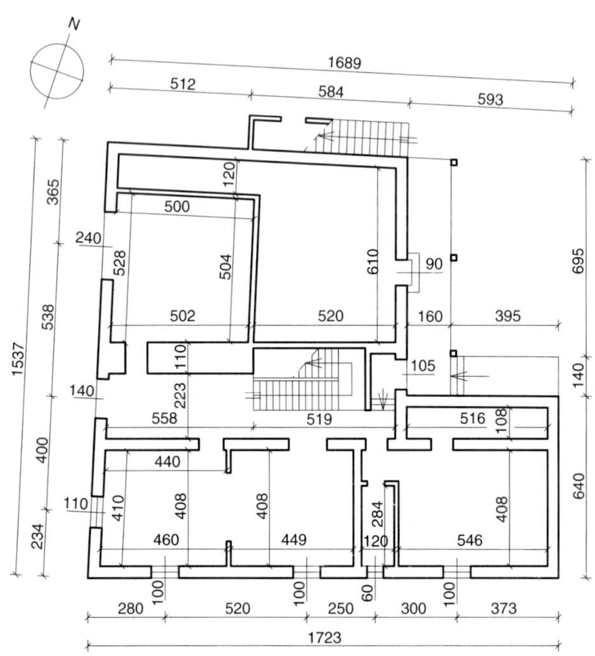

Disegno di rilievo di edificio per abitazione. Scala 1:200.

Un linguaggio integrato

La descrizione approfondita e chiara che il disegno consente di ottenere è pur sempre parziale; per questo esso si è sempre più integrato con altri linguaggi, come quelli della scrittura, della matematica, dell'arte. Inoltre, per la sua natura di mezzo per la rappresentazione e la produzione di manufatti, il disegno ha stretto particolari legami con il mondo della tecnica: da questo mondo sono giunte richieste sempre più pressanti di rappresentazioni adeguate alle nuove tecniche di produzione, ma sono anche pervenute nuove tecnologie da affiancare ai tradizionali metodi di rappresentazione.

La ricchezza della comunicazione, implicita in un progetto, impone dunque di avvalersi, oltre che degli elaborati di disegno, anche di relazioni scritte, tabelle numeriche, schizzi, foto, plastici.

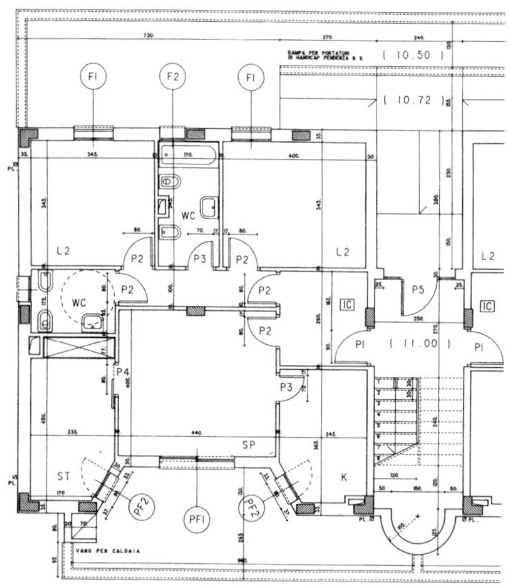

ELAB. A — TITOLO: **RELAZIONE TECNICA**

RELAZIONE TECNICO-ILLUSTRATIVA

COMUNE DI RAPALLO
Complesso scolastico polifunzionale
Arch. Maurizio Renzi

Il progetto è relativo ad un manufatto edilizio di complessivi mc 10.786,43 fuori terra, sviluppati su quattro piani; il tutto ampiamente contenuto entro l'altezza massima consentita dalla normativa

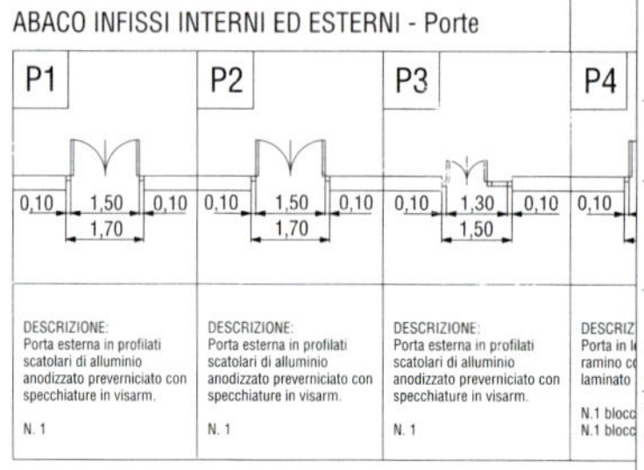

ELAB. E — TITOLO: **CALCOLO CUBATURA E SUPERFICI**

SUPERFICIE PIANO TERRA		
A = 10.60 × 22.40 × 2		m² 474.88
B = 0.90 × 0.90 × 3.14		m² 2.55
TOTALE m²		477.43
a detrarre:		
a = (9.40 × 1.30) × 2	m² 24.44	
b = (3.70 × 2.40) × 2	m² 17.76	
TOTALE A DETRARRE	m² 42.20	42.20
TOTALE SUPERFICIE PIANO TERRA		m² 435.23
SUPERFICIE PIANO PRIMO		
A = 10.60 × 22.40 × 2		m² 474.88
B = 0.90 × 0.90 × 3.14		m² 2.55
TOTALE m²		477.43
a detrarre:		
a = (9.40 × 1.30) × 2	m² 24.44	
TOTALE A DETRARRE	m² 24.44	24.44
TOTALE SUPERFICIE PIANO PRIMO		m² 452.99

Un linguaggio figurato

Per essere chiaro e rigoroso, il disegno tecnico deve semplificare l'oggetto da rappresentare riducendolo a **segni**.

Il disegno è prevalentemente un segno codificato che consente di ricavare una restituzione semplice e articolata dell'oggetto.

Il segno e la linea sono il frutto di una semplificazione dell'immagine visiva, ma anche la rappresentazione simbolica di interpretazioni logiche e di astrazioni; pertanto troveremo disegni che ricostruiscono immagini molto simili a quelle visive, ma anche disegni fortemente simbolici e astratti.

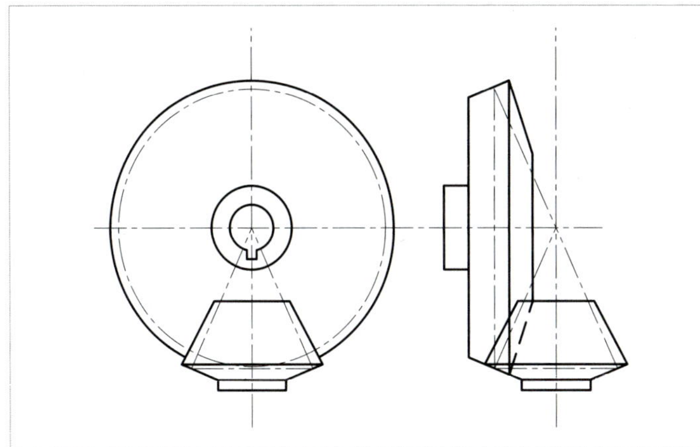

I disegni di tipo meccanico sono caratterizzati da una codificazione così spinta, che spesso risultano decisamente astratti.

Un disegno molto chiaro e immediato, come quello di una pianta o di una sezione, si allontana abbastanza dall'immagine visiva.

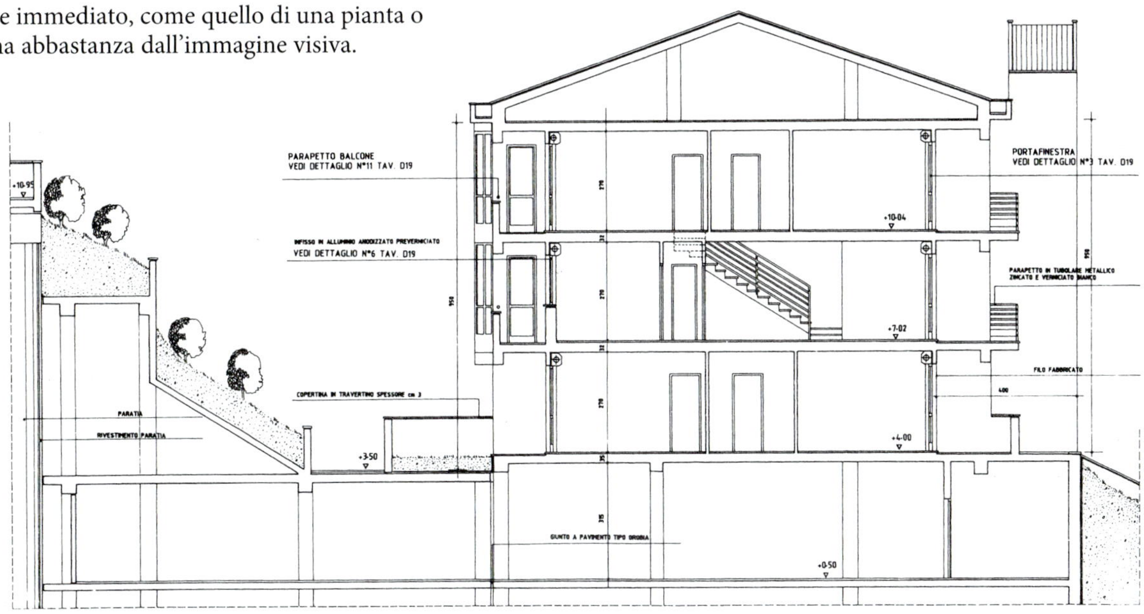

Il disegno in prospettiva è molto suggestivo perché immediatamente riconducibile alla percezione visiva.

Un linguaggio duttile

Nel corso dei secoli la funzionalità del disegno tecnico ha imposto una sua evoluzione, strettamente connessa alle mutate esigenze della società, della comunicazione e delle tecniche di rappresentazione.

In passato gli architetti dirigevano direttamente i lavori per la realizzazione dell'opera e quindi i loro disegni erano poco più di appunti; in epoca moderna il progettista opera in modo nettamente separato dal direttore dei lavori, quindi deve affidare al disegno tutte le indicazioni, precise e complete, per le necessità di cantiere.

Ma l'evoluzione del disegno è anche dettata dalle esigenze della società.

Nelle antiche **società mesopotamiche** il disegno della città era finalizzato a descrivere gli elementi più importanti per quell'epoca: mura e fiumi; tutto il resto era secondario e quindi sommariamente accennato.

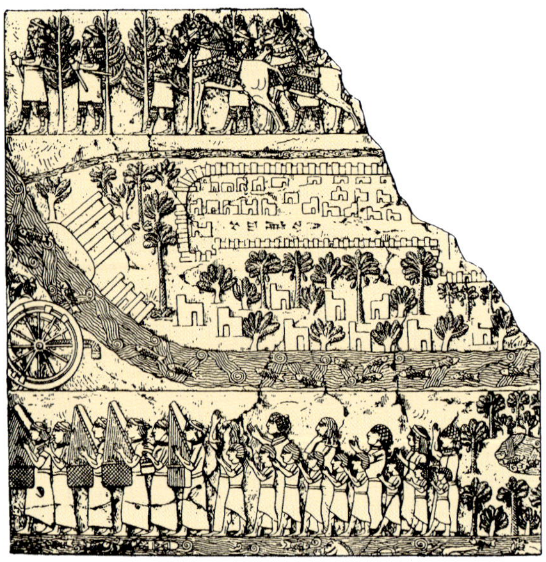

Disegno di bassorilievo assiro.

Il disegno urbano nella **società romana** diviene un importante strumento per descrivere forma e dimensioni delle costruzioni, sia private che pubbliche; rimane totalmente assente la descrizione del territorio.

Frammento della *Forma Urbis* (200 d.C.).

Nel disegno della **città rinascimentale** le opere dell'uomo sono al centro dell'attenzione: gli edifici sono i soggetti privilegiati, ma comincia a essere rappresentato anche il territorio; di esso però si accenna la sola conformazione topografica: la precisione è molto approssimativa, colture e uso del suolo sono inesistenti.

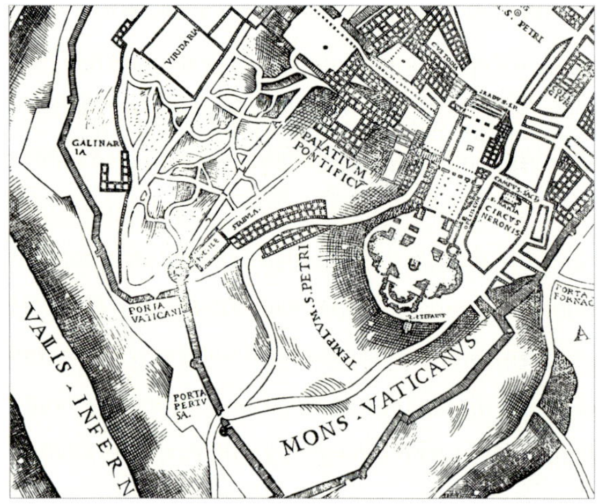

Pianta di Roma di Leonardo Bufalini (1551).

Nel **XVIII secolo** l'illuminismo impone una revisione del rapporto uomo-natura; il disegno della città punta l'attenzione su tutti gli elementi del territorio, sia naturali sia edificati, descrivendoli con precisione.

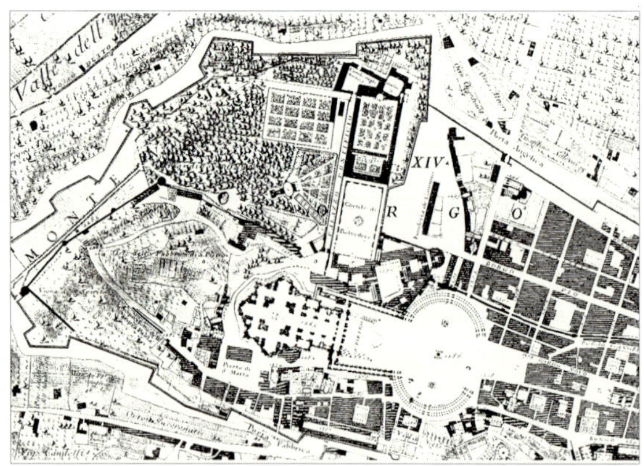

Pianta di Roma di Giambattista Nolli (1742).

Nel disegno urbano attuale si verifica una specializzazione in settori molto frammentati; mappe urbane (destinate ai soli spostamenti), mappe geologiche, mappe urbanistiche, mappe catastali. Queste ultime sono finalizzate a individuare le proprietà dei diversi edifici e le loro destinazioni d'uso; pertanto vengono rappresentati i soli confini delle particelle proprietarie, numerate per la catalogazione e campite con tratteggi che ne indicano l'utilizzo.

Mappa catastale.

Percezione visiva

Come vediamo

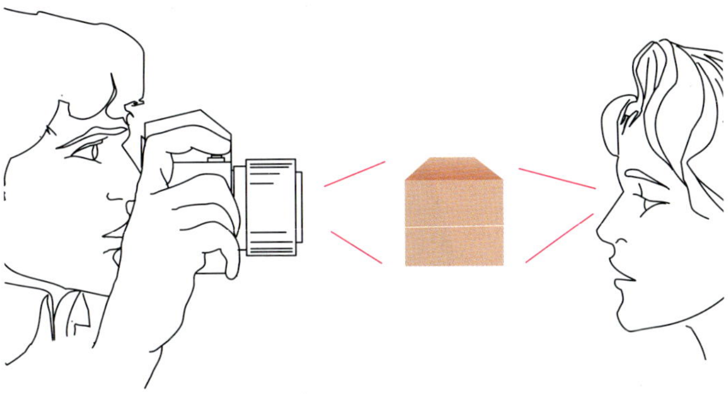

Apparentemente noi recepiamo un'immagine in un modo simile a un apparecchio fotografico. Questo in effetti presenta molte affinità fisiche con l'occhio umano: l'**obiettivo** è simile al **cristallino**, il **diaframma** alla **pupilla**, la **retina** alla **pellicola**.

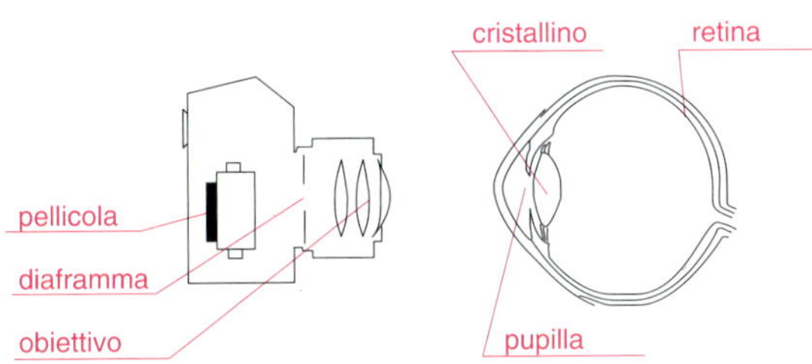

Molto diverse sono però le modalità con cui si formano le immagini fotografiche e quelle visive; mentre la fotografia è **monoculare** (un solo obiettivo), **rovesciata** (poi raddrizzata durante la stampa) e **statica**, l'immagine visiva è:

- **binoculare**: le due diverse immagini, che giungono dall'occhio sinistro e da quello destro, sono elaborate dal cervello e combinate in una sola, in modo da creare la percezione tridimensionale e rendere la profondità dello spazio;

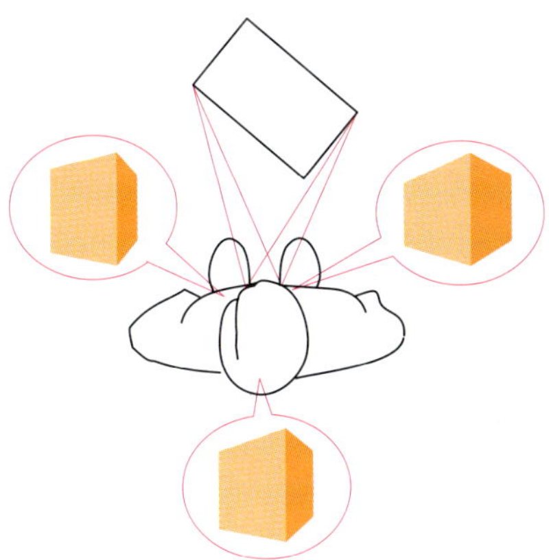

- **raddrizzata**: il cervello riceve dal nervo ottico immagini rovesciate che, combinate con i dati raccolti mediante gli altri sensi, vengono capovolte;

- **dinamica**: l'occhio, esplorando il campo visivo, corre da un particolare all'altro; i dettagli sono scrutati e correlati in un insieme complesso: l'**immagine**.

In realtà non vediamo con gli occhi, ma *attraverso gli occhi*: il cervello è il vero organo della vista. Esso filtra le continue immagini che gli giungono dagli occhi, le elabora, confrontandole con i dati che costituiscono il bagaglio culturale di ognuno, e le interpreta; la **percezione visiva** diviene così **informazione visiva**.

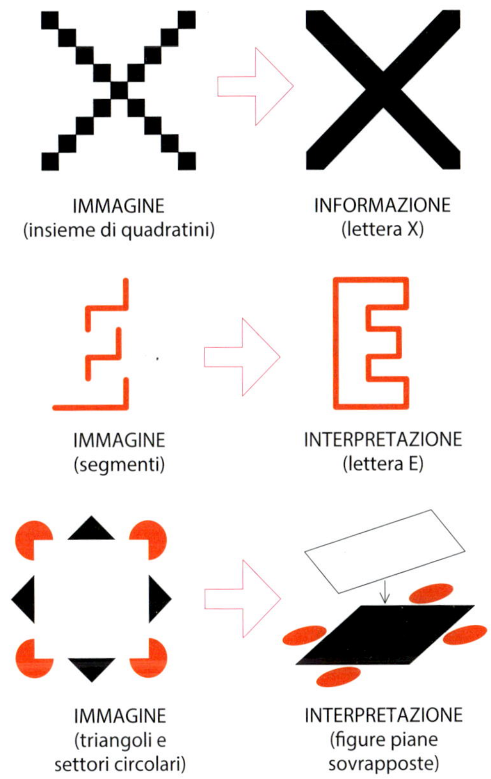

Organizzazione percettiva

Nel processo che traduce la percezione visiva in informazione operano leggi che governano l'osservazione delle forme presenti nel campo visivo. Nella visione di queste forme siamo indotti a cogliere il dato essenziale della configurazione, la sua struttura; ai diversi stimoli inviati dalle forme presenti nel campo noi applicheremo legami che costruiscono un'**organizzazione percettiva**. Tra le diverse organizzazioni verrà scelta una strutturazione che assegna alla figura una **forma** che dia significato alla figura stessa. In questa ricerca operano leggi che inducono a costruire collegamenti, a organizzare le somiglianze tra le parti.

Delle leggi che guidano l'organizzazione percettiva si parla più estesamente nella scheda di approfondimento segnalata di seguito.

APPROFONDIMENTI

L'organizzazione percettiva (1 pagina)

Tensione e movimento

L'esperienza del mondo fisico fornisce all'uomo alcuni indizi di equilibrio. Per esempio la posizione eretta o distesa del corpo vengono identificate con posizioni di equilibrio, e quindi associamo alle linee verticali o orizzontali una condizione di **staticità**; al contrario nelle linee oblique viene percepito un effetto di **dinamismo**.

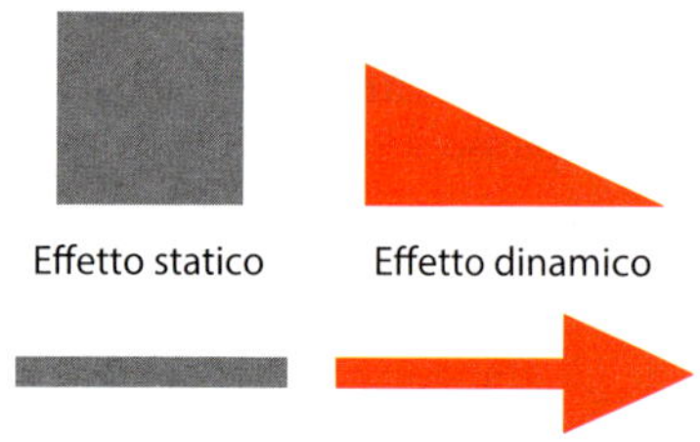

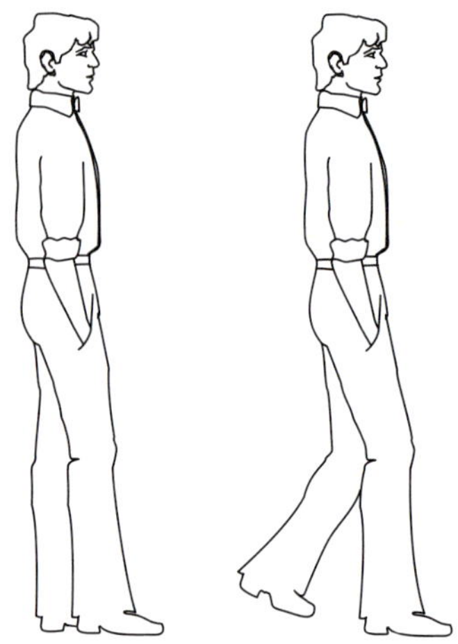

Effetto statico Effetto dinamico

Una condizione di equilibrio e di staticità viene riconosciuta alla circonferenza per l'equidistanza dei suoi punti dal centro; ma se in una circonferenza ne inseriamo un'altra minore, a seconda della posizione reciproca, si può creare una situazione di equilibrio oppure di tensione percettiva.

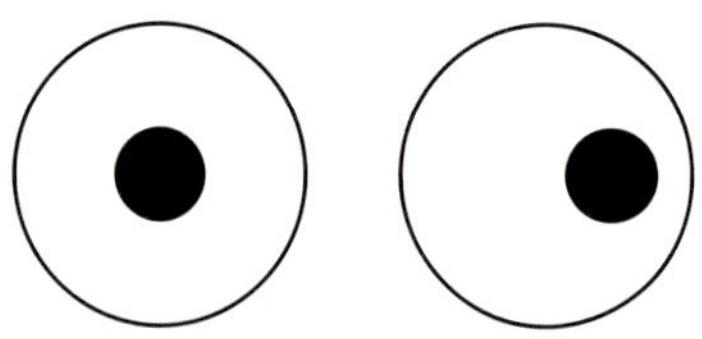

Equilibrio Tensione

Dall'esperienza fisica e dalla percezione spaziale ci pervengono segnali che consentono di assegnare proprietà dinamiche a forme che in realtà sono immobili; i principali **indizi di movimento** sono:

- **obliquità** delle linee, da cui deriva anche l'*effetto freccia*, che attribuisce un senso dinamico a una linea;

Effetto statico Effetto dinamico

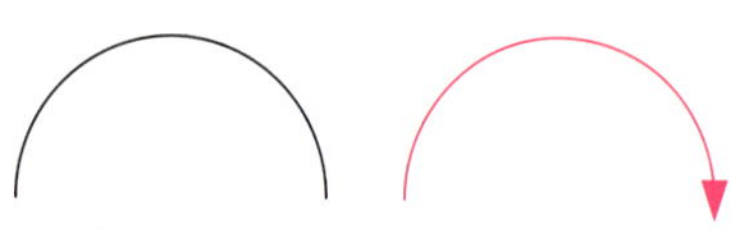

Effetto statico Effetto dinamico

Il via, di Gerardo Dottori (1927).

- **profili curvilinei**, propri di organismi in tensione dinamica;

La bordatura di pavone, di Aubrey Beardsley (1894).

- **sfocatura e sovrapposizione** dei contorni riassunte nell'*effetto scia*;

Il ciclista, di Natalja Gončarova (1913).

- **ripetizione in serie**, quale è la sequenza di posizioni di un corpo in movimento;

Dinamismo di un cane al guinzaglio, di Giacomo Balla (1912).

- **ingrandimento relativo**, quale si verifica in un corpo in avvicinamento all'osservatore.

Luce e colore

La luce

Superfici ruvide creano effetti di diffusione, mentre quelle lisce riflettono la luce.

La percezione visiva è possibile solo in presenza della luce; essa è una forma di **energia radiante** che si propaga dalla sorgente con una velocità di circa 300 000 km/s.

Nella sua propagazione la luce può incontrare **corpi opachi**, che ne impediscono il passaggio, o **corpi trasparenti**, che invece ne consentono totalmente o parzialmente il passaggio.

Quando la luce colpisce un corpo opaco può essere totalmente assorbita (*corpo nero*) oppure riflessa. Il fenomeno della **riflessione** è condizionato dalla rugosità della superficie del corpo illuminato: superfici levigate riflettono il fascio luminoso secondo una direzione unica (l'angolo incidente è uguale all'angolo riflesso), mentre le superfici ruvide lo scompongono, creando il fenomeno della *diffusione*.

Se invece il corpo è trasparente (aria, liquidi, solidi) la luce può essere soggetta sia a riflessione sia a **rifrazione** (deviazione del raggio luminoso).

Grazie a questi fenomeni la nostra visione del mondo circostante si arricchisce di **luci** (zone più illuminate) e **ombre** (zone meno illuminate) che creano la percezione tridimensionale.

Il colore

La luce solare, nostra principale forma di energia luminosa, si propaga con *moto ondulatorio*, cioè il percorso del singolo raggio luminoso in realtà non è una retta ma un'**onda**. Inoltre noi percepiamo la luce solare come **luce bianca** (incolore), eppure da essa traggono origine i colori.

Isaac Newton (1642-1726) scoprì che la luce bianca del Sole può essere scomposta in sette colori che formano lo **spettro cromatico**, dimostrando che la luce solare è una miscela di radiazioni cromatiche con diverse **lunghezze d'onda**.

L'occhio umano può percepire uno spettro compreso tra il colore rosso e il colore violetto; i sette colori e le rispettive lunghezze d'onda dello *spettro visivo* sono:

- rosso (7600-6100 Å);
- arancio (6100-5800 Å);
- giallo (5800-5700 Å);
- verde (5700-4900 Å);
- blu (4900-4500 Å);
- indaco (4500-4200 Å);
- violetto (4200-4000 Å).

Lo spettro visivo dell'uomo è molto ristretto rispetto all'intera gamma delle radiazioni; per esempio non sono percepite dall'occhio umano le radiazioni infrarosse e quelle ultraviolette.

I singoli colori ci appaiono diversi perché sulla *retina* (membrana del fondo oculare) ognuno di essi eccita diversamente i recettori (detti *coni*) sensibili alle variazioni cromatiche. Altro tipo di recettori presenti sulla retina sono i *bastoncelli*, sensibili alla luminosità ma non al colore.

Secondo la teoria formulata da Young a metà dell'Ottocento e sviluppata da Helmoltz, esisterebbero solo tre tipi di *coni*, diversamente sensibili alle radiazioni del rosso, del verde e del blu. Secondo la teoria tricromatica di Young-Helmoltz ogni colore nasce dalla mescolanza delle radiazioni dei tre **colori primari** (rosso, verde e blu).

Sintesi additiva dei colori-luce.

La sintesi di questi tre colori-luce (cioè emessi da una sorgente luminosa) segue le regole della **sintesi additiva**. Sommando un colore-luce primario con uno diverso si ottiene un **colore secondario**:

- rosso + verde = giallo;
- verde + blu = ciano;
- rosso + blu = magenta.

La somma dei tre colori-luce primari dà la luce bianca.

La sintesi additiva si verifica solo su sorgenti di luce; infatti essa viene utilizzata negli schermi dei computer per creare gamme cromatiche secondo il **metodo RGB** (Red = rosso, Green = verde, Blu).

Il nostro occhio, però, non riceve solo radiazioni luminose da parte di sorgenti, ma anche dai corpi illuminati. Essi infatti riflettono la luce, che non viene assorbita dal corpo; i colori assorbiti dalla materia del corpo dipendono dalla sua costituzione molecolare. Per esempio la colorazione verde di un corpo è dovuta al fatto che esso assorbe tutti i colori tranne la tinta verde, che viene rinviata verso i nostri recettori visivi.

Quindi il colore che noi percepiamo è dovuto al **pigmento**, la sostanza colorata che riveste un corpo.

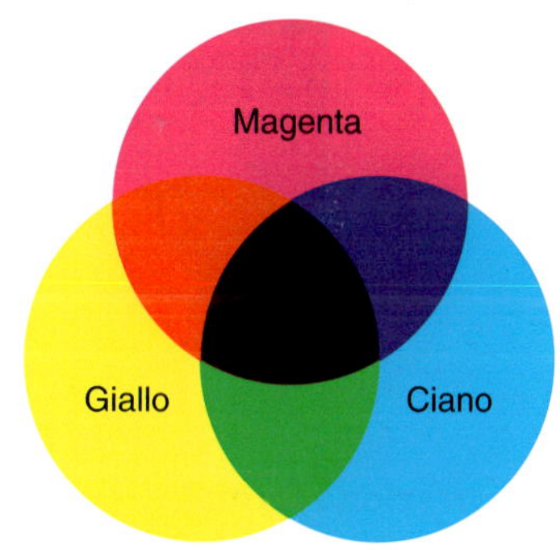

Sintesi sottrattiva dei colori-pigmento.

I colori-pigmento mescolandosi tra loro creano altri colori sulla base di una **sintesi sottrattiva**; essa è caratteristica delle sostanze pigmentate usate nel mondo dell'arte o della tipografia. Per la stampa a colori, infatti, si mescolano colori-pigmento primari (Ciano, Magenta, Giallo, in inglese Cyan, Magenta, Yellow), da cui deriva l'intera gamma cromatica disponibile. La scarsa intensità del nero ottenuto per sintesi ha spinto la tecnica tipografica ad adottare un quarto colore-pigmento primario: il nero. Quindi nella stampa (anche nelle stampanti del computer) si adotta il cosiddetto **metodo CMYK**, basato su Ciano, Magenta, Giallo e Nero (in inglese: blacK).

Per convenzione internazionale i singoli colori sono caratterizzati da tre variabili:

- **tonalità**, cioè la variazione qualitativa tra fasce cromatiche, quali rosso, verde, giallo ecc.;
- **saturazione**, cioè lo stato di purezza di una tinta; la sua mescolanza con altre crea dei colori «insaturi»;
- **luminosità**, cioè la brillantezza che avvicina il colore ai due estremi del bianco o del nero.

Sulla base di questi parametri è costruito il **metodo HSB** (Hue = tonalità, Saturation = saturazione, Brightness = luminosità), di largo uso anche nell'informatica grafica.

APPROFONDIMENTI

Il colore (4 pagine)

Interpretazione dell'immagine

Gli elementi che permettono di interpretare un'immagine sono l'esperienza fisica, la percezione dello spazio e il patrimonio culturale personale. Per esempio, nell'osservare una barretta immersa in un liquido, pur notando che i suoi contorni sono linee spezzate, li interpretiamo come linee rette soggette al fenomeno della rifrazione.

Le correzioni che il cervello apporta all'immagine sono molteplici: vediamo le principali.

Correzione direzionale

Rette convergenti vengono interpretate come parallele.

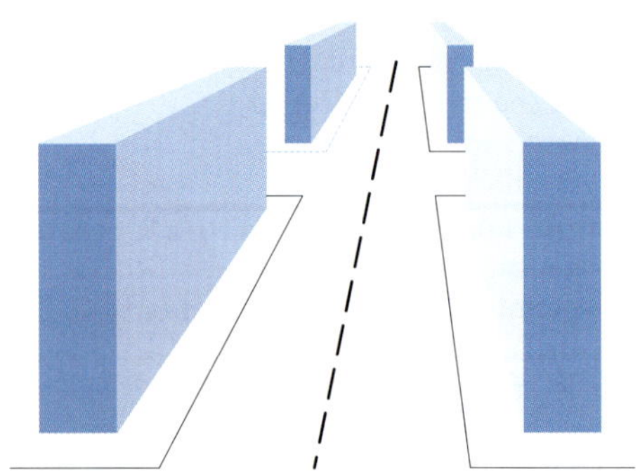

Correzione formale

Un trapezio in un contesto tridimensionale viene interpretato come un rettangolo.

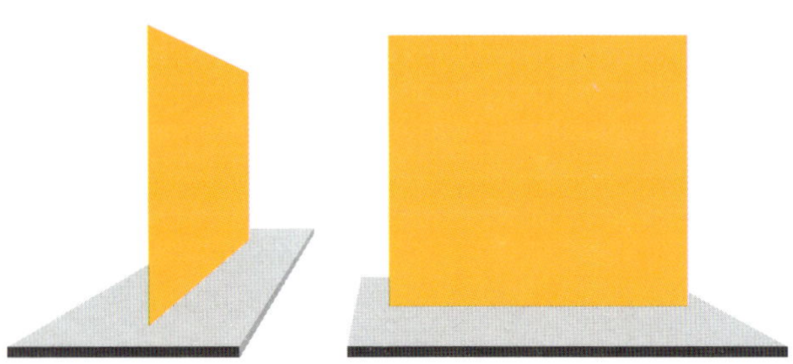

L'immagine formata da tre rombi viene decifrata come un cubo.

Correzione cromatica

In base all'esperienza degli effetti della luce sui corpi solidi, parti con tinte di diversa luminosità vengono ricondotte a un unico colore.

Correzione dimensionale

Oggetti che forniscono immagini di diverse dimensioni vengono recepiti nella loro corretta grandezza, poiché per esperienza si sanno essere uguali.

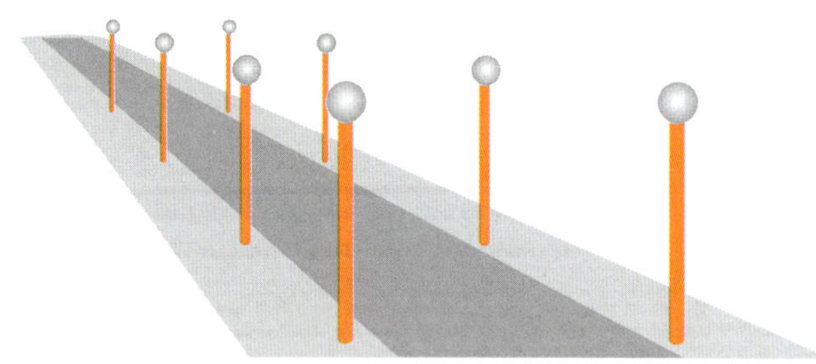

Correzione posizionale

Figure analoghe, ma di diverse dimensioni, vengono interpretate come sostanzialmente uguali, ma come posizionate a distanze diverse dall'osservatore.

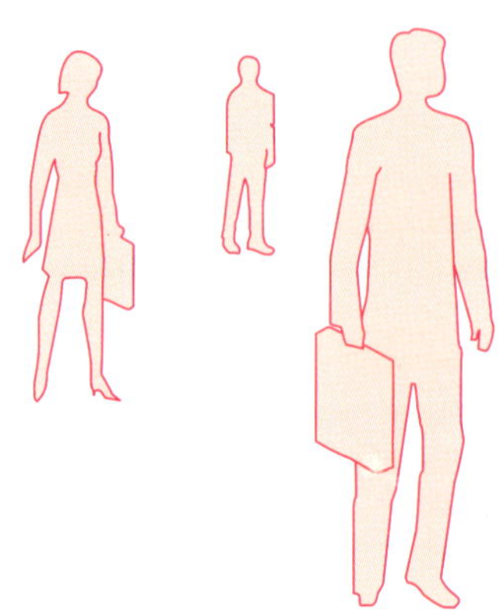

GLOSSARIO

Rifrazione: deviazione della direzione di propagazione di un'onda (come la luce) quando passa da un mezzo a un altro di diversa densità e proprietà ottiche.

Illusioni ottiche

Le immagini presentano talvolta delle caratteristiche talmente particolari da indurre il cervello a compiere associazioni improprie; l'occhio inganna il cervello e le immagini acquistano proprietà diverse da quelle reali.

Illusioni dimensionali

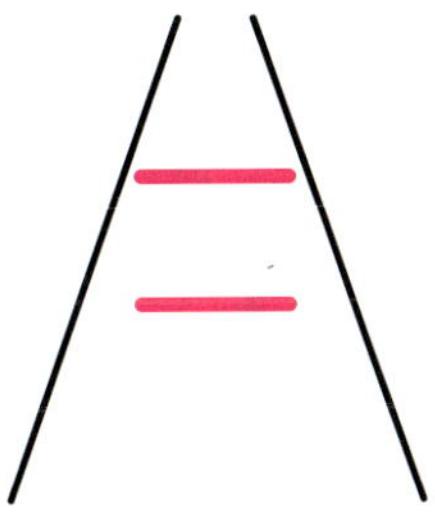

Illusione di Ponzo. La suggestione prospettica creata dalle rette convergenti genera la percezione di una diversa lunghezza dei segmenti che invece sono identici.

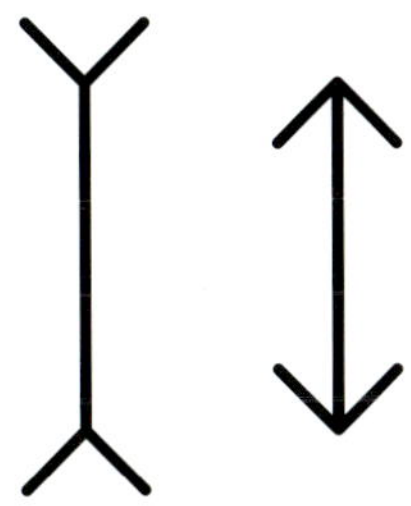

Illusione di Müller-Lyer. Anche in questo caso la suggestione prospettica fa percepire il segmento di sinistra più lungo dell'altro, che invece è uguale.

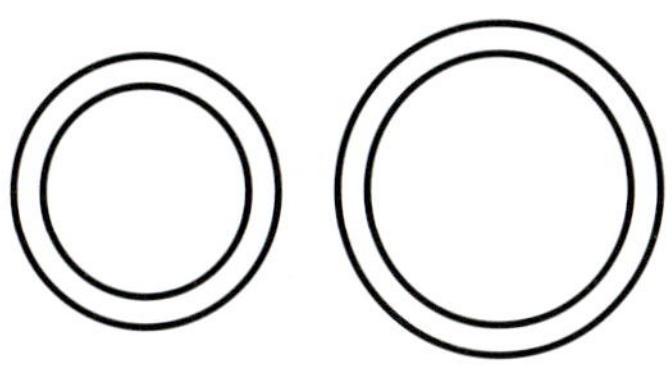

Illusione di Kundt. Il cerchio esterno nella figura di sinistra appare più grande di quello interno nella figura di destra.

Illusioni formali

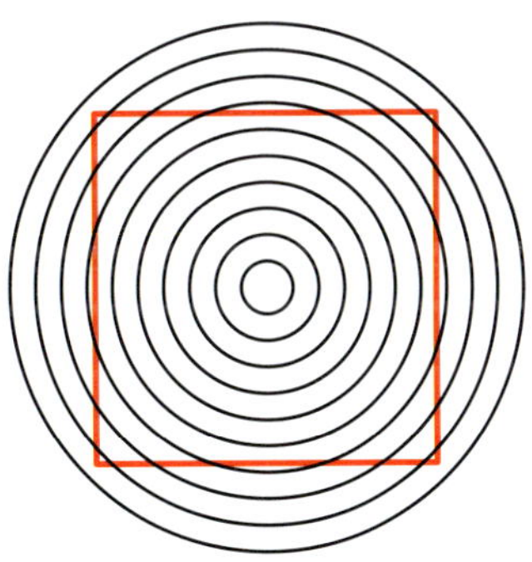

Illusione di Hering. I cerchi concentrici fanno percepire una incurvatura dei lati del quadrato.

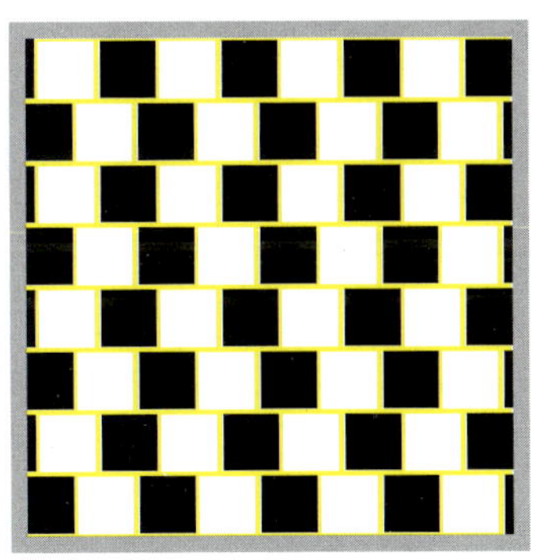

Illusione della parete del caffè. La sfasatura delle piastrelle distorce i quadrati.

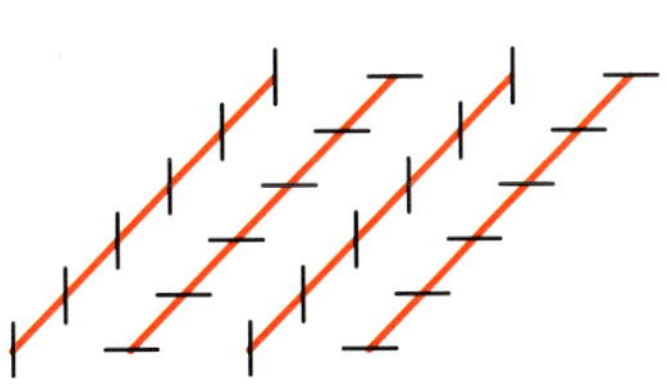

Illusione di Zöllner. Il disturbo dei trattini crea l'illusione di non parallelismo tra i quattro segmenti.

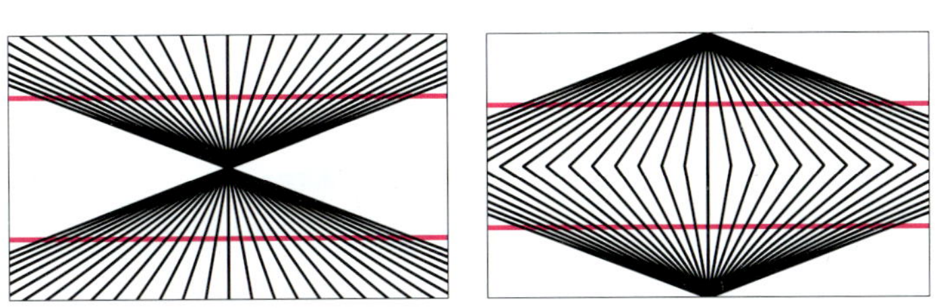

Illusioni di Hering. Le rette orizzontali, in presenza di segmenti convergenti, sembrano incurvarsi verso l'interno o verso l'esterno.

Le illusioni ottiche sono state spesso usate da disegnatori, pittori e architetti per ingannare o disorientare l'osservatore.

Solidi ambigui

Questa scala è vista dall'alto o dal basso?

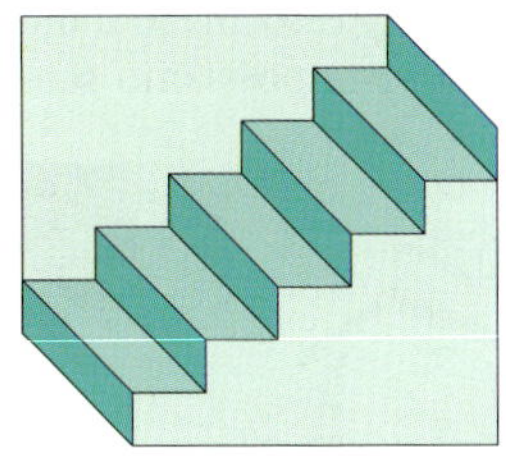

Relatività, di M.C. Escher (1953).

Solidi impossibili

Solido di Penrose

Cubo di Necker

Solido di Yturralde

Illusioni prospettiche

Galleria prospettica di Palazzo Spada a Roma di Francesco Borromini (1652). L'effetto di profondità è accentuato dalla pendenza del pavimento e della volta, oltre che dalla convergenza delle pareti laterali; le reali dimensioni sono disvelate da riferimenti (persone disposte alle estremità).

Osservazione

Saper vedere

Per poter disegnare un oggetto è necessario andare oltre la sua percezione visiva. Un ambiente o un oggetto complesso presentano molte proprietà e caratteristiche: attraverso la vista possiamo scoprirle, analizzarle, studiarle. Ciò è necessario per decidere quali caratteristiche siamo interessati a rappresentare nel disegno.

Come in tutti gli ambiti scientifici, anche nel disegno tecnico un problema complesso viene scomposto in parti o elementi semplici.

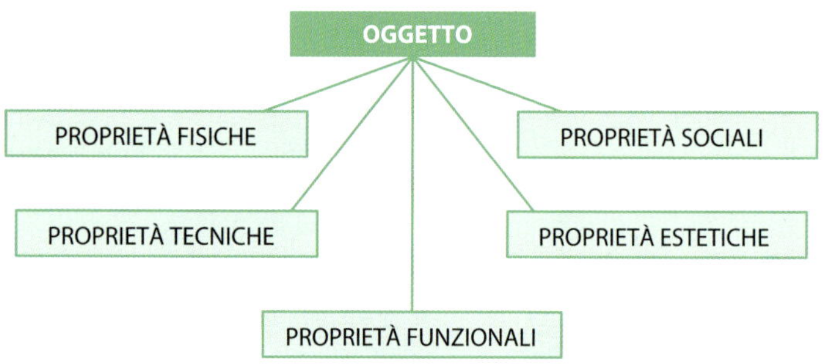

Tra le principali proprietà di un oggetto qui elencate, le più rilevanti per il disegno tecnico sono quelle fisiche o, più precisamente, alcune di esse.

Infatti alcune proprietà fisiche, di cui citiamo solo le più importanti, possono risultare secondarie o fondamentali secondo la finalità perseguita; per esempio le caratteristiche luministiche o di colore possono interessare disegni specificamente rivolti a un'analisi ambientale, mentre il peso o la durezza dei materiali possono essere importanti per un'analisi tecnica della costruzione.

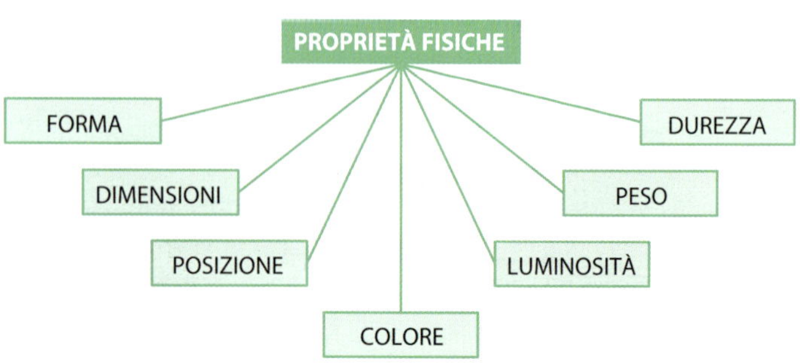

Nell'analisi di un oggetto bisogna però avere ben chiari gli scopi, e quindi non disperdere la propria attenzione in elementi secondari o irrilevanti per la soluzione del problema.

Per facilitare questo procedimento, l'uomo ha elaborato dei **modelli di analisi**, adeguati agli specifici problemi dei vari settori.

Nell'ambito del disegno tecnico è prevalente l'uso del **modello geometrico**, che ci guida nell'analisi **formale**, **dimensionale** e **posizionale** dell'oggetto da rappresentare. Attraverso il modello geometrico possiamo non solo classificare alcune proprietà dell'oggetto, ma anche organizzarle, strutturarle, studiarle.

Analisi formale

Nell'analizzare la forma di un oggetto operiamo una **semplificazione**, che consente di scomporlo e ridurlo a figure solide. L'oggetto reale diviene così un'astrazione geometrica.

All'interno di un'**immagine continua**, andiamo a individuare gli **elementi discreti** (cioè distinti, separati), cercando quelli che meglio si adattano al modello geometrico; l'**oggetto reale viene riportato a solidi** (parallelepipedi, prismi ecc.).

Progredendo ulteriormente nella semplificazione geometrica, i **solidi vengono ricondotti a superfici, linee, punti**.

Queste semplificazioni ci consentono di proseguire l'analisi dimensionale e posizionale dell'oggetto; con la definizione di un numero ridotto di elementi geometrici, possiamo dare all'oggetto dimensioni definite e assegnargli una precisa posizione nello spazio.

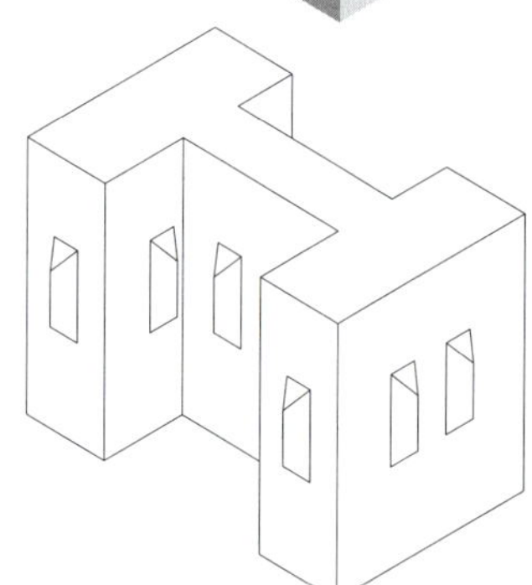

Descrivere la forma di un oggetto mediante linee e punti ci consente di usare anche i **modelli matematici**, che attraverso la geometria analitica trasformano le entità geometriche in numeri.

Proprio su una descrizione matematica della forma è fondata la **computergrafica**.

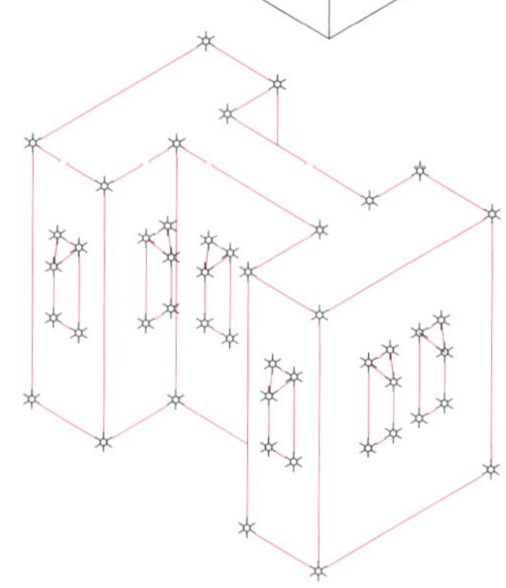

Naturalmente la figura geometrica crea una semplificazione, correggendo irregolarità ed eliminando dettagli, in certi casi ininfluenti.

È importante avere consapevolezza dello scarto tra figura geometrica e forme reali dell'oggetto, per valutare in quale misura tale scarto sia rilevante ai fini del disegno che stiamo realizzando.

Analisi strutturale

Dall'oggetto, scomposto e ridotto a elementi geometrici, emergono relazioni tra le parti costituenti. Sotto il corpo di un fabbricato possiamo scoprire lo scheletro, visibile o invisibile, che lo sostiene: la sua **struttura**.

Strutture geometriche

Nelle immagini proposte si può scoprire quale struttura geometrica, semplice o complessa, sorregge la forma.

Città di Palmanova (Udine).

Città di Grammichele (Catania).

Il Parlamento di Dacca (Bangladesh).

Il Pentagono a Washington (USA).

Duomo, Firenze.

Giardini di Versailles (Parigi).

Disegno di M.C. Escher.

Talvolta gli elementi che costituiscono un oggetto sono configurati secondo una struttura simmetrica.

Si ha una **simmetria assiale** quando una retta, detta **asse di simmetria**, divide una figura in due parti speculari; in questo caso ogni punto (A) della figura dista dall'asse quanto il suo simmetrico (A').

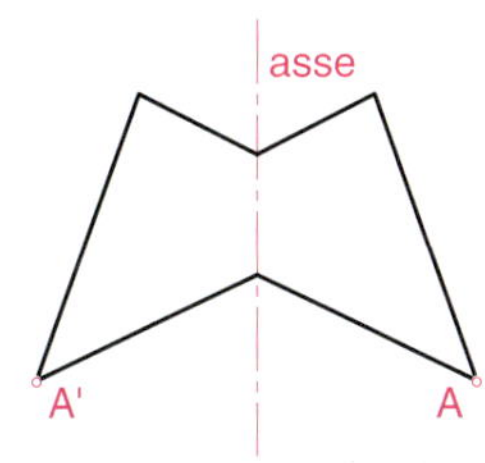

Quando una figura solida è divisibile in due parti speculari, si dice che essa è **simmetrica rispetto a un piano**, detto **piano di simmetria**. Ogni punto del solido rispetto al piano di simmetria si trova a una distanza uguale a quella del suo simmetrico.

Si ha invece una **simmetria centrale** quando ogni elemento di una figura dista da un punto, detto **centro di simmetria**, quanto il suo corrispondente.

Figure con simmetria assiale

La nostra particolare consuetudine a percepire immagini simmetriche (sono tali infatti quasi tutte le forme viventi), ha sempre indotto l'uomo a organizzare le sue costruzioni secondo tale struttura.

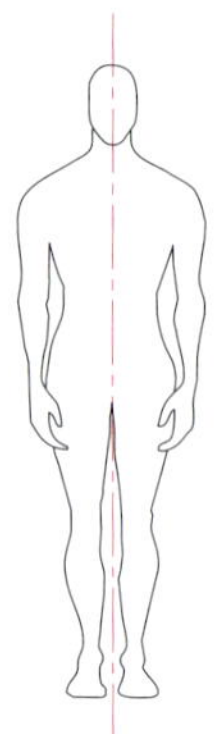

Il corpo umano è simmetrico rispetto a un piano.

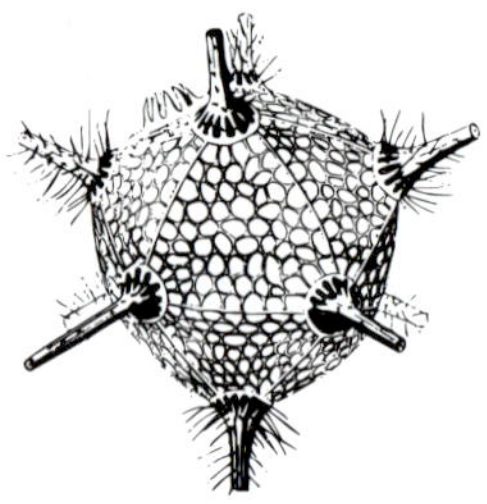

La struttura di un *radiolario* (protozoo marino) è simmetrica rispetto a un polo.

Immagine strutturata secondo un asse di simmetria: prospetto di un tempio (il Partenone di Atene).

Spazio strutturato secondo un piano di simmetria (basilica di Sant'Ambrogio a Milano).

Edificio strutturato secondo due piani di simmetria (Villa Capra, detta «La Rotonda», a Vicenza).

Figure con simmetria centrale

Le strutture con simmetria assiale inducono l'osservatore a una visione statica, oppure a seguire una direttrice rettilinea. Nelle strutture a simmetria polare l'attenzione è invece «calamitata» dal polo.

Rosone della facciata della Cattedrale di Chartres (Francia).

Tempio di Ercole Vincitore, Roma (120 a.C.).

Padiglione USA di R.B. Fuller per l'Esposizione Universale di Montreal, Canada (1967).

Nelle **strutture asimmetriche** si è invece indotti a una osservazione più libera e dinamica.

Walt Disney Central Hall, Los Angeles, di Frank D. Gehry (1984).

Cappella di Notre Dame du Haut a Ronchamp (Francia), di Le Corbusier.

Strutture modulari

Le figure talvolta sono composte da elementi di uguale forma, aggregati come tessere di un mosaico. Questi elementi, detti **moduli**, possono ripetersi secondo andamenti lineari, piani o spaziali.

Strutture modulari con sviluppo lineare

Fregio di tempio con metope e triglifi.

Prospetto dello Spedale degli Innocenti a Firenze, opera di Filippo Brunelleschi.

Strutture modulari con sviluppo piano

Possibili combinazioni geometriche di piastrelle ceramiche.

M.C. Escher, *Pegaso* (1959).

Palazzo Pitti a Firenze.

In immagini come questa è possibile ritrovare una struttura modulare a sviluppo lineare combinata con quella a sviluppo piano.

Strutture modulari con sviluppo spaziale

I moduli sono elementi tridimensionali con forma e dimensioni tali da consentirne l'aggregazione spaziale in vari modi.

Esemplare precursore di tali moduli tridimensionali è il mattone.

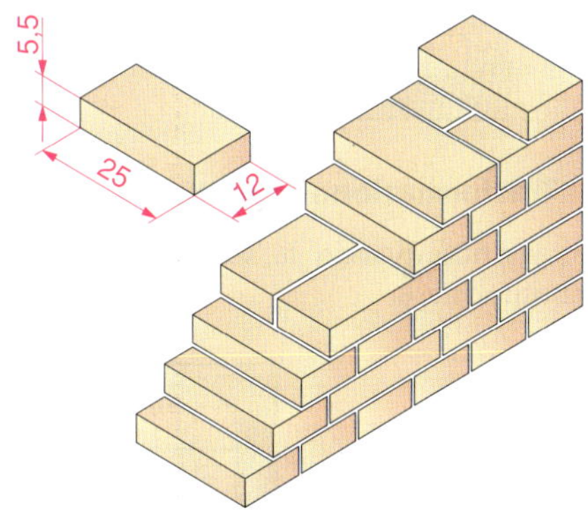

In casi come quello illustrato a fianco, i moduli si dispongono nel piano con una struttura a simmetria centrale e si sviluppano nello spazio secondo un asse.

Grattacieli a Marina City, Chicago (USA).

Strutture di trasformazione

Talune immagini sono riconducibili ad altre, cioè la loro forma deriva dalla trasformazione di un'altra figura.

Comunissimi casi di trasformazioni sono le ombre: tra l'oggetto e la sua ombra esiste una relazione creata dalla luce. A seconda della luce e del tipo di superficie su cui l'ombra viene proiettata, si verificano diversi tipi di trasformazioni.

Trasformazione omotetica

Questa trasformazione si verifica tra una figura e la sua ombra proiettata su un piano parallelo alla figura stessa. Gli angoli restano uguali e i lati sono in proporzione, pertanto le figure sono simili.

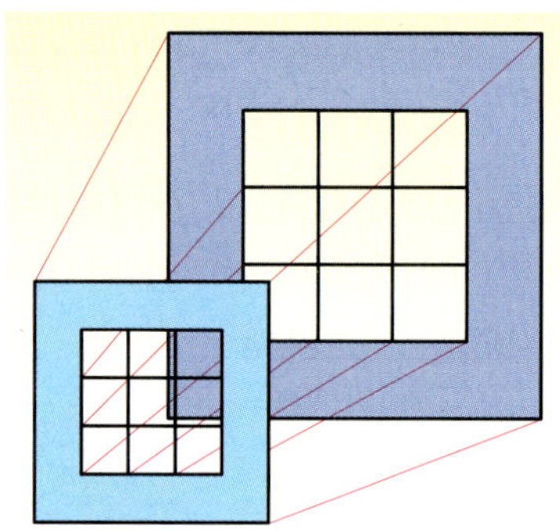

Trasformazione proiettiva

Si verifica quando la sorgente di luce è puntiforme.

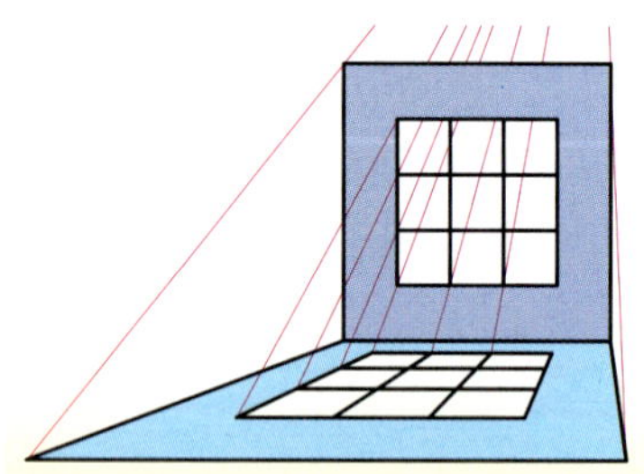

Trasformazione affine

Si verifica quando si ha una sorgente di luce a distanza infinita, come il Sole.

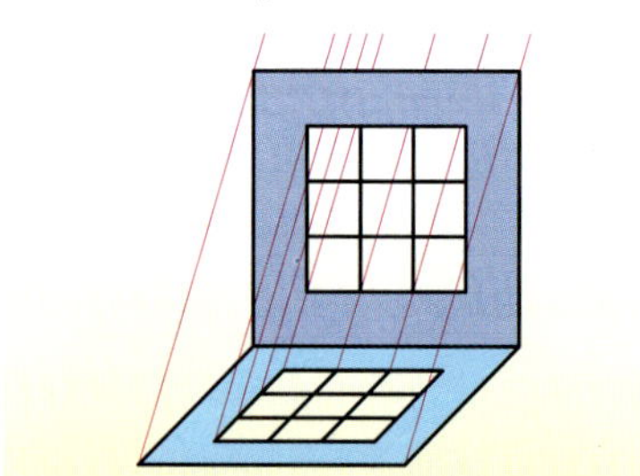

APPROFONDIMENTI

Anamorfosi (2 pagine)

Escher e le trasformazioni (2 pagine)

Trasformazione topologica

Si verifica nei casi in cui l'ombra viene proiettata su superfici curve o irregolari.

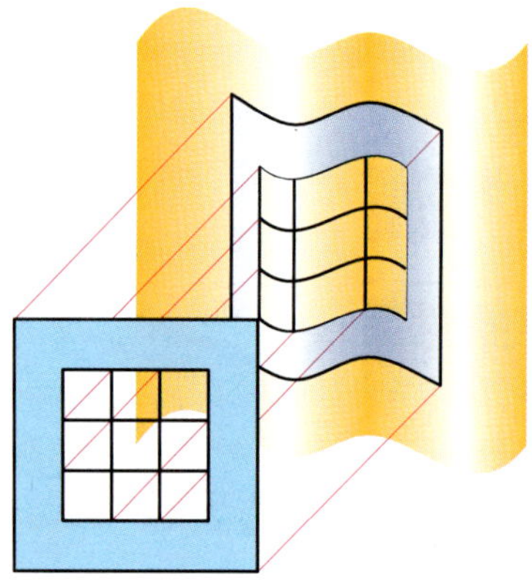

Su reticoli ottenuti per trasformazione, è possibile ricavare varie trasformazioni di una stessa figura.

M.C. Escher, *Balconata* (1945).

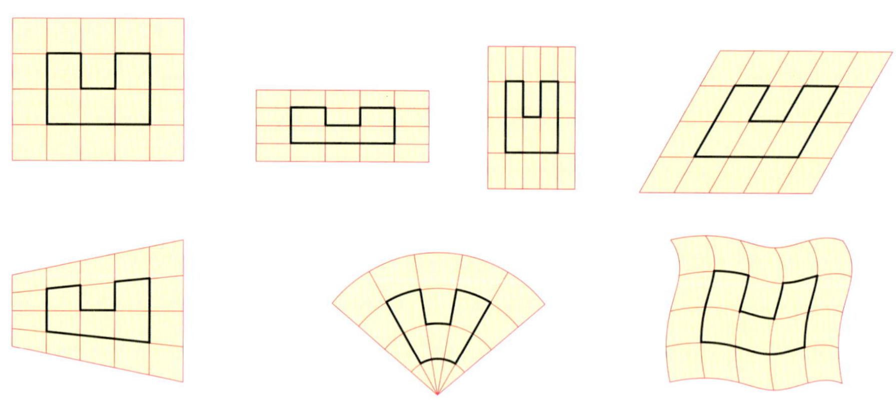

Sulle trasformazioni molti artisti hanno realizzato disegni particolarmente suggestivi e talora bizzarri. Per esempio nelle **anamorfosi** si verifica una particolare trasformazione di un'immagine, che risulta correttamente proporzionata solo se si osserva il disegno di scorcio.

Anamorfosi di G. Schön che ritrae quattro personaggi del '500: Carlo V, Ferdinando I, Paolo III e Francesco I. A fianco sono riportate le immagini visibili da opportuni punti di vista.

MEMO

L'**anamorfosi** è un artificio pittorico che consente di ottenere immagini percepibili solo se osservate di scorcio o da un determinato punto di vista.

Analisi dimensionale

Rilevando e analizzando le dimensioni di un oggetto possiamo eliminare eventuali inganni percettivi e dare alla figura una consistenza scientificamente esatta. Gli elementi geometrici in cui abbiamo scomposto l'oggetto divengono così **grandezze fisiche**.

La misurazione ci consente di trasformare il disegno in un potente strumento di indagine: possiamo scoprire costanti e varianti, norme e proporzioni, a prima vista sfuggite alla nostra analisi.

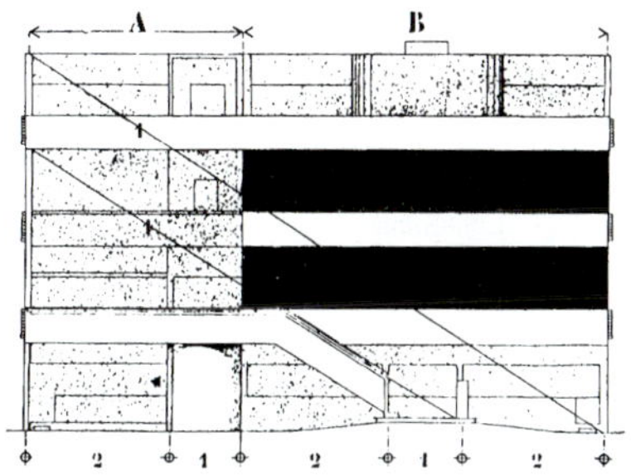

Veduta dal giardino.

Villa Stein di Le Corbusier a Garches (Francia).

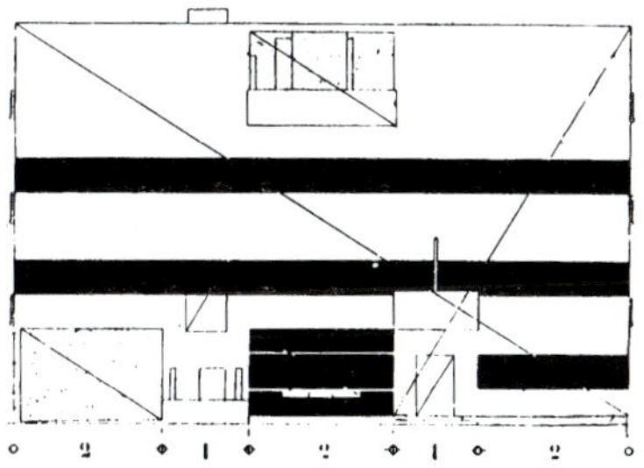

Veduta dell'ingresso.

Villa Stein di Le Corbusier a Garches (Francia).

La necessità di misurare in modo più o meno rigoroso è però determinata dallo scopo che ci proponiamo.

In un disegno di rilievo meccanico si può spingere la precisione fino a misure che presentino un'approssimazione pari a 1 micrometro (1/1000 di mm). In taluni casi invece, per necessità o opportunità, eseguiamo delle misurazioni «a occhio», cioè senza strumenti di misura: in questi casi si parla di **stima**.

La stima delle dimensioni si esegue basandosi sull'esperienza, oppure su riferimenti di cui si conoscono le dimensioni: per esempio l'altezza di una persona, la lunghezza di un passo o di una mano.

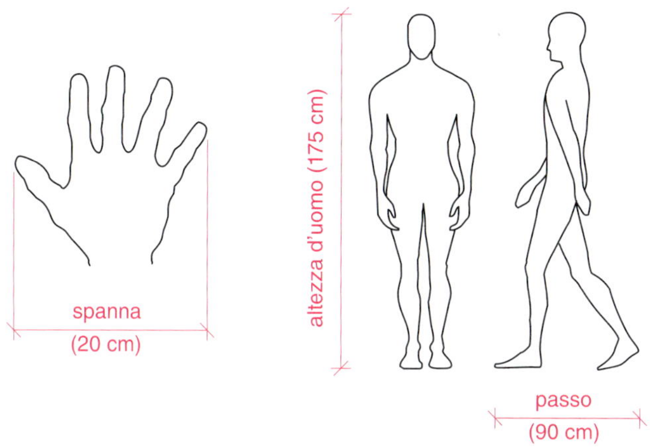

La presenza di una persona davanti a un edificio ci può aiutare a stimarne l'altezza. L'estrema facilità nel reperire un riferimento nelle dimensioni del corpo umano è stata notata fin dall'antichità; proprio per questo motivo le unità di misura furono per molti secoli quelle **antropometriche**.

MEMO

Antropometrico: elemento basato sulle dimensioni del corpo umano (in greco *àntropos* significa «uomo» e *metron* «misura»).

Analisi posizionale

Sistemi di riferimento

Per studiare in modo preciso e accurato un oggetto non basta definirne forma e dimensioni; senza una descrizione del suo rapporto con il contesto ambientale non potremmo avere una completa percezione spaziale. In altre parole **è essenziale definire la posizione dell'oggetto in relazione agli oggetti che lo circondano**. Questa analisi è importante ai fini percettivi: non è infatti irrilevante che una villa sia situata sulla sommità di una collina o nel pieno di un centro urbano; ma lo è anche per altri aspetti funzionali: che una stanza si affacci su una buia chiostrina, oppure sia esposta apertamente a sud non è secondario per la sua idoneità a svolgere certe funzioni abitative.

Per poter definire la posizione di un oggetto nello spazio dobbiamo assumere qualche elemento di riferimento. I **riferimenti** possono essere **assoluti** o **relativi**; si definiscono assoluti quelli che hanno un validità universalmente fissata e riconosciuta, mentre si considerano relativi quelli validi in determinate condizioni e per certe persone. Per esempio per definire a che altezza si trova un centro abitato, possiamo dire che si trova a 400 metri sul livello del mare (riferimento assoluto) oppure 50 metri più in alto di un certo paese vicino (riferimento relativo).

Per trovare un sistema di riferimento assoluto, fin dall'antichità si è fatto ricorso a elementi naturali facilmente riconoscibili da tutti; la direzione dell'oriente, assunta come riferimento geografico, ha dato il nome al sistema di **orientamento**. Da quando si è potuto far uso di strumenti scientifici (come la bussola magnetica), il riferimento geografico per eccellenza è diventato il nord.

L'orientamento ha ancora oggi una validità in molti settori scientifici e tecnici (dalla geografia alla nautica); nel campo dell'architettura esso è rimasto un elemento importante per definire soprattutto l'esposizione solare di una costruzione. Se una stanza è esposta a nord, gode di una scarsa illuminazione naturale e quindi sarà più adatta a ospitare una stanza da letto che un soggiorno.

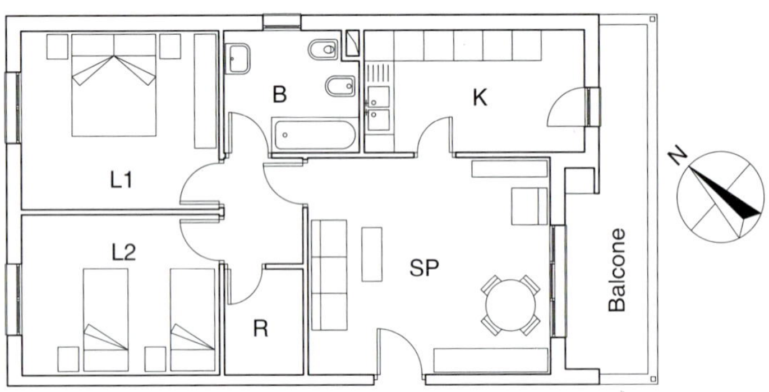

In genere le piante degli edifici sono provviste dell'indicazione grafica dell'orientamento geografico.

Il metodo con cui si può rilevare la posizione di un oggetto nel suo ambiente deve essere funzionale alle peculiarità del problema e alla disponibilità di strumenti.

Una piccola imbarcazione, per esempio, possiede solo una bussola da rilevamento e un telemetro (strumento per misurare otticamente la distanza di un punto dall'osservatore); per definire la posizione dell'imbarcazione rispetto a un porto può basarsi su due elementi:

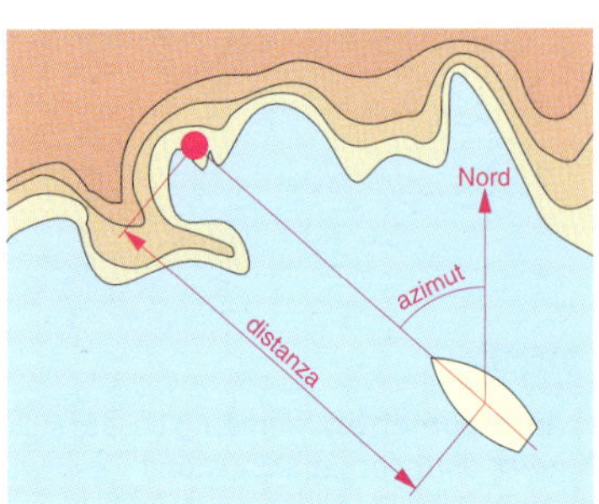

- l'angolo di rilevamento, detto **azimut**, cioè l'angolo formato dal nord con la retta passante per imbarcazione e porto;
- la distanza tra barca e porto.

Si baserà quindi su due grandezze, una angolare e una lineare, e su un riferimento, il nord.

Al contrario, se un'imbarcazione con una strumentazione più sofisticata (per esempio, sestante e telemetro) volesse fare il punto nave, potrebbe basarsi sulle coordinate geografiche, cioè **latitudine** e **longitudine**; come è noto, esse sono definite dagli angoli formati da meridiano e parallelo passanti per il punto riferiti rispettivamente al piano equatoriale e al meridiano di Greenwich. In pratica si sono usate due grandezze angolari e due piani di riferimento.

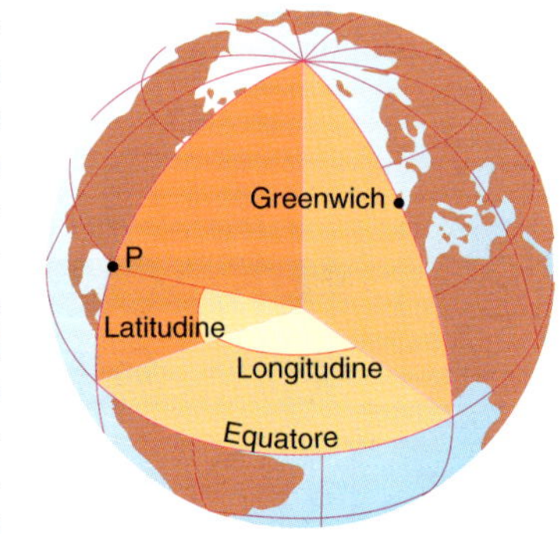

Questi due metodi, pur non essendo usati nel disegno tecnico, richiamano i **sistemi di coordinate**, che vediamo di seguito, basati su grandezze lineari o angolari e su due o tre riferimenti (rette o piani).

Per determinare la posizione di un punto, si usano le **coordinate**. Esse permettono di definire la posizione del punto attraverso valori lineari o angolari.

Coordinate nel piano

Coordinate cartesiane

Gli **assi cartesiani** sono una coppia di rette perpendicolari orientate.

L'asse orizzontale, indicato con la lettera **x**, è detto **asse delle ascisse**; quello verticale, indicato con **y**, è chiamato **asse delle ordinate**.

L'intersezione degli assi è detta **origine** (O), mentre il piano su cui giacciono gli assi è chiamato **piano cartesiano**.

Le **coordinate cartesiane** di un punto sono la coppia di distanze del punto stesso dagli assi cartesiani.

La distanza del punto dall'asse y è detta **ascissa**, mentre la distanza da x è l'**ordinata** del punto.

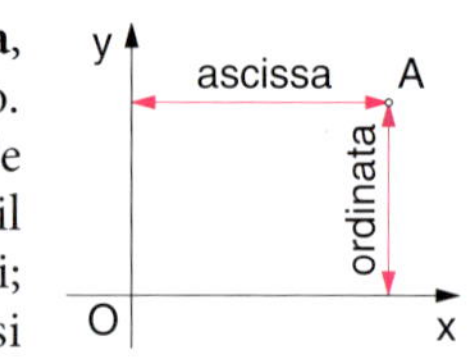

L'**orientamento** degli assi, indicato dalle frecce (verso destra e verso l'alto), segnala il verso positivo dei valori presi sugli assi stessi; dalla parte opposta rispetto all'origine si avranno valori negativi.

Le coordinate vengono trascritte indicando tra parentesi i due valori separati da una virgola (prima l'ascissa e poi l'ordinata); per esempio:

$A \equiv (5, 3)$*
$B \equiv (-4, 2)$
$C \equiv (4, -3)$

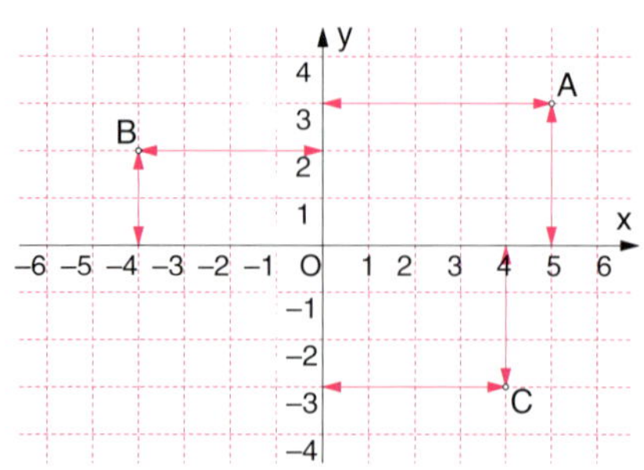

* Si legge «A di coordinate 5 e 3».

APPROFONDIMENTI

Le coordinate nella storia (3 pagine)

Coordinate polari

I riferimenti polari sono una semiretta orientata e la sua origine.

La semiretta è chiamata **asse** e l'origine della semiretta è detta **polo**.

Le **coordinate polari** di un punto sono una coppia di valori, uno lineare (la distanza del punto dal polo), e uno angolare (l'angolo formato dall'asse con la semiretta condotta dal polo al punto).

La distanza del punto dal polo è chiamata **modulo** (in figura m = $\overline{AO}$), mentre prende il nome di **anomalia** ϑ l'angolo formato dall'asse con la semiretta AO.

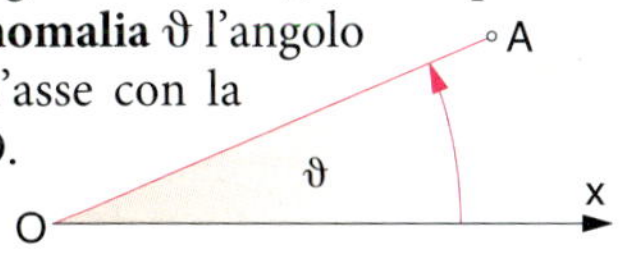

Il modulo è sempre positivo.

Anomalia positiva si ha quando è diretta in **senso antiorario** dall'asse verso la semiretta AO; è invece **negativa** quando ruota in **senso orario**.

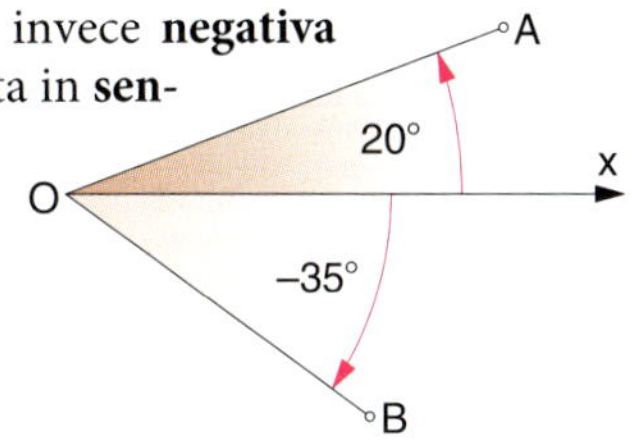

Le coordinate polari si trascrivono in questo modo: prima il modulo, poi il simbolo <, infine l'anomalia. Per esempio:

A ≡ (40 < 20) B ≡ (32 < –35)

Coordinate assolute e relative

Le **coordinate assolute** sono quelle ottenute con riferimenti fissi (cartesiani o polari).

Le **coordinate relative** sono quelle riferite al punto precedentemente indicato o disegnato.

Le coordinate relative rendono molto più semplice l'immissione di valori, se si conoscono le distanze o gli angoli di un punto rispetto a un altro disegnato in precedenza.

Per esempio, se si volesse disegnare la figura seguente con le **coordinate cartesiane assolute** (cioè riferite sempre a O), bisognerebbe fornire i seguenti valori:

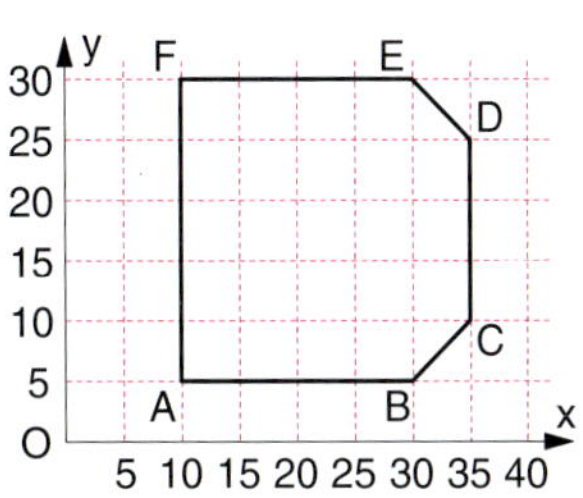

COORDINATE CARTESIANE ASSOLUTE

	x	y
A	10	5
B	30	5
C	35	10
D	35	25
E	30	30
F	10	30

La stessa figura potrebbe essere ottenuta indicando le coordinate assolute di A e le coordinate cartesiane relative dei punti successivi; in questo modo le coordinate di B sono riferite al punto A, quelle di C sono relative a B e così via.

COORDINATE CARTESIANE ASSOLUTE

	x	y
A	10	5

COORDINATE CARTESIANE RELATIVE

	x	y
B	20	0
C	5	5
D	0	15
E	–5	5
F	–20	0

Coordinate nello spazio

Coordinate cartesiane

Una **terna di assi cartesiani** è costituita da tre semirette orientate, tra loro perpendicolari e con la stessa origine.

Gli assi orizzontali sono indicati con le lettere x e y, mentre quello verticale è individuato dalla lettera z.

I piani formati da coppie di assi (xy, xz, yz) sono detti **piani coordinati**.

Gli assi x e y sono rispettivamente chiamati **asse delle ascisse** e **asse delle ordinate**; l'asse z è invece chiamato **asse delle elevazioni**.

Le **coordinate cartesiane** di un punto nello spazio sono le distanze del punto dai piani coordinati.

Le coordinate cartesiane sono:

- **ascissa** (distanza dal piano yz);
- **ordinata** (distanza dal piano xz);
- **elevazione** (distanza dal piano xy).

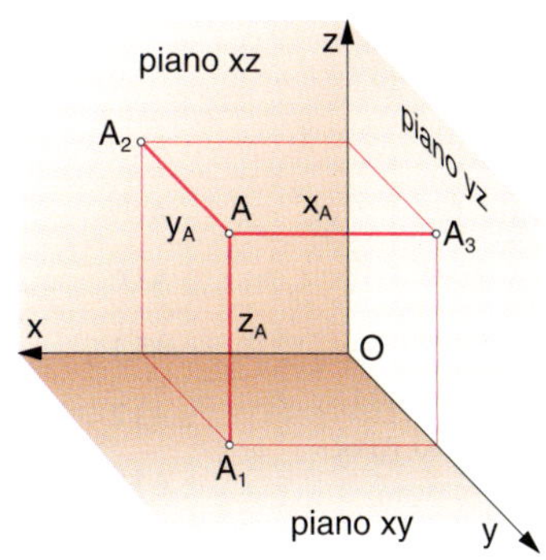

Così come da un punto si possono rilevare le sue coordinate nello spazio, si può realizzare anche l'operazione inversa, cioè individuare un punto nello spazio a partire dalle sue coordinate.

GLOSSARIO
La **proiezione ortogonale** di un punto su un piano è il piede della perpendicolare condotta dal punto al piano.

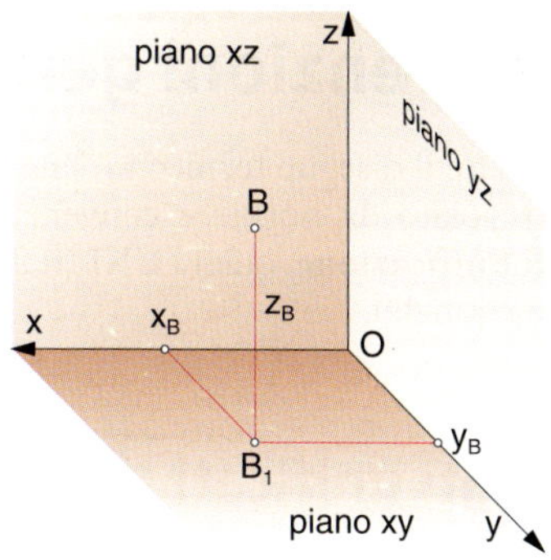

Nella figura qui sopra si è preso un segmento di lunghezza x_B sull'asse x, un segmento y_B sull'asse y e da essi si sono condotte le parallele a x e a y. Si trova così il punto B_1, dal quale si «eleva» un segmento di lunghezza z_B, determinando il punto B.

Analogamente, partendo dalle coordinate dei vertici o di altri punti di una figura piana o solida, si può ricostruire la figura nello spazio.

Nella trascrizione delle coordinate si devono indicare in ordine la x, la y e infine la z, separandole con una virgola.

Coordinate sferiche

Un **sistema di riferimento sferico** è costituito da un piano e da una semiretta orientata, appartenente al piano stesso.

Conducendo da un punto A la perpendicolare al piano si trova A_1, la sua **proiezione ortogonale** sul piano. Inoltre congiungendo O con i punti A e A_1, si ottengono le semirette a e a_1.

Le **coordinate sferiche** di un punto sono due angoli e una lunghezza:

- l'angolo α tra l'asse x e la retta a_1;
- l'angolo β tra le rette a e a_1;
- la lunghezza del segmento OA.

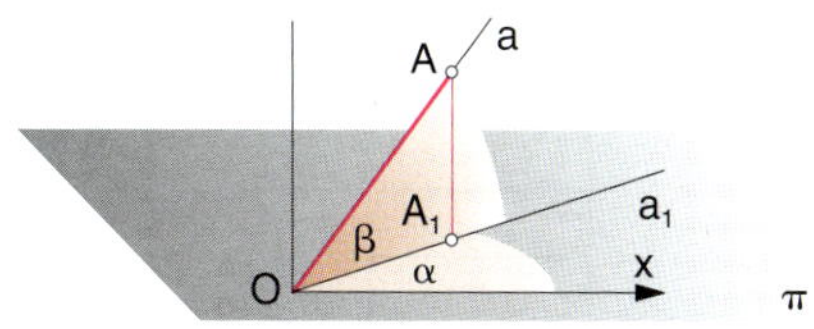

Coordinate cilindriche

Anche in questo caso il sistema di riferimento è formato da un piano e da una semiretta orientata, appartenente al piano stesso.

Si conduce da A la perpendicolare al piano, trovando la sua **proiezione ortogonale** A_1; congiungendo O con A_1 si ottiene la semiretta a.

Le **coordinate cilindriche** di un punto sono un angolo e due lunghezze:

- l'angolo α tra l'asse x e la retta a;
- la lunghezza del segmento OA_1;
- la lunghezza del segmento AA_1.

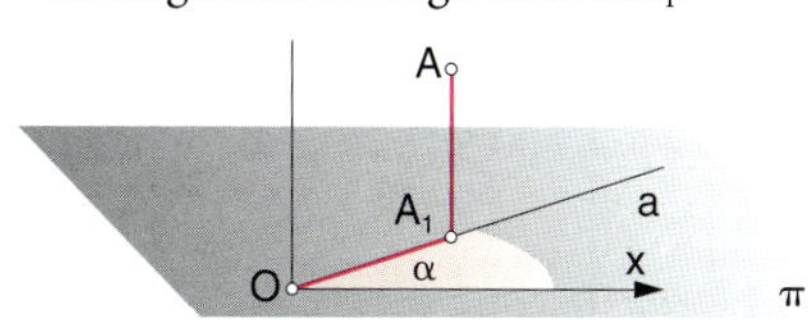

Convenzioni generali del disegno tecnico

Per rendere il disegno tecnico un linguaggio chiaro e rigoroso, esso viene regolato da norme e convenzioni; esse sono formulate da **Enti di unificazione**, quali l'**UNI** (italiano), l'**EN** (europeo) e l'**ISO** (internazionale).

Formati unificati

Le dimensioni dei fogli sono definite dalla tabella UNI EN ISO 5457. Questi formati si basano su rettangoli che hanno un rapporto tra altezza e base pari a $1:\sqrt{2}$. Esso non è altro che il rapporto tra il lato di un quadrato e la sua diagonale.

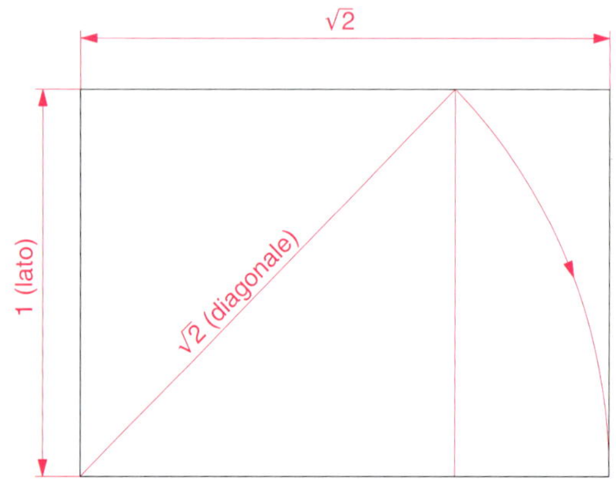

La serie dei formati ISO-A è basata sulla definizione del formato A0 (il più grande) che ha un'area di 1 m^2 e i lati nel rapporto $1:\sqrt{2}$; le sue dimensioni sono 841 × 1189 mm. I formati più piccoli hanno proporzioni identiche e area gradualmente dimezzata.

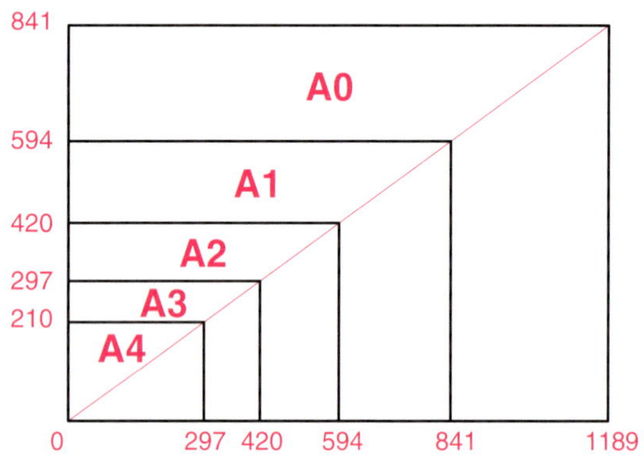

Dal formato base A0 (841 × 1189), si ricava il successivo A1, dimezzandone il lato più lungo: esso pertanto ha dimensioni 594 × 841.

Procedendo analogamente, cioè dimezzando sempre il lato maggiore, si ricavano i successivi.

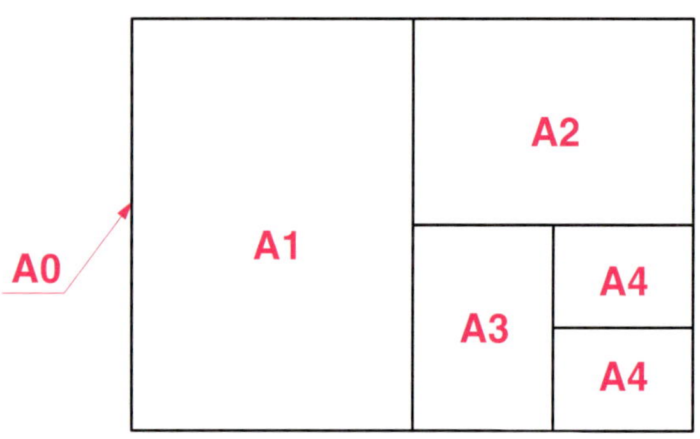

FORMATI ISO-A

DESIGNAZIONE	FOGLIO RIFILATO mm	×	mm	FOGLIO NON RIFILATO mm	×	mm
A0	841	×	1189	880	×	1230
A1	594	×	841	625	×	880
A2	420	×	594	450	×	625
A3	297	×	420	330	×	450
A4	210	×	297	240	×	330

(UNI EN ISO 5457)

L'UNI prevede anche la possibilità di adottare, in casi particolari, **formati allungati**. Essi sono ottenuti combinando il lato corto di un formato A con il lato lungo di un altro formato A di dimensioni maggiori; per esempio combinando il formato A3, il cui lato corto è 297 mm, con quello lungo del formato A1, che è 841 mm, si ottiene un formato allungato designato con la sigla A3.1.

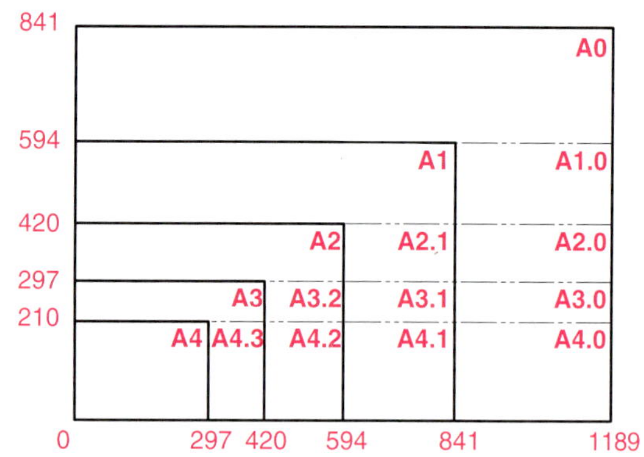

FORMATI ALLUNGATI

DESIGNAZIONE	DIMENSIONI mm	×	mm
A1.0	594	×	1189
A2.0	420	×	1189
A2.1	420	×	841
A3.0	297	×	1189
A3.1	297	×	841
A3.2	297	×	594
A4.0	210	×	1189
A4.1	210	×	841
A4.2	210	×	594
A4.3	210	×	420

(UNI EN ISO 5457)

APPROFONDIMENTI

Storia della normazione (5 pagine)

Squadratura

I fogli da disegno in commercio non sono esattamente coincidenti con i formati ISO-A, ma un po' più grandi; i più diffusi misurano 240 × 330 mm, oppure 330 × 480 mm.

La **squadratura** delimita la zona di esecuzione del disegno, lasciando un margine circostante di almeno 10 mm per i formati A2, A3 e A4 e di almeno 20 mm per i formati A0 e A1.

Qualora si dovesse eseguire la squadratura di un foglio, si può applicare il seguente procedimento.

1. Disegnate le diagonali, si centra con il compasso sulla loro intersezione, tracciando quattro archi di raggio a piacere.

2. Centrando nei punti trovati sulle diagonali, si conducono otto archi di apertura a piacere, che si intersecano in quattro punti; congiungendoli si tracciano gli assi del foglio.

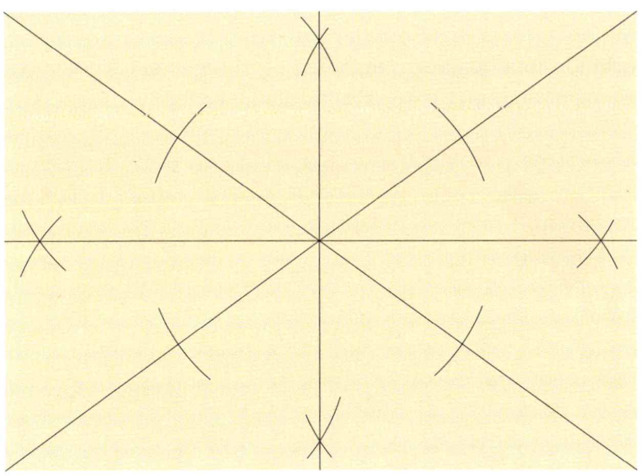

3. Si disegnano le parallele degli assi a distanza pari alla metà dei lati del formato ISO-A, ottenendo il rettangolo della squadratura.

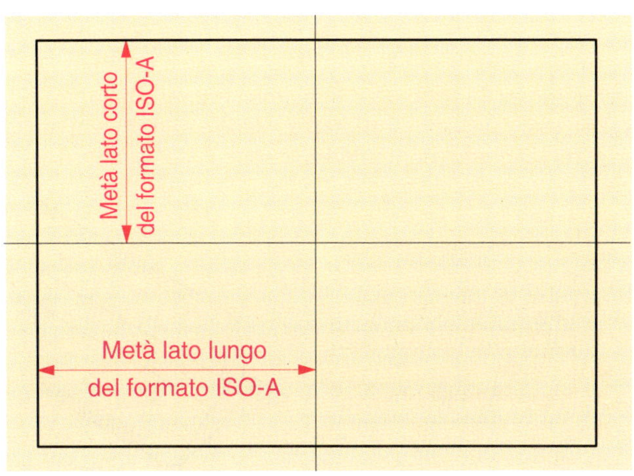

4. Si eliminano le linee di costruzione e si ripassa la squadratura con linea grossa continua (spessore minimo 0,5). All'interno si disegna la tabella.

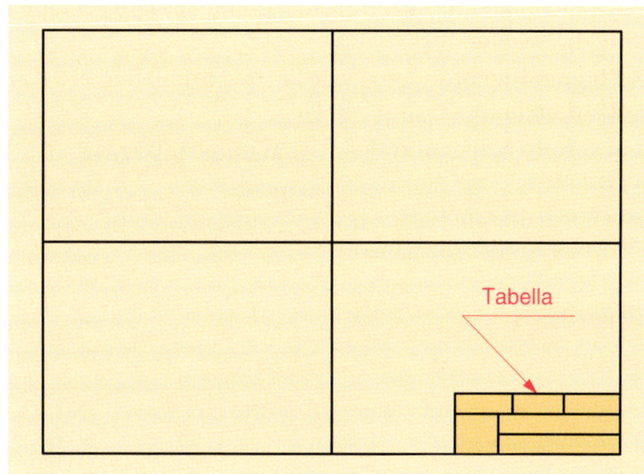

La **tabella** (o **riquadro delle iscrizioni**) viene disposta nell'angolo inferiore destro della squadratura. Essa è costituita da una zona principale e da una zona aggiuntiva.

La **zona principale** accoglie le seguenti informazioni:

- numero del disegno o codice;
- titolo del disegno;
- ragione sociale (persona o ente proprietario);
- simbolo del metodo di proiezione;
- scala del disegno;
- responsabilità e controllo.

La **zona aggiuntiva** riporta informazioni su modifiche e sui materiali o componenti presenti nel disegno.

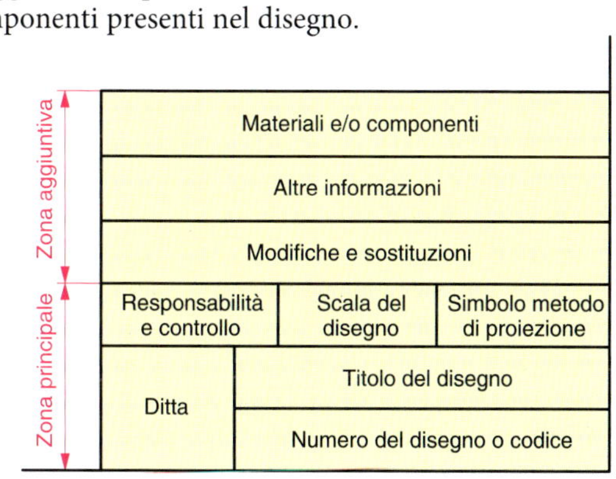

Struttura di tabella di uso aziendale.

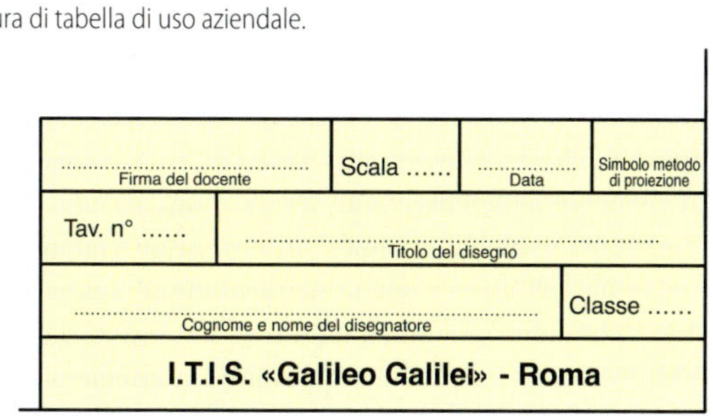

Esempio di tabella di uso scolastico.

Scale metriche del disegno

La **scala metrica del disegno** è il rapporto esistente tra le dimensioni lineari del disegno e quelle corrispondenti nell'oggetto reale.

La scala metrica è espressa dal **rapporto** tra due numeri: il primo numero è relativo al disegno, il secondo alla realtà. Per esempio la scala 1:20 significa che 1 mm del disegno equivale a 20 mm nell'oggetto reale.

Scala 1 : 20
Disegno ↗ (1) — Realtà ↖ (20)

Scale di riduzione sono quelle in cui il primo numero del rapporto è minore del secondo (per esempio 1:50).

Scale d'ingrandimento sono quelle in cui il primo numero è maggiore del secondo (per esempio 2:1).

Scala al vero (o **scala naturale**) è la scala 1:1.

Le **scale normalizzate** (UNI EN ISO 5455) sono indicate a fianco.

SCALE NORMALIZZATE

CATEGORIA	RAPPORTO
Ingrandimento	50:1 20:1 10:1 5:1 2:1
Al naturale	1:1
Riduzione	1:2 1:5 1:10 1:20 1:50 1:100 1:200 1:500 1:1000 1:2000 1:5000 1:10 000

SCALE PIÙ USATE

Meccanica	1:1 1:2
Arredo	1:5 1:10
Edilizia	1:20 1:50 1:100 1:200
Topografia	1:500 1:1000 1:2000 1:5000

CALCOLO RAPIDO

MISURA REALE	SCALA	MISURA DISEGNATA
1 m	1:200	0,5 cm
1 m	1:100	1 cm
1 m	1:50	2 cm
1 m	1:20	5 cm
1 m	1:10	10 cm
1 m	1:5	20 cm

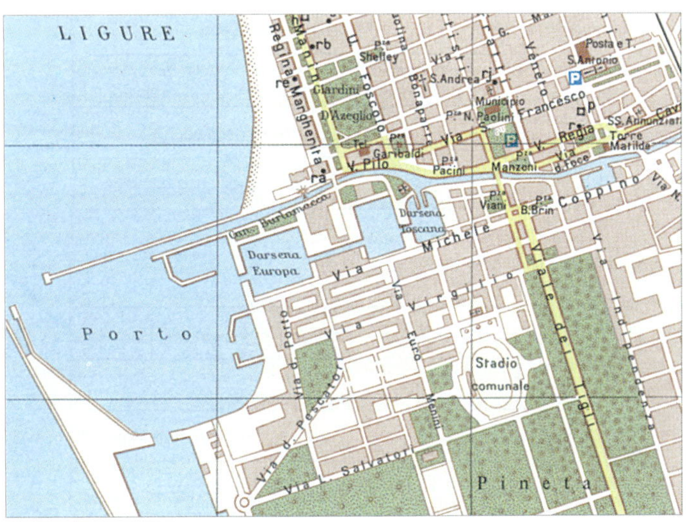

Planimetria di città (Viareggio). Scala 1:25 000.

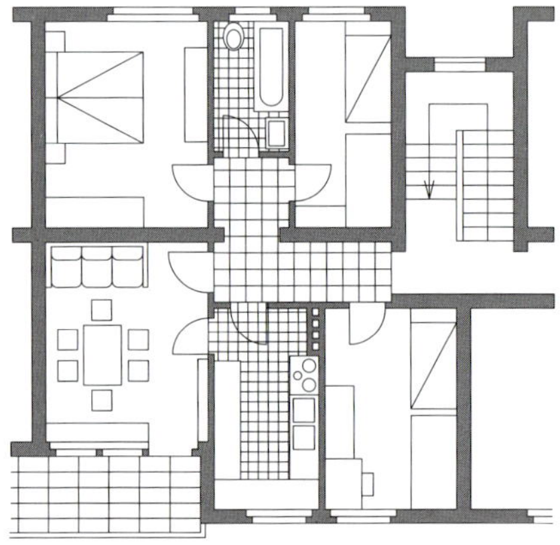

Pianta di alloggio a Berlino (Walter Gropius).

Scala 1:200

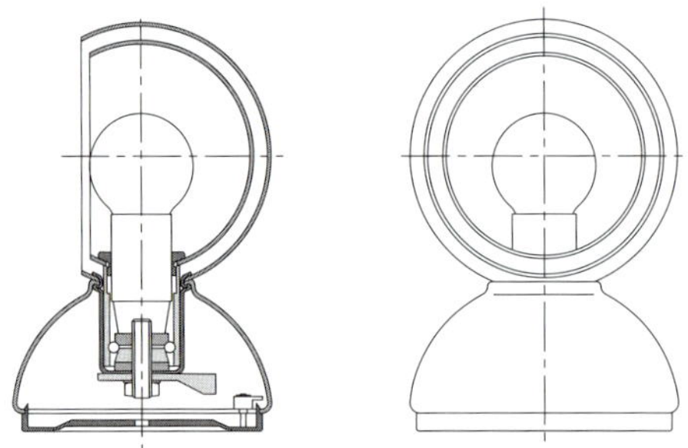

Lampada «Eclisse» di Vico Magistretti.

Scala 1:5

Scale grafiche

La **scala grafica** è un segmento graduato su cui sono riportate le misure reali.

Riportando una qualsiasi lunghezza del disegno sul segmento graduato, è possibile ricavarne la dimensione reale.

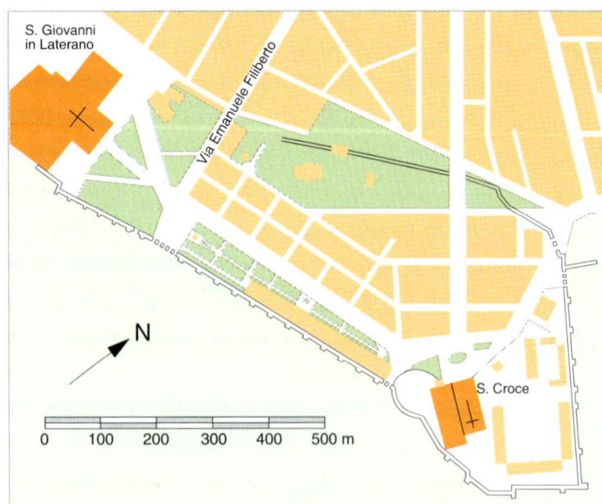

Per semplificare il lavoro del disegnatore, evitando laboriosi calcoli in scala, è usato spesso lo **scalimetro**, righello di sezione triangolare che riporta sei graduazioni in diverse scale.

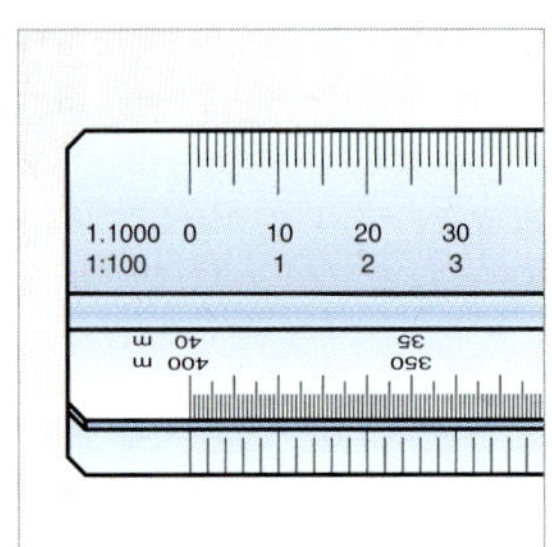

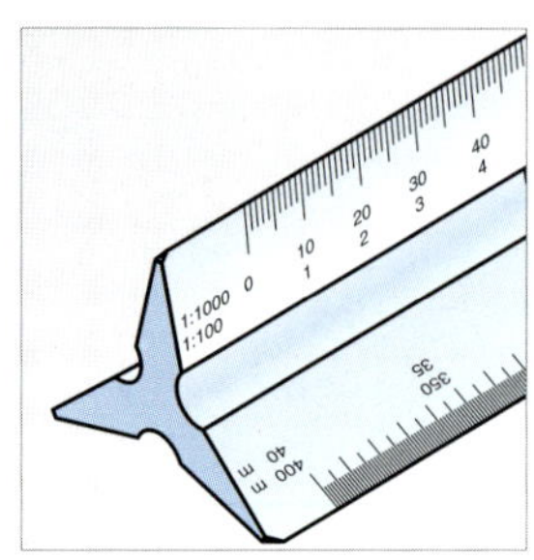

Tipi di linee

Nel disegno tecnico si usano solo i tipi di linee previsti dalla tabella UNI ISO 128-24. Le linee possono essere grosse oppure fini; le linee grosse devono avere spessore doppio di quelle fini. Le dimensioni del disegno e la densità grafica condizionano lo spessore delle linee stesse. Questi spessori in mm possono essere scelti tra i seguenti: 0,13 - 0,18 - 0,25 - 0,35 - 0,50 - 0,70 - 1,0 - 1,4 - 2,0.

TIPI DI LINEA UTILIZZABILI NEL DISEGNO TECNICO

TIPI DI LINEA	DENOMINAZIONE	APPLICAZIONI
1.1	Continua fine	.1 Intersezioni fittizie .2 Linee di misura .3 Linee di riferimento .4 Linee di richiamo .5 Tratteggi .6 Contorni di sezioni ribaltate .7 Assi di simmetria brevi .8 Fondi di filettature
	Continua fine irregolare*	.18 Limiti, tracciati a mano libera, di viste e sezioni parziali, quando non siano assi di simmetria
	Continua fine con zig zag*	.19 Limiti, tracciati al computer, di viste e sezioni parziali, quando non siano assi di simmetria
1.2	Continua grossa	.1 Spigoli in vista .2 Contorni in vista .3 Creste di filettature .4 Termine della filettatura a filetto completo
2.1	A tratti fine	.1 Spigoli nascosti .2 Contorni nascosti
2.2	A tratti grossa	.1 Indicazione di superfici oggetto di particolare trattamento
4.1	Mista fine a punto e tratto lungo	.1 Assi di simmetria .2 Tracce di piani di simmetria .3 Circonferenze primitive di ingranaggi .4 Circonferenze su cui si trovano assi di fori
4.2	Mista grossa a punto e tratto lungo	.1 Indicazione di porzioni di superfici soggette a trattamento .2 Posizione di piani di sezione
5.1	Mista fine a due punti e tratto lungo	.1 Contorni di pezzi adiacenti .2 Posizioni estreme di parti mobili .3 Assi o luoghi baricentrici .4 Contorni prima delle lavorazioni (sovrammetallo) .5 Parti situate anteriormente al piano di sezione

* È consigliabile utilizzare un solo tipo di linea in uno stesso disegno.

I seguenti disegni illustrano esempi di applicazione delle linee previste dalla norme vigenti.

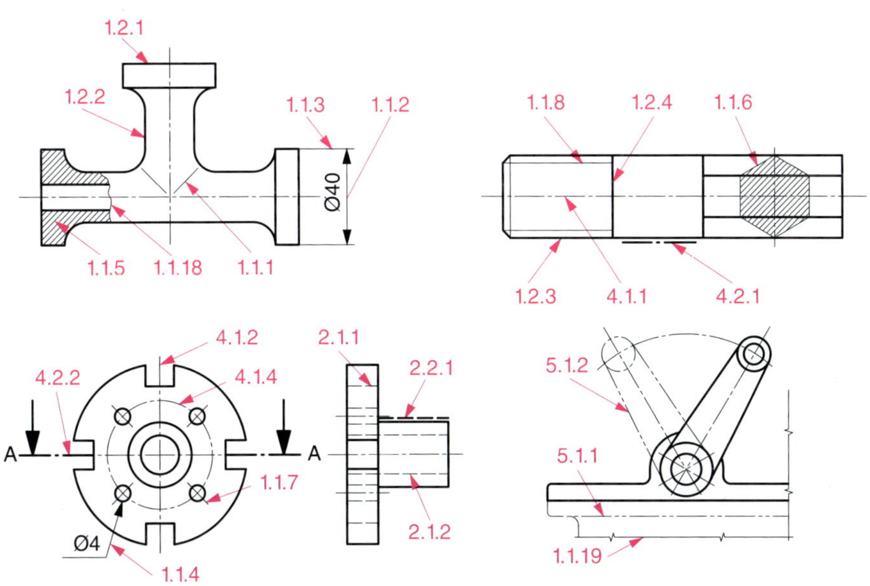

L'**ordine di priorità** da rispettare in caso di **sovrapposizione** di diversi tipi di linea è:

1. Contorni e spigoli in vista (tipo 1.2)
2. Contorni e spigoli nascosti (tipo 2.1)
3. Tracce di piani di sezione (tipo 4.2.2)
4. Assi di simmetria (tipo 4.1)
5. Linee per particolari applicazioni (tipo 5.1)
6. Linee di riferimento (tipo 1.1.3).

Le **linee di richiamo** hanno lo scopo di collegare una scritta o indicazione relativa a un elemento del disegno. Le **estremità delle linee di richiamo** possono essere:

- un punto, se terminano dentro un contorno;
- una freccia, se terminano su un contorno;
- né punto né freccia, se terminano su una linea di misura.

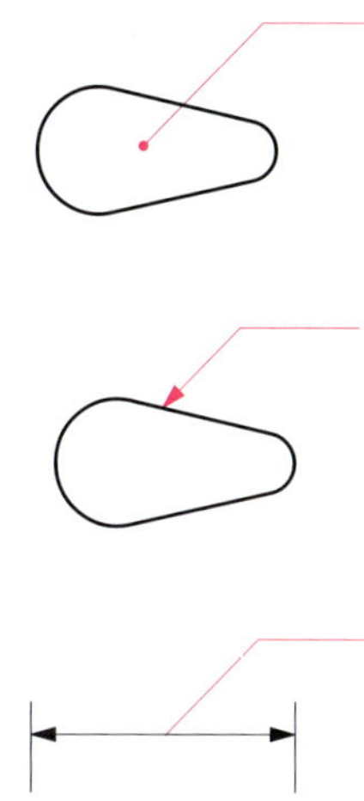

Per evidenziare **punti di incontro o intersezione di linee discontinue**, bisogna realizzare l'incontro o l'incrocio dei tratti.

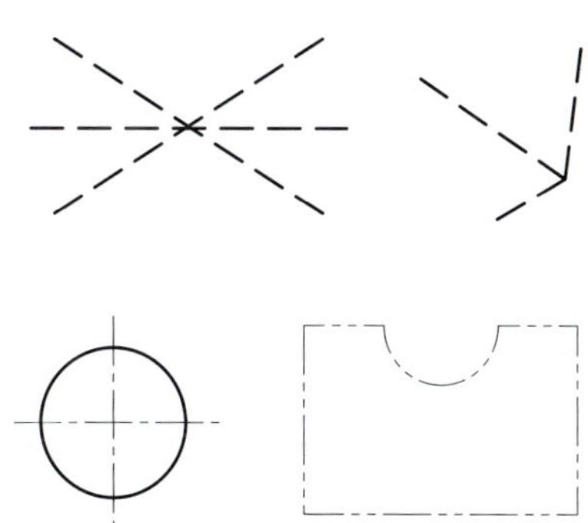

NOTA BENE

Ogni tipo di linea è associato secondo le norme vigenti a un preciso significato; la comprensibilità del disegno è garantita solo dal rispetto scrupoloso delle norme.

ATTENZIONE

Le norme riportate in questa pagina sostituiscono quelle vigenti prima del 2006.

Scritture

Le scritture sui disegni tecnici devono essere eseguite con accuratezza secondo requisiti indicati dalla tabella UNI EN ISO 3098.

I requisiti richiesti sono:

- leggibilità;
- uniformità e omogeneità;
- riproducibilità nella stessa scala o in formato ridotto con qualsiasi sistema.

I caratteri devono essere ben distinguibili tra di loro, in modo da evitare qualunque possibilità di confusione, anche in caso di piccole imperfezioni.

Lo spazio tra ciascun carattere deve essere almeno il doppio dello spessore della linea utilizzata.

Caratteri maiuscoli e minuscoli devono essere disegnati con lo stesso spessore di linea.

Per l'esecuzione delle scritture sono previsti due tipi di caratteri: **leggero** (tipo A) e **pesante** (tipo B).

I caratteri ISO 3098 di tipo B sono riprodotti nel disegno in fondo alla pagina.

Spaziatura dei caratteri

Scrivendo con i diversi strumenti o a mano libera, è opportuno regolare lo spazio tra i caratteri, che in ambito tipografico è detto **crenatura** o **kerning**; infatti, per ottenere una scrittura omogenea e gradevole, la crenatura va ridotta a seconda delle lettere che si affiancano. Per esempio:

è meglio ...

PATLV PATLV

invece di ...

PATLV PATLV

Scrittura con il normografo

Il normografo è una mascherina di plastica con intagli dei diversi caratteri. Esistono normografi con caratteri di diversi tipi e dimensioni.

I bordi del normografo sono provvisti di barrette di plastica che forniscono il risalto necessario per l'appoggio a righe o squadre lungo le quali possa scorrere.

Durante la tracciatura dei caratteri è opportuno tenere la matita o la penna in posizione verticale, come illustrato nella figura.

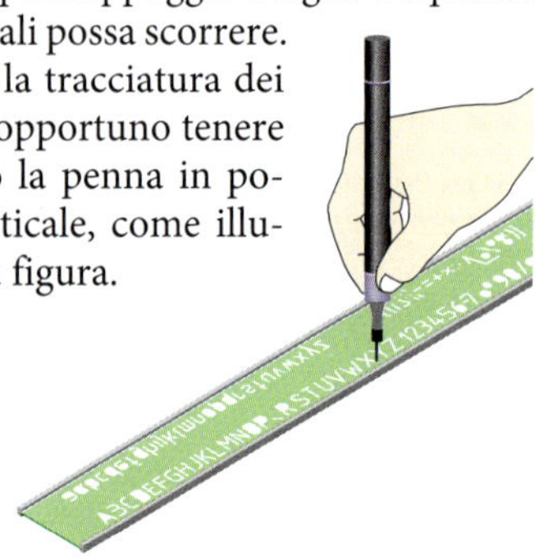

Uso dei trasferibili

Sono fogli di caratteri adesivi che, pressati con una punta di matita o di penna, si applicano ottenendo scritture di buona qualità, di tipi e dimensioni diverse.

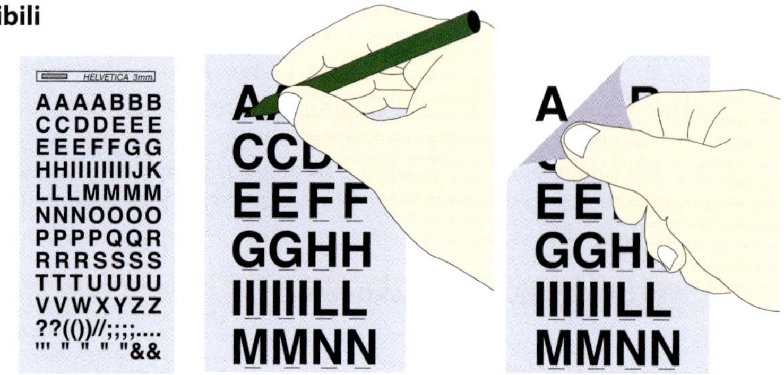

Scrittura a mano libera

Per ottenere, anche a mano libera, una scrittura di buona qualità, è utile seguire alcuni accorgimenti:

- scrivere utilizzando come guida due o più rette;
- il minuscolo deve essere alto 2/3 del maiuscolo;
- distanziare le diverse righe di una misura costante (≈ 1/3 dell'altezza massima dei caratteri).

Dabc Ldef Eghijl

DISTANZIARE
BENE LE RIGHE

ABCDEFGHILMNOPQRST
UVZWXY 1234567890
abcdefghijlmnopqrstuvxyz

Caratteri tipografici

Esistono numerosissime varianti dei caratteri tipografici (in inglese *font*); essi possono però essere distinti in due grandi gruppi:

1. Caratteri **con le grazie** (ad esempio ABCDEFGHI)
2. Caratteri **senza grazie** (ad esempio **ABCDEFGHI**).

Uno stesso carattere possiede diverse versioni, dette *stili*, quali per esempio:

- Tondo o — Book
- Corsivo o — *Italic*
- Neretto o — **Bold**
- Neretto corsivo o — ***Bold italic***
- Compresso o — Condensed
- Compresso chiaro o — Condensed light

MEMO

Le lettere dell'**alfabeto greco** maiuscolo e minuscolo sono le seguenti:

Α α	(alfa)	Ν ν	(ni)
Β β	(beta)	Ξ ξ	(csi)
Γ γ	(gamma)	Ο ο	(omicron)
Δ δ	(delta)	Π π	(pi)
Ε ε	(epsilon)	Ρ ρ	(ro)
Ζ ζ	(zeta)	Σ σ	(sigma)
Η η	(eta)	Τ τ	(tau)
Θ θ	(teta)	Υ υ	(ipsilon)
Ι ι	(iota)	Φ ϕ	(fi)
Κ κ	(cappa)	Χ χ	(chi)
Λ λ	(lambda)	Ψ ψ	(psi)
Μ μ	(mi)	Ω ω	(omega)

ABCDEFGHIJKLMNOPQRSTUVWXYZ
abcdefghijklmnopqrstuvwxyz
[(!?:;'-=+×:·√%&)]ø 12345677890 IVX

Caratteri della scrittura B verticale (UNI EN ISO 3098).

Strumenti tradizionali del disegno

Gli strumenti e i materiali del disegno tecnico, come tutti i prodotti della tecnologia attuali, sono soggetti a continui progressi e profondi mutamenti. La varietà e le prestazioni degli strumenti per il disegno sono sempre più ampie, per far fronte al ruolo trainante che l'informatica ormai ricopre nel mondo della grafica.

In queste pagine sono segnalati i più usati tra gli strumenti tradizionali del disegno tecnico.

Supporti

Carta bianca liscia. È molto impiegata in tutti gli ambiti del disegno tecnico e geometrico. In commercio se ne trova di formati e grammature (pesantezze) diversi.

Carta da lucido. È prevalentemente utilizzata in ambito professionale per realizzare disegni da cui ricavare copie eliografiche.

Plastiche (PVC, acetato, poliestere). Indeformabili e trasparenti sono adatte a dimostrazioni, proiezioni oppure disegni da archiviare.

Tracciatori

Matite. Oltre alle tradizionali matite in legno (poco adatte al disegno tecnico), sono di largo impiego i portamine in cui si montano mine da 2 mm oppure micromine di vario diametro (0,3 - 0,5 - 0,7 - 0,9 mm).

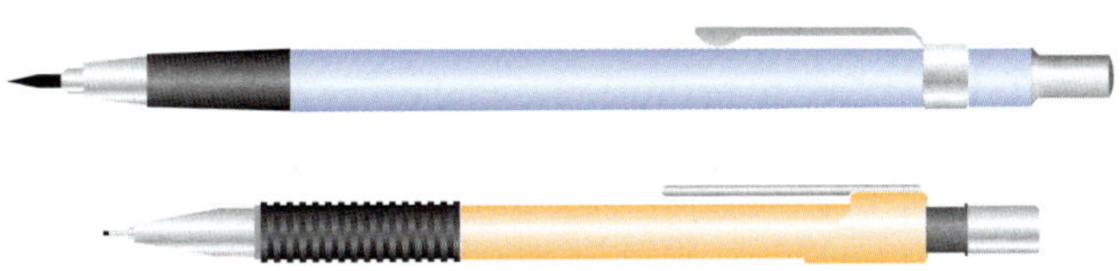

Mine. Sono cilindri di grafite impastata con collanti che conferiscono compattezza e durezza; le diverse durezze le rendono adatte a diversi impieghi nel disegno. Nel disegno tecnico sono prevalentemente usate le mine di durezza compresa tra 3H e 2B (v. la tabella seguente).

SIGLE DELLE MINE

MORBIDE	MEDIE	DURE
6B - 5B - 4B - 3B - 2B - B	HB - F - H	2H - 3H - 4H - 5H - 6H - 7H - 8H - 9H

Nota bene. Nelle sigle delle mine ricorrono le seguenti lettere:

- B da black (nero)
- F da firm (stabile)
- H da hard (duro)

Penne. Le penne si differenziano per le dimensioni del tratto, per il tipo di punta (in acciaio, in fibra sintetica) e per l'inchiostro (inchiostro di china, inchiostri permanenti ecc.).

Penna a inchiostro di china

Penna con punta in fibra sintetica

APPROFONDIMENTI

Storia degli strumenti di disegno (21 pagine)

Compassi. I diversi tipi (compasso ad aste, balaustrone, balaustrino ecc.) si differenziano per le dimensioni e per le modalità di apertura (con e senza vite micrometrica di regolazione). Oltre alla mina, i compassi possono montare anche le penne, mediante appositi innesti.

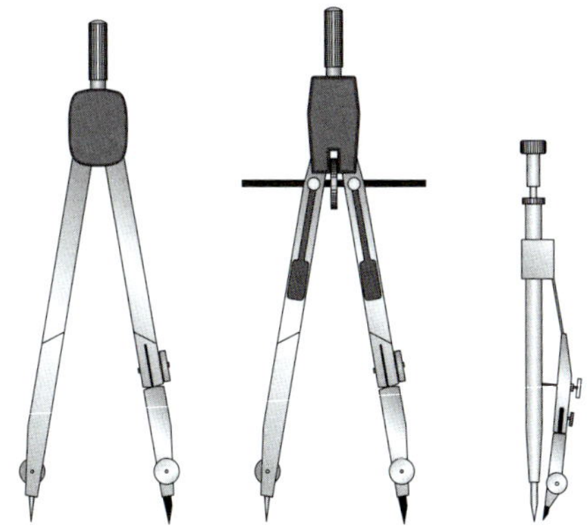

Compasso ad aste — Balaustrone — Balaustrino

Affilamine

Per fare la punta alle mine, oltre alla tradizionale e sempre valida carta abrasiva, esistono altri dispositivi, come il temperamine, la campana e il girello.

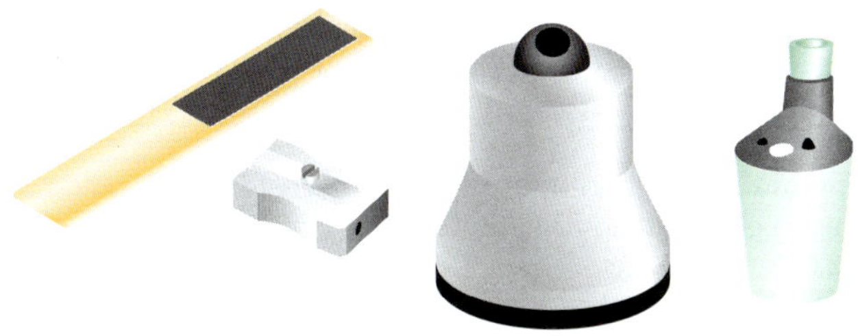

Correttori

Gomma bianca e morbida (per gli usi più frequenti).

Gomma matita (per cancellature di precisione).

Gomma-pane (per sfumature e pulizia del foglio).

Raschietto e **lametta** (per cancellature di inchiostro).

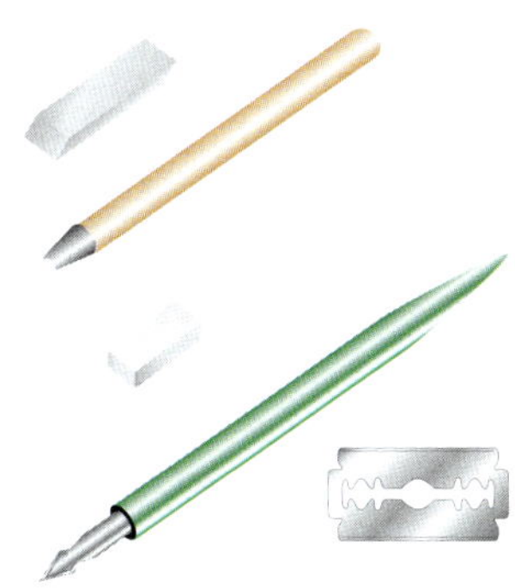

Guide

Righe e **righelli** (con bordi piatti, a scalino, millimetrati).

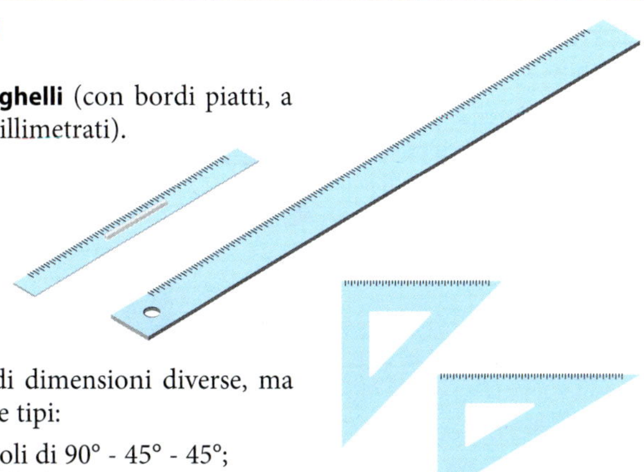

Squadre di dimensioni diverse, ma solo di due tipi:

- con angoli di 90° - 45° - 45°;
- con angoli di 90° - 30° - 60°.

Parallelineo. Consiste in una riga trattenuta da fili fissati sul tavolo; i vincoli dei fili consentono solo spostamenti paralleli.

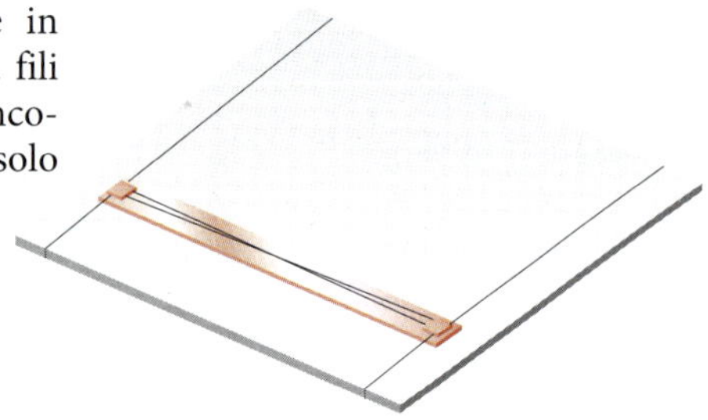

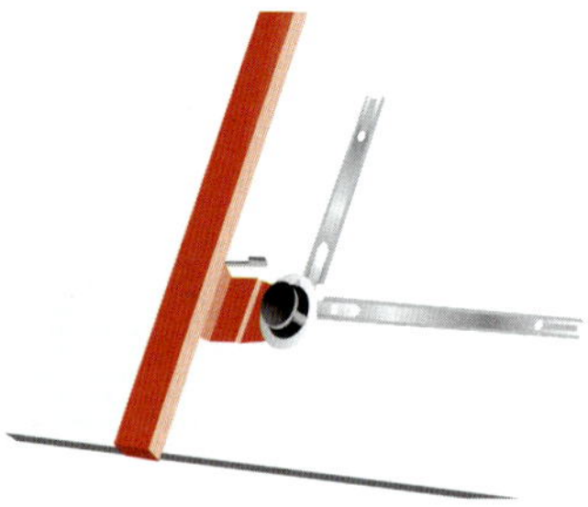

Tecnigrafo. È costituito da una coppia di righelli tra loro perpendicolari, fissati su un tamburo che può ruotare e slittare lungo guide che consentono spostamenti orizzontali e verticali sul tavolo.

Curvilinei. In materiale plastico e di varie forme, guidano nelle tracciature di curve.

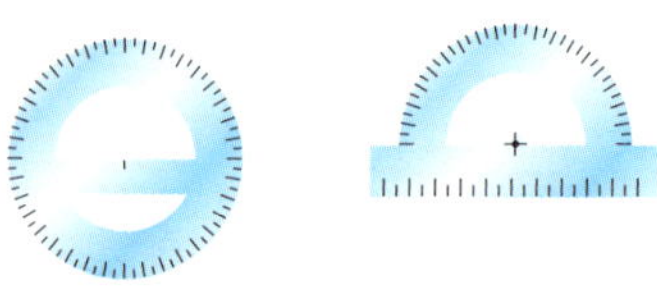

Goniometri. Permettono di misurare e tracciare angoli.

Normografi. Mascherine di plastica intagliate con caratteri alfanumerici che guidano nella scrittura.

Mascherine con forature di forme e dimensioni varie (cerchi, ellissi, raccordi ecc.).

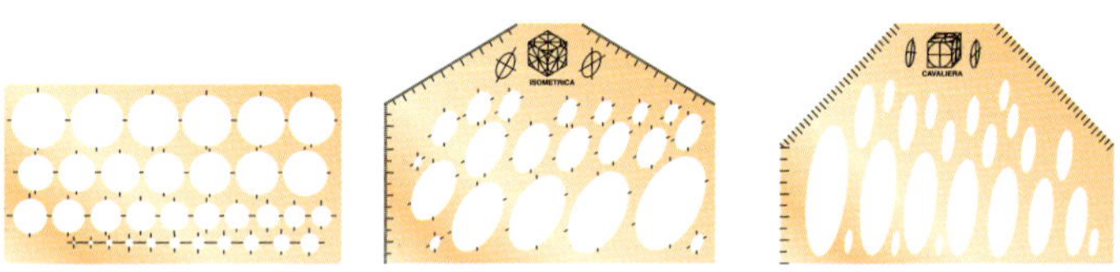

Piani di lavoro

I **tavoli da disegno** di tipo professionale sono inclinabili e regolabili in altezza; su di essi viene montato il tecnigrafo.

Esistono anche **tavolette** di plastica o legno, portatili e munite di riga scorrevole lungo la guida laterale a rotaia.

Suggerimenti

Compasso: deve essere di buona qualità; in genere basta un solo pezzo (balaustrone). È sconsigliabile l'acquisto di costosi astucci, contenenti molti pezzi, spesso inutilizzati.

Mine: devono essere della durezza adeguata (dure per la costruzione, morbide per il ripasso).

Punte: devono essere sempre ben affilate e della forma corretta:

- nella matita deve essere di forma conica;

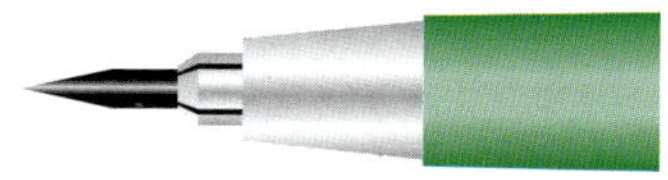

- nel compasso deve avere forma di scalpello; dopo l'affilatura bisogna regolarne l'altezza, in modo che sia allineata con lo spillo.

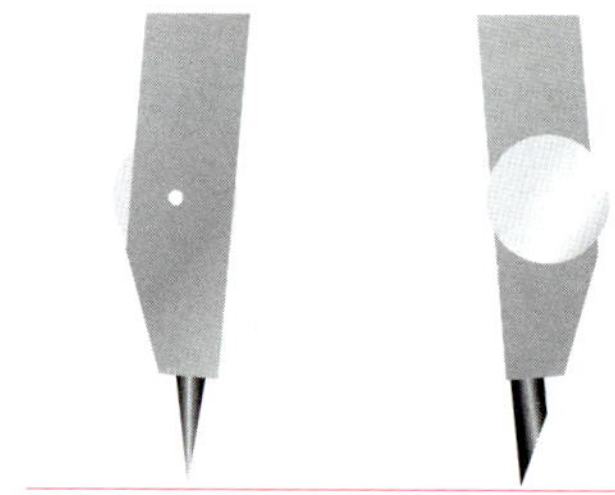

Squadre: bloccarle saldamente con una sola mano, per consentire la tracciatura delle linee con l'altra.

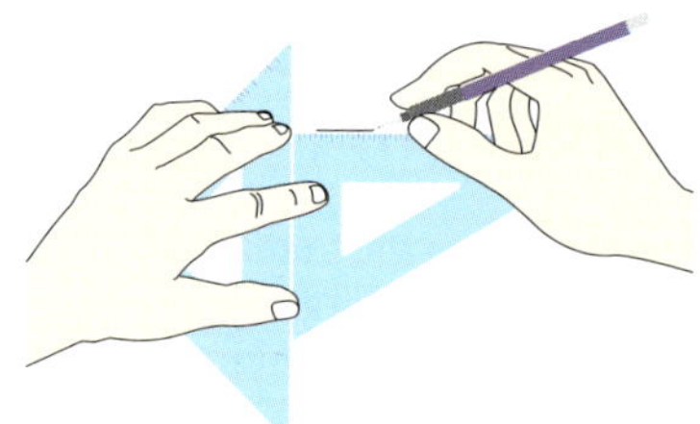

Pulizia: la leggibilità di un disegno è migliore se questo è ben pulito. A questo fine è bene pulire accuratamente gli strumenti (squadre, righe), il tavolo e le mani prima di iniziare il disegno. La gomma si può pulire strofinandola su un foglio di carta. Durante il disegno è bene coprire le parti già realizzate con un foglio di carta bianca.

Fasi di lavoro: disegnare prima tutta la costruzione con mine dure (H oppure 2H) e successivamente il ripasso con mine morbide (HB oppure B).

Tracciamento:

- la matita durante la tracciatura deve essere inclinata e ruotata tra le dita;

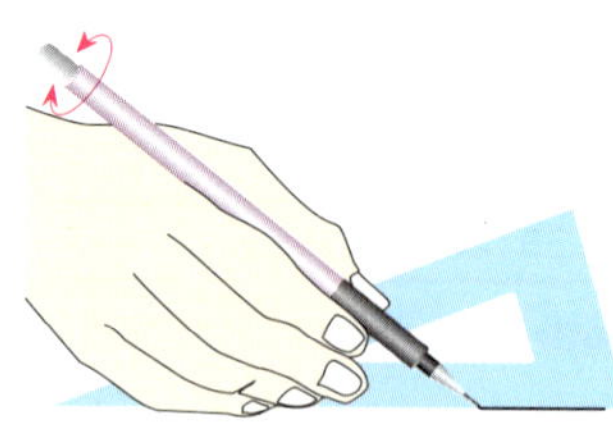

- il compasso deve essere ben piantato sullo spillo e leggermente inclinato sul piano nel verso di rotazione.

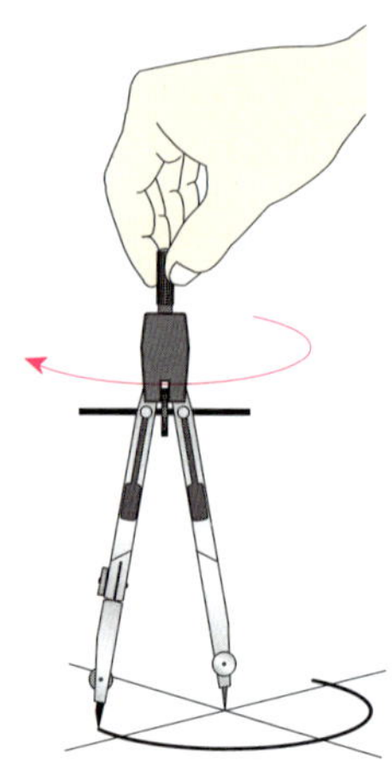

Video *Affilatura del compasso*

Video *Tracciamento di rette*

Video *Tracciamento di circonferenze*

Sui fondamenti del disegno abbiamo imparato...

OSSERVAZIONE

ANALISI STRUTTURALE

strutture simmetriche

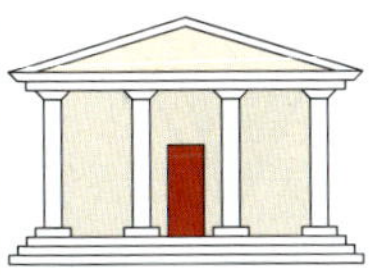

simmetria assiale

simmetria centrale

strutture modulari

modularità con sviluppo lineare

modularità con sviluppo piano

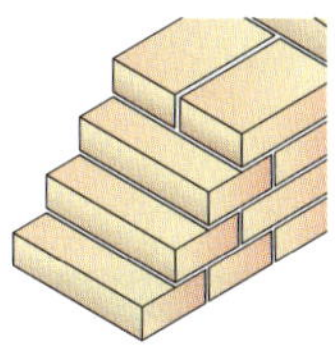

modularità con sviluppo spaziale

strutture di trasformazione

trasformazione omotetica
trasformazione proiettiva
trasformazione affine
trasformazione topologica

ANALISI DIMENSIONALE

misurazione
stima

ANALISI POSIZIONALE

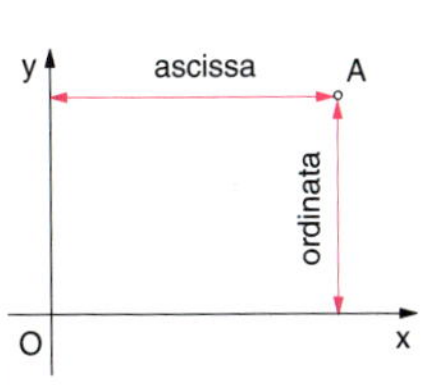

coordinate nel piano

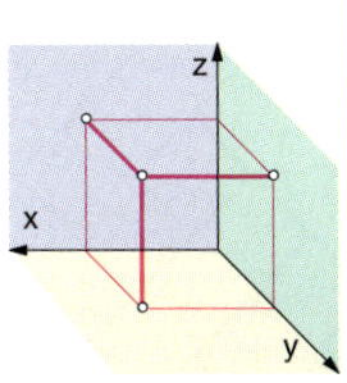

coordinate nello spazio

CONVENZIONI DEL DISEGNO TECNICO

FORMATI

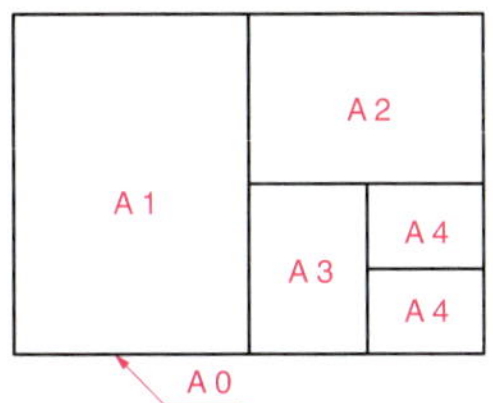

formati ISO-A		
	A0	841 × 1189 mm
	A1	594 × 841 mm
	A2	420 × 594 mm
	A3	297 × 420 mm
	A4	210 × 297 mm

SCALE

scale normalizzate

ingrandimento:	... 10:1 - 5:1 - 2:1
al naturale	1:1
riduzione	1:2 - 1:5 - 1:10 - 1:20 - 1:50 - 1:100 - 1:200 ...

TIPI DI LINEE

principali tipi di linee UNI ISO

————	Continua fine
━━━━	Continua grossa
– – – – – –	A tratti fine
—·—·—	Mista fine a punto e tratto

STRUMENTI DEL DISEGNO TECNICO

MATITE

con mina Ø 2 mm

con micromina (0,3 - 0,5 - 0,7 mm)

MINE

durezza

morbide	6B - 5B - 4B - 3B - 2B - B
medie	HB - F - H
dure	2H - 3H - 4H - 5H - 6H - 7H - 8H - 9H

punta

nella matita: conica

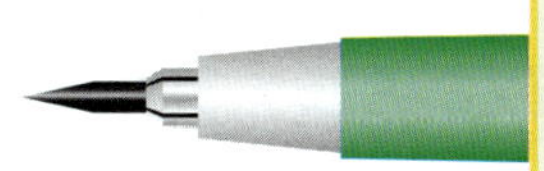

nel compasso: a scalpello

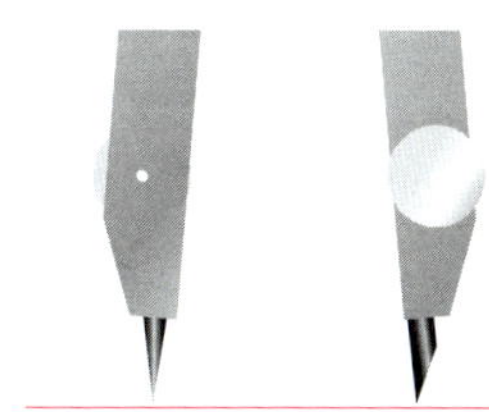

SQUADRE

squadra a 45°

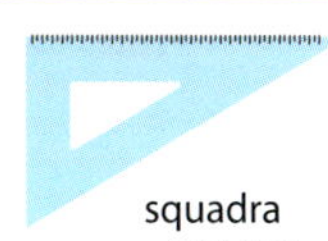

squadra a 30°-60°

posizione delle mani nell'uso delle squadre

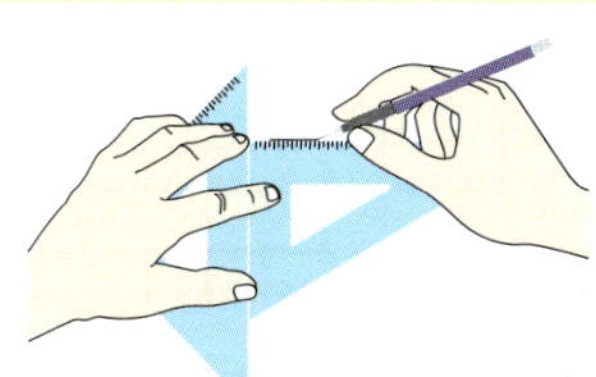

Esegui in scala 2 : 1 su carta quadrettata i disegni proposti con righello e matita, colorando poi con tinte a piacere.

ESERCITAZIONE 1

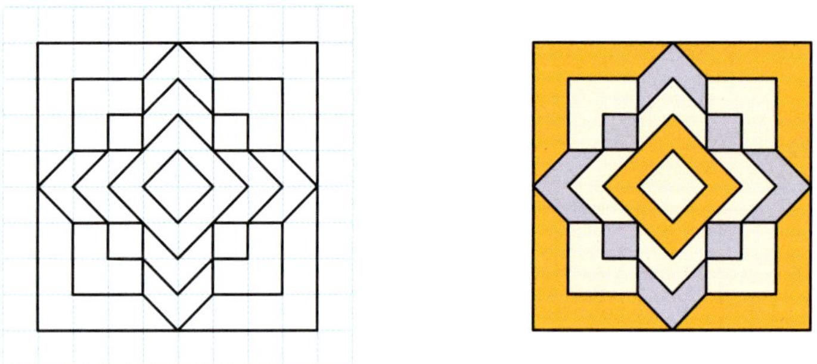

ESERCITAZIONE 2

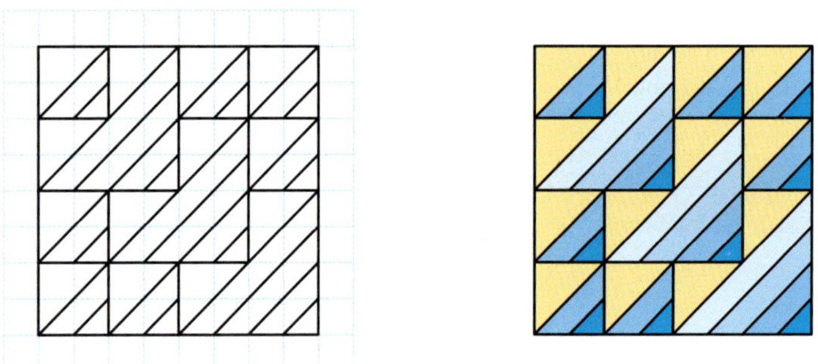

ESERCITAZIONE 3

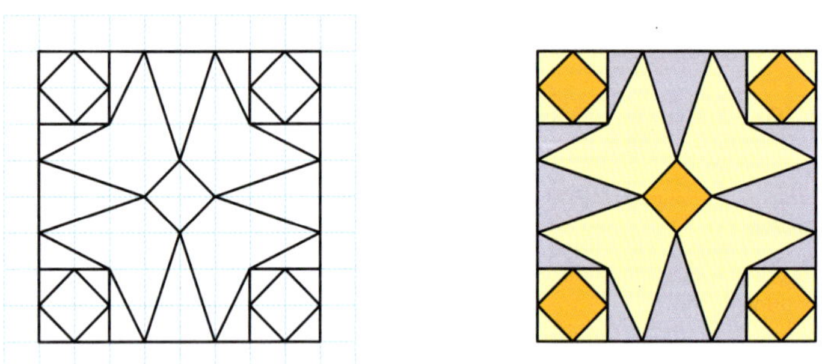

ESERCITAZIONE 4

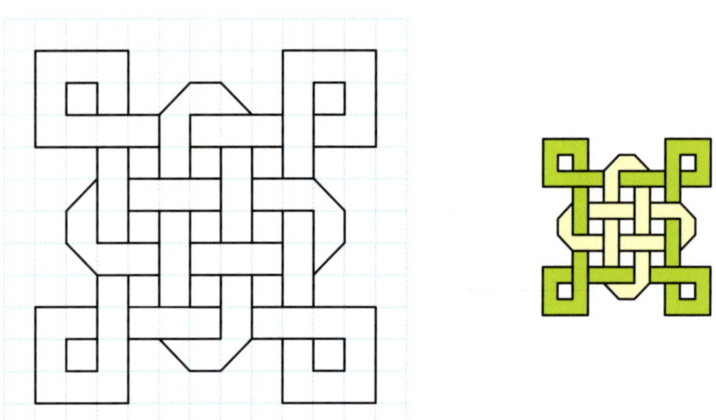

ESERCITAZIONE 5

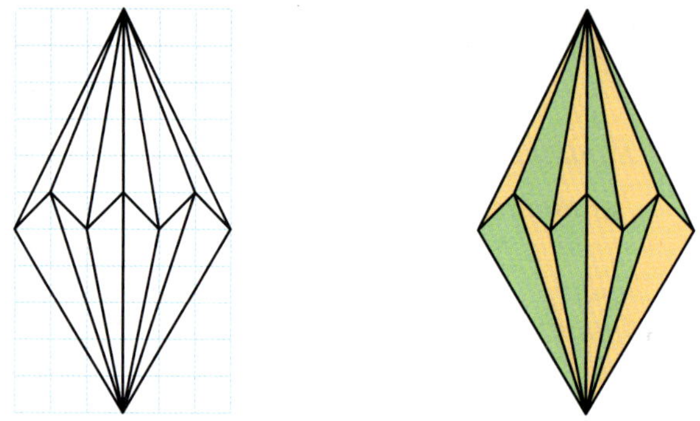

ESERCITAZIONE 6

ESERCITAZIONE 7

ESERCITAZIONE 8

Esegui in scala 2 : 1 su carta quadrettata i disegni proposti con compasso, righello e matita, colorando poi con tinte a piacere.

ESERCITAZIONE 9

ESERCITAZIONE 10

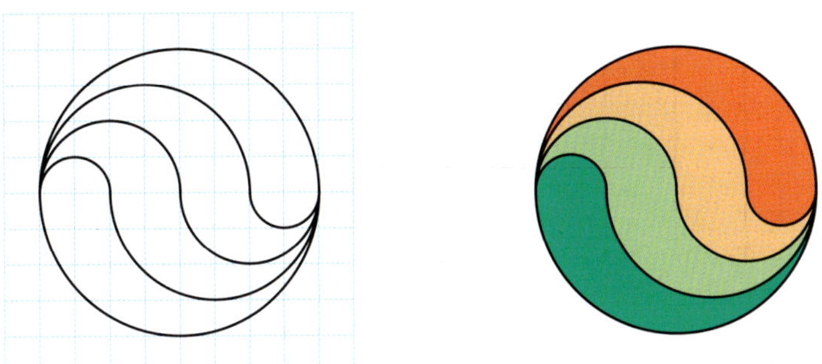

ESERCITAZIONE 11

ESERCITAZIONE 12

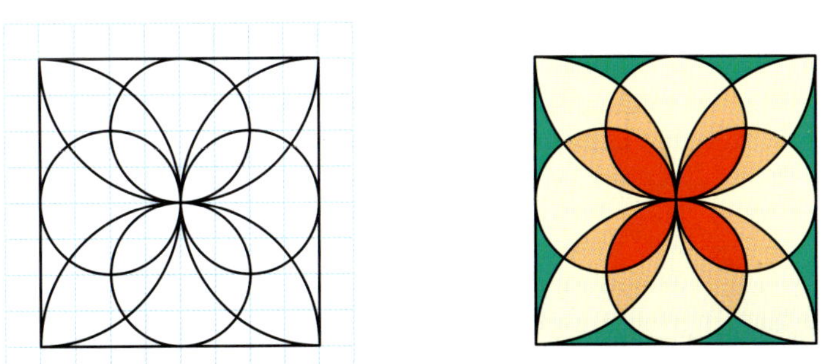

ESERCITAZIONE 13

ESERCITAZIONE 14

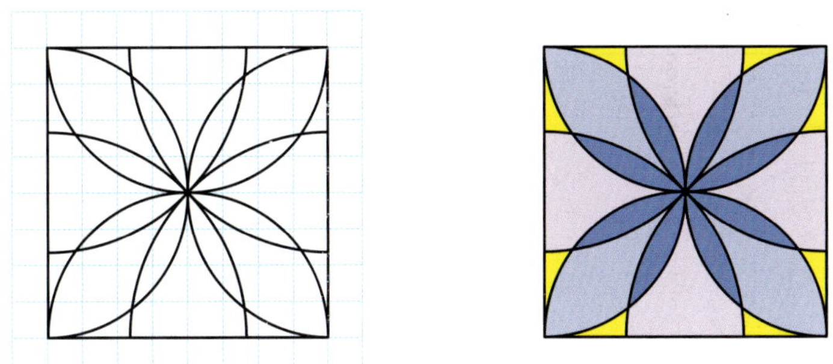

ESERCITAZIONE 15

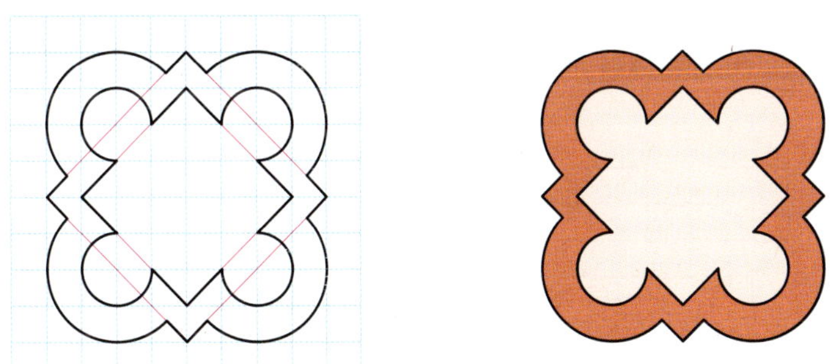

ESERCITAZIONE 16

Esegui a mano libera in scala 2 : 1 su carta quadrettata i disegni proposti, colorando poi con tinte a piacere.

ESERCITAZIONE 17

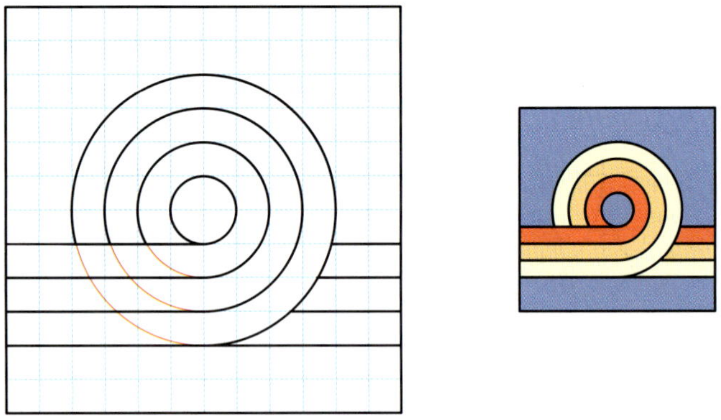

ESERCITAZIONE 18

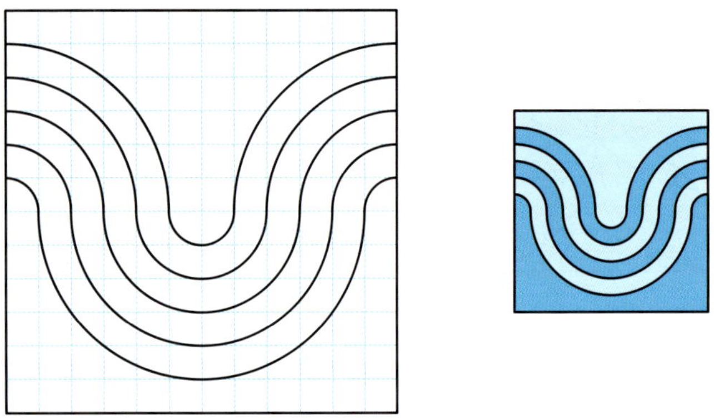

ESERCITAZIONE 19

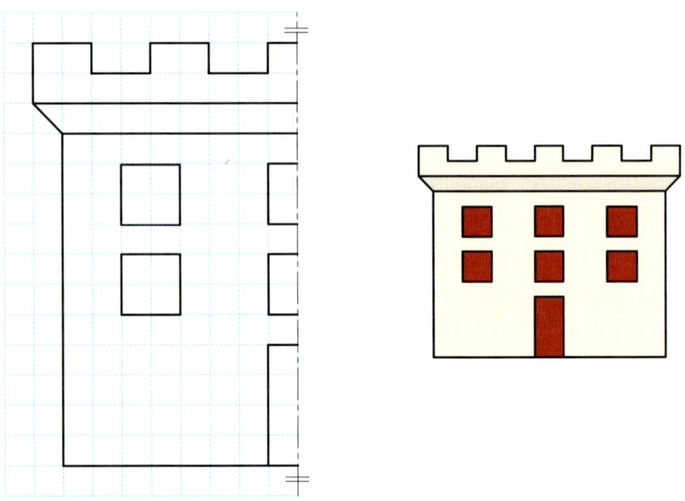

ESERCITAZIONE 20

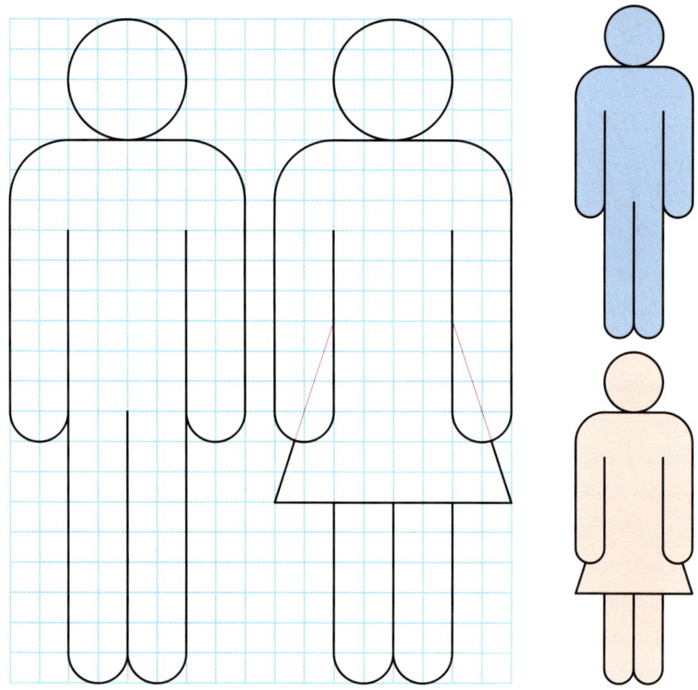

ESERCITAZIONE 21

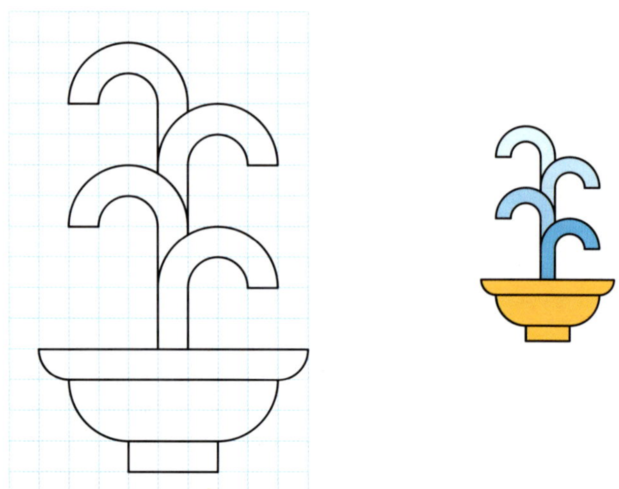

NOTA BENE

Per economia di tempo e spazio si può disegnare solo la metà di una figura simmetrica. In questo caso sull'asse di simmetria si pongono due trattini perpendicolari alle estremità dell'asse.

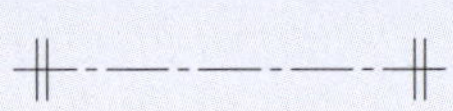

Pertanto la seguente figura di sinistra equivale a quella di destra.

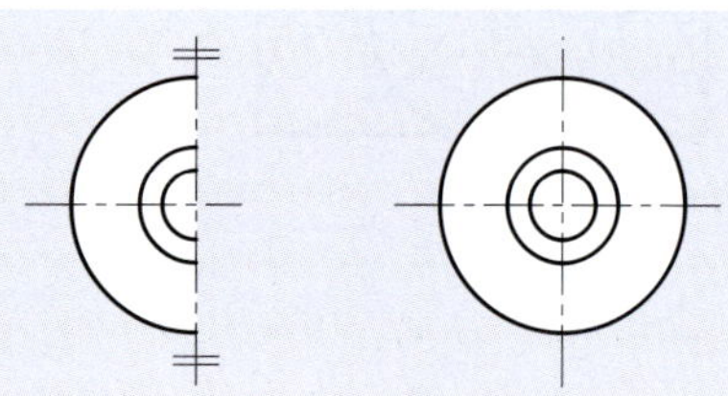

Verifica delle competenze

PROVA A Motivo a greca

Alla ricerca di idee per un motivo decorativo a sviluppo lineare si trova su Internet questa foto di pavimentazione in legno. Intorno alla parte quadrettata corre una bordura a greca con struttura modulare.

Studiando l'immagine si nota facilmente che gli oggetti sono stati soggetti a trasformazione proiettiva causata dalla tecnica fotografica.

Facendone la dovuta correzione formale disegna il motivo a greca evidenziandone la struttura.

PROVA B Motivo geometrico

Su un catalogo di oggetti per la casa si trova questa foto di cuscino foderato in tessuto con motivo geometrico.

Studiando l'immagine ricostruisci la struttura geometrica del motivo.

Infine volendo realizzare una piastrellatura che formi lo stesso motivo, disegna la piastrella-modulo e l'assemblaggio di un certo numero di esse.

PROVA C Pianta di soggiorno

Si vuole studiare una nuova disposizione dell'arredo di un soggiorno, di cui si possiede un disegno in pianta corredato di scala grafica.

Nel disegno compaiono:

- un tavolo con quattro sedie;
- un divano a tre sedute;
- una poltrona;
- un tavolinetto;
- tre mobili (un armadietto e due scaffali).

Per il nostro scopo bisogna disporre di una pianta di maggiori dimensioni da disegnare su foglio di formato A4.

Realizza il disegno in scala opportuna e definisci una ipotesi di arredo alternativo.

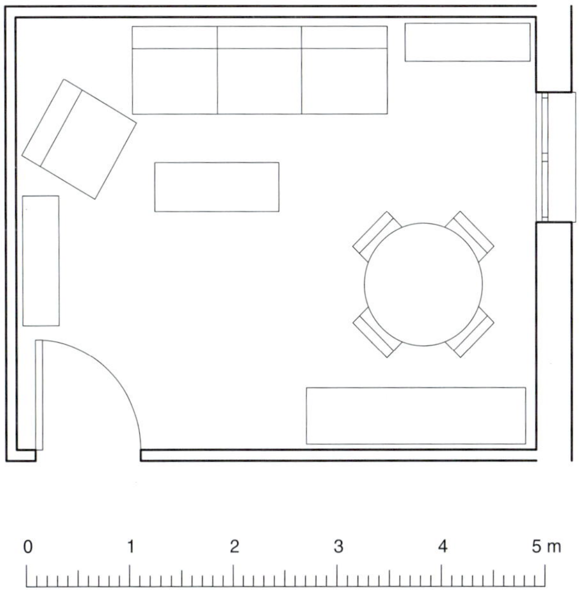

A2 Costruzioni geometriche

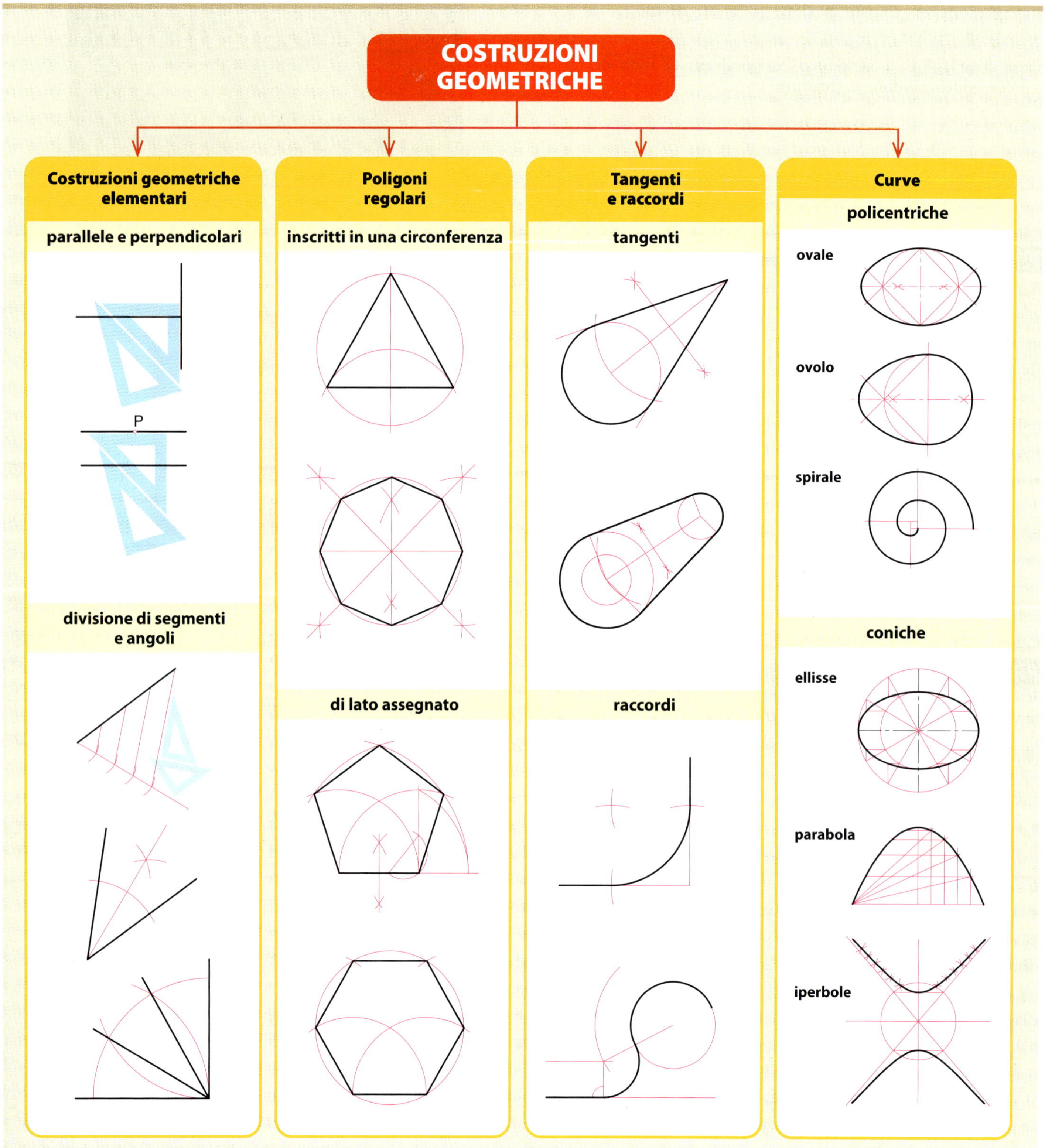

Conosci le costruzioni geometriche?

Dall'esperienza scolastica hai scoperto che le figure geometriche si possono disegnare con l'aiuto di strumenti, quali squadre, righello, compasso ecc.

Ogni strumento viene impiegato secondo le esigenze concettuali proposte dal problema geometrico. Per disegnare un quadrato devo tracciare angoli retti e quindi uso le squadre; per ottenere un punto equidistante da altri utilizzo il compasso, come per esempio nella costruzione dell'asse del segmento oppure del triangolo equilatero.

In un quadrato i lati formano angoli retti, così come le sue diagonali.

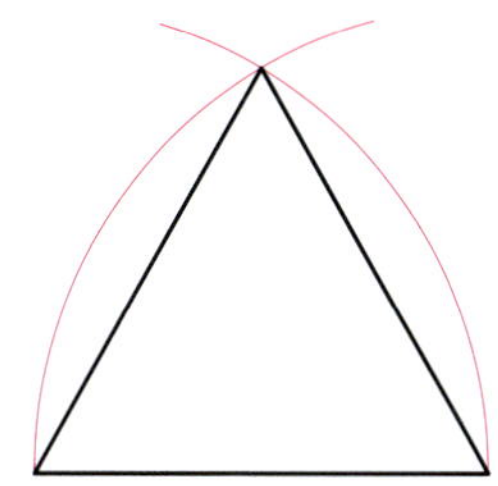

In un triangolo equilatero i vertici si trovano alla stessa distanza (lato del triangolo).

A cosa serve conoscerle?

Mediante le costruzioni geometriche possiamo:

- analizzare e interpretare in modo scientifico la struttura formale di un'immagine od oggetto, riconducendola a modelli geometrici;
- creare figure con particolari relazioni tra i loro elementi, come per esempio dividere un segmento o un angolo in parti uguali, oppure disegnare rettangoli in proporzione aurea;
- creare e comunicare la forma di figure basate su modelli geometrici (struttura geometrica).

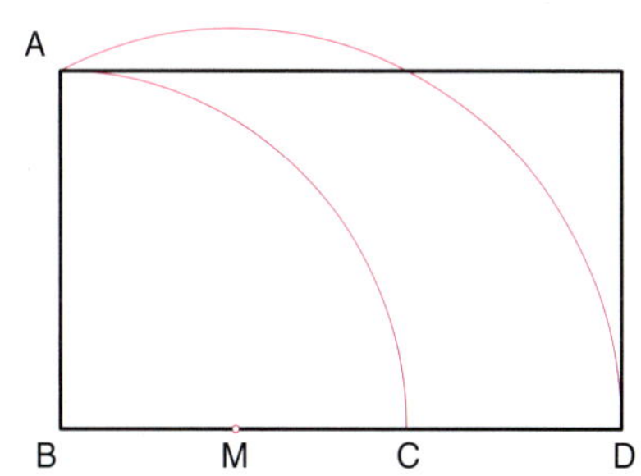

Realizzazione di un rettangolo aureo.

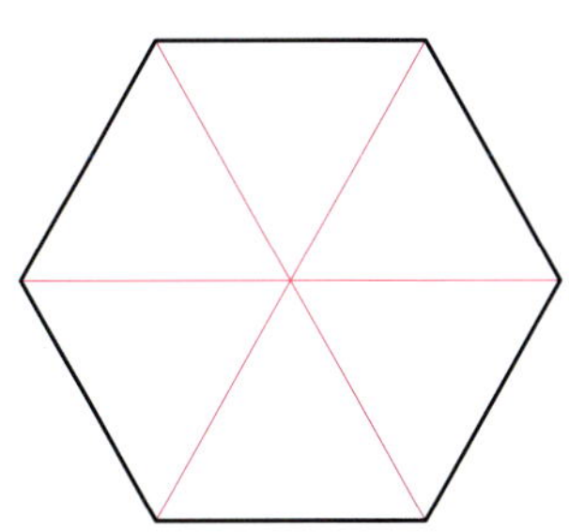

Struttura esagonale di una decorazione.

Figura generata da un modello dodecagonale.

Richiami di geometria elementare

Enti geometrici

Punto. Ente primitivo senza dimensioni; di difficile definizione, esso può essere individuato dall'intersezione di due linee. Viene indicato mediante lettere maiuscole (A, P ecc.).

Linea. L'insieme delle posizioni assunte da un punto in movimento. È un ente unidimensionale, cioè con una sola dimensione: ha una lunghezza, ma non ha spessore. Può essere: chiusa, aperta, intrecciata, curva, retta, spezzata, mista.

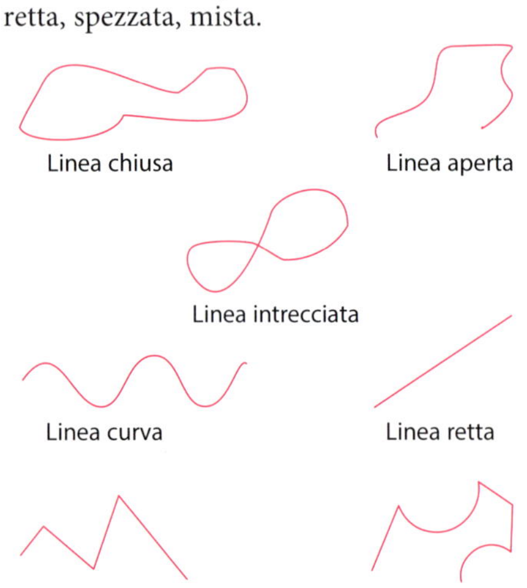

Retta. Linea originata dalle posizioni successive di un punto che si muove lungo una determinata direzione; si considera **illimitata**. Viene indicata mediante lettere minuscole (a, b, c ecc.) oppure con le lettere di due suoi punti (AB, RS).

Semiretta. Parte di retta delimitata da un suo punto, chiamato **origine**. Come la retta, anche la semiretta è di lunghezza **infinita**.

Segmento. Parte di retta delimitata da due suoi punti, chiamati **estremi**. I segmenti sono indicati mediante le lettere dei suoi estremi (AB, RS) oppure con lettere minuscole (a, b, c ecc.). La lunghezza di un segmento RS viene indicata con $\overline{RS}$.

Superficie. Ente geometrico bidimensionale, cioè con due sole dimensioni (larghezza e lunghezza), ma priva di spessore. Può avere diverse forme: piana, irregolare, regolare (cilindrica, conica, sferica ecc.).

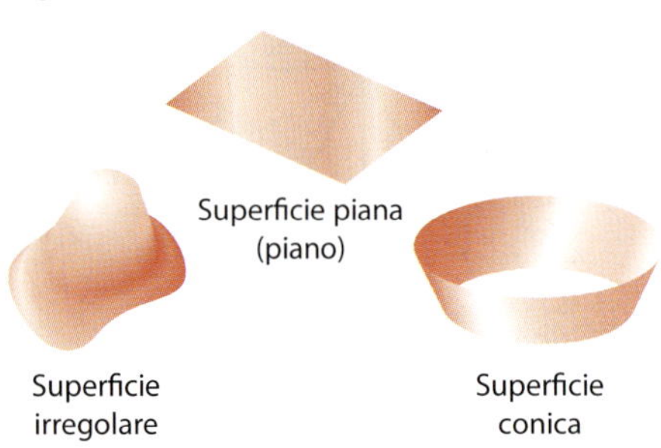

Piano. Superficie individuata da infinite rette intersecantisi; per tre punti passa un solo piano. Il piano deve considerarsi **illimitato**. I piani si indicano con lettere minuscole dell'alfabeto greco (α, β, γ ecc.).

Semipiano. Parte di piano delimitata da una retta (**origine**); ha estensione **infinita**.

Angolo. Parte di piano delimitata da due semirette (**lati**) con la stessa origine (**vertice**). Gli angoli si indicano con lettere minuscole dell'alfabeto greco (α, β, γ ecc.), oppure con $\widehat{ab}$ (dove a e b sono i lati dell'angolo), o anche con $\widehat{AVB}$ (dove A e B sono due punti dei lati e V è il vertice).

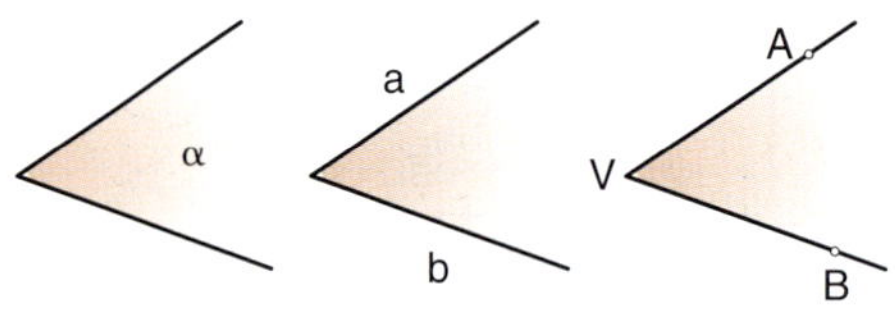

Bisettrice. Semiretta che divide un angolo in due parti uguali.

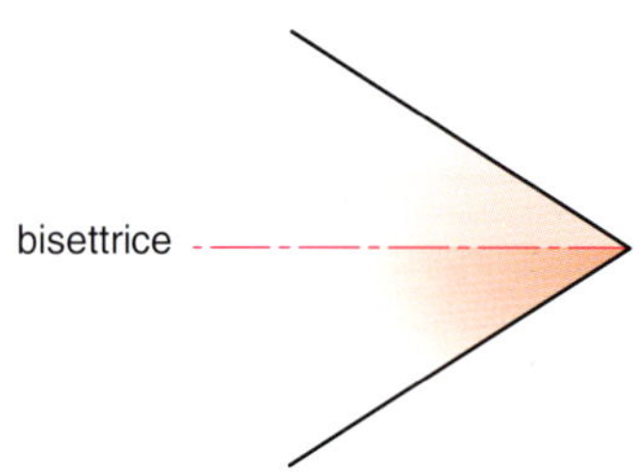

Rette e angoli

Rette incidenti (o **secanti**). Rette con un punto in comune. Esse appartengono a un piano che dividono in quattro angoli; essi sono uguali a coppie (angoli **opposti al vertice**).

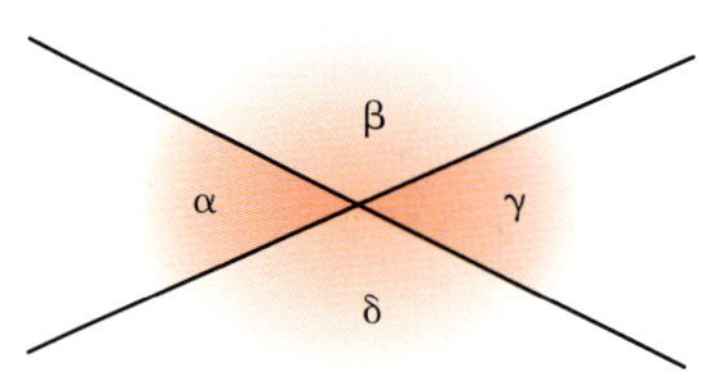

$\alpha = \gamma$ $\quad\beta = \delta$

Rette sghembe. Rette non complanari e quindi senza punti in comune.

Rette parallele. Rette complanari senza punti in comune. Se a e b sono rette parallele, si indicano con a // b.

Rette perpendicolari. Rette incidenti che formano quattro angoli uguali (**angoli retti**). Se a e b sono perpendicolari si indicano con a ⊥ b.

Nota bene: **ortogonale** e **normale** sono sinonimi di **perpendicolare**.

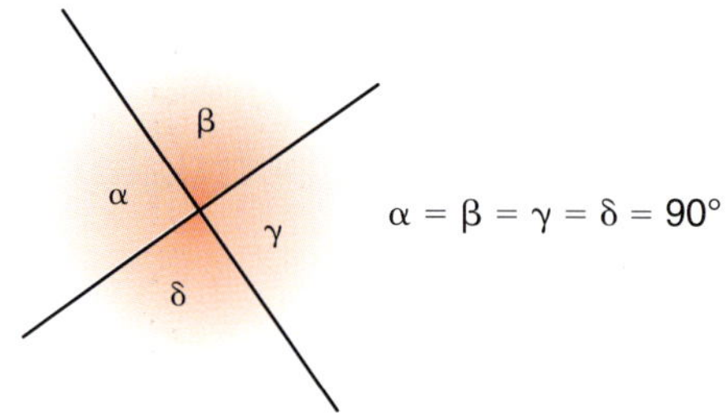

Distanza di un punto da una retta. Segmento che ha per estremi il punto e il piede della perpendicolare condotta dal punto alla retta.

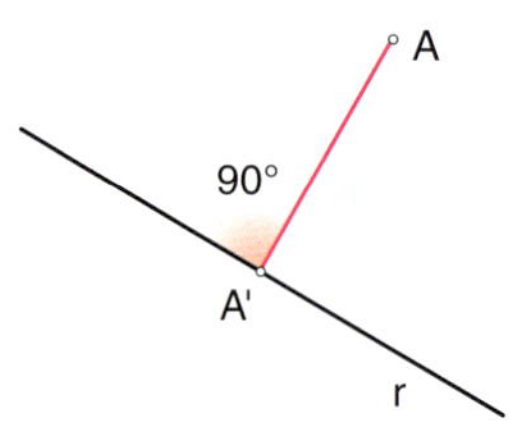

Il punto A' è il **piede** della perpendicolare; è anche detto **proiezione ortogonale** di A su r.

Distanza tra rette parallele. Distanza di un punto qualsiasi di una retta dall'altra.

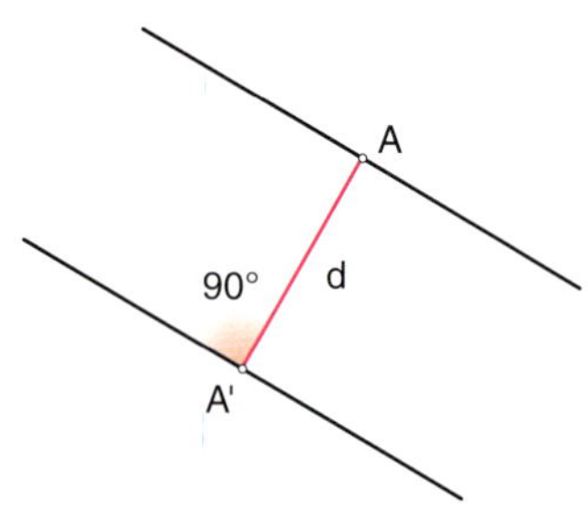

Angolo retto. Angolo formato da due semirette perpendicolari. In gradi sessagesimali un angolo retto misura 90°.

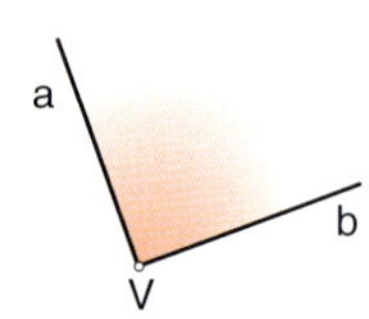

GLOSSARIO

Ente: qualcosa che esiste.

Ente geometrico: oggetto studiato dalla geometria.

Complanare: che ha in comune un piano.

Sinonimo: vocabolo che ha lo stesso significato di un altro.

Sessagesimale: unità di misura con multipli e sottomultipli in base 60.

Angolo piatto. Angolo formato da due semirette opposte. Misura 180°.

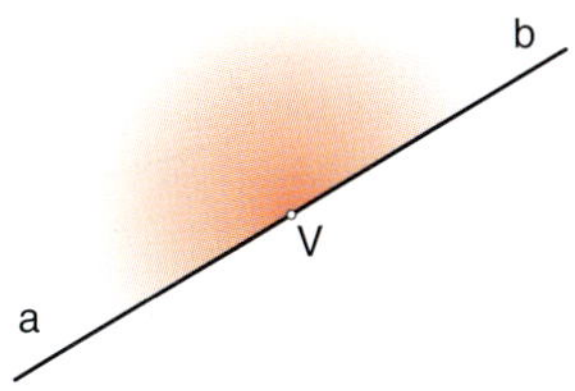

Angolo giro. Angolo formato da due semirette coincidenti; in pratica coincide con l'intero piano. Misura 360°.

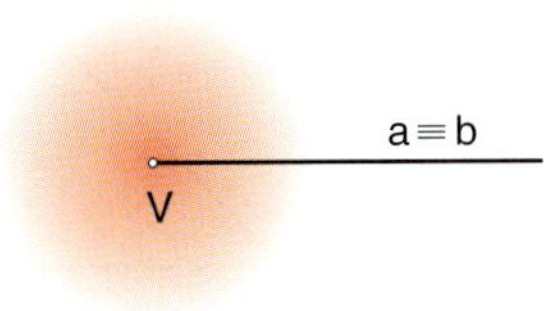

Angolo acuto. Angolo minore di un angolo retto.

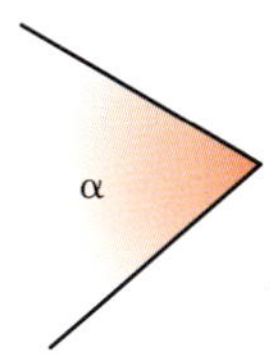

Angolo ottuso. Angolo maggiore di un angolo retto e minore di un angolo piatto.

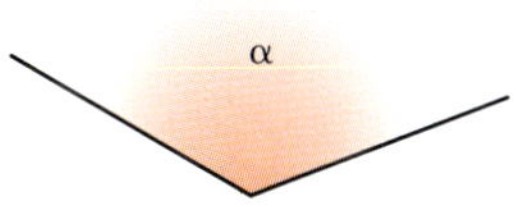

Angolo concavo. Angolo che contiene al proprio interno i prolungamenti dei suoi lati.

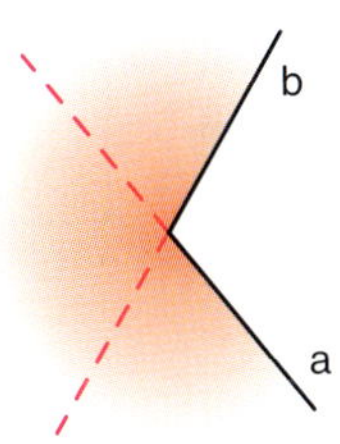

Angolo convesso. Angolo che non contiene al proprio interno i prolungamenti dei suoi lati.

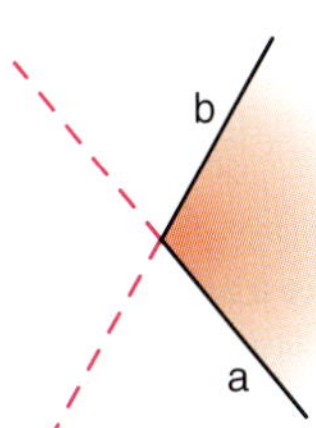

Angoli complementari. Angoli la cui somma è un angolo retto.

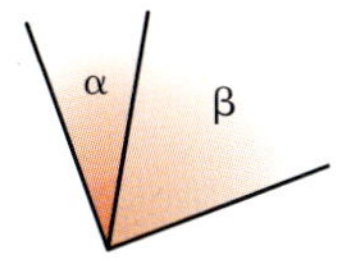

Angoli supplementari. Angoli la cui somma è un angolo piatto.

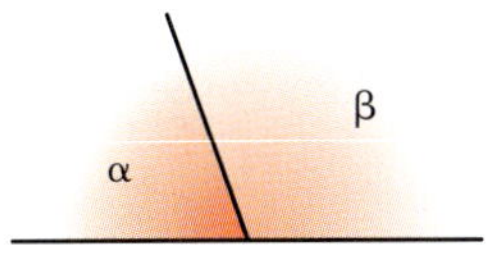

Circonferenze e angoli

Circonferenza. L'insieme dei punti di un piano equidistanti da un punto (**centro**).

Raggio. Segmento che ha per estremi il centro e un punto della circonferenza. Raggio è anche la lunghezza del segmento stesso.

Corda. Segmento che ha per estremi due punti di una circonferenza.

Diametro. Corda passante per il centro di una circonferenza; ha lunghezza doppia del raggio.

Arco. Parte di circonferenza compresa tra due suoi punti (**estremi**). L'arco si indica con $\overset{\frown}{AB}$ (dove A e B sono gli estremi).

Angolo al centro. Angolo che ha il vertice nel centro della circonferenza. Quando i suoi lati passano per gli estremi di un arco o di una corda, si dice che **insiste** su tale arco o corda.

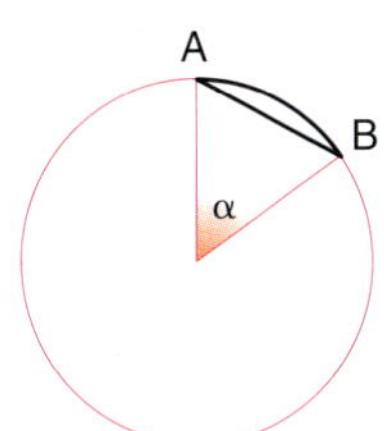

L'angolo al centro α insiste sull'arco $\overset{\frown}{AB}$ e sulla corda AB.

Angolo alla circonferenza. Angolo che ha il vertice sulla circonferenza e i lati secanti la circonferenza. Un angolo alla circonferenza insiste su un arco o su una corda quando i suoi lati passano per i loro estremi.

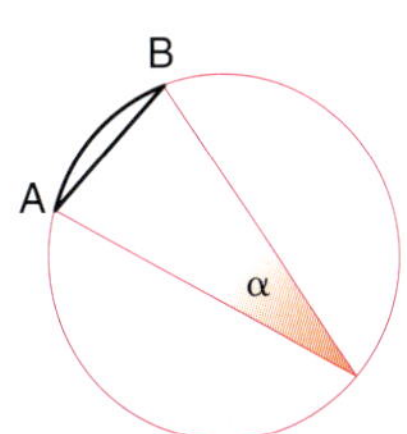

L'angolo alla circonferenza α insiste sull'arco $\overset{\frown}{AB}$ e sulla corda AB

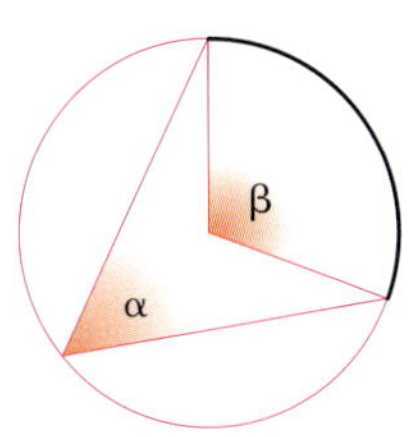

L'angolo alla circonferenza è la metà del corrispondente angolo al centro; quindi $\alpha = \beta/2$.

Figure piane

Figura piana. Parte di piano delimitata da una linea chiusa.

Perimetro. Linea che delimita una figura.

Area. Misura di una superficie (per esempio 15 cm^2, oppure 8 ettari).

Figure uguali (o **congruenti**). Figure che coincidono dopo un movimento rigido (senza deformazioni).

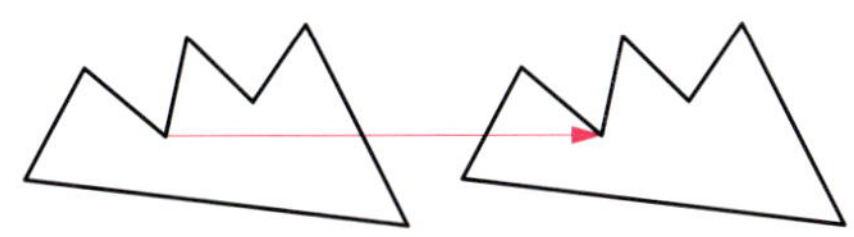

Figure equivalenti. Figure con area uguale.

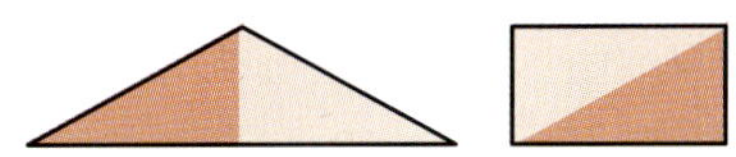

Figure simili. Figure con la stessa forma, ma con dimensioni diverse.

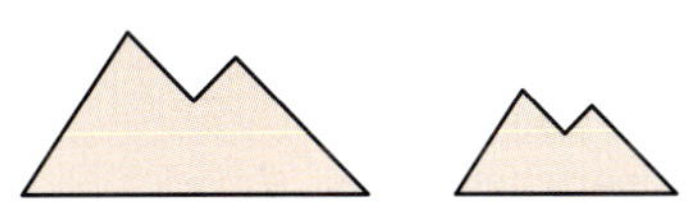

Figure simmetriche. Figure coincidenti dopo rotazione di 180° intorno a un centro (**simmetria centrale**) oppure intorno a un asse, detto *asse di simmetria* (**simmetria assiale**).

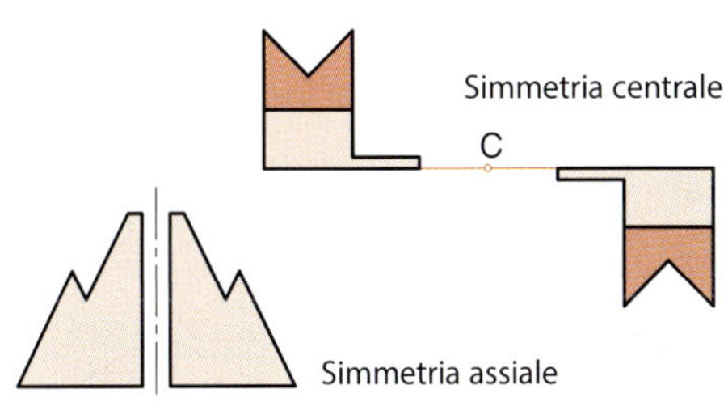

MEMO

Il simbolo della **coincidenza** è ≡.
La scritta a ≡ b si legge «a coincidente con b».

APPROFONDIMENTI

La simmetria assiale (2 pagine)

La simmetria centrale (2 pagine)

Poligono. Figura piana delimitata da una spezzata (o poligonale) chiusa. I suoi segmenti sono chiamati **lati**; gli estremi dei lati sono i **vertici**. Sono detti **poligoni convessi** quelli che hanno solo angoli convessi, mentre sono **poligoni concavi** quelli con almeno un angolo concavo.

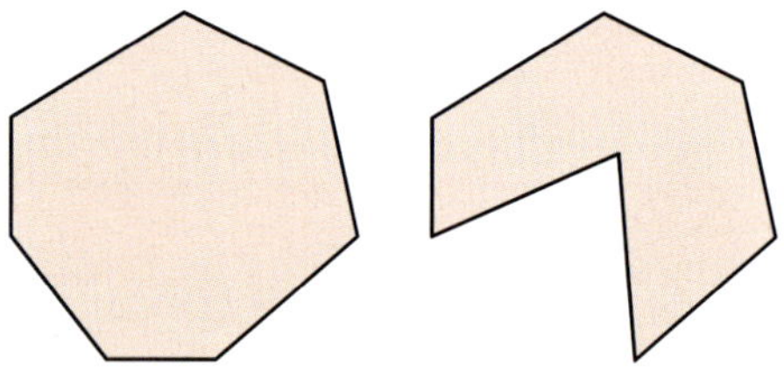

Poligono convesso   Poligono concavo

Diagonale. Segmento che ha per estremi due vertici non appartenenti allo stesso lato di un poligono.

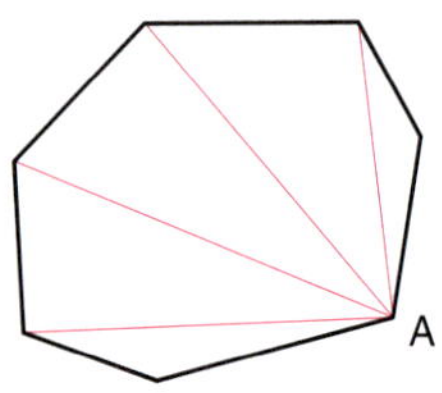

Dal vertice A si possono condurre quattro diagonali.

Poligono regolare. Poligono con lati e angoli uguali.

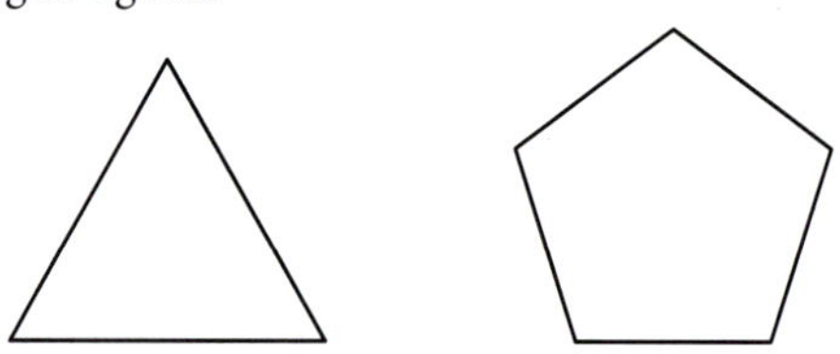

Poligono inscritto. Poligono con i vertici appartenenti a una circonferenza.

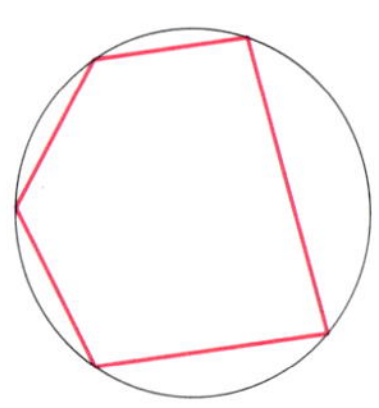

Poligono circoscritto. Poligono con i lati tangenti a una circonferenza.

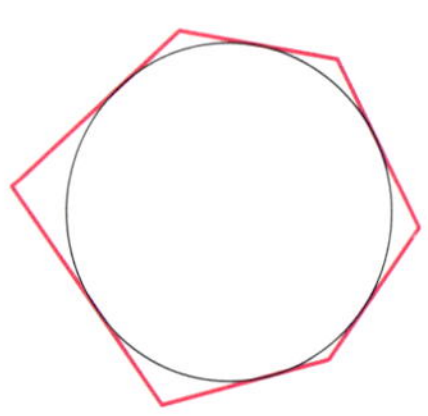

Apotema. Raggio della circonferenza inscritta in un poligono.

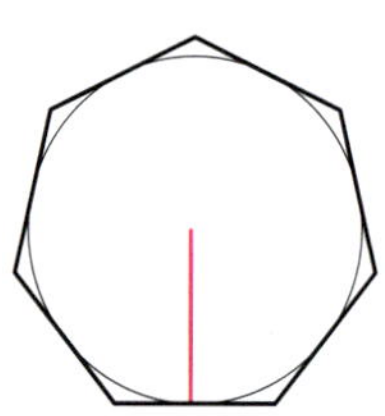

Somma degli angoli interni di un poligono convesso. Equivale a (n – 2) 180°, dove n è il numero dei lati. Quindi la somma degli angoli interni in un triangolo è (3 – 2) 180° = 180°, mentre in un pentagono è (5 – 2) 180° = 540°.

Cerchio. Parte di piano delimitata da una circonferenza.

Settore circolare. Parte di cerchio delimitata da due raggi.

Segmento circolare. Parte di cerchio delimitata da una o due corde.

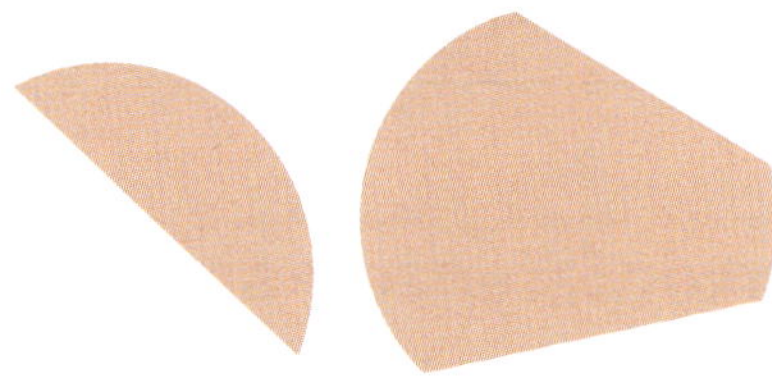

Triangoli

Triangolo. Poligono di tre lati. La somma dei suoi angoli interni è 180°.

Triangolo scaleno. Triangolo con lati di diversa lunghezza.

Triangolo isoscele. Triangolo con due lati uguali. Il terzo lato è chiamato base. Gli angoli alla base sono uguali.

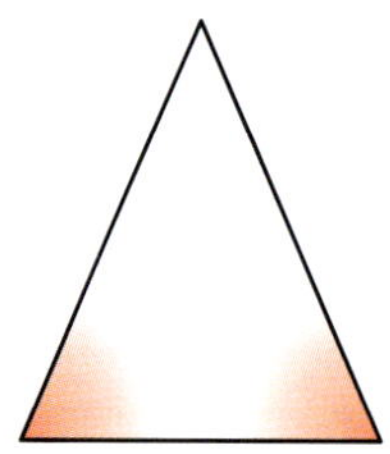

Triangolo rettangolo. Triangolo con un angolo retto, delimitato da due lati chiamati **cateti**; il terzo è l'**ipotenusa**.

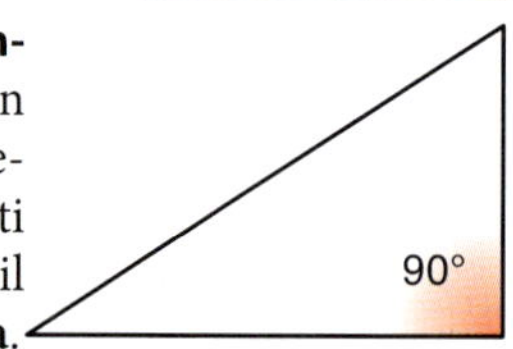

Triangolo equilatero. Triangolo con angoli e lati uguali. Ogni angolo interno è ampio 60°.

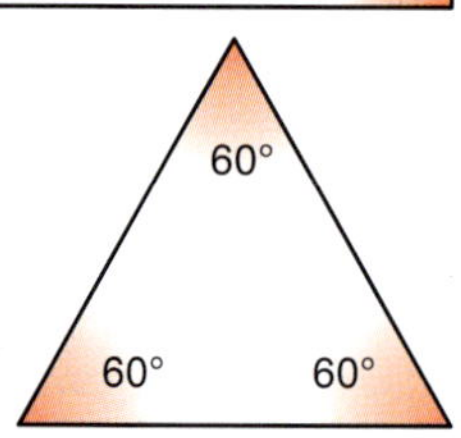

Altezza di un triangolo. Segmento che ha per estremi un vertice e il piede della perpendicolare condotta al lato opposto.

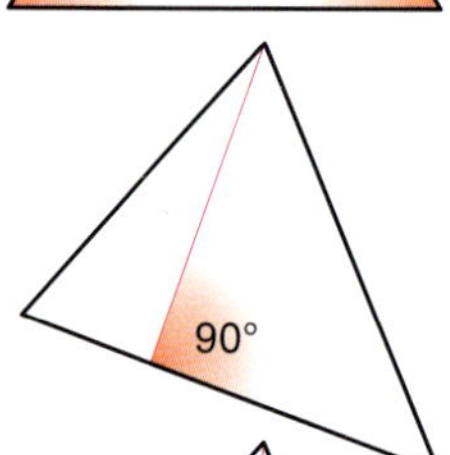

Mediana di un triangolo. Segmento che ha per estremi un vertice e il punto medio del lato opposto.

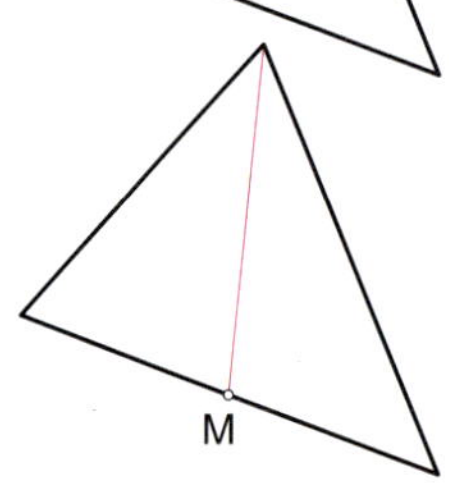

Quadrilateri

Quadrilatero. Poligono di quattro lati.

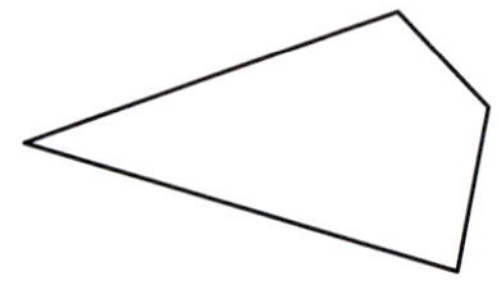

Trapezio. Quadrilatero con due lati paralleli, chiamati **basi**.

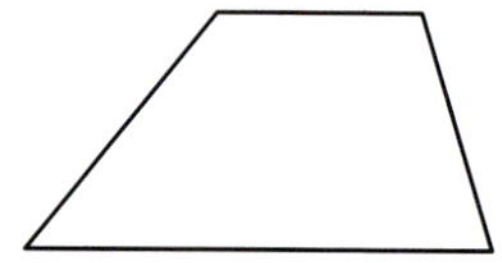

Trapezio rettangolo. Trapezio con due angoli retti.

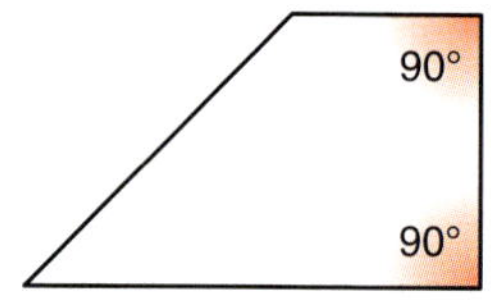

Trapezio isoscele. Trapezio con lati obliqui uguali. Gli angoli adiacenti alla stessa base sono uguali.

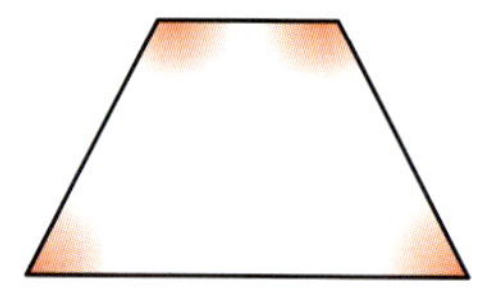

Parallelogramma. Quadrilatero con lati opposti paralleli.
Gli angoli opposti sono uguali.

Rombo. Parallelogramma con lati uguali.
Le diagonali sono perpendicolari.

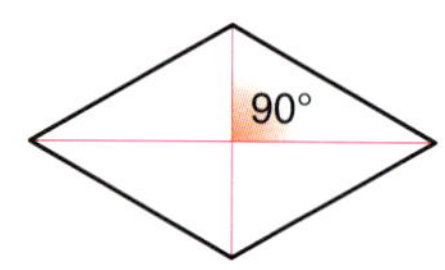

Rettangolo. Quadrilatero con tutti gli angoli retti. Le diagonali sono uguali.

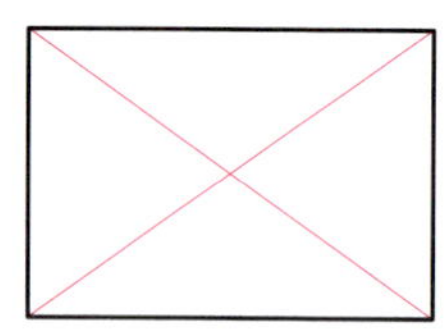

Quadrato. Quadrilatero con angoli retti e con lati uguali. Le diagonali sono uguali e perpendicolari tra loro.

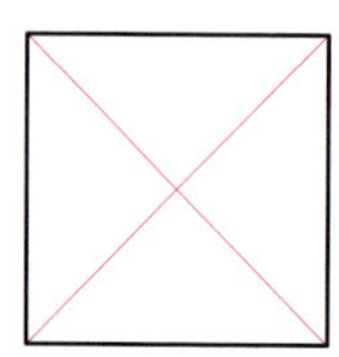

GLOSSARIO

Angolo adiacente a un lato di un poligono: è l'angolo con un lato coincidente con il lato del poligono.

Figure solide

Solido. Parte limitata o illimitata dello spazio.

Volume. Misura dello spazio occupato da un solido.

Diedro. Parte di spazio delimitato da due semipiani con la stessa origine, chiamata **spigolo**.

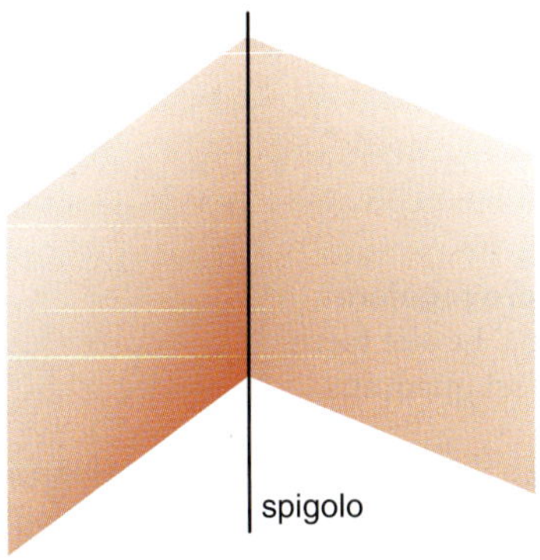

Ampiezza di un diedro. Ampiezza della sua **sezione normale**; essa è l'angolo formato dall'intersezione del diedro con un piano perpendicolare allo spigolo.

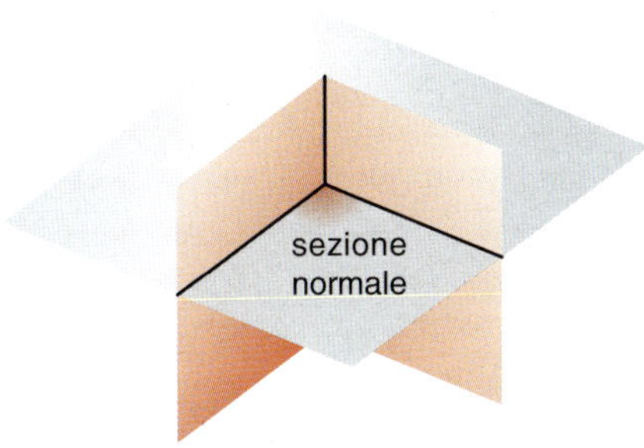

Piani perpendicolari. Due piani che dividono lo spazio in quattro diedri di uguale ampiezza (90°).

Faccia di un solido. Superficie che delimita il solido.

Spigolo di un solido. Linea d'intersezione tra due facce del solido.

Vertice di un solido. Punto comune a due o più spigoli.

Superficie cilindrica. Superficie generata dalla rotazione di una retta (**generatrice**) intorno a una parallela (**asse**).

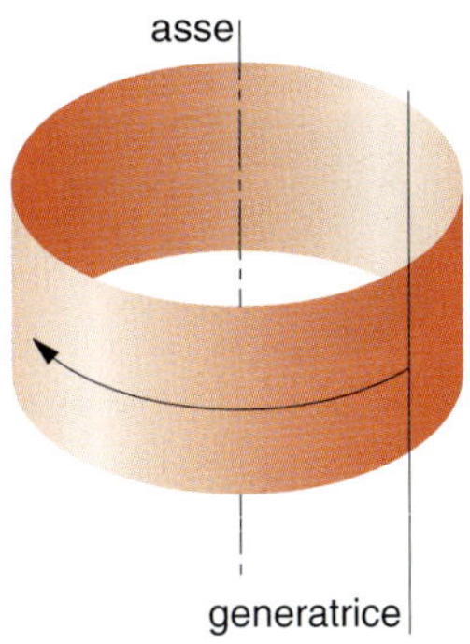

Superficie conica. Superficie generata dalla rotazione di una retta (**generatrice**) con angolo costante intorno a una incidente (**asse**). Il punto d'intersezione dell'asse con la superficie si dice **vertice**; il vertice divide la superficie in due **falde**.

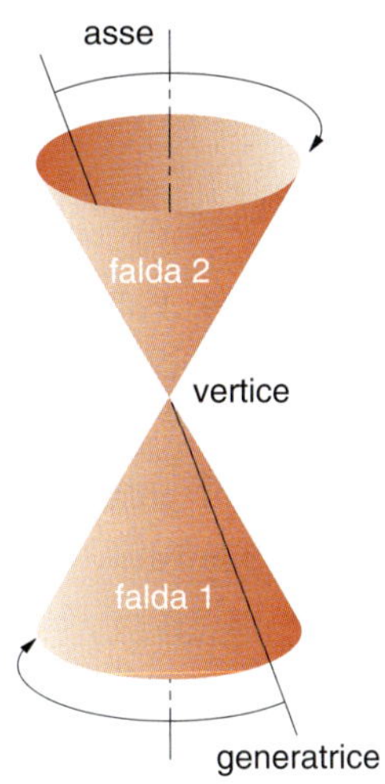

Superficie sferica. Superficie generata dalla rotazione di una circonferenza intorno a un diametro.

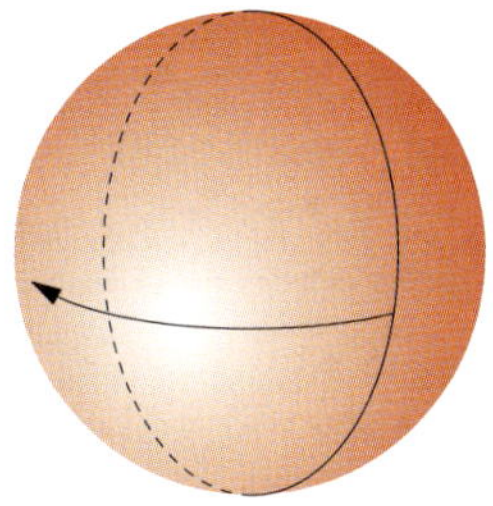

Superficie prismatica. Superficie formata da facce contigue con spigoli paralleli.

Poliedri. Solidi delimitati da poligoni.

Piramide. Solido delimitato da un poligono (**base**) e da triangoli convergenti in un punto (**vertice**). La distanza del vertice dalla base è l'**altezza** della piramide.

Piramide regolare. Piramide che ha per base un poligono regolare.

Piramide retta. Piramide in cui l'altezza passa per il centro della base (centro della circonferenza inscritta). **Apotema** è l'altezza delle facce triangolari.

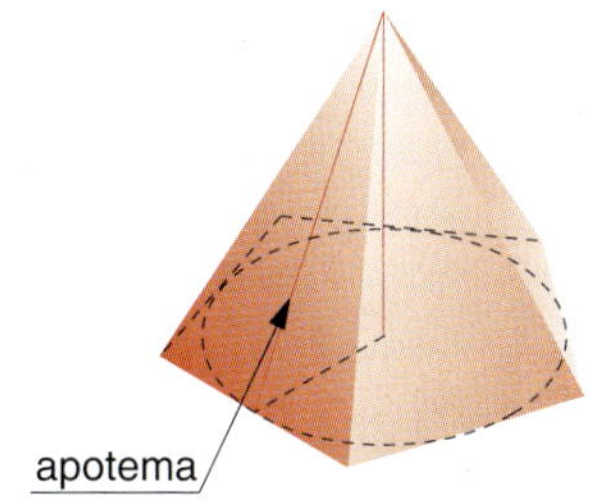

Piramide obliqua. Piramide in cui l'altezza non passa per il centro della base (centro della circonferenza inscritta).

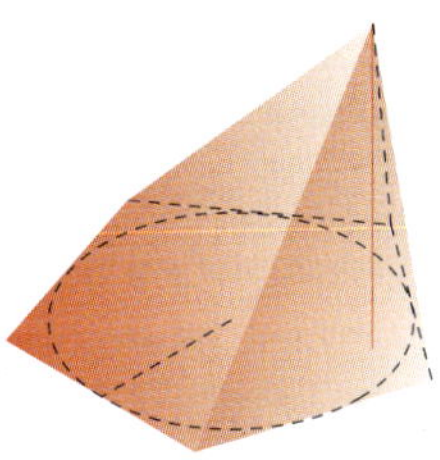

Tronco di piramide. Solido creato dal taglio di una piramide con un piano passante tra vertice e base.

GLOSSARIO

Contiguo: che ha un lato in comune con un altro ente o cosa (per esempio facce contigue, stanze contigue).

Cilindro. Solido delimitato da una superficie cilindrica e da due piani che la intersecano (**basi**). Le basi possono essere cerchi oppure ellissi.

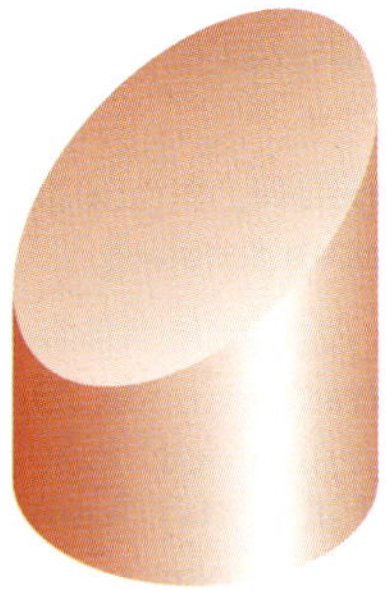

Cilindro retto. Cilindro con basi (cerchi) perpendicolari all'asse.

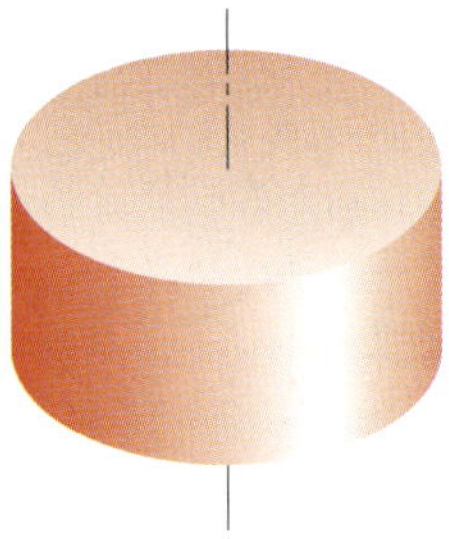

Cono. Solido delimitato da una superficie conica e un piano (**base**) che la interseca.

Cono retto. Cono con base (cerchio) perpendicolare all'asse.

Cono obliquo. Cono con base (ellisse) obliqua rispetto all'asse della superficie conica.

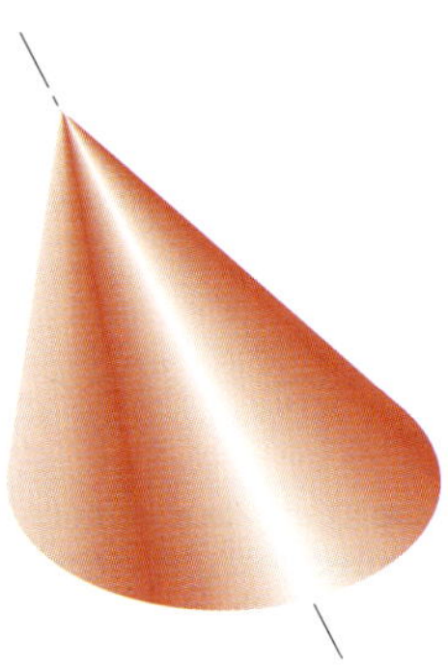

Tronco di cono. Solido creato dal taglio di un cono con un piano passante tra vertice e base.

Prisma. Solido delimitato da una superficie prismatica e due piani (**basi**) che la intersecano.

Prisma retto. Prisma con spigoli laterali perpendicolari alle basi.

Poliedri semiregolari. Poliedri che presentano alcune regolarità, quali: facce a forma di poligoni regolari di due o più tipi, spigoli uguali ecc.

Tra i poliedri semiregolari figurano:

- i poliedri di Archimede;
- i prismi;
- gli antiprismi;
- i poliedri di Johnson;
- i poliedri di Catalan;
- i diamanti;
- gli antidiamanti.

Poliedro di Archimede

Prisma

Antiprisma

Poliedro di Johnson

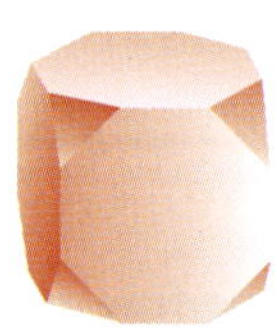

Poliedro di Catalan

Diamante

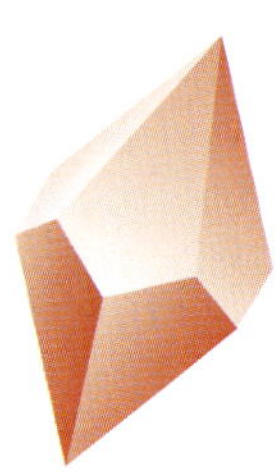

Antidiamante

Poliedri regolari. Sono solidi delimitati da un tipo di poligono regolare, con facce che formano tra loro angoli uguali. Sono soltanto cinque: quelli elencati di seguito.

Tetraedro regolare. Le sue facce sono quattro triangoli equilateri.

Esaedro regolare (cubo). Le sue facce sono sei quadrati.

Ottaedro regolare. Le sue facce sono otto triangoli equilateri.

Dodecaedro regolare. Le sue facce sono dodici pentagoni regolari.

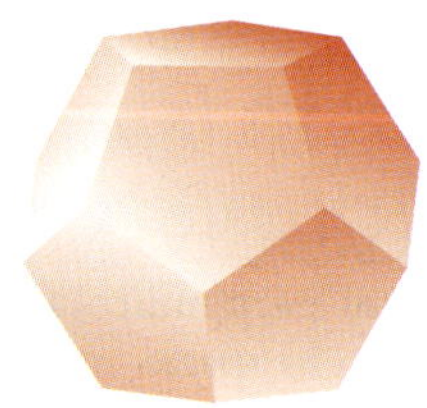

Icosaedro regolare. Le sue facce sono venti triangoli equilateri.

APPROFONDIMENTI

- ***I poliedri regolari*** (2 pagine)
- ***I poliedri semiregolari*** (2 pagine)

Costruzioni geometriche elementari

Premessa

Il disegno geometrico si serve di diversi strumenti (squadre, compasso ecc.); le diverse **icone** segnaleranno lo strumento a cui si riferisce la singola spiegazione presentata. Sarà utile ai fini didattici confrontare le diverse modalità operative dettate dai vari strumenti utilizzati.

PROBLEMA 1 PASSO PASSO

Tracciare l'asse di un segmento dato

1 Disporre la squadretta a 30°-60° sul segmento.

2 Poggiare l'ipotenusa della squadretta a 45° sulla precedente.

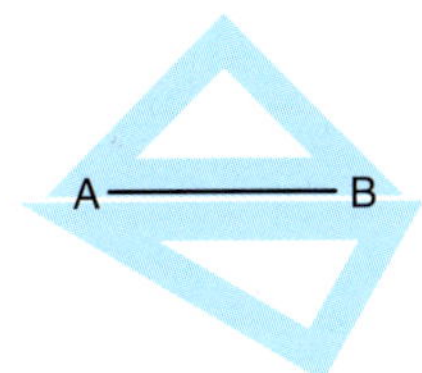

3 Tenendo ferma la squadretta a 30°-60°, si fa scorrere l'altra tracciando un segmento per l'estremo A del segmento.

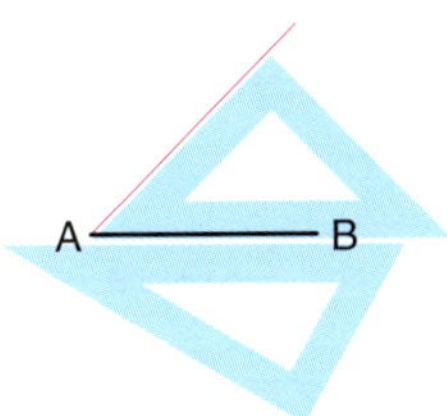

4 Analogamente si conduce un segmento da B, che interseca il precedente in P.

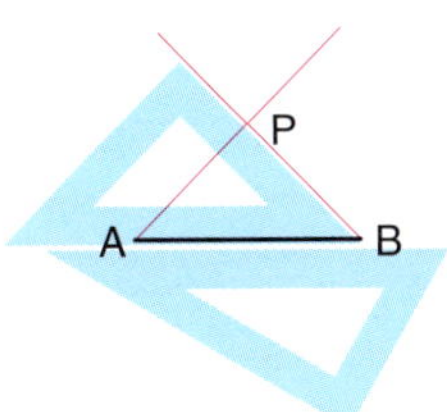

5 Dopo aver ruotato la squadretta a 45°, da P si conduce la perpendicolare per M, punto medio del segmento.

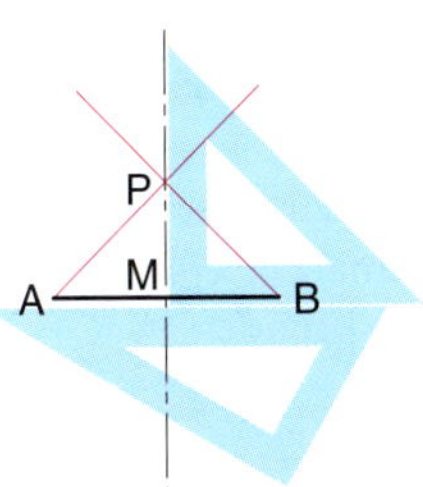

1 Tracciare un arco di centro in A con apertura a piacere (maggiore della metà di AB).

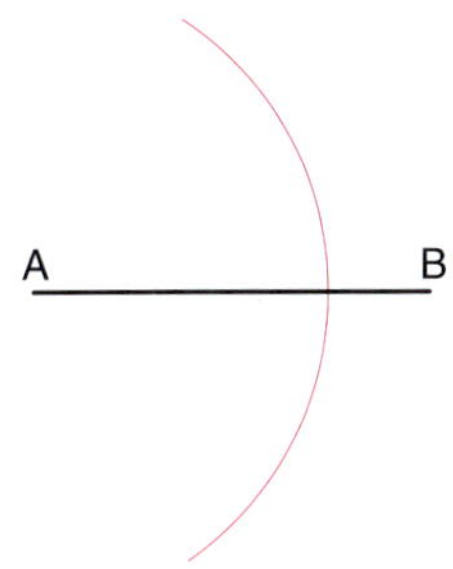

2 Con la stessa apertura si disegna un arco con centro in B, trovando P e Q.

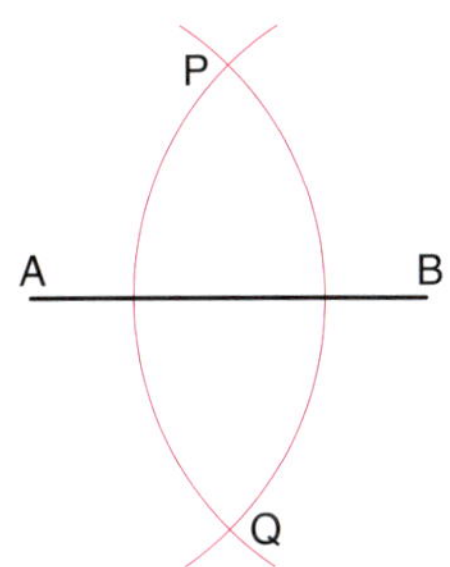

3 Unendo P e Q si trova l'asse del segmento e il suo punto medio M.

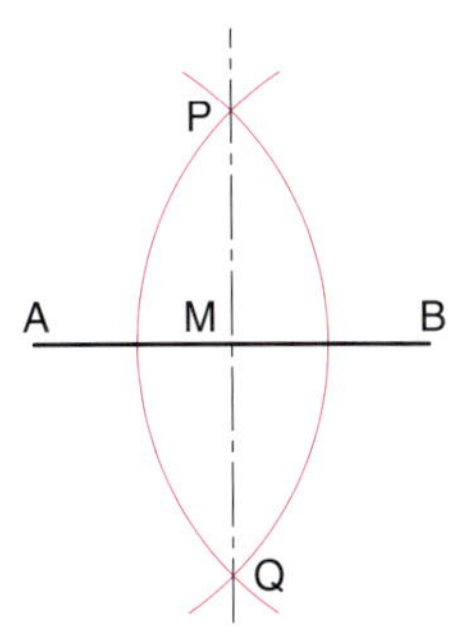

GLOSSARIO

Icona: immagine, simbolo grafico di un concetto o di un comando.

Asse di un segmento: perpendicolare per il suo punto medio.

Video *Rette perpendicolari con le squadrette*

APPROFONDIMENTI

La perpendicolarità (2 pagine)

PROBLEMA 2 PASSO PASSO

Tracciare la perpendicolare per un estremo di un segmento

1 Si dispone il cateto della squadretta a 45° sul segmento AB.

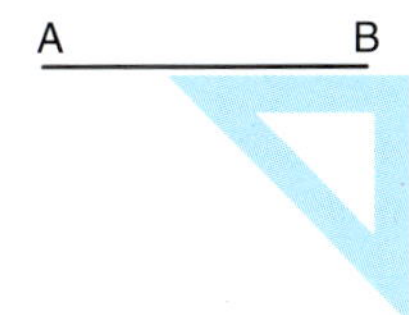

2 Si poggia l'altra squadretta sull'ipotenusa della precedente.

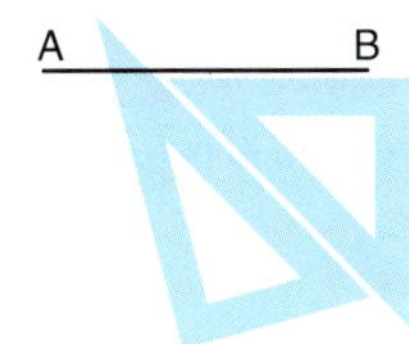

3 Tenendo ferma la squadretta a 30°-60°, si fa scorrere l'altra finché non passa per l'estremo del segmento.

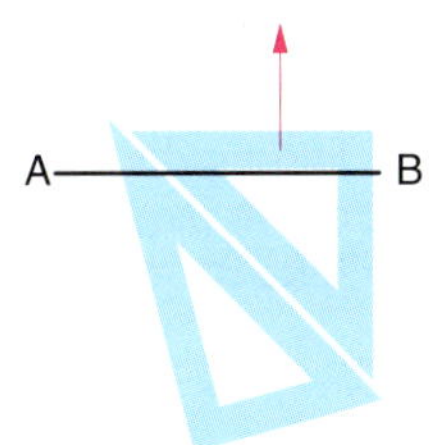

4 Si traccia la perpendicolare per l'estremo del segmento.

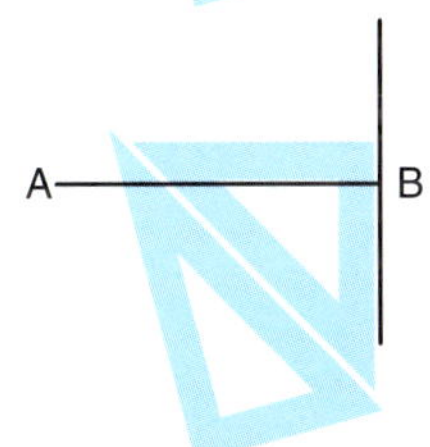

1 Preso un punto a piacere O, si centra in O con apertura fino ad A, tracciando un arco, che interseca il segmento in C.

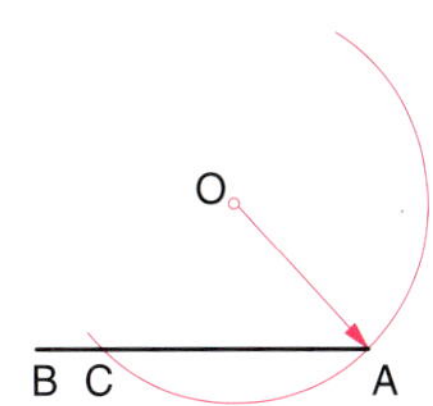

2 Si disegna la semiretta CO, che interseca l'arco in D.

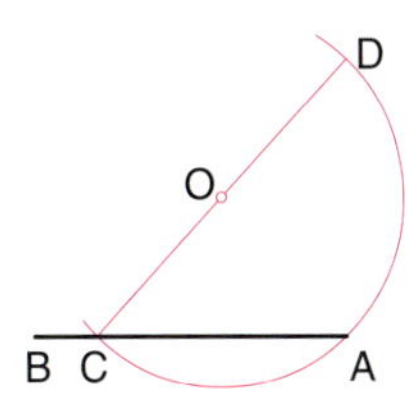

3 La semiretta AD è la perpendicolare desiderata.

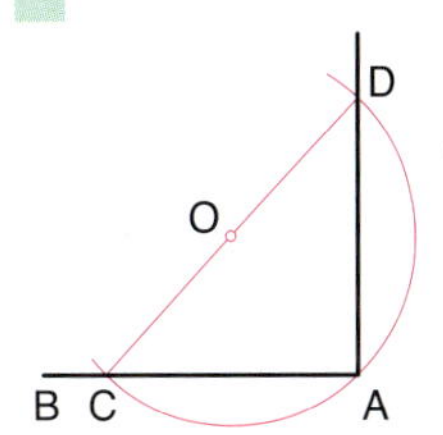

PROBLEMA 3 GUIDATO

Disegnare la parallela a un segmento AB da un punto P

1. Disporre il cateto della squadretta sul segmento.
2. Poggiare l'altra squadretta sull'ipotenusa della precedente.
3. Tenendo ferma la seconda squadretta, si fa scorrere l'altra finché non passa per P.
4. Si traccia la parallela per P.

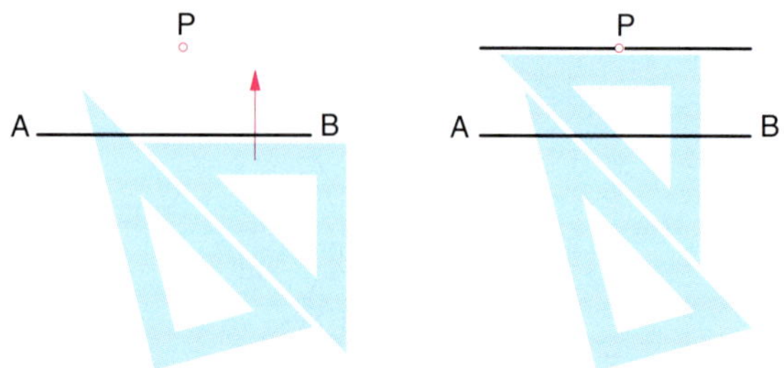

PROBLEMA 4 GUIDATO

Dividere un segmento in n parti uguali

1. Dall'estremo A del segmento dato AB si conduce una semiretta r a piacere.
2. Con apertura di compasso a piacere si traccia una successione di n archetti (in figura sono 4), trovando i punti 1, 2, 3, 4.
3. Si unisce B con il punto 4.
4. Dagli altri punti sulla semiretta r si conducono le parallele al segmento B4.
5. Le parallele intersecano il segmento AB nei punti C, D, E che dividono il segmento in parti uguali.

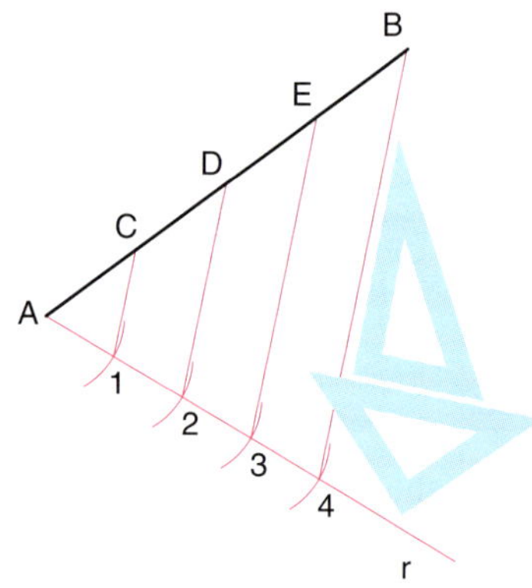

PROBLEMA 5 GUIDATO

Disegnare la parallela a una data retta alla distanza assegnata d

1. Disegnare la perpendicolare alla retta r per un punto qualsiasi (v. Problema 2).
2. Sulla perpendicolare si prende un segmento di lunghezza d.
3. Spostando la squadretta a 45° come nel Problema 2, si usa il cateto parallelo a r per tracciare dall'estremo del segmento d la retta r_1.

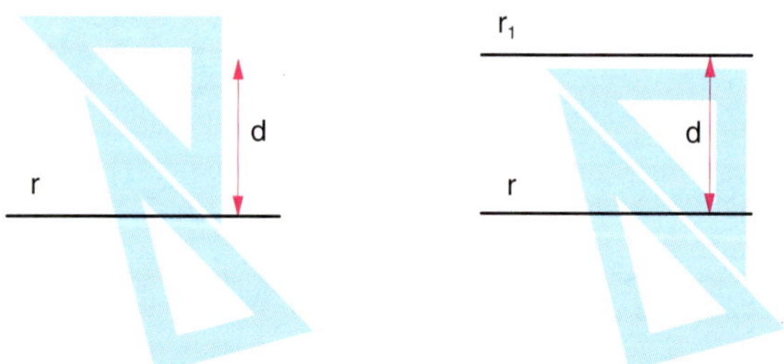

1. Centrando in A, punto qualsiasi di r, e con apertura a piacere, si traccia una semicirconferenza di estremi P e Q.
2. Si disegna l'asse del segmento PQ (v. Problema 1).
3. Con centro in A e apertura uguale a d, si traccia un arco che interseca l'asse nel punto C.
4. Da un altro punto B con lo stesso procedimento si trova il punto D.
5. La retta CD è la parallela desiderata.

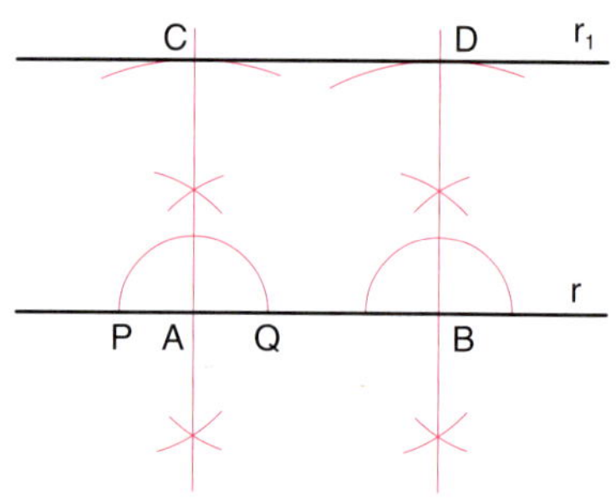

PROBLEMA 6 GUIDATO

Disegnare la sezione aurea di un segmento dato

La **sezione aurea** di un segmento è il medio proporzionale tra il segmento intero e la parte residua.

Quindi, dato un segmento AB, la sua sezione aurea è AC se si verifica la seguente proporzione:

$$\overline{AB} : \overline{AC} = \overline{AC} : \overline{CB}$$

Da una elaborazione matematica di questa proporzione si può ricavare il valore:

$$\overline{AB} : \overline{AC} = \overline{AC} : \overline{CB} = \frac{\sqrt{5}+1}{2} = 1{,}618033 \text{ (detto \textbf{numero aureo})}.$$

MEMO
La **distanza tra due rette parallele** è la lunghezza del segmento staccato da esse su una perperndicolare.

1. Si trova il punto medio M del segmento AB (v. Problema 1).
2. Si disegna la perpendicolare per l'estremo B (v. Problema 2),e con l'aiuto del compasso si prende su di essa una misura $\overline{BP} = \overline{BM}$.
3. Si unisce P con A.
4. Centrando in P con apertura $\overline{PB}$ si traccia un arco che interseca AP in Q.
5. Con un arco di centro A e raggio $\overline{AQ}$ si trova il punto C che definisce AC, sezione aurea di AB.

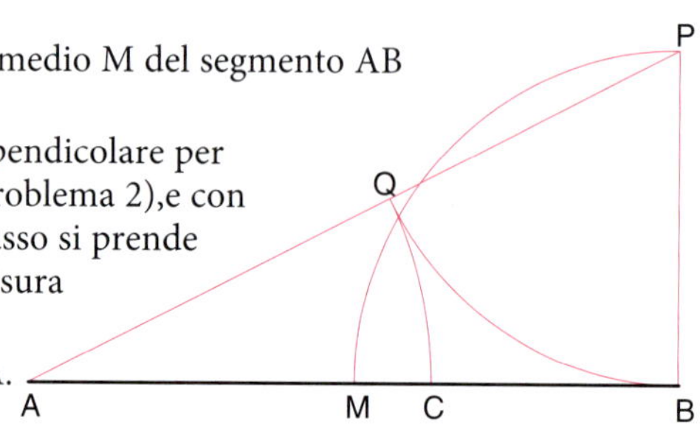

Video *Rette parallele con le squadrette*

APPROFONDIMENTI
La sezione aurea (2 pagine)

PROBLEMA 7 GUIDATO

Disegnare il rettangolo aureo di data altezza

1. Del segmento dato AB si disegna la perpendicolare per B (v. Problema 2).
2. Sulla perpendicolare si trova un punto C mediante un arco di centro B e apertura $\overline{AB}$.
3. Del segmento BC si trova il punto medio M (v. Problema 1).
4. Centrando in M con apertura $\overline{MA}$ si traccia un arco che interseca la retta BC nel punto D.
5. Con lati AB e BD si disegna il rettangolo aureo desiderato.

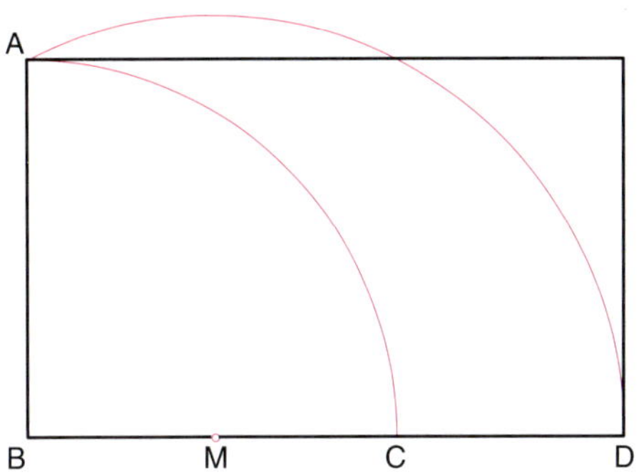

Nota bene: se si disegna un quadrato in un rettangolo aureo, si scopre che la parte restante è un nuovo rettangolo aureo; analoga divisione si verifica in quest'ultimo, e così via.

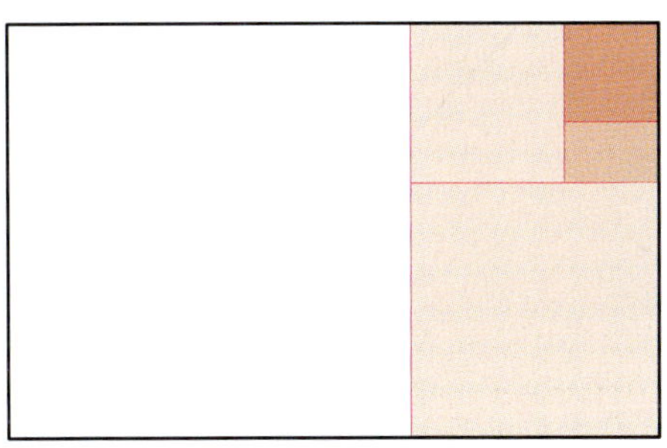

Video *Angoli di 45° con le squadrette*

Video *Angoli di 30°-60° con le squadrette*

MEMO
I punti si indicano con lettere dell'alfabeto latino maiuscolo (A, B, C, ...), le rette con lettere dell'alfabeto latino minuscolo (a, b, c, ...) e gli angoli con lettere dell'alfabeto greco minuscolo (α, β, γ, δ, ε, ζ, ...).

PROBLEMA 8 GUIDATO

Dividere un angolo in parti uguali

Angolo retto in due parti:
1. si allinea la squadretta a 30°-60° su un lato;
2. si poggia su di essa la squadretta a 45°, tracciando la semiretta per il vertice.

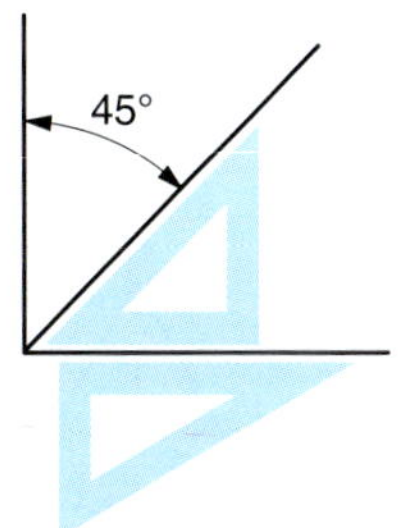

Angolo retto in tre parti:
1. si allinea la squadretta a 45° su un lato;
2. si poggia su di essa la squadretta a 30°-60° nelle posizioni indicate in figura, tracciando le semirette per il vertice.

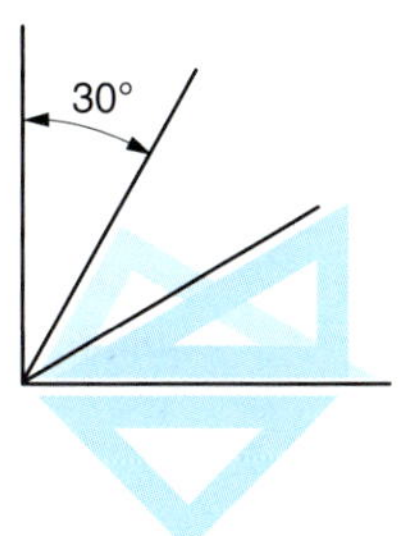

Angolo piatto in tre parti:
1. si allinea la squadretta a 45° sui lati;
2. si poggia su di essa la squadretta a 30°-60° nelle posizioni indicate in figura, tracciando le semirette per il vertice.

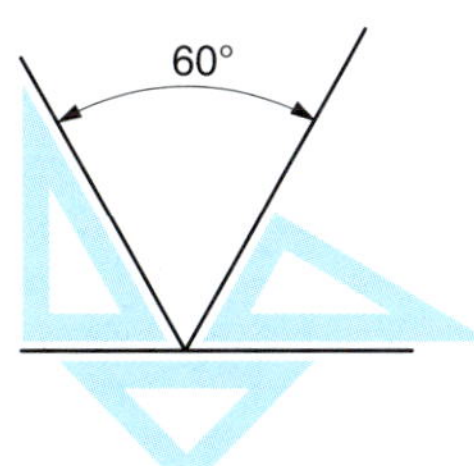

Angolo retto in sei parti:
1. si tracciano semirette a 30° e 45° come nelle figure precedenti;
2. disponendo le due squadrette come in figura si tracciano le semirette a 15°.

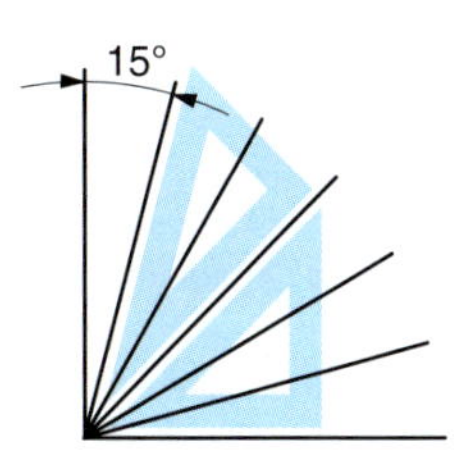

Bisettrice di un angolo qualsiasi:
1. si traccia un arco di centro V con apertura a piacere;
2. sui lati si individuano i punti A e B;
3. centrando in A e B con apertura a piacere si disegnano due archetti, che si intersecano in C;
4. la semiretta VC è la bisettrice.

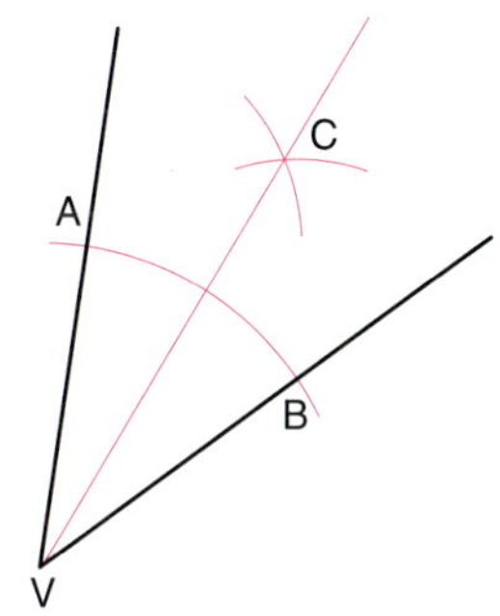

Trisezione di un angolo retto:
1. si traccia un arco di centro V con apertura a piacere;
2. sui lati si individuano i punti A e B;
3. centrando in A e B con la stessa apertura, si disegnano due archetti, che intersecano il precedente in C e in D;
4. le semirette VC e VD dividono l'angolo retto in tre parti uguali.

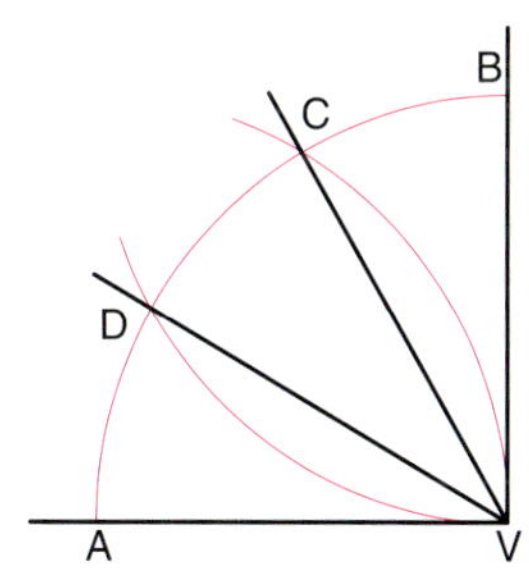

Trisezione di un angolo piatto:
1. si traccia un arco di centro V con apertura a piacere;
2. sui lati si trovano i punti A e B;
3. centrando in A e B con la stessa apertura, si disegnano due archetti, che intersecano il precedente in C e in D;
4. le semirette VC e VD dividono l'angolo piatto in tre parti uguali.

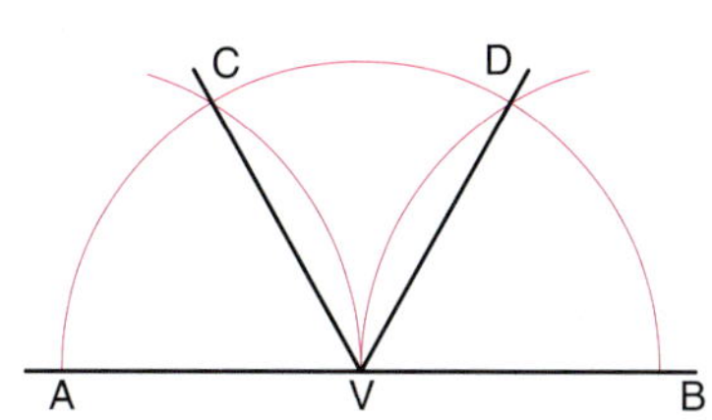

Poligoni regolari inscritti

PROBLEMA 9 PASSO PASSO

Inscrivere un triangolo equilatero in una circonferenza

1 Con la squadretta a 30°-60° nelle posizioni indicate, dal centro O si tracciano tre raggi che formano tre angoli uguali (120°).

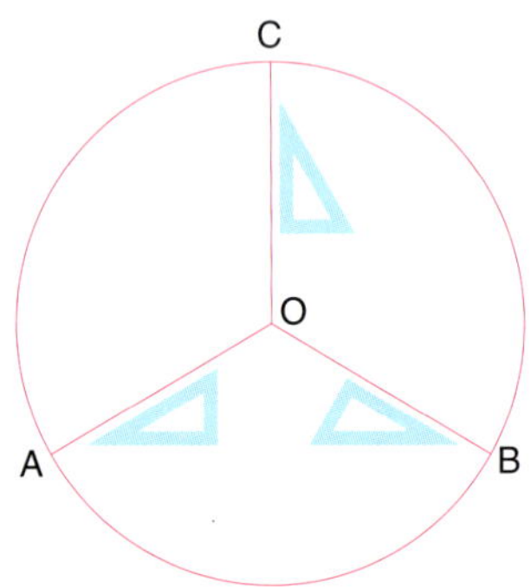

2 Le estremità dei raggi (A, B, C) sono i vertici del triangolo equilatero.

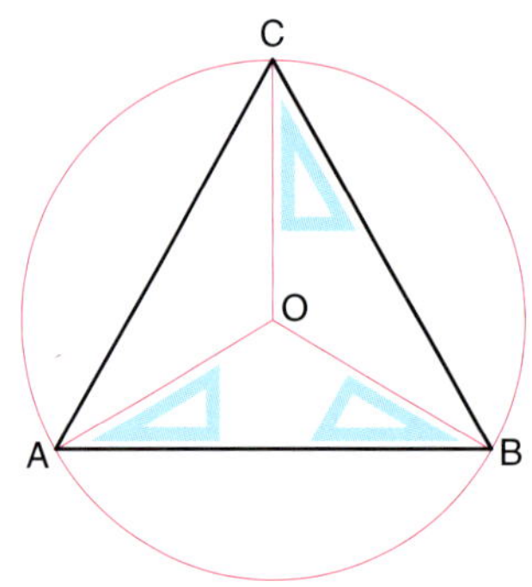

1 Si disegna un diametro AB.

2 Con centro in A e apertura $\overline{AO}$, si traccia un arco, che interseca la circonferenza nei punti C e D.

3 B, C e D sono i vertici del triangolo equilatero.

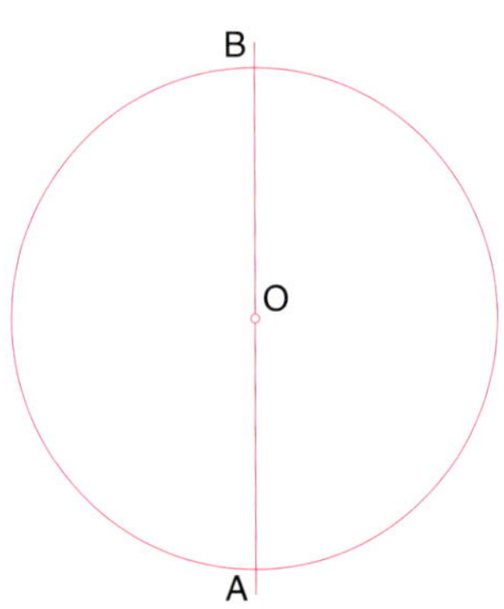

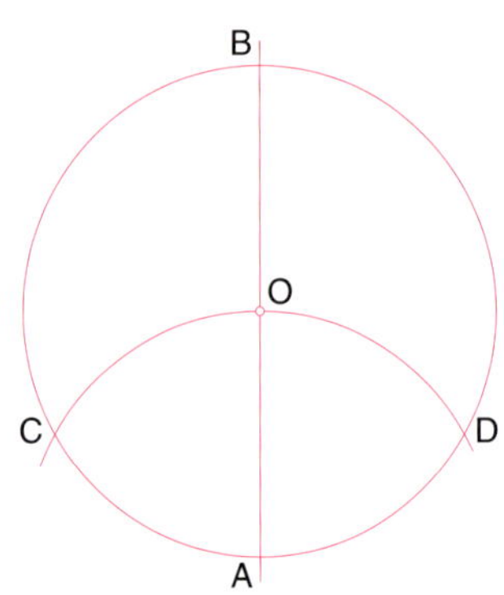

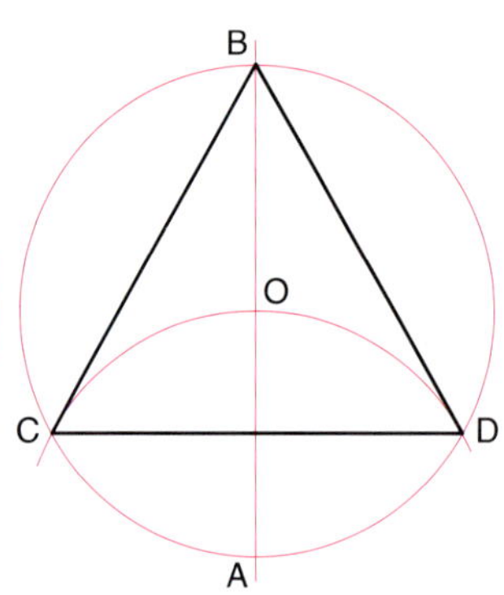

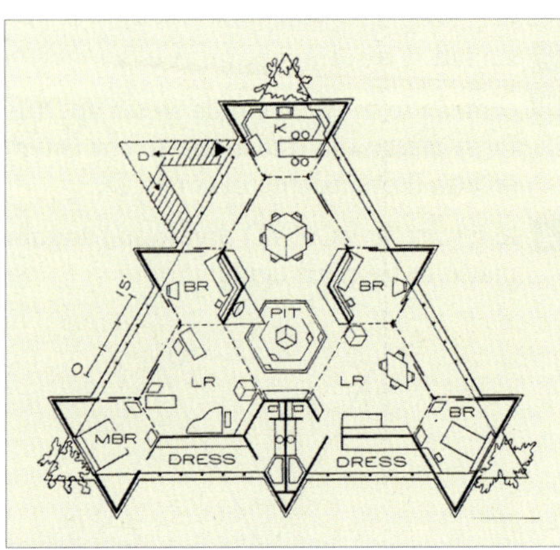

Pianta della Gutman house (Bruce Goff).

MEMO

Mentre un segmento di estremi A e B si designa con AB, la sua lunghezza si indica con $\overline{AB}$. Invece $\overset{\frown}{AB}$ è un arco con gli stessi estremi.

APPROFONDIMENTI

Il triangolo (2 pagine)

Il quadrato (2 pagine)

PROBLEMA 10 GUIDATO

Inscrivere un quadrato in una circonferenza

1 Si disegna un diametro AB.

2 Con l'aiuto delle squadrette si traccia un secondo diametro perpendicolare al precedente.

3 Le estremità dei diametri (A, B, C e D) sono i vertici del quadrato.

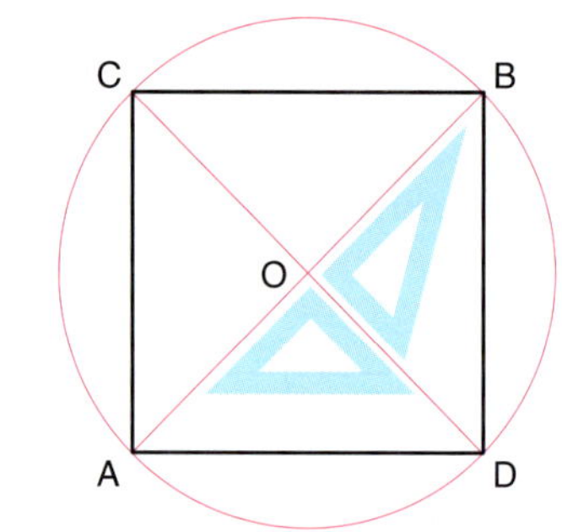

1 Si traccia un diametro AB.

2 Si disegna l'asse del diametro AB (v. Problema 1).

3 Le estremità dei diametri (A, B, C e D) sono i vertici del quadrato inscritto nella circonferenza.

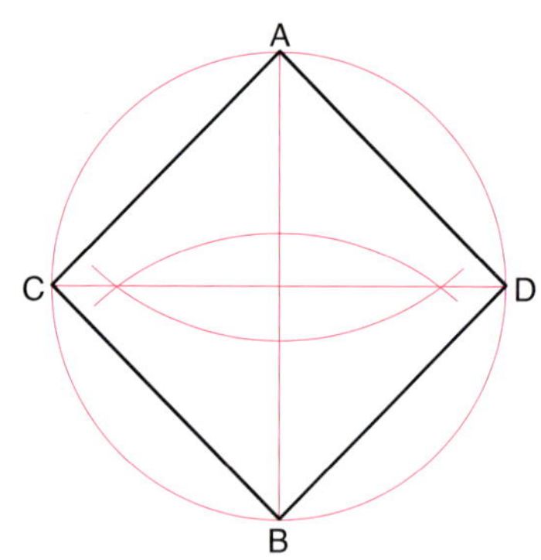

Pianta di chiesa a struttura quadrata (Sebastiano Serlio).

PROBLEMA 11 GUIDATO

Inscrivere un pentagono regolare in una circonferenza

1. Si disegnano due diametri perpendicolari (AB e CD).
2. Si trova M, punto medio di OB (v. Problema 1).
3. Si traccia un arco di centro M e di apertura $\overline{MC}$, che interseca AB nel punto N.
4. Con centro C e apertura $\overline{CN}$ si disegna un arco che individua E sulla circonferenza.
5. Da E si tracciano archi consecutivi di apertura $\overline{CE}$, trovando F, G, H. I vertici del pentagono sono C, E, F, G e H.

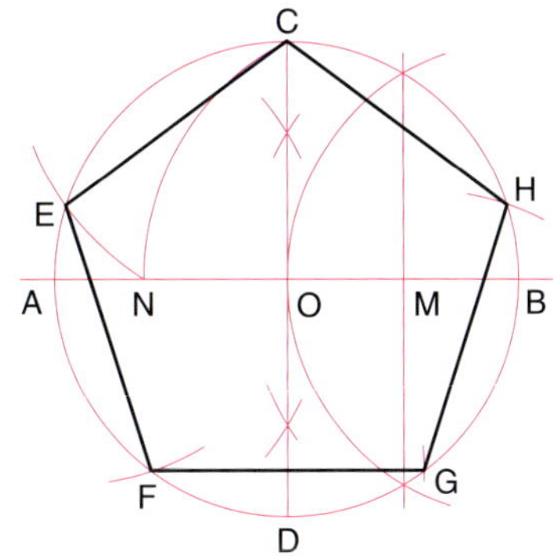

PROBLEMA 12 PASSO PASSO

Inscrivere un esagono regolare in una circonferenza

1. Si disegna un diametro AB.
2. Disponendo la squadretta a 30°-60° come in figura, si tracciano altri due diametri CE e DF, che formano 60° rispetto ad AB.
3. Gli estremi dei diametri sono i vertici dell'esagono regolare.

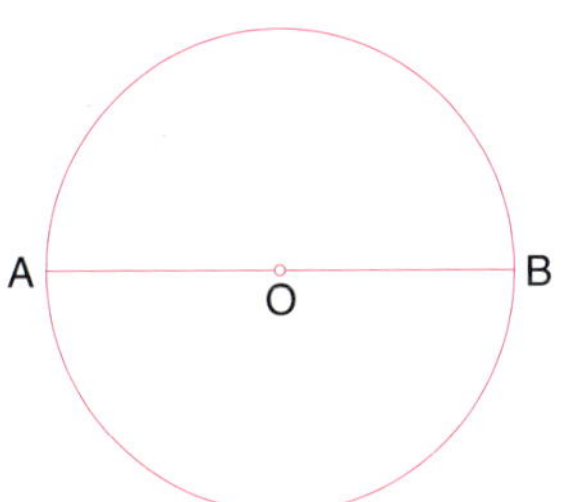

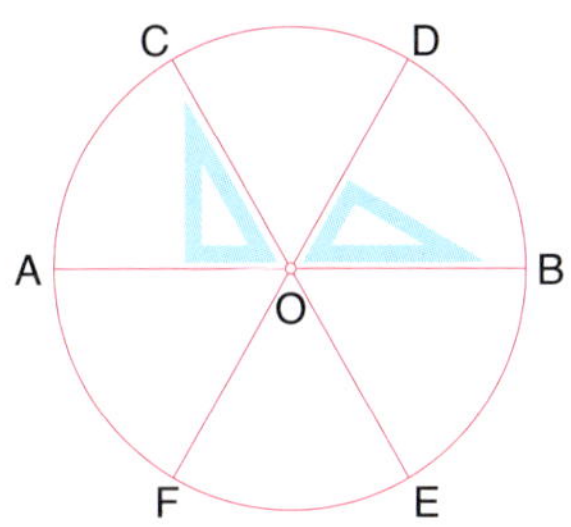

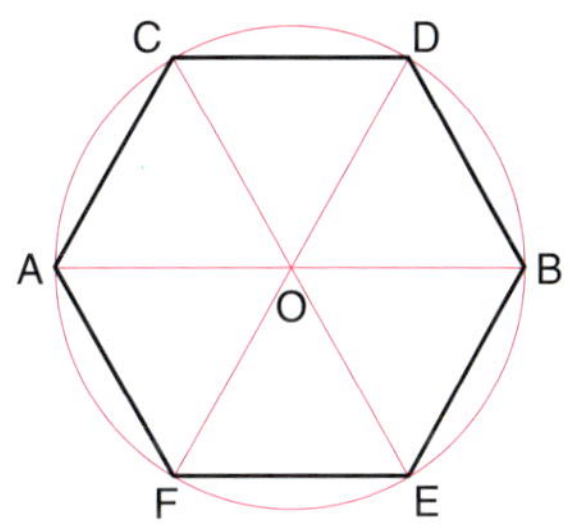

1. Si traccia un diametro AB.

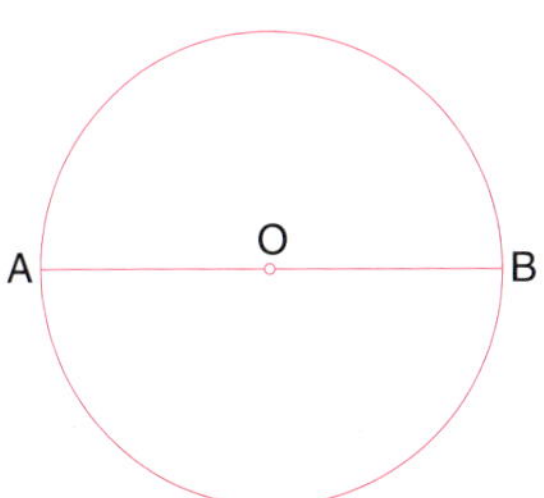

2. Con centri in A e in B si disegnano due archi di apertura $\overline{AO}$, che intersecano la circonferenza nei punti C, D, E, F.

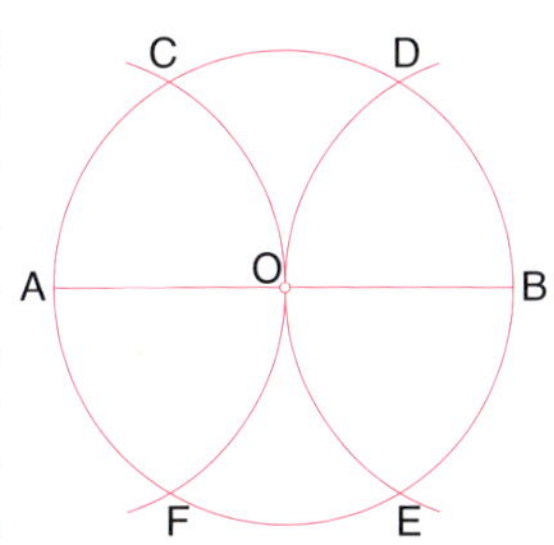

3. I punti A, C, D, B, E, F sono i vertici dell'esagono desiderato.

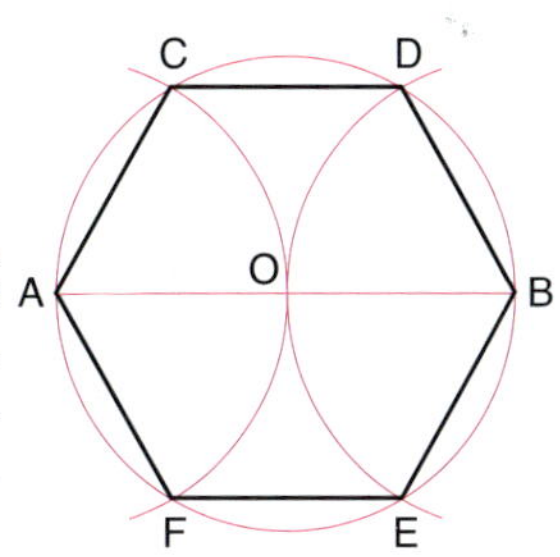

Decorazione sulla facciata del Duomo di Orvieto.

PROBLEMA 13 GUIDATO

Inscrivere un ottagono regolare in una circonferenza

1. Si tracciano due diametri AB e CD tra loro perpendicolari.
2. Con la squadretta a 45° disposta come in figura, si disegnano due diametri EF e GH.
3. Gli estremi dei diametri sono i vertici dell'ottagono regolare.

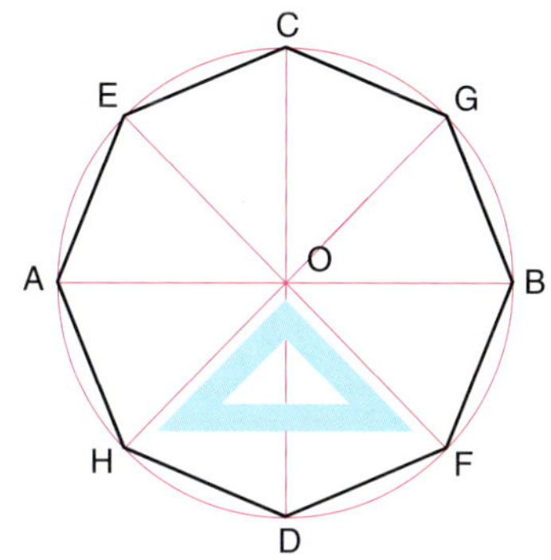

1. Si disegna un diametro AB.
2. Si traccia CD, asse del diametro AB (v. Problema 1).
3. Si costruiscono le bisettrici (v. Problema 8) degli angoli formati dai due diametri.
4. I diametri e le bisettrici individuano sulla circonferenza i vertici dell'ottagono.

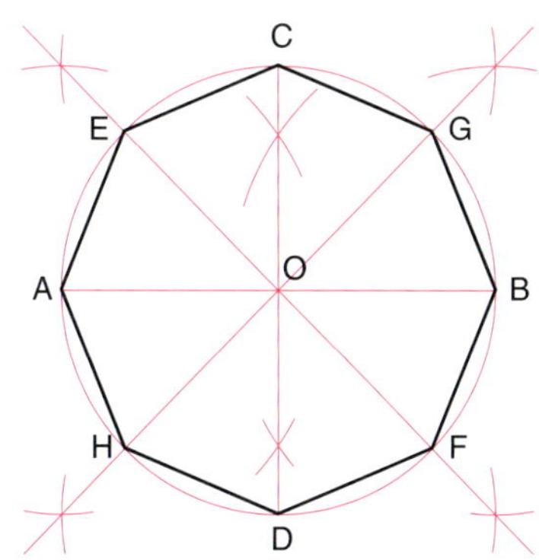

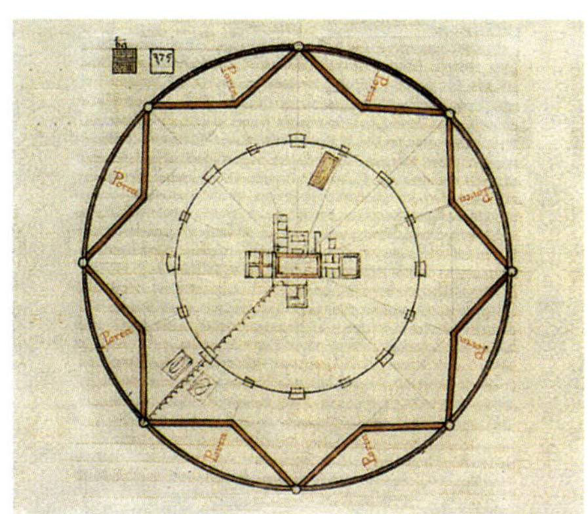
Pianta della città ideale di Sforzinda (Filarete).

PROBLEMA 14 GUIDATO

Inscrivere un dodecagono regolare in una circonferenza

1 Si disegnano due diametri AB e CD tra loro perpendicolari.

2 Con la squadretta a 30°-60° si tracciano quattro diametri, che dividono gli angoli retti in tre parti uguali (v. Problema 8).

3 Le estremità dei diametri sono i vertici del dodecagono.

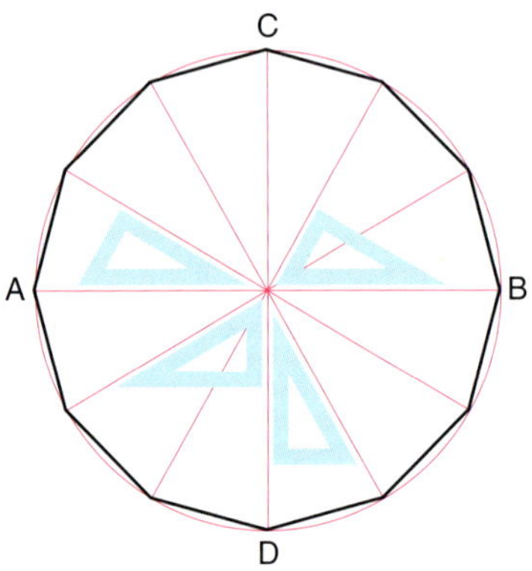

1 Si traccia un diametro AB.

2 Si disegna CD, asse del diametro AB (v. Problema 1).

3 Con centri in A, B, C e D e apertura $\overline{AO}$ si tracciano quattro archi.

4 I diametri e gli archi determinano sulla circonferenza i vertici del dodecagono.

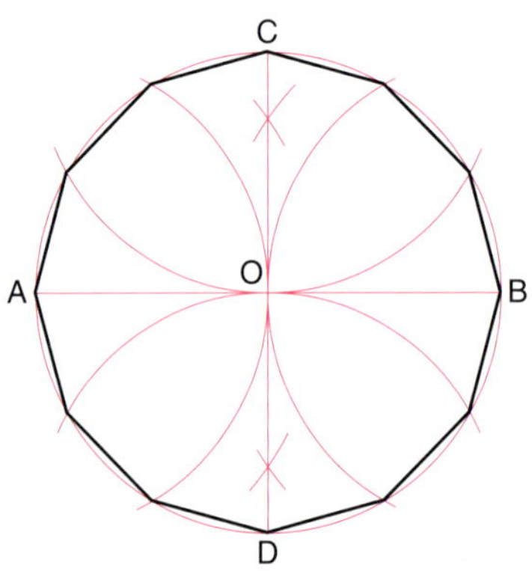

Decorazione a intarsio nell'Alhambra di Granada.

PROBLEMA 15 GUIDATO

Inscrivere in una circonferenza un poligono regolare di n lati

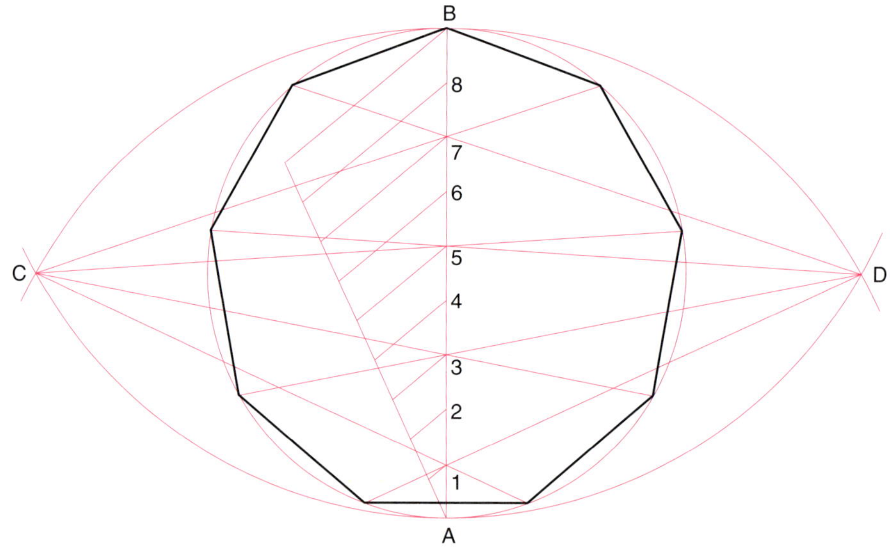

1 Si traccia un diametro AB.

2 Si divide AB in n parti uguali (in figura 9 parti).

3 Con centri in A e in B si costruiscono due archi di raggio AB, determinando C e D.

4 Se n è dispari (come in figura): da C e D si conducono le semirette per i punti 1, 3, 5, …

5 Se n è pari: da C e D si tracciano le semirette per i punti 2, 4, 6, …

6 Le semirette individuano sulla circonferenza i vertici del poligono regolare desiderato.

Rosone della Cattedrale di Strasburgo.

Questa costruzione può anche essere eseguita con il **goniometro**.

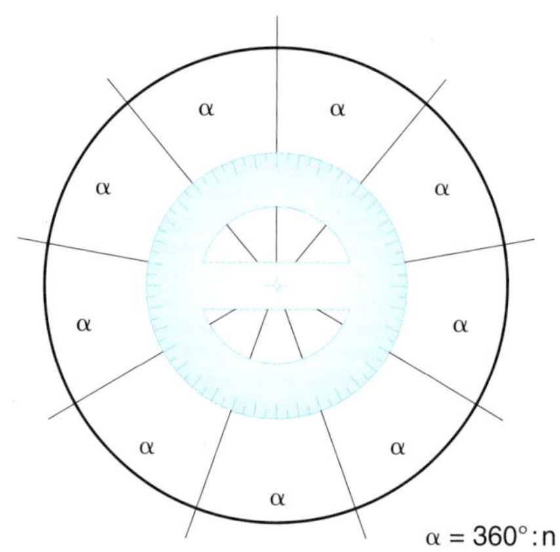

1 Si calcola il valore di $\alpha = 360° : n$.

2 Si centra il goniometro sul centro della circonferenza.

3 Si prendono in successione i vari angoli α.

4 Tracciando i diversi angoli α che dividono la circonferenza in n parti uguali, si trovano i vertici del poligono inscritto.

MEMO
Disegnare un **poligono inscritto** in una circonferenza equivale a **dividere la circonferenza in un numero di parti uguali** al numero dei lati del poligono.

MEMO
Per favorire la precisione del disegno, è indispensabile **affilare bene la punta del compasso**.

Poligoni regolari di lato assegnato

PROBLEMA 16 PASSO PASSO

Disegnare un triangolo equilatero di lato assegnato

1 Disponendo la squadra a 30°-60° come in figura, si traccia una semiretta da A.

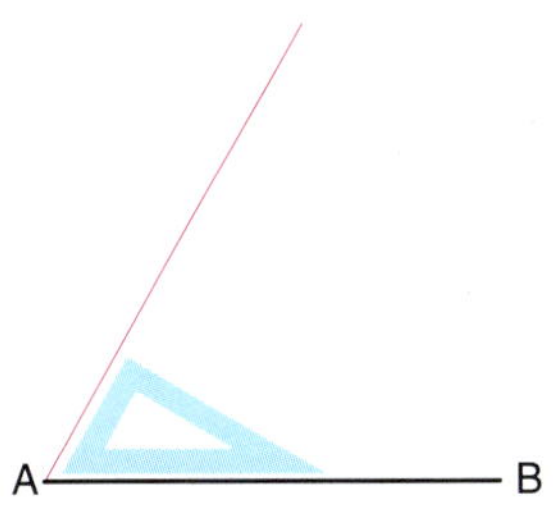

2 Con la stessa squadra nella posizione indicata si disegna una semiretta da B.

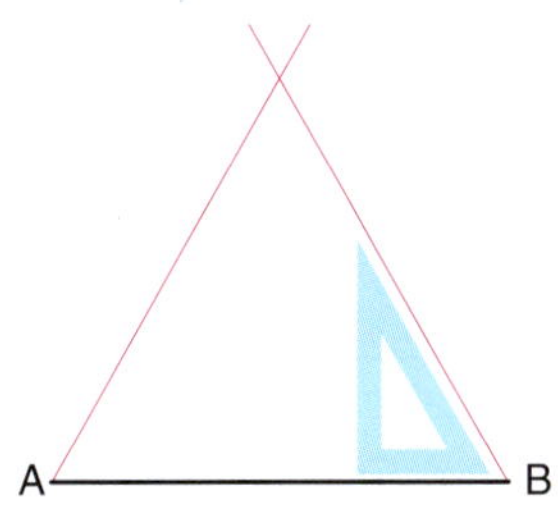

3 L'intersezione delle semirette è C, terzo vertice del triangolo.

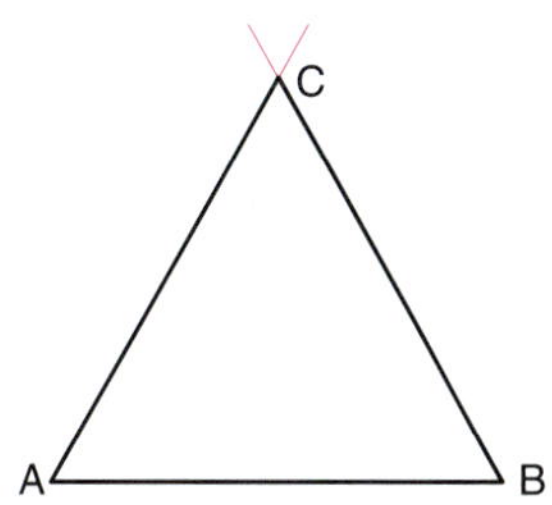

1 Centrando in A con apertura $\overline{AB}$ si traccia un arco.

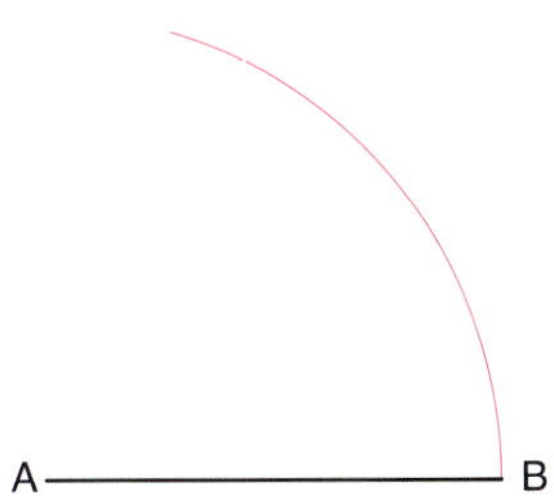

2 Con la stessa apertura ma centro in B si disegna un altro arco.

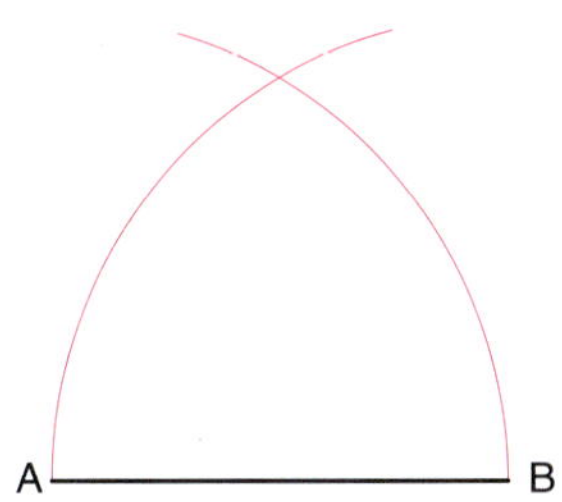

3 L'intersezione degli archi è C, terzo vertice del triangolo.

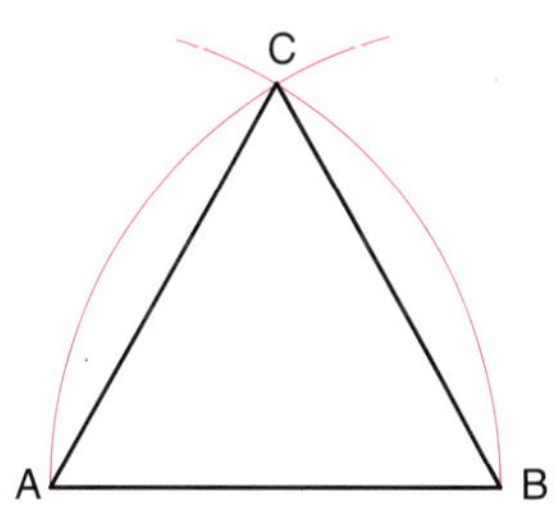

PROBLEMA 17 GUIDATO

Disegnare un quadrato di lato assegnato

1 Da A e da B si tracciano le perpendicolari ad AB.

2 Disponendo la squadretta a 45° come in figura, si conducono da A e da B due semirette.

3 I punti d'intersezione C e D, insieme ad A e B, sono i vertici del quadrato.

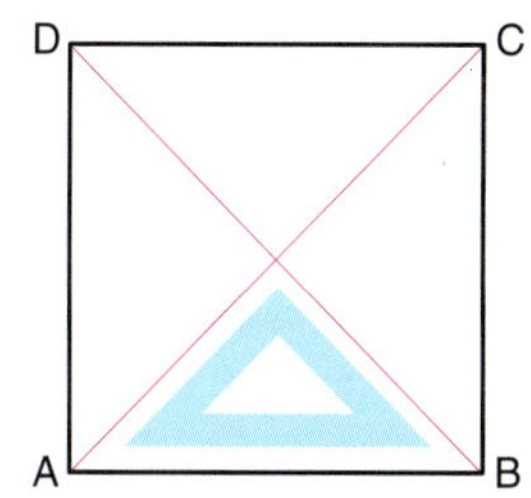

1 Da A si traccia la perpendicolare ad AB (v. Problema 2).

2 Centrando in A con apertura $\overline{AB}$, si traccia un arco che interseca in D la perpendicolare.

3 Con la stessa apertura $\overline{AB}$ si centra in B e in D, ottenendo due archi che s'intersecano in C.

4 A, B, C, D sono i vertici del quadrato.

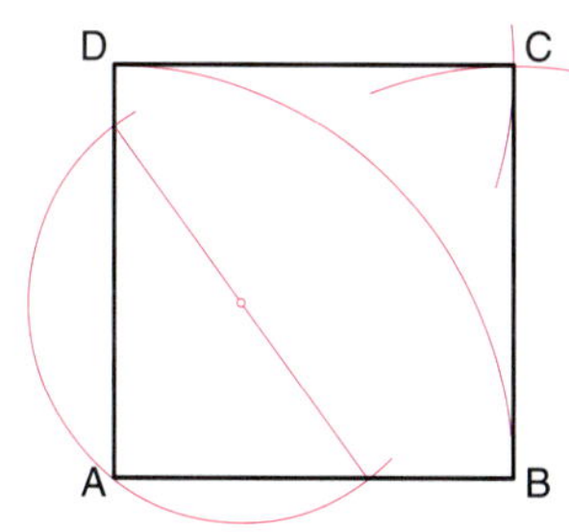

Cupola della chiesa di Sant'Ivo alla Sapienza a Roma (Francesco Borromini).

Eros (Paul Klee, 1925).

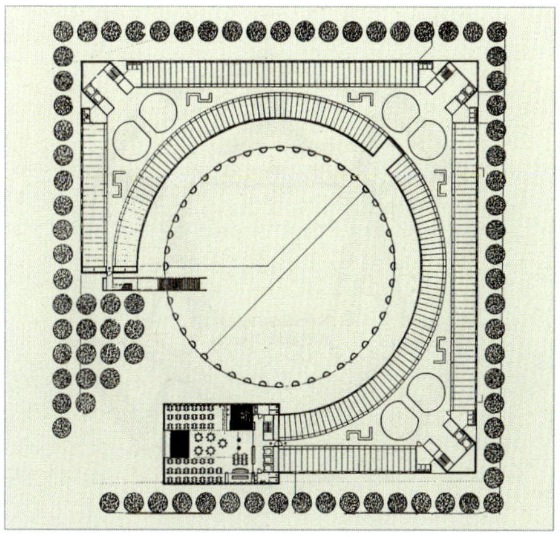

Centro delle telecomunicazioni di Bellinzona: pianta del primo piano (Mario Botta).

PROBLEMA 18 GUIDATO

Disegnare un pentagono regolare di lato assegnato

1 Da B si traccia la perpendicolare ad AB (v. Problema 2).

2 Si conduce un arco di centro B e apertura $\overline{BA}$, determinando P sulla perpendicolare per B.

3 Si trova M, punto medio di AB (v. Problema 1).

4 Con centro in M si disegna un arco di apertura $\overline{MP}$, trovando Q sulla retta AB.

5 Con apertura $\overline{AQ}$ si centra in A e in B tracciando due archi che s'intersecano in D.

6 Gli stessi archi determinano C ed E sugli archi di centri A e B con raggio $\overline{AB}$.

7 ABCDE è il pentagono desiderato.

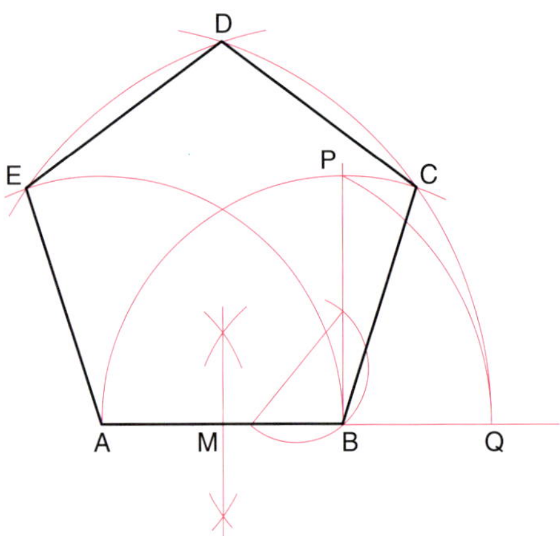

PROBLEMA 19 PASSO PASSO

Disegnare un esagono regolare di lato assegnato

1 Disponendo la squadretta a 30°-60° come in figura, da A e da B si tracciano delle semirette a 30°, 60° e 90°.

2 Sulle intersezioni delle diverse semirette si individuano C, D, E e F.

3 ABCDEF è l'esagono desiderato.

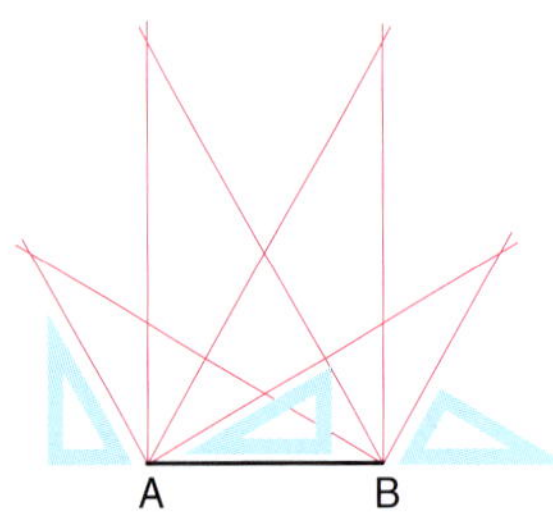

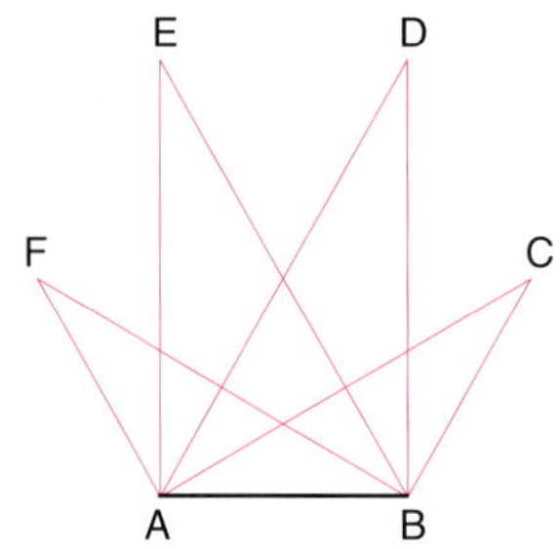

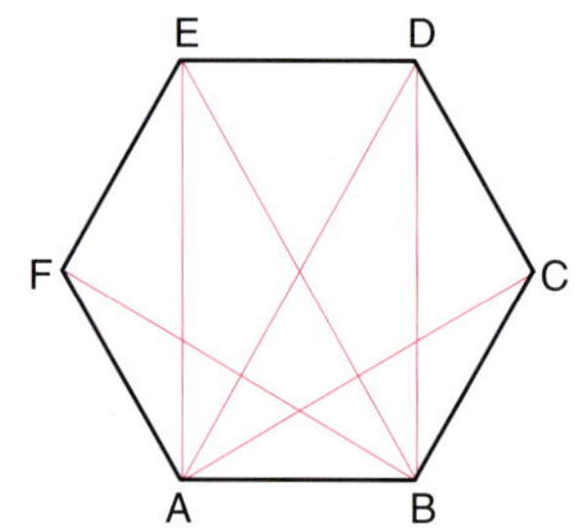

1 Con centro in A e in B e con apertura $\overline{AB}$, si tracciano due archi che s'intersecano in O.

2 Con la stessa apertura si disegna la circonferenza di centro O, che determina i vertici C e F.

3 Con archi di identica apertura e centri in C e F, si trovano D e E. Si traccia quindi l'esagono.

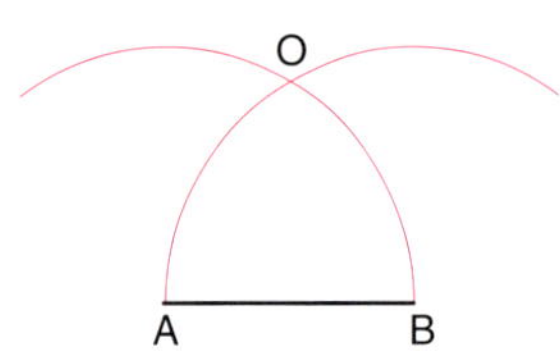

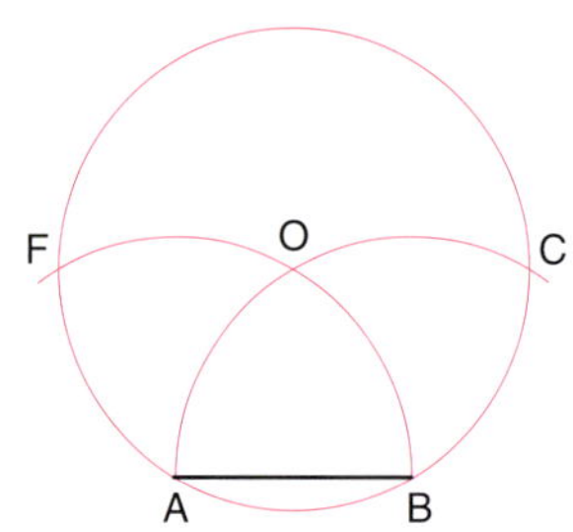

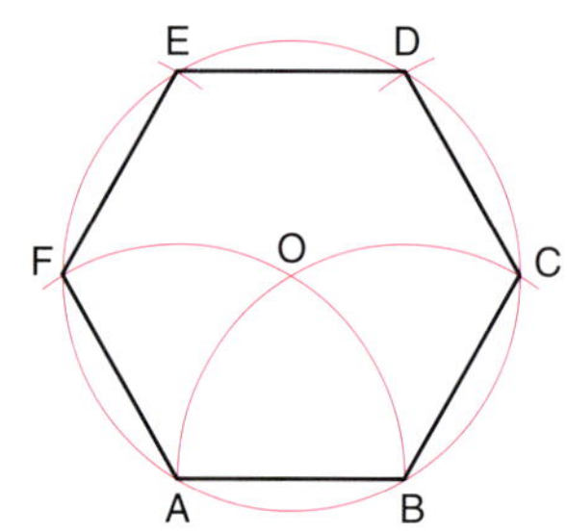

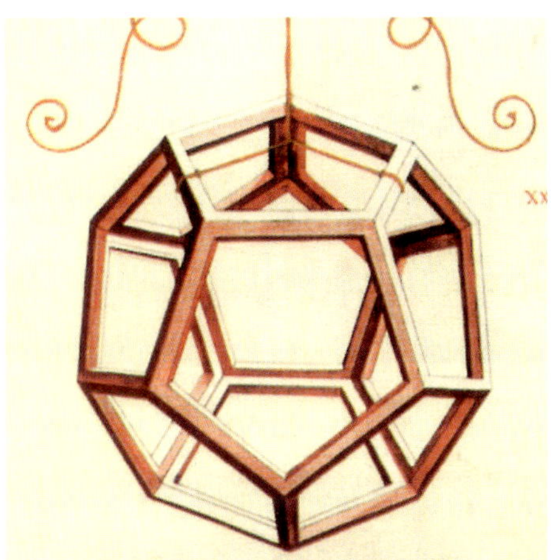

Tavola di Leonardo da Vinci dal *De Divina Proportione* (Milano, Biblioteca Ambrosiana).

MEMO

Gli angoli si possono indicare con lettere greche, ma anche con due punti dei lati e il vertice. Per esempio l'angolo in figura può essere indicato con $A\widehat{V}B$.

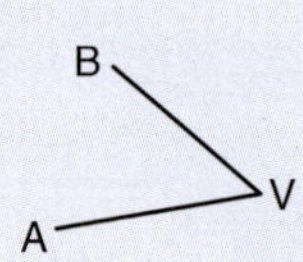

APPROFONDIMENTI

I poliedri regolari (2 pagine)

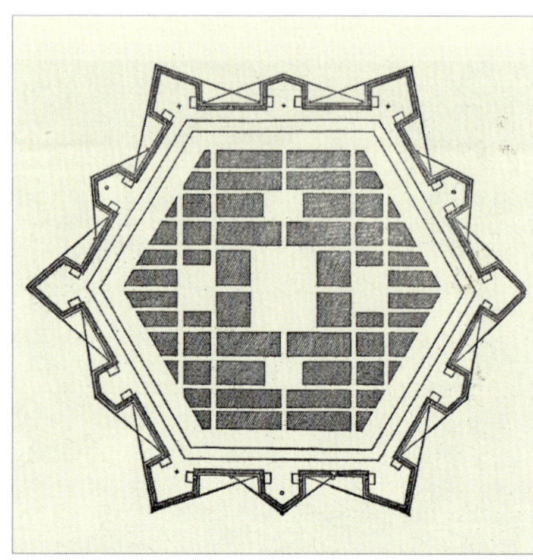

Pianta di città ideale (Pietro Cattaneo, 1554).

PROBLEMA 20 GUIDATO

Disegnare un ottagono regolare di lato assegnato

1. Da A e da B si traccia una sequenza di segmenti consecutivi di lunghezza pari ad $\overline{AB}$, servendosi della squadretta a 45° disposta come in figura.

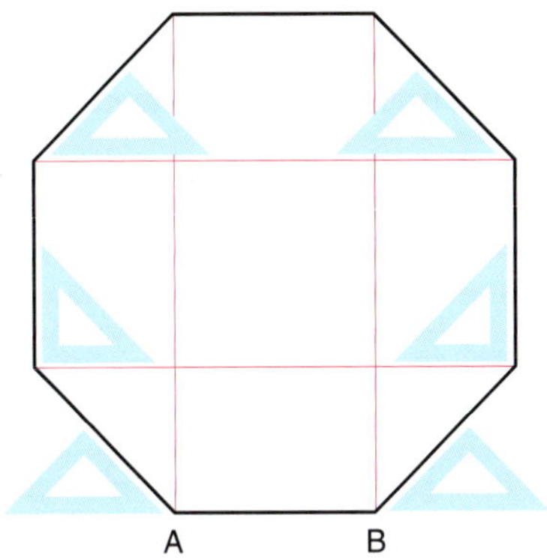

1. Si disegna l'asse di AB (v. Problema 1), determinando anche M.
2. Con centro in M e apertura $\overline{MA}$ si disegna una semicirconferenza che individua N sull'asse.
3. Centrando in N con apertura $\overline{NA}$ si trova O, centro della circonferenza passante per A e B.
4. Con archi di raggio $\overline{AB}$ tracciati in sequenza da A e da B si trovano i vertici dell'ottagono.

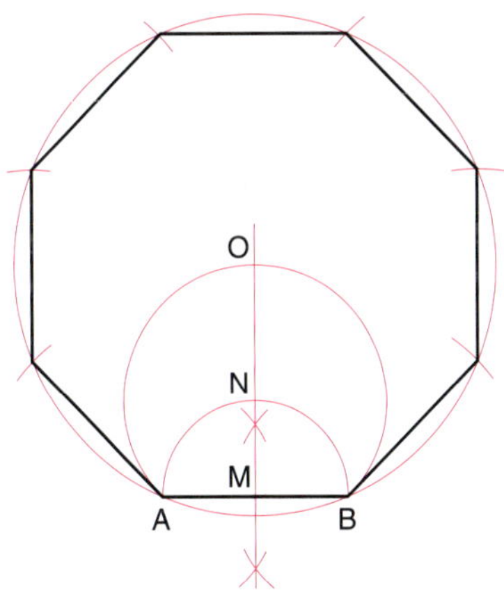

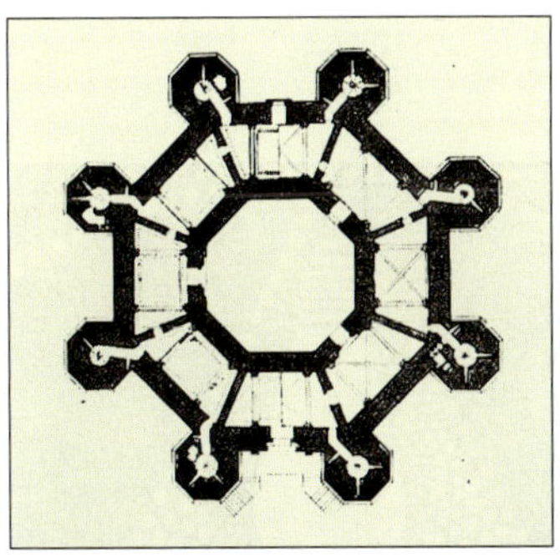

Pianta e fotografia della fortezza di Castel del Monte.

APPROFONDIMENTI

La colonna (2 pagine)   ***I poligoni stellati*** (2 pagine)

PROBLEMA 21 GUIDATO

Assegnato il lato, disegnare un poligono regolare di n lati

1. Centrando in A e B si tracciano due archi di raggio $\overline{AB}$; la loro intersezione è il punto 6.
2. Si divide il segmento A6 in 6 parti uguali (v. Problema 4).
3. Centrando in 6 si riportano sull'asse i punti divisori mediante archetti, trovando i punti 7, 8, …
4. Centrando nel punto con numero uguale ai lati del poligono, si disegna la circonferenza circoscritta (per esempio per ottenere un ettagono si centra in 7).
5. Con archi consecutivi di raggio $\overline{AB}$ si trovano sulla circonferenza i vertici del poligono.

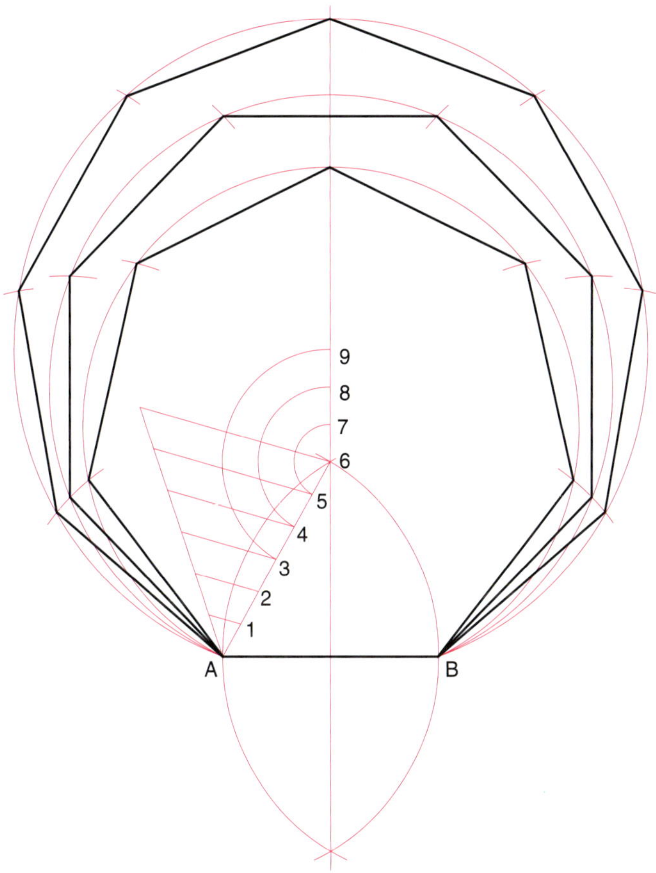

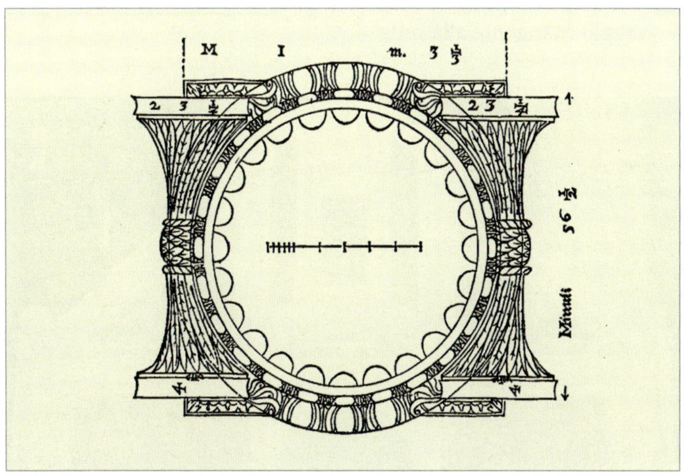

La colonna ionica secondo Palladio.

Tangenti

Per disegnare con precisione delle tangenti è indispensabile individuare il **punto di tangenza**. Si ricordano a tal fine le due seguenti **condizioni di tangenza**.

Condizione di tangenza tra retta e circonferenza

Una retta è tangente a una circonferenza quando è perpendicolare al raggio passante per il punto di tangenza (in figura $r \perp OT$).

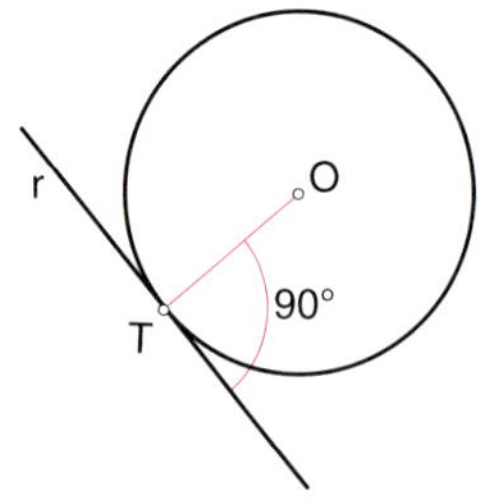

Condizione di tangenza tra due circonferenze

Due circonferenze sono tangenti quando i loro centri sono allineati con il punto di tangenza (C_1, C_2 e T sono sulla stessa retta).

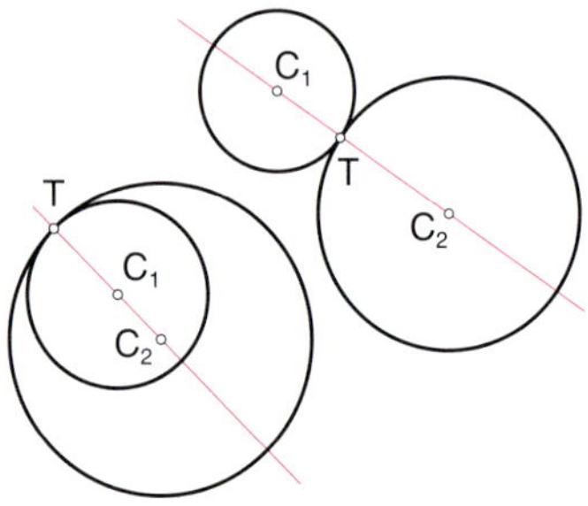

PROBLEMA 22 GUIDATO

Disegnare una circonferenza di raggio r tangente a una retta data in un suo punto P

1. Da P si conduce la perpendicolare alla retta.
2. Sulla perpendicolare si prende un segmento PO di lunghezza pari a r.
3. O è il centro della circonferenza di raggio r tangente alla retta.

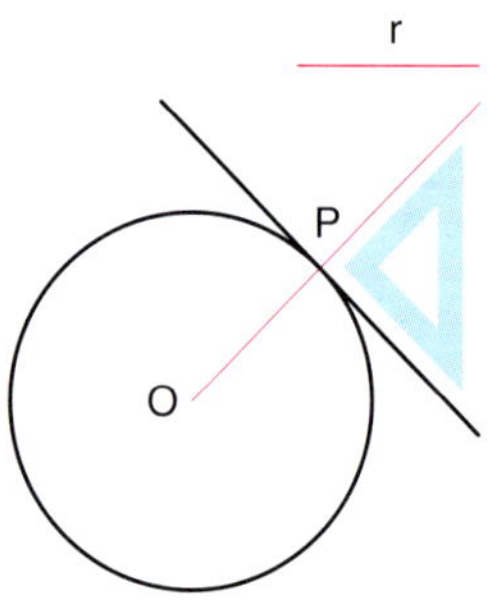

1. Si conduce la perpendicolare alla retta per il punto P (v. Problema 2).
2. Sulla perpendicolare si trova O con un arco di centro P e raggio r.
3. O è il centro della circonferenza di raggio r tangente alla retta.

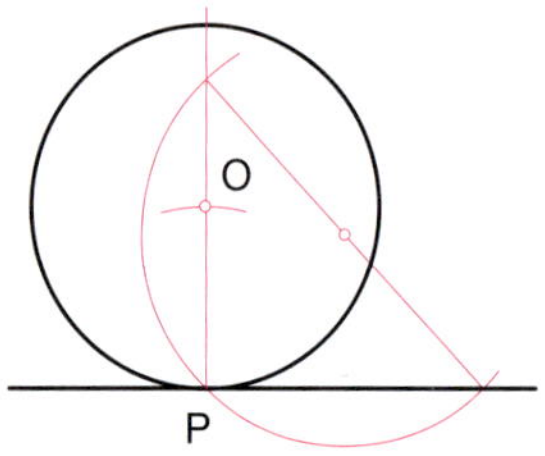

PROBLEMA 23 PASSO PASSO

Disegnare la tangente a una circonferenza data per un punto esterno P

1. Si congiunge P con O, centro della circonferenza.

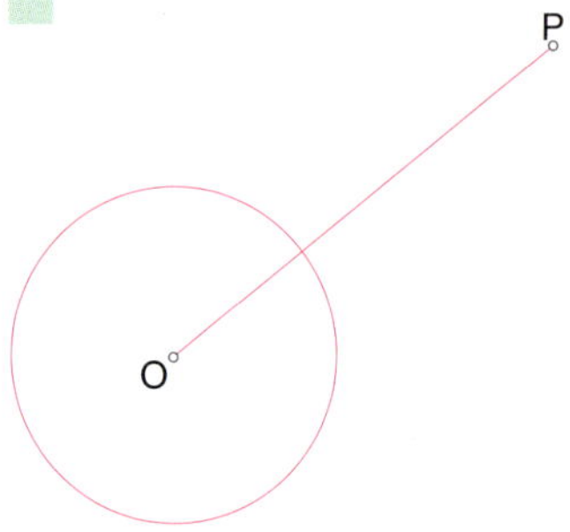

2. Si trova M, punto medio del segmento PO (v. Problema 1).

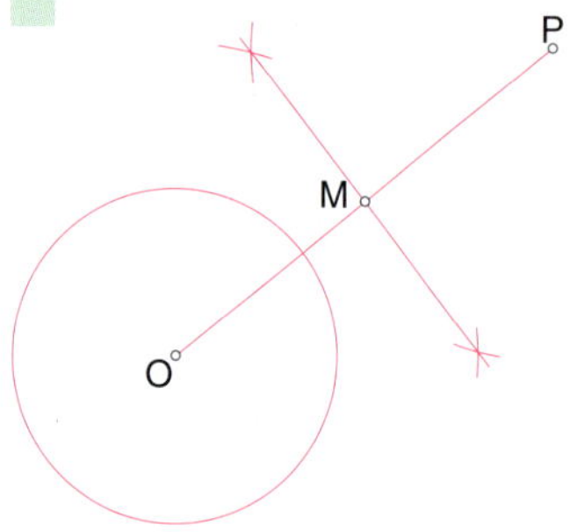

3. Con centro M e apertura $\overline{MO}$ si traccia un arco che interseca la circonferenza in T_1 e T_2.

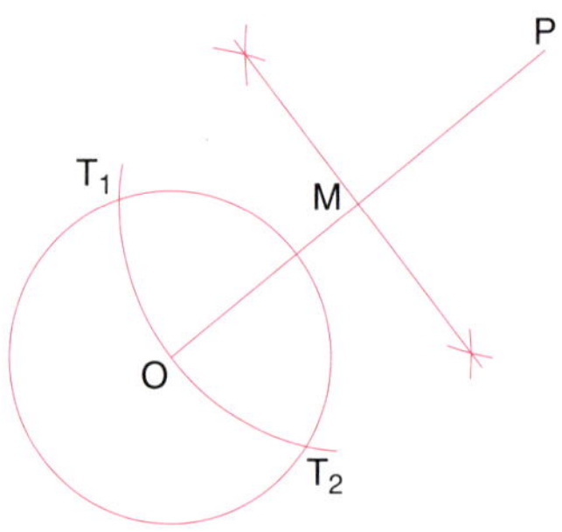

4. Le rette PT_1 e PT_2 sono le due possibili tangenti alla circonferenza data.

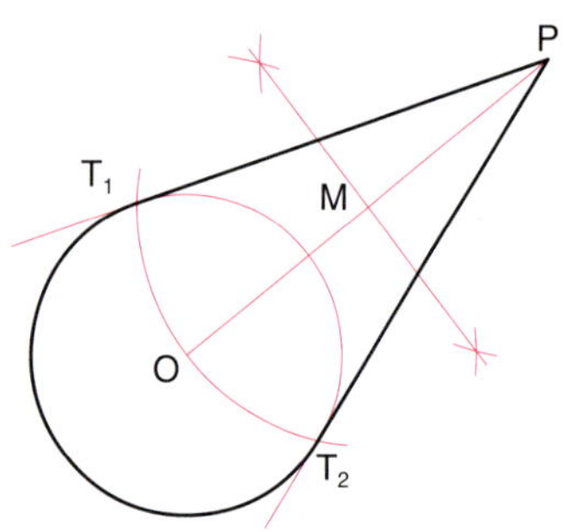

MEMO

Su di un piano una retta rispetto a una circonferenza può essere:
esterna, se non ha punti comuni;
tangente, se ha un punto comune;
secante, se ha due punti comuni.

Ambone cosmatesco della Chiesa di S. Lorenzo fuori le Mura a Roma (XIII sec.).

Manifesto per le lampadine AEG, di Peter Behrens (prima del 1910, particolare).

PROBLEMA 24 GUIDATO

Disegnare le tangenti a due circonferenze date

Tangenti esterne

1. Congiungendo i centri A e B, si trovano i punti D ed E sulle due circonferenze assegnate.
2. Su AD si prende un segmento $\overline{DH} = \overline{BE}$.
3. Si disegna una circonferenza di centro A e raggio $\overline{AH}$.
4. Si trova M, punto medio del segmento AB.
5. Con centro in M e apertura $\overline{MA}$, si traccia un arco che individua i punti F e G sulla circonferenza minore di centro A.
6. Sulle semirette AF e AG si individuano i punti S e T.
7. Da B si tracciano le parallele ad AS e ad AT, trovando i punti U e V.
8. I segmenti SU e TV sono le tangenti desiderate.

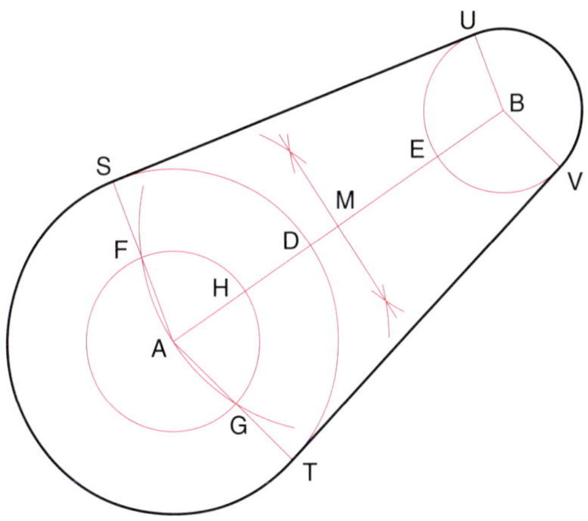

Tangenti interne

Il procedimento è lo stesso del precedente, tranne una sola variazione:

1. Il segmento $\overline{DH} = \overline{BE}$ si prende all'esterno di AD.

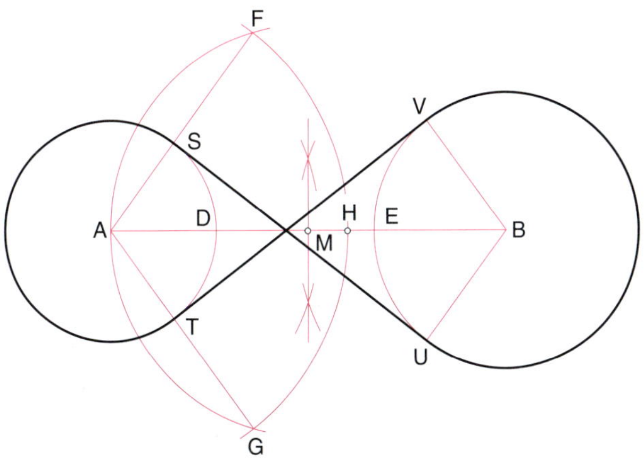

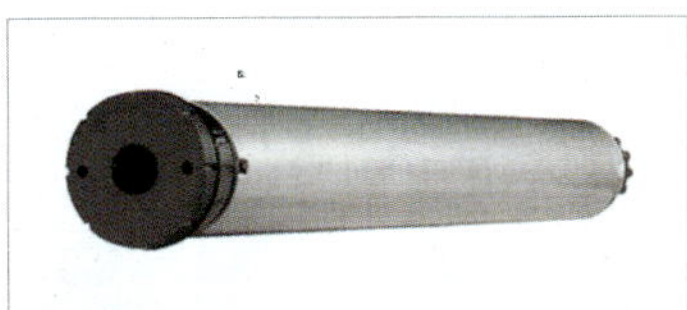

Manovella (sopra) e ringhiera.

PROBLEMA 25 PASSO PASSO

Condurre un arco di raggio r tangente in T a una data circonferenza

1. Si congiunge T con il centro O della circonferenza data.

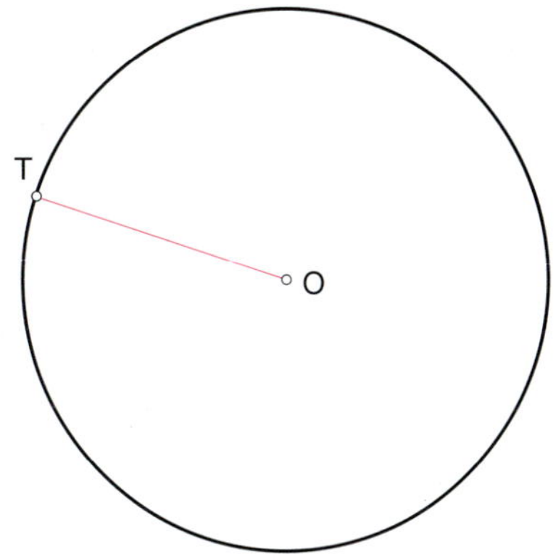

2. Sulla retta OT si prende un segmento $\overline{TA} = r$.

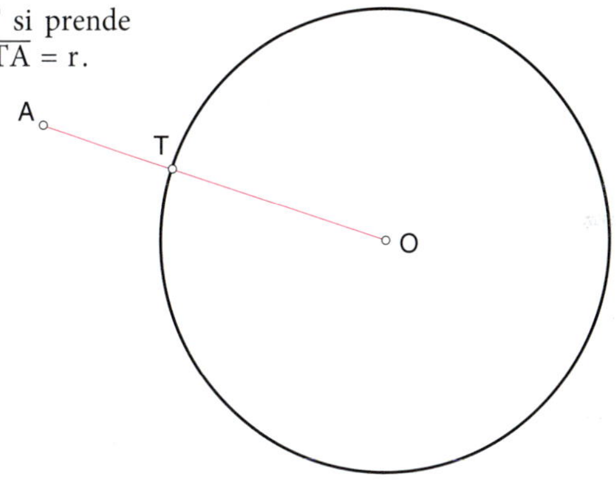

3. Con centro in A e raggio r si traccia l'arco tangente esterno.

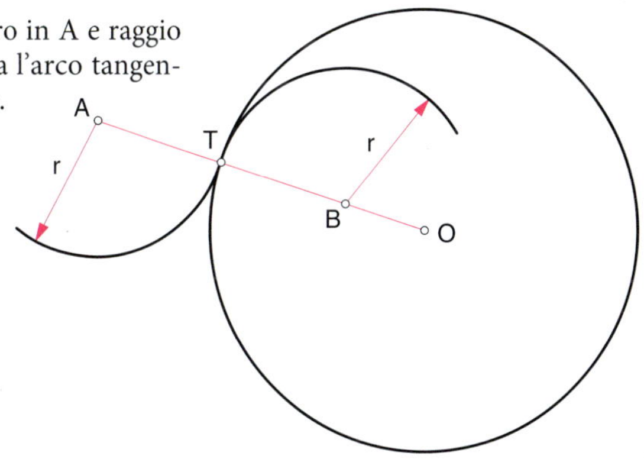

Analogamente si ottiene l'arco tangente interno, prendendo B all'interno di OT.

Mosaico nella Cappella Palatina, Palermo (XII sec.).

Raccordi

I **raccordi** sono archi tangenti a due linee.

I raccordi possono unire diversi tipi di linee: due rette, due circonferenze, una retta e una circonferenza ecc.

Nota bene: anche nel caso dei raccordi è indispensabile individuare con precisione i **punti di tangenza**.

Svincolo stradale a Chicago.

PROBLEMA 26 PASSO PASSO

Disegnare il raccordo di raggio r tra due semirette perpendicolari

1 Con apertura r e centro O si tracciano due archetti, individuando A e B.

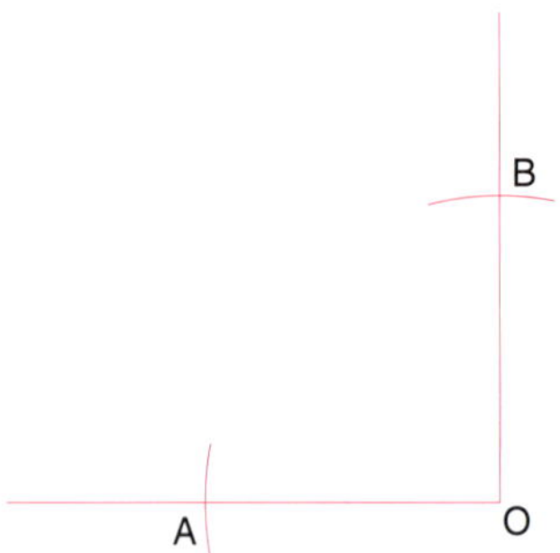

2 Con la stessa apertura si centra in A e in B, conducendo due archi che si intersecano in C.

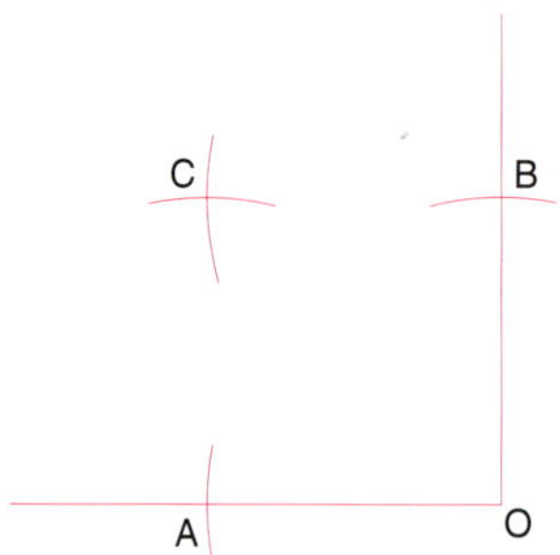

3 Sempre con la stessa apertura si disegna il raccordo $\widehat{AB}$ di centro C.

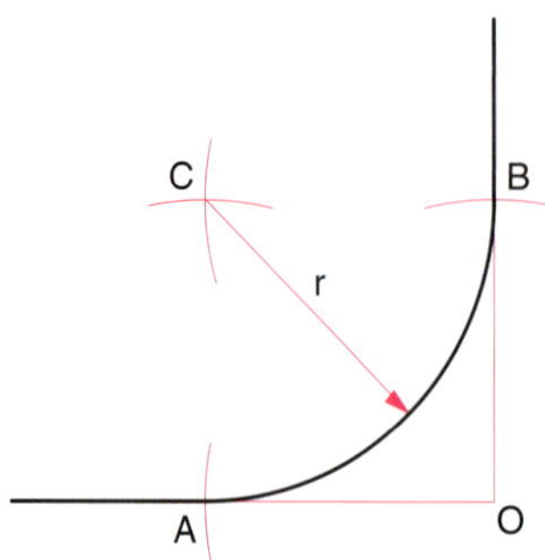

Video *Raccordi tra semirette perpendicolari*

APPROFONDIMENTI

L'arco (2 pagine)

Sedia «Cesca» di Marcel Breuer (1928).

PROBLEMA 27 PASSO PASSO

Raccordare due rette parallele in un punto A

1 Da A si traccia la perpendicolare AB alle due rette (v. Problema 2).

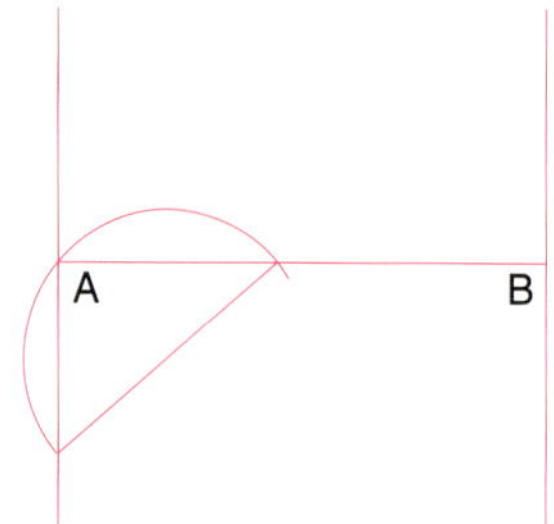

2 Si trova M, punto medio di AB (v. Problema 1).

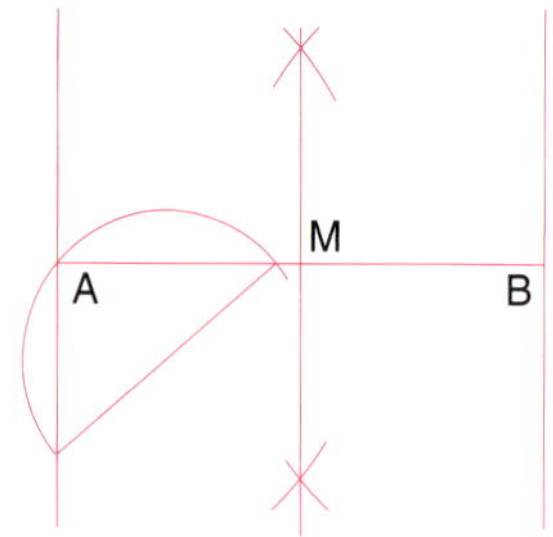

3 Con centro M si traccia il raccordo $\widehat{AB}$.

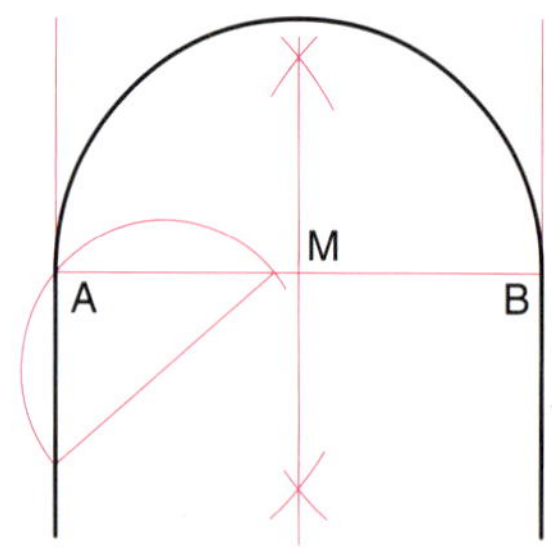

Basilica di San Lorenzo a Firenze (Filippo Brunelleschi).

PROBLEMA 28 GUIDATO

Disegnare il raccordo di raggio r tra due semirette oblique

1. Si disegnano le parallele a' e b' alle due semirette date a e b, con distanza r (v. Problema 5).
2. Da O, punto d'intersezione di a' e b' si conducono le perpendicolari ad a e b, individuando A e B.
3. L'arco $\widehat{AB}$ di centro O è il raccordo desiderato.

Nota bene: la costruzione è valida sia per angoli ottusi (figura a destra) sia per angoli acuti (figura in basso).

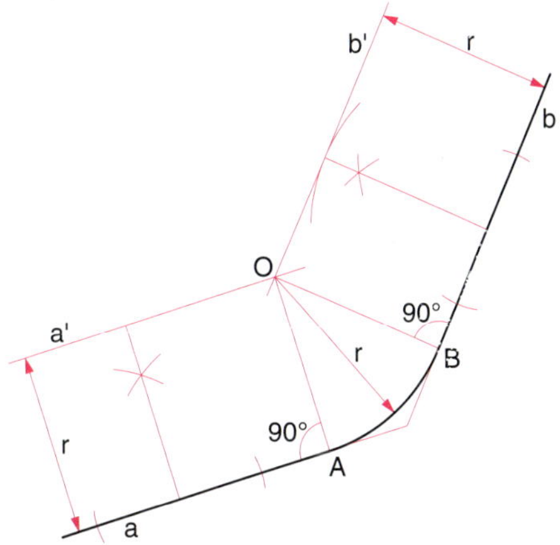

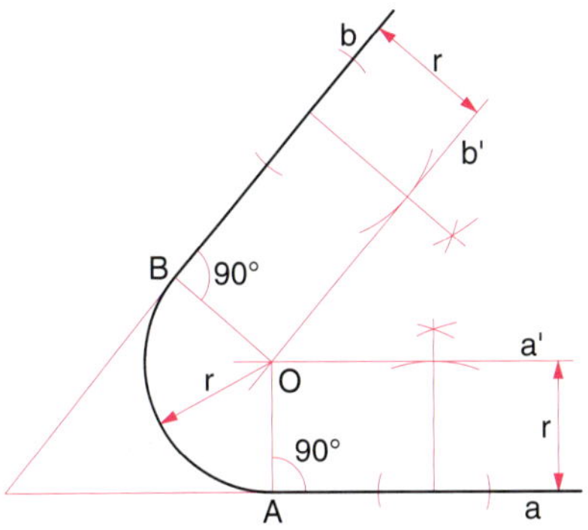

Video *Raccordi tra semirette oblique*

Chiesa di Santa Maria Assunta a Riola di Vergato (Bologna): veduta dell'interno (Alvar Aalto).

PROBLEMA 29 GUIDATO

Disegnare un arco tangente a tre rette

1. Si disegnano le bisettrici degli angoli $\widehat{ab}$ e $\widehat{cb}$, che si intersecano nel punto O.
2. Si conducono da O le perpendicolari alle rette date, trovando A, B e C.
3. L'arco $\widehat{AC}$ di centro O è l'arco tangente alle tre rette.

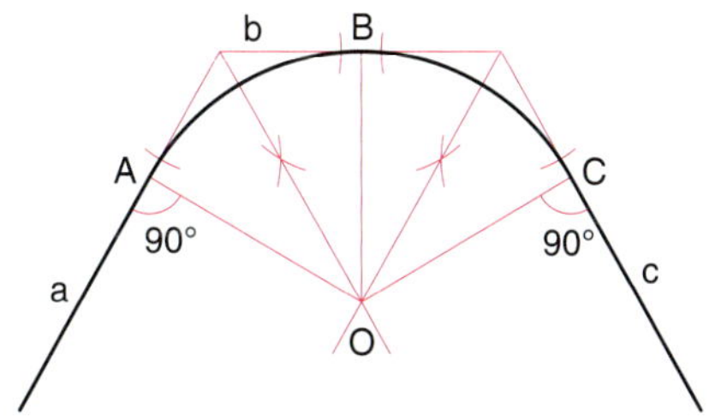

Particolare dell'arcata di base della Tour Eiffel a Parigi.

PROBLEMA 30 GUIDATO

Raccordare due circonferenze con un arco di raggio R

Metodo della somma dei raggi

1. Con centro in A si traccia un arco di raggio $R + r_1$.
2. Con centro in B si disegna un arco di raggio $R + r_2$.
3. Da O, intersezione dei due archi precedenti, si conducono i segmenti OA e OB, che determinano i punti S e T sulle circonferenze.
4. L'arco $\widehat{ST}$ di centro O è il raccordo desiderato.

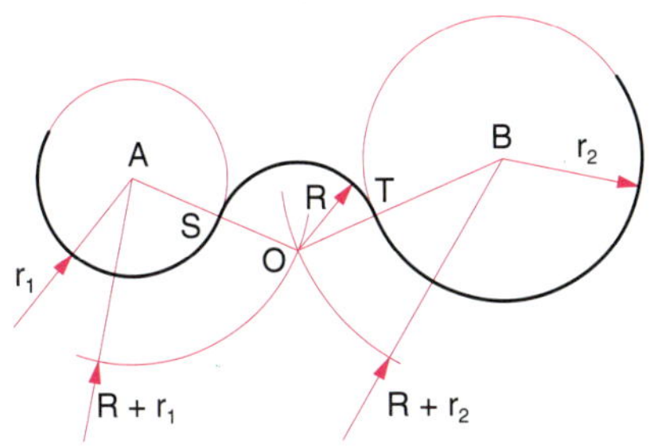

Metodo della differenza dei raggi

1. Con centro in A si traccia un arco di raggio $R - r_1$.
2. Con centro in B si disegna un arco di raggio $R - r_2$.
3. Da O, intersezione dei due archi precedenti, si conducono le semirette OA e OB, che determinano i punti S e T sulle circonferenze.
4. L'arco $\widehat{ST}$ di centro O è il raccordo desiderato.

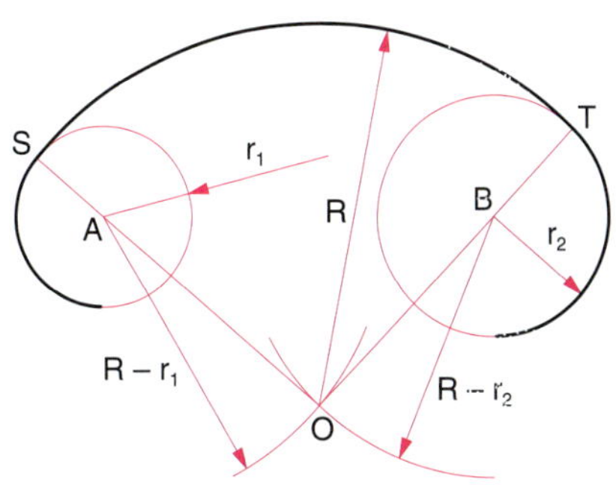

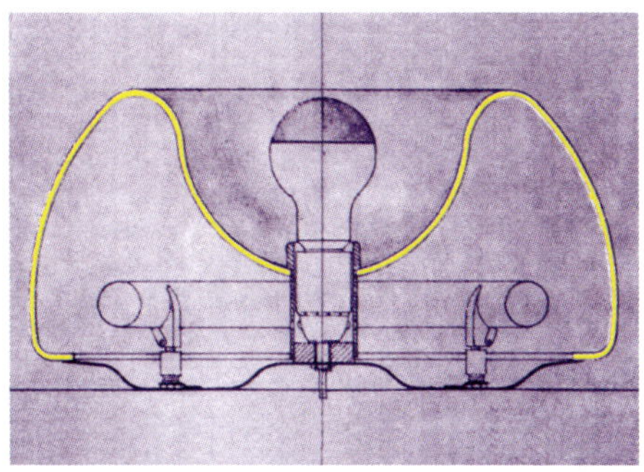

Lampada «Velella» (A. e P.G. Castiglioni).

SUGGERIMENTO PRATICO

Terminata la costruzione del disegno, è sempre conveniente **ripassare prima le curve** (circonferenze, archi, ellissi ecc.) e successivamente i segmenti rettilinei.

APPROFONDIMENTI

- ***Le modanature*** (2 pagine)
- ***La sedia in legno curvato*** (2 pagine)

PROBLEMA 31 GUIDATO

Raccordare una retta e una circonferenza con un arco di raggio R

Metodo della somma dei raggi

1. Con centro in A si traccia un arco di raggio R + r.
2. Si conduce la parallela alla retta b a distanza R, che interseca l'arco precedente nel punto O.
3. Da O si conduce la perpendicolare alla retta b e il segmento OA, individuando così i punti S e T.

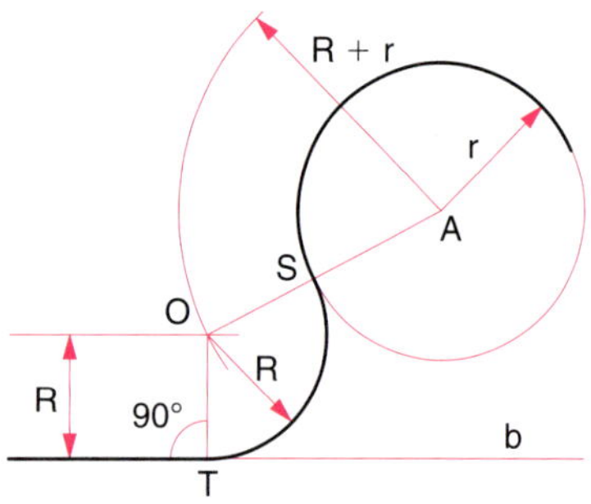

4. L'arco $\overset{\frown}{ST}$ di centro O è il raccordo cercato.

Metodo della differenza dei raggi

1. Con centro in A si traccia un arco di raggio R – r.
2. Si conduce la parallela alla retta b a distanza R, che interseca l'arco precedente nel punto O.
3. Da O si conduce la perpendicolare alla retta b e la semiretta OA, individuando così i punti S e T.

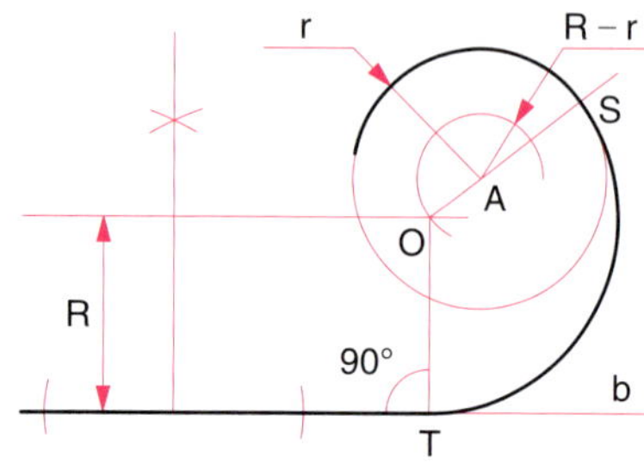

4. L'arco $\overset{\frown}{ST}$ di centro O è il raccordo cercato.

PROBLEMA 32

Raccordare una circonferenza e un punto A con un arco di raggio R

Il problema si risolve facilmente immaginando che il punto A sia una circonferenza di raggio nullo. Si può quindi applicare il procedimento del Problema 30, assegnando il valore zero a uno dei due raggi dati.

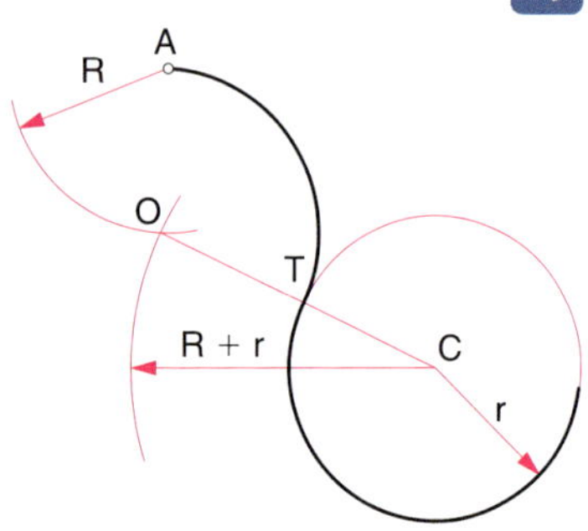

PROBLEMA 33

Raccordare una retta e un punto A con un arco di raggio R

Anche in questo caso si può assimilare il punto A a una circonferenza di raggio nullo. Pertanto si applica il procedimento del Problema 31, assegnando il valore zero al raggio r.

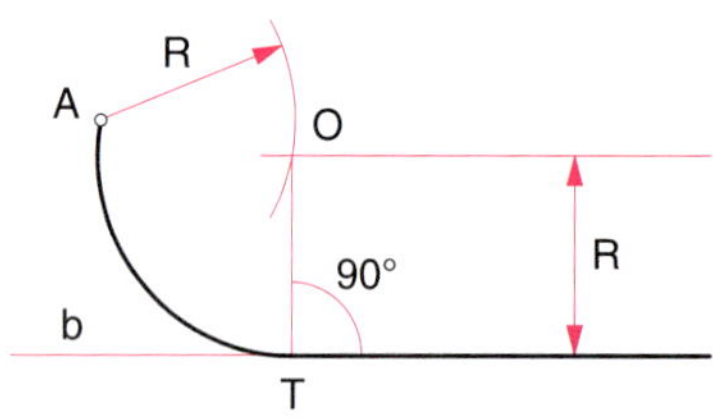

Chaise longue prodotta agli inizi del Novecento dalla ditta Thonet.

PROBLEMA 34 GUIDATO

Raccordare nel punto A una circonferenza con un segmento AB

1. Da A si traccia la perpendicolare al segmento dato AB (v. Problema 2).
2. Sulla perpendicolare si prende un segmento AS = r.
3. Si congiunge S con C.
4. Si disegna l'asse del segmento SC, che determina sulla retta AS il punto O.
5. Unendo O con C, si trova T sulla circonferenza.
6. L'arco $\overset{\frown}{AT}$ di centro O è il raccordo desiderato.

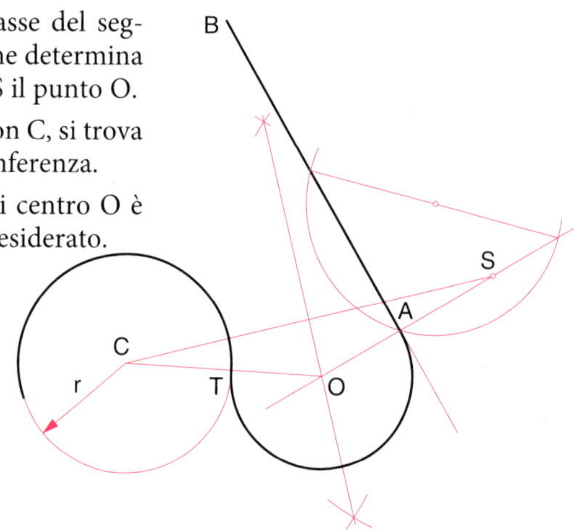

PROBLEMA 35 GUIDATO

Raccordare una retta r e un arco $\overset{\frown}{AB}$ nel punto A

1. Si traccia la perpendicolare al raggio CA dell'arco $\overset{\frown}{AB}$ (v. Problema 2); questa perpendicolare è la tangente all'arco nel punto A.
2. Si individua S all'intersezione della tangente con la retta data r.
3. Si traccia la bisettrice dell'angolo formato da AS con la retta r, determinando O sulla semiretta CA.

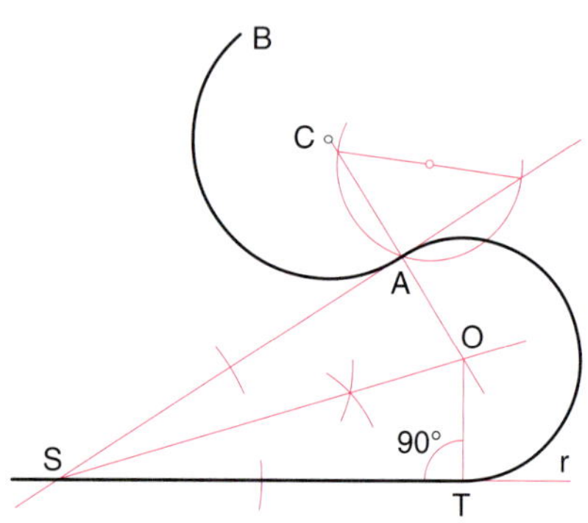

4. Da O si conduce la perpendicolare alla retta r, trovando il punto T.
5. L'arco $\overset{\frown}{AT}$ di centro O è il raccordo cercato.

Curve policentriche

Generalità

Le **curve policentriche** sono costituite da archi di circonferenza tra loro tangenti.

Curve policentriche chiuse sono:

- ovali;
- ovoli.

Curve policentriche aperte sono:

- spirali.

Ovale

L'**ovale** è costituito da quattro archi di circonferenza e presenta due assi di simmetria tra loro perpendicolari.

Gli assi di simmetria staccano sull'ovale due segmenti chiamati **asse maggiore** e **asse minore**.

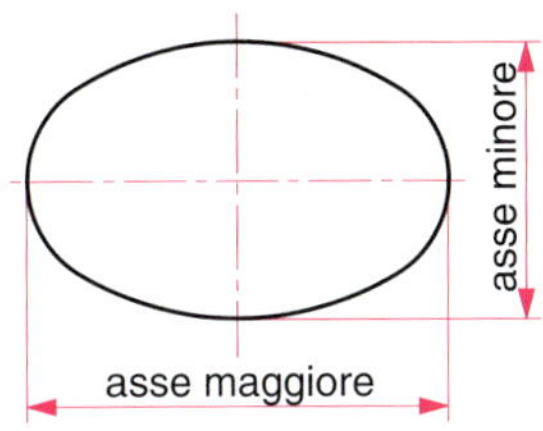

Ovolo

L'**ovolo** è formato da mezzo ovale e da una semicirconferenza; presenta un solo asse di simmetria.

L'asse di simmetria stacca sull'ovolo un segmento chiamato **asse maggiore**. Il diametro della semicirconferenza è detto **asse minore**.

Spirale

La **spirale** è una policentrica aperta formata da più spire regolarmente crescenti.

Se le spire presentano una distanza costante, questa viene chiamata **passo** (p) della spirale.

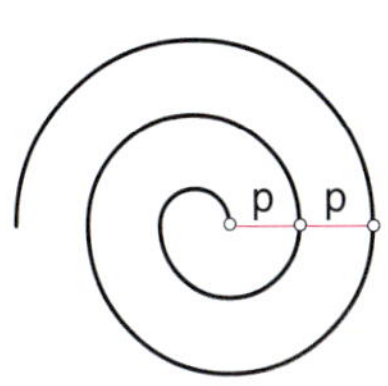

PROBLEMA 36 PASSO PASSO

Disegnare un ovale di asse minore assegnato

1 Si traccia AB (asse minore dato) e l'asse del segmento AB, trovando il suo punto medio O.

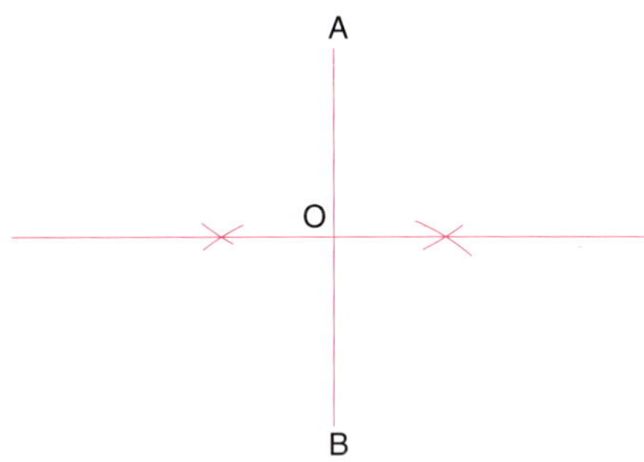

2 Con centro in O si conduce la circonferenza di raggio $\overline{OA}$, che individua i punti C e D sull'asse.

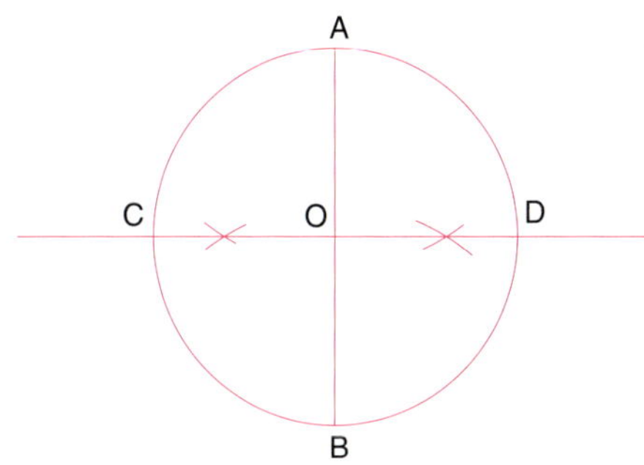

3 Da A e da B si tracciano le semirette per C e D.

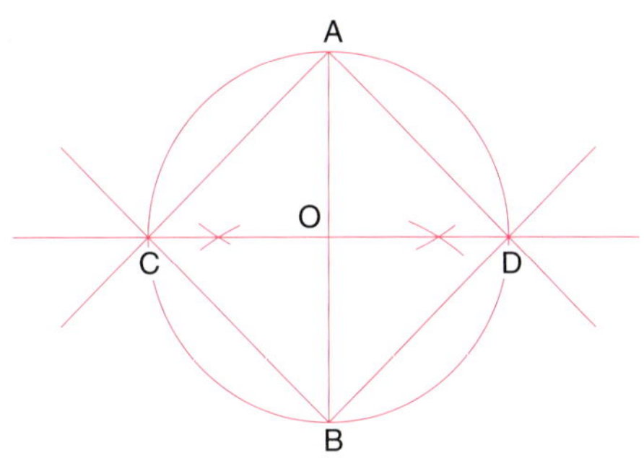

4 Con apertura $\overline{AB}$ e centri in A e in B si tracciano gli archi $\widehat{EF}$ e $\widehat{GH}$.

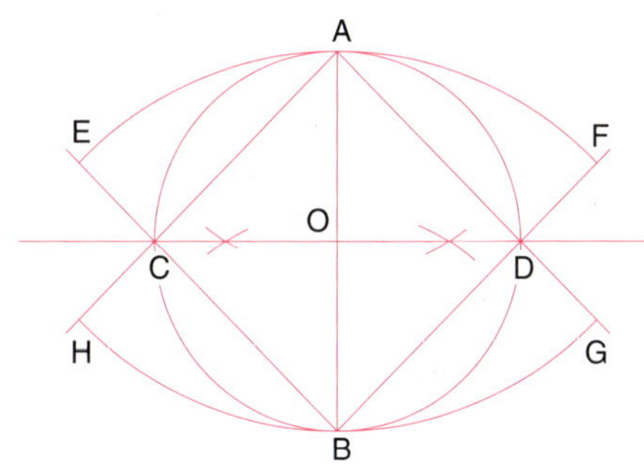

5 Con raggio $\overline{CE}$ e centri in C e in D si conducono gli archi $\widehat{FG}$ e $\widehat{HE}$.

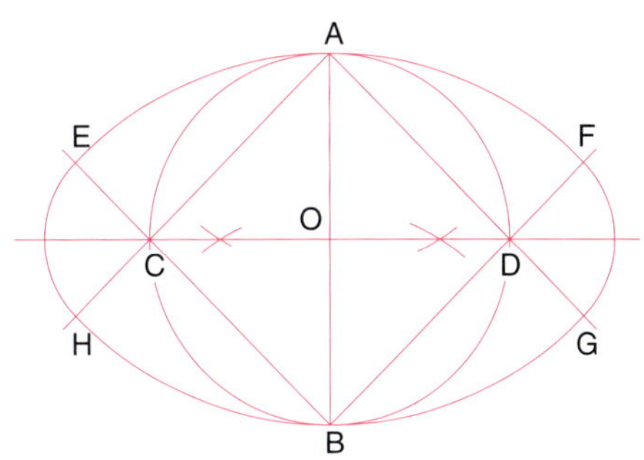

6 Si ripassano gli archi che formano l'ovale.

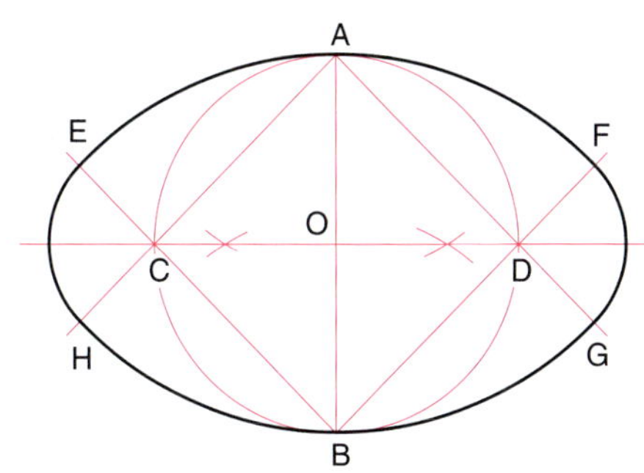

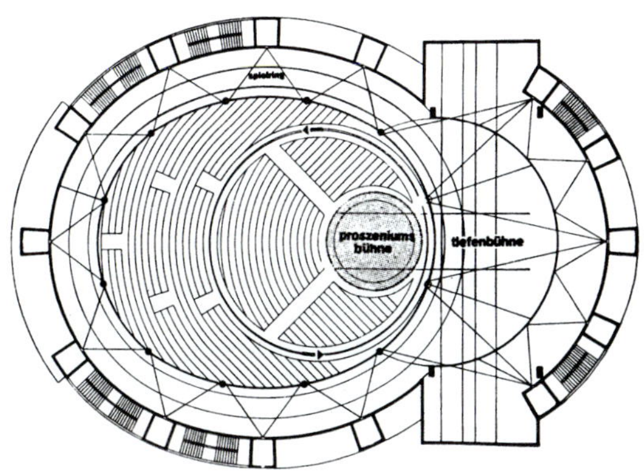

Pianta del Teatro Totale (Walter Gropius).

PROBLEMA 37 GUIDATO

Disegnare un ovale di asse maggiore assegnato

1. Si traccia AB (l'asse maggiore dato).
2. Si disegna l'asse del segmento AB e si trova il suo punto medio O.
3. Si individuano C e D, punti medi dei segmenti AO e OB.
4. Con raggio $\overline{OC}$ e centri in O, C e D si tracciano tre circonferenze.
5. Le circonferenze s'intersecano nei punti F, G, H, L.
6. Le rette CF e DG s'intersecano in P e determinano sulle circonferenze i punti T e U.
7. Analogamente le rette CL e HD forniscono i punti Q, R e S.
8. Centrando in Q, D, P e C si tracciano gli archi $\overset{\frown}{RS}$, $\overset{\frown}{ST}$, $\overset{\frown}{TU}$ e $\overset{\frown}{UR}$.

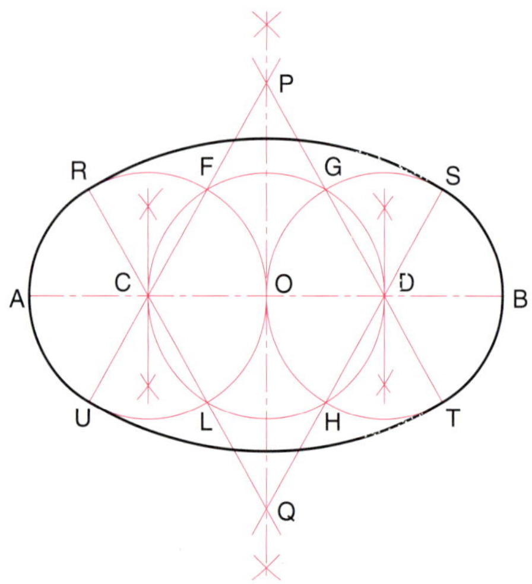

PROBLEMA 38 GUIDATO

Disegnare un ovale di assi assegnati

1. Centrando in O, intersezione di AB e CD (assi dati), si riporta $\overline{OB}$ in $\overline{OE}$.
2. Si traccia il segmento AC.
3. Con centro in C si riporta E in F sul segmento AC.
4. Si disegna l'asse di AF ottenendo G e H sui due assi.
5. Da G e H si ricavano per simmetria i punti L e M.
6. Si tracciano le semirette HG, HL, MG, ML.
7. Centrando in H, L, M, G, si ottengono rispettivamente gli archi $\overset{\frown}{RS}$, $\overset{\frown}{ST}$, $\overset{\frown}{TU}$, $\overset{\frown}{UR}$.

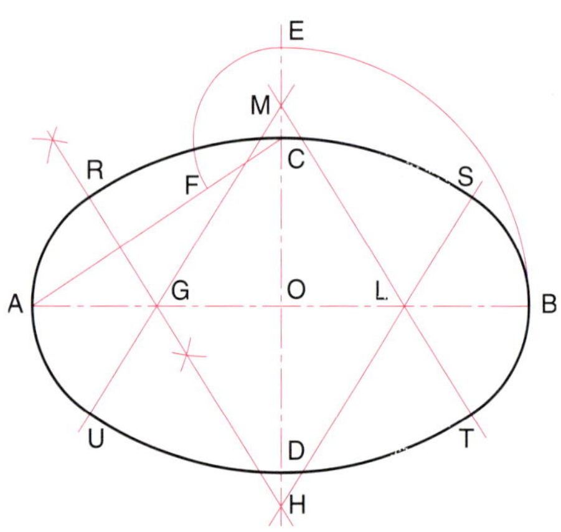

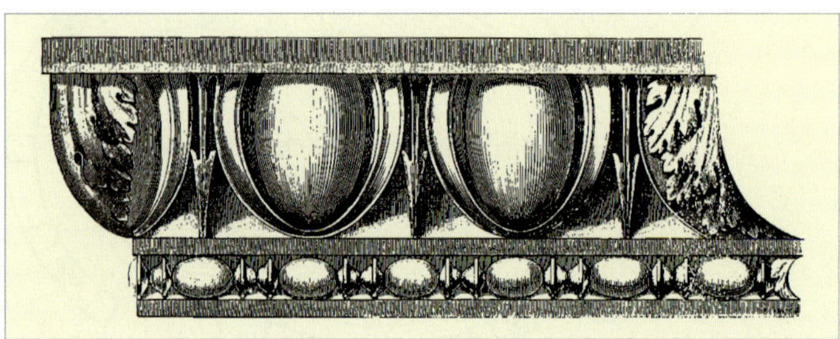

Modanatura a ovoli.

PROBLEMA 39 GUIDATO

Disegnare un ovale inscritto in un rombo

1. Dai vertici con angoli ottusi (B e D) si conducono le perpendicolari ai lati opposti, ottenendo i punti E, F, G, H, O, P.
2. Centrando in B, D, O, P si tracciano i quattro archi.

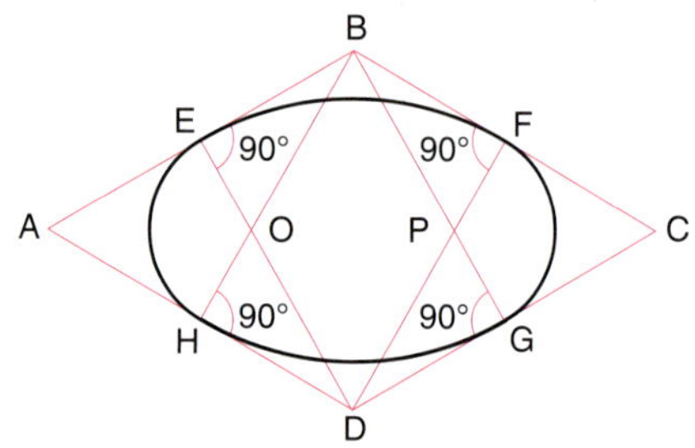

PROBLEMA 40 GUIDATO

Disegnare un ovolo di asse minore assegnato

1. Con il procedimento indicato nel Problema 36, si disegnano gli archi $\overset{\frown}{AE}$, $\overset{\frown}{EH}$, $\overset{\frown}{HB}$.
2. Con centro in O si disegna la semicirconferenza $\overset{\frown}{AB}$.

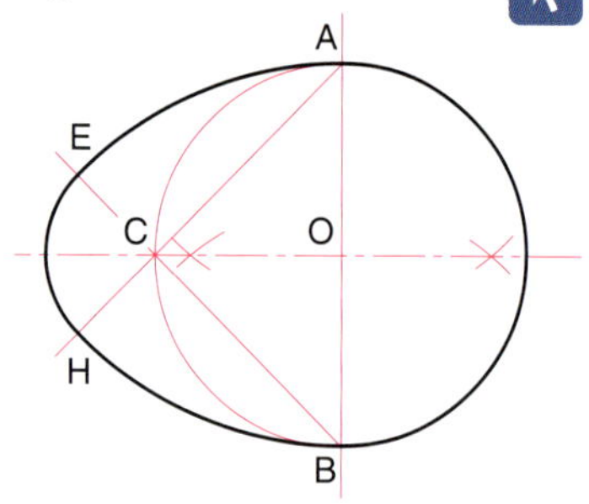

PROBLEMA 41 GUIDATO

Disegnare un ovolo di assi assegnati

1. Si disegna una semicirconferenza di centro O e di diametro AB di lunghezza pari all'asse minore.
2. Sulla retta OD si prende un segmento CD di lunghezza pari all'asse maggiore.
3. Si unisce A con C.
4. Centrando in O si riporta C in E.
5. Con centro in A si riporta E in F.
6. Si traccia l'asse di CF, trovando G e H sugli assi.
7. Prendendo $\overline{OL} = \overline{OH}$, si traccia la retta LG.
8. H, G e L sono i centri degli archi $\overset{\frown}{AR}$, $\overset{\frown}{RS}$, $\overset{\frown}{SB}$, che insieme alla semicirconferenza $\overset{\frown}{AB}$ formano l'ovolo.

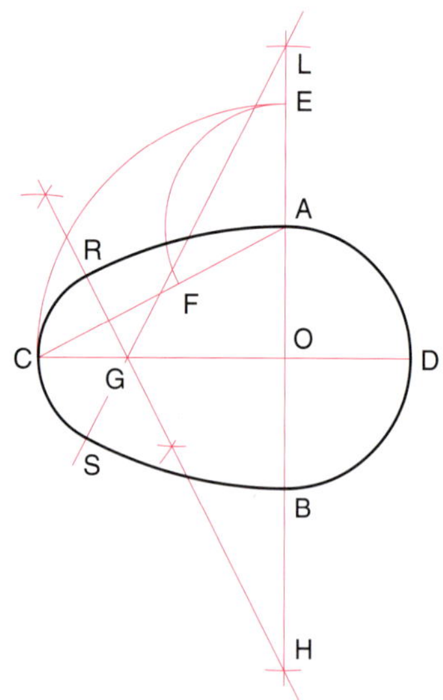

APPROFONDIMENTI

Le modanature (2 pagine)

NOTA BENE

Il procedimento per risolvere il Problema 39 viene impiegato anche per disegnare una **circonferenza in assonometria isometrica**.

PROBLEMA 42 PASSO PASSO

Dato il passo p, disegnare una spirale a due centri

1 Su una retta si prende un segmento $\overline{AB} = p/2$.

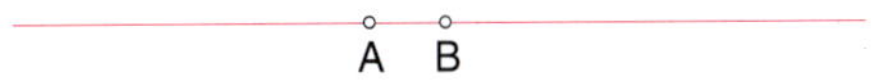

2 Con centro in B si traccia la semicirconferenza $\widehat{AC}$ di raggio $\overline{BA}$.

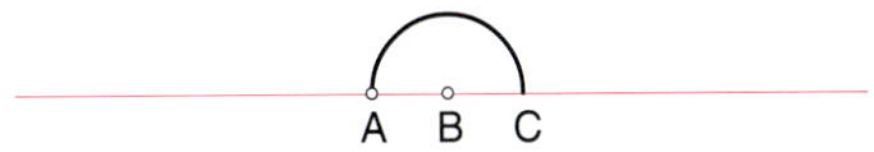

3 Centrando in A si ottiene la semicirconferenza $\widehat{CD}$ con raggio $\overline{AC}$.

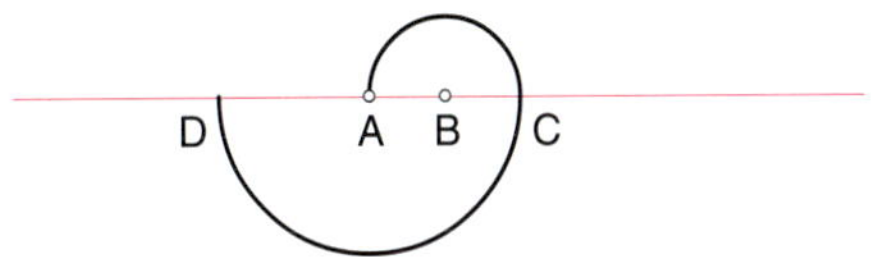

4 Ulteriori semicirconferenze si ottengono centrando alternativamente in A e in B.

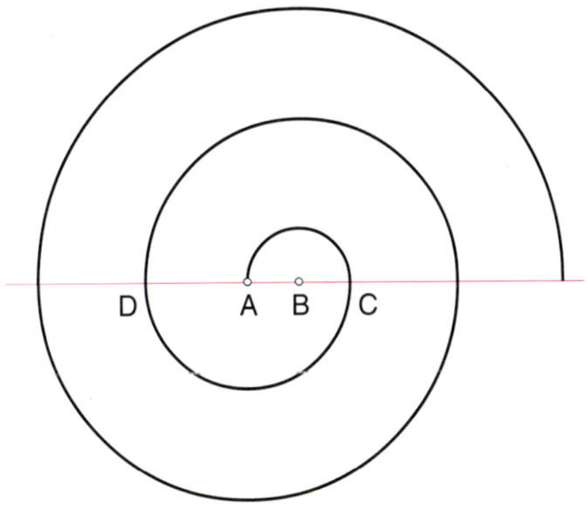

Capitello ionico dell'Eretteo ad Atene.

PROBLEMA 43 GUIDATO

Dato il passo p, disegnare una spirale a quattro centri

1 Si disegna il quadrato ABCD di lato p/4 e i prolungamenti dei suoi lati.

2 Con centro in A si traccia l'arco $\widehat{DE}$.

3 Con centro in B si ottiene l'arco $\widehat{EF}$.

4 Gli altri archi si ottengono centrando successivamente nei diversi vertici del quadrato ABCD.

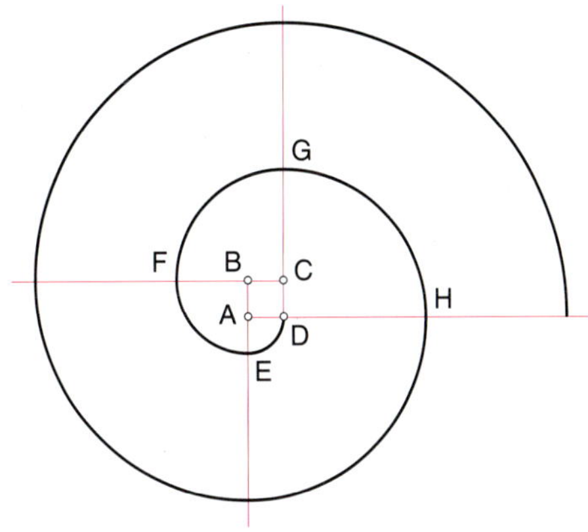

PROBLEMA 44 GUIDATO

Dato un rettangolo aureo, inscrivervi una spirale logaritmica

1 Si disegna un rettangolo aureo (v. Problema 7).

2 Si disegna al suo interno una serie di quadrati e rettangoli aurei, aiutandosi con la diagonale del rettangolo iniziale.

3 Dal quadrato più piccolo si traccia una sequenza di archi con centro in un vertice e raggio uguale al lato.

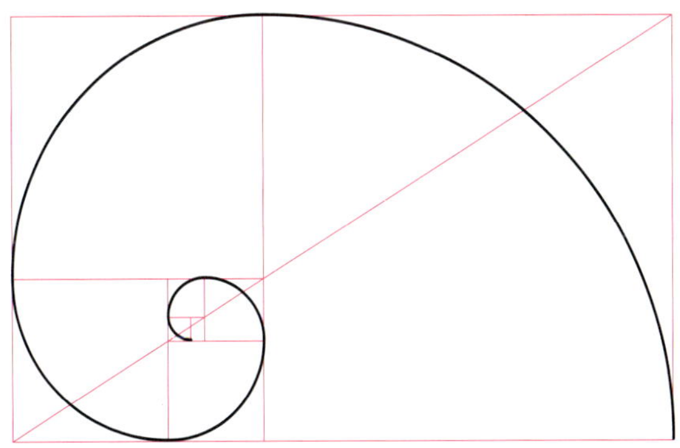

APPROFONDIMENTI

Il capitello ionico (2 pagine)

Curve coniche

Generalità

Le **curve coniche** sono originate dall'intersezione di un piano con una superficie conica.

A seconda della posizione del piano rispetto alla superficie, si ottengono le seguenti curve coniche:

- circonferenza;
- ellisse;
- parabola;
- iperbole.

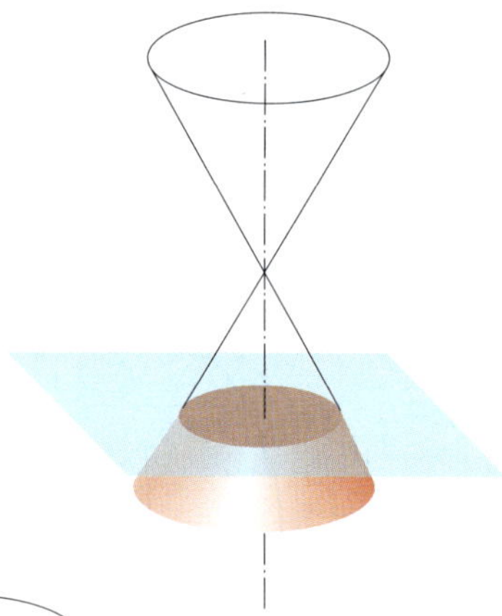

Circonferenza: il piano è perpendicolare all'asse.

MEMO

Ruotando con angolo costante una retta (chiamata **generatrice**) intorno ad una retta incidente (chiamata **asse**), si crea una **superficie conica**. Il punto d'intersezione tra asse e generatrice si chiama **vertice**. Esso divide la superficie conica in due **falde**; poiché la generatrice è una retta – quindi illimitata – le falde hanno estensione illimitata.

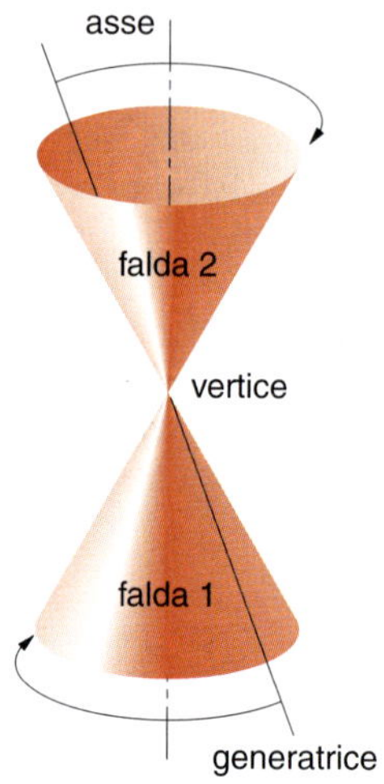

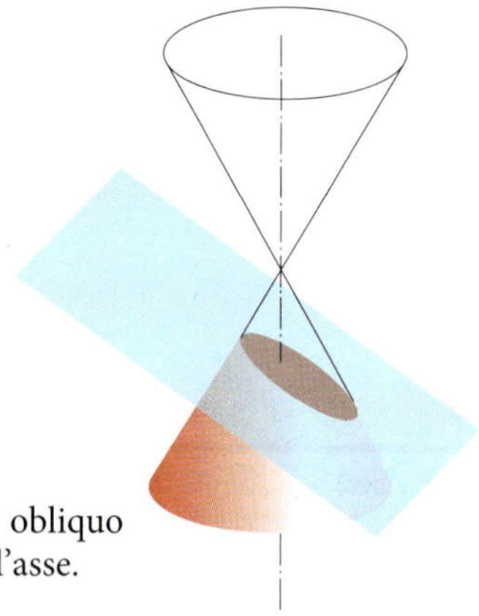

Ellisse: il piano è obliquo rispetto all'asse.

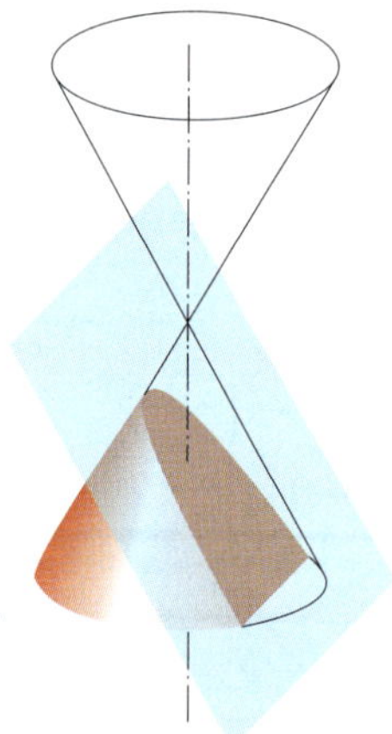

Parabola: il piano è parallelo a una generatrice.

Iperbole: il piano è parallelo all'asse.

Ellisse

L'ellisse è l'insieme dei punti tali che la somma delle distanze da due punti (detti **fuochi**) sia costante.

L'ellisse presenta due assi di simmetria tra loro perpendicolari, detti **asse maggiore** e **asse minore**. L'intersezione degli assi è chiamato **centro** dell'ellisse.

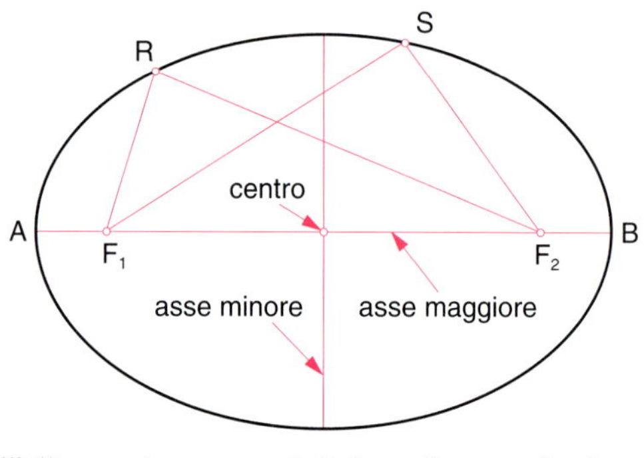

R e S sono punti dell'ellisse se la somma delle loro distanze dai fuochi è costante e uguale all'asse maggiore AB, cioè

$$\overline{RF_1} + \overline{RF_2} = \overline{SF_1} + \overline{SF_2} = \overline{AB}$$

Metodo pratico («metodo del giardiniere»)

È un metodo tradizionalmente usato per tracciare ellissi di modesta accuratezza grafica, ma di efficace coerenza con la definizione di ellisse. Su di un cordino si realizzano due nodi a distanza uguale all'asse maggiore; essi vengono fissati sul piano con due chiodini (o puntine da disegno). Si fa scorrere una matita all'interno del cordino ben teso.

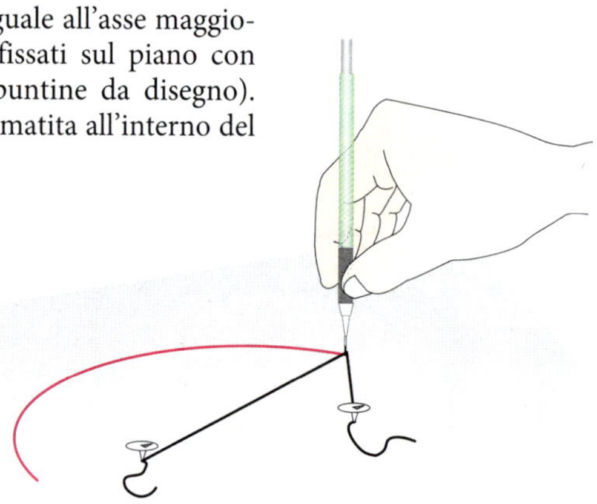

NOTA BENE

Per disegnare le curve coniche bisogna prima individuarne i punti, quindi unirli con l'aiuto del **curvilineo**. In esso bisognerà individuare la parte che unisce diversi punti (almeno tre) e tracciare una curva continua, che cioè non formi delle **cuspidi** (punti di discontinuità).

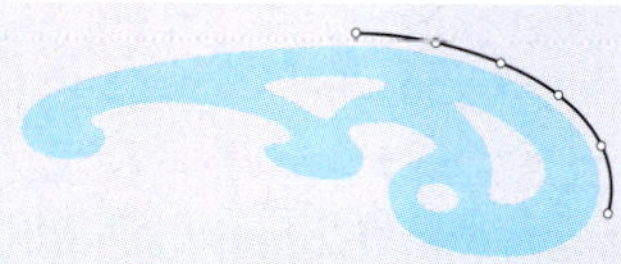

PROBLEMA 45 GUIDATO

Dati l'asse maggiore e l'asse minore, trovare i fuochi dell'ellisse

1. Si disegnano i due assi AB e CD.
2. Con centro in D, si traccia un arco di raggio $\overline{AO}$.
3. Sull'asse maggiore si individuano F_1 e F_2.

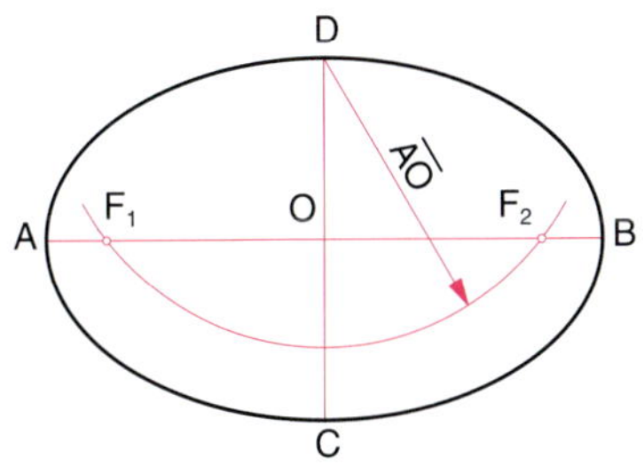

SUGGERIMENTO PRATICO

Un quarto di ellisse è simmetrico rispetto agli altri; pertanto, se con il curvilineo si è tracciato un quarto di ellisse, si può utilizzare lo stesso tratto di curvilineo per realizzare gli altri quarti di ellisse, ruotando o rovesciando la mascherina.

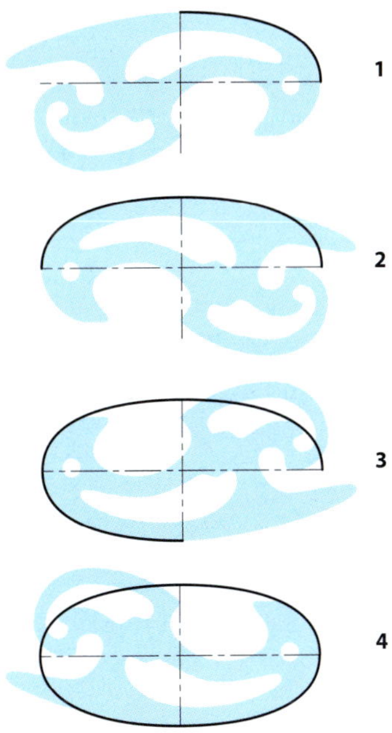

Video *Uso del curvilineo per curve simmetriche*

MEMO

L'**ellisse** non va confusa con l'**ovale**.
La prima è una curva disegnata per punti, congiunti da una curva tracciata con il curvilineo.
L'ovale invece è formato da archi di circonferenza e si disegna con il compasso.

PROBLEMA 46 PASSO PASSO

Dati l'asse maggiore e l'asse minore, disegnare l'ellisse

1. Si disegnano il rettangolo di lati $\overline{AB}$ e $\overline{CD}$ e gli assi.

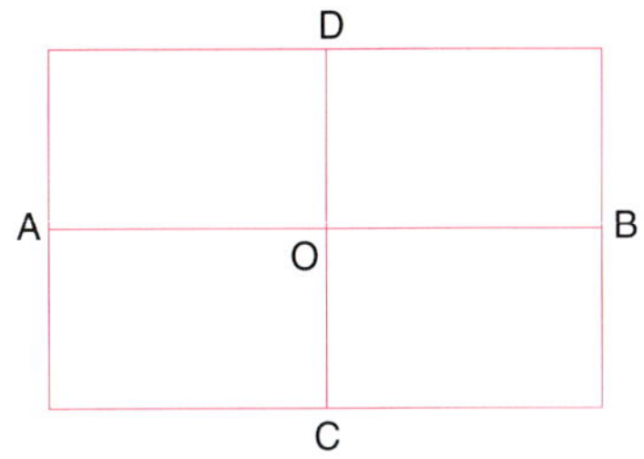

2. Si divide DE e OD in parti uguali (in figura 4 parti).

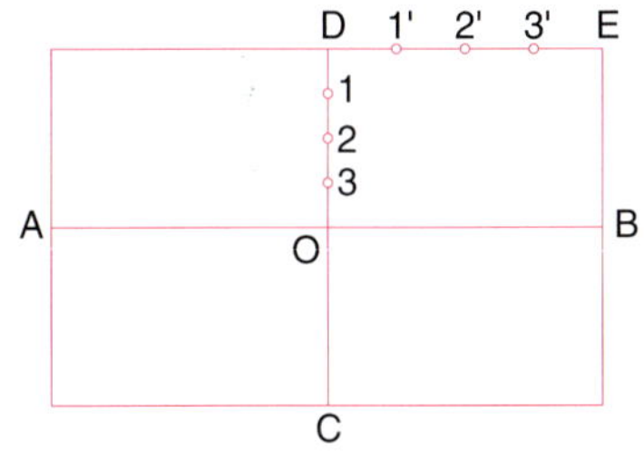

3. Da A e da B si tracciano le semirette che passano per i punti divisori.

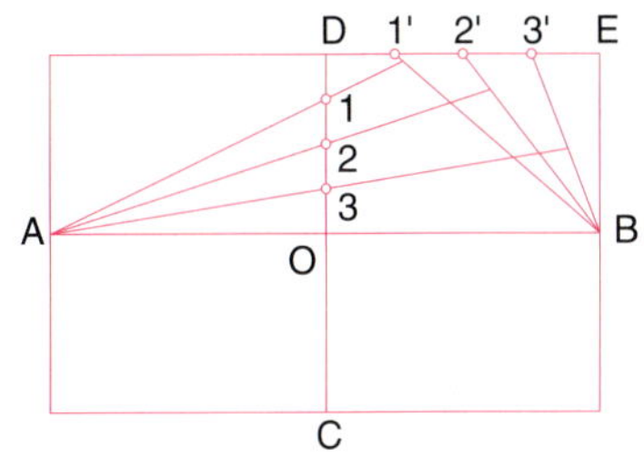

4. Le semirette corrispondenti (A1 e B1', A2 e B2', …) si intersecano nei punti dell'ellisse. Per simmetria si trovano i punti degli altri quadranti.

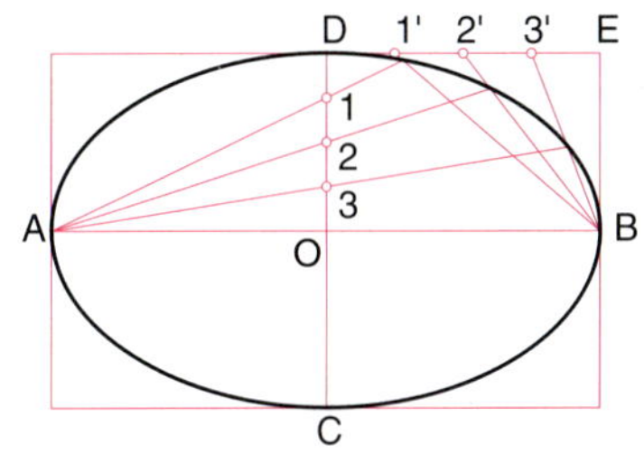

1. Si tracciano due circonferenze di centro O e diametro AB e CD (assi dati).

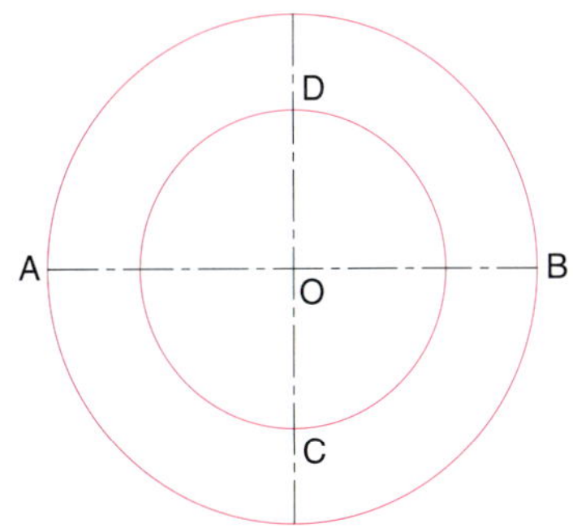

2. Si tracciano dei raggi a piacere (in figura essi formano angoli di 30°).

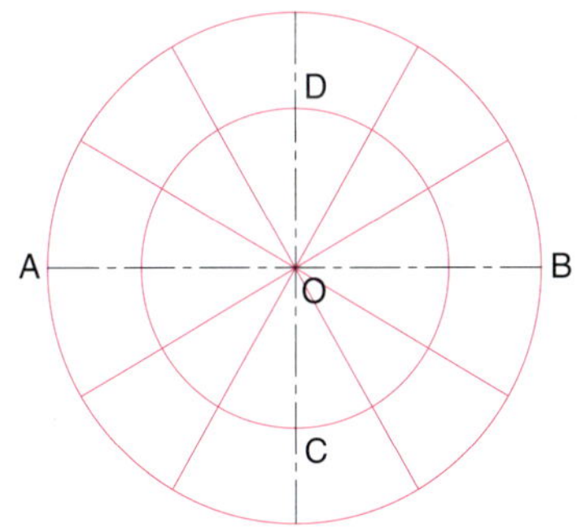

3. Ogni raggio interseca le circonferenze in due punti (per esempio 1 e 2). Da 1 si conduce un segmento orizzontale e da 2 uno verticale. L'intersezione dei due segmenti è 3, punto dell'ellisse.

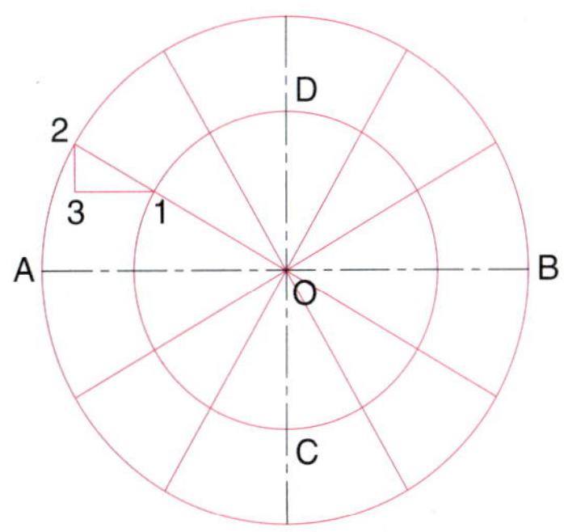

4. Si ripete l'operazione per tutti gli altri raggi, trovando i punti da unire con il curvilineo.

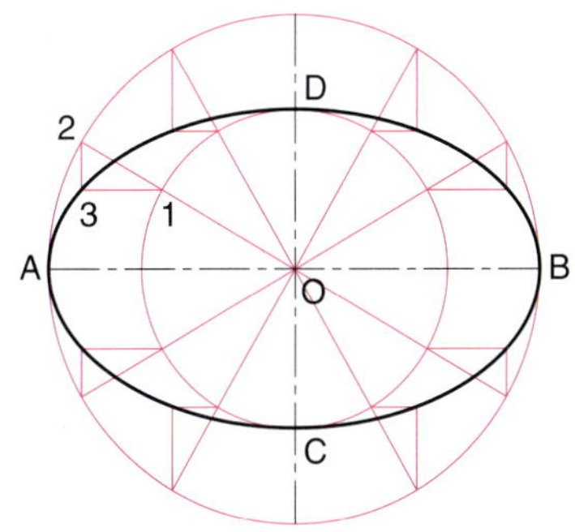

Parabola

La parabola è l'insieme dei punti equidistanti da un punto (**fuoco**) e da una retta (**direttrice**).

La parabola presenta un **asse di simmetria** passante per il fuoco e perpendicolare alla direttrice. Si chiama **vertice** della parabola il suo punto d'intersezione con l'asse.

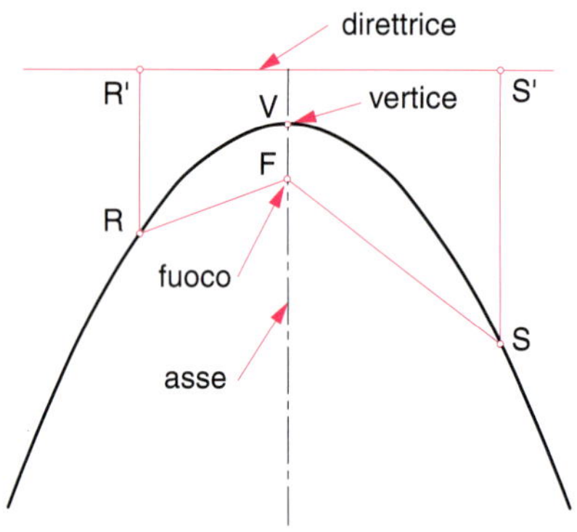

R e S sono punti della parabola perché sono uguali le loro distanze dal fuoco e dalla direttrice, cioè

$$\overline{RF} = \overline{RR'} \qquad \overline{SF} = \overline{SS'}$$

PROBLEMA 47 GUIDATO

Dati il vertice V, l'asse e un punto A, disegnare la parabola

1. Da A si conduce la perpendicolare all'asse, individuando A' e B (punto simmetrico di A rispetto all'asse).
2. Si dividono BA' e A'V in ugual numero di parti (in figura 5 parti).
3. Dai punti 1, 2, 3 e 4 si tracciano le parallele all'asse.
4. Si congiunge A con 1', 2', 3' e 4'.
5. L'intersezione della parallela per 1 con A1' è un punto della parabola.
6. Analogamente si trovano gli altri punti e i loro simmetrici, da unire con il curvilineo.

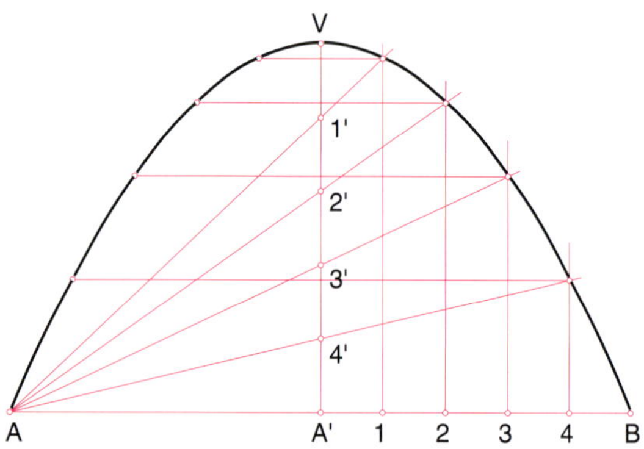

APPROFONDIMENTI

La parabola nelle costruzioni (2 pagine)

PROBLEMA 48 GUIDATO

Date due rette incidenti e due loro punti, disegnare per inviluppo il raccordo parabolico

1. Le rette date sono a e b, convergenti in C; i punti dati sono A e B.
2. Si dividono AC e BC in ugual numero di parti (in figura 6 parti), trovando i punti 1 e 1', 2 e 2' ecc.
3. Si congiunge 1 con 1', 2 con 2' ecc.
4. Con il curvilineo si traccia la curva tangente ai segmenti.

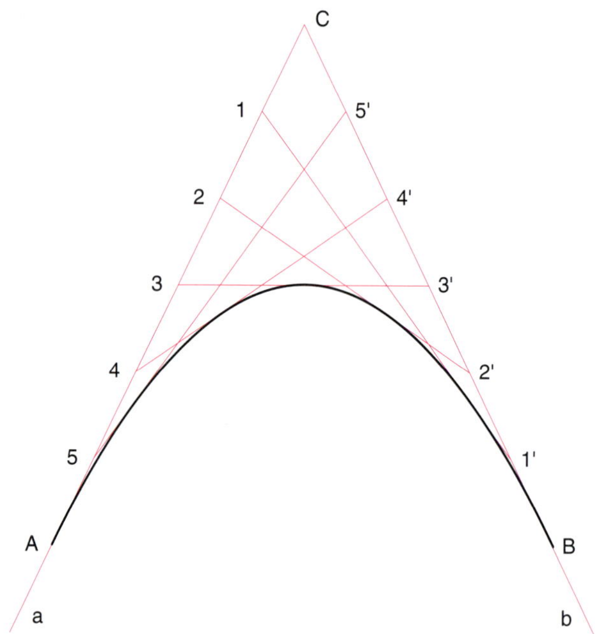

Città della Scienza e delle Arti a Valencia, Spagna (Santiago Calatrava).

Iperbole

L'iperbole è l'insieme dei punti tali che la differenza delle distanze da due punti (detti **fuochi**) sia costante.

L'iperbole, formata da due rami separati, presenta due assi di simmetria tra loro perpendicolari: quello passante per i fuochi è detto **asse trasverso**, l'altro è chiamato **asse non trasverso**. Sono chiamati **vertici** i punti d'intersezione dell'iperbole con l'asse trasverso.

I due rami dell'iperbole si avvicinano all'infinito a due rette, chiamate **asintoti**. Si ha un'**iperbole equilatera** quando gli asintoti sono perpendicolari.

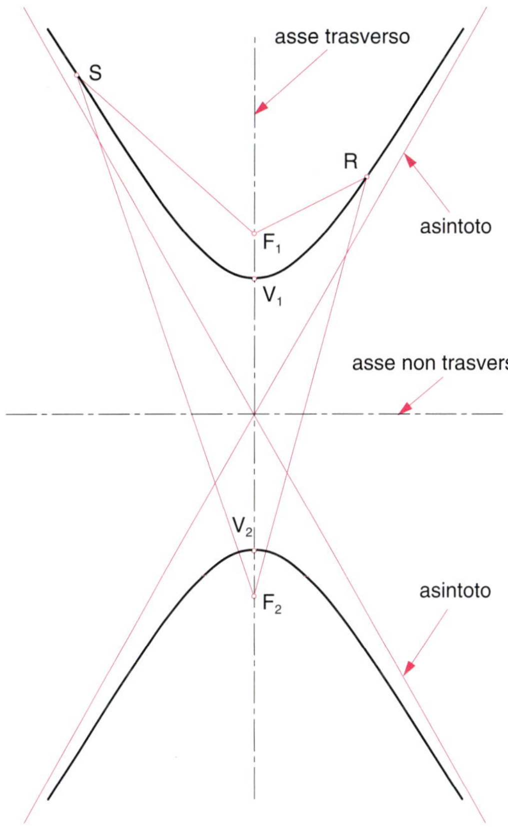

R e S sono punti dell'iperbole se la differenza delle loro distanze da F_1 e F_2 (fuochi) è costante, cioè

$$\overline{RF_2} - \overline{RF_1} = \overline{SF_2} - \overline{SF_1}$$

Cattedrale di Brasilia, Brasile (Oscar Niemeyer).

PROBLEMA 49 GUIDATO

Dati i fuochi e i vertici, disegnare l'iperbole e i suoi asintoti

1. Dati F_1, F_2 (fuochi) e V_1, V_2 (vertici) si traccia la retta a su cui sono allineati, ottenendo l'asse trasverso.
2. Dal punto O, punto medio di V_1V_2, si disegna la perpendicolare ad a, asse non trasverso dell'iperbole.
3. Si disegna una circonferenza di centro O e raggio OF_1.
4. Da V_1 e V_2 si tracciano le perpendicolari all'asse trasverso, che intersecano la circonferenza precedente in A, B, C e D.
5. Le rette AC e BD sono gli asintoti dell'iperbole.
6. Sull'asse trasverso si prendono a piacere dei punti 1, 2 ecc.
7. Centrando in F_1 con apertura $\overline{1V_1}$ e in F_2 con apertura $\overline{1V_2}$, si ottengono due archi che s'intersecano nei punti R e S appartenenti all'iperbole.
8. Analogamente si procede per gli altri punti 2, 3 ecc. ottenendo i punti di un ramo dell'iperbole.
9. Per simmetria rispetto all'asse non trasverso si disegna l'altro ramo dell'iperbole.

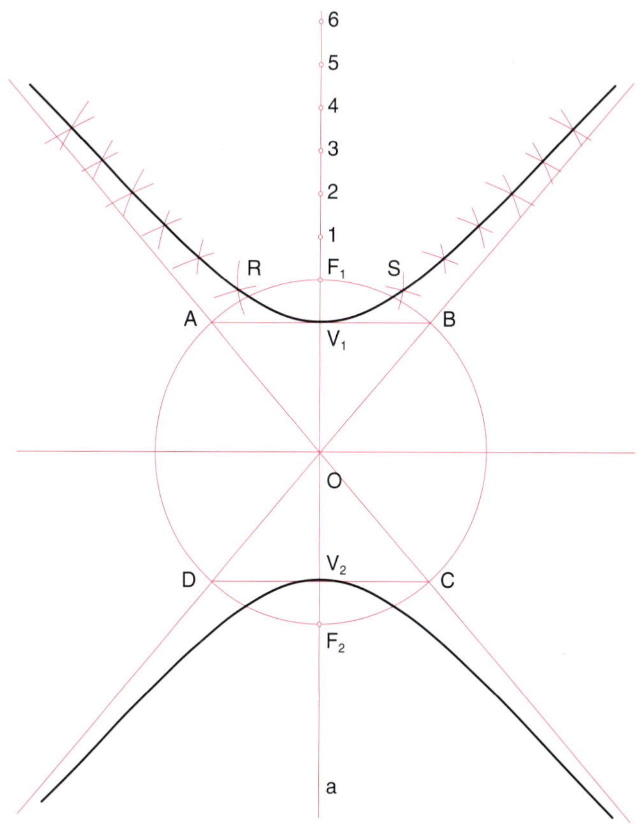

MEMO

L'**iperbole** presenta due **rami** distinti poiché è originata dall'intersezione di una superficie conica con un piano parallelo all'asse; quindi ogni falda della superficie conica crea un ramo dell'iperbole.

Sulle costruzioni geometriche abbiamo imparato...

Costruzioni geometriche elementari

asse di segmento

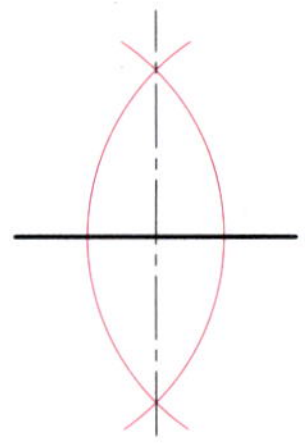

parallele e perpendicolari

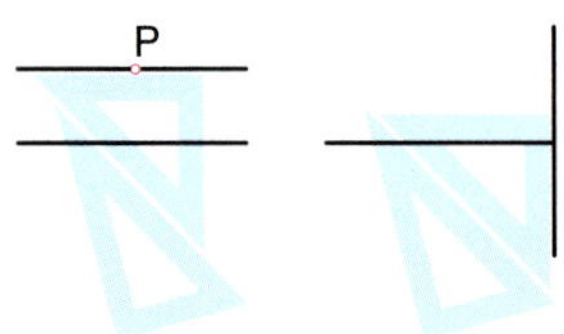

divisione di segmento

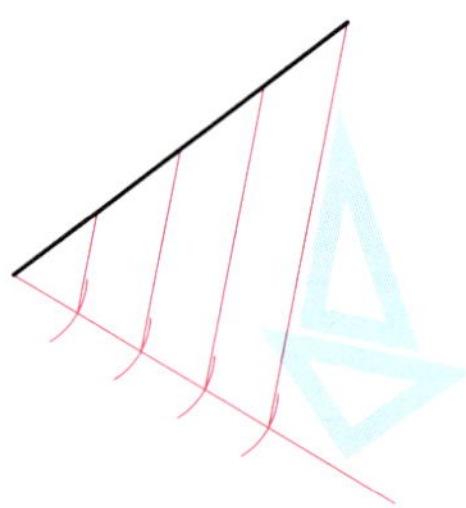

divisione di angoli

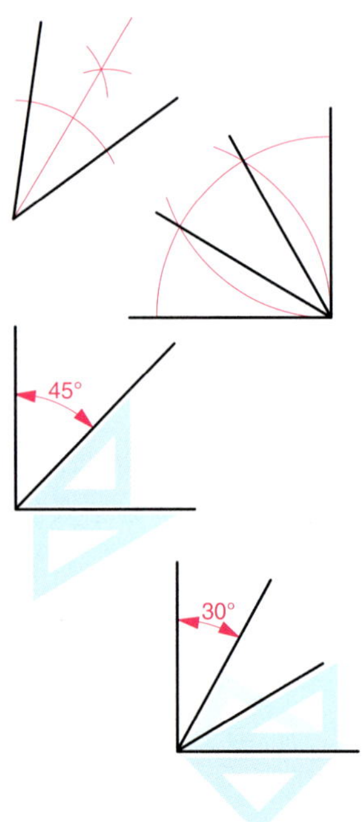

Poligoni regolari

inscritti in una circonferenza

triangolo, esagono e dodecagono

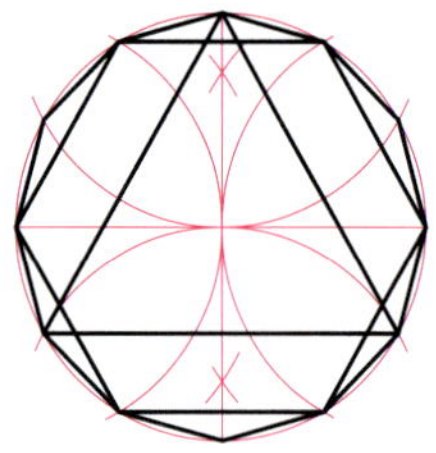

quadrato e ottagono

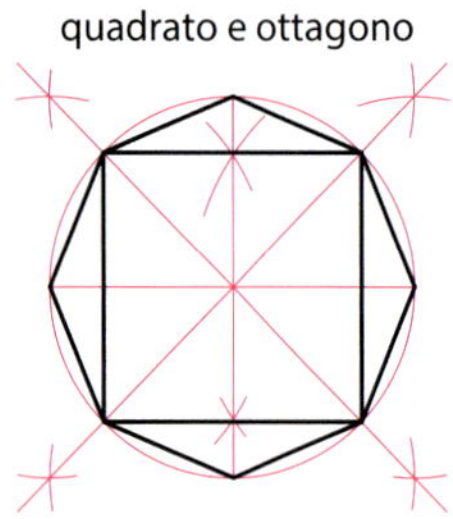

di lato assegnato

triangolo

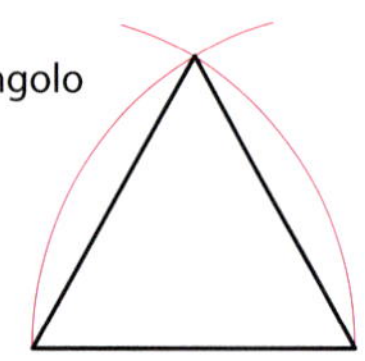

pentagono

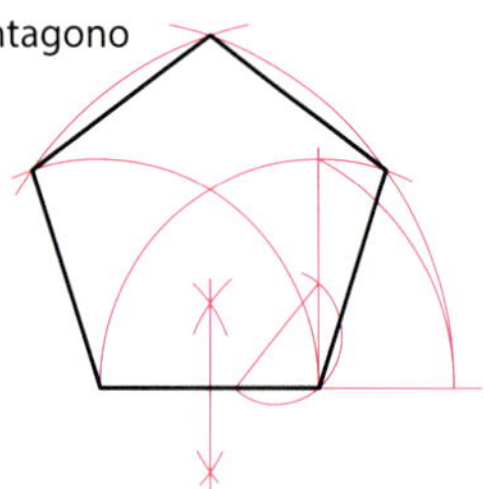

esagono

ottagono

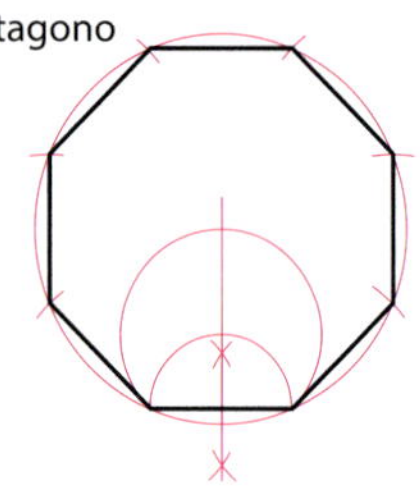

Tangenti e raccordi

tangenti

da punto a circonferenza

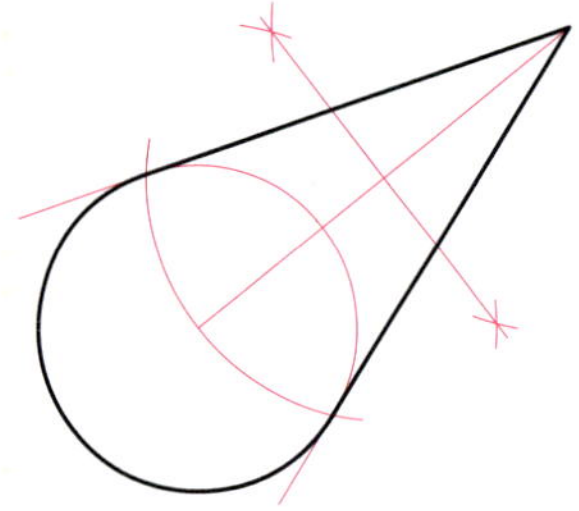

tra due circonferenze

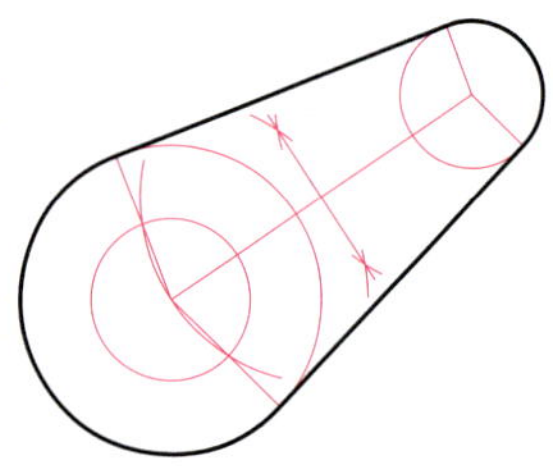

raccordi

tra rette perpendicolari

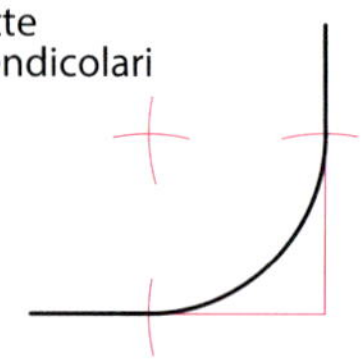

tra rette parallele

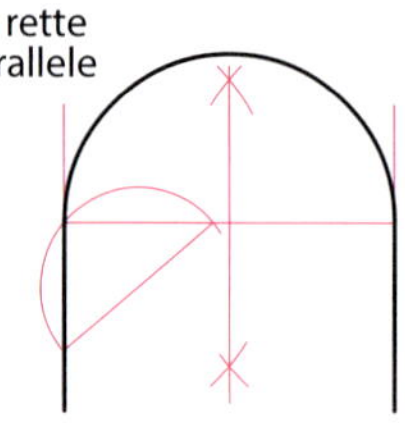

tra rette oblique

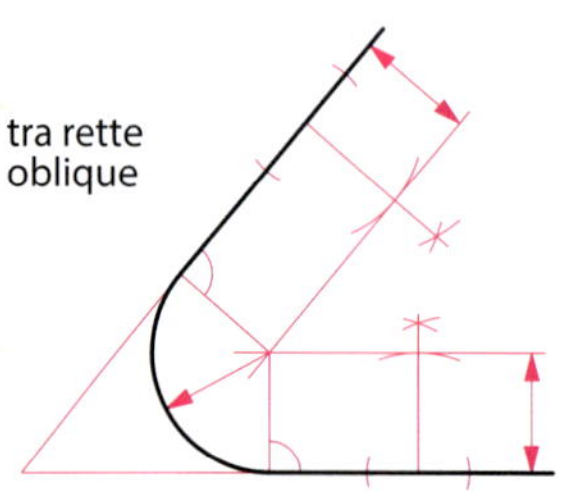

tra due circonferenze

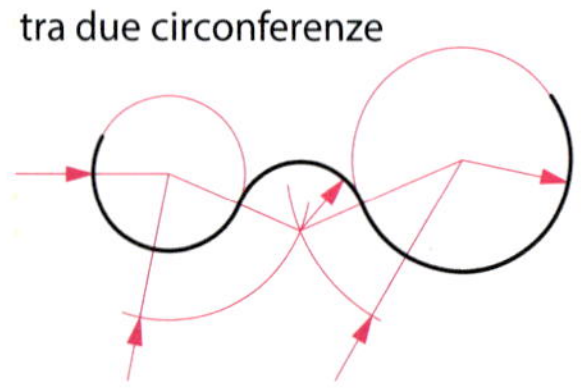

Curve

policentriche

ovale di dato asse minore

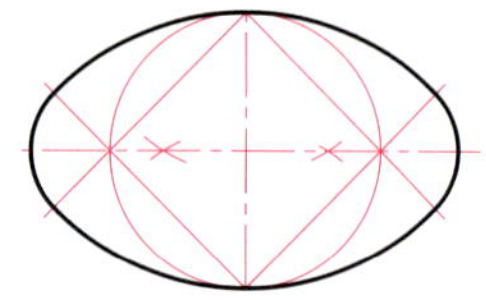

ovolo di dato asse minore

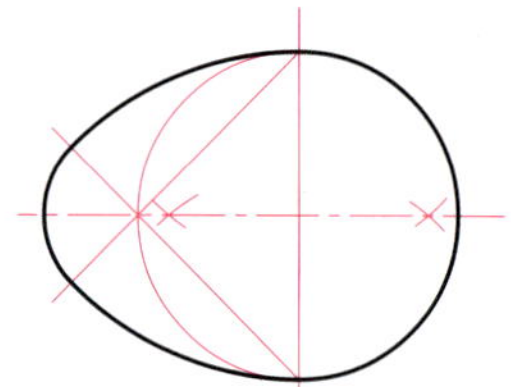

spirale a quattro centri

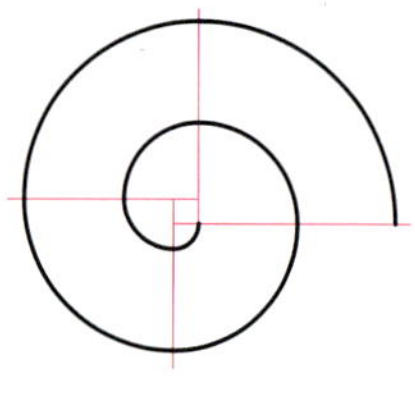

coniche

ellisse di dati assi

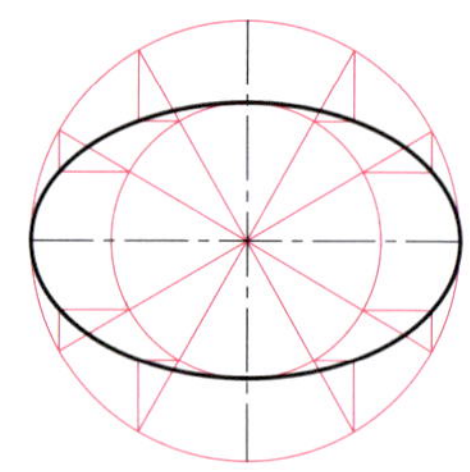

parabola di dati asse, vertice e punto

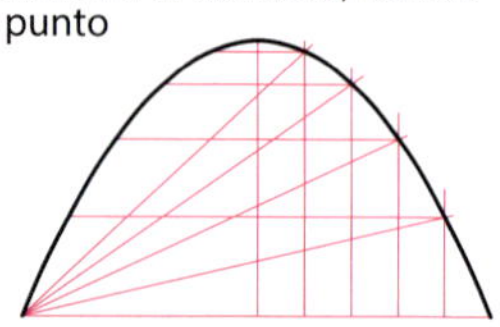

iperbole di dati fuochi e vertici

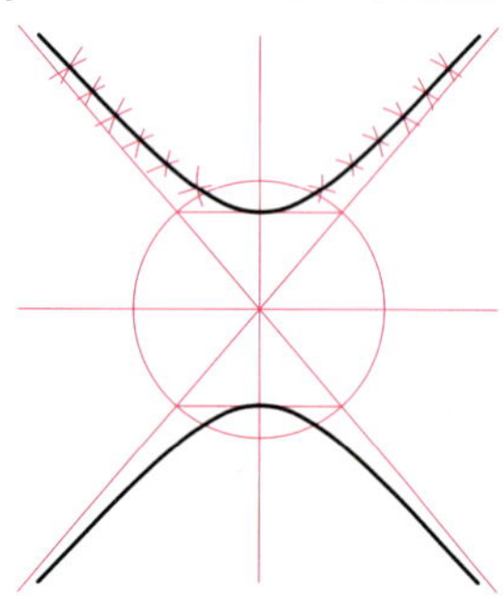

Preparazione del disegno

Prima di iniziare il lavoro è molto importante **analizzare bene la figura**; in seguito è necessario confrontare le caratteristiche del problema con le **disponibilità di mezzi o strumenti**. Successivamente bisogna mettere bene a fuoco le **tecniche** o le **conoscenze** più adatte alla soluzione del problema.

Prima dell'esecuzione del disegno è estremamente utile tracciare uno **schizzo preparatorio**, al fine di mettere a punto le fasi di lavoro, con chiarezza concettuale e razionale successione.

In dettaglio si può delineare una sequenza di operazioni di questo tipo.

	IMPOSTAZIONI
Chiara comprensione del problema	**Analisi strutturale**: la figura presenta simmetrie, è impostata sulla base di poligoni regolari ecc.? **Analisi dimensionale**: quali sono le dimensioni d'ingombro, quale scala è richiesta o più opportuna? **Strumenti concettuali**: quali norme o costruzioni geometriche sono impiegate? **Strumenti tecnici**: quali strumenti da disegno devono essere impiegati? Sono disponibili?
Realizzazione dello schizzo preparatorio	Con mina morbida tracciare lo schizzo su carta (bianca, quadrettata, millimetrata o con griglie speciali a seconda del caso) seguendo accuratamente tutte le fasi di elaborazione futura del disegno. Se necessario consultare il libro o il docente per alcune costruzioni poco chiare.
Operazioni preliminari	• Controllo della disponibilità degli strumenti necessari. • Affilatura delle mine del compasso (a scalpello) ed eventualmente della matita. • Pulizia del piano di lavoro, delle squadre e righe, della gomma e delle mani. • In caso di disponibilità di parallelineo o tecnigrafo allineare il foglio alla loro riga. • Fissaggio del foglio con scotch.

	COSTRUZIONE
Scelta delle mine adatte	In questa fase si impiegano mine dure (H oppure 2H).
Squadratura del foglio	Gli assi mediani del foglio devono essere perfettamente perpendicolari; solo a essi si farà riferimento per poggiare le squadre e ottenere rette verticali, orizzontali o con altri angoli.
Disposizione dei primi elementi nel foglio	In base alle dimensioni d'ingombro del disegno si disporranno opportunamente nel foglio i primi elementi della struttura (assi di simmetria, centri, contorni generali).
Avanzamento nella costruzione	Si procederà razionalmente con elementi secondari della struttura, applicando le costruzioni geometriche (poligoni, tangenti, raccordi e altre curve).
Completamento della costruzione	Si disegnano gli ultimi elementi di dettaglio.
Controllo del lavoro	Prima di passare alla finitura è indispensabile operare un controllo per individuare errori o dimenticanze.

	FINITURA
Scelta delle mine adatte	In questa fase si impiegano mine di media morbidezza (HB oppure B).
Accorgimenti per il ripasso	• Durante tutto il ripasso è utile coprire le parti ripassate con un foglio pulito per evitare che le squadre diffondano la grafite del ripasso. • Affilare spesso la mina del compasso, controllando se il suo filo è vivo e quasi tagliente. • Per ottenere linee uniformi ruotare il compasso solo in un verso. • Tenere la matita inclinata e ruotarla leggermente tra le dita.
Ripasso razionale	Si ripassano inizialmente cerchi, raccordi e curve, successivamente le rette tangenti, facendo attenzione a evitare discontinuità di segno nel punto di tangenza. Infine tutti gli altri segmenti, compresi gli assi simmetria. È opportuno ricordare che questi ultimi sporgono lievemente oltre la figura a cui sono riferiti.
Scritturazioni	Alla fine del ripasso si tracciano la tabella e altre eventuali scritte.
Controllo finale	Alla fine del lavoro si esaminerà attentamente tutto il disegno per individuare errori e dimenticanze, per porvi rimedio.

ESEMPIO 1

Per l'esecuzione di questa figura sono note le dimensioni complessive e le proporzioni evidenziate dalla griglia quadrettata.

Analisi del problema

Analisi strutturale

La figura è inscritta in un quadrato 60 × 60 e presenta quattro assi di simmetria (verticale, orizzontale e due assi a 45°). I segmenti obliqui sono inclinati a 45° e quindi perpendicolari a coppie; pertanto i raccordi sono da realizzare tra rette perpendicolari.

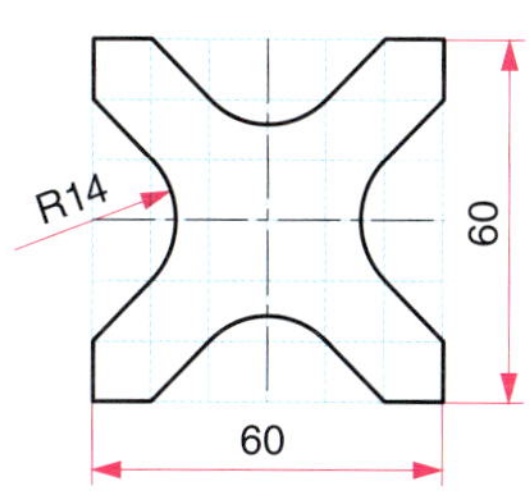

Analisi dimensionale

Avendo a disposizione un foglio A4, bisogna scegliere la scala in modo che il disegno vi sia contenuto e non sia troppo piccolo per le esigenze operative. La scala scelta potrebbe essere 1 : 1.

Preparazione degli strumenti

Prima di procedere al disegno è opportuno affilare le mine, pulire squadre, gomme, piano di lavoro e mani.

Fasi di elaborazione grafica

1 **Strumenti usati**: squadre.
Mina usata: dura (H o 2H).
Costruzioni geometriche utilizzate: quadrato di lato assegnato.

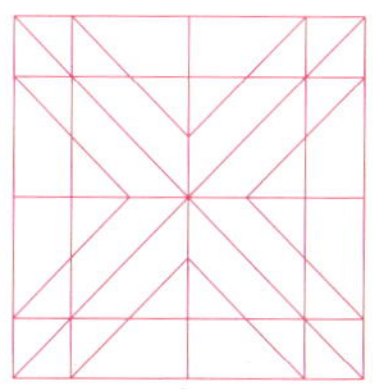

2 **Strumenti usati**: compasso.
Mina usata: dura (H o 2H).
Costruzioni geometriche utilizzate: raccordo tra perpendicolari.

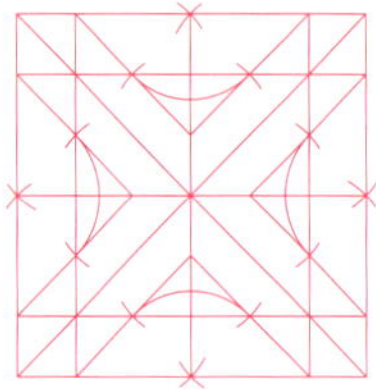

3 **Strumenti usati**: squadre e compasso.
Mina usata: morbida (HB o B).
Tipi di linee utilizzate: continua grossa, mista fine.

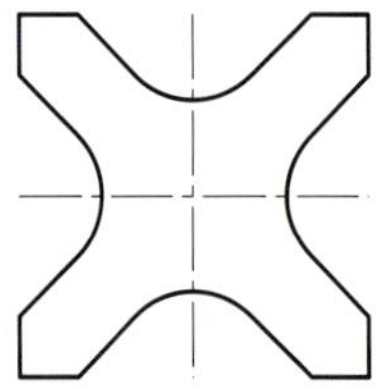

ESEMPIO 2

Si propone l'esecuzione di questa figura, di cui non sono definite le dimensioni.

Analisi del problema

Analisi strutturale
Osservando la figura si può notare che i vertici dei segmenti si trovano su 7 circonferenze concentriche ed equidistanti, e che gli stessi vertici si trovano su 24 raggi che formano angoli di 15°.

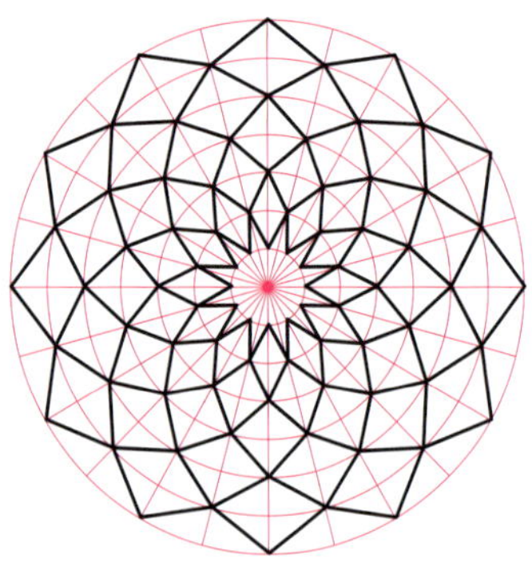

Analisi dimensionale
Avendo a disposizione un foglio A4, bisogna dimensionare il disegno in modo che entri nel foglio, ma che sia anche sufficientemente grande, per garantire precisione e comodità. Dimensioni della circonferenza maggiore: Ø160.

Preparazione degli strumenti
Prima di procedere al disegno è opportuno affilare le mine, pulire squadre, gomme, piano di lavoro e mani.

SUGGERIMENTO PRATICO
In fase di ripasso, **il compasso va ruotato sempre nello stesso verso** per evitare doppie linee o spessori irregolari.

Fasi di elaborazione grafica

1 **Strumenti usati**: squadre, compasso.
Mina usata: dura (H o 2H).
Costruzioni geometriche utilizzate: divisione di segmento in 7 parti uguali.

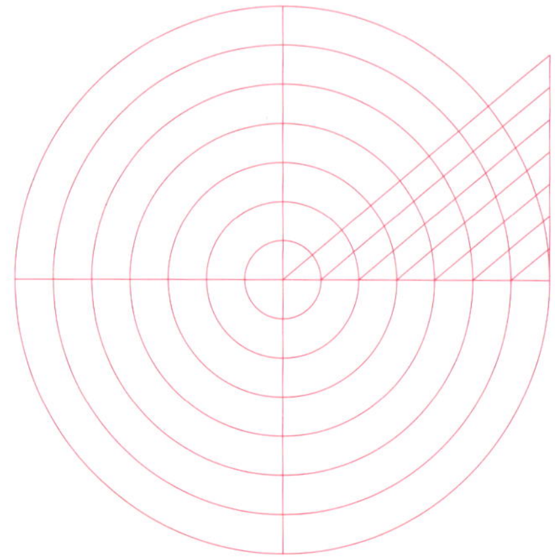

2 **Strumenti usati**: squadre, compasso.
Mina usata: dura (H o 2H).
Costruzioni geometriche utilizzate: divisione di circonferenza in 24 parti uguali.

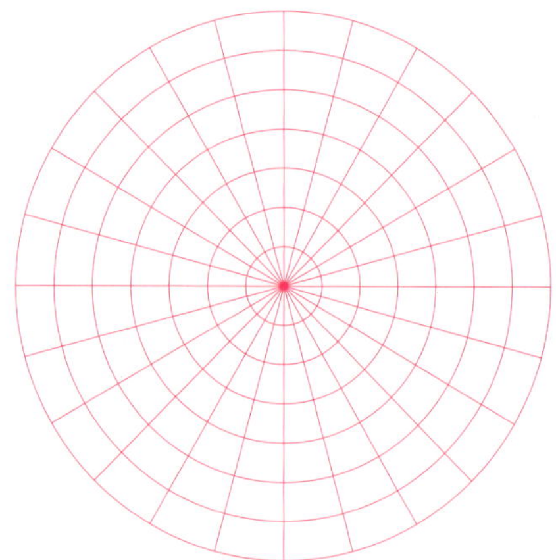

3 **Strumenti usati**: squadre.
Mina usata: dura (H o 2H).
Costruzioni geometriche utilizzate: nessuna.

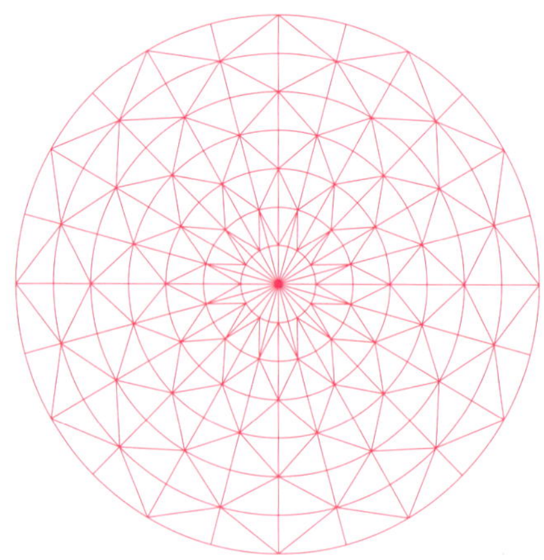

4 **Strumenti usati**: squadre, compasso.
Mina usata: morbida (HB o B).
Tipi di linee utilizzate: continua grossa. Si possono aggiungere finiture quali colorazioni o tratteggi.

ESEMPIO 3

Si propone l'esecuzione di questo disegno in pianta.

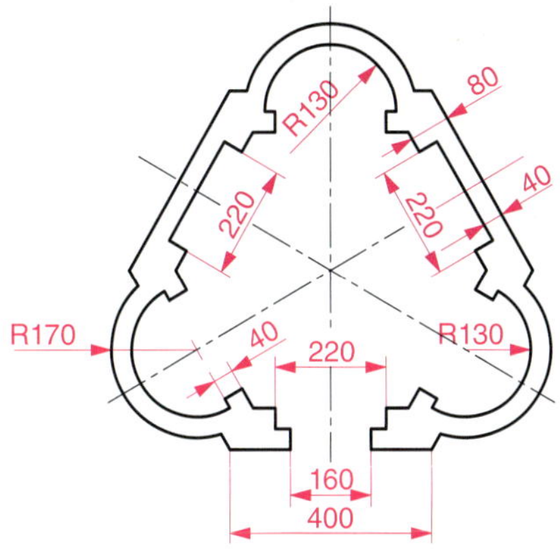

Quote in cm

Analisi del problema

Analisi strutturale

Osservando attentamente il disegno proposto si scopre che esso è strutturato secondo tre assi di simmetria. Si può anche notare che i segmenti rettilinei sono situati sui lati di tre esagoni regolari concentrici. Infine si può osservare che gli assi di simmetria e le diagonali degli esagoni formano 12 angoli di 30°.

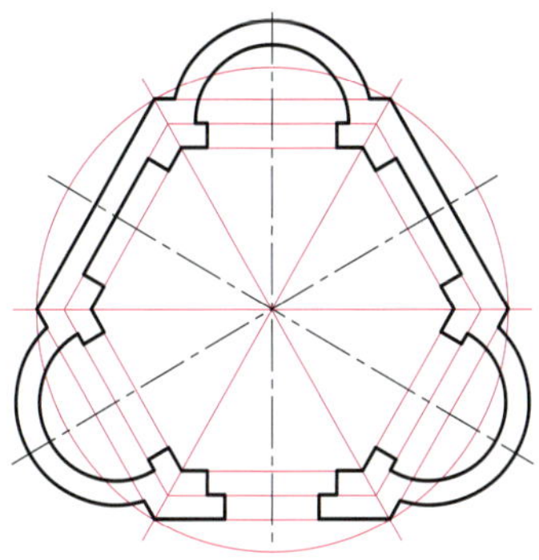

Analisi dimensionale

Avendo a disposizione tutti gli strumenti tradizionali (compasso compreso) e un foglio A4, bisognerà scegliere la scala del disegno in funzione dell'ingombro delle sue dimensioni:

- dimensioni reali d'ingombro: circa 900 × 900 cm
- dimensioni d'ingombro in scala 1:100: 9 × 9 cm
- dimensioni d'ingombro in scala 1:50: 18 × 18 cm
- scala scelta: 1:50.

Preparazione degli strumenti

Prima di iniziare il disegno si affilano le mine e si puliscono squadre, gomme, piano di lavoro e mani.

Fasi di elaborazione grafica

1 **Strumenti usati**: squadre, compasso.
Mina usata: dura (H o 2H).
Costruzioni geometriche utilizzate: divisione di circonferenza in 12 parti uguali.

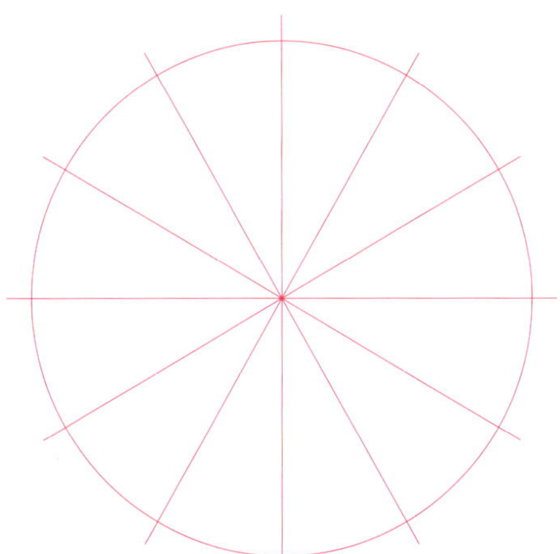

2 **Strumenti usati**: squadre.
Mina usata: dura (H o 2H).
Costruzioni geometriche utilizzate: parallele a distanza definita.

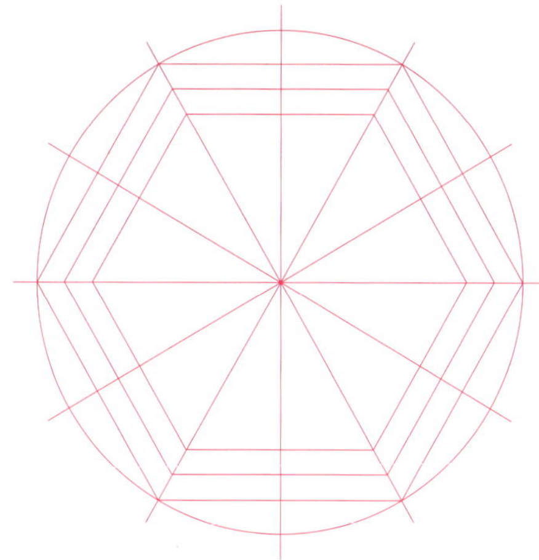

3 **Strumenti usati**: squadre, compasso.
Mina usata: dura (H o 2H).
Costruzioni geometriche utilizzate: parallele a distanza definita.

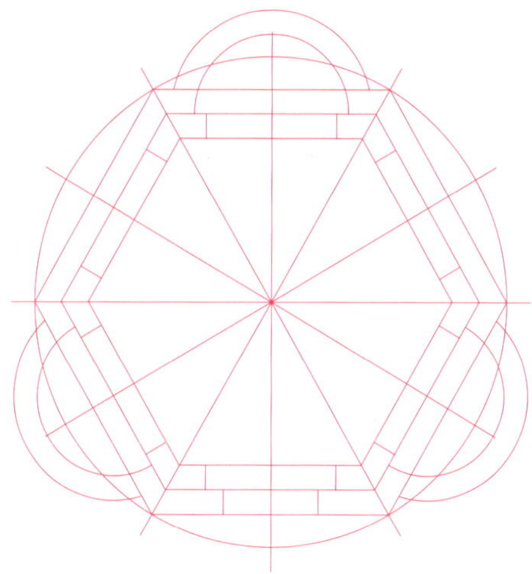

4 **Strumenti usati**: squadre, compasso.
Mina usata: morbida (HB o B).
Tipi di linee utilizzate: continua grossa, mista fine. Si possono aggiungere finiture quali colorazioni o tratteggi.

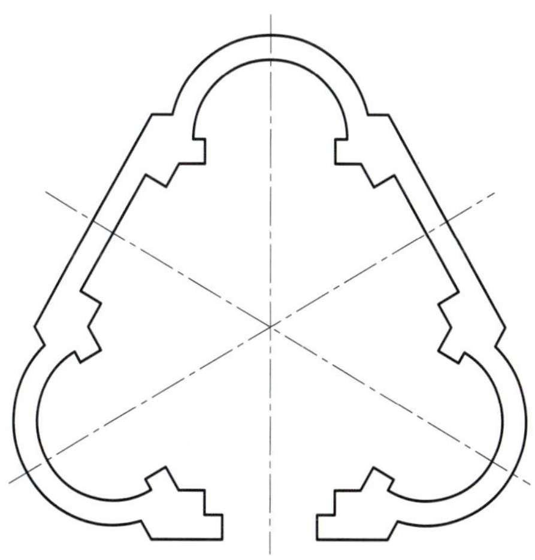

MEMO

Le **quote** apposte su un disegno rappresentano sempre le **misure reali** dell'oggetto.

SUGGERIMENTO PRATICO

Nella fase di ripasso, è molto opportuno **iniziare da archi o curve**, per poi passare a segmenti rettilinei.

ESERCITAZIONE 1
GUIDATA

Logo Audi

1 Si disegnano 3 segmenti uguali e si divide il primo di essi in 5 parti uguali (v. Problema 4).

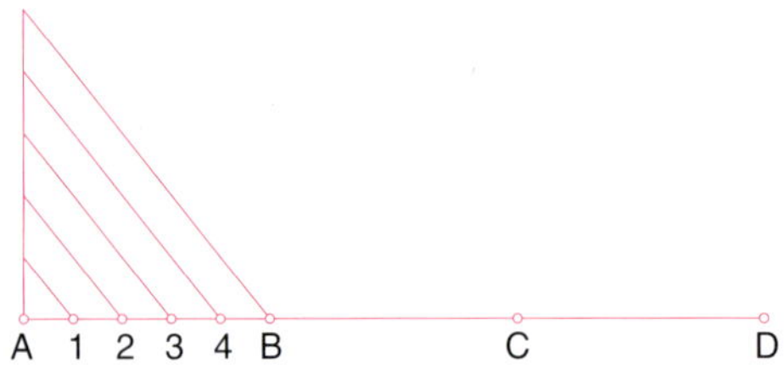

2 Con apertura $\overline{A4}$ si tracciano quattro circonferenze di centro A, B, C e D.

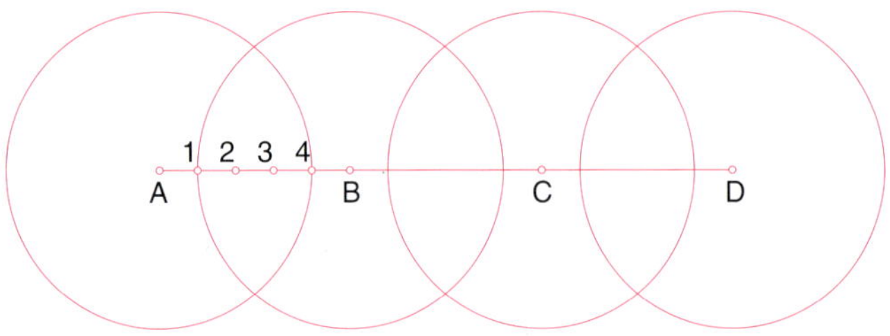

3 Con apertura $\overline{A3}$ si disegnano quattro circonferenze di centro A, B, C e D. Si ripassano gli archi.

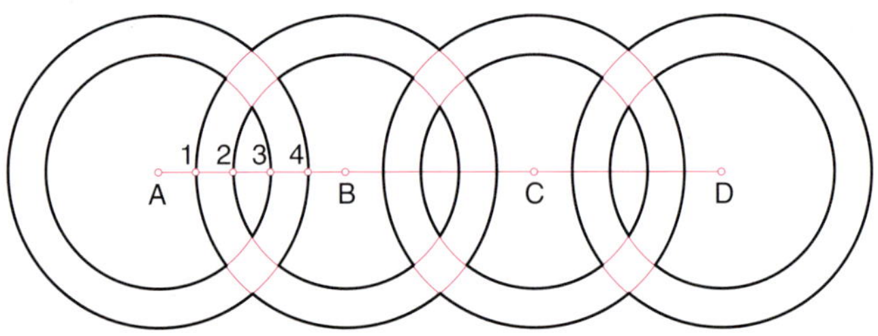

ESERCITAZIONE 2
CON SUGGERIMENTO

Motivo decorativo medievale

- Si traccia una circonferenza e due diametri perpendicolari.
- Si divide un diametro in 3 parti uguali (v. Problema 4).
- Con una circonferenza di centro O e apertura $\overline{O1}$ si trovano anche i punti 3 e 4.
- Centrando nei punti 1, 2 , 3 e 4 si disegnano le 8 circonferenze del motivo.

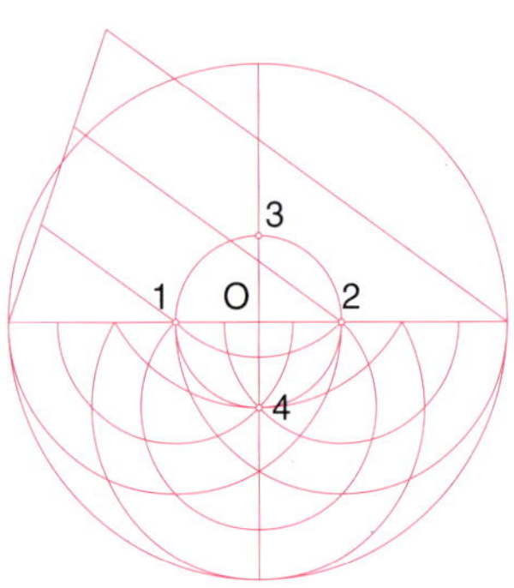

ESERCITAZIONE 3
GUIDATA

Motivo geometrico

1 Si disegna un esagono inscritto in una circonferenza (v. Problema 12).

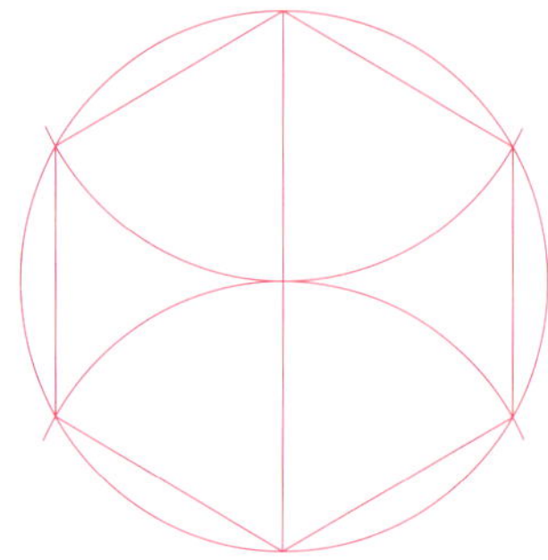

2 Si divide il diametro in 8 parti uguali (v. Problema 4) e dai punti divisori si tracciano segmenti orizzontali.

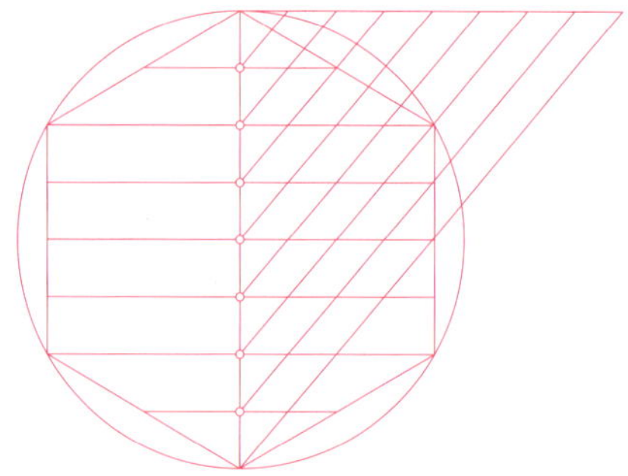

3 Si disegna un segmento che ha per estremi i punti medi di due lati opposti. Si può colorare il disegno valorizzando il motivo geometrico.

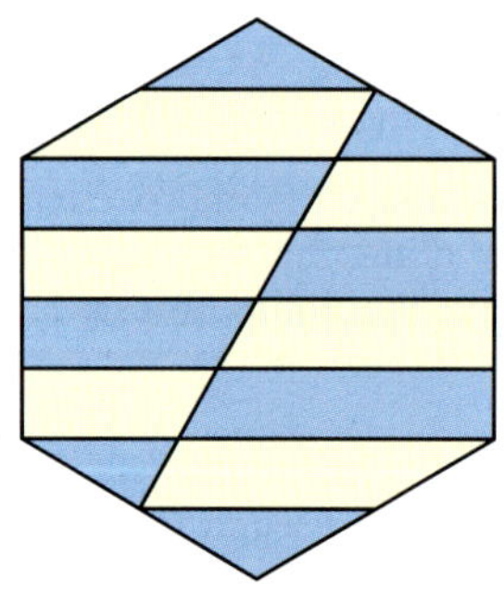

ESERCITAZIONE 4
CON SUGGERIMENTO

Motivo decorativo medievale

- Si traccia una circonferenza e si divide un suo raggio in 5 parti uguali (v. Problema 4).
- Con centro in O e apertura $\overline{O2}$ si disegna una circonferenza in cui si inscrive un esagono (v. Problema 12).
- Con apertura da 2 a 4 si tracciano sei circonferenze centrando nei vertici dell'esagono. Si opera analogamente con apertura da 2 a 3.

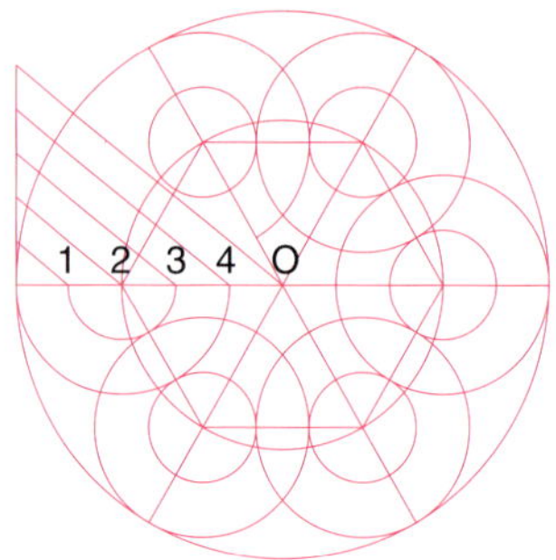

ESERCITAZIONE 5

Motivo a base quadrata

- Quadrato inscritto (v. Problema 10).

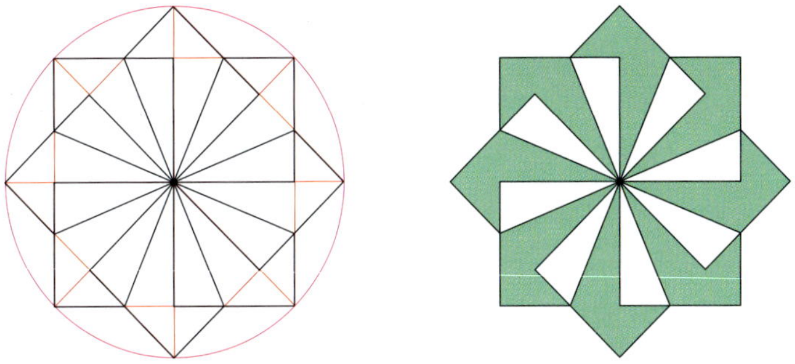

ESERCITAZIONE 6

Motivo stellato ottagonale

- Ottagono regolare inscritto (v. Problema 13).

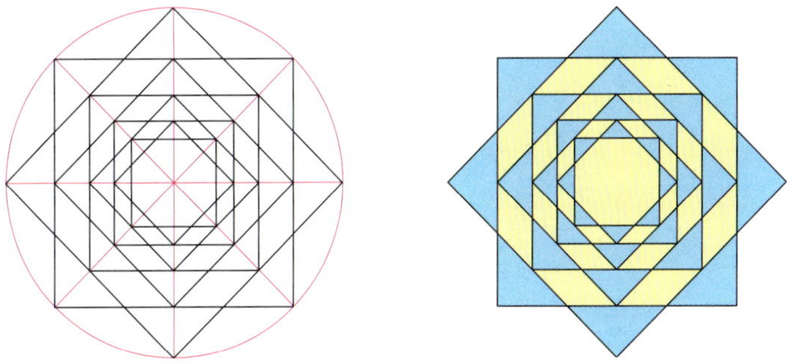

ESERCITAZIONE 7

Motivo stellato ottagonale

- Ottagono regolare inscritto (v. Problema 13).

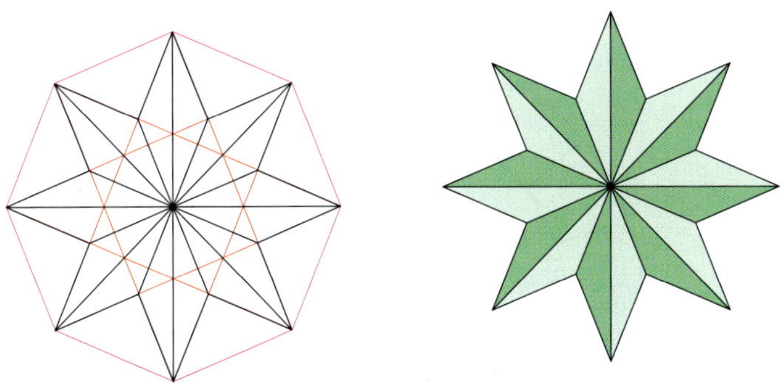

ESERCITAZIONE 8

Motivo stellato dodecagonale

- Dodecagono regolare inscritto (v. Problema 14).

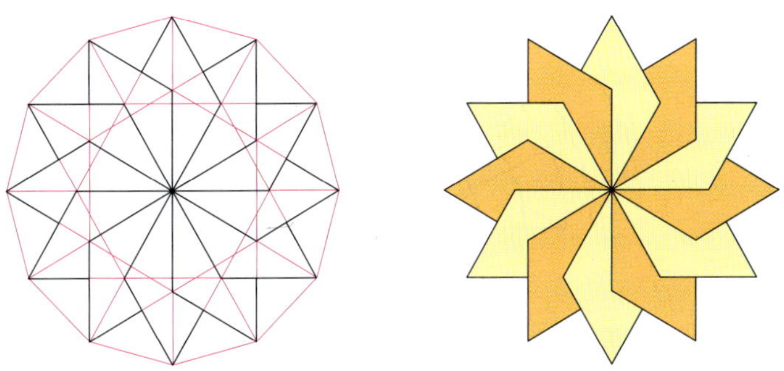

ESERCITAZIONE 9

Motivo pentagonale

- Pentagono regolare di lato assegnato (v. Problema 18).

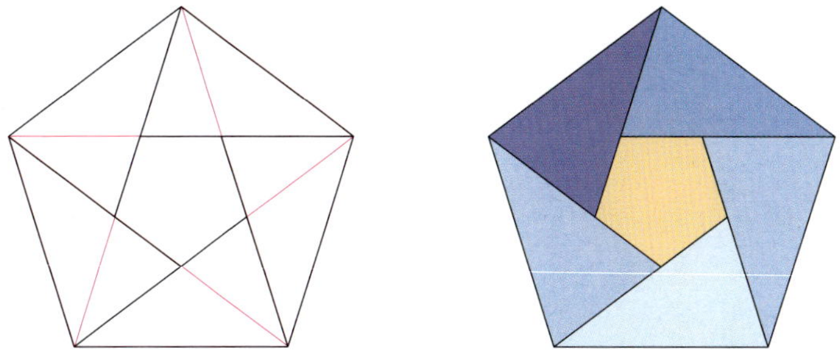

ESERCITAZIONE 10

Motivo stellato dodecagonale

- Dodecagono regolare inscritto (v. Problema 14).

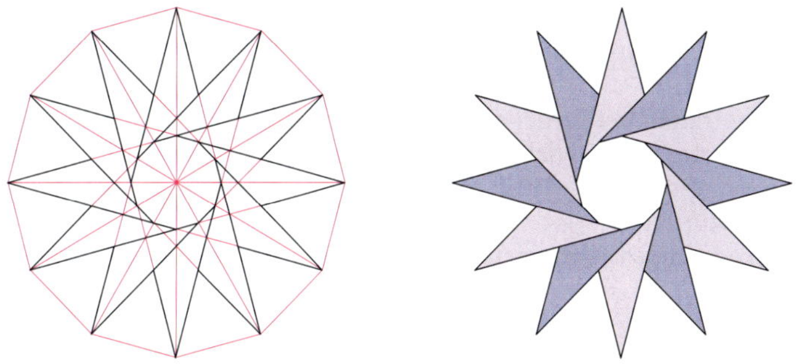

ESERCITAZIONE 11

Motivo dodecagonale

- Dodecagono regolare inscritto (v. Problema 14).

ESERCITAZIONE 12

Motivo dodecagonale

- Dodecagono regolare inscritto (v. Problema 14).

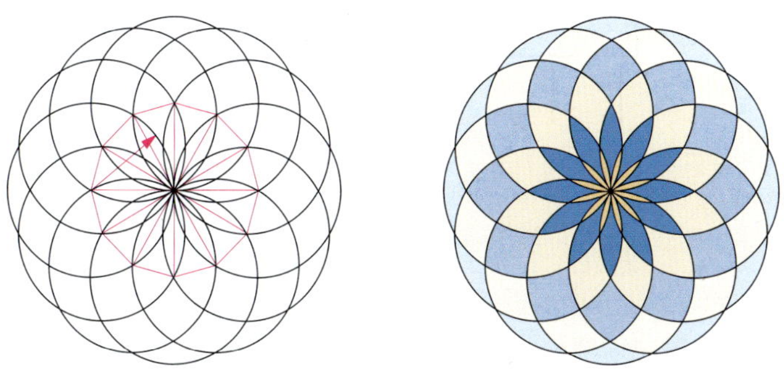

ESERCITAZIONE 13
GUIDATA

Motivo geometrico

1 Si disegna un esagono di lato assegnato (v. Problema 19).

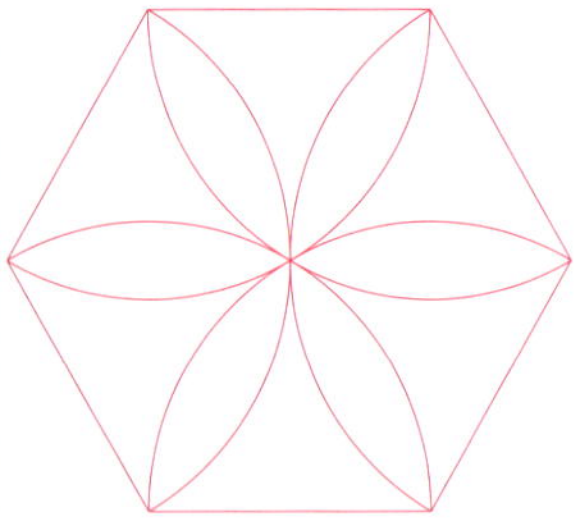

2 Si disegnano le diagonali dell'esagono.

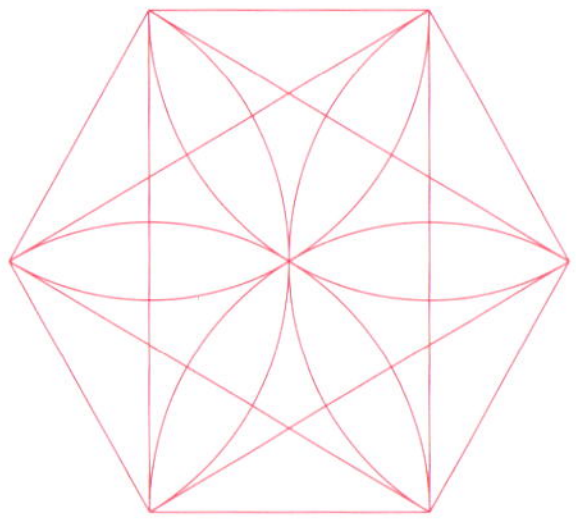

3 Si aggiunge la circonferenza centrale.

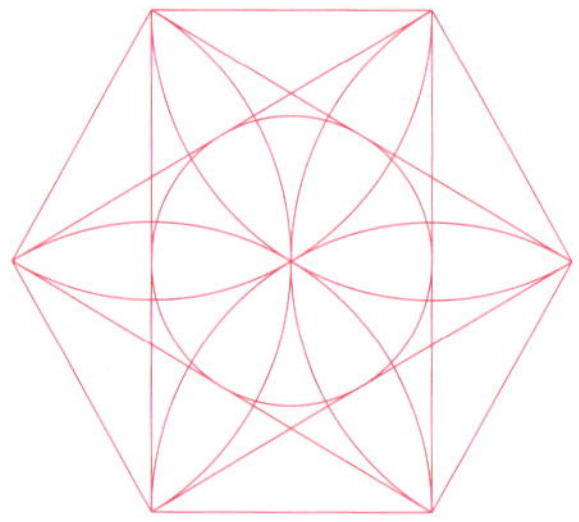

4 Si ripassa il motivo.

ESERCITAZIONE 14
CON SUGGERIMENTO

Motivo geometrico

- Si disegna un pentagono regolare inscritto (v. Problema 11).
- Su ogni lato si costruiscono dei triangoli equilateri (v. Problema 16).
- Centrando nei vertici esterni dei triangoli si tracciano archi passanti per i vertici del pentagono.
- Con centro nei vertici del pentagono si tracciano archetti di apertura AB.
- Si aggiunge la circonferenza centrale.

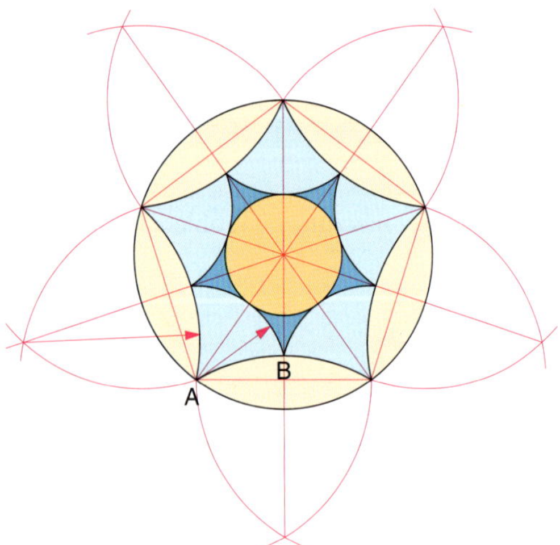

ESERCITAZIONE 15

Piattabanda

- Triangolo equilatero di lato assegnato (v. Problema 16).
- Divisione di un segmento in parti uguali (v. Problema 4).

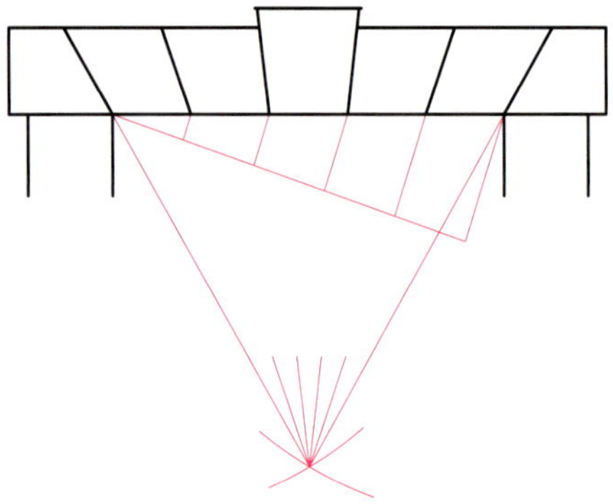

ESERCITAZIONE 16

Motivo geometrico

- Ottagono regolare inscritto (v. Problema 13).

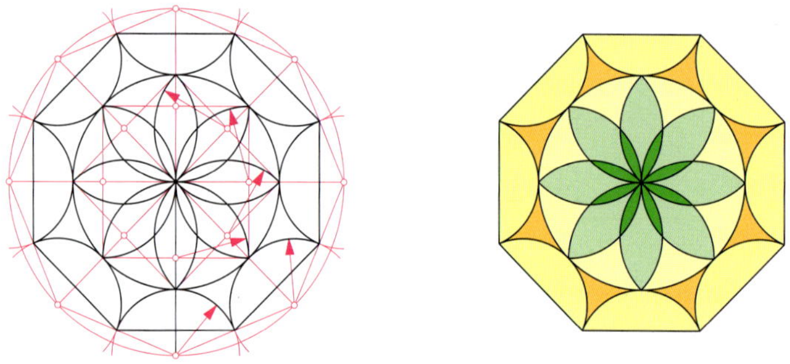

ESERCITAZIONE 17

Arco a tutto sesto

- Divisione di una circonferenza in parti uguali (v. Problema 15).

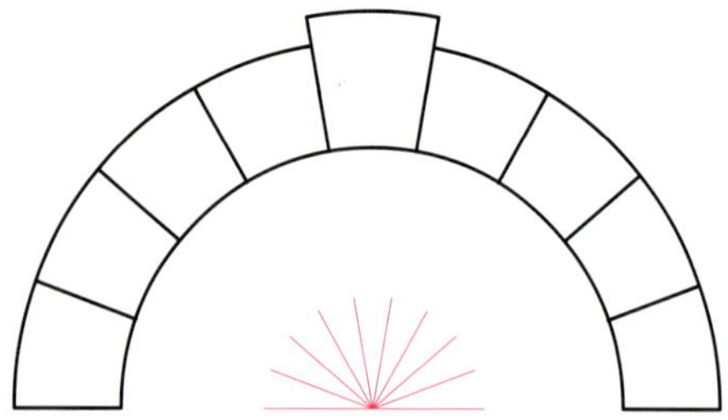

ESERCITAZIONE 18

Arco con lunetta a griglia

- Divisione di una circonferenza in parti uguali (v. Problema 15).
- Divisione di un segmento in parti uguali (v. Problema 4).

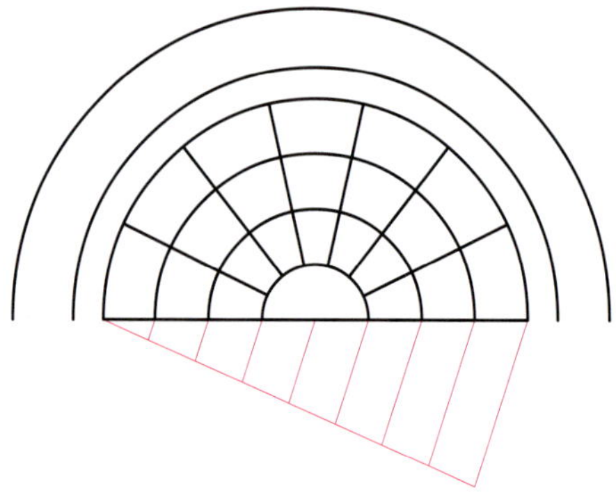

ESERCITAZIONE 19

Marchio Action age

- Triangolo equilatero di lato assegnato (v. Problema 16).
- Divisione di un segmento in parti uguali (v. Problema 4).

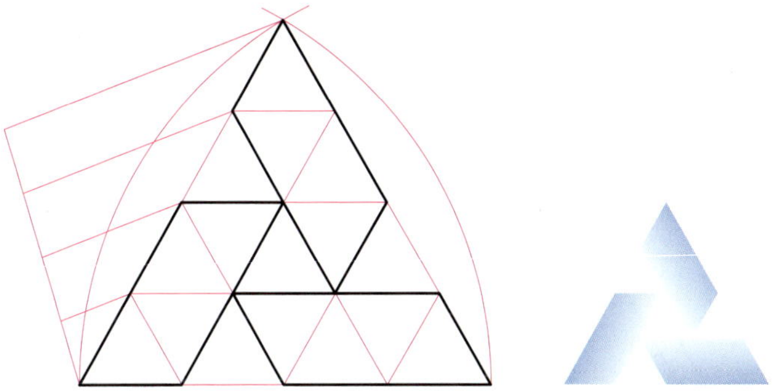

ESERCITAZIONE 20

Marchio Isvor

- Esagono regolare inscritto (v. Problema 12).
- Divisione di un segmento in parti uguali (v. Problema 4).

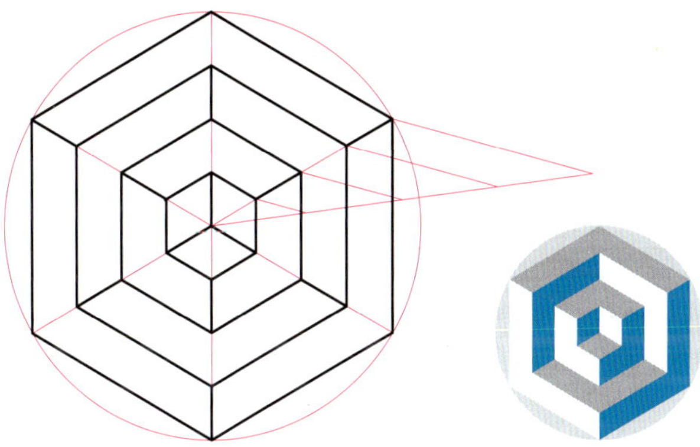

ESERCITAZIONE 21

Marchio Chrysler

- Pentagono regolare di lato assegnato (v. Problema 18).

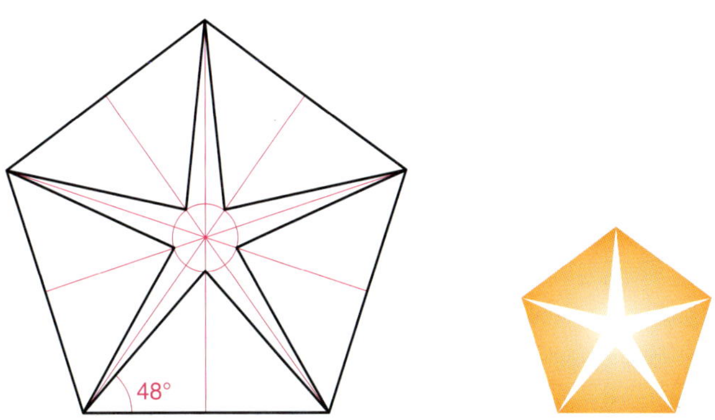

ESERCITAZIONE 22

Marchio Centromarche

- Quadrato inscritto (v. Problema 10).
- Divisione di un segmento in parti uguali (v. Problema 4).

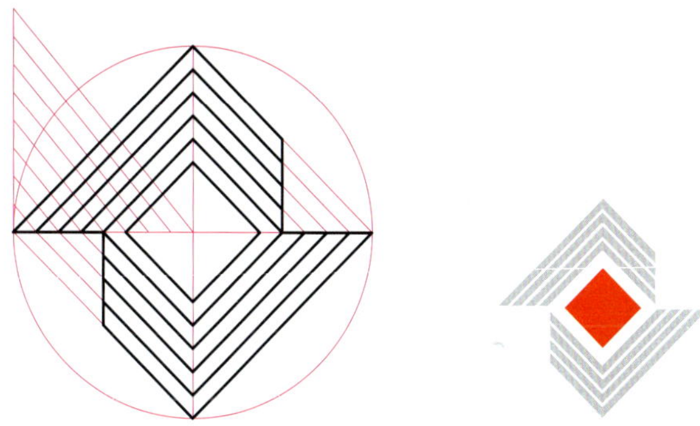

ESERCITAZIONE 23

Marchio Wikidata

- Esagono regolare inscritto (v. Problema 12).
- Divisione di un segmento in parti uguali (v. Problema 4).

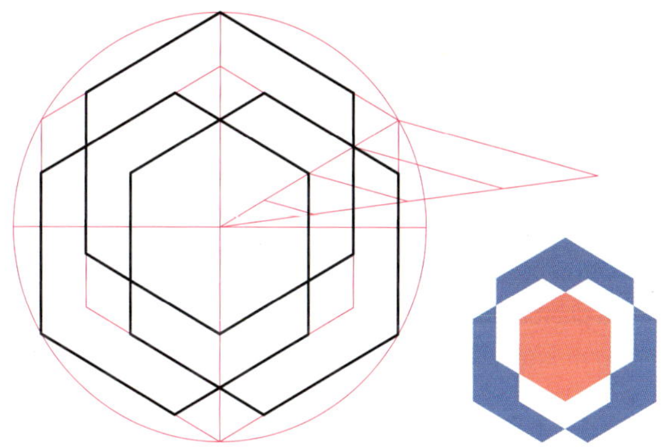

ESERCITAZIONE 24

Marchio Octagone Finance

- Ottagono regolare inscritto (v. Problema 13).

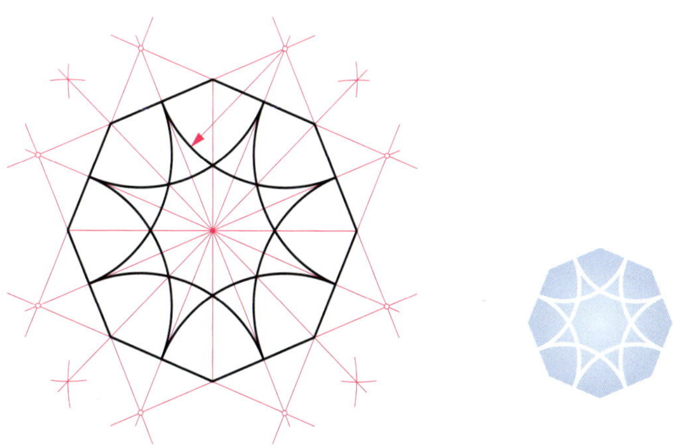

ESERCITAZIONE 25

Edificio a pianta triangolare (Giovanni Battista Montano, XVI sec.)

- Triangolo equilatero di lato assegnato (v. Problema 16).

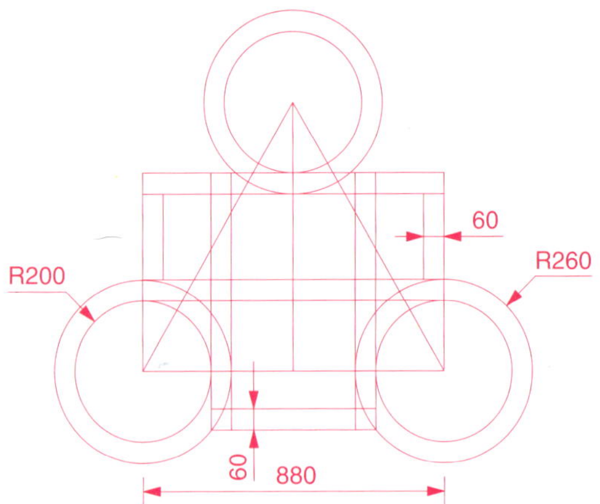

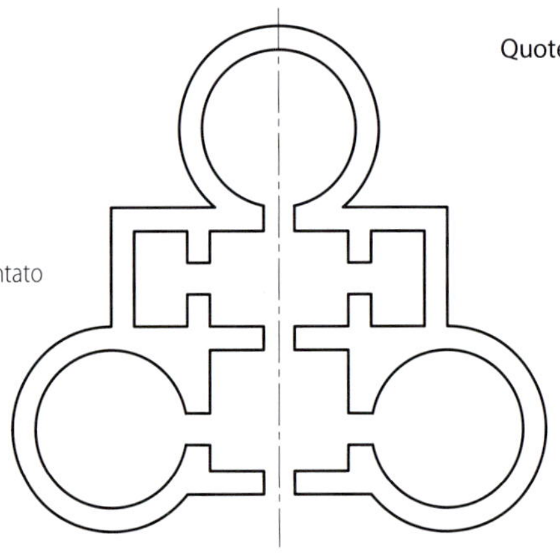

Quote in centimetri

Scala 1:250

NOTA BENE
Questo disegno è stato rappresentato in scala 1:250, solo per motivi di stampa; sul disegno è più utile adottare una scala 1:200.

ESERCITAZIONE 27

Cappella a pianta esagonale (Sebastiano Serlio, 1547)

- Esagono regolare di lato assegnato (v. Problema 19).

Quote in centimetri

Scala 1:100

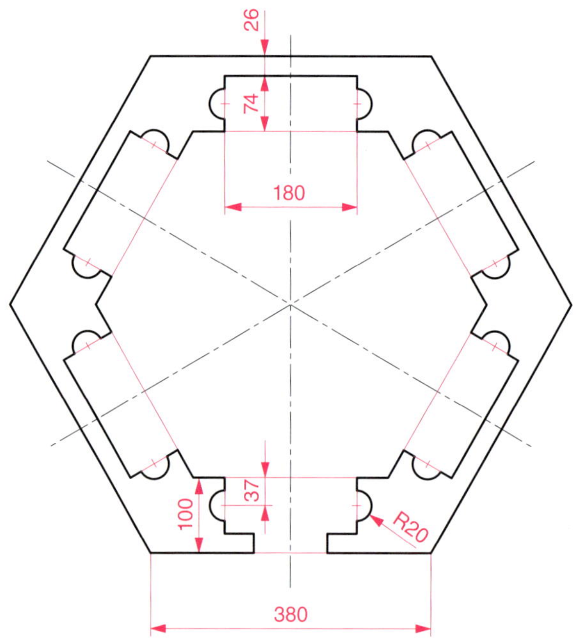

ESERCITAZIONE 26

Organismo a pianta centrale (Leonardo da Vinci, XV sec.)

- Quadrato di lato assegnato (v. Problema 17).

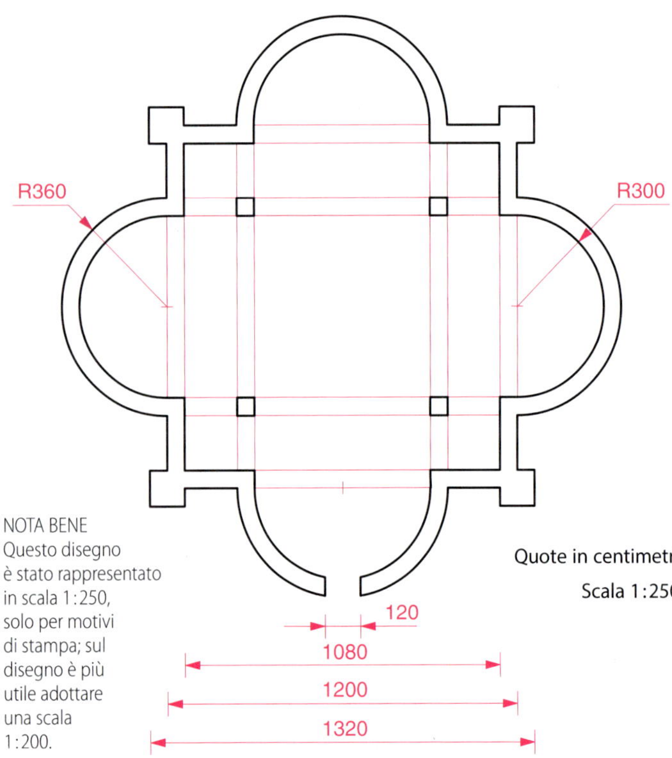

NOTA BENE
Questo disegno è stato rappresentato in scala 1:250, solo per motivi di stampa; sul disegno è più utile adottare una scala 1:200.

Quote in centimetri

Scala 1:250

ESERCITAZIONE 28

Chiesa a pianta centrale (Giorgio Vasari il Giovane, XVI sec.)

- Ottagono regolare di lato assegnato (v. Problema 20).

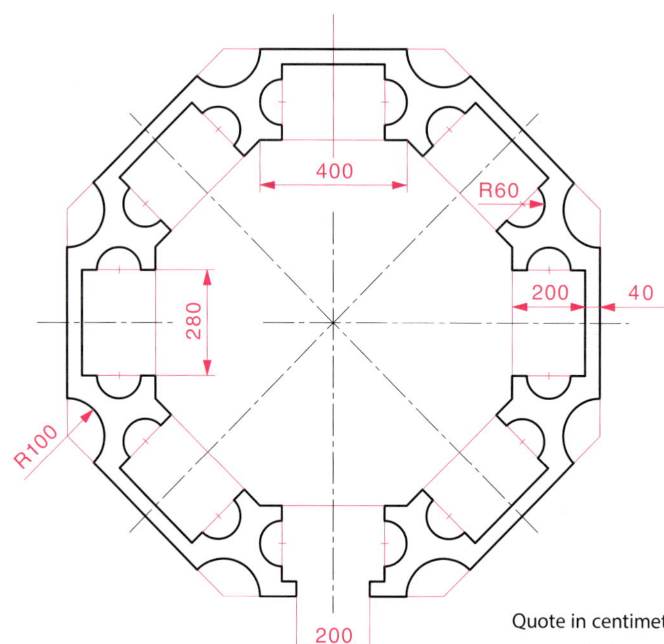

Quote in centimetri

Scala 1:200

ESERCITAZIONE 29

Tazza

- Raccordo tra rette perpendicolari (v. Problema 26).
- Tangente da punto a circonferenza (v. Problema 23).

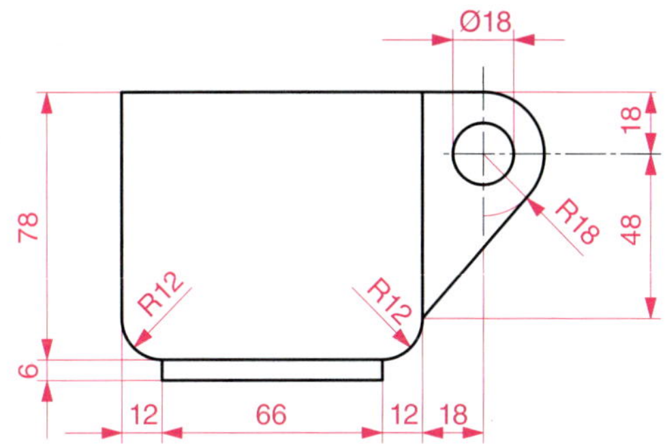

ESERCITAZIONE 30

Bricco

- Raccordo tra rette perpendicolari (v. Problema 26).
- Tangente da punto a circonferenza (v. Problema 23).

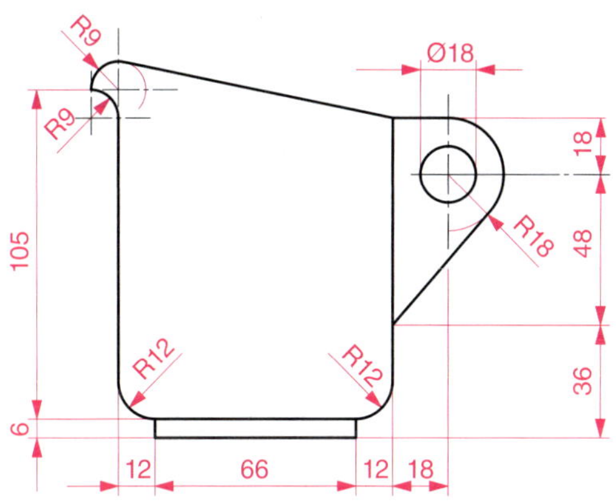

ESERCITAZIONE 31

Zuccheriera

- Raccordo tra rette perpendicolari (v. Problema 26).
- Tangente da punto a circonferenza (v. Problema 23).

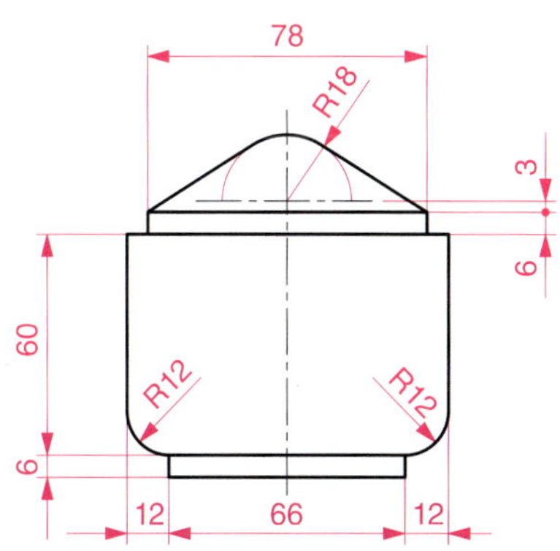

NOTA BENE

Le quote sono normalmente espresse in mm, salvo indicazione diversa.

ESERCITAZIONE 32

Bicchiere

- Raccordo tra rette perpendicolari (v. Problema 26).
- Raccordo tra retta e circonferenza (v. Problema 31).

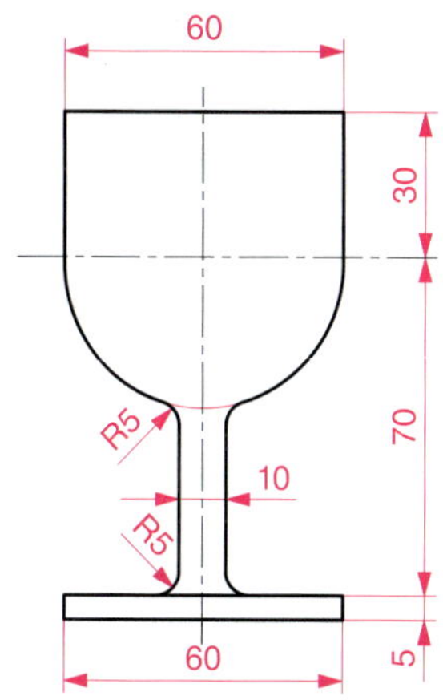

ESERCITAZIONE 33

Coppa

- Raccordo tra rette perpendicolari (v. Problema 26).
- Raccordo tra rette oblique (v. Problema 28).

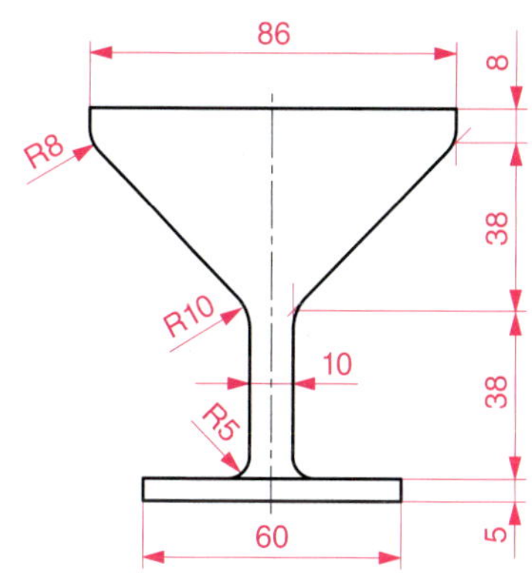

ESERCITAZIONE 34

Calice

- Raccordo tra rette perpendicolari (v. Problema 26).
- Raccordo tra retta e circonferenza (v. Problema 31).
- Tangente da un punto a una circonferenza (v. Problema 23).

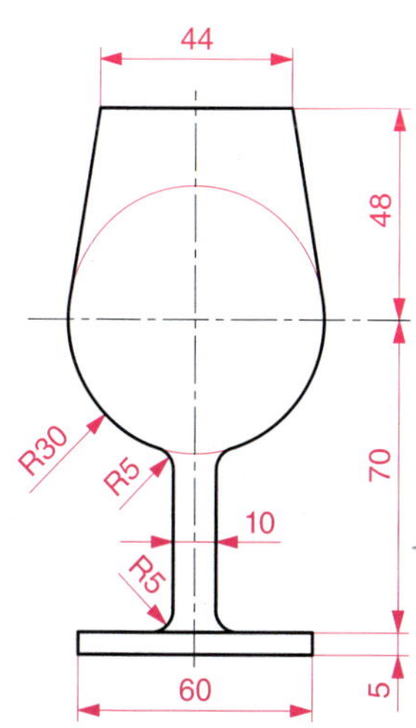

ESERCITAZIONE 35

Sedia «Cesca» (Marcel Breuer, 1928)

- Raccordo tra rette perpendicolari (v. Problema 26).
- Raccordo tra rette parallele (v. Problema 27).
- Raccordo tra rette oblique (v. Problema 28).

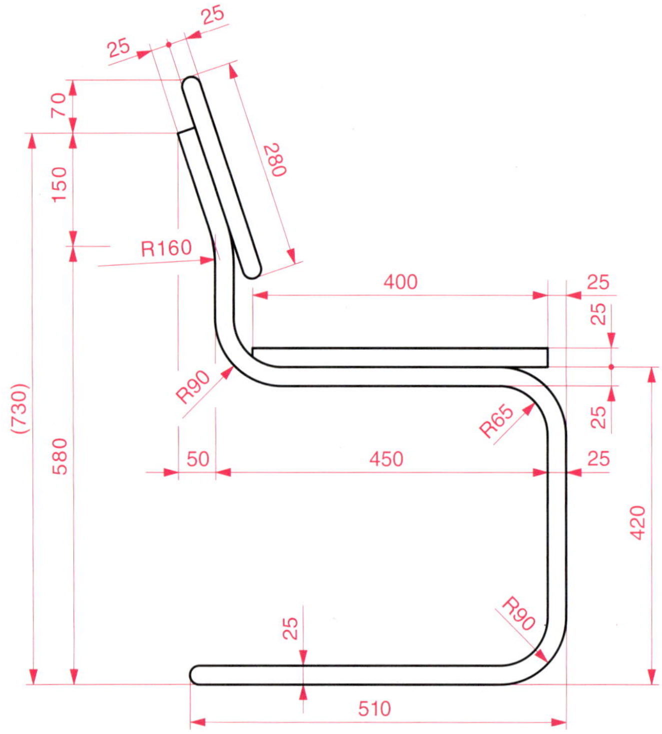

Quote in mm

Scala 1:10

ESERCITAZIONE 36

Poltroncina «ti 244» (Josef Albers, 1929)

- Raccordo tra rette perpendicolari (v. Problema 26).
- Raccordo tra rette oblique (v. Problema 28).

Particolare Bracciolo-Gambe

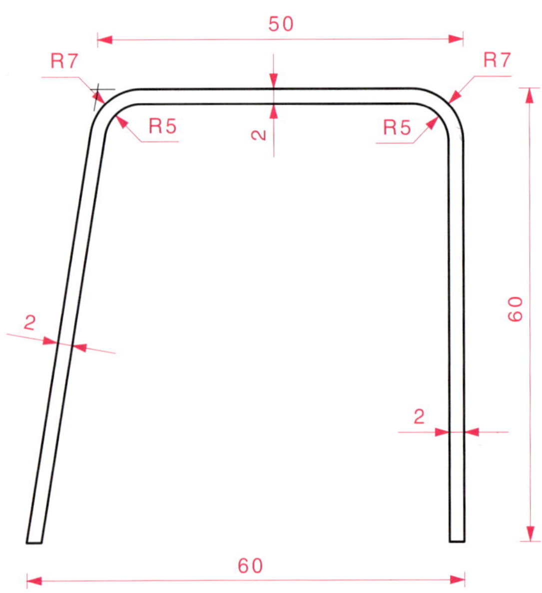

Complessivo

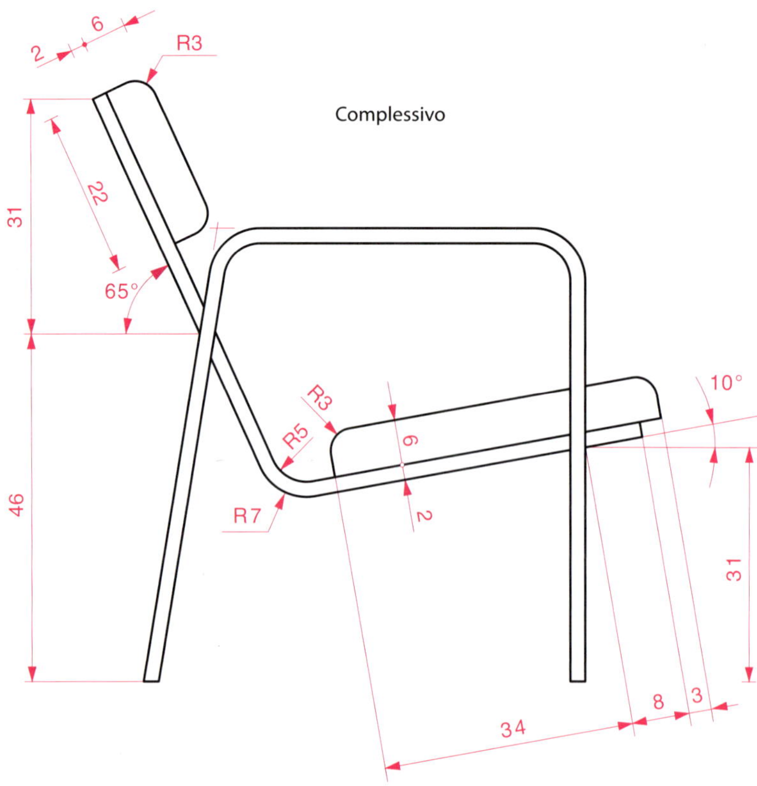

GLOSSARIO

Particolare: nel disegno tecnico è la rappresentazione di un elemento o di una parte di un oggetto complesso.

Complessivo: nel disegno tecnico è la rappresentazione delle diverse parti assemblate di un oggetto complesso.

Quote in cm

Scala 1:10

ESERCITAZIONE 37

Incrocio stradale con rotonda

- Raccordo tra rette oblique (v. Problema 28).
- Raccordo tra retta e circonferenza (v. Problema 31).

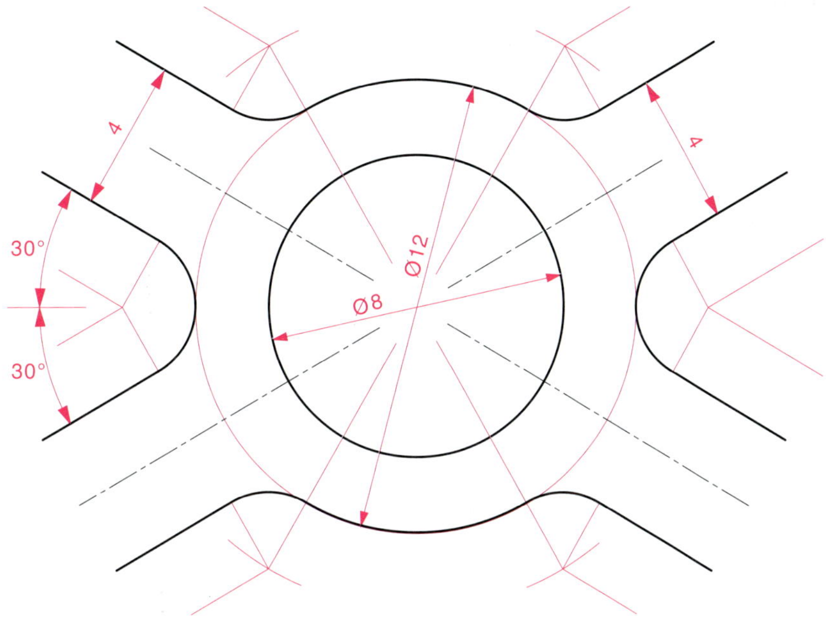

Quote in m
Scala 1:200

Raccordi R2

ESERCITAZIONE 38

Innesto autostradale

- Raccordo tra rette perpendicolari (v. Problema 26).

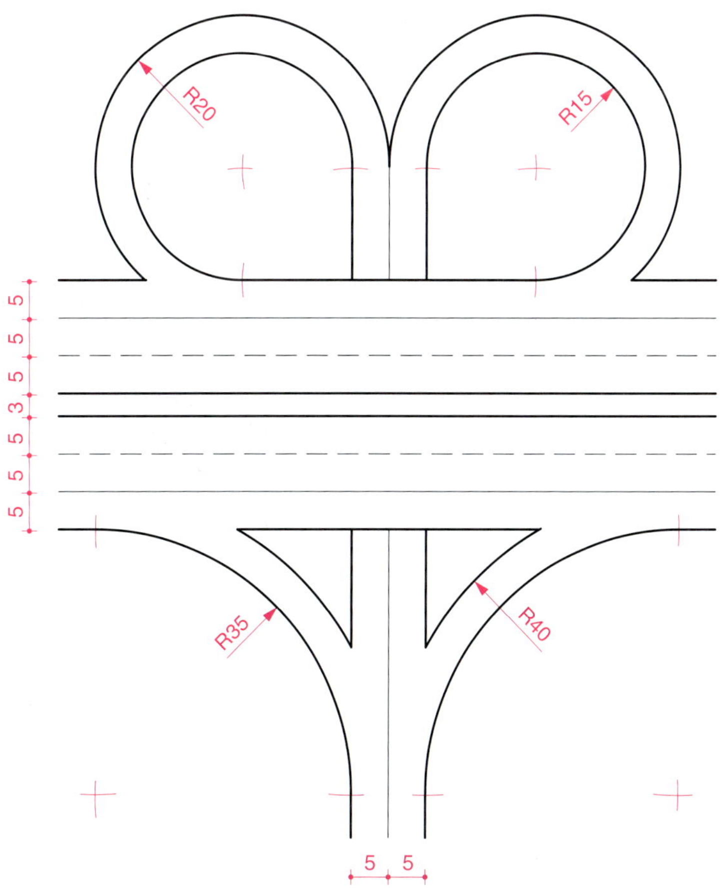

Quote in m
Scala 1:1000

MEMO
Un raccordo può essere **concavo** o **convesso**.

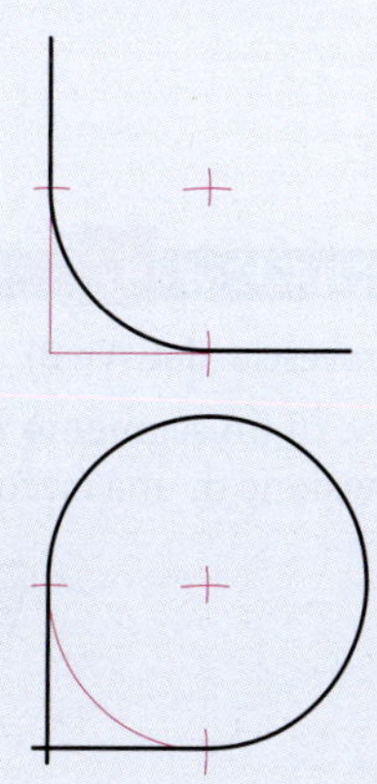

ESERCITAZIONE 39

Arco a sesto acuto (dati a, b, P e R)

- Raccordo tra retta e punto (v. Problema 33).

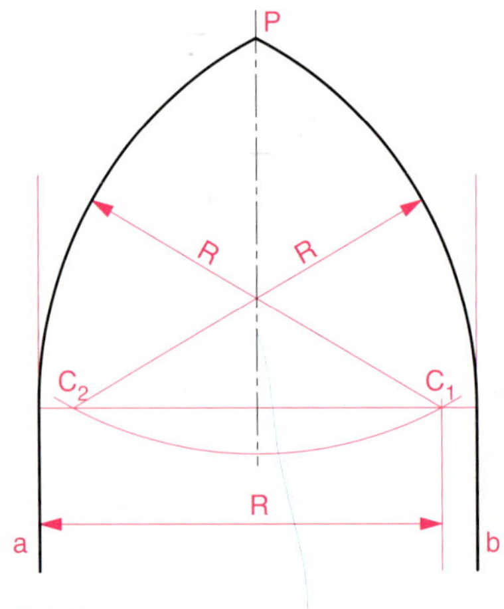

ESERCITAZIONE 40

Arco a sesto ribassato (dati AB e OC)

- Ovale di dati assi (v. Problema 38).

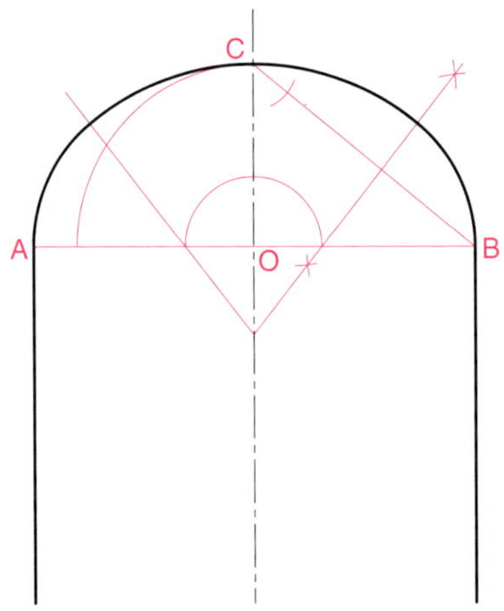

ESERCITAZIONE 41

Gola diritta (dati A e B)

- Asse di un segmento (v. Problema 1).
- Divisione di una circonferenza in 6 parti uguali (v. Problema 12).

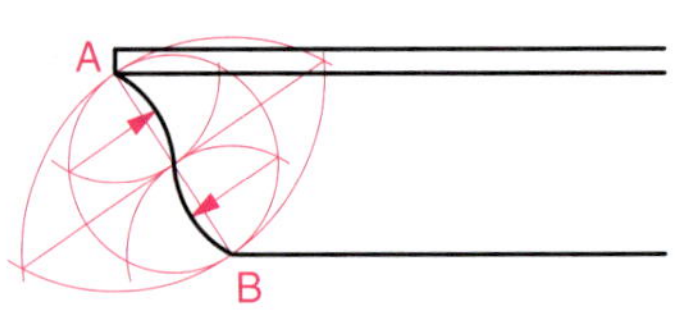

ESERCITAZIONE 42

Gola rovescia (dati A e B)

- Asse di un segmento (v. Problema 1).
- Divisione di una circonferenza in 6 parti uguali (v. Problema 12).

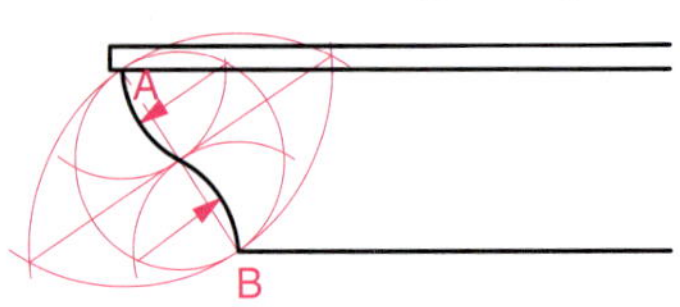

ESERCITAZIONE 43

Arco rampante (dati a, b, T, R e r)

- Circonferenza di raggio dato e tangente a una retta in un dato punto (v. Problema 22).
- Raccordo di raggio dato tra retta e circonferenza (v. Problema 31).

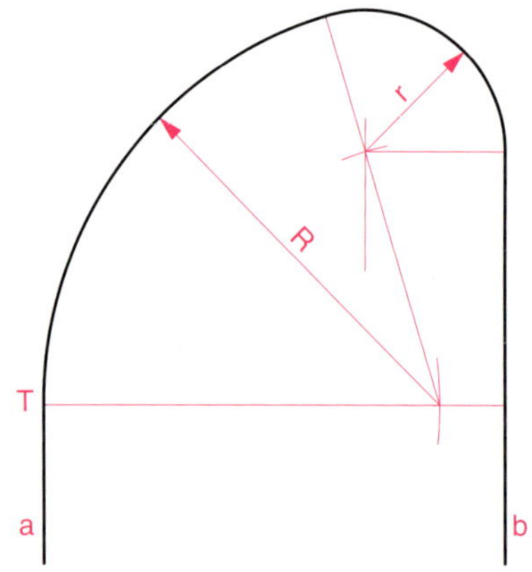

ESERCITAZIONE 44

Arco Tudor (dati a, b, T, P e R)

- Circonferenza di dato raggio e tangente a una retta in un dato punto (v. Problema 22).
- Tangente da punto a circonferenza (v. Problema 23).

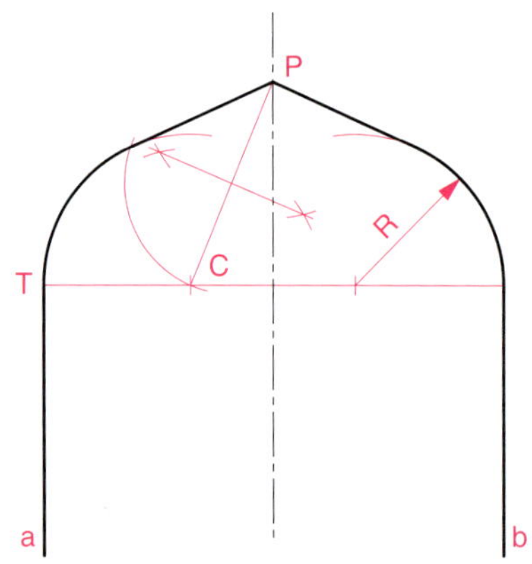

ESERCITAZIONE 45

Becco di civetta (dati A e h)

- Divisione di un segmento in parti uguali (v. Problema 4).
- Raccordo tra rette perpendicolari (v. Problema 26).

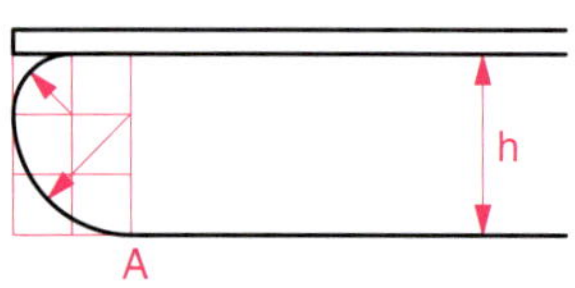

ESERCITAZIONE 46

Scozia (dati A e h)

- Divisione di un segmento in parti uguali (v. Problema 4).
- Raccordo tra rette perpendicolari (v. Problema 26).

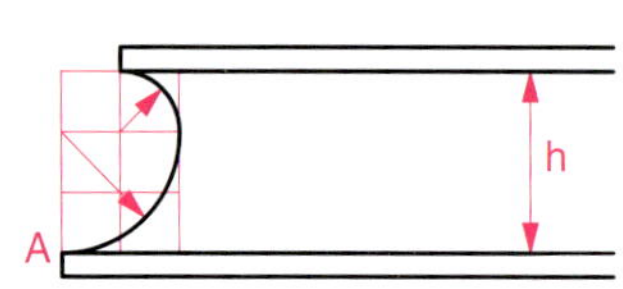

ESERCITAZIONE 47

Moschettoni

- Raccordo tra rette parallele (v. Problema 27).
- Tangente a due circonferenze (v. Problema 24).

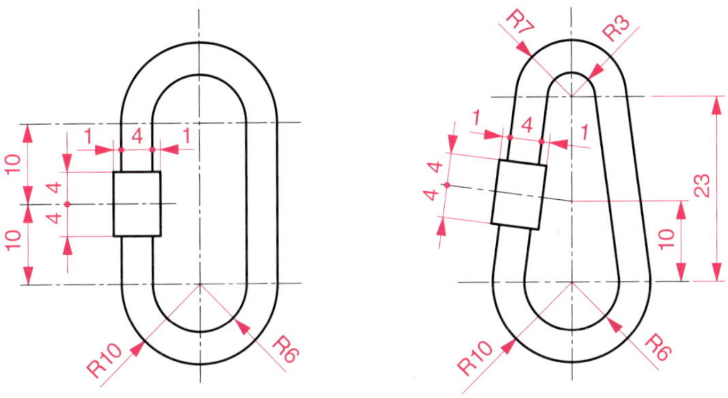

Quote in mm
Scala 1:1

ESERCITAZIONE 48

Vaso ornamentale

- Raccordo tra rette parallele (v. Problema 27).
- Raccordo tra rette perpendicolari (v. Problema 26).
- Raccordo tra retta e circonferenza (v. Problema 31).

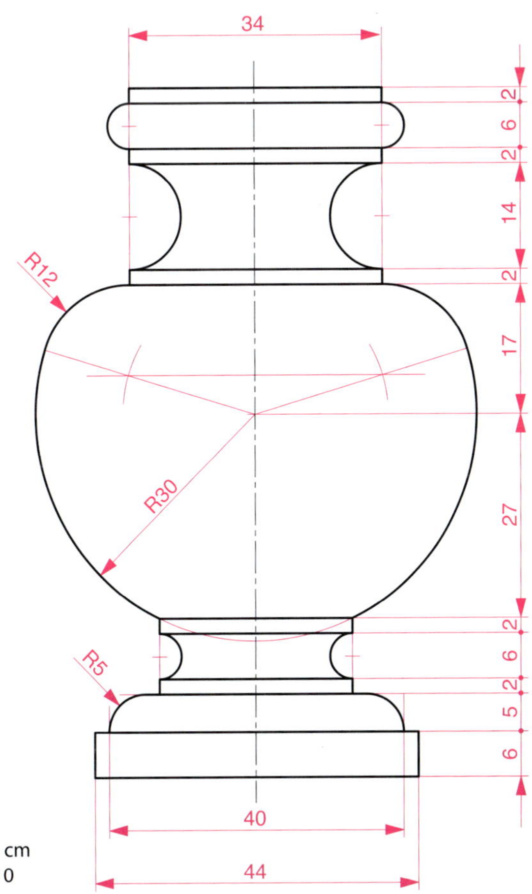

Quote in cm
Scala 1:10

ESERCITAZIONE 49

Maniglia (Basilica di S. Croce, Firenze)

- Raccordo tra rette oblique (v. Problema 28).

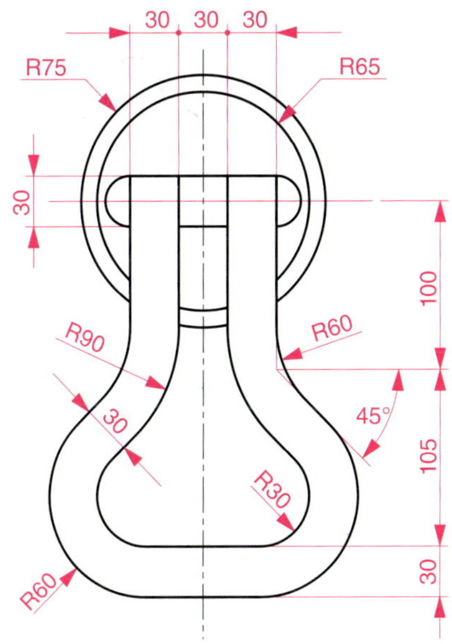

Quote in mm
Scala 1:5

ESERCITAZIONE 50

Colonnina terminale di balaustra

- Raccordo tra rette parallele (v. Problema 27).
- Raccordo tra circonferenza e punto (v. Problema 32).

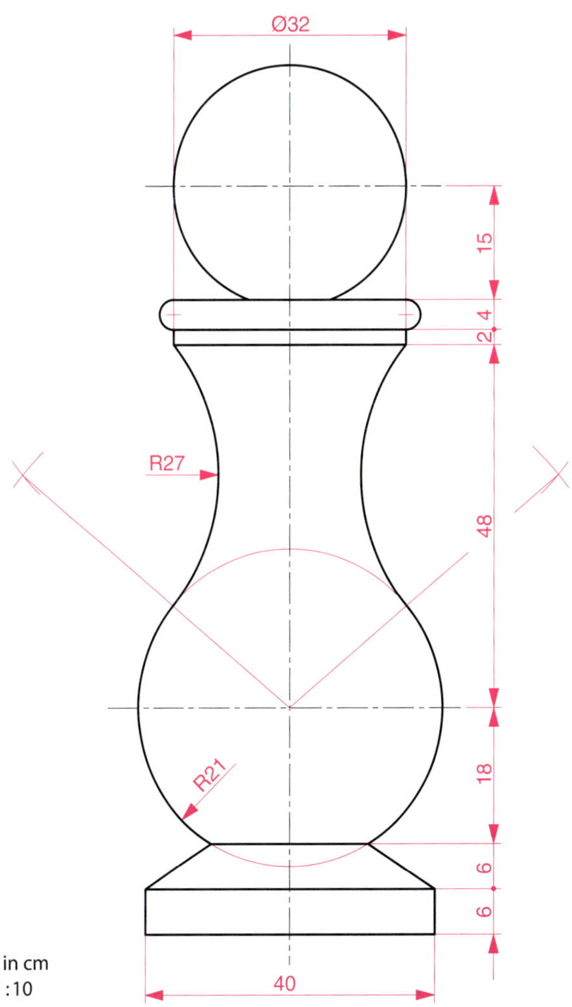

Quote in cm
Scala 1:10

Esercitazioni

ESERCITAZIONE 51

Maniglia ad anello

- Ovale di dati assi (v. Problema 38).
- Raccordo tra retta e punto (v. Problema 33).

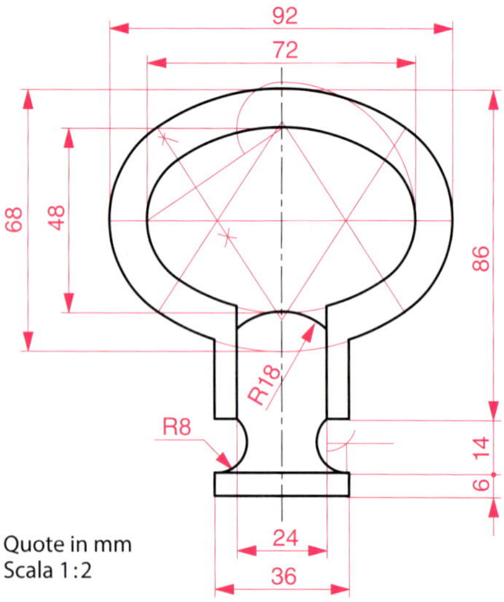

Quote in mm
Scala 1:2

ESERCITAZIONE 52

Maniglia

- Ellisse di dati assi (v. Problema 46).
- Raccordo tra perpendicolari (v. Problema 26).

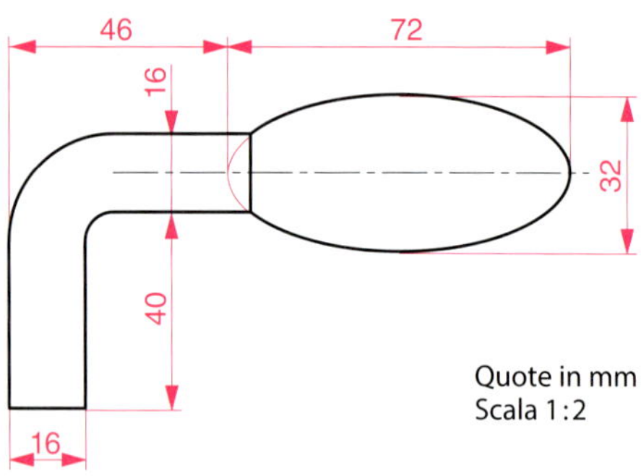

Quote in mm
Scala 1:2

ESERCITAZIONE 53

Conduttura ovoidale

- Ovolo di dati assi (v. Problema 41).
- Tangente a una circonferenza per un punto (v. Problema 23).

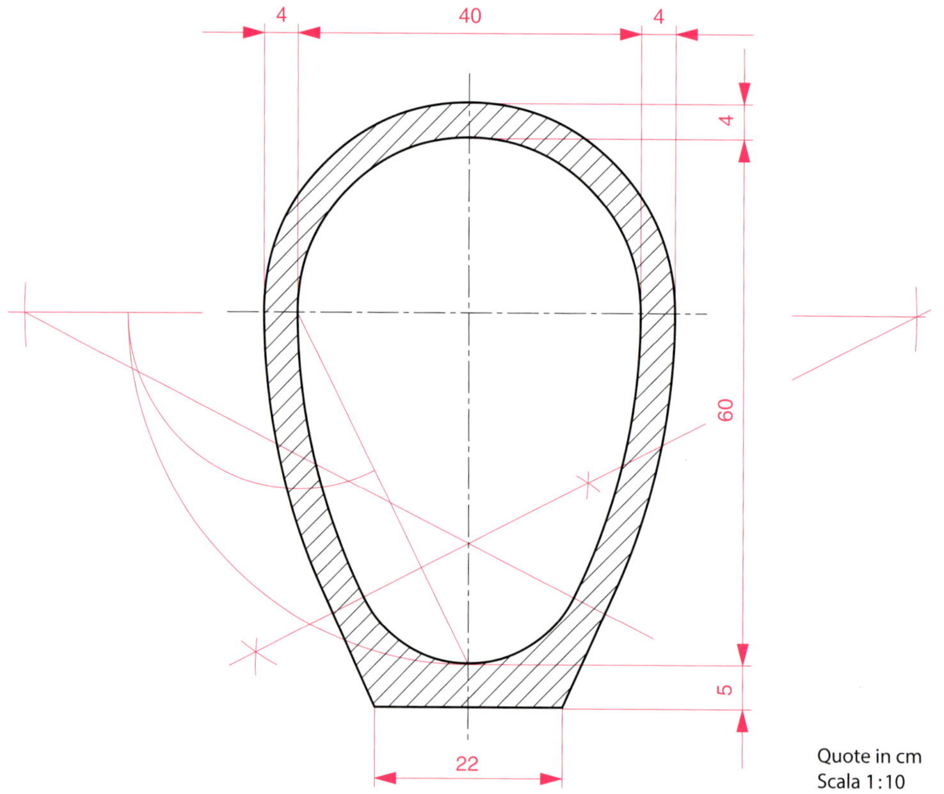

Quote in cm
Scala 1:10

ESERCITAZIONE 54

Modiglione

- Spirale a quattro centri (v. Problema 43).
- Tangente a due circonferenze (v. Problema 24).

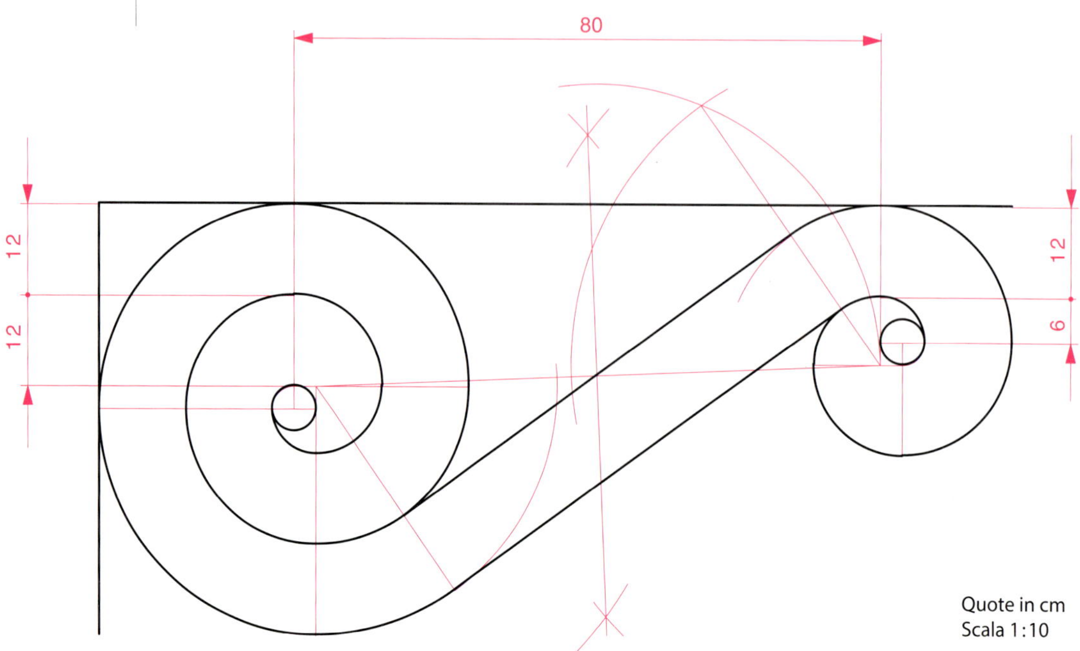

Quote in cm
Scala 1:10

GLOSSARIO

Modiglione: struttura architettonica, con tipica forma a «S», con funzione di mensola portante o decorativa.

ESERCITAZIONE 55

Pianta di cappella (Bernardo Buontalenti, 1601)

- Ovale di dati assi (v. Problema 38).

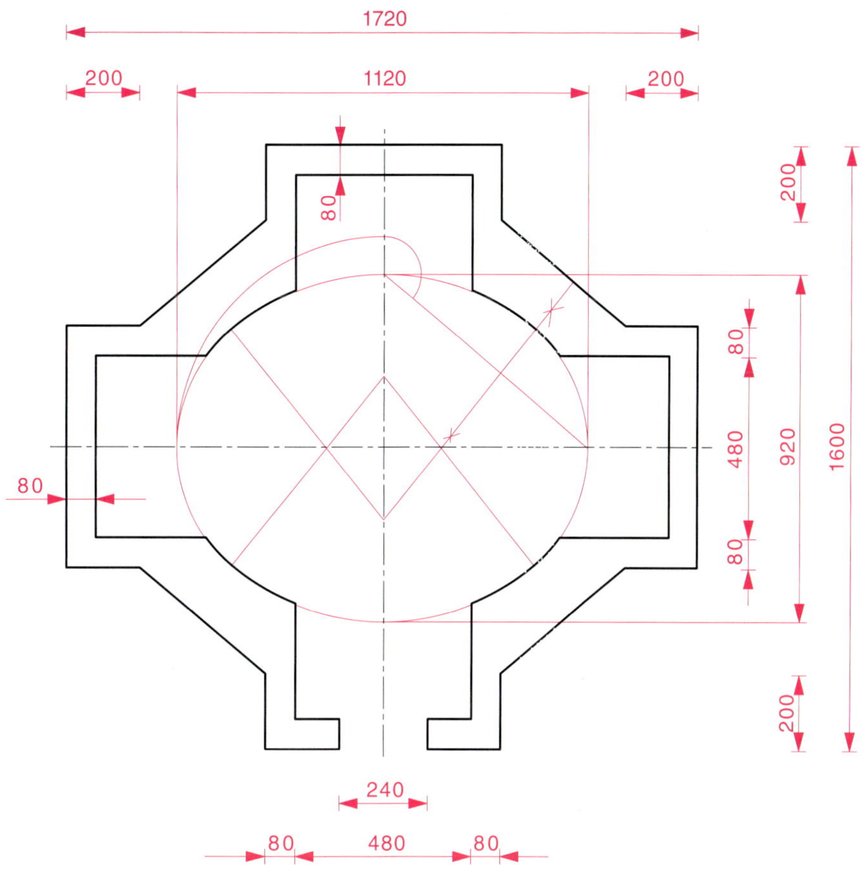

Quote in cm
Scala 1:200

ESERCITAZIONE 56

Campata centrale del ponte di S. Trinita, a Firenze (Bartolomeo Ammannati, 1560)

- Ellisse di dati assi (v. Problema 46).

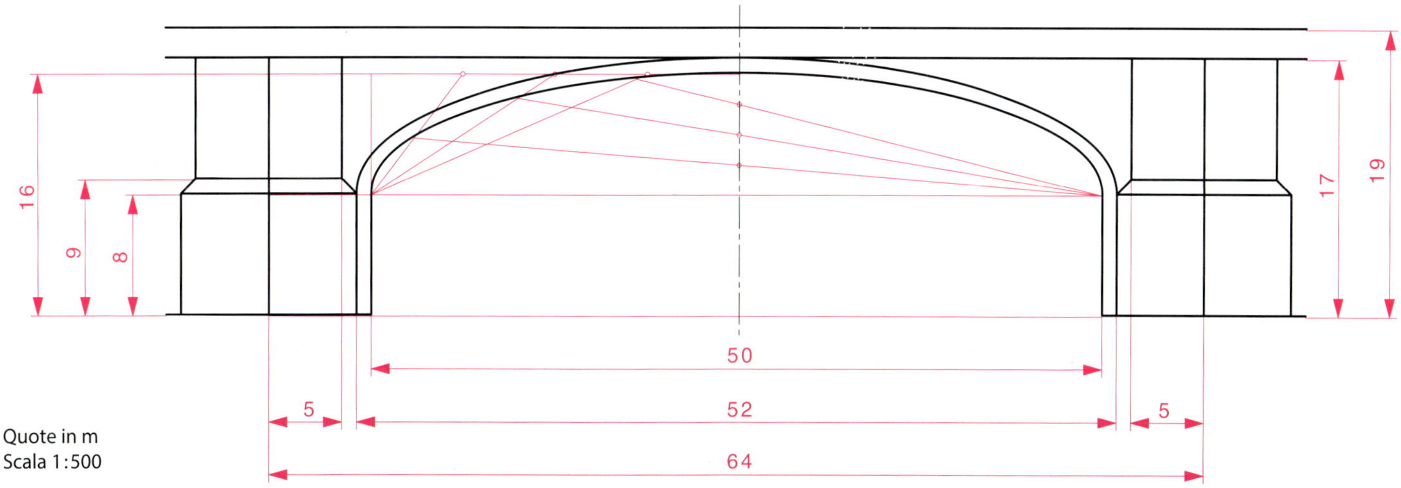

Quote in m
Scala 1:500

ESERCITAZIONE 57

Ponte in cemento armato sull'Isar (Emil Mörsch, 1903)

- Parabola di dati asse, vertice e punto (v. Problema 47).

NOTA BENE

Per economia di tempo e spazio si può disegnare solo la metà di una figura simmetrica. In questo caso sull'asse di simmetria si pongono due trattini perpendicolari alle estremità dell'asse.

Pertanto la seguente figura di sinistra equivale a quella di destra.

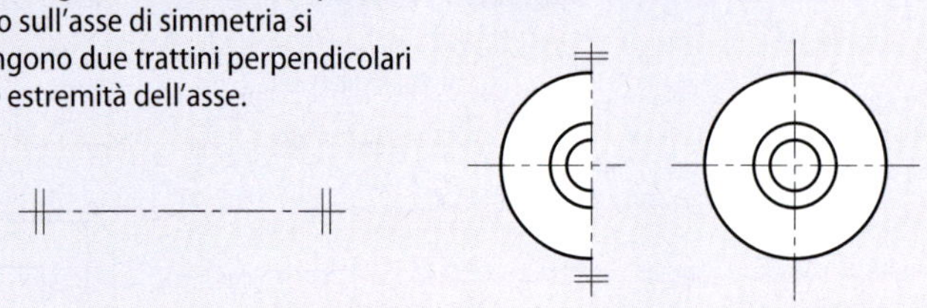

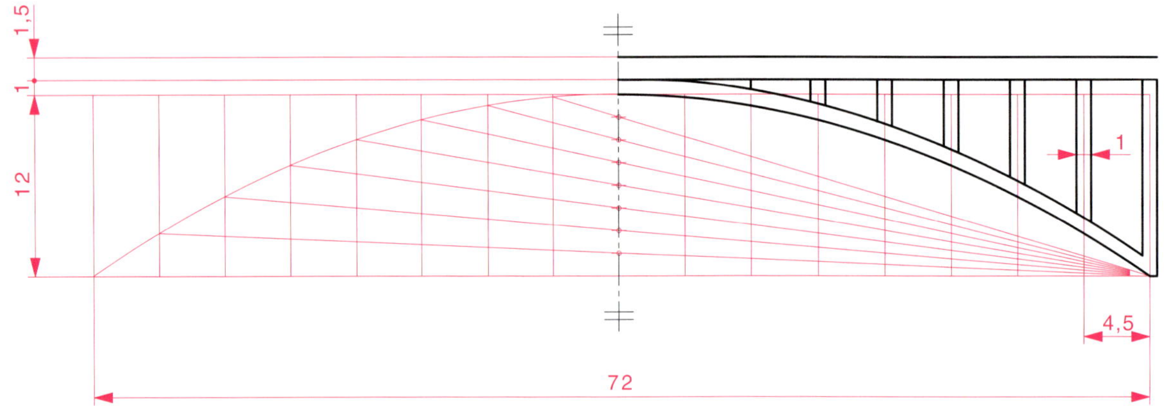

Quote in m
Scala 1:500

ESERCITAZIONE 58

Gateway di Saint Louis (Eero Saarinen, 1961)

- Parabola di asse, vertice e punto assegnati (v. Problema 47).

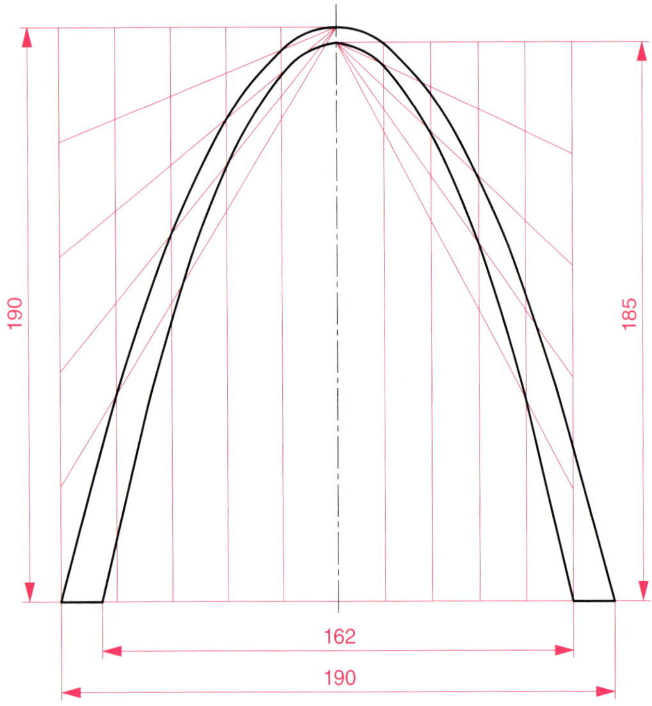

Quote in m
Scala 1:2500

ESERCITAZIONE 59

Schema di torre di raffreddamento

- Iperbole di dati fuochi e vertici (v. Problema 49).
- Divisione di circonferenza in parti uguali (v. Problema 15).

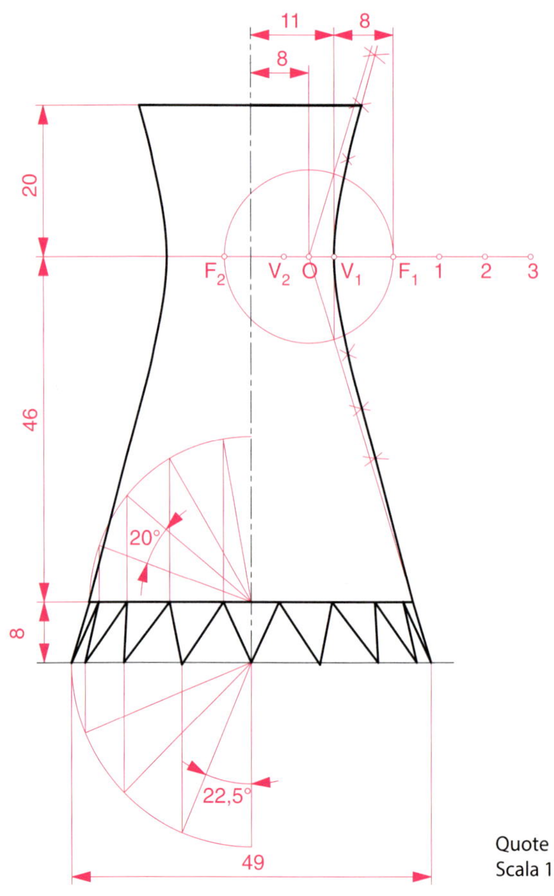

Quote in m
Scala 1:1000

Errori tipici e suggerimenti

Non così...

Fase preparatoria

- Scarsa chiarezza del problema proposto e delle costruzioni geometriche necessarie.
- Mine del compasso non affilate o affilate in modo scorretto.
- Scarsa pulizia di gomma, tavolo, squadre e mani.

Fase di costruzione

- Scelta errata o casuale della mina, sia del compasso sia della matita.
- Tracciatura di rette con squadre poggiate su una retta di riferimento qualsiasi.
- Posizione casuale nel foglio dei primi elementi della costruzione.

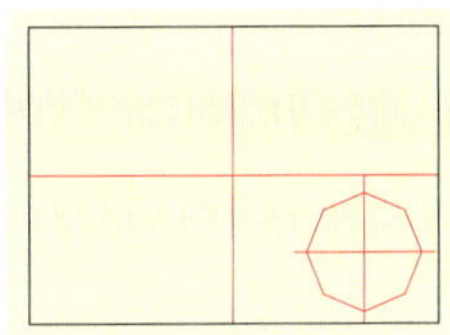

- Trascurare l'importanza di elementi strutturali, quali assi o centri di simmetria.
- Applicare confusamente le costruzioni geometriche.
- Tracciatura di tangenti e raccordi senza aver individuato i punti di tangenza.
- Applicare la costruzione dei raccordi tra rette perpendicolari anche a rette oblique.

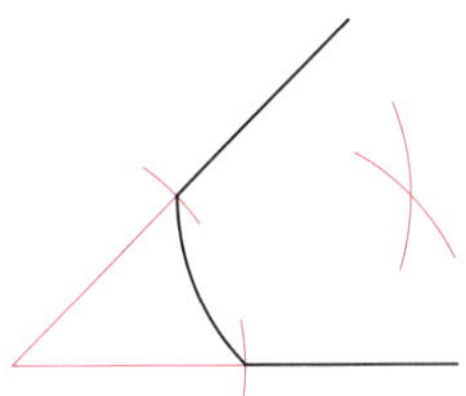

Fase di finitura

- Scelta casuale o errata della mina della matita e del compasso.
- Affilare la mina del compasso una sola volta.
- Ripassare i cerchi ruotando il compasso sia in un verso sia nell'altro.
- Ripassare i segmenti retti prima degli archi tangenti.

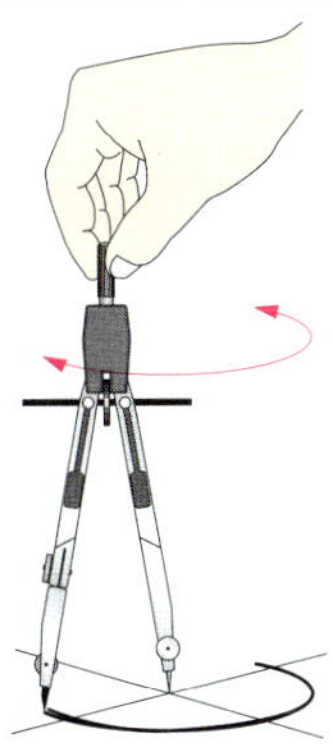

- Tenere la matita in posizione scorretta, ottenendo linee di spessore non uniforme.
- Muovere le squadre sulle parti ripassate, diffondendo lo sporco sul foglio.

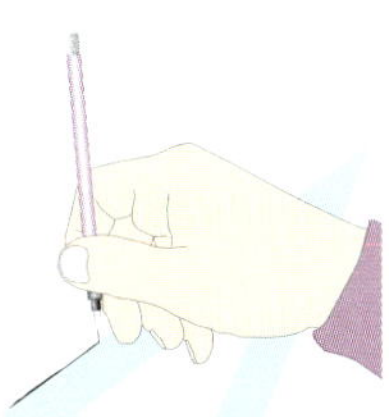

... ma così!

- Eseguire uno schizzo a mano libera del disegno, percorrendo le fasi di lavorazione e analizzando bene le diverse costruzioni.
- Affilare le mine del compasso con punta a scalpello e allinearle allo spillo.
- Pulire la gomma e le squadre strofinandole su un foglio di carta; lavare il tavolo con panno umido e le mani con acqua e sapone.

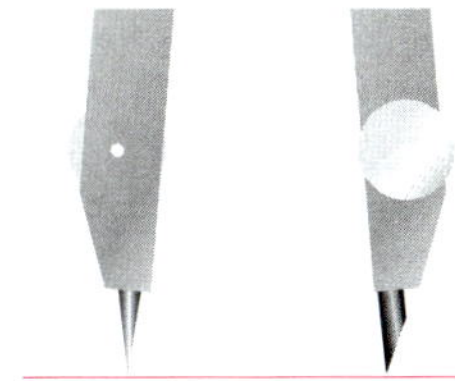

- Inserire nel compasso e nella matita una mina dura.
- Per la tracciatura di verticali/orizzontali assumere come unico riferimento gli assi mediani del foglio, realizzati con la squadratura.
- Studiare le dimensioni d'ingombro del disegno, collocando poi opportunamente gli elementi iniziali (assi, centri, profili generali).

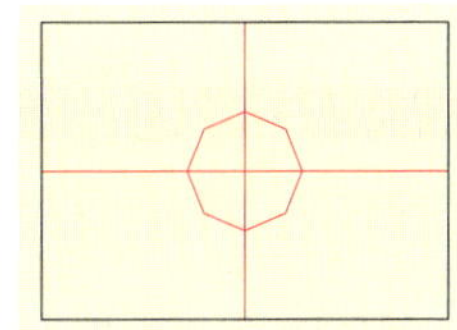

- Iniziare la costruzione da assi o centri di simmetria della figura da realizzare.
- Consultare le spiegazioni sul libro e chiedere eventuali chiarimenti all'insegnante.
- Disegnare tangenti e raccordi dopo aver trovato i punti di tangenza.
- Il raccordo tra rette oblique è ottenuto in modo diverso da quello tra perpendicolari.

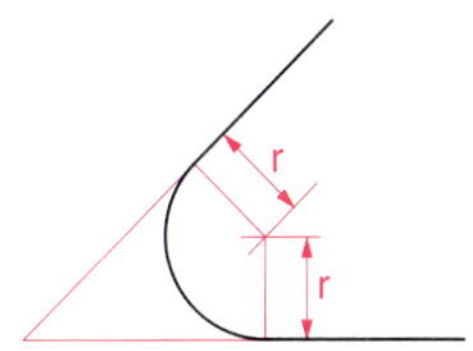

- Per il ripasso adottare solo mine medio-morbide.
- Affilare spesso la mina del compasso, controllando se il suo filo è vivo e quasi tagliente.
- Per ottenere linee uniformi ruotare il compasso solo in un verso.
- Ripassare prima i raccordi e successivamente le rette tangenti, per ottimizzare la continuità nel punto di tangenza.

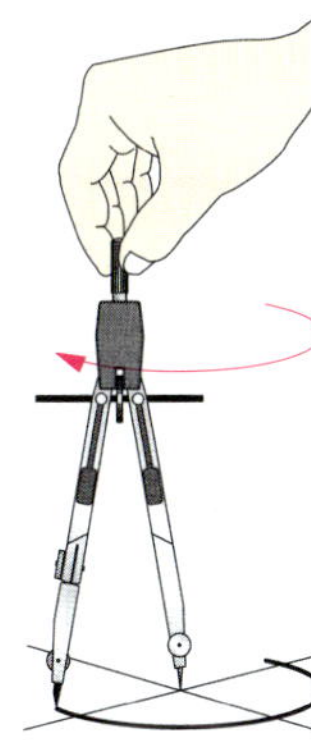

- Tenere la matita inclinata e ruotarla leggermente tra le dita.
- Coprire le parti ripassate con un foglio pulito, per evitare che le squadre diffondano la grafite del ripasso.

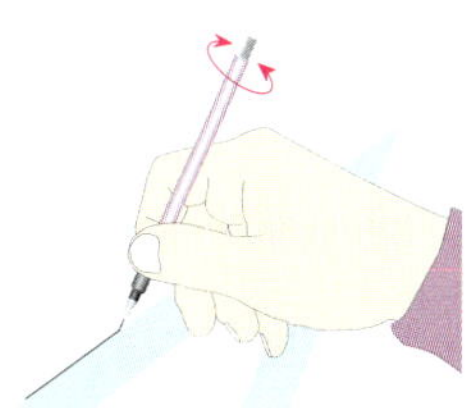

Video *Preparazione al disegno*

Video *Raccordi tra semirette oblique*

Video *Tracciamento di rette*

Video *Affilatura del compasso*

Video *Tracciamento di circonferenze*

Video *Finitura del disegno*

Video *Raccordi tra semirette perpendicolari*

Gli esercizi di questa pagina servono ad abituare lo studente alla preparazione del disegno mediante *schizzo a mano libera*; esso è infatti un prezioso strumento per studiare il problema proposto, per analizzare la struttura dell'immagine (simmetrie, profili essenziali, figure regolari ecc.), per chiarire bene quali siano le costruzioni geometriche necessarie e infine definire le fasi del processo di elaborazione grafica.

ESERCITAZIONE R1

Raddoppiando le misure date (ogni quadretto ha lato 4 mm) traccia uno schizzo a mano libera su carta quadrettata

1 Tracciare i contorni generali della figura.

2 Dividere il segmento AB in 5 parti uguali (v. Problema 4).

3 Completare la costruzione con i segmenti mancanti e ripassare con mina morbida.

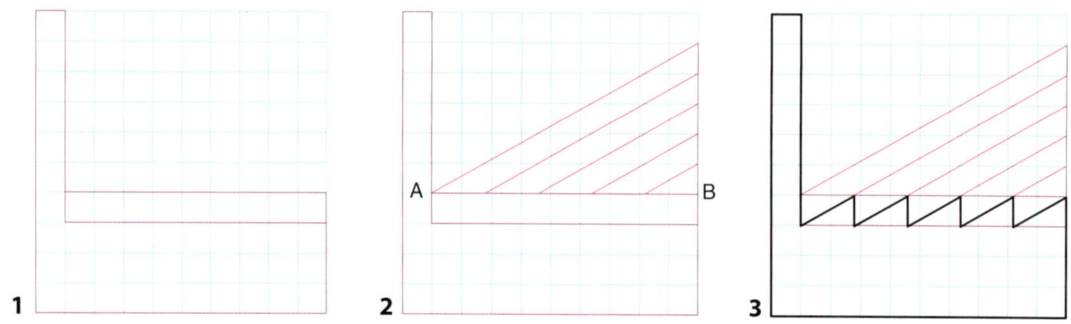

ESERCITAZIONE R2

Raddoppiando le misure date (ogni quadretto ha lato 4 mm) traccia uno schizzo a mano libera su carta quadrettata

1 Tracciare due assi perpendicolari e due quadrati coassiali.

2 Condurre le semicirconferenze centrando nei punti medi dei lati del quadrato interno.

3 Disegnare i segmenti tangenti.

4 Ripassare iniziando dalle semicirconferenze; gli assi di simmetria si ripassano con linea mista fine, così come gli assi delle semicirconferenze.

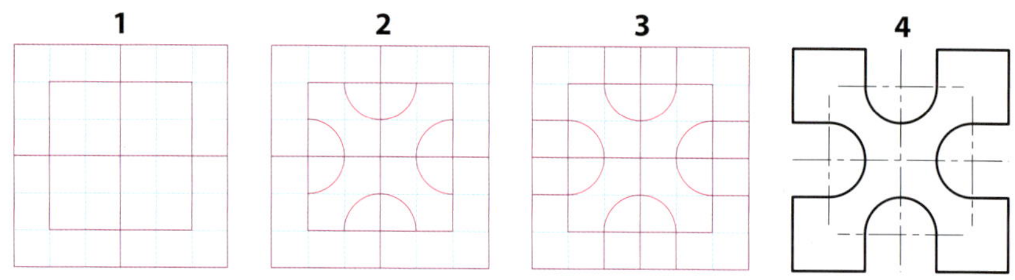

ESERCITAZIONE R3

Raddoppiando le misure date (ogni quadretto ha lato 4 mm) traccia uno schizzo a mano libera su carta quadrettata

1 Tracciare il quadrato e gli assi delle circonferenze.

2 Disegnare la circonferenza e la semicirconferenza.

3 Completare il manico con i segmenti tangenti e tracciare i raccordi tra le rette perpendicolari (v. Problema 26).

4 Con mina morbida ripassare gli spigoli e i contorni con linea grossa continua e gli assi con linea mista fine.

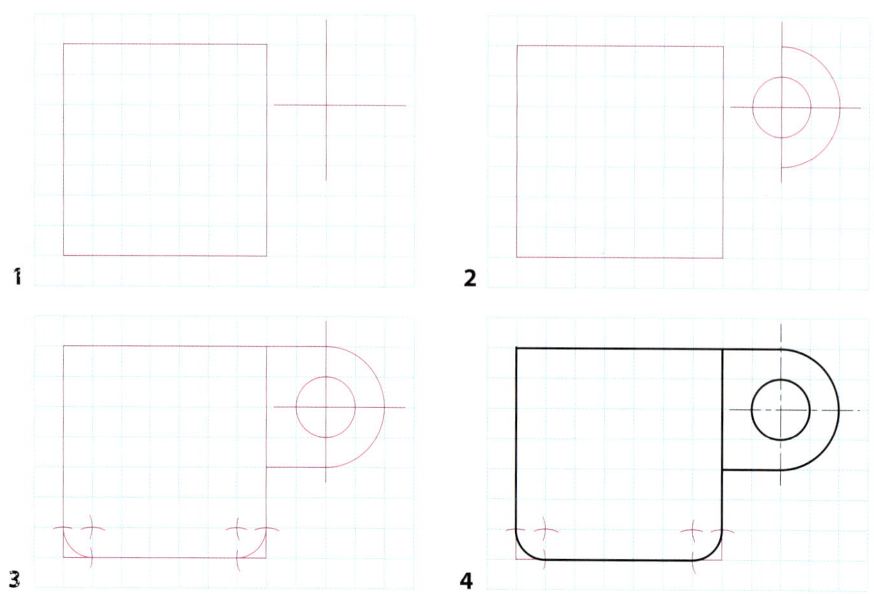

Gli esercizi di questa pagina devono essere disegnati dopo aver realizzato lo schizzo preparatorio, curando con molta attenzione la strutturazione del lavoro secondo le sequenze proposte nel testo.

ESERCITAZIONE R4

1 Tracciare un quadrato con assi e diagonali.

2 Disegnare 4 archi con centro nei vertici e con raggio $\overline{AO}$.

3 Tracciare 4 archi con centro nei vertici e raggio $\overline{AB}$.

4 Ripassare con mina morbida l'ottagono, gli archi e gli assi.

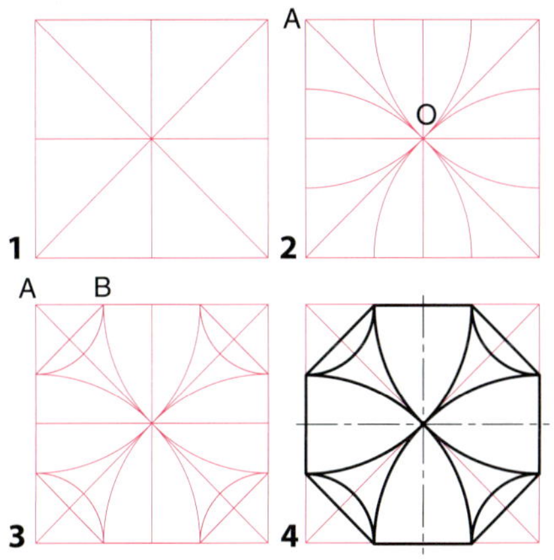

ESERCITAZIONE R5

1 Tracciare una circonferenza e sei diametri con angoli di 30° (v. Problema 8).

2 Disegnare l'esagono inscritto nella circonferenza.

3 Tracciare due triangoli equilateri inscritti nell'esagono, mediante i punti medi dei lati.

4 Ripassare con mina morbida i segmenti da evidenziare.

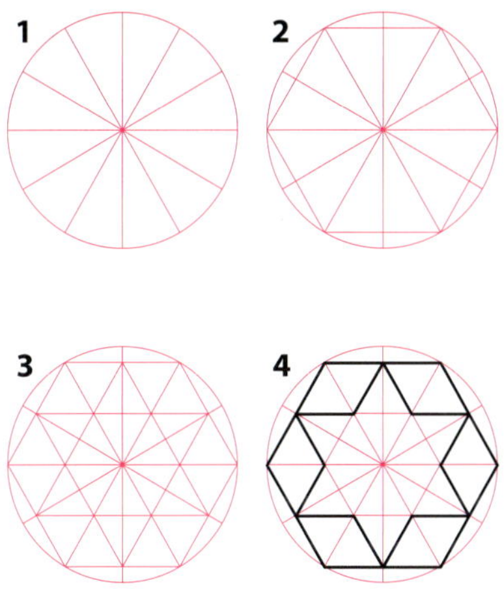

ESERCITAZIONE R6

1 Disegnare un triangolo equilatero (v. Problema 16).

2 Tracciare l'asse verticale e una parallela alla base.

3 Condurre una semicirconferenza, le due verticali a essa tangenti e il segmento staccato sugli archi.

4 Ripassare spigoli, contorni e assi con mina morbida.

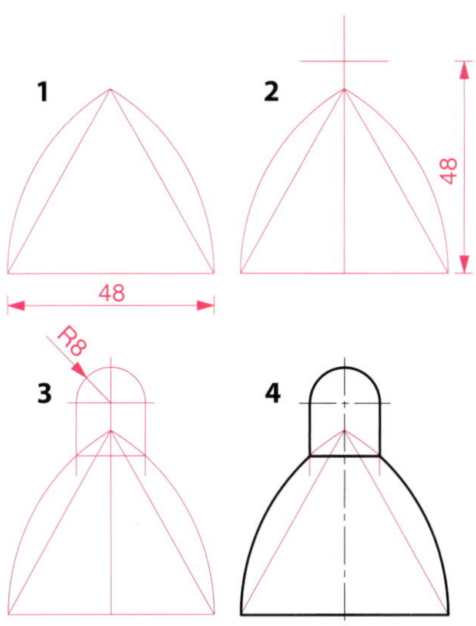

NOTA BENE

Gli assi di simmetria (disegnati con linea mista fine) sporgono di qualche millimetro al di fuori della figura a cui si riferiscono.

ESERCITAZIONE R7

1 Tracciare una circonferenza e due assi perpendicolari per il centro.

2 Disegnare il quadrato circoscritto e le diagonali.

3 Disegnare una serie di quadrati e circonferenze inscritti.

4 Ripassare con mina morbida.

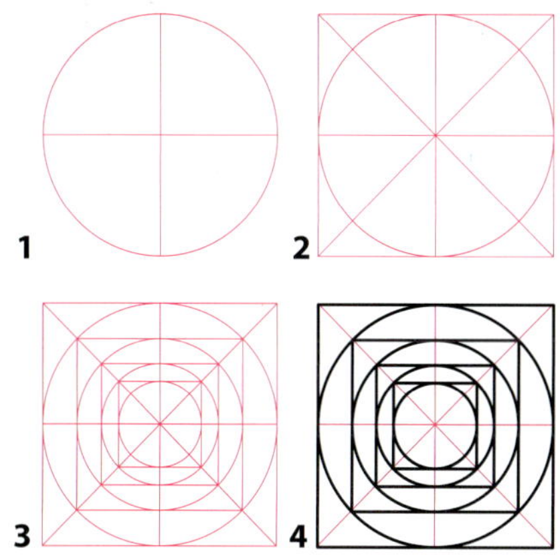

ESERCITAZIONE R8

1 Tracciare l'asse orizzontale e i due verticali, quindi disegnare le due semicirconferenze.

2 Chiudere l'asola con segmenti orizzontali, dividere quello superiore in 7 parti uguali (v. Problema 4) e tracciare una parallela all'asse orizzontale a distanza 6 mm.

3 Completare i segmenti mancanti e ripassare contorno (linea continua grossa) e assi (linea mista fine).

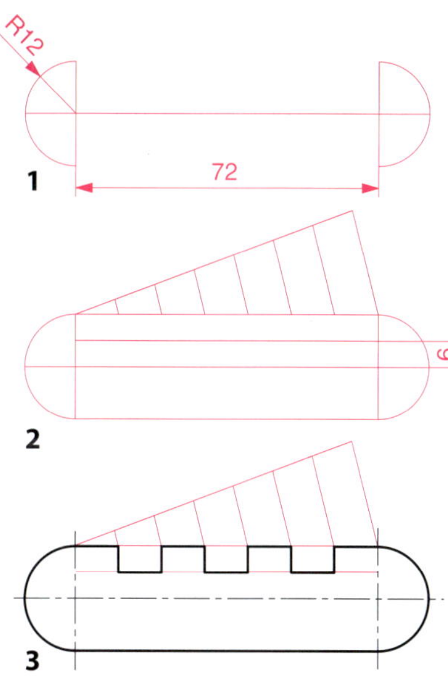

ESERCITAZIONE R9

Rileva le misure, sapendo che un quadretto corrisponde a 8 mm

1 Disegnare gli assi di simmetria, il rettangolo e i raccordi tra rette perpendicolari (v. Problema 26).

2 Tracciare le circonferenze, quattro delle quali hanno come centro quello dei raccordi, e poi ripassare contorni e assi.

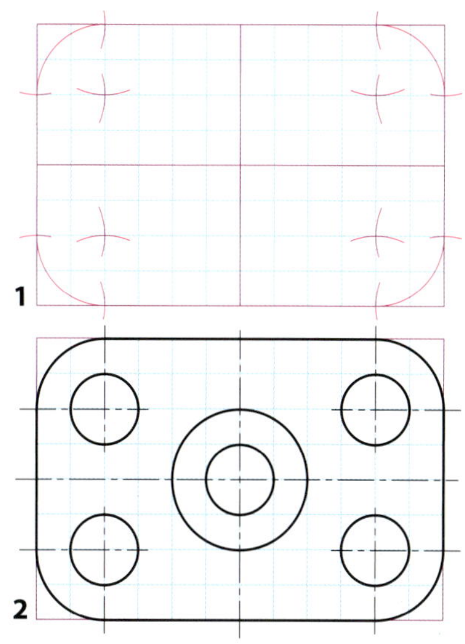

ESERCITAZIONE R10

1 Tracciare due rettangoli; nel minore disegnare un asse verticale e due orizzontali, con cui si ottiene un'asola, formata da due semicirconferenze e due segmenti tangenti.

2 Disegnare i raccordi tra perpendicolari (v. Problema 26): due nel rettangolo minore e tre nell'altro; ripassare con mina morbida.

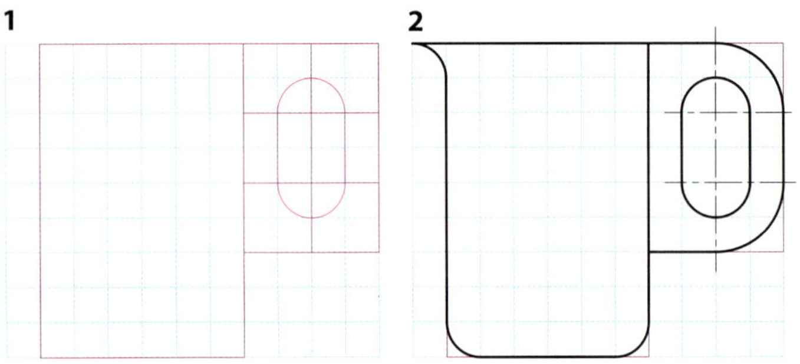

ESERCITAZIONE R11

1 Tracciati i due assi (verticale e orizzontale), disegnare il triangolo isoscele, il rettangolo e la circonferenza.

2 Disegnare i raccordi di raggio 8 mm tra circonferenza e rette oblique (v. Problema 31); ripassare con mina morbida.

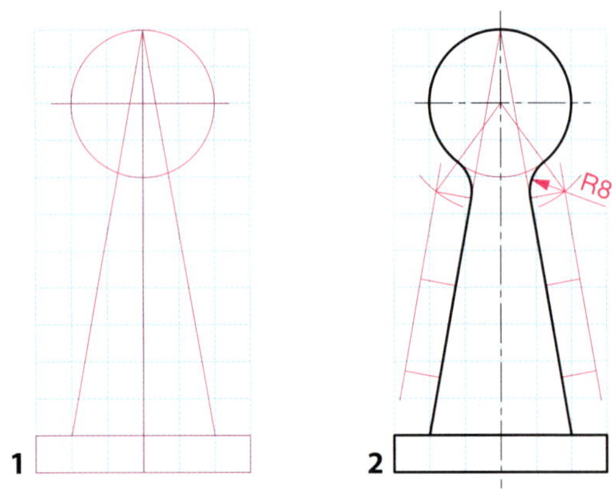

ESERCITAZIONE R12

1 Tracciare un asse verticale e due orizzontali; nella loro intersezione centrare per disegnare due corone circolari.

2 Disegnare i raccordi di raggio 16 mm tra le circonferenze maggiori (v. Problema 30) e ripassare contorni e assi.

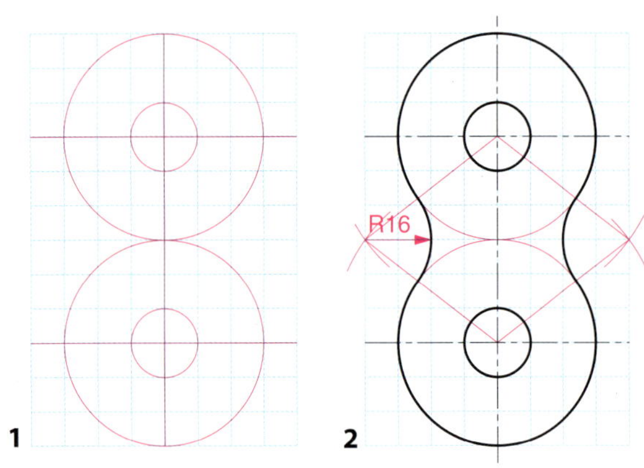

ESERCITAZIONE R13

1 Tracciare l'asse verticale, i due segmenti orizzontali e le due circonferenze.

2 Disegnare i raccordi di raggio 120 mm tra le circonferenze e gli estremi del segmento superiore (v. Problema 32).

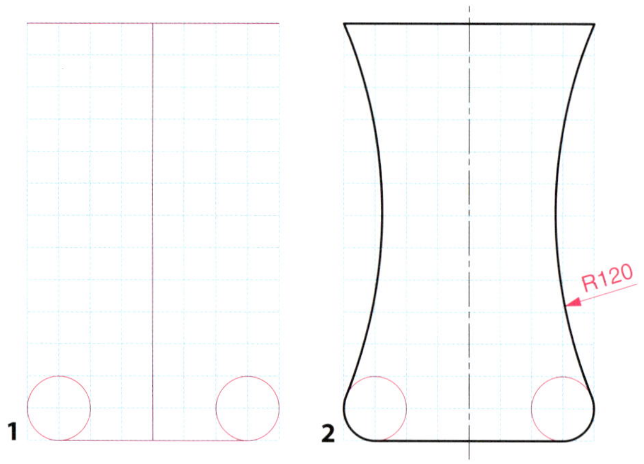

ESERCITAZIONE R14

1 Tracciare l'ovolo di dato asse minore (v. Problema 40); aggiungere una semicirconferenza concentrica con quella dell'ovolo.

2 Disegnare la base, formata da un rettangolo e un trapezio; ripassare con mina morbida.

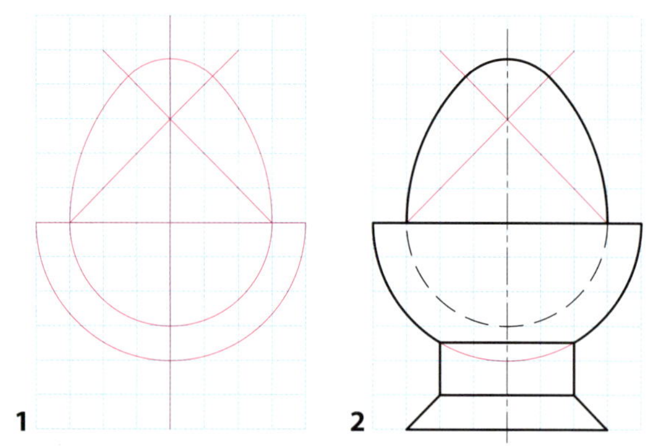

ESERCITAZIONE R15

1 Tracciare un'ellisse di dati assi (v. Problema 46).

2 Disegnare il rettangolo con due verticali distanti 8 mm dall'asse verticale e con un'orizzontale distante 80 mm dalla base.

3 Disegnare un trapezio isoscele con rette a 45°.

4 Ripassare contorni e asse.

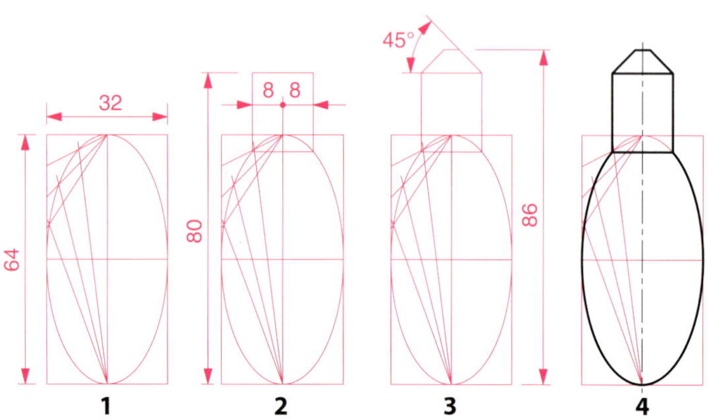

Verifica delle competenze

PROVA A Logo consortile

Un consorzio di tre aziende si è costituito da alcuni anni e ha scelto come proprio logo quello riprodotto a fianco.

Il consorzio stesso si sta allargando a un'altra azienda; a causa di questo cambiamento si pensa di elaborare un logo che esprima la nuova aggregazione ma che mantenga una continuità logica e grafica rispetto al passato.

Elabora il disegno del nuovo logo consortile.

PROVA B Ruota dentata

Per un modello in legno di un mulino bisogna realizzare il profilo di una ruota dentata.

Lo schema riprodotto a fianco presenta otto denti. Prendendolo come riferimento elabora un profilo con dodici denti.

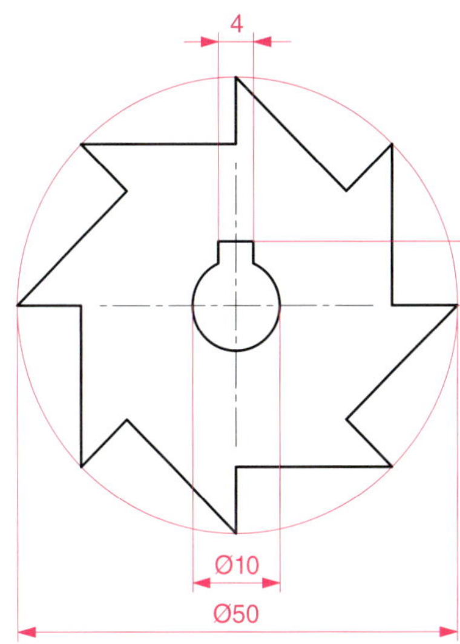

PROVA C Incrocio stradale con rotonda

Due strade a doppio senso di marcia si incrociano perpendicolarmente. Per ridurre il rischio di incidenti si vuole aggiungere una rotonda di carreggiata pari a metà della larghezza delle strade.

L'anello della rotonda avrà diametro esterno pari a 12 m.

Tra la circonferenza esterna della rotonda e ogni ciglio delle strade deve essere realizzato un raccordo di raggio pari a 1 m.

Disegna in scala opportuna l'incrocio completo di rotonda.

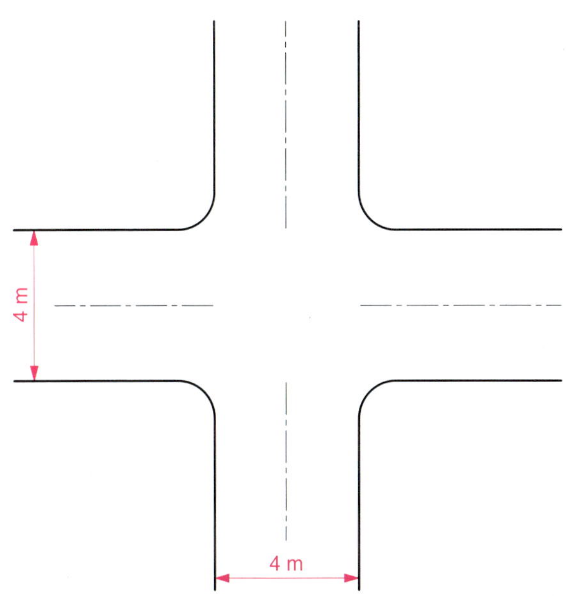

Competenze

Verifica delle competenze

PROVA D Discendente di gronda

Per disegnare la facciata di un edificio è necessario aggiungere il profilo di un discendente di gronda (tubazione verticale che scarica l'acqua piovana raccolta dal canale di gronda).

A causa dello sbalzo del cornicione il discendente deve rientrare mediante una tubazione inclinata che raccorda i due elementi verticali.

Per rendere più fluido il passaggio dell'acqua si devono raccordare i tre elementi (i due verticali e quello inclinato).

I raccordi saranno due coppie di archi concentrici, di cui il maggiore avrà raggio pari a 20 cm.

Disegna in scala opportuna il discendente completo di raccordi.

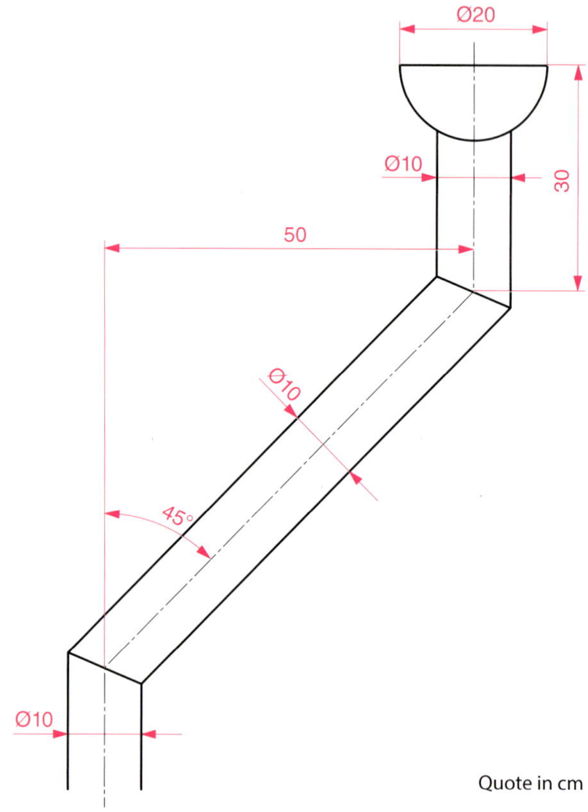

Quote in cm

PROVA E Profilo generatore di stampo per ampolla

In una fonderia si vuole realizzare lo stampo per produrre mediante fusione un tipo di ampolla.

A questo scopo è necessario approntare uno stampo che si realizza con la rotazione di un profilo generatore.

Il profilo di base (v. disegno a fianco) è costituito da un ovale e da sequenze di segmenti.

Se si utilizzasse questo profilo, lo stampo avrebbe spigoli vivi in corrispondenza degli estremi di archi o segmenti del profilo.

Per eliminare questi spigoli vivi bisogna raccordare con raggio pari a 4 mm tutti gli elementi del profilo (segmenti e archi).

Disegna in scala al naturale il profilo completo di raccordi.

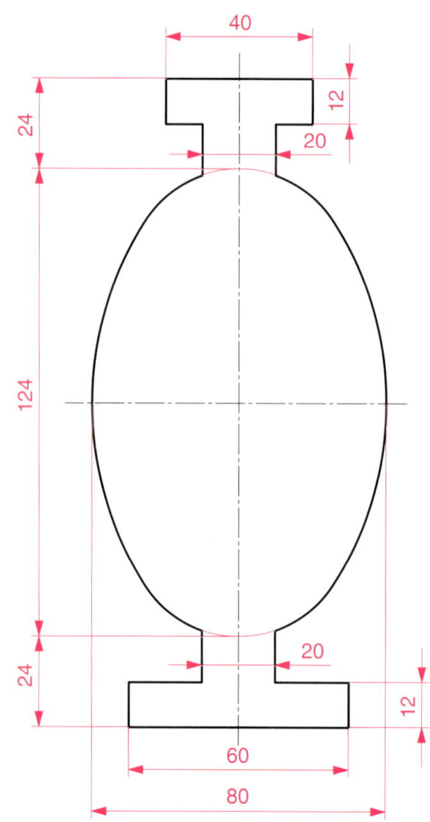

SEZIONE

B Sistemi di rappresentazione

Rem Koolhaas: progetto per la residenza del primo ministro irlandese.

B1 Proiezioni ortogonali

PROIEZIONI ORTOGONALI

caratteristiche

con l'uso di

PROIEZIONE PARALLELA
con direzione perpendicolare al piano (quadro)

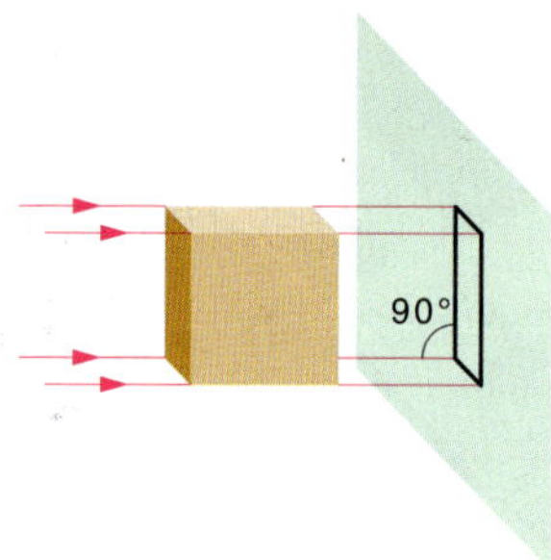

FIGURE PIANE
parallele al quadro mantengono la vera forma

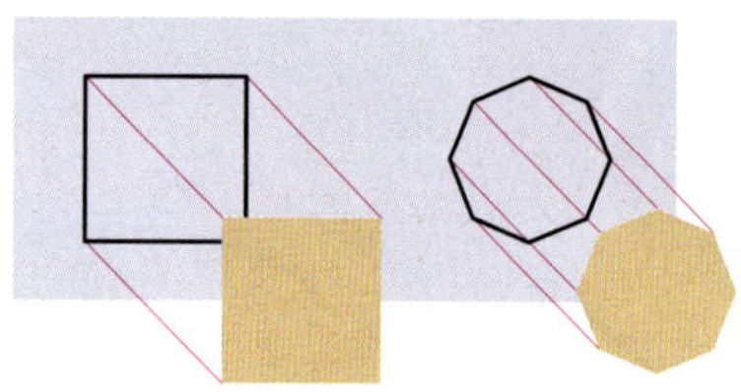

TRE PIANI CARTESIANI
tra loro perpendicolari (xy - xz - yz)

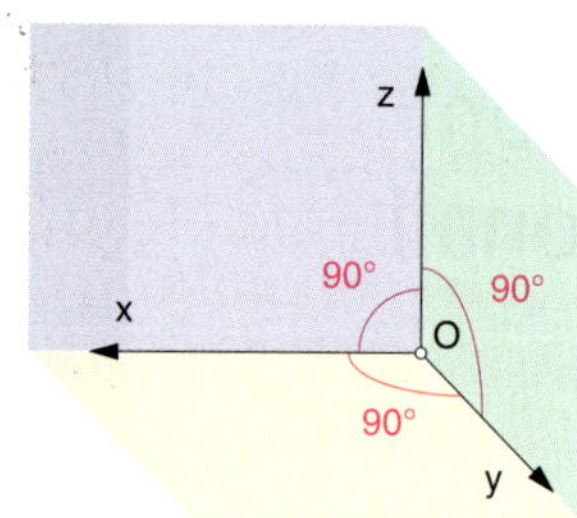

si creano

TRE VISTE
(frontale, dall'alto, da sinistra)

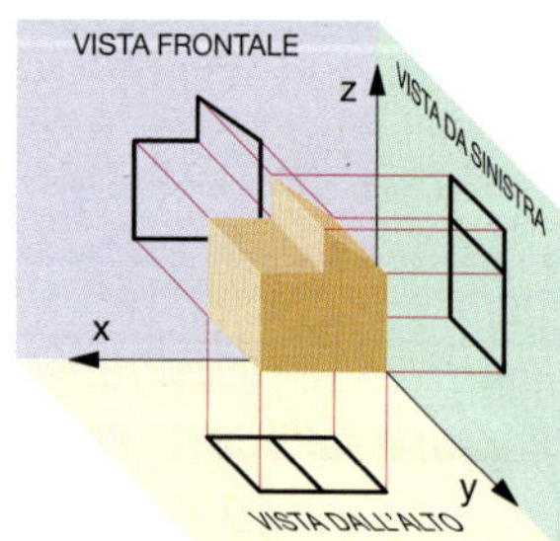

RIBALTANDO
xy intorno a x e yz intorno a z

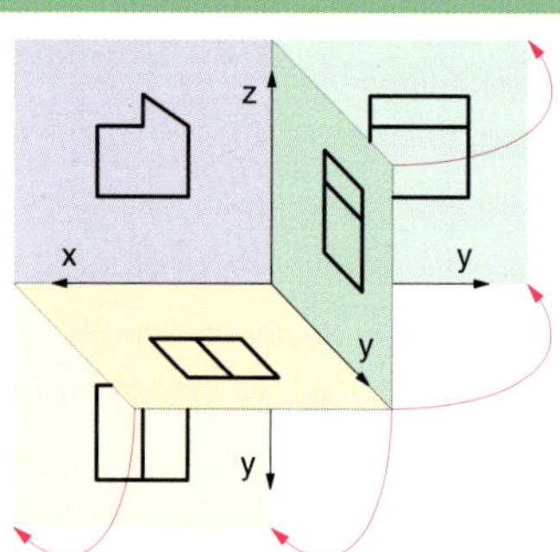

TRE VISTE su un piano
(foglio da disegno)

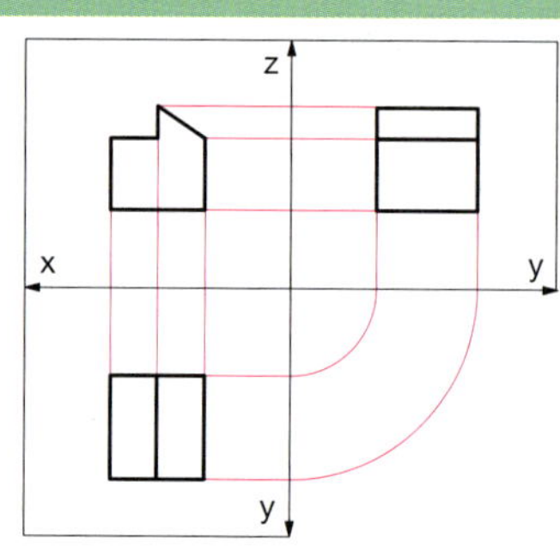

Conosci le proiezioni ortogonali?

Negli studi scolastici già hai fatto la conoscenza delle proiezioni ortogonali, ma sicuramente nell'esperienza comune avrai già incontrato disegni realizzati con questo metodo di rappresentazione.

Per orientarsi in città si ricorre a una mappa stradale; per capire come è articolato un appartamento si osserva la sua piantina; i disegni riportati su pagine web o su depliant commerciali di oggetti d'arredo, di autovetture o di altri prodotti ne descrivono la forma.

In tutti questi casi ci si imbatte spesso in disegni tecnici realizzati con il metodo delle proiezioni ortogonali.

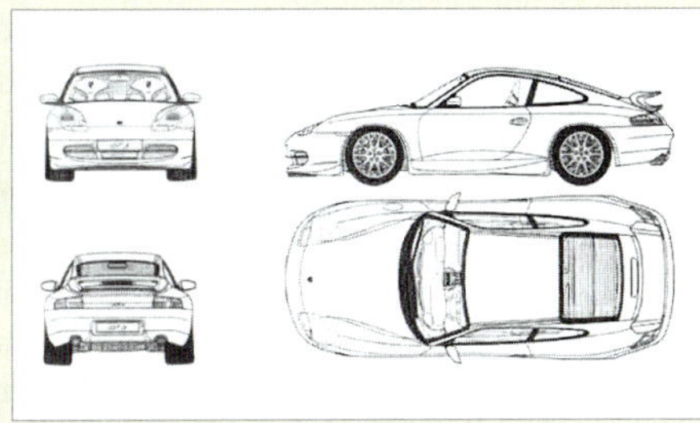

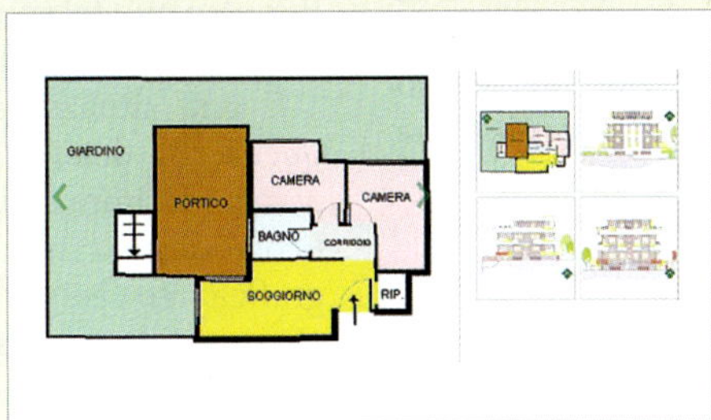

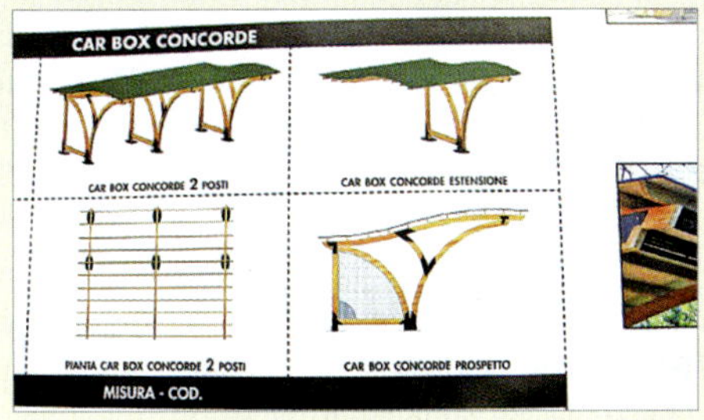

A cosa serve conoscerle?

Con questo metodo di rappresentazione si può:

- fornire dati sulla forma e sulle dimensioni di un oggetto (semplice o complesso) progettato o rilevato dal vero;
- ridurre un oggetto reale ai suoi elementi geometrici (punti, segmenti, linee) con un'operazione di astrazione che ne evidenzia la struttura; ciò consente peraltro di ottenere dati numerici su cui si basano le rappresentazioni digitali con il CAD;
- corredare il disegno con indicazioni (quotatura, materiali, lavorazioni) che consentono di realizzare l'oggetto progettato o rilevato dal vero.

Per tutti questi motivi le proiezioni ortogonali hanno conosciuto una fortuna meritata e vastissima.

Le proiezioni ortogonali sono il principale metodo di rappresentazione tecnica per il progetto e il rilievo dal vero.

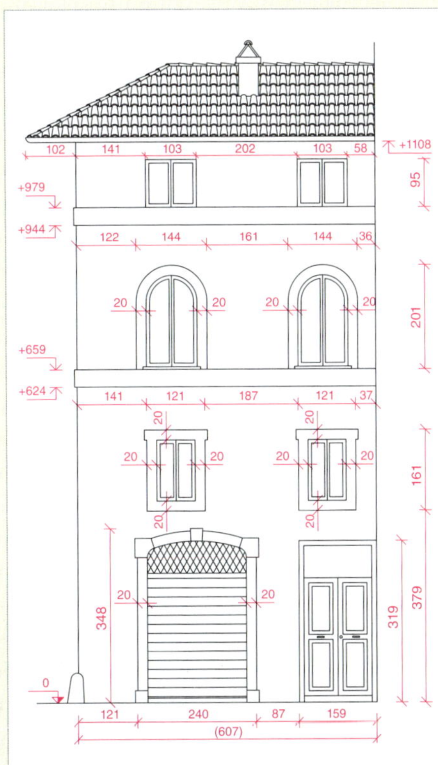

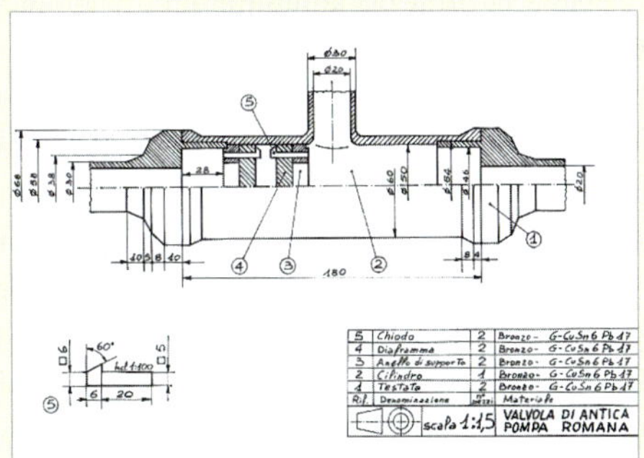

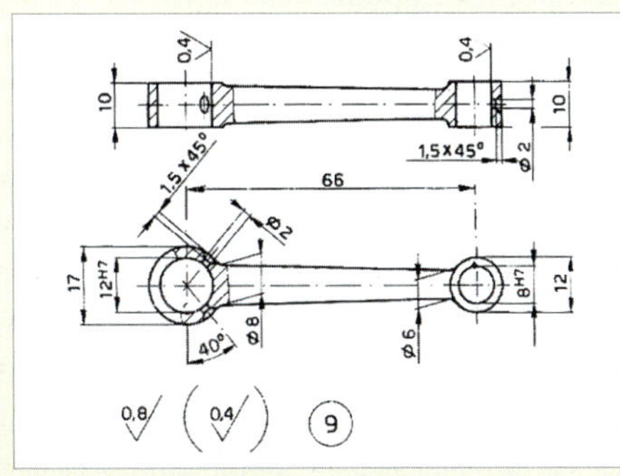

A sinistra, rilievo quotato di edificio.
A destra in alto, rilievo quotato di antica pompa idraulica.
A destra in basso, particolare di disegno quotato.

Cenni di geometria proiettiva

La geometria proiettiva è fondata sulle operazioni di *proiezione* e di *sezione*.

La **proiezione** consiste nel condurre rette (*raggi proiettanti*) passanti per un centro (*centro di proiezione*) e per i punti della figura data.

La **sezione** consiste nel determinare i punti che le rette proiettanti hanno in comune con un piano dato (*piano di proiezione* o *quadro*).

In base alla scelta del centro di proiezione, le rette proiettanti possono risultare *convergenti* oppure *parallele*; di qui si determinano due diversi **metodi di proiezione** che danno origine ai diversi **sistemi di rappresentazione**.

Proiezione centrale

Questo metodo è basato su due elementi prefissati: un punto assunto come **centro di proiezione** e un **piano di proiezione** (o **quadro**).

L'operazione di proiezione consiste nel condurre dal centro di proiezione le rette passanti per i punti dell'oggetto; queste rette sono denominate **raggi proiettanti**. Dove queste rette intersecano il quadro si forma un insieme di punti definiti come **proiezione centrale**.

Se per esempio si volesse ottenere la proiezione del punto A secondo il centro C sul quadro π, si deve innanzi tutto condurre il raggio proiettante per A, cioè la retta CA; dove la retta CA interseca il quadro π resta individuato un punto A_1: esso è la proiezione desiderata del punto A.

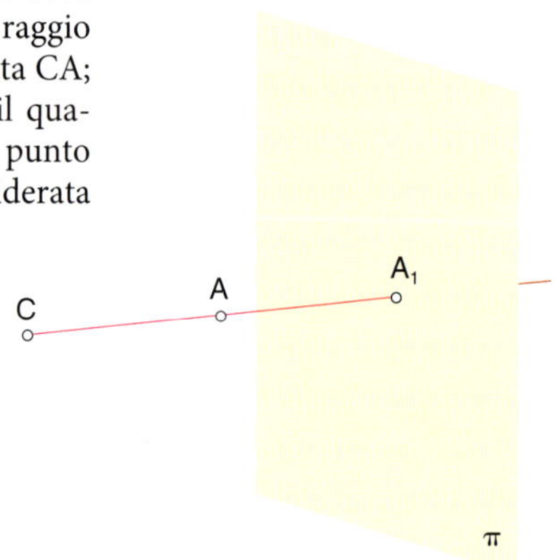

Nel caso di un oggetto l'operazione di proiezione andrebbe ripetuta per tutti i punti della figura; si intuisce facilmente che per semplificare il lavoro si esegue la proiezione dei soli **punti cospicui** dell'oggetto. L'insieme dei punti ottenuti in proiezione forma una figura piana: la **proiezione centrale** dell'oggetto.

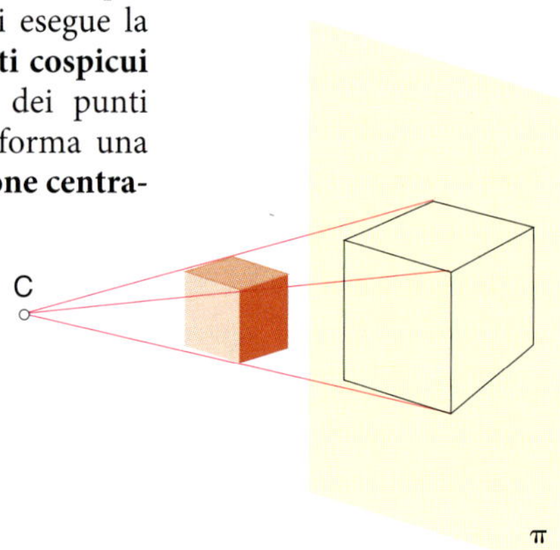

Nell'impostare la proiezione secondo questo metodo, si possono collocare in vario modo il quadro, il centro e l'oggetto.

Il quadro π può trovarsi tra la figura e il centro C.

È quanto avviene nella struttura proiettiva del sistema di rappresentazione della *prospettiva*.

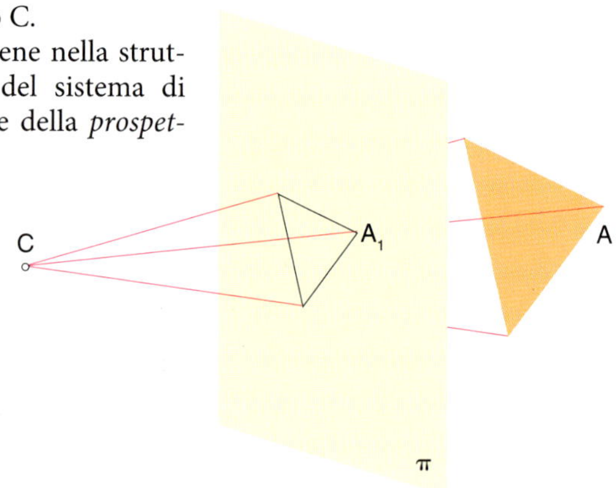

Il centro può trovarsi tra la figura e il quadro.

È una situazione analoga a quella che determina la proiezione dell'immagine sulla pellicola di una macchina fotografica. In essa il centro C corrisponde al centro focale dell'obiettivo.

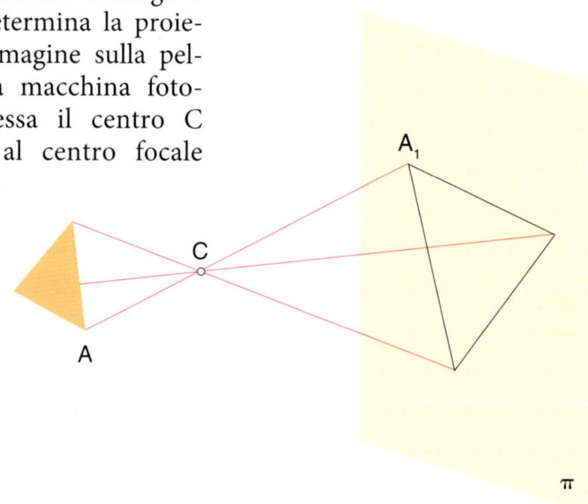

La figura può essere situata tra centro e quadro.

È questo il caso che si verifica quando una lampada proietta su un piano l'ombra di una figura.

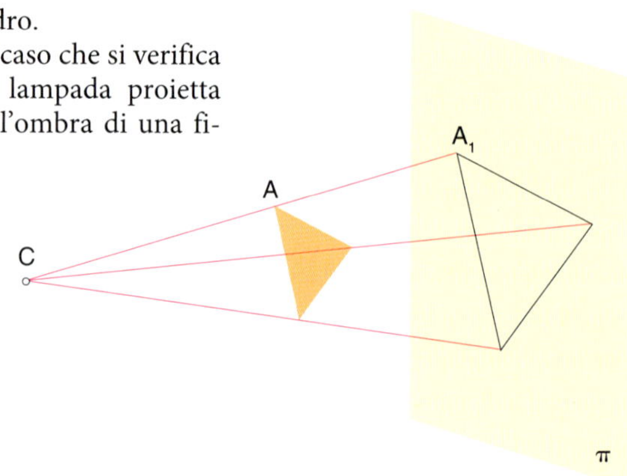

GLOSSARIO

I **punti cospicui** di un solido sono quelli che hanno particolare rilevanza dal punto di vista geometrico, come i vertici, i centri ecc.

Proiezione parallela

Questo metodo di proiezione considera il centro di proiezione infinitamente lontano dal quadro; in questo modo i raggi proiettanti risultano essere paralleli e avere quindi in comune una **direzione di proiezione**.

Come nel metodo precedente si conducono dai punti della figura i raggi proiettanti, stavolta tutti paralleli alla direzione assegnata; dove i raggi intersecano il quadro si forma la **proiezione parallela** dell'oggetto da rappresentare.

Nella figura $A_1B_1C_1D_1$ è la proiezione parallela della figura ABCD secondo la direzione d.

Anche in questo caso per rappresentare un solido si esegue la proiezione dei soli **punti cospicui**.

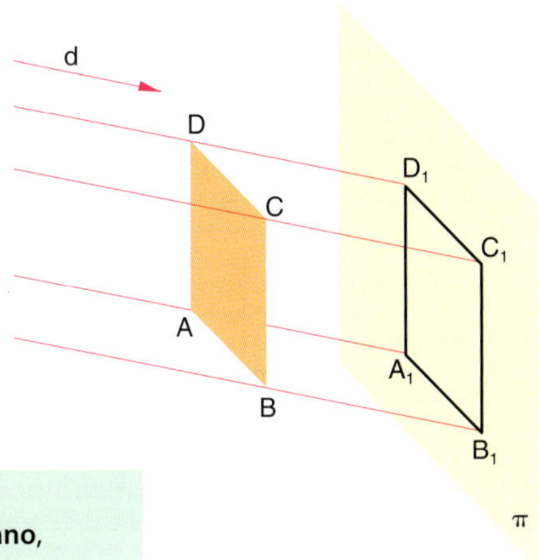

Nelle proiezioni parallele **i parallelismi si conservano,** cioè rette parallele sull'oggetto restano tali anche in proiezione.

Nella figura, se AB//CD//EF//GH anche $A_1B_1//C_1D_1//E_1F_1//G_1H_1$; inoltre, se AD//BC//EH//FG anche $A_1D_1//B_1C_1//E_1H_1//F_1G_1$.

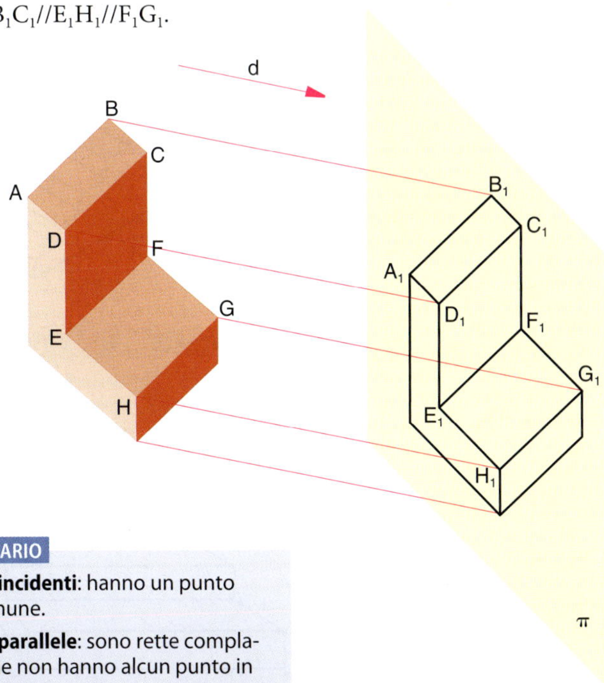

GLOSSARIO

Rette incidenti: hanno un punto in comune.

Rette parallele: sono rette complanariche non hanno alcun punto in comune.

Piani incidenti: hanno una retta in comune.

Piani paralleli: non hanno alcuna retta in comune.

Esempi concreti dei due metodi proiettivi

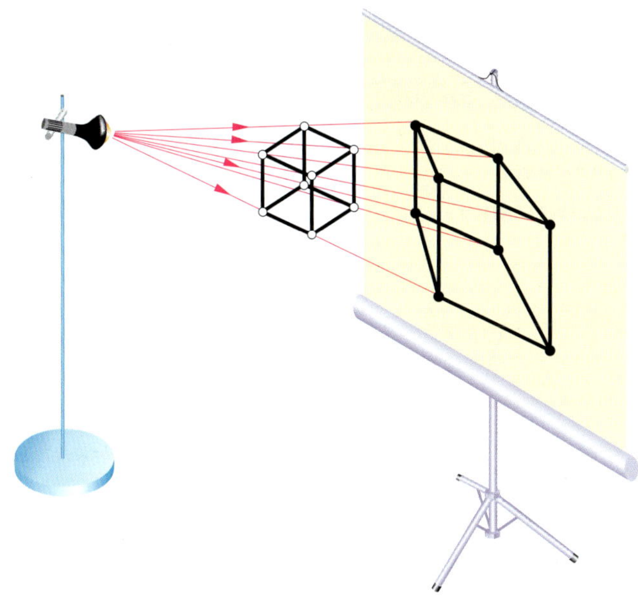

Proiezione centrale: un esempio è l'ombra creata da una lampada. Esponendo una gabbia in fil di ferro alla luce di una lampada spot si ha una proiezione in cui i parallelismi degli spigoli non sono conservati.

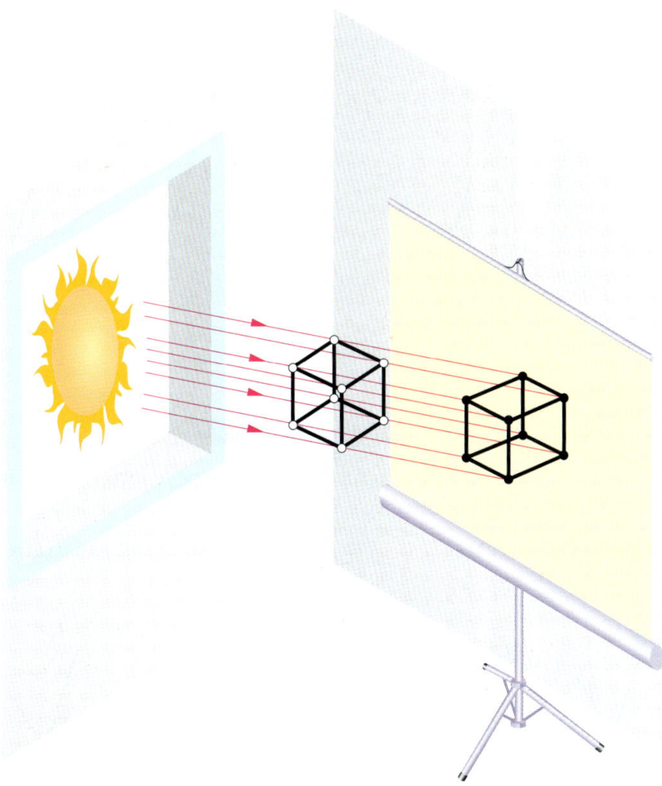

Proiezione parallela: un esempio è l'ombra creata dalla luce solare. Osservando l'ombra solare di un solido in fil di ferro si può notare che i parallelismi si conservano.

Condizioni comuni ai due metodi proiettivi

Le proiezioni parallele e quelle centrali hanno in comune le condizioni di **appartenenza**, di **allineamento** e di **incidenza**.

CONDIZIONE DI APPARTENENZA

Se un punto A appartiene a una retta r, anche la sua proiezione A_1 appartiene a r_1.

PROIEZIONE CENTRALE

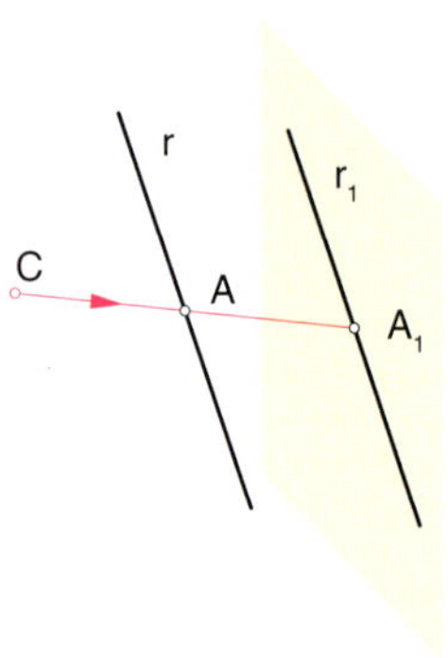

PROIEZIONE PARALLELA

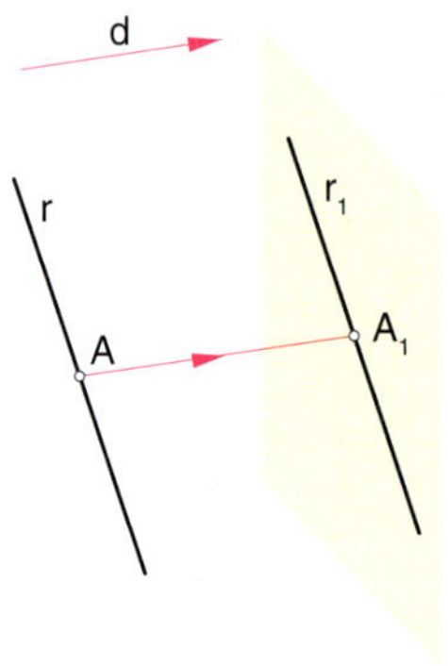

CONDIZIONE DI ALLINEAMENTO

Se tre punti sono allineati, sono allineate anche le loro proiezioni.

PROIEZIONE CENTRALE

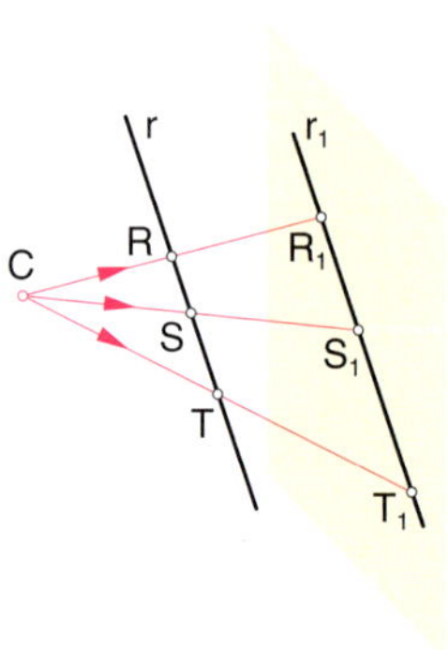

PROIEZIONE PARALLELA

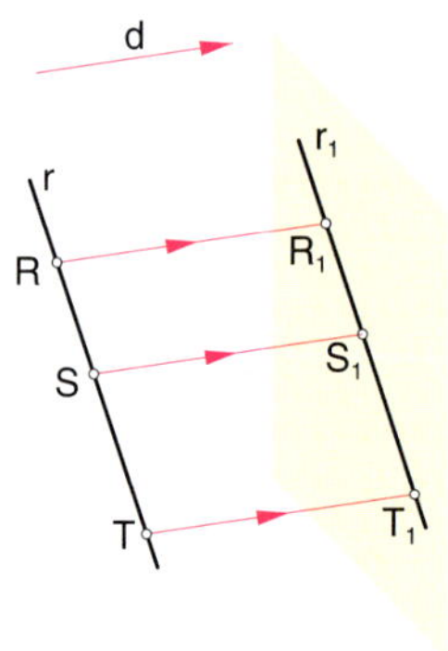

CONDIZIONE DI INCIDENZA

Se due rette sono incidenti in un punto A, anche le loro proiezioni sono incidenti in un punto A_1.

PROIEZIONE CENTRALE

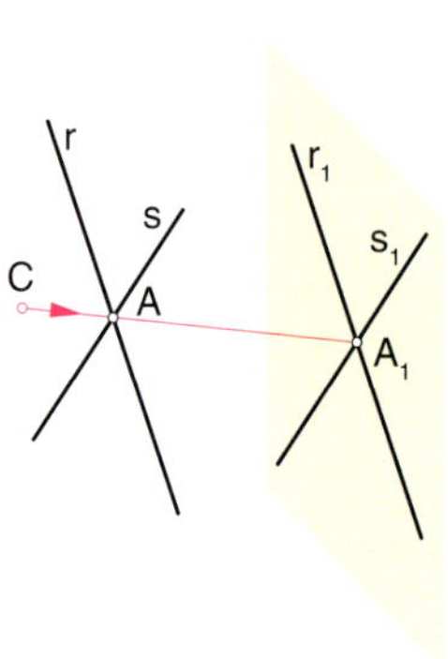

PROIEZIONE PARALLELA

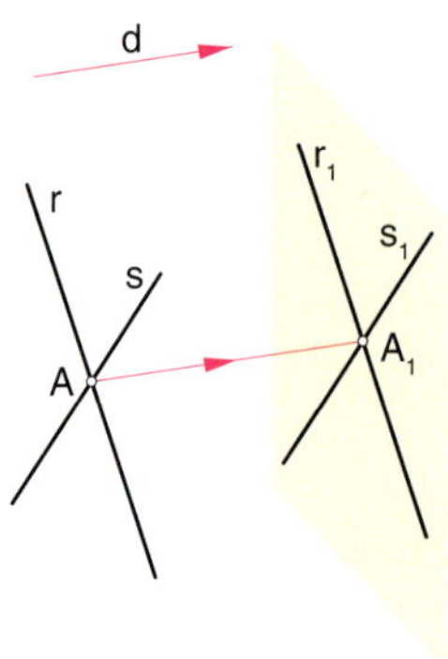

Sistemi di rappresentazione

I due metodi descritti hanno originato diversi sistemi di rappresentazione:

- **proiezioni ortogonali**;
- **proiezioni assonometriche** (o **assonometria**);
- **proiezioni prospettiche** (o **prospettiva**).

PROIEZIONE PARALLELA

PROIEZIONI ORTOGONALI

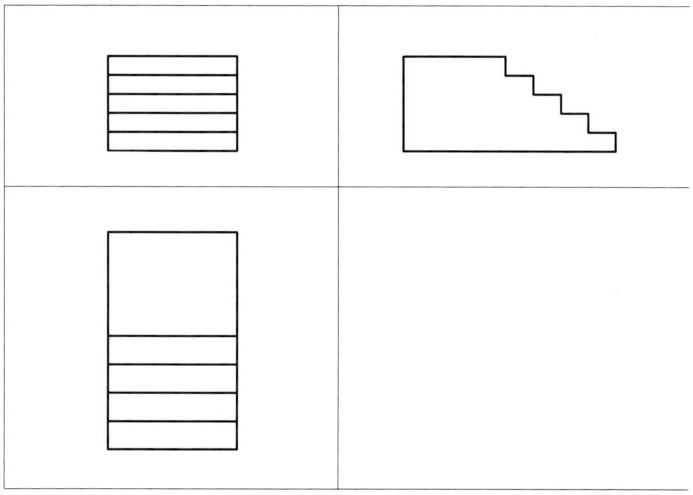

ASSONOMETRIA

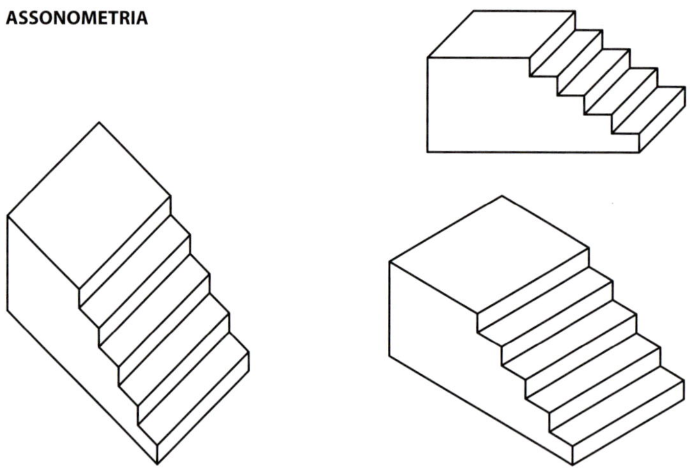

PROIEZIONE CENTRALE

PROSPETTIVA

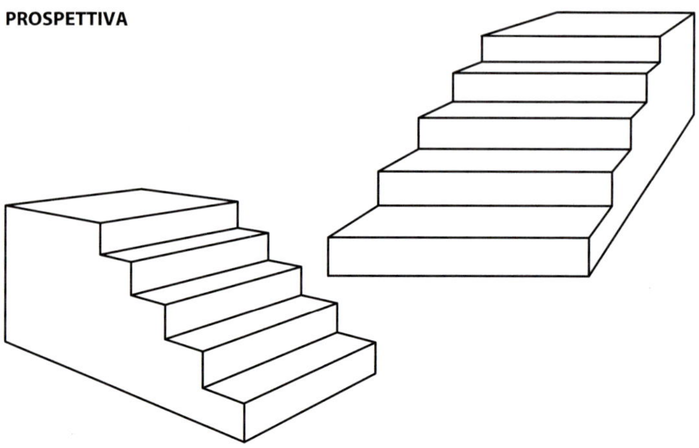

Cenni di geometria descrittiva

La **geometria descrittiva** è la disciplina che comprende tutte le tecniche e le regole per descrivere sul foglio da disegno gli oggetti tridimensionali.

Servendosi dei metodi di proiezione questa disciplina ha costruito dei sistemi di rappresentazione che consentono di ricavare dall'oggetto delle rappresentazioni rigorosamente scientifiche e, viceversa, da queste ricostruire completamente le caratteristiche dell'oggetto. Tra questi sistemi di rappresentazione ha un'importanza primaria il sistema delle **proiezioni ortogonali**.

Proiezione ortogonale di un punto e di un segmento

La **proiezione ortogonale di un punto** è il piede della perpendicolare condotta dal punto a un piano di proiezione (**quadro**).

La perpendicolare da A interseca il quadro nel punto A_1, proiezione ortogonale di A su π; $\overline{AA_1}$ è la distanza del punto dal quadro.

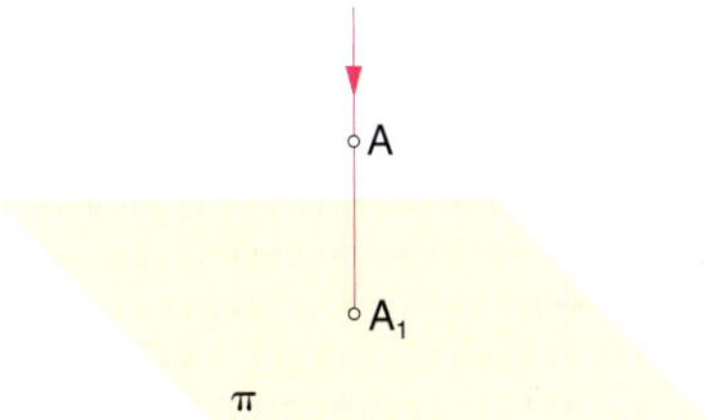

La **proiezione ortogonale di un segmento** AB è il segmento A_1B_1, che ha per estremi le proiezioni degli estremi A e B del segmento dato.

Nel caso di un **segmento obliquo** rispetto al quadro, la sua proiezione è sempre **più corta** del segmento; infatti nella figura il trapezio ABB_1A_1 è rettangolo e pertanto $\overline{AB} > \overline{A_1B_1}$.

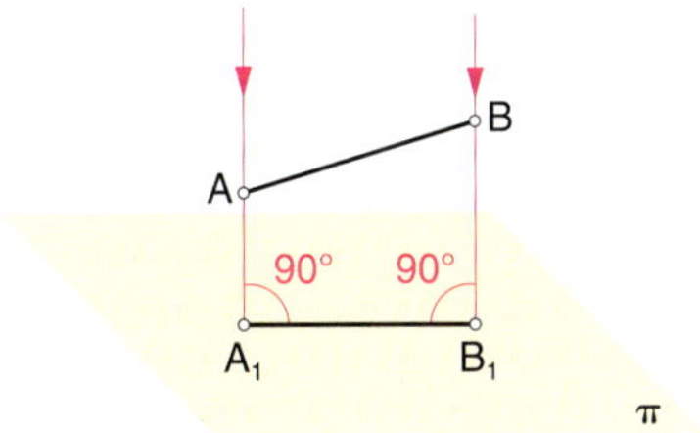

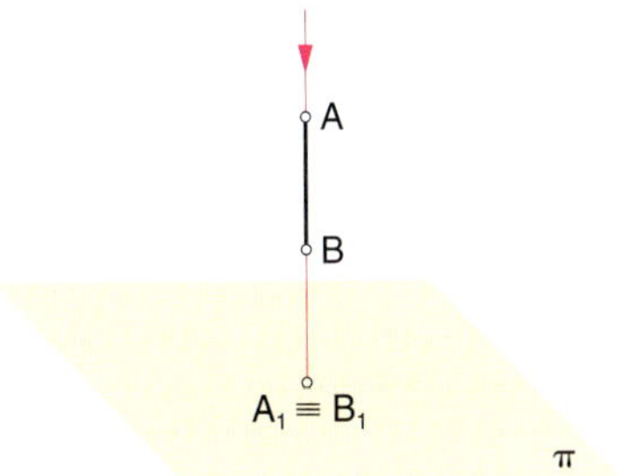

Quando si ha un **segmento perpendicolare** rispetto al quadro, la sua proiezione è un **punto**, in cui coincidono le proiezioni degli estremi ($A_1 \equiv B_1$).

Se invece si ha un **segmento parallelo** al quadro, la sua proiezione è un segmento di **lunghezza uguale**; infatti il quadrilatero ABB_1A_1 è un rettangolo e quindi i lati opposti sono uguali ($\overline{AB} = \overline{A_1B_1}$).

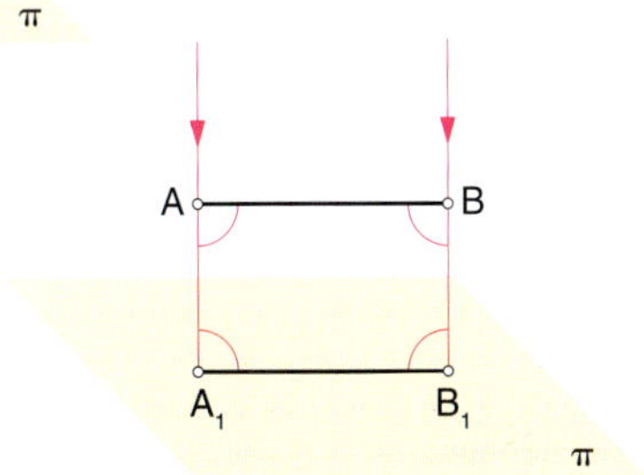

NOTA BENE

L'indicazione di punti in proiezione ortogonale si effettua indifferentemente mediante:

- **pedici** (A_1, A_2, A_3);
- **apici** (A', A'', A''').

In questo libro si adotterà l'indicazione mediante pedici (A_1, A_2, A_3).

Proiezione ortogonale di una figura piana

Il disegno tecnico opera una semplificazione delle figure piane rappresentandone solo il contorno. Per ottenere la proiezione ortogonale di una figura piana si proiettano i suoi punti cospicui (vertici, centri ecc.); congiungendo i punti proiettati, si ottiene la figura in proiezione ortogonale.

PROBLEMA 1

Figura piana parallela al quadro

Proiettando i vertici di un poligono, si ottengono segmenti uguali ai lati del poligono stesso; la figura piana e la sua proiezione sono le basi di un prisma retto, quindi sono uguali. Analogamente un cerchio e la sua proiezione sono le basi di un cilindro retto, quindi sono uguali.

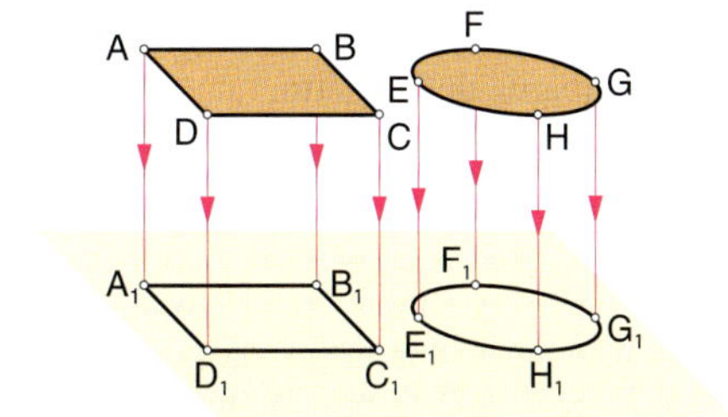

La proiezione ortogonale di una figura piana **parallela** al quadro è sempre uguale alla figura.

PROBLEMA 2

Figura piana perpendicolare al quadro

Proiettando i vertici di una figura piana si nota che tutti i punti proiettati si allineano lungo un segmento.

La proiezione ortogonale di una figura piana **perpendicolare** al quadro è sempre un **segmento**.

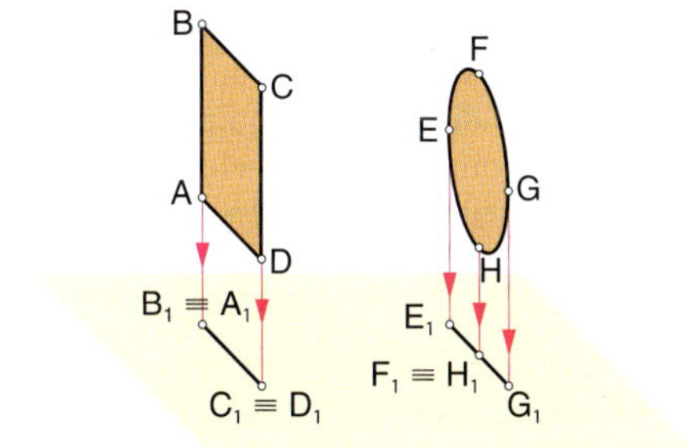

PROBLEMA 3

Figura piana inclinata rispetto al quadro

Proiettando i punti della figura, dagli elementi obliqui si ottengono proiezioni più corte.

La proiezione ortogonale di una figura piana **inclinata** rispetto al quadro è sempre **deformata**.

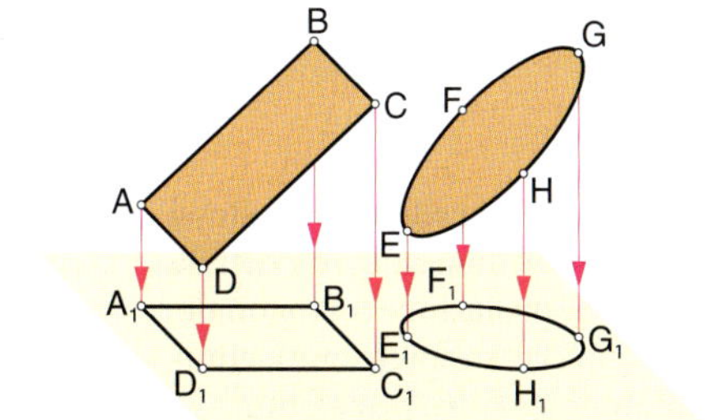

SUGGERIMENTO

In questi problemi sulle proiezioni ortogonali è ben evidente che le figure piane parallele al quadro presentano un indubbio vantaggio per il disegnatore, ma anche per il lettore del disegno.
Pertanto, nei limiti del possibile, è sempre più comodo disporre la figura piana in posizione parallela al quadro, in modo che la sua proiezione risulti uguale a quella reale.

Proiezione ortogonale di un solido

Analogamente alle figure piane, anche quelle solide vengono rappresentate in proiezione ortogonale riducendone gli elementi da proiettare ai soli contorni e ai **punti cospicui** (vertici, centri ecc.).

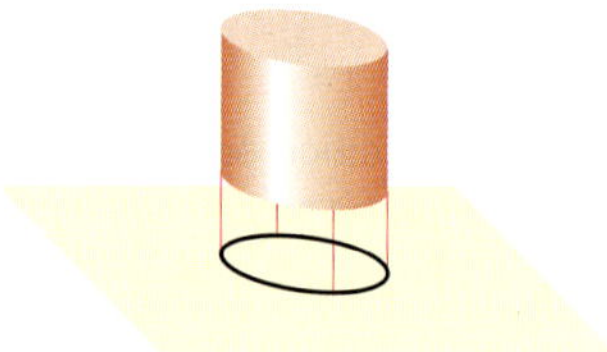

Le figure dimostrano che solidi diversi possono avere una proiezione ortogonale uguale. Da una sola proiezione ortogonale possiamo quindi avere una descrizione ambigua dell'oggetto.

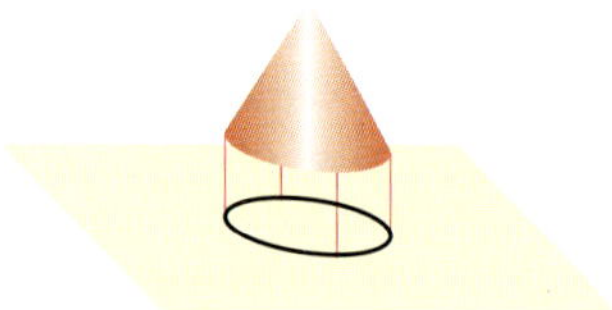

Una sola proiezione ortogonale non basta a descrivere compiutamente un solido.

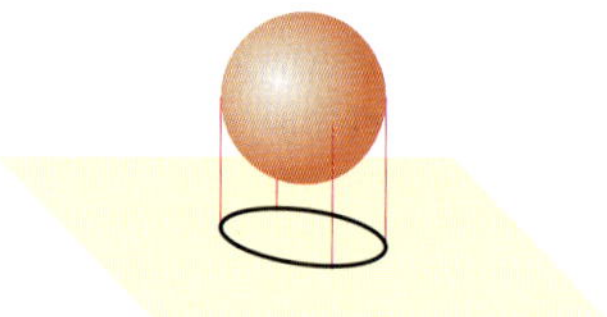

Proiezioni ortogonali su più quadri

Per descrivere un solido in modo completo e chiaro si proietta l'oggetto su diversi quadri.

Il numero di quadri (e quindi delle proiezioni ortogonali) viene definito in base alla complessità dell'oggetto: se per un solido geometrico due o tre quadri sono sufficienti, per oggetti complessi (edifici, pezzi meccanici) spesso ne occorrono molti di più.

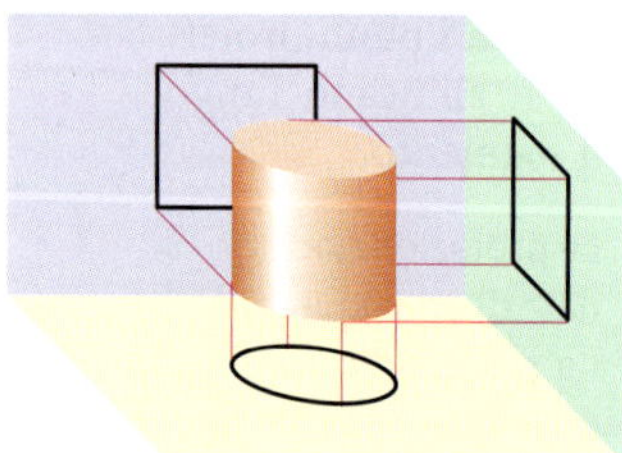

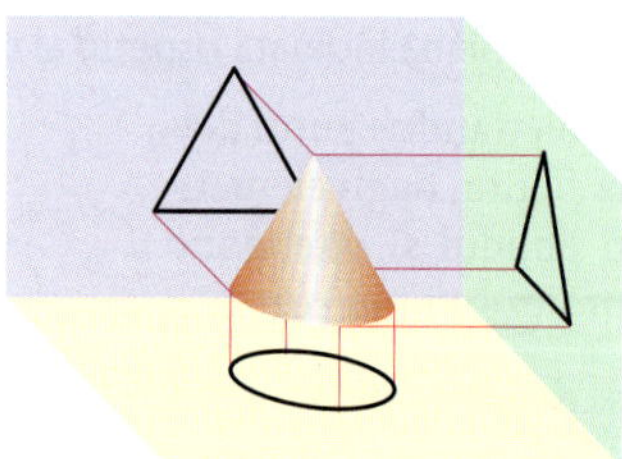

Nelle figure si vede che gli stessi solidi, ambiguamente descritti da una sola proiezione ortogonale, sono invece rappresentati compiutamente da tre proiezioni.

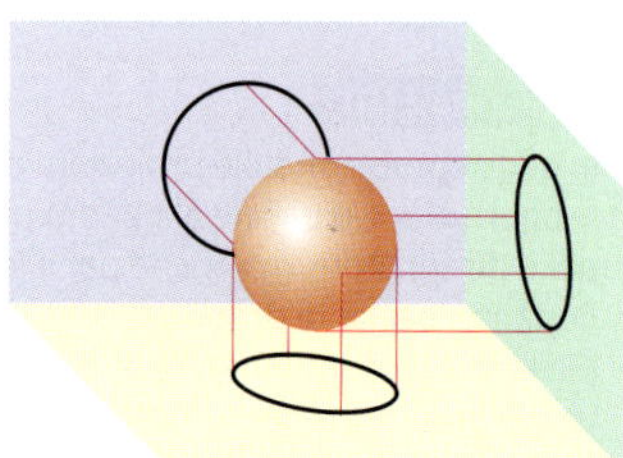

Piani coordinati

Per realizzare proiezioni ortogonali su più quadri, si ricorre frequentemente a tre piani tra loro perpendicolari. Essi sono i cosiddetti **piani coordinati** e sono individuati da tre assi cartesiani (x, y, z) con origine comune (O).

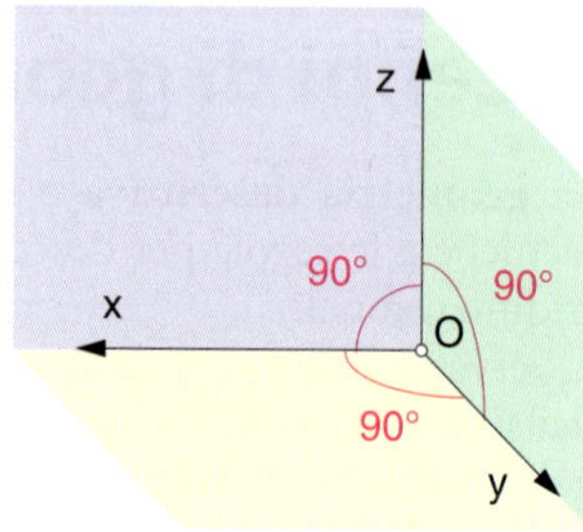

Disponendo opportunamente l'oggetto all'interno dello spazio delimitato dai tre piani (**triedro**), si realizzano le diverse proiezioni ortogonali, che prendono il nome di:

- **vista dall'alto** sul piano xy;
- **vista frontale** sul piano xz;
- **vista da sinistra** sul piano yz.

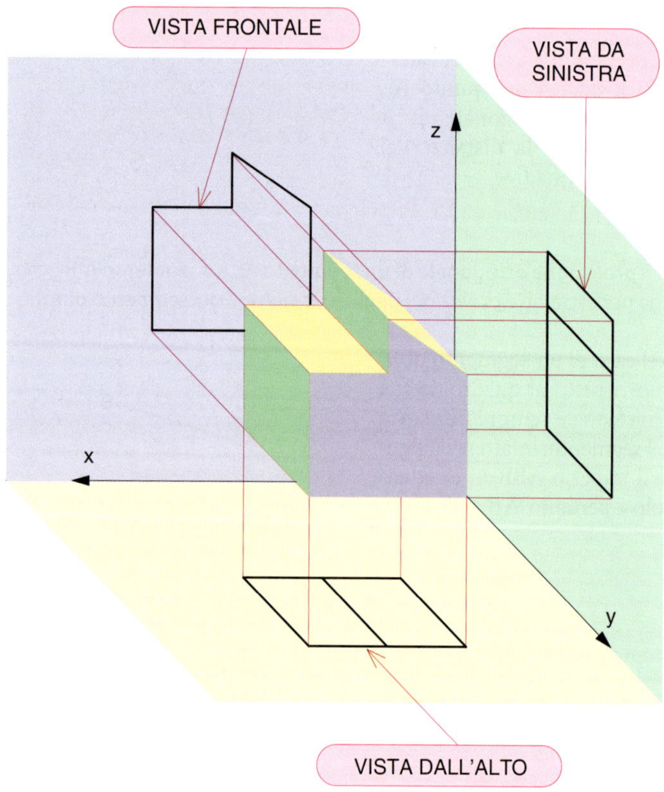

Le diverse proiezioni sono però situate su piani differenti; per disporle su un unico piano (il foglio da disegno) bisogna ricorrere ad una operazione di **ribaltamento** di due piani sul terzo.

GLOSSARIO

Il **ribaltamento** di un piano su un altro consiste nel farlo ruotare intorno alla retta di intersezione finché non coincide con l'altro.

NOTA BENE

Oltre alle viste ottenibili sui tre piani cartesiani, si possono realizzare proiezioni ortogonali anche su altri piani.
La **disposizione delle viste** sul foglio da disegno segue norme precise.

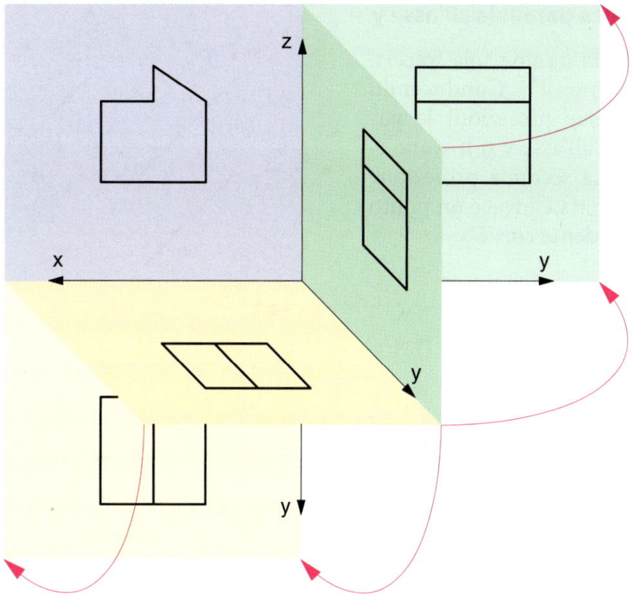

Per ottenere le tre proiezioni ortogonali su un solo piano (il foglio da disegno) si esegue il ribaltamento di xy (intorno all'asse x) e di yz (intorno all'asse z) finché non si dispongono sul piano xz.

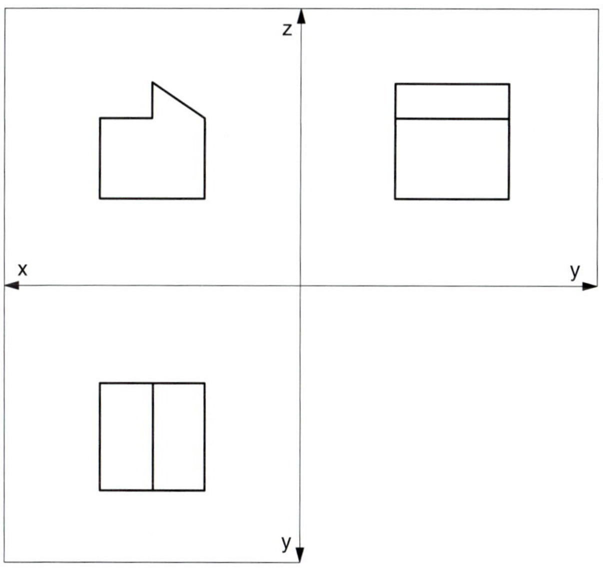

Nel seguito cercheremo di apprendere i vincoli che legano le diverse proiezioni ortogonali, studiando casi semplici, quali punti, rette ecc.

Per una migliore percezione spaziale dell'oggetto, le proiezioni ortogonali saranno affiancate da una assonometria.

NOTA BENE

Mediante la **rappresentazione del punto** si possono disegnare le proiezioni ortogonali di figure anche molto complesse; per esempio è in questo modo che si disegnano le viste di elementi curvilinei, quali **eliche** ed **elicoidi** (vedi pag. B105).

Rappresentazione del punto

Le proiezioni ortogonali di un punto presentano i seguenti legami:

- A_1 e A_2 appartengono alla stessa verticale;
- A_2 e A_3 appartengono alla stessa orizzontale;
- A_1 dista da x quanto A_3 dista da z.

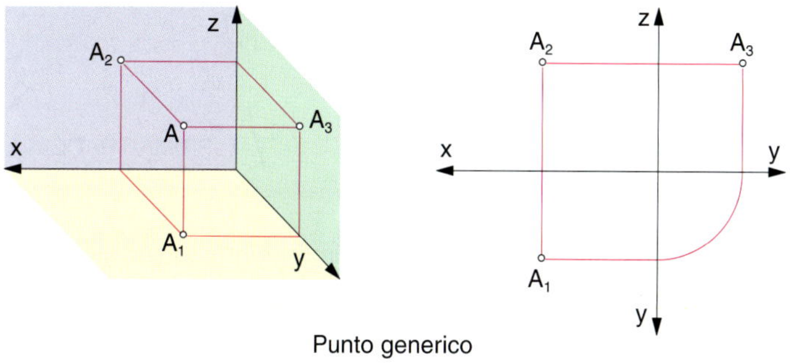

Punto generico

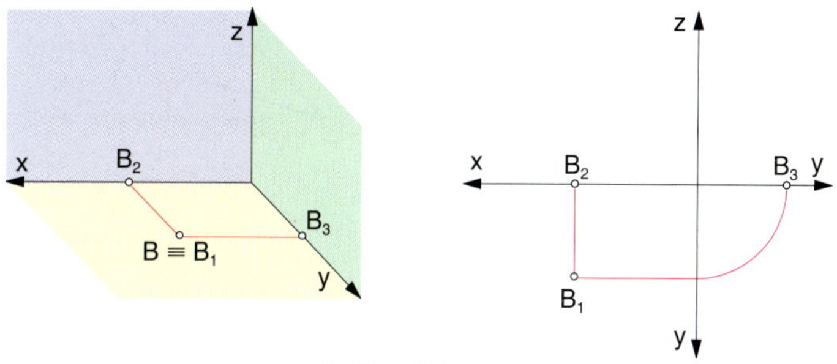

Punto sul piano xy

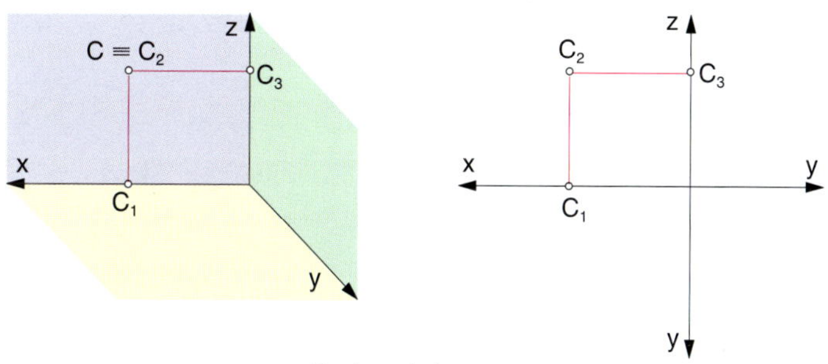

Punto sul piano xz

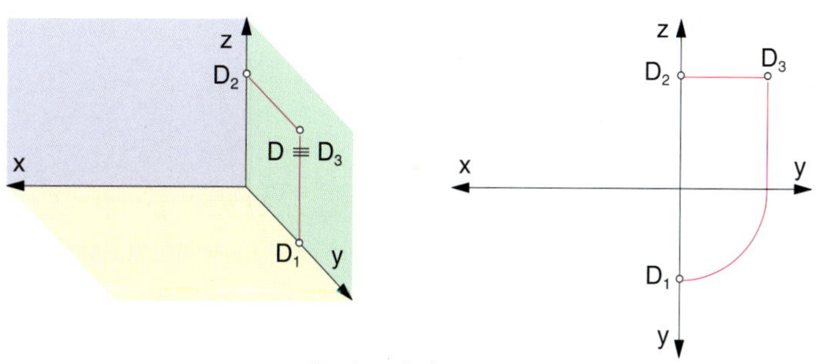

Punto sul piano yz

Rappresentazione della retta

La rappresentazione di una retta si ottiene unendo due suoi punti; in aggiunta a punti già noti, si utilizzano le tracce della retta.

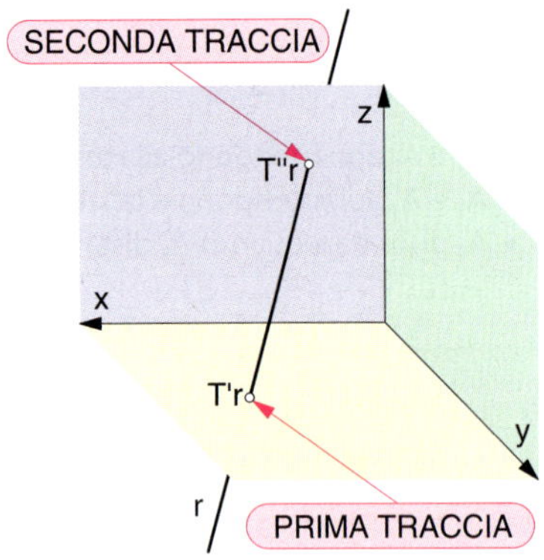

La **traccia di una retta** è il suo punto d'intersezione con un quadro.

Retta generica

Le tracce della retta r sono T' e T''; le loro proiezioni sono rispettivamente T'_1, T'_2, T'_3 e T''_1, T''_2, T''_3. Le proiezioni della retta si ottengono congiungendo le corrispondenti proiezioni delle tracce; per esempio r_3 si ricava unendo T'_3 con T''_3.

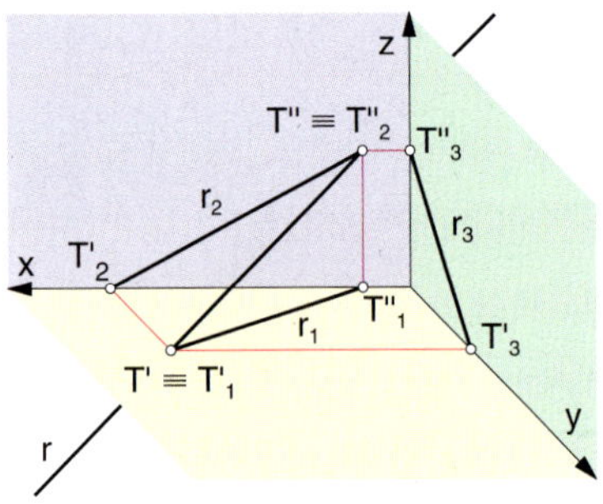

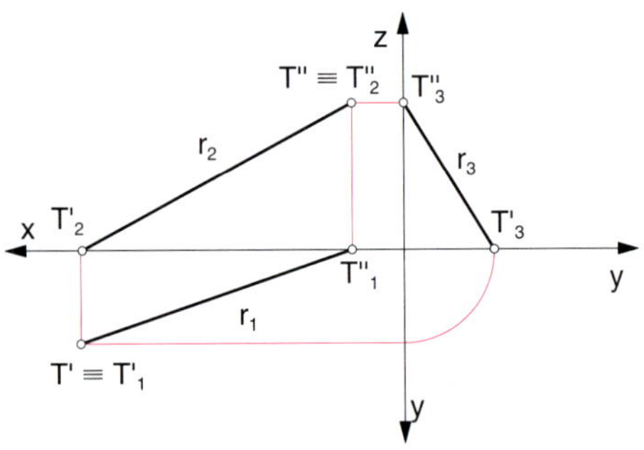

Retta parallela all'asse z

La retta ha una sola traccia, il punto T'. Conducendo dalle sue proiezioni le parallele all'asse z si trovano r_2 e r_3. La prima proiezione della retta è invece un punto coincidente con T'_1.

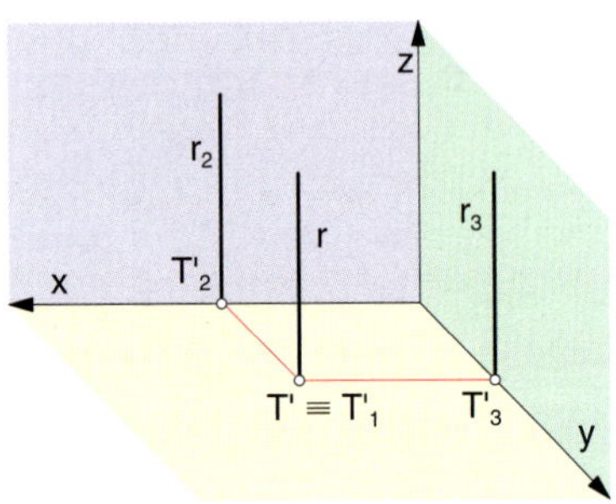

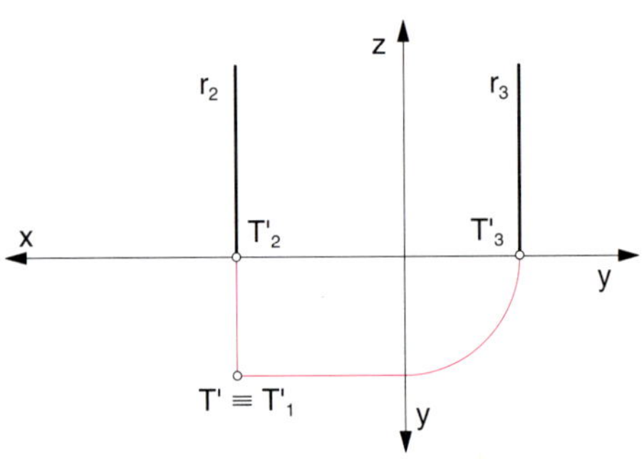

Retta parallela all'asse y

La retta ha una sola traccia, il punto T''. Conducendo dalle sue proiezioni le parallele all'asse y si trovano r_1 e r_3. La seconda proiezione della retta è invece un punto coincidente con T''_2.

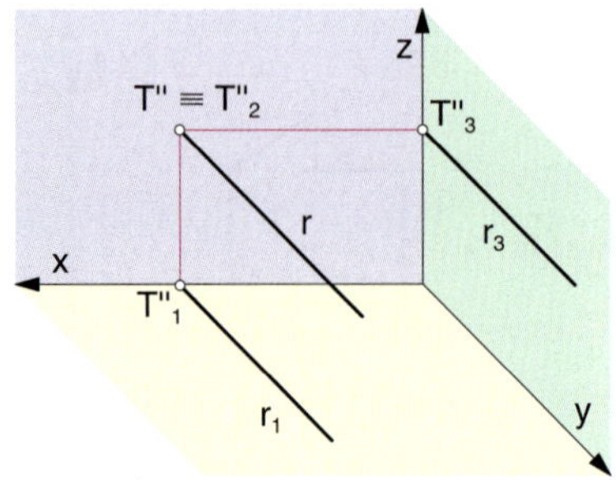

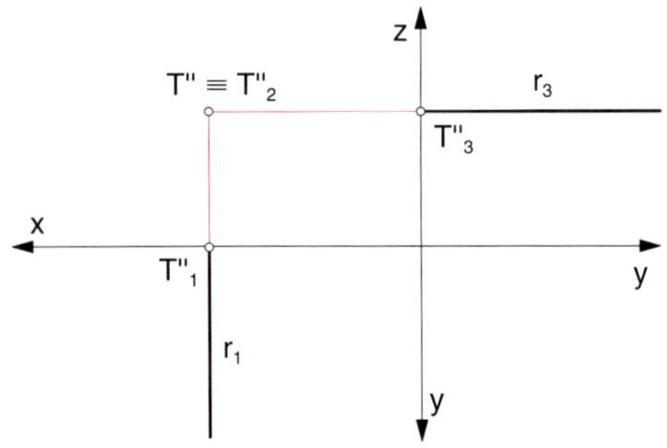

Retta parallela al piano xy e inclinata rispetto agli altri due

Dalle proiezioni di T'' si ricavano le proiezioni di r. Da T''_2 e da T''_3 si tracciano le parallele rispettivamente all'asse x e all'asse y. Da T''_1 si conduce invece una retta r_1 che forma con l'asse x un angolo uguale a quello che r forma con il piano xz.

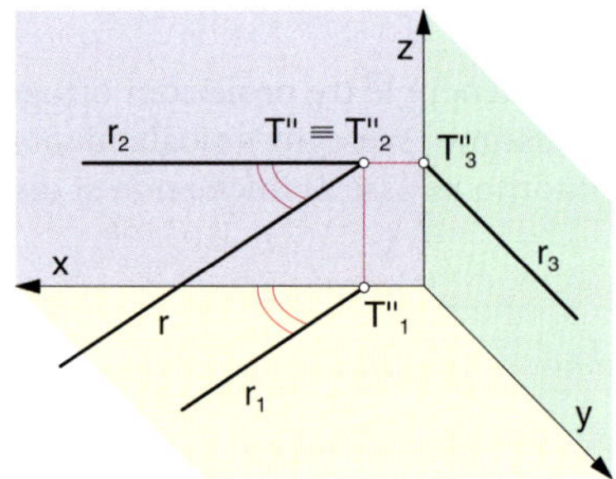

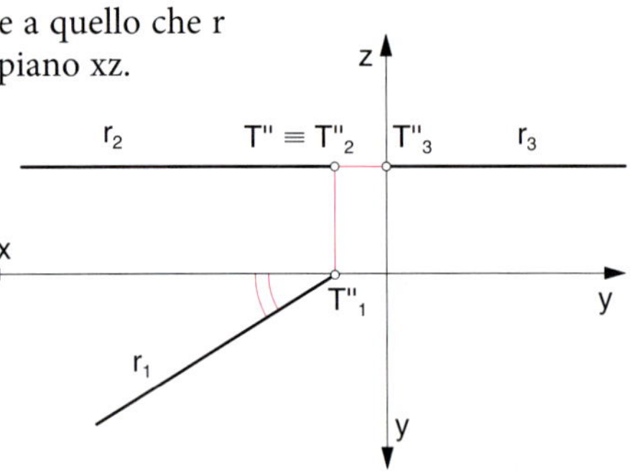

Retta parallela al piano xz e inclinata rispetto agli altri due

Dalle proiezioni di T' e T''' si ricavano le proiezioni di r, congiungendo quelle corrispondenti. Per esempio r_2 si ottiene congiungendo T'_2 e T'''_2.

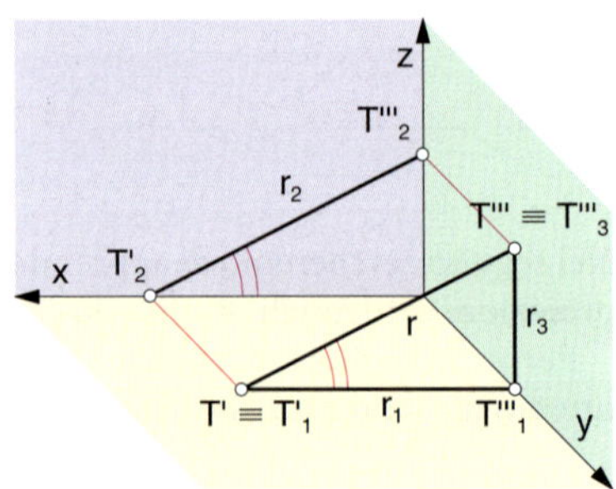

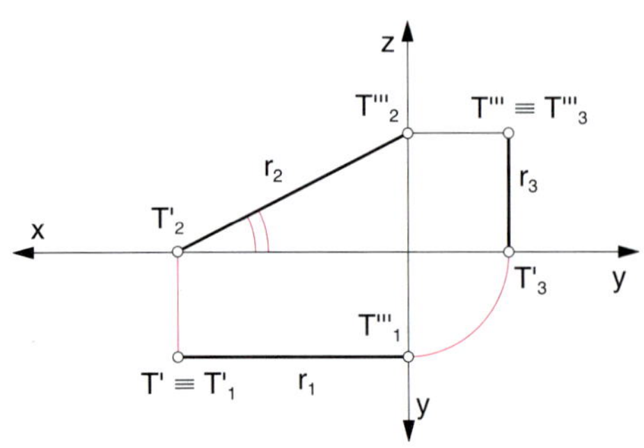

Rappresentazione del piano

I piani vengono rappresentati mediante le loro tracce.

La **traccia di un piano** è la sua retta di intersezione con un quadro.

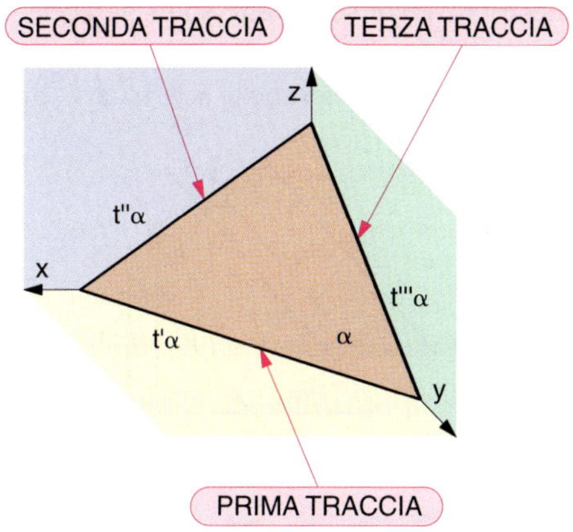

Le tracce hanno in comune punti giacenti sugli assi:

- l'intersezione della prima e seconda traccia si trova sull'asse x;
- l'intersezione della seconda e terza traccia si trova sull'asse z;
- l'intersezione della prima e terza traccia si trova sull'asse y.

Piano generico

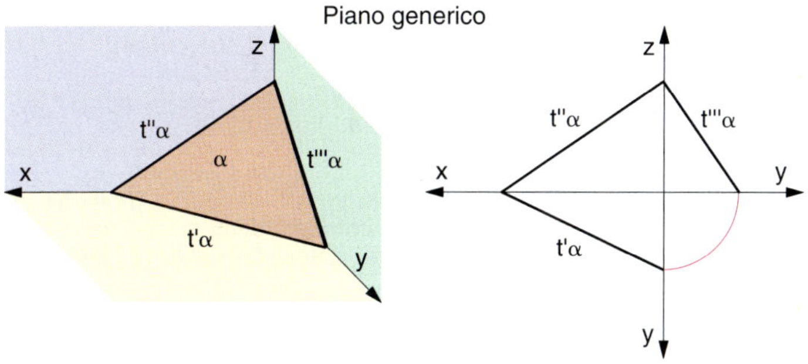

Piano parallelo al quadro xy

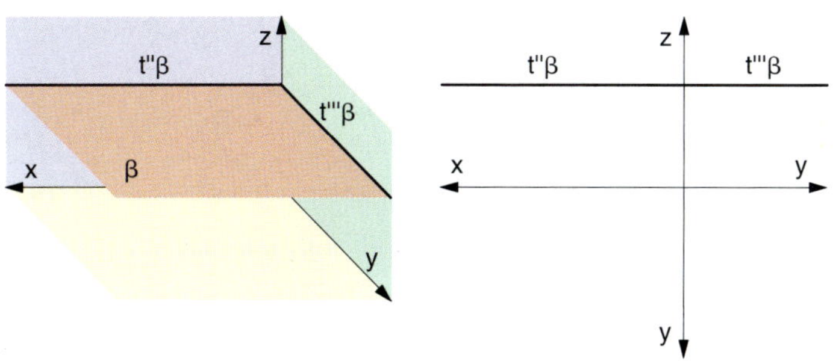

Piano parallelo al quadro xz

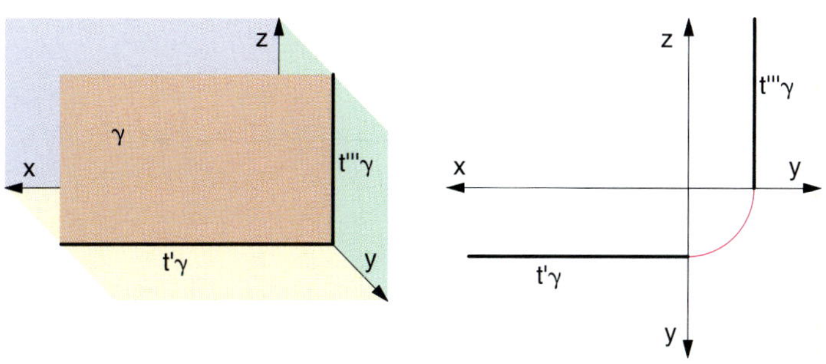

Piano parallelo al quadro yz

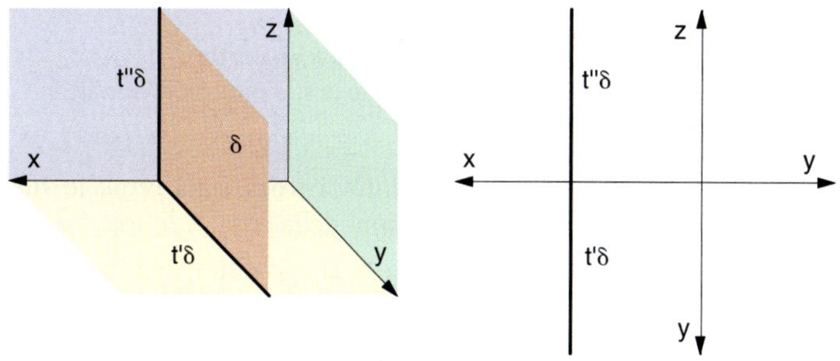

Piano perpendicolare al quadro xy

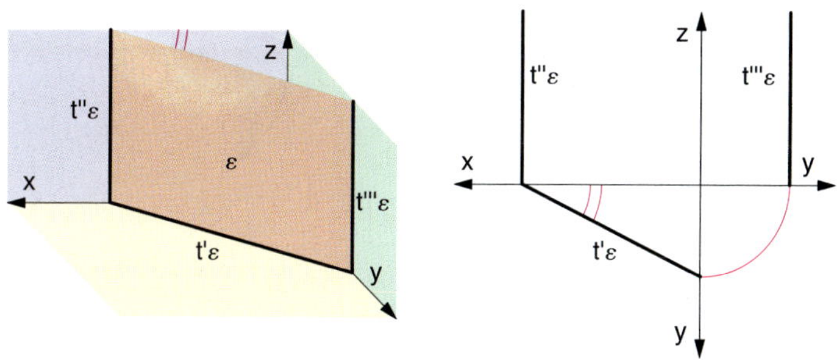

Piano perpendicolare al quadro xz

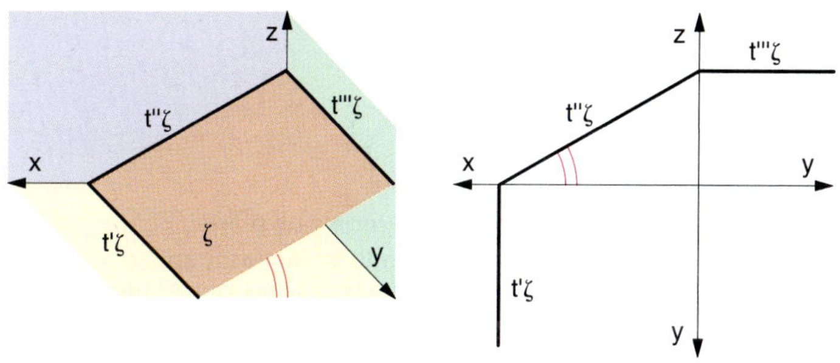

Piano perpendicolare al quadro yz

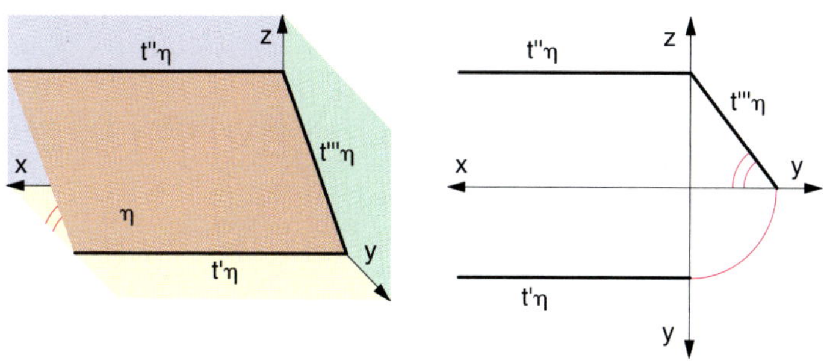

MEMO

I piani si indicano con le lettere dell'**alfabeto greco** minuscolo. Di seguito si ricordano sia le maiuscole sia le minuscole.

Α α (alfa)	Η η (eta)	Ν ν (ni)	Τ τ (tau)
Β β (beta)	Θ θ (teta)	Ξ ξ (csi)	Υ υ (ipsilon)
Γ γ (gamma)	Ι ι (iota)	Ο ο (omicron)	Φ φ (fi)
Δ δ (delta)	Κ κ (cappa)	Π π (pi)	Χ χ (chi)
Ε ε (epsilon)	Λ λ (lambda)	Ρ ρ (ro)	Ψ ψ (psi)
Ζ ζ (zeta)	Μ μ (mi)	Σ σ (sigma)	Ω ω (omega)

Condizioni di appartenenza

Condizione di appartenenza di un punto a una retta
Un punto appartiene a una retta quando le sue proiezioni appartengono alle proiezioni della retta.

Si verifica anche l'inverso: se il punto si trova sulla retta, le sue proiezioni appartengono alle proiezioni della retta.

In figura: se A appartiene a r, anche A_1 si trova su r_1, A_2 su r_2 e A_3 su r_3.

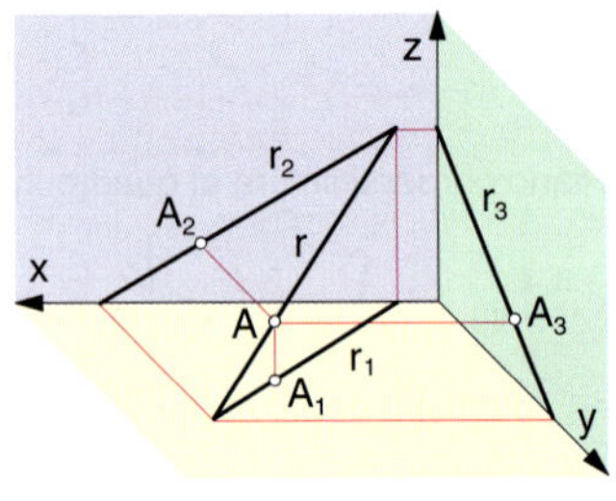

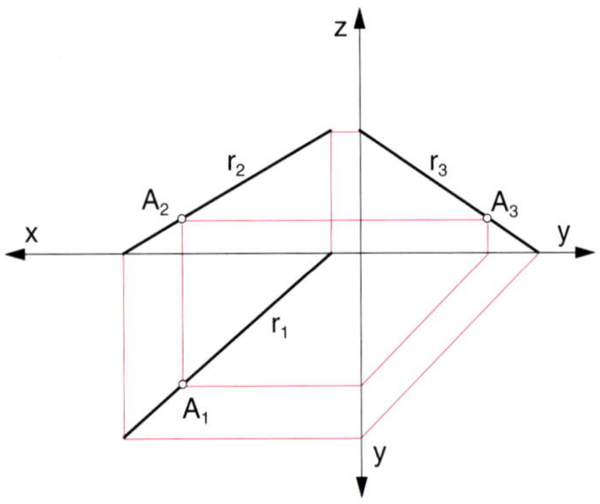

Condizione di appartenenza di una retta a un piano
Una retta appartiene a un piano quando le sue tracce appartengono alle tracce del piano.

Si verifica anche l'inverso: se la retta si trova sul piano, le sue tracce si trovano sulle tracce del piano.

In figura: se r appartiene al piano α, anche T'r si trova su t'α, T''r su t''α.

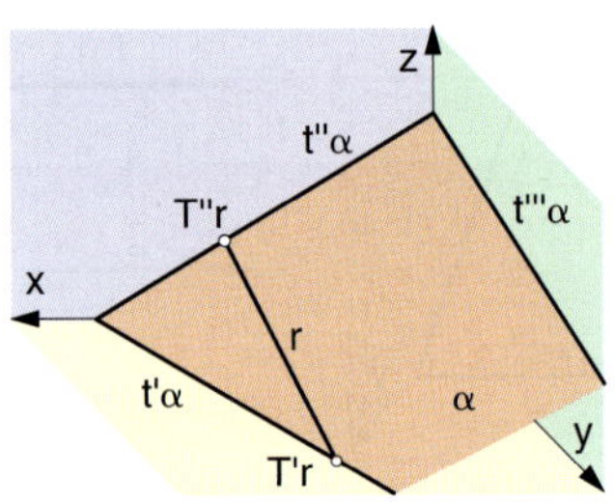

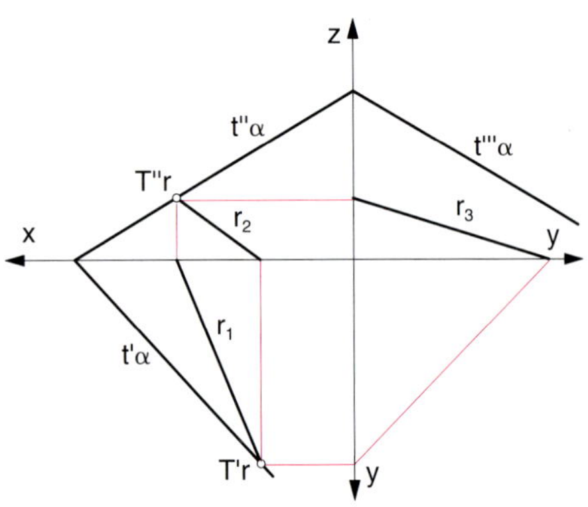

Condizioni di parallelismo

Condizione di parallelismo tra rette
Due rette sono parallele quando le corrispondenti proiezioni sono tra loro parallele.

Si verifica anche l'inverso: se le rette sono parallele, le rispettive proiezioni sono parallele.

In figura: se a e b sono parallele, anche $a_1 // b_1$, $a_2 // b_2$, $a_3 // b_3$.

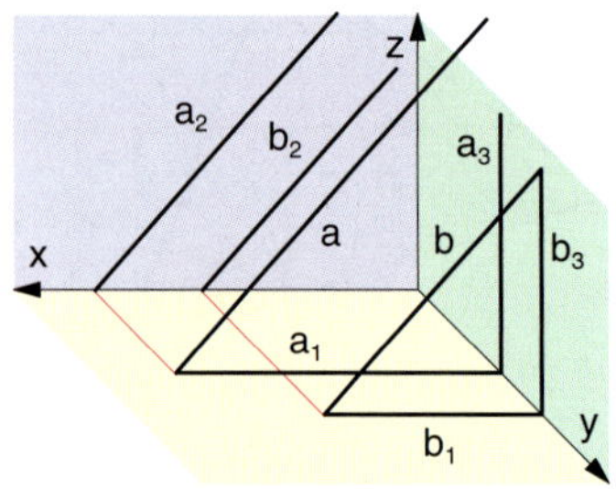

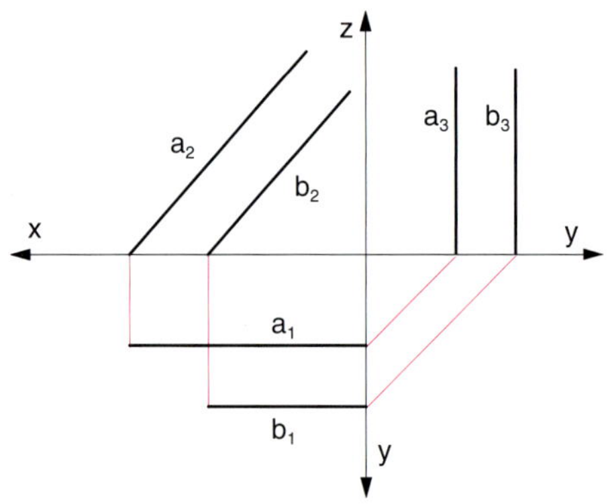

Condizione di parallelismo tra piani
Due piani sono paralleli quando le corrispondenti tracce sono tra loro parallele.

Si verifica anche l'inverso: se i piani sono paralleli, anche le rispettive tracce sono parallele.

In figura: se α e β sono paralleli, anche t'α // t'β, t''α // t''β.

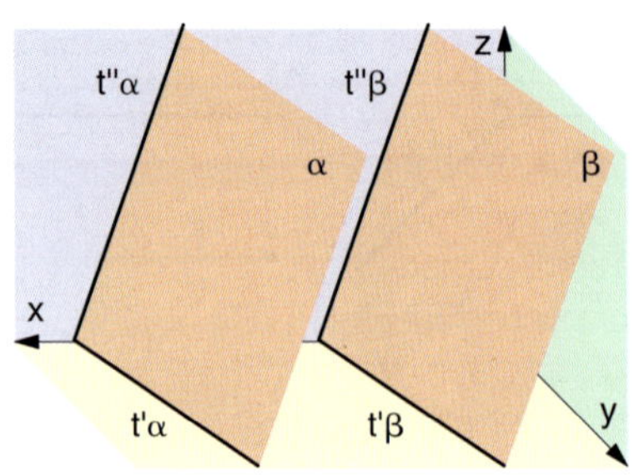

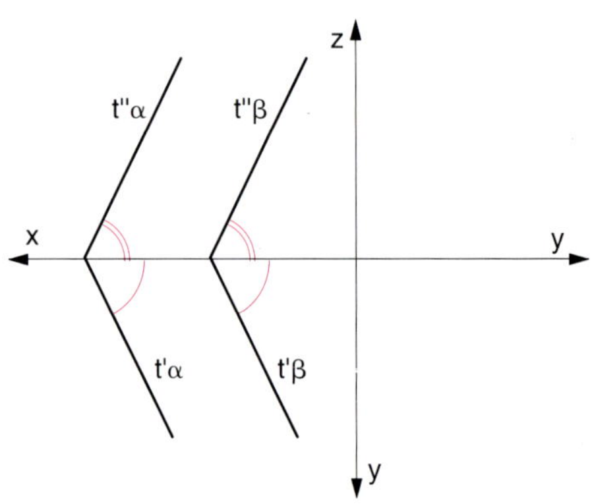

Coordinate in proiezioni ortogonali

Due proiezioni ortogonali di un punto ne definiscono la posizione nello spazio.

Questa affermazione è fondamentale per il metodo delle proiezioni ortogonali che il suo fondatore, Gaspard Monge, chiamò per l'appunto **metodo della doppia proiezione**.

Definire la posizione di un punto nello spazio equivale a conoscerne le coordinate.

Nella figura seguente, si vede come sia possibile ricavare le coordinate da una coppia di proiezioni ortogonali.

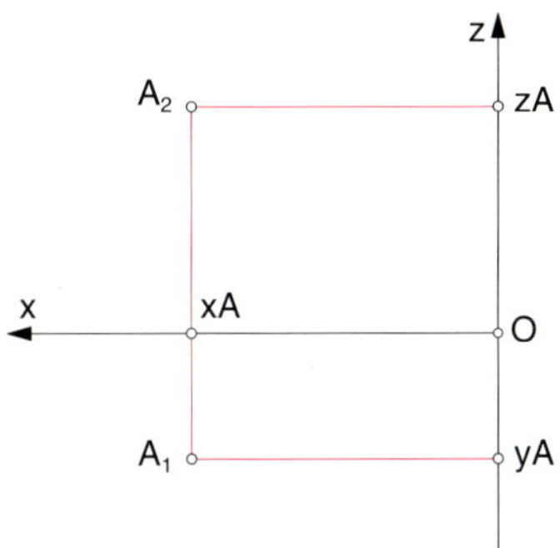

	x	y	z
A	25	10	18

Nella figura in basso è invece mostrato come sia possibile eseguire l'operazione inversa: dalle coordinate di un punto ricavare le proiezioni ortogonali e la posizione del punto nello spazio.

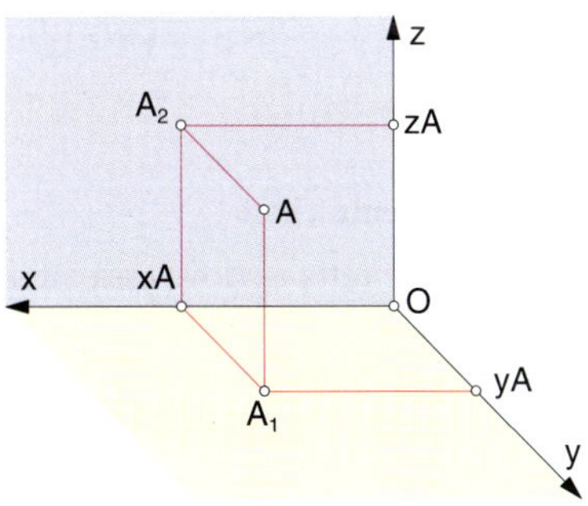

NOTA BENE

Le misure sull'asse y si possono riportare anche con una retta a 45°.

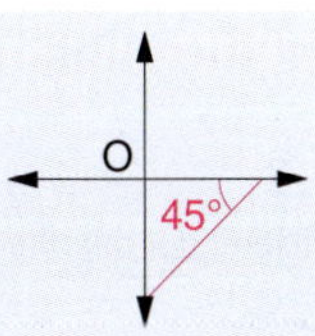

Partendo dal semplice punto si possono descrivere tutti gli altri elementi geometrici (segmenti, figure piane, solidi).

Nella figura seguente, conoscendo le coordinate degli estremi, è stato rappresentato un segmento.

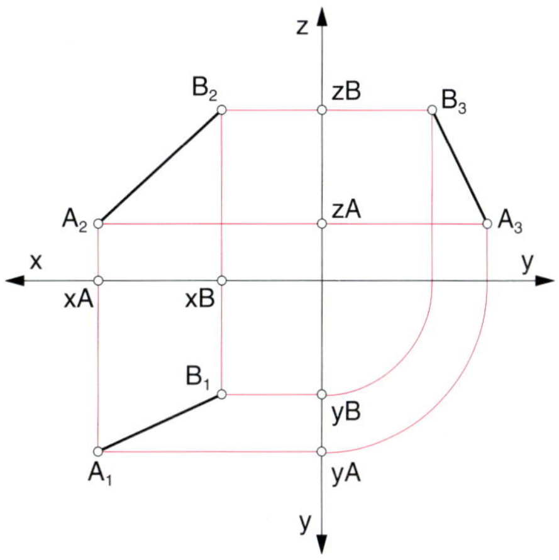

	x	y	z
A	24	18	6
B	11	12	18

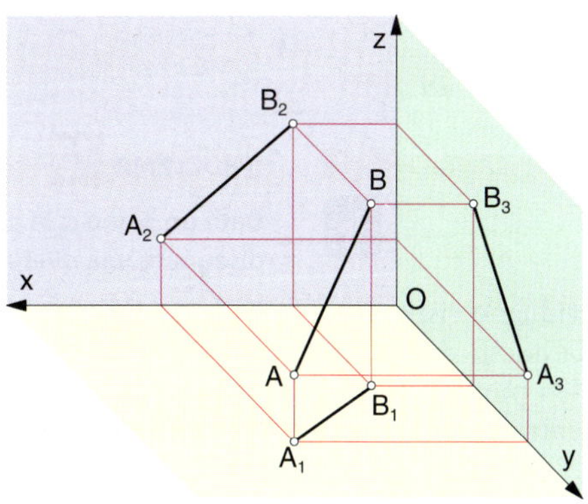

APPROFONDIMENTI

Da Cartesio al CAD (1 pagina)

PROBLEMA 4 PASSO PASSO

Dalle coordinate di un punto ricavarne tre proiezioni ortogonali

Dati i valori delle coordinate di A (xA, yA, zA), si opera nella maniera seguente:

1 Su ogni asse, a partire da O, si prende un segmento di lunghezza uguale alla corrispondente coordinata.

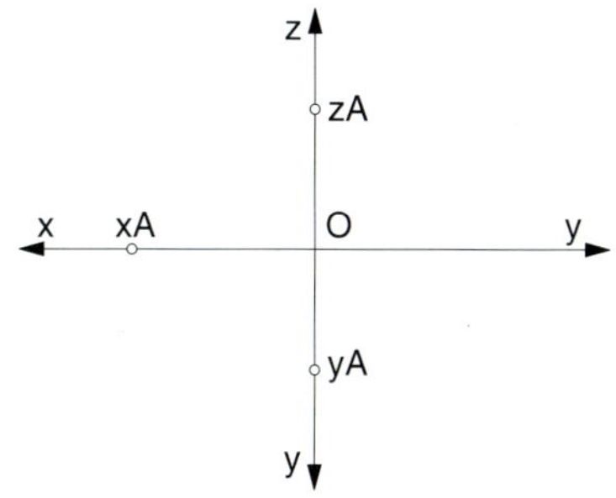

2 Con un arco di centro O, si riporta yA anche sull'asse y orizzontale (v. «nota bene»).

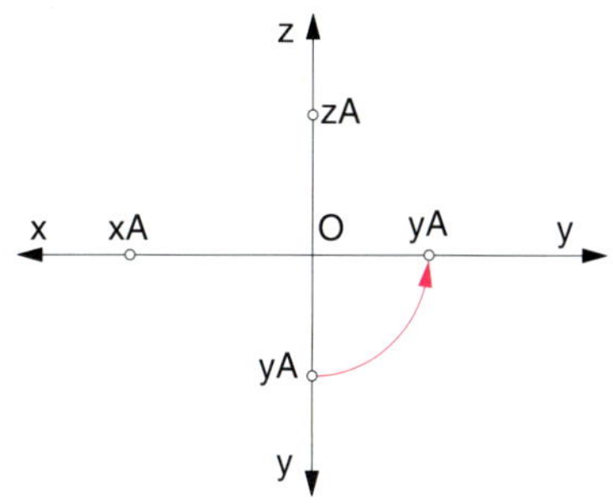

3 Dai punti xA, yA, zA si tracciano rette verticali e orizzontali.

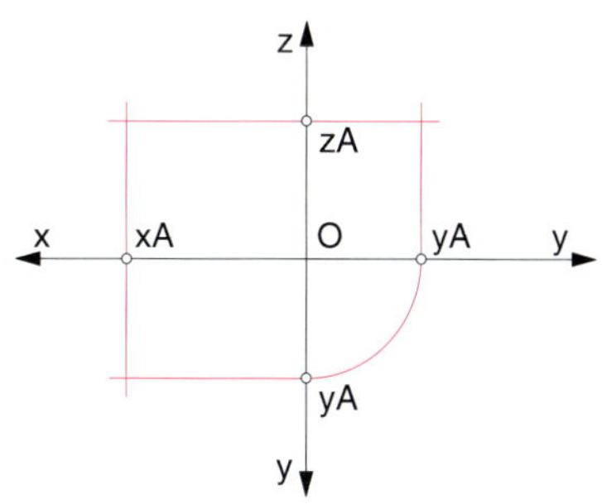

4 Le loro intersezioni definiscono la posizione di A_1, A_2, A_3.

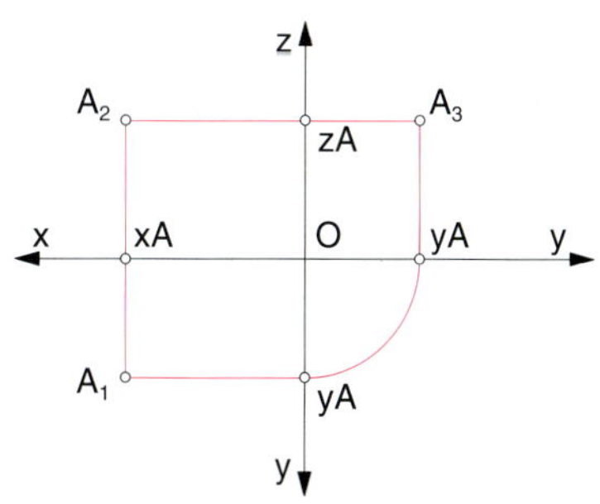

Video *Linee di riporto in proiezioni ortogonali*

PROBLEMA 5

Date le proiezioni ortogonali di una retta, trovare su di essa un punto di coordinata xA

Conoscendo r_1 e r_2, si individua sull'asse x il punto xA e si conduce da esso la retta verticale; dove quest'ultima interseca r_1 e r_2 si trovano rispettivamente A_1 e A_2, proiezioni di A.

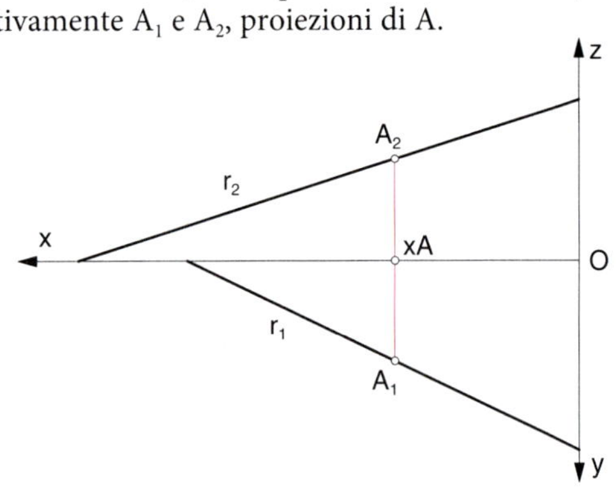

PROBLEMA 6

Date le proiezioni ortogonali di due rette r e s, verificare se esse sono incidenti o sghembe

Le rette date r e s sono incidenti se hanno in comune un punto P; quindi se il punto d'intersezione tra r_1 e s_1 si trova sulla verticale passante per l'intersezione tra r_2 e s_2, il punto P esiste. Altrimenti esso non esiste e le rette sono sghembe.

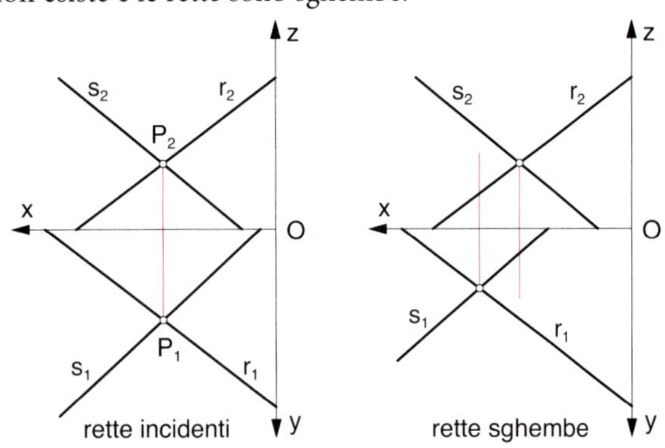

PROBLEMA 7

Date le proiezioni ortogonali di una retta, individuarne le tracce

Le intersezioni tra l'asse x e le rette r_1 e r_2 individuano rispettivamente i punti T'_2 e T''_1. Le verticali condotte da questi due punti intersecano r_1 e r_2 determinando rispettivamente i punti T'_1 e T''_2. T'_1 e T'_2 sono le proiezioni della prima traccia, mentre T''_1 e T''_2 sono le proiezioni della seconda traccia.

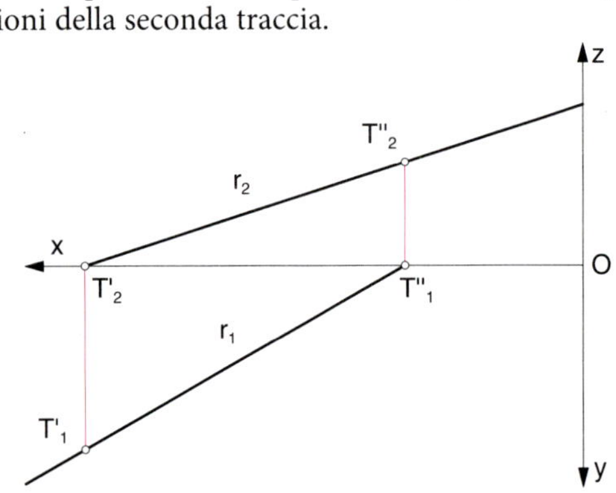

PROBLEMA 8

Date le proiezioni di un punto P e di una retta r, disegnare la retta s passante per P e parallela a r

Da P_1 si traccia s_1 parallela a r_1, mentre da P_2 si conduce s_2 parallela a r_2. Le rette s_1 e s_2 sono le proiezioni della retta desiderata.

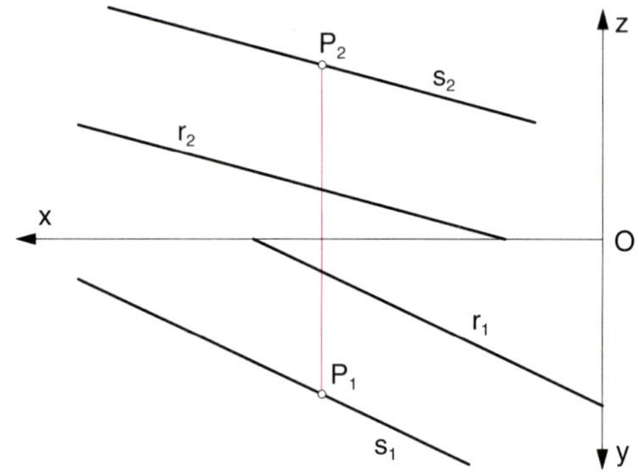

PROBLEMA 9

Dati due piani α e β, disegnare le proiezioni ortogonali della loro retta d'intersezione

L'intersezione tra t'α e t'β individua T'_1; la verticale condotta da esso determina sull'asse x il punto T'_2. Similmente da t''α e t''β si ricava T''_2 e quindi T''_1. Congiungendo T'_1 e T''_1 si disegna la r_1, mentre da T'_2 e T''_2 si ottiene la r_2. La retta d'intersezione tra i piani dati ha come proiezioni r_1 e r_2.

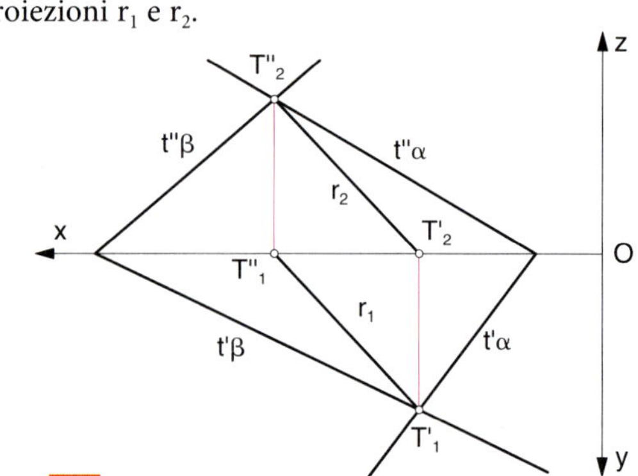

PROBLEMA 10

Dato un piano α in proiezioni ortogonali, disegnare una qualunque retta r appartenente a esso

Date t'α e t''α, si disegna una qualunque retta r_1; dove essa interseca la t'α e l'asse x, si ottengono T'_1 e T''_1, prime proiezioni delle tracce della retta. Dove le verticali da questi due punti intersecano t''α e l'asse x, si hanno T'_2 e T''_2; unendo questi due punti si trova r_2.

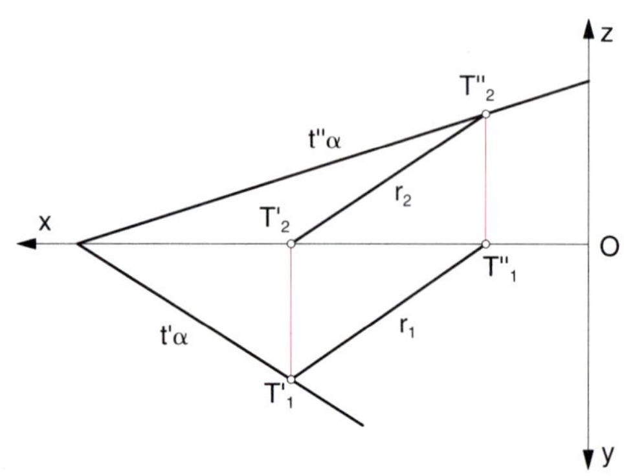

NOTA BENE

I problemi di questa pagina sono risolti mediante due sole proiezioni ortogonali, per evidenziare che esse sono sufficienti per definire compiutamente la posizione nello spazio di elementi geometrici quali punto, segmento e retta.

Proiezioni ortogonali di figure piane

Quando una figura piana è parallela a un quadro, la sua proiezione su quel quadro rappresenta la sua vera forma, cioè la figura non subisce alcuna deformazione. Per questo motivo **è molto vantaggioso iniziare il disegno dalla vista in cui la figura mostra la sua vera forma.**

PROBLEMA 11 PASSO PASSO

Triangolo equilatero parallelo al piano xy

Dato un vertice A della base, tramite le sue coordinate e la lunghezza del lato, si procede così:

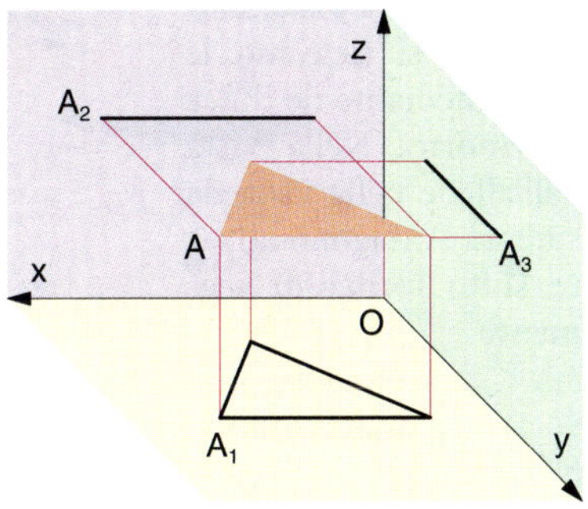

1 Tramite le coordinate xA, yA, zA si individuano sul foglio le proiezioni A_1, A_2 e A_3.

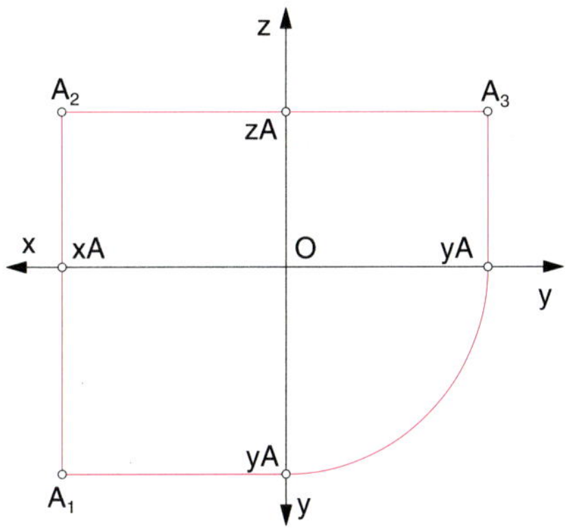

2 Poiché il triangolo è parallelo al piano xy, mostra la sua vera forma nella vista dall'alto; pertanto si disegna il triangolo in questa vista.

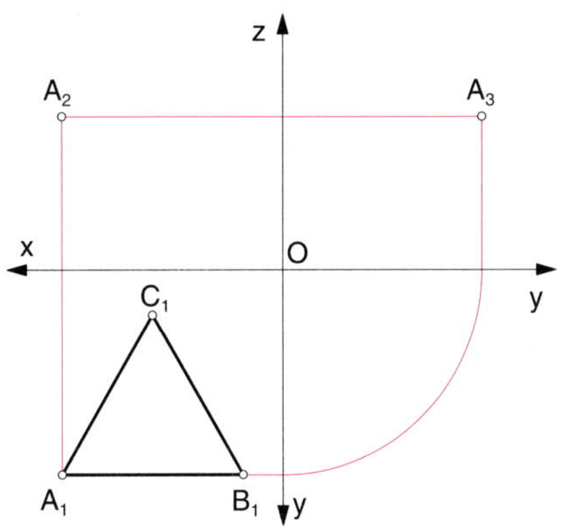

3 Il triangolo è anche perpendicolare ai piani xz e yz, perciò le sue proiezioni su questi piani sono segmenti orizzontali.

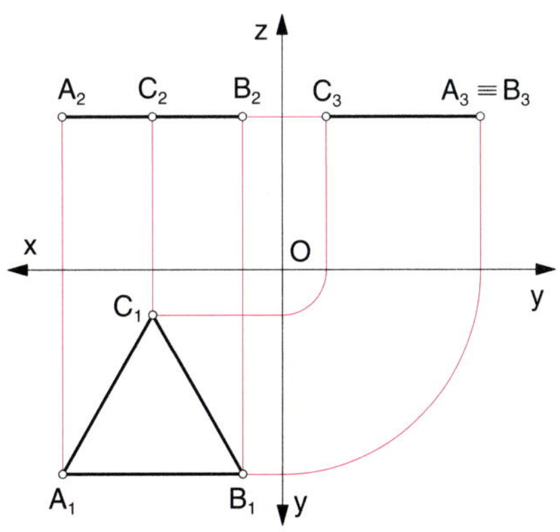

PROBLEMA 12 PASSO PASSO

Quadrato parallelo al piano xz

Noto il vertice A, mediante le sue coordinate e la lunghezza del lato, si procede così:

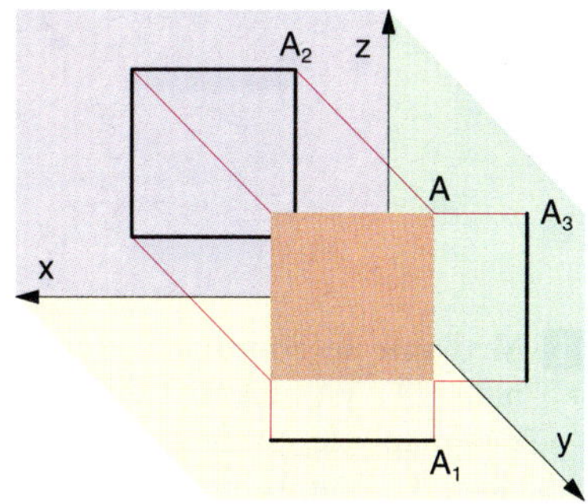

1 Tramite le coordinate xA, yA, zA si individuano sul foglio le proiezioni A_1, A_2 e A_3.

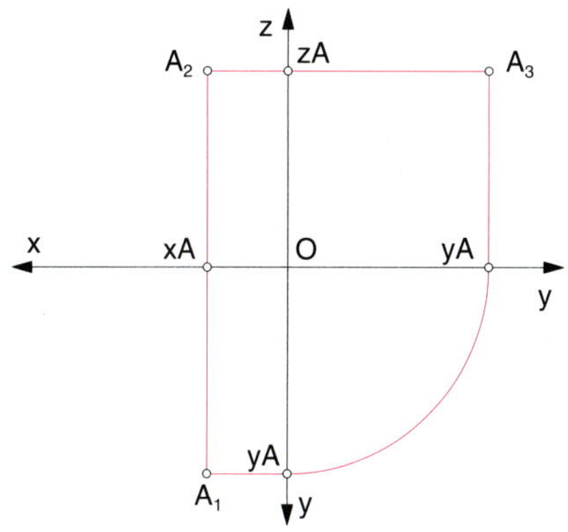

2 Poiché il quadrato è parallelo al piano xz, mostra la sua vera forma nella vista frontale; pertanto si disegna il quadrato in questa vista.

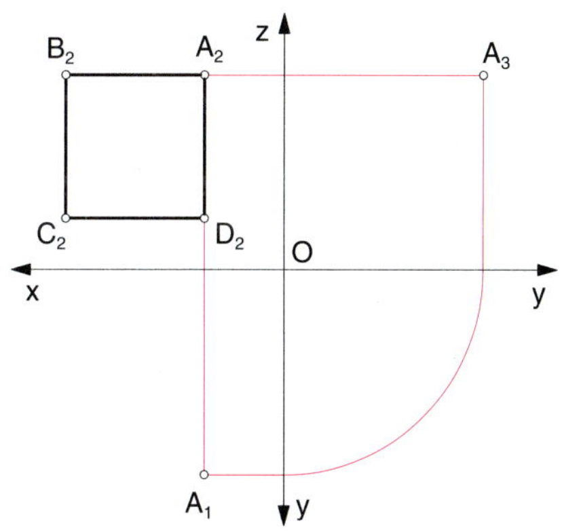

3 Il quadrato è anche perpendicolare ai piani xy e yz, perciò le sue proiezioni su questi piani sono due segmenti: nella vista dall'alto il segmento è orizzontale, mentre nella vista da sinistra è verticale.

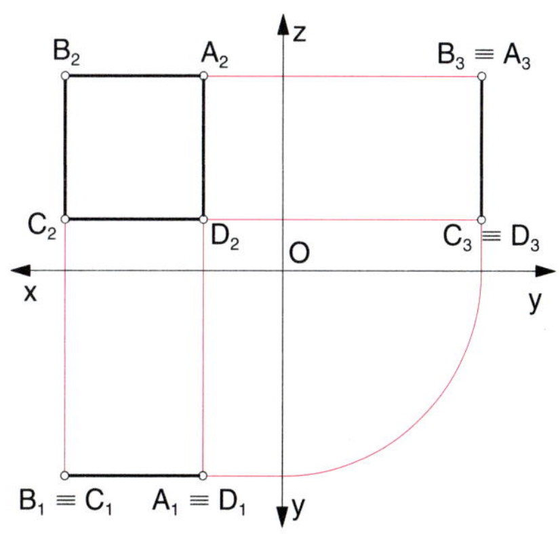

NOTA BENE

In caso di coincidenza di più punti, le lettere che indicano le proiezioni vengono scritte secondo l'ordine con cui il raggio proiettante attraversa i punti reali.
Per esempio nella vista dall'alto del Problema 12 il raggio proiettante passa prima per A e poi per D; quindi si scrive $A_1 \equiv D_1$ e non viceversa $D_1 \equiv A_1$.

PROBLEMA 13 PASSO PASSO

Esagono regolare parallelo al piano yz

Conoscendo le coordinate di un vertice A e la lunghezza del lato, si procede così:

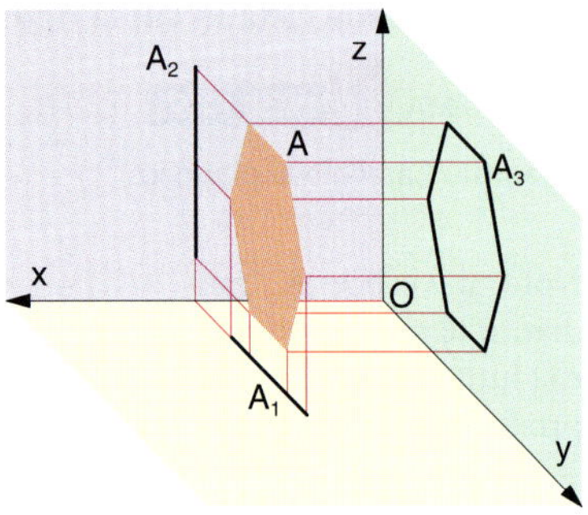

1 Mediante le coordinate xA, yA, zA si disegnano le proiezioni A_1, A_2 e A_3.

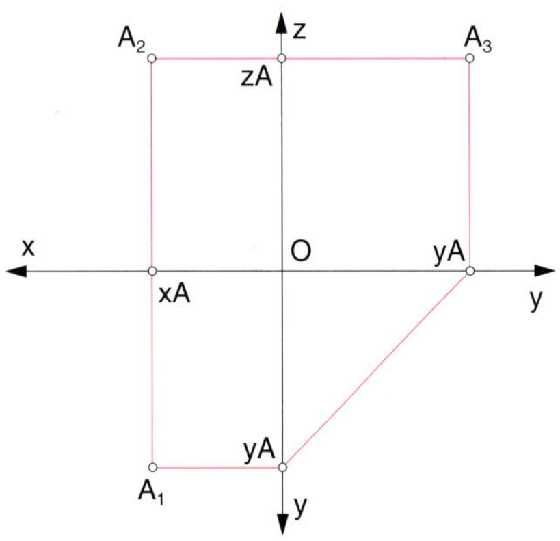

2 Essendo l'esagono parallelo al piano yz, si disegna l'esagono nella vista da sinistra, nella quale si presenta la vera forma del poligono.

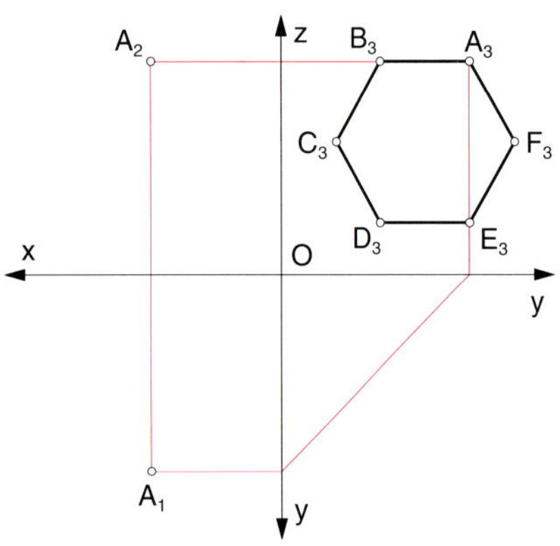

3 L'esagono è anche perpendicolare ai piani xy e xz, perciò le sue proiezioni su questi piani sono segmenti verticali.

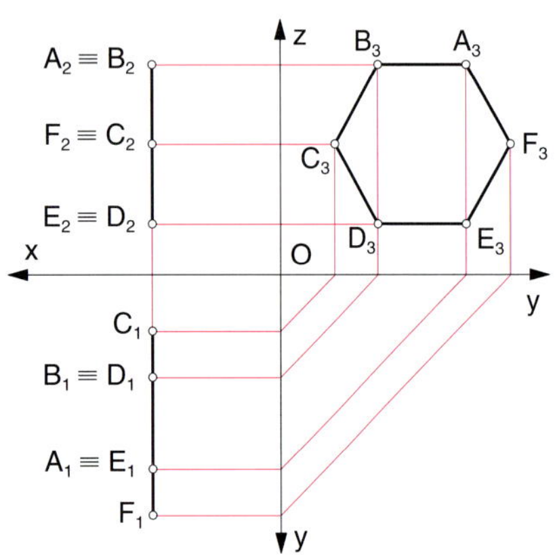

NOTA BENE

Prima di eseguire le finiture (ripasso delle linee da marcare, scritte ecc.) bisogna ultimare la costruzione di tutto il disegno.

PROBLEMA 14

Ottagono regolare parallelo al piano xz

In questo caso il poligono mostra la sua vera forma nella vista frontale; pertanto il disegno viene impostato a partire da questa vista, dalla quale si ricavano le altre mediante le linee di riporto. Nella vista dall'alto e nella vista da sinistra l'ottagono appare sotto forma di segmento.

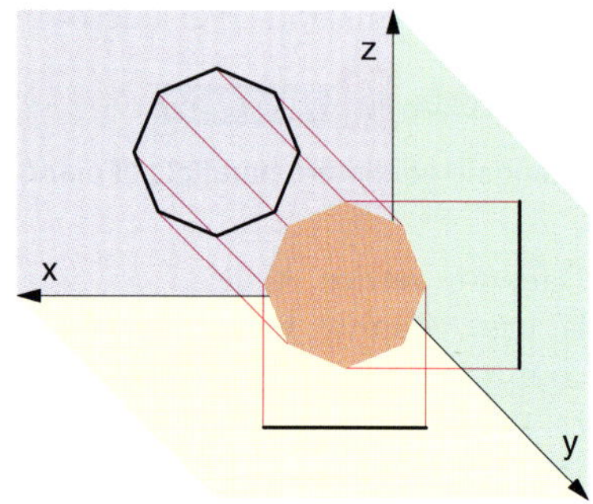

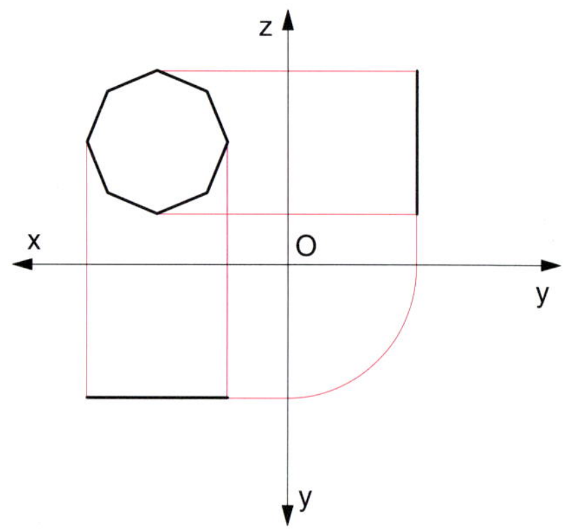

PROBLEMA 15

Corona circolare parallela al piano xy

La figura mostra la sua vera forma nella vista dall'alto, dalla quale pertanto si inizia il disegno. Mediante linee di riporto tangenti alla circonferenza esterna si ricavano le altre due viste.

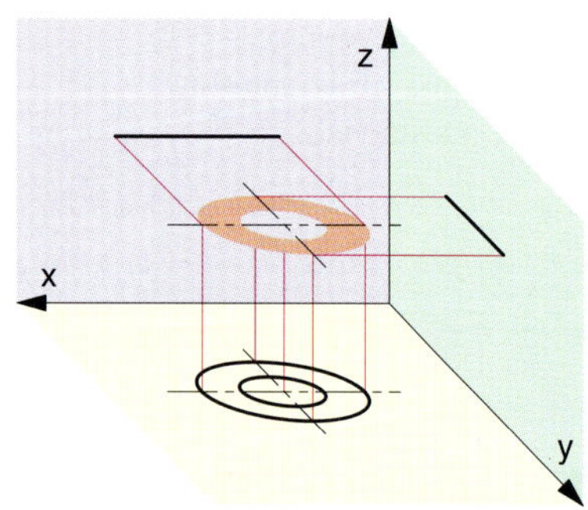

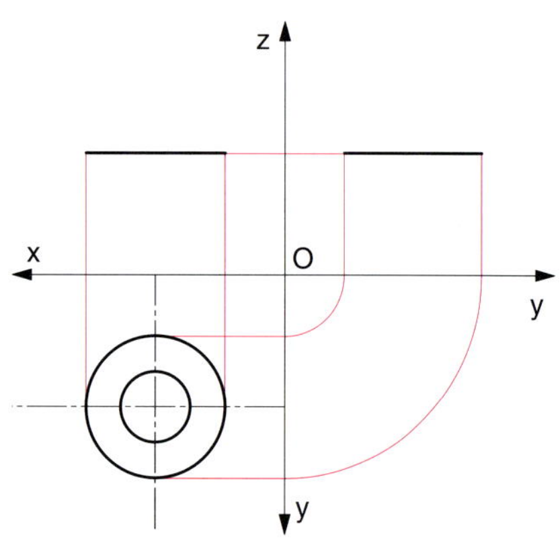

Figure piane perpendicolari a un quadro e inclinate rispetto agli altri due

Se una figura è perpendicolare rispetto a un quadro, la sua proiezione su di esso è un segmento; l'inclinazione di questo segmento fornisce gli angoli che la figura forma con gli altri quadri.

PROBLEMA 16 GUIDATO

Rombo perpendicolare al piano xy e inclinato rispetto agli altri due

Del rombo sono note le diagonali, la posizione del centro M e l'inclinazione α rispetto al piano xz.

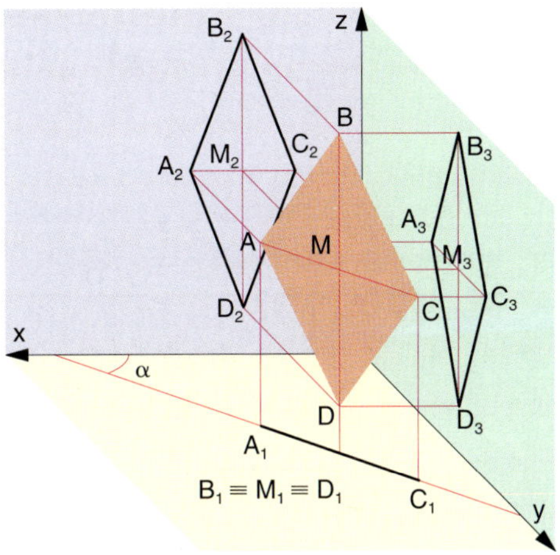

Per ottenere le viste si procede nel modo seguente.

1. Si trovano le proiezioni del centro M (v. Problema 4).
2. Da M_1 si traccia una retta inclinata di un angolo α rispetto all'asse x; su di essa si prende un segmento A_1C_1 che ha il punto medio in M_1 e lunghezza pari alla diagonale orizzontale del rombo.
3. Si disegna un segmento B_2D_2 che ha il punto medio in M_2 e lunghezza pari all'altra diagonale del rombo.
4. Conducendo le rette orizzontali per B_2, M_2 e D_2 e tracciando le linee di riporto da A_1, M_1 e C_1 si ottengono le proiezioni dei vertici del rombo.

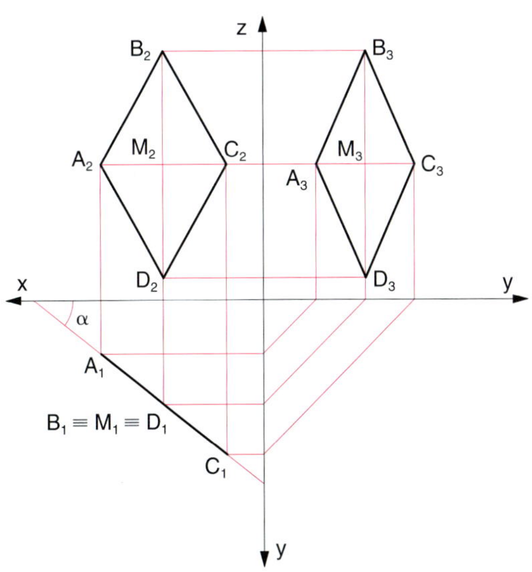

PROBLEMA 17 GUIDATO

Trapezio isoscele perpendicolare al piano xz e inclinato rispetto agli altri due

Del trapezio sono note le basi, l'altezza e l'inclinazione α rispetto al piano xy.

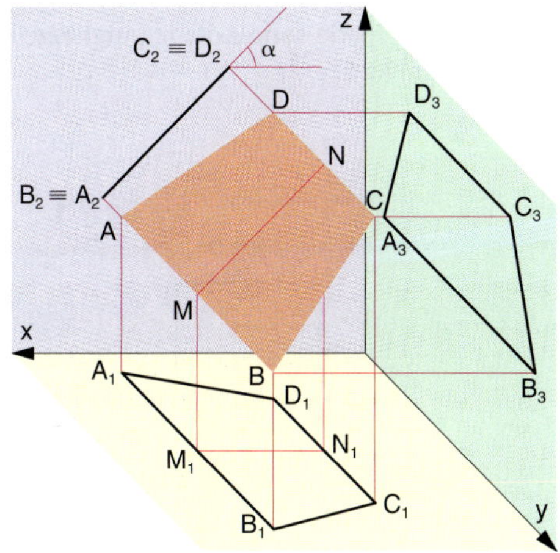

Per ottenere le viste del trapezio si procede nel modo seguente.

1. Nella vista frontale si disegna un segmento lungo quanto l'altezza del trapezio e inclinato di un angolo α rispetto all'asse x.
2. Dopo aver tracciato le linee di riporto dagli estremi del segmento, si prende un segmento A_1B_1 di lunghezza pari alla base maggiore del trapezio.
3. Da M_1, punto medio di A_1B_1, si traccia una retta orizzontale, che interseca l'altra retta di riporto verticale in N_1, punto medio della base minore.
4. Si disegna il segmento C_1D_1, di lunghezza pari alla base minore del trapezio, ottenendo così la vista dall'alto.
5. Mediante le linee di riporto si trovano le terze viste dei vertici del trapezio.

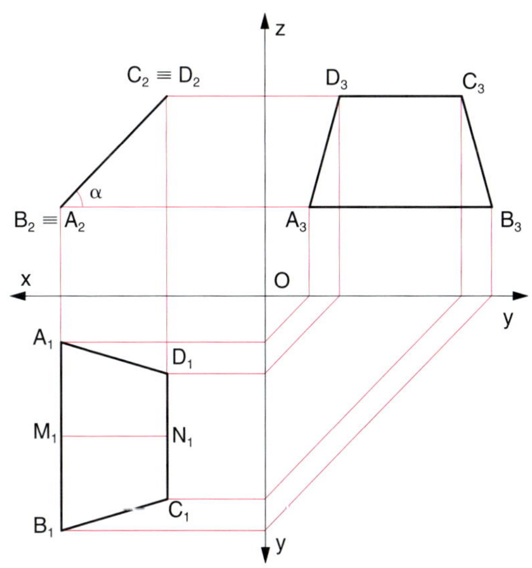

Proiezioni ortogonali di solidi

Analogamente alle figure piane, anche i solidi vengono rappresentati in proiezioni ortogonali partendo dai loro elementi più semplici (vertici, spigoli e contorni). È da ricordare che le facce parallele a un quadro creano delle viste uguali alla faccia stessa.

PROBLEMA 18 PASSO PASSO

Parallelepipedo con facce parallele ai quadri

Del parallelepipedo sono note le lunghezze a, b, c dei lati e le coordinate di un vertice V.

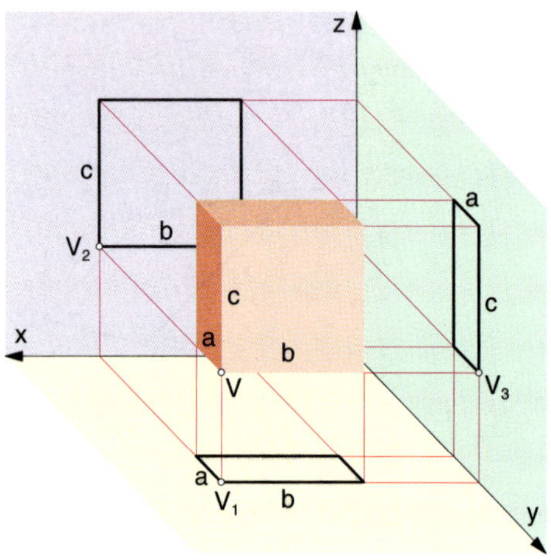

Per ottenere le viste si procede nella maniera seguente:

1 Si trovano V_1, V_2, V_3, proiezioni del vertice V (v. Problema 4).

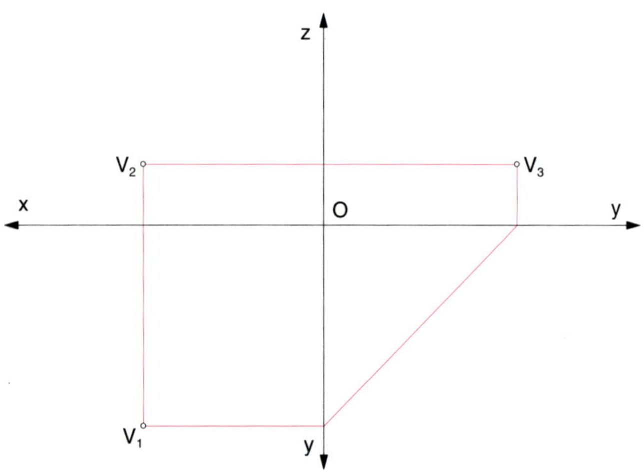

MEMO
La vista di una faccia parallela a un quadro si presenta nella sua **vera forma** (ha forma uguale alla faccia reale).

2 Nella vista dall'alto si disegna un rettangolo di lati a e b con vertice in V_1.

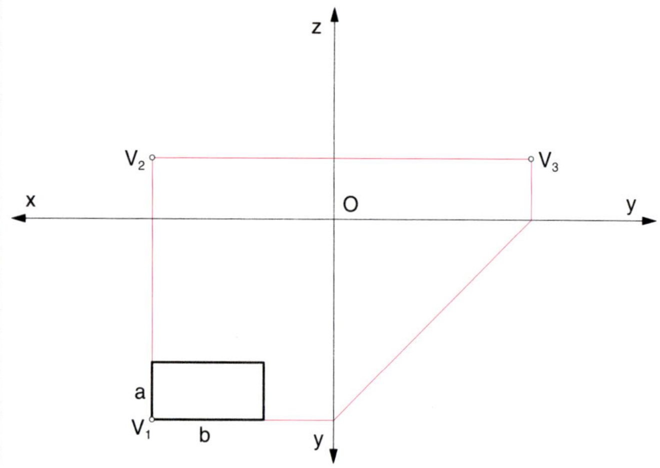

3 Nella vista frontale, a partire da V_2 si traccia un rettangolo di lati b e c.

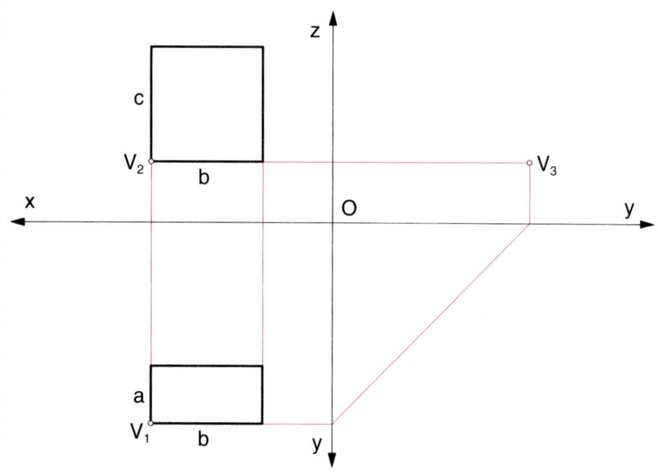

4 Mediante le linee di riporto si ricava la terza vista del parallelepipedo (un rettangolo di lati a e c).

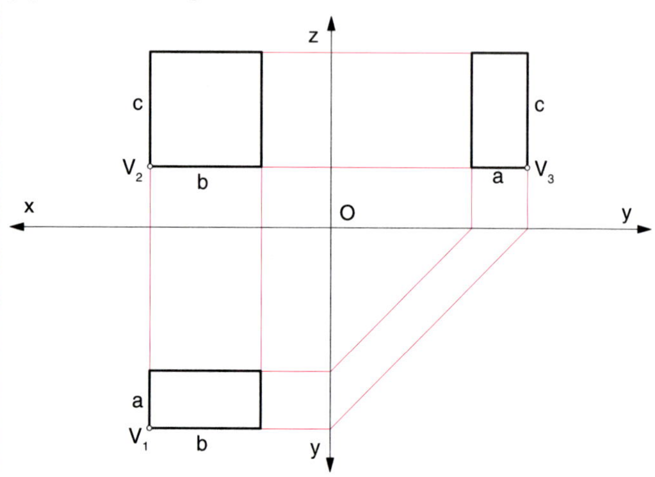

PROBLEMA 19 GUIDATO

Piramide retta a base rettangolare

Della piramide sono note le lunghezze a, b dei lati di base, l'altezza h e le coordinate del vertice V.

Per ottenere le viste si procede nel modo seguente.

1. Si trovano V_1, V_2, V_3, proiezioni del vertice V.
2. Nella vista dall'alto si disegna un rettangolo di lati a e b con centro in V_1.
3. Nella vista frontale si traccia una orizzontale che abbia distanza h da V_2.
4. Mediante le linee di riporto dalla vista dall'alto della base si ricavano le altre due viste (triangoli isosceli).

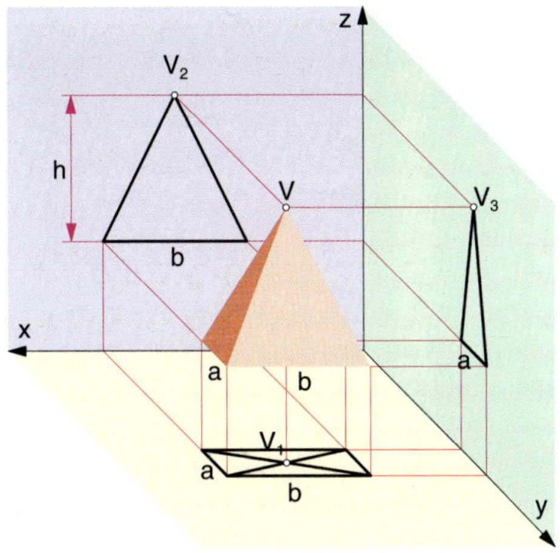

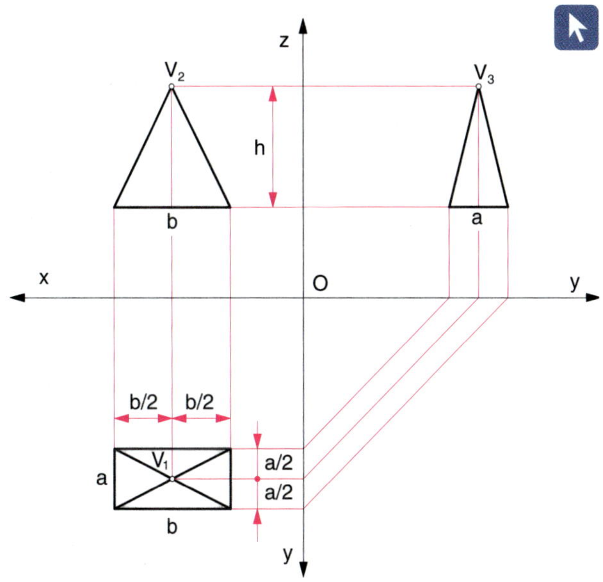

PROBLEMA 20 GUIDATO

Piramide retta a base esagonale regolare con base parallela al piano xy

Della piramide sono note la lunghezza a del lato di base, l'altezza h e le coordinate del vertice V.

Per ottenere le viste si procede nel modo seguente.

1. Si trovano V_1, V_2, V_3, proiezioni del vertice V.
2. Nella vista dall'alto si disegna un esagono di lato a con centro in V_1.
3. Nella vista frontale si traccia una orizzontale che abbia distanza h da V_2.
4. Mediante le linee di riporto dalla vista dall'alto della base si ricavano le altre due viste (triangoli isosceli).

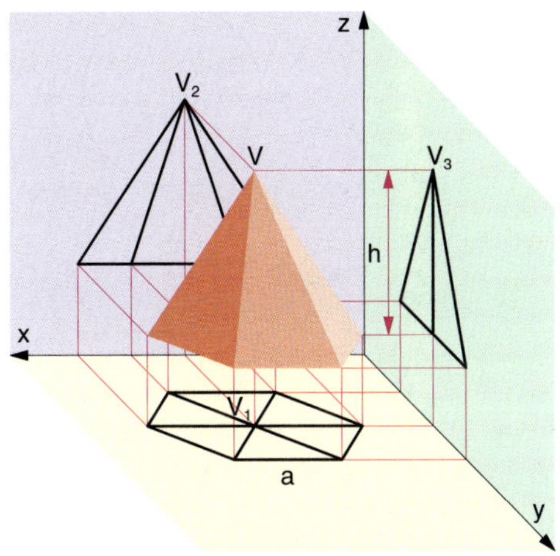

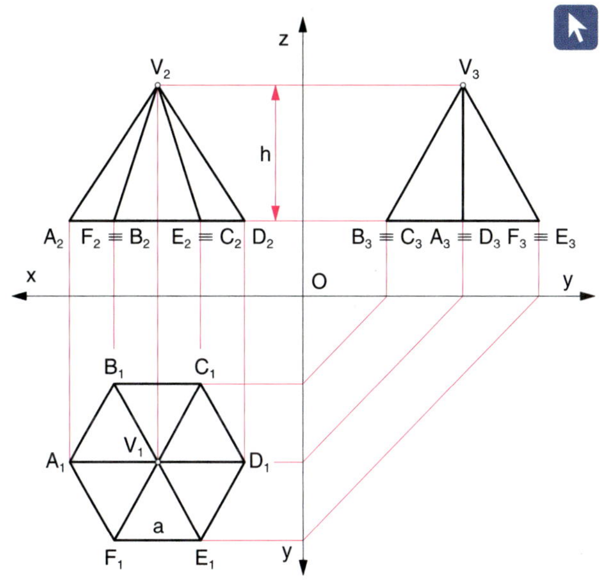

PROBLEMA 21 GUIDATO

Prisma retto a base ottagonale regolare con basi parallele al piano yz

Le basi del prisma sono parallele al piano yz; oltre all'altezza h, sono note le coordinate del centro C di una base e il raggio r della circonferenza circoscritta alla base.

Per ottenere le viste si procede nel modo seguente.

1. Si trovano C_1, C_2, C_3, proiezioni del centro C.
2. Nella vista da sinistra si disegna un ottagono di raggio r e centro in C_3.
3. Dai vertici dell'ottagono si tracciano le linee di riporto verso i piani xy e xz.
4. Dalla verticale passante per C_1 e C_2 si conduce una parallela a distanza h.

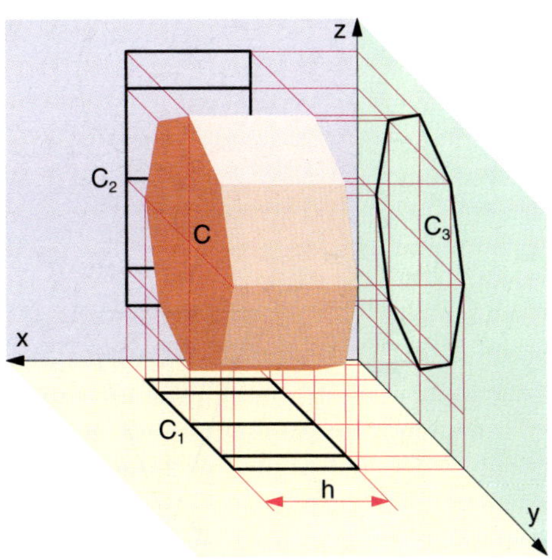

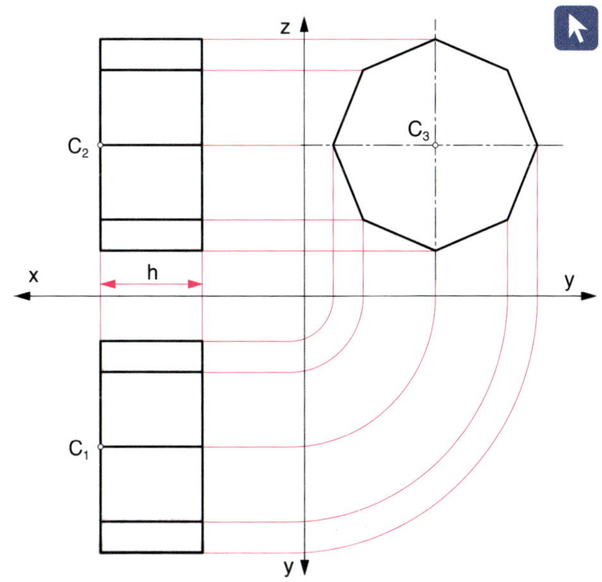

PROBLEMA 22 PASSO PASSO

Cono retto con base parallela al piano xz

Del cono sono noti il raggio di base r, l'altezza h e le coordinate del vertice V.

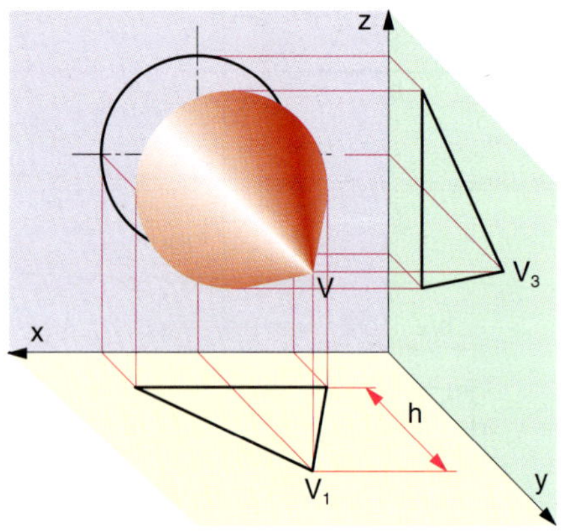

Per ottenere le viste si procede nella maniera seguente:

1 In base ai valori noti delle coordinate, si trovano V_1, V_2, V_3, proiezioni di V (v. Problema 4).

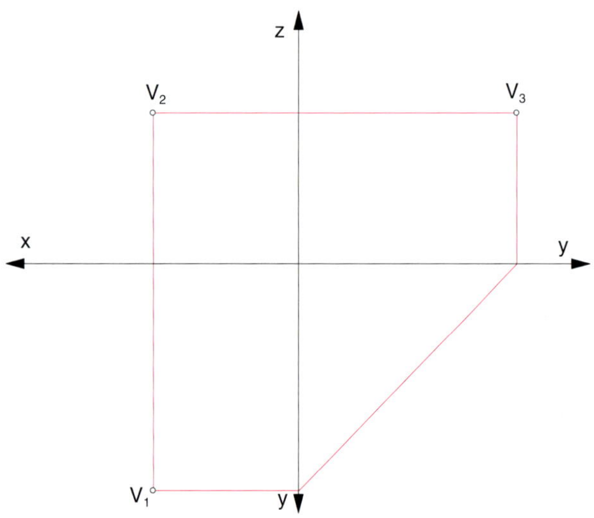

2 Nella vista frontale si disegna una circonferenza di raggio r con centro in V_2. Della circonferenza si tracciano anche gli assi di simmetria.

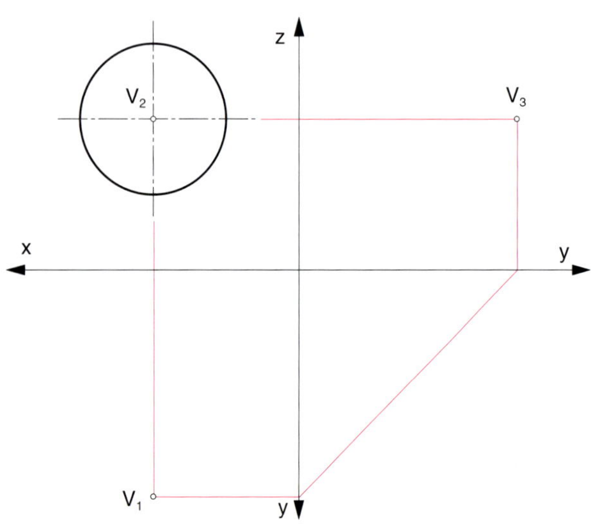

3 Nella vista dall'alto si traccia una orizzontale con distanza h da V_1.

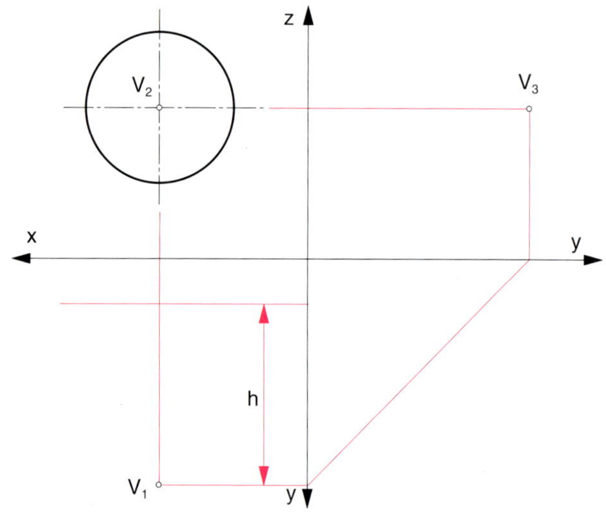

4 Dagli estremi del diametro orizzontale della circonferenza si conducono linee di riporto verticali che consentono di completare la vista dall'alto.

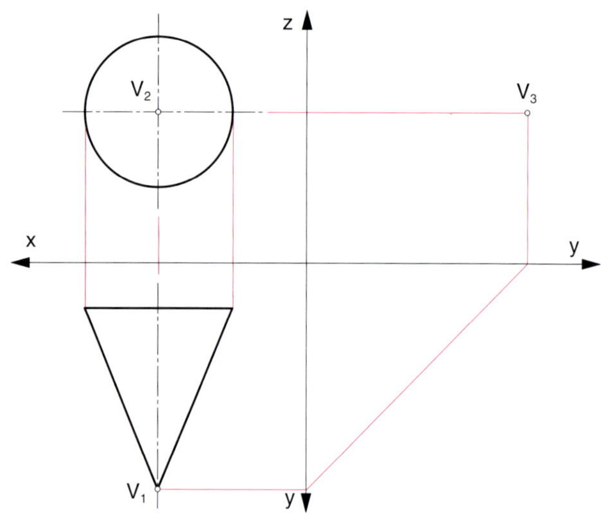

5 Mediante linee di riporto dalla vista dall'alto e dalla vista frontale si completano le viste.

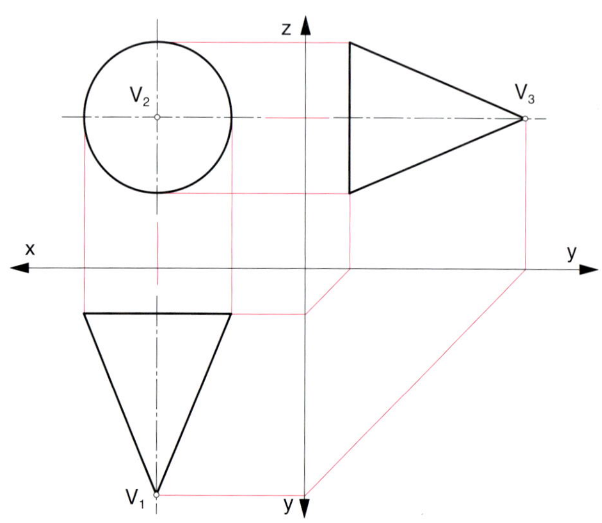

PROBLEMA 23 GUIDATO

Cilindro retto con l'asse parallelo all'asse x

Poiché il cilindro presenta basi parallele al piano yz, nella vista da sinistra le basi stesse appaiono nella loro **vera forma**, cioè una circonferenza.

Conoscendo la posizione del centro C, diametro e altezza del cilindro, si procede così.

1. Si trovano C_1, C_2, C_3, proiezioni del centro C.
2. Nella vista da sinistra si disegna una circonferenza del diametro dato e con centro in C_3.
3. Dopo aver tracciato gli assi della circonferenza, si individuano i punti da cui condurre le linee di riporto tangenti alla circonferenza.
4. Le viste dall'alto e frontale sono costituite da rettangoli con un lato pari al diametro e l'altro pari all'altezza del cilindro.

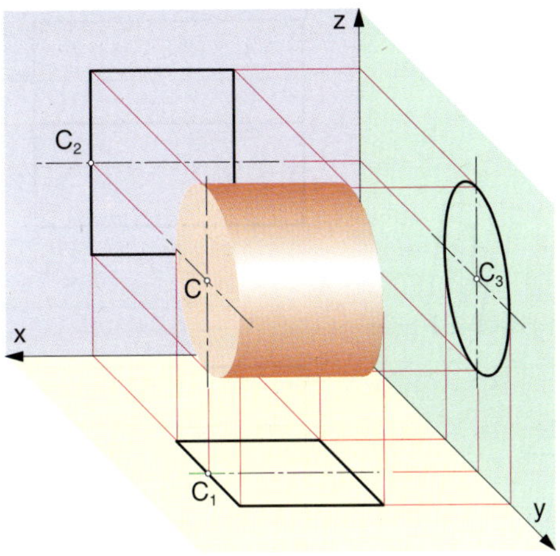

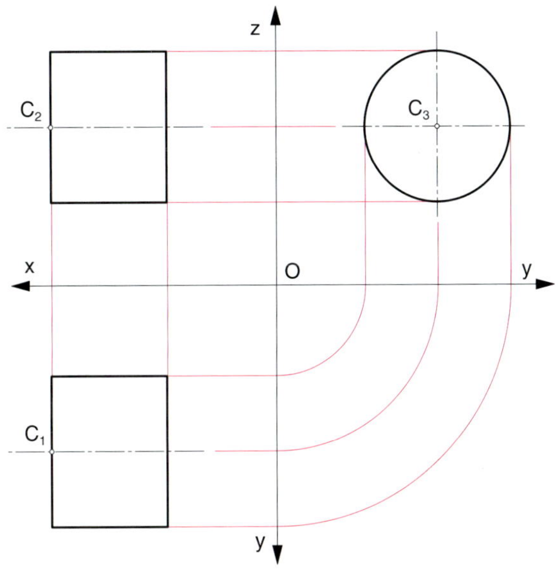

PROBLEMA 24 GUIDATO

Tronco di piramide pentagonale con basi parallele al piano xy

Si conoscono le dimensioni delle basi e l'altezza. Essendo le basi parallele a xy, in questo piano esse appaiono nella loro **vera forma**; pertanto si procede nel modo seguente.

1. Si disegnano sul piano xy due pentagoni concentrici delle dimensioni assegnate.
2. Dai vertici della base maggiore si conducono le linee di riporto, ottenendo su una stessa retta orizzontale le proiezioni frontale e da sinistra dei vertici stessi.
3. Analogamente si disegnano le proiezioni dei vertici della base minore, disposti su una retta orizzontale che dista dalla precedente di una misura pari all'altezza del tronco di piramide (in figura: h).
4. Si completano le viste unendo i corrispondenti vertici delle due basi.

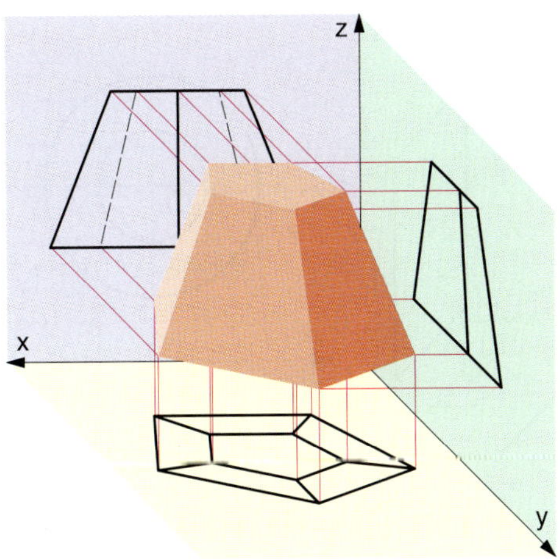

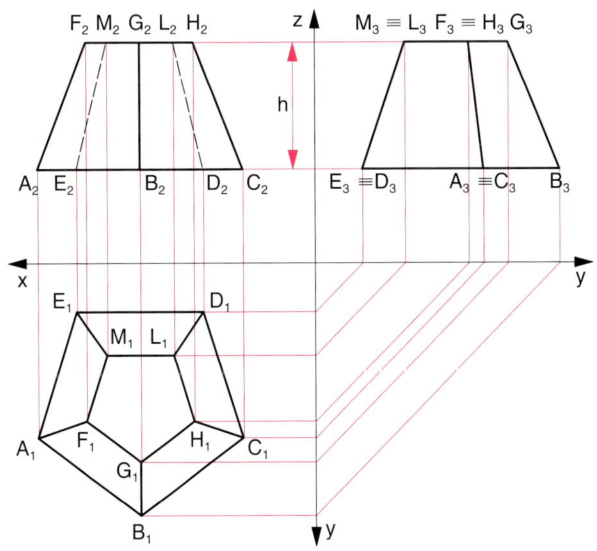

GLOSSARIO
Due poligoni regolari si dicono **concentrici** quando hanno in comune l'incentro e il circocentro.

NOTA BENE
Gli spigoli o i contorni nascosti si indicano con la **linea a tratti fine**, tipo 2.1 (v. pag. A25).

PROBLEMA 25 GUIDATO

Prisma esagonale con foro quadro e con basi parallele al piano yz

Le basi del prisma sono parallele al piano yz e quindi conviene iniziare il disegno dalla vista da sinistra, in cui l'esagono e il quadrato appaiono nella loro **vera forma**.

Sono noti il lato di base e l'altezza (h) del prisma e il lato del quadrato. Per ottenere le viste si procede nel modo seguente.

1. Nella vista da sinistra si disegnano l'esagono regolare, i suoi assi e successivamente il quadrato.
2. Dalle figure disegnate si conducono le linee di riporto.
3. Nella vista frontale si tracciano due verticali a distanza h, altezza del prisma, che individuano le altre linee della costruzione.
4. Definite le diverse viste, si ripassano con linea continua grossa gli spigoli in vista, mentre la linea a tratti fine si impiega per gli spigoli nascosti.

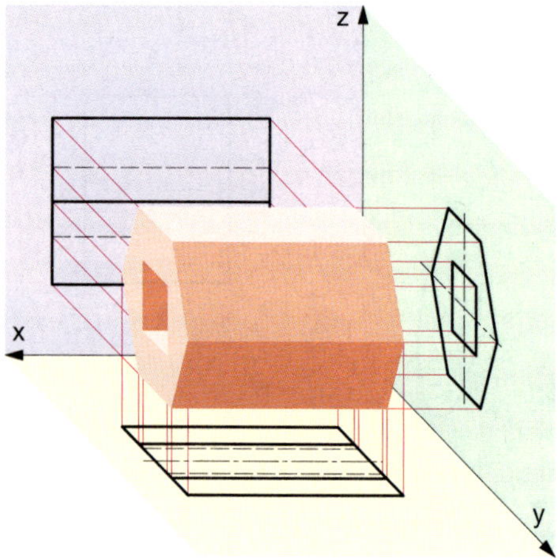

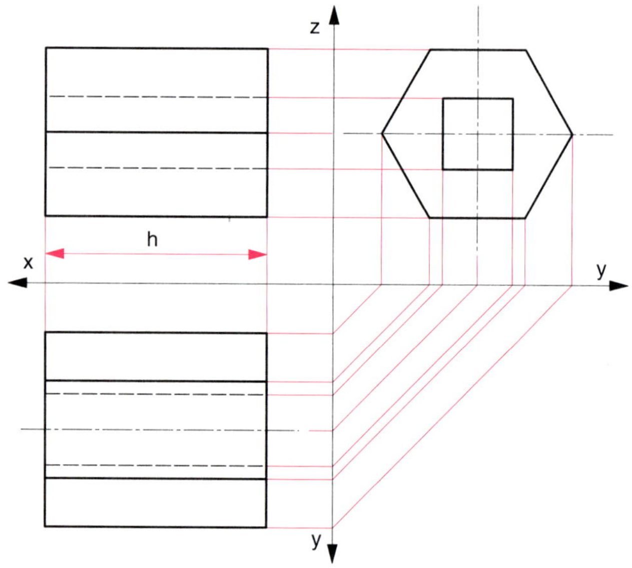

PROBLEMA 26 GUIDATO

Cilindro con foro cieco e con basi parallele al piano xz

In questo caso le circonferenze di base mostrano la loro **vera forma** nella vista frontale, dalla quale si inizia il disegno.

Conoscendo diametro e altezza (h) del cilindro e diametro e profondità (p) del foro, si procede nel modo seguente.

1. Si disegnano nella vista frontale le circonferenze di base e i loro assi.
2. Si conducono le linee di riporto tangenti alle circonferenze.
3. Nella vista da sinistra si tracciano tre rette verticali a distanze h e p.
4. Con i riporti dalle rette precedenti si definisce anche la terza vista.
5. Si ripassano con linee continue gli spigoli e i contorni visibili, con linee a tratti quelli nascosti.

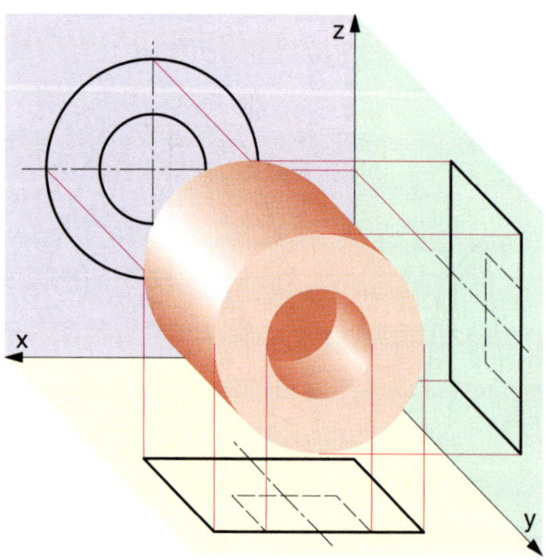

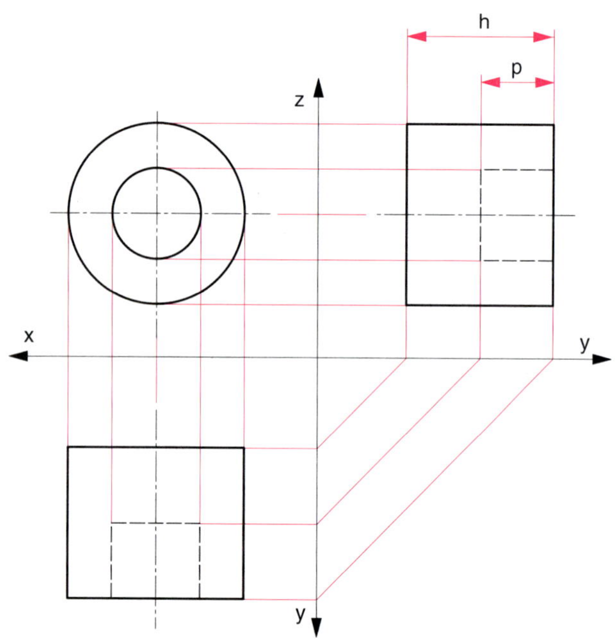

GLOSSARIO

Il **foro cieco** è un foro che penetra parzialmente in un oggetto; al contrario si dice **foro passante** quello che lo attraversa completamente.

NOTA BENE

Gli **assi di simmetria** dei solidi devono essere disegnati con **linea mista fine a punto e tratto**, tipo 4.1 (v. pag. A25); anche le proiezioni ortogonali di cilindri, coni e fori devono essere provviste di assi di simmetria. Gli assi di simmetria sporgono di poco oltre la figura.

PROBLEMA 27 GUIDATO

Parallelepipedo con asola aperta

La semicirconferenza dell'asola aperta si mostra nella sua **vera forma** nella vista dall'alto da cui conviene iniziare.

Data la posizione del centro C, attraverso gli assi dell'asola aperta, e il raggio della semicirconferenza, si procede così:

1. Nella vista dall'alto si delinea la faccia superiore del parallelepipedo e gli assi longitudinale e trasversale dell'asola aperta, individuando C_1.
2. Con centro in C_1 si traccia la semicirconferenza e le sue tangenti orizzontali.
3. Nella vista frontale si disegna la faccia anteriore del parallelepipedo, l'asse dell'asola e il suo profilo destro mediante riporto tangente alla semicirconferenza.
4. La vista da sinistra si ottiene con riporti dai vertici del parallelepipedo e dalle tangenti all'asola.

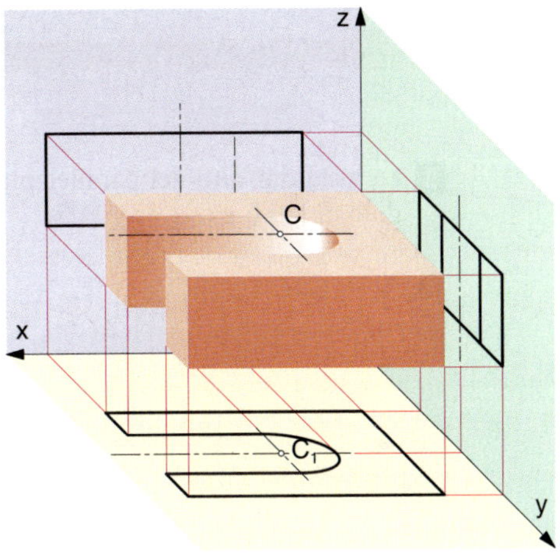

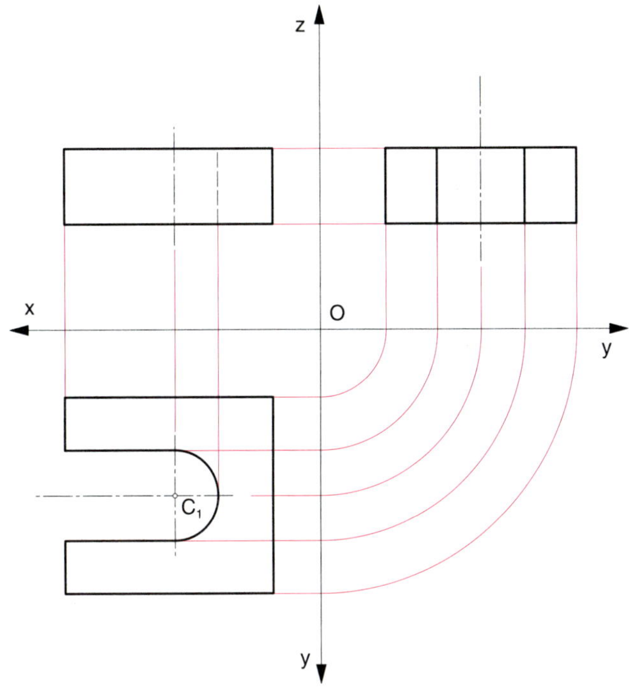

PROBLEMA 28 GUIDATO

Anello con asola

L'anello e l'asola mostrano la **vera forma** del loro profilo nella vista frontale; pertanto si procede nel modo seguente:

1. Nella vista frontale si traccia l'asse longitudinale, si individuano i centri A_2 e B_2 e gli assi trasversali.
2. Centrando in A_2 e B_2 si tracciano coppie di semicirconferenze di raggi pari a quelli dell'anello e dell'asola. Si completa la vista frontale con tangenti orizzontali alle semicirconferenze.
3. Con riporti verticali tangenti alle semicirconferenze si delinea la vista dall'alto, completa di spigoli e contorni dell'anello, contorni nascosti dell'asola e assi trasversali.
4. La vista da sinistra mostra spigoli e contorni dell'anello, i due contorni nascosti dell'asola e l'asse orizzontale.

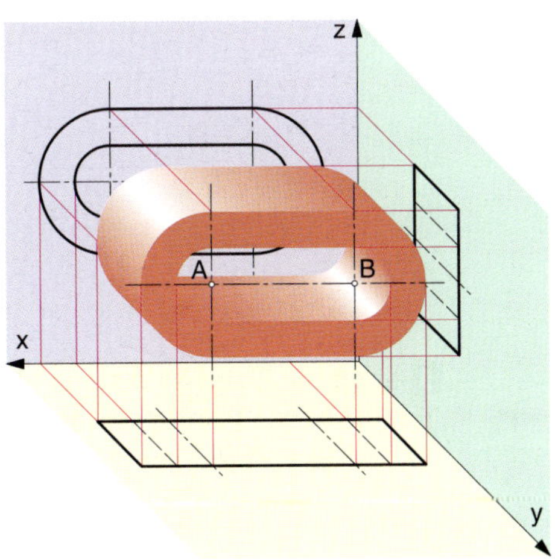

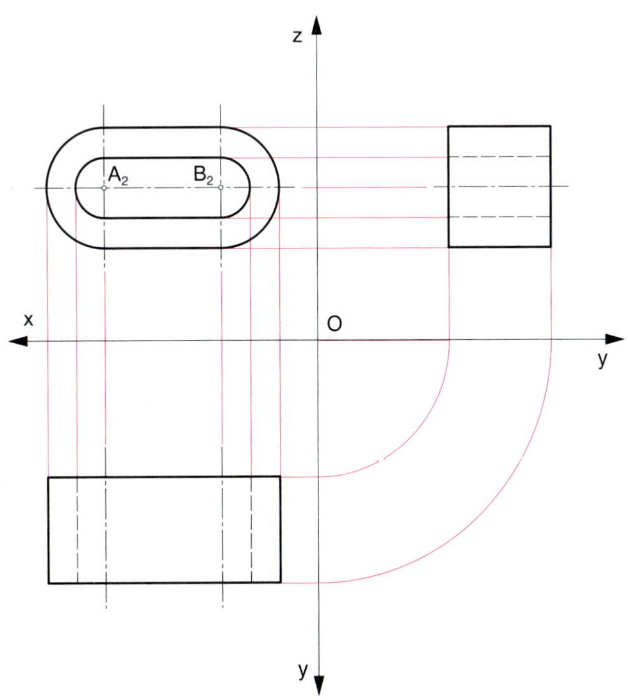

GLOSSARIO

Asola: foro generato da un profilo costituito da due semicirconferenze e due segmenti a loro tangenti.

Asola aperta: cavità generata da un profilo costituito da una semicirconferenza e due segmenti tangenti.

Proiezioni ortogonali di gruppi di solidi

Qualora si debbano rappresentare insieme più solidi, si seguono gli stessi procedimenti visti in precedenza, facendo solo particolare attenzione a spigoli e profili nascosti, che sono da indicare con linea a tratti fine (tipo 2.1).

PROBLEMA 29 PASSO PASSO

Gruppo di parallelepipedo e prisma triangolare equilatero

I solidi sono poggiati sul piano xy.

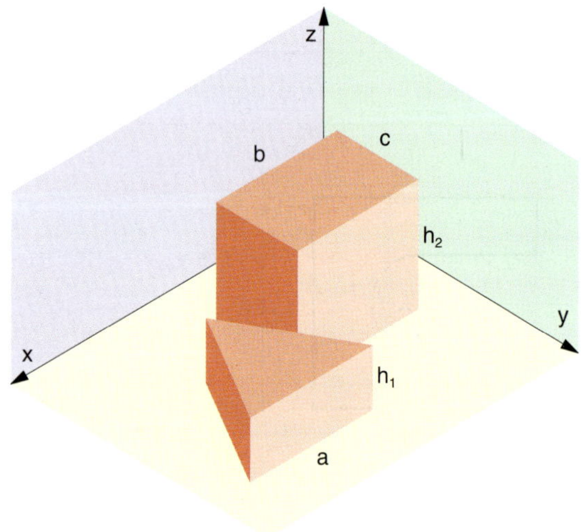

1 Iniziamo dalla vista dall'alto poiché in essa il triangolo equilatero (di lato a) si mostra nella sua vera forma.

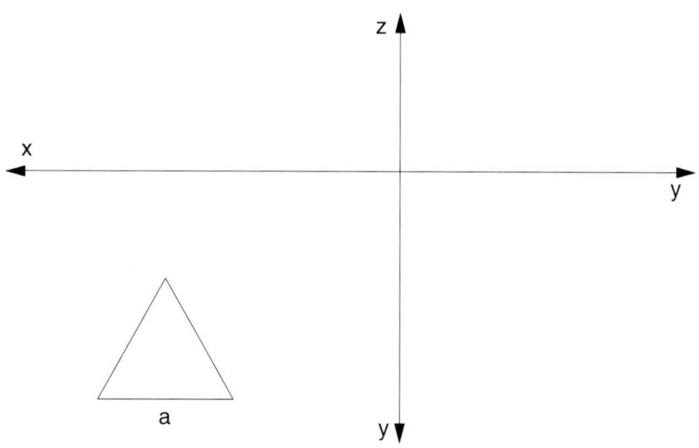

2 Completiamo la costruzione del prisma triangolare con una retta che dista h_1 dall'asse x, e con le linee di riporto.

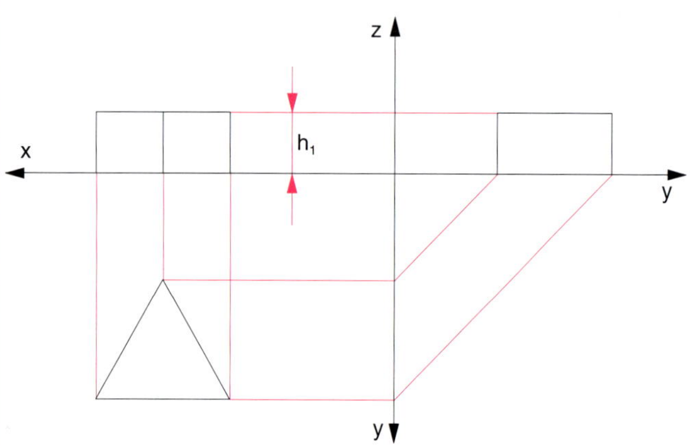

3 La vista dall'alto del parallelepipedo si mostra come un rettangolo di lati b e c.

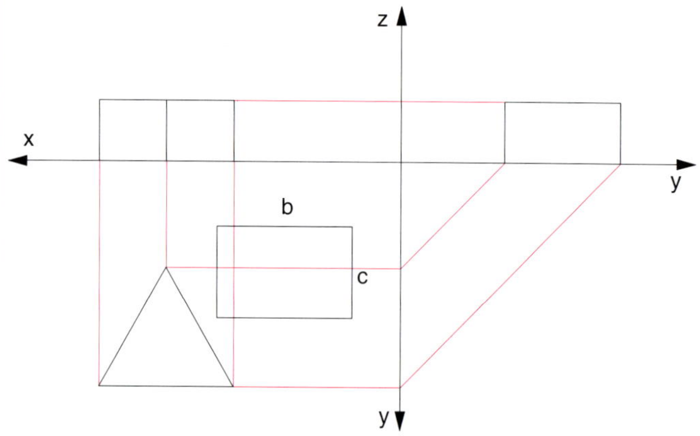

4 Mediante linee di riporto e una retta che dista h_2 dall'asse x, si ottengono le altre viste del parallelepipedo.

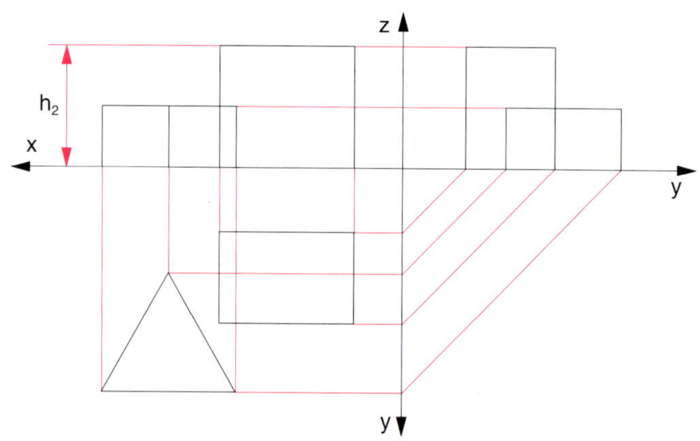

5 Si esegue il ripasso facendo attenzione agli spigoli nascosti; il prisma infatti nasconde in parte il parallelepipedo nella vista frontale e in quella da sinistra.

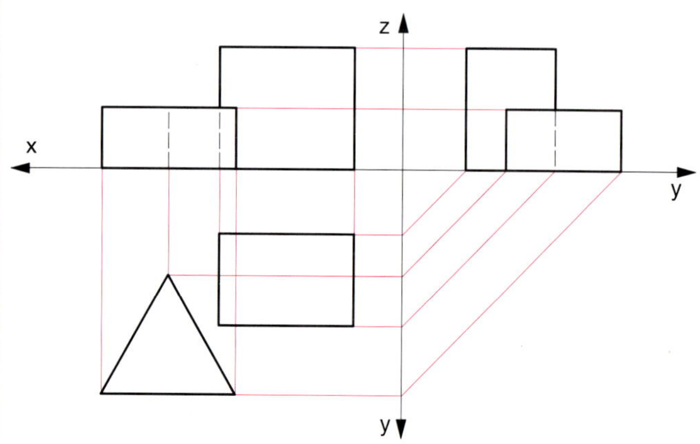

PROBLEMA 30

Gruppo di solidi geometrici

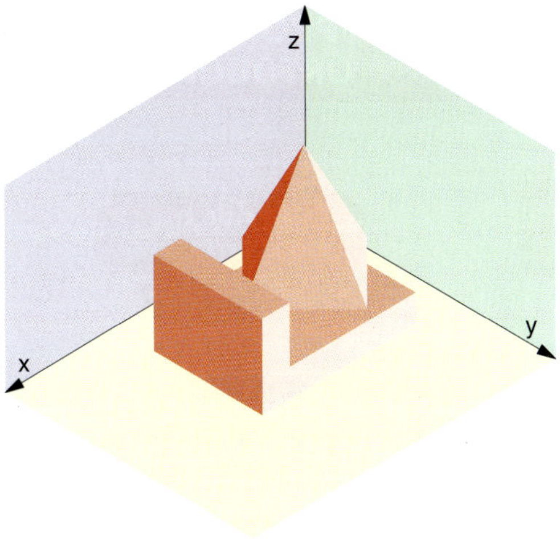

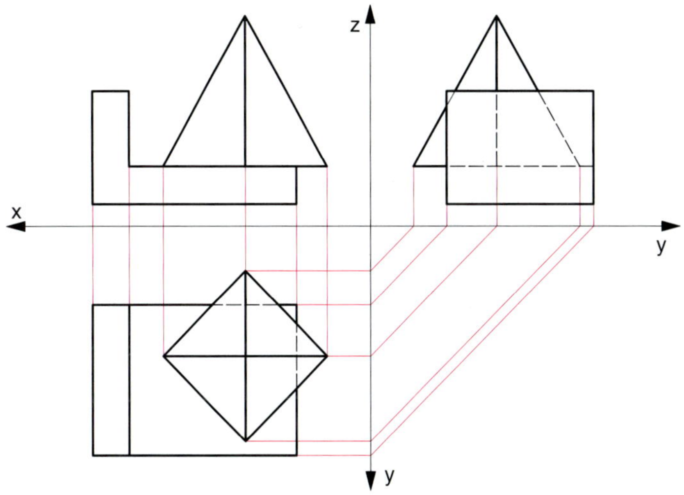

PROBLEMA 31

Cono poggiato su un parallelepipedo e un cilindro

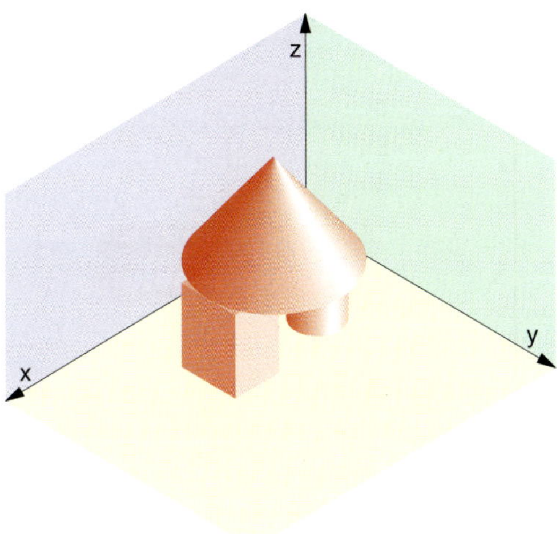

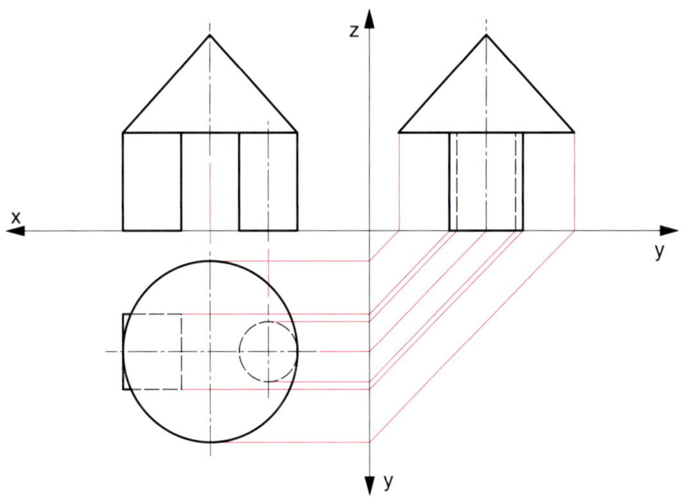

PROBLEMA 32

Parallelepipedo poggiato su un prisma esagonale e un cilindro cavo

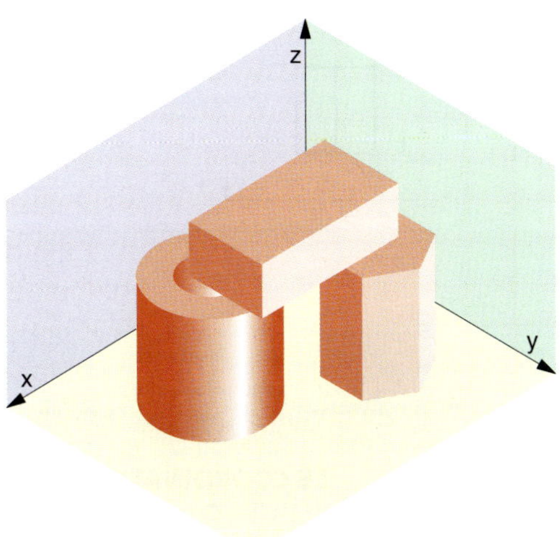

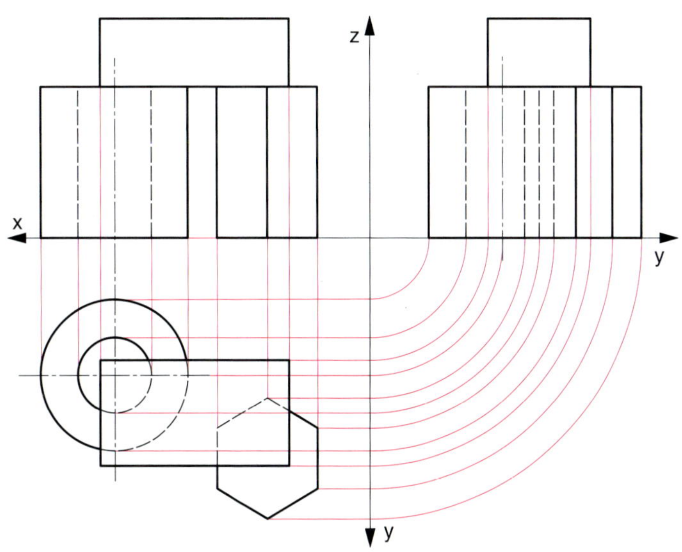

Sulle proiezioni ortogonali abbiamo imparato...

PROIEZIONI ORTOGONALI

→ **caratteristiche**

- **PROIEZIONE PARALLELA con direzione perpendicolare al quadro** → **I PARALLELISMI SI CONSERVANO**
- **FIGURE PIANE PARALLELE AL QUADRO** → **MANTENGONO LA VERA FORMA**

→ **usando tre piani cartesiani**

TRE VISTE (frontale, dall'alto, da sinistra)

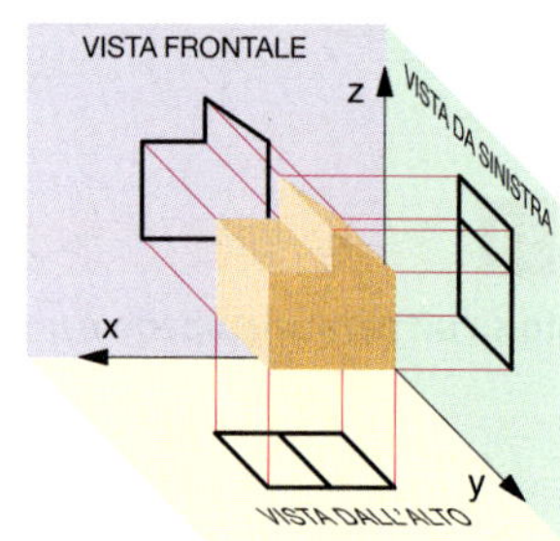

→ **dopo il ribaltamento**

TRE VISTE su un piano (foglio da disegno)

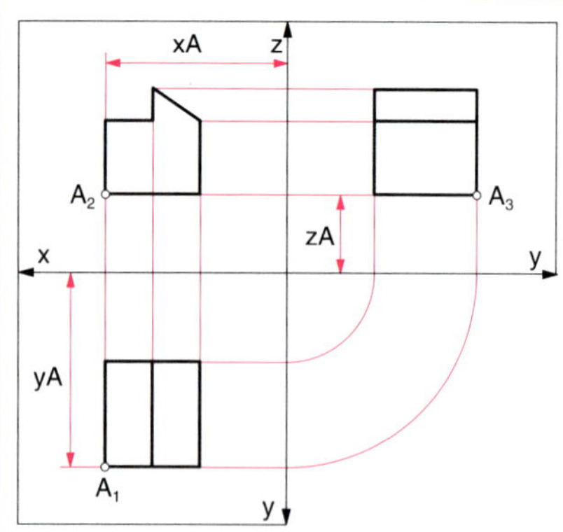

DALLE VISTE SI RICAVANO → **LE COORDINATE DI OGNI PUNTO (xA - yA - zA)**

Punto, retta e piano in proiezioni ortogonali si rappresentano così

PUNTO

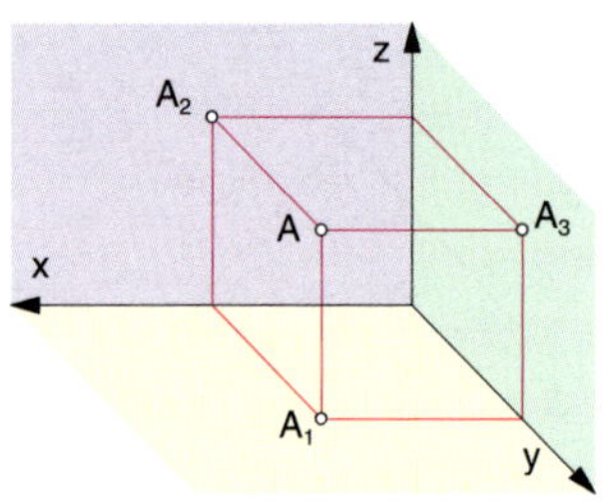

- A_1 e A_2 sono sulla stessa verticale;
- A_2 e A_3 sono sulla stessa orizzontale;
- A_1 dista da x quanto A_3 dista da z.

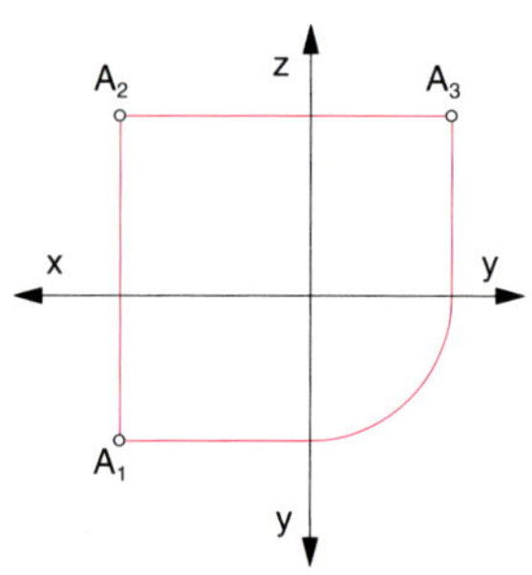

RETTA

Le rette sono rappresentate mediante le loro **tracce**.

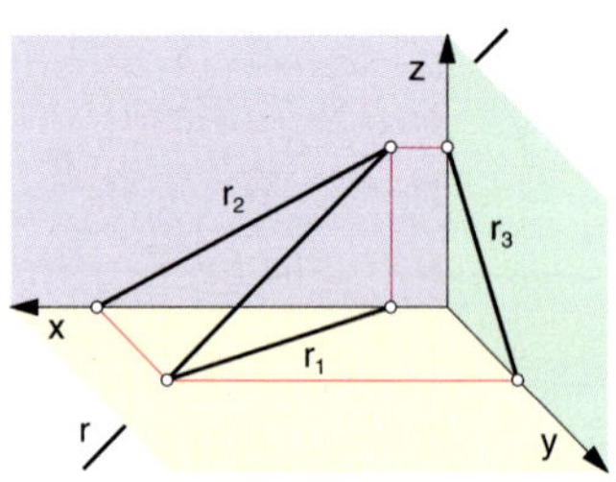

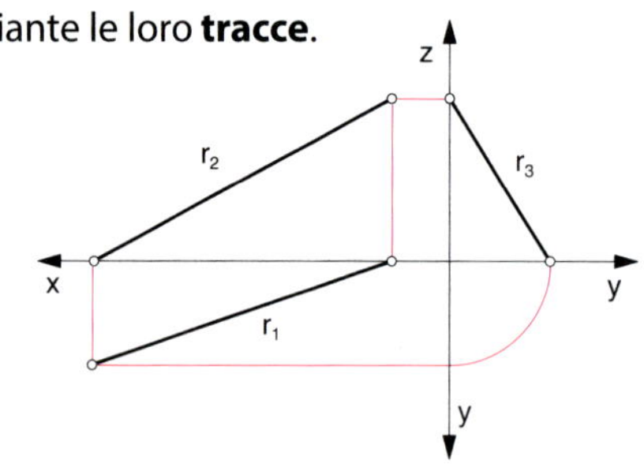

PIANO

I piani vengono rappresentati mediante le loro **tracce**.

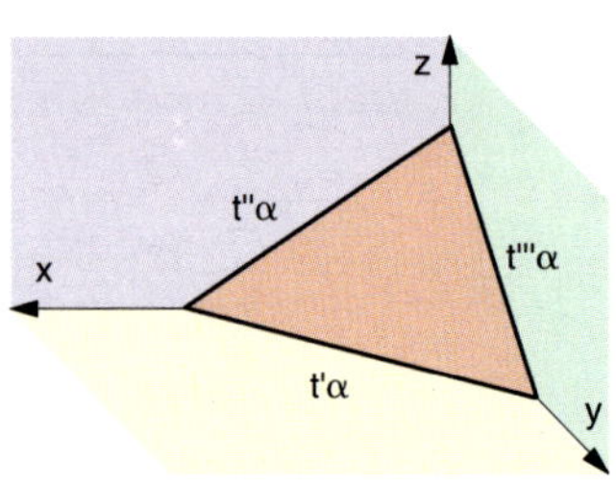

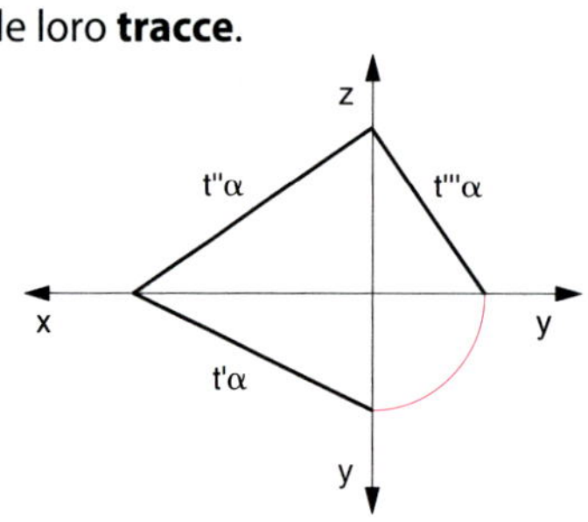

Preparazione del disegno

Prima di metter mano al disegno su foglio è fondamentale chiarire bene cosa e come si debba disegnare.

Analisi dell'oggetto

Dopo aver attentamente analizzato l'oggetto da rappresentare, devono risultare chiare le sue **caratteristiche strutturali** (piani e assi di simmetria) e quelle **geometriche** (figure e costruzioni geometriche).

Stesura dello schizzo preparatorio

Dopo aver definito quali rappresentazioni disegnare, si può iniziare a tracciare lo schizzo preparatorio (preferibilmente su carta quadrettata o millimetrata). Durante la stesura dello schizzo è importante che emergano:

- successione delle fasi di lavoro;
- chiarezza sulle costruzioni geometriche da usare;
- definizione della rappresentazione e delle convenzioni utilizzate (tipi di linee ecc.).

Dovendo disegnare delle proiezioni ortogonali è molto utile individuare da quale vista iniziare il lavoro. In generale è consigliabile iniziare il disegno dalla **vista più significativa**, cioè da quella che presenta particolari caratteristiche strutturali (assi di simmetria) e geometriche (figure geometriche, raccordi, circonferenze ecc.).

Analisi dimensionale

Dopo aver chiarito i contenuti del disegno bisogna scegliere la **scala di rappresentazione**; ciò è essenziale per valutare gli **ingombri** delle singole viste e per una buona **impaginazione del disegno**.

PROBLEMA 33 PASSO PASSO

Analisi dell'oggetto

L'oggetto da rappresentare consiste in un parallelepipedo raccordato da due semicilindri e attraversato da due fori.

Il solido presenta due piani di simmetria, dei quali è senz'altro più importante quello **longitudinale**, poiché su di esso si trovano gli assi dei fori e delle superfici semicilindriche.

La **vista più significativa** è indubbiamente la **vista dall'alto**, in quanto su di essa appaiono l'asse di simmetria longitudinale del solido, nonché le circonferenze e le semicirconferenze con relativi centri e assi. Quindi a partire da questa vista si avvieranno le diverse fasi di elaborazione grafica.

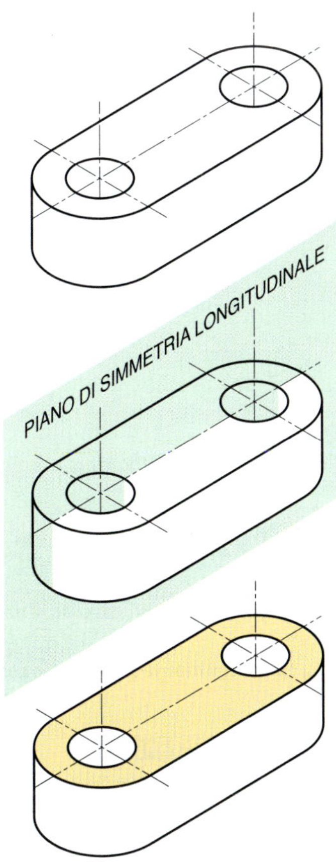

Video *Costruzione di elementi simmetrici*

Fasi di elaborazione grafica

1 Con mina dura si imposta la costruzione tracciando nella vista dall'alto l'asse longitudinale, quelli trasversali, circonferenze e semicirconferenze.

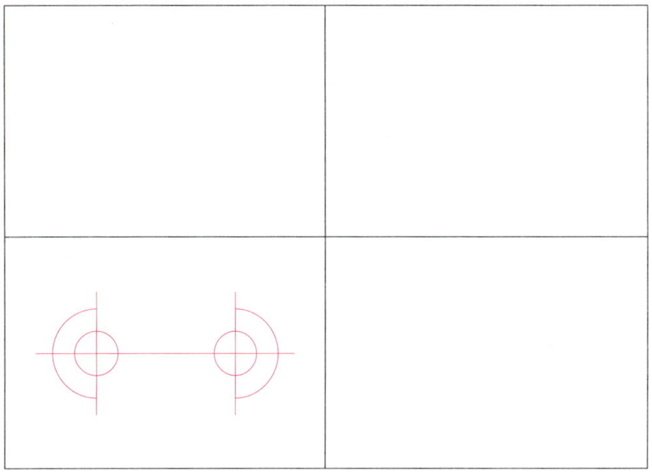

2 Si completa la vista dall'alto con due segmenti tangenti alle semicirconferenze, quindi si tracciano linee di riporto verso gli altri quadri.

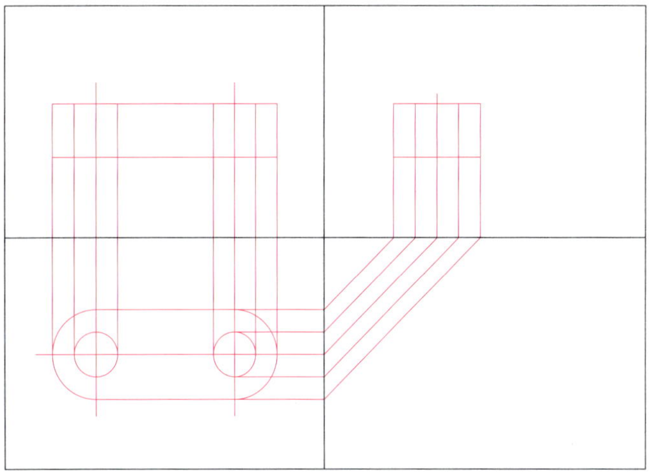

3 Si ripassano con mina morbida le linee continue grosse (spigoli e contorni visibili), a tratti fini (spigoli e contorni nascosti) e miste fini (assi di simmetria).

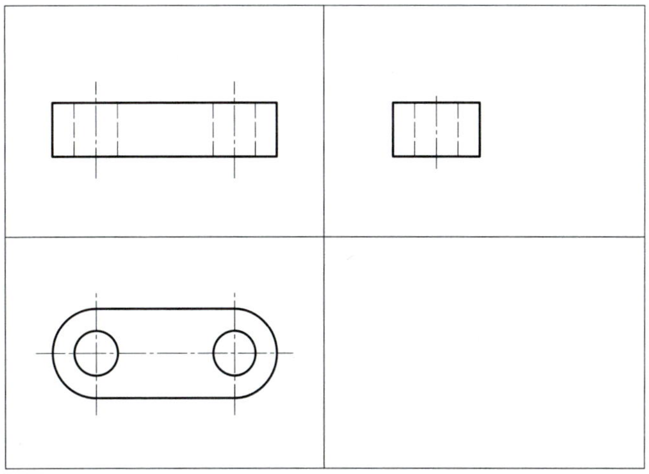

Suggerimenti di metodo

PROBLEMA 34 PASSO PASSO

Analisi dell'oggetto

L'oggetto da rappresentare (schema semplificato di un arco trionfale romano) consiste in un parallelepipedo in cui sono state aperte tre arcate.

Il solido presenta un **piano di simmetria** passante per l'asse verticale dell'arcata centrale.

La **vista più significativa** è senz'altro quella frontale, su cui ci sono gli assi di simmetria e i centri delle semicirconferenze. Quindi da questa vista s'imposterà la struttura del disegno.

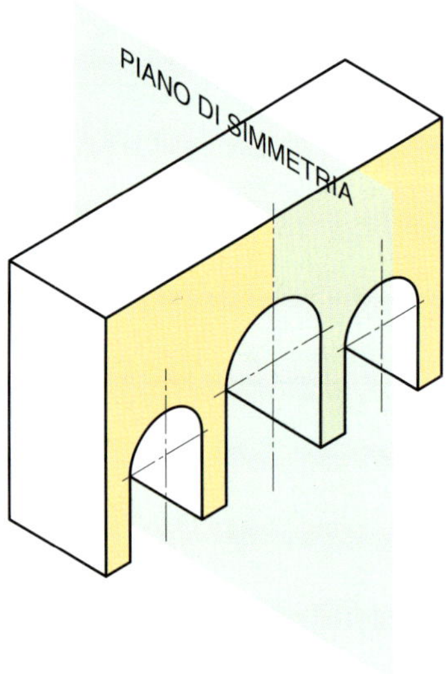

Fasi di elaborazione grafica

1 Dopo aver preparato gli strumenti e squadrato il foglio, si tracciano gli **assi di simmetria** e il profilo della vista frontale. In queste prime fasi si usa una mina dura (H o 2H) per ottenere un segno leggero.

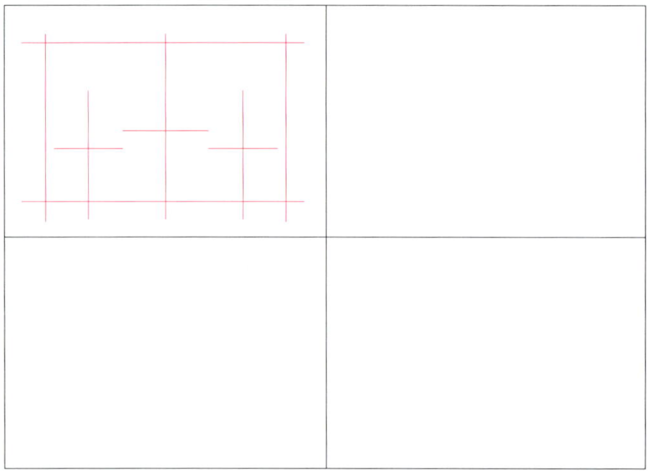

2 Si tracciano le semicirconferenze delle arcate e i segmenti verticali a esse tangenti.

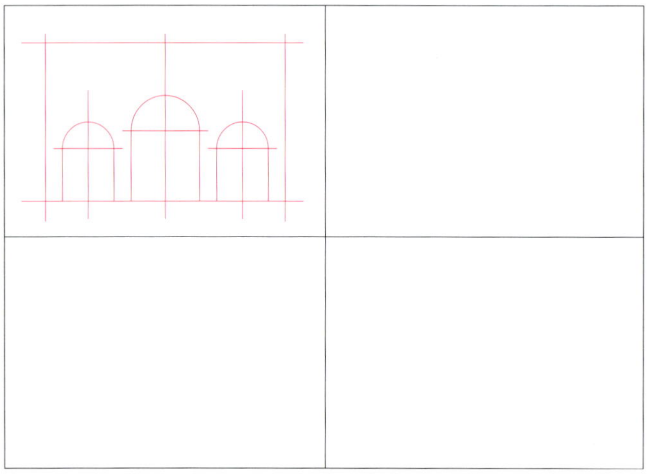

3 A partire dalla vista iniziale si conducono le **linee di riporto**; si tracciano i profili delle altre due viste, utilizzando linee di costruzione anche lunghe oltre il necessario, ma molto leggere.

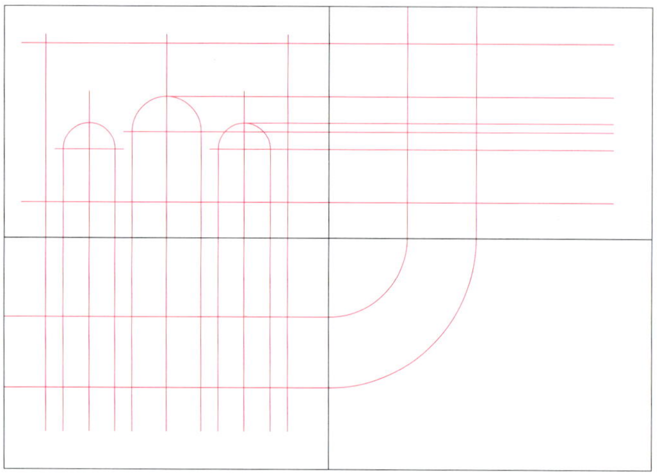

4 Con mina morbida (HB o B) si ripassano le **linee da evidenziare**, usando le convenzioni per i tipi di linee (continua, a tratti ecc.).

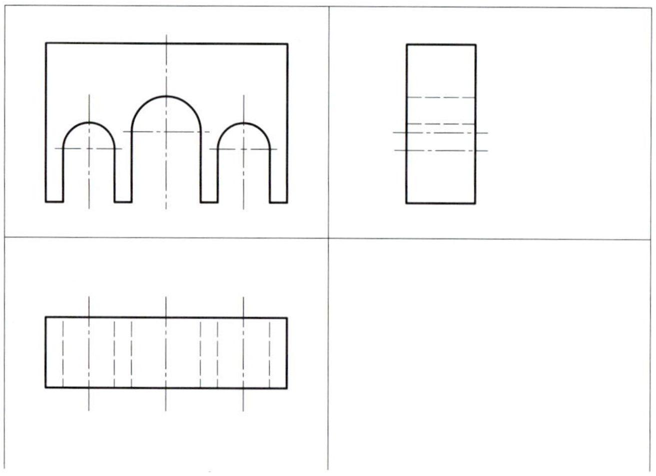

Video *Cilindro retto in proiezioni ortogonali (suggerimenti di metodo)*

MEMO

Gli **spigoli** e i **contorni visibili** si disegnano con **linea continua grossa** (tipo 1.2).

Gli **spigoli** e i **contorni nascosti** si tracciano con **linea a tratti fine** (tipo 2.1).

Gli **assi di simmetria** si disegnano con **linea mista fine** (tipo 4.1).

SUGGERIMENTO PRATICO

Terminata la costruzione del disegno, è sempre conveniente **ripassare prima le curve** (circonferenze, archi, ellissi ecc.) e successivamente i segmenti rettilinei.

ESERCITAZIONE 1 GUIDATA

Disegna su carta quadrettata tre proiezioni ortogonali di un triangolo qualsiasi, rileva le coordinate dei vertici e riportale su tabella

1 Si disegnano la vista frontale e dall'alto del triangolo ABC, facendo attenzione agli allineamenti verticali (A_1 e A_2 si trovano sulla stessa verticale). Si traccia la tabella delle coordinate.

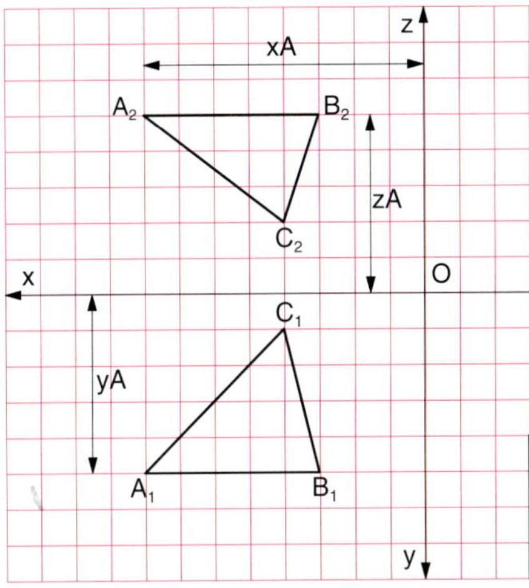

	x	y	z
A			
B			
C			

2 Si misurano i valori delle singole coordinate sapendo che un quadretto vale 4 mm. Per esempio la xA ha un valore di 8 quadretti, cioè 32 mm. I valori si riportano nella tabella.

3 Si disegna la vista da sinistra del triangolo. Bisogna ricordare che A_2 e A_3 si trovano sulla stessa orizzontale, mentre la distanza di A_3 dall'asse z è uguale a quella di A_1 dall'asse x.

ESERCITAZIONE 2

Disegna tre proiezioni ortogonali di un quadrilatero ABCD, i cui vertici abbiano le coordinate (in mm) riportate in tabella

	x	y	z
A	40	25	15
B	80	25	15
C	80	55	40
D	20	55	40

ESERCITAZIONE 3

Disegna due proiezioni ortogonali di un segmento qualunque, trova le tracce della retta cui appartiene e riporta su tabella le coordinate delle tracce stesse

ESERCITAZIONE 4

Disegna due proiezioni ortogonali di due rette incidenti e riporta su tabella le coordinate delle loro tracce e del loro punto d'intersezione

NOTA BENE
Tutte le misure sono espresse in **millimetri**, salvo segnalazione contraria.

ESERCITAZIONE 5 CON SUGGERIMENTO

Disegna in proiezioni ortogonali due piani in posizione qualsiasi, tra loro paralleli

IL PRIMO PASSO Bisogna ricordare che due piani paralleli hanno le rispettive tracce parallele; per esempio $t'\alpha$ // $t'\beta$, ma anche $t''\alpha$ // $t''\beta$.

ESERCITAZIONE 6

Rappresenta in tre proiezioni ortogonali un qualunque piano α, disegna due rette a esso appartenenti

ESERCITAZIONE 7 GUIDATA

Disegna in tre proiezioni ortogonali un cerchio parallelo al piano xz, con centro C (60, 60, 35) e di raggio 25

1 Si disegnano le tre viste del centro C in base alle sue coordinate, ottenendo C_1, C_2 e C_3.

2 Poiché il cerchio è parallelo al piano xz, si mostra nella sua vera forma nella vista frontale; quindi, centrando in C_2 con apertura di compasso 25 mm, si traccia il cerchio.

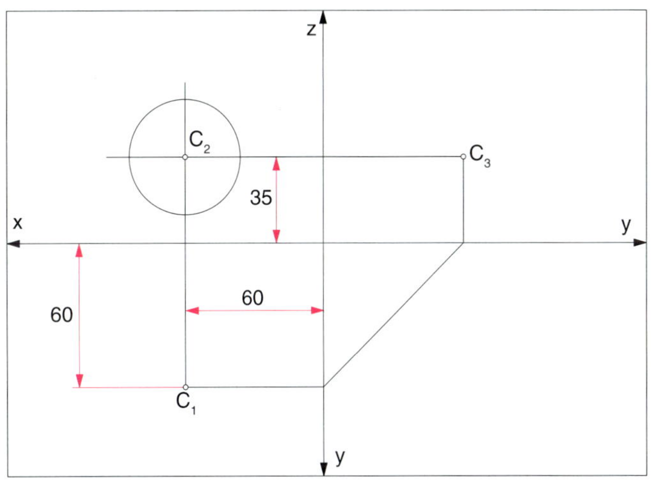

3 Si prolungano gli assi di simmetria del cerchio, per individuare i punti da cui condurre le tangenti orizzontali e verticali.

4 Tramite le tangenti al cerchio si disegnano le altre viste. È da ricordare che il cerchio è perpendicolare ai piani xy e xz, e quindi su questi quadri si mostra come un segmento.

5 Con linea continua si ripassano le viste del cerchio, mentre i suoi assi di simmetria si tracciano con linea mista fine (tratto e punto).

ESERCITAZIONE 8

Rappresenta in tre proiezioni ortogonali un esagono regolare parallelo al piano xy, inscritto in una circonferenza di centro C (55, 40, 40) e di raggio 24

Esercitazioni

ESERCITAZIONE 9
CON SUGGERIMENTO

Rappresenta in tre proiezioni ortogonali un dodecagono regolare parallelo al piano yz, inscritto in una circonferenza di centro C (50, 45, 40) e di raggio 30

IL PRIMO PASSO Il dodecagono è parallelo al piano yz, quindi appare nella sua *vera forma nella vista da sinistra*. Pertanto, dopo aver disegnato le tre proiezioni del centro C, si traccerà il dodecagono nella vista da sinistra.

ESERCITAZIONE 10

Disegna in tre proiezioni ortogonali una piramide a base triangolare con vertici ABCD, le cui coordinate sono riportate in tabella

	x	y	z
A	89	64	20
B	63	19	20
C	37	64	20
D	63	49	68

ESERCITAZIONE 11
GUIDATA

Disegna in scala 1 : 1 tre proiezioni ortogonali del solido in figura

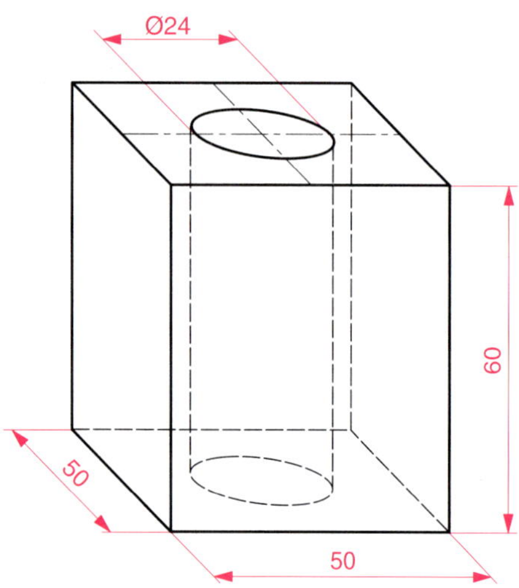

1. Osservando il solido si può notare che la faccia più significativa è la base superiore. Essa appare nella vista dall'alto, da cui pertanto si inizierà.
2. Nella vista dall'alto si definisce la posizione del centro mediante i due assi di simmetria della circonferenza e del quadrato.
3. Si traccia la circonferenza con apertura 12 mm (il diametro è infatti 24 mm).
4. Si disegna il quadrato prendendo dal centro quattro segmenti di 25 mm (il lato del quadrato è infatti 50 mm).
5. Per impostare le altre due viste si tracciano due rette orizzontali distanti tra loro 60 mm (altezza del solido).
6. Con linee di riporto dai vertici del quadrato e dai punti di tangenza della circonferenza (individuati sugli assi di simmetria) si delineano le due viste restanti.
7. Si esegue il ripasso, ricordando che i profili nascosti del foro si eseguono con linea a tratti fine, mentre gli assi di simmetria si tracciano con linea mista fine (tratto e punto).

ESERCITAZIONE 12
CON SUGGERIMENTO

Disegna in scala 1 : 1 tre proiezioni ortogonali del solido in figura

IL PRIMO PASSO La faccia più significativa appare nella vista frontale, che si imposterà a partire dall'*asse di simmetria*. Fare attenzione agli *spigoli nascosti*, da eseguire con linea a tratti fine.

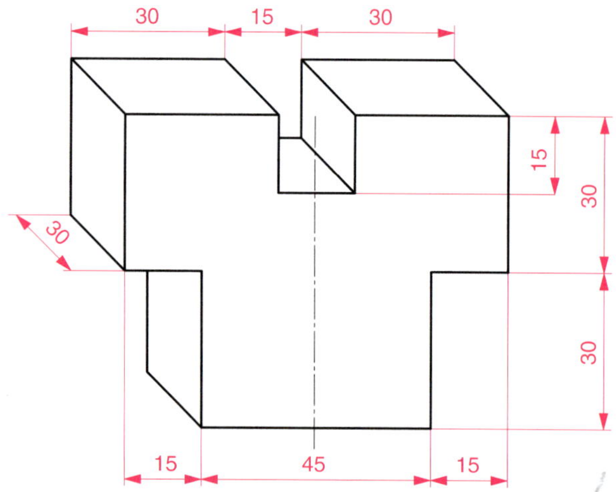

ESERCITAZIONE 13

Disegna in scala 1 : 1 tre proiezioni ortogonali del solido in figura

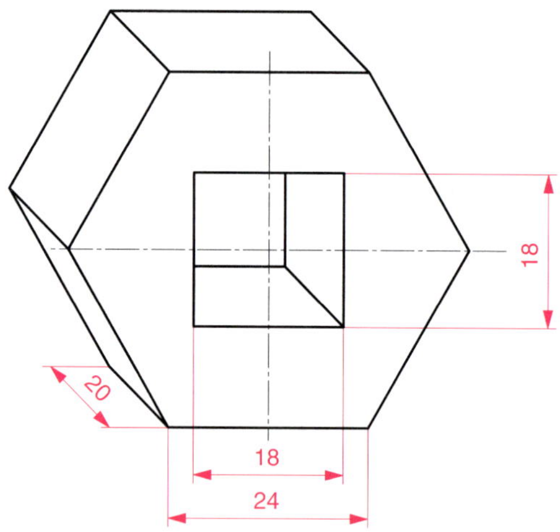

ESERCITAZIONE 14

Disegna in scala 1 : 1 tre proiezioni ortogonali del solido in figura

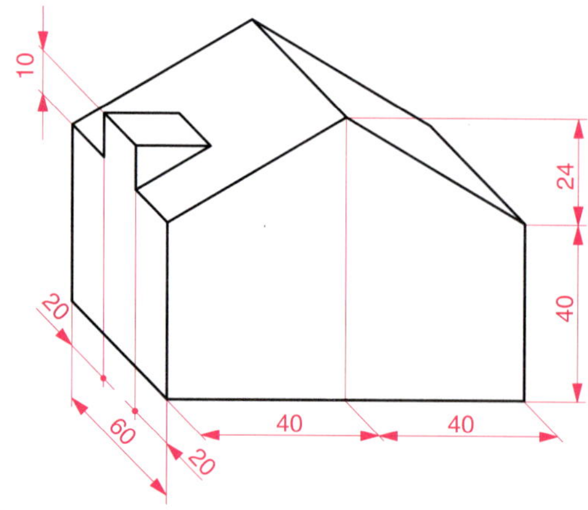

MEMO

Le **quote**, cioè le misure indicate sul disegno, esprimono sempre le misure reali.

Disegna in scala 1 : 1 tre proiezioni ortogonali del solido rappresentato (tutte le misure sono espresse in millimetri).

ESERCITAZIONE 15

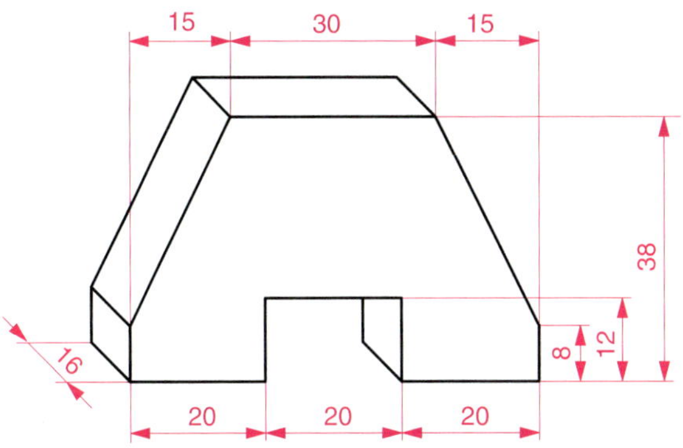

ESERCITAZIONE 16

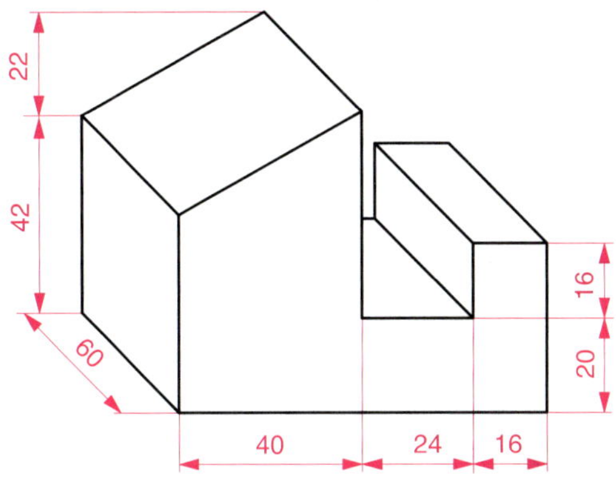

ESERCITAZIONE 17

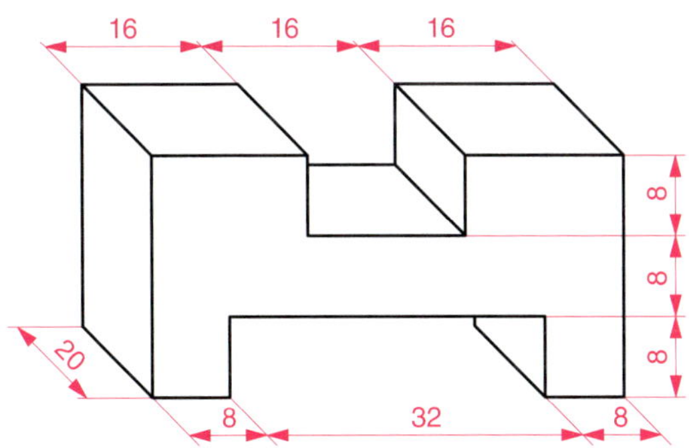

ESERCITAZIONE 18

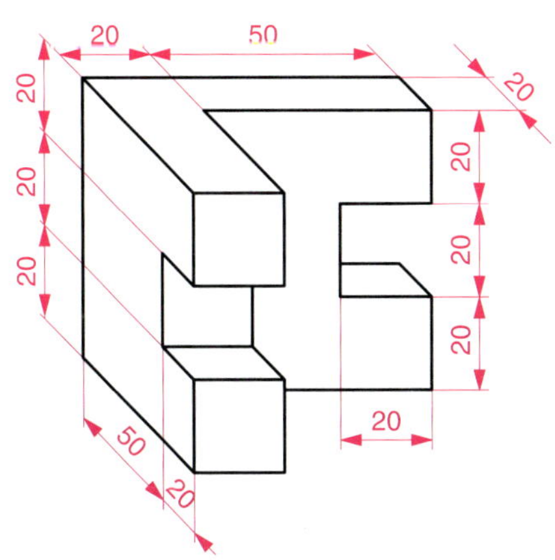

ESERCITAZIONE 19

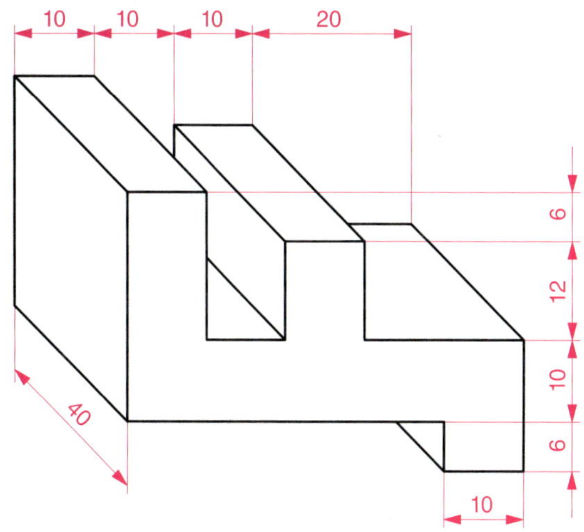

ESERCITAZIONE 20

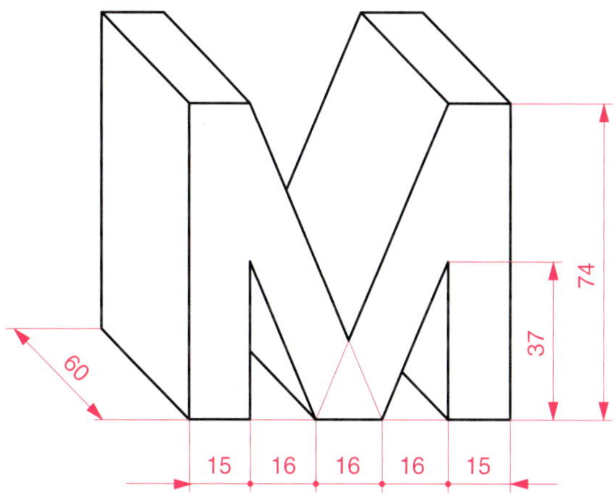

ESERCITAZIONE 21

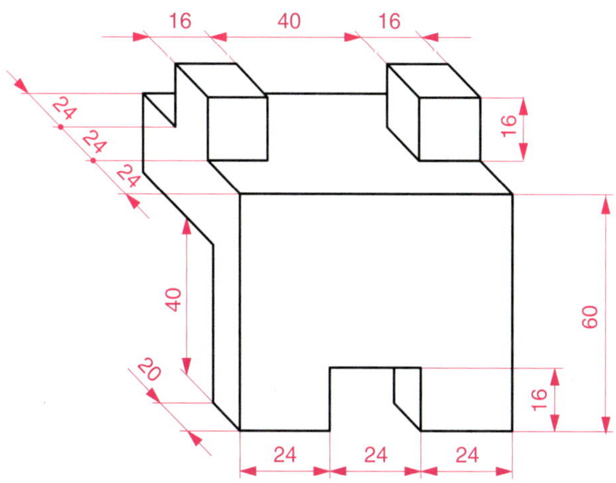

Esercitazioni

Disegna in scala 1 : 1 tre proiezioni ortogonali del solido rappresentato (tutte le misure sono espresse in millimetri).

ESERCITAZIONE 22

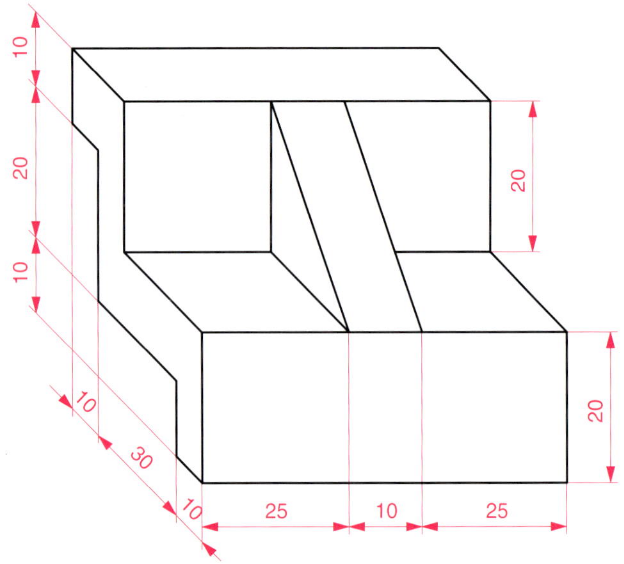

ESERCITAZIONE 25

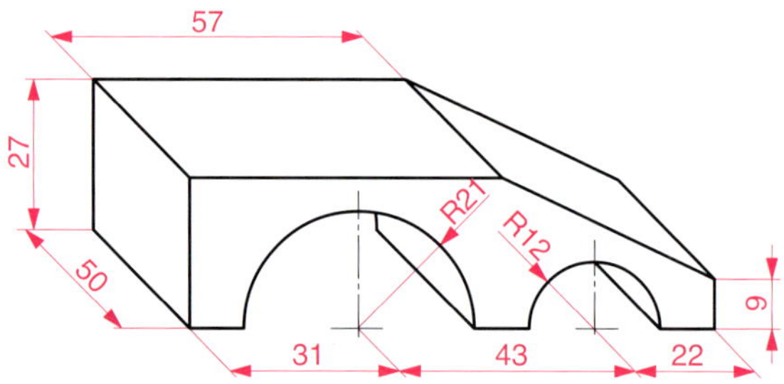

ESERCITAZIONE 23

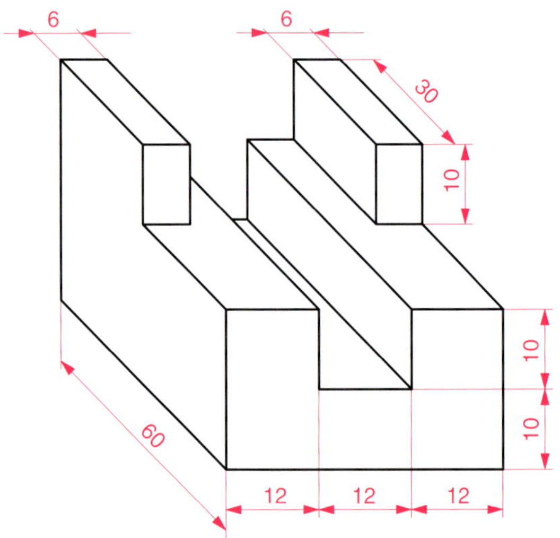

ESERCITAZIONE 26

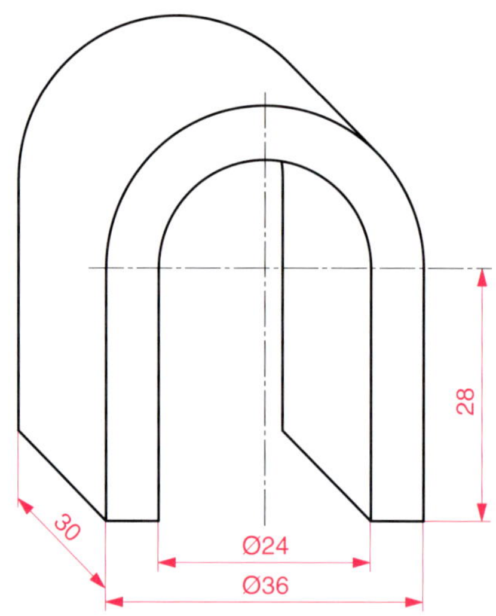

ESERCITAZIONE 24

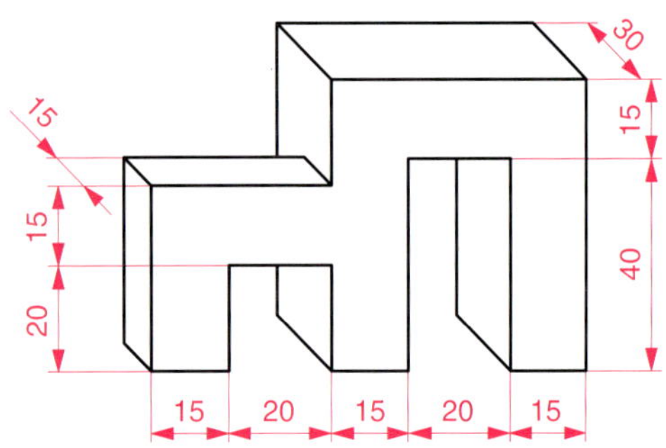

ESERCITAZIONE 27

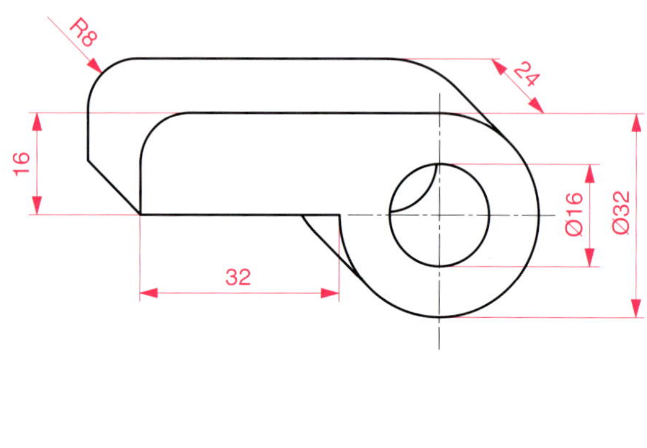

Disegna in scala 1 : 1 tre proiezioni ortogonali del solido rappresentato (tutte le misure sono espresse in millimetri).

ESERCITAZIONE 28

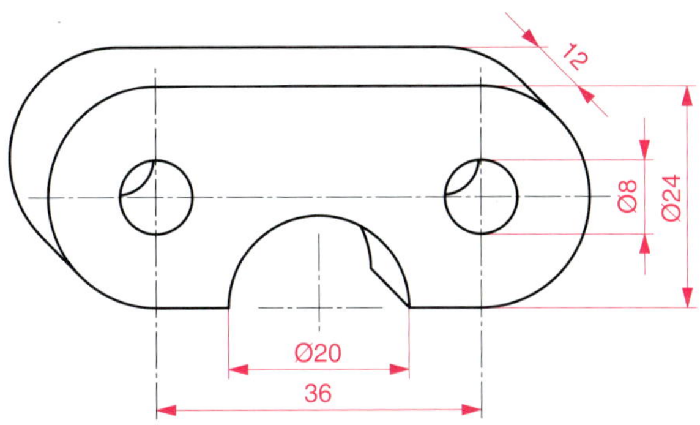

ESERCITAZIONE 31

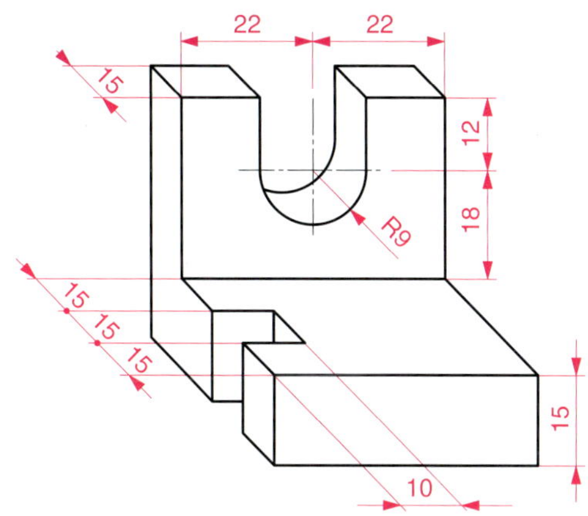

ESERCITAZIONE 29

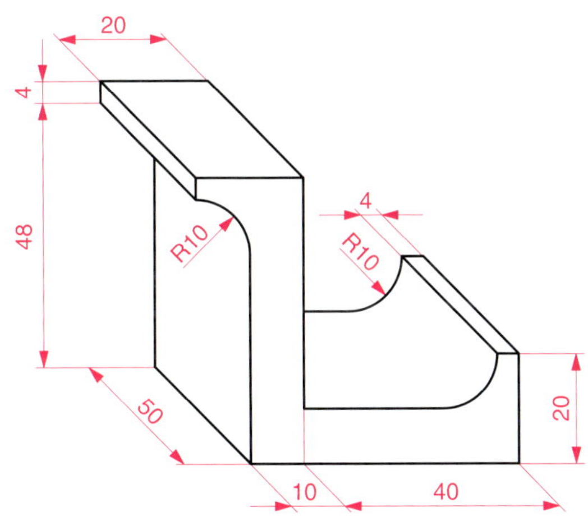

ESERCITAZIONE 32

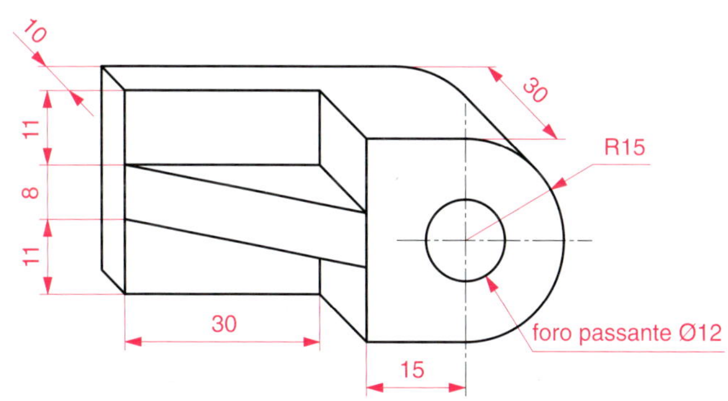

ESERCITAZIONE 30

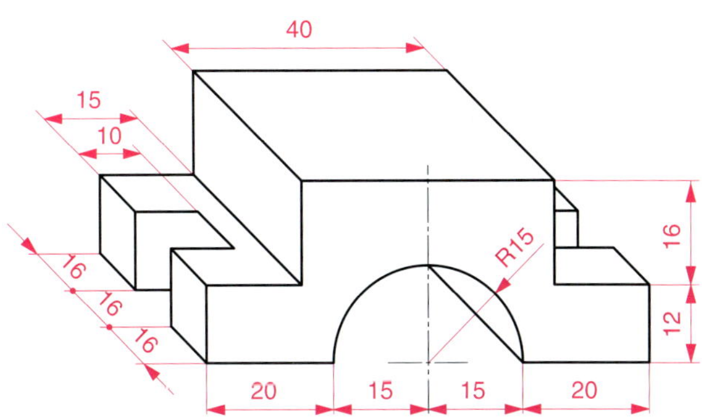

ESERCITAZIONE 33

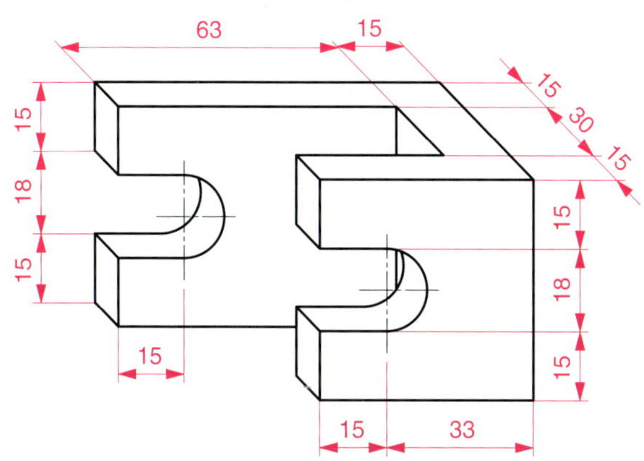

Esercitazioni

Disegna in scala 1 : 1 tre proiezioni ortogonali del solido rappresentato (tutte le misure sono espresse in millimetri).

ESERCITAZIONE 34

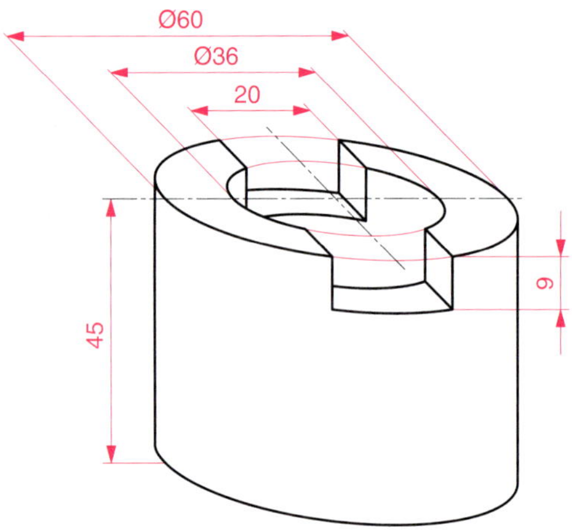

ESERCITAZIONE 37

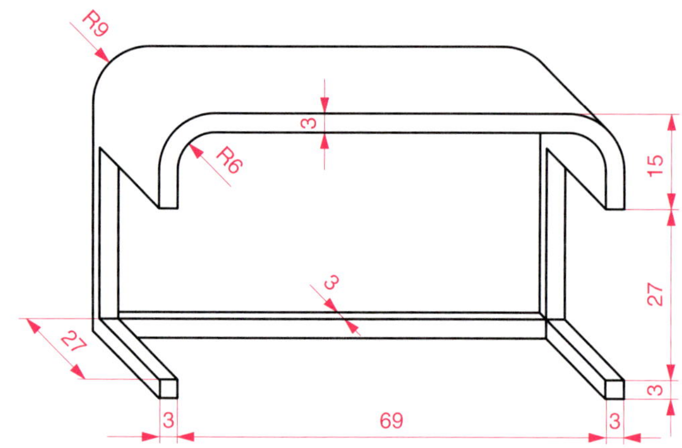

ESERCITAZIONE 35

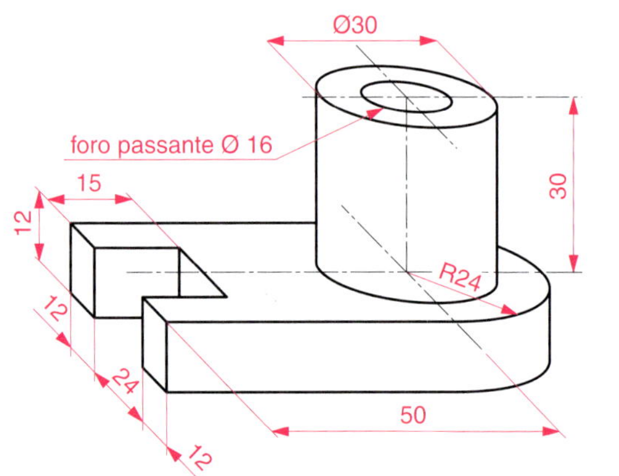

ESERCITAZIONE 38

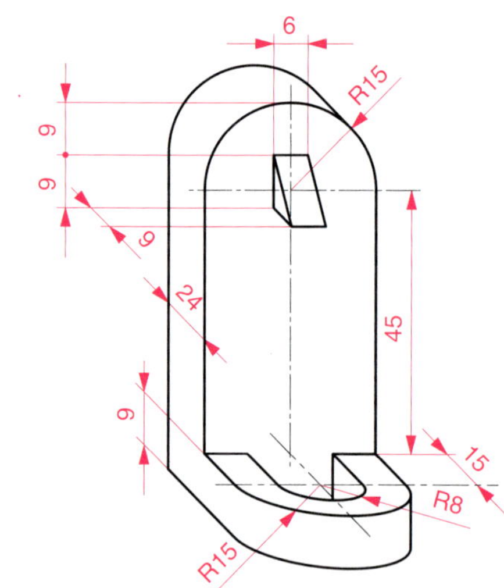

ESERCITAZIONE 36

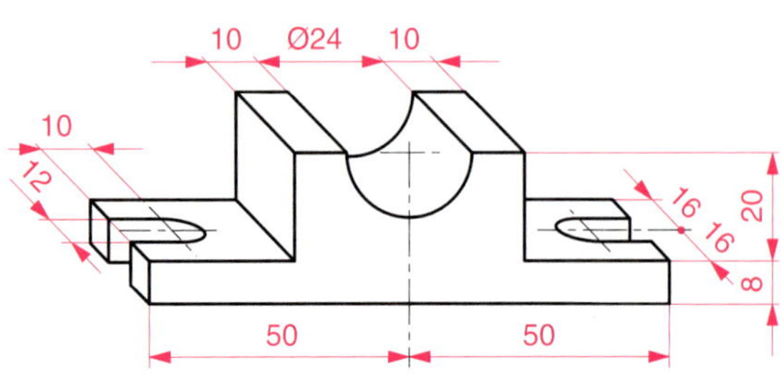

ESERCITAZIONE 39

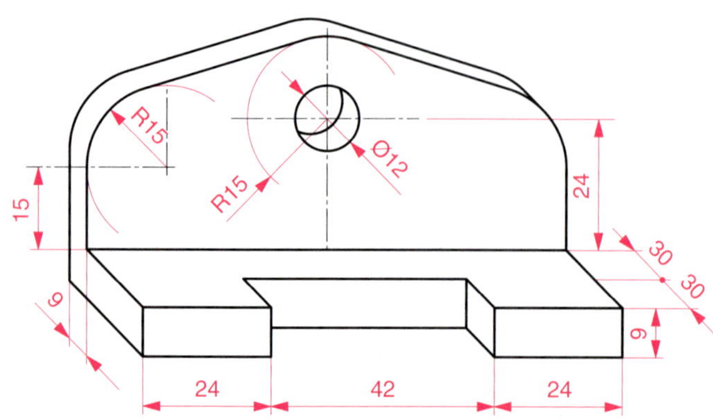

Dalla vista dall'alto e da quella frontale ricava la vista da sinistra rilevando le misure dal disegno.

ESERCITAZIONE 40

GUIDATA

Il compito fondamentale di questa esercitazione consiste nell'interpretazione delle viste date per ricavare la forma del solido.

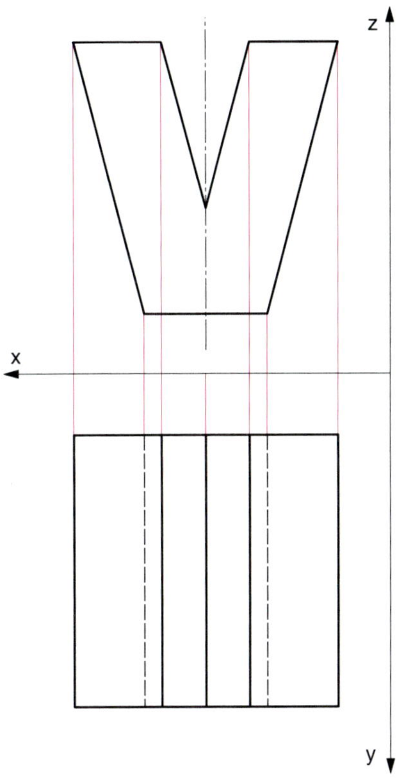

1 Colpiti dalla particolare forma della vista frontale, possiamo ipotizzare che il solido abbia la forma di una V con un certo spessore (la profondità) che appare nella vista dall'alto.

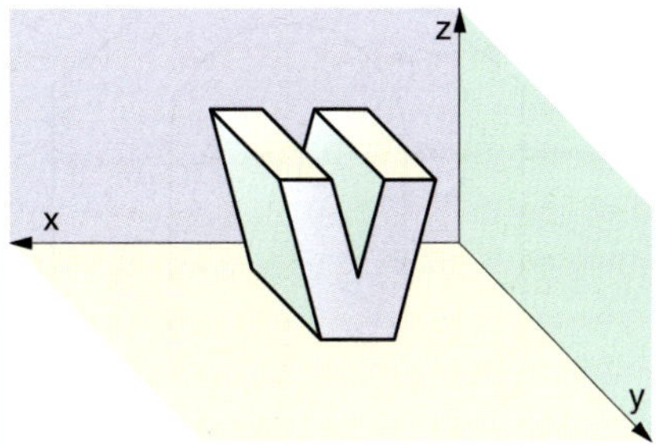

2 Verifichiamo se l'ipotesi fatta è valida. Il solido ipotizzato dovrebbe essere disposto nello spazio come nella figura in alto. In questo modo la faccia a forma di V appare nella vista frontale; mentre nella vista dall'alto si vedono le due facce rettangolari superiori e le due facce interne alla V. Queste ultime sono rettangoli inclinati che quindi appaiono molto più stretti di quelli reali.

Inoltre nel disegno dato inizialmente appaiono due segmenti con linea a tratti; essi non sono altro che i due spigoli inferiori del solido, nascosti dalle altre facce.
Possiamo concludere che il solido ipotizzato è valido.

3 Si disegnano le due viste date, rilevando le misure dal libro. Si inizia dalla vista frontale impostata a partire dall'asse di simmetria.

4 Per completare il disegno assegnato si tracciano le linee di riporto dalle due viste date.

5 In fase di ripasso è necessario notare che nella vista da sinistra uno spigolo (quello interno alla V) apparirà come spigolo nascosto, e quindi sarà evidenziato con linea a tratti fine.

ESERCITAZIONE 41

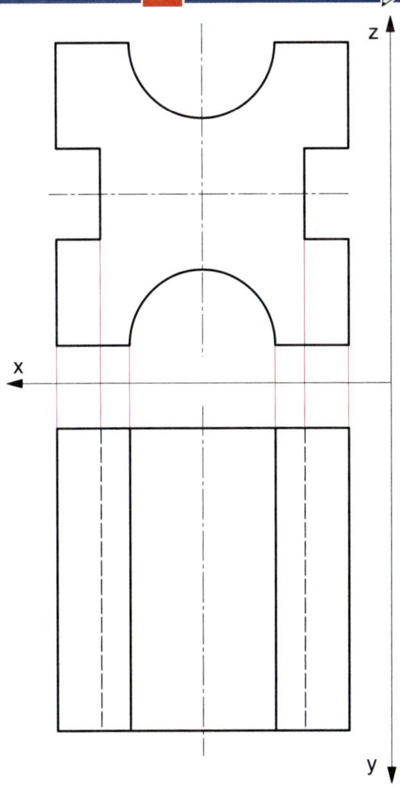

ESERCITAZIONE 42

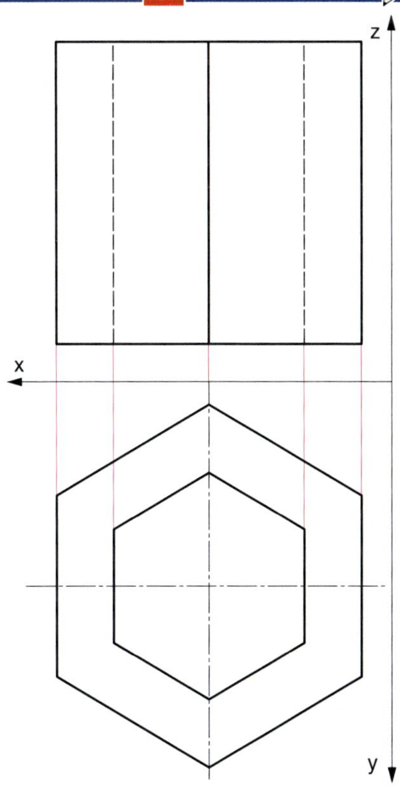

ESERCITAZIONE 43

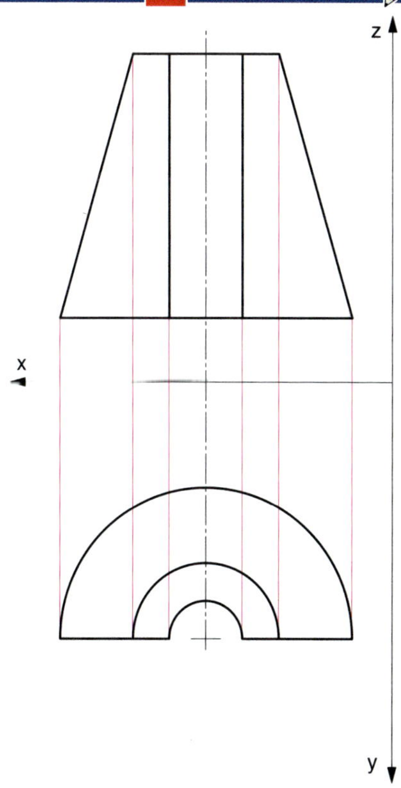

Dalla vista dall'alto e da quella frontale ricava la vista da sinistra rilevando le misure dal disegno.

ESERCITAZIONE 44

CON SUGGERIMENTO

IL PRIMO PASSO Il solido potrebbe avere la forma di un tetto con tre falde inclinate? Di queste falde una è triangolare (visibile sia nella vista frontale sia in quella dall'alto), mentre le altre due hanno forma di trapezi rettangoli.

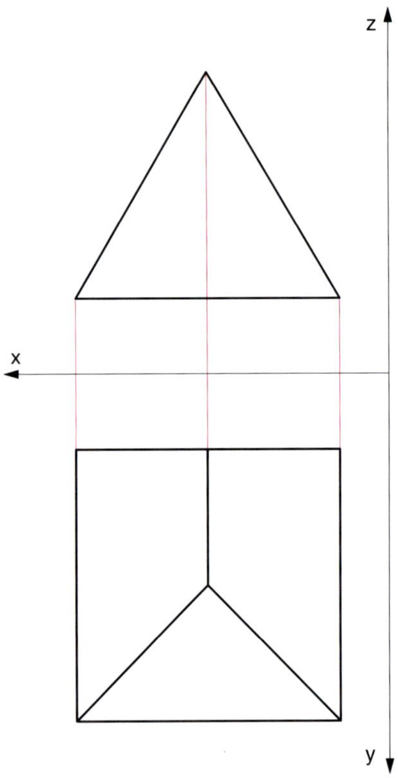

ESERCITAZIONE 46

CON SUGGERIMENTO

IL PRIMO PASSO Il solido potrebbe avere la forma di una casetta attraversata da una volta a botte (un arco che si sviluppa in profondità)?

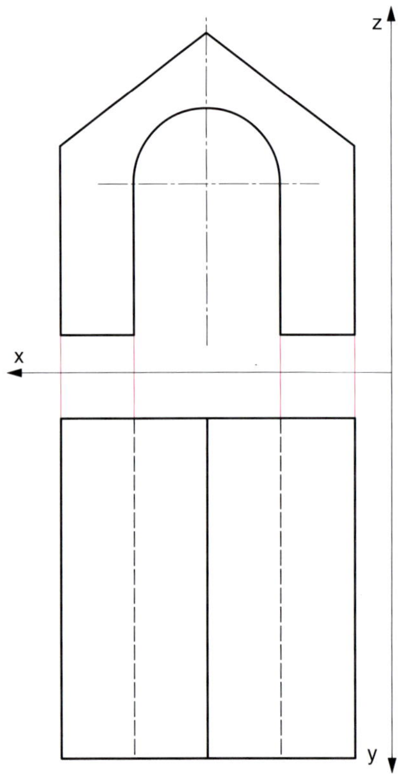

ESERCITAZIONE 48

CON SUGGERIMENTO

IL PRIMO PASSO Il solido potrebbe essere un parallelepipedo sormontato da un semicilindro con scanalatura orizzontale?

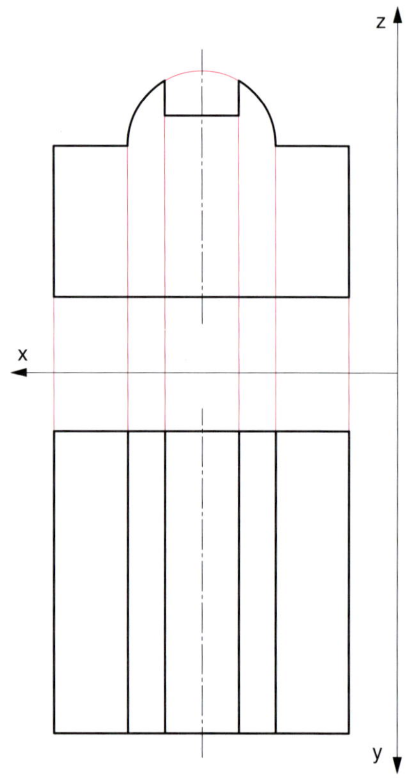

ESERCITAZIONE 45

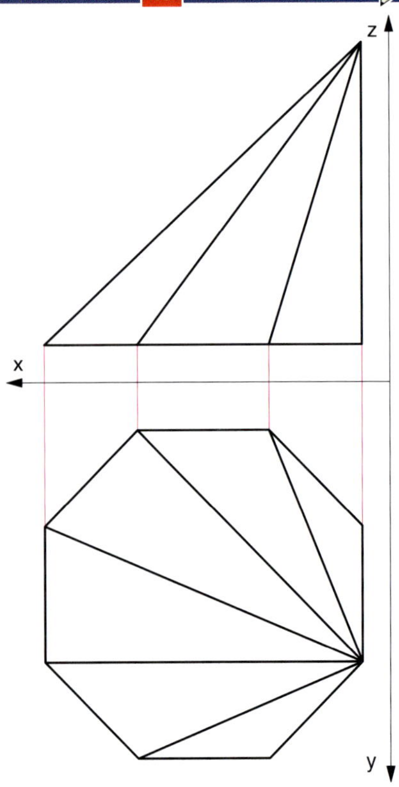

ESERCITAZIONE 47

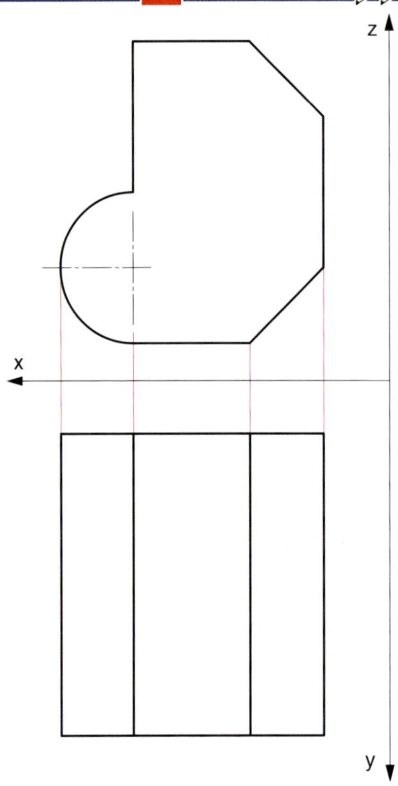

ESERCITAZIONE 49

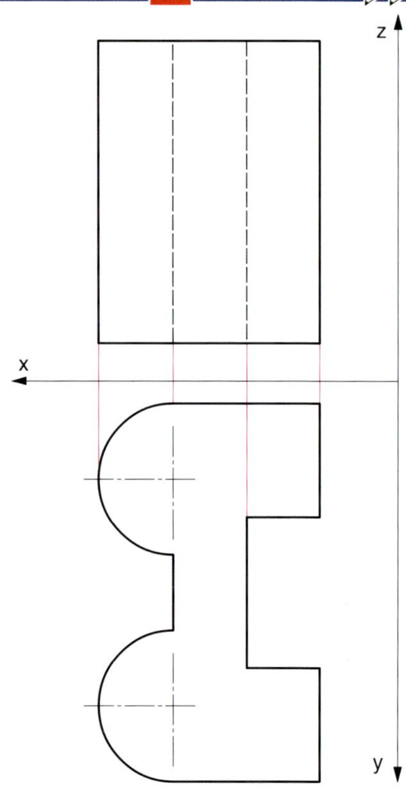

Dalla vista frontale e da quella da sinistra ricava la vista dall'alto rilevando le misure dal disegno.

ESERCITAZIONE 50
GUIDATA

Anche in questa esercitazione è indispensabile capire attraverso le viste date la forma tridimensionale dell'oggetto rappresentato.

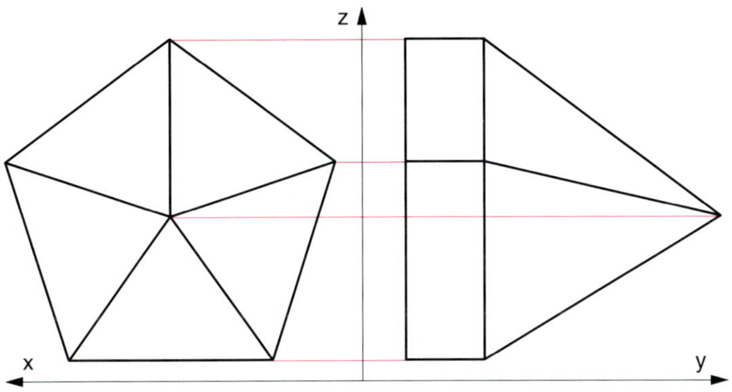

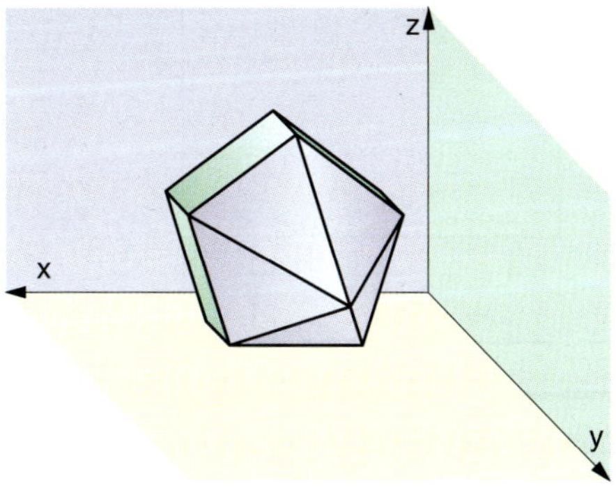

1 Dalla vista frontale possiamo ipotizzare che l'oggetto sia una piramide a base pentagonale. Ma osservando la vista da sinistra si può notare che dietro la base della piramide si trova un basamento a forma di prisma pentagonale.
Possiamo ipotizzare che il solido sia l'unione di una piramide e di un prisma, ambedue con identica base pentagonale.

2 Il solido ipotizzato è disposto nello spazio con le basi parallele al piano xz (come nella figura successiva).

3 La verifica della rispondenza del solido alle viste date convalida l'ipotesi.

4 Passando al disegno delle viste date, si traccia innanzitutto il pentagono regolare, da cui si delinea la vista da sinistra mediante linee di riporto.

5 La vista dall'alto si ricava facilmente con linee di riporto dalle altre due viste.

6 Nel ripasso si faccia attenzione agli spigoli nascosti.

ESERCITAZIONE 51
CON SUGGERIMENTO

IL PRIMO PASSO Il solido potrebbe essere un tronco di piramide esagonale attraversato da un foro?

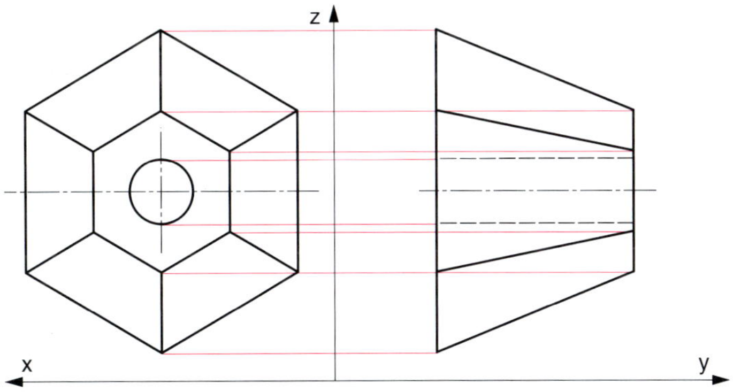

ESERCITAZIONE 52

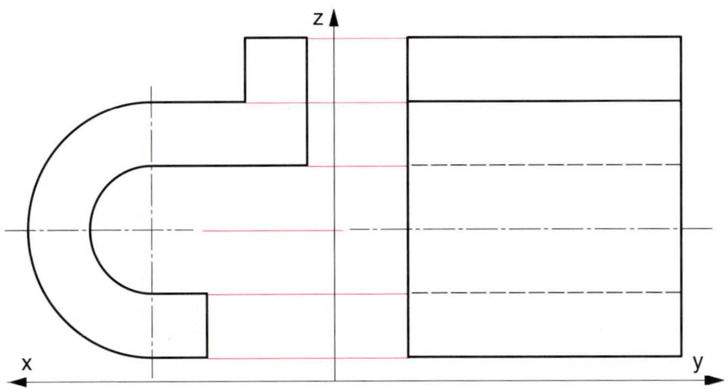

ESERCITAZIONE 53
CON SUGGERIMENTO

IL PRIMO PASSO Il solido potrebbe essere un tubo quadrato e raccordato, a cui è stata tolta una striscia centrale nella parte inferiore?

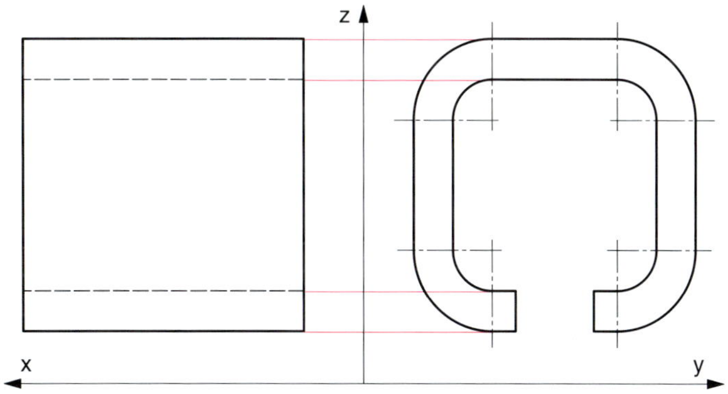

ESERCITAZIONE 54

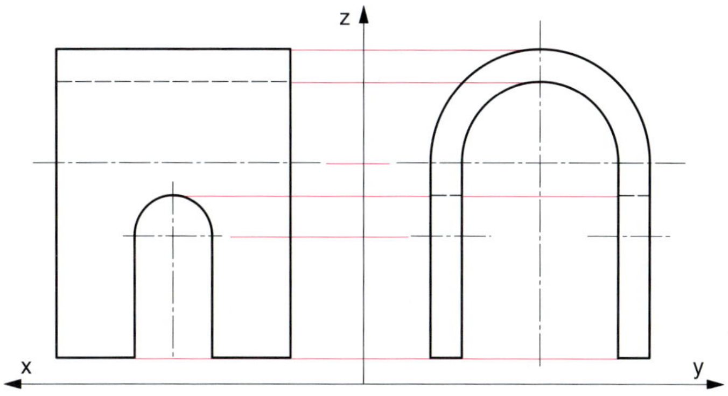

Dalla vista dall'alto e da quella frontale ricava la vista da sinistra raddoppiando le misure rilevate dal disegno.

ESERCITAZIONE 55

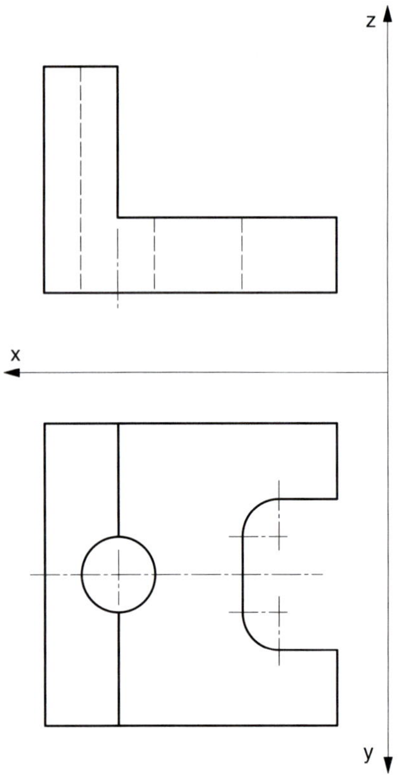

ESERCITAZIONE 57

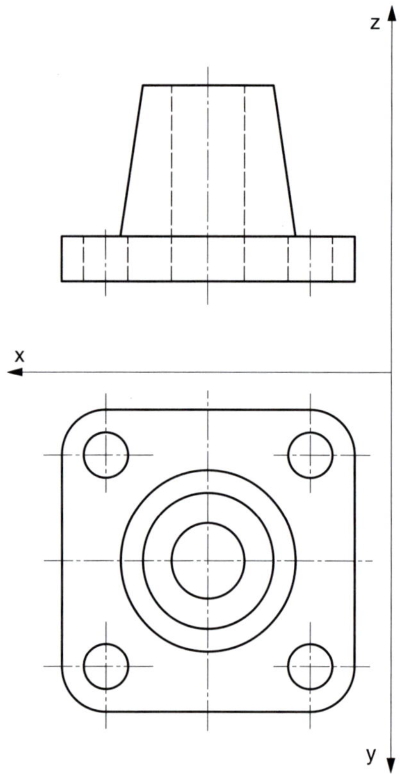

ESERCITAZIONE 59

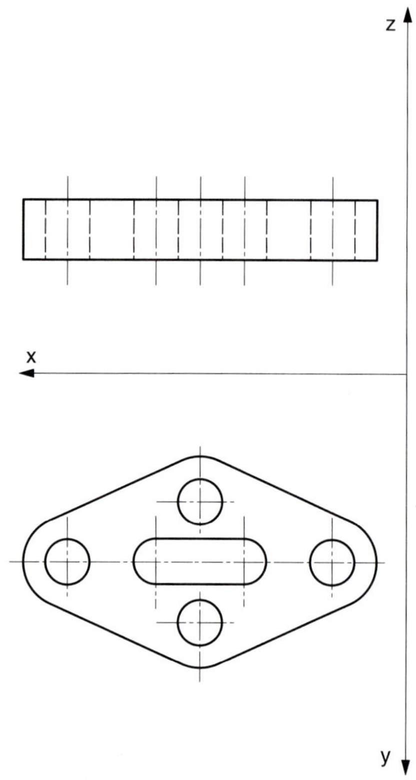

ESERCITAZIONE 56

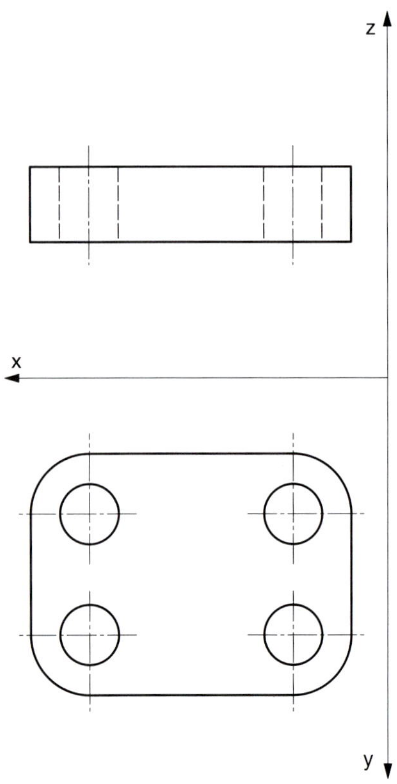

ESERCITAZIONE 58

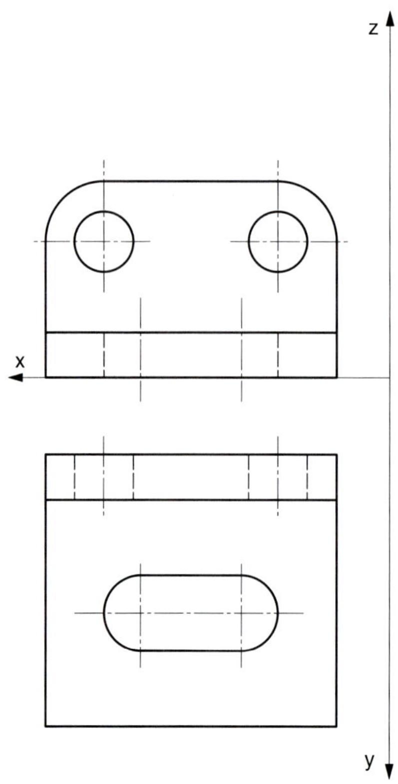

ESERCITAZIONE 60

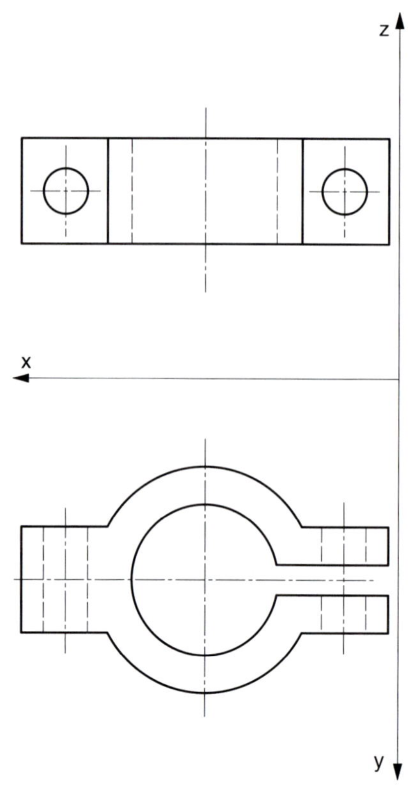

Disegna su carta quadrettata le viste date, aggiungendo la vista da sinistra.

ESERCITAZIONE 61
GUIDATA

Cerchiamo di capire dalle viste date la forma tridimensionale dell'oggetto rappresentato.

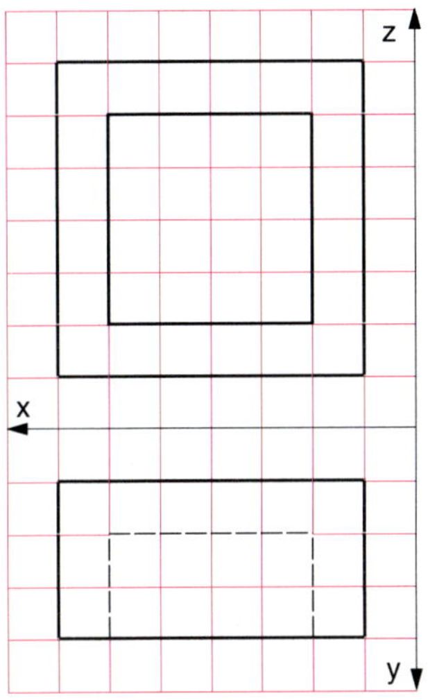

1 Il solido è un parallelepipedo a base quadrata con un foro quadrato che lo attraversa solo in parte (una cavità di profilo quadrato).

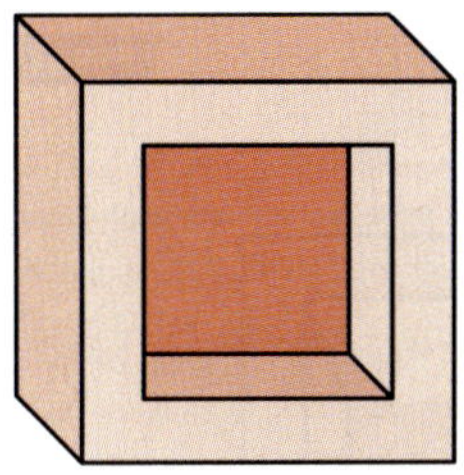

2 La vista da sinistra mostra la faccia laterale (un rettangolo) e tre spigoli nascosti della cavità.

ESERCITAZIONE 66
CON SUGGERIMENTO

IL PRIMO PASSO Il solido è un parallelepipedo a base quadrata con cavità semicilindrica.

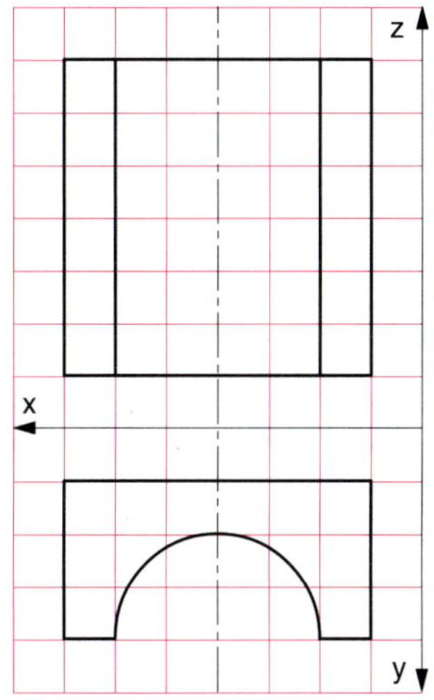

ESERCITAZIONE 62

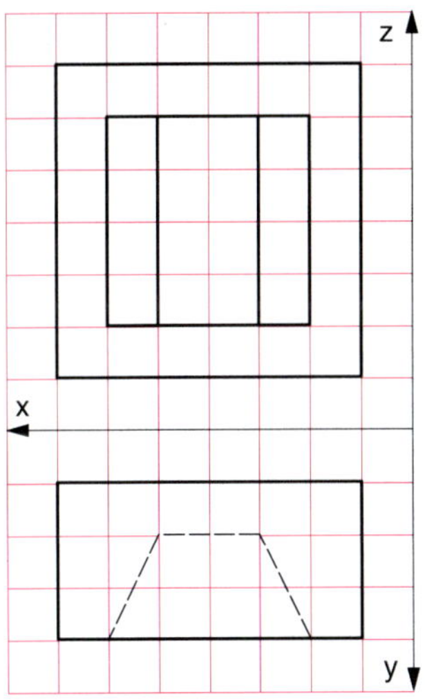

ESERCITAZIONE 64

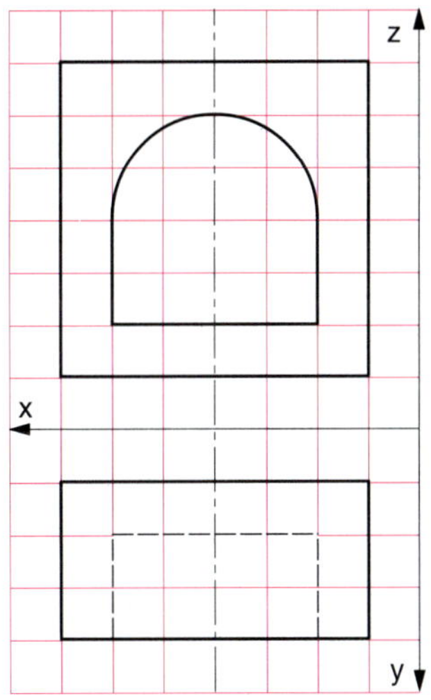

ESERCITAZIONE 67

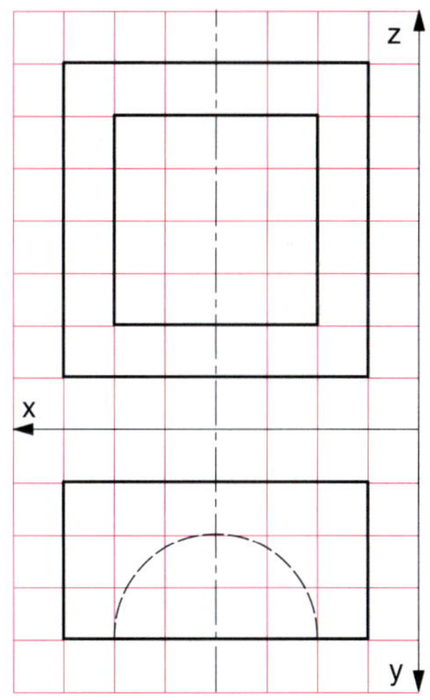

ESERCITAZIONE 63

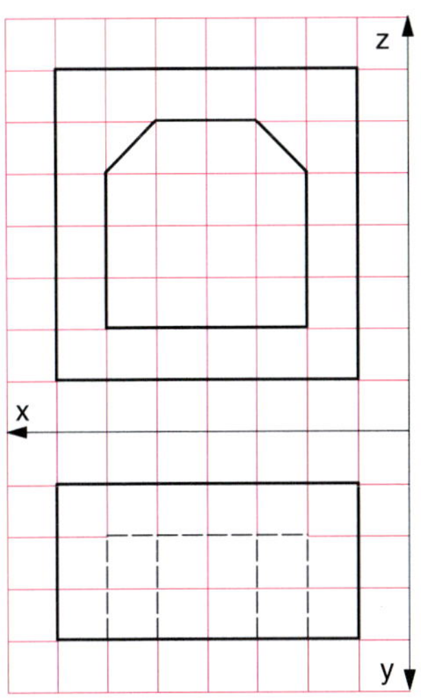

ESERCITAZIONE 65

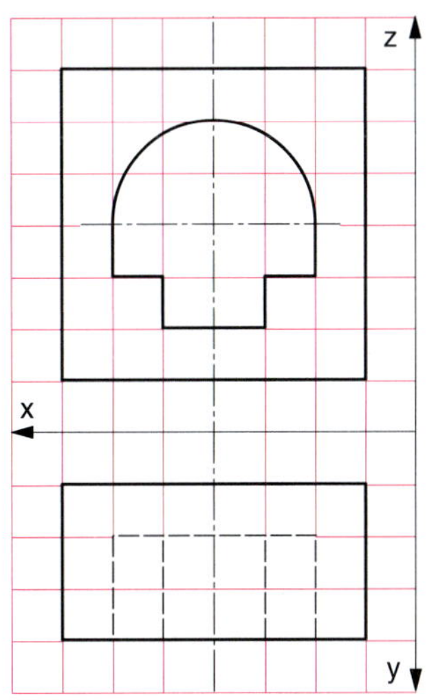

ESERCITAZIONE 68

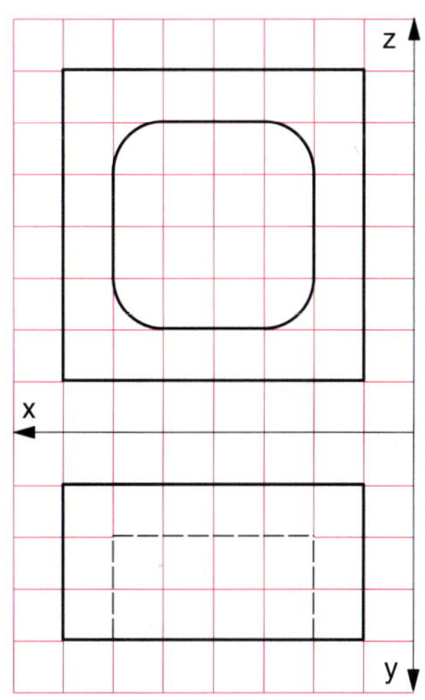

Disegna su carta quadrettata le viste date, aggiungendo la vista dall'alto.

ESERCITAZIONE 69

GUIDATA

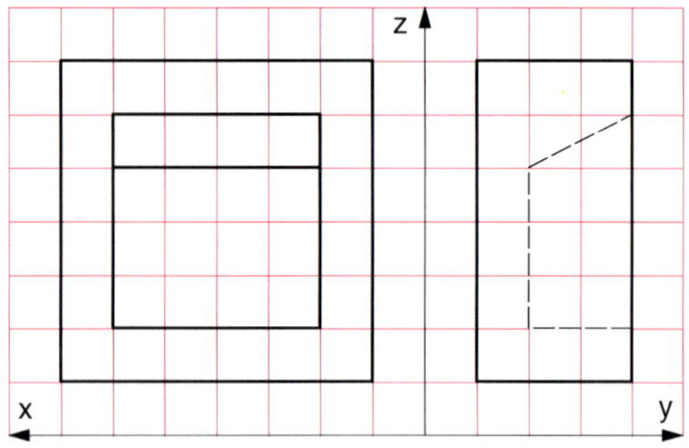

1 Il solido è un parallelepipedo a base quadrata con un foro quadrato che lo attraversa solo in parte. Questa cavità ha però la faccia superiore inclinata (colorata in giallo nel disegno, che mostra il solido dal basso).

2 La vista dall'alto mostra la faccia superiore (un rettangolo) e tre spigoli nascosti della cavità.

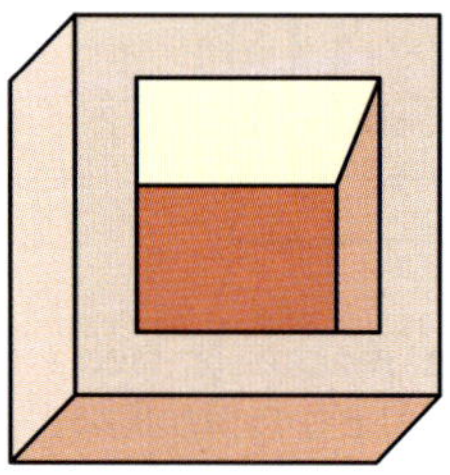

ESERCITAZIONE 70

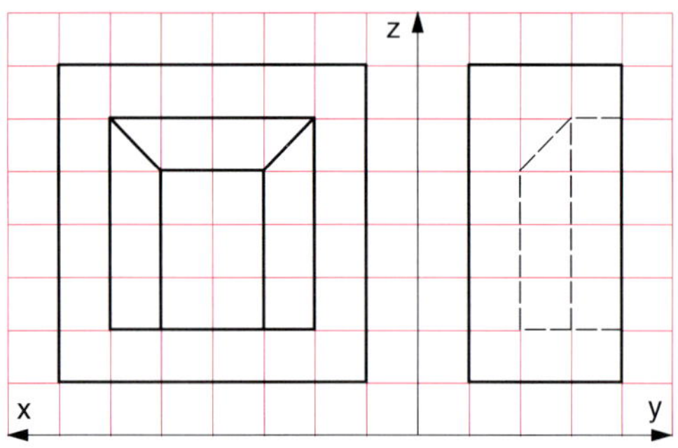

ESERCITAZIONE 71

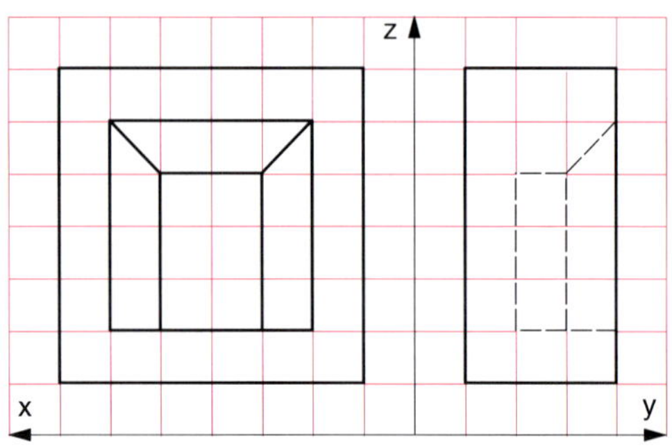

ESERCITAZIONE 72

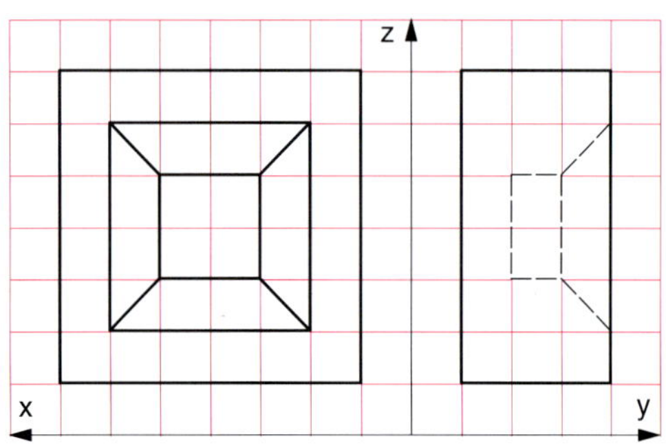

ESERCITAZIONE 73

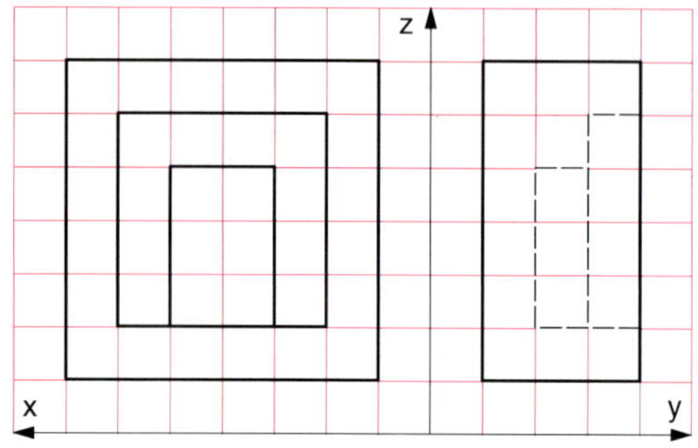

ESERCITAZIONE 74

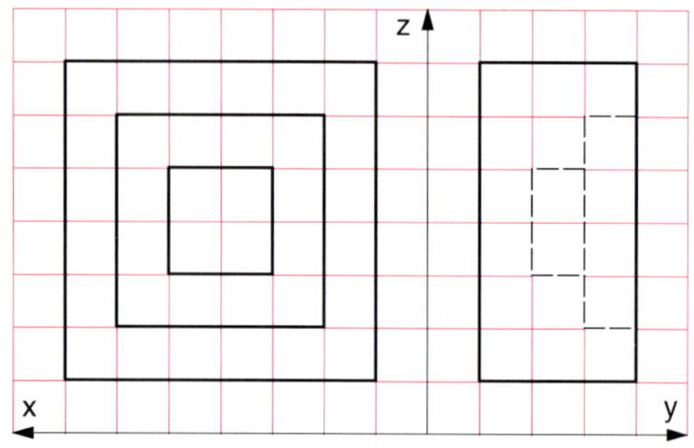

ESERCITAZIONE 75

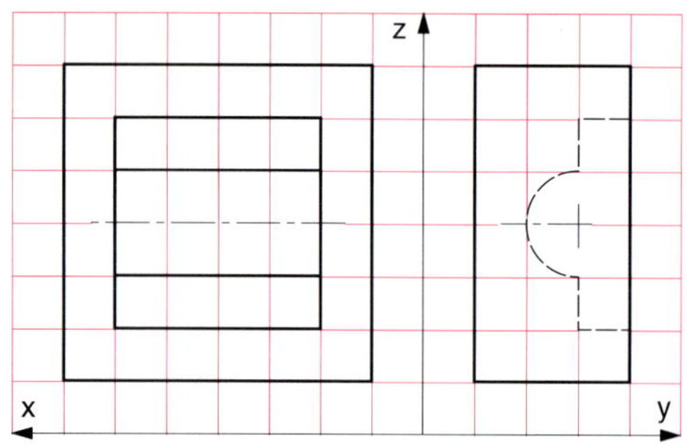

ESERCITAZIONE 76

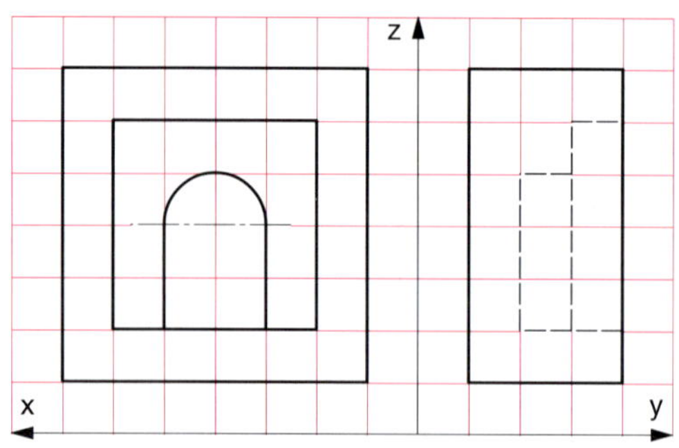

ESERCITAZIONE 77

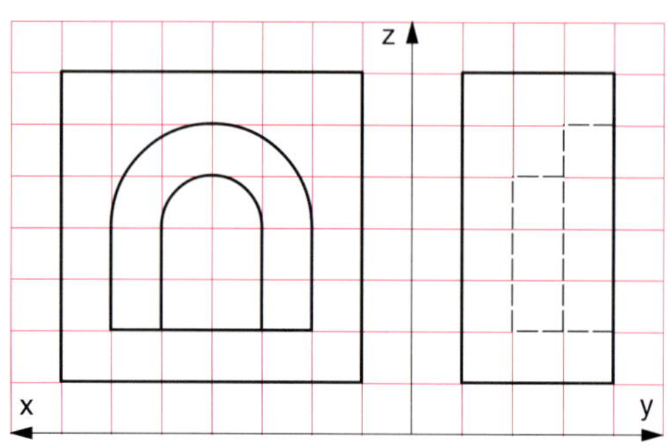

ESERCITAZIONE 78

Rappresenta in scala 1 : 20 il solido in tre proiezioni ortogonali

Pedate 28 cm
Alzate 18 cm

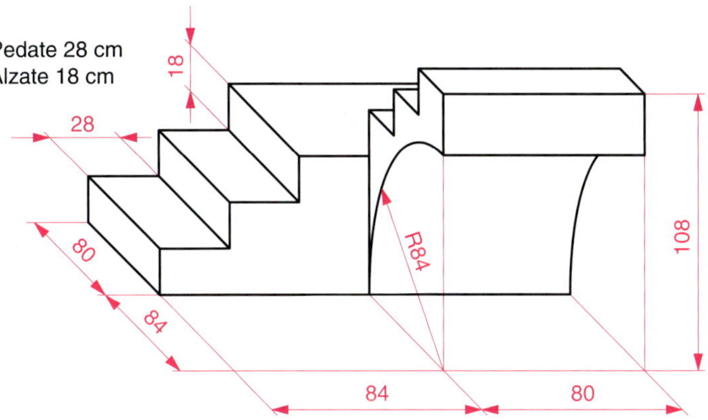

Quote in cm

ESERCITAZIONE 79

Rappresenta in scala 1 : 10 il solido in tre proiezioni ortogonali

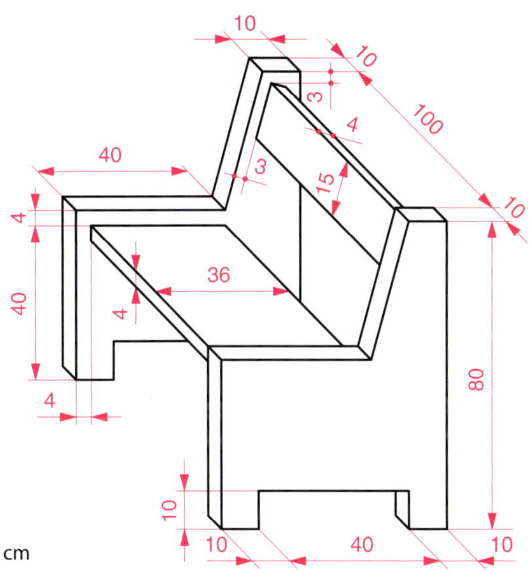

Quote in cm

ESERCITAZIONE 80

Rappresenta in scala 1 : 100 il solido in tre proiezioni ortogonali

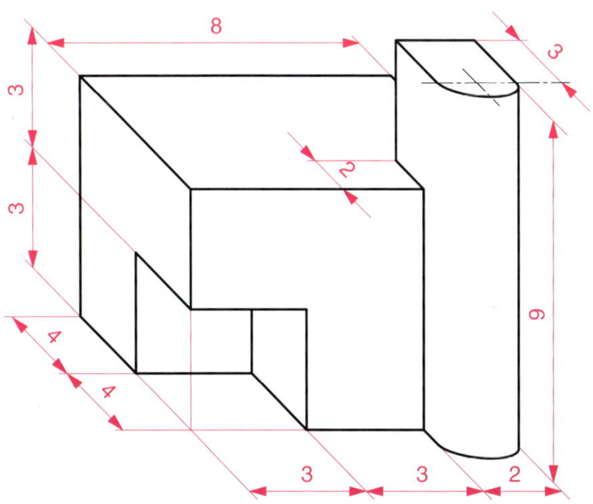

Quote in m

ESERCITAZIONE 81

Rappresenta in scala 1 : 500 il solido in tre proiezioni ortogonali

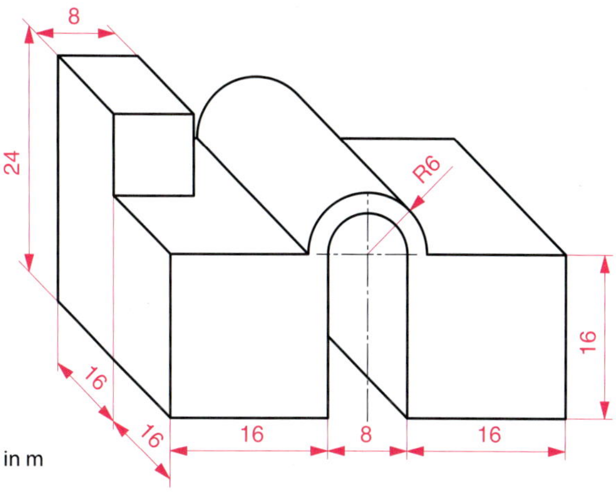

Quote in m

ESERCITAZIONE 82

Rappresenta in scala 1 : 100 il solido in tre proiezioni ortogonali

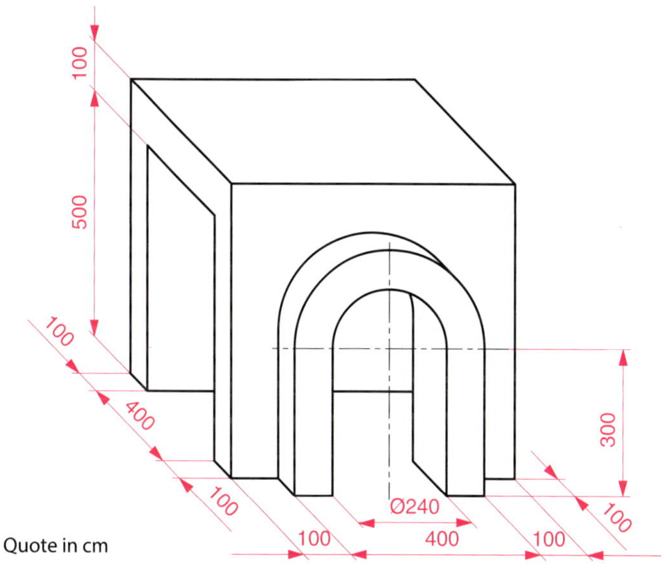

Quote in cm

ESERCITAZIONE 83

Rappresenta in scala 1 : 200 il solido in tre proiezioni ortogonali

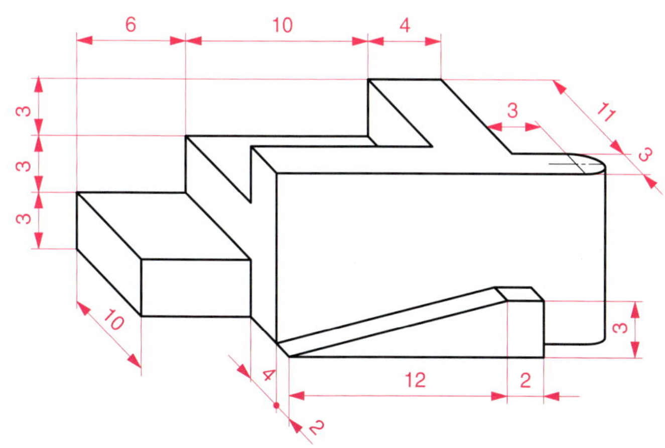

Quote in m

Esercitazioni

ESERCITAZIONE 84

Rappresenta in scala 1 : 200 il solido in tre proiezioni ortogonali

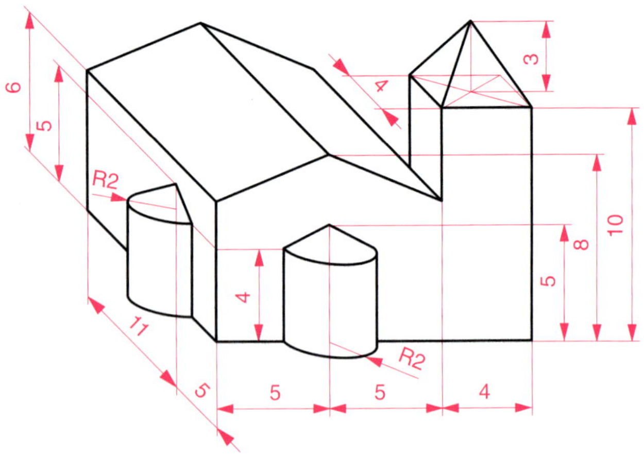

Quote in m

ESERCITAZIONE 85

Rappresenta in scala 1 : 100 il solido in tre proiezioni ortogonali

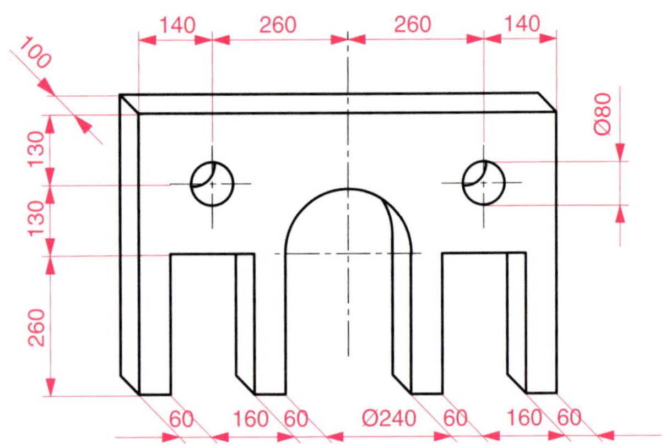

Quote in cm

ESERCITAZIONE 86

Rappresenta in scala 1 : 10 il solido in tre proiezioni ortogonali

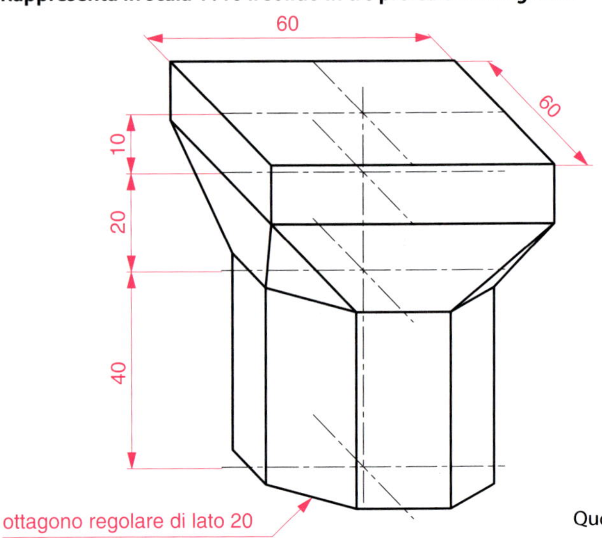

Quote in cm

ESERCITAZIONE 87

Rappresenta in scala 1 : 100 il solido in tre proiezioni ortogonali

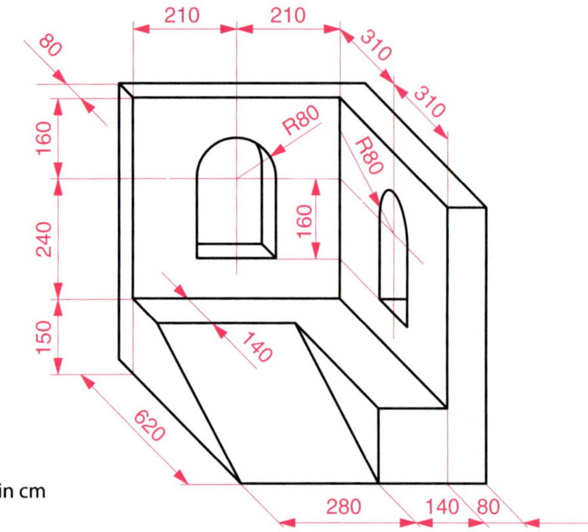

Quote in cm

ESERCITAZIONE 88

Rappresenta in scala 1 : 100 il solido in tre proiezioni ortogonali

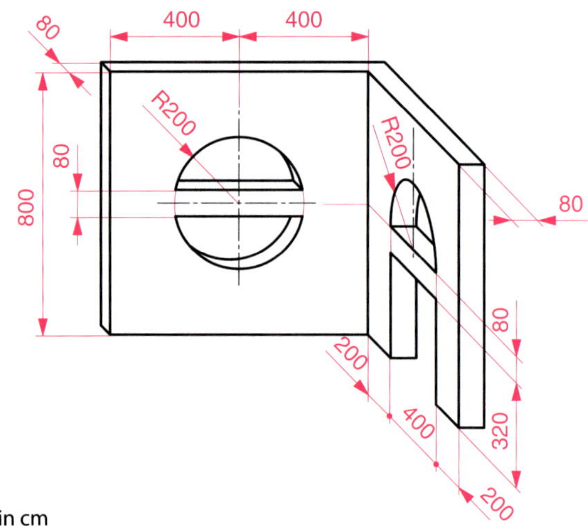

Quote in cm

ESERCITAZIONE 89

Rappresenta in scala 1 : 100 il solido in tre proiezioni ortogonali

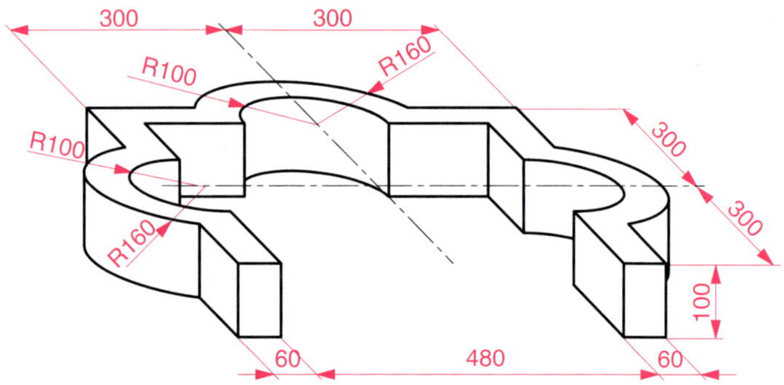

Quote in cm

Dalle viste date ricava la vista mancante raddoppiando le misure rilevate dal disegno.

ESERCITAZIONE 90
GUIDATA

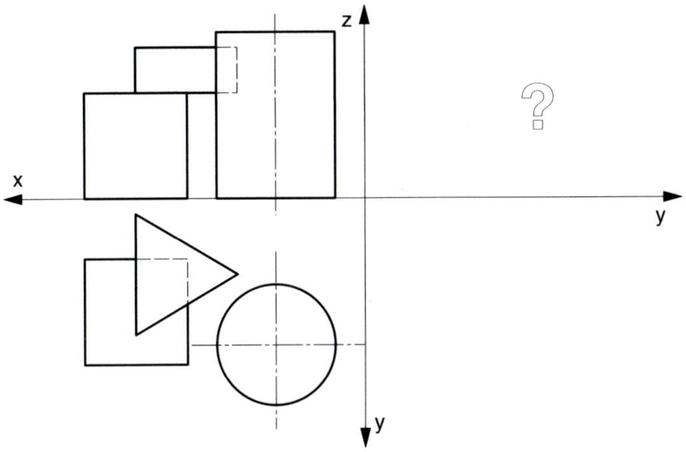

Prima di tutto bisogna capire la forma dei solidi e la loro posizione reciproca.

1 Un prisma a base triangolare equilatera è sovrapposto a un cubo. Il terzo solido è un cilindro, spostato un po' a destra e che nasconde in parte il prisma nella vista frontale.

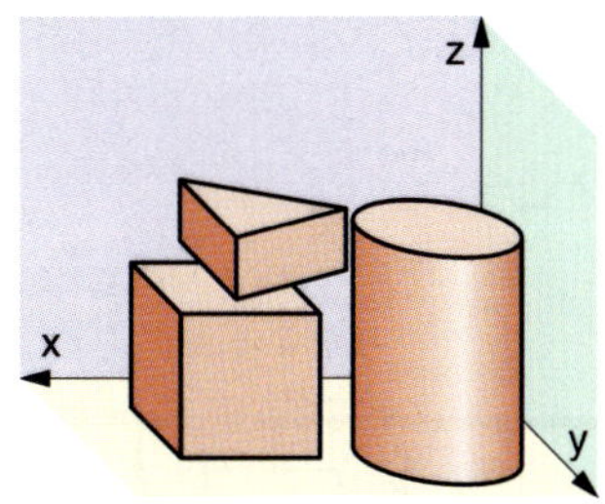

2 Nella vista da sinistra il cubo e il prisma nascondono parzialmente il cilindro. Di esso pertanto si vede un profilo disegnato in parte con linea fine a tratti.

ESERCITAZIONE 91
CON SUGGERIMENTO

IL PRIMO PASSO Un cilindro e un parallelepipedo poggiano sui gradini di una scala di tre alzate e tre pedate.

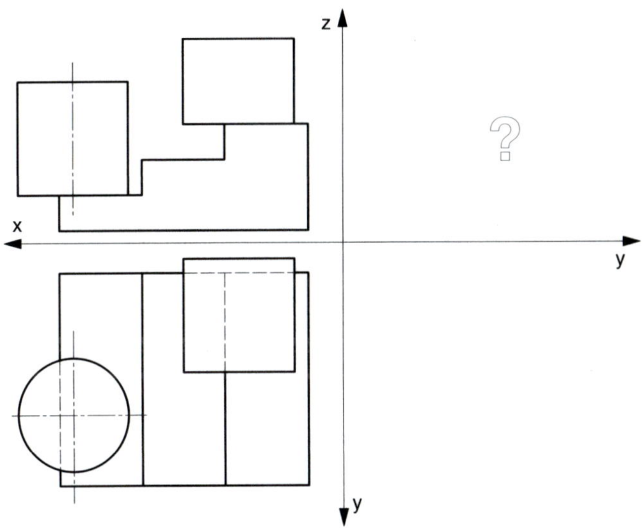

ESERCITAZIONE 92

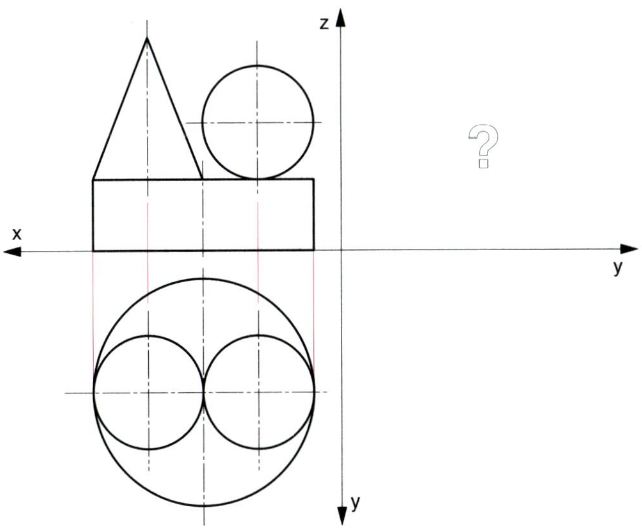

ESERCITAZIONE 93
CON SUGGERIMENTO

IL PRIMO PASSO Una piramide a base quadrata è disposta su un cilindro; sulla loro destra c'è un parallelepipedo a base quadrata.

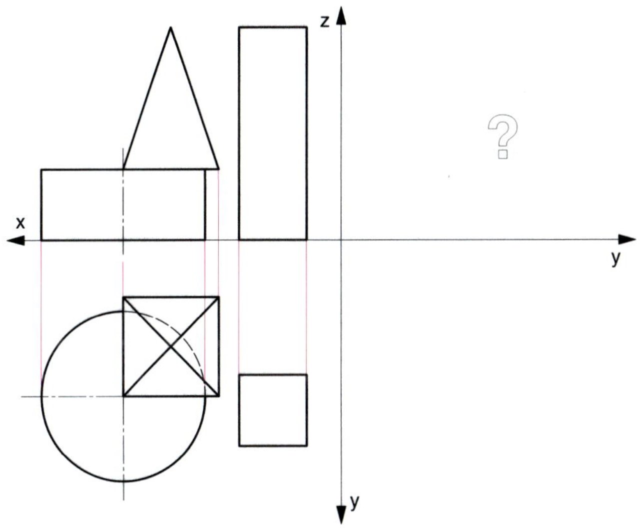

ESERCITAZIONE 94

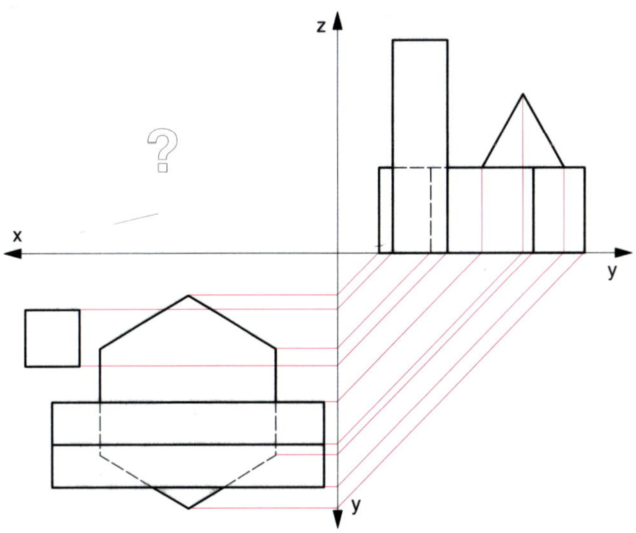

Dalle viste date ricava la vista mancante raddoppiando le misure rilevate dal disegno.

ESERCITAZIONE 95

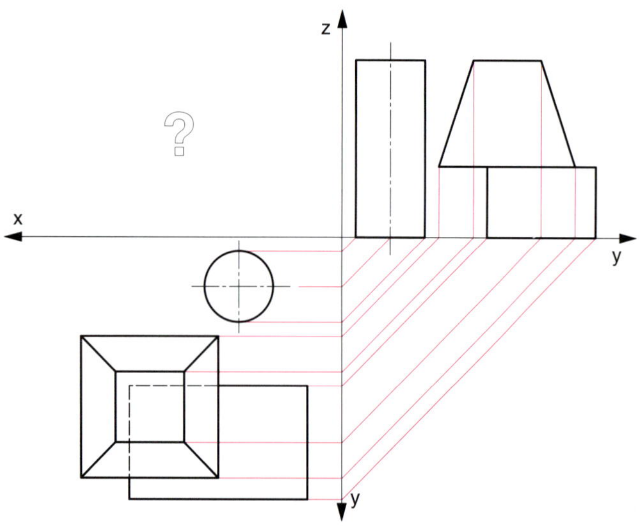

ESERCITAZIONE 98

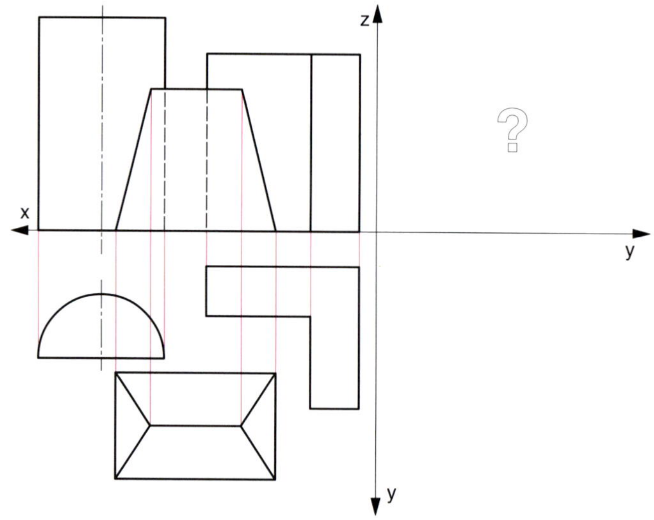

ESERCITAZIONE 96

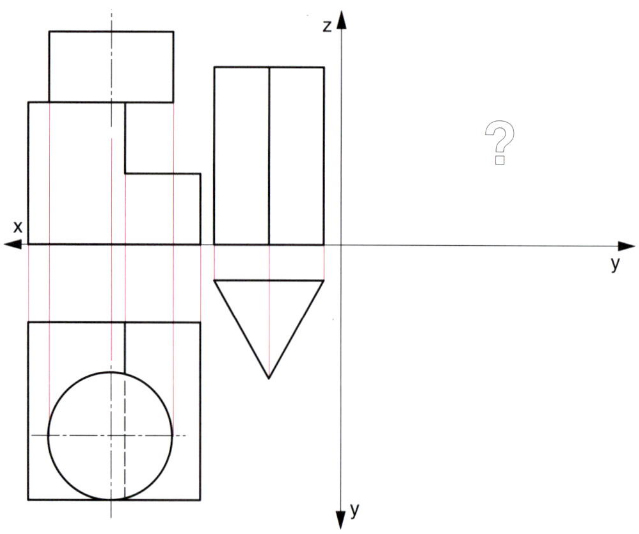

ESERCITAZIONE 99

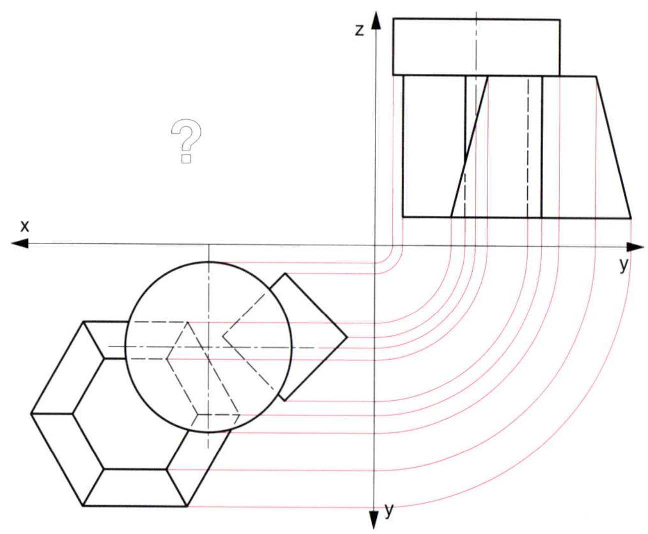

ESERCITAZIONE 97

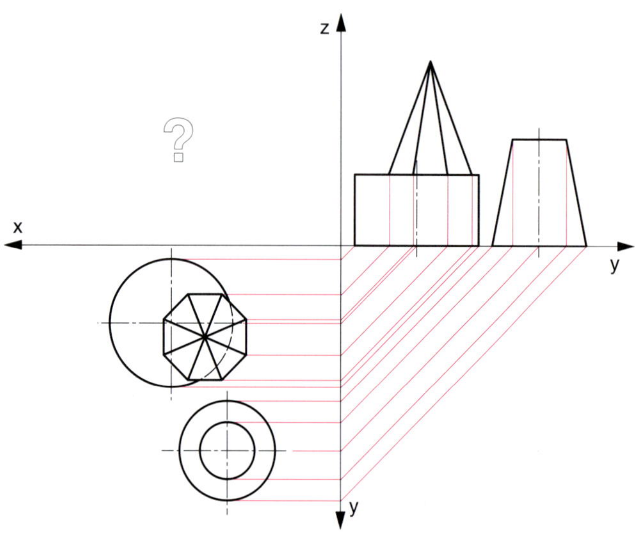

ESERCITAZIONE 100

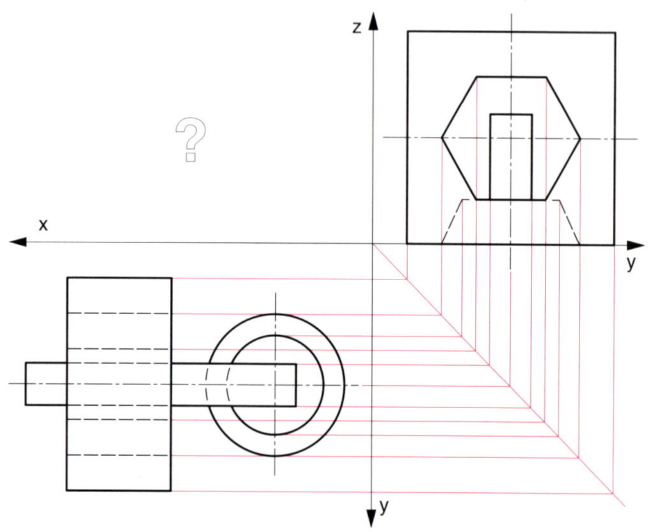

Non così...

Fase preparatoria

- Scarsa chiarezza sulla forma dell'oggetto proposto.
- Confusa posizione dell'oggetto nello spazio.
- Mancata analisi dimensionale dell'oggetto.
- Mancata analisi strutturale dell'oggetto (assi e piani di simmetria) e dei suoi elementi geometrici (poligoni regolari, tangenti, raccordi ecc.).
- Mancata individuazione degli spigoli e dei contorni visibili o nascosti.
- Evitare la stesura dello schizzo preparatorio.

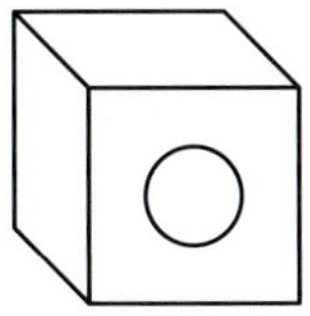

Foro cieco o passante?

... ma così!

- Analizzare tutti i dettagli formali dell'oggetto.
- Individuare le facce parallele ai diversi quadri (xy, xz, yz).
- Studiare le dimensioni d'ingombro in base alla scala del disegno.
- Individuare gli elementi strutturali su cui impostare il disegno e le principali caratteristiche geometriche (consultando il libro per le costruzioni dimenticate).
- Studiare la posizione reciproca di facce, spigoli e contorni nelle singole viste da realizzare.
- Disegnare lo schizzo preparatorio, studiando la sequenza delle fasi di elaborazione grafica.

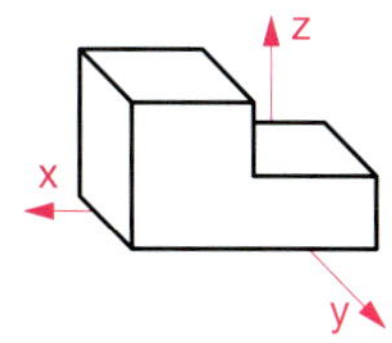

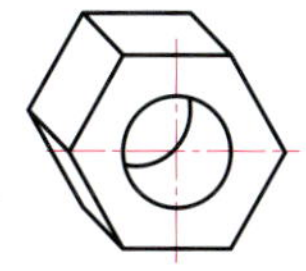

Fase di costruzione

Non così...

- Scelta errata o casuale della mina, sia del compasso sia della matita.
- Avvio del disegno da una vista scelta casualmente.
- Posizione casuale nel foglio dei primi elementi della costruzione.
- Trascurare l'importanza di elementi strutturali, quali assi o centri di simmetria.
- Tracciatura di rette con squadre poggiate su una retta di riferimento qualsiasi.
- Riportare le misure dal piano xy al piano yz con segmenti inclinati di un angolo errato.
- Assegnare a una vista la dimensione reale di un elemento inclinato rispetto al quadro.

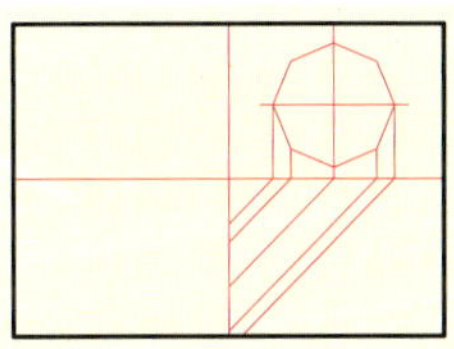

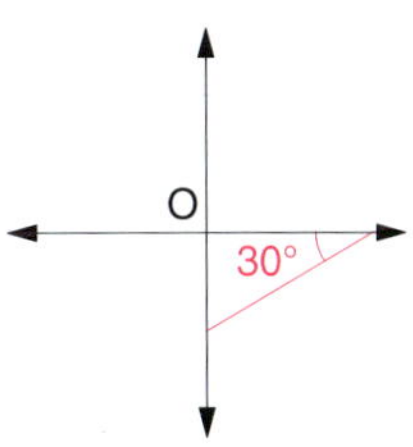

... ma così!

- Per la costruzione adottare solo mine dure (H oppure 2H).
- Iniziare dalla vista più significativa (con assi di simmetria, centri, poligoni regolari ecc.)
- Disporre centri e contorni della figura in posizione ragionata (attenzione ai riporti dal piano yz verso xy!).
- Disegnare figure simmetriche a partire dai loro assi o centri di simmetria.
- Per disegnare orizzontali o verticali tenendo la squadra su un asse di squadratura del foglio.
- I riporti dal piano xy al piano yz si eseguono solo con linee inclinate a 45°.
- Solo dimensioni parallele a un quadro si possono impiegare nella relativa vista (tenendo conto della scala).

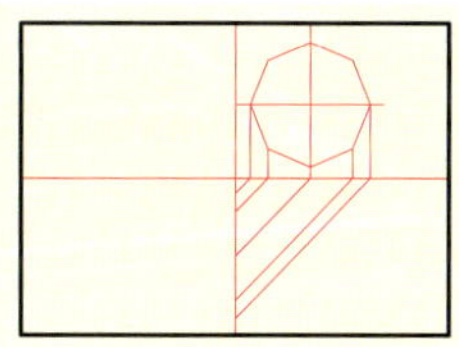

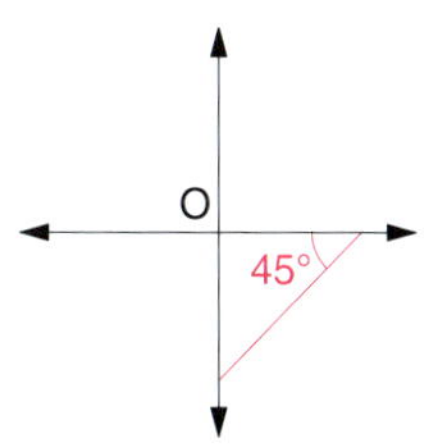

Fase di finitura

Non così...

- Scelta casuale o errata della mina della matita e del compasso.
- Scelta casuale del tipo di linea da impiegare in caso di elementi sovrapposti.
- Confusione su elementi nascosti.

... ma così!

- Per il ripasso adottare solo mine medio-morbide (HB oppure B).
- In caso di sovrapposizione di linee applicare l'ordine di priorità riportato a pag. A25.
- Per gli elementi nascosti applicare le seguenti **regole pratiche**:
  a) una linea a tratti non può delimitare una figura;
  b) una linea a tratti deve sempre terminare su un altro elemento.

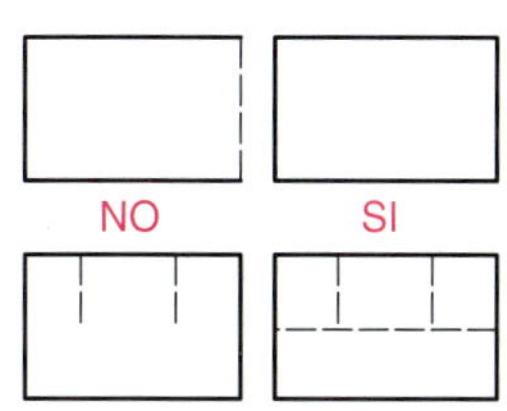

Video *Linee di riporto in proiezioni ortogonali*

Video *Costruzione di elementi simmetrici*

Video *Cilindro retto in proiezioni ortogonali*

Video *Disposizione di una figura nella vista da sinistra*

Capire lo spazio: dal solido alle proiezioni ortogonali

Analisi formale

Si deve analizzare bene il solido proposto, chiarendo eventuali dubbi sulla sua forma.

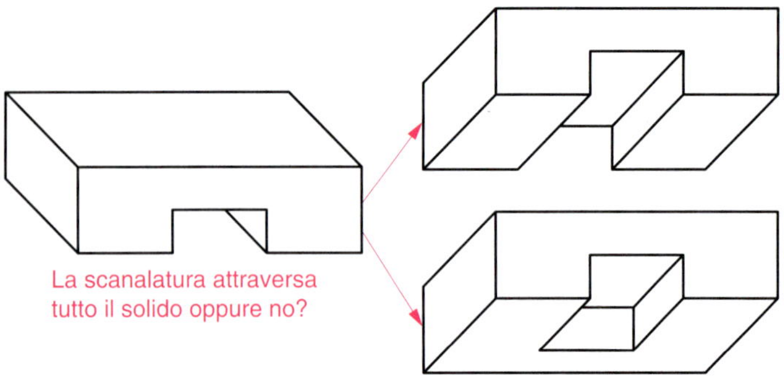

Analisi posizionale

Si deve definire la posizione del solido rispetto ai piani fondamentali e chiarire quali facce siano parallele ai piani stessi.

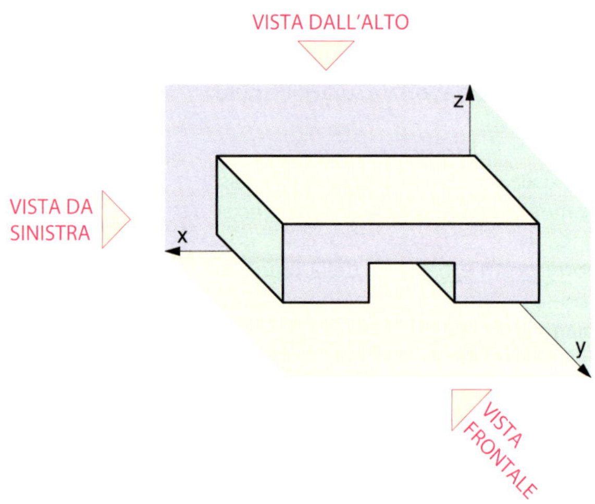

Analisi strutturale

Si devono individuare le caratteristiche strutturali più rilevanti, quali assi o piani di simmetria; quindi determinare la faccia più significativa, da cui iniziare la rappresentazione in proiezioni ortogonali.

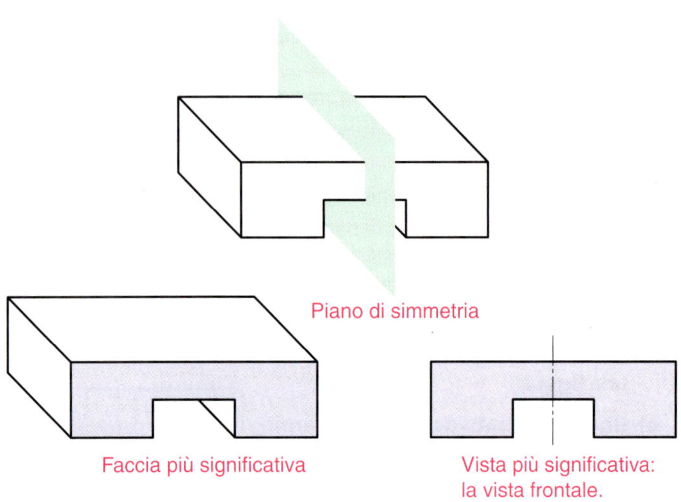

Individuazione di elementi visibili e nascosti

Per ogni vista bisogna determinare se i diversi spigoli o contorni siano visibili oppure nascosti.

Consideriamo, per esempio, la vista da sinistra del solido in oggetto.

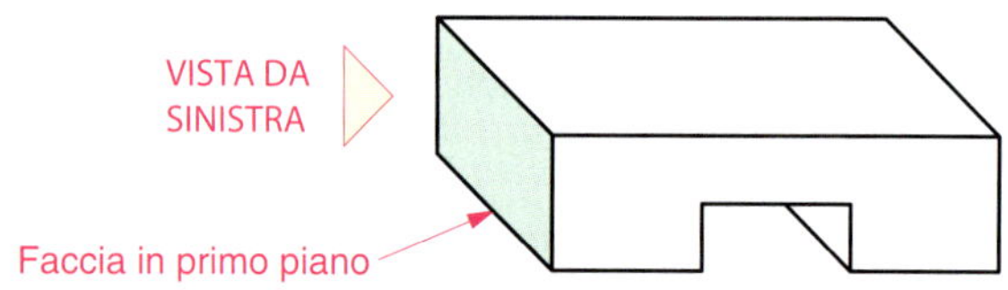

Gli spigoli evidenziati in colore si sovrappongono nella vista da sinistra; nella rappresentazione la priorità spetta allo spigolo visibile (linea continua grossa).

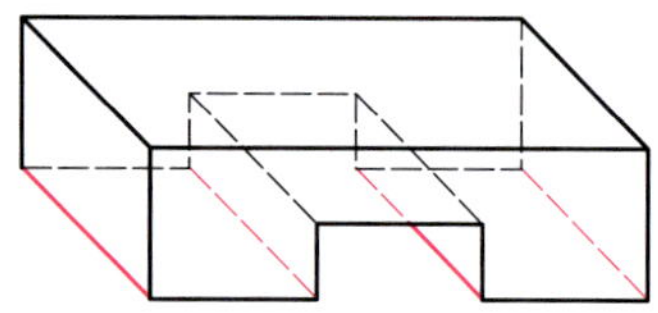

Gli spigoli evidenziati in colore sono nascosti dalla faccia in primo piano e pertanto vengono indicati con linea a tratti fine.

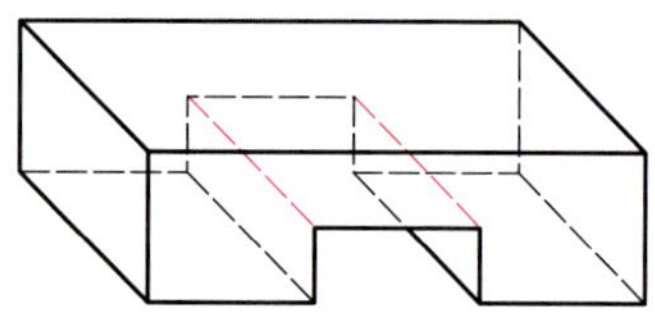

La vista da sinistra sarà pertanto quella indicata a fianco.

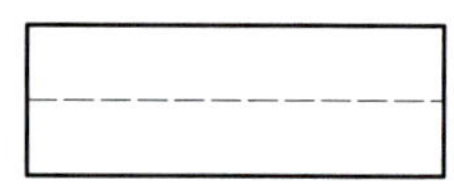

Fasi di elaborazione grafica

Si traccia lo schizzo preparatorio. Partendo dalla vista più significativa (in questo caso è quella frontale), si imposta la figura sulla base dell'asse di simmetria. Con linee di riporto si ottiene la costruzione delle altre viste. Infine si esegue il ripasso.

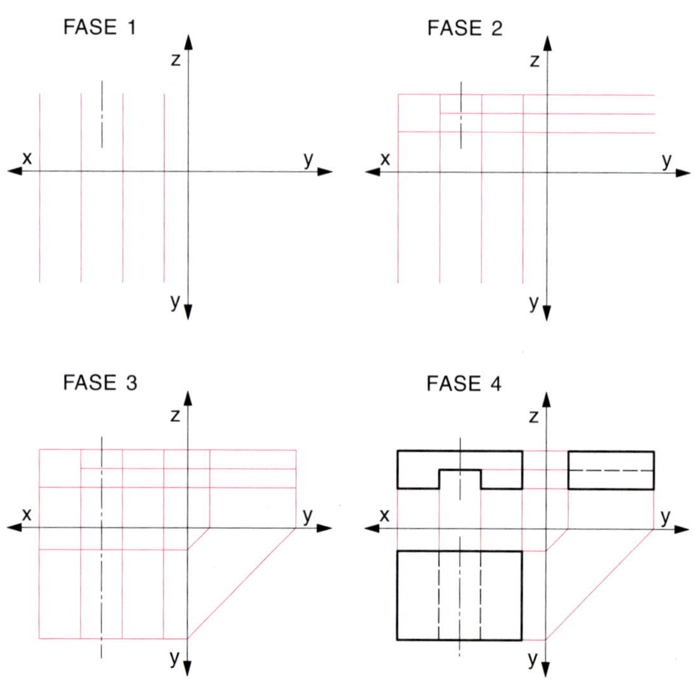

Gli esercizi di questa pagina devono essere disegnati dopo aver realizzato lo schizzo preparatorio, curando con molta attenzione la strutturazione del lavoro secondo una razionale sequenza delle fasi di elaborazione grafica.

NOTA BENE

Le dimensioni degli oggetti proposti si possono rilevare dalla griglia sovrapposta ai disegni; essa è costituita da quadrati di lato 4 mm.

ESERCITAZIONE R1

Disegna tre viste del solido raddoppiando le dimensioni rilevate dal disegno

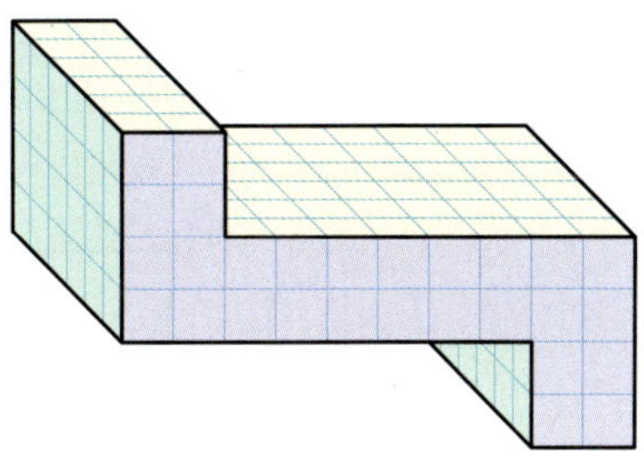

ESERCITAZIONE R2

Disegna tre viste del solido raddoppiando le dimensioni rilevate dal disegno

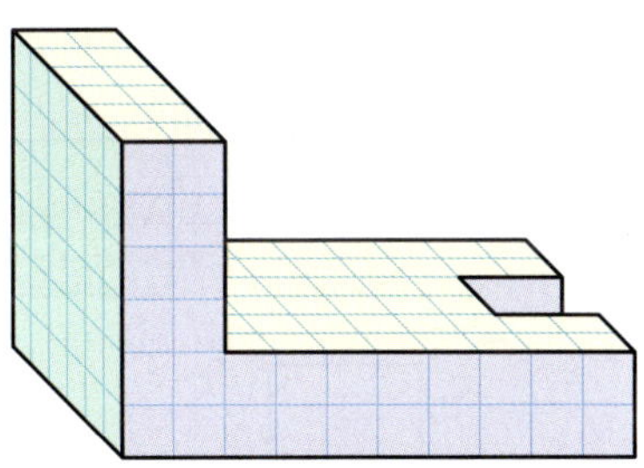

ESERCITAZIONE R3

Disegna tre viste del solido raddoppiando le dimensioni rilevate dal disegno

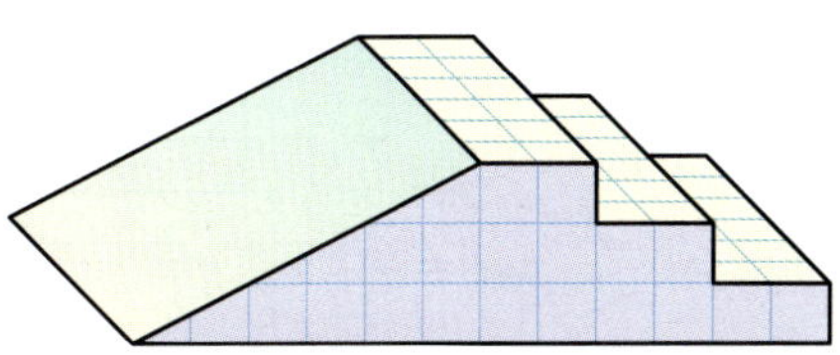

ESERCITAZIONE R4

Disegna tre viste del solido raddoppiando le dimensioni rilevate dal disegno

ESERCITAZIONE R5

Disegna tre viste del solido raddoppiando le dimensioni rilevate dal disegno

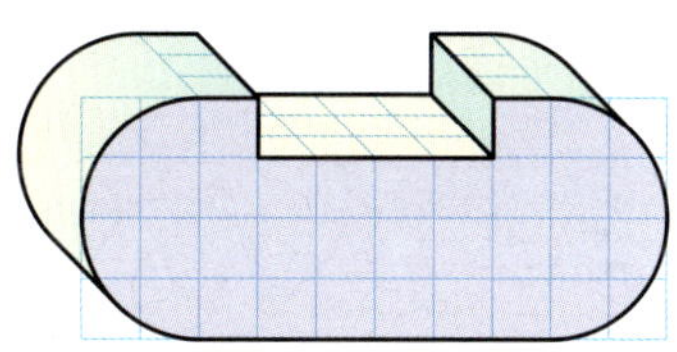

ESERCITAZIONE R6

Disegna tre viste del solido raddoppiando le dimensioni rilevate dal disegno

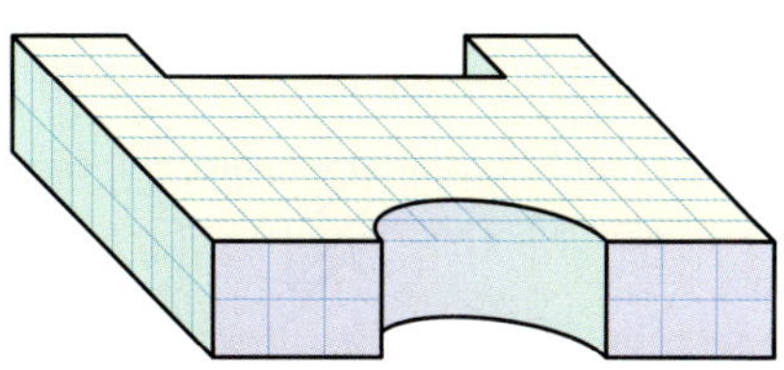

ESERCITAZIONE R7

Disegna tre viste del solido raddoppiando le dimensioni rilevate dal disegno

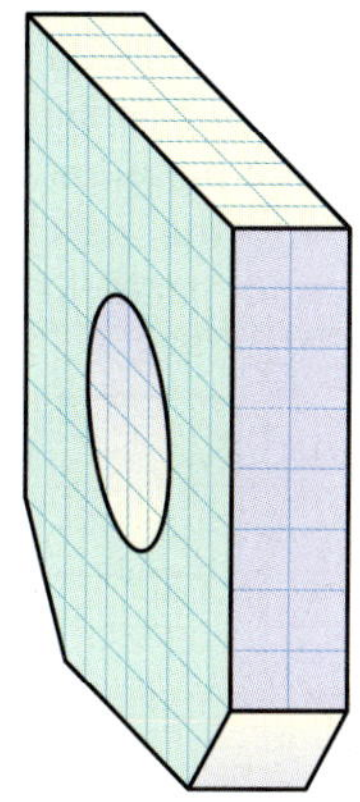

ESERCITAZIONE R8

Disegna tre viste del solido raddoppiando le dimensioni rilevate dal disegno

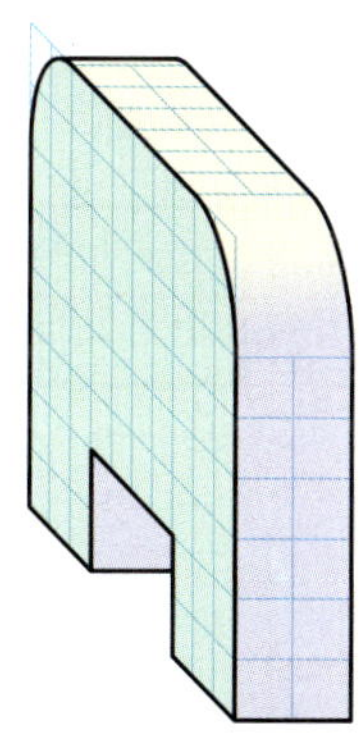

ESERCITAZIONE R9

Disegna tre viste del solido raddoppiando le dimensioni rilevate dal disegno

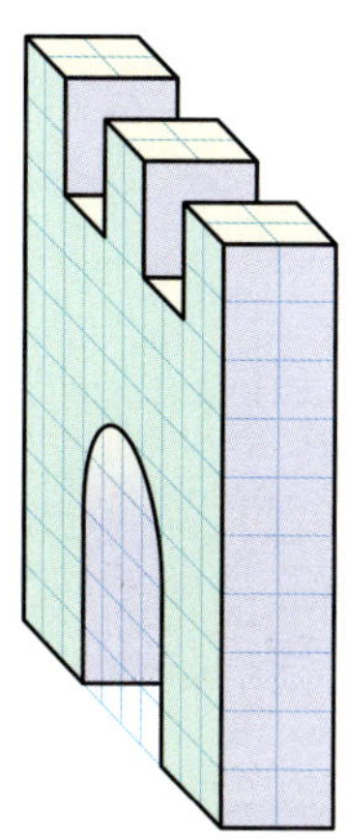

Capire lo spazio: dalle proiezioni ortogonali al solido

Dalle viste disponibili si deve ricostruire la forma e la posizione del solido nello spazio. Osservando il disegno si può formulare un'ipotesi attendibile, da verificare con cura; solo se questo solido ipotizzato è in grado di generare le viste date, si può pensare ad aggiungere eventuali altre viste. Se l'ipotesi non è completamente corrispondente alle viste, essa va scartata. Si prenderanno quindi in considerazione altre ipotesi fino a trovare quella giusta.

ESEMPIO 1

Solido ipotizzato. Se nella vista frontale appare una circonferenza e nella vista da sinistra un rettangolo, si può pensare che il solido sia un cilindro retto; le sue basi devono essere parallele al piano xz, in modo da apparire in vera forma nella vista frontale. L'asse del cilindro sarà quindi parallelo al piano yz.

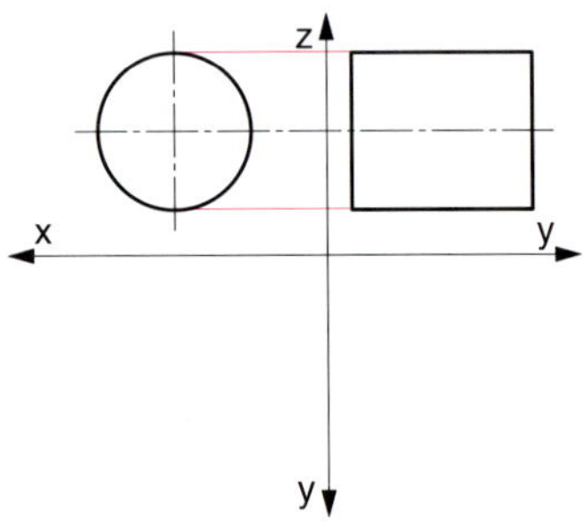

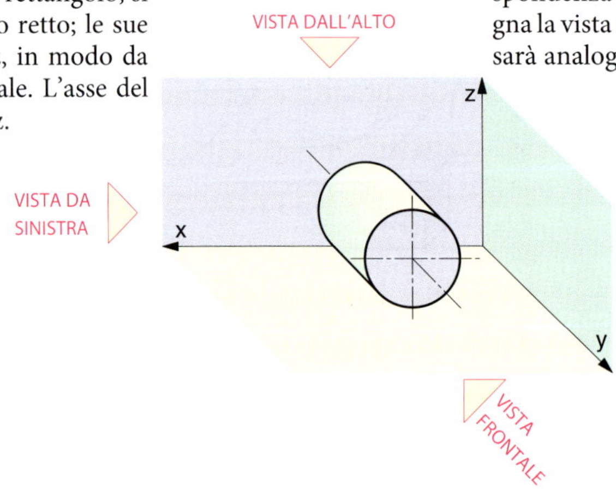

Disegno della vista mancante. Verificata la corrispondenza tra il solido ipotizzato e le viste date, si disegna la vista dall'alto mediante linee di riporto. La figura sarà analoga alla vista da sinistra ma ruotata di 90°.

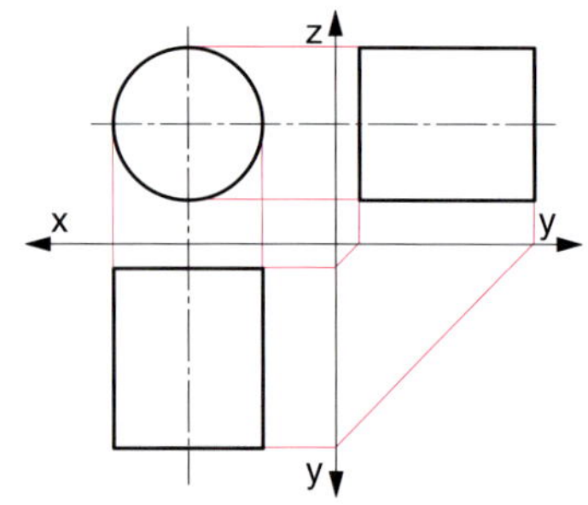

ESEMPIO 2

Solido ipotizzato A. Cilindro retto con foro passante: non corrisponde la vista da sinistra.
Solido ipotizzato B. Cilindro retto con foro cieco.

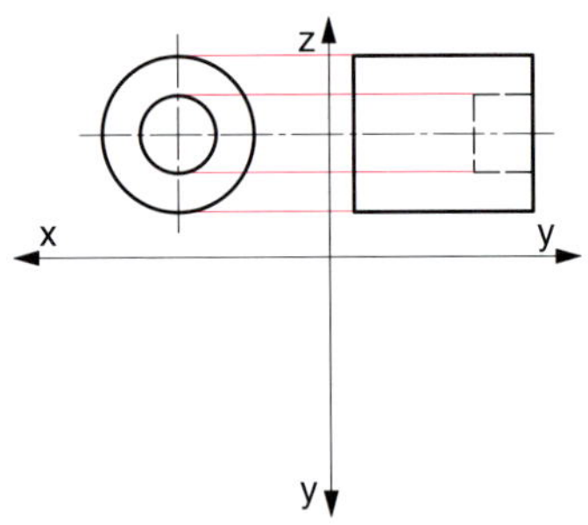

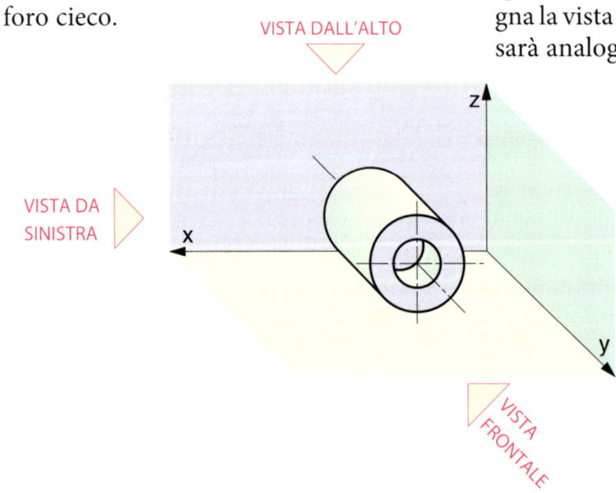

Disegno della vista mancante. Verificata la corrispondenza tra il solido ipotizzato e le viste date, si disegna la vista dall'alto mediante linee di riporto. La figura sarà analoga alla vista da sinistra ma ruotata di 90°.

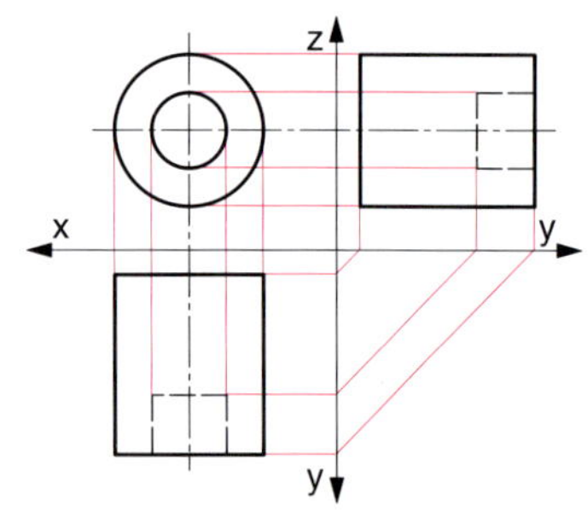

ESEMPIO 3

Solido ipotizzato A. Cilindro retto con foro passante: non corrisponde la vista frontale.

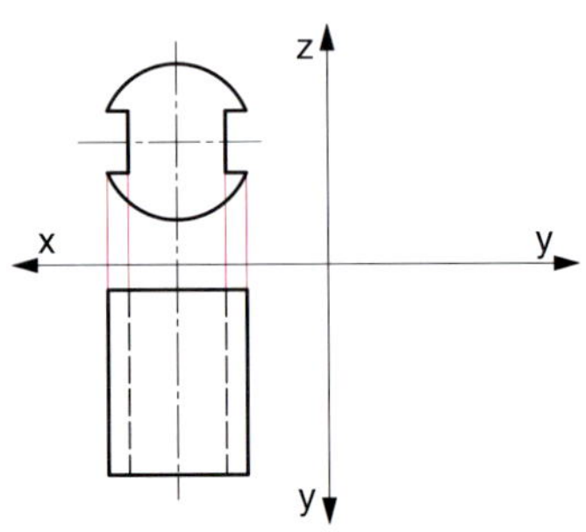

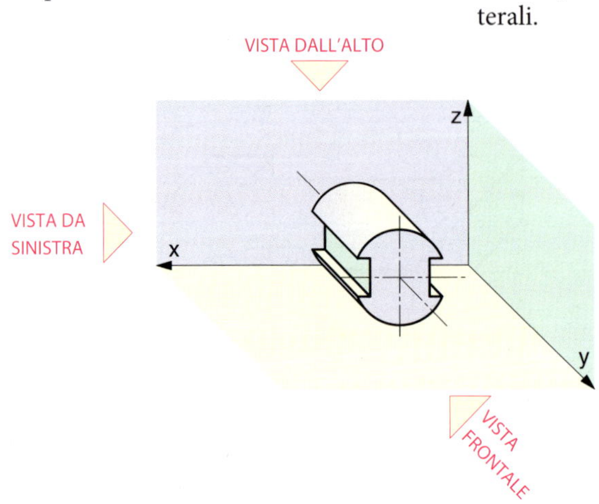

Solido ipotizzato B. Cilindro retto con scanalature laterali.

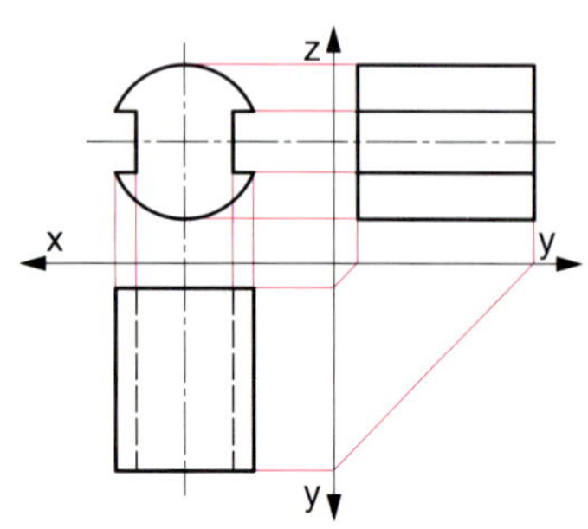

Gli esercizi di questa pagina devono essere disegnati dopo aver interpretato le viste date e ipotizzato quale solido possa averle generate. Realizzato lo schizzo preparatorio, si controllerà la corrispondenza tra le tre viste e si passerà al disegno con gli strumenti.

NOTA BENE

Le dimensioni degli oggetti proposti si possono rilevare dalla griglia sovrapposta ai disegni; essa è costituita da quadrati di lato 4 mm.

ESERCITAZIONE R10

Completa il disegno con la vista mancante, raddoppiando le dimensioni rilevate

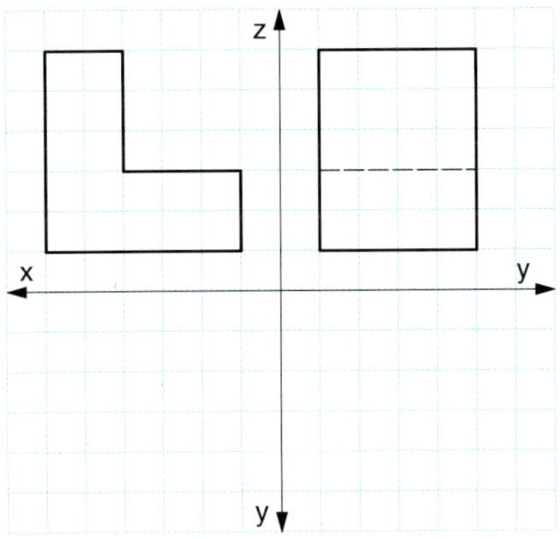

ESERCITAZIONE R13

Completa il disegno con la vista mancante, raddoppiando le dimensioni rilevate

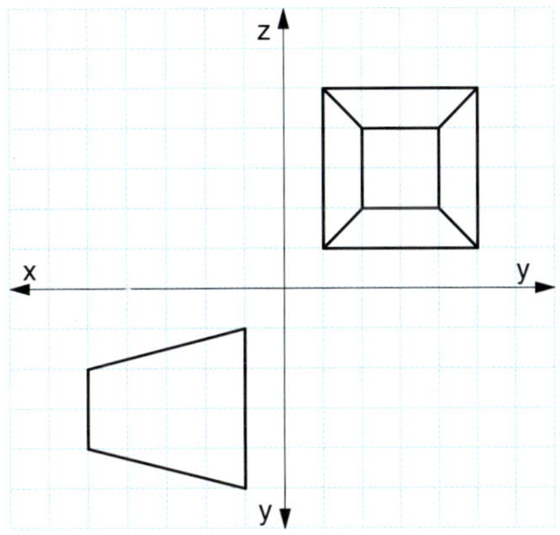

ESERCITAZIONE R16

Completa il disegno con la vista mancante, raddoppiando le dimensioni rilevate

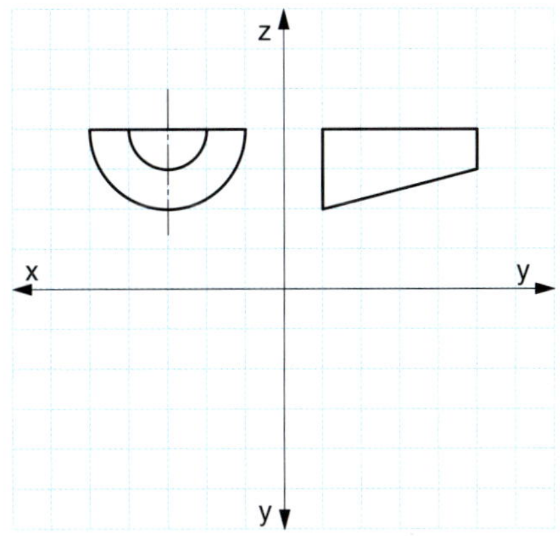

ESERCITAZIONE R11

Completa il disegno con la vista mancante, raddoppiando le dimensioni rilevate

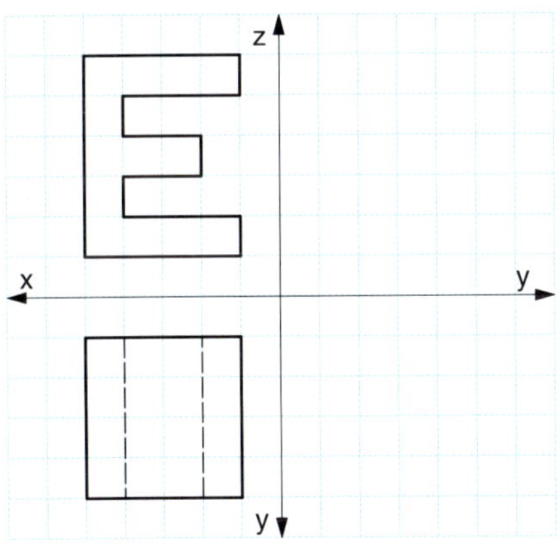

ESERCITAZIONE R14

Completa il disegno con la vista mancante, raddoppiando le dimensioni rilevate

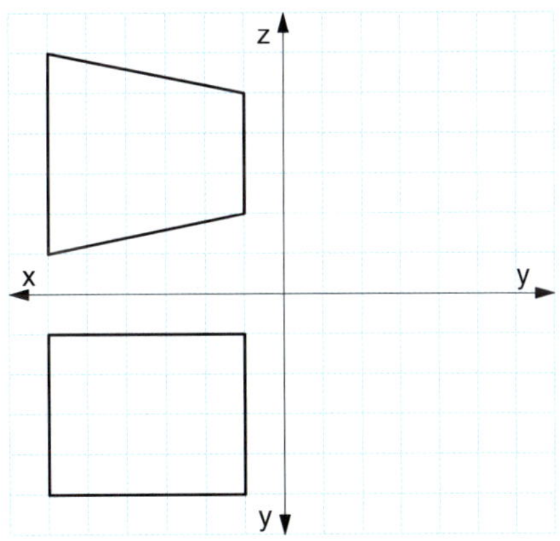

ESERCITAZIONE R17

Completa il disegno con la vista mancante, raddoppiando le dimensioni rilevate

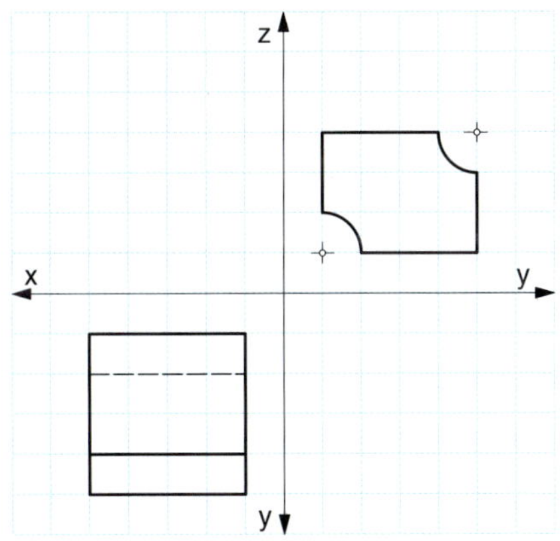

ESERCITAZIONE R12

Completa il disegno con la vista mancante, raddoppiando le dimensioni rilevate

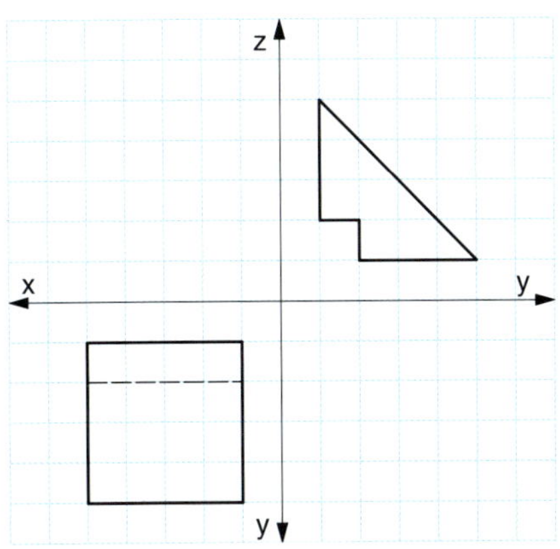

ESERCITAZIONE R15

Completa il disegno con la vista mancante, raddoppiando le dimensioni rilevate

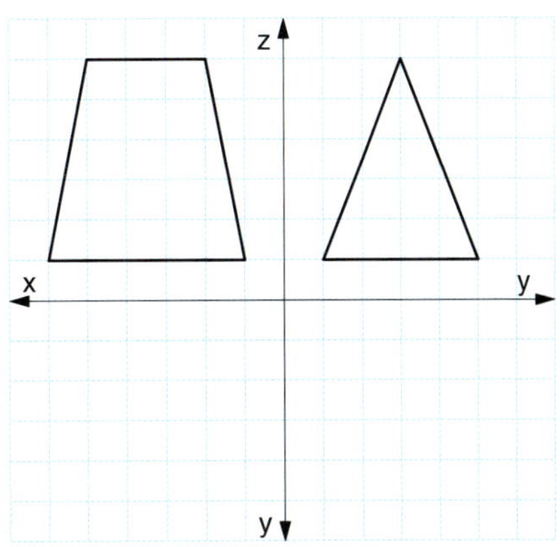

ESERCITAZIONE R18

Completa il disegno con la vista mancante, raddoppiando le dimensioni rilevate

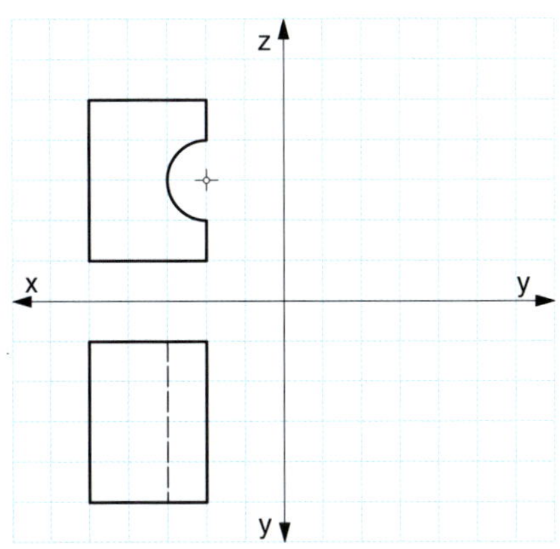

Competenze

Verifica delle competenze

PROVA A Sgabello

Si vuole realizzare uno sgabello in legno con lavorazione molto semplice per assemblare elementi già tagliati da un falegname o in segheria.

Dopo ricerca di documentazione, si individua il seguente disegno di progetto; esso è adeguato alle nostre esigenze, poiché si può realizzare mediante assemblaggio con colla e chiodi o viti.

Durante la fase iniziale di studio si possono apportare modifiche dimensionali e formali.

Una volta che siano state definite queste modifiche bisogna rappresentare l'oggetto in proiezioni ortogonali mediante un disegno di «complessivo», cioè con i diversi elementi assemblati, e con disegni «particolari», cioè dei singoli elementi.

I disegni di particolare saranno indispensabili per ottenere il taglio del legno.

Oltre a reperire gli elementi tagliati, bisogna anche elencare quali altri materiali siano necessari (carta abrasiva, chiodi, viti, colla, vernice ecc.).

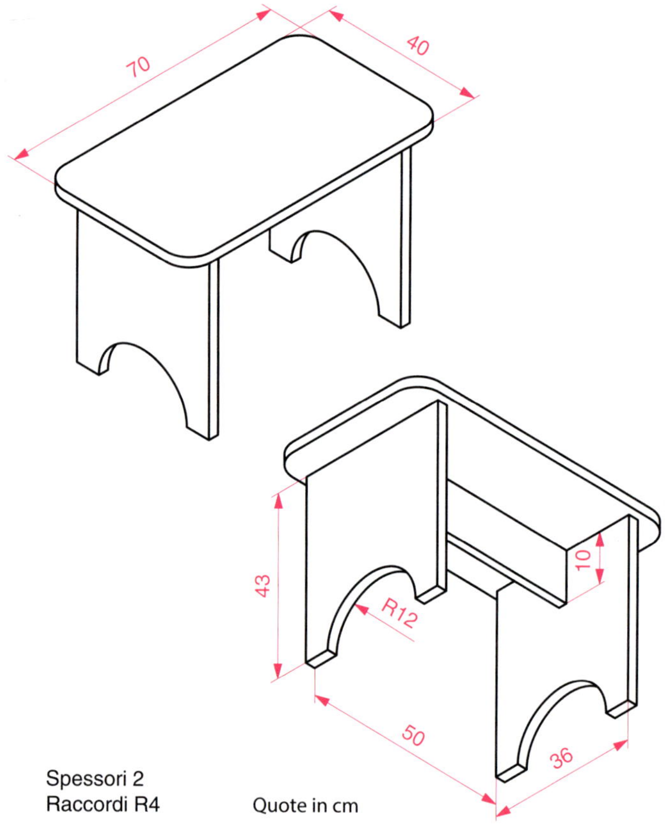

Spessori 2
Raccordi R4

Quote in cm

PROVA B Mensola

Per realizzare una mensola in legno con mezzi semplici si possono assemblare elementi già tagliati da un falegname o in segheria.

Un progetto come quello proposto può essere adeguato alle nostre esigenze, poiché richiede solo un assemblaggio con colla e chiodi o viti.

Elaborando la proposta si possono studiare modifiche alla forma e alle dimensioni.

Dopo aver definito i dettagli, si rappresenti l'oggetto in proiezioni ortogonali con un disegno di «complessivo», cioè con i diversi elementi assemblati, e con disegni «particolari», cioè dei singoli elementi.

Con i disegni di particolare si potranno fornire i dati precisi per ottenere il taglio del legno.

Per completare il progetto si devono elencare i materiali necessari alla realizzazione dell'assemblaggio e della finitura (carta abrasiva, chiodi, viti, colla, vernice ecc.).

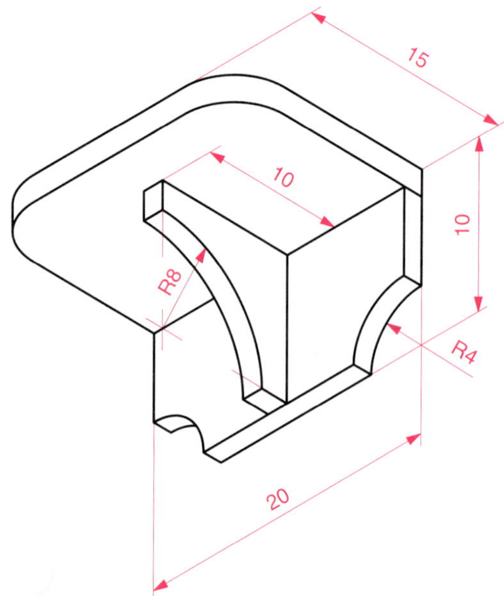

Spessori 1,5
Raccordi R4

Quote in cm

PROVA C Casetta per cani

Volendo realizzare una casetta per cani, si è consultato un catalogo su cui viene riportato il disegno a fianco.

Il disegno in scala 1:20 rappresenta l'oggetto come se fosse un unico elemento; in realtà dalle note del produttore si capisce che esso è stato prodotto con pannelli di legno di spessore 2 cm. Quindi la casetta è realizzata con l'assemblaggio di 7 elementi (pavimento, 4 pareti e 2 falde di copertura).

Studia attentamente il disegno per individuare migliorie o variazioni dimensionali e formali. Per esempio si può pensare di sollevare da terra il pavimento con 4 piedini. Può risultare utile in questa fase la consultazione di altri cataloghi su Internet.

Definiti i cambiamenti rappresenta l'oggetto in modo da consegnare al falegname un disegno completo e preciso.

Oltre alla corretta rappresentazione in proiezioni ortogonali di tutto l'oggetto (disegno chiamato «complessivo»), sarà opportuno disegnare anche i singoli elementi («particolari»).

Per completare il disegno esecutivo si può elaborare una nota con il computo metrico dei materiali (superfici dei singoli elementi e superficie totale), indicazioni per la realizzazione (per es. l'impiego di legno trattato per resistere alle intemperie).

È infine necessario prevedere che la copertura sia rivestita di una guaina impermeabile; per reperirla si dovranno quindi conoscere le sue dimensioni da ricavare dal disegno.

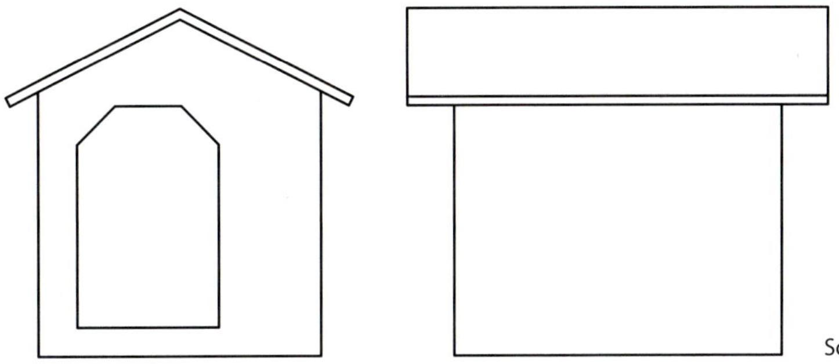

Scala 1:20

PROVA D Scaffaletto portabottiglie da vino

Si vuole costruire uno scaffaletto portabottiglie da vino. Per facilitare il lavoro è preferibile realizzarlo in legno con elementi da assemblare con tecniche semplici, quali colla, viti o chiodi.

Facendo una ricerca su internet si possono trovare idee adeguate agli scopi prefissi. A fianco sono riportati due disegni esemplificativi di quanto è stato trovato.

Dopo attento studio dei problemi di lavorazione, si determina il progetto di massima, comprendente i semilavorati da impiegare (legno massello in listelli oppure pannelli di multistrato).

Per passare ai disegni del progetto definitivo occorre attribuire dimensioni precise agli elementi. A tale scopo si possono rilevare le dimensioni di una bottiglia da vino, in modo da stabilire la profondità dello scaffaletto, la distanza tra una traversa e l'altra, i diametri delle cavità su cui poggiano le bottiglie ecc.

Rappresenta in proiezioni ortogonali l'oggetto completo («complessivo») e i singoli elementi («particolari»), al fine di fornire al falegname i dati precisi per il taglio.

Il progetto va completato con l'elenco dei materiali necessari per l'assemblaggio (chiodi o viti, colla, carta abrasiva, vernice ecc.).

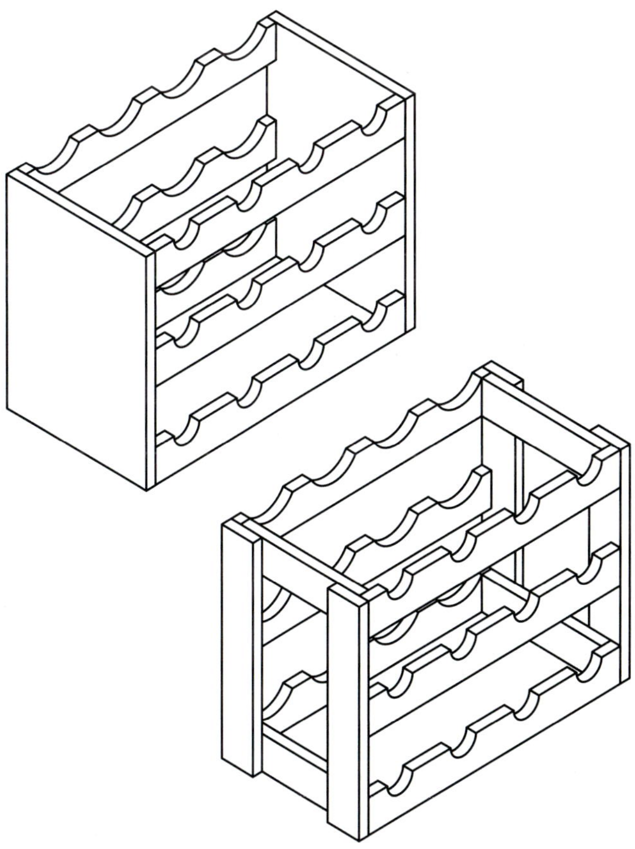

B2 Assonometria

PROIEZIONE PARALLELA
come le proiezioni ortogonali

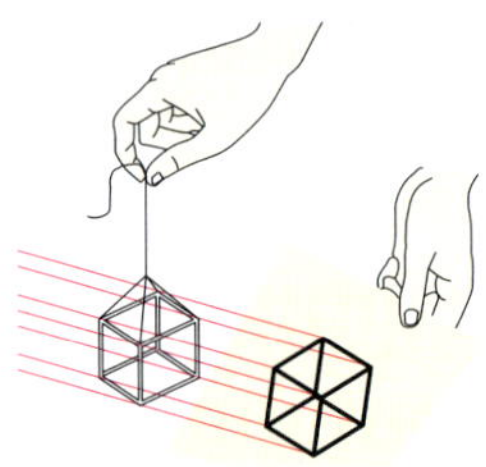

RAPPRESENTAZIONE TRIDIMENSIONALE

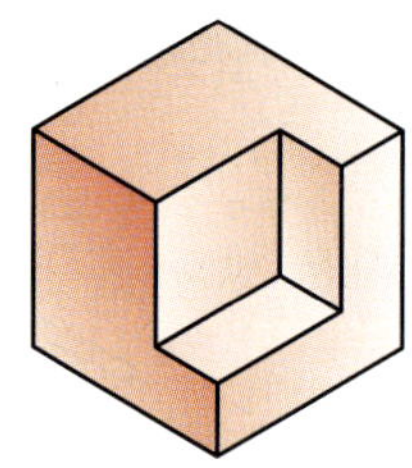

ASSONOMETRIA

tipi più usati

caratteristiche

- **INCLINAZIONE DEGLI ASSI x, y, z**
- **RAPPORTI DI RIDUZIONE**

ASSONOMETRIA ISOMETRICA

• Assi

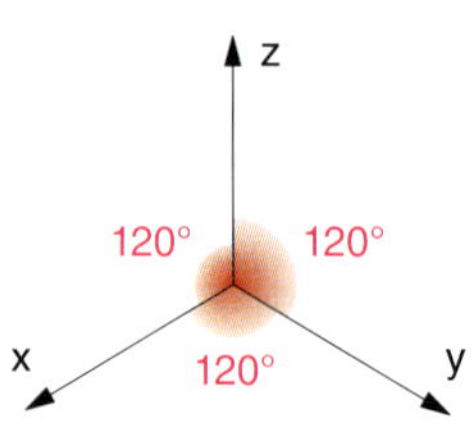

• Rapporto di riduzione
x:y:z = 1:1:1
cioè 1:1 sui tre assi

• Impiego più opportuno:
rappresentazioni armoniose di solidi visti d'angolo

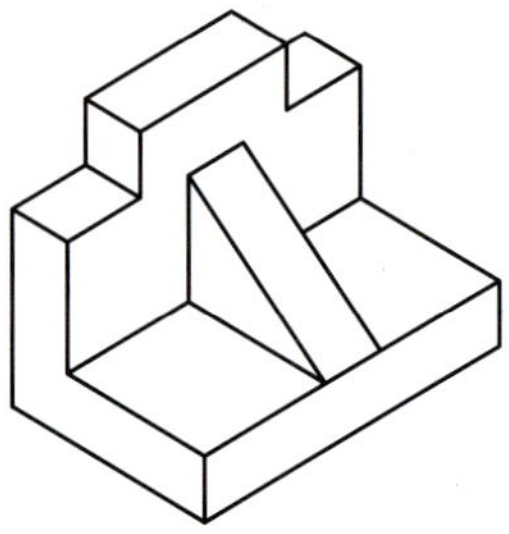

ASSONOMETRIA CAVALIERA

• Assi

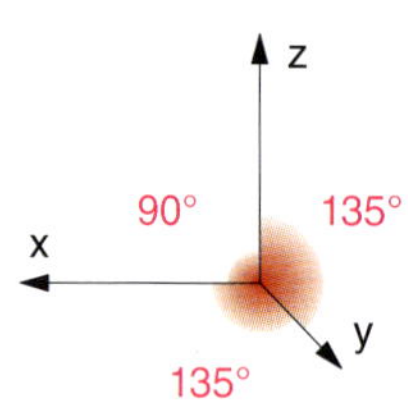

• Rapporto di riduzione
x:y:z = 1:1/2:1
cioè 1:1 sugli assi x e z
1:2 sull'asse y

• Impiego più opportuno:
solidi con facce significative sul piano frontale

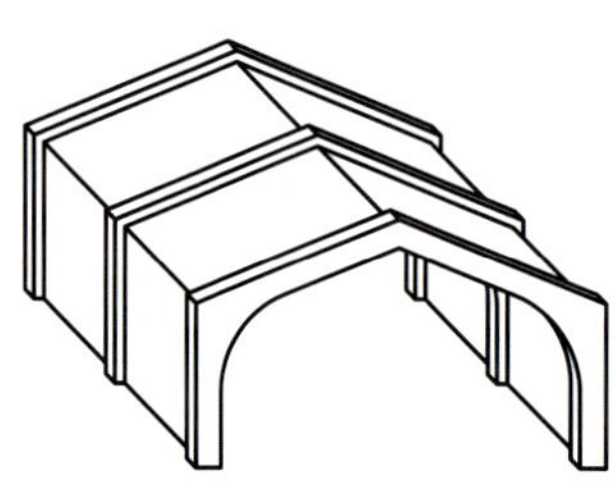

ASSONOMETRIA PLANOMETRICA

• Assi

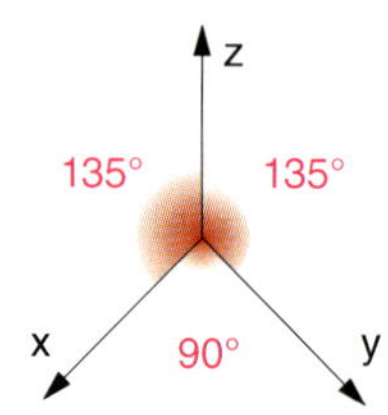

• Rapporto di riduzione
x:y:z = 1:1:1
cioè 1:1 sui tre assi

• Impiego più opportuno:
solidi con facce significative sul piano orizzontale

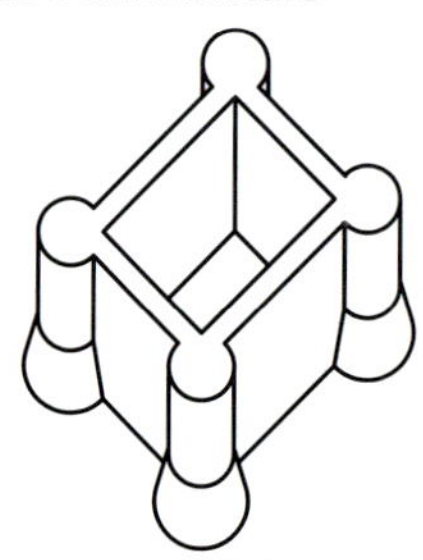

Conosci l'assonometria?

Oltre all'esperienza scolastica, la vita quotidiana ti ha già fatto imbattere in disegni in assonometria.

In depliant commerciali o manuali d'uso di oggetti tecnici, la rappresentazione più comune è quella assonometrica.

La somiglianza dell'assonometria con la percezione visiva rende questo metodo di rappresentazione molto immediato.

Per questo motivo l'assonometria viene impiegata per scopi divulgativi e per affiancare i disegni in proiezioni ortogonali, molto meno efficaci per una percezione spaziale.

Infine, ogni giorno abbiamo sotto gli occhi esempi perfetti di assonometria: le ombre create dalla luce solare.

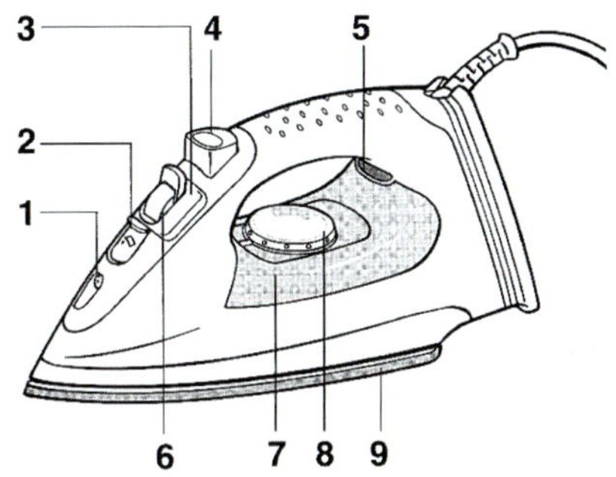

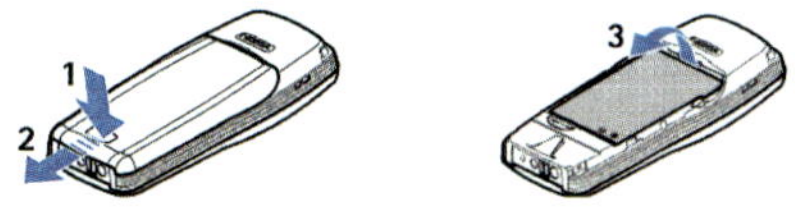

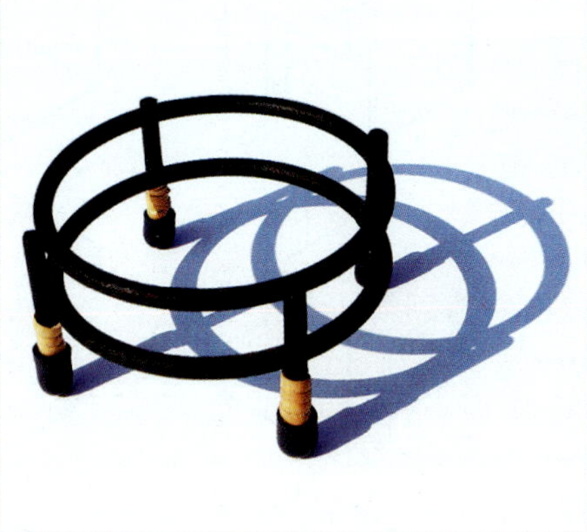

A sinistra, disegni in assonometria riportati su manuali d'uso di articoli tecnici.
In alto, ombra generata dalla luce solare.

A cosa serve conoscerla?

Questo metodo di rappresentazione

- fornisce disegni tridimensionali (v. nota bene) più efficaci delle proiezioni ortogonali;
- consente di ottenere dati sulla forma e sulle dimensioni dell'oggetto rappresentato;
- può essere corredato di quotatura (misure reali) e altre annotazioni.

Però, a discapito dell'assonometria, c'è da notare che alcuni angoli e misure lineari non possono essere ricavati direttamente dal disegno assonometrico.

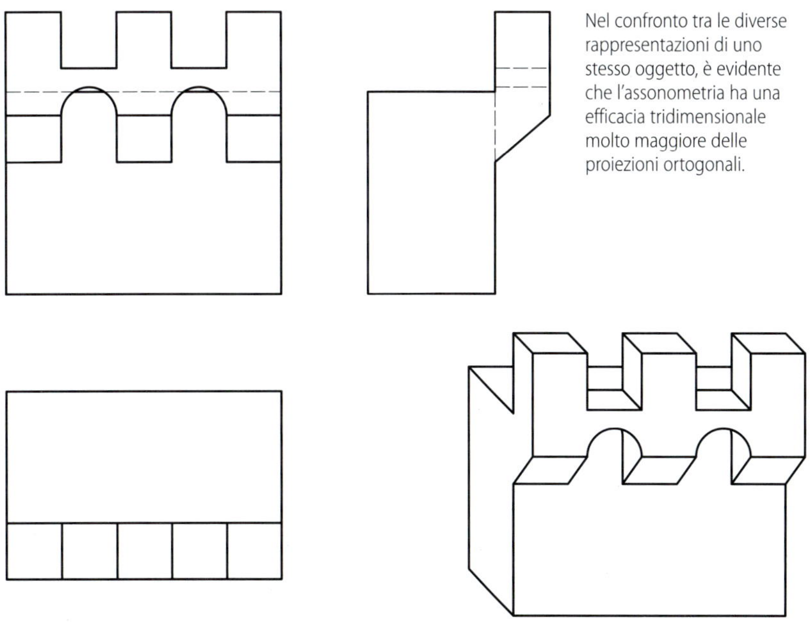

Nel confronto tra le diverse rappresentazioni di uno stesso oggetto, è evidente che l'assonometria ha una efficacia tridimensionale molto maggiore delle proiezioni ortogonali.

NOTA BENE

Una **rappresentazione tridimensionale** è pur sempre realizzata su *supporto bidimensionale* (carta o schermo); essa non fornisce informazioni complete sull'oggetto. Invece un **modello tridimensionale** (per esempio un plastico in legno) è realmente tridimensionale; altrettanto si può dire di un *modello virtuale in 3D*, realizzato al computer.

Proiezioni assonometriche

Generalità

L'**assonometria** o, più propriamente, la **proiezione assonometrica** è un sistema di rappresentazione che consente una efficace resa della tridimensionalità di un oggetto. Una opportuna scelta della posizione dell'oggetto permette di ottenere viste assonometriche dall'alto, dal basso o da ogni altra direzione.

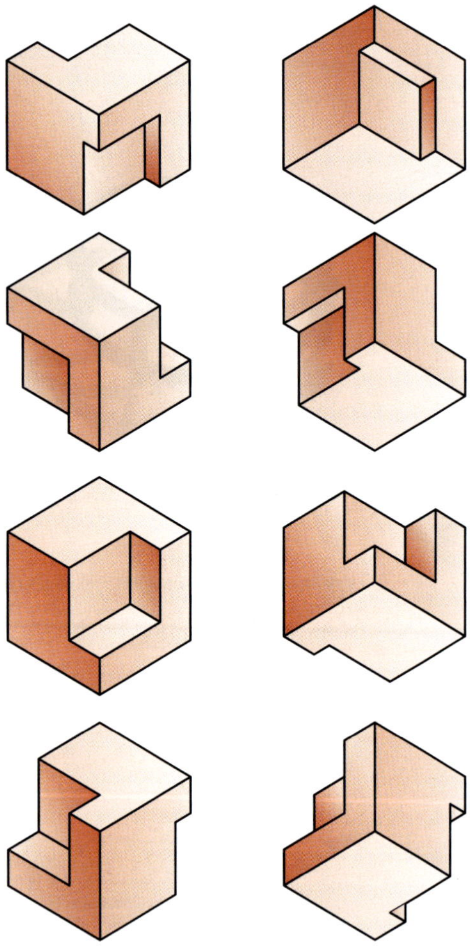

L'assonometria è una **proiezione parallela**, cioè originata dall'intersezione di un quadro con raggi proiettanti paralleli a una direzione scelta. A seconda della direzione e del quadro che si scelgono, l'assonometria presenta differenti deformazioni lineari e angolari.

L'ombra solare di un solido formato da fili di ferro fornisce un esempio concreto di assonometria.

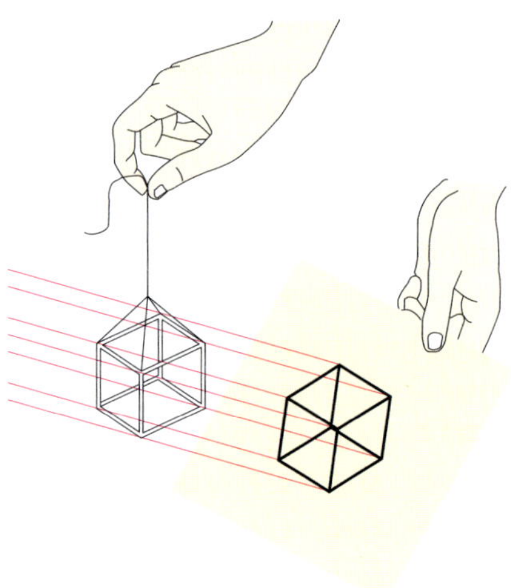

NOTA BENE

Come per le proiezioni ortogonali, anche per l'assonometria esistono sia la **condizione di appartenenza** sia la **condizione di parallelismo**.

L'ombra (in sostanza l'assonometria) crea diverse deformazioni angolari e lineari a seconda dell'inclinazione del quadro rispetto ai raggi.

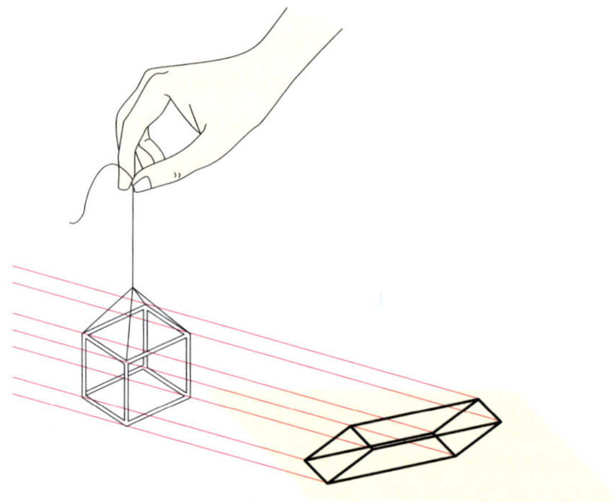

Queste deformazioni possono essere riassunte dalla proiezione di una terna di segmenti cartesiani di lunghezza unitaria.

Prendendo sugli assi cartesiani tre segmenti ux, uy, uz di lunghezza = 1 (per esempio 1 cm), se ne può ricavare l'assonometria conducendo i raggi proiettanti paralleli alla direzione scelta; l'intersezione dei raggi con il quadro (coincidente in pratica con il foglio da disegno) origina i segmenti u'x, u'y, u'z. Le lunghezze di questi segmenti e gli angoli da essi formati sintetizzano le caratteristiche dell'assonometria adottata; infatti le lunghezze di questi segmenti possono essere ricondotte alle originarie lunghezze unitarie, mentre i tre angoli della proiezione possono essere rapportati a quelli retti da cui sono derivati.

Le diverse assonometrie sono caratterizzate da:

- **angoli** formati dalle proiezioni degli assi x, y, z;
- **rapporti di riduzione** delle dimensioni lineari unitarie (u'x, u'y, u'z) prese sui tre assi cartesiani.

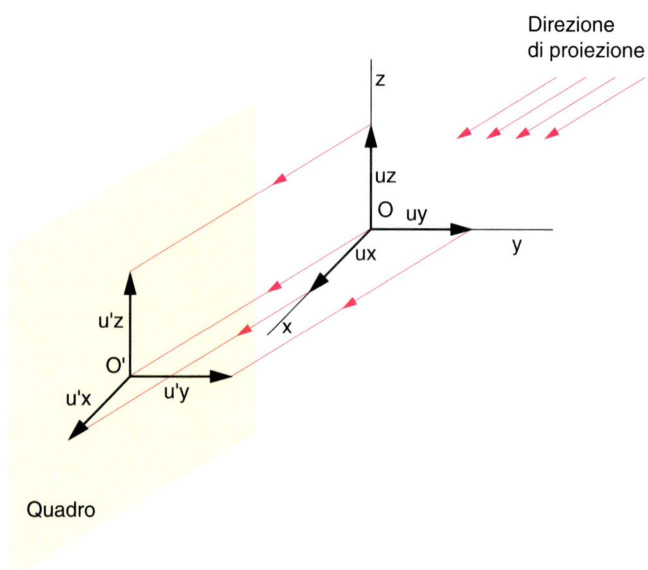

APPROFONDIMENTI

Tridimensionalità e modellazione solida (2 pagine)

Norme generali

Le diverse assonometrie devono rispettare le seguenti norme generali (tabella UNI EN ISO 5456-3).

■ Posizione degli assi cartesiani

Gli assi cartesiani devono essere disposti in modo che l'asse z sia verticale.

■ Posizione dell'oggetto

L'oggetto da rappresentare deve essere disposto nello spazio in modo che le sue facce principali, gli assi e gli spigoli risultino paralleli ai quadri. L'assonometria deve essere orientata in modo da mostrare le stesse viste realizzate nelle proiezioni ortogonali.

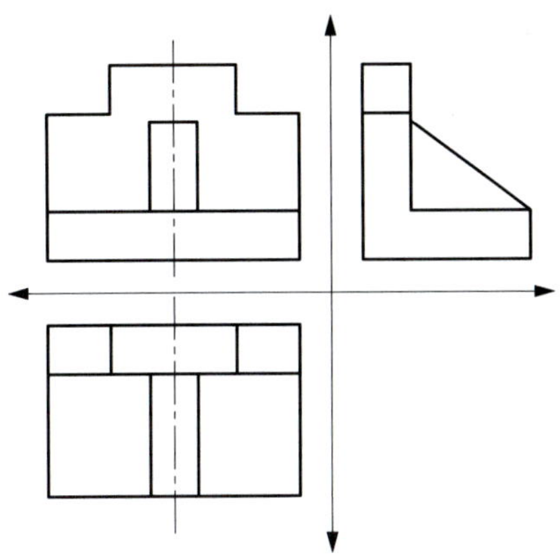

In assonometria si cerca di disporre l'oggetto in modo coerente alle viste in proiezioni ortogonali.

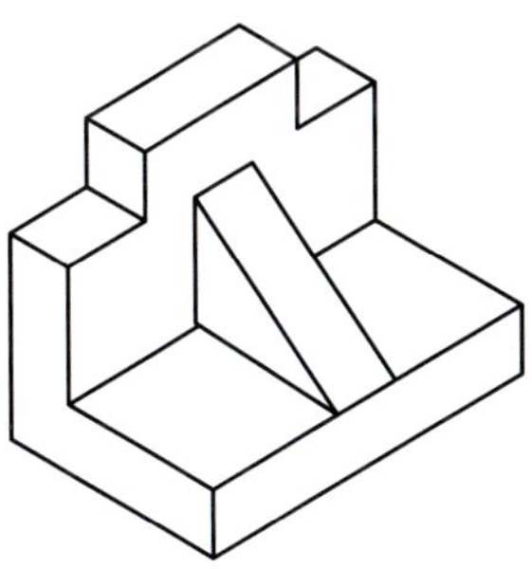

■ Assi di simmetria

Gli assi di simmetria devono essere disegnati solo quando sono necessari alla chiarezza del disegno.

■ Spigoli e contorni nascosti

Spigoli e contorni nascosti in generale non vengono disegnati.

NOTA BENE

In questo libro verranno descritte e impiegate solamente l'**assonometria isometrica**, l'**assonometria cavaliera** e l'**assonometria planometrica normale**, in quanto più semplici ed efficaci per la didattica.

Tipi di assonometrie

ASSONOMETRIA ISOMETRICA

Gli assi cartesiani formano tre angoli uguali di 120°. Le dimensioni lineari prese sugli assi presentano lo stesso rapporto di riduzione (di valore 1).

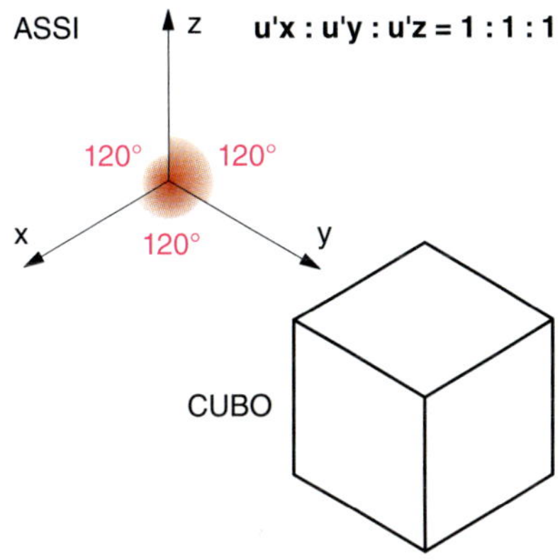

ASSONOMETRIA DIMETRICA

Gli assi x e y formano rispettivamente angoli di 132° e di 97° con l'asse z. Le dimensioni lineari prese sugli assi y e z presentano un rapporto di riduzione di valore 1; sull'asse x il rapporto di riduzione è 1/2.

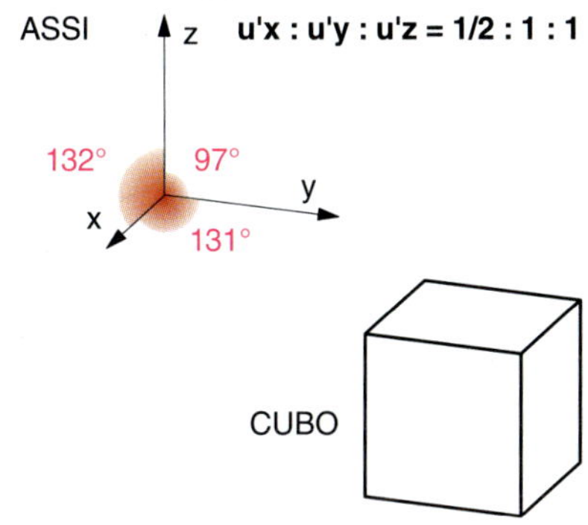

ASSONOMETRIE OBLIQUE

■ Assonometria cavaliera

Due assi sono perpendicolari e il terzo forma 135° rispetto agli altri due. Le dimensioni lineari prese sugli assi perpendicolari hanno un rapporto di riduzione pari a 1; l'asse inclinato ha un rapporto pari a 1/2.

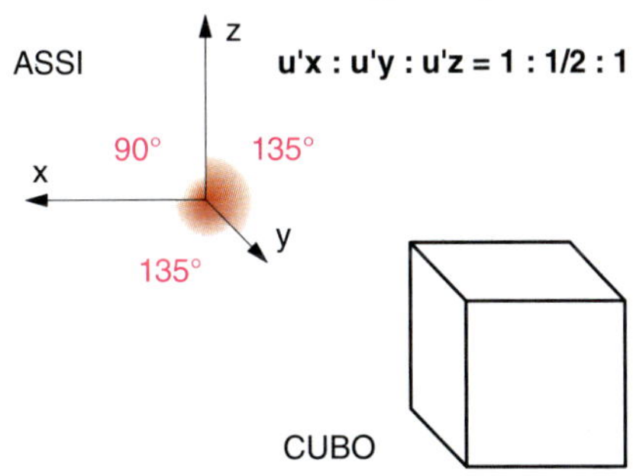

■ Assonometria cavaliera speciale

Due assi sono perpendicolari e il terzo forma 135° rispetto agli altri due. Le dimensioni lineari prese sugli assi presentano lo stesso rapporto di riduzione (di valore 1).

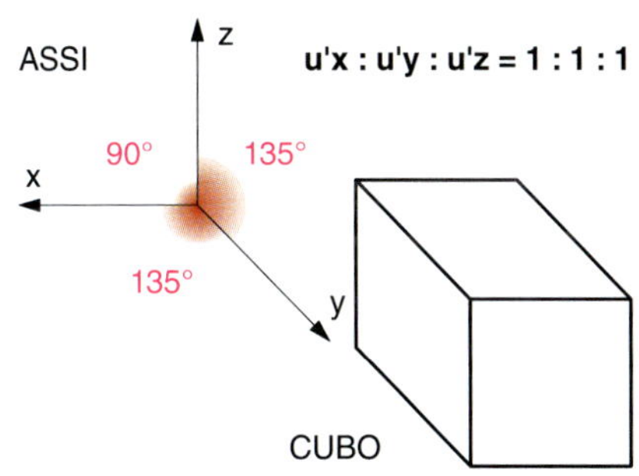

■ Assonometria planometrica normale

L'asse z è verticale; gli altri due sono tra loro perpendicolari e formano con l'asse z angoli diversi (multipli di 15° oppure di 30°). Le dimensioni lineari prese sugli assi presentano lo stesso rapporto di riduzione (di valore 1).

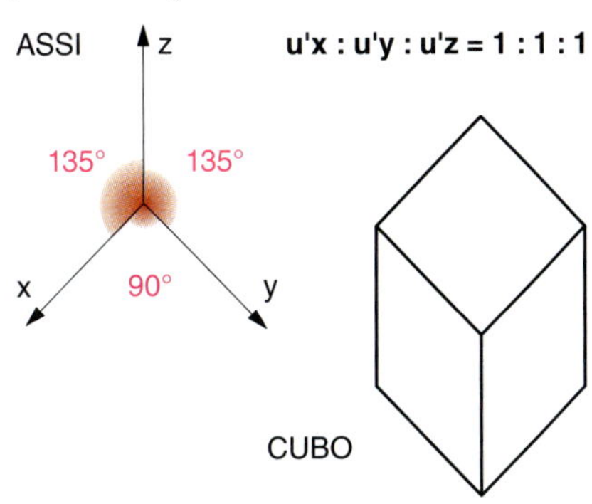

■ Assonometria planometrica ribassata

L'asse z è verticale; gli altri due sono tra loro perpendicolari e formano con l'asse z angoli diversi (multipli di 15° oppure di 30°). Le dimensioni lineari prese sugli assi x e y hanno un rapporto di riduzione di valore 1. Sull'asse z il rapporto è pari a 2/3.

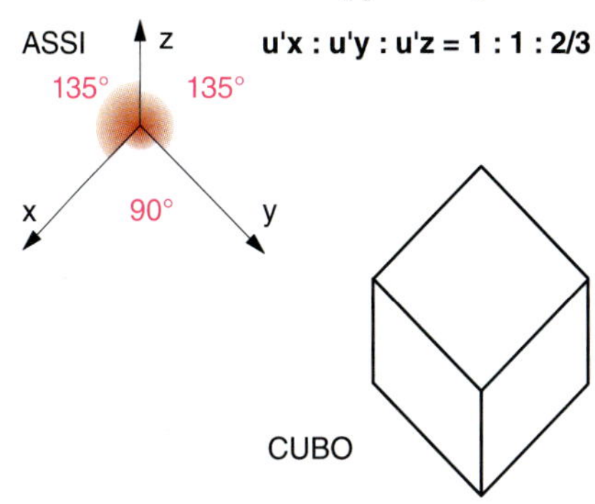

Assonometria isometrica

Caratteristiche generali

- Gli assi cartesiani formano angoli di **120°**.
- Segmenti uguali sugli assi cartesiani mantengono in assonometria la stessa lunghezza, cioè il rapporto di riduzione è **u'x : u'y : u'z = 1 : 1 : 1**.

In pratica per disegnare gli assi si opera con la squadretta a 30°-60°, con appoggio su una squadra o riga orizzontale.

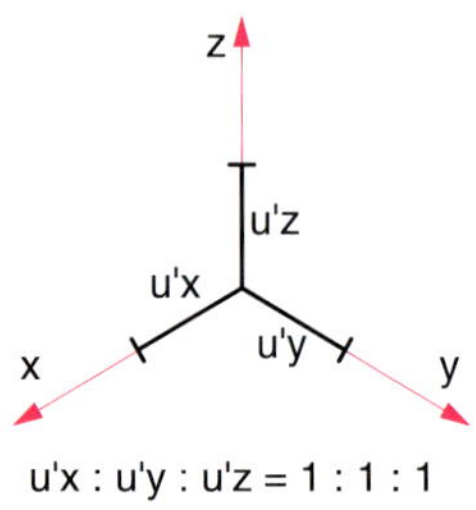

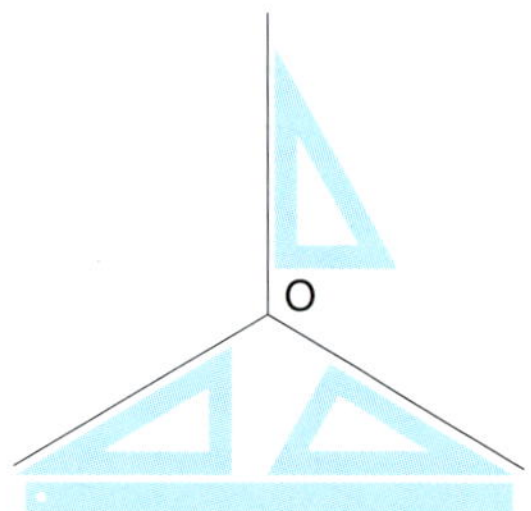

Elementi geometrici di date coordinate

Rappresentazione assonometrica di un punto A

PASSO PASSO

Note le coordinate xA, yA, zA di un punto A si procede nella seguente maniera.

1 Su x e su y si prendono da O due segmenti di lunghezza rispettivamente pari a xA e yA.

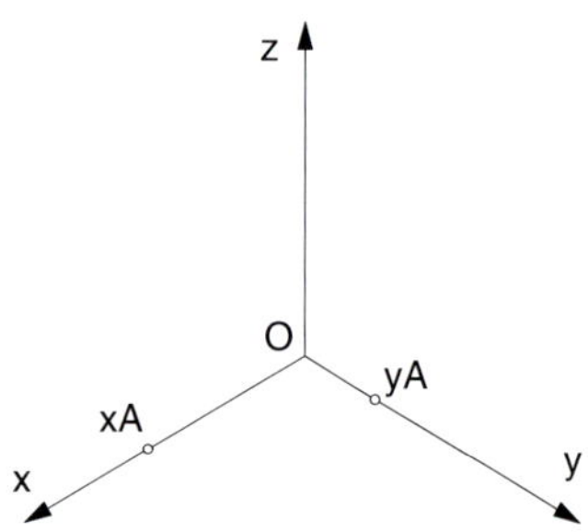

2 Dagli estremi dei segmenti si conducono le parallele agli assi x e y, che determinano il punto A_1.

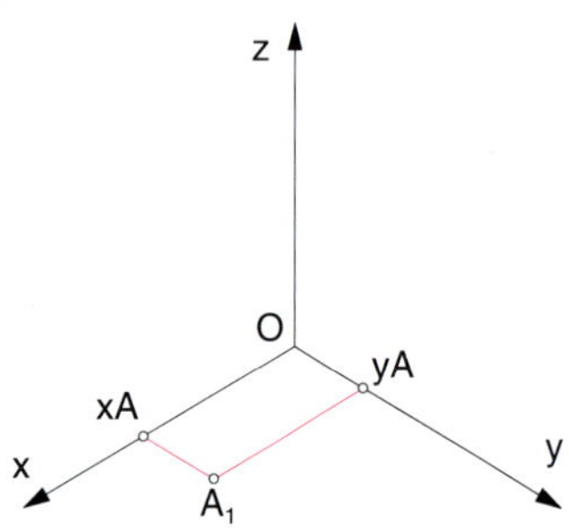

3 Da A_1 si conduce un segmento verticale di lunghezza pari a zA, il cui estremo è A.

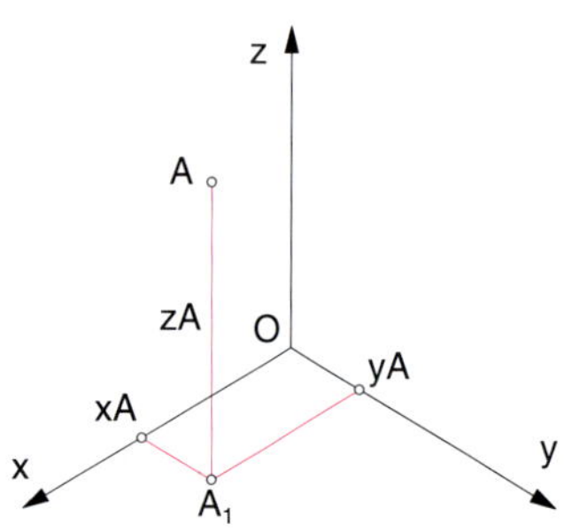

Rappresentazione assonometrica di un segmento

PASSO PASSO

Note le coordinate degli estremi A e B del segmento, si procede come nel problema precedente.

1 Su x e su y si prendono da O quattro segmenti di lunghezza rispettivamente pari a xA e yA e xB e yB.

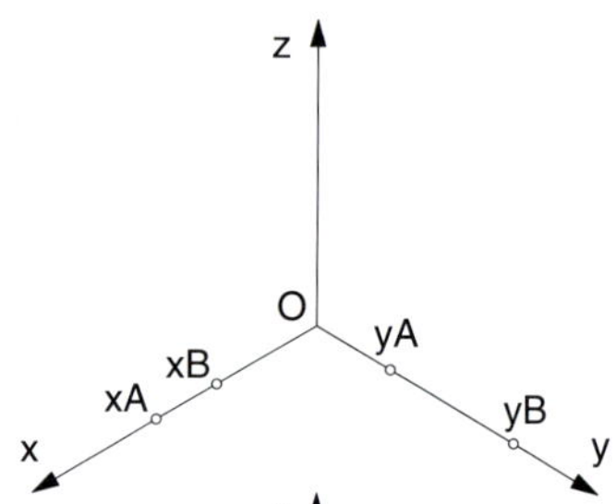

2 Con parallele a x e a y si trovano i punti A_1 e B_1.

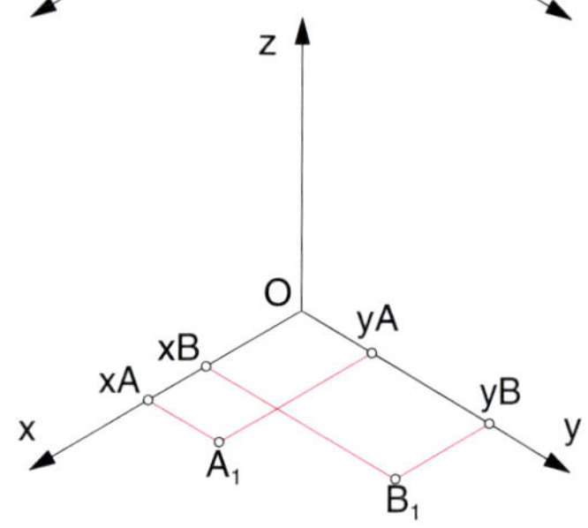

3 Conducendo da A_1 e B_1 i segmenti pari alle elevazioni zA e zB, si trovano i punti A e B, che si uniscono trovando il segmento in assonometria.

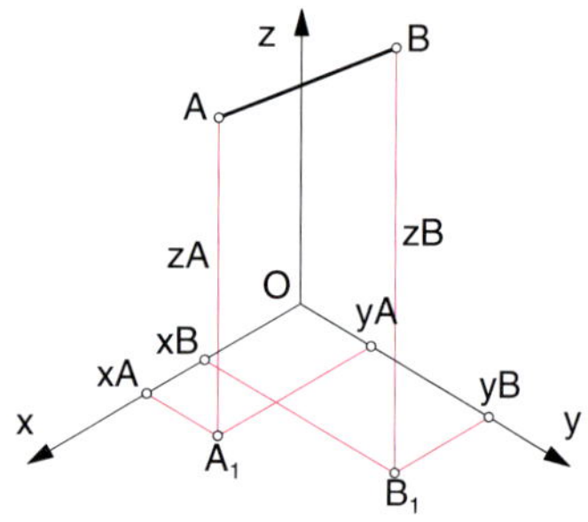

Rappresentazione assonometrica di un triangolo

PASSO PASSO

Note le coordinate dei vertici A, B e C del triangolo, si procede come nei problemi precedenti.

1 Prendendo su x e su y i segmenti xA, xB, xC e yA, yB e yC, si trovano i punti A_1, B_1 e C_1.

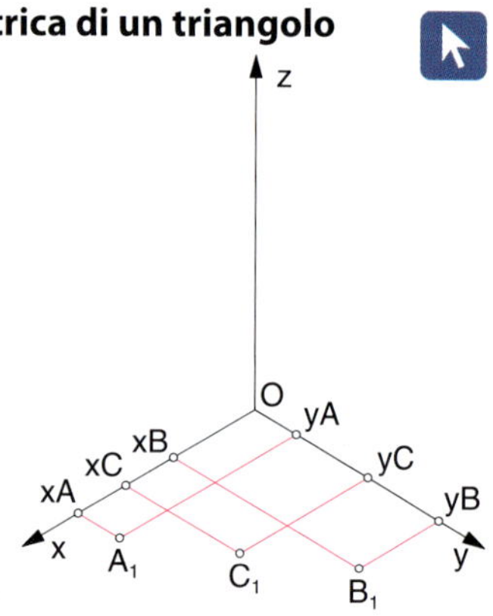

2 Conducendo da A_1, B_1 e C_1 le rispettive elevazioni su segmenti verticali, si ottengono i punti A, B e C. Unendoli si ricava l'assonometria del triangolo assegnato.

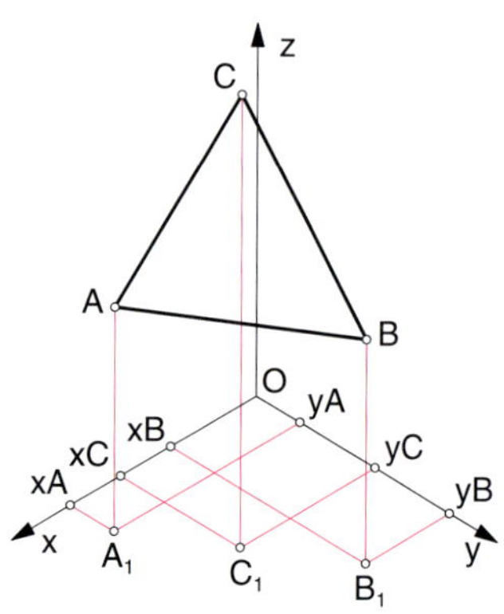

Assonometria isometrica di figure piane

PROBLEMA 1 PASSO PASSO

Assonometria isometrica di un quadrato parallelo al piano xz

Sono date le proiezioni ortogonali del quadrato.

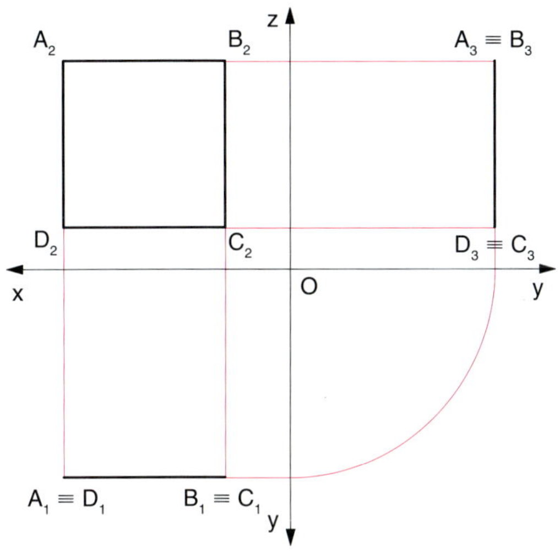

1 Rilevate le coordinate dei vertici A, B, C e D, si disegnano le viste in assonometria: la vista frontale sul piano xz, quella dall'alto sul piano xy e quella da sinistra sul piano yz.

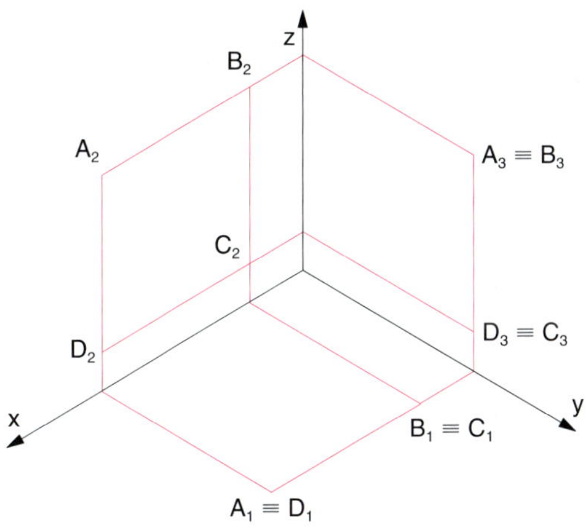

2 Dai vertici delle viste si conducono parallele agli assi x, y e z. Si ottengono così i punti A, B, C e D, che vengono uniti ricavando il quadrato (ora trasformato in rombo) in assonometria isometrica.

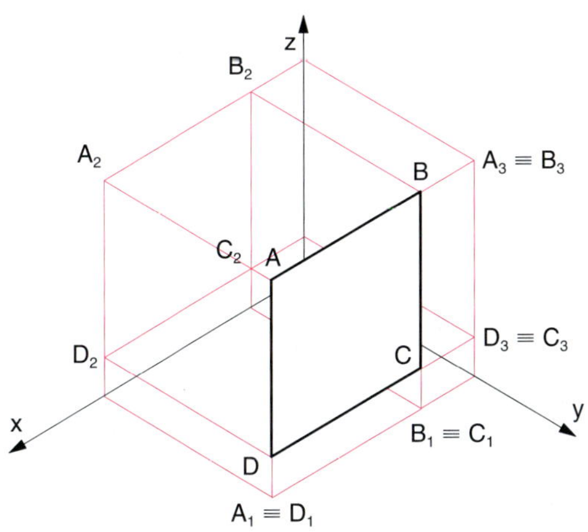

PROBLEMA 2 PASSO PASSO

Assonometria isometrica di un triangolo equilatero parallelo al piano xy

In alternativa al metodo della costruzione precedente, si può disegnare un vertice della figura in assonometria in base alle coordinate rilevate dalle viste.

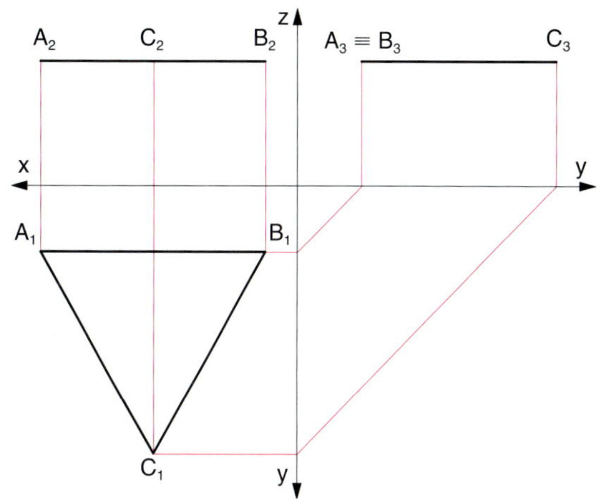

1 In figura si è partiti dal vertice A, attraverso le coordinate xA, yA e zA; da esso si conduce un segmento AB parallelo all'asse x, di lunghezza pari al lato del triangolo.

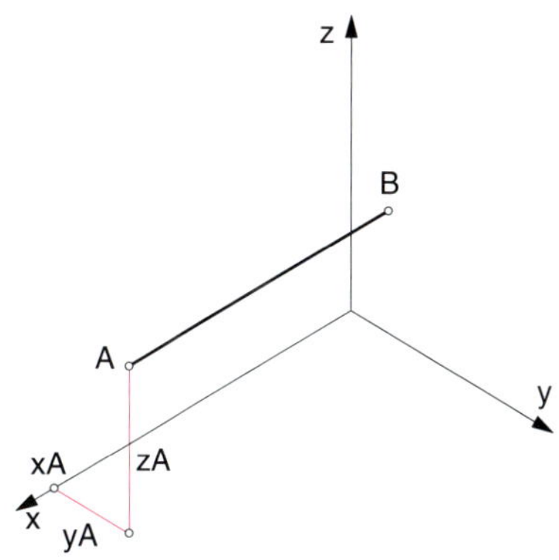

2 Dal suo punto medio M si traccia un segmento MC parallelo all'asse y, di lunghezza pari all'altezza del triangolo dato.
Si ricorda che l'altezza del triangolo equilatero si può anche ricavare dalla formula h = 0,866 × lato.

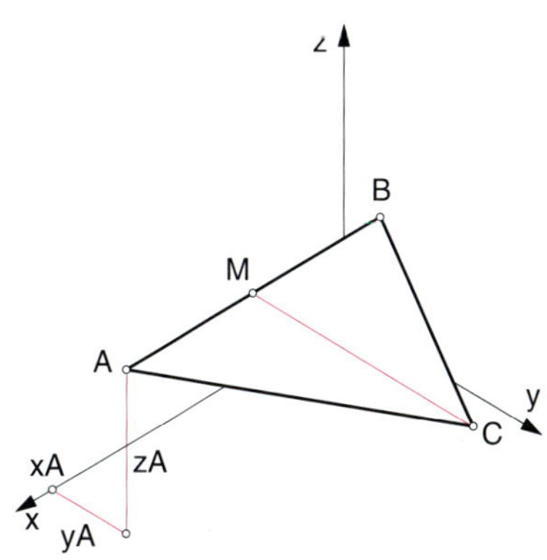

Video *Triangolo equilatero in assonometria isometrica*

PROBLEMA 3 PASSO PASSO

Assonometria isometrica di un esagono regolare parallelo al piano yz

Sono date le proiezioni ortogonali dell'esagono regolare.

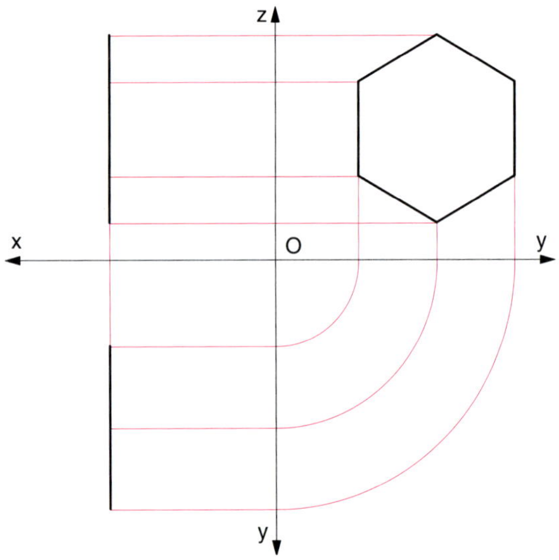

1 Dalle proiezioni ortogonali si rilevano le coordinate y e z dei vertici, disegnandoli sul piano yz dell'assonometria.

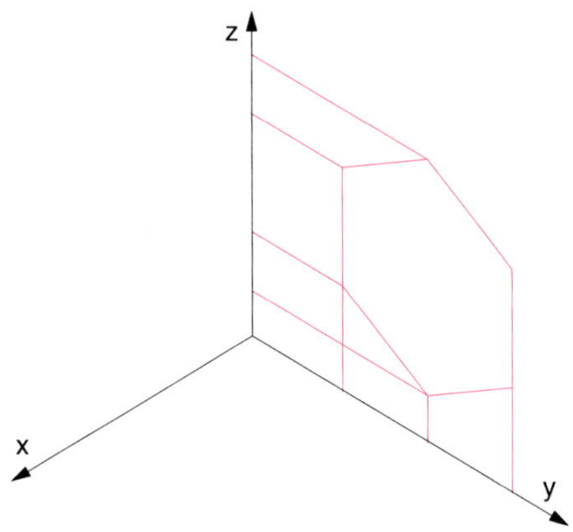

2 Da ognuno di essi si conducono segmenti paralleli all'asse x, di lunghezza pari alla coordinata x dei vertici.

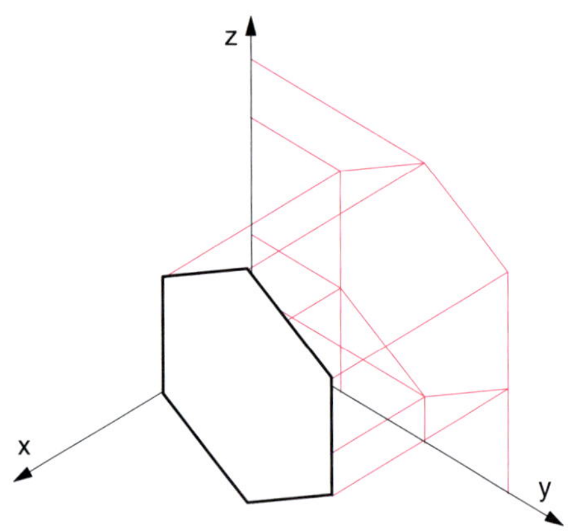

PROBLEMA 4 PASSO PASSO

Assonometria isometrica di un ottagono regolare parallelo al piano xz

Sono date le proiezioni ortogonali dell'ottagono regolare.

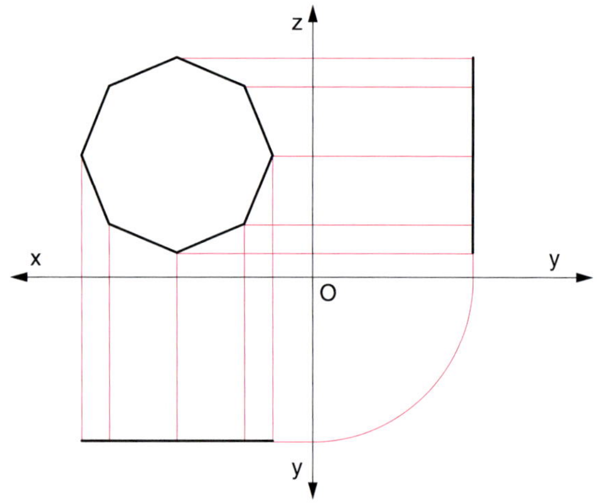

1 Dalle proiezioni ortogonali si rilevano le coordinate x e z dei vertici, disegnandoli sul piano xz dell'assonometria.

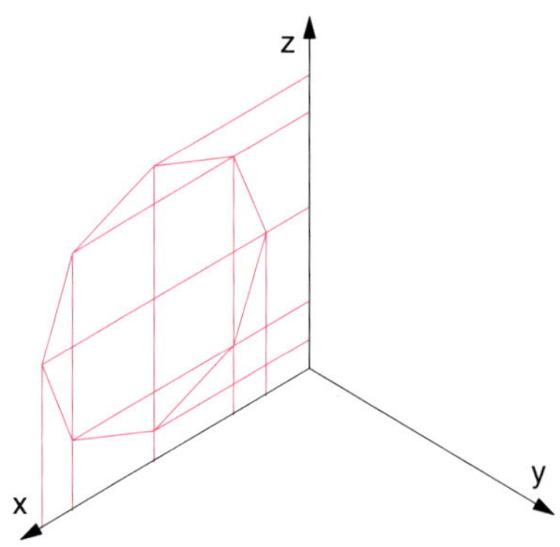

2 Da ognuno dei vertici si conducono segmenti paralleli all'asse y, di lunghezza pari alla coordinata y dei vertici.

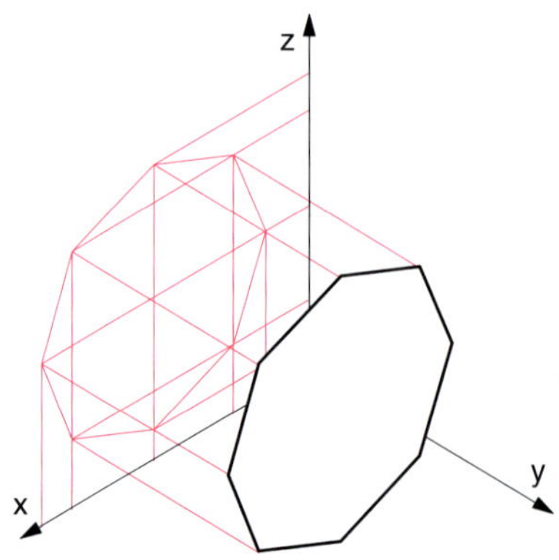

NOTA BENE

I segmenti inclinati rispetto agli assi x, y, z non mantengono lunghezze uguali a quelli reali, possono cioè risultare più lunghi o più corti rispetto alle misure reali.

PROBLEMA 5

Assonometria isometrica di una circonferenza

La rappresentazione assonometrica di una circonferenza è una **ellisse**. Per identificare i punti della curva, si disegna una circonferenza in vera forma e la si divide in parti uguali (nelle figure sono 8 oppure 12). Quindi si riproducono in assonometria il quadrato circoscritto alla circonferenza e le linee passanti per i punti divisori. I punti dell'ellisse vengono uniti mediante il **curvilineo**.

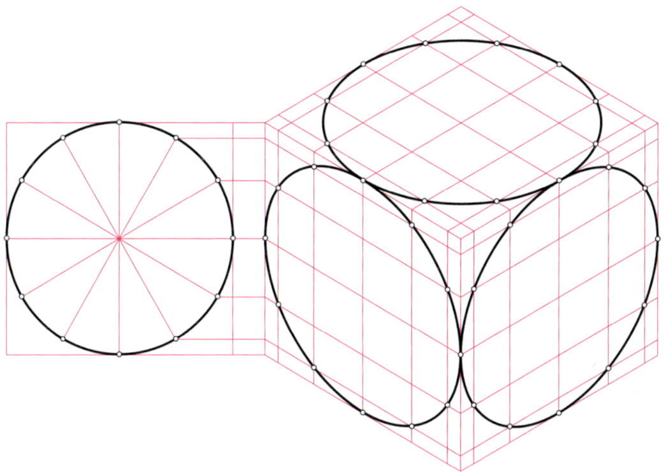

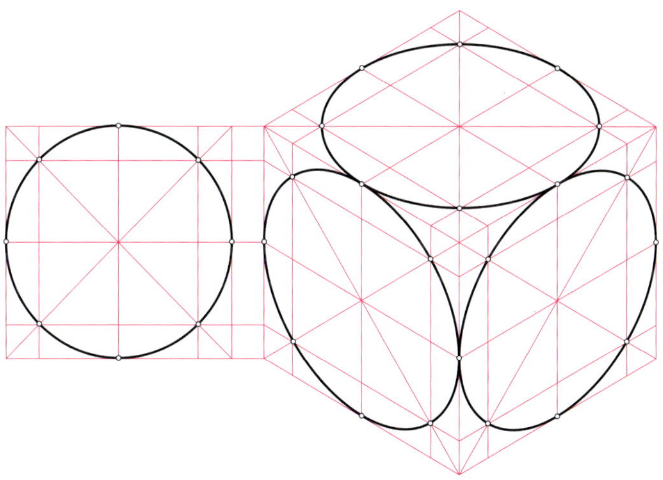

A causa della minima differenza esistente tra l'ellisse ottenuta in assonometria isometrica e un **ovale** inscritto nel rombo (v. pag. A56, Problema 39), è convenzionalmente ammesso che quest'ultimo rappresenti la circonferenza in assonometria isometrica.

L'impostazione del disegno dell'ovale inizia dalla tracciatura degli assi e del rombo, corrispondente al quadrato circoscritto alla circonferenza; il lato del rombo è quindi lungo quanto il diametro della circonferenza.

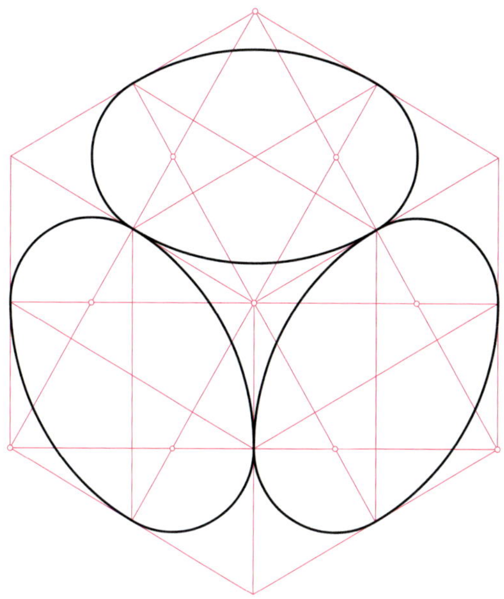

MEMO

Le **ellissi** si tracciano con il **curvilineo**.
Gli **ovali** invece si tracciano con il **compasso**.

PROBLEMA 6 GUIDATO

Assonometria isometrica di una corona circolare parallela al piano xy

Rappresentando le due circonferenze mediante ovali, si può semplificare la precedente costruzione nel modo seguente.

1. Si tracciano i diametri paralleli agli assi x e y.
2. Prese dal centro misure pari ai raggi delle due circonferenze, si disegnano i due rombi concentrici, che rappresentano i quadrati circoscritti alle circonferenze.
3. In ciascun rombo si conducono due mediane da un vertice con angolo ottuso.
4. Si traccia la diagonale maggiore dei rombi, individuando le sue intersezioni con le mediane.
5. I punti individuati dalla diagonale, insieme ai vertici con angoli ottusi dei due rombi, sono i centri degli archi che formano i due ovali concentrici.

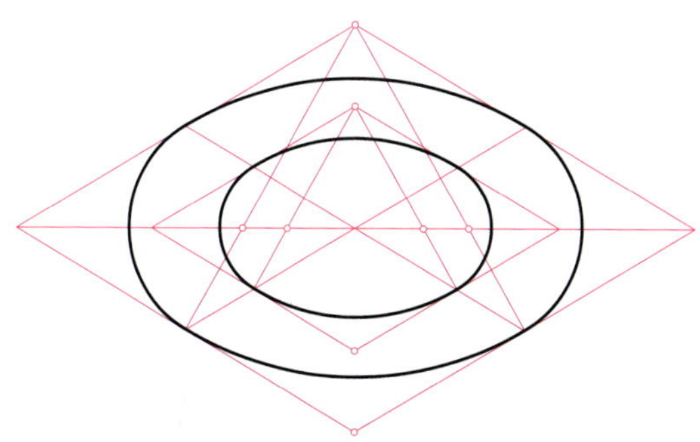

Video *Circonferenza in assonometria isometrica*

Assonometria isometrica di solidi

Per rappresentare i solidi si può far riferimento alle proiezioni ortogonali, disegnandole in assonometria sui piani fondamentali (xy, xz, yz); da esse si può ricavare l'assonometria del solido mediante linee di riporto parallele agli assi cartesiani.

Più comune è invece l'uso di rappresentare direttamente in assonometria una faccia del solido (in genere la più significativa e visibile), dalla quale si ricavano le altre mediante linee di riporto parallele agli assi.

PROBLEMA 7 PASSO PASSO

Assonometria isometrica di un parallelepipedo

Procedimento A

1 Come già visto nel Problema 1, possiamo disegnare le viste sui piani di riferimento in assonometria isometrica.

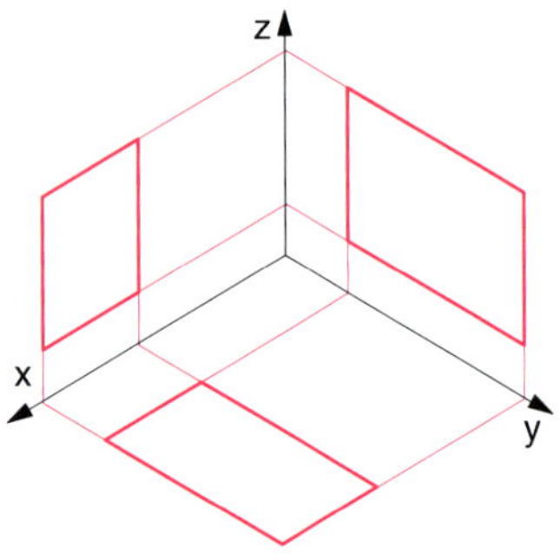

2 Dai vertici delle figure disegnate tracciamo le parallele agli assi x, y e z, ottenendo il parallelepipedo in isometrica.

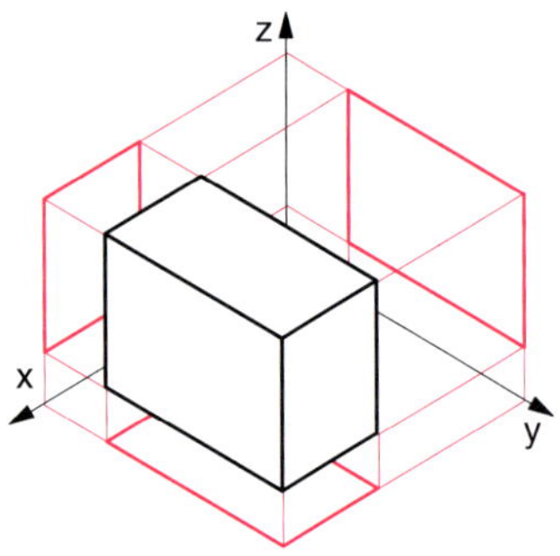

Procedimento B

1 Si disegna una faccia orizzontale, quindi i suoi lati sono paralleli agli assi x e y in isometrica.

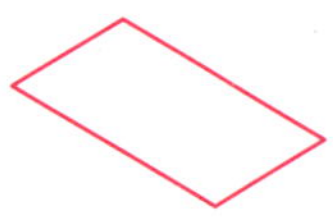

2 Dai vertici si conducono delle rette verticali, prendendo su una di esse un segmento AB pari all'altezza del parallelepipedo.

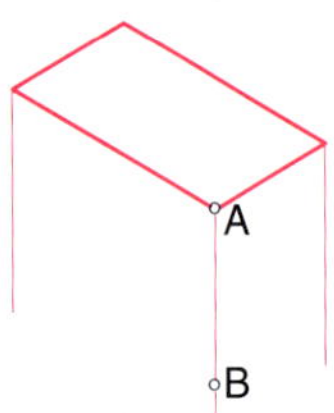

3 Da B si tracciano le parallele agli assi x e y fino a intersecare le altre verticali.

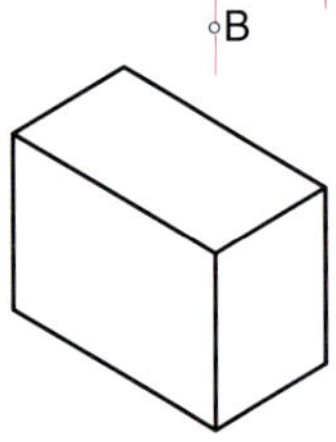

NOTA BENE

La **condizione di parallelismo** si applica sempre in assonometria; quindi i **parallelismi si conservano**, cioè rette parallele nell'oggetto reale restano tali anche in assonometria.

PROBLEMA 8 GUIDATO

Assonometria isometrica di una piramide retta a base rettangolare

1 Disegnata la base, se ne trova il centro mediante le diagonali.

2 Dal centro si conduce un segmento verticale di lunghezza pari all'altezza della piramide, trovando così il suo vertice e gli spigoli mancanti.

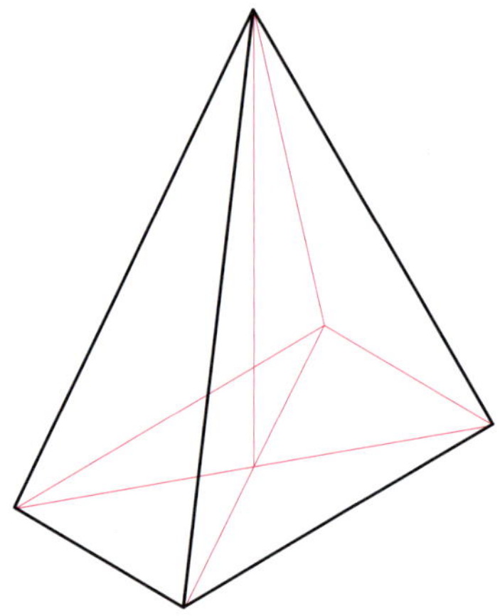

PROBLEMA 9

Assonometria isometrica di una piramide esagonale con base parallela al piano xy

Tramite le coordinate dei vertici si disegnano in assonometria due viste sui piani di riferimento (per esempio su xy e xz). Conducendo dai punti di queste viste delle rette parallele agli assi y e z, si ricava il solido nello spazio.

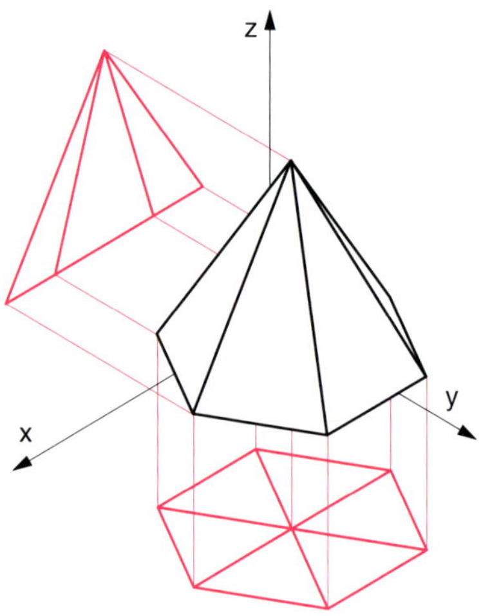

Senza ricorrere alle viste sui piani di riferimento, si può disegnare direttamente il solido in assonometria. Dal centro di base si conducono due segmenti paralleli a x e di lunghezza pari all'apotema (lo si può ottenere da un disegno dell'esagono o mediante calcolo); sulle loro estremità si trovano i punti medi di due segmenti pari al lato e paralleli all'asse y. Segmenti identici agli ultimi si conducono dal centro. Infine si disegna un segmento verticale, lungo quanto l'altezza della piramide. Trovati così i vertici della piramide, si ripassano solo gli spigoli in vista.

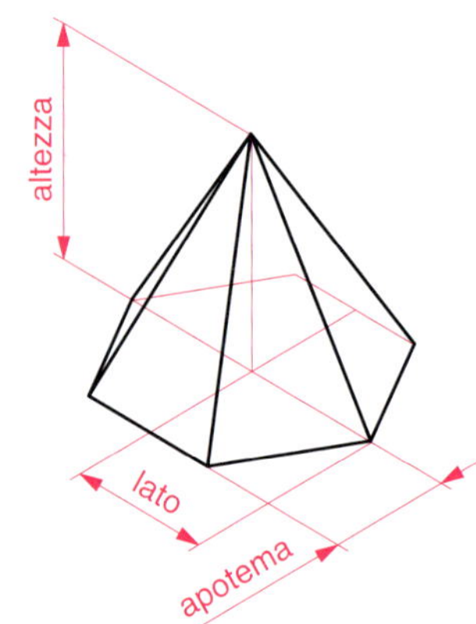

MEMO

Dal lato di un poligono si può calcolare l'**apotema** con le seguenti formule.

Triangolo	apotema = lato × 0,2887	**Esagono**	apotema = lato × 0,866
Quadrato	apotema = lato × 0,5	**Ottagono**	apotema = lato × 1,2071
Pentagono	apotema = lato × 0,6882	**Decagono**	apotema = lato × 1,5388

PROBLEMA 10 GUIDATO

Assonometria isometrica di un prisma ottagonale con base sul piano yz

Si disegna la base ottagonale in vera forma; dai suoi vertici si conducono rette e archi di riporto sugli assi y e z. Dall'intersezione delle linee originate da uno stesso vertice dell'ottagono si possono determinare i vertici della base in assonometria. Da questi vertici si conducono segmenti paralleli all'asse x e di lunghezza pari all'altezza del prisma. Trovati così i vertici di tutto il prisma, si ripassano gli spigoli in vista.

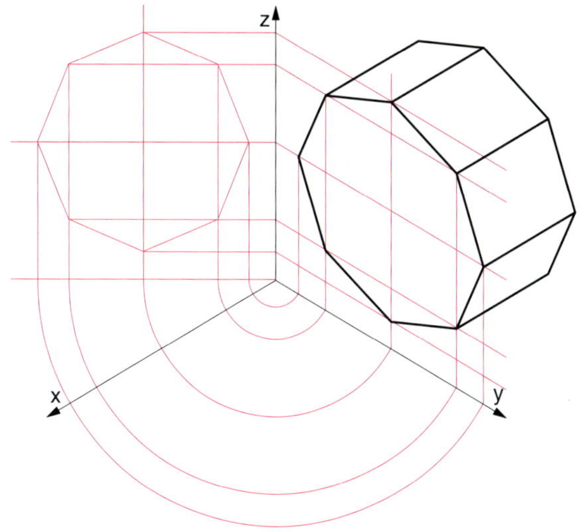

PROBLEMA 11 GUIDATO

Assonometria isometrica di un cono retto

1. Si disegna l'ovale di base con il procedimento descritto (v. Problema 5).
2. Dal centro si conduce un segmento lungo quanto l'altezza, trovando il vertice V.
3. Da V si tracciano le tangenti all'ovale.

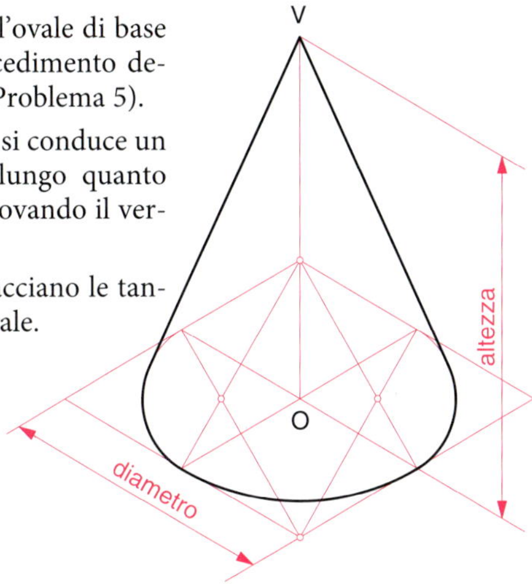

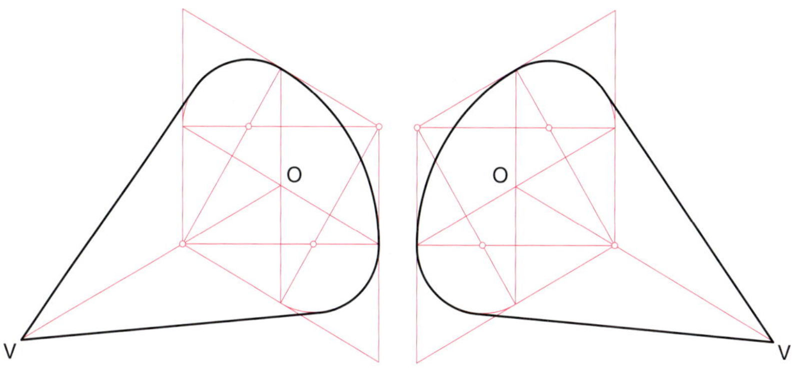

PROBLEMA 12 GUIDATO

Assonometria isometrica di un cilindro retto

1. Si disegna l'ovale di centro O con il procedimento descritto (v. Problema 5).
2. Dal centro si conduce un segmento lungo quanto l'altezza, trovando il centro O'.
3. Con centro in O' si disegna un secondo ovale, identico al precedente.
4. Aiutandosi con le diagonali maggiori dei rombi, si individuano i punti di tangenza dei profili della superficie cilindrica.

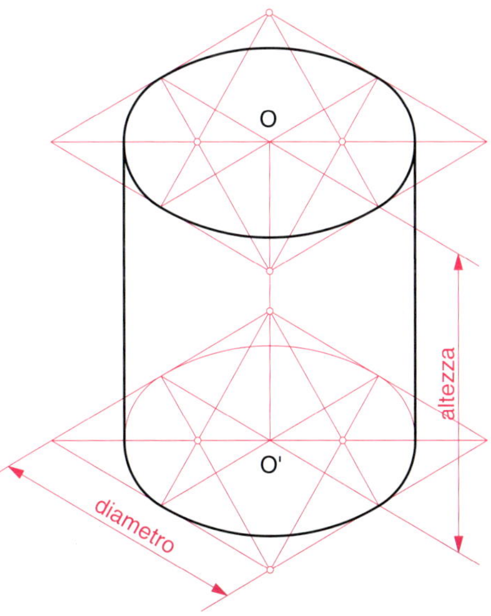

Video *Cilindro retto in assonometria isometrica*

Procedimento per riporto dei punti

1. Si disegna l'ovale di centro O con il procedimento descritto (v. Problema 5).
2. Con parallele all'asse del cilindro si riportano i punti A, B, C, D, E a distanza pari all'altezza.
3. Con centri in A', B', C' si tracciano tre archi identici a quelli corrispondenti nell'ovale.
4. Con l'aiuto delle rette BC e B'C' si trovano i punti di tangenza dei profili.

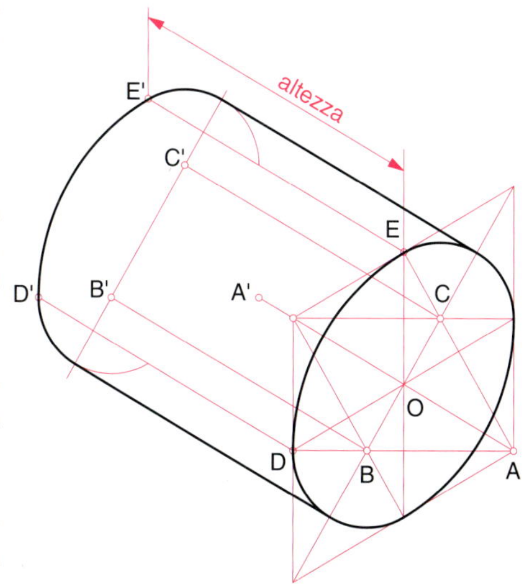

Assonometrie oblique

Caratteristiche generali

- Due assi cartesiani formano un angolo di **90°**.
- Segmenti uguali su questi due assi cartesiani mantengono in assonometria la stessa lunghezza.

Le assonometrie oblique previste dalla tabella UNI EN ISO 5436-3 sono:

- l'**assonometria cavaliera**;
- l'**assonometria planometrica**.

Assonometria cavaliera

u'x : u'y : u'z = 1 : 1/2 : 1

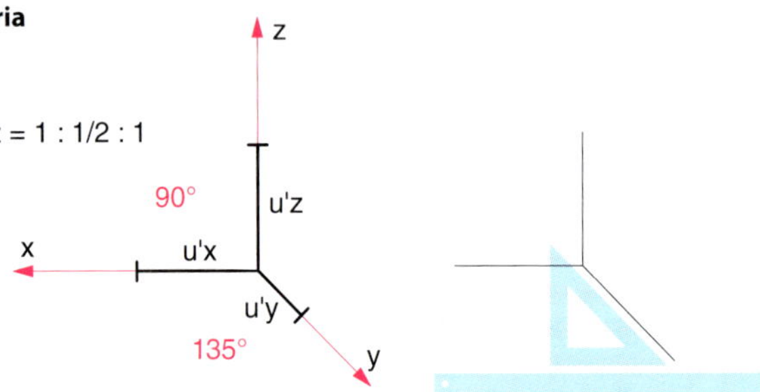

Posizione della squadra a 45°

Assonometria planometrica normale

u'x : u'y : u'z = 1 : 1 : 1

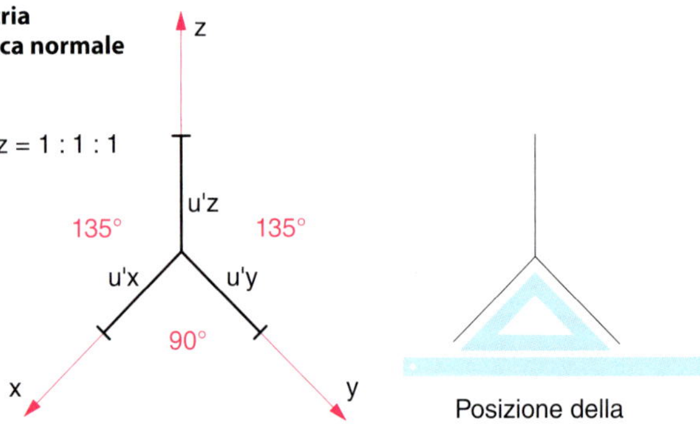

Posizione della squadra a 45°

PROBLEMA 13 PASSO PASSO

Assonometria obliqua di un quadrato parallelo al piano xz

1 Dalle coordinate dei vertici del quadrato, si disegnano in assonometria le viste sui piani di riferimento, ricordando che nell'assonometria cavaliera vanno dimezzate le coordinate y.

2 Dalle viste sui piani di riferimento si ricava l'assonometria del quadrato nello spazio mediante linee di riporto parallele agli assi.

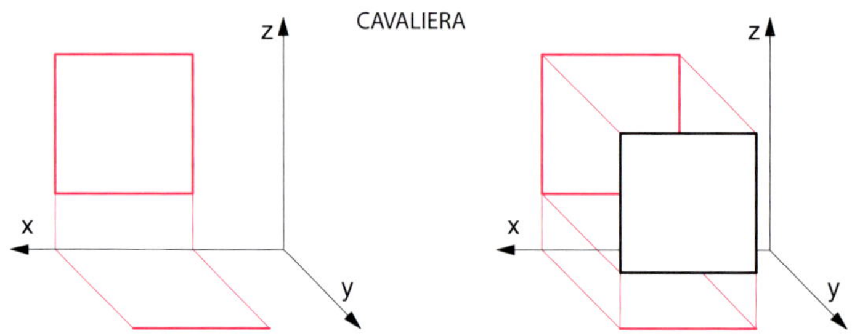

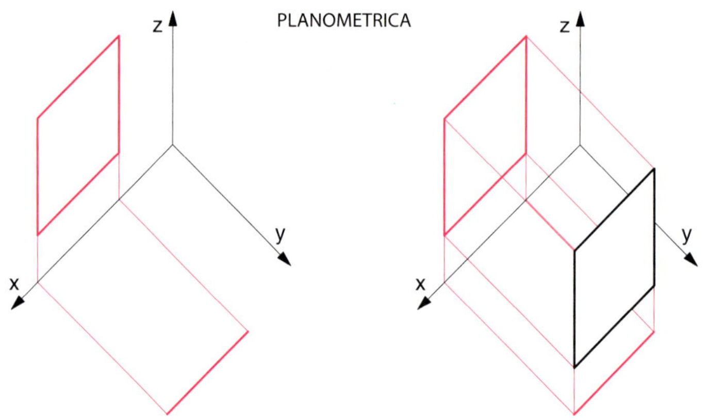

PROBLEMA 14 PASSO PASSO

Assonometria obliqua di un quadrato parallelo al piano xy

1 Dalle coordinate dei vertici del quadrato, si disegnano in assonometria le viste sui piani di riferimento, ricordando che nell'assonometria cavaliera vanno dimezzate le coordinate y.

2 Dalle viste sui piani di riferimento si ricava l'assonometria del quadrato nello spazio mediante linee di riporto parallele agli assi.

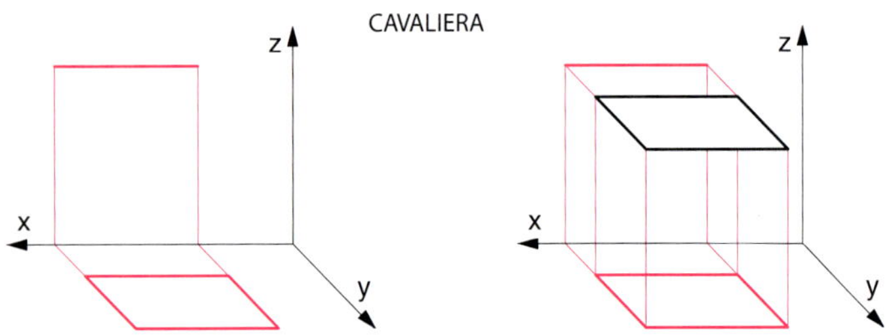

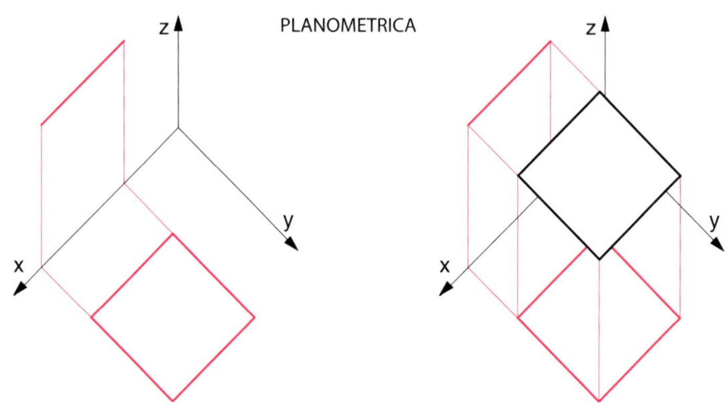

Video *Posizione delle squadrette in assonometria cavaliera e planometrica*

NOTA BENE

Dai problemi di questa pagina si può rilevare che nelle assonometrie oblique **una figura piana mantiene la sua vera forma** quando è parallela:

- al piano xz della cavaliera;
- al piano xy della planometrica.

PROBLEMA 15

Assonometria obliqua di un triangolo isoscele parallelo al piano yz

Sono note la base (b) e l'altezza (h) del triangolo. Si disegna la base parallela all'asse y e dal punto medio si traccia l'altezza parallela all'asse z; naturalmente in cavaliera la base viene dimezzata. Trovato così il terzo vertice, il triangolo può essere completato.

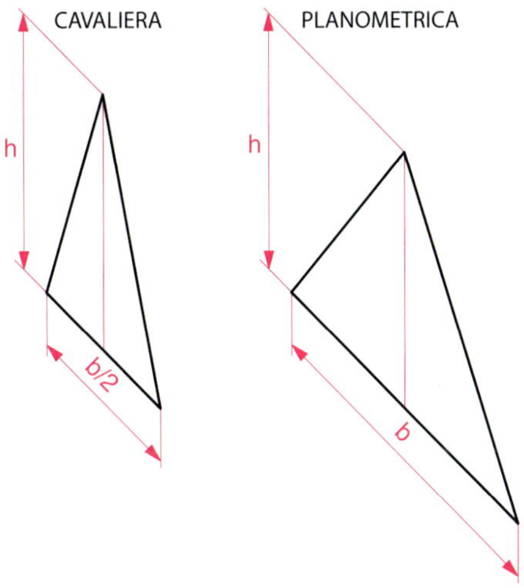

PROBLEMA 16

Assonometria obliqua di un esagono regolare disposto su un qualsiasi piano fondamentale

Dal centro dell'esagono si disegnano due segmenti lunghi quanto il lato e altri due segmenti lunghi quanto l'apotema. Le estremità di questi ultimi segmenti sono i punti medi di due lati; dopo aver tracciato questi lati si hanno i vertici dell'esagono. Si deve fare attenzione che in cavaliera vanno dimezzate le lunghezze parallele all'asse y.

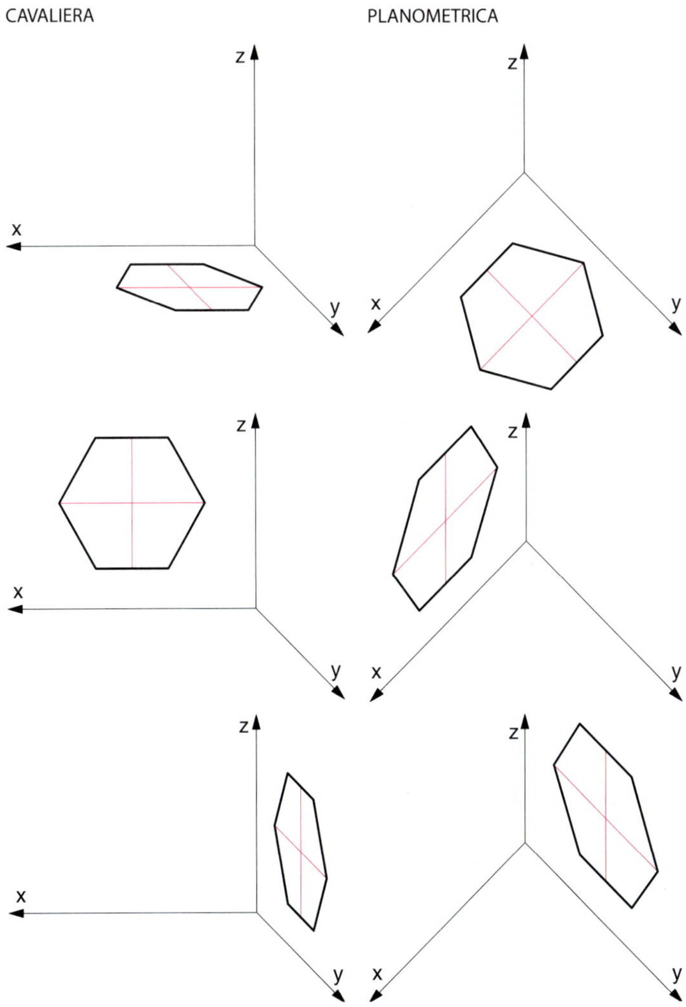

PROBLEMA 17

Assonometria obliqua di una circonferenza

Se la circonferenza è parallela al piano xz della cavaliera oppure al piano xy della planometrica, mantiene la sua vera forma. Si deforma invece in un'ellisse negli altri casi. Per ottenere l'ellisse si traccia una circonferenza in vera forma, dividendola in parti uguali (8 parti, come in figura, oppure 12 parti); da questi punti si conducono linee di riporto trovando i loro corrispondenti in assonometria. I punti vengono quindi uniti mediante il curvilineo.

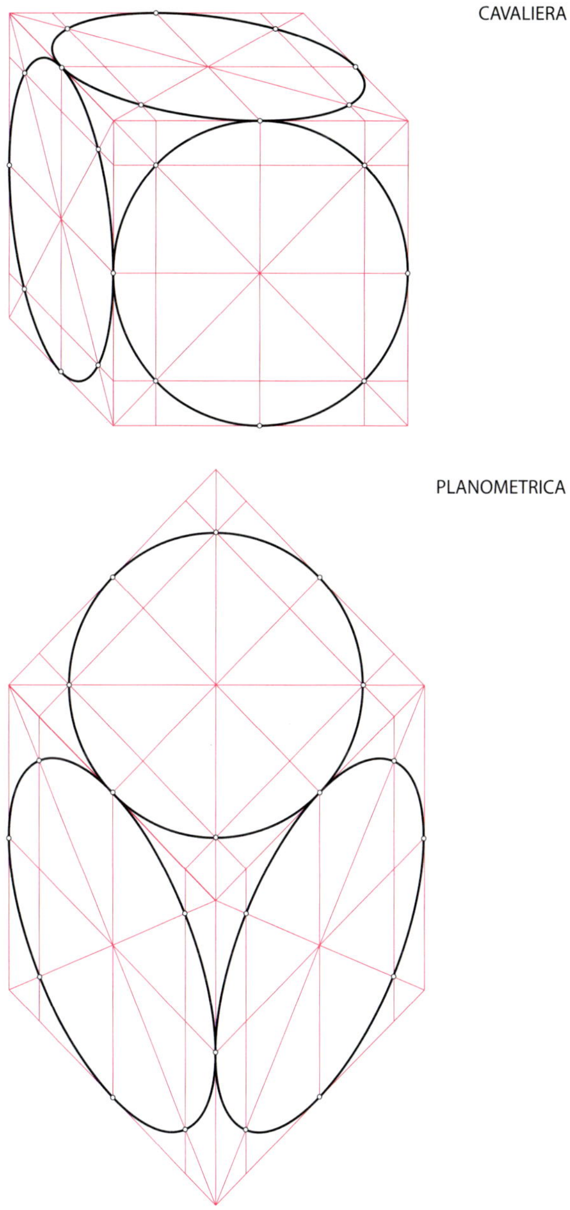

NOTA BENE

L'assonometria obliqua è particolarmente vantaggiosa quando una figura piana di una certa complessità (per esempio un cerchio, un poligono regolare) è disposta parallelamente al quadro. Di conseguenza, se tale figura è parallela a xz, è conveniente l'assonometria cavaliera, mentre se è parallela a xy è vantaggiosa la planometrica.

NOTA BENE

Tracciando curve ellittiche con il **curvilineo** bisogna porre molta cura per evitare **cuspidi** e **discontinuità**.

PROBLEMA 18 PASSO PASSO

Assonometria obliqua di un cubo di lato a

Assonometria cavaliera

1 Si disegna nella sua vera forma la faccia parallela al piano xz.

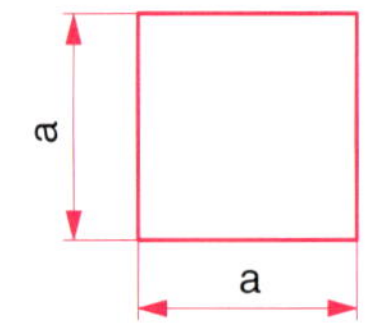

2 Dai suoi vertici si conducono dei segmenti paralleli all'asse y. Su uno di essi si prende un segmento AB di lunghezza pari ad a/2.

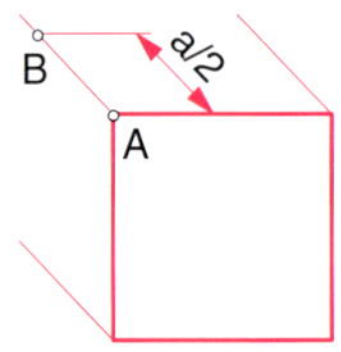

3 Da B si tracciano le parallele agli assi x e z fino a intersecare gli spigoli paralleli a y.

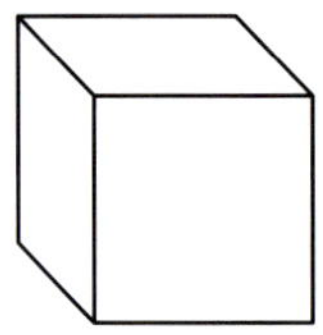

Assonometria planometrica normale

1 Si disegna nella sua vera forma la faccia parallela al piano yz.

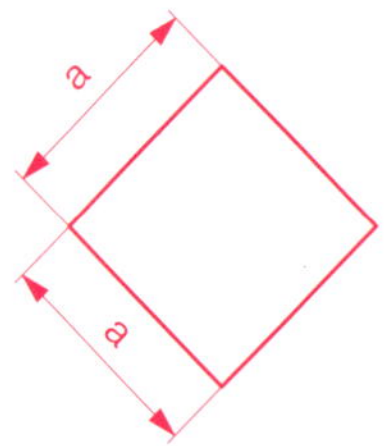

2 Dai suoi vertici si conducono dei segmenti paralleli all'asse z. Su uno di essi si prende un segmento AB di lunghezza pari ad a.

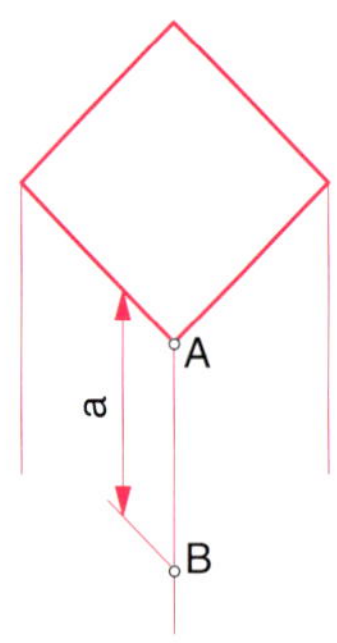

3 Da B si tracciano le parallele agli assi x e z fino a intersecare gli spigoli paralleli a z.

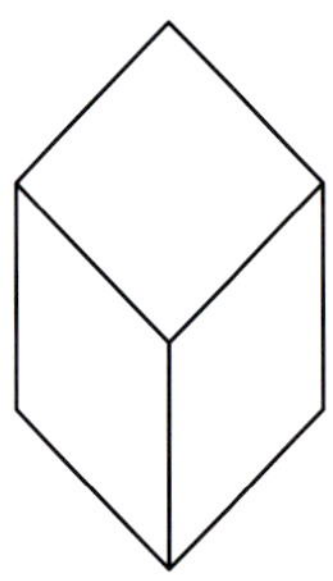

Sia in assonometria cavaliera sia in quella planometrica si possono ottenere delle rappresentazioni che mostrano il cubo dall'alto oppure dal basso.

CAVALIERA

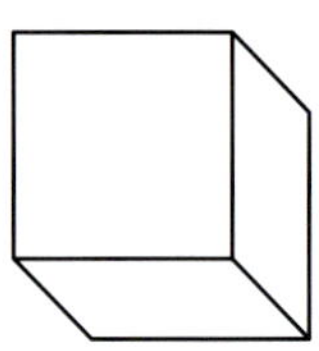

PLANOMETRICA

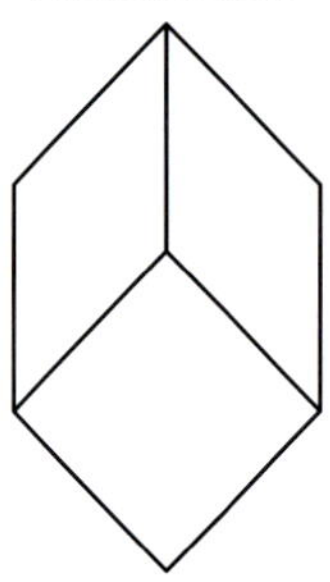

PROBLEMA 19 GUIDATO

Assonometria obliqua di un prisma ottagonale con basi parallele a un qualsiasi piano fondamentale

Potendo scegliere la posizione delle basi, in cavaliera esse saranno parallele al piano xz, mentre in planometrica saranno parallele al piano xy.

1 In questo piano si disegna un ottagono in vera forma.

2 Dai suoi vertici si tracciano degli spigoli lunghi quanto l'altezza; in cavaliera sono paralleli all'asse y e di lunghezza dimezzata, mentre in planometrica sono paralleli all'asse z e di lunghezza h.

3 Si completa il prisma con gli spigoli in vista della seconda base.

CAVALIERA

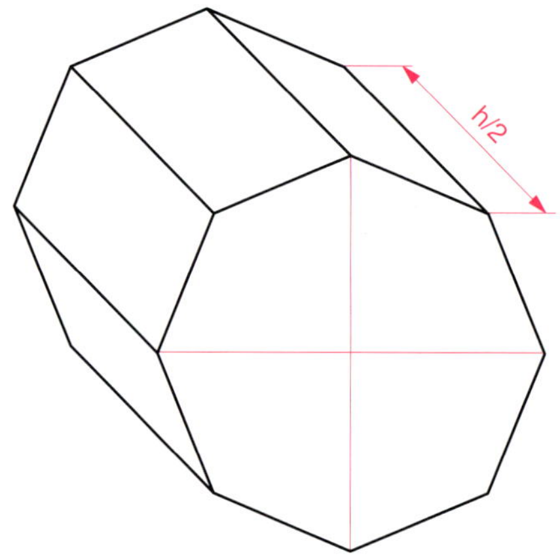

PLANOMETRICA

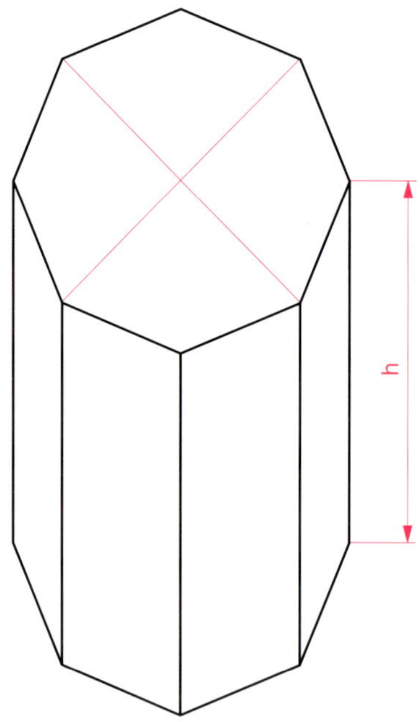

NOTA BENE

Disegnando un solido in assonometria si può scegliere la posizione più efficace (dal basso o dall'alto), ma bisogna fare attenzione nel ripasso affinché non si creino confusioni tra parti visibili e nascoste; ciò provocherebbe errori che potrebbero ingannare nell'interpretazione.

APPROFONDIMENTI

- ***Inganni assonometrici*** (2 pagine)
- ***Assonometria e avanguardie del '900*** (2 pagine)

PROBLEMA 20 GUIDATO

Assonometria obliqua di un cilindro retto

Basi parallele al quadro

1. Si tracciano l'asse del cilindro (nella cavaliera la sua lunghezza si dimezza) e le circonferenze di base.
2. Si disegnano i profili tangenti, notando che i punti di tangenza si trovano su diametri a 45° (nella cavaliera) e su diametri orizzontali (nella planometrica).
3. Si ripassano le parti visibili.

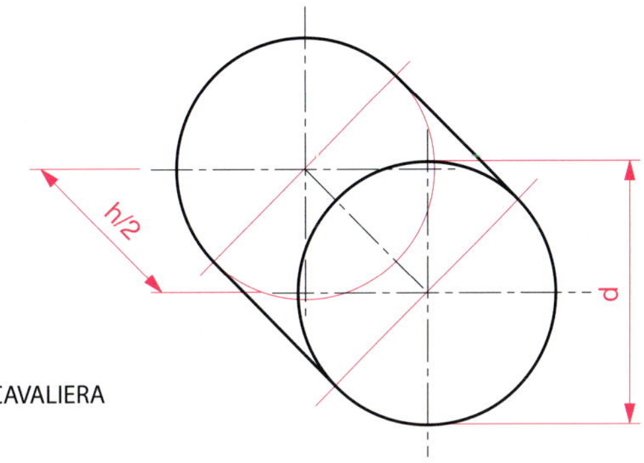

CAVALIERA

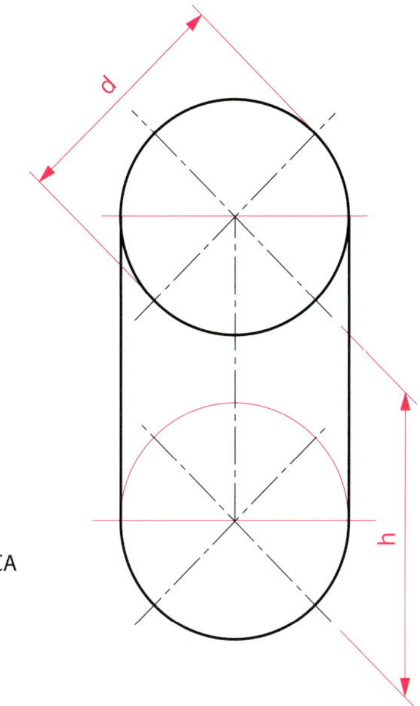

PLANOMETRICA

Basi non parallele al quadro

1. Si traccia una ellisse di base (v. Problema 17).
2. Si riportano i punti dell'ellisse con segmenti paralleli all'asse a distanza h.
3. Si disegnano i profili tangenti alle basi.
4. Si ripassano le parti visibili con squadre e curvilineo.

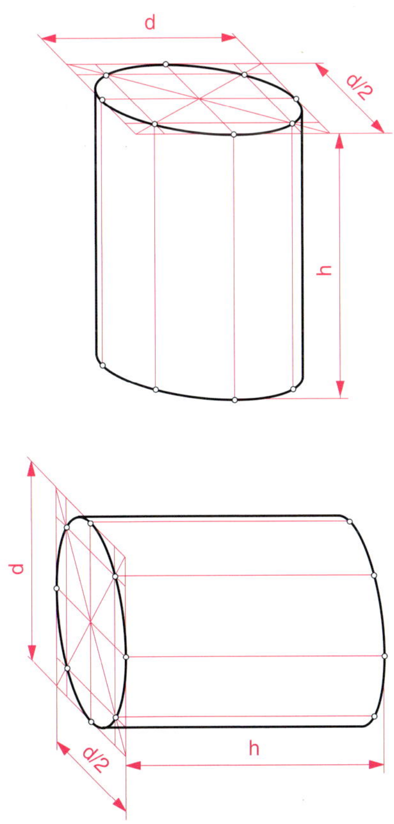

CAVALIERA

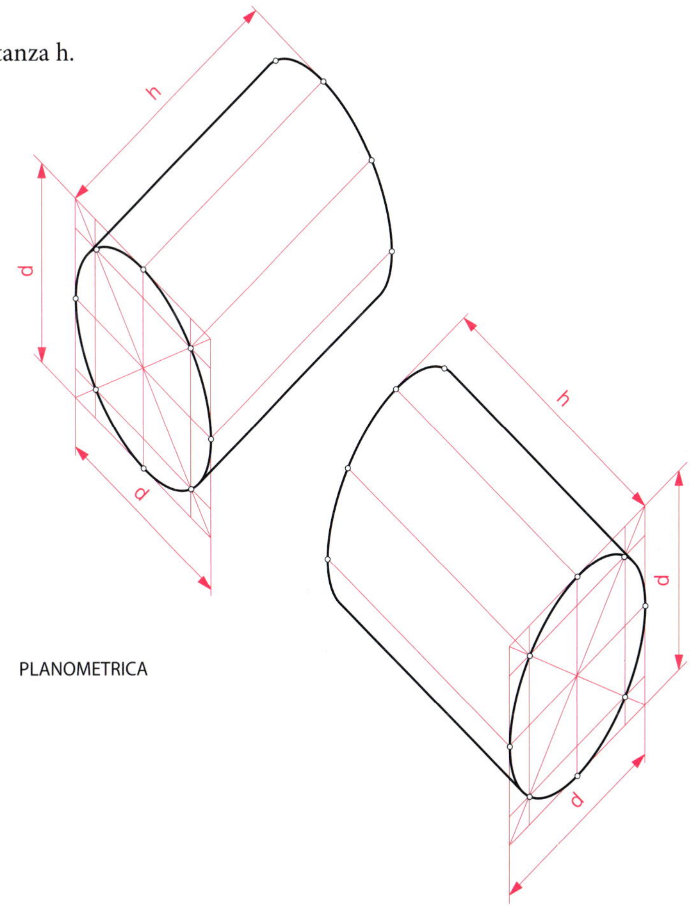

PLANOMETRICA

NOTA BENE

Dai problemi di questa pagina risulta molto evidente il vantaggio di disporre il **cilindro con basi parallele al quadro**: **le circonferenze restano tali** e non bisogna rappresentarle come ellissi.

Video *Cilindro retto in assonometria cavaliera*

PROBLEMA 21 GUIDATO

Assonometria obliqua di un tronco di cono

1. Si disegna l'asse del tronco di cono.
2. Con centro nei suoi estremi si costruiscono le due basi.
3. Si tracciano i profili tangenti della superficie conica.
4. Si ripassano solo le parti visibili.

Tronco di cono con basi parallele a xz

CAVALIERA

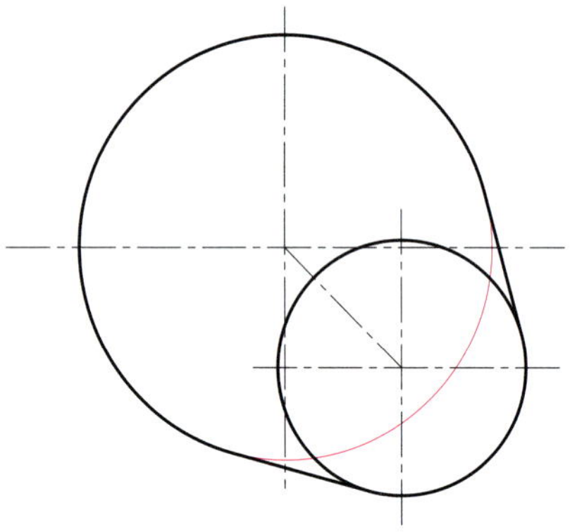

PLANOMETRICA

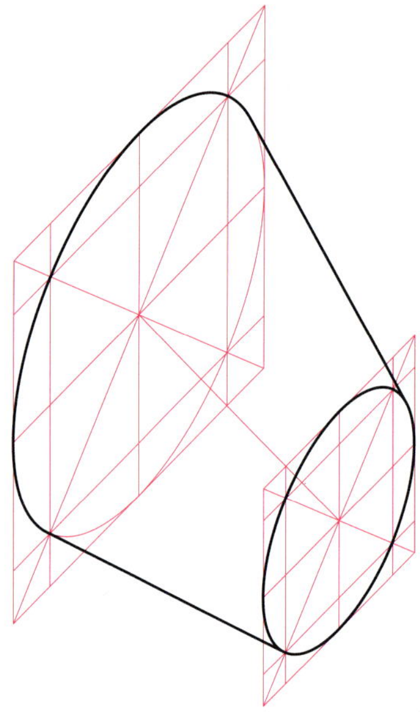

Tronco di cono con basi parallele a xy

CAVALIERA

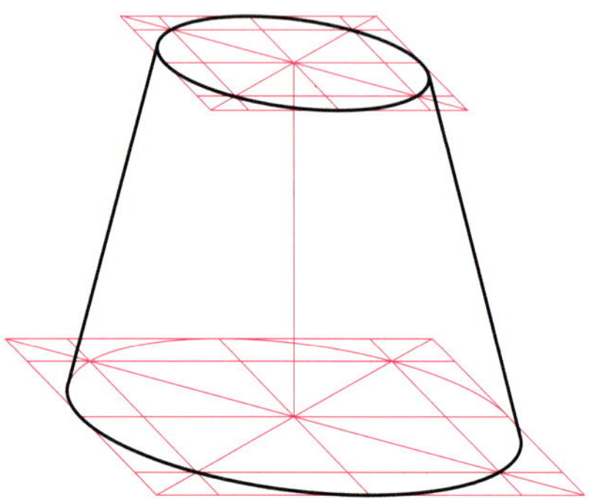

PLANOMETRICA

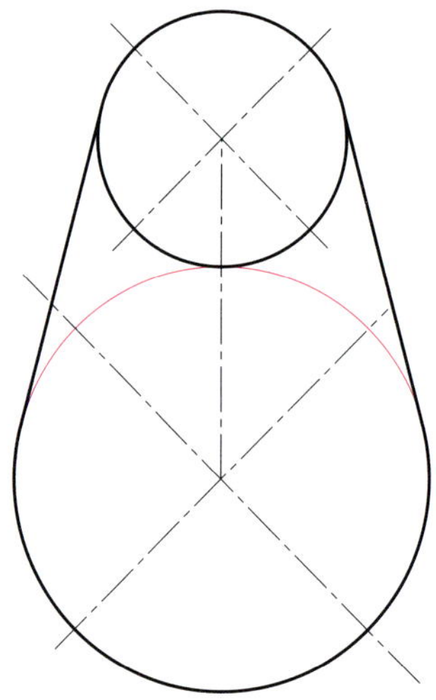

Tronco di cono con basi parallele a yz

CAVALIERA

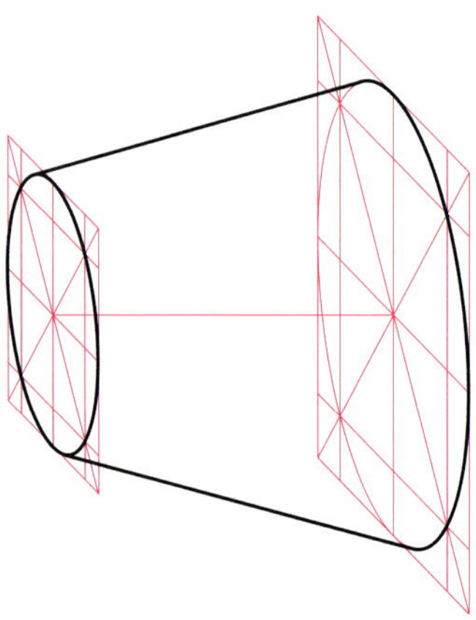

PLANOMETRICA

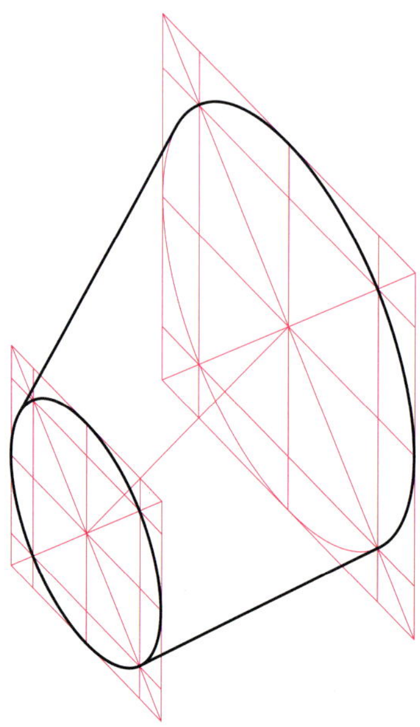

Esempi di assonometria

PROBLEMA 22 GUIDATO

Composizione di prismi in assonometria

1. In assonometria si disegnano su uno stesso piano orizzontale i quattro esagoni concentrici.
2. Dai loro vertici si conducono segmenti di lunghezza pari alle elevazioni e altezze dei rispettivi prismi.
3. Ottenuti così i vertici dei diversi prismi, si ripassano gli spigoli visibili.

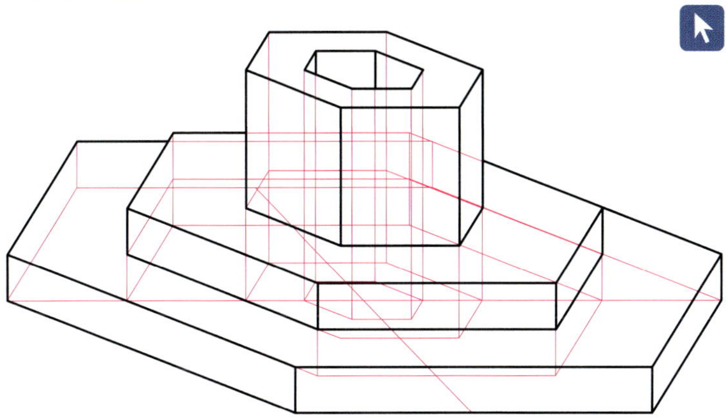

CAVALIERA

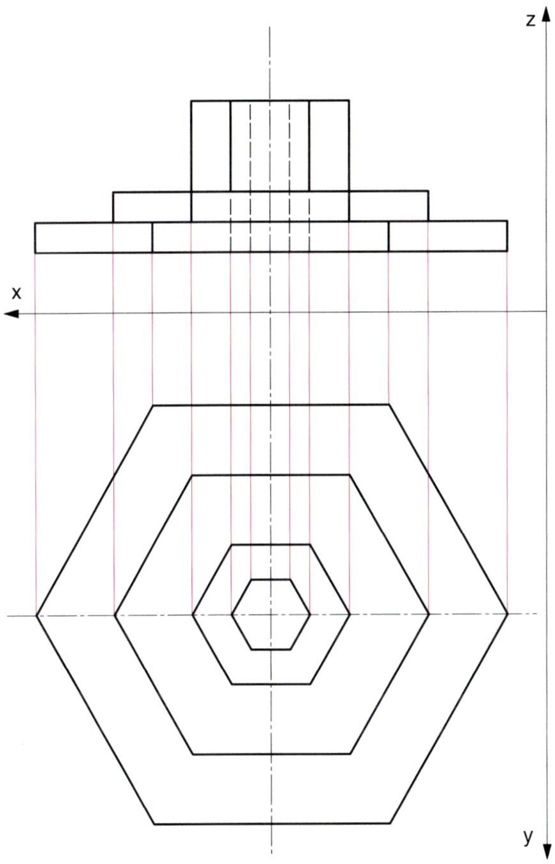

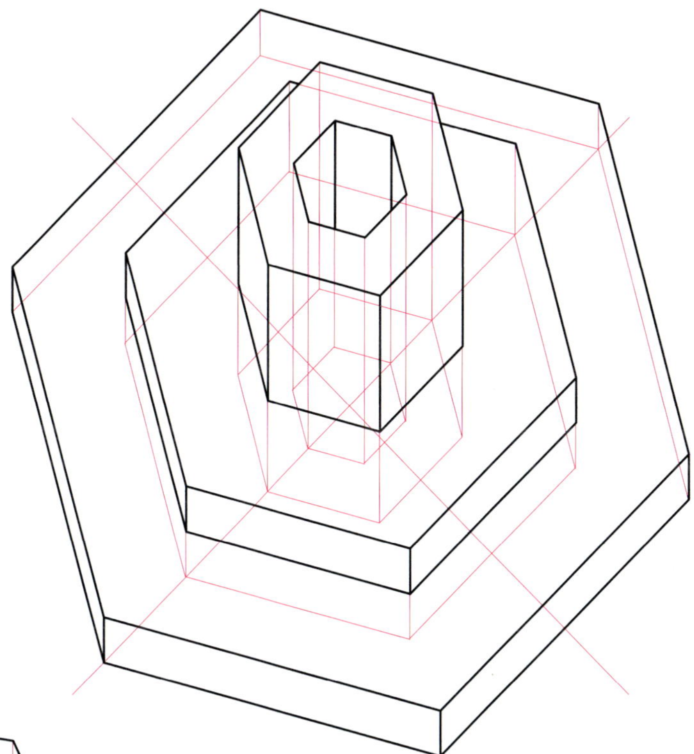

PLANOMETRICA

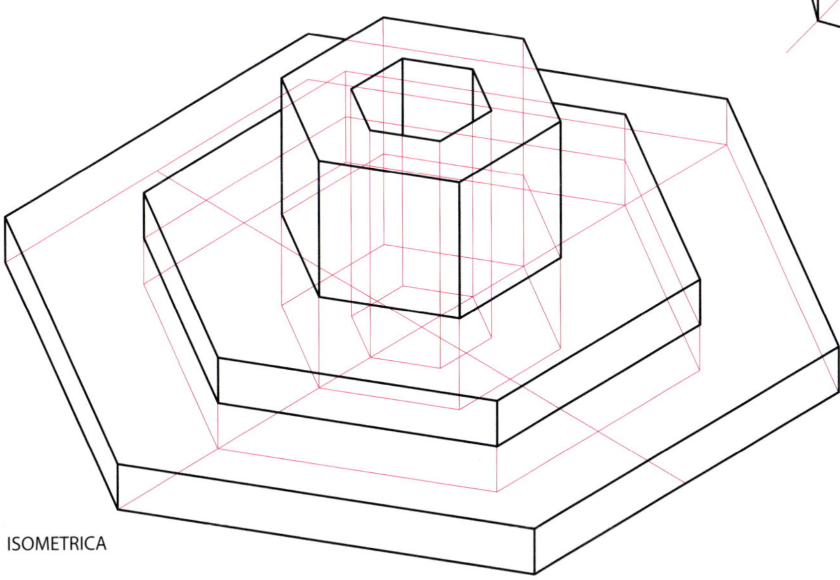

ISOMETRICA

NOTA BENE

Confrontando le diverse assonometrie si può notare che differiscono per difficoltà esecutive, ma anche per **efficacia figurativa**.
Se l'assonometria planometrica in questo caso è sicuramente più comoda (gli esagoni sono rimasti regolari), l'assonometria isometrica ha invece un aspetto più equilibrato.

PROBLEMA 23 GUIDATO

Assonometria isometrica di un solido

1. Disegnato l'asse verticale del solido, si prendono su di esso i centri delle basi.
2. Da questi centri si conducono assi paralleli agli assi x e y, sui quali si trovano i punti medi dei lati dei rettangoli di base.
3. Si disegnano le basi e si congiungono i corrispondenti vertici.

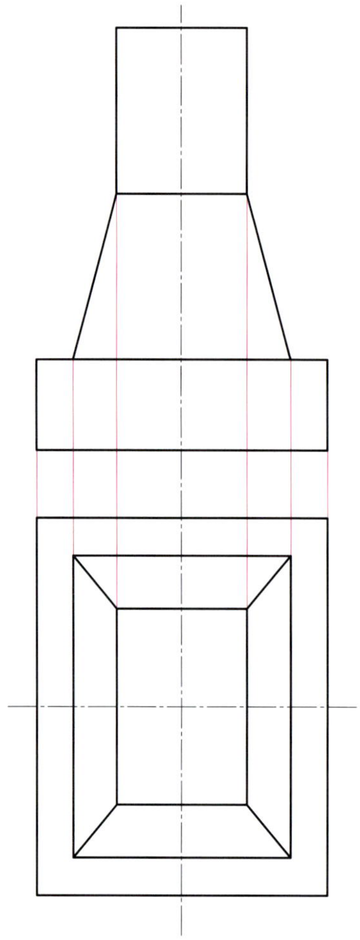

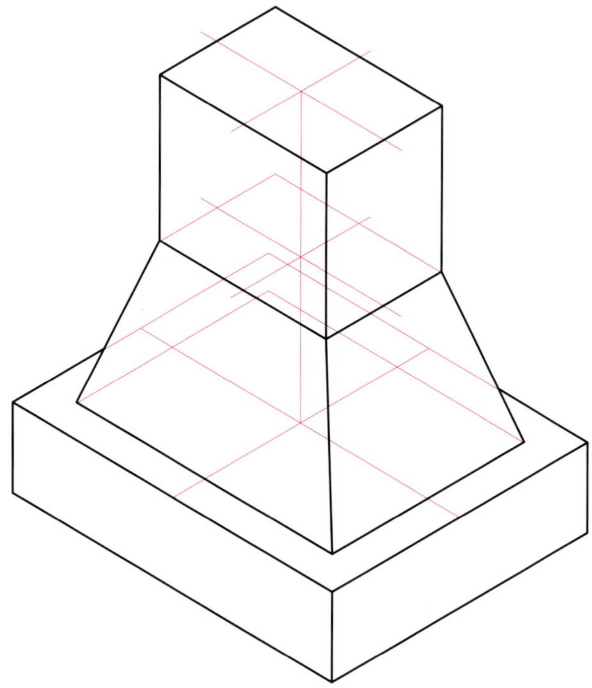

PROBLEMA 24 GUIDATO

Assonometria isometrica di un solido

1. Si delinea la struttura del solido, disegnando l'asse verticale e gli assi mediani delle singole basi del parallelepipedo, del tronco di cono e del cilindro.
2. Si tracciano le facce del parallelepipedo e gli ovali.
3. Si conducono le tangenti agli ovali, ottenendo i profili del cilindro e del tronco di cono.

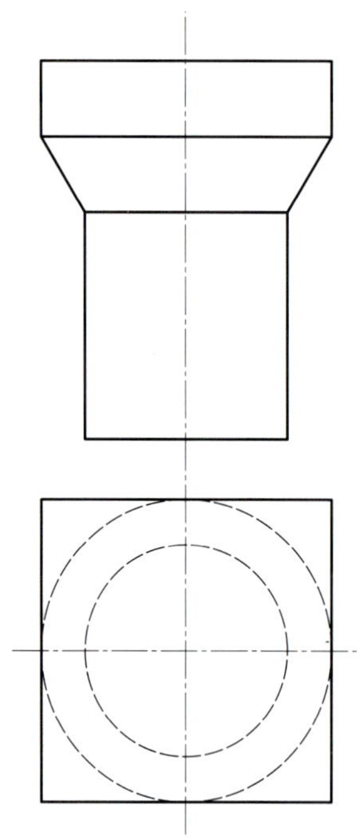

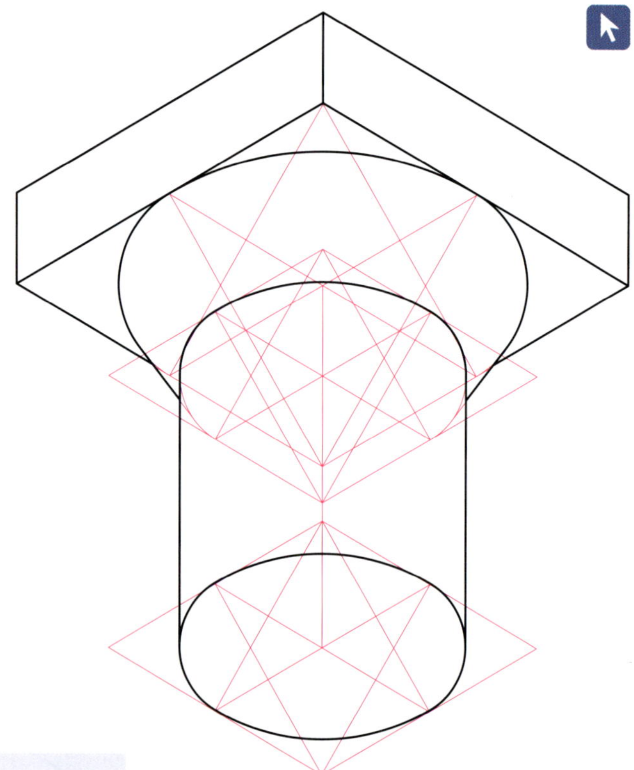

NOTA BENE

Secondo le caratteristiche del solido, si imposta l'assonometria in modo tale da renderlo visibile nel modo migliore. Per esempio nei disegni di questa pagina, si è scelta in un caso la vista assonometrica dall'alto, mentre nell'altro caso l'oggetto è visto dal basso.

NOTA BENE

Quando in assonometria si rappresentano diversi solidi assemblati, può essere utile disegnarli in modo che l'uno non nasconda l'altro, cioè con un *esploso assonometrico*.

APPROFONDIMENTI

Esploso assonometrico (1 pagina)

PROBLEMA 25 GUIDATO

Assonometria isometrica di ambiente con pavimentazione geometrica

1 Si disegnano le pareti dell'ambiente e le aperture in esse.

2 Si traccia la vera forma del motivo pavimentale.

3 Si conducono archi e linee di riporto che nelle loro intersezioni definiscono i vertici delle figure geometriche del pavimento.

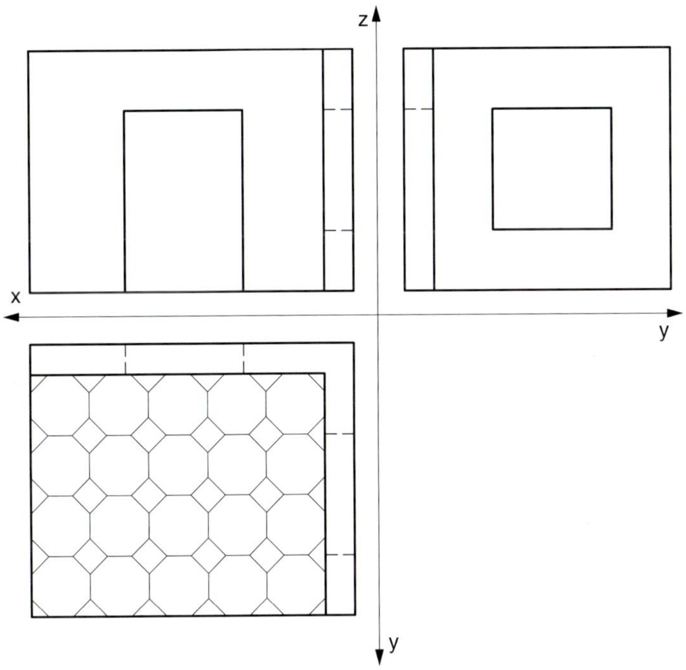

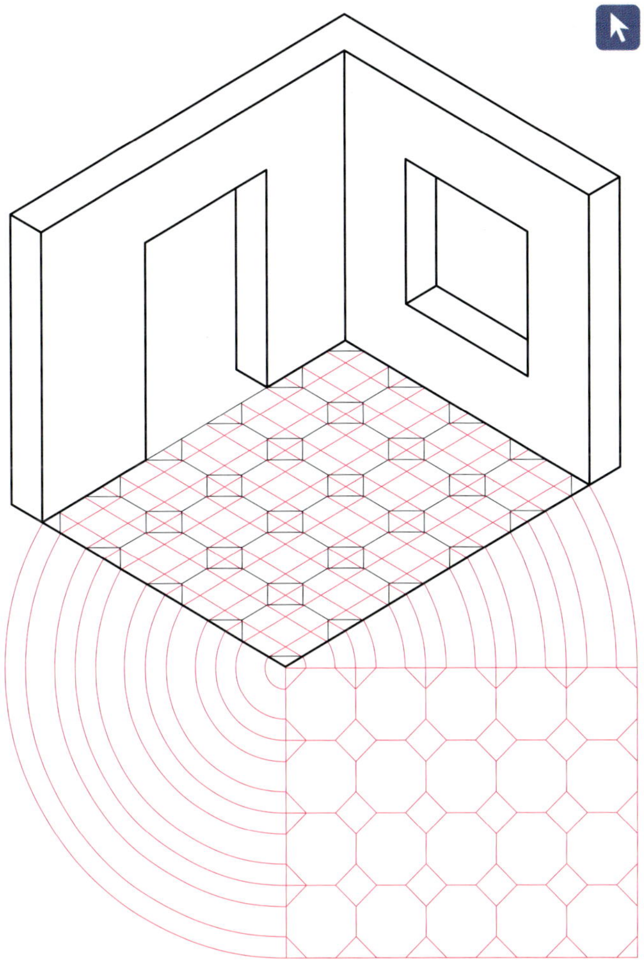

PROBLEMA 26 GUIDATO

Assonometria cavaliera di scalinata

1 Si disegnano i profili delle prime due rampe.

2 Con segmenti paralleli all'asse y si ottiene l'assonometria delle rampe.

3 In modo analogo si disegnano le altre due rampe a partire dai loro profili.

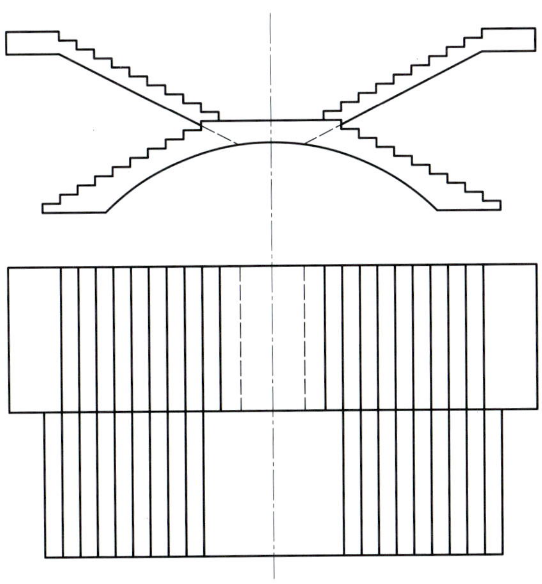

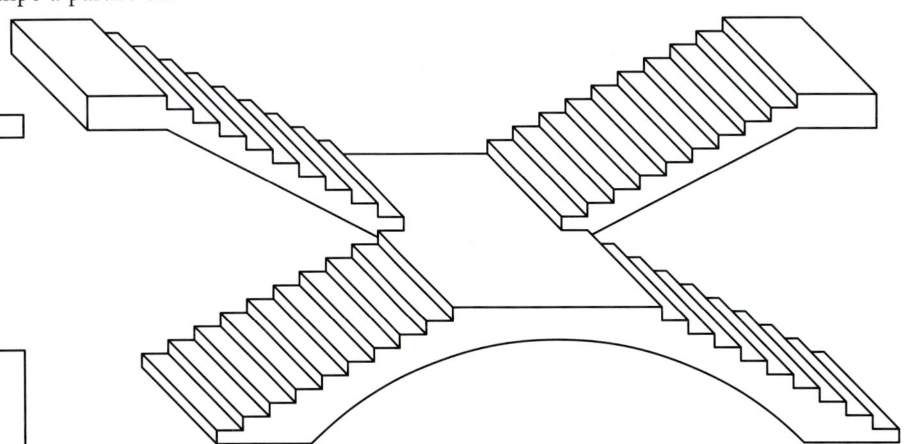

NOTA BENE

Nel Problema 25 l'assonometria planometrica sarebbe stata più vantaggiosa, ma non altrettanto equilibrata nella forma.
Nel Problema 26 l'assonometria cavaliera è indubbiamente più conveniente, per la presenza di significativi profili paralleli al piano xz.

PROBLEMA 27 GUIDATO

Assonometria cavaliera di strutture industriali

1. Si disegna il profilo di un'arcata.
2. Gli si dà uno spessore (dimezzato rispetto alla misura reale) con segmenti paralleli all'asse y.
3. Si riproducono le successive arcate a partire dai vertici della prima.
4. Si completa il disegno con i segmenti delle pareti e delle coperture, ripassando poi le sole parti visibili.

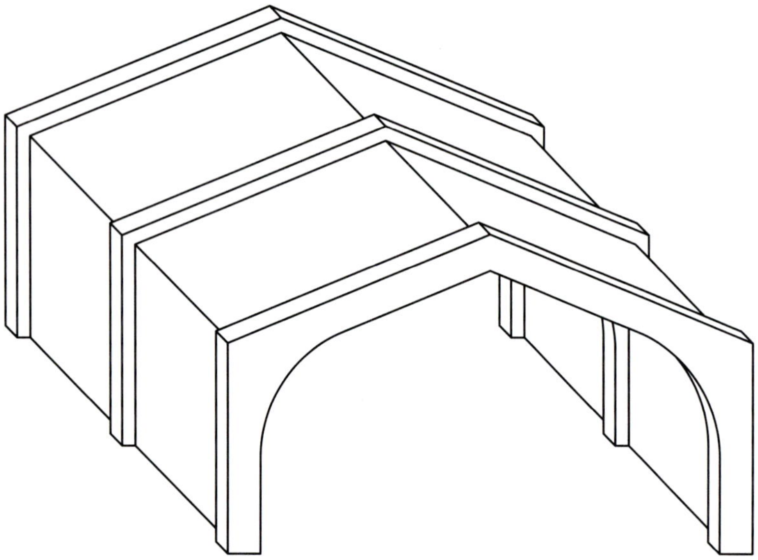

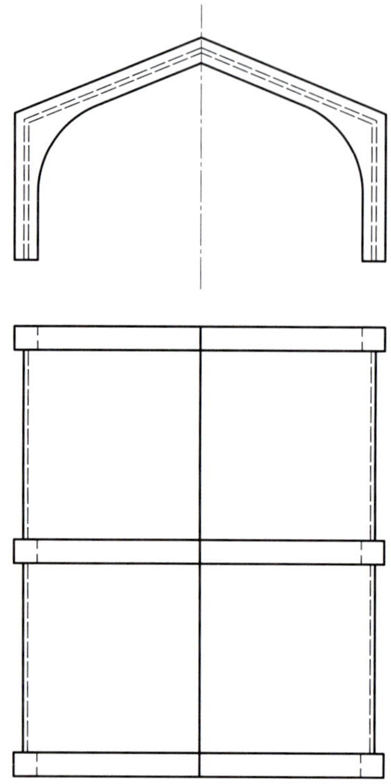

PROBLEMA 28 GUIDATO

Assonometria cavaliera di bilanciere

1. Si disegna la vista frontale.
2. Dai centri delle circonferenze si tracciano gli assi dei cilindri e dei fori con segmenti paralleli all'asse y.
3. Sugli assi si individuano i centri dei diversi cerchi e archi (dimezzandone le distanze rispetto alla misure reali).
4. Si disegnano archi e circonferenze delle basi dei cilindri e dei fori.
5. Si completa il disegno con i segmenti che costituiscono gli spigoli o i profili della figura.

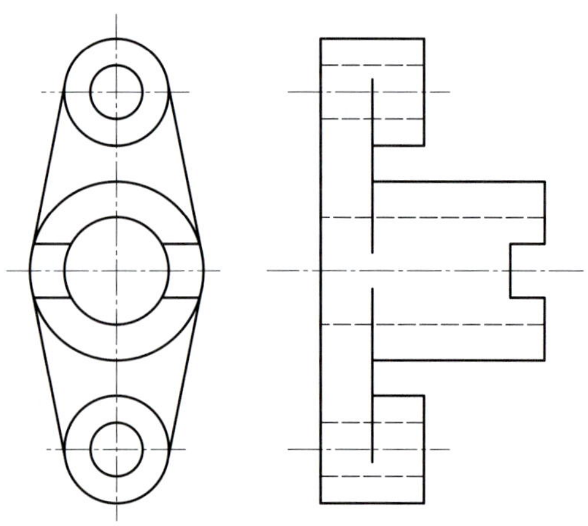

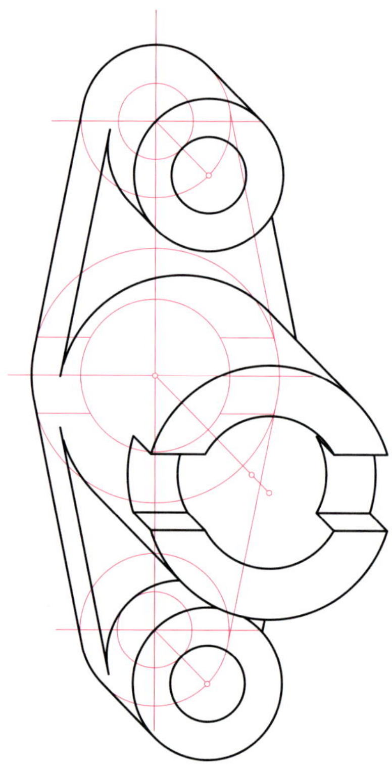

PROBLEMA 29 GUIDATO

Assonometria planometrica dello schema di un teatro romano

1. Si traccia l'asse verticale del solido, prendendo su di esso i centri delle diverse semicirconferenze.
2. Da questi centri si conducono segmenti paralleli all'asse x e semicirconferenze dei corrispondenti raggi.
3. Si completa la costruzione con i profili rettilinei delle gradinate.
4. Si ripassano le parti visibili.

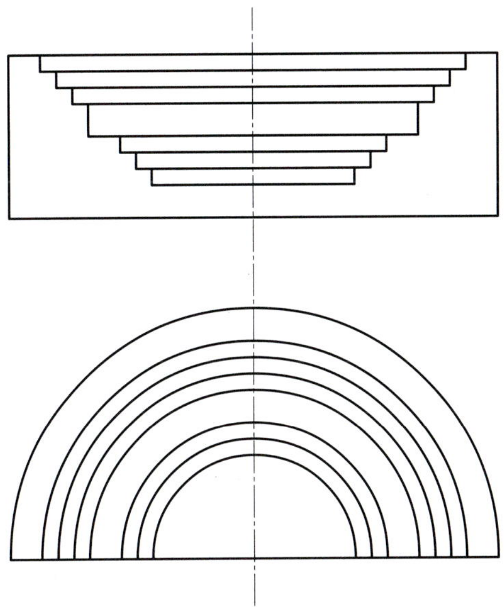

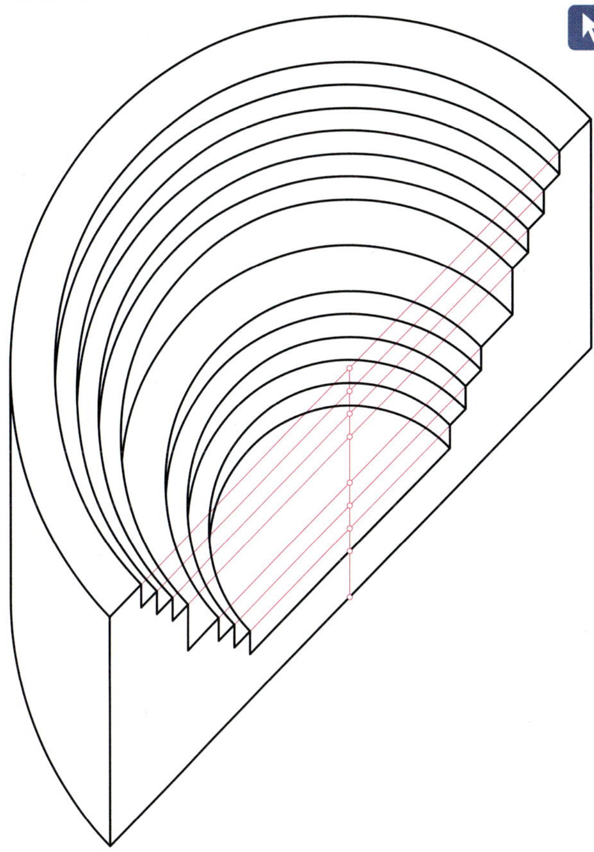

PROBLEMA 30 GUIDATO

Assonometria planometrica dello schema di un castello

1. In assonometria si disegna la planimetria su un piano orizzontale (secondo gli assi x e y).
2. Si tracciano segmenti verticali di lunghezze pari alle altezze dei diversi elementi.
3. Con l'aiuto di questi segmenti si riportano verso l'alto gli archi e i segmenti della planimetria.
4. Si completa l'assonometria con i profili e gli spigoli mancanti.

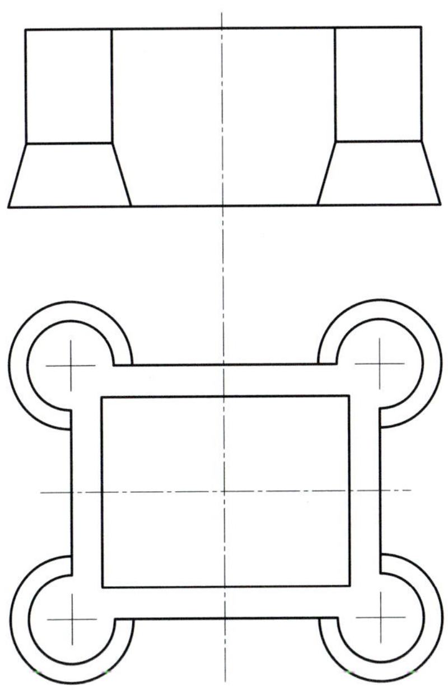

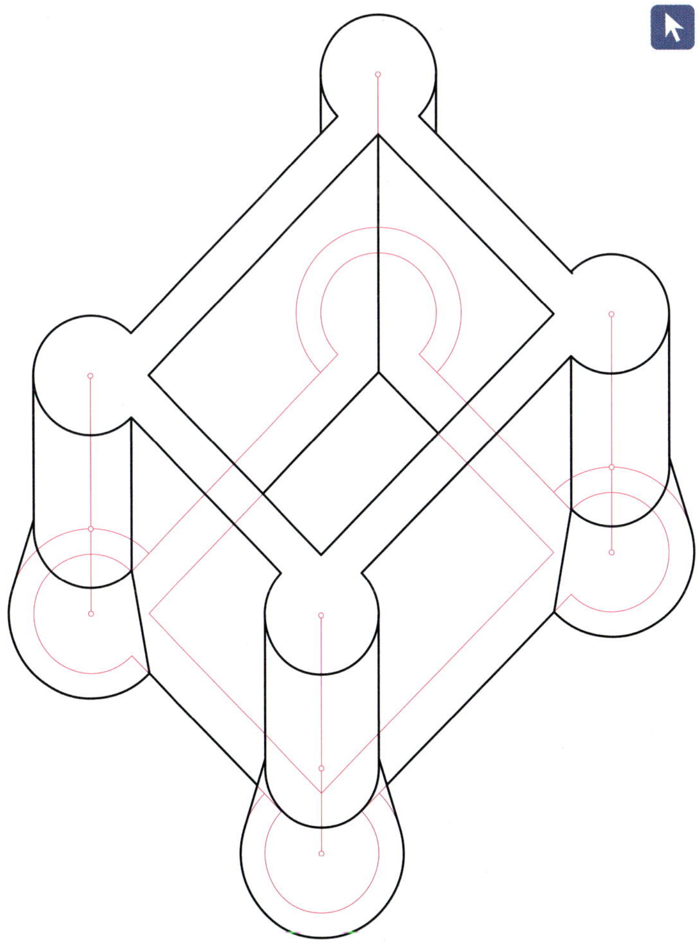

Sull'assonometria abbiamo imparato...

ASSONOMETRIA

PROIEZIONE PARALLELA

I PARALLELISMI SI CONSERVANO

caratteristiche

- INCLINAZIONE DEGLI ASSI x, y, z
- RAPPORTI DI RIDUZIONE

tipi più usati

ASSONOMETRIA ISOMETRICA

• Assi

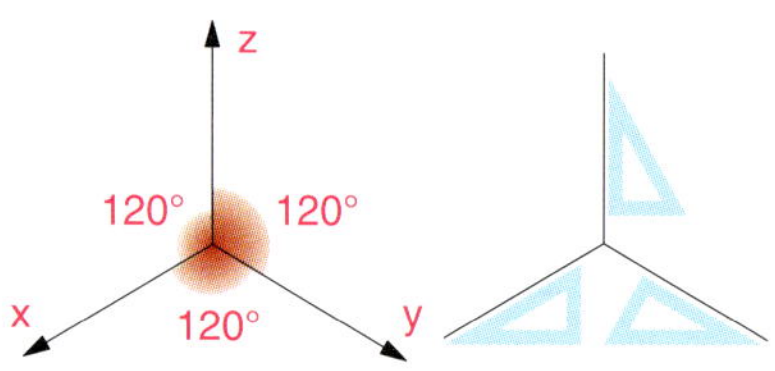

• Rapporto di riduzione

x:y:z = 1:1:1

• Tutte le facce del solido vengono deformate
• Le lunghezze su rette parallele agli assi x, y, z mantengono dimensioni reali
• Le circonferenze parallele ai piani cartesiani sono disegnate con ovali

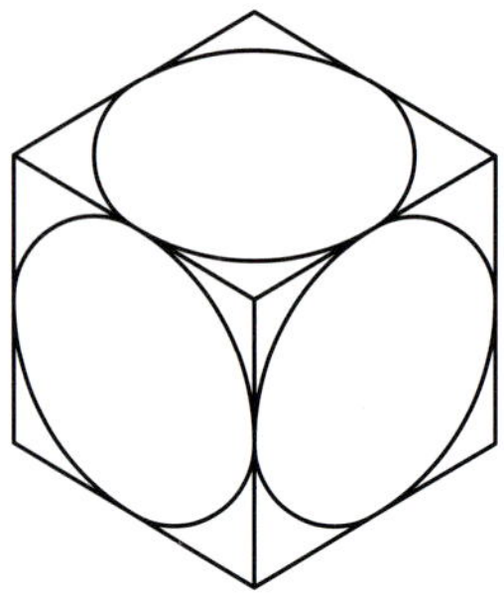

ASSONOMETRIA CAVALIERA

• Assi

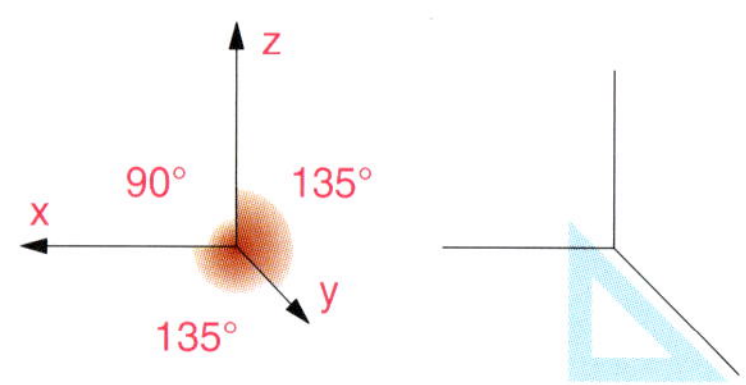

• Rapporto di riduzione

x:y:z = 1:1/2:1

• Le facce parallele a xz mantengono la vera forma, tutte le altre no
• Le lunghezze su rette parallele all'asse y vengono dimezzate
• Le circonferenze parallele al piano xz restano tali, le altre sono disegnate con ellissi

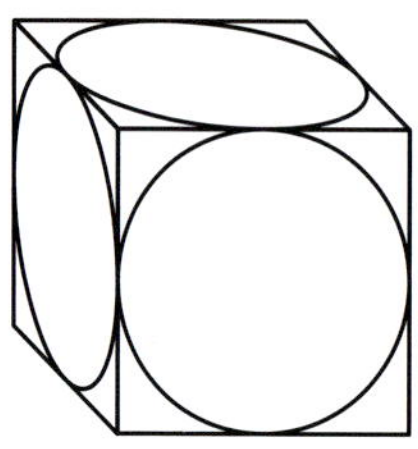

ASSONOMETRIA PLANOMETRICA

• Assi

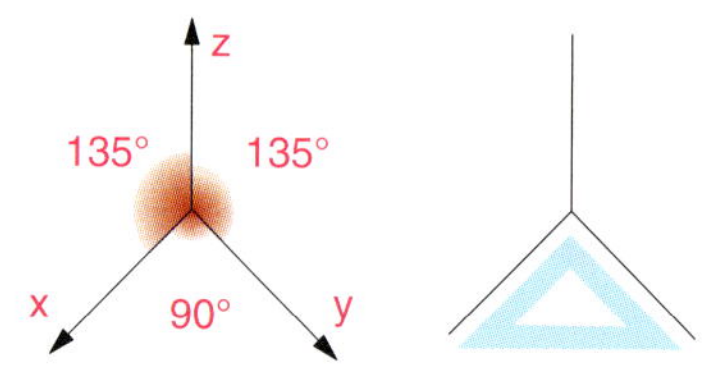

• Rapporto di riduzione

x:y:z = 1:1:1

• Le facce parallele a xy mantengono la vera forma, tutte le altre no
• Le lunghezze parallele agli assi x, y, z mantengono dimensioni reali.
• Le circonferenze parallele a xy restano tali, le altre sono disegnate con ellissi

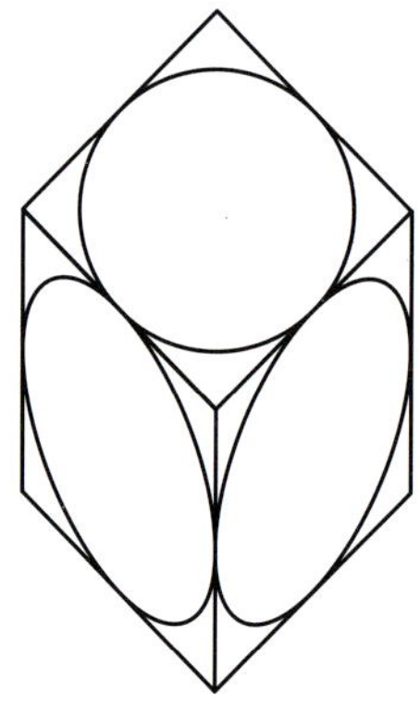

Preparazione del disegno

Quando si deve eseguire un'assonometria a piacere di un oggetto, proposto in proiezioni ortogonali, innanzi tutto si analizza bene l'oggetto, cercando di definirne tutte le caratteristiche.

■ Analisi dell'oggetto

Dal disegno in proiezioni ortogonali si deve interpretare la forma dell'oggetto e le sue principali caratteristiche strutturali e geometriche. Di conseguenza si sceglierà il tipo di assonometria più adeguata, al fine di una rappresentazione efficace e semplice da realizzare.

Avendo chiari i vantaggi e gli svantaggi di ciascuna assonometria, è facile propendere per l'assonometria cavaliera quando le parti più complesse (circonferenze, raccordi, poligoni regolari) sono parallele al piano frontale; più comoda sarà invece l'assonometria planometrica quando le stesse parti dell'oggetto sono orizzontali. In altri casi si può preferire l'assonometria isometrica, tra l'altro più gradevole per il suo aspetto equilibrato.

■ Stesura dello schizzo preparatorio

Utilizzando fotocopie delle griglie assonometriche riportate in appendice al libro, si traccia un attento schizzo dell'assonometria; l'attenzione deve essere concentrata sulla posizione che ogni elemento occupa nello spazio e sulle costruzioni da utilizzare per il disegno, in particolare per le circonferenze che sono rappresentate da ovali o da ellissi.

Se si traccia un schizzo ben proporzionato, esso fornisce anche utili indicazioni sull'ingombro del disegno, e quindi sulla scelta della scala e sull'impaginazione dell'assonometria.

PROBLEMA 31 PASSO PASSO

■ Analisi dell'oggetto

L'oggetto da rappresentare è una piastra con un profilo ben descritto nella vista dall'alto; su di essa è stato praticato un foro passante di forma esagonale regolare. La faccia più significativa e più complessa da disegnare in assonometria è senz'altro la faccia orizzontale. L'assonometria più adatta è sicuramente la planometrica.

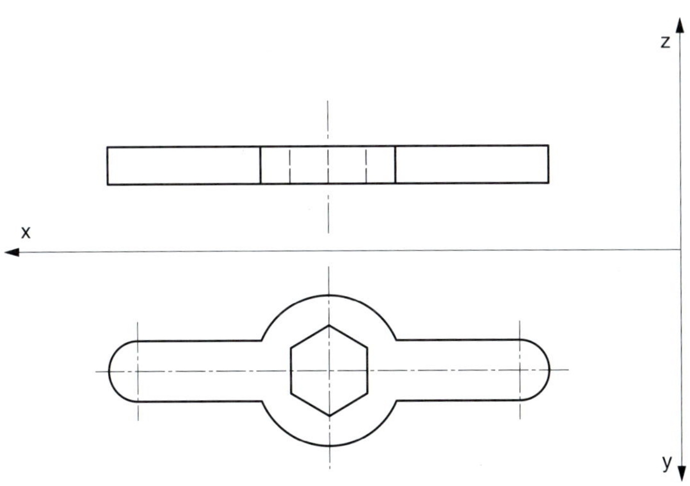

NOTA BENE

In appendice al libro sono riprodotte delle **griglie assonometriche** che possono essere fotocopiate ed utilizzate per schizzi preparatori alle assonometrie.

■ Fasi di elaborazione grafica

1 Si deve ricostruire la vista dall'alto ruotata di 45°. Dopo aver scelto con cura la posizione nel foglio, si tracciano l'asse longitudinale e quelli trasversali con segmenti inclinati a 45°. Si passa quindi al disegno degli archi e dell'esagono, completando il profilo con i segmenti tangenti alle semicirconferenze.

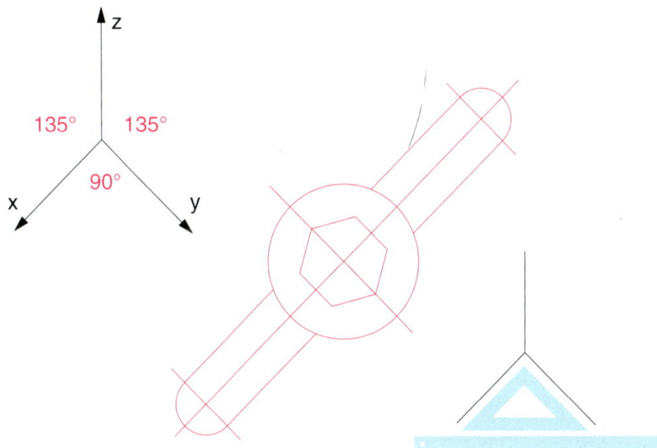

2 Mediante segmenti verticali lunghi quanto lo spessore del pezzo si possono trovare i centri e i punti necessari per disegnare il profilo inferiore del solido.

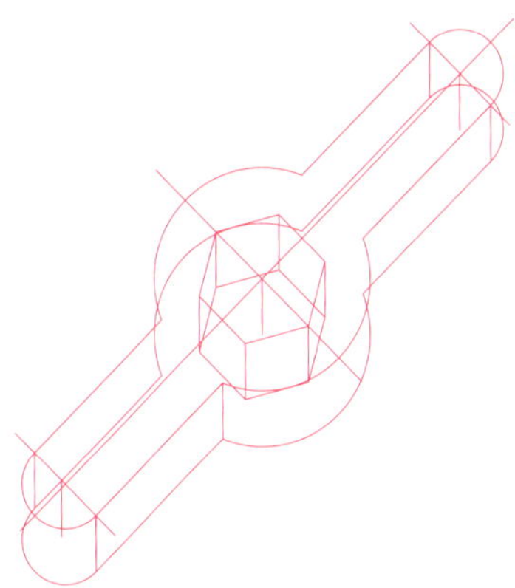

3 Completata la costruzione con i contorni delle superfici cilindriche, si esegue il ripasso dell'assonometria con mina morbida.

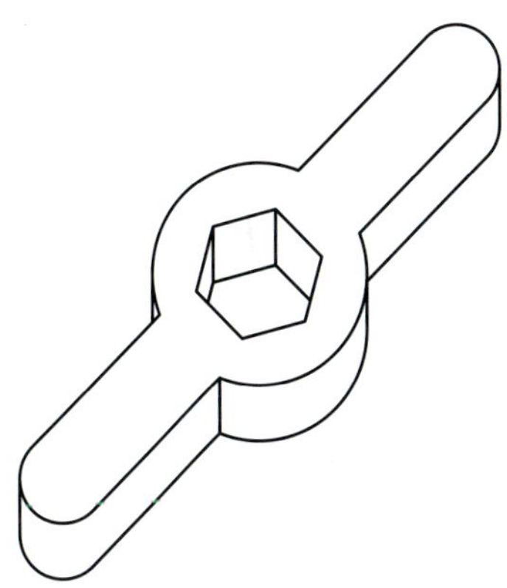

PROBLEMA 32 PASSO PASSO

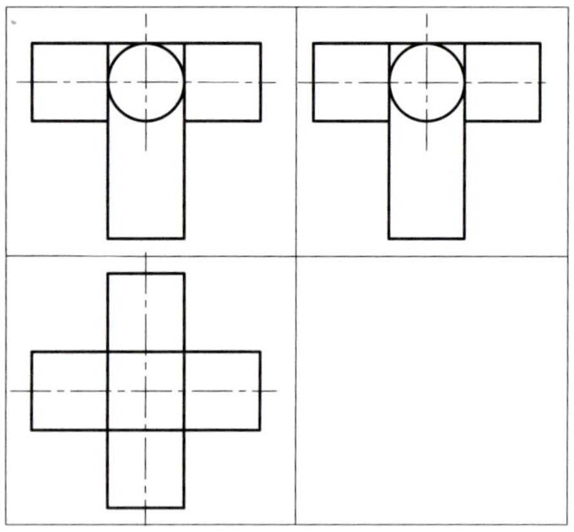

Analisi dell'oggetto

Dal disegno in proiezioni ortogonali si desume che l'oggetto è composto da un parallelepipedo da cui si diramano quattro cilindri con assi orizzontali e tra loro perpendicolari. Per la rappresentazione in assonometria le figure più complesse da disegnare, in questo caso, sono le circonferenze. Mentre in assonometria isometrica e in quella planometrica tutte le circonferenze dell'oggetto sarebbero deformate in ovali o in ellissi, nella cavaliera ciò avverrebbe solo per una metà di esse; l'altra metà mantiene la vera forma circolare. La cavaliera risulta in questo caso più vantaggiosa.

Fasi di elaborazione grafica

1 Dopo aver scelto con cura la posizione nel foglio, si traccia il parallelepipedo; su una sua faccia si individua la posizione del centro di una base dei cilindri con asse parallelo ad y. Si disegna la circonferenza e la si divide in parti uguali (in figura, 12 parti).

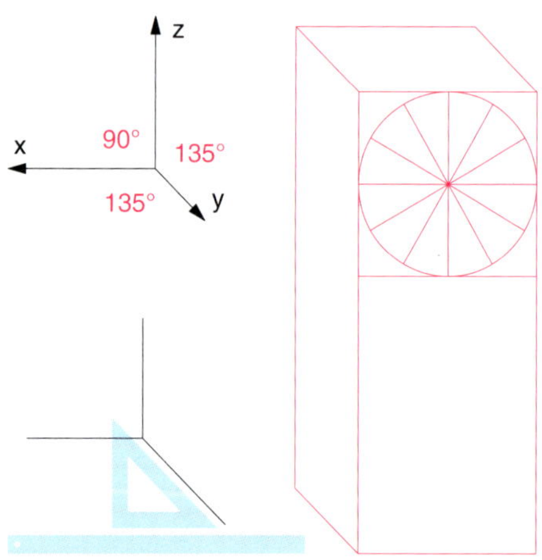

2 Dai punti divisori della circonferenza si conducono linee di riporto parallele a x e a y; su una seconda faccia del parallelepipedo si individuano i punti dell'ellisse che rappresenta una circonferenza di base del cilindro con asse parallelo a x. Per individuare i punti dell'ellisse si devono dimezzare le misure parallele a y.

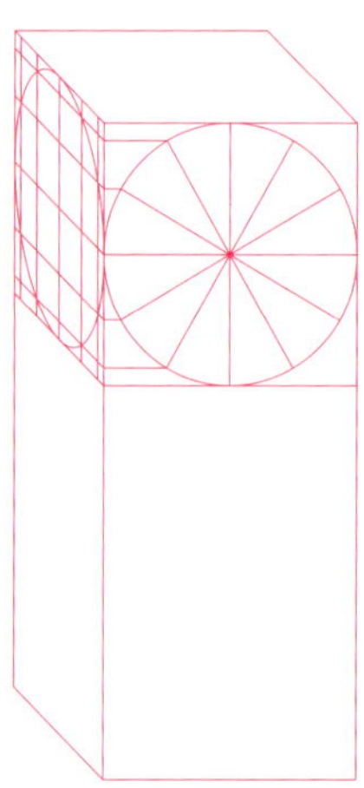

3 Mediante segmenti paralleli agli assi dei cilindri si disegnano le circonferenze e le ellissi che rappresentano le altre basi dei cilindri.

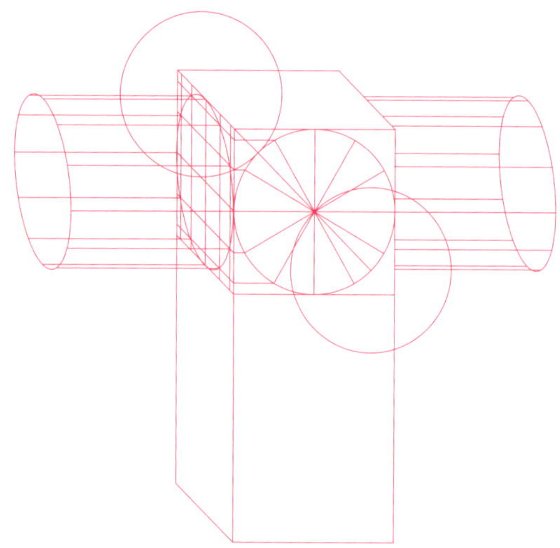

4 Dopo aver disegnato i profili dei cilindri con segmenti tangenti alle circonferenze o alle ellissi, si ripassano le parti visibili dell'oggetto.

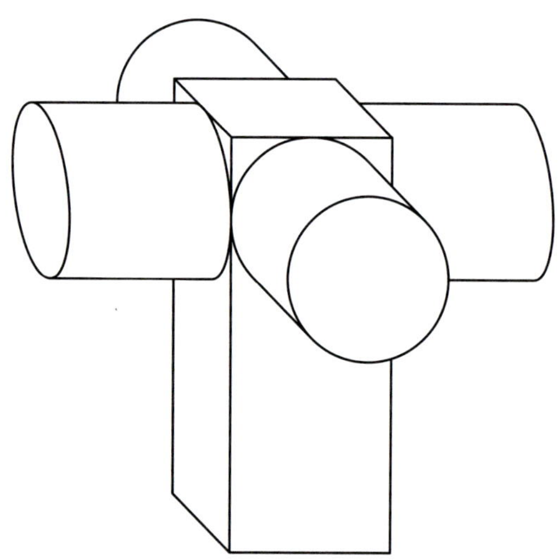

ESERCITAZIONE 1 GUIDATA

Dalle viste proposte disegna l'assonometria isometrica, raddoppiando le misure rilevate dal libro

1 Le due viste date rappresentano un parallelepipedo a base quadrata, attraversato da un foro passante, anch'esso a base quadrata. I due quadrati di base sono coassiali, cioè hanno in comune due assi di simmetria. I due quadrati inoltre sono paralleli al piano xz e hanno lati 36 mm e 24 mm (da raddoppiare in 72 mm e 48 mm).

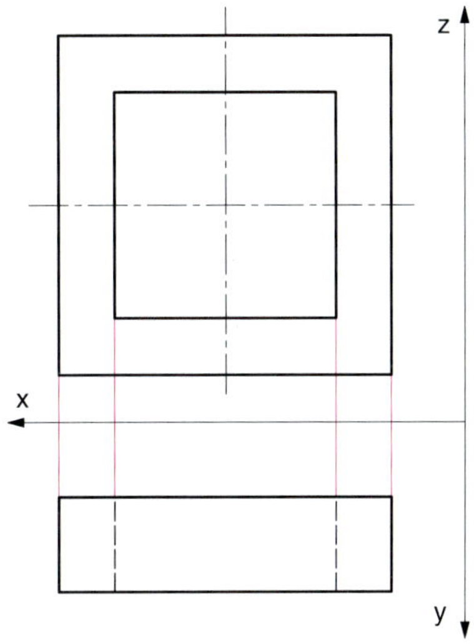

2 Disegniamo in isometrica le due figure più significative, cioè i quadrati. Iniziamo dagli assi, uno parallelo all'asse x e l'altro parallelo a z. Su di essi prendiamo dal centro distanze pari alla metà dei lati (cioè 24 mm e 36 mm). Dai punti trovati sugli assi di simmetria tracciamo segmenti paralleli agli assi x e z.

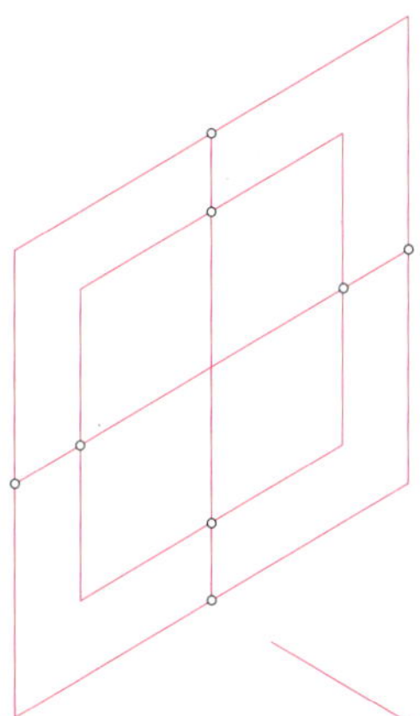

3 Dai vertici dei quadrati conduciamo dei segmenti paralleli all'asse y. Su due di questi segmenti prendiamo lunghezze pari alla profondità del solido (20 mm, cioè il doppio dei 10 mm rilevati dal disegno).

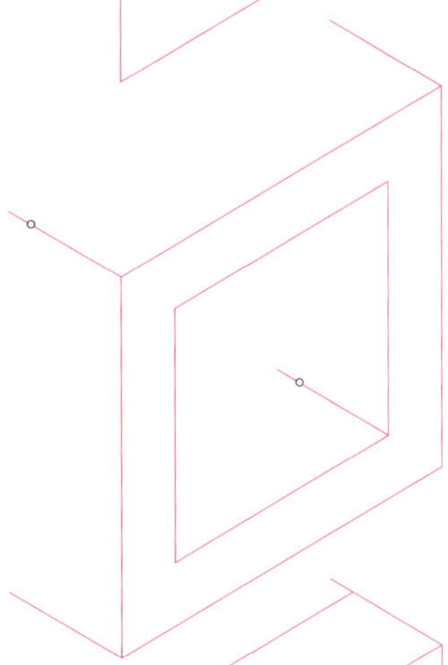

4 Dai punti appena trovati conduciamo parallele agli assi x e z, fino a intersecare gli altri spigoli del solido.

5 Con mina morbida ripassiamo gli spigoli visibili.

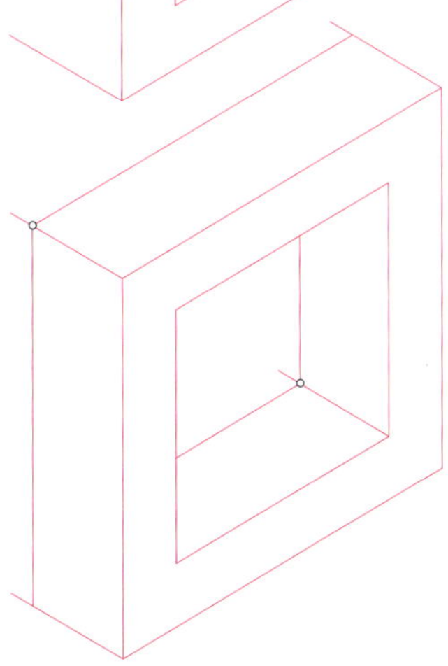

ESERCITAZIONE 2 GUIDATA

Dalle viste proposte disegna l'assonometria cavaliera, raddoppiando le misure rilevate dal libro

1 Il solido rappresentato nelle due viste è una piastrina a L, che nella parte orizzontale presenta una scanalatura (sulla sinistra). Per disegnarne l'assonometria cavaliera è opportuno iniziare dalla faccia che resterà identica a quella reale, cioè la L visibile nella vista frontale.

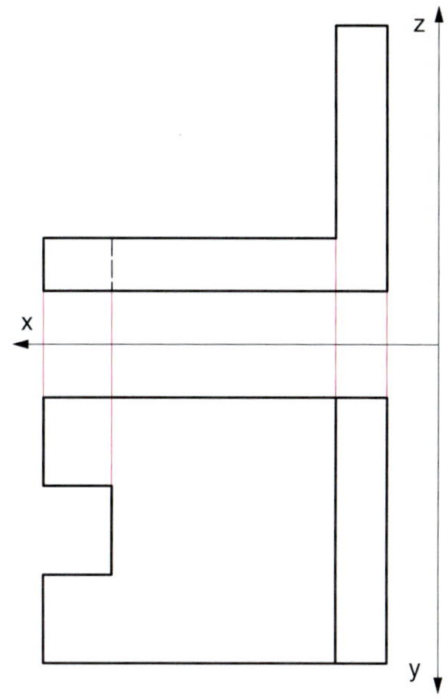

2 Disegniamo la vista frontale raddoppiando le misure rilevate dal libro. È utile disegnare anche il segmento che fornisce la posizione della scanalatura.

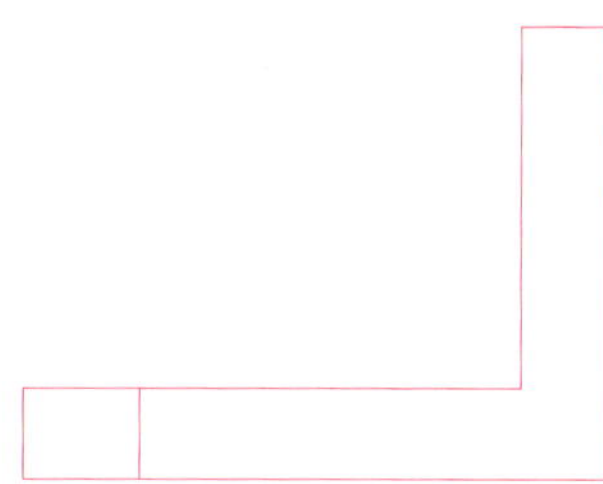

3 Dai vertici della figura conduciamo parallele all'asse y. Su una di esse prendiamo tre distanze corrispondenti alla posizione della scanalatura. Bisogna ricordare che queste misure vanno dimezzate.

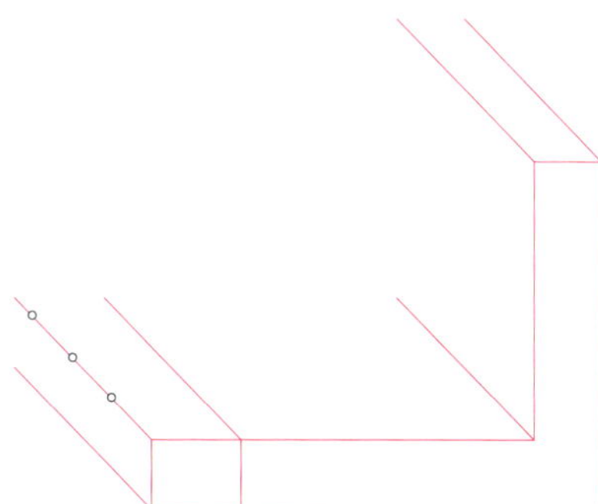

4 Dai punti appena trovati tracciamo parallele agli assi x e z fino a intersecare gli altri spigoli del solido.

5 Con mina morbida evidenziamo gli spigoli visibili.

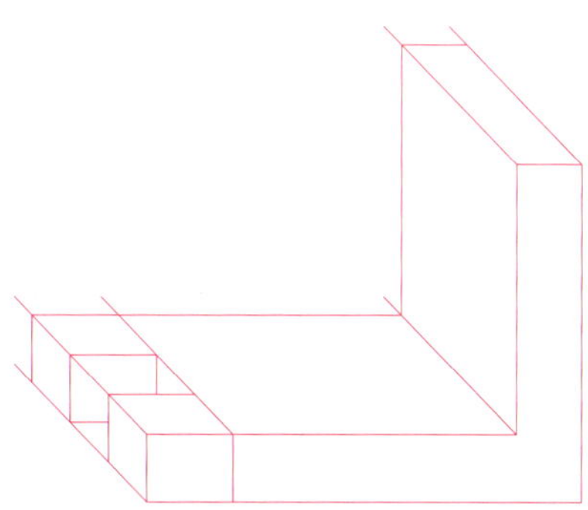

ESERCITAZIONE 3
GUIDATA

Dalle viste proposte disegna l'assonometria planometrica, raddoppiando le misure rilevate dal libro

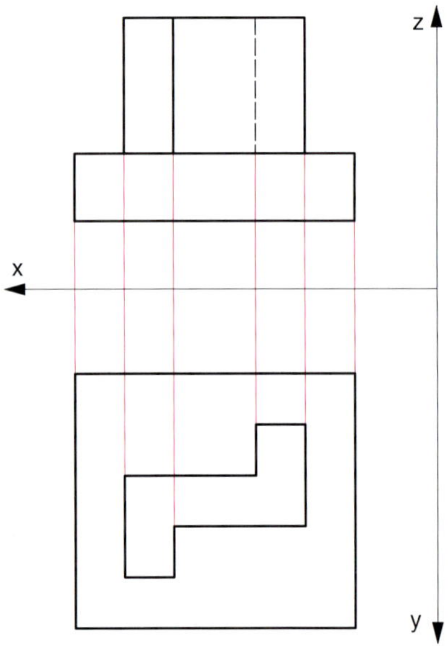

1. Il solido è formato da un parallelepipedo sormontato da un prisma con base a forma di S.
2. Disegniamo la vista dall'alto ruotata di 45°.

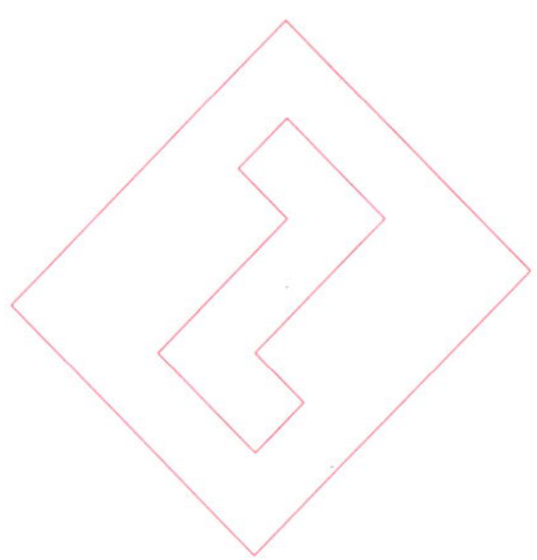

3. Dai vertici del rettangolo conduciamo verso il basso segmenti pari alla sua altezza, mentre dal prisma a S innalziamo segmenti pari alla sua altezza.

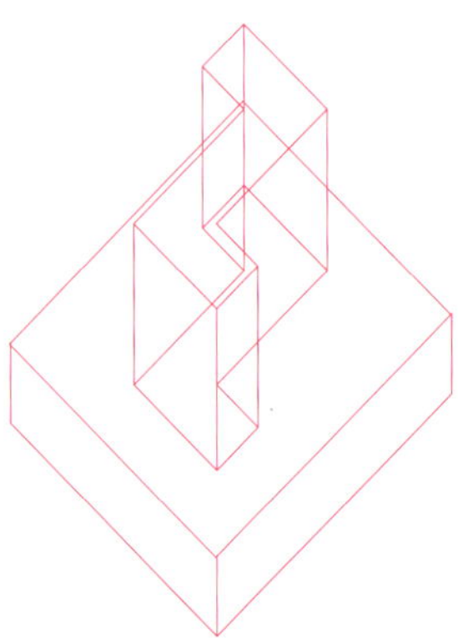

4. Ripassiamo gli spigoli visibili.

ESERCITAZIONE 4
CON SUGGERIMENTO

Dalle viste proposte disegna l'assonometria planometrica, raddoppiando le misure rilevate dal libro

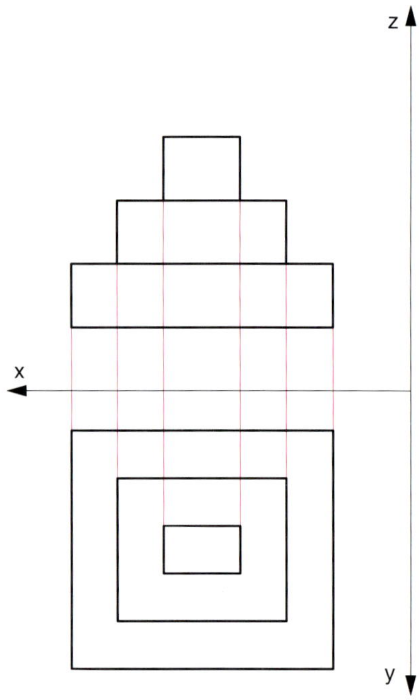

IL PRIMO PASSO Il solido è formato da tre parallelepipedi sovrapposti. L'assonometria planometrica si può iniziare dalla vista dall'alto ruotata di 45°. Di qui si innalzano segmenti verticali di lunghezze pari alle elevazioni e altezze dei diversi parallelepipedi.

ESERCITAZIONE 5

Dalle viste proposte disegna l'assonometria isometrica, raddoppiando le misure rilevate dal libro

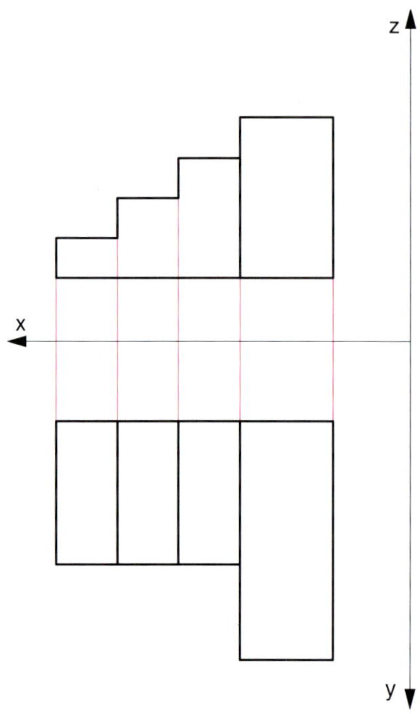

ESERCITAZIONE 6
CON SUGGERIMENTO

Dalle viste proposte disegna l'assonometria cavaliera, raddoppiando le misure rilevate dal libro

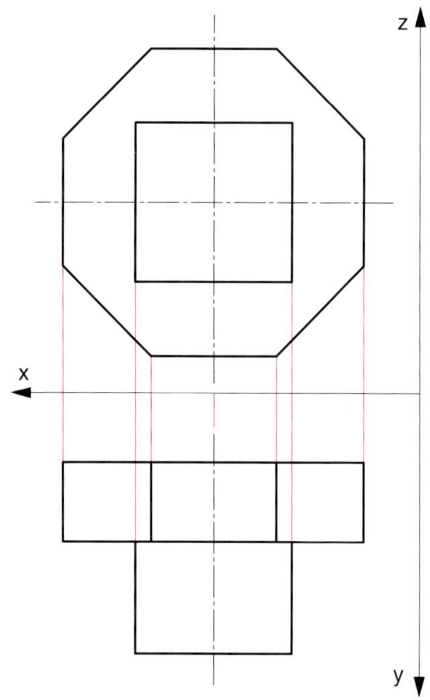

IL PRIMO PASSO Disegnata la vista frontale, dai vertici del quadrato si conducono in avanti dei segmenti paralleli a y, di lunghezza pari all'altezza del parallelepipedo. Analogamente, ma verso il retro, si opera per il prisma ottagonale.

ESERCITAZIONE 7

Dalle viste proposte disegna l'assonometria planometrica, raddoppiando le misure rilevate dal libro

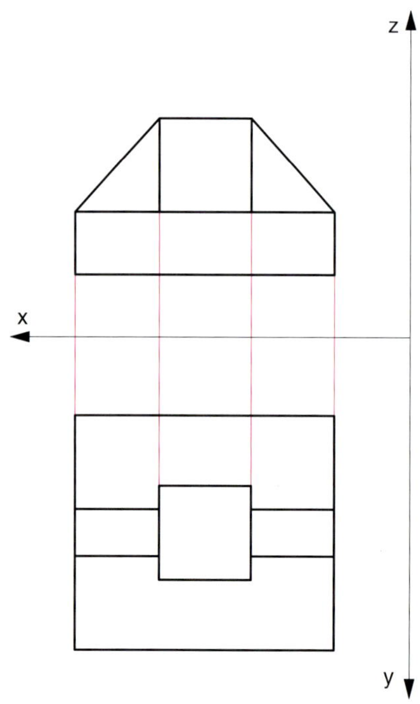

ESERCITAZIONE 8

CON SUGGERIMENTO

Dalle viste proposte disegna l'assonometria planometrica, raddoppiando le misure rilevate dal libro

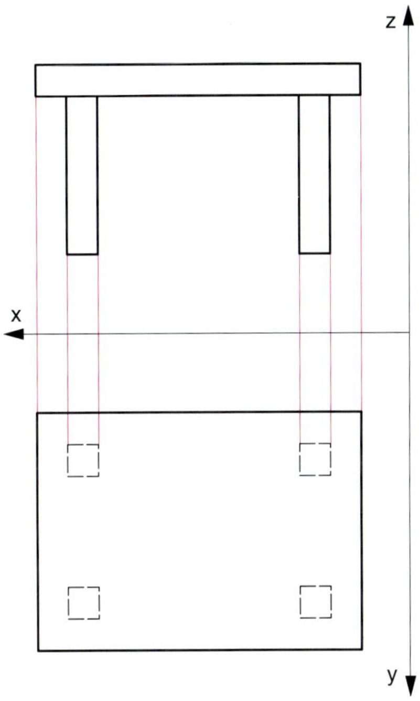

IL PRIMO PASSO Il solido è un tavolo a quattro gambe. Si inizia dalla vista dall'alto, ruotata di 45°; poi si riportano i suoi punti con verticali verso il basso.

ESERCITAZIONE 9

Dalle viste proposte disegna l'assonometria cavaliera, raddoppiando le misure rilevate dal libro

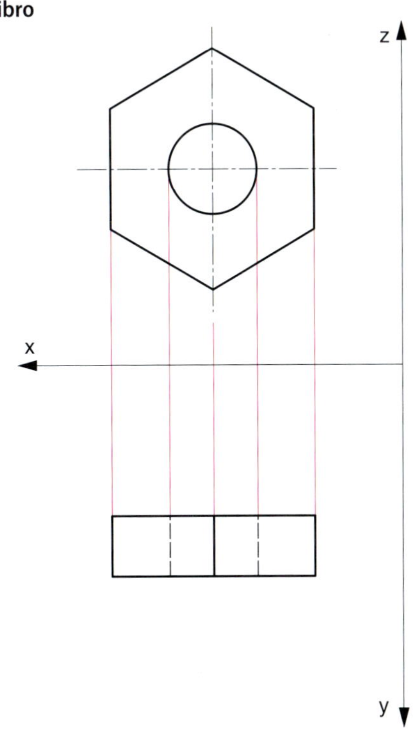

ESERCITAZIONE 10

CON SUGGERIMENTO

Dalle viste proposte disegna l'assonometria cavaliera, raddoppiando le misure rilevate dal libro

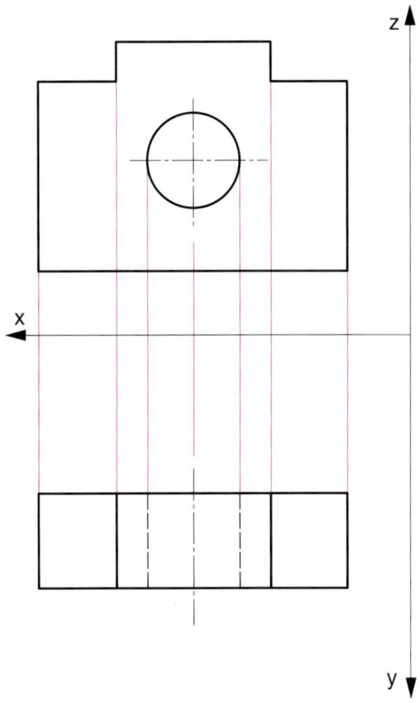

IL PRIMO PASSO Il solido è una piastra forata. Si comincia dalla vista frontale e si riportano i suoi punti con parallele all'asse y (dimezzando le distanze di profondità).

ESERCITAZIONE 11

Dalle viste proposte disegna l'assonometria planometrica, raddoppiando le misure rilevate dal libro

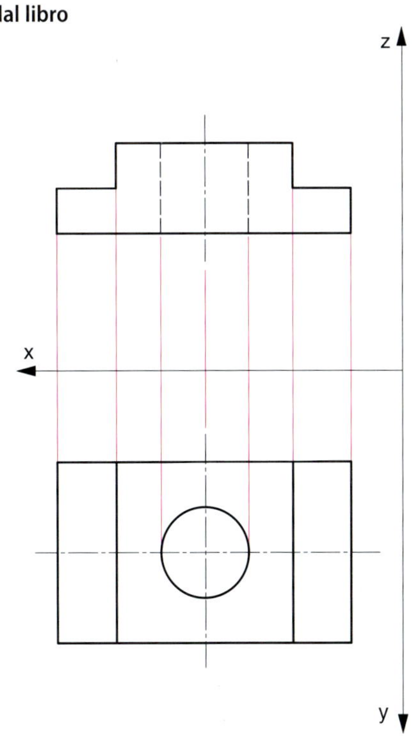

ESERCITAZIONE 12

CON SUGGERIMENTO

Dalle viste proposte disegna l'assonometria isometrica, raddoppiando le misure rilevate dal libro

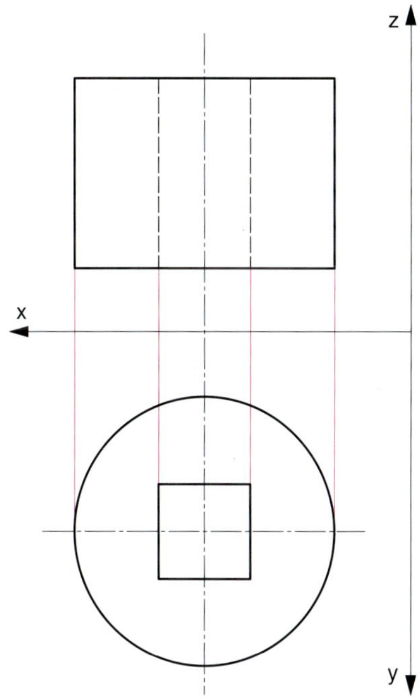

IL PRIMO PASSO Il solido è un cilindro con foro quadrato. Si inizia dalla vista dall'alto, con la circonferenza deformata in ovale, e si riportano in verticale i punti secondo l'altezza del solido.

ESERCITAZIONE 13

Dalle viste proposte disegna l'assonometria isometrica, raddoppiando le misure rilevate dal libro

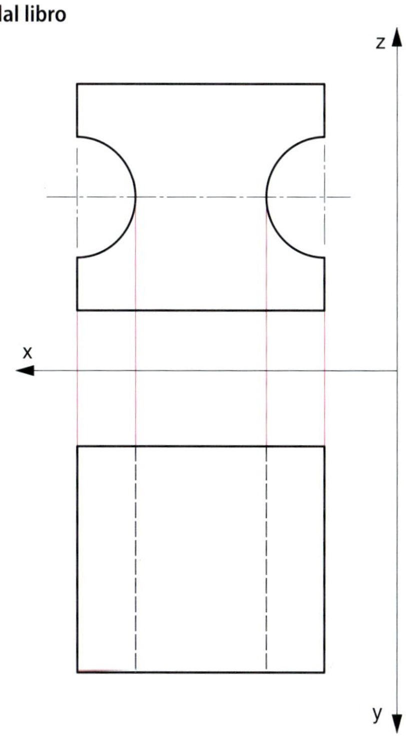

Dalle viste proposte disegna un'assonometria a piacere, raddoppiando le misure rilevate dal libro. Nella scelta dell'assonometria valutare soprattutto la semplicità di esecuzione di un tipo o dell'altro.

ESERCITAZIONE 14

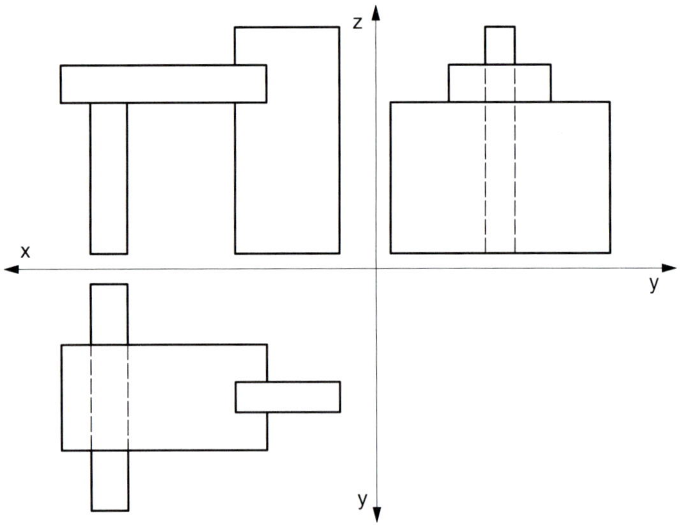

ESERCITAZIONE 15

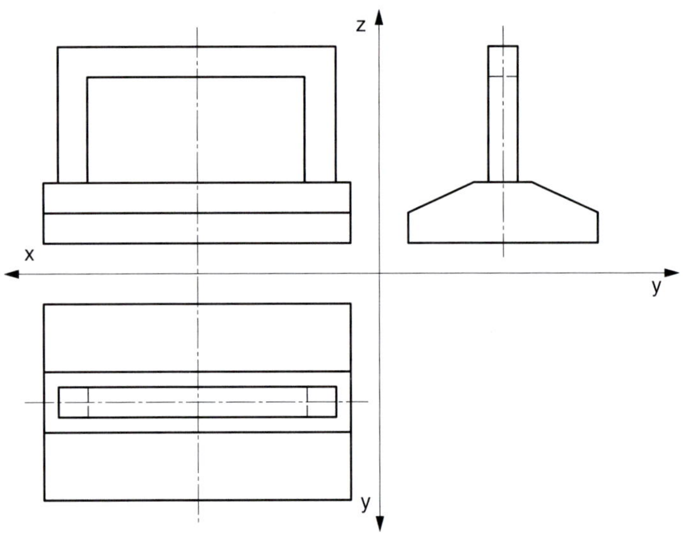

ESERCITAZIONE 16

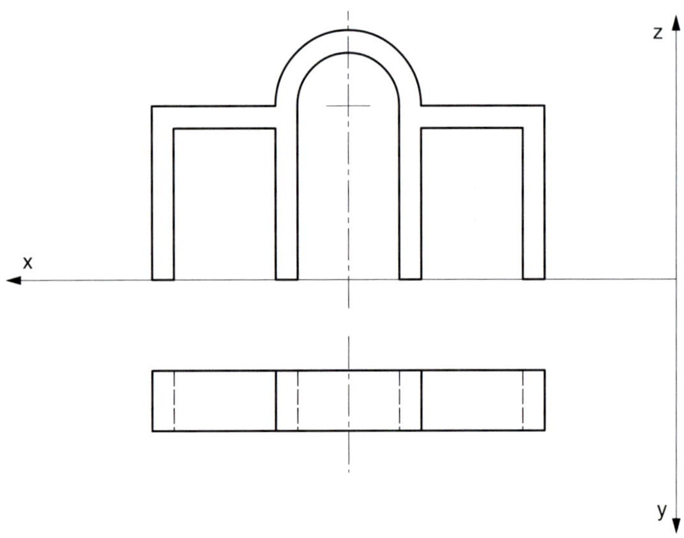

ESERCITAZIONE 17

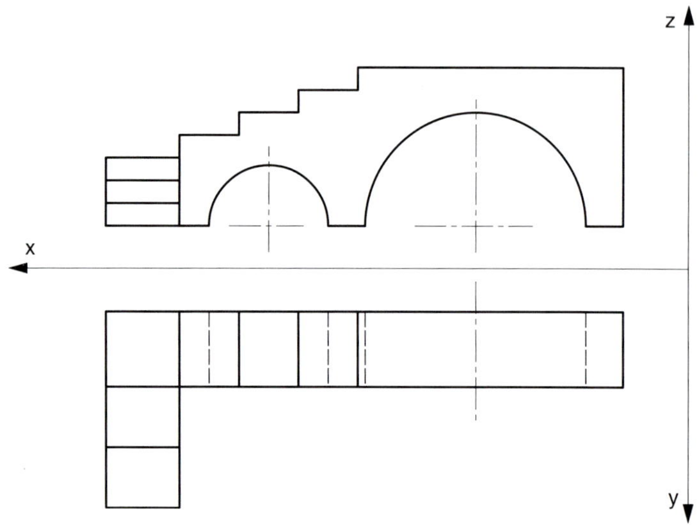

ESERCITAZIONE 18

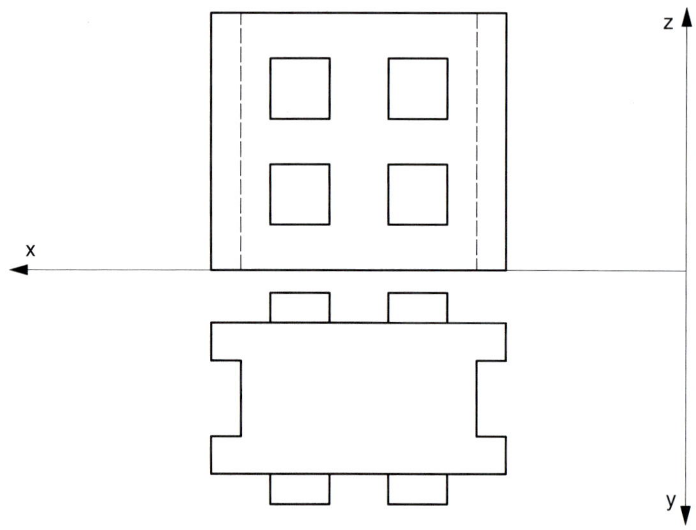

ESERCITAZIONE 19

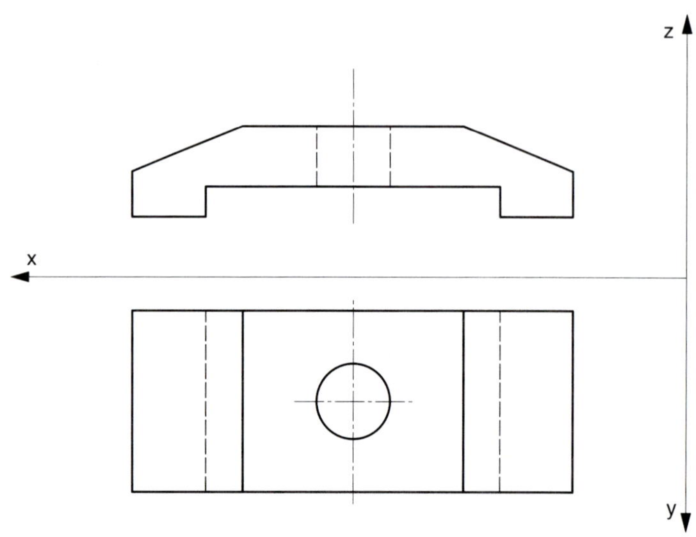

ESERCITAZIONE 20
GUIDATA

Disegna l'assonometria isometrica del solido, raddoppiando le misure rilevate dal disegno

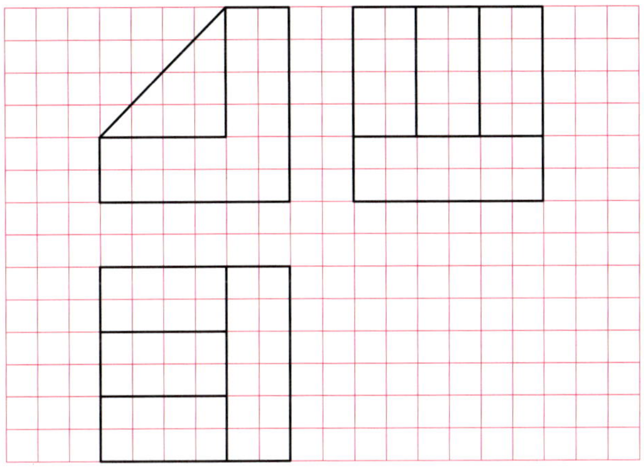

1 Nelle viste date è rappresentata una piastrina a L, con una nervatura triangolare al suo interno.

2 Si disegna in isometrica il profilo della L che appare nella vista frontale; si usano pertanto segmenti paralleli agli assi x e z.

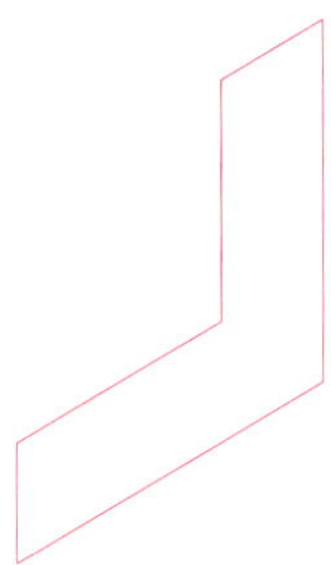

3 Dai vertici del profilo si conducono rette inclinate secondo l'asse y. Su una di queste rette si prendono punti corrispondenti alla profondità della piastra e alla posizione della nervatura.

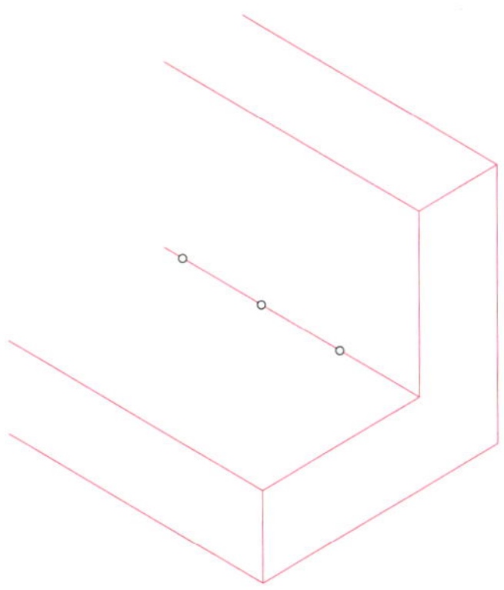

4 Da questi ultimi punti si conducono rette parallele agli assi x e z fino a completare l'assonometria.

5 Con mina morbida si ripassano gli spigoli visibili.

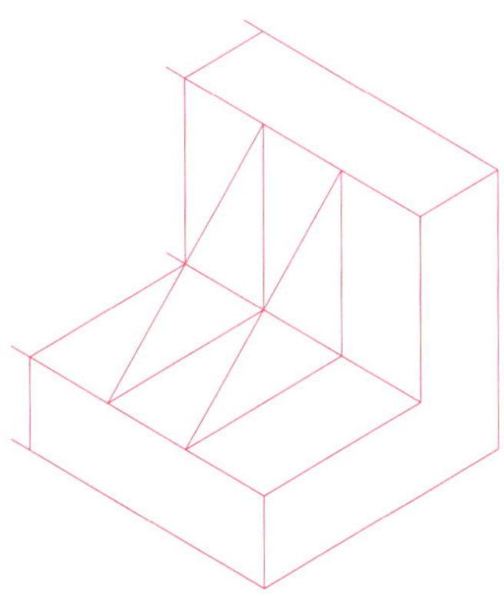

MEMO

Nell'assonometria isometrica si fa uso della **squadretta a 30°-60°**.

ESERCITAZIONE 21
GUIDATA

Disegna l'assonometria cavaliera del solido, raddoppiando le misure rilevate dal disegno

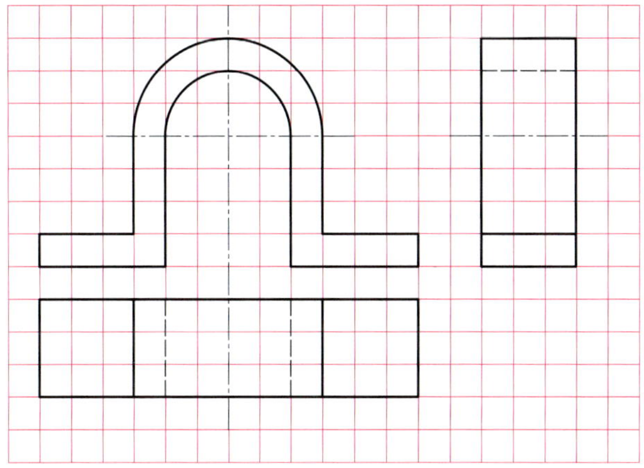

1 Nelle viste date è rappresentato un oggetto a forma di arco con due alette laterali.

2 Si disegna la vista frontale iniziando dagli assi di simmetria e dalle semicirconferenze.

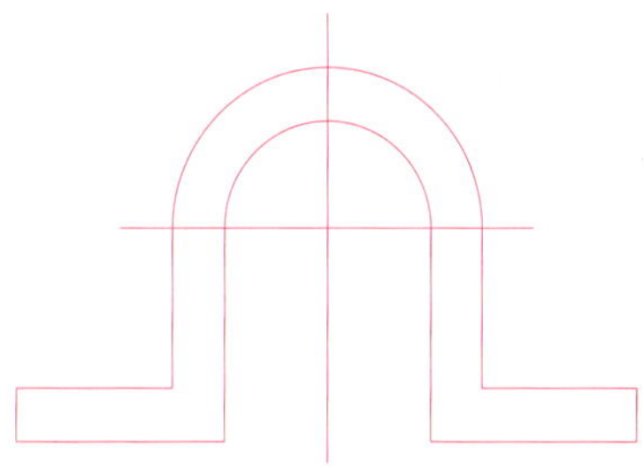

3 Si tracciano segmenti paralleli all'asse y, su cui si prendono le misure della profondità (dimezzata). Si disegnano quindi i segmenti del profilo posteriore.

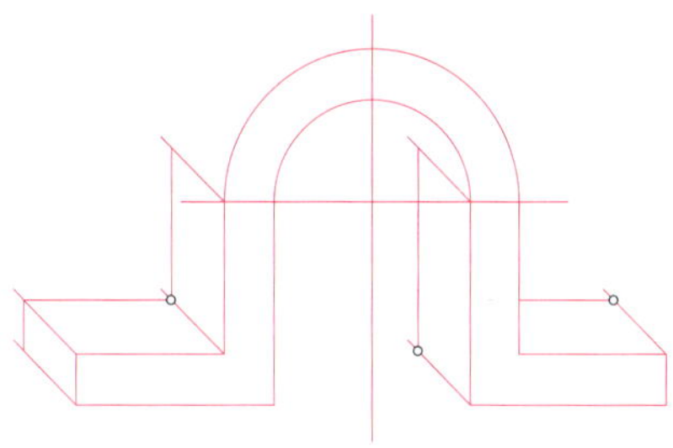

4 Si disegnano le due semicirconferenze posteriori spostando il loro centro secondo l'asse y.

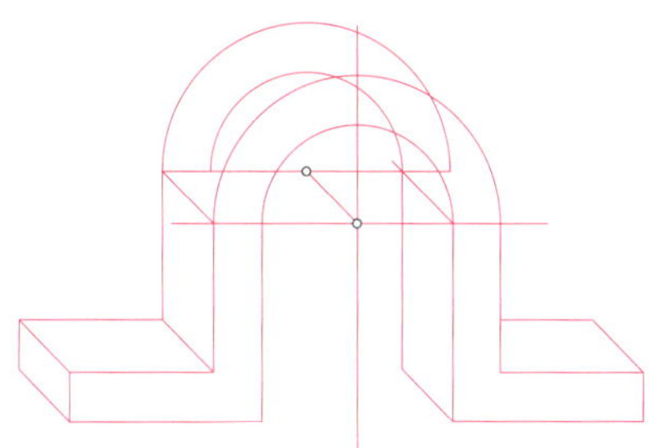

5 Il profilo della superficie cilindrica esterna si trova con due raggi a 45° della semicirconferenza maggiore.

6 Con mina morbida si ripassano gli spigoli e i contorni visibili.

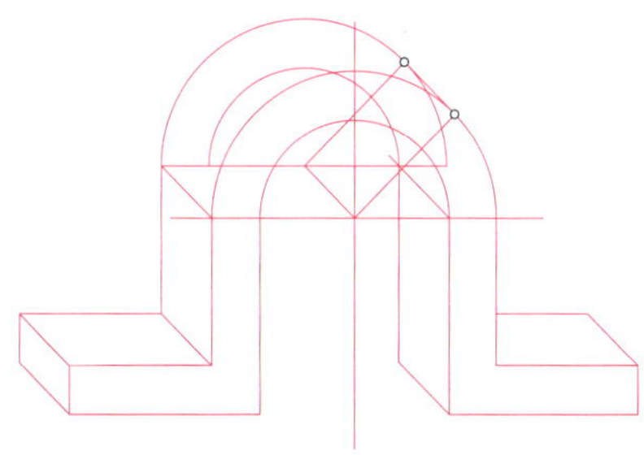

MEMO

Nell'assonometria cavaliera si fa uso della **squadretta a 45°**.

ESERCITAZIONE 22

GUIDATA

Disegna l'assonometria planometrica del solido, raddoppiando le misure rilevate dal disegno

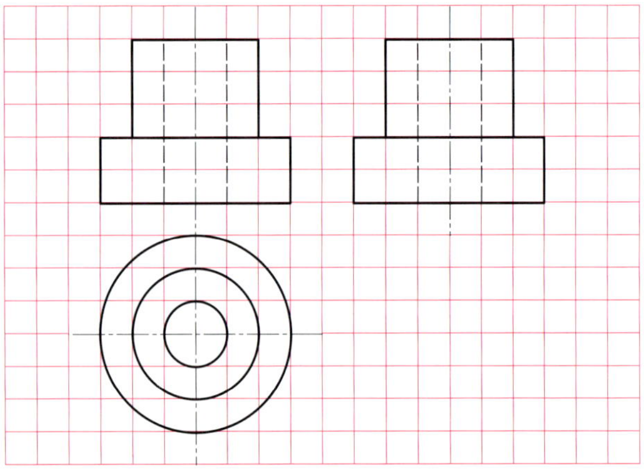

1 Il solido è costituito da due cilindri sovrapposti, ambedue attraversati da un foro.

2 Si disegnano le tre circonferenze concentriche.

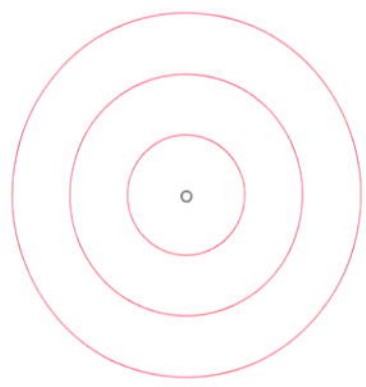

3 Dal centro si traccia un segmento verticale pari all'altezza del cilindro maggiore e si disegna la circonferenza inferiore.

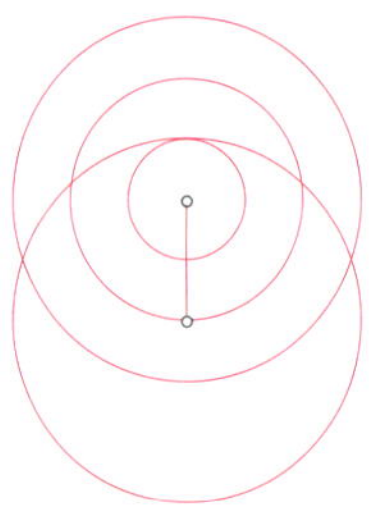

4 Si completa il cilindro trovando i suoi contorni con l'aiuto di due diametri orizzontali.

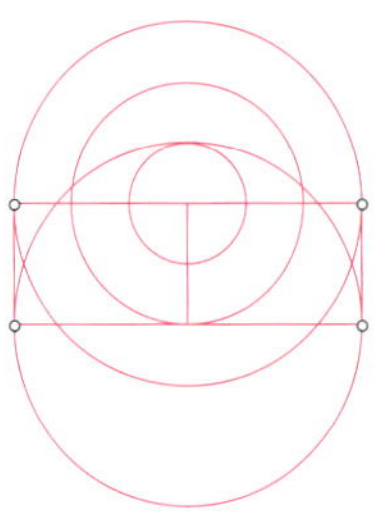

5 Analogamente si ottengono le due circonferenze superiori riportando verso l'alto il centro. I contorni anche in questo caso si ottengono con diametri orizzontali.

6 Con mina morbida si ripassano gli spigoli e i contorni visibili.

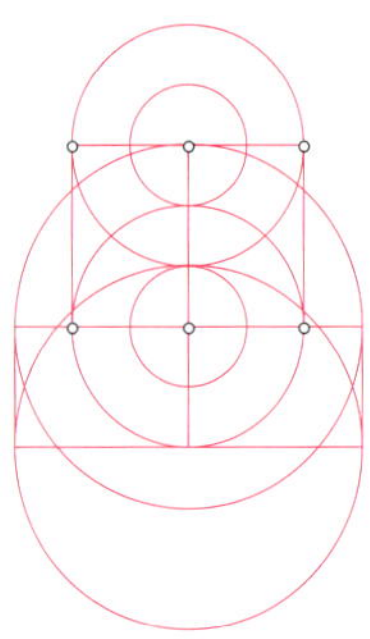

ESERCITAZIONE 23

Disegna l'assonometria isometrica del solido, raddoppiando le misure rilevate dal disegno

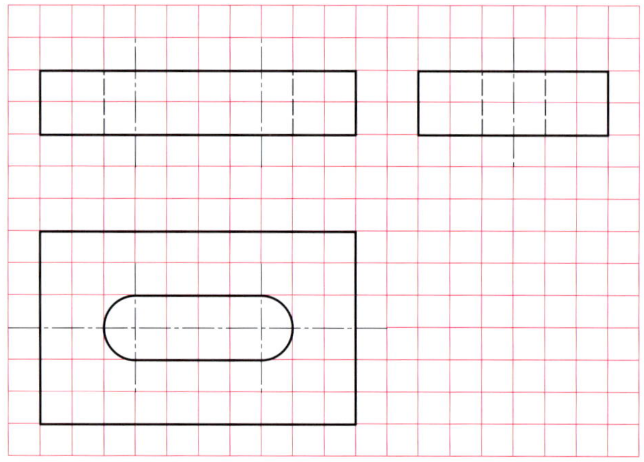

ESERCITAZIONE 24

Disegna l'assonometria isometrica del solido, raddoppiando le misure rilevate dal disegno

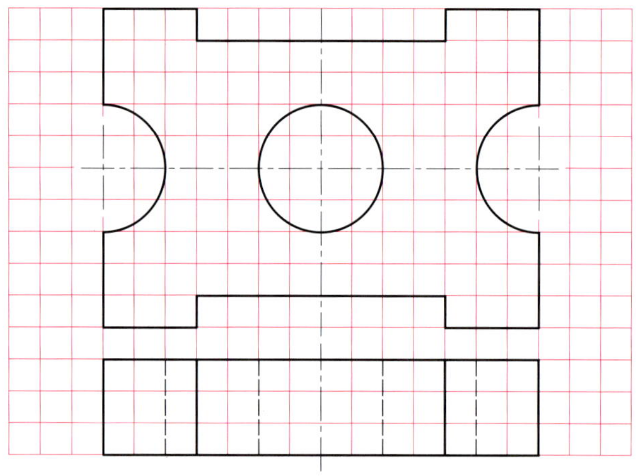

ESERCITAZIONE 25

Disegna l'assonometria planometrica del solido, raddoppiando le misure rilevate dal disegno

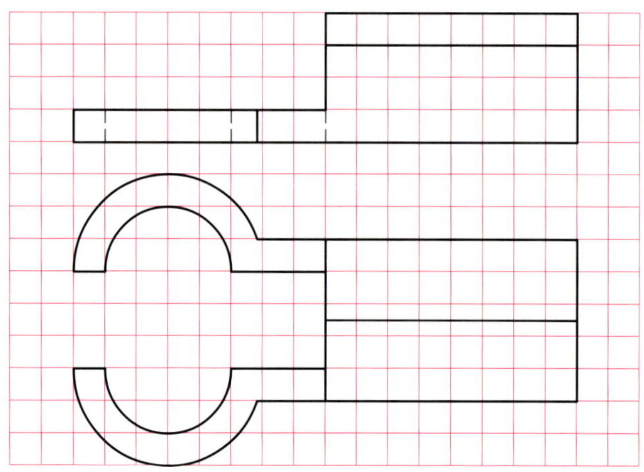

ESERCITAZIONE 26

Disegna l'assonometria planometrica del solido, raddoppiando le misure rilevate dal disegno

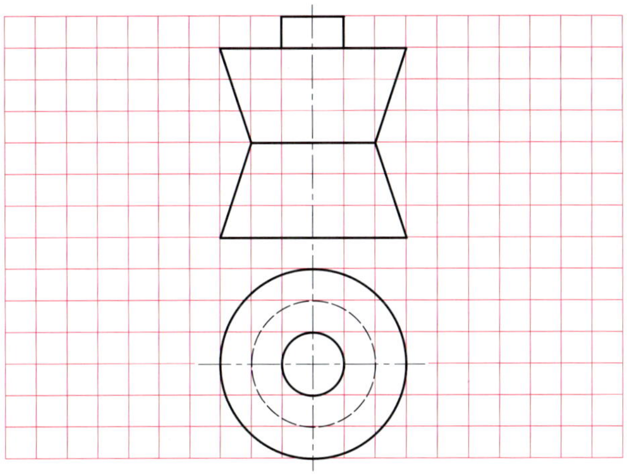

ESERCITAZIONE 27

Disegna l'assonometria cavaliera del solido, raddoppiando le misure rilevate dal disegno

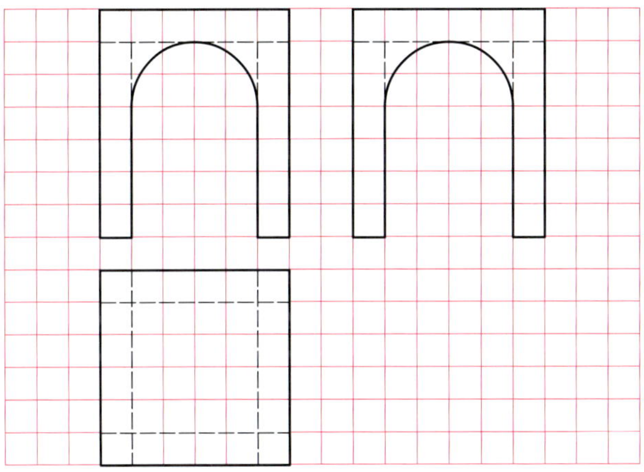

ESERCITAZIONE 28

Disegna l'assonometria planometrica del solido, raddoppiando le misure rilevate dal disegno

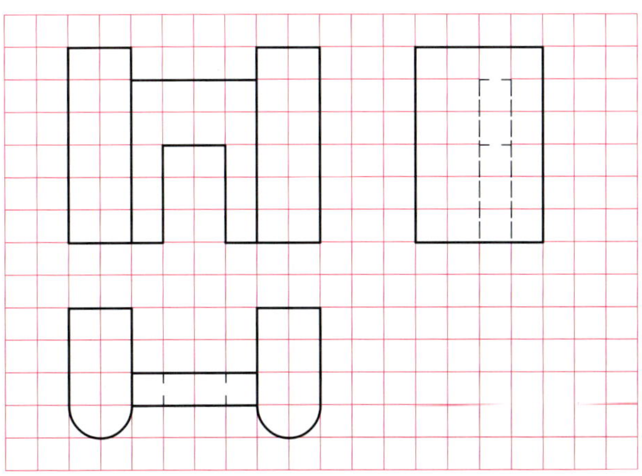

ESERCITAZIONE 29

Disegna l'assonometria cavaliera del solido, raddoppiando le misure rilevate dal disegno

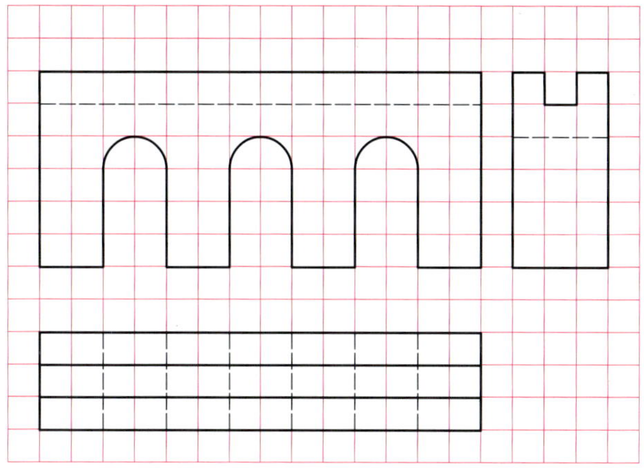

ESERCITAZIONE 30

Disegna l'assonometria cavaliera del solido, raddoppiando le misure rilevate dal disegno

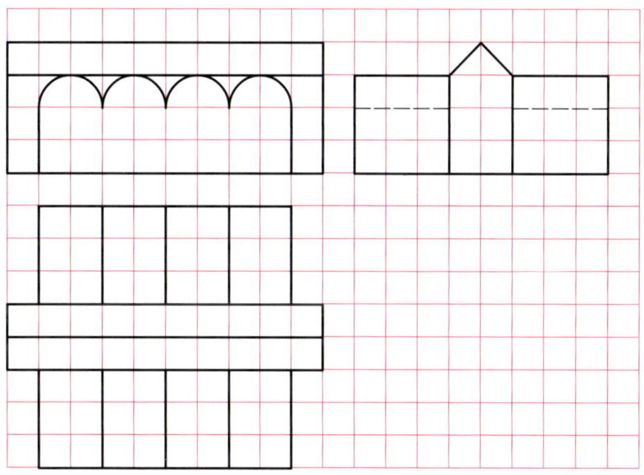

ESERCITAZIONE 31

Disegna l'assonometria planometrica del solido, raddoppiando le misure rilevate dal disegno

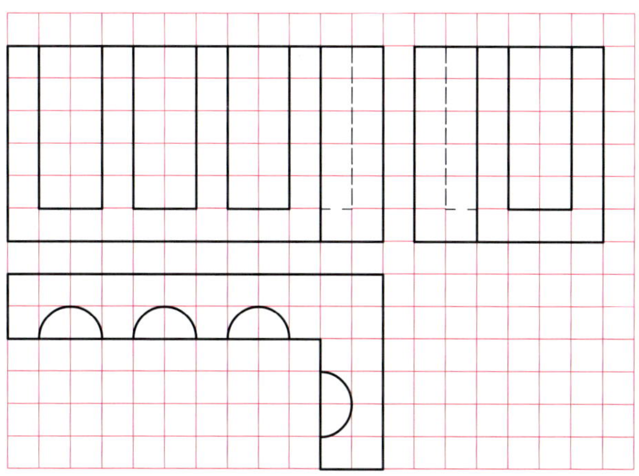

ESERCITAZIONE 32

Rappresenta in scala 1 : 500 il solido in un'assonometria a piacere

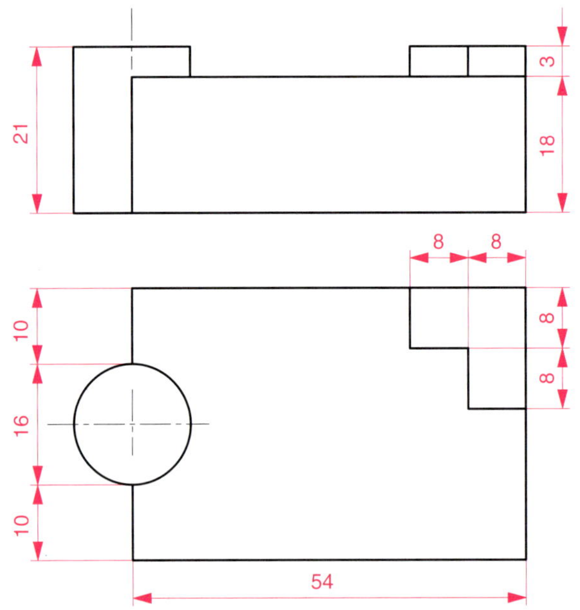

Quote in m

ESERCITAZIONE 34

Rappresenta in scala 1 : 10 il solido in un'assonometria a piacere

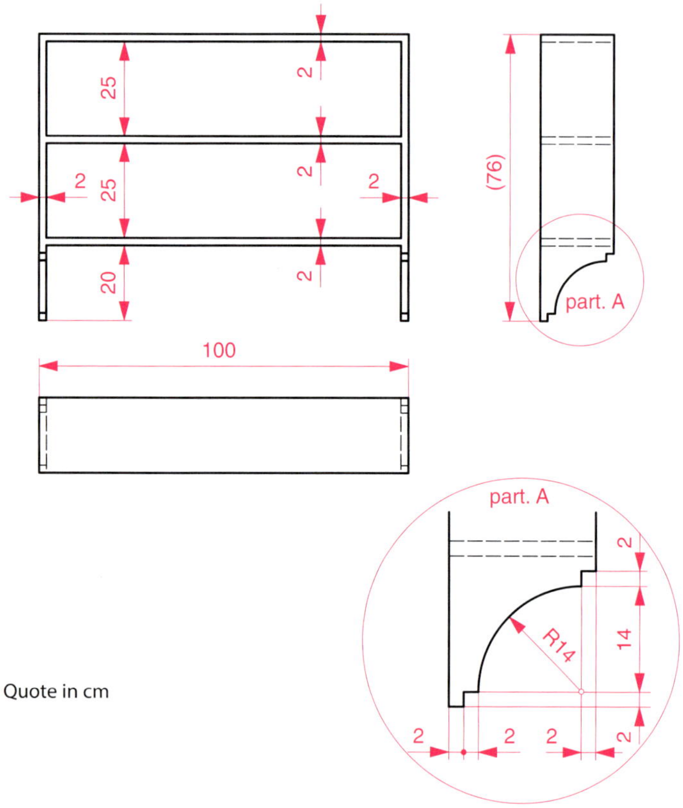

Quote in cm

ESERCITAZIONE 33

Rappresenta in scala 1 : 500 il solido in un'assonometria a piacere

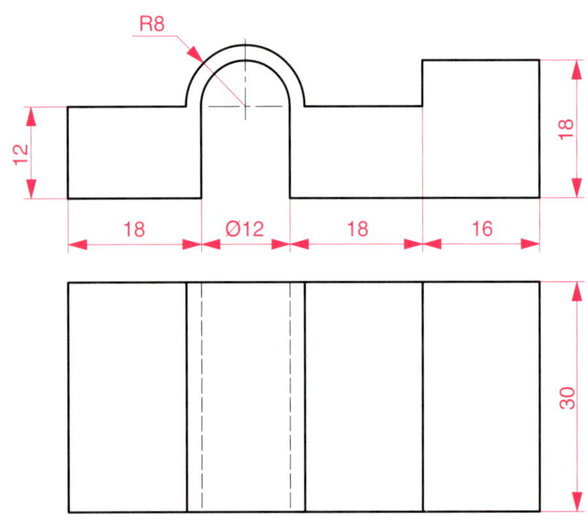

Quote in m

ESERCITAZIONE 35

Rappresenta in scala 1 : 100 il solido in un'assonometria a piacere

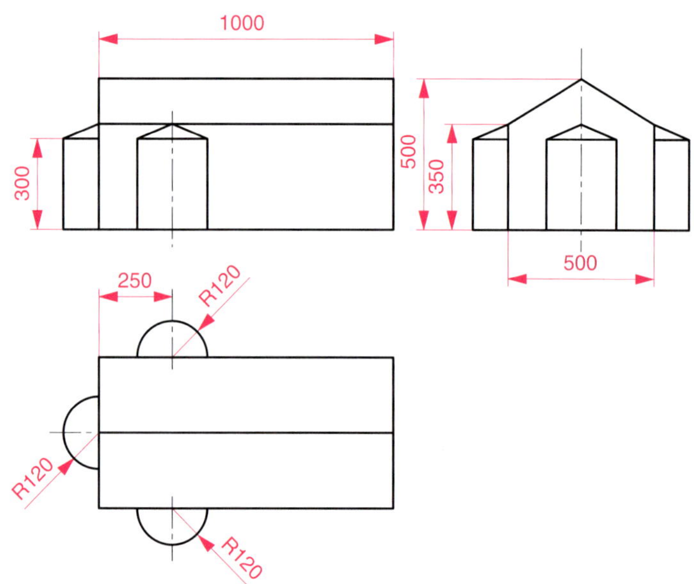

Quote in cm

NOTA BENE

Le **quote**, cioè le indicazioni grafiche delle misure di un oggetto, riportano sempre il **valore reale di una misura** e quindi sono indipendenti dalla scala scelta per il disegno.

NOTA BENE

Le quote indicate tra parentesi sono chiamate **ausiliarie**; esse non sono indispensabili, perché desumibili per somma o differenza dalle altre quote, ma sono utili per evitare calcoli a chi legge il disegno.

ESERCITAZIONE 36

Rappresenta in scala 1:5 il solido in un'assonometria a piacere

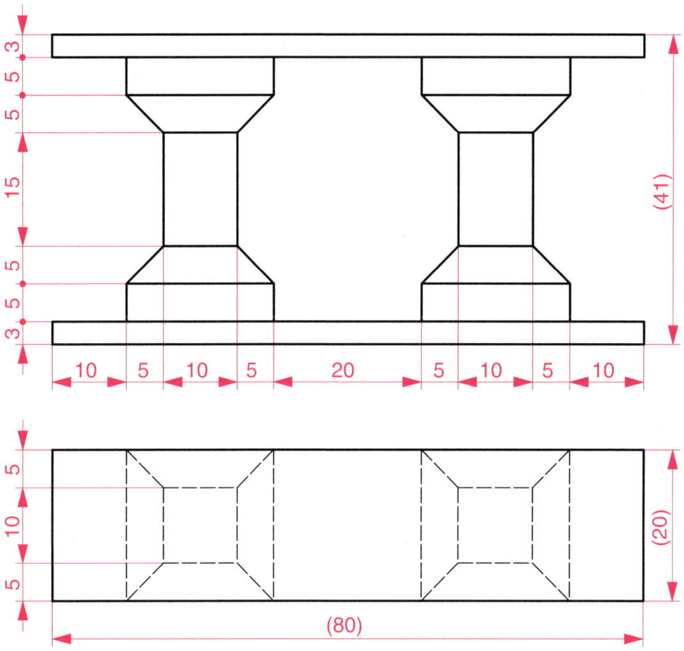

Quote in cm

ESERCITAZIONE 37

Rappresenta in scala 1:500 il solido in un'assonometria a piacere

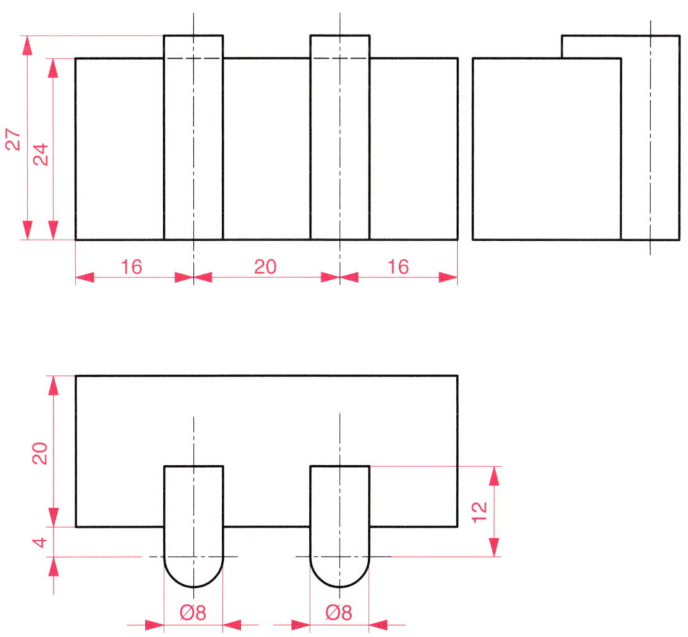

Quote in m

ESERCITAZIONE 38

Rappresenta in scala 2:1 il solido in un'assonometria a piacere

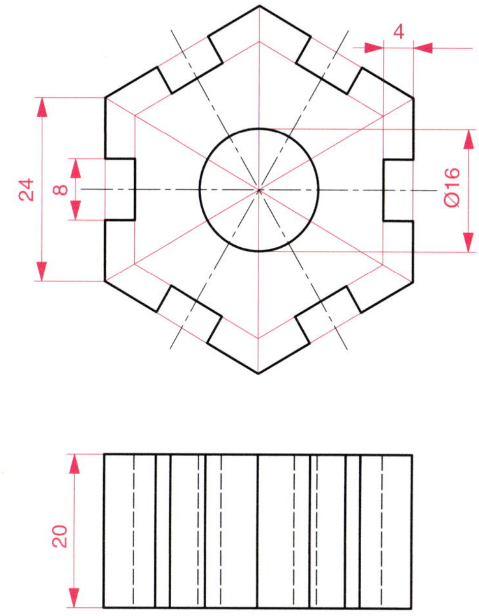

Quote in mm

ESERCITAZIONE 39

Rappresenta in scala 1:1 il solido in un'assonometria a piacere

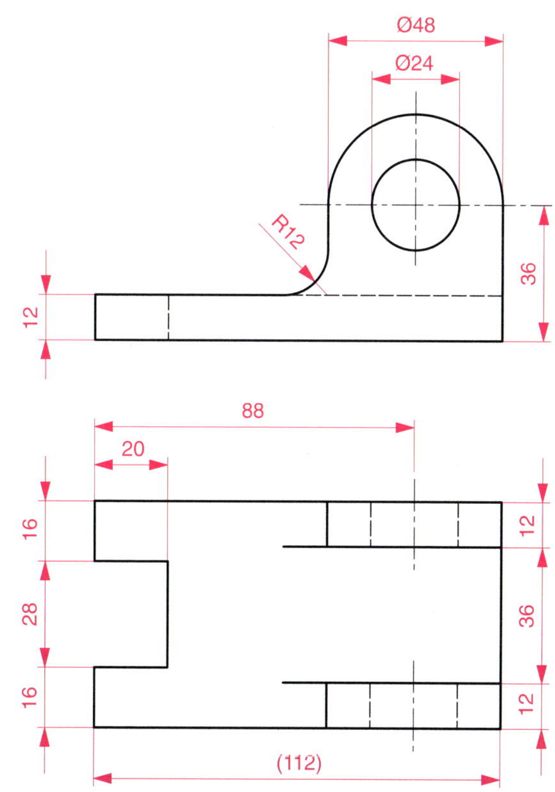

Quote in mm

Errori tipici e suggerimenti

Non così...

Fase preparatoria

- Scarsa chiarezza sulla forma e sulla struttura dell'oggetto proposto e della sua posizione nello spazio.
- Scelta casuale del tipo di assonometria da impiegare.
- Evitare la stesura dello schizzo preparatorio.

... ma così!

- Analizzare tutti i dettagli formali e strutturali dell'oggetto, individuando le facce parallele ai piani di riferimento (xy, xz, yz).
- Scelta ragionata dell'assonometria da adottare in base all'efficacia e alla semplicità di esecuzione.
- Disegnare lo schizzo preparatorio, studiando la sequenza delle fasi di elaborazione grafica.

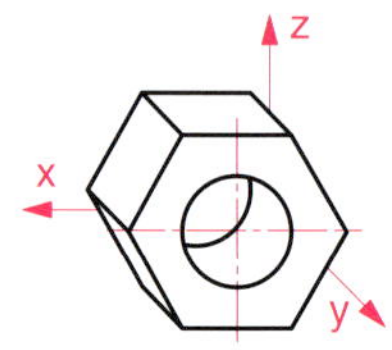

Elementi più significativi paralleli a xz: l'assonometria cavaliera è la più adeguata.

Fase di costruzione

Non così...

- Angoli errati degli assi dell'assonometria da impiegare.

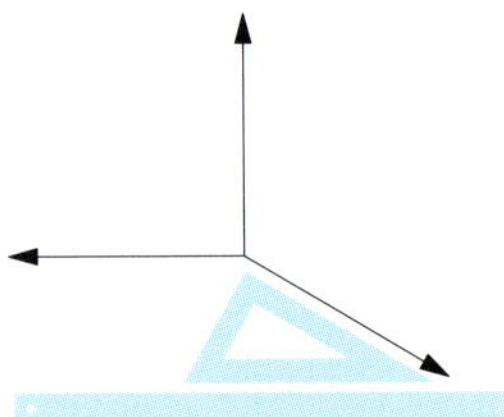

Cavaliera?

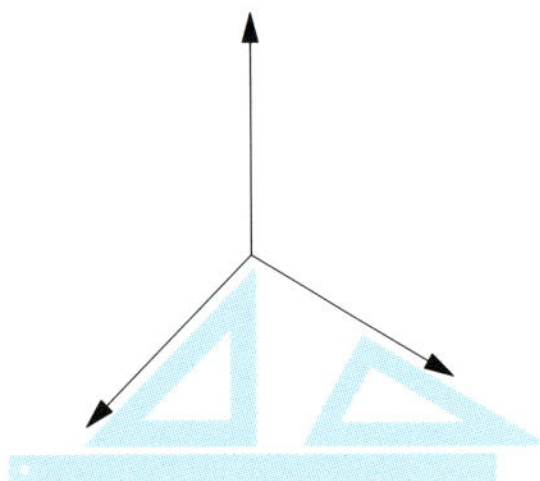

Isometrica?

- Avvio del disegno da un elemento qualsiasi.
- Posizione casuale nel foglio dei primi elementi della costruzione.
- Confusa impostazione dell'ovale (circonferenza in assonometria isometrica).

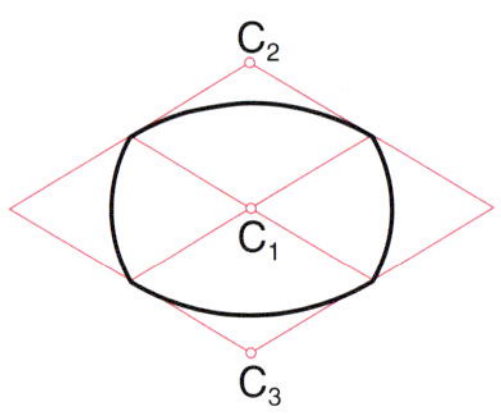

- Non dimezzare le misure sull'asse inclinato a 45° nell'assonometria cavaliera.
- Mescolare diversi tipi di assonometria.

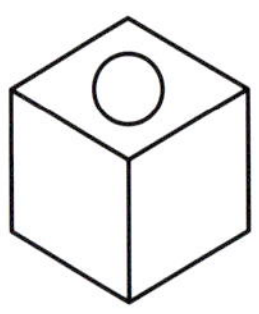

Isometrica + planometrica

- Usare le misure reali anche per lunghezze inclinate rispetto a x, y, z.
- Dimenticanza di elementi da rappresentare (quali, per esempio, il fondo di un foro).

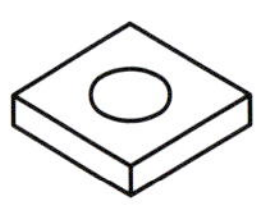

... ma così!

- Corretta impostazione degli assi dell'assonometria da impiegare.

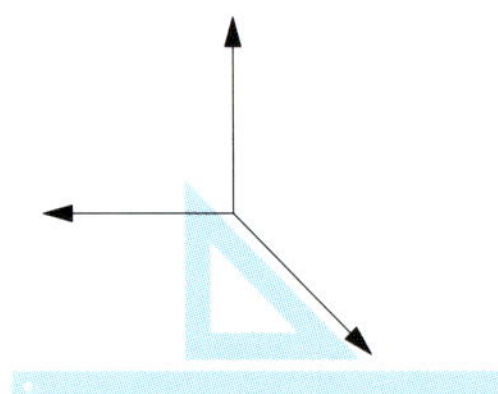

Cavaliera

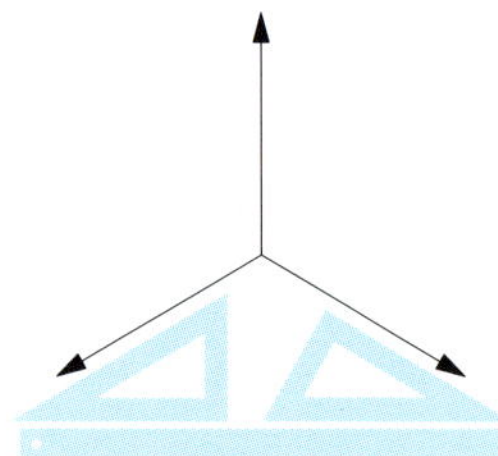

Isometrica

- Iniziare dagli elementi più significativi (assi di simmetria, centri, poligoni regolari ecc.).
- Disporre centri e contorni della figura in posizione ragionata sulla base dello schizzo preparatorio.
- Disegnare gli ovali con i centri correttamente individuati sulle mediane e sui vertici con angoli ottusi.

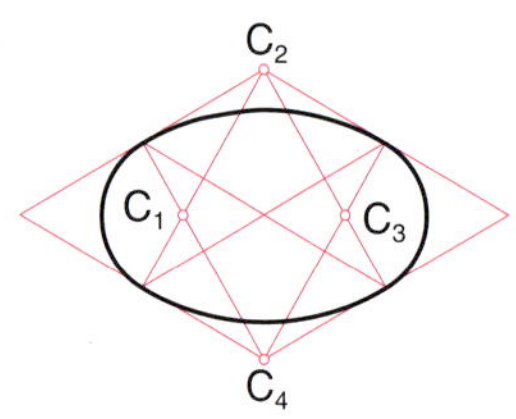

- In assonometria cavaliera si dimezzano le misure parallele all'asse inclinato a 45°.
- Disegnare elementi in modo coerente al tipo di assonometria adottata.

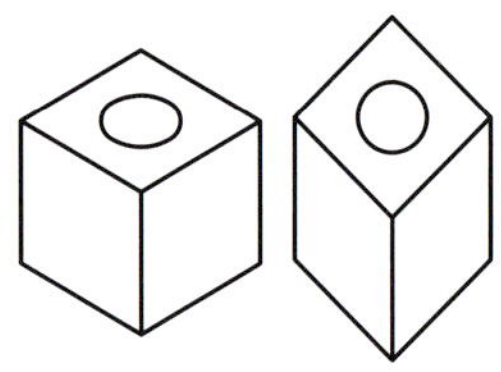

Isometrica Planometrica

- Si possono impiegare solo misure parallele a un asse di riferimento.
- Controllare sempre se il fondo di un foro sia visibile oppure no.

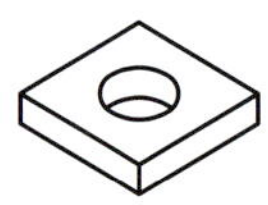

Fase di finitura

Non così...

- Scelta casuale o errata della mina della matita e del compasso.
- Confusione di elementi visibili e nascosti oppure di punti di vista (dal basso o dall'alto).

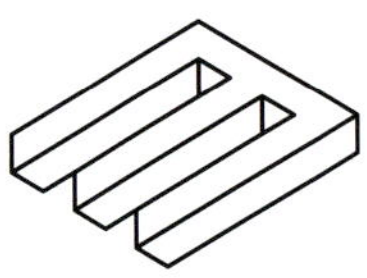

Dall'alto o dal basso?

Video *Posizione delle squadrette in assonometria isometrica*

Video *Posizione delle squadrette in assonometria cavaliera e planometrica*

... ma così!

- Per il ripasso adottare solo mine medio-morbide (HB oppure B).
- Controllare che le parti disegnate siano coerenti con la loro posizione nello spazio.

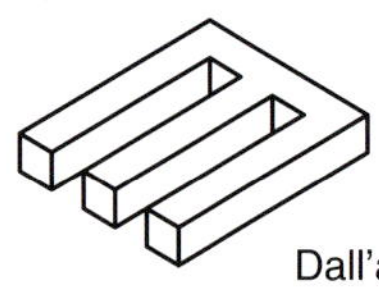

Dall'alto

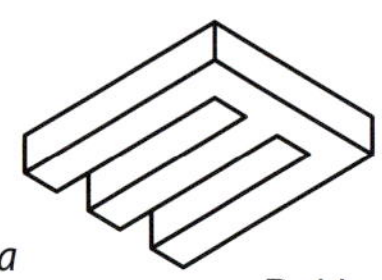

Dal basso

Video *Circonferenza in assonometria isometrica*

Video *Triangolo equilatero in assonometria isometrica*

Capire lo spazio: dalle proiezioni ortogonali all'assonometria

Dalle proiezioni ortogonali si deve ricostruire la forma e la posizione del solido nello spazio. In caso di libera scelta dell'assonometria da impiegare, si analizzeranno le parti più complesse da disegnare (circonferenze, poligoni regolari ecc.) al fine di scegliere il tipo di assonometria che ne renda più semplice la rappresentazione. Infatti nell'assonometria cavaliera le figure parallele al piano xz, così come quelle parallele al piano xy nell'assonometria planometrica, non subiscono deformazioni. Nell'assonometria isometrica, invece, tutte le figure subiscono deformazioni angolari.

ESEMPIO 1

Analisi del solido. Dalle viste in proiezioni ortogonali si desume che il solido è un parallelepipedo con asola aperta (in sostanza un'arcata). Gli archi dell'asola sono paralleli al piano xz. L'assonometria più vantaggiosa sarà quindi la cavaliera.

Disegno dell'assonometria cavaliera. Si disegna la vista frontale a partire dall'asse di simmetria, quindi la semicirconferenza, le tangenti verticali e i restanti segmenti del contorno. Dai vertici della figura si conducono dei segmenti paralleli all'asse y (45°) e si prende su uno di essi la misura (dimezzata) della profondità del solido. Riportando a 45° anche il centro della semicirconferenza e il punto di tangenza si può disegnare il fondo dell'apertura.

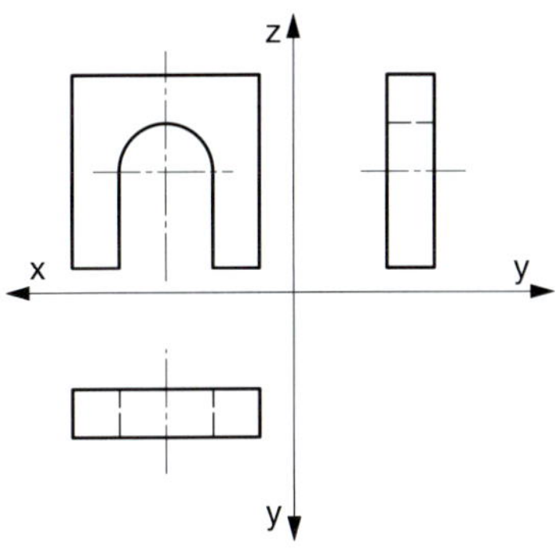

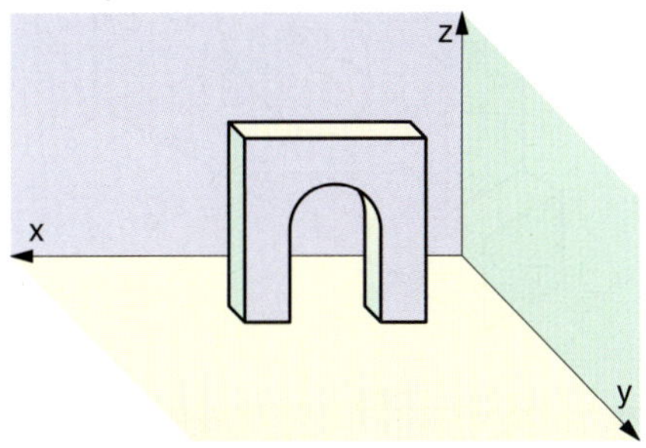

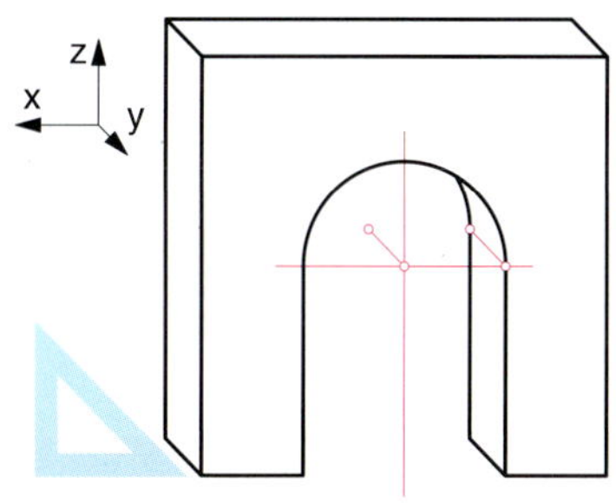

ESEMPIO 2

Analisi del solido. Lo stesso solido dell'esempio precedente presenta gli archi di circonferenza paralleli al piano xy. L'assonometria più vantaggiosa (perché non deforma gli archi) sarà quindi la planometrica.

Disegno dell'assonometria planometrica. Si disegna la vista dall'alto ruotata di 45° (assi x e y) partendo dall'asse di simmetria, quindi la semicirconferenza, le tangenti e i restanti segmenti del contorno. Con segmenti verticali di lunghezza pari allo spessore del solido si ottengono gli elementi del profilo inferiore.

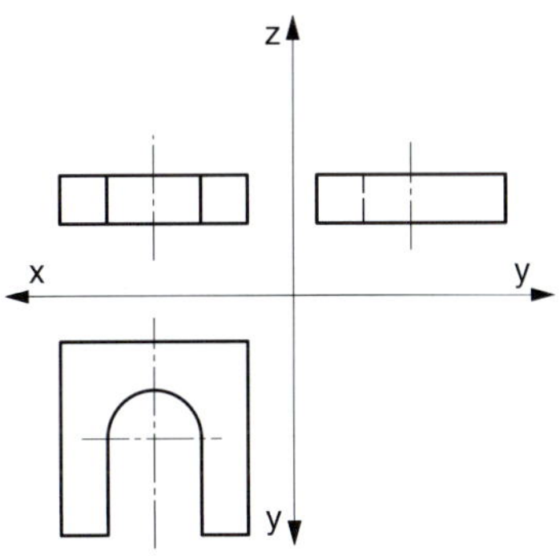

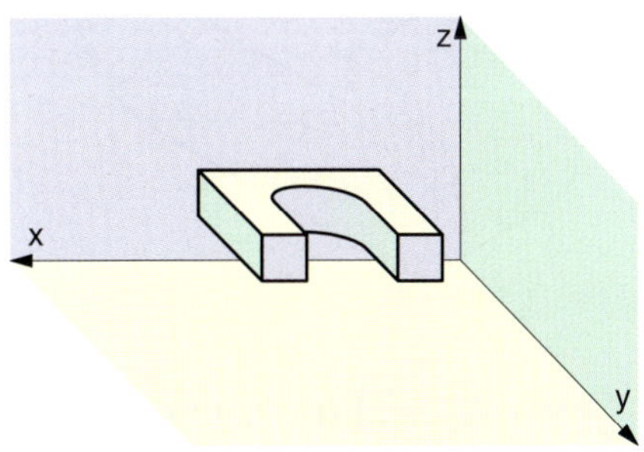

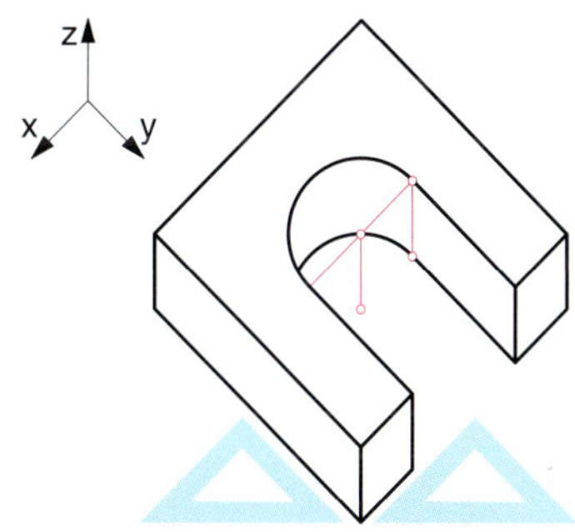

ESEMPIO 3

Analisi del solido. Lo stesso solido stavolta presenta gli archi di circonferenza paralleli al piano yz. In qualsiasi assonometria essi saranno deformati. Si potrà adottare l'assonometria isometrica, in cui gli archi si possono disegnare con ovali.

Disegno dell'assonometria isometrica. Si disegna il semiovale (rappresentazione della semicirconferenza) partendo dal rombo con lati paralleli agli assi y e z. Si completa la faccia principale, dai cui vertici si ottengono quelli posteriori per riporto dei punti con segmenti paralleli all'asse x, di lunghezza pari allo spessore del solido.

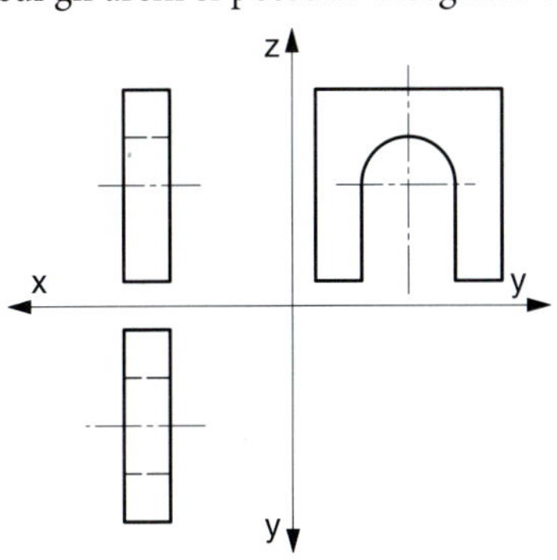

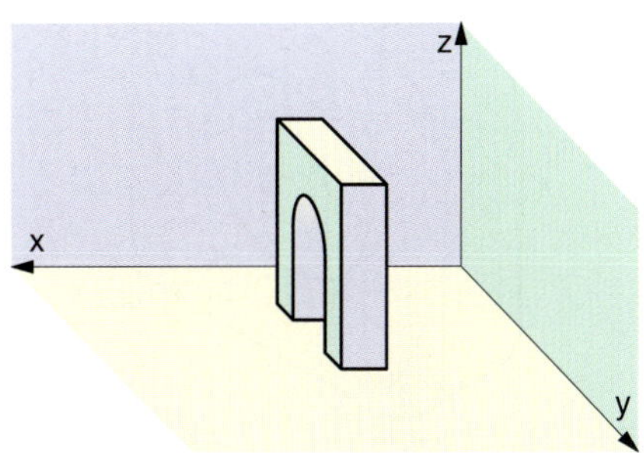

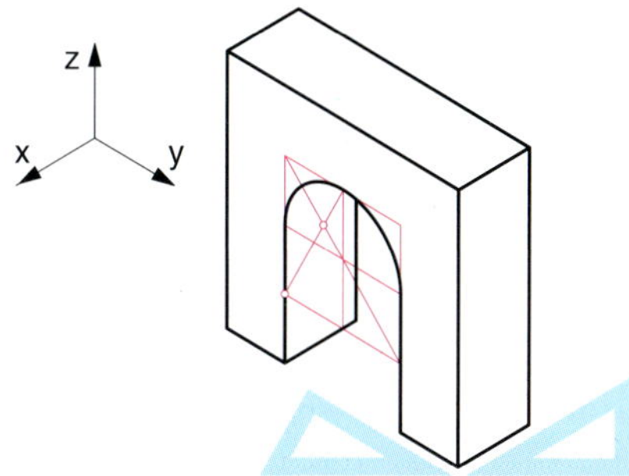

Gli esercizi di questa pagina devono essere disegnati dopo aver realizzato lo schizzo preparatorio, curando con molta attenzione la strutturazione del lavoro secondo una razionale sequenza delle fasi di elaborazione grafica.

NOTA BENE

Le dimensioni degli oggetti proposti si possono rilevare dalla griglia sovrapposta ai disegni; essa è costituita da quadrati di lato 4 mm.

ESERCITAZIONE R1

Disegna l'assonometria isometrica del solido raddoppiando le dimensioni rilevate dal disegno

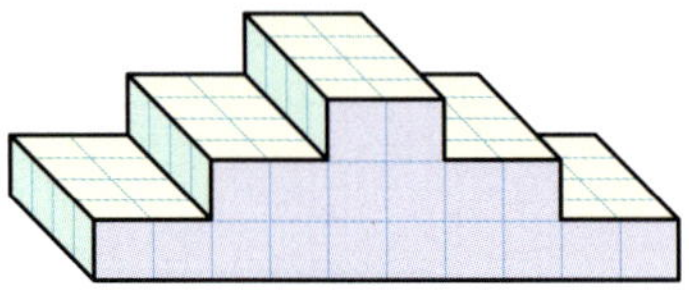

ESERCITAZIONE R2

Disegna l'assonometria isometrica del solido raddoppiando le dimensioni rilevate dal disegno

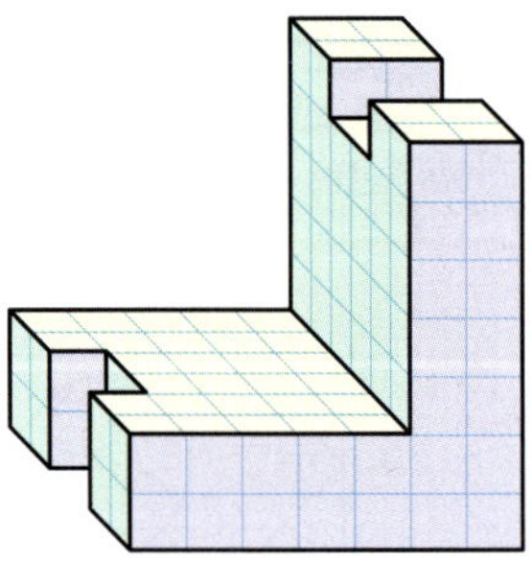

ESERCITAZIONE R3

Disegna l'assonometria isometrica del solido raddoppiando le dimensioni rilevate dal disegno

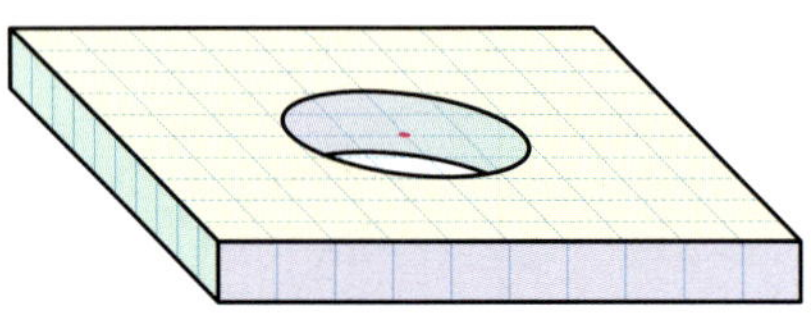

ESERCITAZIONE R4

Disegna l'assonometria cavaliera del solido raddoppiando le dimensioni rilevate dal disegno

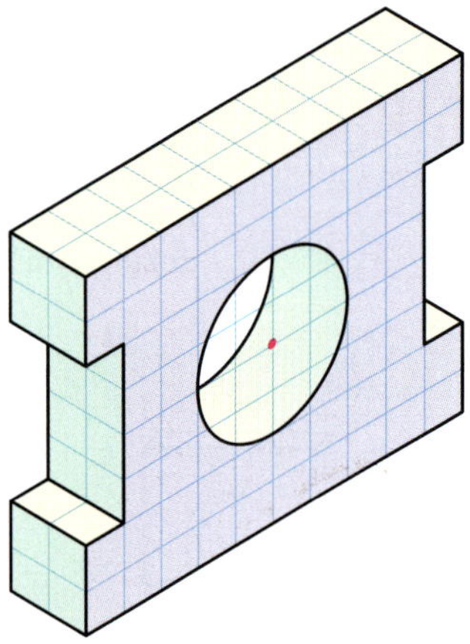

ESERCITAZIONE R5

Disegna l'assonometria cavaliera del solido raddoppiando le dimensioni rilevate dal disegno

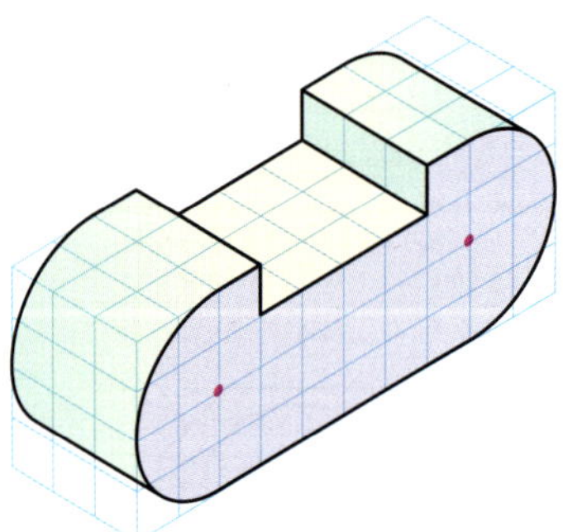

ESERCITAZIONE R6

Disegna l'assonometria cavaliera del solido raddoppiando le dimensioni rilevate dal disegno

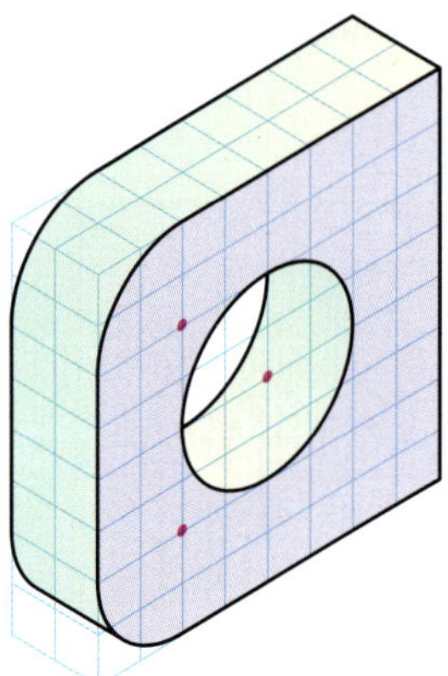

ESERCITAZIONE R7

Disegna l'assonometria planometrica del solido raddoppiando le dimensioni rilevate dal disegno

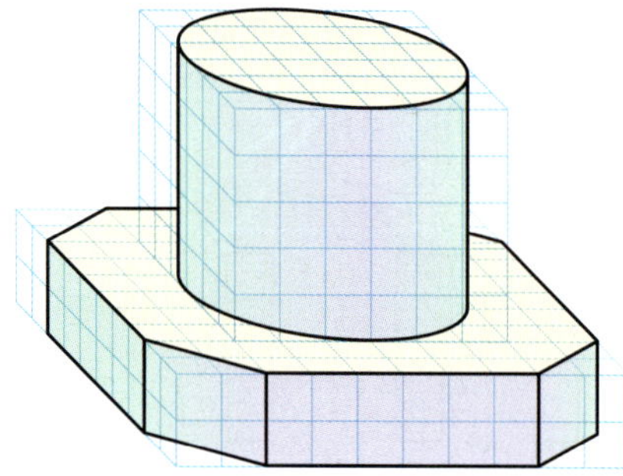

ESERCITAZIONE R8

Disegna l'assonometria planometrica del solido raddoppiando le dimensioni rilevate dal disegno

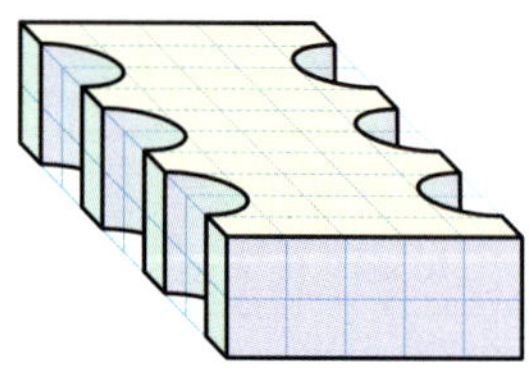

ESERCITAZIONE R9

Disegna l'assonometria planometrica del solido raddoppiando le dimensioni rilevate dal disegno

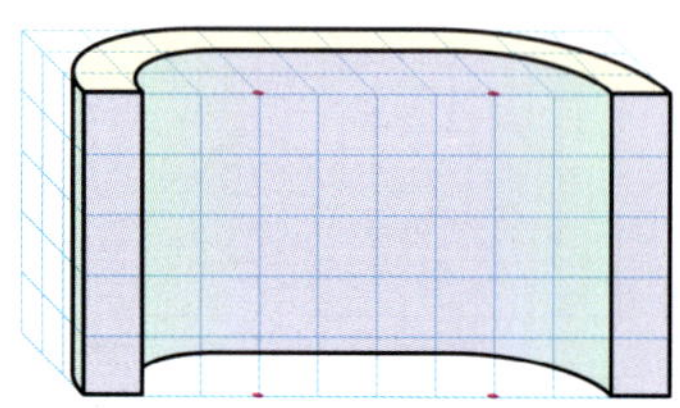

Gli esercizi di questa pagina devono essere disegnati dopo aver interpretato le viste date e dedotto la forma e la posizione del solido. Dopo aver realizzato lo schizzo preparatorio, si disegnerà l'assonometria con gli strumenti.

NOTA BENE
Le dimensioni degli oggetti proposti si possono rilevare dalla griglia sovrapposta ai disegni; essa è costituita da quadrati di lato 4 mm.

ESERCITAZIONE R10

Disegna l'assonometria isometrica del solido, raddoppiando le dimensioni rilevate

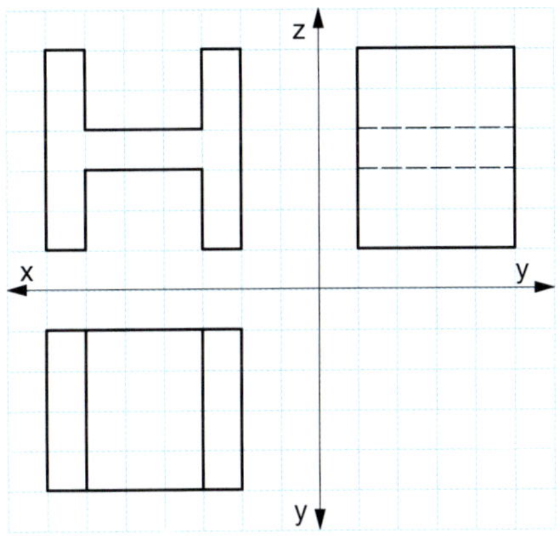

ESERCITAZIONE R11

Disegna l'assonometria isometrica del solido, raddoppiando le dimensioni rilevate

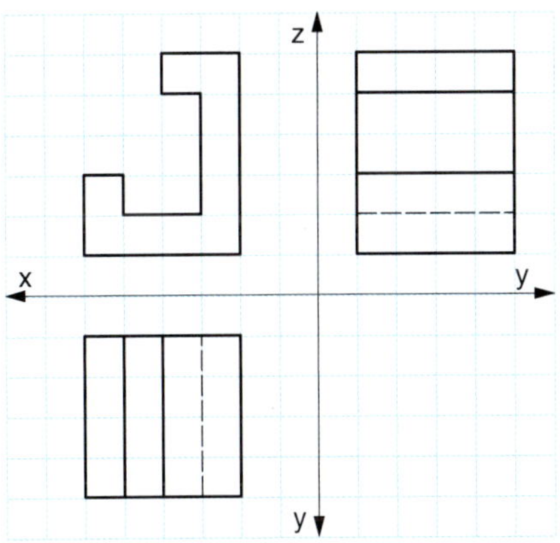

ESERCITAZIONE R12

Disegna l'assonometria isometrica del solido, raddoppiando le dimensioni rilevate

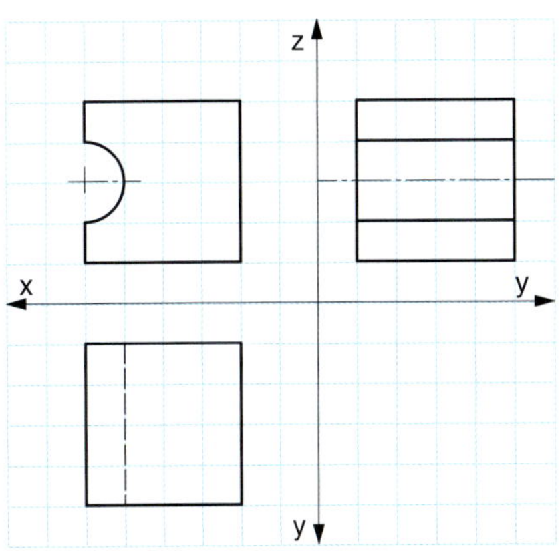

ESERCITAZIONE R13

Disegna l'assonometria cavaliera del solido, raddoppiando le dimensioni rilevate

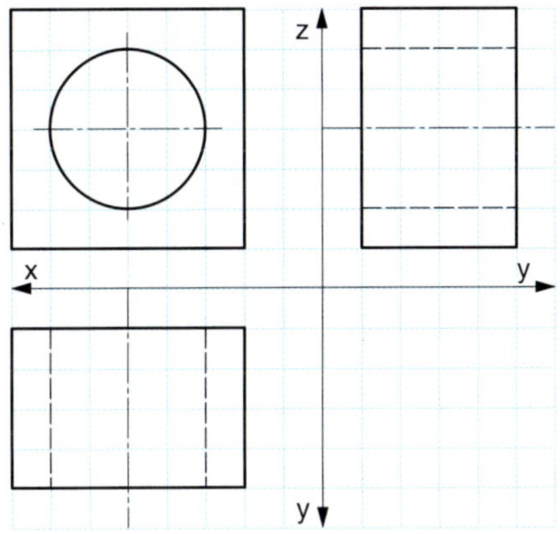

ESERCITAZIONE R14

Disegna l'assonometria cavaliera del solido, raddoppiando le dimensioni rilevate

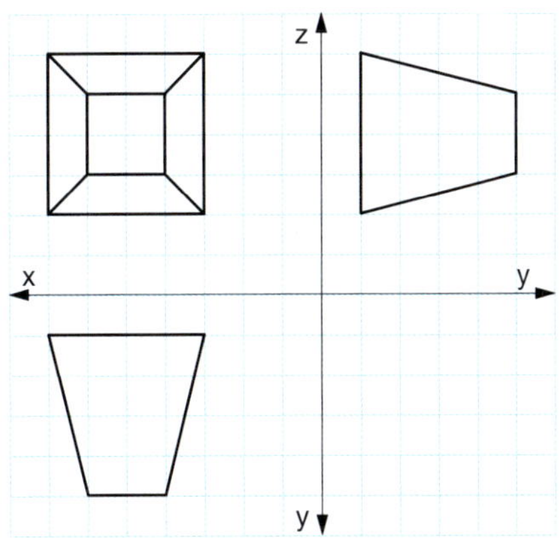

ESERCITAZIONE R15

Disegna l'assonometria cavaliera del solido, raddoppiando le dimensioni rilevate

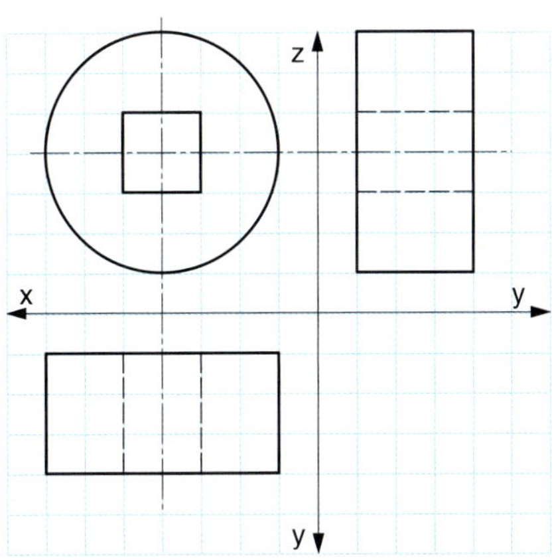

ESERCITAZIONE R16

Disegna l'assonometria planometrica del solido, raddoppiando le dimensioni rilevate

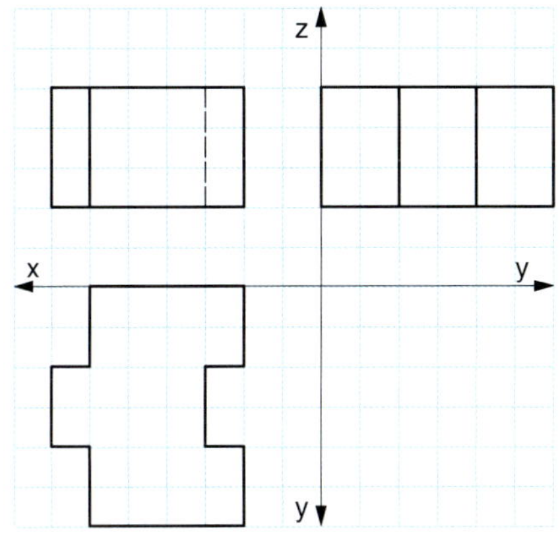

ESERCITAZIONE R17

Disegna l'assonometria planometrica del solido, raddoppiando le dimensioni rilevate

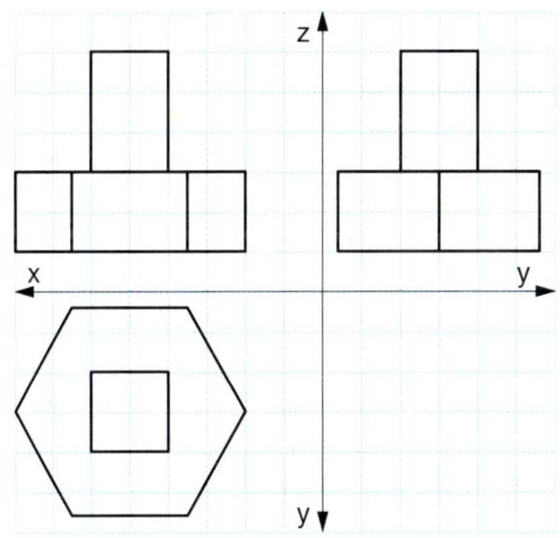

ESERCITAZIONE R18

Disegna l'assonometria planometrica del solido, raddoppiando le dimensioni rilevate

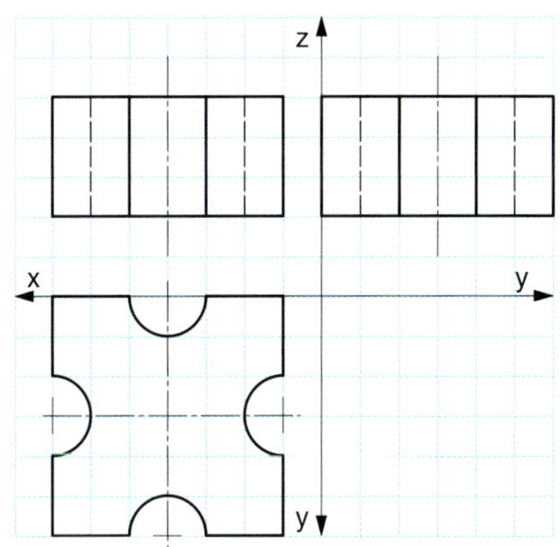

Competenze

Verifica delle competenze

PROVA A Lavello in graniglia

Un'azienda di manufatti in cemento ha già in produzione un tipo di lavello da appoggio, cioè da posare su un piano di appoggio, in graniglia (v. disegno a fianco).

A questo tipo vuole affiancarne uno da incasso, cioè da inserire in un'apertura del piano di appoggio.

Il nuovo tipo avrà le stesse caratteristiche formali e dimensionali del precedente, ma dovrà avere una bordura esterna superiore che sporga dal corpo del lavello di 2 cm e di spessore 4 cm.

Oltre al disegno in proiezioni ortogonali, è necessario realizzare anche un'assonometria da pubblicare sul catalogo aziendale.

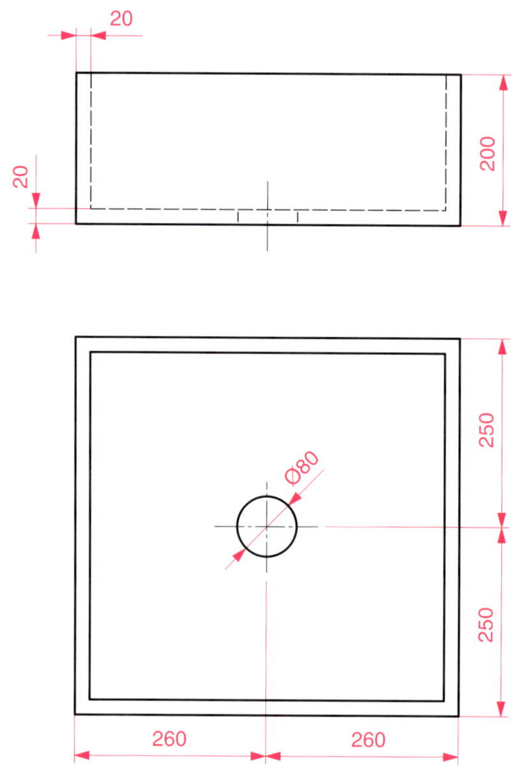

PROVA B Libreria componibile

Un'azienda di mobili produce librerie componibili dei due tipi rappresentati nei disegni a fianco.

Per pubblicizzare i prodotti su catalogo e su internet ha necessità di assonometrie che mostrino possibili aggregazioni di diversi elementi dell'uno e dell'altro tipo.

Disegna in scala opportuna almeno un'assonometria a piacere con quattro elementi di un tipo e dell'altro.

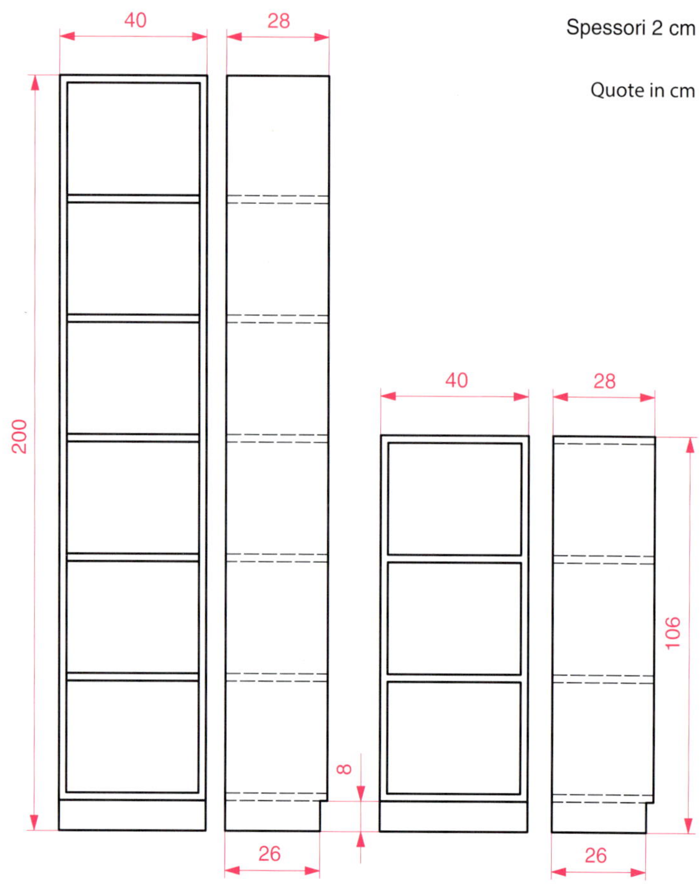

PROVA C Case a schiera

Un'impresa di costruzioni sta realizzando una serie di case a schiera, cioè affiancate e allineate o lievemente sfalsate.

Ogni casa si sviluppa su due piani ed è costituita da un corpo principale e da uno più basso.

A completamento delle informazioni ricavabili dal disegno in proiezioni ortogonali, si sappia che:

- sulla facciata posteriore sono presenti quattro finestre e una porta in corrispondenza esatta con quelle della facciata anteriore;
- la facciata laterale del corpo alto, non visibile nel disegno, non ha aperture.

Per mostrare ai possibili acquirenti le aggregazioni di volumi bisogna disegnare un'assonometria a piacere con almeno tre case lievemente sfalsate nel loro allineamento. La vista assonometrica deve essere scelta in modo opportuno per rendere visibile il maggior numero di dettagli degli edifici.

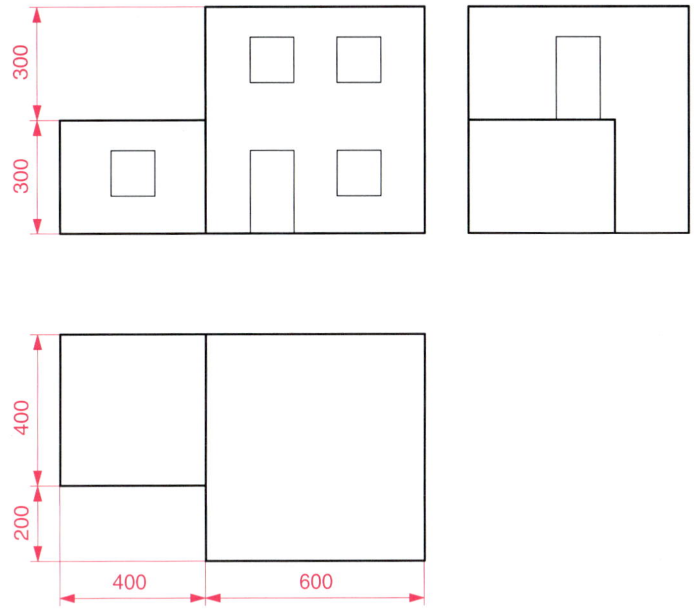

Finestre 120 × 120
Porte 120 × 220

Quote in cm

PROVA D Assemblaggio di piastre mediante viti e dadi

In un kit di montaggio si trovano due piastre con coppia di fori; esse devono essere assemblate mediante viti e dadi.

Nel foglio di istruzioni per il montaggio bisogna illustrare l'assemblaggio con un esploso assonometrico (v. l'esempio riportato).

Piastra A (n. 1 pezzo)

Piastra B (n. 1 pezzo)

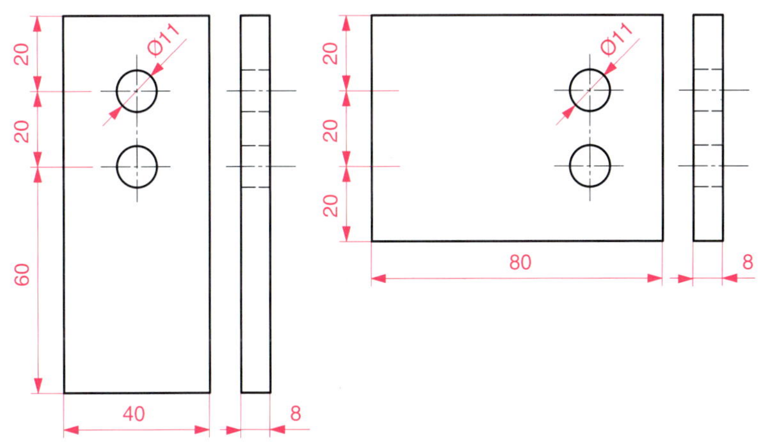

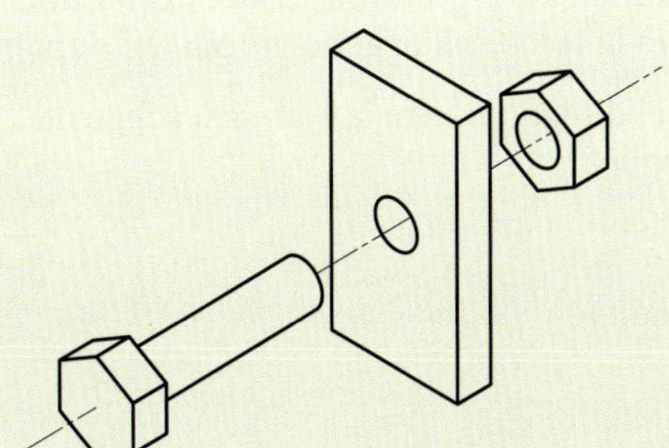

Esempio di esploso assonometrico

Vite a testa esagonale (n. 2 pezzi)

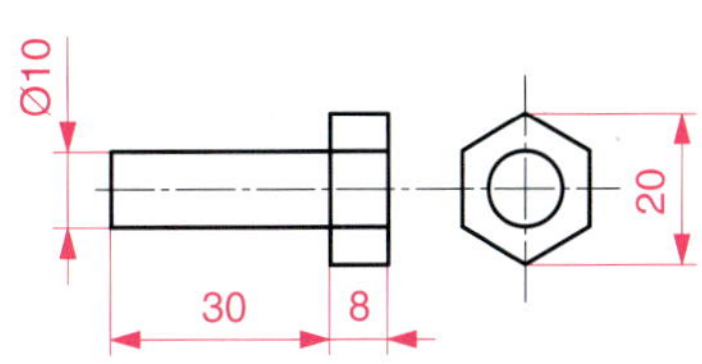

Dado esagonale (n. 2 pezzi)

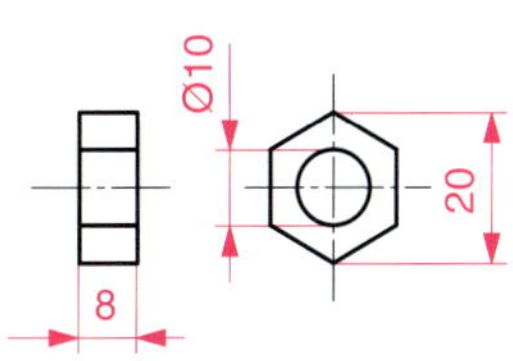

Competenze

Verifica delle competenze

PROVA E Leggìo

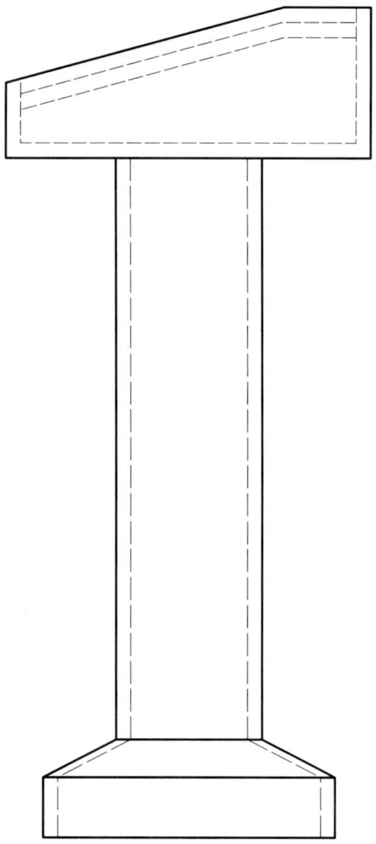

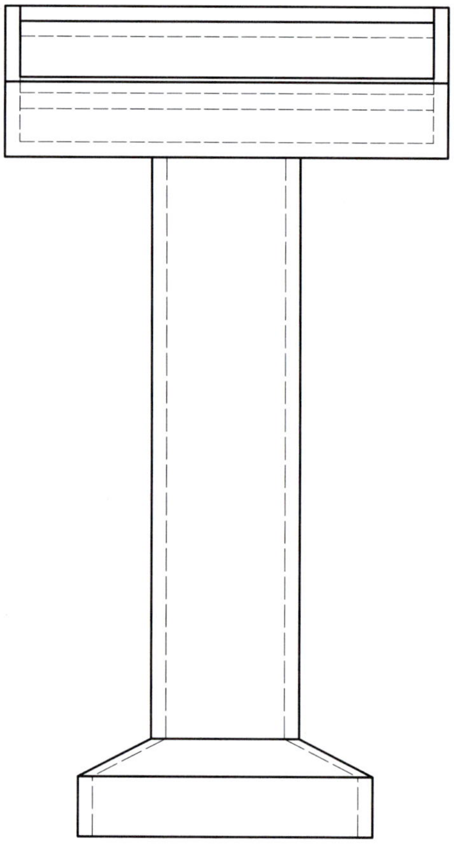

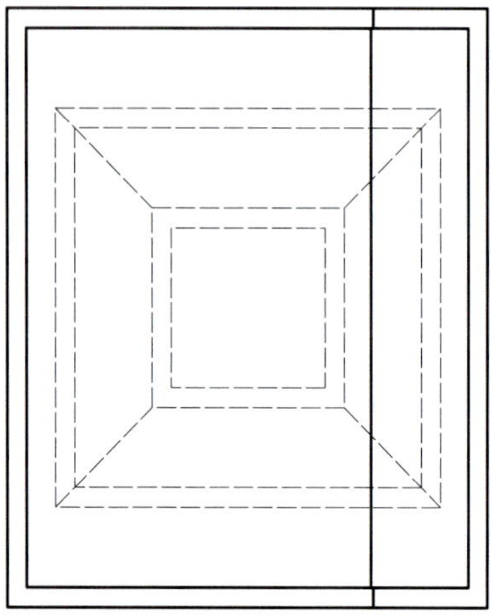

Scala 1:10

Una fabbrica di arredi in legno per sale convegni produce un leggìo con base a colonna.

Per pubblicizzare il prodotto vuole affiancare delle assonometrie alle viste in proiezioni ortogonali.

Per maggiore chiarezza sulla forma dell'oggetto vengono richieste due assonometrie da punti di vista diversi.

Disegna le assonometrie del tipo desiderato (isometrica, cavaliera o planometrica a piacere) in modo che una di esse faccia vedere come è articolato il piano superiore del leggìo, mentre l'altra mostrerà le facce dell'oggetto visibili dal pubblico.

Per la realizzazione del disegno adotta la scala più adeguata alle dimensioni del foglio.

B3 Ribaltamento e sviluppo

RIBALTAMENTO → si applica a → **FIGURE PIANE INCLINATE** rispetto a un quadro

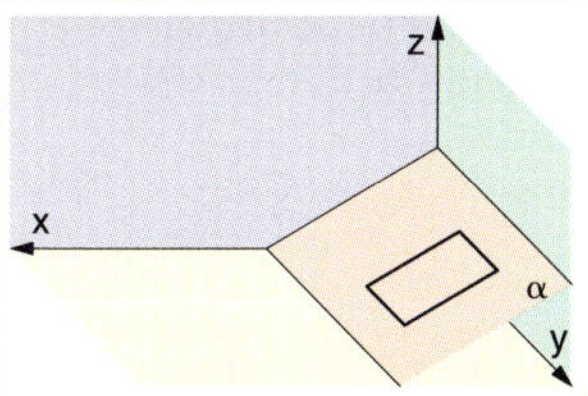

RIBALTAMENTO ↓ consiste in ↓ **ROTAZIONE DEL PIANO** della figura finché coincide con il quadro

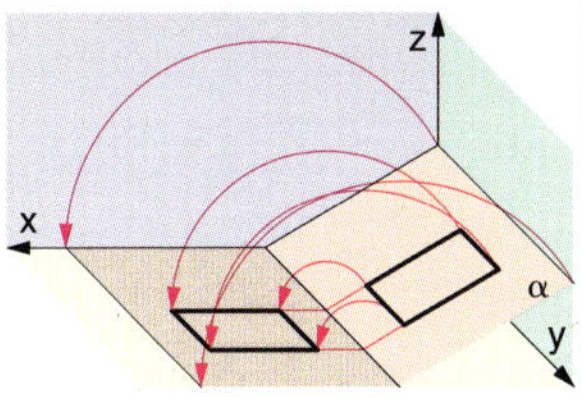

↓ ottenendo → **VERA FORMA DELLA FIGURA** in proiezioni ortogonali

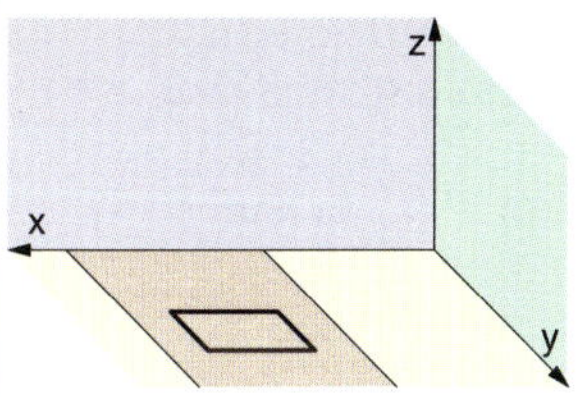

SVILUPPO → si applica a → **SUPERFICI ESTERNE** (facce) di un solido

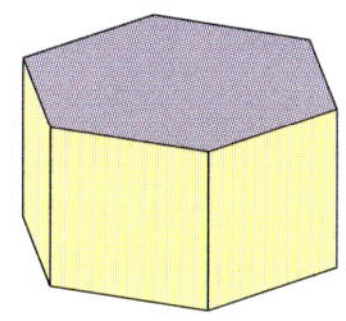

SVILUPPO ↓ consiste in ↓ **ROTAZIONI SUCCESSIVE DELLE FACCE**

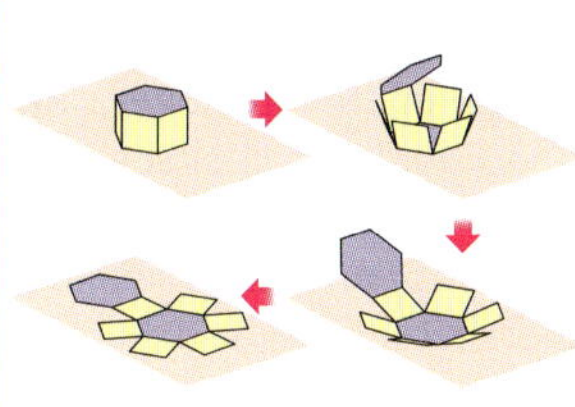

↓ ottenendo → **VERA FORMA DELLE FACCE** disposte su un piano

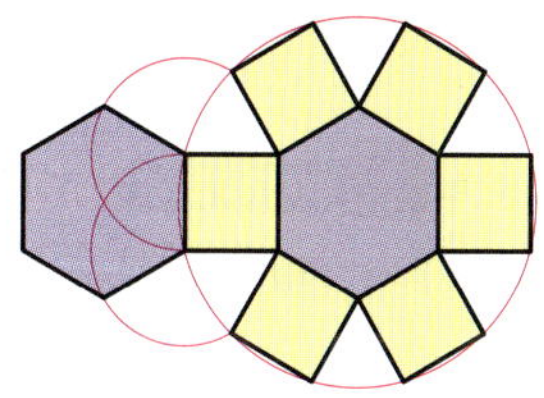

Conosci il ribaltamento?

Se una figura piana è inclinata rispetto alla direzione del nostro sguardo, la vediamo deformata. Per percepire la sua vera forma bisogna disporla su un piano perpendicolare allo sguardo.

Per esempio la pagina di un libro disposta in posizione inclinata si mostra deformata al nostro sguardo verticale; ma se la ruotiamo fino alla posizione orizzontale, si mostrerà nella sua vera forma.

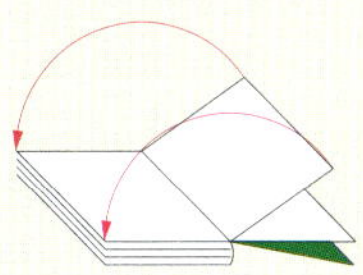

Conosci lo sviluppo?

Sicuramente sai che per realizzare una scatola di cartoncino non è necessario ritagliare tutte le facce della scatola e poi unirle; è molto più agevole disegnare sul cartoncino le diverse facce affiancate, quindi piegare lungo i margini delle figure e unire solo i lembi rimasti aperti.

A cosa serve conoscerlo?

Se in proiezioni ortogonali c'è una figura piana inclinata rispetto al quadro e ne vogliamo conoscere la vera forma, dobbiamo eseguirne il ribaltamento.

Per esempio se volessimo misurare la superficie di una falda del tetto di un edificio, con il ribaltamento ne avremo vera forma e misure.

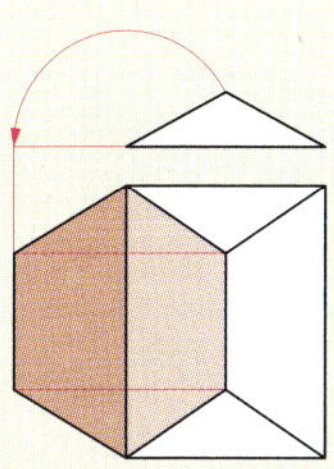

A cosa serve conoscerlo?

Questo metodo è utile se si vuole realizzare un contenitore oppure un modello geometrico in cartoncino; ma è anche indispensabile per chi lavora lamiere per produrre tubazioni o scatolati.

Il settore industriale del «packaging» realizza in questo modo ingegnosi involucri.

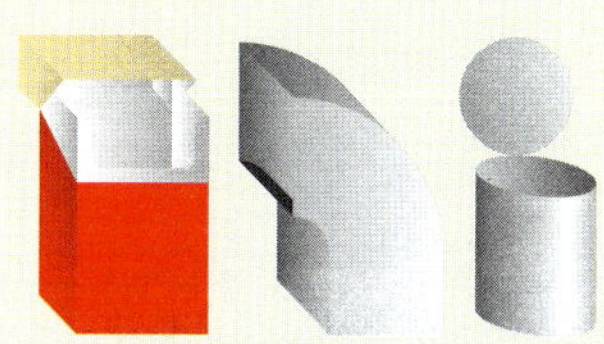

Ribaltamento e rotazione

Ribaltamento di figure piane

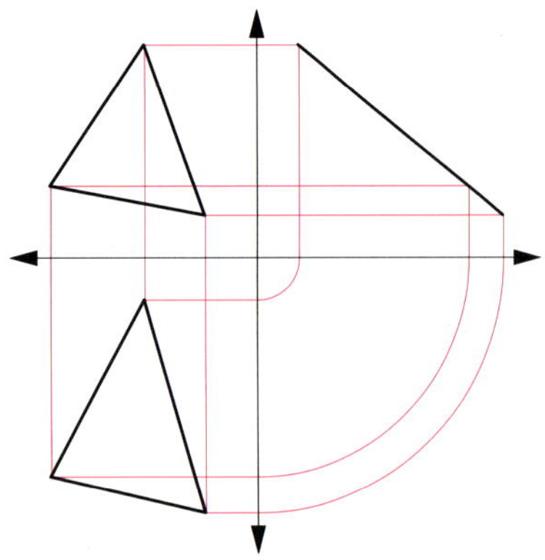

Spesso i solidi rappresentati in un disegno presentano alcune facce inclinate rispetto ai piani di riferimento; come è noto, infatti, le figure piane si presentano nella loro vera forma solo quando sono parallele al quadro. Nel caso di figure inclinate, le proiezioni ortogonali forniscono delle immagini deformate, o «di scorcio», e quindi non se ne può conoscere immediatamente la vera forma. Per esempio, dalle viste sopra riportate non si può dedurre la vera forma del triangolo rappresentato.

L'importanza del problema è evidente quando si debba realizzare l'oggetto rappresentato, avendo quindi ben chiare le caratteristiche formali e dimensionali di tutte le sue facce. Per trovare la **vera forma di una figura** piana disposta in modo qualsiasi ci si serve del **ribaltamento**: l'operazione di ribaltamento consiste nel ruotare la figura intorno alla traccia del piano cui essa appartiene, finché non si adagi sul piano di riferimento. In tale posizione essa mostra la sua vera forma.

Avendo a disposizione più quadri, il ribaltamento può essere realizzato a piacere su un quadro qualsiasi.

PROBLEMA 1 PASSO PASSO

Ribaltare sul piano xy un punto P appartenente a un piano α

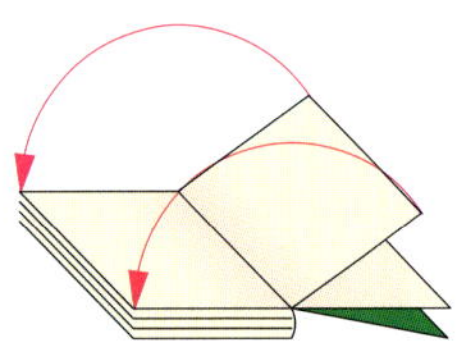

Il ribaltamento di P viene effettuato intorno alla t'α, intersezione di α con il piano xy, ed è quindi simile a quanto avviene sfogliando un libro. Durante il ribaltamento P, come ogni punto della pagina, percorre una traiettoria circolare.

Il piano α in questo caso è perpendicolare rispetto a xz e inclinato rispetto agli altri due quadri.

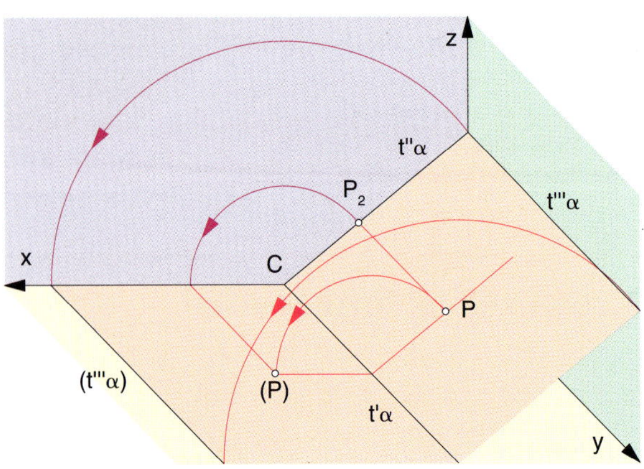

NOTA BENE

Gli elementi ribaltati si indicano con lettere tra parentesi.

1 In proiezioni ortogonali si disegna il piano α mediante le sue tracce.

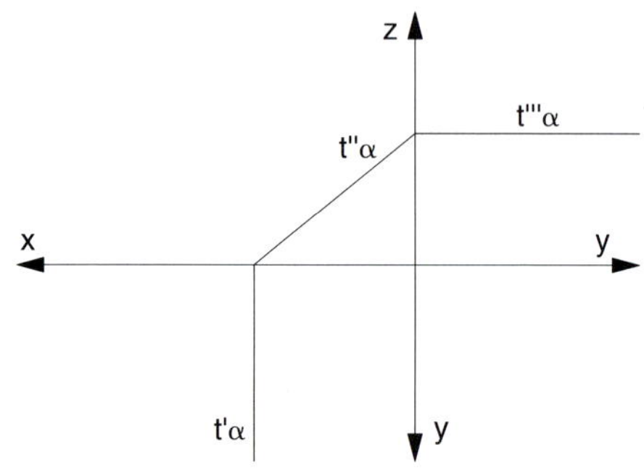

2 Si disegna poi il punto P. Poiché esso appartiene al piano α si trova sulla t''α.

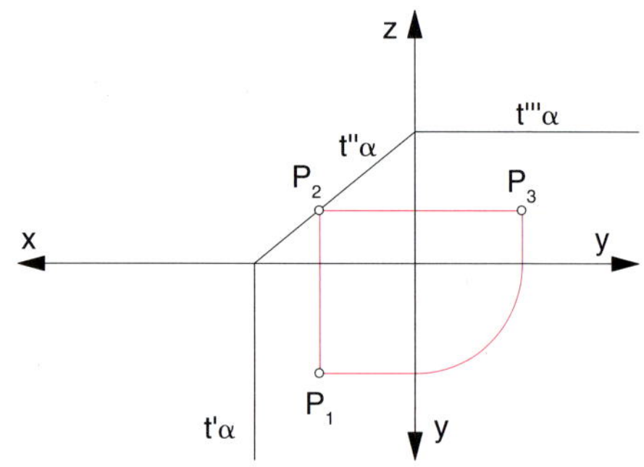

3 Per ottenere il ribaltamento del piano α si traccia un arco di centro C con apertura fino a T. Sull'asse x si trova il punto (T), da cui si conduce la verticale (t'''α) che è il ribaltamento della t'''α. La fascia compresa tra t'α e (t'''α) è il piano α ribaltato su xy.

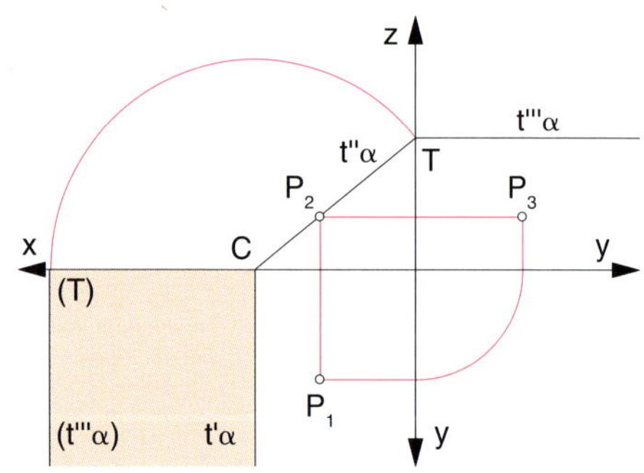

4 In modo analogo per ottenere il ribaltamento di P si traccia da P_2 un arco di centro C fino all'asse x; di qui si conduce una retta verticale.

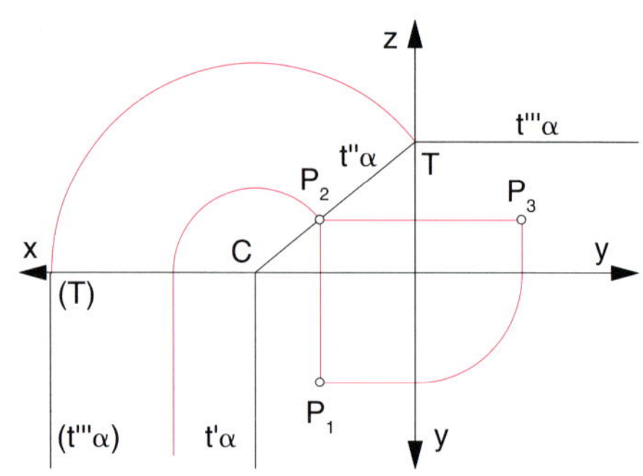

5 La verticale interseca la retta orizzontale per P_1 nel punto (P): esso è il ribaltamento di P su xy.

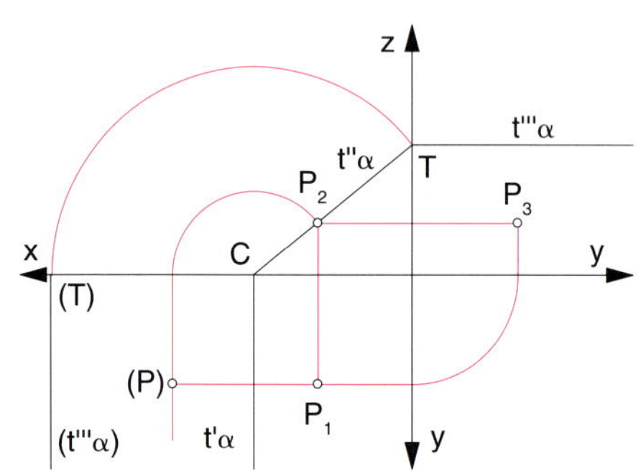

PROBLEMA 2

Ribaltare sul piano yz un triangolo PQR appartenente a un piano α

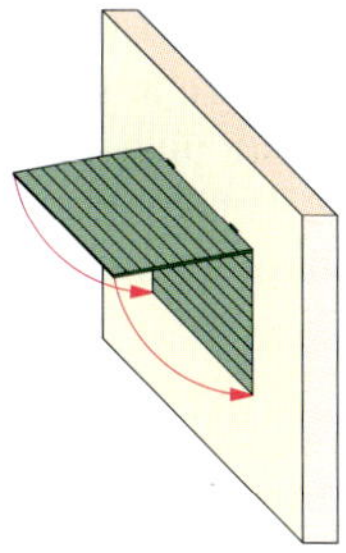

In questo caso la figura piana viene ribaltata sul piano yz insieme al piano α; pertanto la rotazione di α avviene intorno alla sua terza traccia t'''α. Tutti i punti della figura descrivono traiettorie circolari parallele al piano xz; i centri di questi cerchi si trovano sulla t'''α. In pratica il caso è simile a quello di una finestra a visiera o anche di una tapparella inclinata rispetto alla parete. Ruotando il serramento intorno alle sue cerniere essa si dispone sulla parete verticale e quindi appare nella sua vera forma.

Per ottenere il ribaltamento del triangolo in proiezioni ortogonali, si conducono dai vertici nella vista frontale degli archi di centro C (intersezione di t''α con t'''α). Dall'intersezione di questi archi con l'asse z, si tracciano delle rette parallele alla t'''α; dove queste rette incontrano le corrispondenti verticali per i vertici della vista da sinistra, si determinano i vertici ribaltati. Congiungendo questi ultimi punti si ottiene la vera forma del triangolo dato.

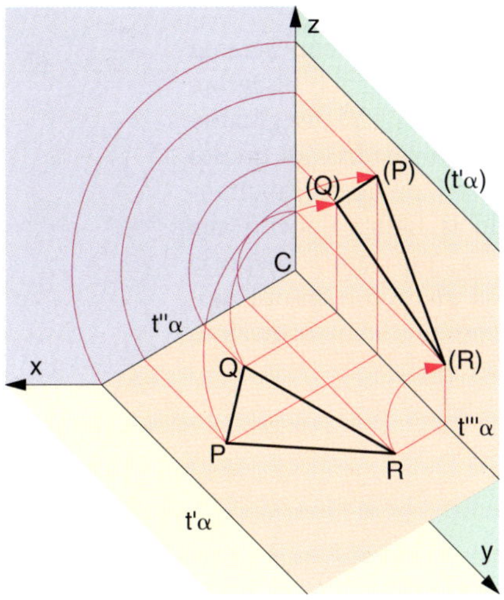

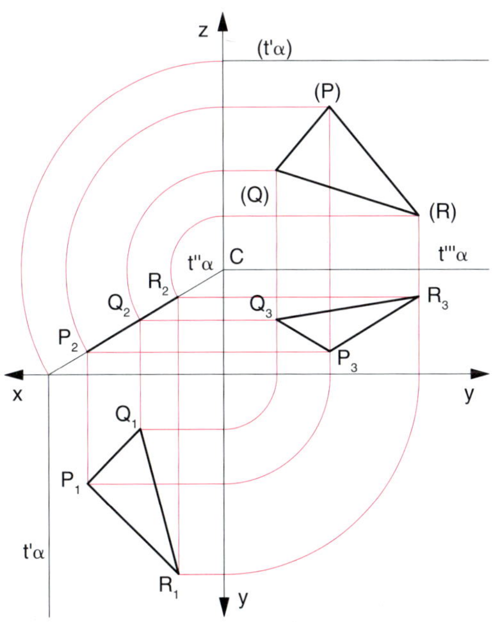

GLOSSARIO

La **finestra a visiera** è quella che presenta una cerniera nel lato superiore.

PROBLEMA 3

Ribaltare sul piano xz un rettangolo appartenente a un piano α

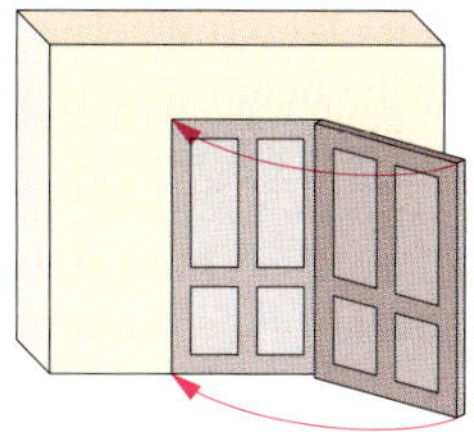

Il piano α è in questo caso perpendicolare al piano xy; durante il ribaltamento su xz, tutti i suoi punti percorrono traiettorie circolari parallele al piano xy. I centri di queste traiettorie si trovano sulla t''α.

Il caso è analogo a quello di una porta dischiusa che viene fatta ruotare fino alla chiusura. Quando essa si trova sul piano della parete, mostra la sua vera forma nella vista anteriore.

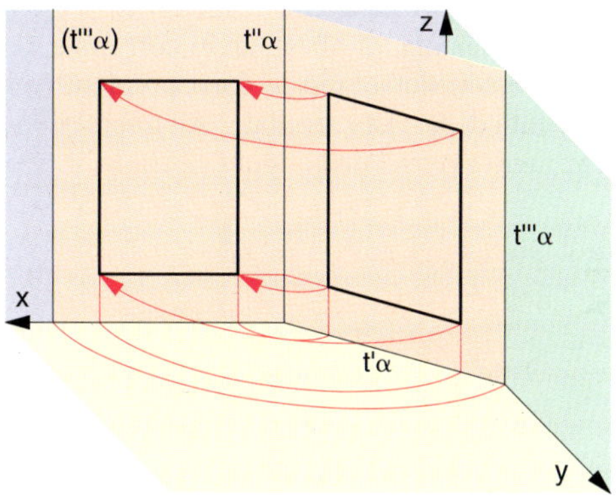

Centrando nel punto d'intersezione tra t'α e t''α, si tracciano degli archi passanti per i punti della vista dall'alto. Dall'intersezione di questi archi con l'asse x si conducono delle rette verticali. Queste rette incontrano le corrispondenti rette orizzontali passanti per i punti della vista frontale: i punti d'intersezione sono i vertici del rettangolo ribaltato.

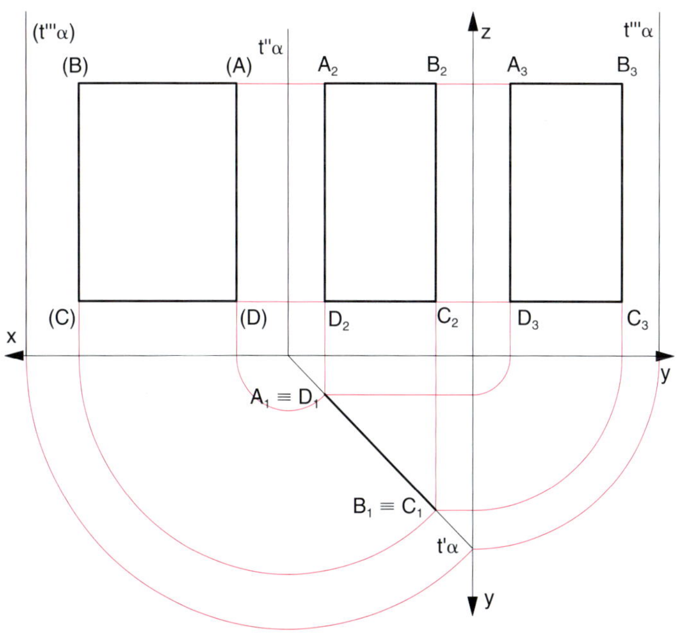

PROBLEMA 4

Ribaltare sul piano xz un rettangolo appartenente a un piano α

Se il piano α è perpendicolare al quadro yz, il ribaltamento genera delle traiettorie circolari parallele al piano yz.

Il caso è simile a quello di una ribaltina che durante la chiusura segue traiettorie circolari intorno allo spigolo delle cerniere.

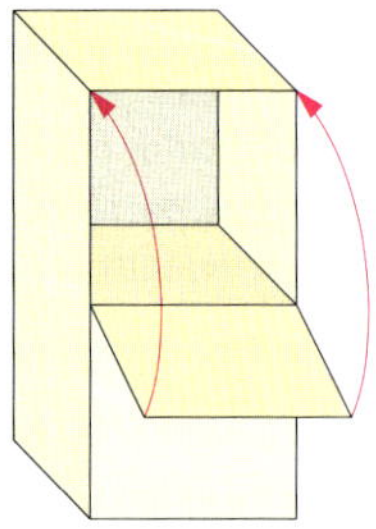

Per ottenere il rettangolo ribaltato, dai suoi punti della vista da sinistra si conducono degli archi aventi come centro l'intersezione tra t'''α e t''α. Dall'intersezione di questi archi con l'asse z si tracciano rette orizzontali: esse intersecano le corrispondenti rette verticali condotte dai punti della vista frontale. All'intersezione di queste rette si determinano i vertici della figura ribaltata.

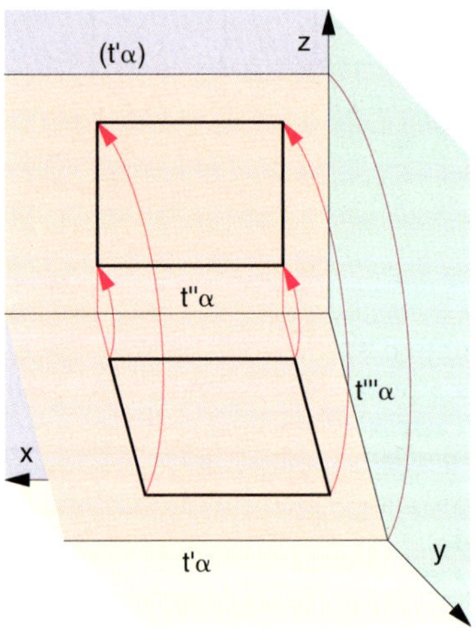

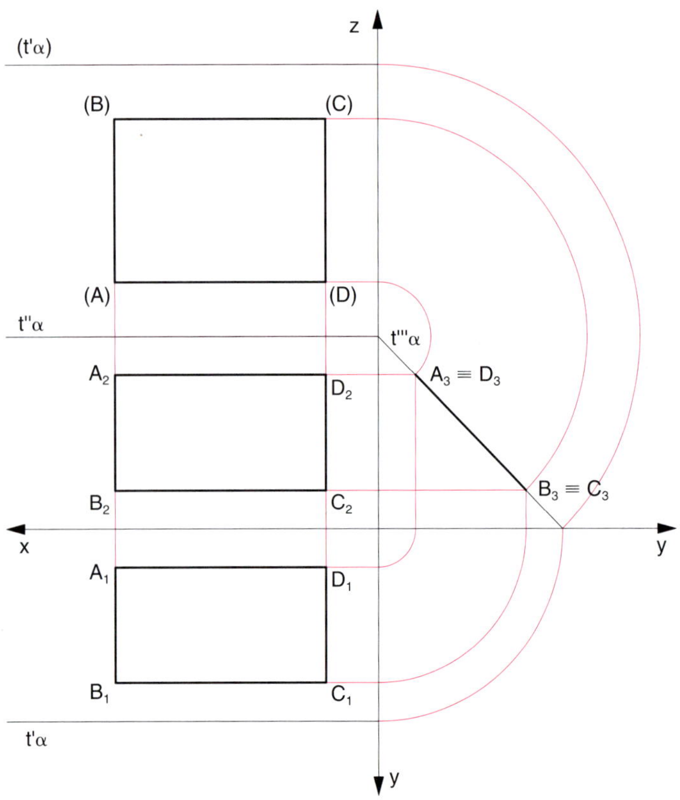

Proiezioni ortogonali ricavate da ribaltamento della vera forma

Il metodo del ribaltamento come si è visto consente di ottenere la vera forma di figure piane disposte su piani inclinati rispetto ai quadri. Usando però il ribaltamento in modo inverso si possono ricavare le proiezioni ortogonali a partire dalla vera forma di una figura piana.

Il problema è particolarmente ricorrente nei disegni di rilievo dal vero, quando si conosce la vera forma di una facciata che però è disposta in posizione inclinata rispetto al quadro.

I legami tra vera forma e proiezioni sono gli stessi evidenziati nei problemi precedenti; linee di riporto parallele alle tracce e archi uniscono le viste alla vera forma.

PROBLEMA 5 PASSO PASSO

Disegnare la vista frontale e da sinistra di un esagono regolare giacente su un piano perpendicolare a xz e inclinato rispetto agli altri due

Della figura conosciamo la vera forma (esagono regolare), che disegniamo su un quadro, in questo caso il piano yz. Ribaltando la figura intorno alla t'''α possiamo disporla sul piano α e quindi rappresentarla in proiezioni ortogonali.

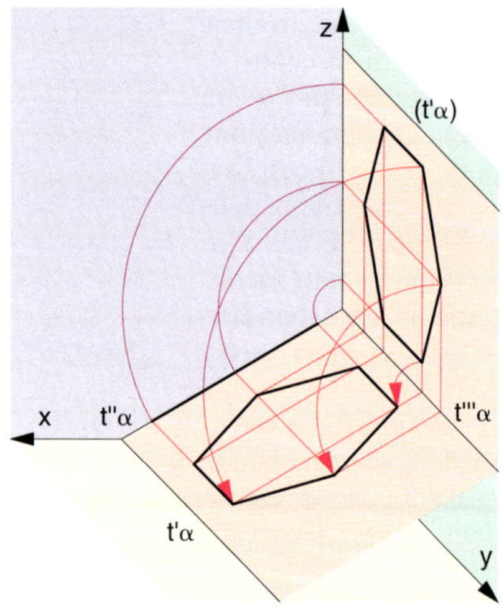

1 In proiezioni ortogonali si disegna il piano α mediante le sue tracce e sul piano yz si traccia l'esagono in vera forma.

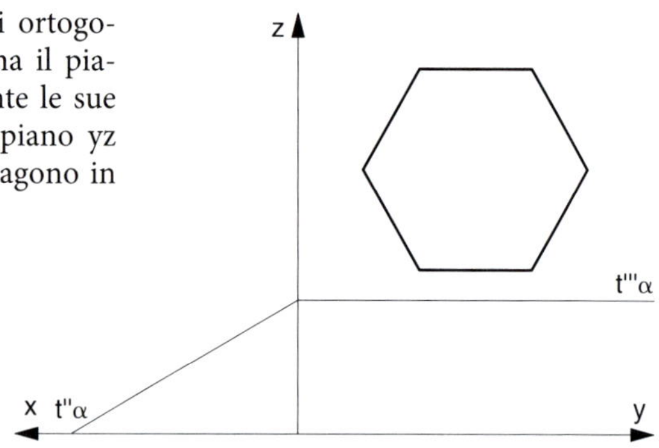

2 Si riportano i vertici dell'esagono con orizzontali fino a z e di qui archi fino alla t''α. Dai punti sulla t''α si tracciano orizzontali fino a intersecare le corrispondenti verticali condotte dai vertici dell'esagono, ottenendone la vista da sinistra.

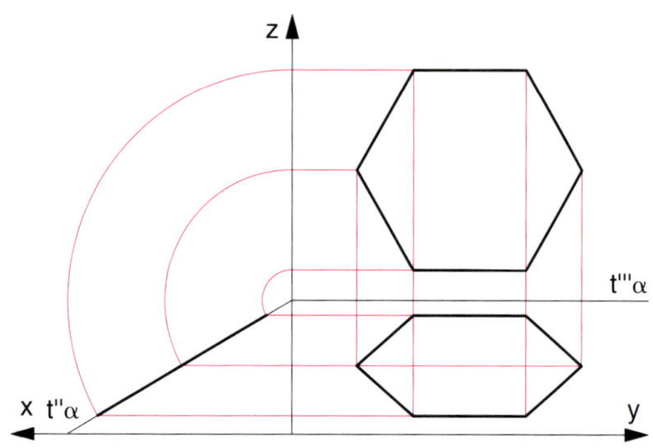

PROBLEMA 6

Disegnare la vista frontale di una figura piana verticale, ma inclinata rispetto al piano xz

Si disegnano le tracce del piano cui appartiene la figura; quindi si ribalta il piano stesso su un quadro (in questo caso sul piano xz). Sul piano ribaltato, cioè tra le rette t''α e (t'''α), si delinea la vera forma della figura. Dai punti della vera forma si conducono linee di riporto orizzontali e verticali; queste ultime proseguono con archi concentrici fino alla t'α, da cui partono linee di riporto verticali. All'intersezione tra le corrispondenti linee di riporto si determinano i punti della vista frontale.

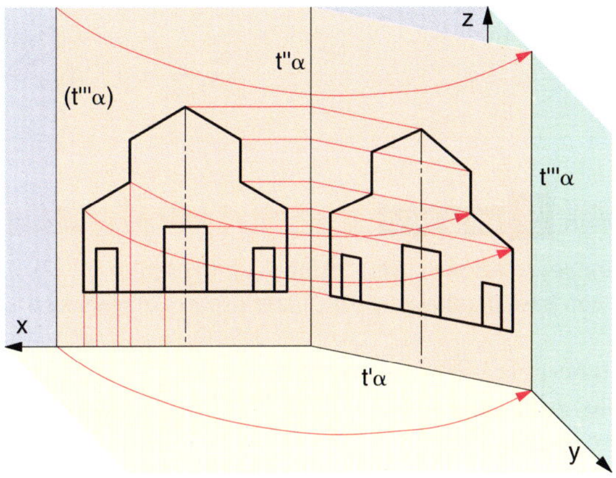

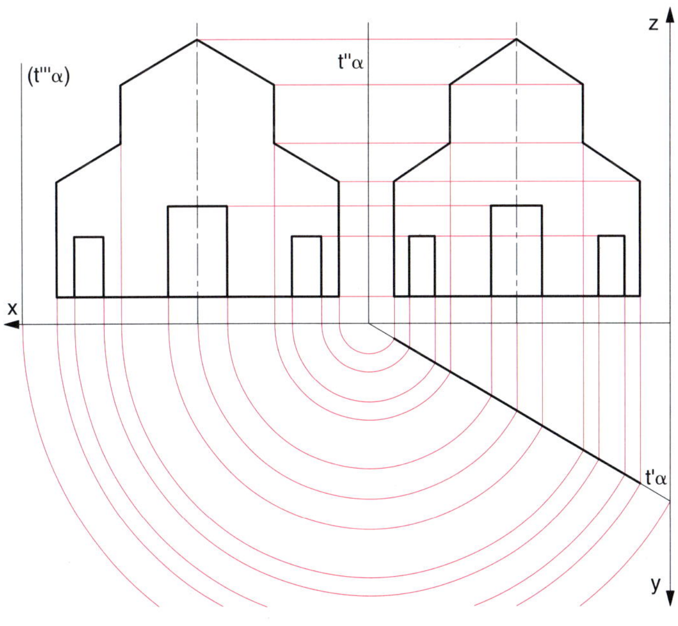

PROBLEMA 7

Disegnare la vista frontale di un arco disposto su un piano verticale, ma inclinato rispetto al piano xz

Il problema è analogo al precedente, ma può essere risolto anche ribaltando il piano su xy. In questo caso le semicirconferenze vengono disegnate nella porzione di piano racchiusa da t'α e (t''α). Trattandosi di linee curve, si prendono sulle circonferenze dei punti (in questo caso essi sono 7, mediante divisione in parti uguali). Dai singoli punti si conducono linee e archi di riporto che determinano i punti delle curve che appaiono nella vista frontale. Mediante il curvilineo si uniscono questi punti, evitando discontinuità e cuspidi.

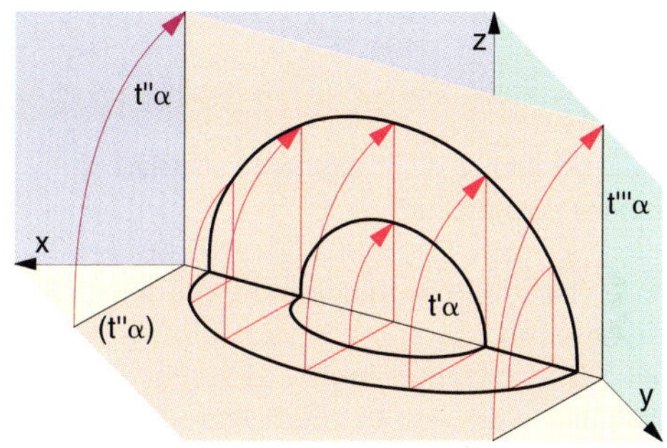

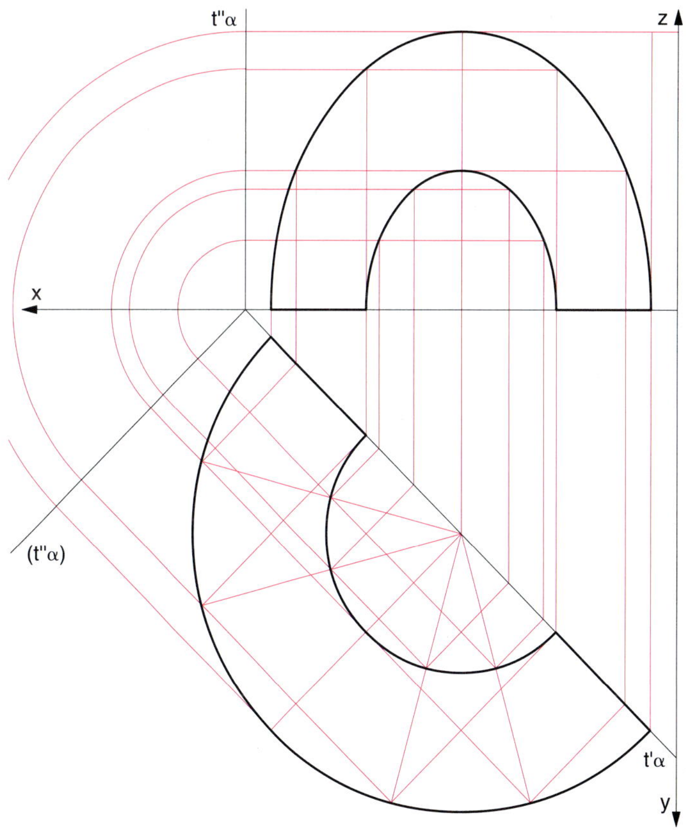

Video *Uso del curvilineo per curve simmetriche*

SUGGERIMENTO PRATICO

Poiché l'ellisse presenta due assi di simmetria, si può sfruttare questa caratteristica per disegnarla con precisione. Per esempio se si dovesse tracciare una semiellisse, come nel Problema 7, si trova il tratto di curvilineo adatto a congiungere i punti di un quarto di ellisse; quindi si rovescia la mascherina e si disegna l'altro arco di ellisse con lo stesso tratto di curvilineo.

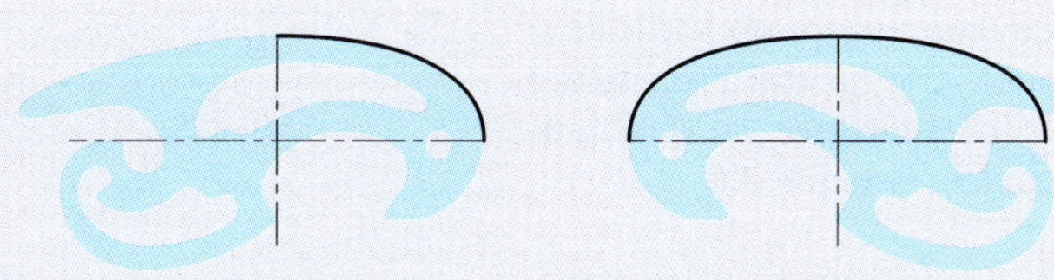

Rotazione di figure piane

Il metodo della **rotazione** è molto simile a quello del ribaltamento; esso consiste nel far ruotare una figura piana intorno a un lato oppure a una sua retta (asse di simmetria, diametro ecc.) finché non si dispone parallelamente a un quadro. In questa posizione la figura mostra la sua vera forma nella vista in proiezione ortogonale sul quadro a cui è parallela. Il fine della rotazione è lo stesso del ribaltamento: dalle proiezioni ortogonali ottenere la vera forma, oppure viceversa.

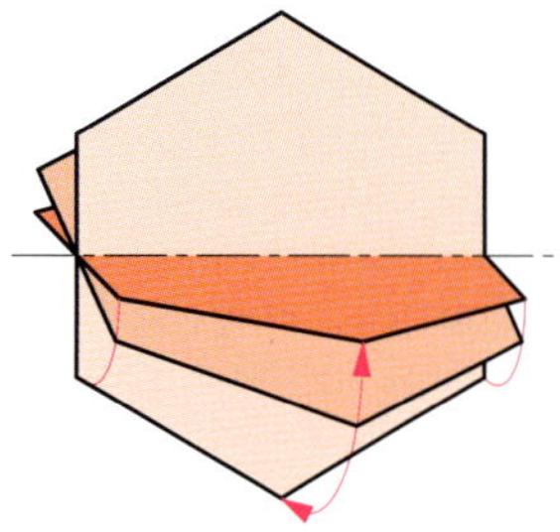

PROBLEMA 8

Dalle proiezioni ortogonali di un segmento qualsiasi ricavare la sua vera lunghezza

Il problema è risolvibile immaginando che il segmento sia la generatrice di un cono che abbia il vertice in un estremo e la base passante per l'altro estremo; inoltre si sceglie come asse del cono una retta parallela a un asse di riferimento. Quindi si fa ruotare il segmento sulla superficie conica finché non si disponga in posizione parallela a un quadro. La vista su questo quadro fornisce il segmento in vera lunghezza.

- **Modalità A**: si immagina di far ruotare il segmento lungo la superficie di un cono avente come asse la retta verticale passante per B e la base passante per A.

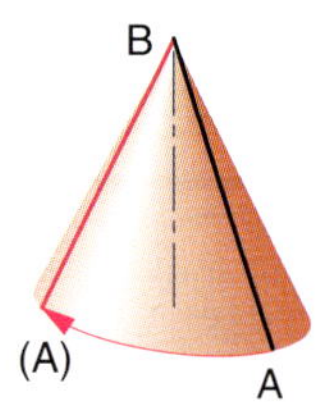

Con centro in B_1 si traccia un arco per A_1 fino a intersecare l'orizzontale per B_1 (verso sinistra), ottenendo il punto (A_1). Di qui si conduce la verticale che interseca la retta orizzontale per A_2 nel punto (A_2). Il segmento $B_2(A_2)$ dà la vera lunghezza del segmento AB.

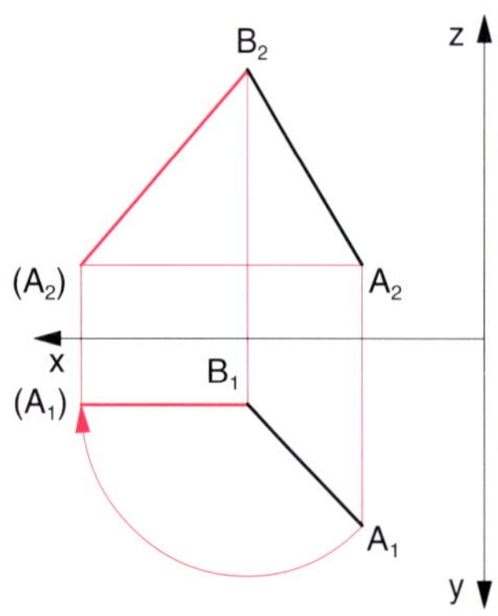

Stesso risultato si può ottenere tracciando l'arco di centro in B_1 verso destra fino a intersecare l'orizzontale per B_1. Si ottiene (A_1) e di qui con un riporto verticale si ricava (A_2). Si ha così il segmento $B_2(A_2)$ che fornisce la vera lunghezza del segmento AB.

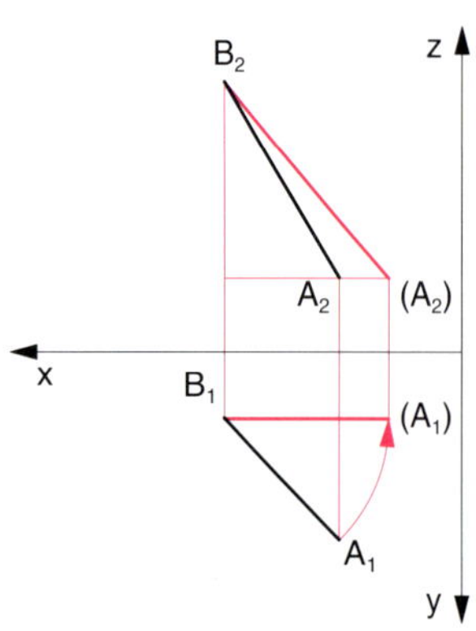

- **Modalità B**: si può anche ruotare il segmento lungo la superficie di un cono che abbia per asse la retta per A e parallela a y.

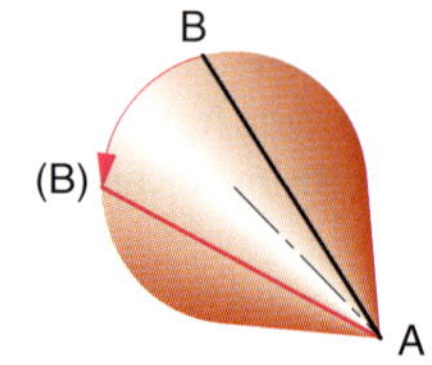

L'arco di centro A_2 e passante per B_2 interseca la retta orizzontale per A_2 in (B_2). Di qui si conduce la verticale che interseca l'orizzontale per B_1 nel punto (B_1). Congiungendo (B_1) con A_1 si ha la vera lunghezza del segmento.

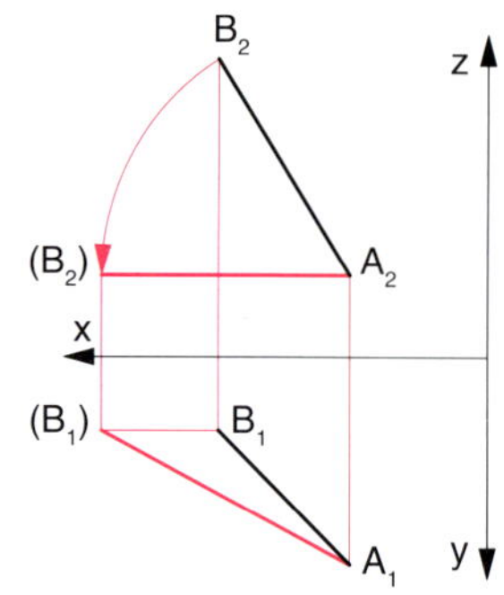

PROBLEMA 9 PASSO PASSO

Disegnare per rotazione la vera forma di un triangolo isoscele con base parallela a y e inclinato rispetto ai piani xy e yz

Per ottenere la vera forma del triangolo ABC, lo si fa ruotare intorno alla base BC, finché si dispone orizzontalmente (parallelo al piano xy); in questo modo la sua vista dall'alto fornisce la vera forma.

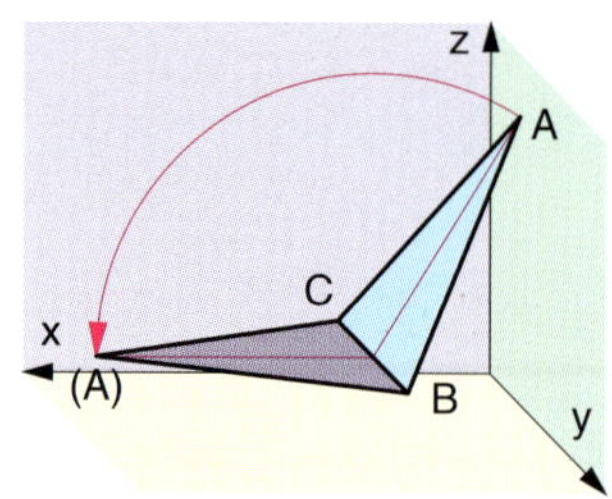

1 Disegnate le due viste del triangolo, si traccia un arco di centro $B_2 \equiv C_2$ fino a intersecare l'orizzontale per lo stesso punto $B_2 \equiv C_2$. Si ottiene il punto (A_2).

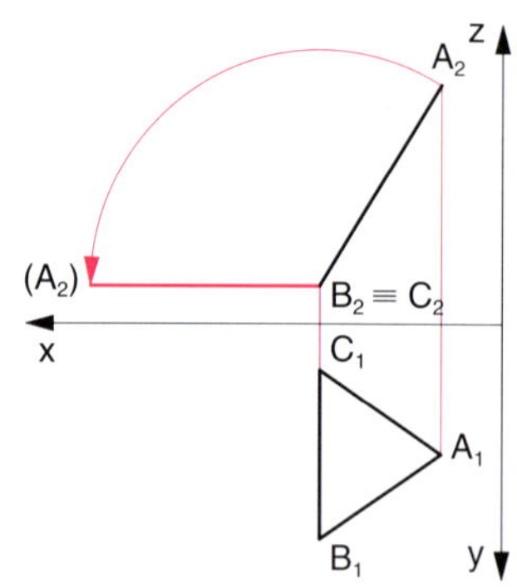

2 Da (A_2) si conduce la verticale che interseca l'orizzontale per A_1 nel punto (A_1).
Il triangolo $(A_1)B_1C_1$ fornisce la vera forma del triangolo dato.

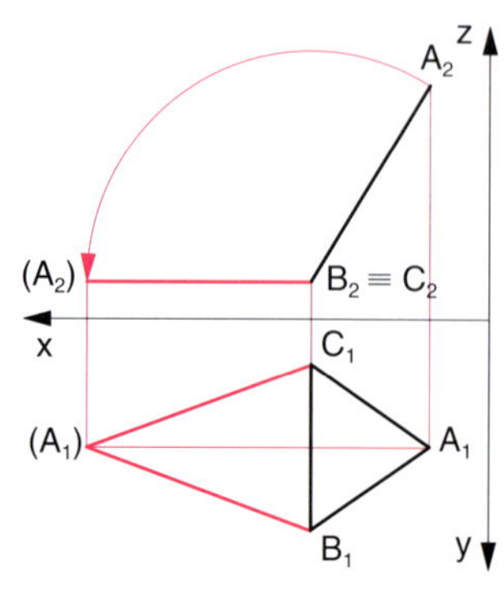

PROBLEMA 10

Disegnare per rotazione la vera forma di un trapezio perpendicolare al piano yz e inclinato rispetto agli altri piani di riferimento

Tra le diverse possibili rotazioni del trapezio, se ne illustrano due.

La prima si realizza ruotando il trapezio intorno al lato AB finché non si trovi in posizione verticale. Nella vista da sinistra si traccia un arco di centro in $B_3 \equiv A_3$. Dall'intersezione con la verticale passante per il centro stesso si traccia una linea di riporto orizzontale. Essa interseca le verticali per C_2 e D_2 nei punti (C_2) e (D_2). Questi ultimi punti, insieme ad A_2 e B_2, sono i vertici del trapezio in vera forma.

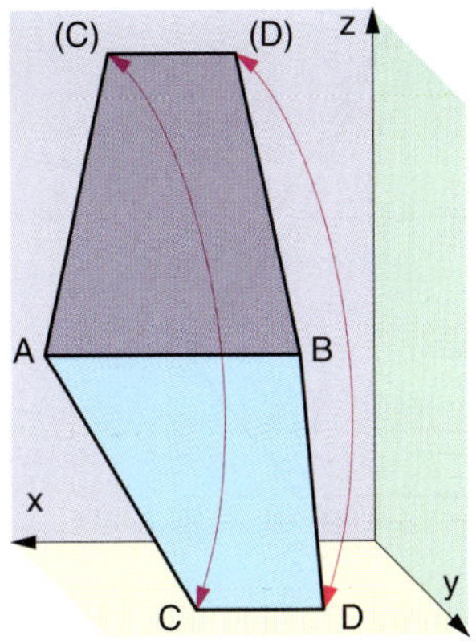

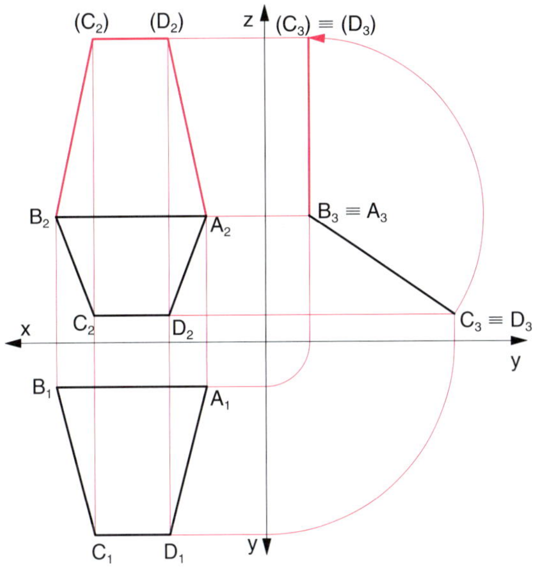

Una seconda soluzione si realizza mediante rotazione intorno al lato AB finché il trapezio non si trovi in posizione orizzontale. Dalla vista da sinistra si opera una rotazione del segmento in posizione orizzontale e quindi si conduce la linea di riporto verso la vista dall'alto, nella quale si determinano i punti (C_1) e (D_1): insieme ad A_1 e B_1, essi determinano la vera forma del trapezio.

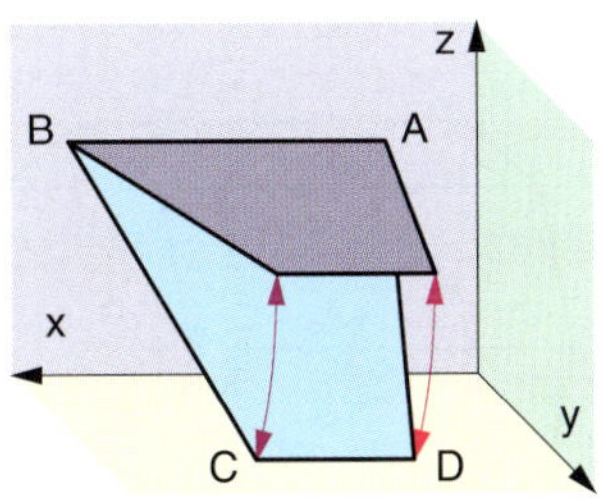

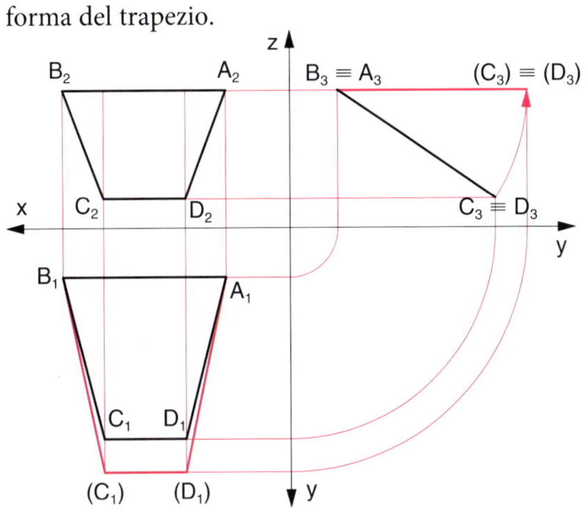

PROBLEMA 11

Disegnare le proiezioni ortogonali di un cerchio perpendicolare al piano xy e inclinato rispetto agli altri

In questo problema si conosce la vera forma (un cerchio) da cui pertanto si inizia il disegno. Il cerchio può essere disegnato solo a metà, perché simmetrico rispetto a un suo diametro. Inoltre esso viene rappresentato in posizione ruotata, sia nella vista dall'alto sia nella vista frontale. Dividendo il semicerchio in parti uguali si determinano dei punti dai quali si conducono linee di riporto; all'intersezione delle linee corrispondenti si trovano i punti dell'ellisse che rappresenta il cerchio nella vista frontale. La terza vista si ricava dai punti dell'ellisse nelle altre due viste.

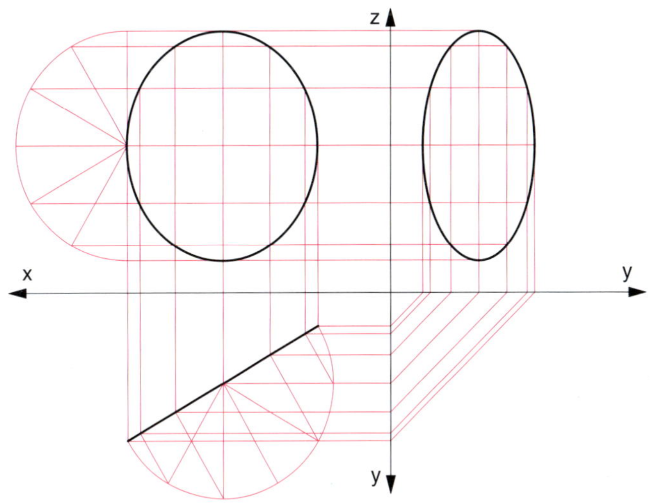

PROBLEMA 12

Disegnare le proiezioni ortogonali di un cilindro con asse parallelo al piano xz e inclinato rispetto agli altri

Come nel problema precedente si disegnano due semicerchi in vera forma (nella vista frontale e in quella da sinistra); da essi si ricavano le viste di una base del cilindro. I punti della prima base sono poi traslati parallelamente all'asse del cilindro, ricavando i punti della seconda base.

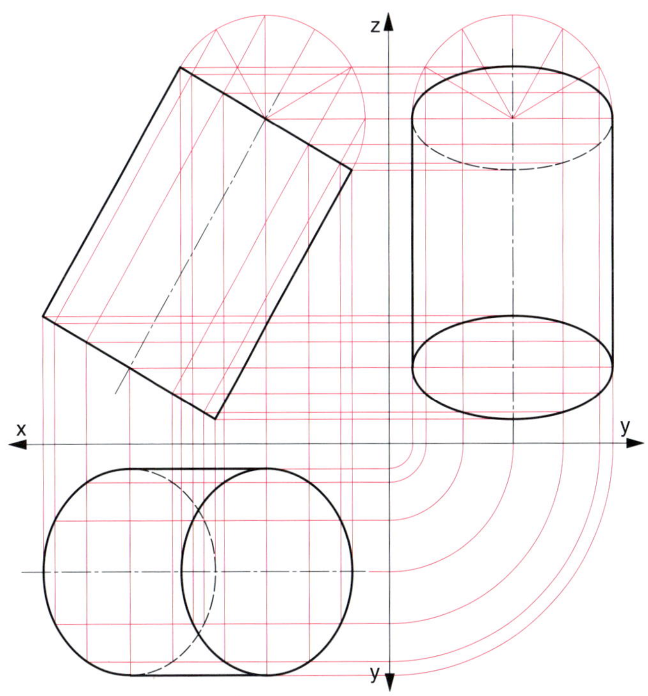

PROBLEMA 13

Disegnare le proiezioni ortogonali di una piramide esagonale con base perpendicolare a yz e inclinata di 45° rispetto a xy

Realizzando la rotazione di una figura piana si può operare in modo lievemente diverso dai problemi precedenti. In questo caso si disegna la base esagonale in posizione orizzontale sia nella vista dall'alto sia nella vista da sinistra. In quest'ultima si esegue la rotazione intorno al lato AB dell'esagono, servendosi di archi di centro $A_3 \equiv B_3$. Dai vertici così ruotati si ricavano le viste dall'alto e frontale dell'esagono ruotato. Tornando alla vista da sinistra si disegna l'altezza della piramide, individuando così il vertice in terza proiezione, da cui si ricavano le sue altre viste. Per completare il disegno si tracciano gli spigoli mancanti, ponendo attenzione a quelli che risultano nascosti (da eseguire con linea a tratti).

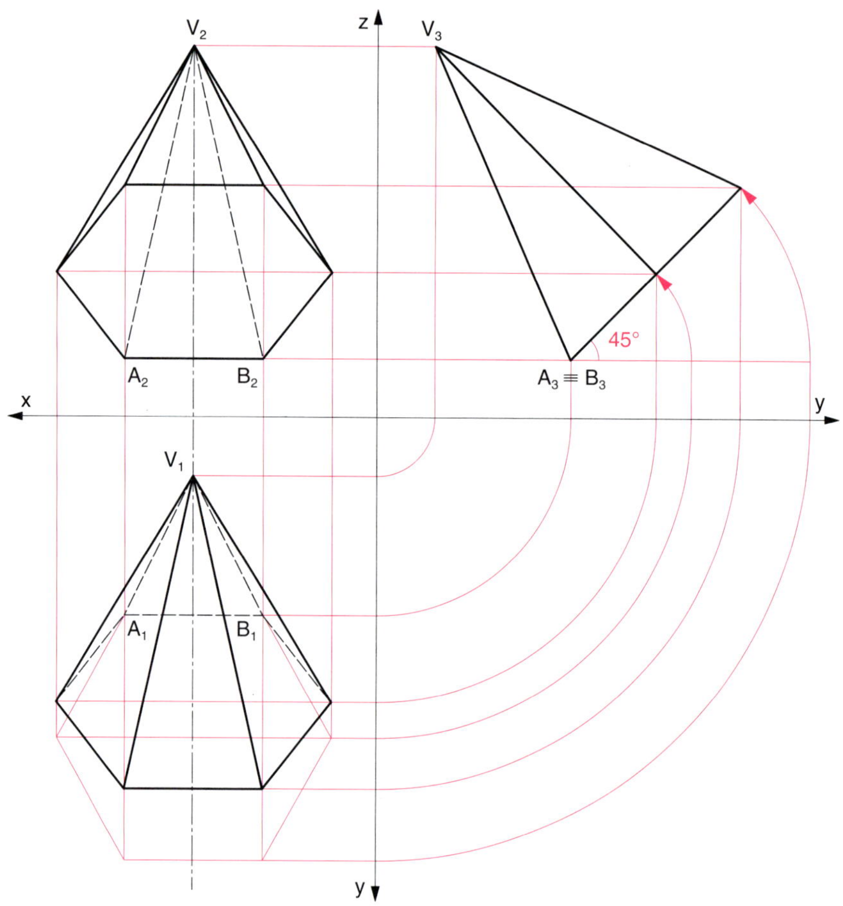

PROBLEMA 14

Disegnare le proiezioni ortogonali di un prisma ottagonale con base perpendicolare a xy e inclinata di 60° rispetto a xz

Analogamente al problema precedente si disegnano due viste (frontale e dall'alto) della base ottagonale, disponendola su un piano parallelo a xz, quindi in vera forma nella vista frontale. Nella vista dall'alto si esegue la rotazione di 60° intorno a una verticale passante per il vertice A. Mediante linee di riporto verticali dai punti così ruotati, si ottengono le viste frontali degli stessi all'intersezione delle orizzontali condotte dall'ottagono in vista frontale; per esempio da B_1 si ottiene B_2 sulla orizzontale per (B). Mediante segmenti lunghi quanto l'altezza del prisma e perpendicolari ad A_1B_1, si ricava la seconda base nella vista dall'alto; da questa si conducono linee di riporto verticali che determinano la vista frontale. Definite due viste del prisma, se ne ricava la terza con il procedimento solito.

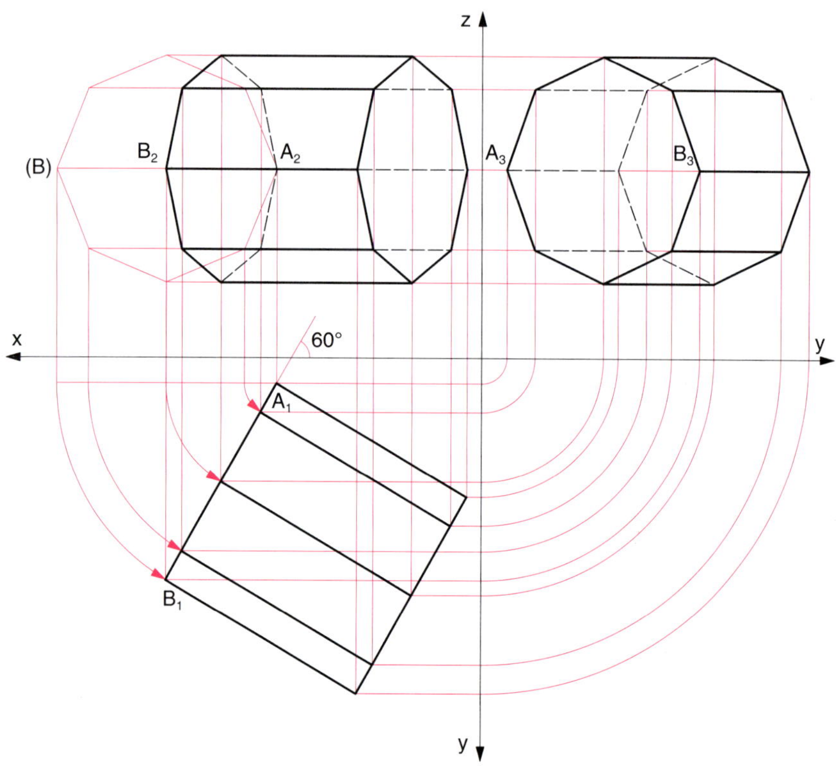

PROBLEMA 15 GUIDATO

Disegnare le proiezioni ortogonali di un tetraedro regolare

Le facce del tetraedro regolare sono triangoli equilateri.

Essendo noto solo il lato del tetraedro, si può procedere nel modo seguente.

1. Nella vista dall'alto si disegna un triangolo equilatero di lato uguale a quello del tetraedro.
2. Nella vista dall'alto si individua il vertice C_1 mediante le mediane e quindi la faccia $A_1B_1C_1$.
3. Questa faccia ha la forma di un triangolo equilatero, che si disegna a partire da A_1 e B_1, trovando così (C_1), che è la rotazione di C_1.
4. Con le verticali da B_1 e da (C_1) si trovano $A_2 \equiv B_2$ e (C_2).
5. Con un arco di centro $A_2 \equiv B_2$ e passante per (C_2), si trova il punto C_2 sulla verticale per C_1, ottenendo così la vista frontale del tetraedro.
6. Dalle due viste trovate si ricava la vista da sinistra.

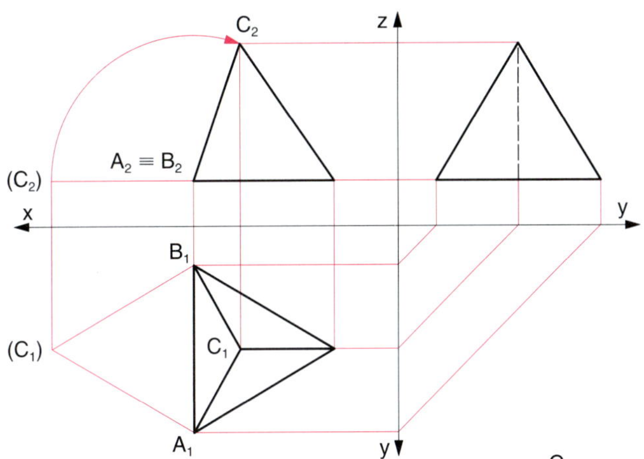

Per rappresentare il tetraedro in posizione inclinata, ruotandolo intorno allo spigolo AB, si può notare che i vertici C e D descrivono una traiettoria circolare parallela al quadro xz. Quindi si opera nel modo seguente.

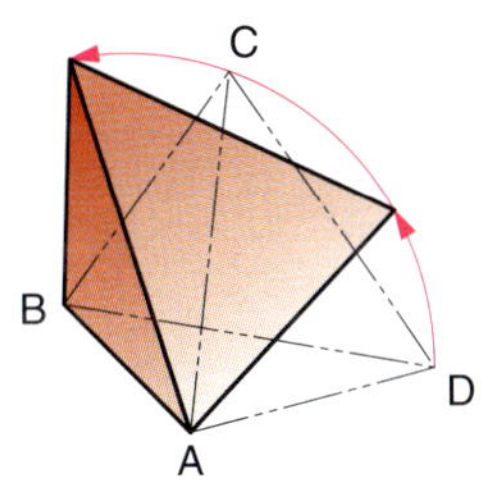

1. Si disegnano le viste del tetraedro come già visto sopra.
2. Si ruota di un angolo a piacere (in figura, 30°) la vista frontale con un arco di centro $A_2 \equiv B_2$ passante per C_2; con due raggi di questo arco che formino l'angolo scelto con i lati da ruotare, si trovano i vertici ruotati.
3. Dalla vista frontale si ricava la nuova vista dall'alto mediante linee di riporto e la retta orizzontale condotta da C_1 e D_1; essa è la traiettoria di questi vertici durante la rotazione.
4. La vista da sinistra si ricava dalle due viste già disegnate.

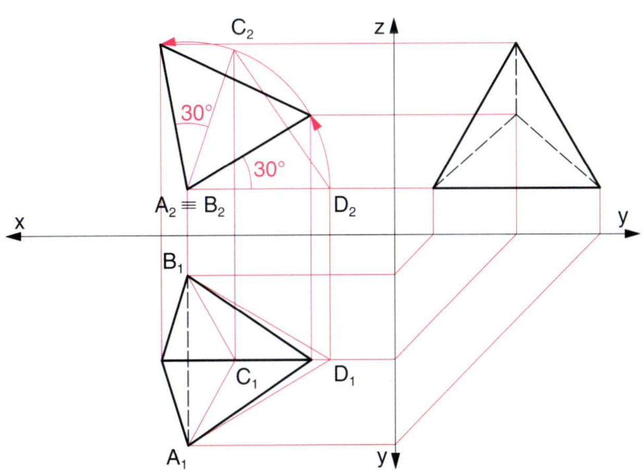

PROBLEMA 16 GUIDATO

Disegnare le proiezioni ortogonali di un ottaedro regolare

È da ricordare che le facce dell'ottaedro regolare sono triangoli equilateri.

Per disegnarlo più comodamente lo si può disporre in modo che l'asse sia verticale e quattro spigoli risultino paralleli agli assi x e y.

1. Nella vista dall'alto si disegna un quadrato di lato uguale a quello dell'ottaedro; con le sue diagonali si individua la faccia $A_1B_1C_1$.
2. Questa faccia ha la forma di un triangolo equilatero, che si disegna a partire da A_1 e B_1, trovando così (C_1), che è la rotazione di C_1.
3. Con le verticali da B_1 e da (C_1) si trovano $A_2 \equiv B_2$ e (C_2).
4. Con un arco di centro $A_2 \equiv B_2$ e passante per (C_2), si trova il punto C_2 sulla verticale per C_1.
5. Con il punto simmetrico di C_2 si può completare la vista frontale.
6. Dalle due viste così ottenute si ricava la terza.

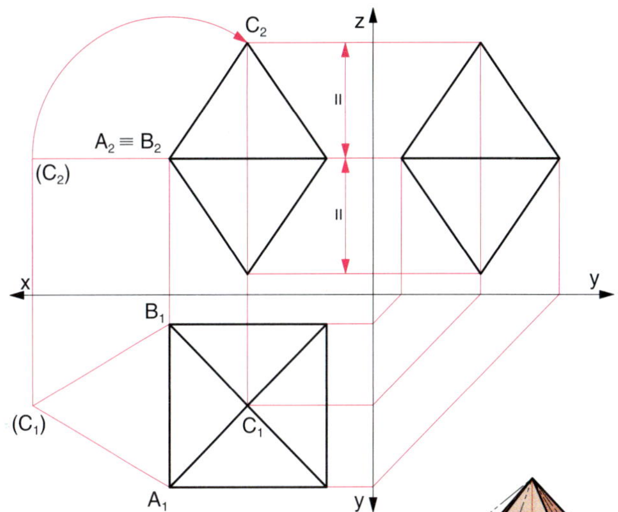

Volendo rappresentare l'ottaedro ruotato intorno al suo asse verticale di un angolo qualsiasi, si può notare che i vertici del quadrato ruotano su una circonferenza orizzontale.

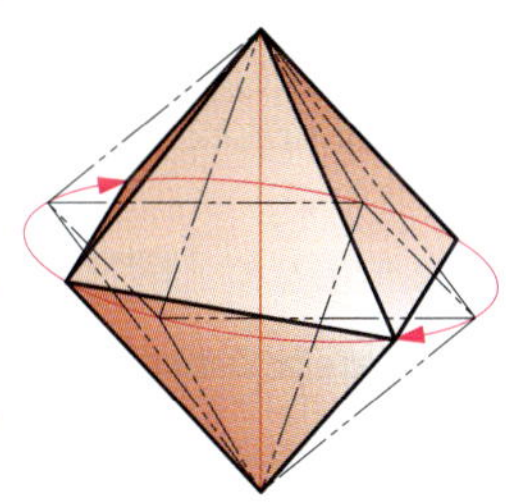

1. Si disegnano le viste come indicato sopra.
2. Si ruota di un angolo a piacere la vista dall'alto.
3. Dalla vista dall'alto si ricava la nuova vista frontale con linee di riporto.
4. La vista da sinistra si ottiene dalle due viste già disegnate.

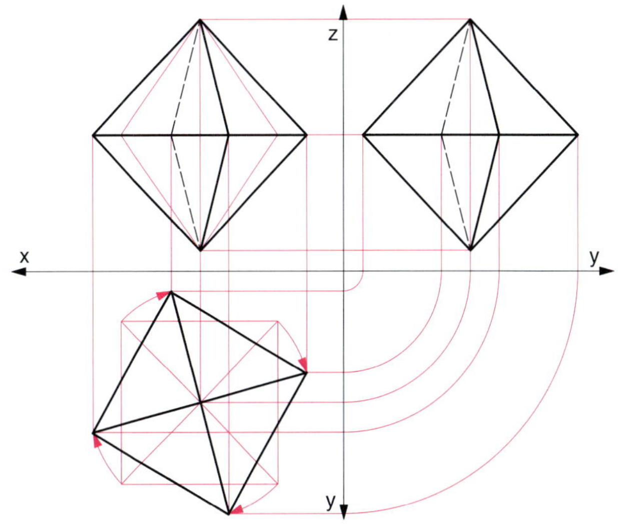

Rotazioni successive di solidi

I precedenti Problemi 15 e 16 ci hanno mostrato come si possono ottenere le viste di un solido inclinato rispetto a due quadri; partendo dalle viste in posizione parallela ai quadri, si realizza una rotazione che crea un movimento di alcuni vertici lungo traiettorie circolari disposte parallelamente a un quadro.

Se il solido fosse inclinato rispetto a diversi quadri, si parte dalle viste del solido disposto con facce parallele o perpendicolari rispetto ai quadri; quindi si opera una prima rotazione con spostamento di alcuni vertici lungo traiettorie circolari su piani paralleli a un quadro. In modo analogo si realizza una ulteriore rotazione fino alla posizione desiderata.

PROBLEMA 17 GUIDATO

Disegnare le viste di un cubo con due facce inclinate di 30° rispetto a xy e con due facce inclinate di 45° rispetto a xz

1. Si disegnano le viste del cubo disposto con le facce parallele ai quadri.
2. Si ruota la vista frontale di 30° servendosi di un arco di circonferenza con centro in A_2; dai vertici del quadrato ruotato si ricava la nuova vista dall'alto con linee di riporto che incontrano le orizzontali condotte dalla vista dall'alto iniziale.
3. Si ruota la vista dall'alto di 45° mediante archi di circonferenza con centro in B_1; durante questa rotazione i vertici del solido descrivono traiettorie circolari appartenenti a piani paralleli al quadro xy, quindi nella vista frontale esse appaiono come rette orizzontali. Pertanto nella definitiva vista frontale i vertici del solido si ottengono con linee di riporto condotte dalla vista dall'alto, che intersecano le rette orizzontali condotte dai corrispondenti vertici della precedente vista frontale.

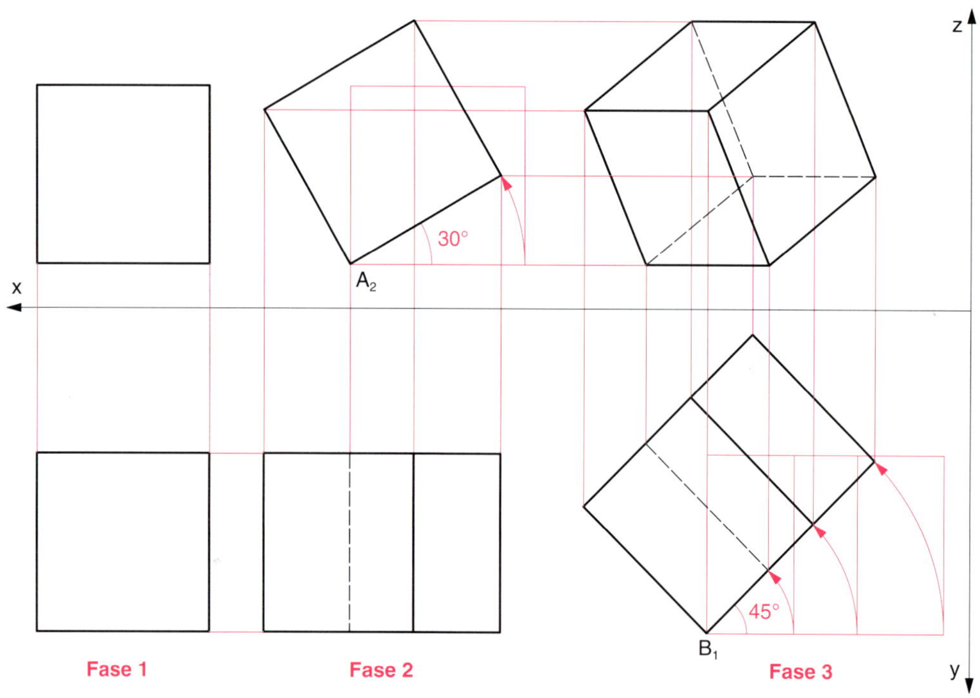

PROBLEMA 18 GUIDATO

Disegnare le viste di un prisma triangolare con una faccia laterale inclinata di 45° rispetto a xz e le basi inclinate di 30° rispetto a xy

1. Si disegnano le viste del prisma disposto con le basi parallele al piano xy.
2. Si ruota la vista dall'alto di 45° servendosi di archi di circonferenza con centro in A_1; dai vertici del triangolo ruotato si ricava la nuova vista frontale con linee di riporto che incontrano le orizzontali condotte dall'iniziale vista frontale.
3. Si ruota la vista frontale di 30° mediante archi di circonferenza con centro in B_2; durante questa rotazione i vertici del solido descrivono traiettorie circolari appartenenenti a piani paralleli al quadro xz, quindi nella vista dall'alto esse appaiono come rette orizzontali. Pertanto nella definitiva vista dall'alto i vertici del solido si ottengono con linee di riporto condotte dalla vista frontale, che intersecano le rette orizzontali condotte dai corrispondenti vertici della precedente vista dall'alto.

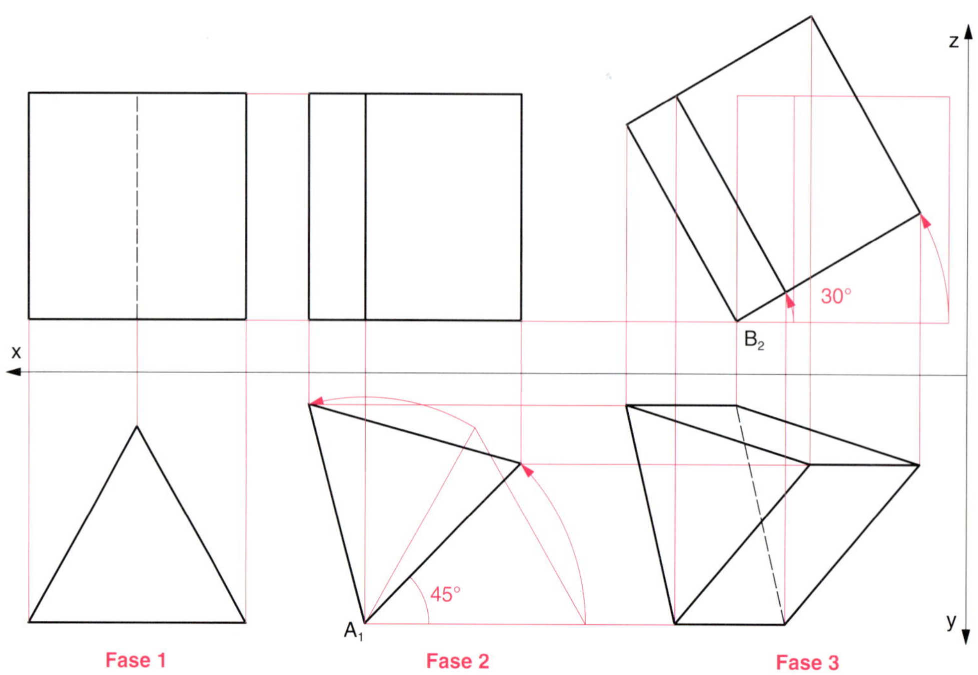

Sviluppo di solidi

Generalità

Lo **sviluppo dei solidi** consiste nel disegnare su un piano la *vera forma* di tutte le facce di un solido in modo che siano unite in almeno uno spigolo comune.

Nel caso di superfici curve (cilindri, coni ecc.) le superfici contigue avranno solo un punto in comune.

In pratica si tratta di eseguire una successione di rotazioni delle diverse facce, fino a quando non si trovino tutte distese su un unico piano.

Riportando lo sviluppo del solido su materiali laminari (carta, cartone o lamiera) si può creare l'oggetto scatolare mediante piegature sui bordi delle facce.

Con questo procedimento si producono gli oggetti scatolari (in lamiera, in plastica o in cartone), le tubazioni di lamiera, oppure le *tensostrutture* (in plastica o in tessuto); la realizzazione del prodotto parte da un disegno che riproduce la *vera forma* di tutte le facce del solido, cioè il suo *sviluppo*.

PROBLEMA 19 PASSO PASSO

Disegnare lo sviluppo di un parallelepipedo

Il parallelepipedo è costituito da sei facce rettangolari.
Quelle laterali hanno altezza c e basi a oppure b.
Le facce di base sono uguali e hanno come lati a e b.

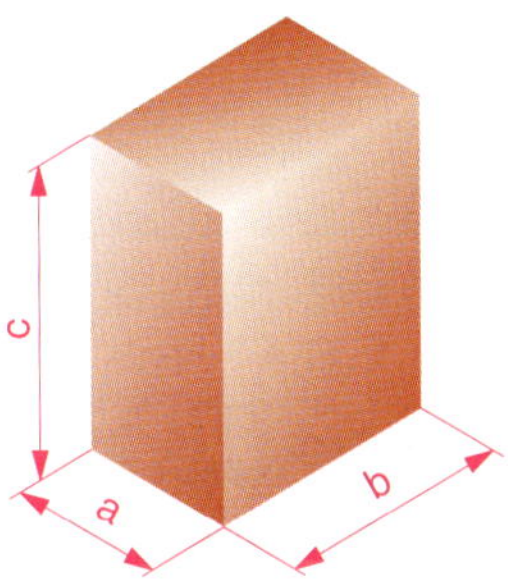

1 Si disegnano le quattro facce laterali con una successione di quattro rettangoli di altezza uguale allo spigolo c; le loro basi sono alternativamente a e b.

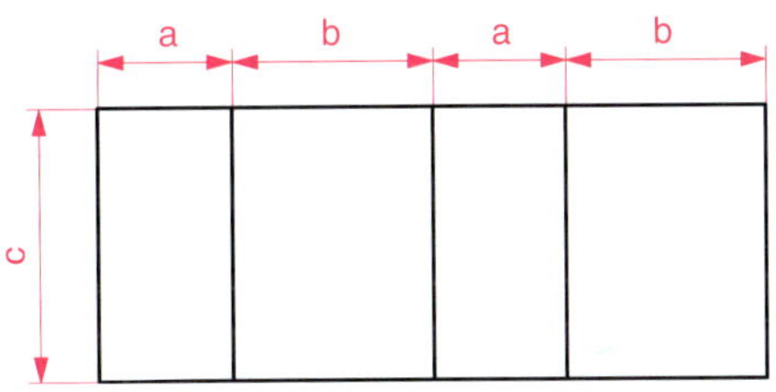

2 Si aggiungono poi le due basi di lati a e b. Per ottenere una maggiore precisione si possono riportare col compasso le lunghezze dei lati uguali.

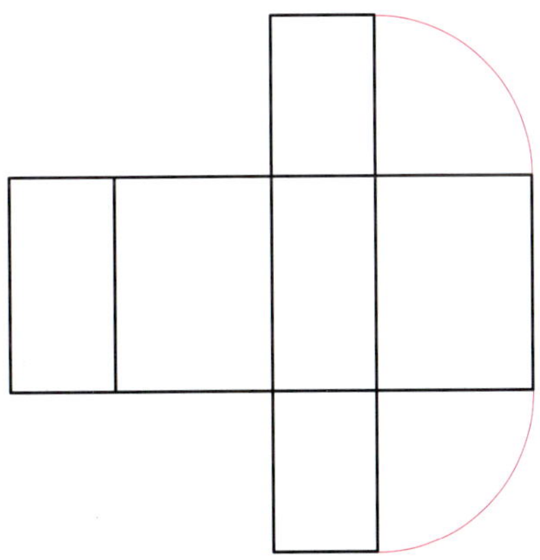

PROBLEMA 20 PASSO PASSO

Disegnare lo sviluppo di un solido modulare

Il solido è la composizione modulare di cinque cubi.

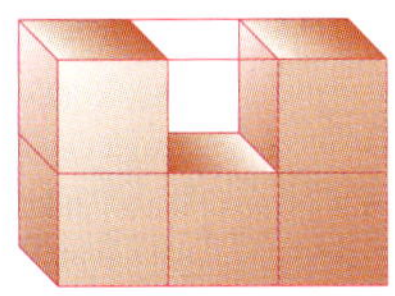

1 Si disegna la faccia anteriore costituita da cinque quadrati.

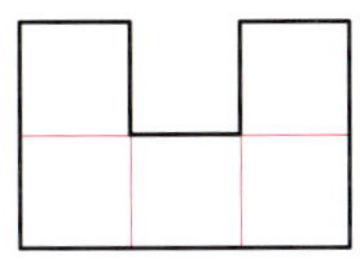

2 Si aggiungono il rettangolo di base (tre quadrati) e la faccia posteriore, simmetrica di quella anteriore.

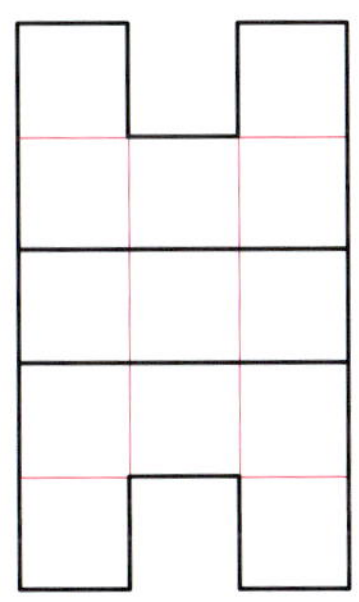

3 Si completa lo sviluppo con le altre facce; esse sono dei quadrati, tranne le due laterali costituite da due quadrati.

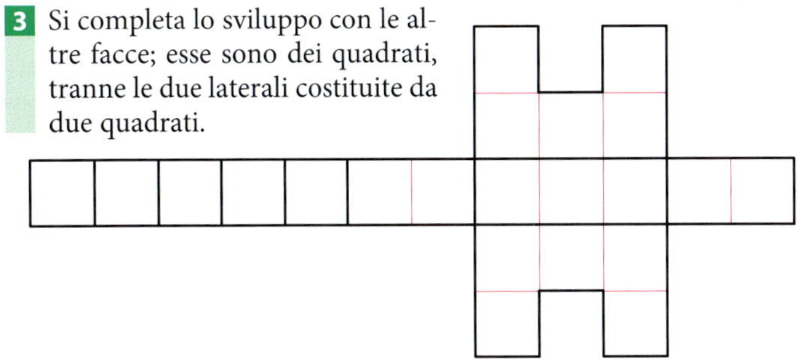

GLOSSARIO

Tensostrutture: sono le strutture che resistono solo se tese da cavi o da aste. Sono tali, per esempio, le tende da campeggio.

PROBLEMA 21

Disegnare lo sviluppo di un cuneo

Alla faccia inferiore del cuneo si aggiungono i due triangoli rettangoli e il rettangolo di lati b e c. Infine sull'ipotenusa di un triangolo si disegna il rettangolo della faccia inclinata del cuneo. Per riportare con precisione le misure dei lati ci si può servire di archi di circonferenza.

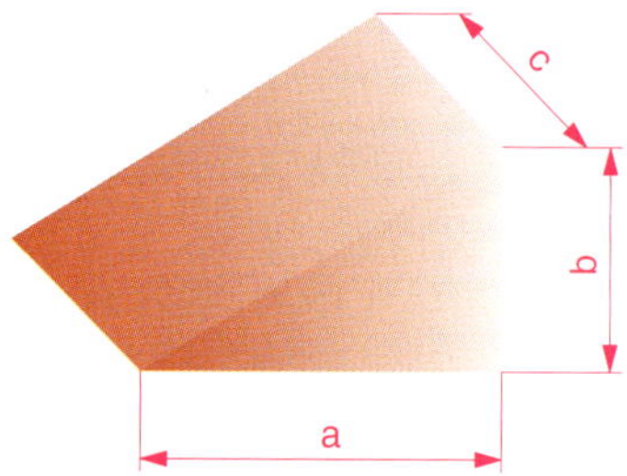

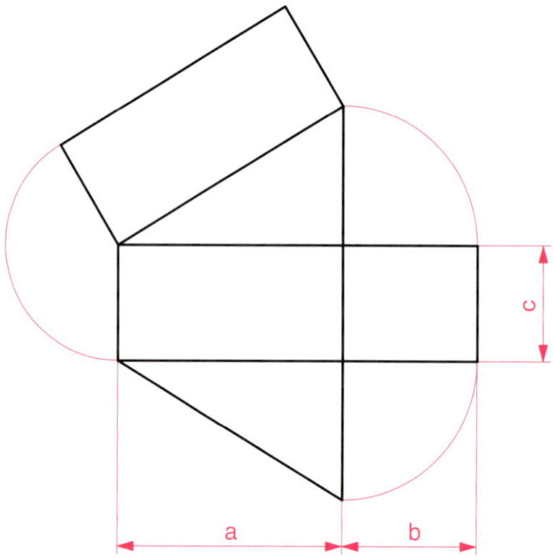

PROBLEMA 22

Disegnare lo sviluppo di un ottaedro regolare

L'ottaedro regolare appartiene al gruppo dei *poliedri regolari* (v. pag. A40), e ha pertanto come facce otto triangoli equilateri.

Si disegnano quindi i triangoli di lato uguale a quello dell'ottaedro, secondo la sequenza mostrata in figura.

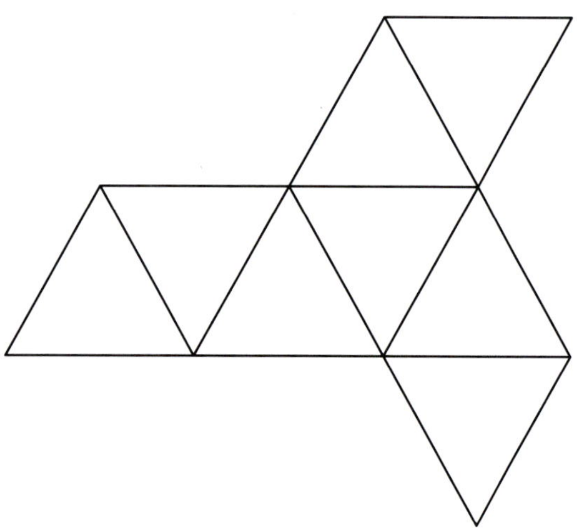

PROBLEMA 23

Disegnare lo sviluppo di un prisma esagonale retto

Il prisma preso in esame appartiene al gruppo dei *poliedri semiregolari* (v. pag. A40), e ha pertanto come basi due esagoni regolari, mentre le facce laterali sono dei quadrati.

Dopo aver disegnato una sequenza di 6 quadrati, si aggiungono due esagoni regolari con lato uguale a quello dei quadrati.

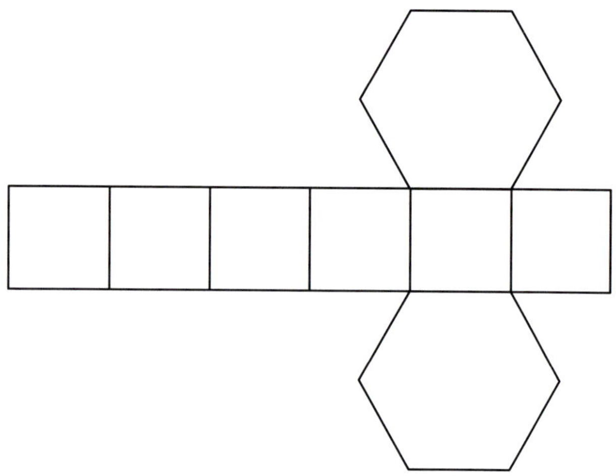

PROBLEMA 24

Disegnare lo sviluppo di un cubottaedro

Anche il cubottaedro è un *poliedro semiregolare* (v. pag. A40), e ha come facce 6 quadrati e 8 triangoli equilateri. Il suo sviluppo non presenta difficoltà grafiche, ma necessita di una discreta attenzione nel disporre le diverse facce; oltre ad alternare un quadrato e un triangolo, bisogna far sì che nella ricomposizione del solido alcune facce non si sovrappongano. Inoltre, il discreto numero di facce impone una notevole precisione; a tale scopo è utile riportare i lati mediante archi di circonferenza.

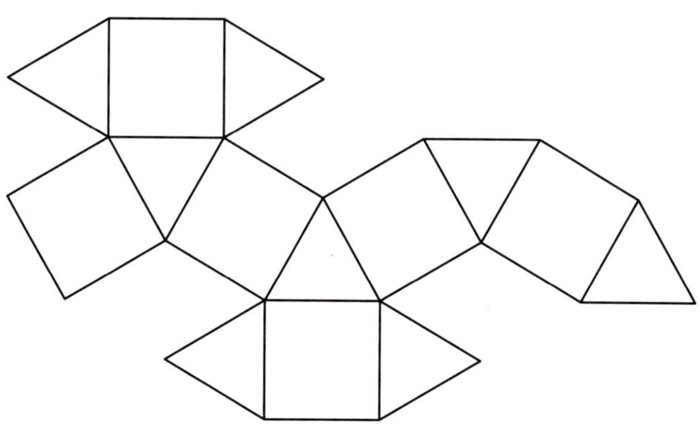

PROBLEMA 25

Disegnare lo sviluppo di un cilindro retto

La superficie cilindrica sviluppata sul piano è un rettangolo che ha un lato pari all'altezza del cilindro e l'altro pari alla lunghezza della circonferenza di base ($2\pi R$).

Per completare lo sviluppo bisogna disegnare due circonferenze di raggio R in posizione tangente ai lati di lunghezza $2\pi R$ del rettangolo precedente.

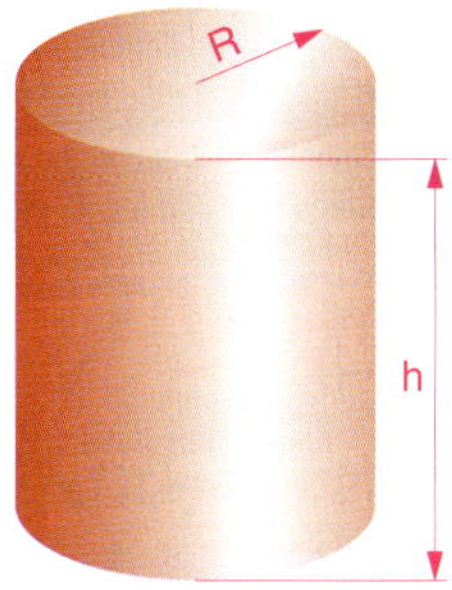

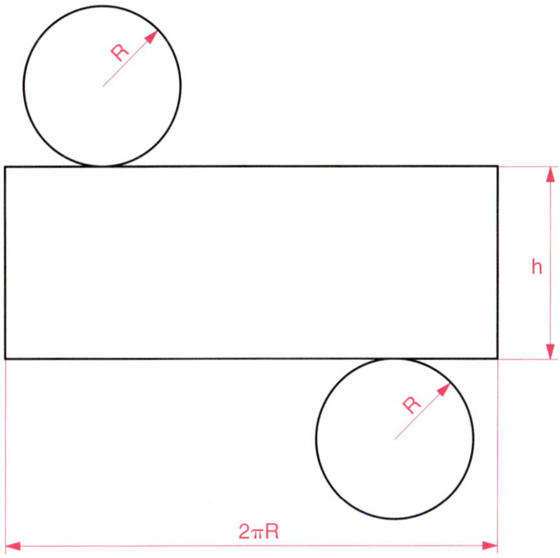

PROBLEMA 26

Disegnare lo sviluppo di un cono retto

Lo sviluppo è composto dal cerchio di base e da un settore circolare. Esso ha un raggio pari ad a, *apotema* del cono; inoltre l'arco deve avere una lunghezza pari alla lunghezza della circonferenza di base del cono.

Poiché quest'ultima è lunga $2\pi R$, si può calcolare l'angolo al centro del settore circolare con la seguente formula:

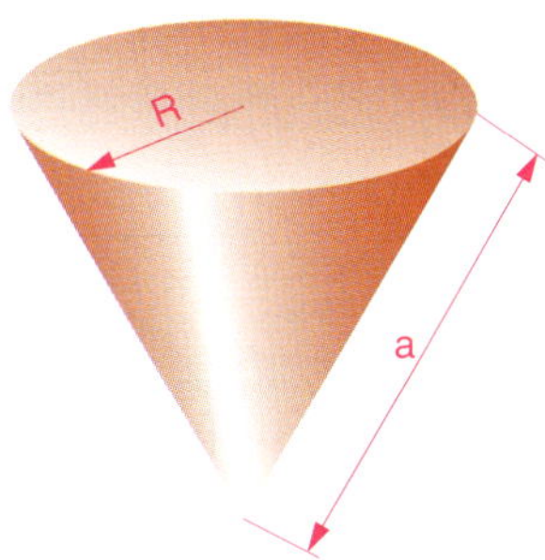

$$\alpha = \frac{R}{a} \cdot 360°$$

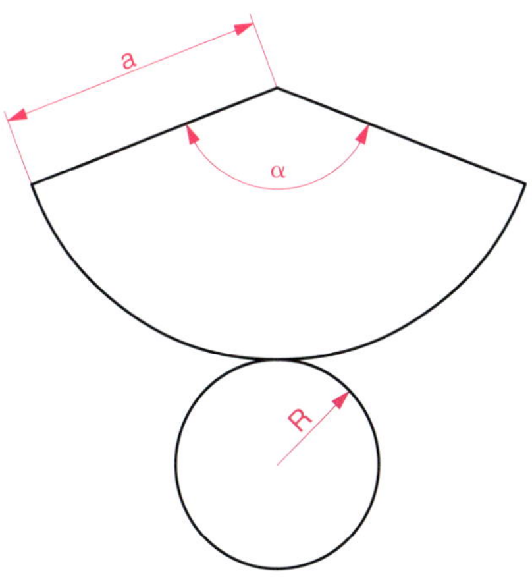

PROBLEMA 27

Disegnare lo sviluppo di un solido composto da un parallelepipedo e da una piramide quadrata

Nello sviluppo del parallelepipedo di base b e di altezza h, si sostituisce una sua faccia di base con quattro triangoli isosceli. Dal punto medio di un lato AB dei rettangoli si traccia un segmento perpendicolare, di lunghezza a, apotema della piramide. Nell'estremo C di questo segmento si centra tracciando una circonferenza passante per A e B; con archi successivi di ampiezza b si ottengono i vertici dei triangoli.

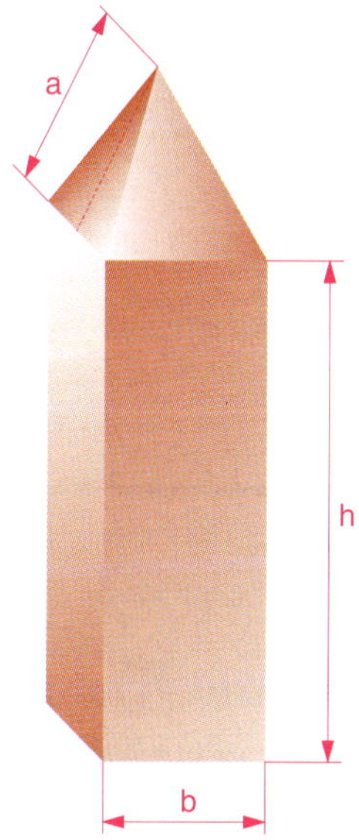

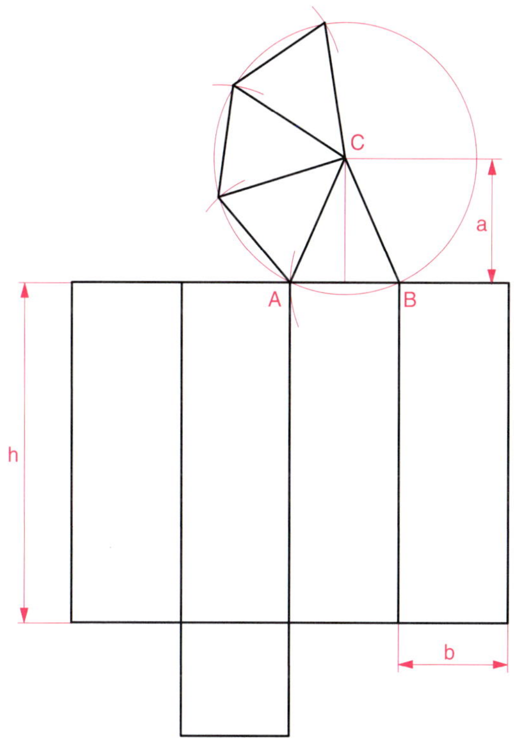

GLOSSARIO

Apotema di un cono retto: distanza del vertice da un punto della base.

Apotema di una piramide: distanza del vertice dal punto medio dello spigolo di base.

PROBLEMA 28

Disegnare lo sviluppo del telo di copertura di una tenda canadese

Lo sviluppo è costituito da due rettangoli, i cui lati sono a e b. I triangoli sono ottenibili mediante archi di raggio uguale agli spigoli c, d, e.

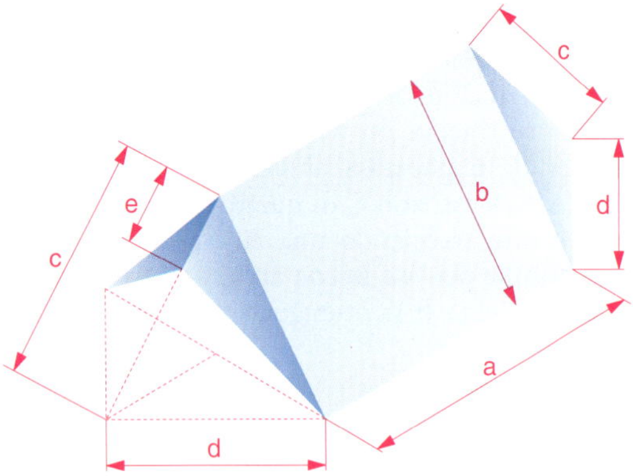

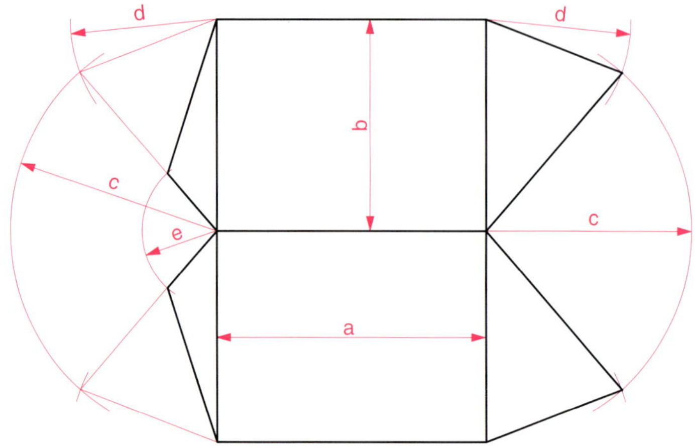

PROBLEMA 29

Disegnare lo sviluppo di un tronco di piramide a base quadrata

Si disegna lo sviluppo della piramide intera, tracciando la base quadrata e i triangoli mediante una operazione analoga a quella del Problema 27. A tal fine sulle proiezioni ortogonali si è definita la vera lunghezza $\overline{V1}$ dello spigolo passante per il vertice (v. Problema 8 a pag. B96).

Si rilevano quindi le vere distanze di V dai vertici della base obliqua ($\overline{V2}$ e $\overline{V3}$). Sullo sviluppo precedente si possono pertanto disegnare le facce laterali del tronco di piramide. Per completare lo sviluppo si aggiunge la base obliqua, rilevata in vera forma per ribaltamento nelle proiezioni ortogonali.

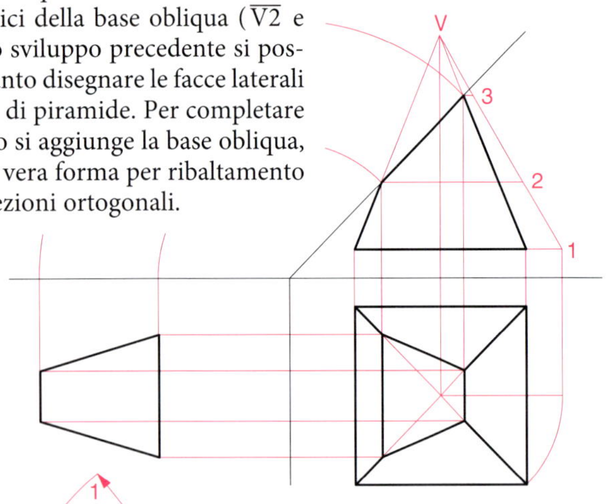

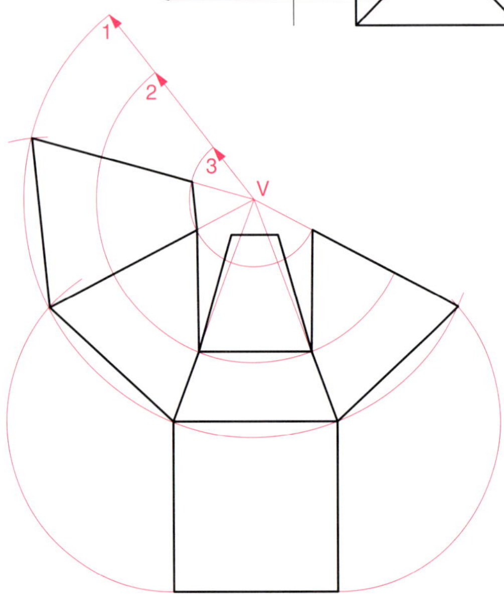

PROBLEMA 30

Disegnare lo sviluppo di un cilindro a base obliqua

Lo sviluppo è costituito dal cerchio della base inferiore, dall'ellisse della base superiore e dalla superficie cilindrica sviluppata. Quest'ultima figura si può ottenere tracciando sulle proiezioni ortogonali un certo numero di generatrici equidistanti (8 nella figura). Sullo sviluppo quindi si traccia la base inferiore della superficie cilindrica; essa è un segmento di lunghezza pari a $2\pi R$. Si divide questo segmento in parti uguali (8) e da ogni punto divisore si traccia un segmento di lunghezza pari a quella della corrispondente generatrice. Congiungendo questi punti con una curva si definisce lo sviluppo della superficie cilindrica. Si completa lo sviluppo aggiungendo il cerchio e l'ellisse, ottenuta nella sua vera forma tramite ribaltamento nelle proiezioni ortogonali.

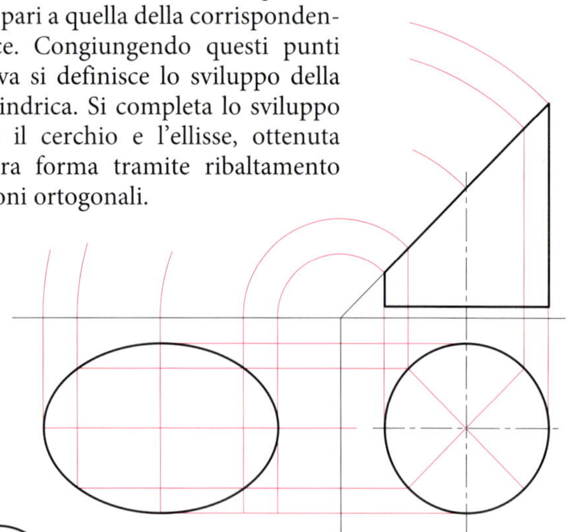

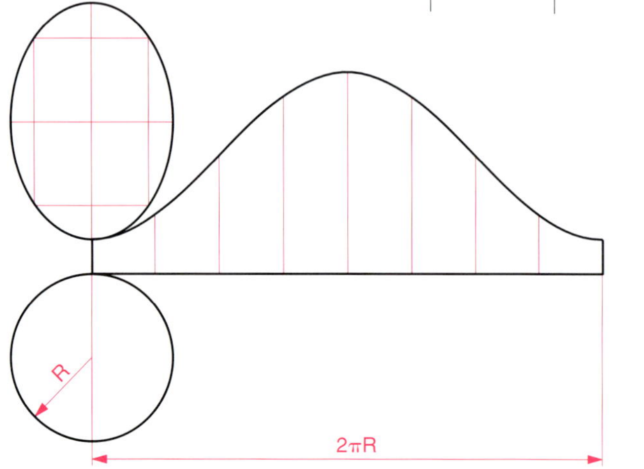

Eliche ed elicoidi

Elica

L'**elica** è una curva generata dal moto di un punto soggetto contemporaneamente a un moto circolare e a un moto rettilineo.

Se il diametro del moto circolare è costante, il punto si sposta lungo una curva chiamata **elica cilindrica**; se invece il diametro diminuisce in modo costante si ha una **elica conica**.

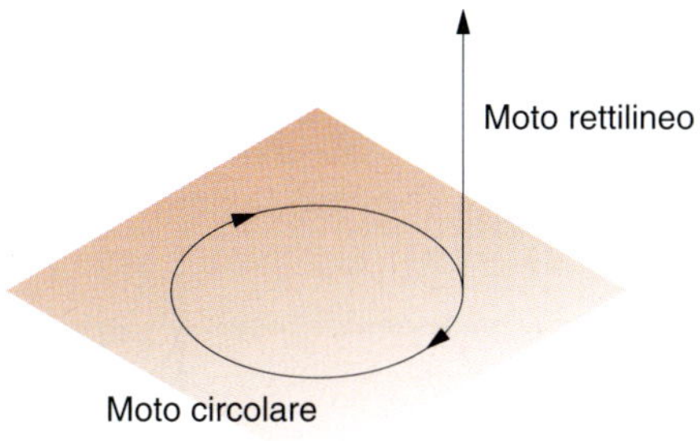

Il **passo** di un'elica è la distanza tra due suoi punti appartenenti alla stessa generatrice.
La **spira** è invece il tratto di elica compresa tra gli stessi due punti.

L'**asse dell'elica** è l'asse della superficie lungo la quale si sviluppa.

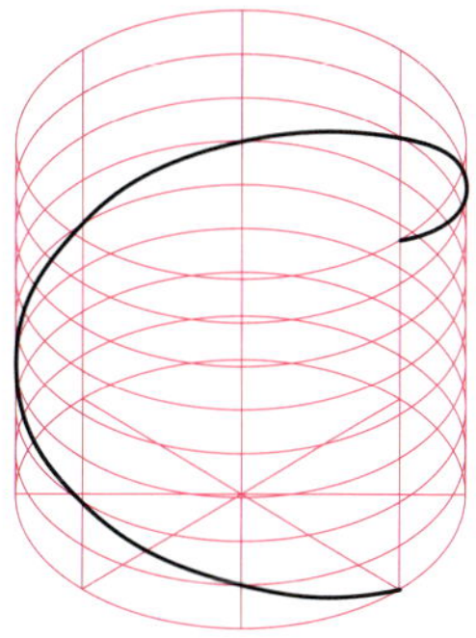

Se il moto circolare possiede un diametro costante si genera un'elica cilindrica, poiché si sviluppa lungo una superficie cilindrica.

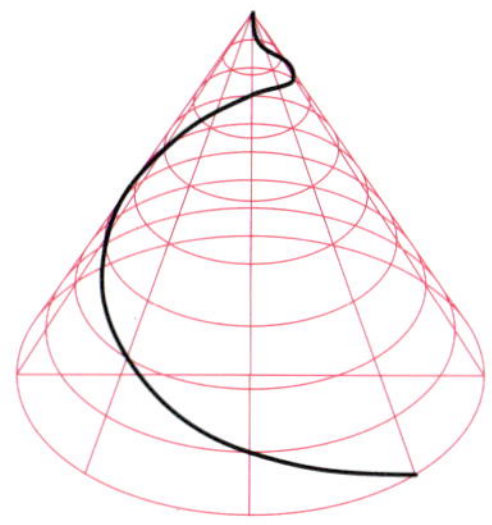

Se il moto circolare possiede un diametro uniformemente decrescente si genera un'elica conica, poiché si sviluppa lungo una superficie conica.

PROBLEMA 31

Rappresentazione in proiezioni ortogonali di un'elica cilindrica

- Nella vista dall'alto si disegna la circonferenza di diametro dato, dividendola in parti uguali (per esempio 12, come in figura).
- Nella vista frontale si traccia un segmento verticale pari al passo dell'elica, dividendolo in un corrispondente numero di parti (12 in figura) e conducendo rette orizzontali dai punti divisori.
- Si conducono linee di riporto verticali dai punti sulla circonferenza; esse intersecano le corrispondenti rette orizzontali nei punti dell'elica.
- Unendo questi punti con il curvilineo si ottiene la vista frontale dell'elica.

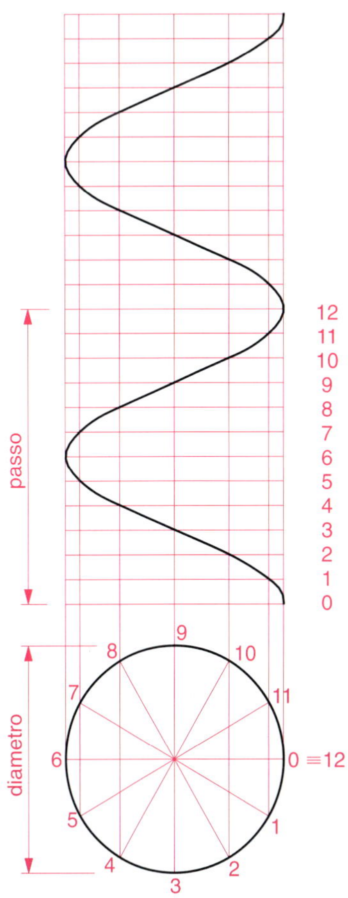

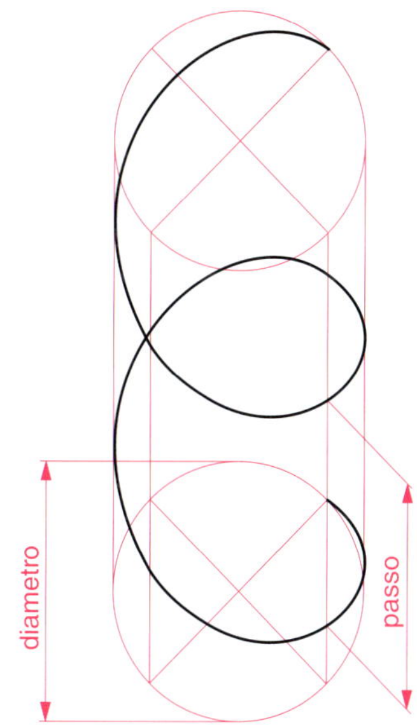

- Per disegnare lo sviluppo in piano dell'elica si disegna un rettangolo con altezza pari al passo e con base pari alla lunghezza della circonferenza (πd). Dividendo i lati in parti uguali (12 in figura) si trovano i punti d'intersezione dei segmenti corrispondenti; la linea passante per tutti i punti trovati è un **segmento**.

Elicoide

L'**elicoide** è la superficie generata da una figura piana che si muove lungo un'elica.

Gli elicoidi possono essere generati da profili vari, quali cerchi, triangoli, trapezi. Sono per esempio elicoidali le superfici delle filettature o delle molle cilindriche.

PROBLEMA 32

Disegnare un elicoide generato da un rettangolo perpendicolare all'asse

Si disegna il rettangolo di base e per il suo centro si conduce l'asse dell'elicoide. I vertici del rettangolo generano quattro eliche che possono essere disegnate con il procedimento indicato nel problema precedente. In questo caso le singole eliche formano solo un quarto di spira.

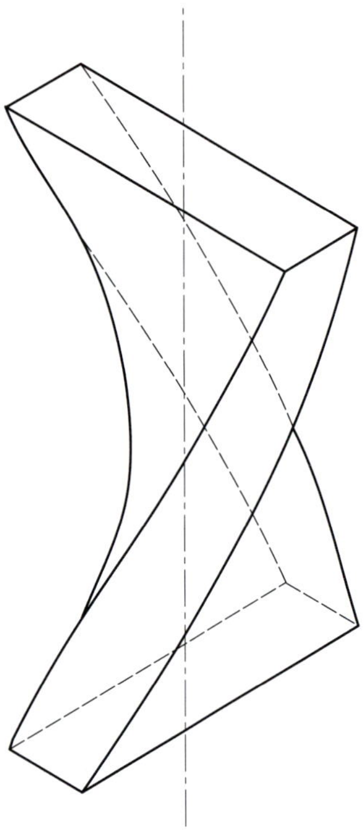

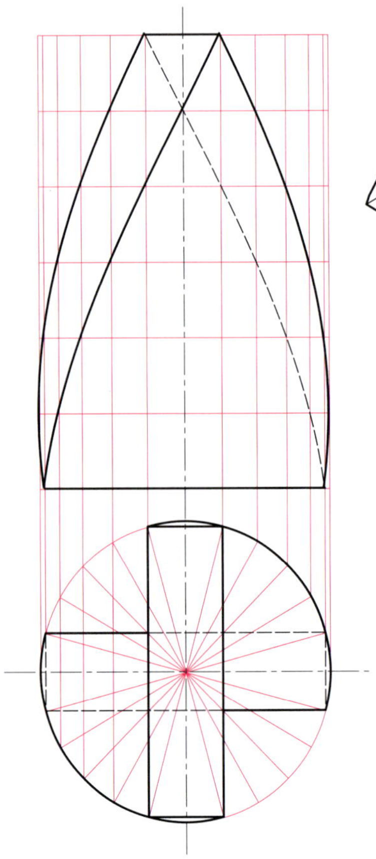

PROBLEMA 33

Disegnare una rampa elicoidale

Il profilo generatore dell'elicoide è un quadrato. Pertanto i vertici del quadrato formano quattro eliche dello stesso passo, ma di due diametri diversi. In questo caso l'elicoide è costituito da tre spire.

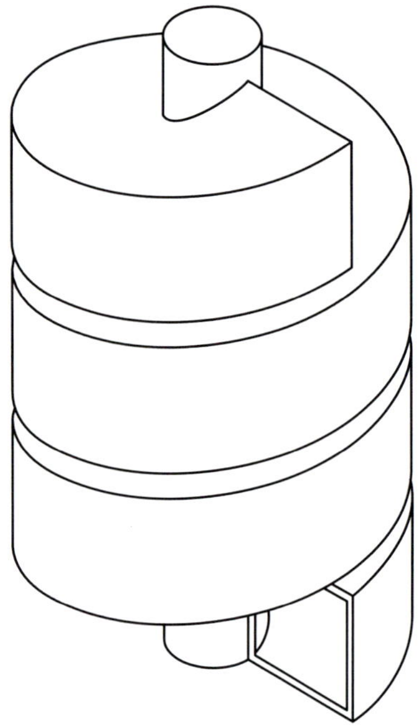

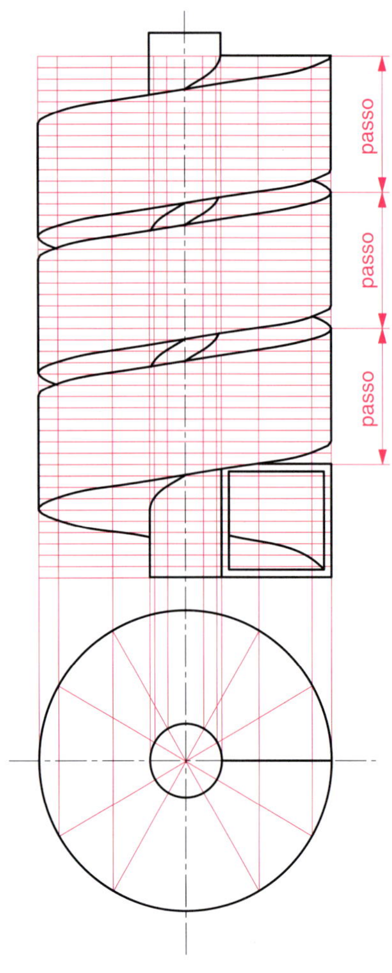

Su ribaltamento e sviluppo abbiamo imparato...

RIBALTAMENTO

la vera forma si ricava dalle proiezioni ortogonali

ROTAZIONE DEL PIANO DELLA FIGURA FINCHÉ SI DISPONGA SU UN QUADRO

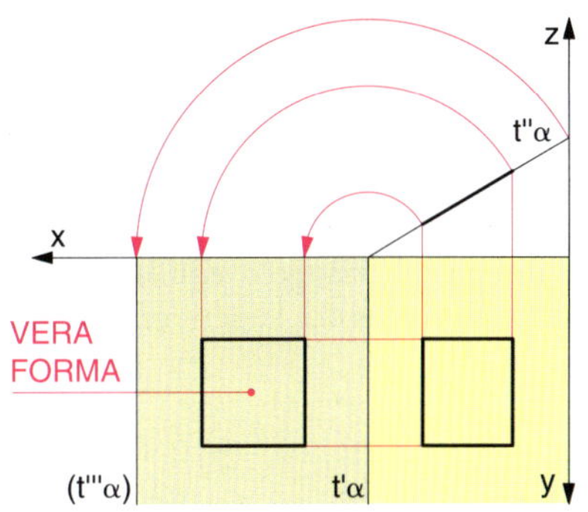

le proiezioni ortogonali si ricavano dalla vera forma

ROTAZIONE DEL PIANO DELLA VERA FORMA FINO ALL'INCLINAZIONE VOLUTA

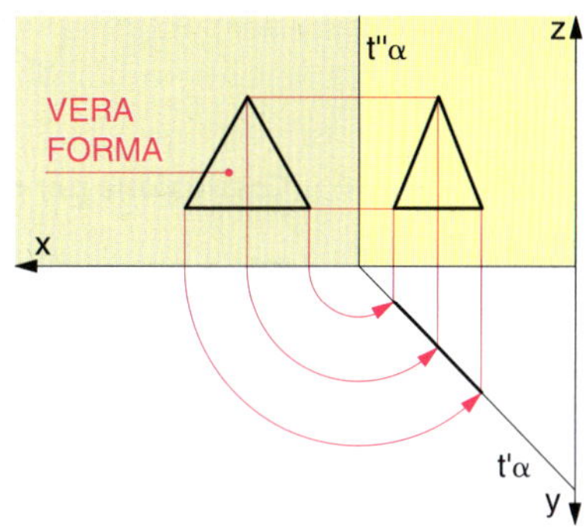

ROTAZIONE

la vera forma si ricava dalle proiezioni ortogonali

ROTAZIONE DELLA FIGURA FINCHÉ SIA PARALLELA A UN QUADRO

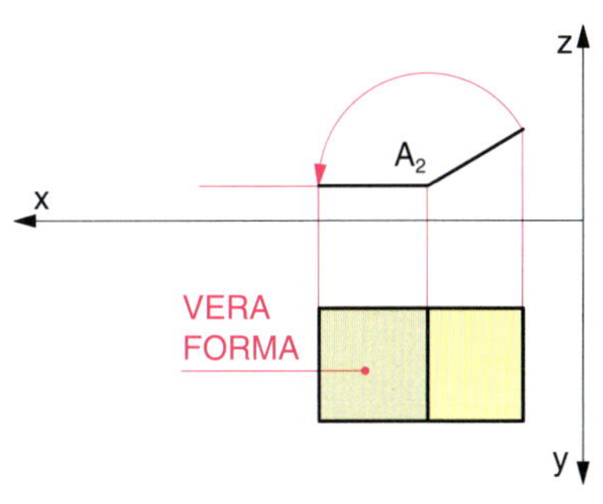

le proiezioni ortogonali si ricavano dalla vera forma

ROTAZIONE DELLA VERA FORMA FINO ALL'INCLINAZIONE VOLUTA

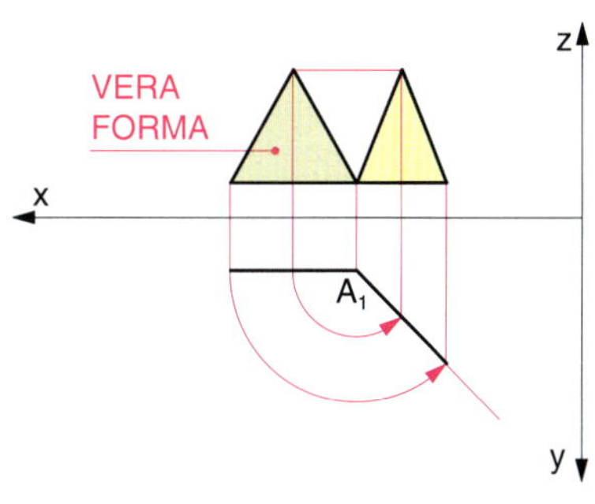

SVILUPPO

LE FACCE DEL SOLIDO SONO RUOTATE FINO A DISPORSI SU UN UNICO PIANO

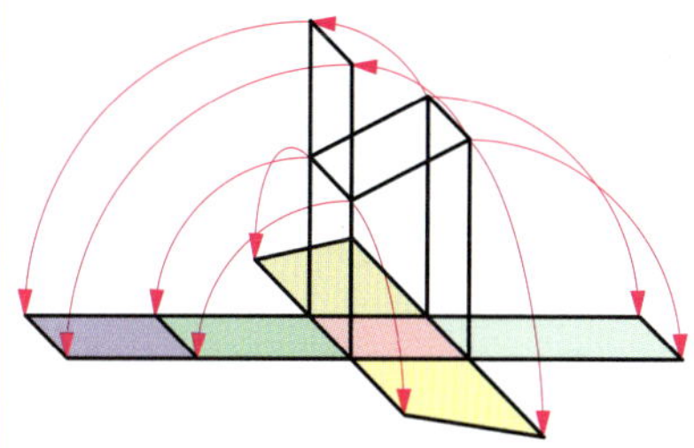

DALLE VISTE DEL SOLIDO SI RICAVANO LE DIMENSIONI DELLE SUE FACCE

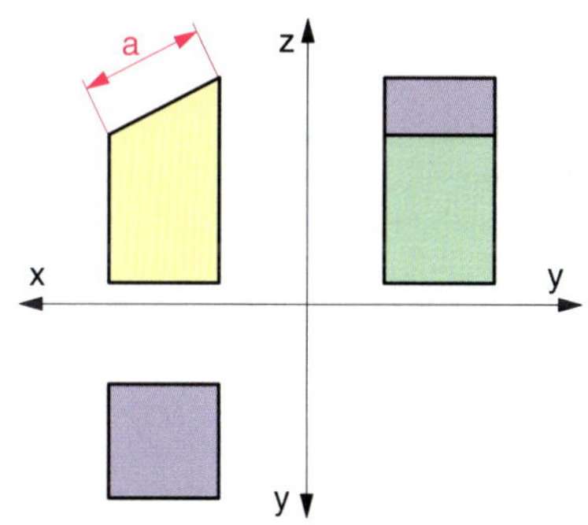

DISEGNO DELLO SVILUPPO DEL SOLIDO

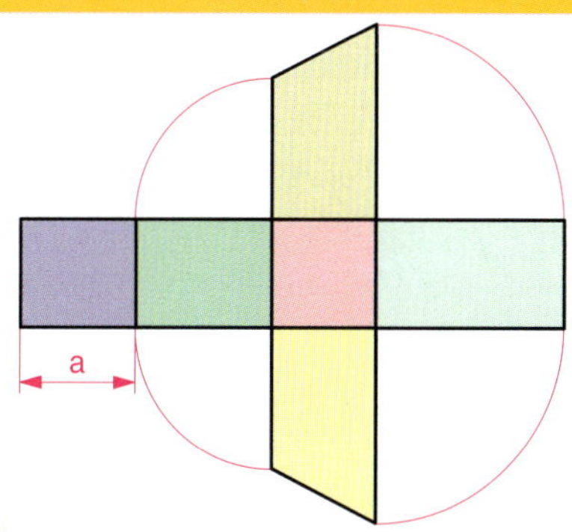

ESERCITAZIONE 1 GUIDATA

Completa le viste della piramide a base quadrata per rotazione o ribaltamento

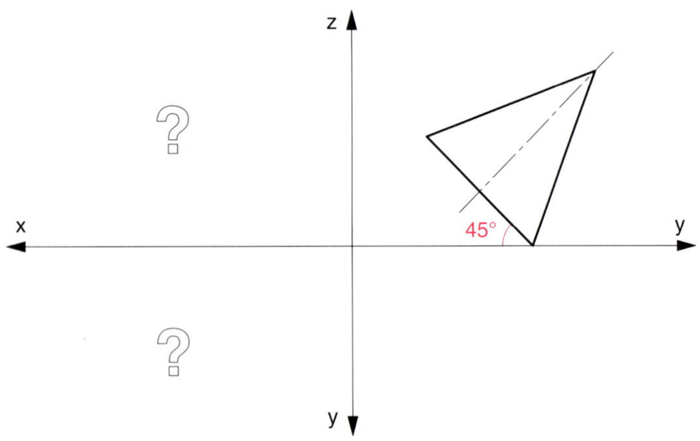

Costruzione per ribaltamento

1 Si ribalta il quadrato di base, attraverso le tracce del suo piano e con archi di centro T.

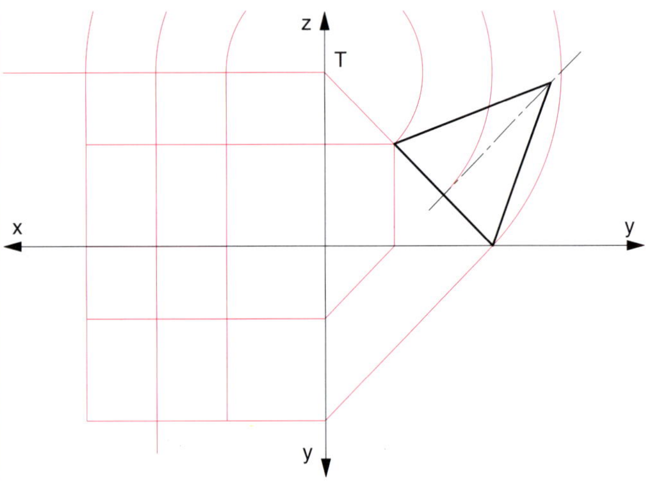

2 Si individua il vertice della piramide con gli altri spigoli. Si completa ripassando spigoli visibili e nascosti.

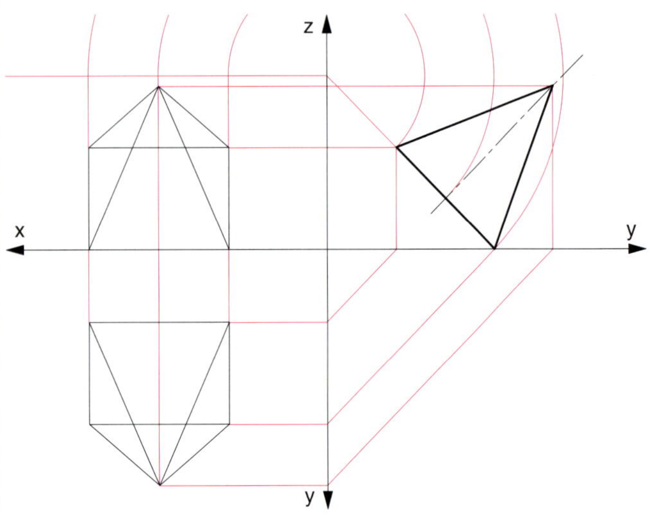

ESERCITAZIONE 2 GUIDATA

Completa le viste del prisma a base triangolare equilatera per rotazione o ribaltamento

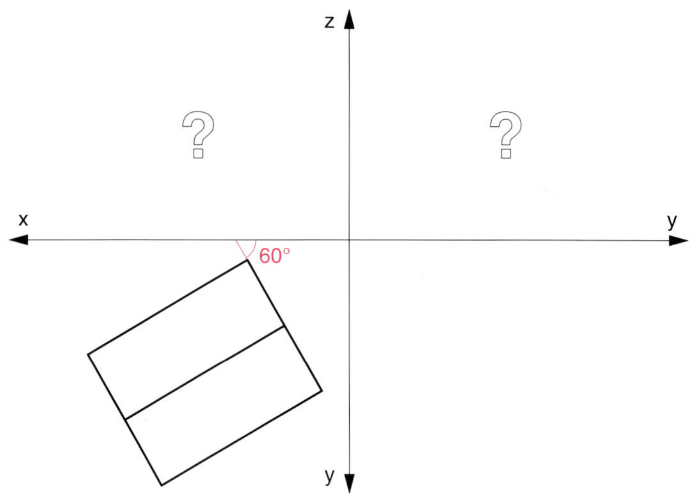

Costruzione per rotazione

1 Nella vista frontale si disegna il triangolo equilatero ruotato parallelamente al piano xz. Il suo vertice superiore fornisce l'altezza del prisma.

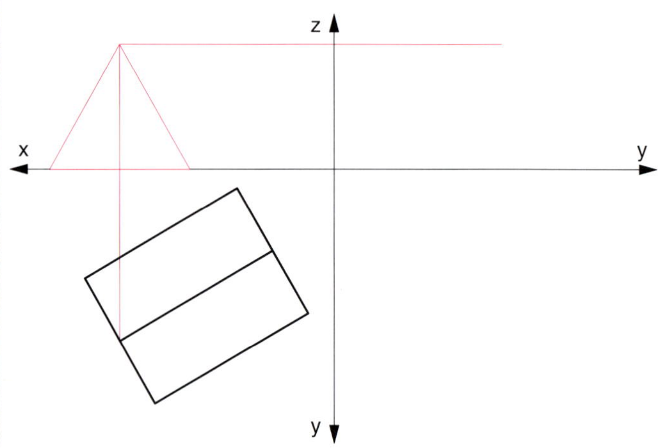

2 Con riporto verso la vista frontale e da sinistra si ottengono i vertici del solido e tutti i suoi spigoli. Si ripassano spigoli visibili e nascosti.

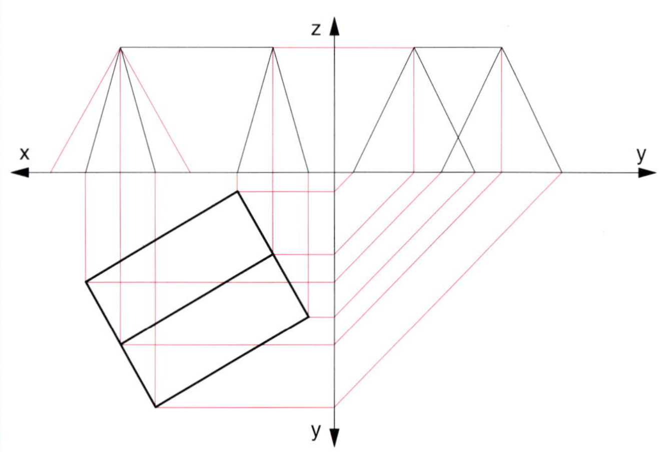

ESERCITAZIONE 3

CON SUGGERIMENTO

Completa le viste della piramide a base ottagonale regolare per rotazione o ribaltamento

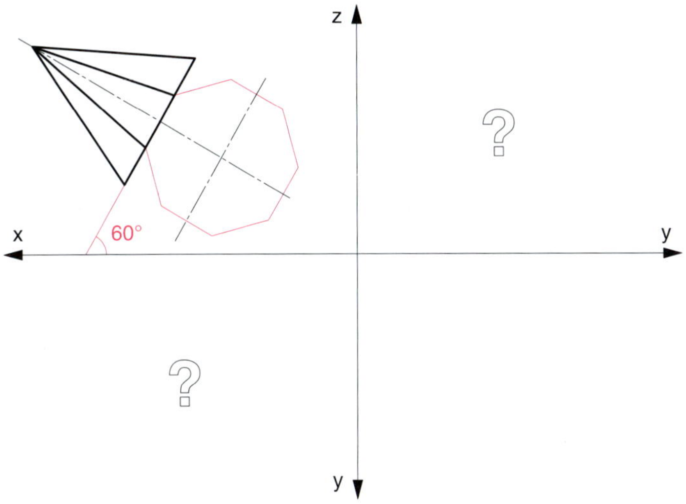

IL PRIMO PASSO Dalla vista frontale si tracciano i riporti verticali. Nella vista dall'alto si disegna l'ottagono ruotato in posizione orizzontale; con riporti dai suoi vertici si ottiene la vista dall'alto della base della piramide.

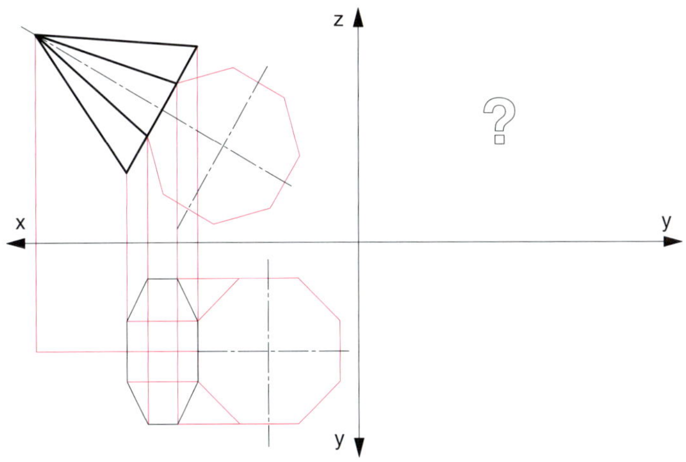

ESERCITAZIONE 4

Completa le viste del cubo con foro quadro per rotazione o ribaltamento

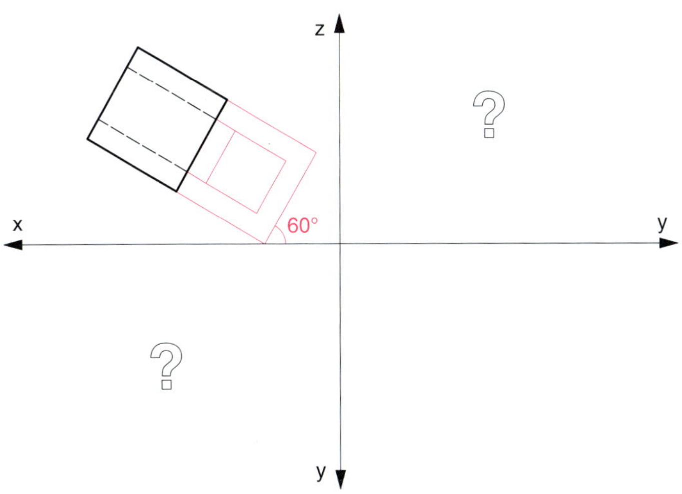

ESERCITAZIONE 5

Completa le viste del parallelepipedo con foro esagonale per rotazione o ribaltamento

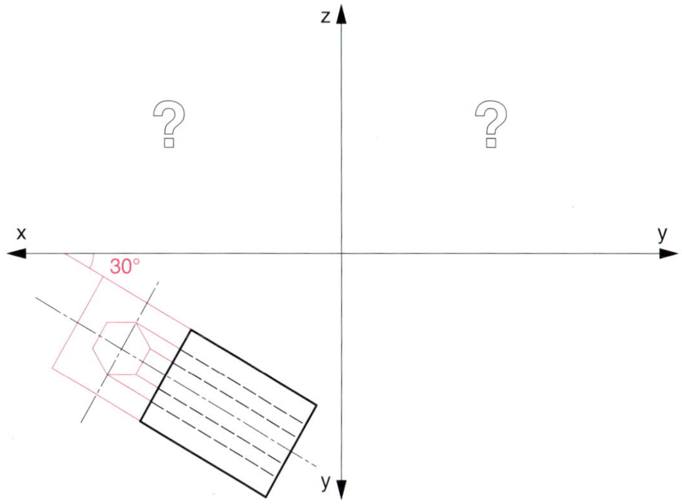

ESERCITAZIONE 6

Completa le viste del tronco di piramide a basi esagonali regolari per rotazione o ribaltamento

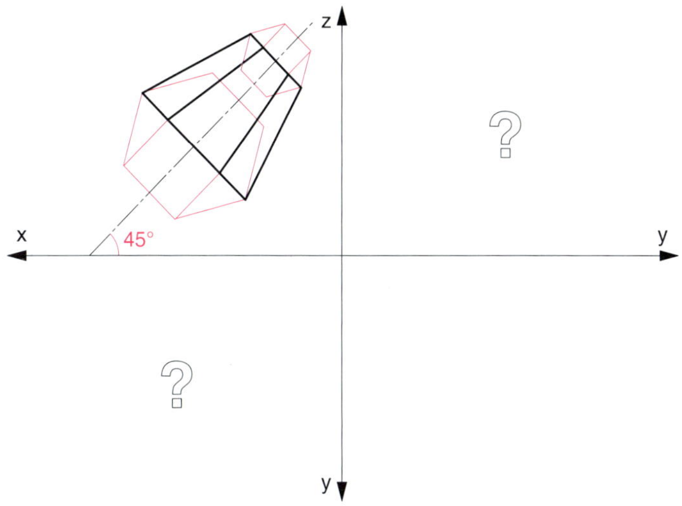

ESERCITAZIONE 7

Completa le viste del cilindro retto per rotazione o ribaltamento

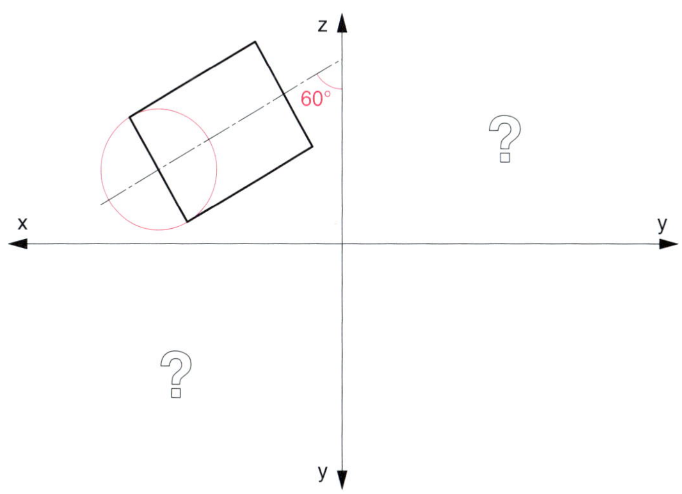

Esercitazioni

ESERCITAZIONE 8

Completa le viste date per rotazione o ribaltamento raddoppiando le misure del disegno

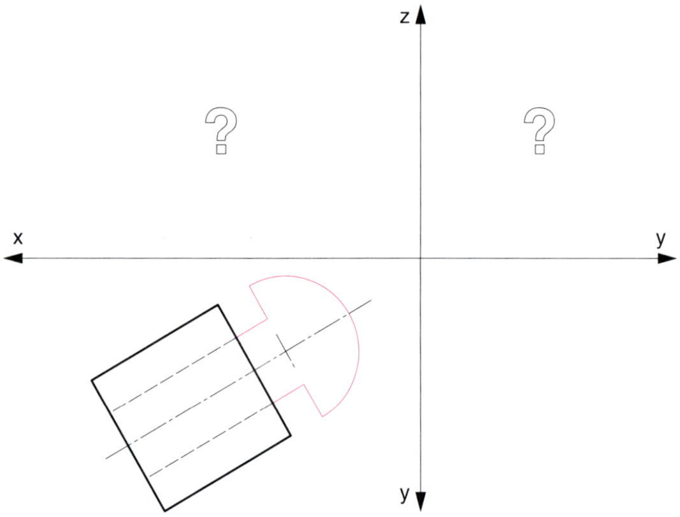

ESERCITAZIONE 9

Completa le viste date per rotazione o ribaltamento raddoppiando le misure del disegno

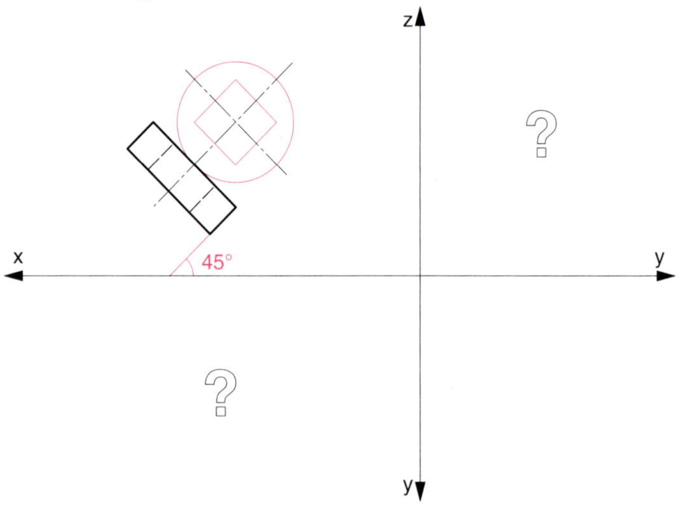

ESERCITAZIONE 10

Completa le viste date per rotazione o ribaltamento raddoppiando le misure del disegno

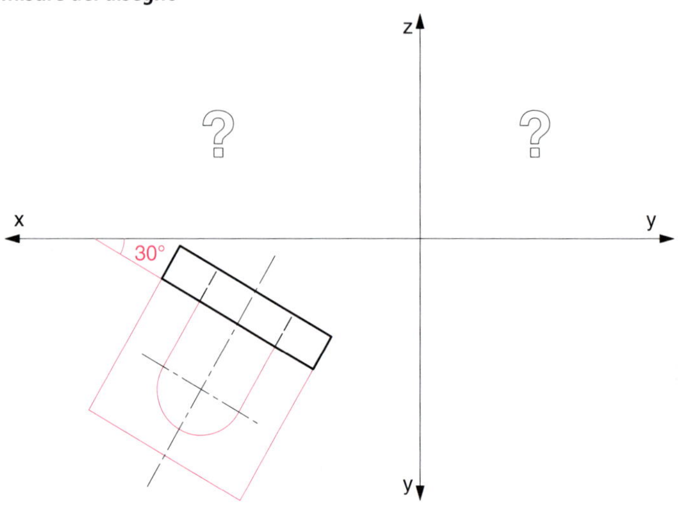

ESERCITAZIONE 11

Completa le viste date per rotazione o ribaltamento raddoppiando le misure del disegno

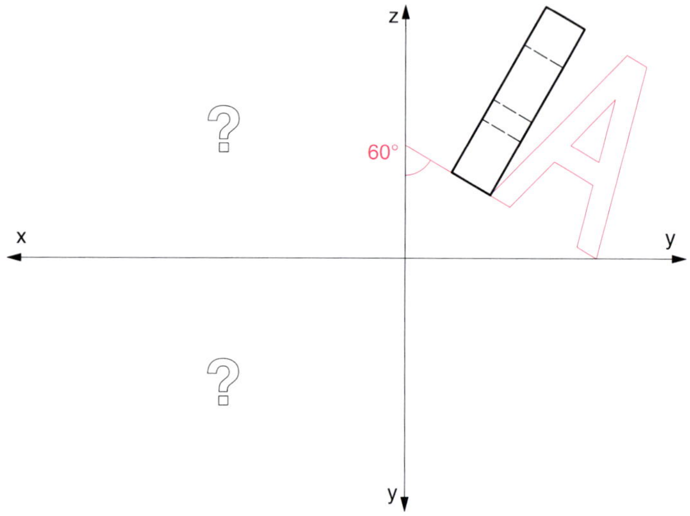

ESERCITAZIONE 12

Completa le viste date per rotazione o ribaltamento raddoppiando le misure del disegno

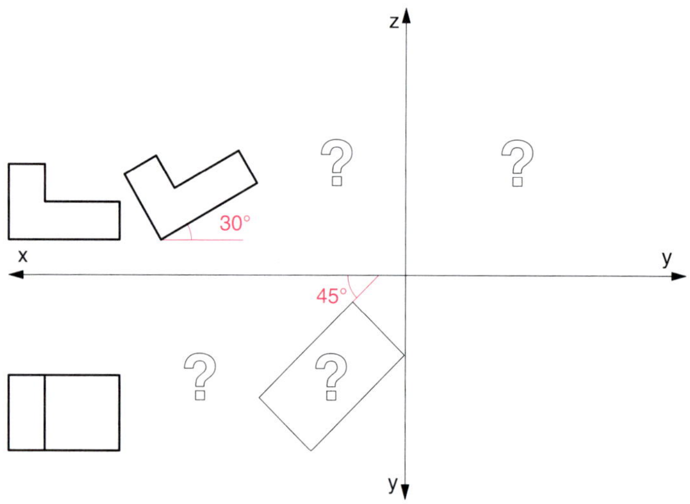

ESERCITAZIONE 13

Completa le viste date per rotazione o ribaltamento raddoppiando le misure del disegno

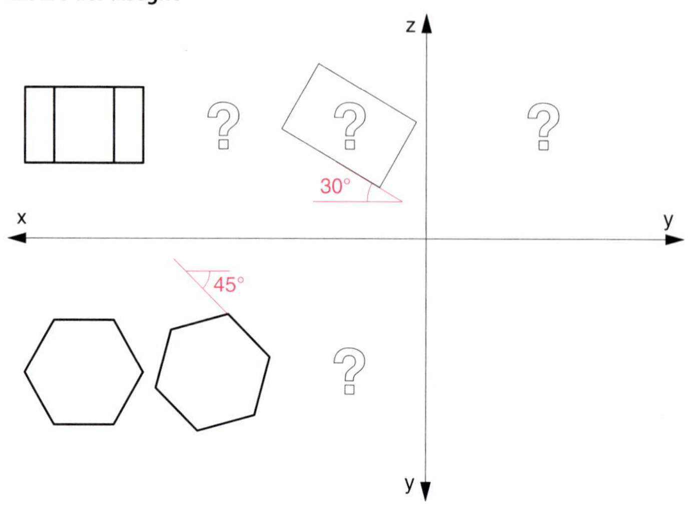

Dalle viste date ricava lo sviluppo del solido, raddoppiando le misure del disegno.

ESERCITAZIONE 14
GUIDATA

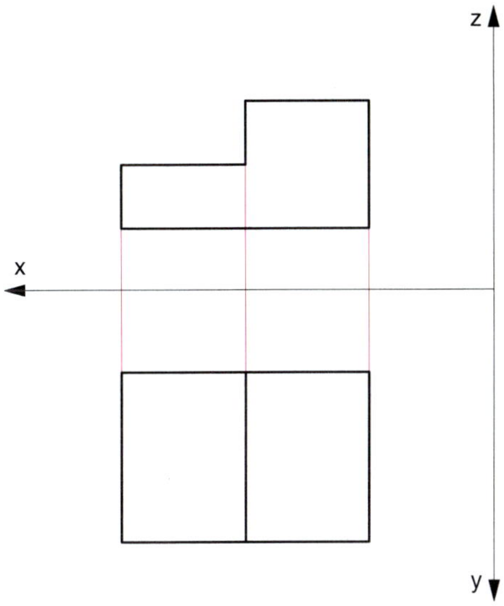

Il solido è in pratica una scaletta di due alzate.

1 Si disegnano in sequenza verticale la faccia anteriore, la base rettangolare e la faccia posteriore (simmetrica di quella anteriore).

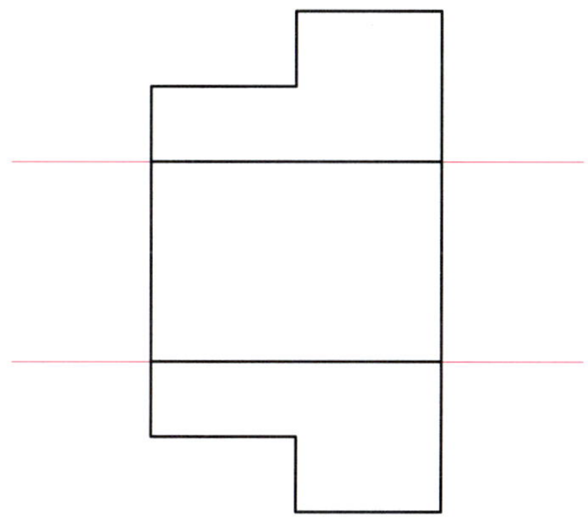

2 Con la stessa altezza del rettangolo centrale si disegnano in successione le altre facce del solido, rilevandone le dimensioni dalla vista frontale.

ESERCITAZIONE 15
GUIDATA

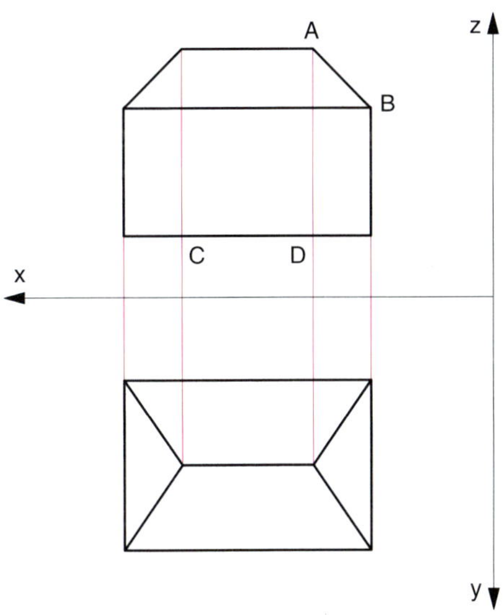

Il solido è in pratica una casetta con tetto a quattro falde (due triangolari e due a forma di trapezio isoscele).

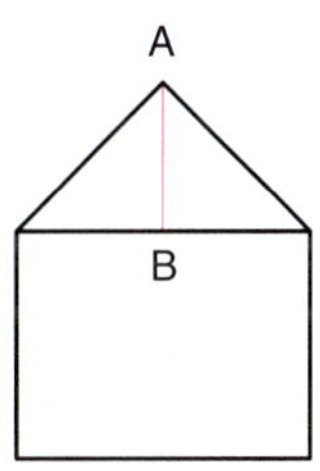

1 Si disegna la faccia rettangolare laterale. Dal punto medio della sua base superiore si prende un segmento pari ad AB (rilevabile nella vista frontale), trovando così la falda triangolare.

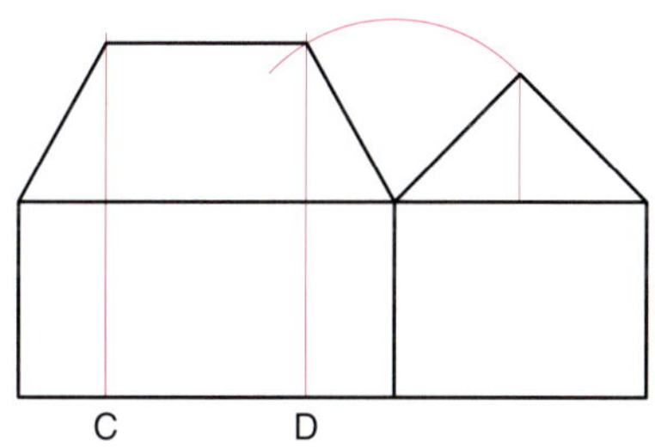

2 Si aggiunge la faccia rettangolare anteriore; si tracciano due verticali dai punti C e D, rilevati dalla vista frontale. Con un arco si riporta il lato obliquo del triangolo verso le precedenti verticali. Si ottiene la falda trapezia.

3 Si completa lo sviluppo aggiungendo in sequenza orizzontale le altre due facce con le relative falde. Al disotto viene infine aggiunta la base inferiore rettangolare.

NOTA BENE

Come utile completamento dell'esercitazione grafica si può ricavare dal disegno una fotocopia; aggiungendo su di essa le linguette e ritagliandola si può ricomporre il solido, verificando anche la precisione del disegno.
Le linguette vanno aggiunte a uno solo dei due lembi da unire.

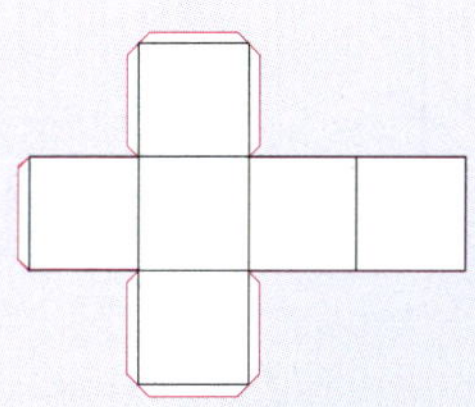

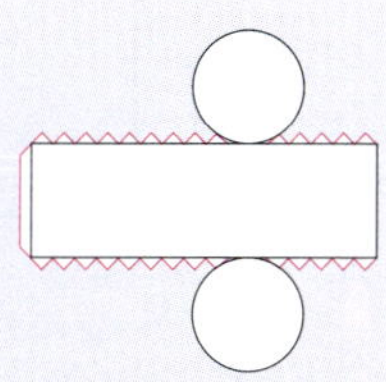

Dalle viste date ricava lo sviluppo del solido, raddoppiando le misure del disegno.

ESERCITAZIONE 16

CON SUGGERIMENTO

IL PRIMO PASSO Si disegnano in sequenza verticale la faccia anteriore, la base inferiore rettangolare e la faccia posteriore (simmetrica di quella anteriore). Al rettangolo centrale si aggiungono orizzontalmente le altre facce laterali del solido.

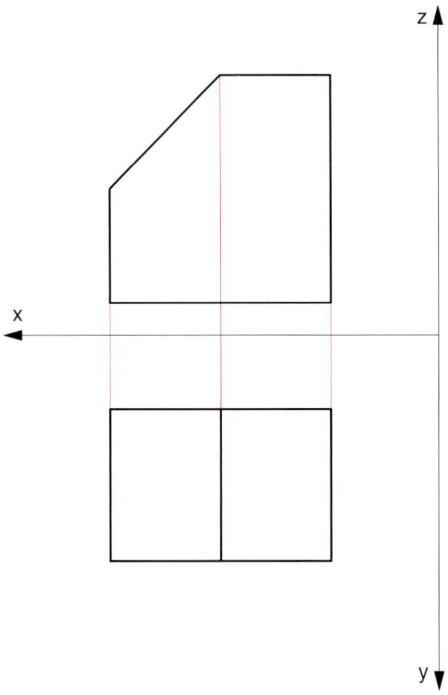

ESERCITAZIONE 17

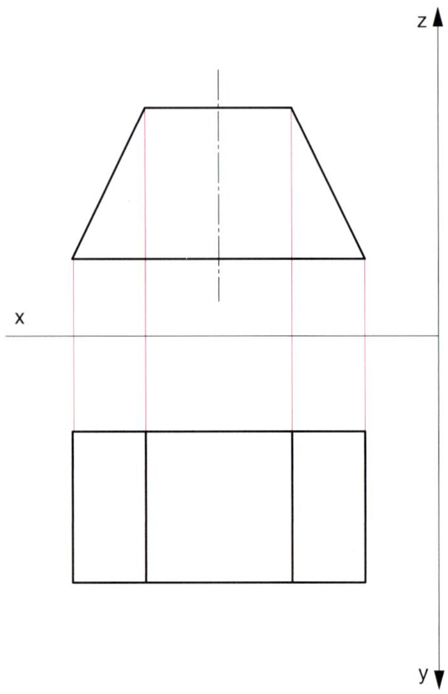

ESERCITAZIONE 18

CON SUGGERIMENTO

IL PRIMO PASSO Si disegnano in sequenza verticale la faccia anteriore, la base inferiore rettangolare e la faccia posteriore (simmetrica di quella anteriore). Al rettangolo centrale si aggiungono orizzontalmente le altre facce laterali del solido.

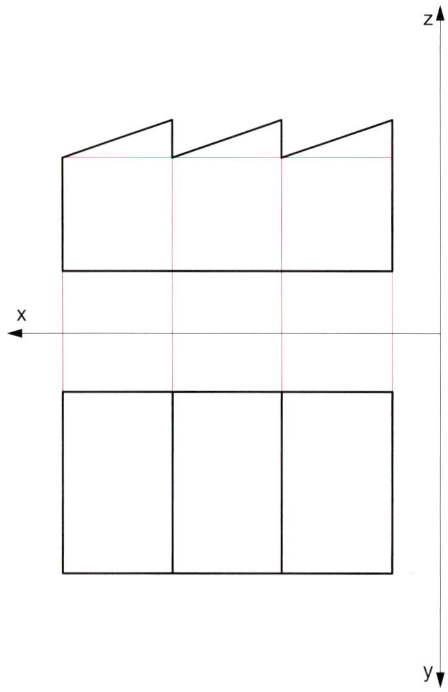

ESERCITAZIONE 19

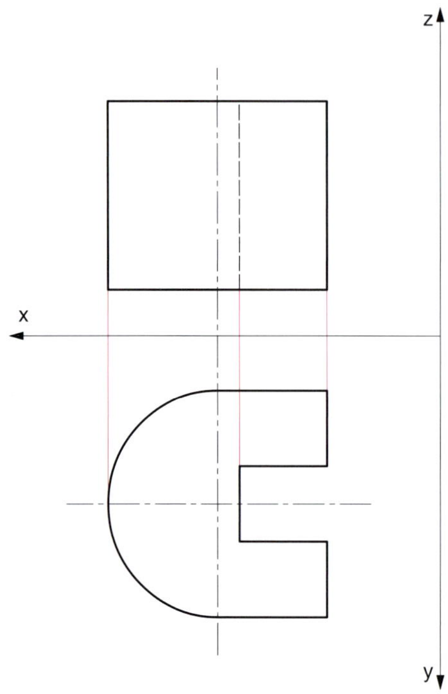

ESERCITAZIONE 20

CON SUGGERIMENTO

IL PRIMO PASSO Si disegnano in sequenza verticale la faccia anteriore, la base inferiore rettangolare e la faccia posteriore. Al rettangolo centrale si aggiunge orizzontalmente la faccia laterale comprendente anche lo sviluppo del semicilindro.

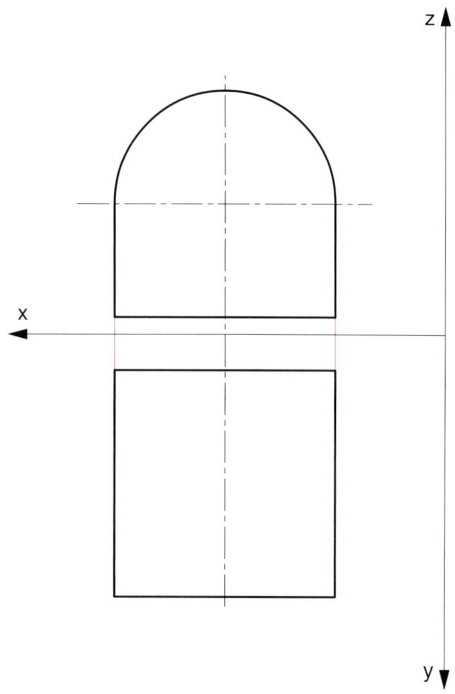

ESERCITAZIONE 21

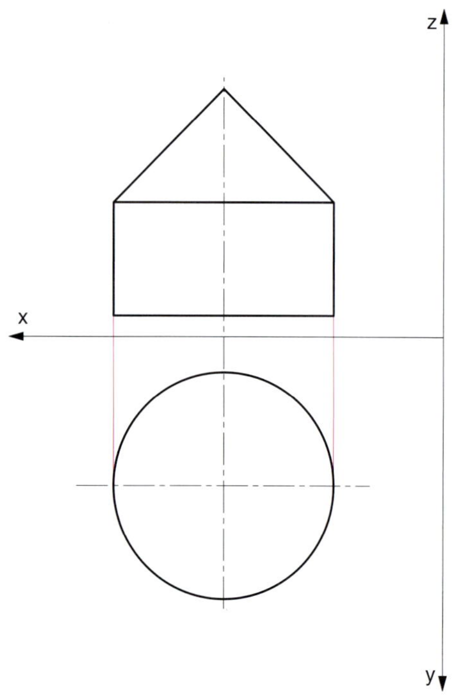

Disegna le viste date, la vera forma della faccia inclinata e lo sviluppo del solido, raddoppiando le misure del disegno.

ESERCITAZIONE 22

CON SUGGERIMENTO

IL PRIMO PASSO Dopo aver trovato la vera forma della faccia inclinata si passa allo sviluppo del solido. Le facce laterali disposte in sequenza orizzontale sono trapezi e rettangoli rilevabili dalle viste. Al disotto del rettangolo più piccolo si dispone la base quadrata, mentre al disopra si dispone il rettangolo ottenuto come vera forma della faccia inclinata.

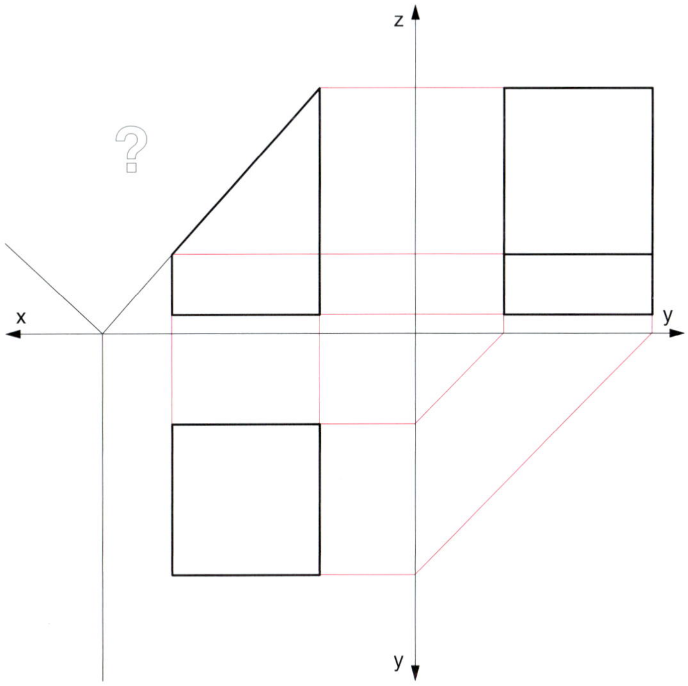

ESERCITAZIONE 24

CON SUGGERIMENTO

IL PRIMO PASSO Dopo aver trovato la vera forma della faccia inclinata (un ottagono irregolare) si passa allo sviluppo del solido. Le facce laterali disposte in sequenza orizzontale sono trapezi e rettangoli di base pari al lato dell'ottagono, mentre le loro altezze sono rilevabili dalla vista frontale. Si aggiungono la base inferiore e quella superiore (in vera forma).

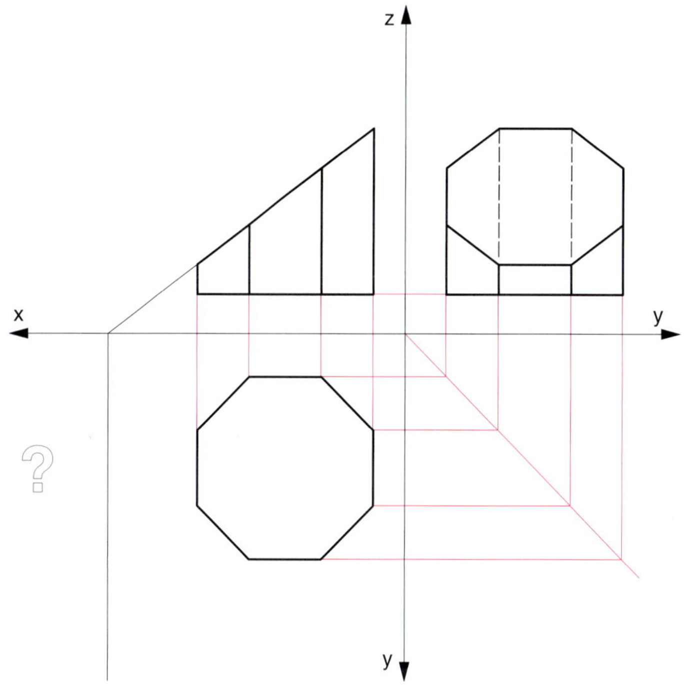

ESERCITAZIONE 23

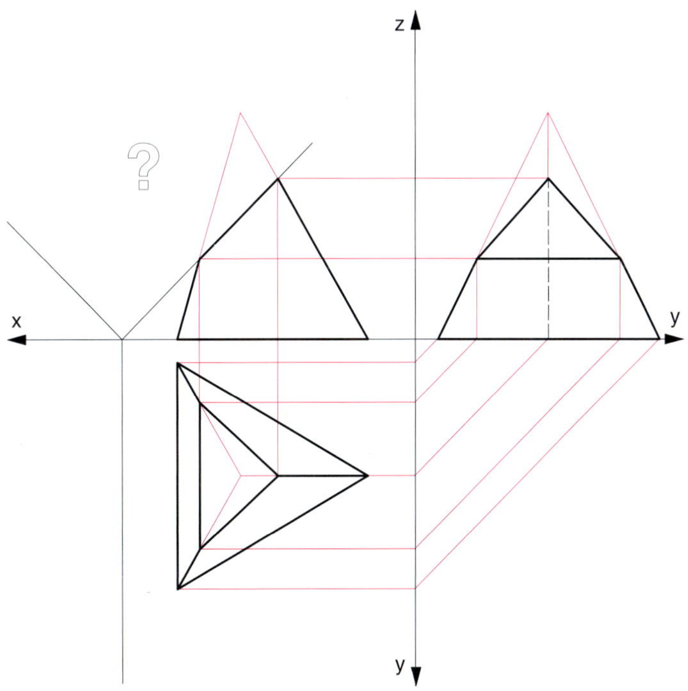

ESERCITAZIONE 25

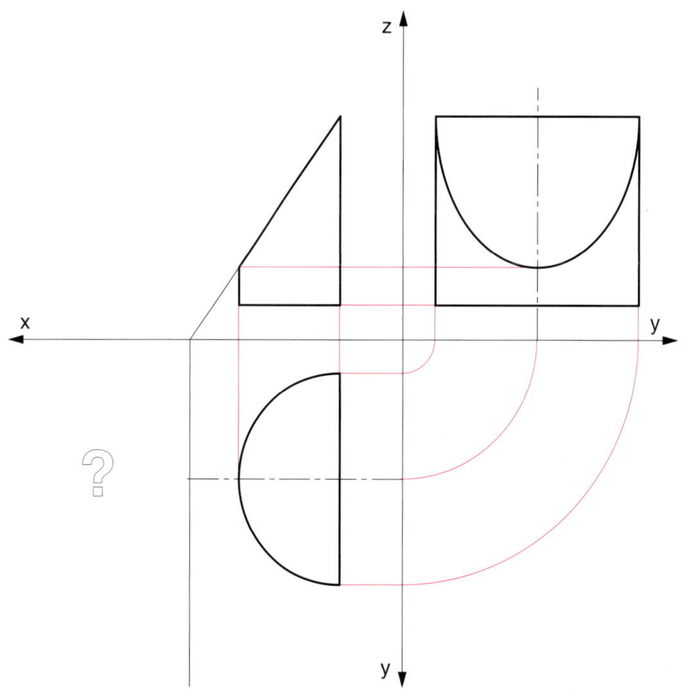

ESERCITAZIONE 26

Dall'assonometria planometrica e dalla vista dall'alto ricava le proiezioni ortogonali della rampa elicoidale in scala 1 : 100

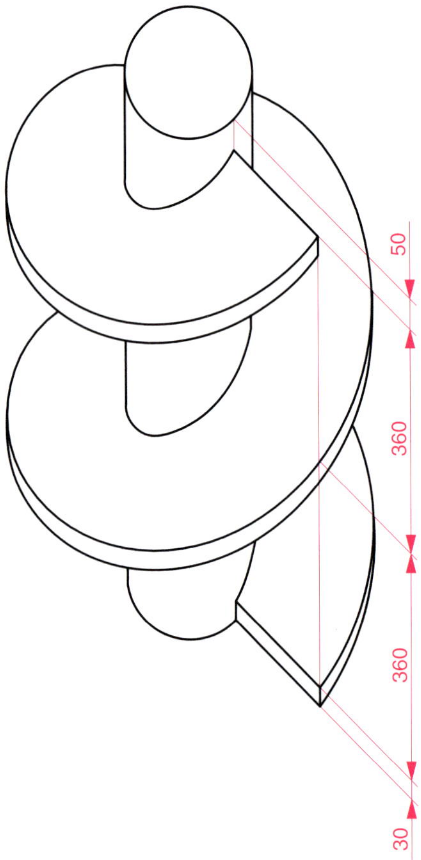

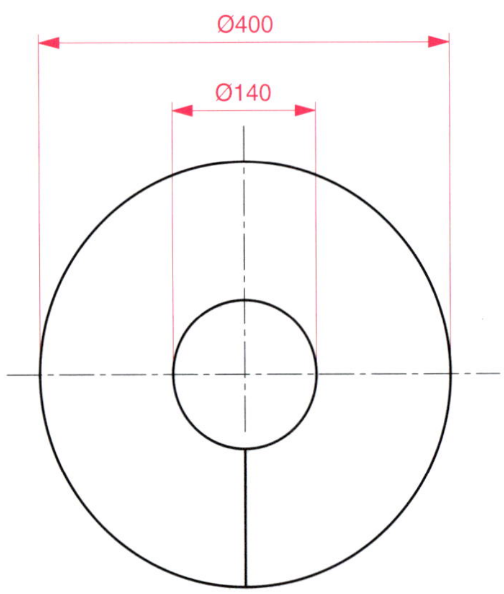

Quote in cm

ESERCITAZIONE 27

Dall'assonometria planometrica e dalla vista dall'alto ricava le proiezioni ortogonali della scala a chiocciola in scala 1 : 100

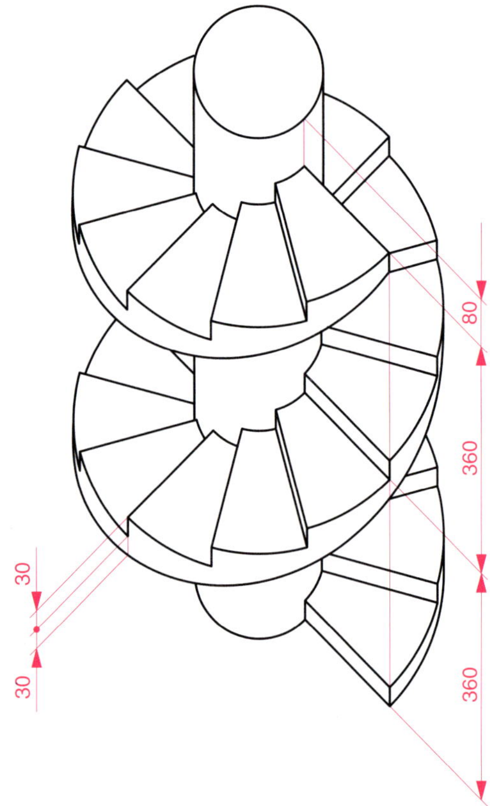

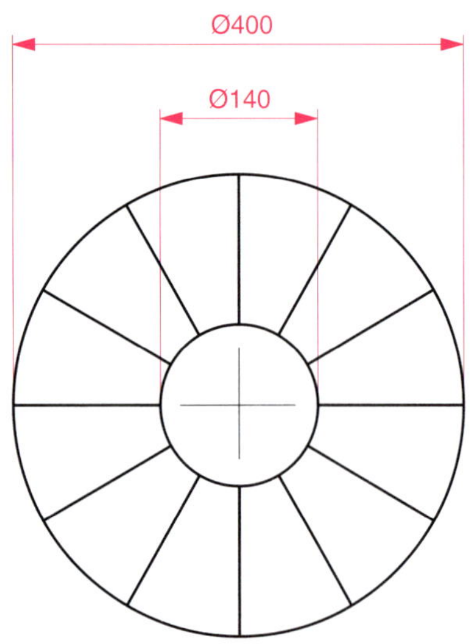

Quote in cm

Capire lo spazio: ribaltamento e rotazione di una figura piana

Dalle proiezioni ortogonali alla vera forma

Se una figura piana è inclinata rispetto ai quadri (xy, xz, yz) nessuna proiezione ortogonale fornisce la sua vera forma. Quest'ultima si può ottenere con il ribaltamento o con la rotazione della figura piana.

■ Ribaltamento

Si ruota il piano cui appartiene la figura intorno a una sua traccia, finché non si dispone su un quadro. Nella vista su quel quadro la figura appare nella sua vera forma.

Il piano α su cui giace la figura viene ruotato intorno alla sua traccia t'α, finché non si dispone sul quadro xy. I vertici della figura seguono traiettorie circolari, ben visibili nella vista frontale.

Date le due viste, dai vertici della figura in vista frontale si conducono archi con centro nel punto d'intersezione tra t'α e t"α. Dove essi intersecano l'asse x si tracciano linee di riporto verticali; all'intersezione di esse con le corrispondenti rette orizzontali condotte dalla vista dall'alto si trovano i vertici della vera forma della figura.

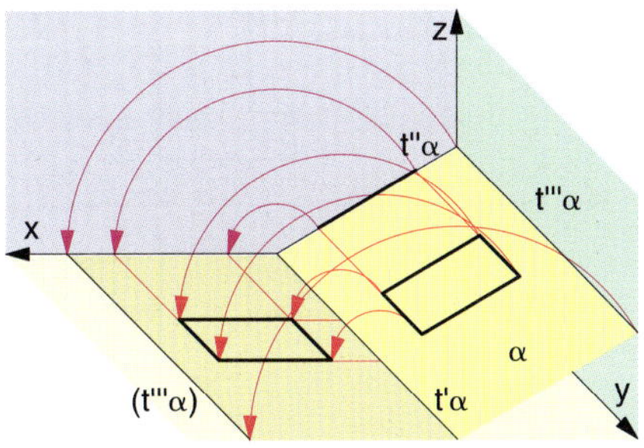

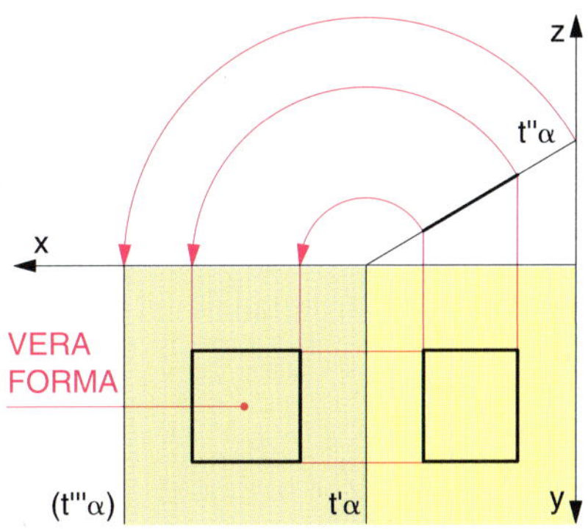

■ Rotazione

Si ruota la figura intorno a una sua retta, finché non si dispone parallelamente a un quadro. Nella vista su quel quadro la figura appare nella sua vera forma.

Se l'asse di rotazione è perpendicolare a xz, i vertici della figura seguono traiettorie circolari parallele al quadro xz, quindi ben visibili nella vista frontale. La figura ruotata in posizione parallela al quadro xy appare in vera forma nella vista dall'alto.

Date le due viste, nella vista frontale si conduce un arco con centro nel punto A_2 fino a intersecare l'orizzontale per lo stesso punto. La linea di riporto verticale interseca le orizzontali condotte dalla vista dall'alto determinando su questa vista i vertici della vera forma della figura.

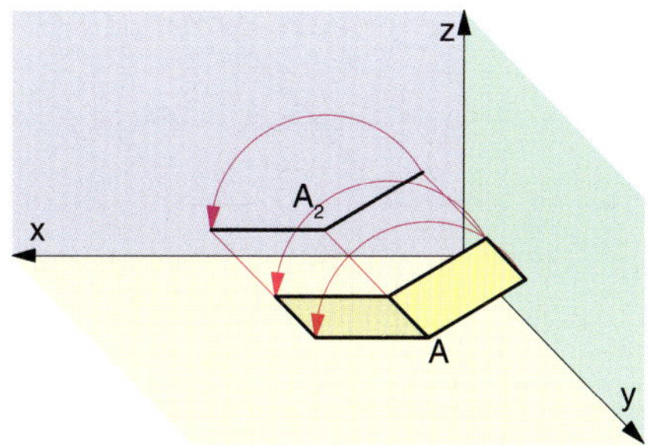

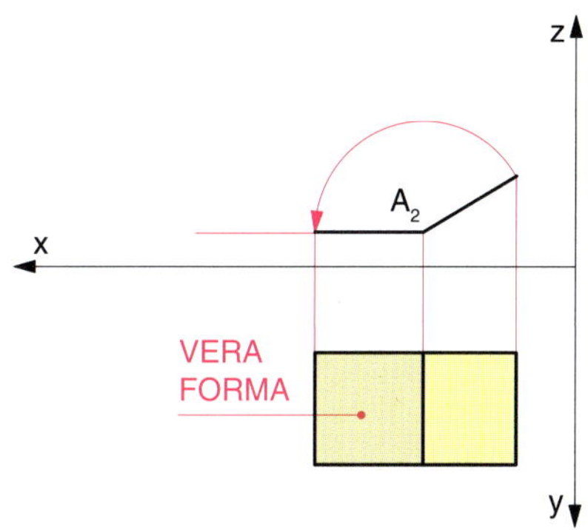

Dalla vera forma alle proiezioni ortogonali

Con processo inverso al precedente si può partire dalla vera forma di una figura inclinata per ricavare le viste in proiezioni ortogonali.

■ Ribaltamento

La vera forma disegnata sul quadro xz si ribalta intorno alla t"α, finché non si dispone sul piano α, su cui deve giacere la figura; i vertici della figura seguono traiettorie circolari, ben visibili nella vista dall'alto.

Dalla vera forma disegnata sul quadro xz si conducono linee verticali fino all'asse x, da cui partono archi di centro nell'intersezione di t"α con t'α; i punti così ottenuti sulla t'α sono la vista dall'alto della figura. La vista frontale si ottiene con linee di riporto dalla vera forma e dalla vista dall'alto.

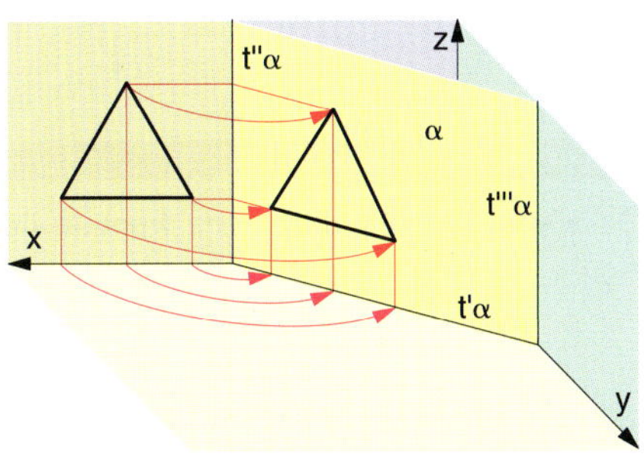

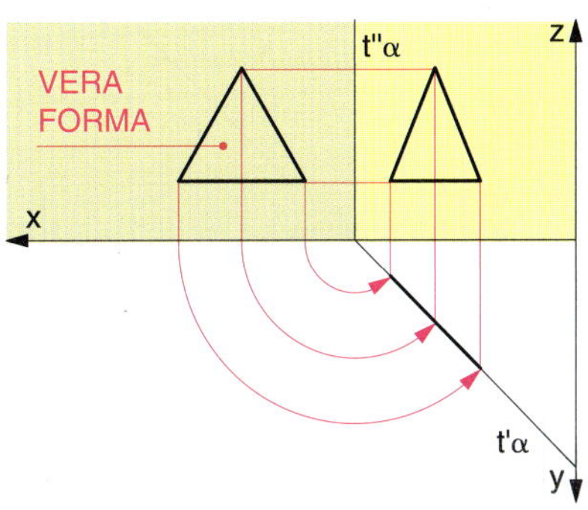

■ Rotazione

La figura in vera forma si disegna parallela al quadro xz. Con un asse di rotazione verticale passante per A, i vertici della figura seguono traiettorie circolari parallele al quadro xy, quindi ben visibili nella vista dall'alto.

Dalla vera forma disegnata sul quadro xz si conducono linee verticali fino a una orizzontale condotta da A_1; centrando in questo punto si tracciano archi fino alla retta inclinata su cui si troverà la figura. La vista frontale si determina con linee di riporto **dalla vera forma** e dalla **vista dall'alto**.

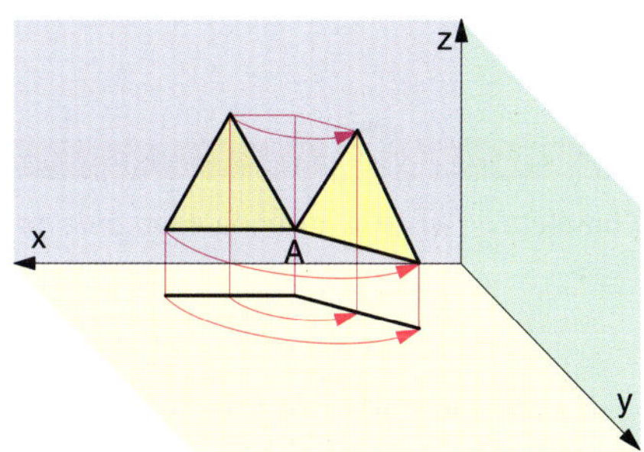

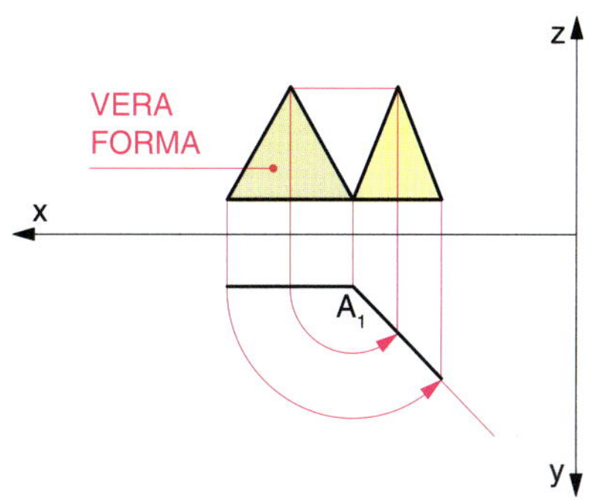

Gli esercizi di questa pagina devono essere disegnati dopo aver realizzato lo schizzo preparatorio, curando con molta attenzione la strutturazione del lavoro secondo una razionale sequenza delle fasi di elaborazione grafica.

ESERCITAZIONE R1

Completa le viste e disegna con ribaltamento la vera forma della figura disposta sul piano indicato dalle tracce

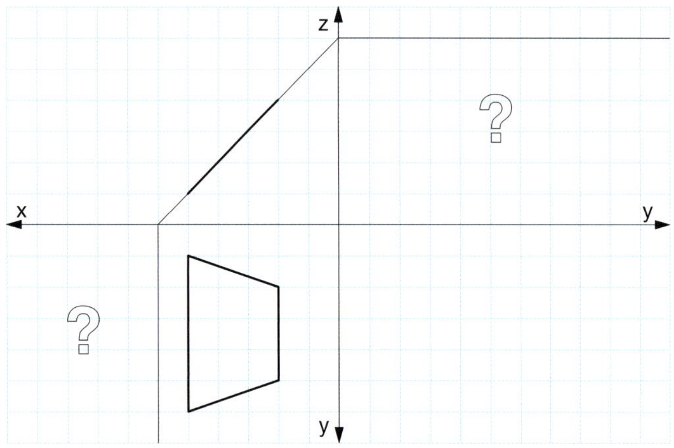

ESERCITAZIONE R2

Completa le viste e disegna con ribaltamento la vera forma della faccia disposta sul piano indicato dalle tracce

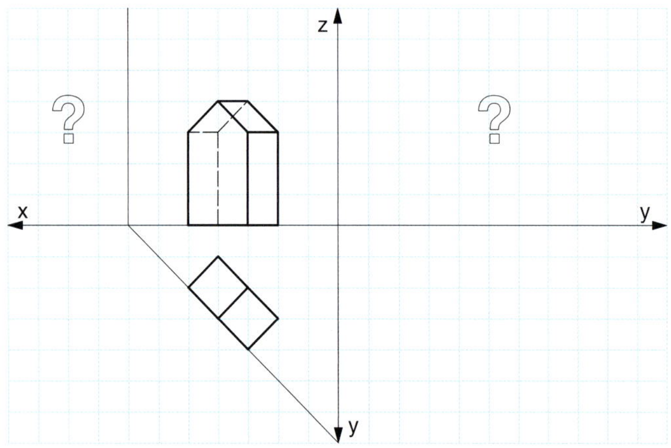

ESERCITAZIONE R3

Completa le viste e disegna mediante rotazione la vera forma della figura

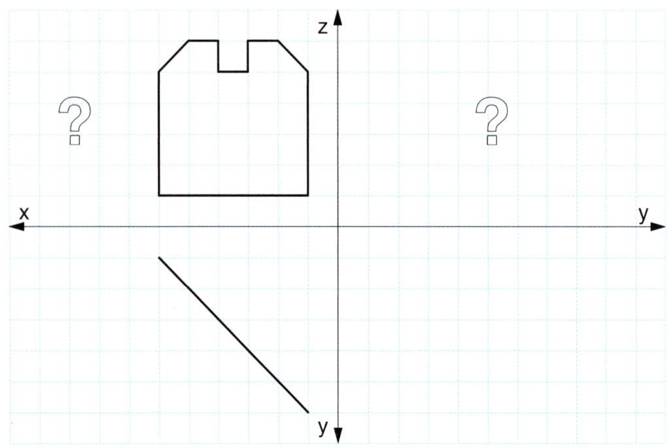

NOTA BENE

Le dimensioni degli oggetti proposti si possono rilevare dalla griglia sovrapposta ai disegni; essa è costituita da quadrati di lato 4 mm.

ESERCITAZIONE R4

Completa le viste e disegna mediante rotazione la vera forma della figura visibile nella vista frontale

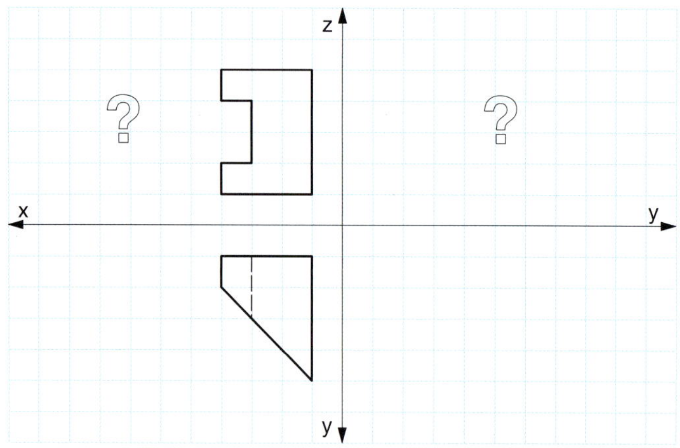

ESERCITAZIONE R5

Dalla vera forma e dalla vista dall'alto ricava le viste mancanti della figura

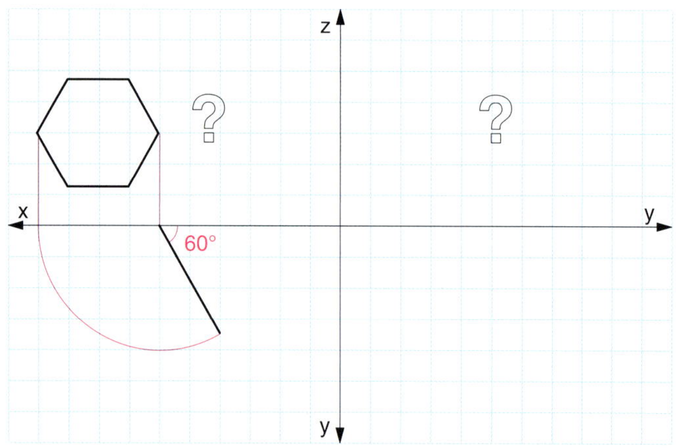

ESERCITAZIONE R6

Dalla vera forma e dalla vista frontale ricava le viste mancanti della figura

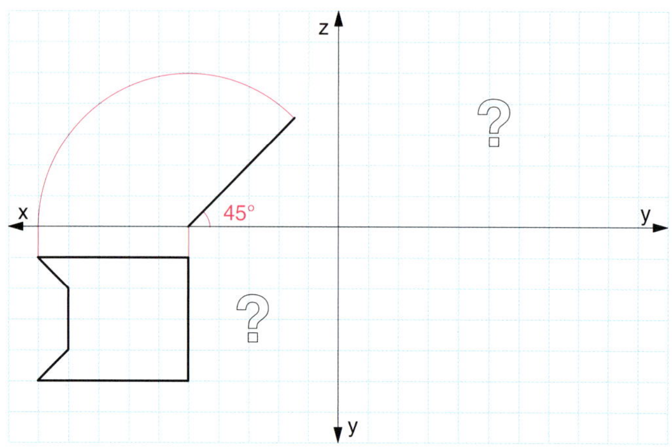

Capire lo spazio: sviluppo delle facce di un solido

Lo sviluppo consiste nel disegnare su un piano la vera forma delle facce del solido unite da almeno uno spigolo comune. In pratica si considera il solido come una scatola che viene aperta in modo che le sue facce, dopo molteplici rotazioni, si distendano su uno stesso piano.

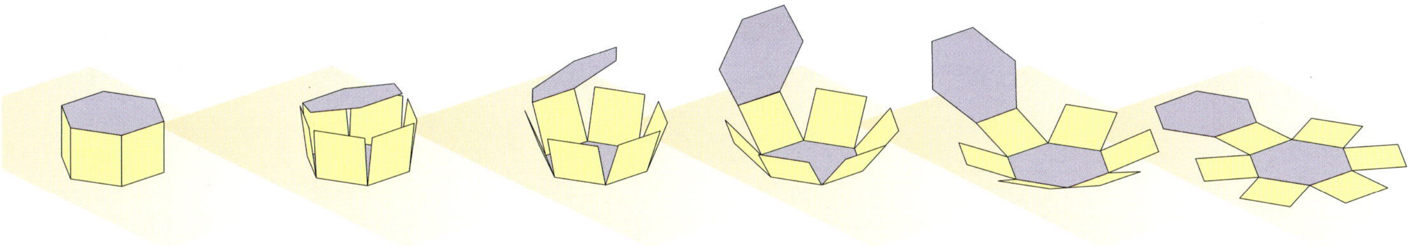

ESEMPIO 1

Sviluppo di un prisma esagonale retto

Analisi del solido. Se l'altezza è pari al lato di base, il solido è delimitato da due esagoni regolari e da sei quadrati.

Accorgimenti operativi

- Si deve porre attenzione a disporre le facce affiancate per un lato comune.
- Per migliorare la precisione, si possono tracciare circonferenze oppure archi per riportare misure uguali.

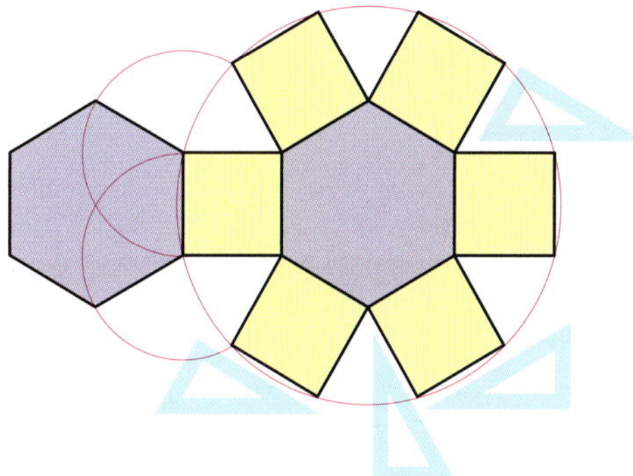

Disegno e sviluppo. Dopo aver disegnato un esagono, si tracciano i quadrati circostanti con l'aiuto di una circonferenza e della squadretta a 30°-60°. Si aggiunge infine il secondo esagono, trovandone il centro con archi di riporto dai vertici dei quadrati.

ESEMPIO 2

Sviluppo di un prisma quadrato con una base obliqua

Analisi del solido. Le facce del solido sono:

- un quadrato (base inferiore), la cui vera forma è ricavabile dalla vista dall'alto;
- un trapezio rettangolo (faccia anteriore), la cui vera forma è visibile nella vista frontale;
- un trapezio rettangolo (faccia posteriore) simmetrico del precedente;
- due rettangoli (faccia laterale sinistra e destra) visibili in vera forma nella vista da sinistra;
- un rettangolo (base superiore), che però non è mostrato in vera forma nelle proiezioni ortogonali. Per ottenere la sua vera forma si può operare il ribaltamento o la rotazione della figura. Le dimensioni di questo rettangolo si possono anche ricavare dalle viste: un primo lato è pari a quello del quadrato, mentre il secondo è pari allo spigolo obliquo (in figura: a) della vista frontale.

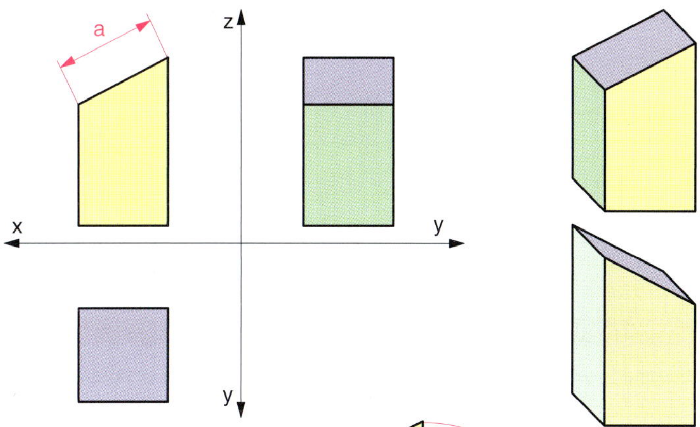

Disegno dello sviluppo. Intorno al quadrato della base inferiore si dispongono i trapezi e i rettangoli delle facce laterali; infine si aggiunge il rettangolo della base superiore.

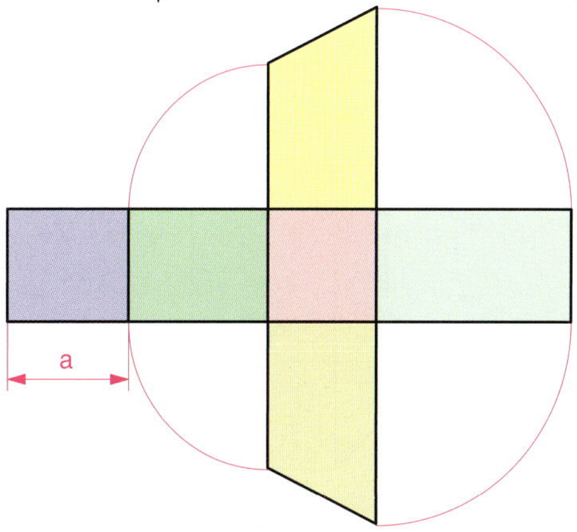

Esercizi di recupero

Come utile complemento alle esercitazioni di questa pagina, si può realizzare il modello in cartoncino del solido, seguendo le indicazioni contenute nel *Nota bene* di pag. B111.

NOTA BENE

Le dimensioni degli oggetti proposti si possono rilevare dalla griglia sovrapposta ai disegni; essa è costituita da quadrati di lato 4 mm.

ESERCITAZIONE R7

Disegna lo sviluppo del solido proposto in assonometria cavaliera

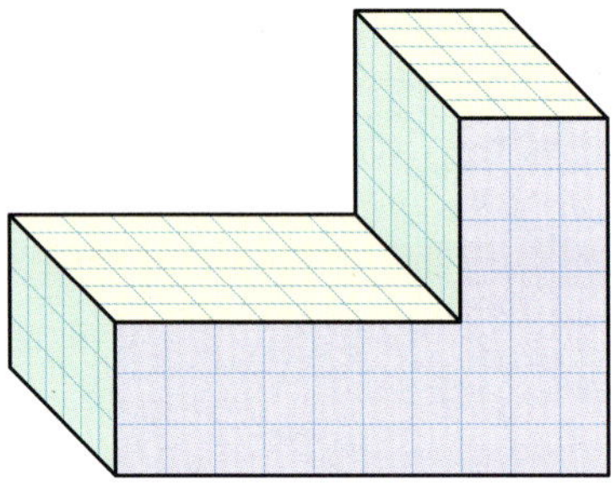

ESERCITAZIONE R8

Disegna lo sviluppo del solido proposto in assonometria cavaliera

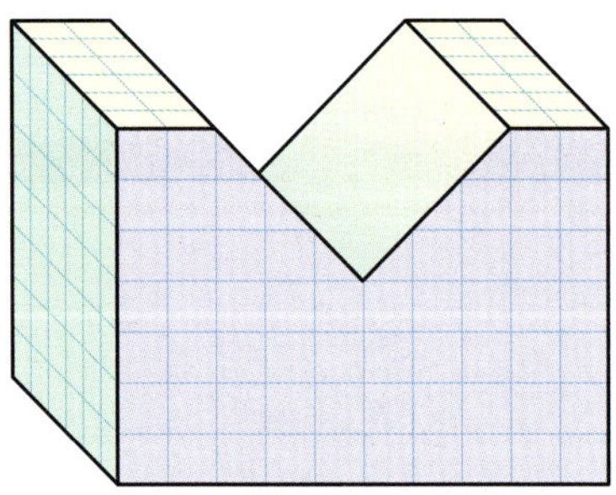

ESERCITAZIONE R9

Disegna lo sviluppo del solido proposto in assonometria cavaliera

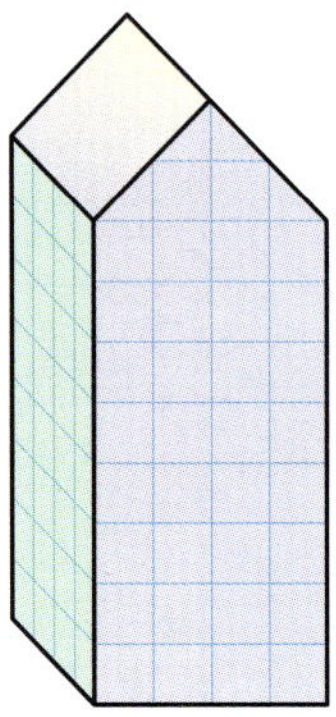

ESERCITAZIONE R10

Disegna lo sviluppo del solido proposto in proiezioni ortogonali

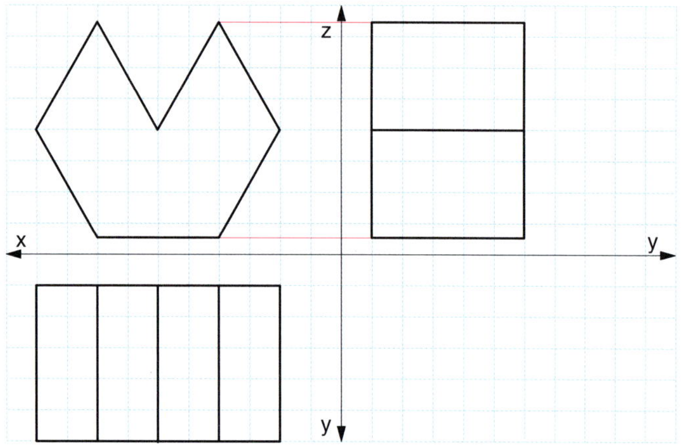

ESERCITAZIONE R11

Disegna lo sviluppo del solido proposto in proiezioni ortogonali

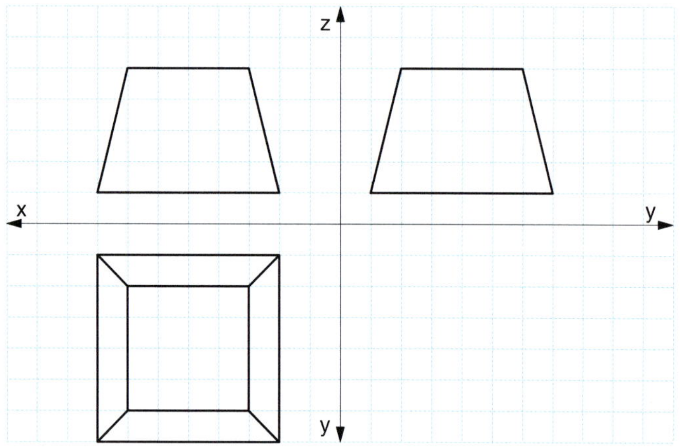

ESERCITAZIONE R12

Disegna lo sviluppo del solido proposto in proiezioni ortogonali

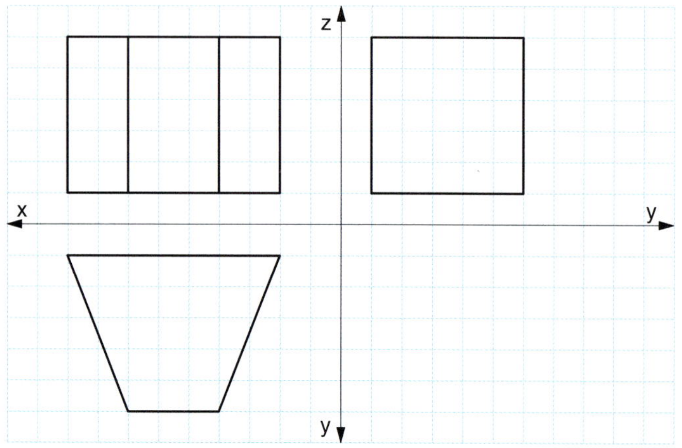

Verifica delle competenze

PROVA A Schema di edificio

Per lavori di restauro su un edificio è necessario disporre del computo metrico delle superfici esterne del fabbricato.
Dallo schema riportato a fianco disegna le vere forme delle singole facce del solido, da cui computare in m^2:

- aree da intonacare (tutte le superfici verticali);
- aree da pavimentare (tutte le superfici orizzontali di copertura);
- aree da rivestire di tegole (tutte le facce inclinate).

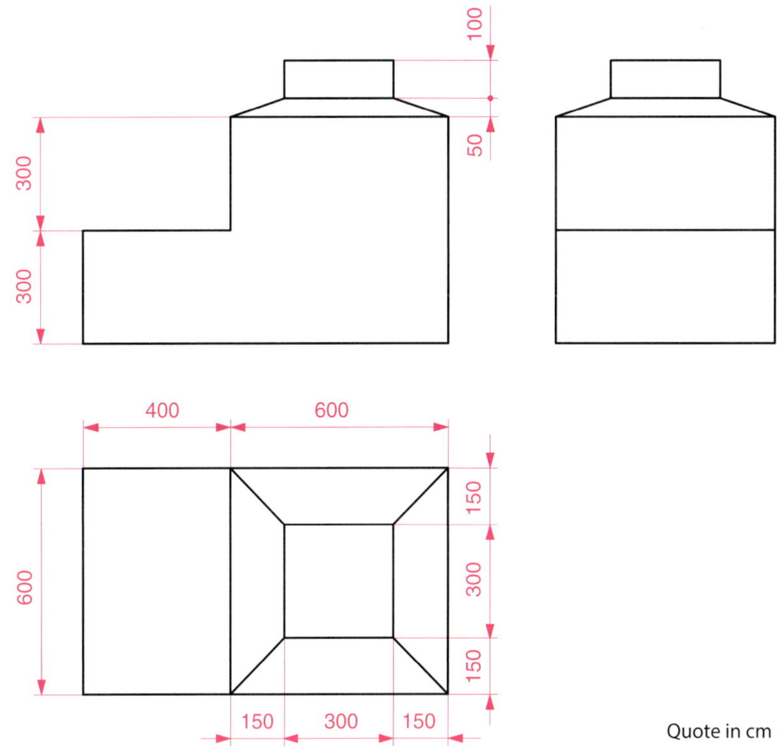

PROVA B Cassetta nido per uccelli

Per facilitare la nidificazione di uccellini si vuole costruire una cassetta da appendere a un albero in giardino.
Dopo indagine su internet si trovano alcuni dati sul dimensionamento dalla cassetta (vedi tabella) e sulle caratteristiche che dovrà avere; per esempio il tetto sarà sporgente di 3 cm sul fronte e sui fianchi, avrà una cerniera per ispezionare e pulire l'interno. Ci sarà anche un ulteriore tettuccio per impedire infiltrazioni di pioggia; sul fondo invece ci saranno 4 fori (Ø 5 mm) per smaltire acqua interna. Sul fronte devono esserci un foro d'ingresso e un bastoncino che serve da posatoio.
Il materiale sarà un compensato di legno di spessore 10 mm. Dimensiona la cassetta in base all'uccello da ospitare, usando il disegno qui riportato solo come un esempio.
Realizza il disegno delle singole parti per dare indicazioni per il taglio. Fai attenzione agli spessori del legno.

Uccello	a × b	c	d	Ø
Passero	15 × 15	20	3	5
Storno	15 × 15	30	3	5
Cincia	15 × 15	18	3	4
Picchio	20 × 20	18	3	5
Civetta	20 × 20	30	3	7

Misure in cm

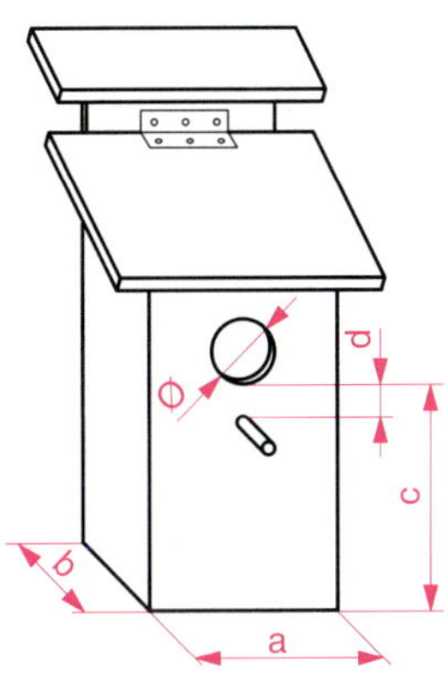

PROVA C Cestino portarifiuti

Un'azienda pensa di produrre cestini portarifiuti in lamiera zincata. L'ipotesi delineata è quella rappresentata nei disegni riportati a fianco e in basso.
Dimensiona e rappresenta l'oggetto in proiezioni ortogonali, ricavandone lo sviluppo delle superfici in scala opportuna.

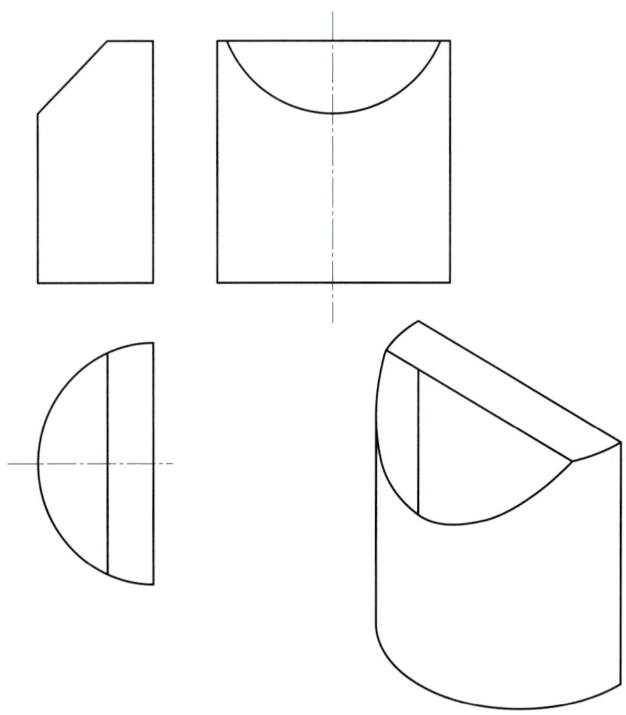

Verifica delle competenze

PROVA D Paralume

Si vuole sostituire un vecchio paralume con uno nuovo in carta pergamena; ma si vuole ancora utilizzare la base della lampada e il telaio del vecchio paralume.
Le dimensioni esterne del telaio in ottone (filo Ø 4 mm) sono:

- base inferiore Ø 35 cm;
- base superiore Ø 20 cm;
- altezza 22 cm.

La forma del paralume sarà un tronco di piramide con basi regolari e numero di lati a scelta (6, 8 oppure 12).
Disegna lo sviluppo del paralume.
Oltre alla linguetta di giunzione tra i lembi del paralume, saranno previste anche delle piccole linguette per fissare la carta sul telaio; queste linguette saranno situate in corrispondenza dei punti di tangenza sul telaio.

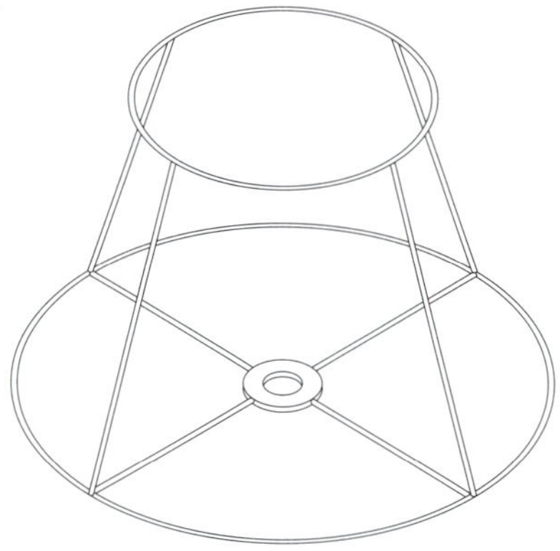

PROVA E Contenitore di foglietti

Si vuole realizzare in cartoncino un contenitore di foglietti per appunti.
Il contenitore disegnato in basso trae spunto da espositori commerciali; bisogna però adattarlo, dimensionandolo per contenere foglietti in formato A6 (formato A4 diviso in quattro parti uguali). Inoltre è opportuno aggiungere raccordi negli angoli che possano essere piegati nell'uso quotidiano.
Disegna il contenitore in proiezioni ortogonali, traendone lo sviluppo delle superfici. Nello sviluppo vanno anche previste le linguette di giunzione.

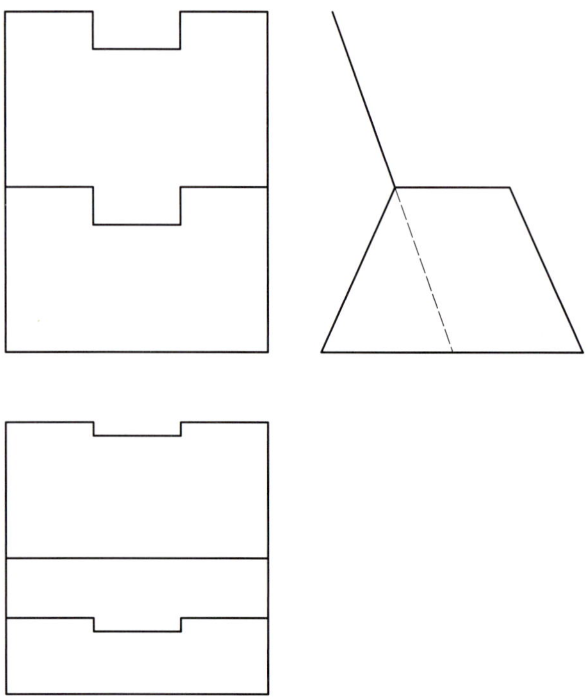

PROVA F Espositore di barattolini

Per un negoziante di vernici è necessario realizzare un espositore in cartone simile a quello riprodotto nel disegno sottostante.
L'espositore deve contenere il campionario di una serie di 21 barattolini di vernice da modellismo; ogni barattolino ha diametro 30 mm e altezza 30 mm.
Inoltre sul crowner (la parte posteriore che sporge in verticale) andrà applicata una stampa pubblicitaria in formato A5 orizzontale (metà del formato A4).
Dopo aver dimensionato l'espositore, disegna lo sviluppo, comprensivo di linguette di giunzione, in scala 1:2, al fine di riportarne facilmente le misure su cartone in scala 1:1.

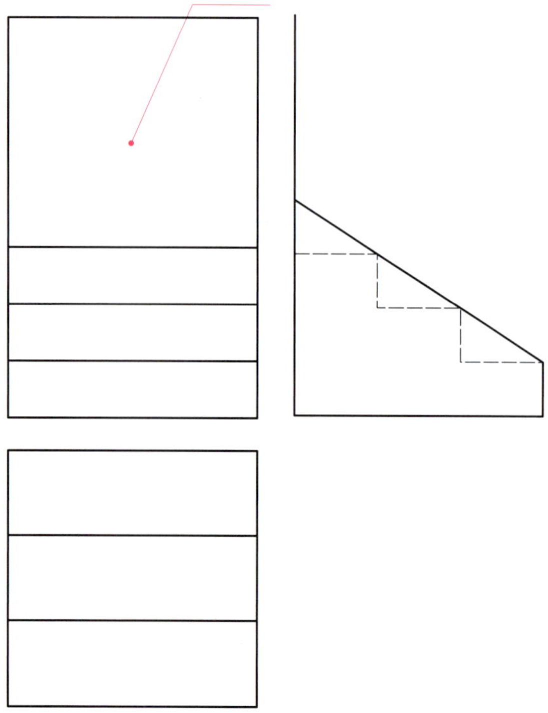

B4 Sezioni e intersezioni

SEZIONE

consiste in

TAGLIO DEL SOLIDO CON UN PIANO (piano di sezione)

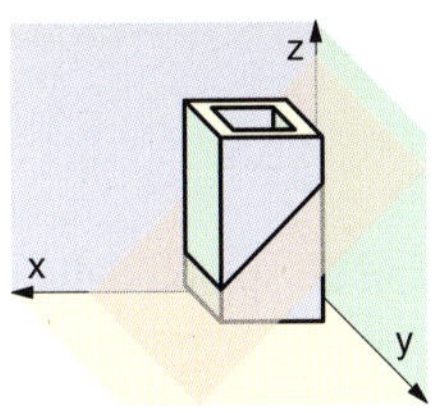

a cui segue

ELIMINAZIONE DI UNA PARTE originata dal taglio

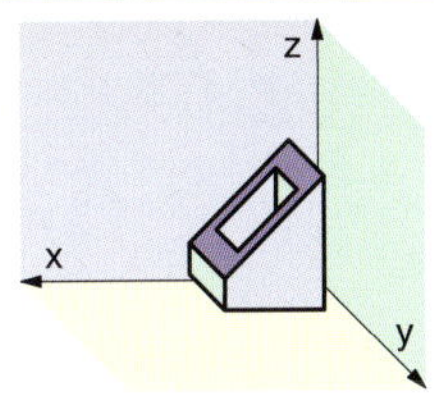

per ottenere

RAPPRESENTAZIONE DEL SOLIDO SEZIONATO

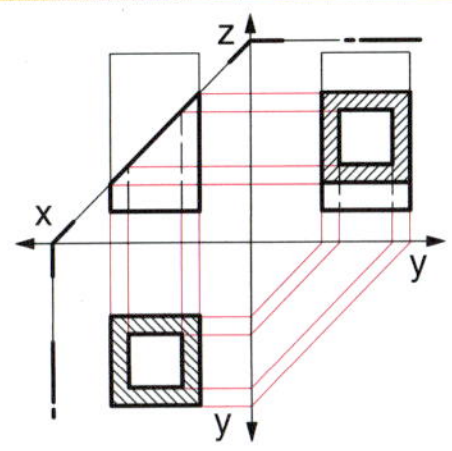

INTERSEZIONE

consiste in

LINEE COMUNI (intersezioni) tra diverse facce di un solido complesso

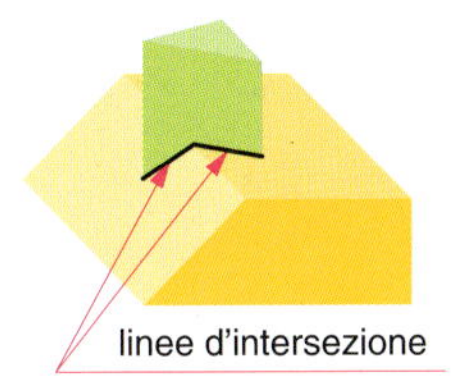

consentendo

si applica a

SOLIDI COMPLESSI

RAPPRESENTAZIONE DEL SOLIDO COMPLESSO

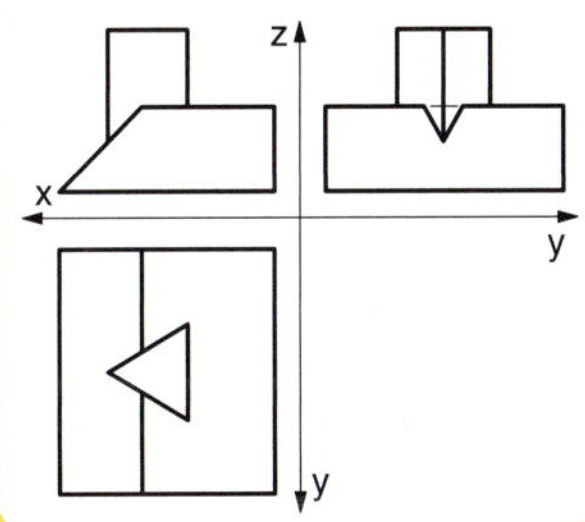

Conosci le sezioni?

Imbattersi in una sezione è molto comune; illustrazioni di depliant commerciali, testi scientifici o manuali d'uso di articoli tecnici, forniscono esempi di sezioni, quali la pianta di un alloggio o l'illustrazione di un tronco di albero.

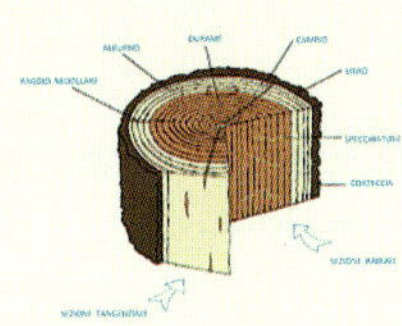

Conosci le intersezioni?

Un comignolo sulla falda di un tetto o una volta a crociera mostrano spigoli di contatto (intersezioni) tra superfici di elementi diversi. Questi sono esempi concreti di intersezioni.

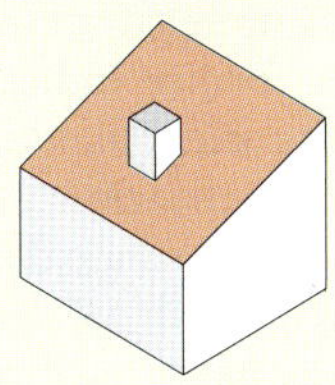

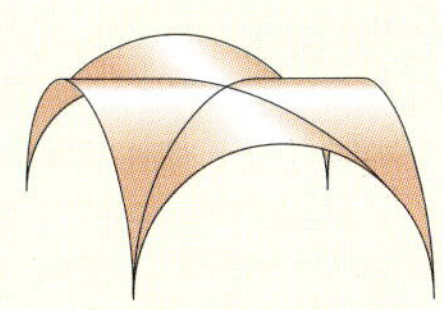

A cosa serve conoscerle?

Le proiezioni ortogonali o l'assonometria rappresentano l'aspetto esterno di un oggetto. Mediante le sezioni ne possiamo descrivere dettagliatamente l'interno.

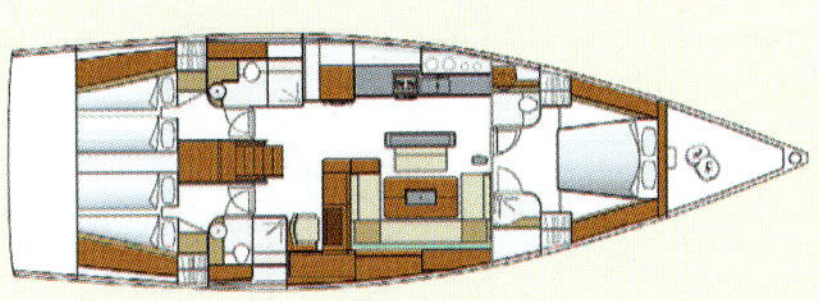

A cosa serve conoscerle?

Per rappresentare oggetti complessi è utile scomporli in solidi geometrici più semplici. Dalla loro compenetrazione si originano nuovi spigoli, intersezioni tra facce in contatto tra loro. Per disegnare l'oggetto complessivo è necessario aggiungere questi nuovi spigoli a quelli dei solidi semplici.

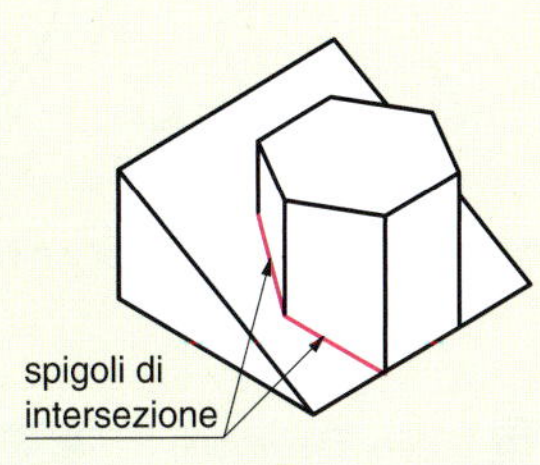

Sezioni di solidi

Generalità

La sezione è la rappresentazione di un solido tagliato da un piano.

La sezione consiste nell'operazione immaginaria di taglio di un solido mediante un piano, detto **piano di sezione** o **piano secante**.

Una delle due parti così ottenute viene eliminata, mentre la parte residua viene rappresentata.

Si possono quindi avere **viste in sezione** (sezioni in proiezioni ortogonali) oppure **sezioni assonometriche**.

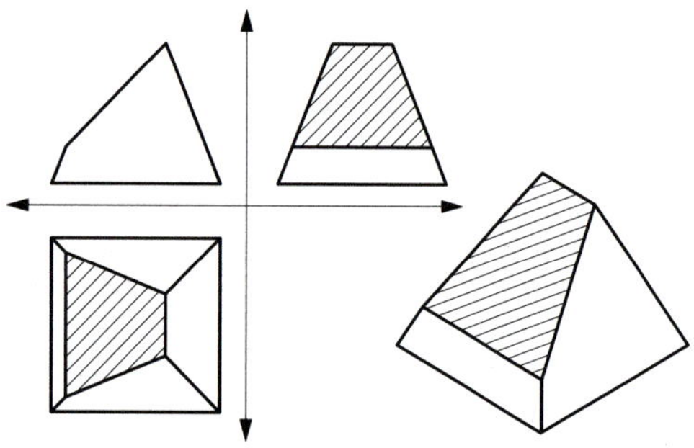

Indicazioni dei piani di sezione

Come tutti gli altri piani, anche i piani di sezione si rappresentano mediante le loro tracce (v. pag. B11).

Le estremità delle tracce dei piani di sezione sono evidenziate con linea mista grossa a punto e tratto —·— (tipo 4.2, pag. A25).

Indicazioni delle superfici sezionate

Le superfici sezionate, cioè quelle in comune tra oggetto e piano di sezione, devono essere campite con un **tratteggio**. Particolari tratteggi vengono usati per fornire indicazioni specifiche sul tipo di materiale; quando però non è necessaria questa specificazione, si usa il **tratteggio generico**. Esso è formato da linee sottili ed equidistanti, inclinate di 45° rispetto al contorno o agli assi della figura. La distanza tra le diverse linee è proporzionata alle dimensioni della figura; per disegni contenuti in fogli di formato A3 o A4 la distanza può essere compresa tra 1 e 2 mm.

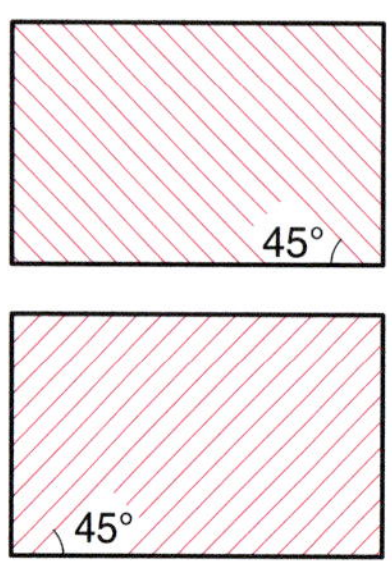

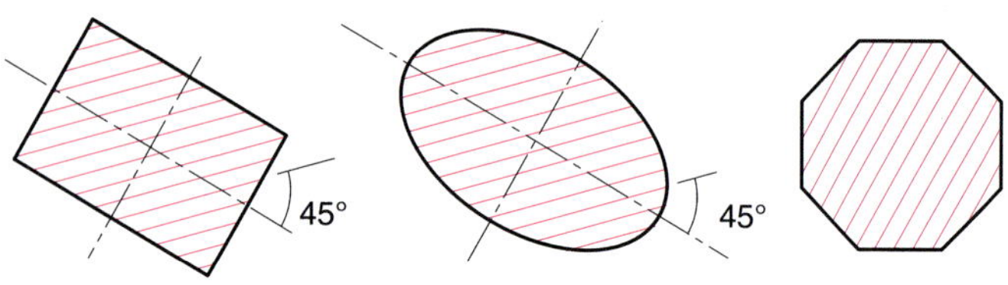

L'angolo di 45° è da riferire ai contorni o agli assi della figura.

L'inclinazione del tratteggio può essere modificata per evitare che il tratteggio risulti parallelo ad alcuni lati della figura.

Video *Esecuzione del tratteggio*

Video *Inclinazione del tratteggio*

PROBLEMA 1 PASSO PASSO

Piramide a base triangolare equilatera sezionata con un piano orizzontale

1 In proiezioni ortogonali si disegnano la piramide e il piano α mediante le sue tracce.

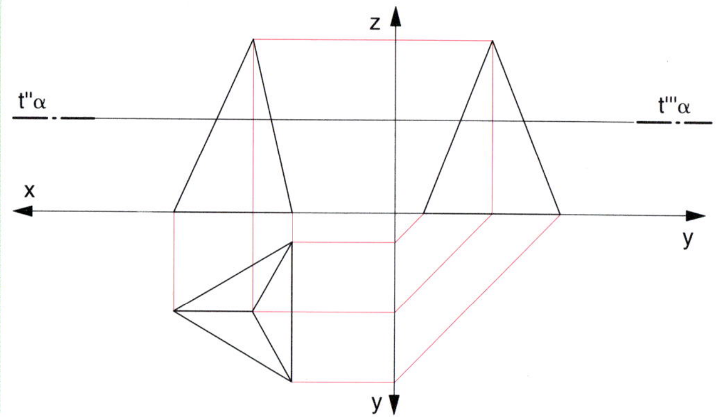

2 Dai punti d'intersezione della t''α con gli spigoli della piramide si conducono riporti verso la vista dall'alto, trovando i tre vertici della sezione.

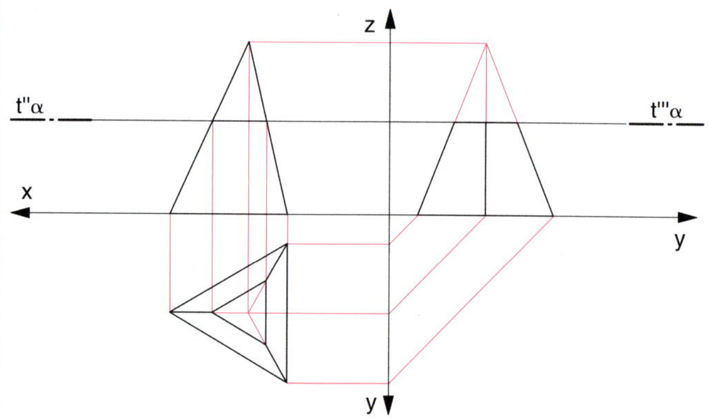

3 Si ripassa la parte della piramide al disotto del piano α e si applica il tratteggio alla sezione.

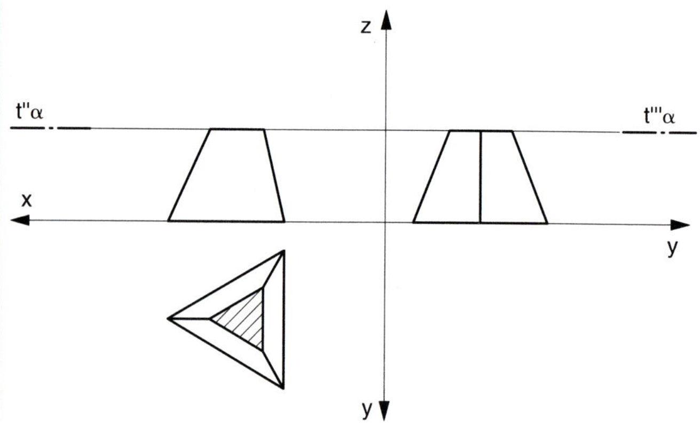

PROBLEMA 2 PASSO PASSO

Parallelepipedo ruotato e sezionato con un piano parallelo a yz

1 In proiezioni ortogonali si disegnano il parallelepipedo e le tracce del piano α, individuando nella vista dall'alto i quattro vertici della sezione (punti in comune tra t'α e gli spigoli del solido).

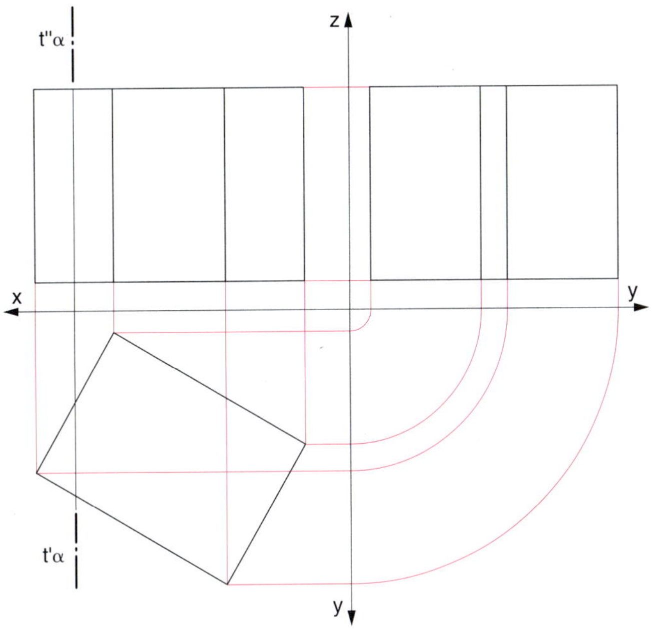

2 Si riportano i punti trovati verso la vista da sinistra, ottenendo il profilo rettangolare della sezione.

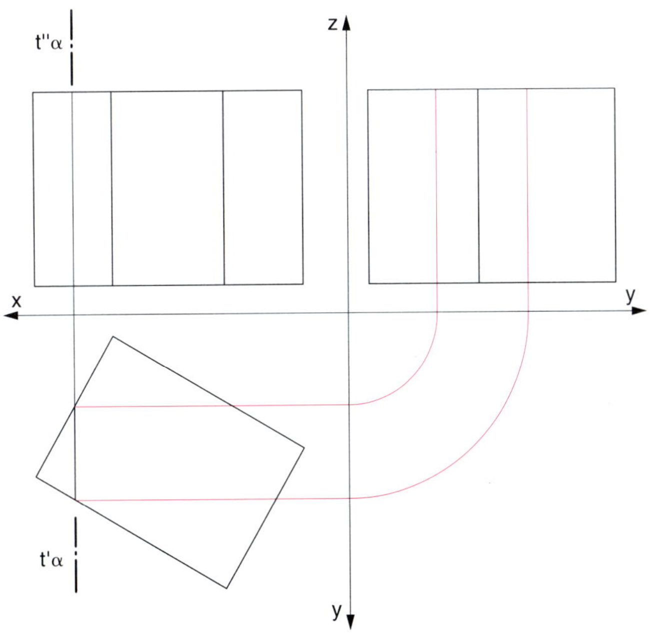

3 Si ripassano spigoli visibili e nascosti della parte residua del solido e con il tratteggio si campisce la sezione.

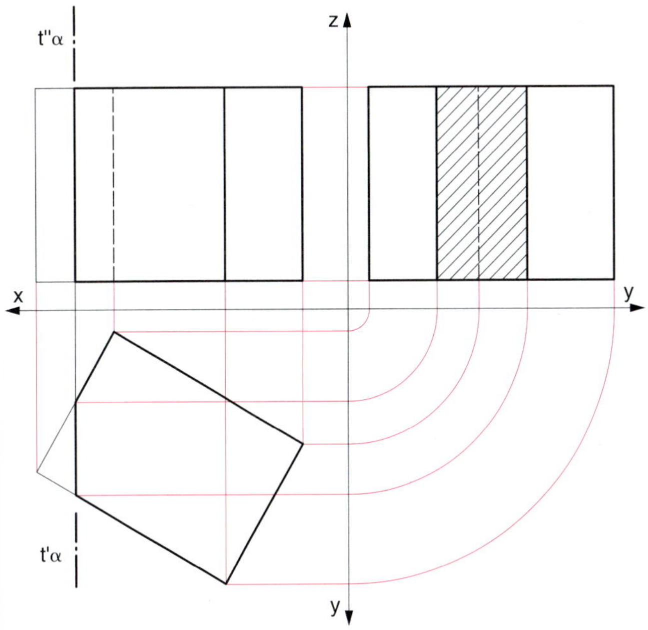

In assonometria si procede in modo simile.

1 Si disegnano gli assi, il solido, la vista dall'alto e le tracce del piano di sezione; all'intersezione tra la t'α e la vista dall'alto si determinano due punti che, mediante linee di riporto verticali, consentono di trovare i vertici della sezione in assonometria.

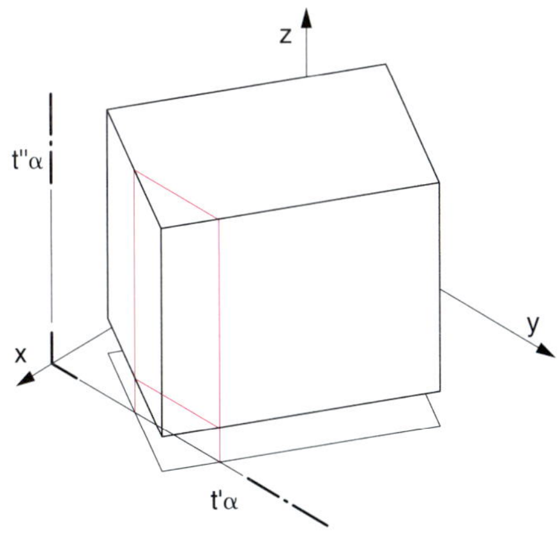

2 Si ripassa la parte residua del solido e con il tratteggio si campisce la sezione.

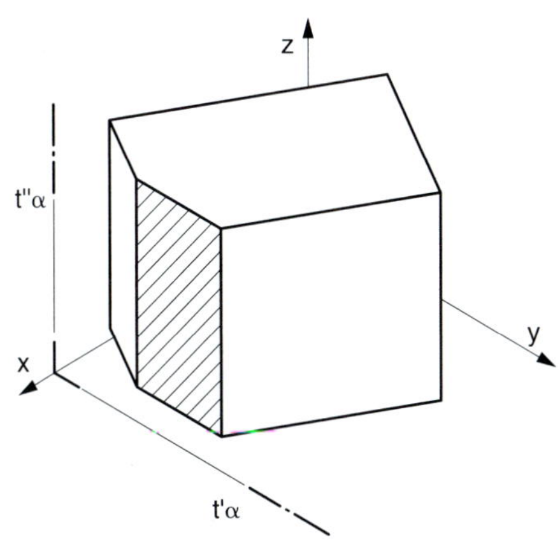

APPROFONDIMENTI

Sezione assonometrica (1 pagina)

PROBLEMA 3

Parallelepipedo forato, sezionato con un piano parallelo a yz

Il piano verticale di sezione taglia il solido a metà; nelle viste viene eliminata la metà sinistra. Nella vista da sinistra si vedono le due parti sezionate (campite con il tratteggio) sotto forma di rettangoli, uno al disotto e uno al disopra del foro.

Analogamente nell'assonometria si vedranno solo la metà destra del solido e le due parti sezionate sopra e sotto il foro.

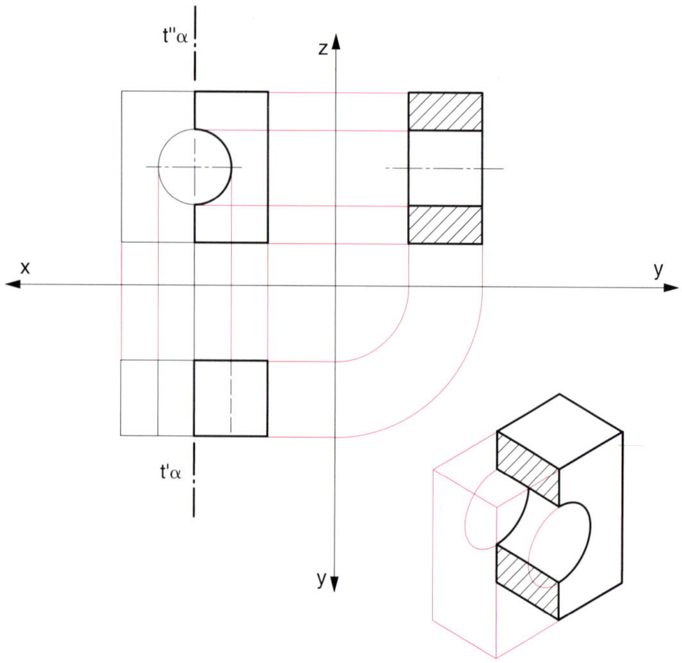

PROBLEMA 4

Cilindro con foro quadro cieco, sezionato con un piano parallelo a xy

Il piano orizzontale di sezione taglia il solido a metà; nelle viste viene eliminata la metà superiore. Nella vista dall'alto appare sezionata la superficie compresa tra il profilo del foro e quello del cilindro.

Nell'assonometria si vedranno solo la metà inferiore del solido e la parte sezionata a forma di U.

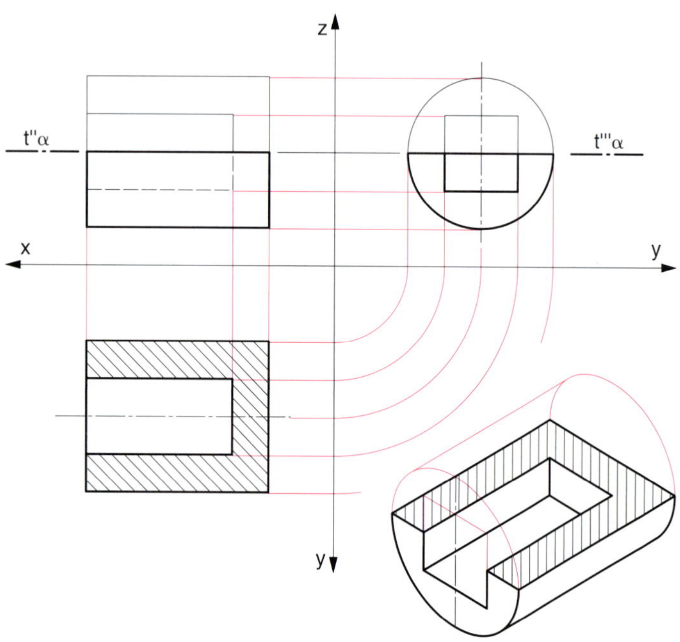

PROBLEMA 5

Parallelepipedo con due scanalature, sezionato con un piano parallelo a xz

Il piano verticale di sezione taglia il solido a metà; nelle viste viene eliminata la metà anteriore. Nella vista frontale appare sezionata solo la parte centrale compresa tra le due scanalature.

Analogamente nell'assonometria si vedranno solo la metà posteriore del solido e la parte sezionata tra le due scanalature.

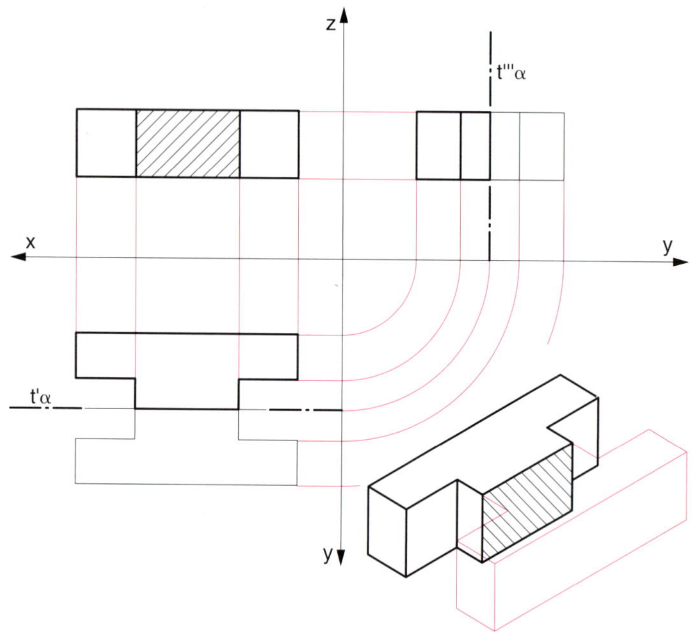

PROBLEMA 6

Parallelepipedo con foro quadro e intaglio parziale, sezionato con un piano parallelo a yz

Il piano verticale seziona a metà il solido; nelle viste viene eliminata la metà di sinistra. Nella vista da sinistra si vedono due zone sezionate, una alta quanto il parallelepipedo, l'altra più bassa per la presenza dell'intaglio.

L'assonometria mostra la metà destra del solido sezionato.

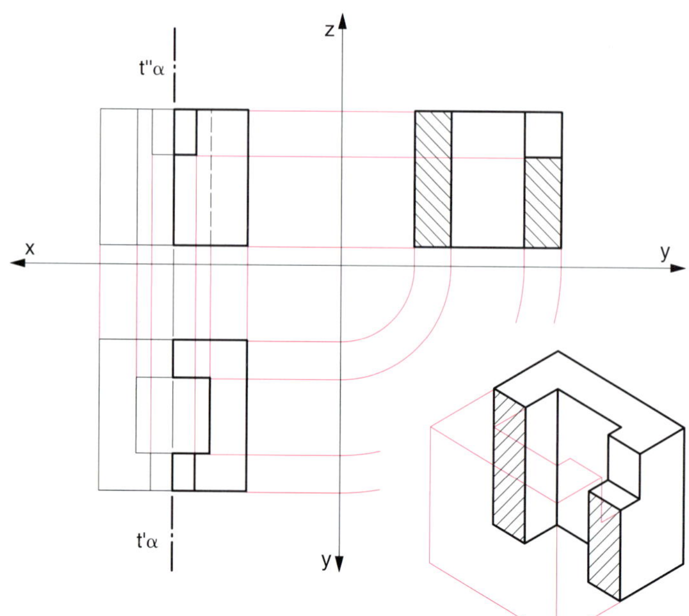

PROBLEMA 7

Solido con gradino sezionato con un piano perpendicolare a xy

La sezione si definisce inizialmente sulla vista dall'alto; all'intersezione tra la t'α e le linee della vista si individuano i vertici della sezione che, riportati sulle altre viste, consentono di completare le viste del solido sezionato.

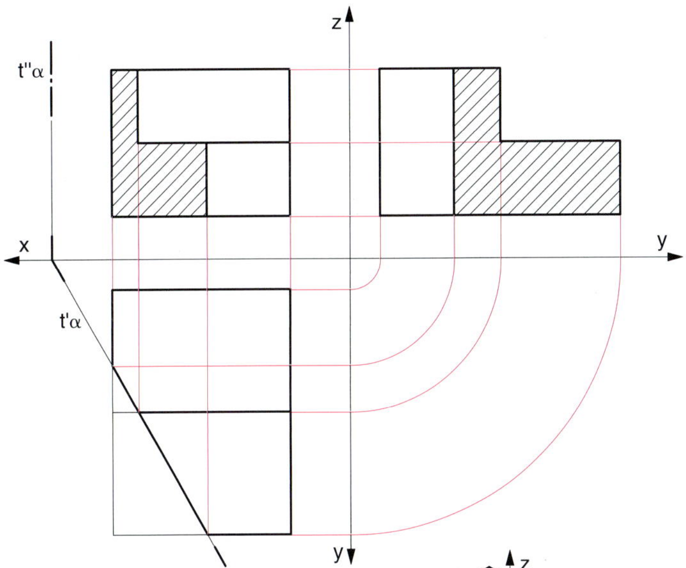

Nell'assonometria i vertici della sezione si individuano con l'aiuto della vista dall'alto e della t'α; i loro punti di intersezione, riportati verticalmente, determinano sull'assonometria i vertici della superficie sezionata.

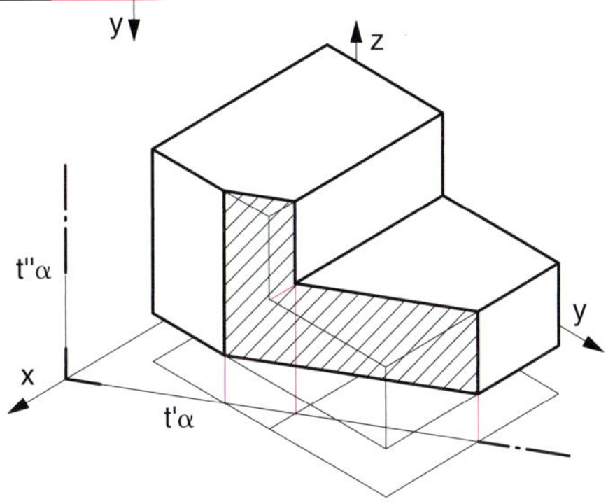

PROBLEMA 8

Parallelepipedo scanalato sezionato con un piano perpendicolare a xz

Dopo aver disegnato il solido e le tracce del piano di sezione, si individuano i punti di intersezione tra la t''α e la vista frontale. Da questi punti si conducono le linee di riporto verso le altre viste.

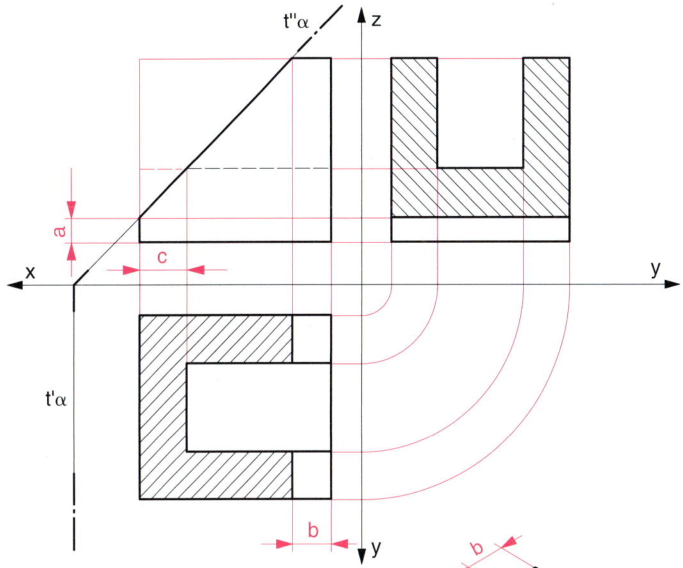

Dalle viste in proiezioni ortogonali si riportano le distanze a, b e c, con le quali si possono determinare sugli spigoli del solido i vertici della sezione in assonometria.

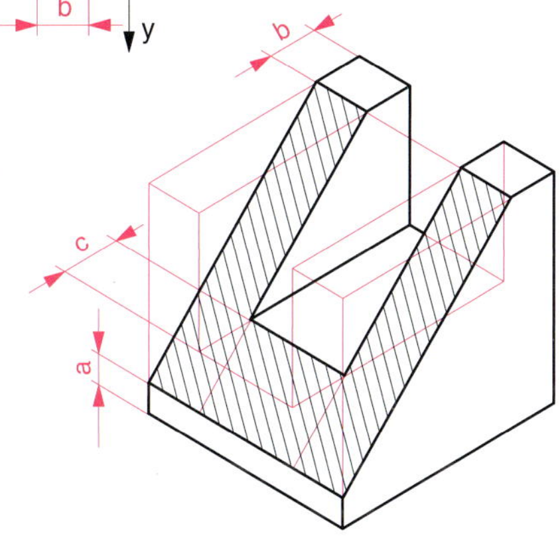

PROBLEMA 9

Prisma triangolare sezionato con un piano perpendicolare a xz

Nella vista frontale si individuano i punti di intersezione tra gli spigoli del prisma e la t''α. Con linee di riporto si trovano i vertici della sezione nelle altre viste.

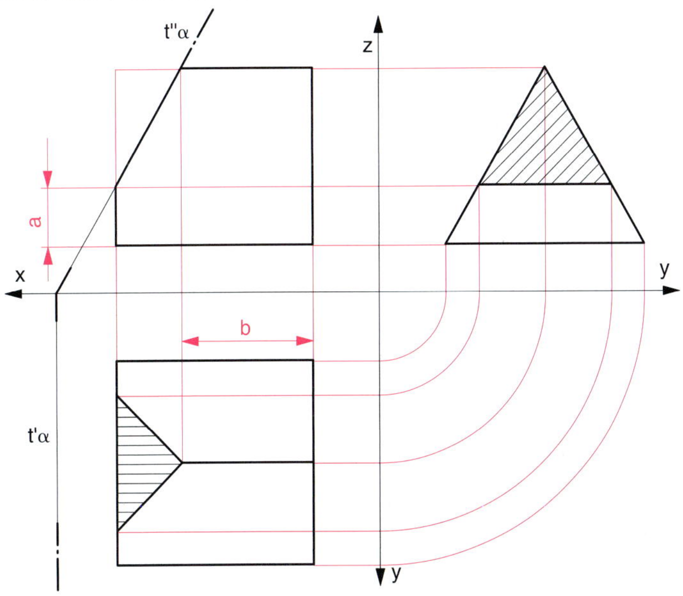

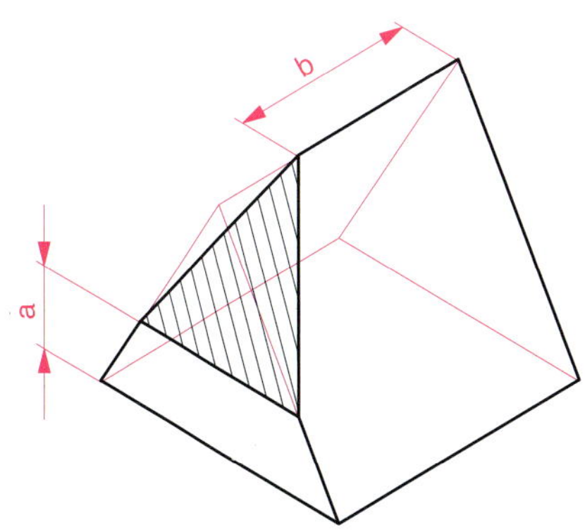

Disponendo delle viste in proiezioni ortogonali, si possono riportare le distanze a e b, individuando così sugli spigoli del prisma i vertici della sezione in assonometria.

PROBLEMA 10

Piramide a base esagonale sezionata con un piano perpendicolare a xz

Anche in questo caso si opera sulla vista frontale, individuando i punti di intersezione tra gli spigoli della piramide e la t''α. Mediante linee di riporto si trovano nelle altre viste i vertici della sezione.

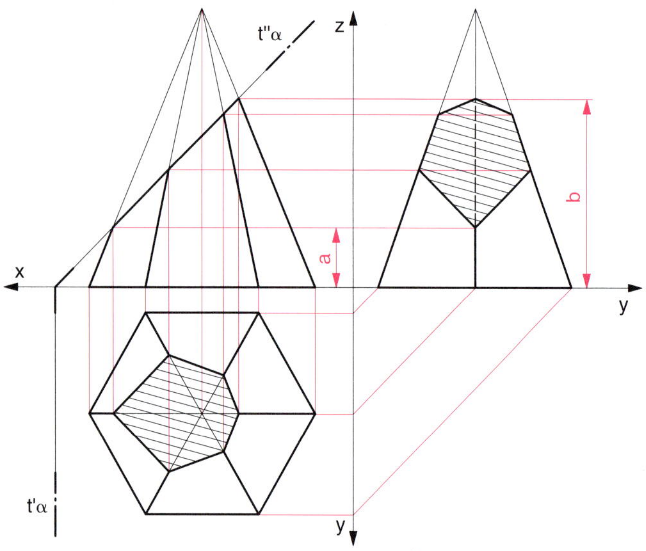

Per individuare i vertici della sezione in assonometria si può disegnare la vista anteriore del solido sezionato con l'aiuto delle lunghezze a e b (rilevate in proiezioni ortogonali). Dai vertici di questa vista si conducono delle linee di riporto fino a intersecare i corrispondenti spigoli in assonometria.

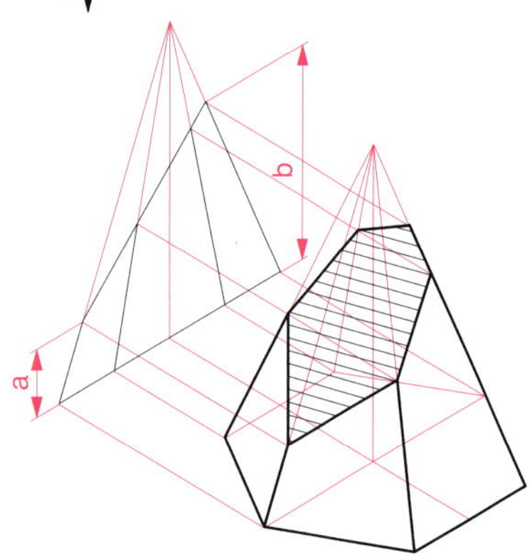

PROBLEMA 11

Prisma ottagonale sezionato da un piano perpendicolare a xz

Anche in questo caso si rilevano i vertici della sezione a partire dalla vista anteriore.

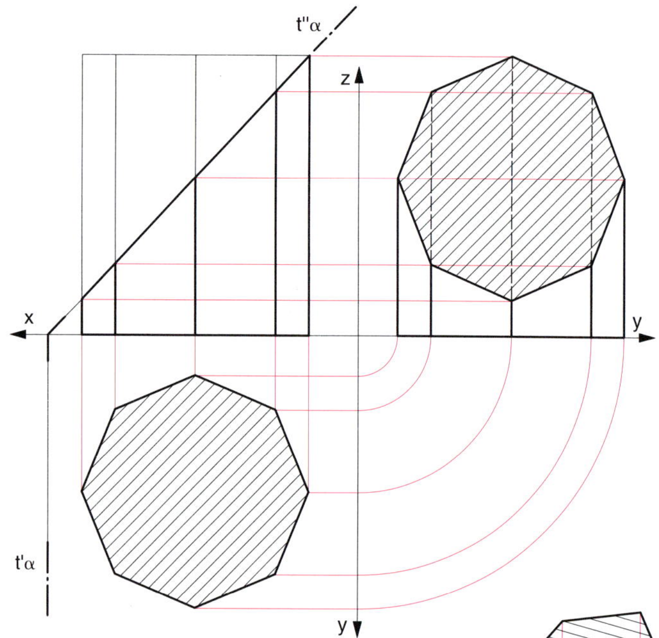

Disponendo delle viste in proiezioni ortogonali, si può disegnare la base del prisma. Dai vertici della base si conducono poi gli spigoli verticali, le cui lunghezze sono rilevabili dalla vista frontale in proiezione ortogonale; si ottengono così i vertici della sezione.

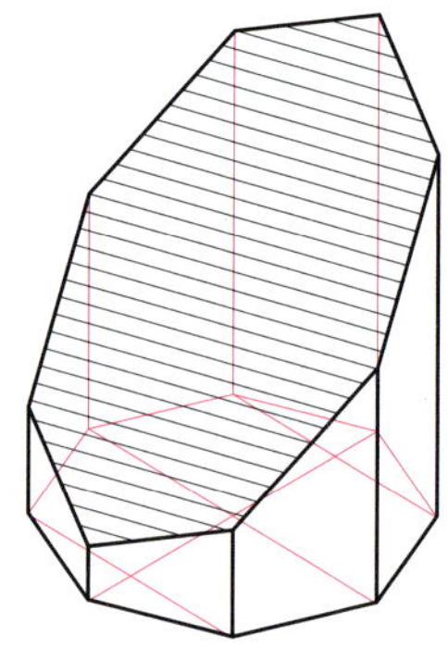

PROBLEMA 12

Parallelepipedo con foro esagonale sezionato con un piano perpendicolare a yz

Disegnato il solido e le tracce del piano di sezione, si individuano i punti di intersezione tra la t'''α e la vista da sinistra.
Da questi punti si conducono le linee di riporto verso le altre viste.

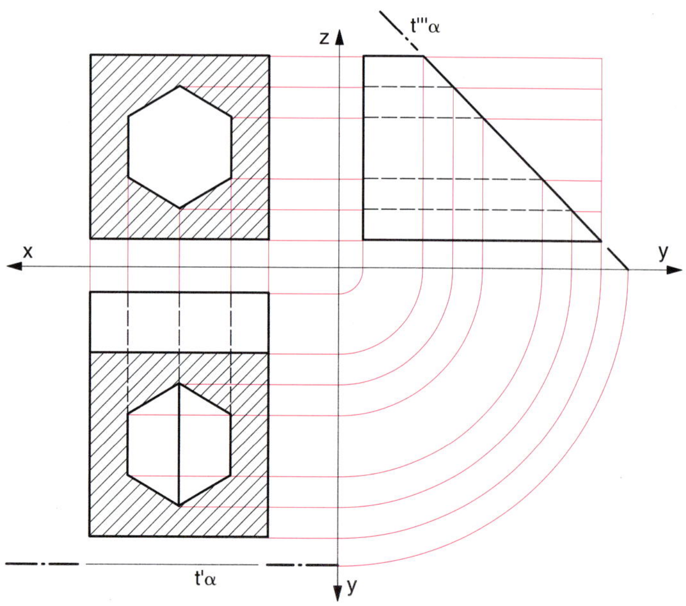

Sull'assonometria i vertici della sezione possono essere individuati rilevando dalle proiezioni ortogonali le lunghezze dei diversi spigoli sezionati.

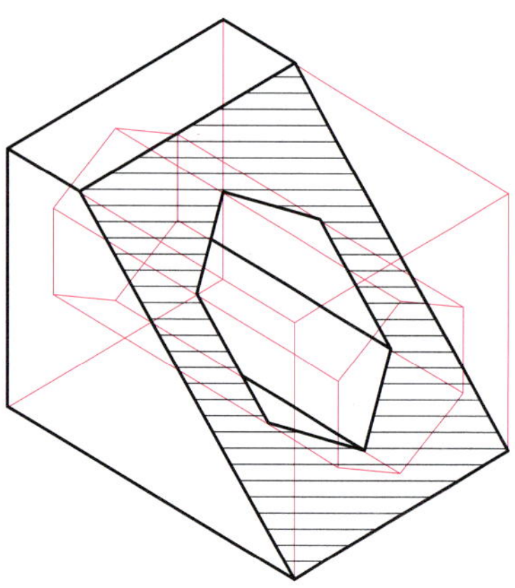

PROBLEMA 13

Cilindro sezionato da un piano perpendicolare a yz

Sulla superficie cilindrica si disegnano delle generatrici (12 in figura), le cui intersezioni con t'''α determinano i punti della sezione (un'ellisse). Mediante riporto si ottengono i punti dell'ellisse nelle altre viste. Nella vista frontale l'ellisse appare come circonferenza.

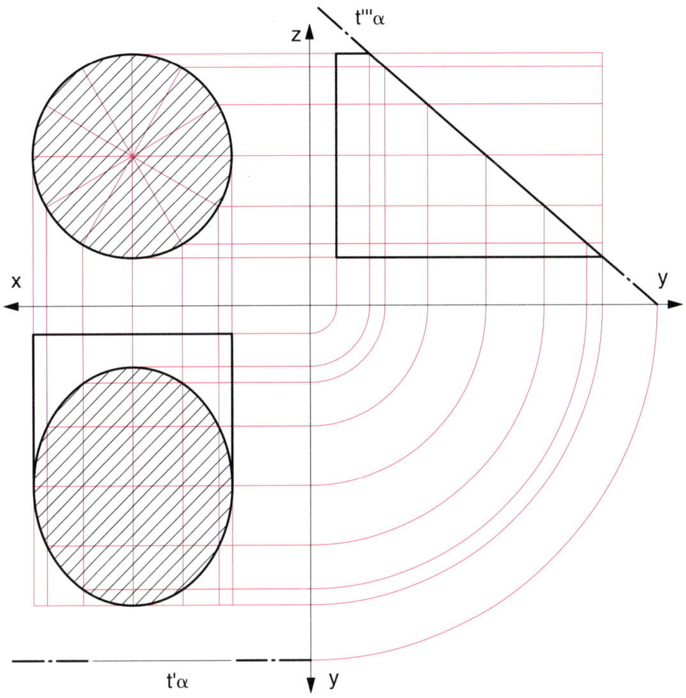

PROBLEMA 14

Cilindro con asse verticale sezionato da un piano perpendicolare a xz

Dopo aver disegnato il cilindro intero e le tracce del piano, si individuano le intersezioni delle sue generatrici con il piano. I punti di intersezione possono essere individuati a partire dalla vista frontale, da cui si ottengono le altre viste dei punti della curva (semiellisse).

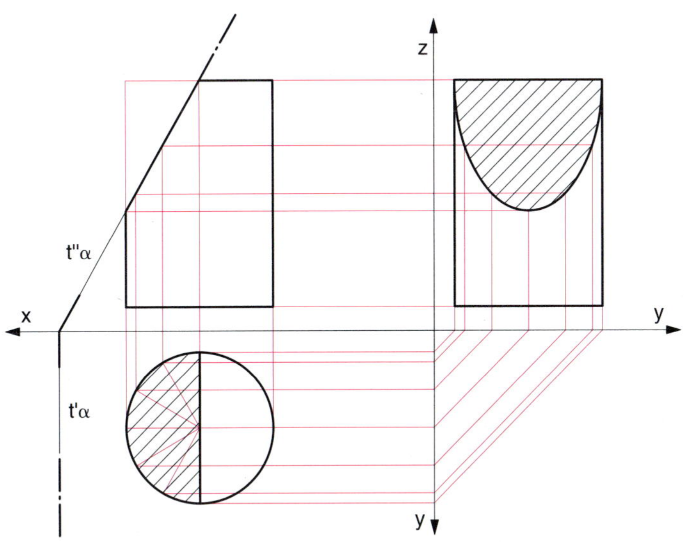

PROBLEMA 15

Cilindro con asse inclinato sezionato da un piano parallelo a yz

Dopo aver disegnato il cilindro intero e con l'asse inclinato, si individuano le intersezioni delle sue generatrici con il piano di sezione. I punti di intersezione possono essere individuati a partire dalla vista frontale, da cui si ottengono le altre viste dei punti dell'ellisse in sezione.

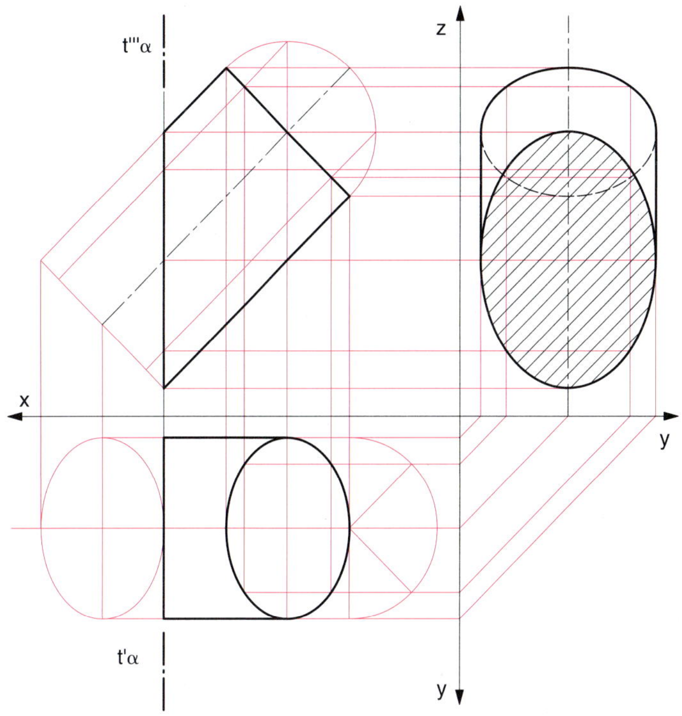

PROBLEMA 16

Cilindro cavo con asse orizzontale sezionato da un piano perpendicolare a xz

Con procedimento simile a quello del Problema 13, si disegna il cilindro cavo, si trovano le intersezioni delle generatrici delle due superfici cilindriche con la t''α e infine i punti delle due ellissi che costituiscono la superficie sezionata.

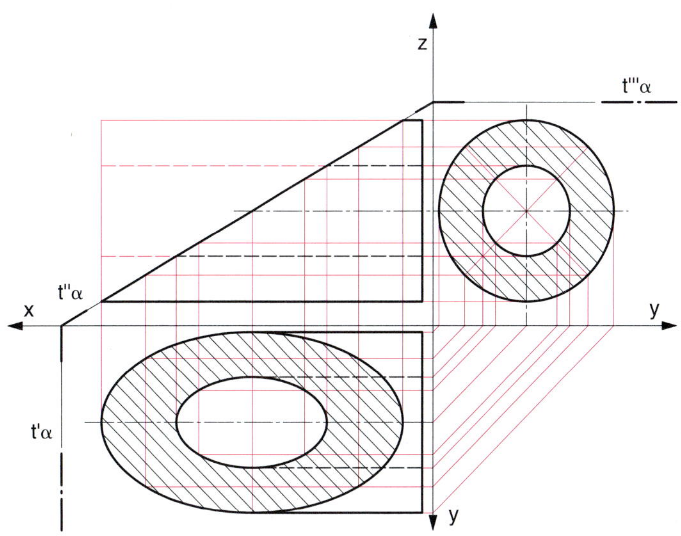

Vera forma della sezione

Le sezioni sono talvolta ottenute con piani inclinati rispetto ai piani di proiezione; pertanto in questi casi le figure originate dall'operazione di sezione si presentano deformate nelle proiezioni ortogonali.

Per poter ottenere la vera forma delle sezioni si ricorre, come già visto nell'Unità B3, al ribaltamento della figura piana. A seconda della disponibilità di spazio sul foglio o delle preferenze del disegnatore, si possono operare ribaltamenti su un qualsiasi piano di riferimento. Per ribaltamento si possono anche disegnare le proiezioni di solidi sezionati, qualora si conosca la vera forma della sezione.

PROBLEMA 17

Vera forma della sezione di un prisma trapezio con ribaltamento su xy

Delineato il prisma ancora integro, tramite i punti di intersezione dei suoi spigoli con la t''α si possono trovare i vertici della sezione nelle altre viste. La vera forma della sezione si può ottenere mediante ribaltamento su un piano qualsiasi; in questo caso si è ribaltata la figura sul piano xy.

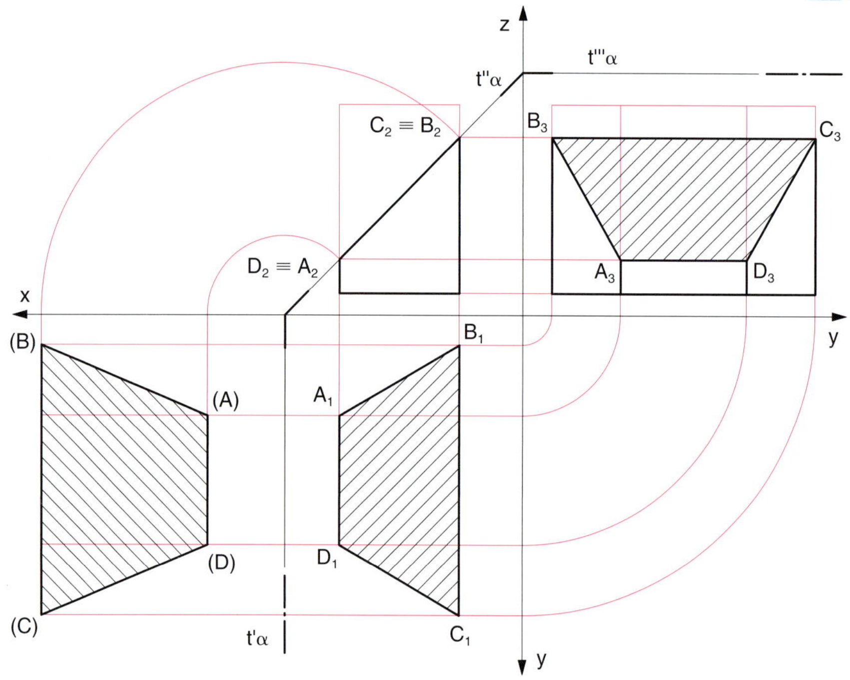

PROBLEMA 18

Vera forma della sezione di un parallelepipedo con ribaltamento su xz

Dopo aver disegnato le viste del parallelepipedo intero, se ne ricavano le viste in sezione a partire dalla vista frontale, nella quale si individuano i punti di intersezione tra la t''α e gli spigoli del solido. La vera forma della sezione è stata ricostruita mediante ribaltamento sul piano xz, servendosi di linee di riporto e di archi aventi come centro l'intersezione tra t'α e t''α.

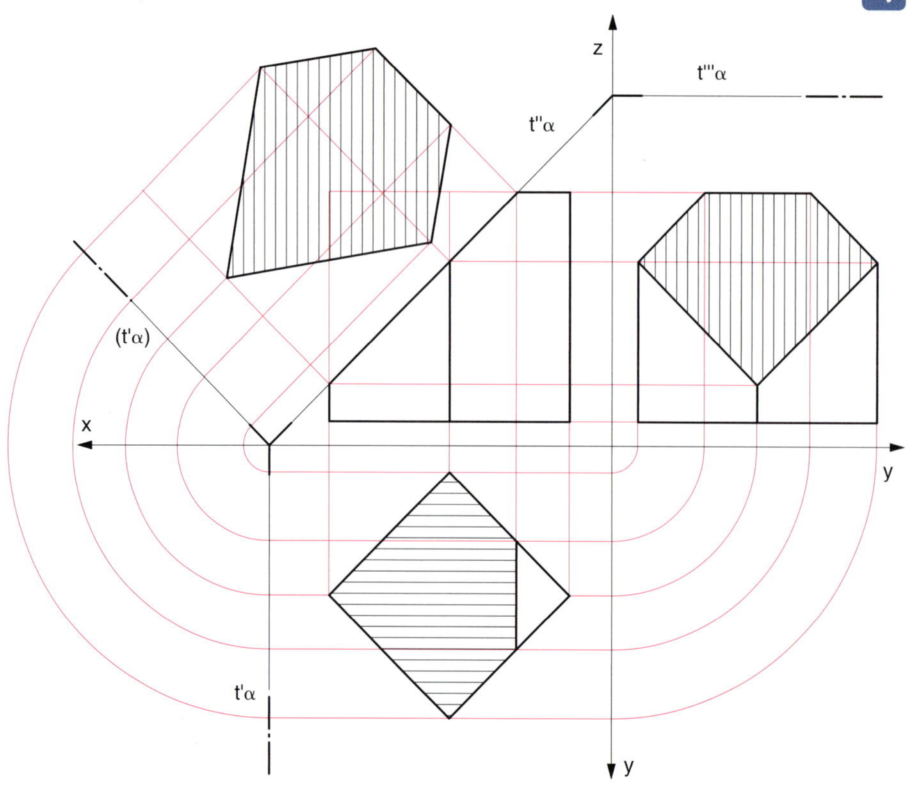

PROBLEMA 19

Vera forma della sezione di un solido con ribaltamento su yz

Le viste del solido sezionato possono essere disegnate a partire dalla vista da sinistra, nella quale si possono individuare i punti di intersezione tra gli spigoli del solido e la t'''α. La vera forma della sezione si può disegnare sul piano yz mediante linee di riporto e archi aventi come centro l'intersezione tra t''α e t'''α.

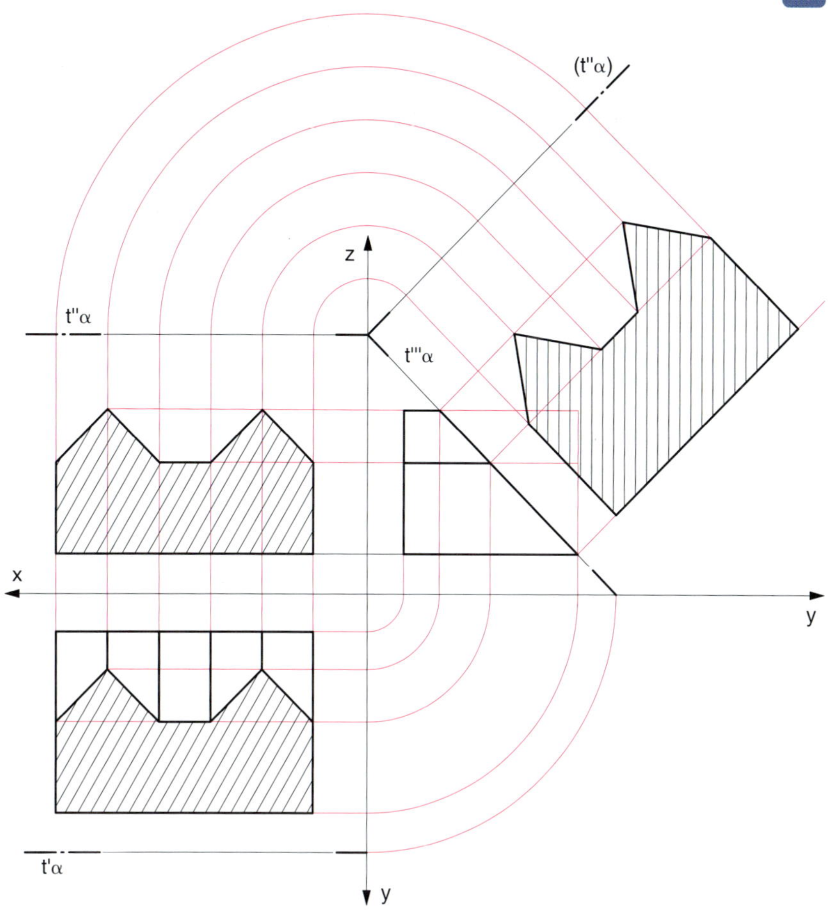

PROBLEMA 20

Sfera sezionata con un piano inclinato

Per disegnare la sezione della sfera si può sfruttare la conoscenza della sua vera forma; infatti è noto che qualsiasi piano sezioni una sfera origina sempre un cerchio. Delineata pertanto la sfera nelle sue viste e posizionato il piano di sezione, si può rilevare nella vista anteriore il diametro A_2B_2 del cerchio. Si disegna quindi il cerchio in vera forma e da alcuni suoi punti (8 in figura) si tracciano linee e archi di riporto fino alle altre viste; nella vista dall'alto e in quella da sinistra la sezione appare sotto forma di ellisse (quindi da disegnare con il curvilineo).

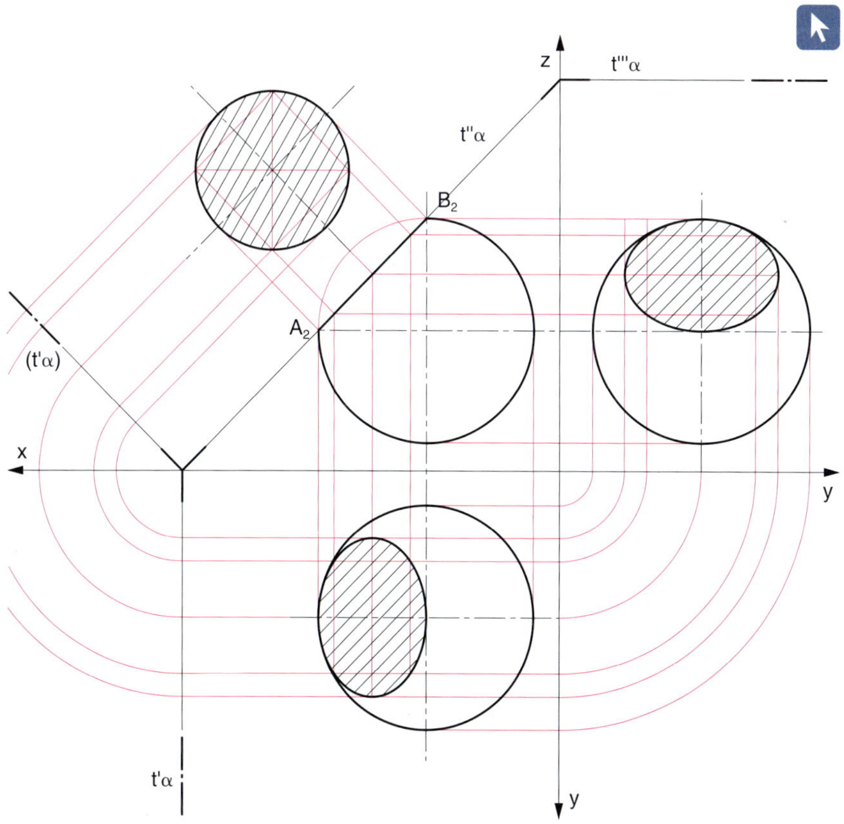

Sezioni coniche

PROBLEMA 21

Cono sezionato con un piano inclinato

Metodo dei piani paralleli

Disegnati il cono e il piano di sezione α, si conducono le tracce di tre piani orizzontali β, γ, δ; essi intersecano la superficie conica formando tre circonferenze. Esse possono essere disegnate nella vista dall'alto mediante linee di riporto dai punti R_2, S_2, T_2. Conducendo poi le verticali dai punti di intersezione di t''α con t''β, t''γ, t''δ, si trovano i punti dell'ellisse sulle corrispondenti circonferenze. Dalle due viste così definite si può ricavare la terza.

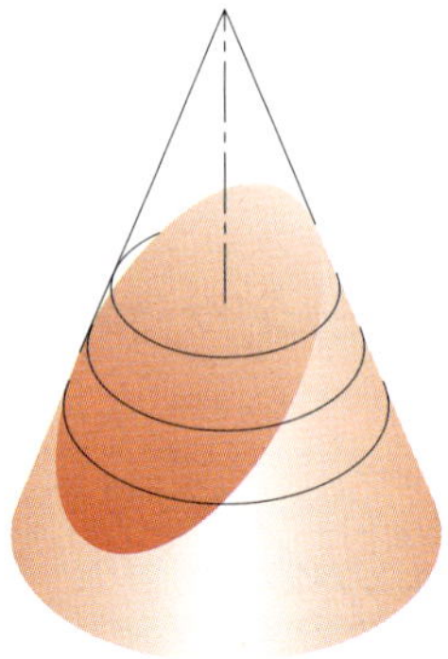

Metodo delle generatrici

Disegnati il cono e il piano di sezione α, nella vista dall'alto si tracciano dei raggi (in figura 8 raggi), che rappresentano altrettante generatrici del cono; di esse si ricavano le rappresentazioni in vista frontale. Dalle loro intersezioni con t''α si conducono linee di riporto verticali che determinano i punti dell'ellisse sulle corrispondenti generatrici nella vista dall'alto. Per definire i punti A_1 e B_1 si deve condurre una orizzontale da $A_2 \equiv B_2$, ottenendo C_2; di qui si conduce la verticale fino a C_1, che viene riportato sull'asse verticale con un archetto che definisce A_1 e B_1.

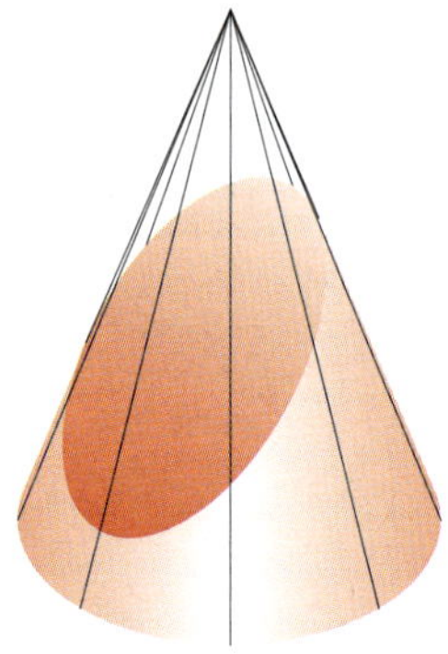

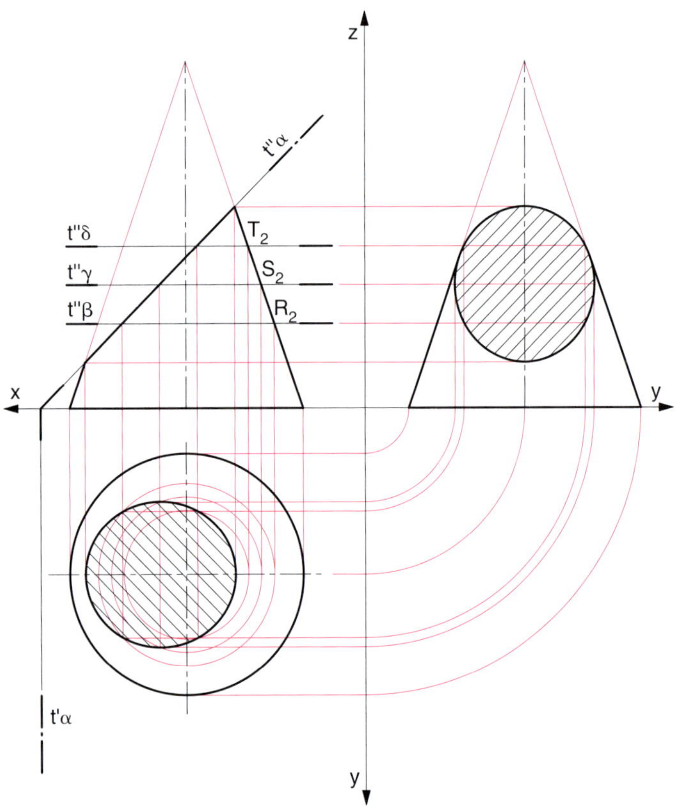

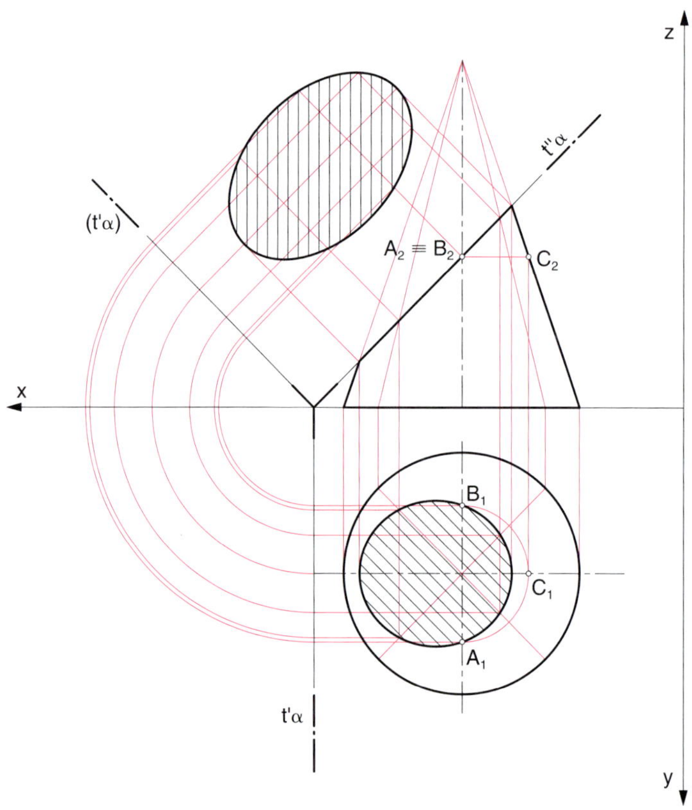

Vera forma della sezione del cono con ribaltamento su xz

Dai punti dell'ellisse nella vista dall'alto si tracciano linee di riporto orizzontali fino a t'α; esse si proseguono quindi con archi fino a (t'α) e poi con parallele a t''α; esse definiscono i punti della vera forma dell'ellisse sulle corrispondenti rette condotte dalla vista frontale.

NOTA BENE

Sulle diverse **curve coniche** si rinvia a quanto detto a pag. A58.
In questa pagina sono illustrati due diversi metodi per ottenere sezioni del cono:

- il **metodo dei piani paralleli** riduce il cono a un insieme di circonferenze decrescenti, delle quali si cercano i punti in comune con il piano di sezione;
- il **metodo delle generatrici** riduce il cono a un insieme di rette generatrici, dalle quali si individuano i punti in comune con il piano di sezione.

PROBLEMA 22

Cono sezionato con un piano parallelo a una generatrice

Metodo delle generatrici

Disegnato il cono e il piano di sezione α, si tracciano nelle diverse viste alcune generatrici (in figura sono 8). I loro punti di intersezione con t''α vengono individuati anche nelle altre viste; per trovare i punti A_1 e B_1 si riporta da $A_2 \equiv B_2$ l'orizzontale verso C_2 e quindi la verticale verso C_1 che, con un arco, si riporta verso A_1 e B_1.

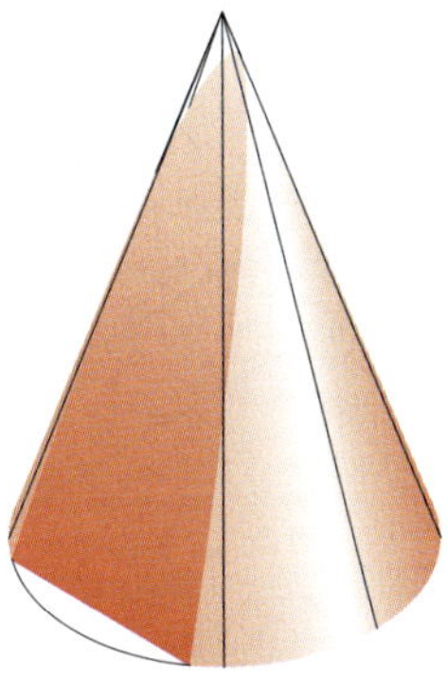

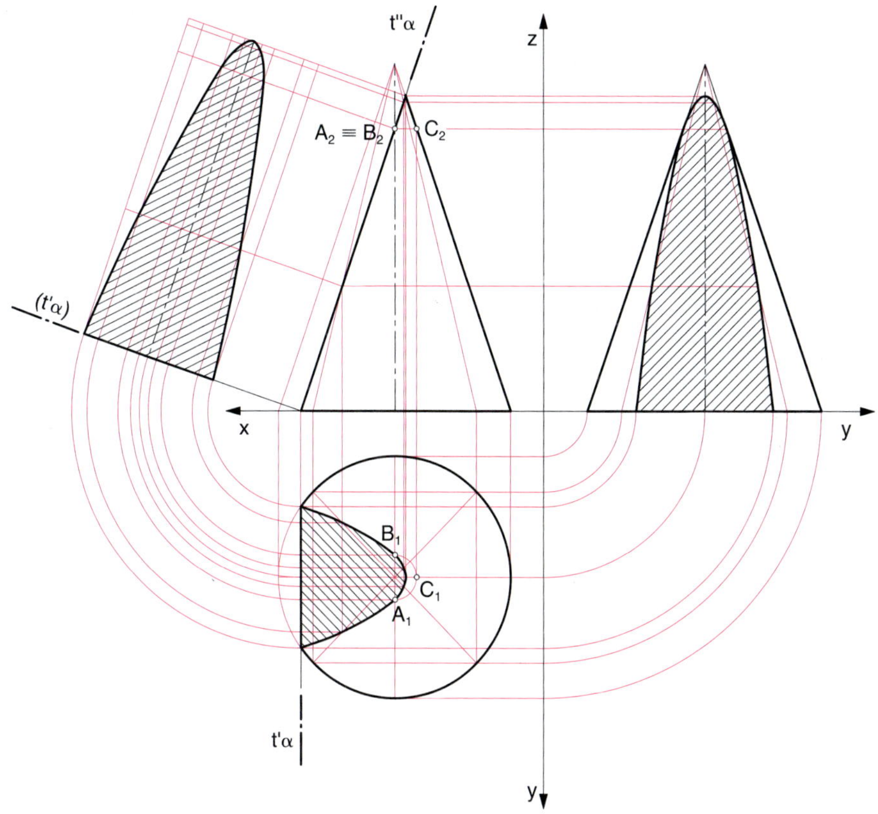

Vera forma della sezione del cono con ribaltamento su xz

Si opera in modo del tutto simile al procedimento del Problema 21.

PROBLEMA 23

Cono sezionato con un piano parallelo all'asse

Metodo delle generatrici

Disegnati il cono e il piano di sezione α, si tracciano nelle diverse viste alcune generatrici (in figura sono 5), prima in vista dall'alto e poi nelle altre. I loro punti di intersezione con t''α vengono riportati nella terza vista sulle corrispondenti generatrici. Unendo i punti nella vista da sinistra si ottiene l'iperbole, che peraltro si presenta nella sua **vera forma**.

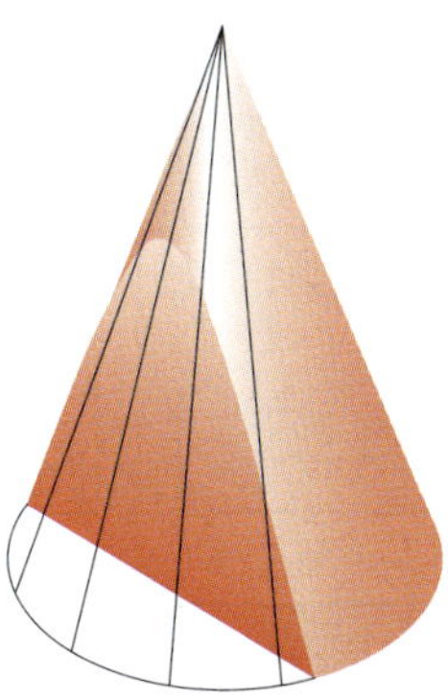

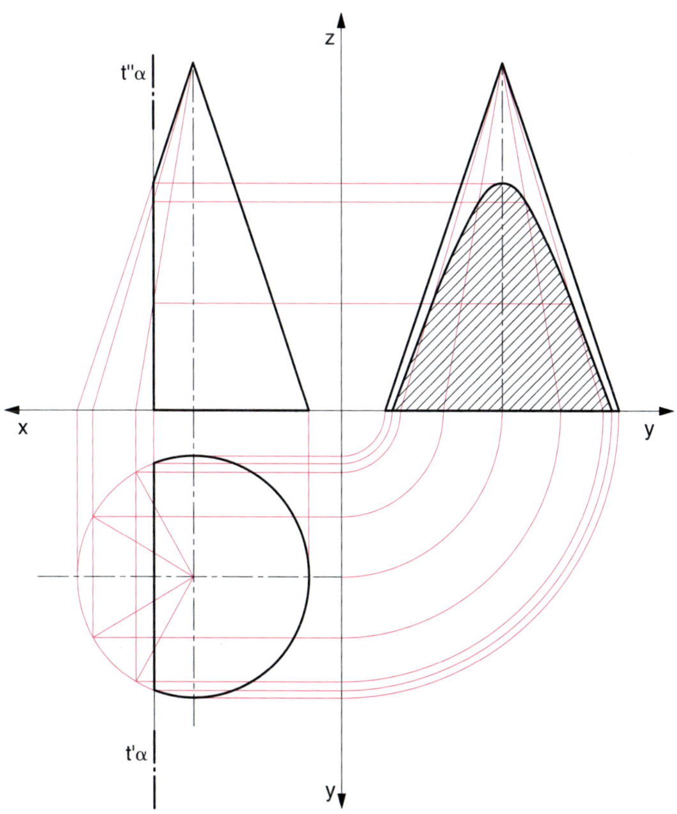

Intersezioni di solidi

Raramente gli oggetti reali si presentano sotto forma di figure geometriche semplici; quasi sempre sono entità complesse, scomponibili in solidi o figure piane geometriche. La compenetrazione di diversi solidi crea delle **linee di intersezione**. Esse hanno forma di segmenti o linee spezzate quando le facce che s'intersecano sono piane; quando invece una delle superfici è curva, vengono originate delle linee di intersezione curve oppure miste (segmenti e curve).

In generale il problema della determinazione di una linea di intersezione si risolve riconducendolo a casi più semplici, quali l'intersezione tra due piani oppure tra una superficie e una retta. In gran parte dei problemi seguenti si applicheranno soluzioni già adottate per trovare le sezioni di solidi.

PROBLEMA 24 PASSO PASSO

Intersezione tra un prisma trapezio e un parallelepipedo

Tutte le facce dei solidi sono figure piane e pertanto la loro intersezione sarà costituita da una sequenza di segmenti. I segmenti più interessanti sono quelli che il parallelepipedo origina intersecando la faccia inclinata del prisma.

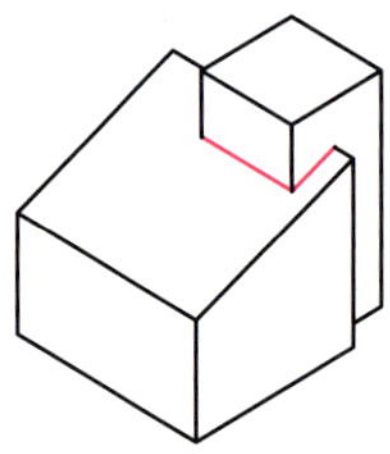

1 Si disegna la costruzione delle viste dei due solidi che si intersecano.

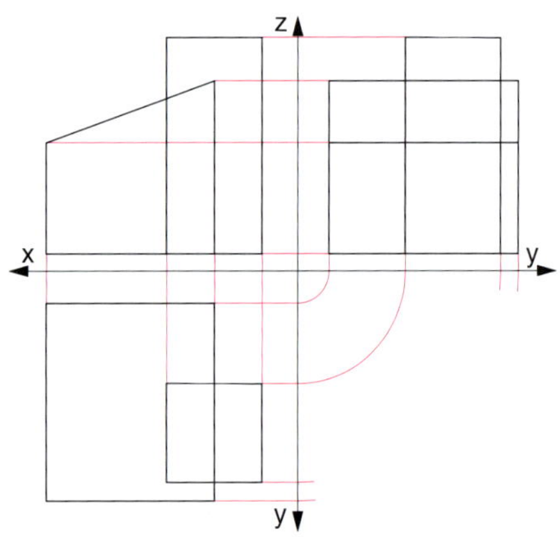

2 Nella vista frontale si individua il punto A, che si riporta verso la vista da sinistra, trovando la linea d'intersezione.

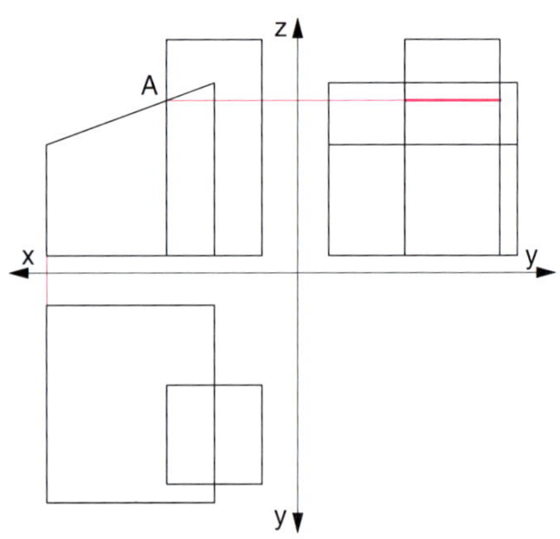

3 Si ripassano spigoli visibili e nascosti.

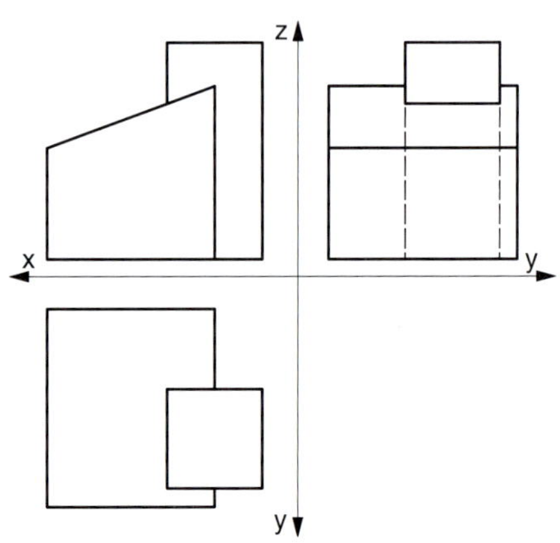

PROBLEMA 25 PASSO PASSO

Intersezione tra due solidi prismatici

In pratica i due solidi sono la semplificazione di un edificio e di un abbaino. L'intersezione dell'abbaino con la falda del tetto su cui è poggiato si mostra solo nella vista dall'alto.

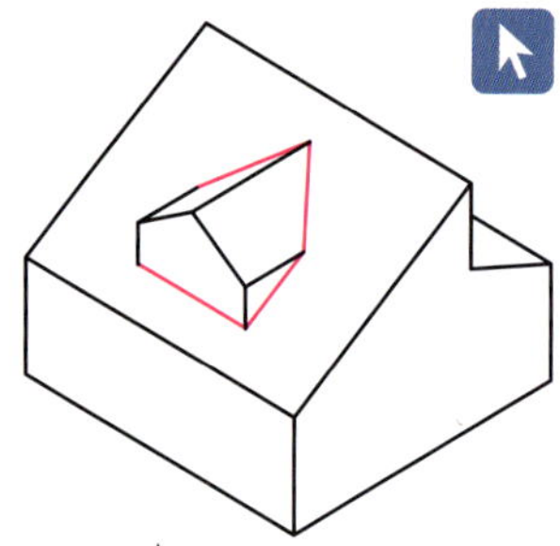

1 Si disegna la costruzione delle viste dei due solidi che si intersecano.

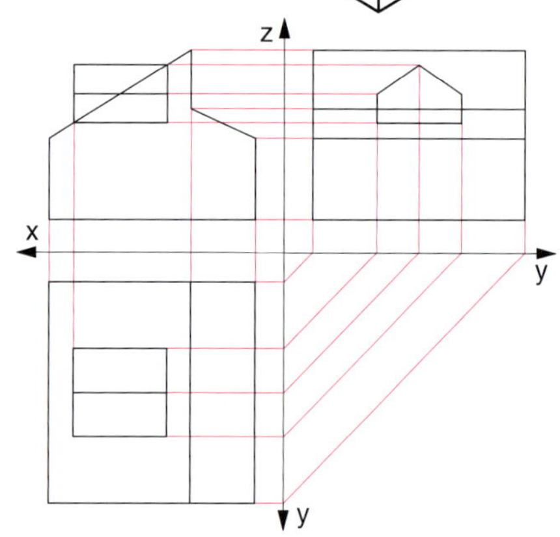

2 Nella vista frontale si individuano i punti A e B, che si riportano verso la vista dall'alto, trovando le linee d'intersezione.

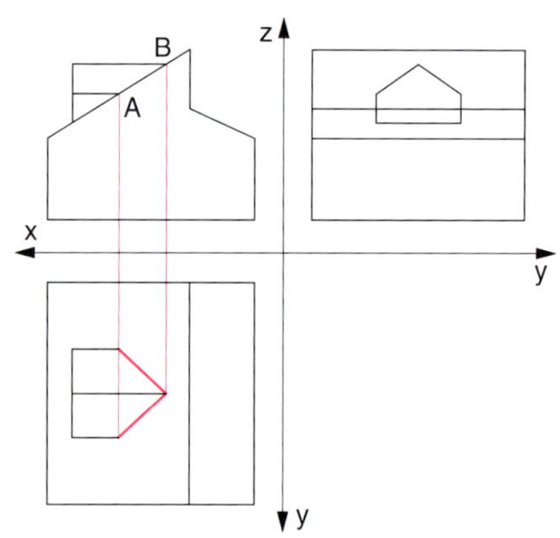

3 Si ripassano spigoli visibili e nascosti.

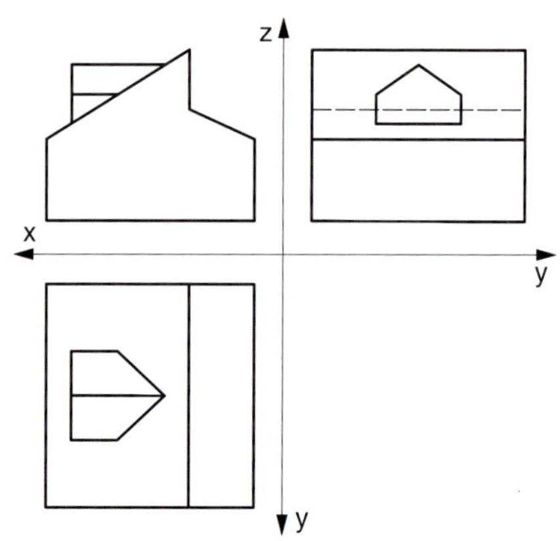

PROBLEMA 26

Intersezione tra una piramide e un parallelepipedo

In questo caso ogni faccia del parallelepipedo, intersecando due facce della piramide, genera due segmenti. Due dei loro vertici appartengono agli spigoli della piramide e sono facilmente individuabili nella vista frontale e da sinistra; il terzo vertice si trova sull'apotema della faccia della piramide. Questo vertice si trova dove l'apotema, disegnato nelle diverse viste, interseca gli spigoli del parallelepipedo.

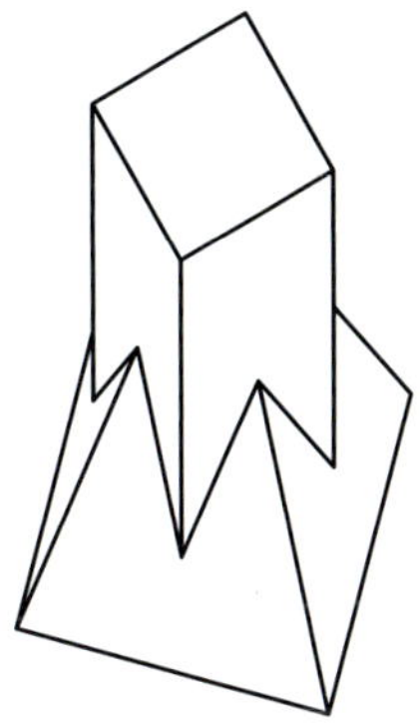

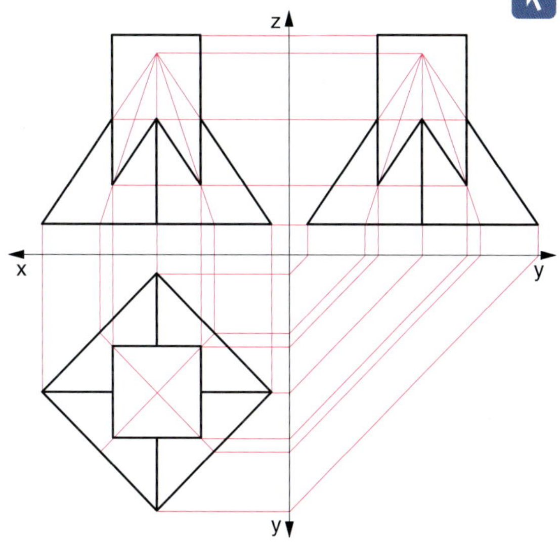

PROBLEMA 27

Intersezione tra due prismi triangolari

I cinque vertici della linea di intersezione tra i due solidi sono facilmente identificabili nella vista dall'alto e in quella da sinistra; da queste due viste si può ricavare la vista frontale dei vertici della spezzata.

Per disegnare lo sviluppo del solido ottenuto dalla compenetrazione dei due prismi, si può partire da uno di essi; sugli spigoli dello sviluppo si individuano i vertici dell'intersezione rilevandone la posizione dalle proiezioni ortogonali. Si completa lo sviluppo con l'aggiunta delle facce del secondo prisma.

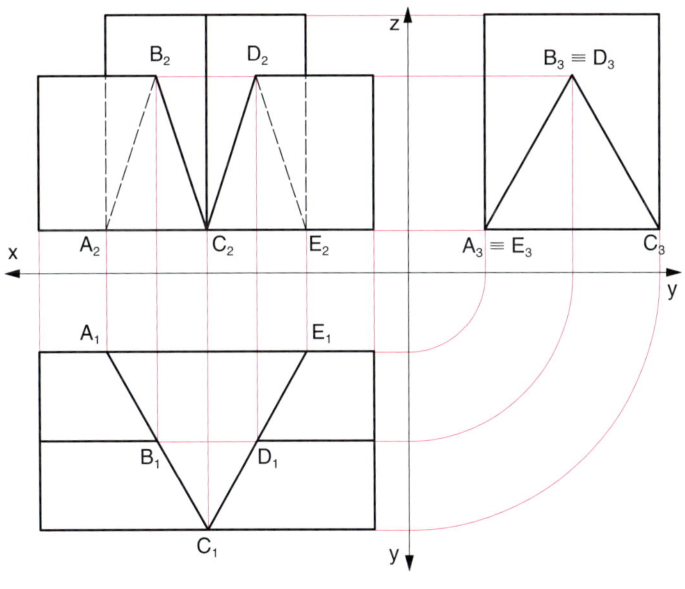

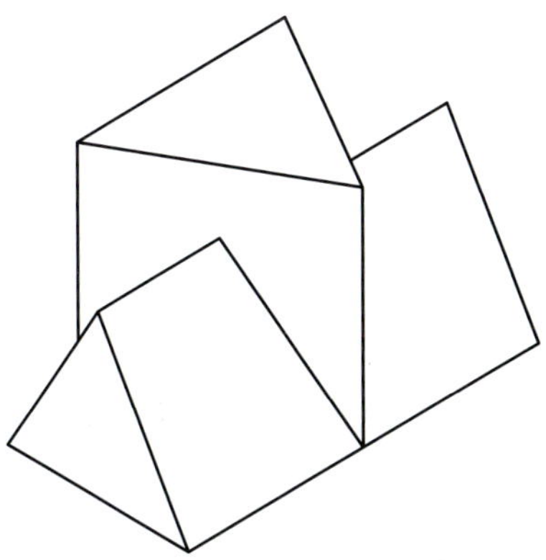

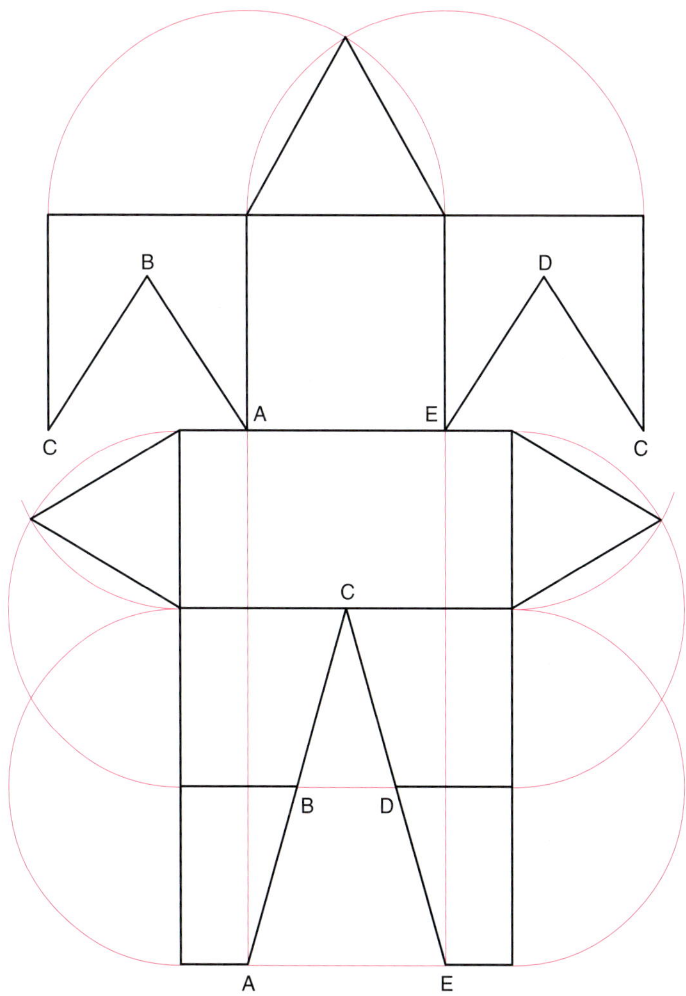

PROBLEMA 28

Intersezione tra un prisma triangolare e un prisma esagonale

La linea di intersezione tra i due solidi mostra i suoi vertici nella vista dall'alto e in quella frontale. Per riporto si possono identificare i vertici anche nella vista da sinistra.

Lo sviluppo si può iniziare dal prisma esagonale; esso è costituito dalla base e dalle facce laterali, che si possono ricostruire con una sequenza di 6 lati di base dai cui vertici si tracciano i diversi spigoli verticali del prisma. Lo sviluppo del prisma triangolare si può facilmente ottenere riprendendo dalle viste la vera lunghezza dei diversi lati delle facce. Nella faccia rettangolare più grande si ritaglia un esagono (intersezione tra i due solidi) ottenuto con le lunghezze reali rilevabili dalla vista dall'alto e dalla vista frontale.

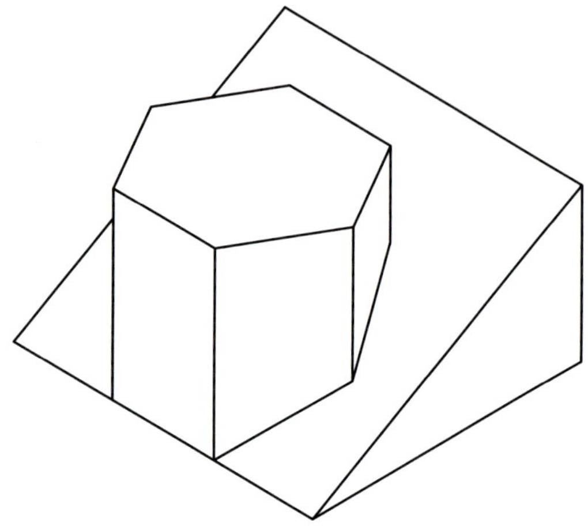

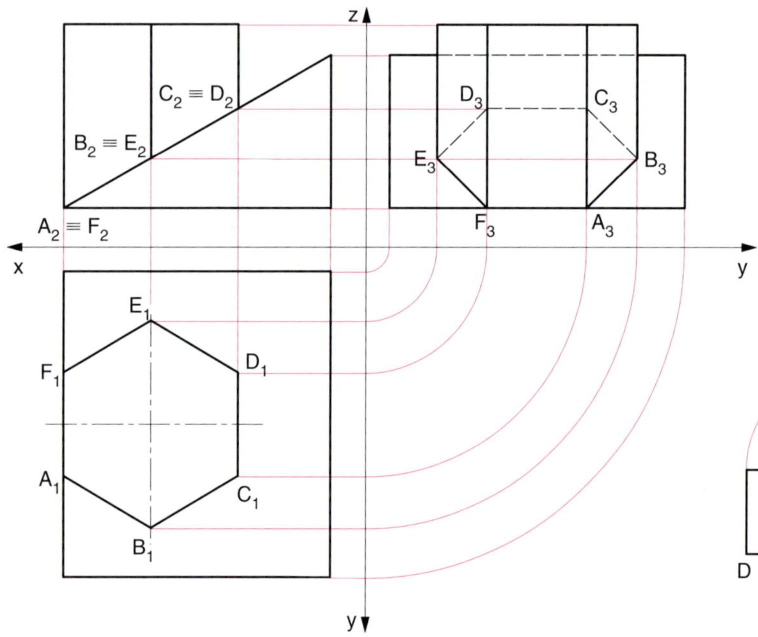

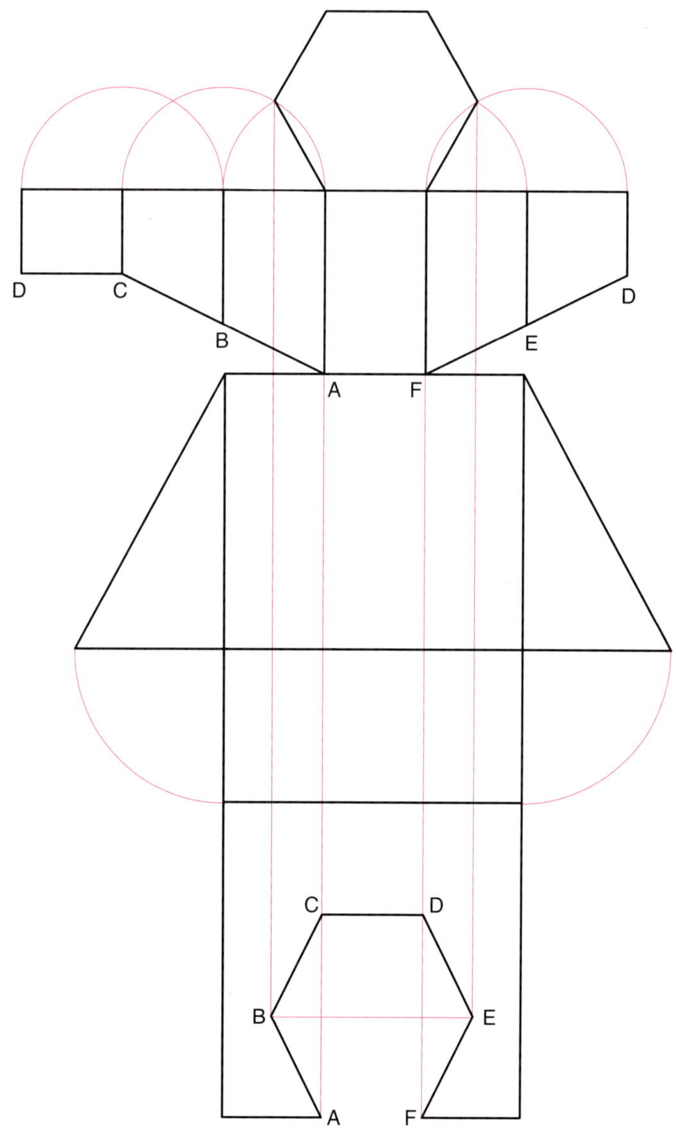

PROBLEMA 29

Scala fiancheggiata da un muro incurvato

Le proiezioni ortogonali presentano come linea di intersezione tra i due solidi una linea mista (segmenti verticali e archi orizzontali). La posizione dei segmenti verticali è facilmente identificabile nella vista dall'alto; dalle intersezioni tra gradini e curva del muro si conducono linee di riporto che consentono di posizionare il margine destro di ogni gradino nella vista frontale.

In assonometria la linea di intersezione si ottiene per traslazione verticale di parti della curva superiore del muro. Gli estremi degli archi vengono poi congiunti con segmenti verticali.

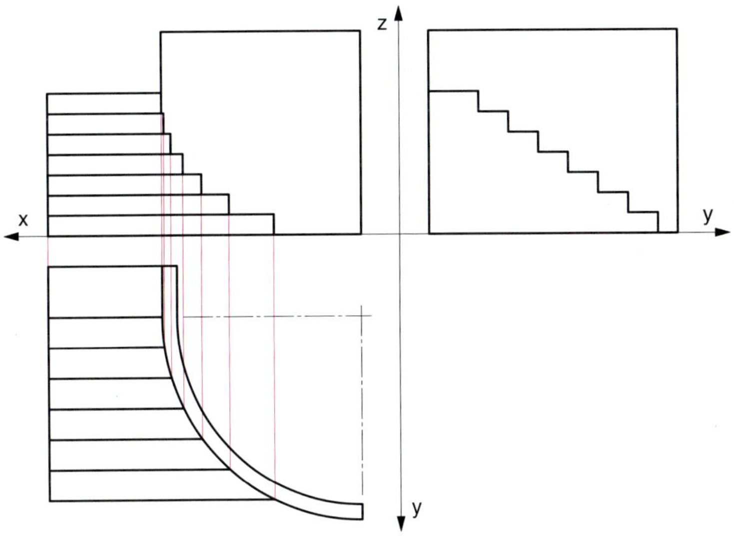

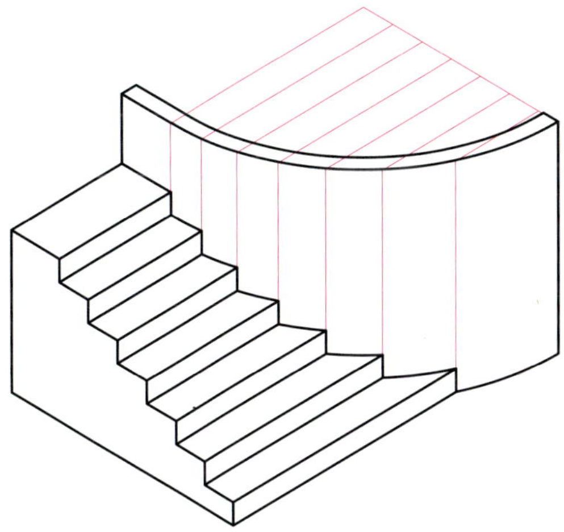

PROBLEMA 30

Intersezione di un cilindro con un prisma triangolare

Le superfici dei solidi formano due linee di intersezione simmetriche; ognuna è costituita da un arco di circonferenza e due archi di ellisse, i cui estremi sono individuabili nelle viste frontale e da sinistra. Nella vista dall'alto, per poter tracciare la curva, è però necessario qualche punto intermedio. Disegnando sulla superficie prismatica una o più rette parallele agli spigoli (in figura le rette a e b), si possono individuare i loro punti di intersezione con il cilindro; riportandoli nella vista dall'alto si può tracciare la curva.

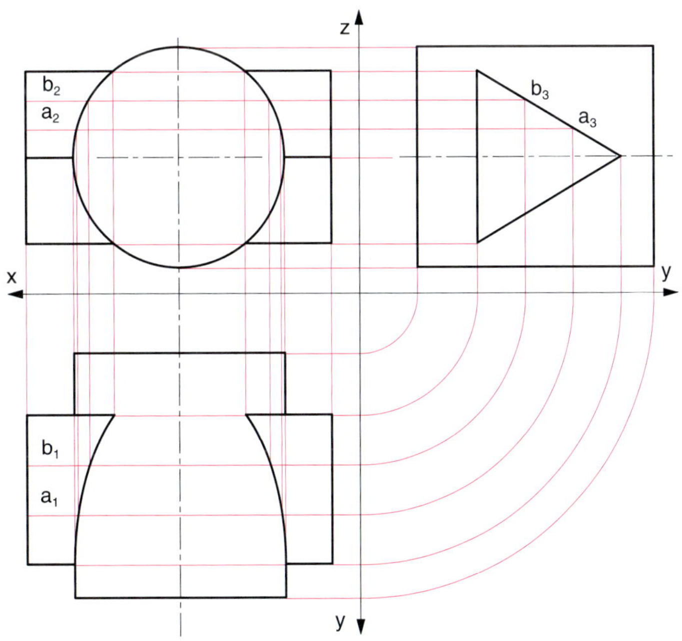

In assonometria la linea di intersezione si può determinare rilevando dalle proiezioni ortogonali le lunghezze degli spigoli del prisma e dei segmenti staccati dal cilindro sulle rette a e b.

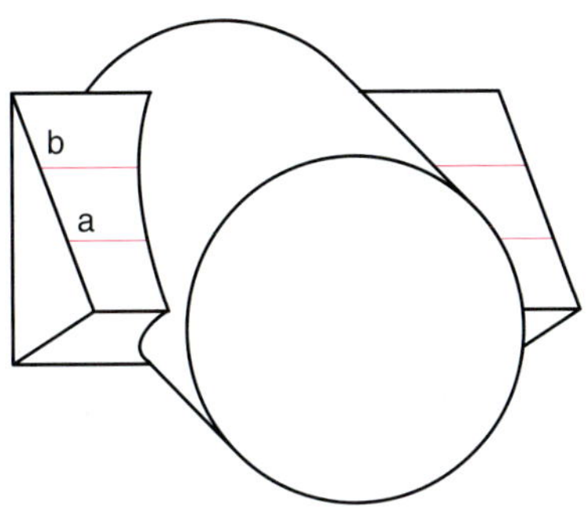

PROBLEMA 31

Intersezione tra cilindro e solido prismatico

L'intersezione è una linea composta da una semicirconferenza orizzontale, da due segmenti verticali e da una semiellisse inclinata. I punti di quest'ultima si possono ottenere tracciando nelle tre viste un certo numero di generatrici (7 in figura); rilevando nella vista frontale l'intersezione delle generatrici con il piano inclinato si possono ottenere i punti della curva nella vista da sinistra.

In assonometria la linea di intersezione si può ottenere sezionando il cilindro con un certo numero di piani verticali. Ognuno di questi piani, sezionando il cilindro e la superficie inclinata del prisma, determina una coppia di segmenti che hanno in comune un punto della curva di intersezione.

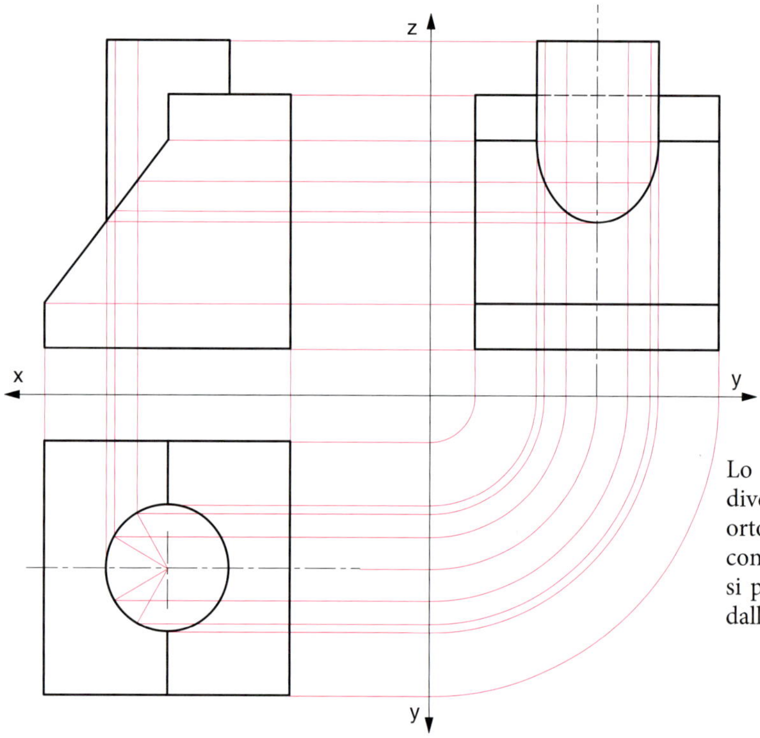

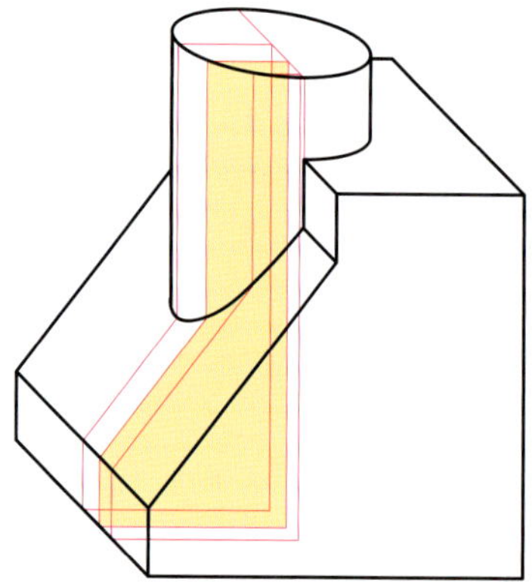

Lo sviluppo della superficie prismatica si ottiene delineando le diverse facce del solido, rilevabili in vera forma dalle proiezioni ortogonali. Su alcune di esse sono però da ritagliare una semicirconferenza, un rettangolo e una semiellisse. I punti di quest'ultima si possono ottenere rilevandone le distanze orizzontali dalla vista dall'alto, e le distanze sul piano inclinato nella vista frontale.

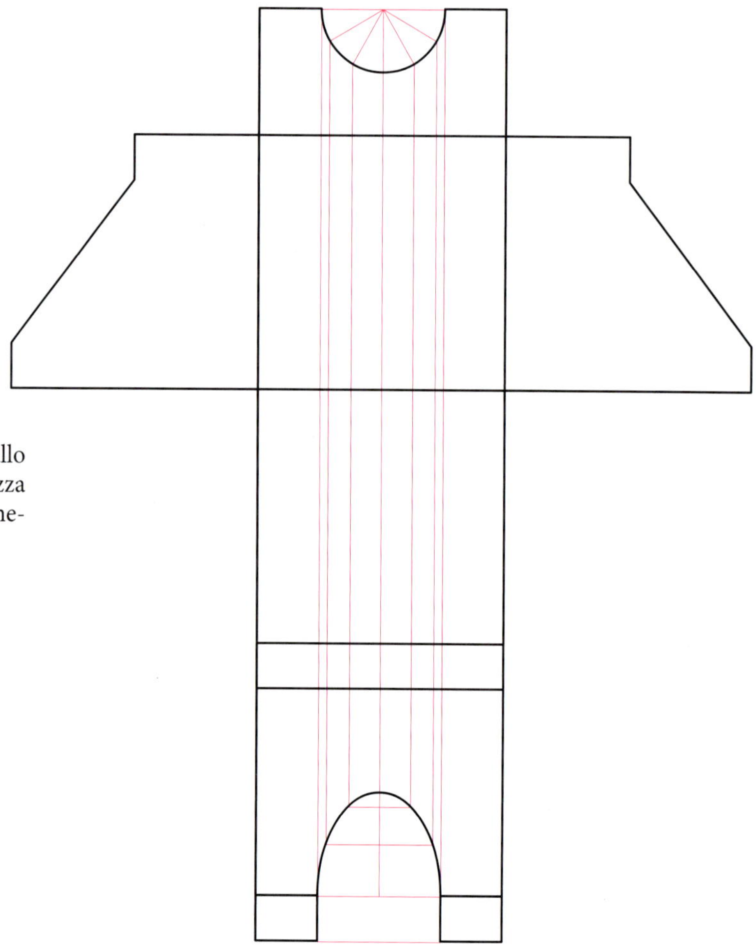

Lo sviluppo del cilindro è costituito dalla base circolare e dallo sviluppo della superficie cilindrica. Quest'ultima ha una lunghezza pari a $2\pi R$ e altezze variabili, che sono rilevabili dalle diverse generatrici disegnate in proiezioni ortogonali.

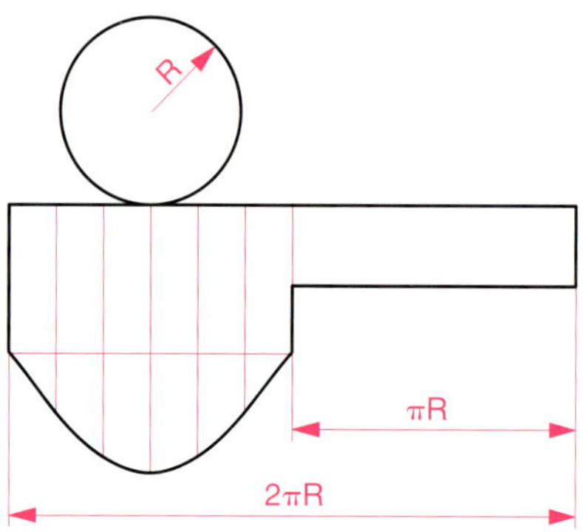

PROBLEMA 32

Solido prismatico con foro cilindrico

Tra le facce del solido e la superficie cilindrica si crea una linea di intersezione formata da una semicirconferenza e da una semiellisse. I punti di quest'ultima si possono ottenere delineando delle generatrici; la loro intersezione con il piano inclinato è rilevabile nella vista frontale, dalla quale si possono ricavare nelle altre viste i punti che formano la curva ellittica.

La linea di intersezione è per metà una semicirconferenza, che in assonometria diventa una semiellisse; l'altra metà della curva di intersezione si può ricavare immaginando che il foro sia un cilindro pieno. Tagliando questo cilindro e il piano inclinato con una serie di piani paralleli si ottengono dei triangoli rettangoli, nei quali un vertice è un punto della curva di intersezione.

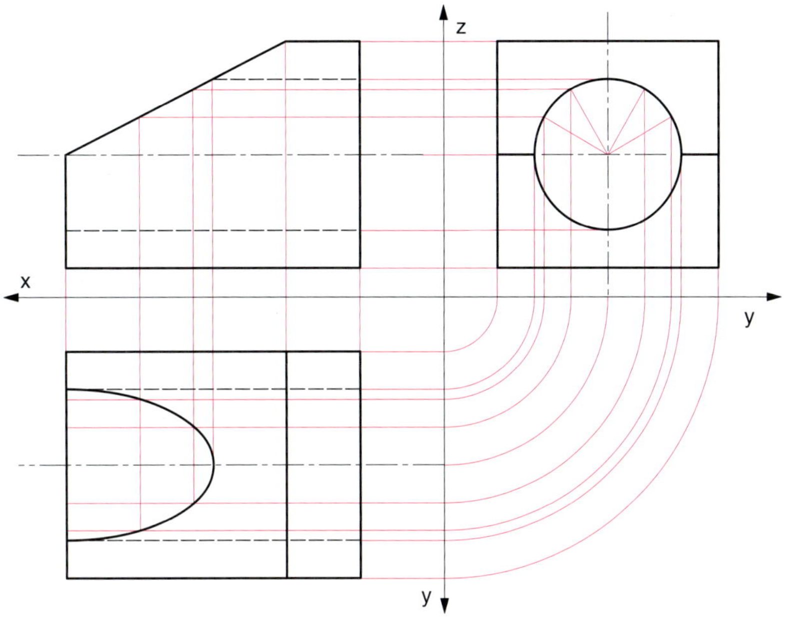

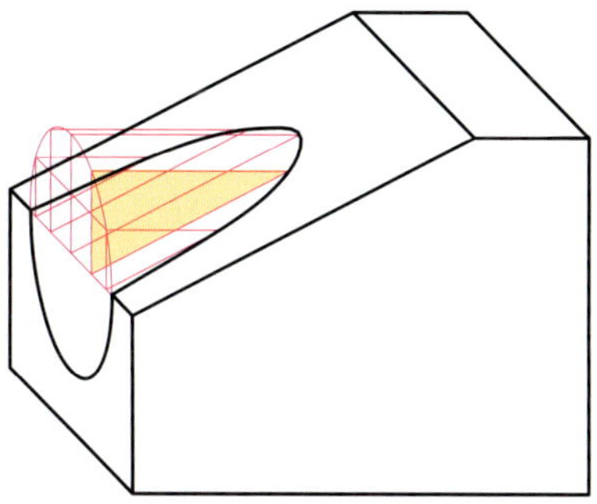

PROBLEMA 33

Intersezione di una sfera con un parallelepipedo

Le intersezioni tra i due solidi sono due linee, ognuna delle quali è costituita da quattro archi di circonferenza. Il diametro di questi archi è rilevabile nella vista frontale, mediante la misura del segmento d.

In assonometria gli archi, che costituiscono l'intersezione tra i due solidi, sono realizzabili mediante ellissi o circonferenze; queste ultime hanno diametro d (rilevato dalle proiezioni ortogonali) e centro coincidente con quello delle singole facce. Le ellissi invece vanno realizzate per mezzo di punti la cui posizione si può ricavare dalle proiezioni ortogonali.

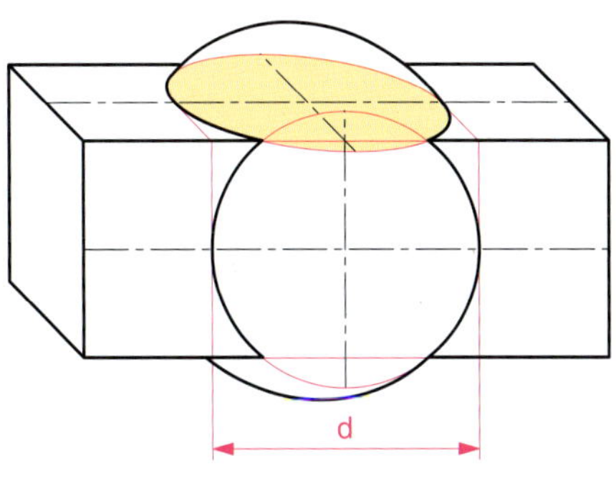

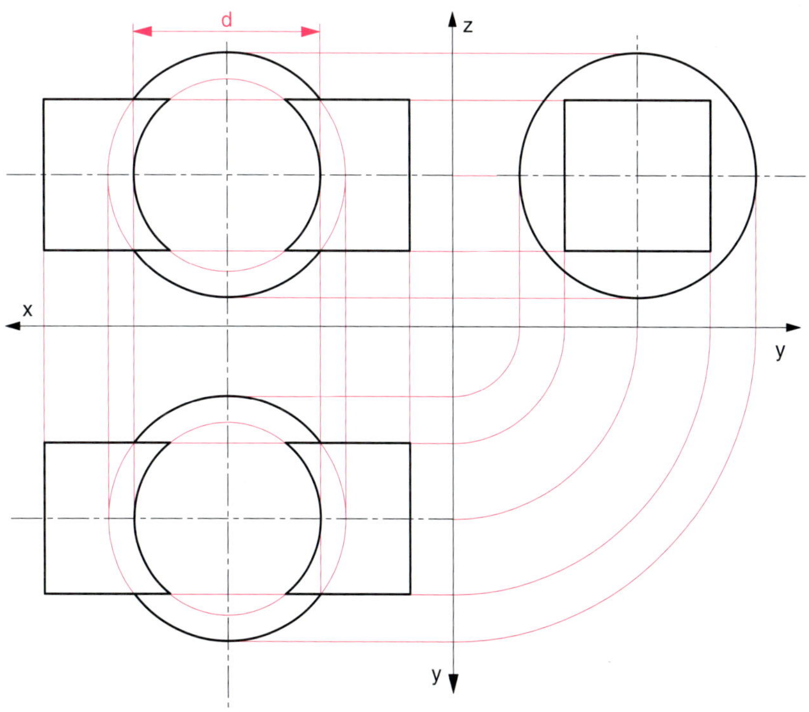

PROBLEMA 34

Intersezione tra una semisfera e un prisma ottagonale (volta a vela)

Le intersezioni tra i due solidi sono delle semicirconferenze che hanno come diametro il lato dell'ottagono. Nella vista frontale la semicirconferenza centrale appare nella sua vera forma; le altre due, essendo inclinate, sono invece deformate e possono essere determinate con l'ausilio di rotazioni della figura.

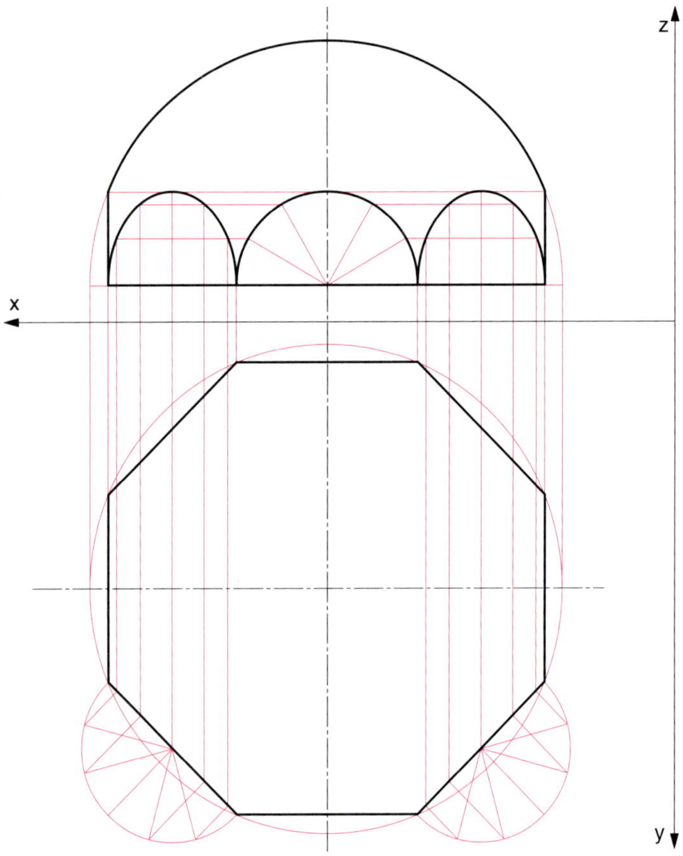

PROBLEMA 35

Intersezione di un cono con un prisma esagonale (punta di matita)

Le curve sono iperboli (v. Problema 23) che si ottengono con il metodo delle generatrici. Tracciando sul cono le generatrici, disegnate nelle due viste, se ne individuano i punti di intersezione con le facce del prisma sulla vista dall'alto; di qui, mediante linee di riporto, si ricavano i punti sulle corrispondenti generatrici nella vista frontale.

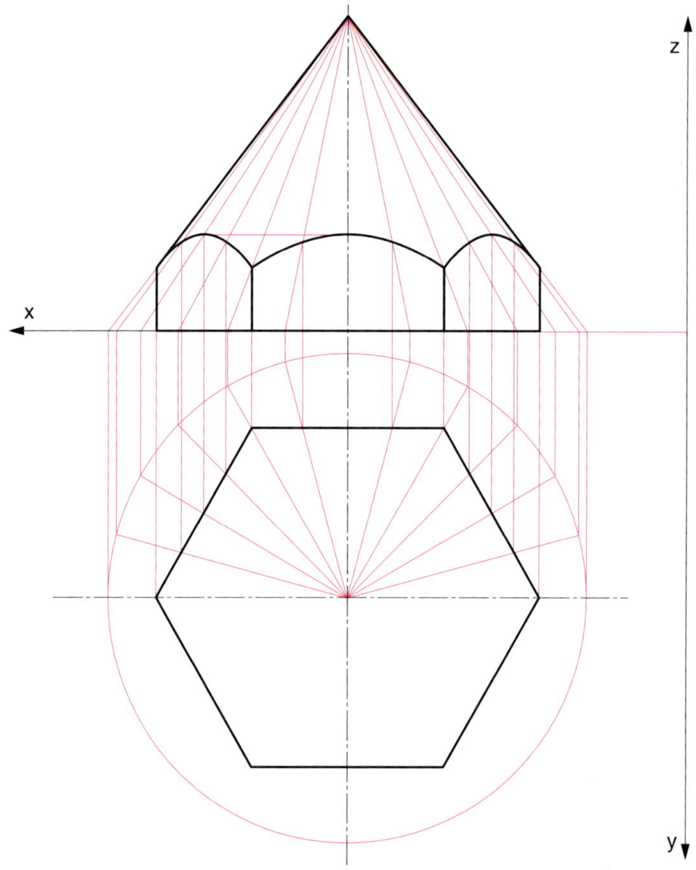

PROBLEMA 36

Intersezione tra due cilindri con assi perpendicolari

Disegnate le viste dei cilindri, si individuano alcune generatrici del cilindro minore, prendendo nella vista frontale un certo numero di punti (12 in figura) sulla circonferenza. Dopo aver riportato questi punti sulle altre viste, si individuano nella vista dall'alto i punti di intersezione delle generatrici con il cilindro maggiore. Mediante linee di riporto si determina la vista da sinistra di questi punti; unendoli con il curvilineo si ottengono le curve di intersezione tra i cilindri.

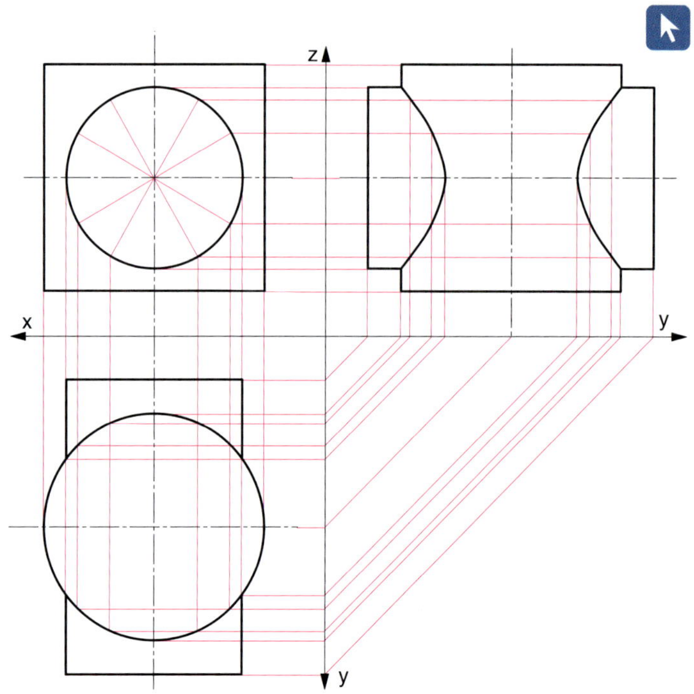

In assonometria, dopo aver disegnato i cilindri, si divide la base anteriore del cilindro minore in 12 parti uguali, individuando i punti da cui iniziano le generatrici. Rilevando dalla vista dall'alto la lunghezza di queste generatrici fino al punto di intersezione con il cilindro maggiore, si ottengono i punti per cui passa la curva di intersezione. Si rammenta che in assonometria cavaliera le misure prese sull'asse inclinato devono essere dimezzate.

PROBLEMA 37

Intersezione tra due volte a botte

Nelle proiezioni ortogonali l'intersezione tra le superfici cilindriche si realizza eseguendo la rotazione del profilo dell'arco sia nella vista frontale sia in quella dall'alto e tracciando alcuni raggi (in figura essi formano angoli di 30°). Si disegnano quindi nella vista frontale le generatrici da A_2, B_2, ..., che intersecano il profilo dell'altra volta a botte nei punti A'_2, B'_2, ... Conducendo le linee di riporto da questi punti si trovano i punti A'_1, B'_1, ... sulle generatrici corrispondenti nella vista dall'alto.

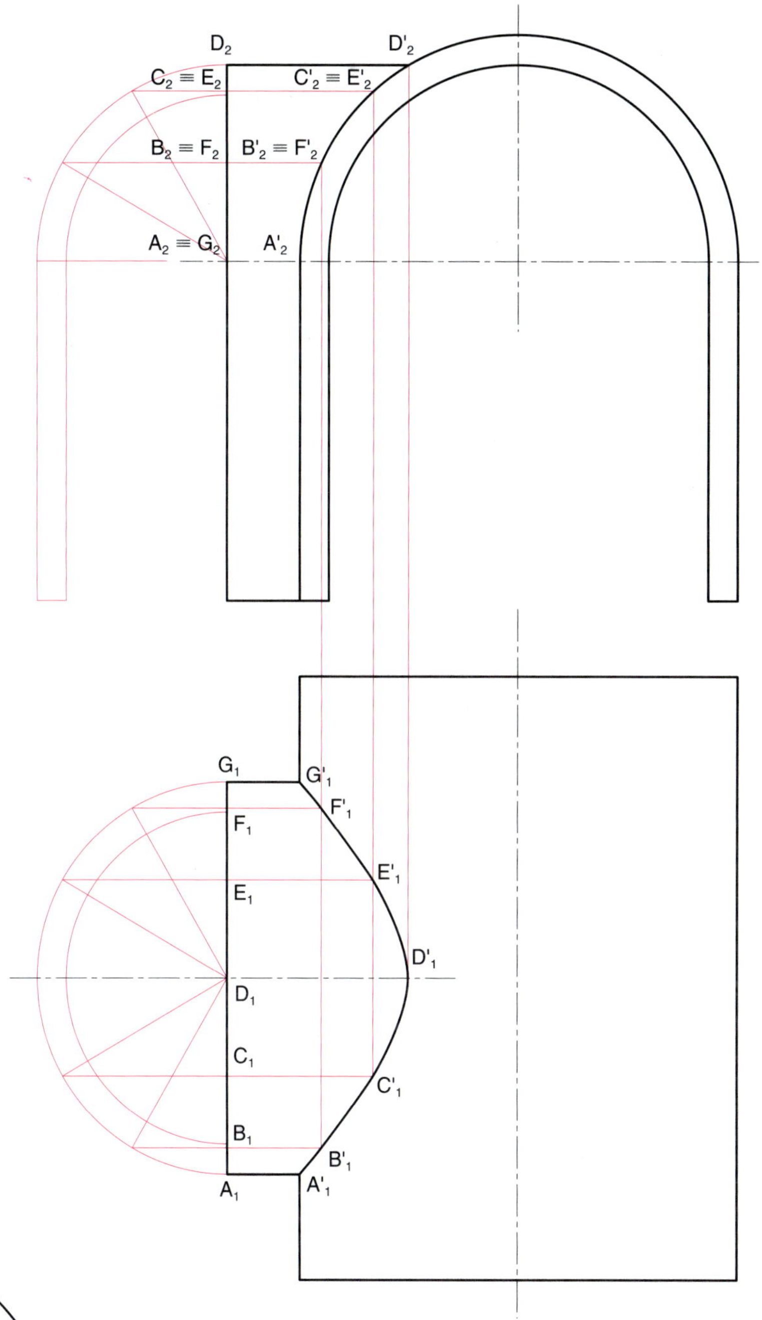

In assonometria, dopo aver disegnato la volta più grande, si esegue anche l'altra, trovando i punti delle ellissi (A, B, ...) mediante le misure rilevate in proiezioni ortogonali. Quindi si tracciano le generatrici AA', BB', ... rilevandone le misure nella vista dall'alto; i punti A', B', ... definiscono l'intersezione delle volte.

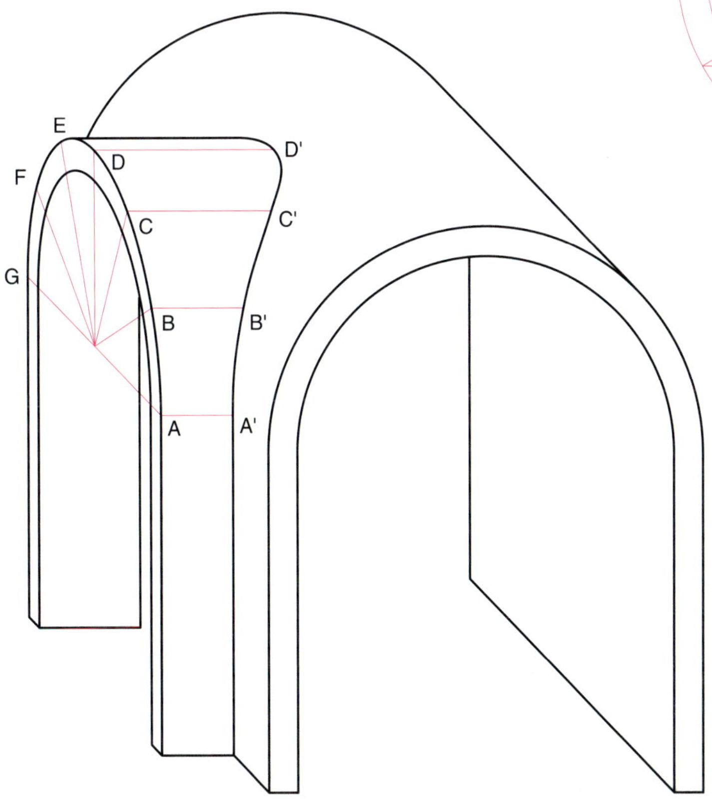

APPROFONDIMENTI

- ***Volte e cupole*** (3 pagine)
- ***Piante e sezioni in architettura*** (2 pagine)

Su sezioni e intersezioni abbiamo imparato…

SEZIONE

prima si sceglie

PIANO DI SEZIONE
rappresentato attraverso le tracce

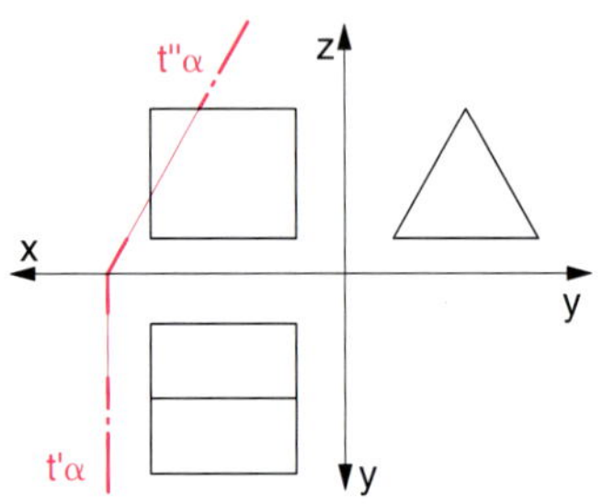

poi si individua

PARTE SEZIONATA
da campire poi con tratteggio

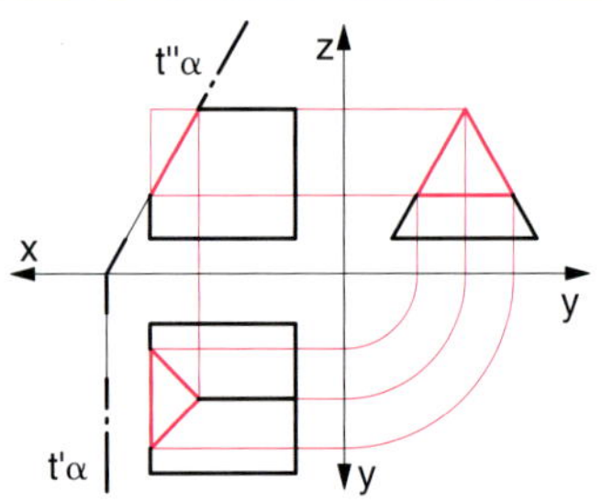

ottenendo

RAPPRESENTAZIONE DEL SOLIDO SEZIONATO

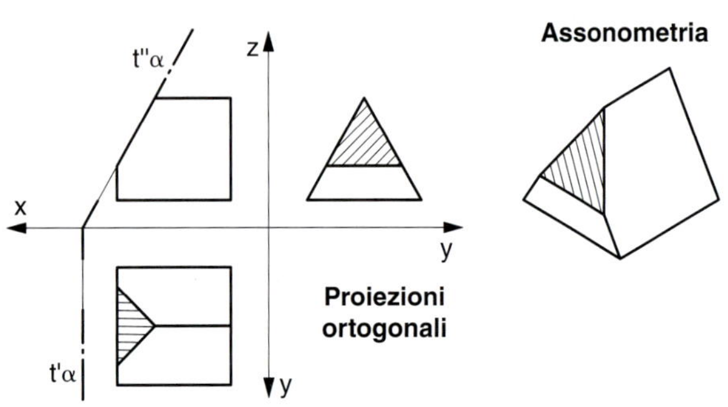

INTERSEZIONE

si inizia da

IMPOSTAZIONE DEL DISEGNO DEL SOLIDO COMPLESSO

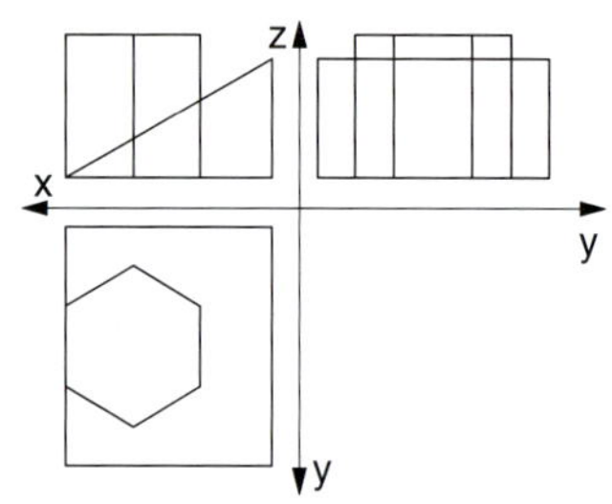

poi si trovano

LINEE D'INTERSEZIONE
tra le diverse facce

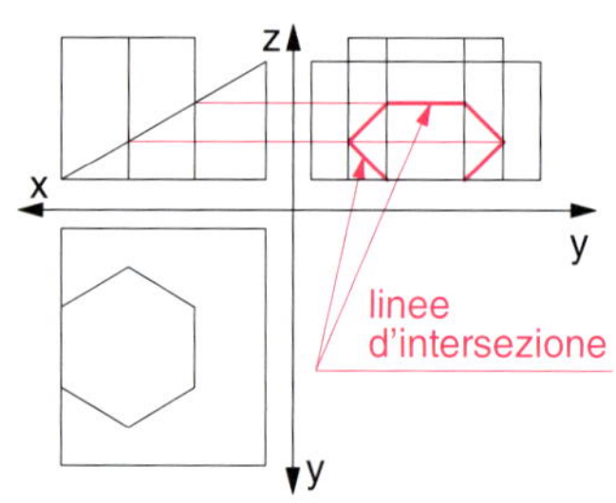

ottenendo

RAPPRESENTAZIONE DEL SOLIDO CON INTERSEZIONI

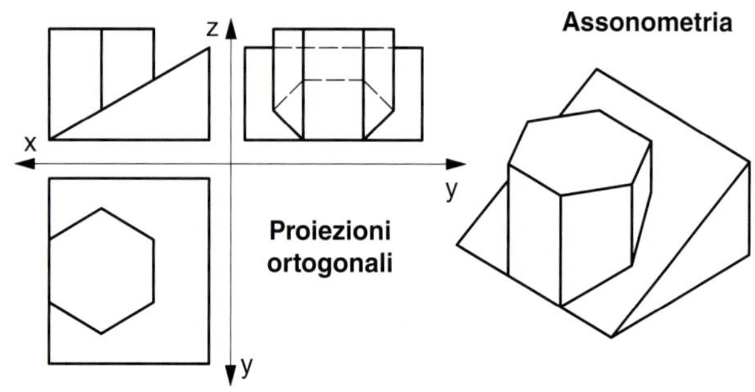

Disegna tre viste in proiezioni ortogonali del solido sezionato con il piano indicato, raddoppiando le misure rilevate dal disegno.

ESERCITAZIONE 1
GUIDATA

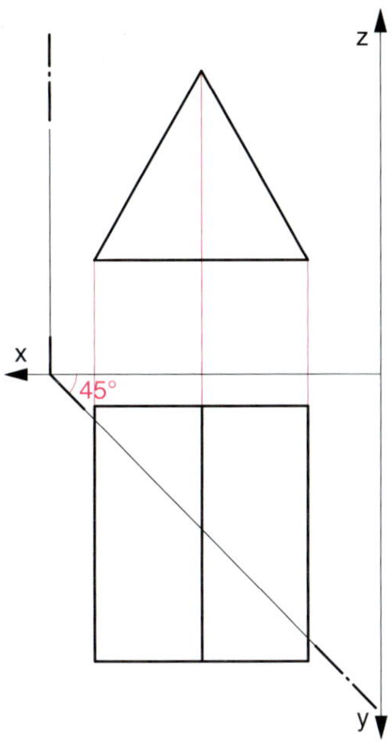

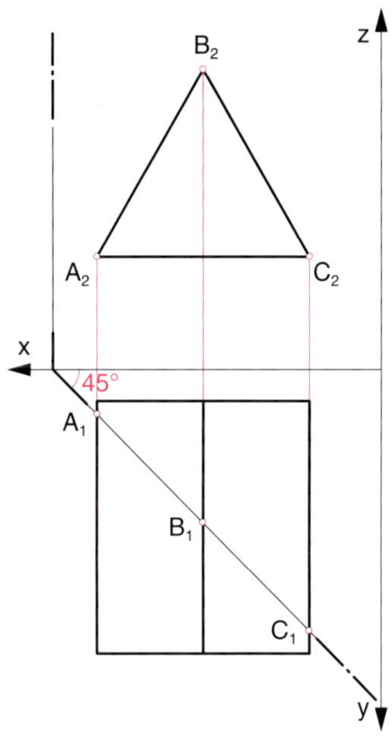

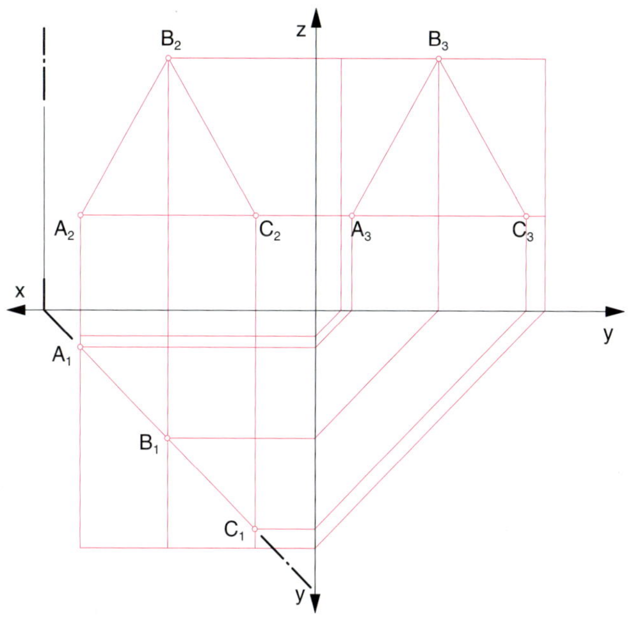

1 Le viste rappresentano un prisma a base triangolare equilatera. Dopo il taglio viene eliminata la parte che precede il piano.

2 Il piano di sezione interseca gli spigoli del prisma nei punti A, B e C.

3 Nella vista da sinistra, oltre agli spigoli del prisma, si trovano i punti A, B e C, che individuano la sezione (campita con tratteggio), visibile anche nella vista frontale.

ESERCITAZIONE 2
GUIDATA

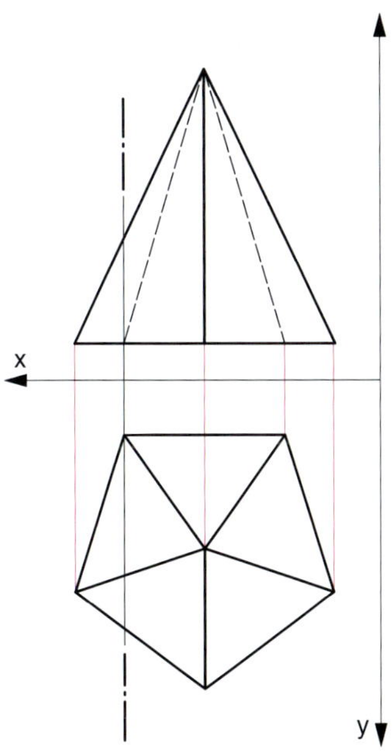

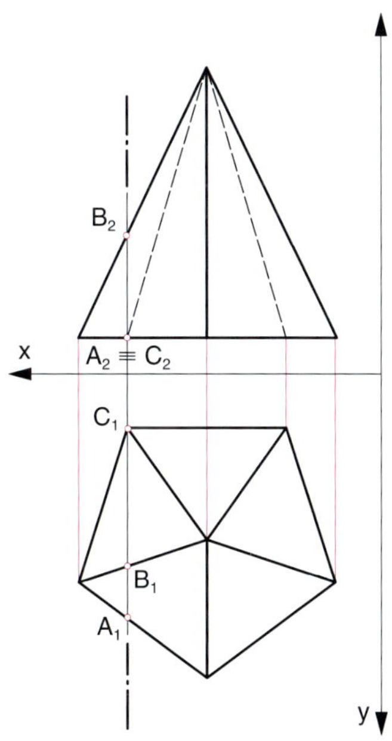

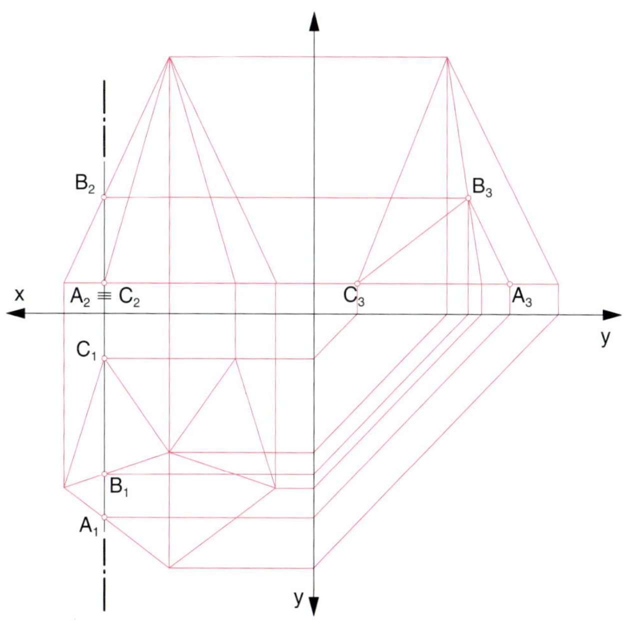

1 Il solido è una piramide pentagonale regolare. Dopo il taglio viene eliminata la parte a sinistra del piano.

2 Il piano di sezione interseca gli spigoli della piramide nei punti A, B e C.

3 Nella vista da sinistra, oltre agli spigoli della piramide, si trovano i punti A, B e C, che individuano la sezione (da campire con tratteggio).

Disegna tre viste in proiezioni ortogonali del solido sezionato con il piano indicato, raddoppiando le misure rilevate dal disegno.

ESERCITAZIONE 3

CON SUGGERIMENTO

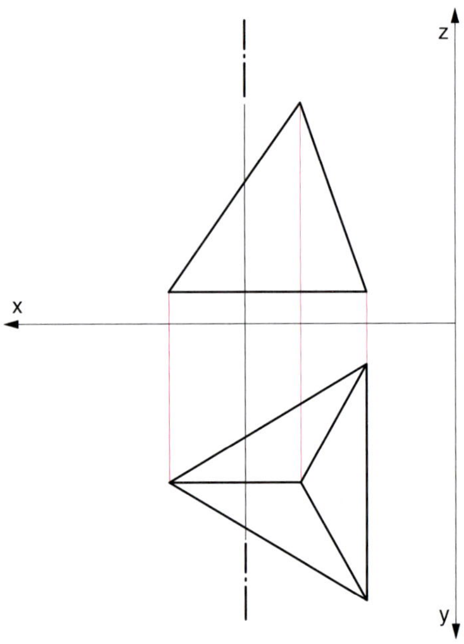

IL PRIMO PASSO Il solido è una piramide a base triangolare equilatera, sezionata con un piano parallelo a yz. Nella vista da sinistra la parte sezionata è un triangolo i cui vertici si individuano nelle due viste date.

ESERCITAZIONE 4

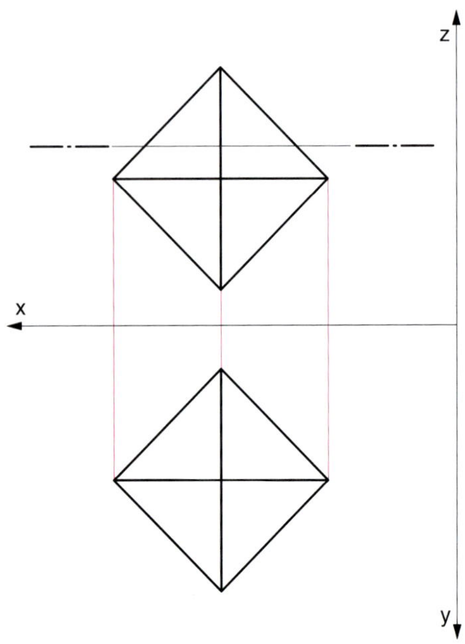

ESERCITAZIONE 5

CON SUGGERIMENTO

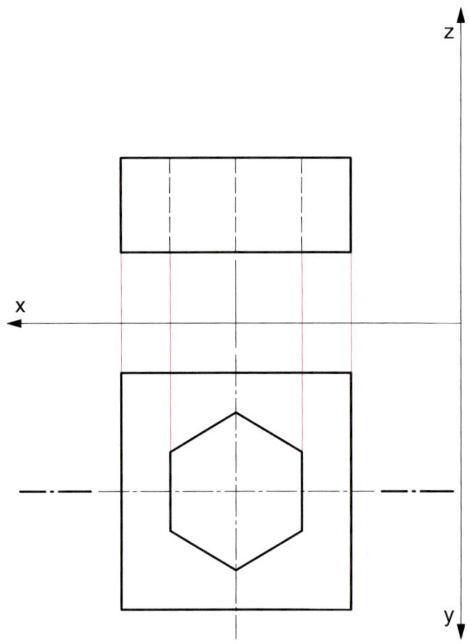

IL PRIMO PASSO Il solido è un parallelepipedo con foro esagonale, sezionato con un piano assiale parallelo a xz. Nella vista frontale le parti sezionate sono due rettangoli separati dalla cavità del foro.

ESERCITAZIONE 6

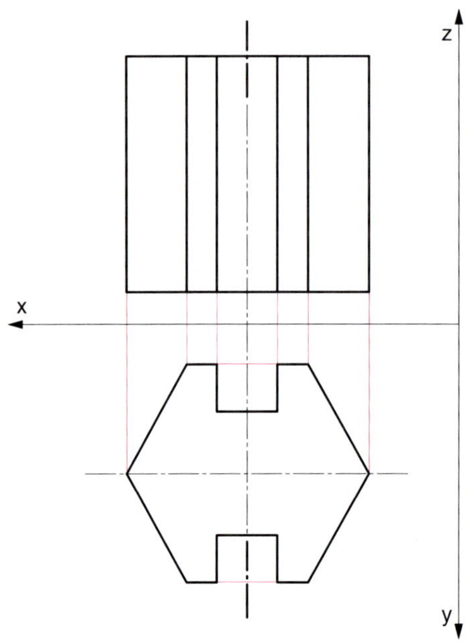

ESERCITAZIONE 7

CON SUGGERIMENTO

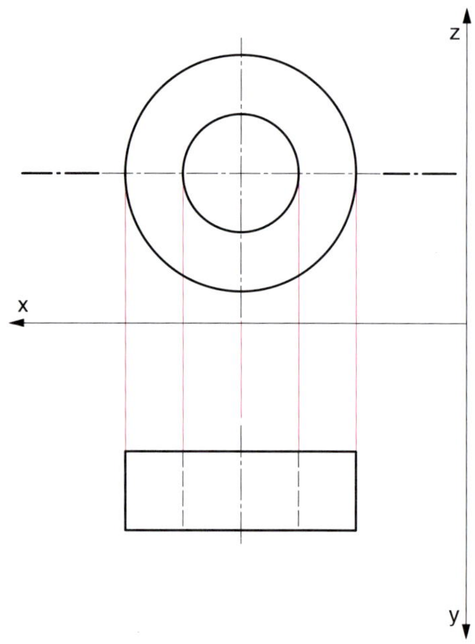

IL PRIMO PASSO Il solido è un cilindro con foro cilindrico, sezionato con un piano assiale parallelo a xy. Nella vista dall'alto le parti sezionate sono due rettangoli separati dalla cavità del foro.

ESERCITAZIONE 8

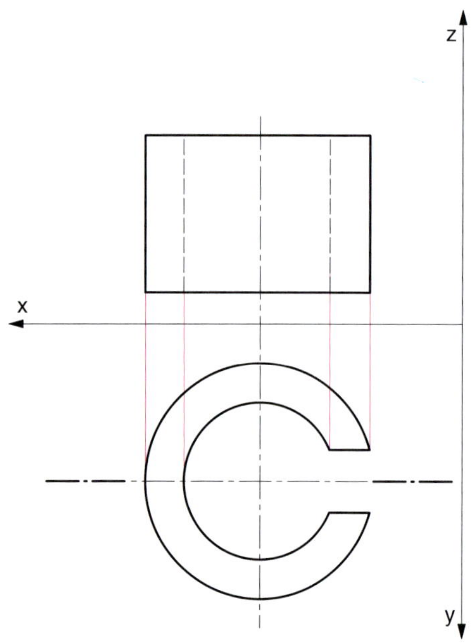

Disegna tre viste in proiezioni ortogonali del solido sezionato con il piano indicato, raddoppiando le misure rilevate dal disegno.

ESERCITAZIONE 9

CON SUGGERIMENTO

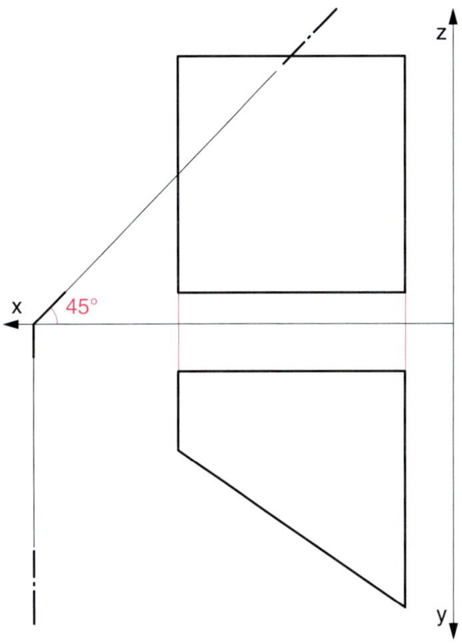

IL PRIMO PASSO Il solido è un prisma a base trapezia. Il piano di sezione interseca la faccia laterale sinistra in 2 punti e la base superiore in altri 2 punti. La parte sezionata sarà quindi un quadrilatero.

ESERCITAZIONE 10

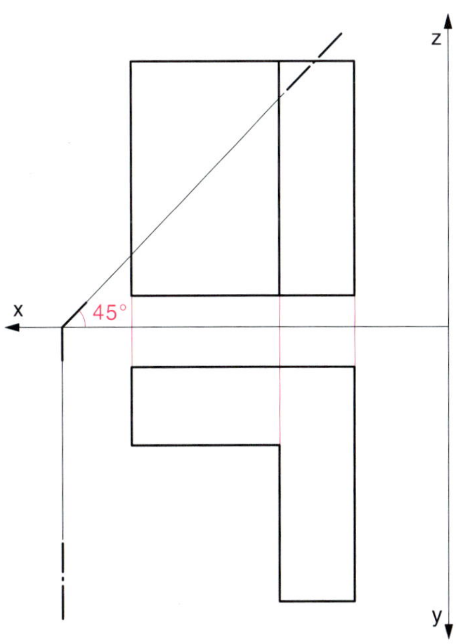

ESERCITAZIONE 11

CON SUGGERIMENTO

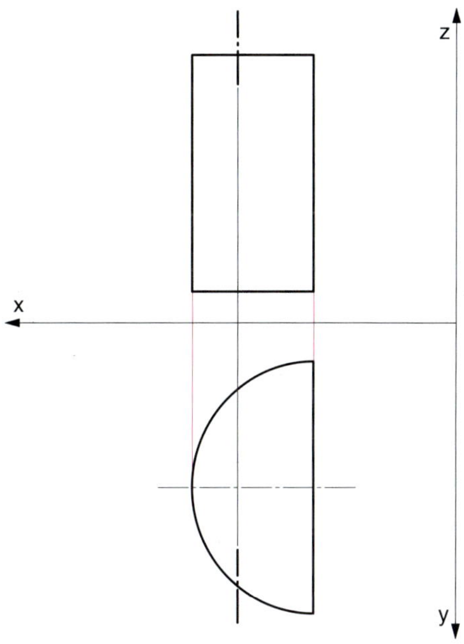

IL PRIMO PASSO Il solido è un semicilindro. Il piano interseca ognuna delle basi in due punti; i quattro punti sono allineati a coppie sia in verticale sia in orizzontale. Quindi la sezione sarà un rettangolo.

ESERCITAZIONE 12

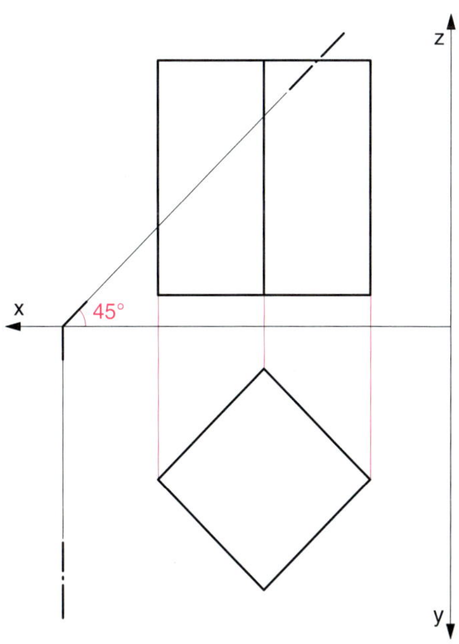

ESERCITAZIONE 13

CON SUGGERIMENTO

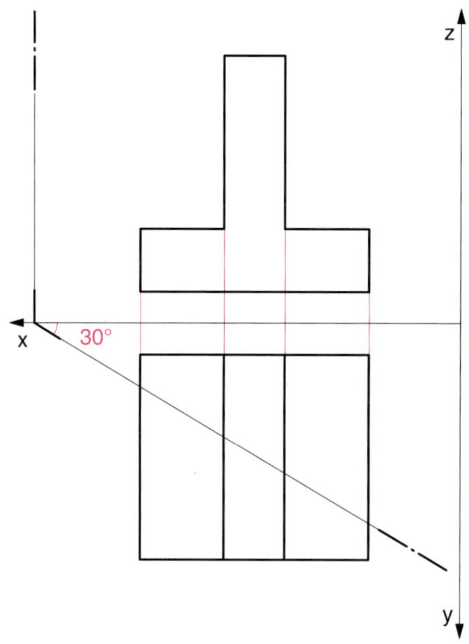

IL PRIMO PASSO Il solido è un prisma con base a forma di T. Il piano di sezione interseca 8 spigoli orizzontali in altrettanti punti, che sono i vertici della sezione (anch'essa a forma di T).

ESERCITAZIONE 14

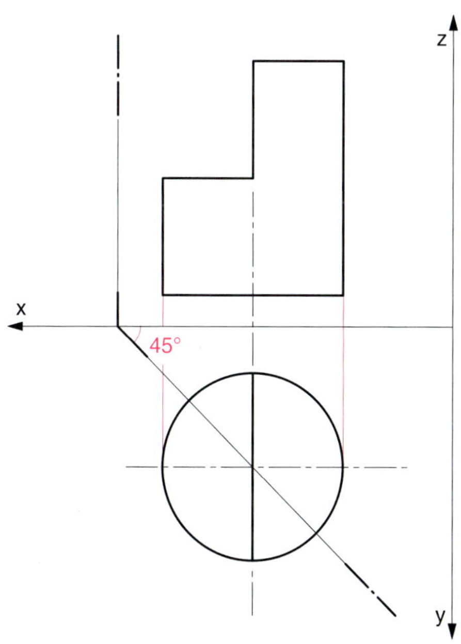

Disegna tre viste in proiezioni ortogonali del solido sezionato con il piano indicato, raddoppiando le misure rilevate dal disegno.

ESERCITAZIONE 15

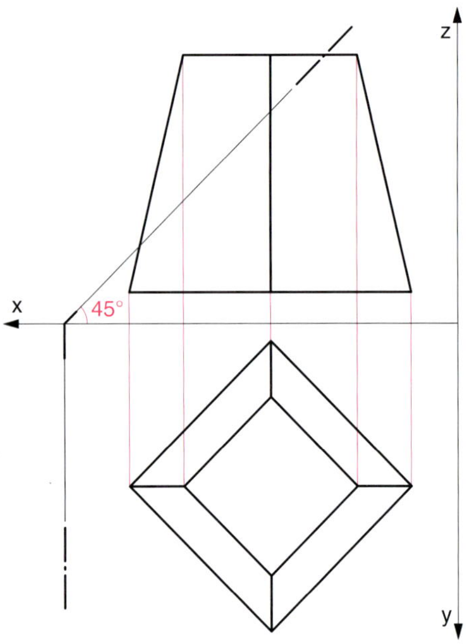

ESERCITAZIONE 17

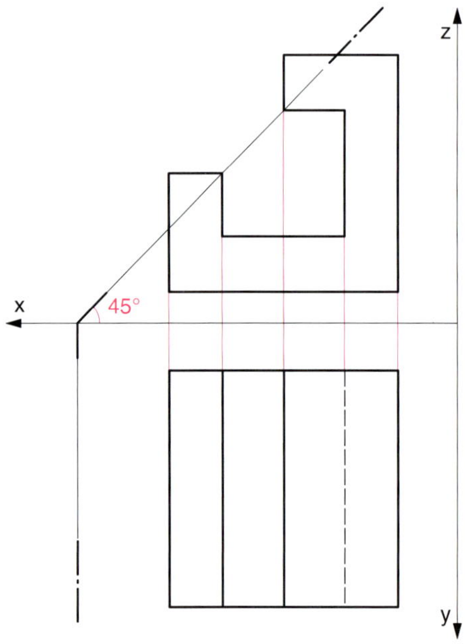

ESERCITAZIONE 19

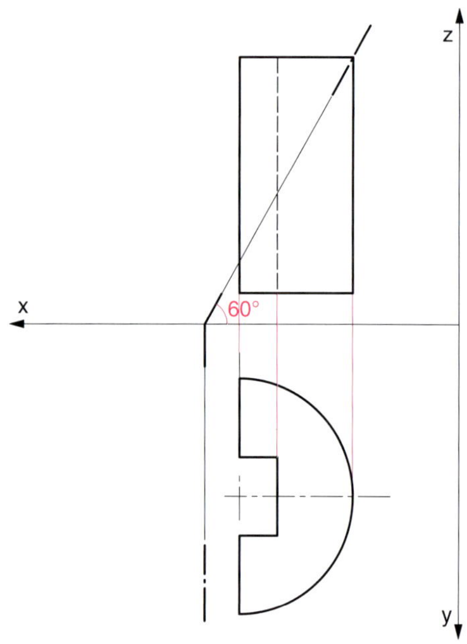

ESERCITAZIONE 16

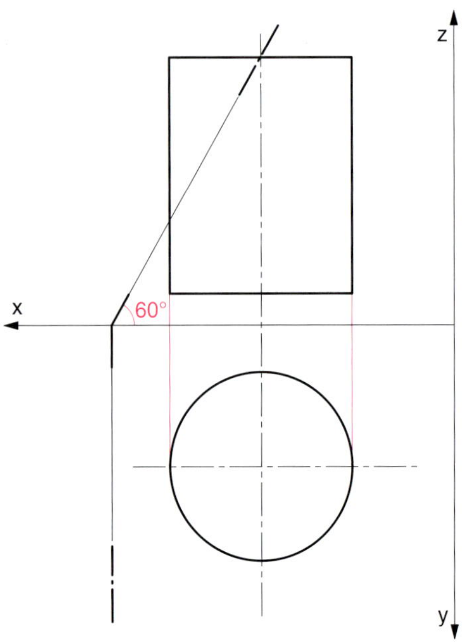

ESERCITAZIONE 18

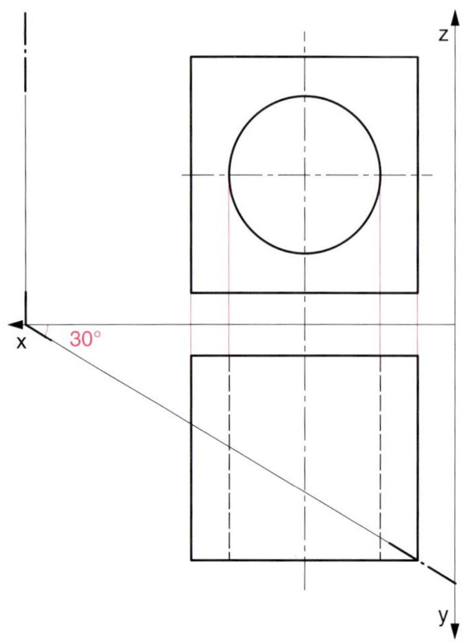

ESERCITAZIONE 20

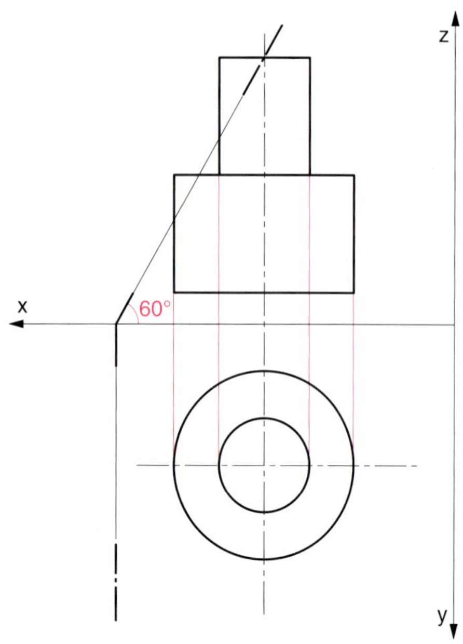

Disegna tre viste in proiezioni ortogonali del solido sezionato con il piano indicato, raddoppiando le misure rilevate dal disegno.

ESERCITAZIONE 21

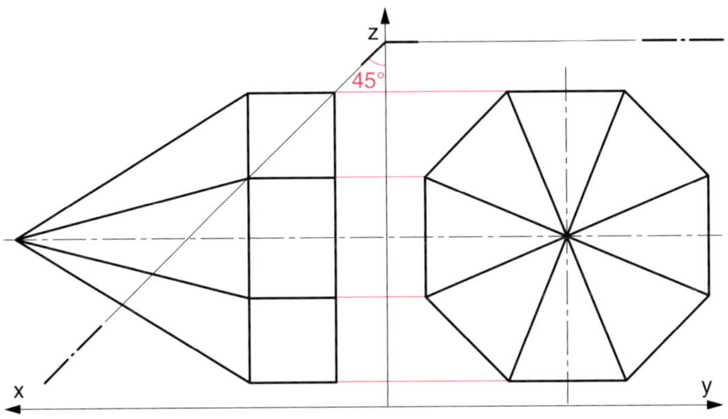

ESERCITAZIONE 24

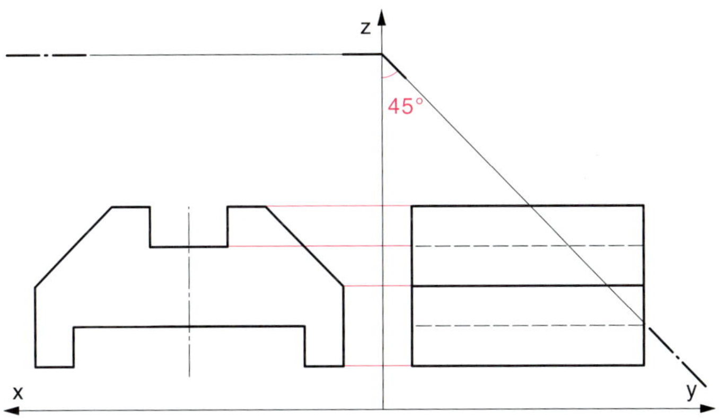

ESERCITAZIONE 22

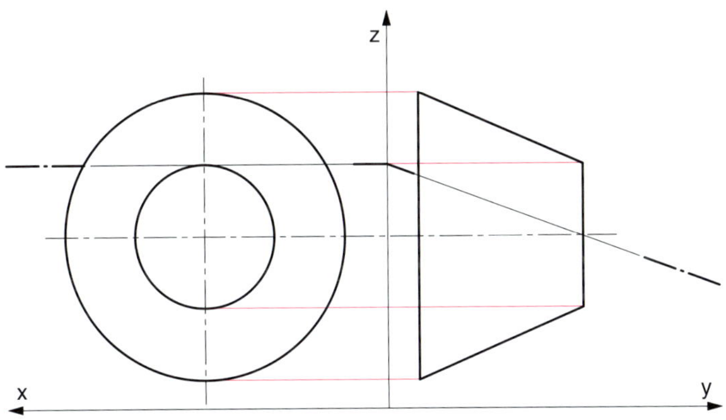

ESERCITAZIONE 25

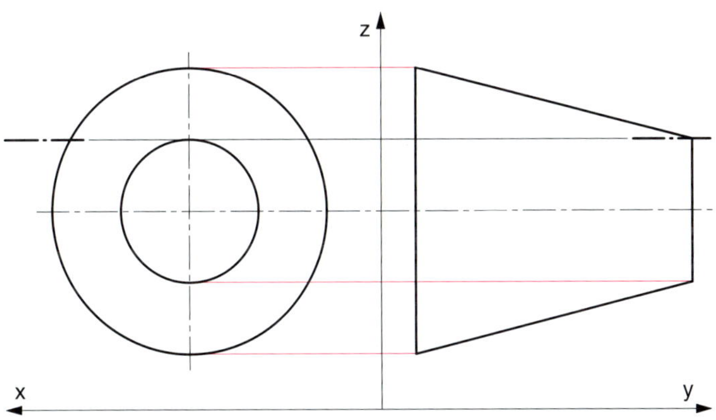

ESERCITAZIONE 23

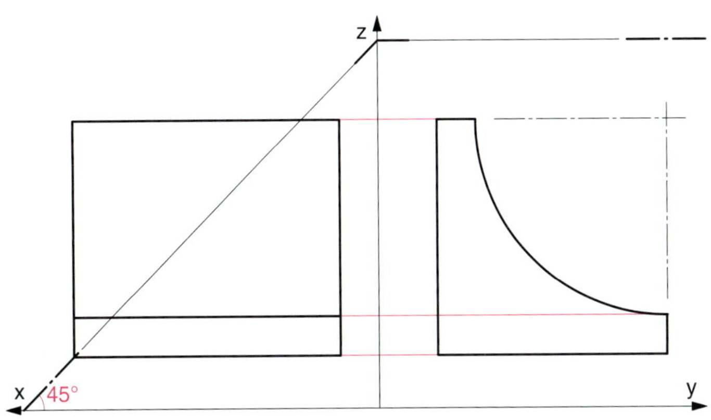

ESERCITAZIONE 26

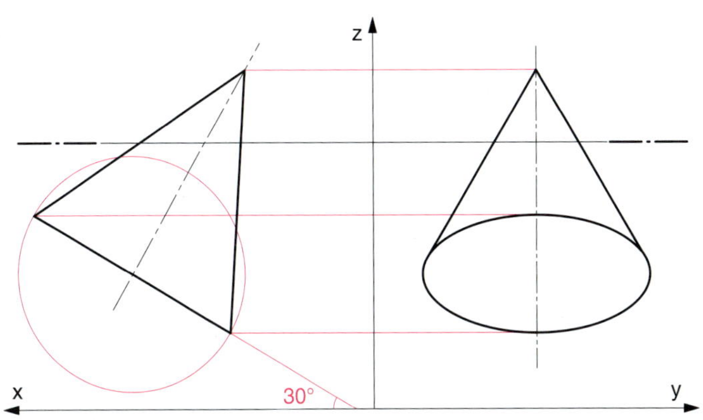

Disegna tre viste in proiezioni ortogonali del solido sezionato con il piano indicato, raddoppiando le misure rilevate dal disegno.

ESERCITAZIONE 27

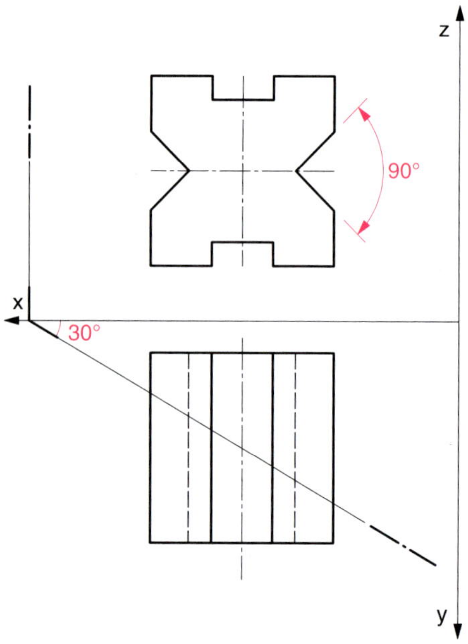

ESERCITAZIONE 28

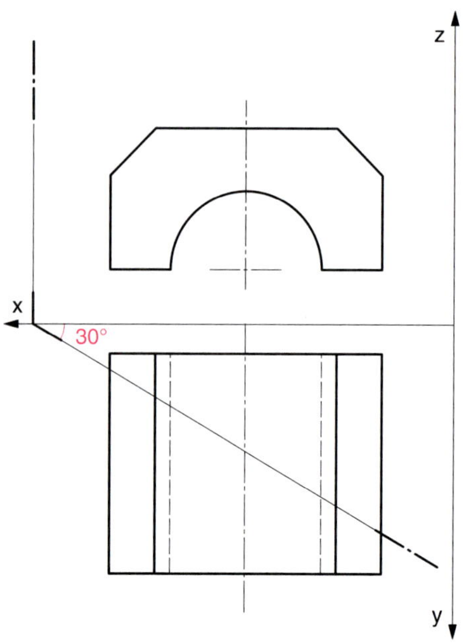

ESERCITAZIONE 29

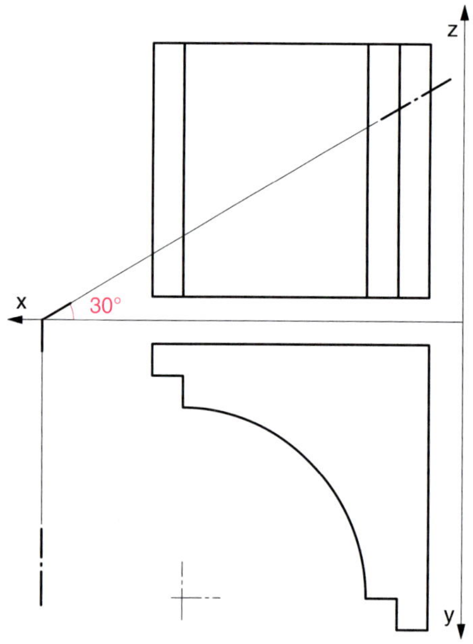

ESERCITAZIONE 30

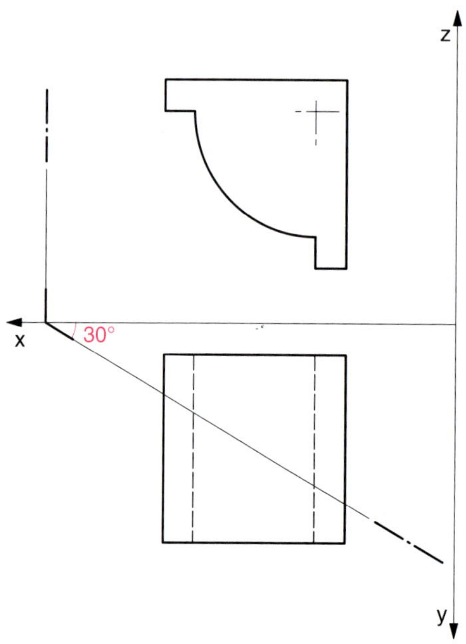

ESERCITAZIONE 31

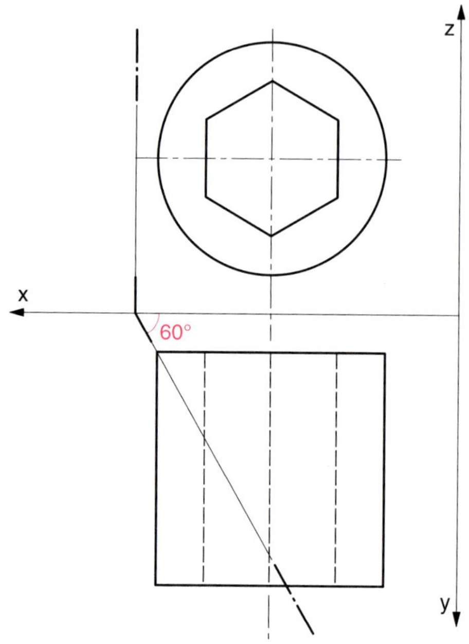

ESERCITAZIONE 32

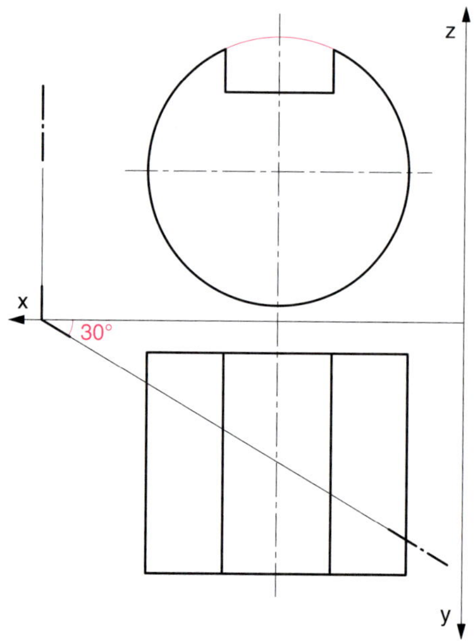

Disegna tre viste in proiezioni ortogonali del solido sezionato con il piano indicato, raddoppiando le misure rilevate dal disegno.

ESERCITAZIONE 33

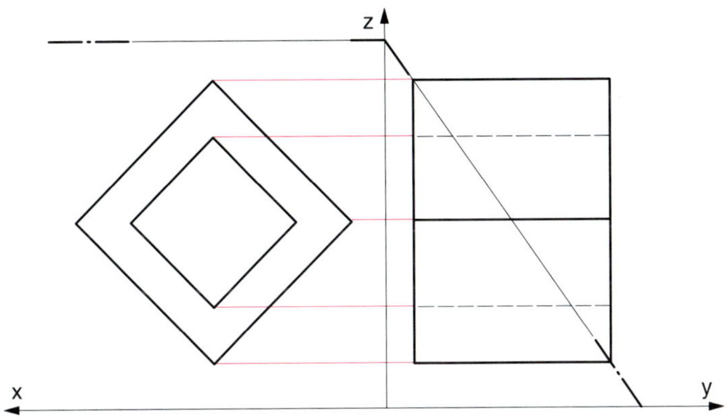

ESERCITAZIONE 34

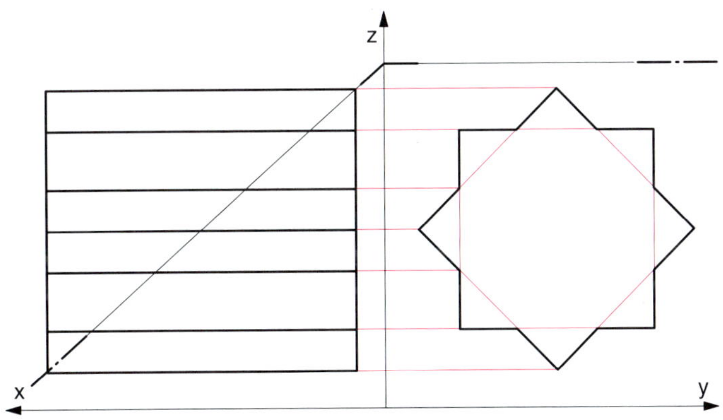

ESERCITAZIONE 35

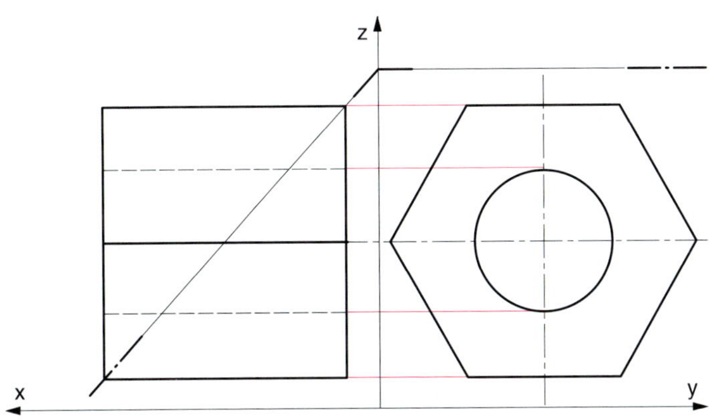

ESERCITAZIONE 36

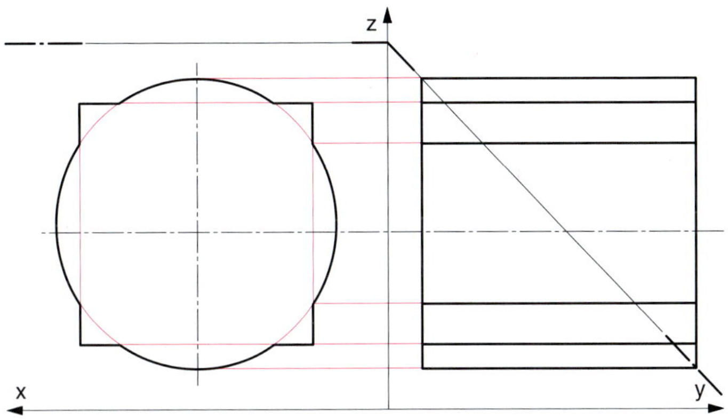

ESERCITAZIONE 37

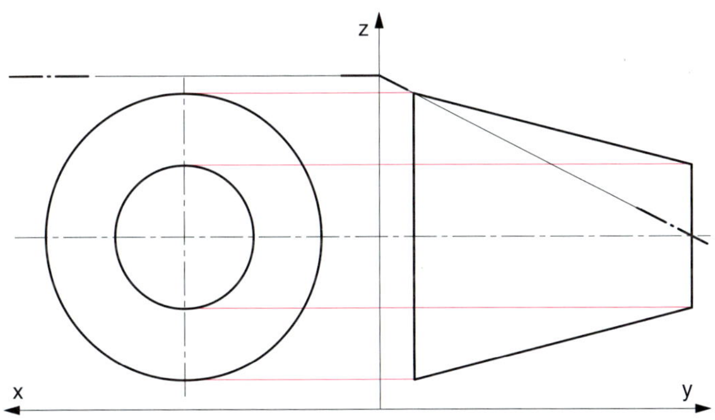

ESERCITAZIONE 38

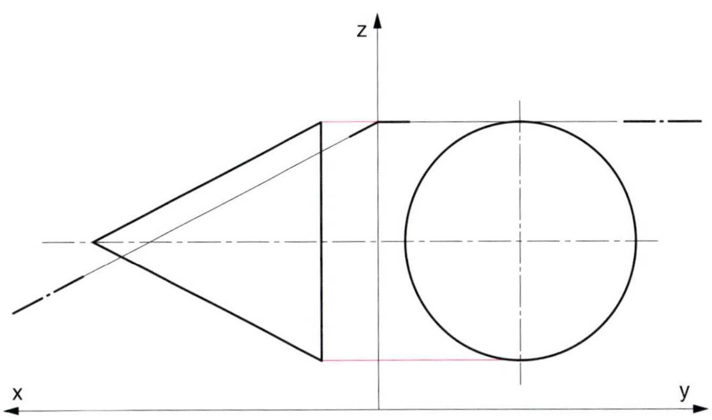

Dalle due viste date ricava la terza vista, raddoppiando le misure rilevate dal disegno.

ESERCITAZIONE 39
GUIDATA

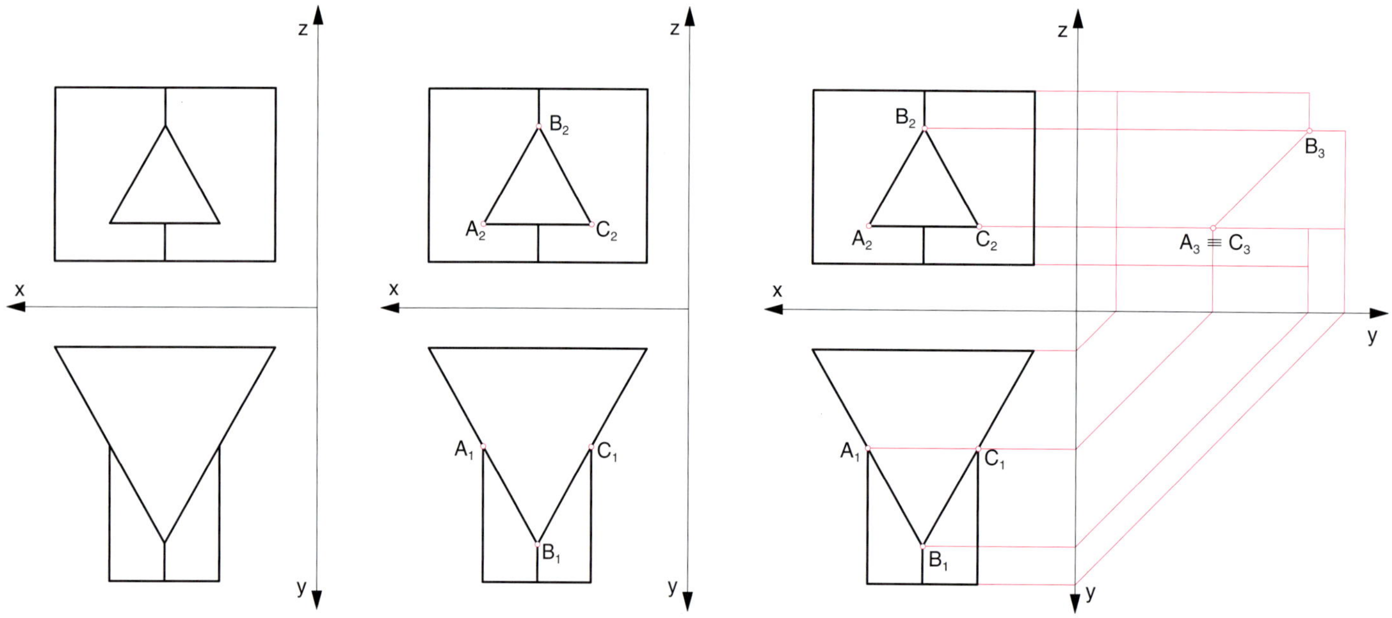

1 I solidi che si intersecano sono due prismi triangolari equilateri.

2 Gli spigoli del prisma minore intersecano l'altro nei punti A, B e C.

3 Nella vista da sinistra, oltre agli spigoli dei due prismi, si trovano i punti A, B e C, che individuano le linee d'intersezione (coincidenti).

ESERCITAZIONE 40
GUIDATA

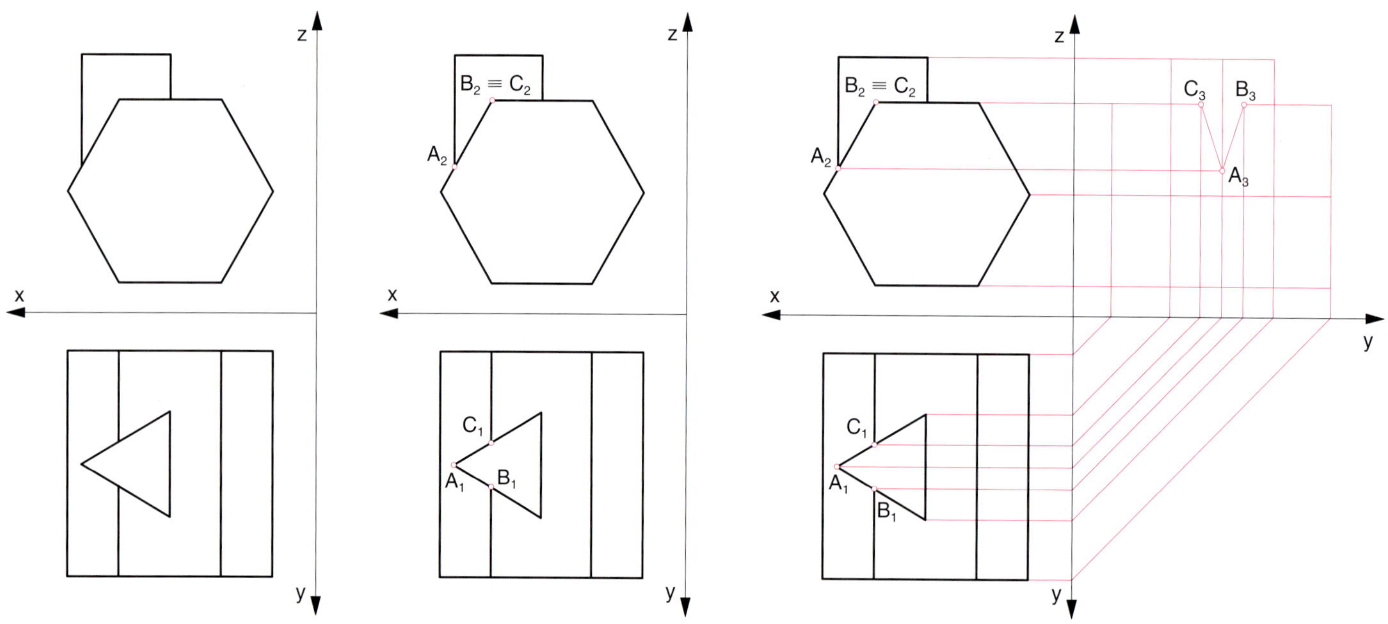

1 I solidi che si intersecano sono un prisma triangolare equilatero e un prisma esagonale regolare.

2 Gli spigoli di un solido intersecano le facce dell'altro nei punti A, B e C.

3 Nella vista da sinistra, oltre agli spigoli dei due prismi, si trovano i punti A, B e C, che individuano le linee d'intersezione.

Dalle due viste date ricava la terza vista, raddoppiando le misure rilevate dal disegno.

ESERCITAZIONE 41
CON SUGGERIMENTO

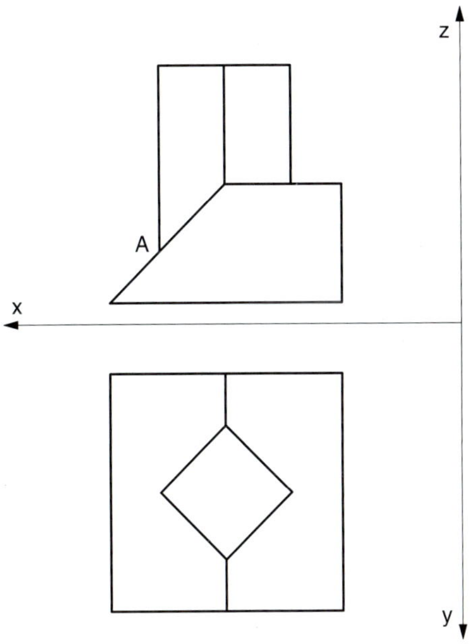

IL PRIMO PASSO Per ottenere la vista da sinistra è sufficiente riportare il punto A, intersezione tra uno spigolo del parallelepipedo e la faccia inclinata del prisma.

ESERCITAZIONE 42

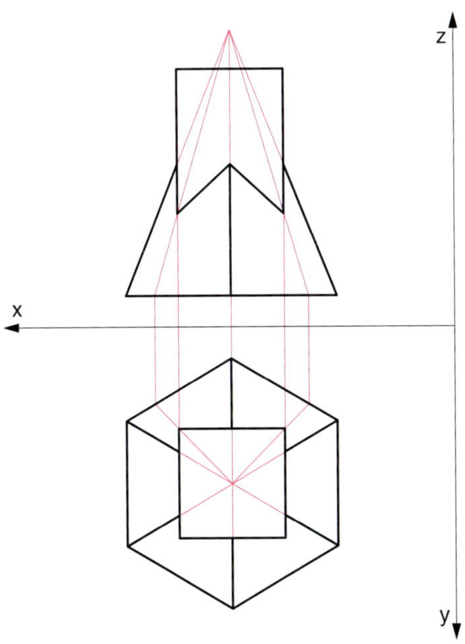

ESERCITAZIONE 43
CON SUGGERIMENTO

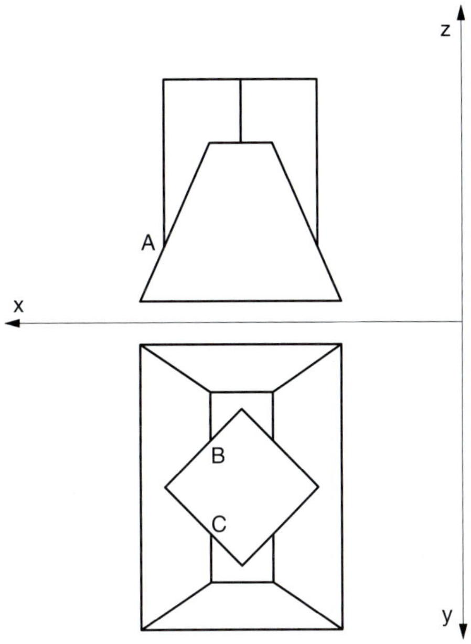

IL PRIMO PASSO Per ottenere l'intersezione nella vista da sinistra si riporta il punto A dalla vista frontale e i punti B e C dalla vista dall'alto.

ESERCITAZIONE 44

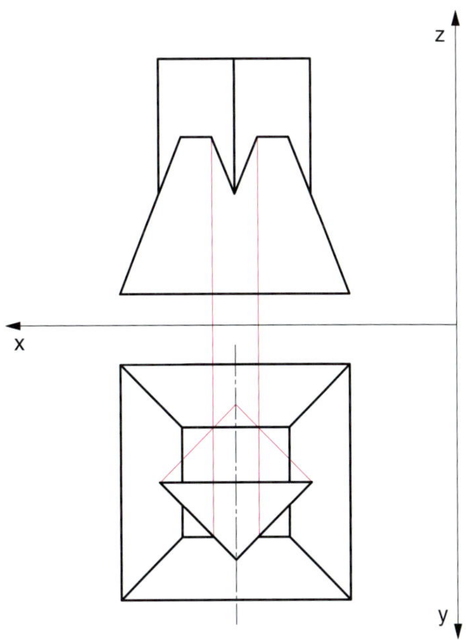

ESERCITAZIONE 45
CON SUGGERIMENTO

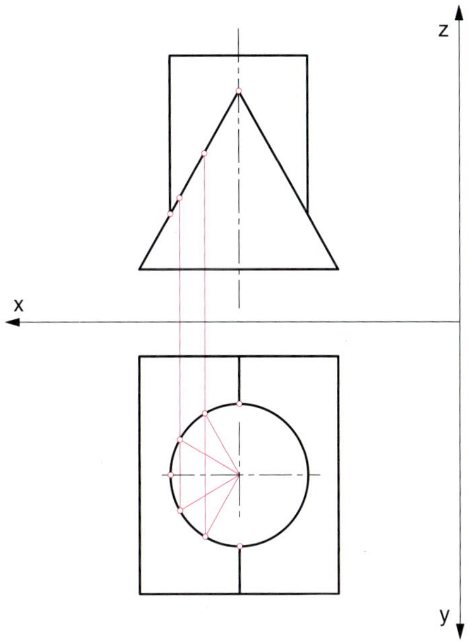

IL PRIMO PASSO L'intersezione tra il cilindro e la faccia sinistra del prisma è una mezza ellisse, di cui si possono individuare dei punti (7 in figura) da riportare nella vista da sinistra.

ESERCITAZIONE 46

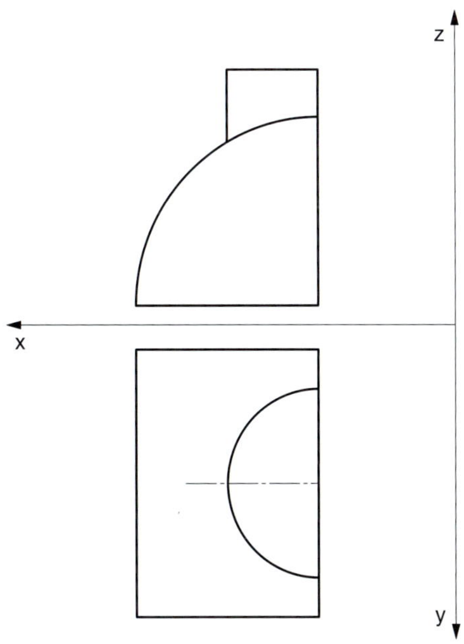

Dalle due viste date ricava la terza vista e lo sviluppo del solido, raddoppiando le misure rilevate dal disegno.

ESERCITAZIONE 47

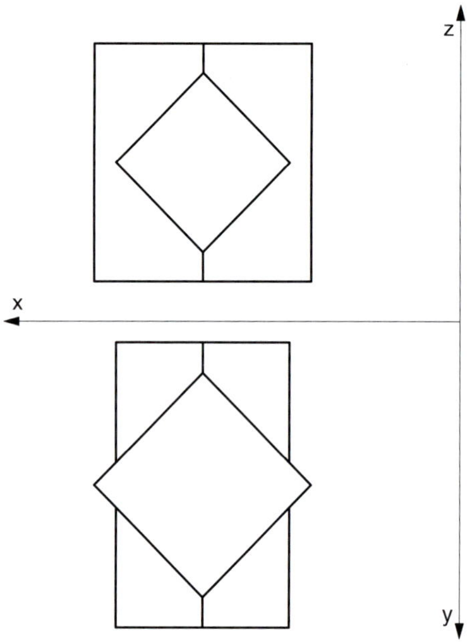

ESERCITAZIONE 48

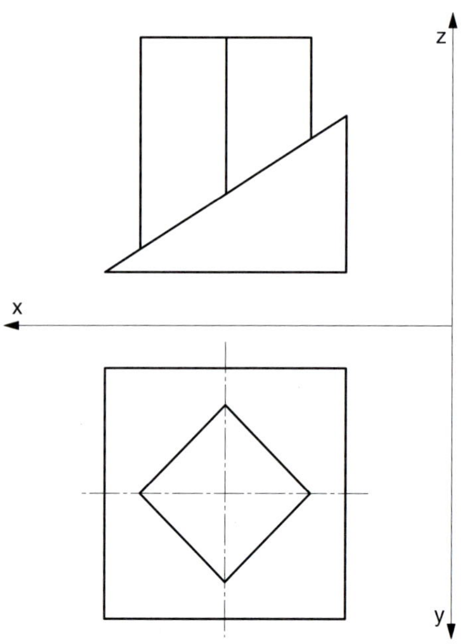

ESERCITAZIONE 49

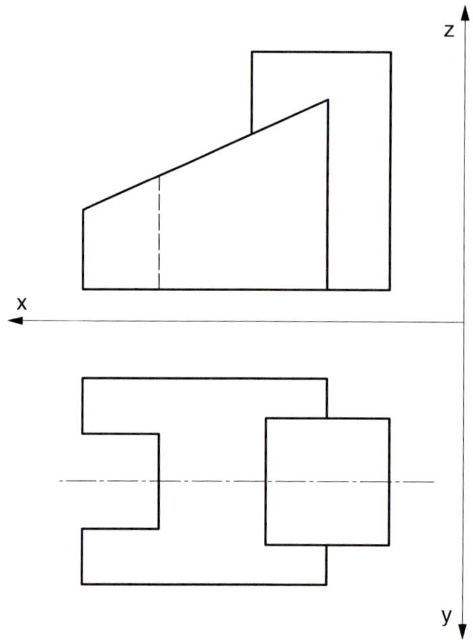

ESERCITAZIONE 50

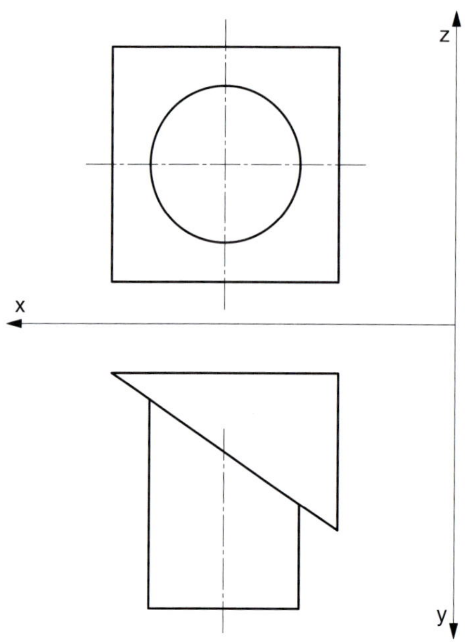

ESERCITAZIONE 51

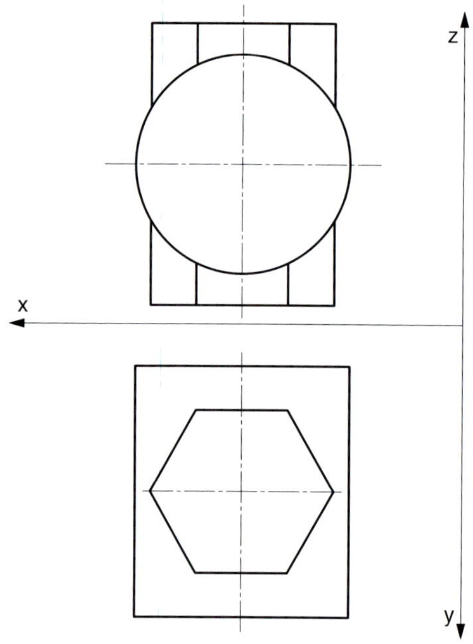

ESERCITAZIONE 52

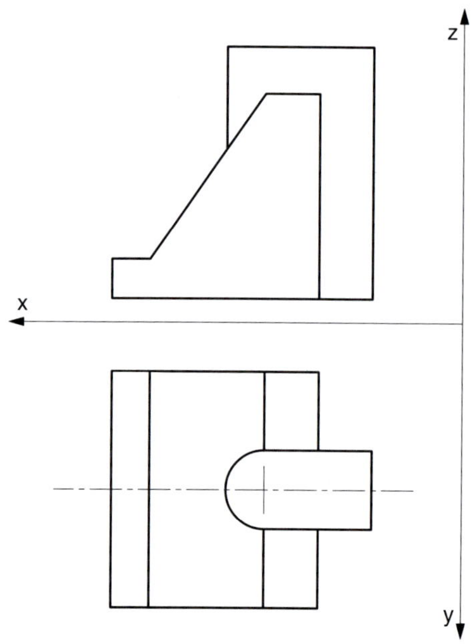

Non così...

... ma così!

Sezioni di solidi

- Tratteggio inclinato di 30° rispetto al contorno della figura.

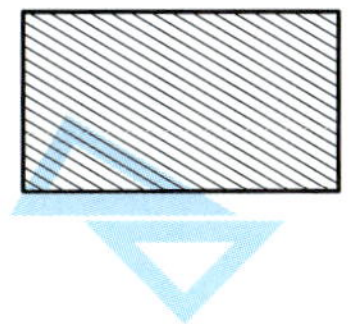

- Il tratteggio deve essere inclinato di 45° rispetto al contorno della figura; quindi si usa la squadra a 45°.

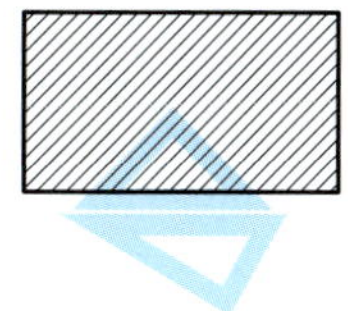

- Tratteggio parallelo al contorno della figura.

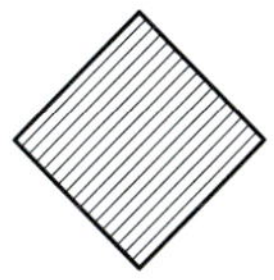

- Anche nelle figure inclinate l'angolo del tratteggio deve essere di 45° rispetto al contorno della figura.

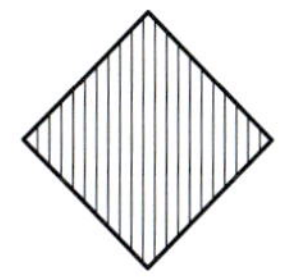

- Tratteggio parallelo all'asse di simmetria della figura.

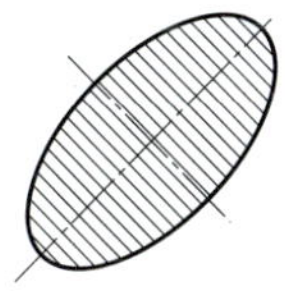

- Nelle figure curvilinee (ellisse, ovale ecc.) il riferimento per l'inclinazione del tratteggio è dato dagli assi di simmetria.

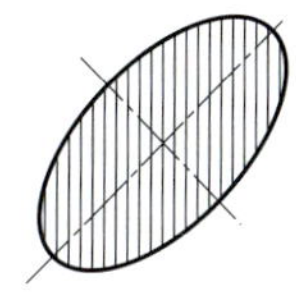

- Tratteggio delimitato da una linea a tratti.

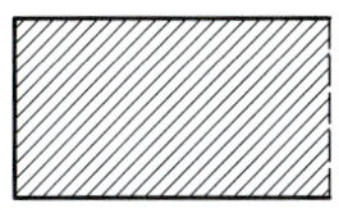

- Le superfici sezionate sono delimitate da spigoli visibili, quindi indicati con linea continua grossa.

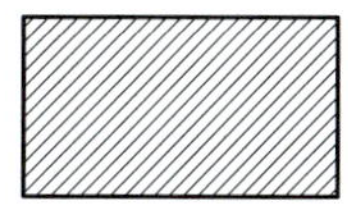

- Tratteggio attraversato da una linea continua grossa.

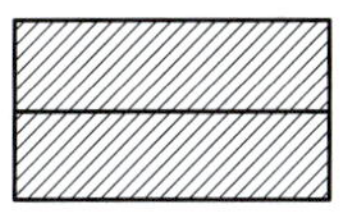

- Dietro una superficie sezionata può trovarsi uno spigolo, che quindi non è visibile e deve essere indicato con linea a tratti fine.

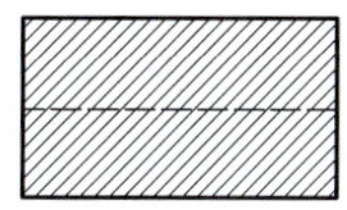

Intersezioni di solidi

- Vertici di solidi al termine di un solo spigolo.

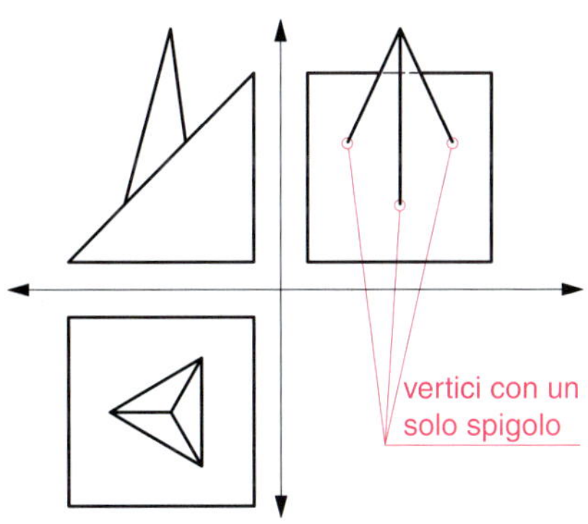

- Per ogni vertice passano almeno 3 spigoli.

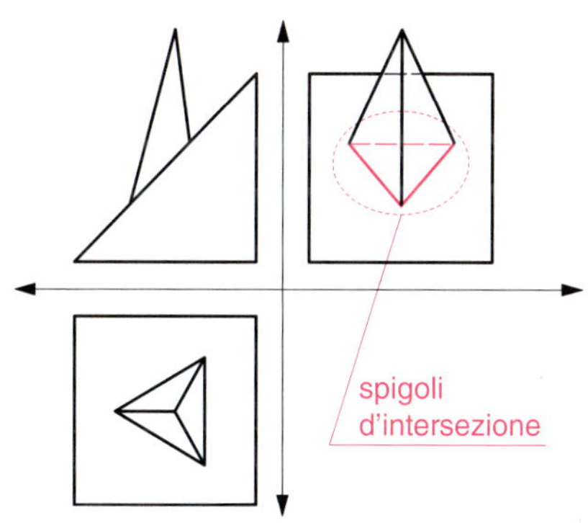

- Confusione tra spigoli di intersezione del solido e quelli del solido originario.

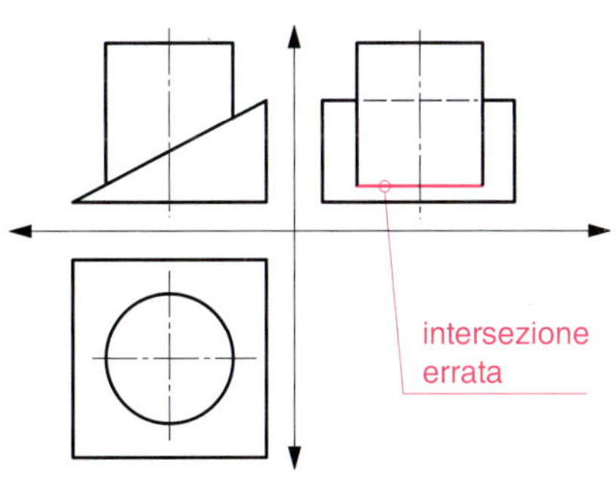

- Tra facce piane e superfici curve (cilindriche, coniche ecc.), l'intersezione è sempre una linea curva. Se questa giace su un piano inclinato rispetto al quadro si rappresenta con una curva.

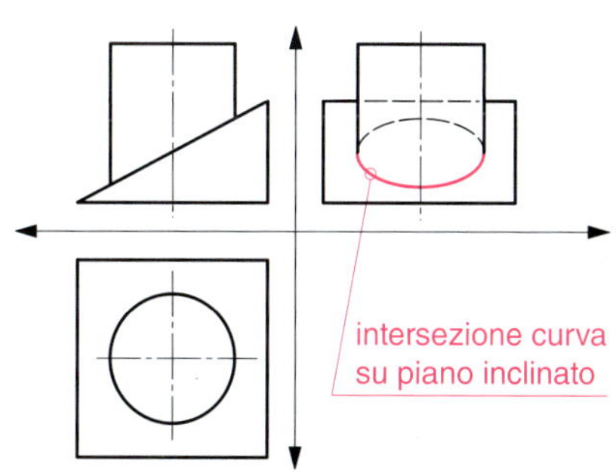

Video *Esecuzione del tratteggio*

Video *Inclinazione del tratteggio*

Capire lo spazio: rappresentare sezioni e intersezioni di solidi

Sezione di un solido

Consiste nel taglio del solido con un piano (**piano di sezione**), nell'eliminazione successiva di una delle due parti originate dal taglio e infine nella rappresentazione della parte restante.

La superficie sezionata, cioè la parte del solido venuta a contatto con il piano di sezione, si evidenzia con il **tratteggio**.

Per rappresentare correttamente un solido sezionato bisogna capire bene:

- forma e posizione del solido;
- posizione del piano di sezione;
- quale parte del solido resta dopo l'operazione di sezione;
- forma e posizione della superficie sezionata.

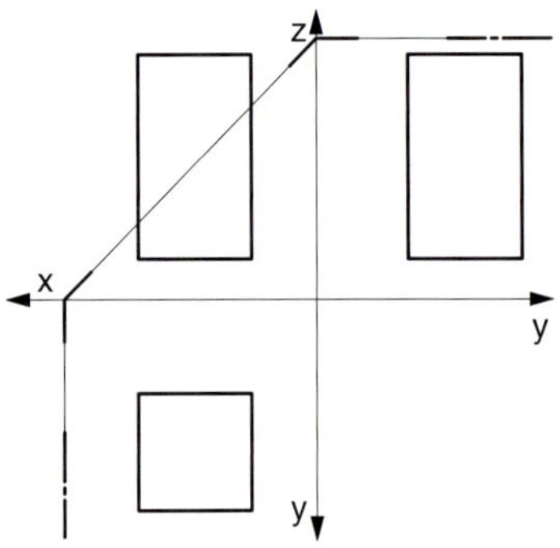

Il solido è un parallelepipedo a base quadrata, con le facce quadrate parallele al piano orizzontale.

Il piano di sezione è perpendicolare al quadro xz e inclinato rispetto agli altri.

La parte da rappresentare sarà quella sottostante il piano di sezione. Il piano di sezione taglia i quattro spigoli verticali del solido, quindi la superficie sezionata è un quadrilatero.

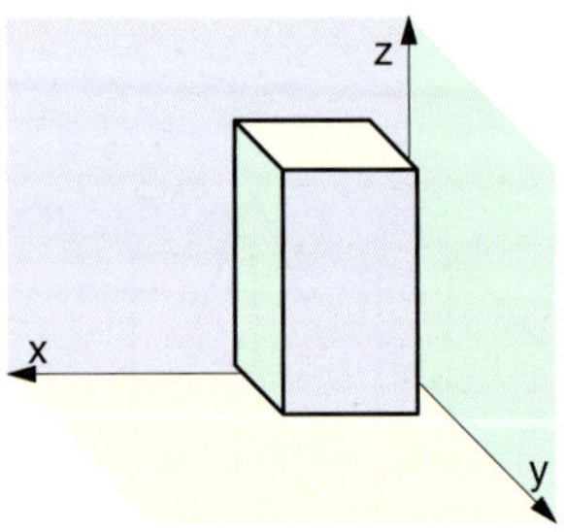

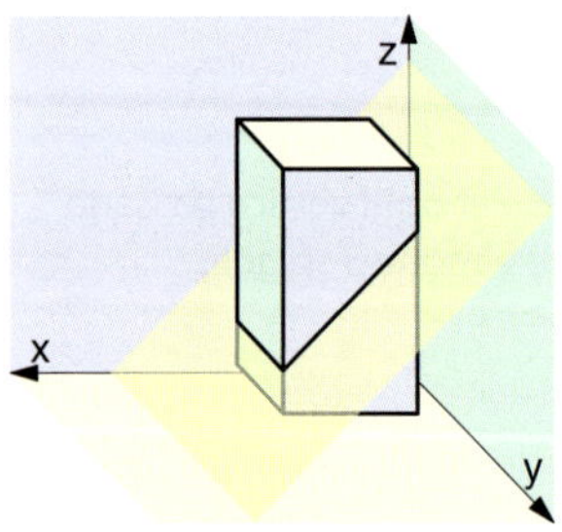

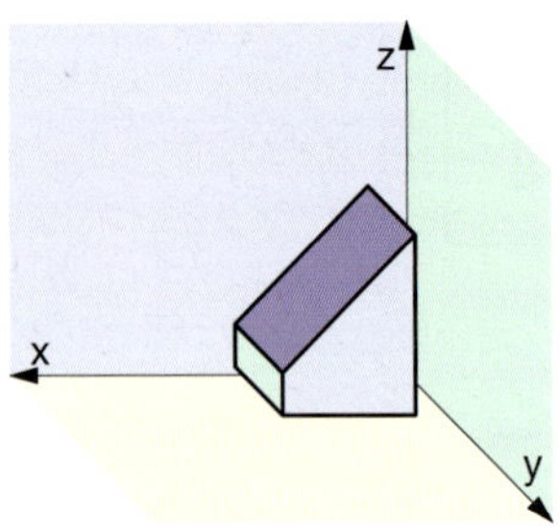

Per rappresentare correttamente la superficie sezionata bisogna:

- individuare i punti di intersezione tra elementi del solido, come spigoli o rette generatrici, con il piano di sezione;
- unire questi punti con segmenti o curve;
- campire con il tratteggio la parte sezionata.

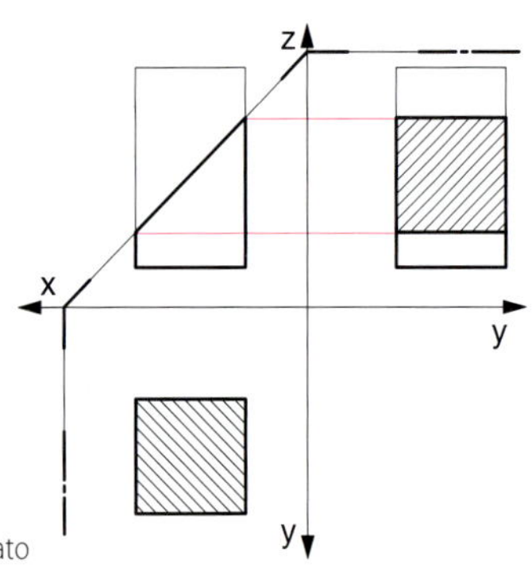

Viste del solido sezionato

Intersezioni di solidi

Quando diversi solidi s'intersecano, dall'intersezione tra le loro facce vengono originati degli spigoli; essi hanno forma di:

- segmenti o linee spezzate quando le facce sono piane;
- linee curve quando una faccia è curva (cilindrica, conica ecc.).

Per individuare la linea di intersezione tra i solidi bisogna trovarne i vertici o, nel caso di curve, altri punti intermedi.

I vertici si trovano nei punti di intersezione tra gli spigoli di un solido e le facce dell'altro.

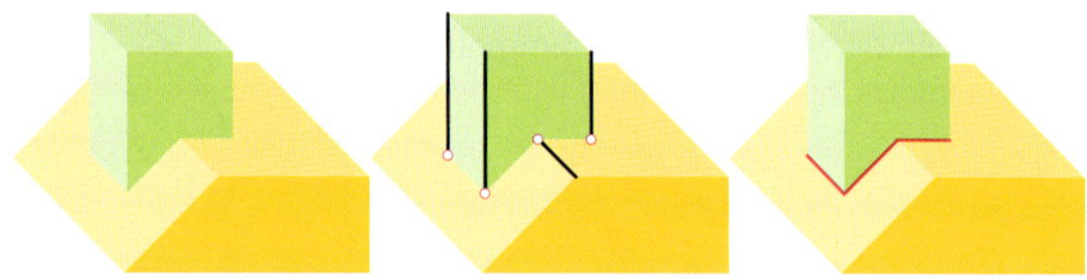

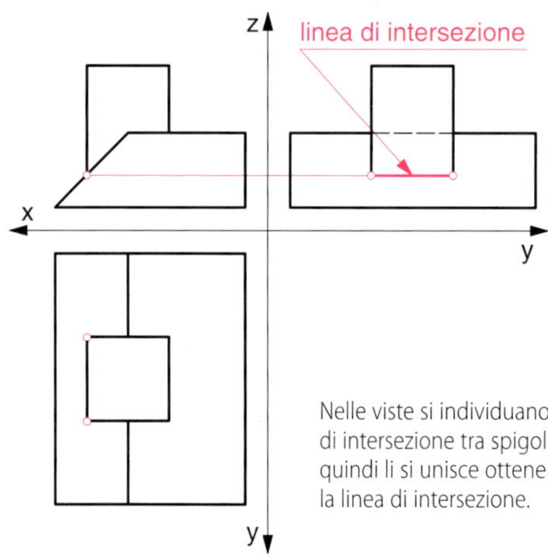

Nelle viste si individuano i punti di intersezione tra spigoli e facce, quindi li si unisce ottenendo la linea di intersezione.

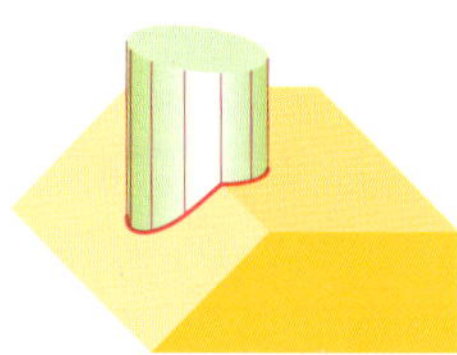

In questo caso una superficie è curva, quindi l'intersezione è una linea curva. Essa si può ricostruire mediante linee della superficie (in questo caso le generatrici); dove queste intersecano le facce dell'altro solido si ottengono punti di intersezione, che si uniscono ricavando la linea di intersezione.

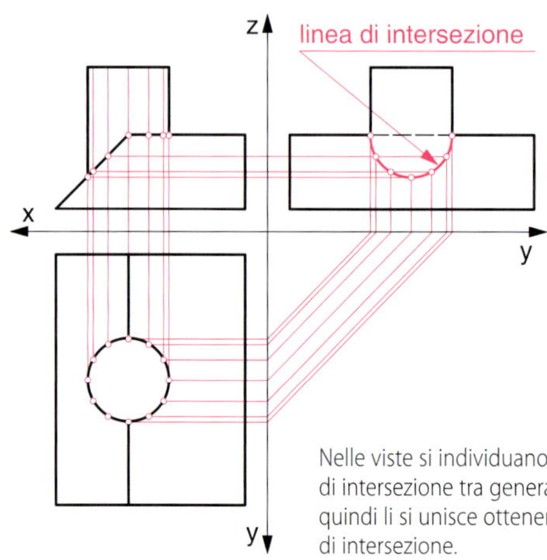

Nelle viste si individuano i punti di intersezione tra generatrici e facce, quindi li si unisce ottenendo la linea di intersezione.

Gli esercizi di questa pagina devono essere disegnati dopo aver interpretato le viste date e ipotizzato come il solido sia tagliato dal piano di sezione. Dopo aver realizzato lo schizzo preparatorio, si passerà al disegno con gli strumenti.

NOTA BENE

Le dimensioni degli oggetti proposti si possono rilevare dalla griglia sovrapposta ai disegni; essa è costituita da quadrati di lato 4 mm.

ESERCITAZIONE R1

Disegna tre viste del solido sezionato con il piano indicato, raddoppiando le dimensioni rilevate

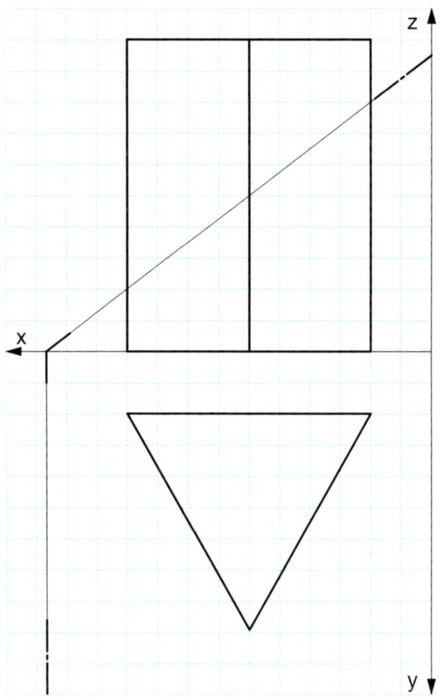

ESERCITAZIONE R2

Disegna tre viste del solido sezionato con il piano indicato, raddoppiando le dimensioni rilevate

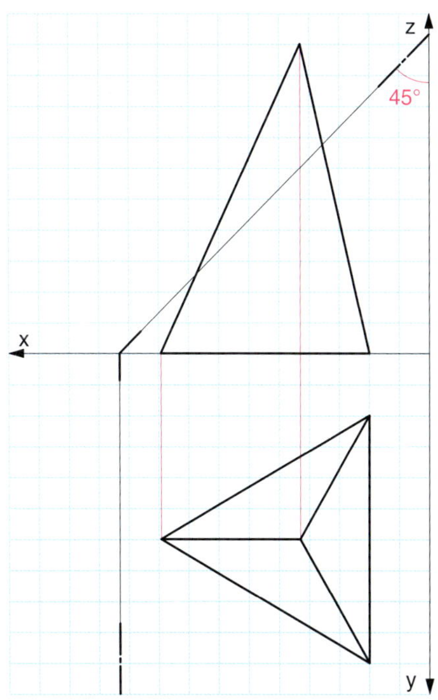

ESERCITAZIONE R3

Disegna tre viste del solido sezionato con il piano indicato, raddoppiando le dimensioni rilevate

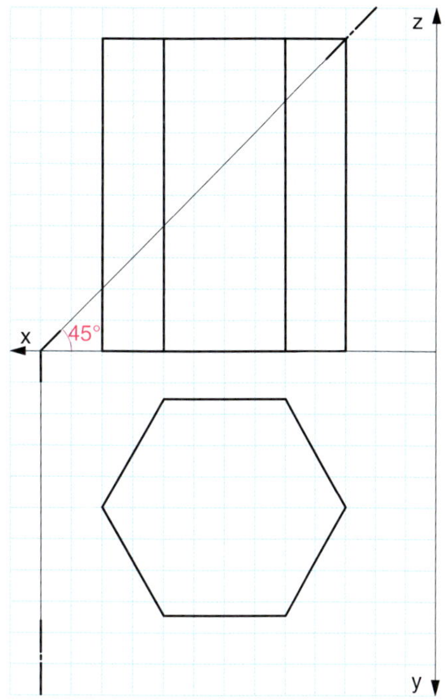

ESERCITAZIONE R4

Disegna tre viste del solido sezionato con il piano indicato, raddoppiando le dimensioni rilevate

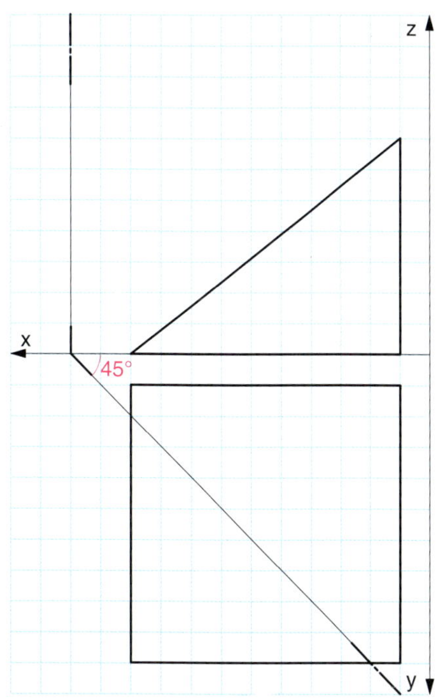

ESERCITAZIONE R5

Disegna tre viste del solido sezionato con il piano indicato, raddoppiando le dimensioni rilevate

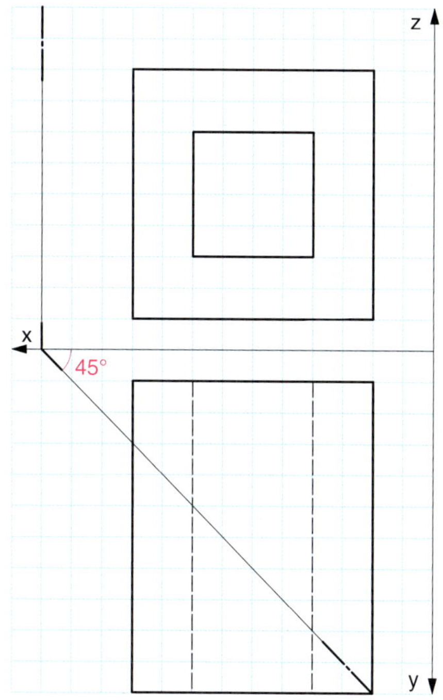

ESERCITAZIONE R6

Disegna tre viste del solido sezionato con il piano indicato, raddoppiando le dimensioni rilevate

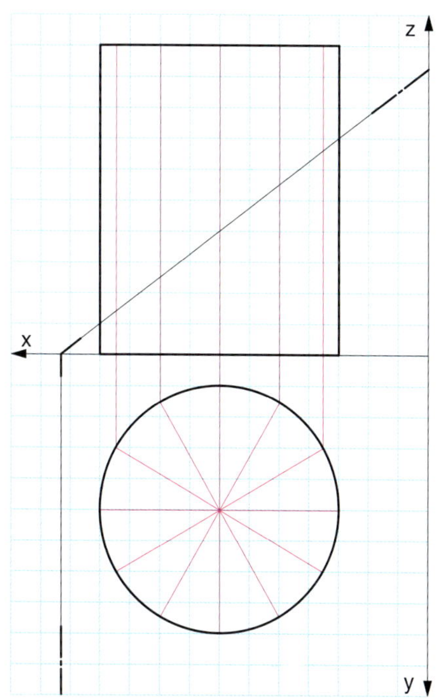

Gli esercizi di questa pagina devono essere disegnati dopo aver interpretato come i solidi s'intersechino, quali siano i punti e le linee d'intersezione. Dopo aver realizzato lo schizzo preparatorio, si passerà al disegno con gli strumenti.

NOTA BENE

Le dimensioni degli oggetti proposti si possono rilevare dalla griglia sovrapposta ai disegni; essa è costituita da quadrati di lato 4 mm.

ESERCITAZIONE R7

Completa il disegno con la vista mancante, raddoppiando le dimensioni rilevate

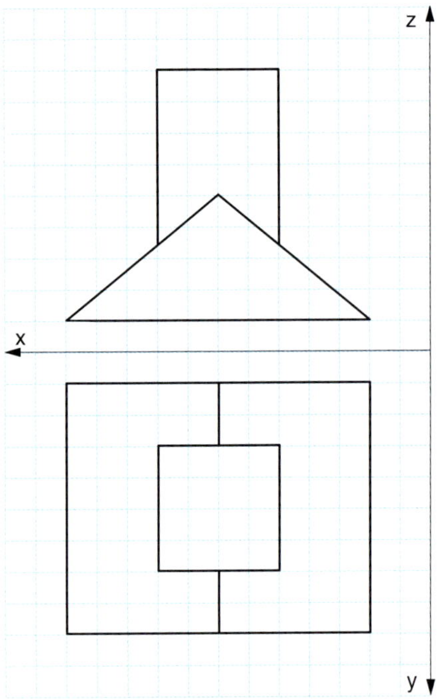

ESERCITAZIONE R9

Completa il disegno con la vista mancante, raddoppiando le dimensioni rilevate

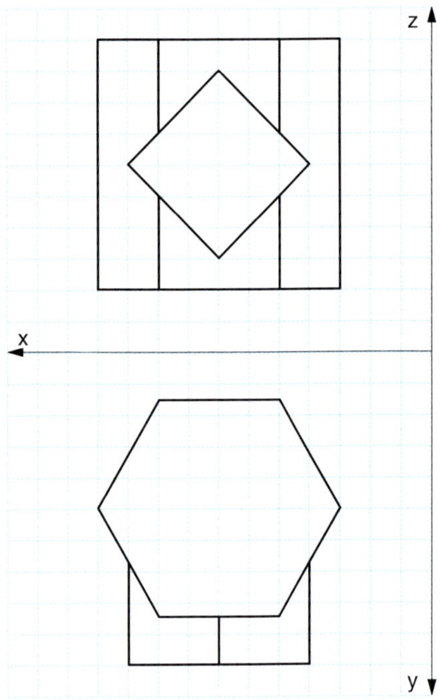

ESERCITAZIONE R11

Completa il disegno con la vista mancante, raddoppiando le dimensioni rilevate

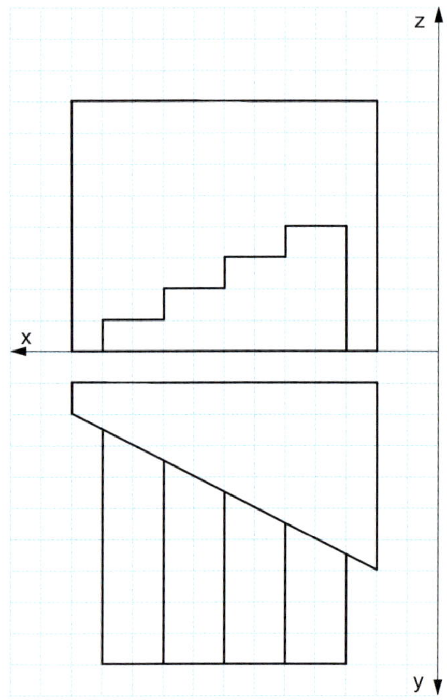

ESERCITAZIONE R8

Completa il disegno con la vista mancante, raddoppiando le dimensioni rilevate

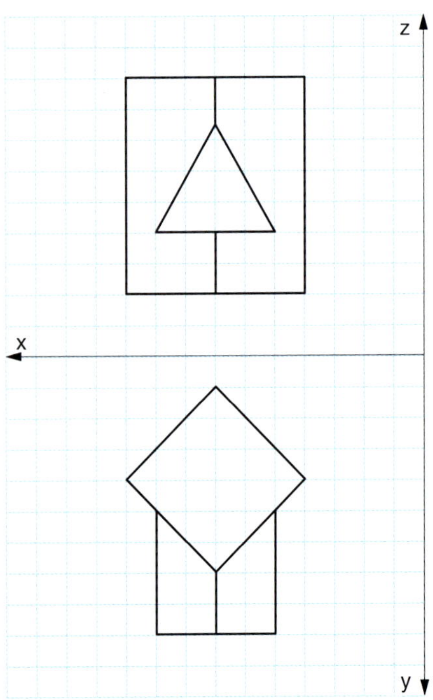

ESERCITAZIONE R10

Completa il disegno con la vista mancante, raddoppiando le dimensioni rilevate

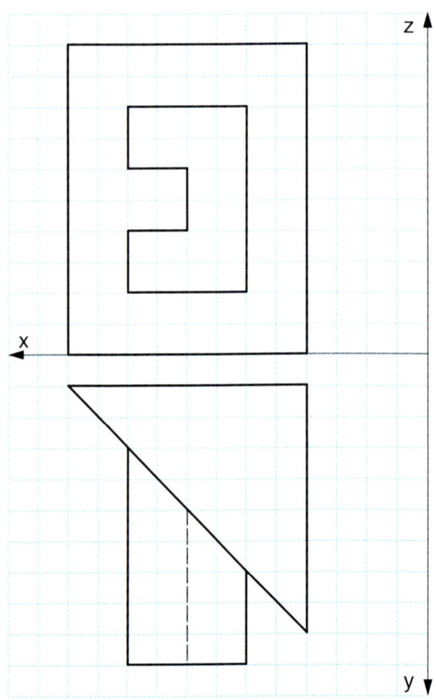

ESERCITAZIONE R12

Completa il disegno con la vista mancante, raddoppiando le dimensioni rilevate

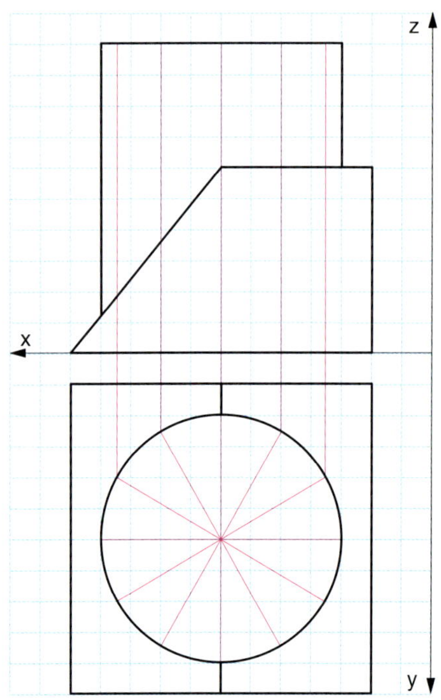

Verifica delle competenze

PROVA A Portapenne

Per realizzare un portapenne da tavolo si può pensare a un prisma oppure a un cilindro, solidi facilmente ricavabili dallo sviluppo riportato su cartoncino. L'ipotesi di un solido retto (cioè con ambedue le basi perpendicolari all'asse) si scontra con la necessità di prelevare facilmente anche penne o matite corte; quindi si può pensare a un solido con base superiore (in realtà mancante) inclinata.

Definisci il solido, dimensionandolo e disegnandone sia le proiezioni ortogonali sia lo sviluppo.

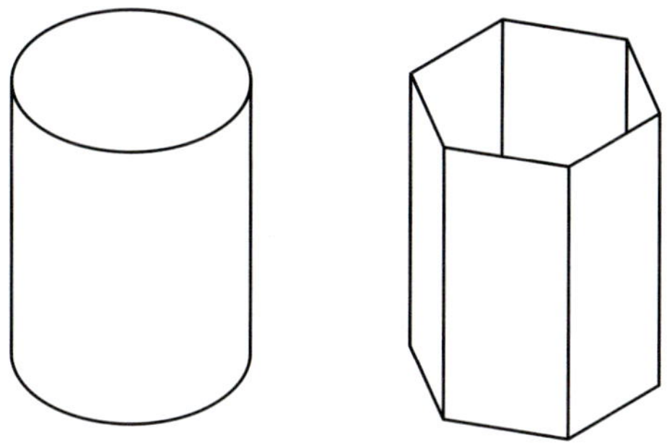

PROVA B Tubazione in lamiera

Si presenta la necessità di avere due tubi di rame di dimensione fuori commercio (diametro 7 cm). Quindi dobbiamo ricorrere a un fabbro che li crei da lamiere saldate.

I due tubi di rame tra loro perpendicolari creano nell'angolo un flusso vorticoso e una pressione eccessiva sulla saldatura. Per attenuare il fenomeno si può ricorrere a un terzo elemento tubolare inclinato di 45° rispetto agli altri due.

Disegna i tre elementi tubolari e il loro sviluppo in scala 1 : 1 da fornire al fabbro.

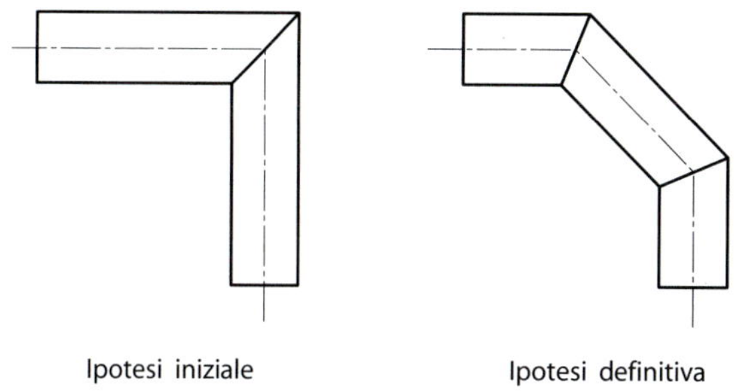

PROVA C Schema di edificio religioso

Dallo schema di progetto di un edificio religioso ricava il computo metrico di:

- tutte le superfici verticali (muri);
- tutte le superfici inclinate (coperture) dell'edificio principale;
- tutte le superfici inclinate del campanile.

Per semplicità di calcolo è opportuno misurare separatamente le superfici dei muri dell'edificio principale e quelle del campanile.

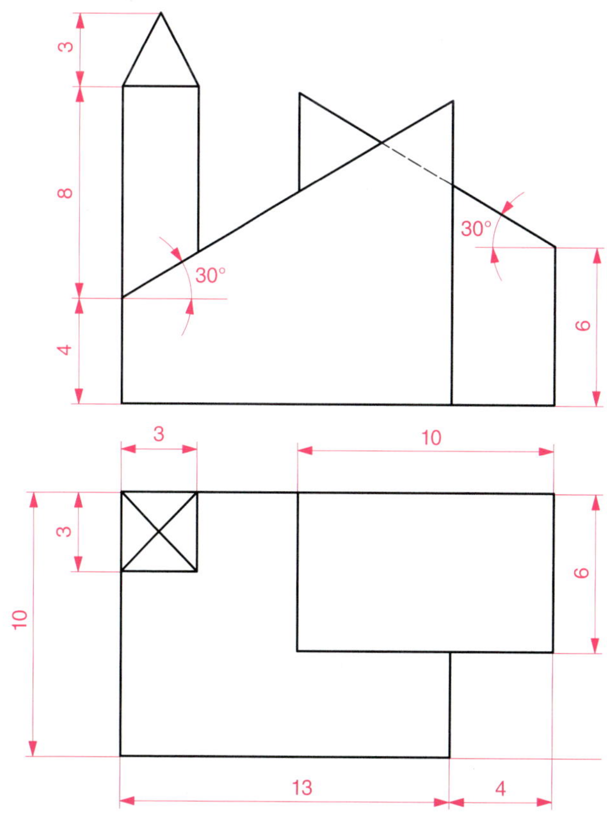

Quote in m

Competenze

Verifica delle competenze

PROVA D Scala

Sulla scala disegnata in basso bisogna applicare un rivestimento di marmo sui gradini e sul pianerottolo.

Dal disegno in proiezioni ortogonali ricava i dati per calcolare le superfici di marmo necessario.

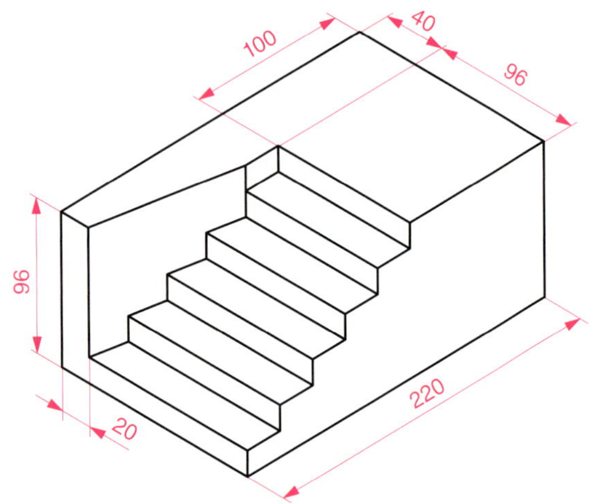

Alzate 16 cm
Pedate 24 cm

Quote in cm

PROVA E Schema di edificio con corpo scala

Dallo schema di edificio disegnato in basso ricava le rappresentazioni necessarie per ottenere il computo metrico relativo al solo corpo scala-ascensore di:

- superfici verticali;
- piano di copertura.

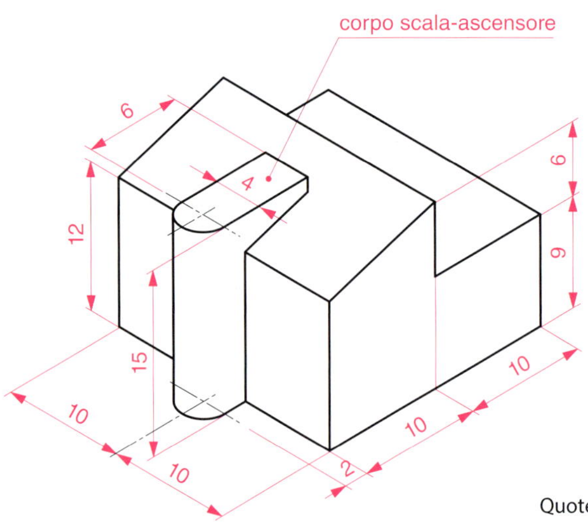

Quote in m

PROVA F Pattumiera con coperchio basculante

Un'azienda che produce pattumiere in acciaio inox ha già in catalogo il prodotto riportato nei disegni. Il coperchio basculante è realizzato con una sola lamiera piegata in due falde.

Volendo realizzarne uno simile, ma di dimensioni diverse, occorrerebbero i disegni per realizzare un modello in lamiera; il modello servirà per definire i dettagli esecutivi (modalità di assemblaggio della base con il cappuccio, fissaggio del perno su cui oscilla il coperchio ecc.).

Le dimensioni del nuovo prodotto saranno:

- diametro esterno Ø 17 cm;
- altezza della base 28 cm;
- altezza del cappuccio 15 cm;
- angolo interno del coperchio 120°.

Disegna le viste dei tre elementi e il loro sviluppo in scala opportuna.

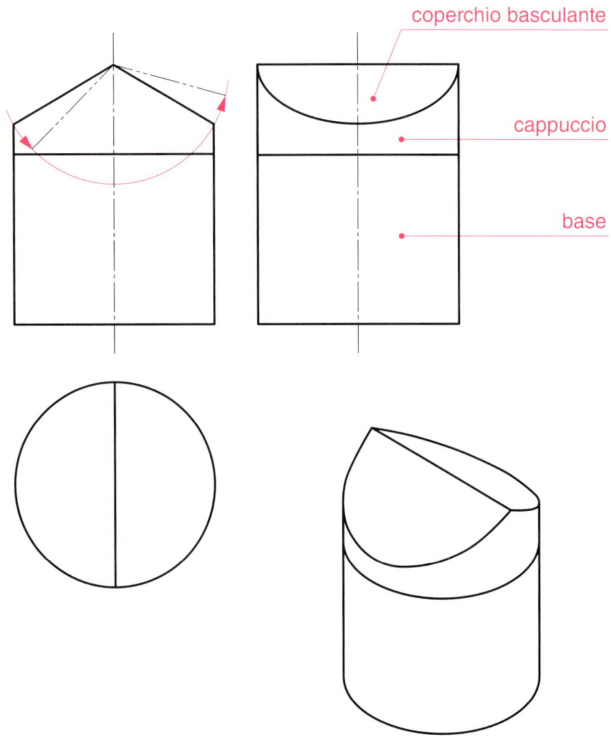

SEZIONE

C Prospettiva e ombre

Zaha Hadid: disegno di progetto per lo «Sheik Zayed Bridge».

C1 Prospettiva

PROSPETTIVA → **PROIEZIONE CENTRALE**: i parallelismi si conservano solo in alcuni casi

tipi

FRONTALE
- Quadro verticale e parallelo a una faccia del solido
- Un solo punto di fuga

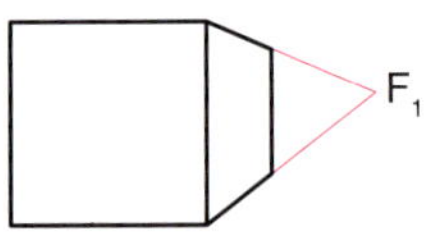

ACCIDENTALE
- Quadro verticale e inclinato rispetto alle facce del solido
- Due punti di fuga

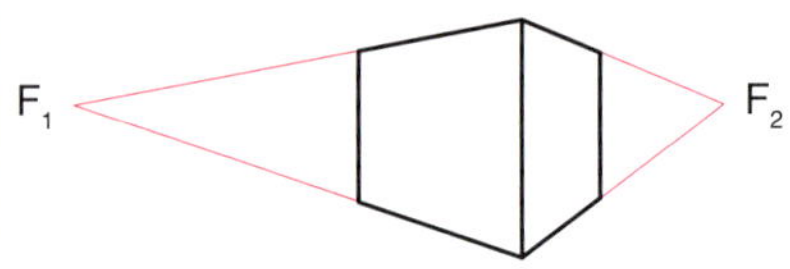

A QUADRO INCLINATO
- Quadro inclinato rispetto alle facce del solido
- Tre punti di fuga

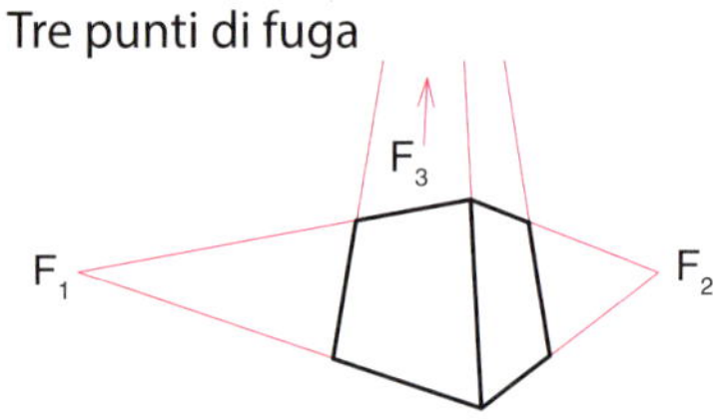

Conosci la prospettiva?

Negli uffici di professionisti oppure negli atri di palazzi spesso ci si imbatte in stampe che rappresentano monumenti storici; sono opere di grande efficacia rappresentativa che hanno una forte somiglianza con la percezione visiva e con la fotografia.

Questa tecnica di rappresentazione è la prospettiva. Molto usata in passato, la prospettiva è tornata in uso nella grafica computerizzata 3D mediante rappresentazioni fotorealistiche chiamate *rendering*.

In alto, incisione di G.B. Piranesi (a sinistra) che rappresenta la Basilica di S. Giovanni in Laterano a Roma, e foto della stessa Basilica (a destra). A fianco, rendering di progetto per l'arredo di una stanza.

A cosa serve conoscerla?

Questa tecnica di disegno fornisce rappresentazioni tridimensionali molto verosimili con un'immediatezza molto più accentuata delle proiezioni ortogonali e dell'assonometria.

A suo discapito però, la prospettiva non consente di ricostruire con precisione forma e dimensioni dell'oggetto rappresentato; per questo motivo viene usata a corredo delle altre rappresentazioni tecniche.

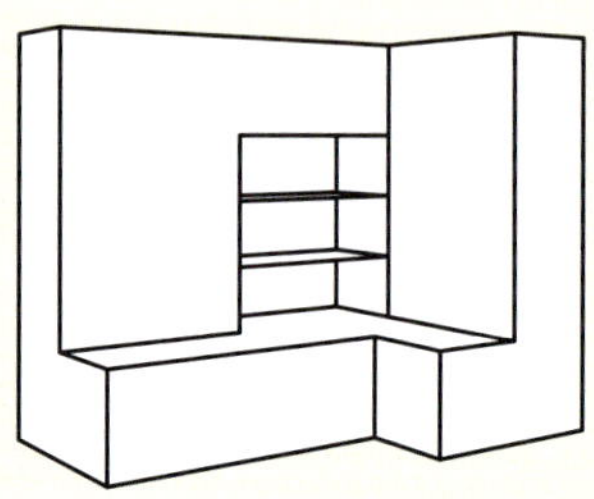

Prospettiva

Cos'è la prospettiva

La prospettiva è un metodo di rappresentazione basato sulla proiezione centrale; essa è originata dall'intersezione di un **quadro** con i **raggi proiettanti** passanti per i punti dell'oggetto e per un centro di proiezione a distanza finita, il cosiddetto **punto di vista**. Mantenendo fisso il punto di vista, la prospettiva cambia spostando la posizione del quadro; come se si facessero diverse foto da uno stesso punto, ma cambiando l'inclinazione dell'apparecchio fotografico. Le differenti posizioni del quadro hanno originato diversi tipi di prospettiva.

■ Prospettiva frontale

Il quadro è verticale e parallelo a una faccia del solido. Questa faccia e le sue parallele si presentano in vera forma; i parallelismi si conservano solo per gli spigoli paralleli al quadro.

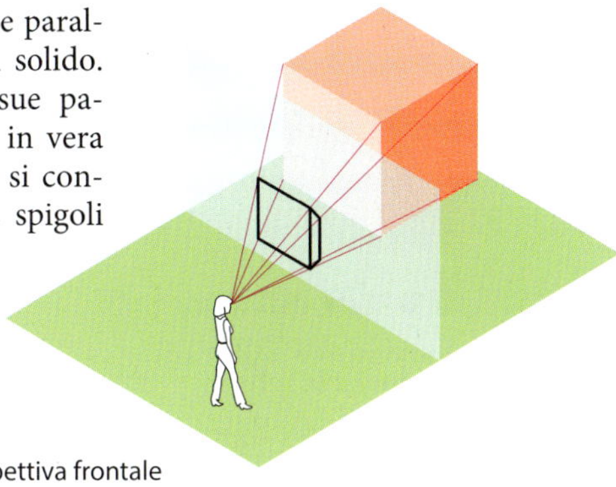

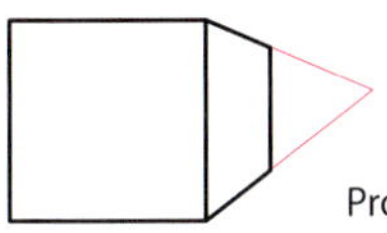

Prospettiva frontale

■ Prospettiva accidentale

Il quadro è verticale ma inclinato rispetto alle facce del solido. I parallelismi si conservano solo per gli spigoli verticali.

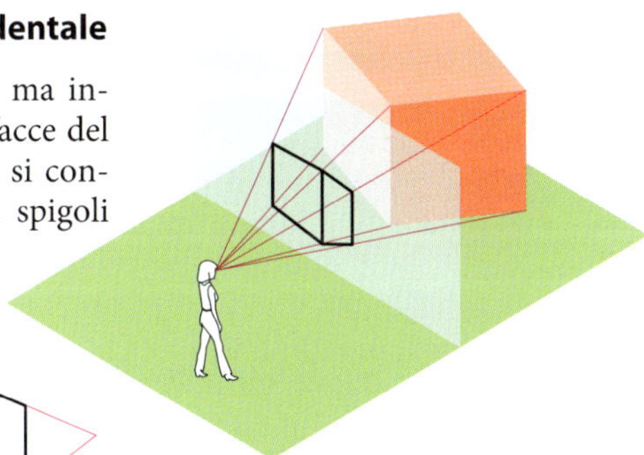

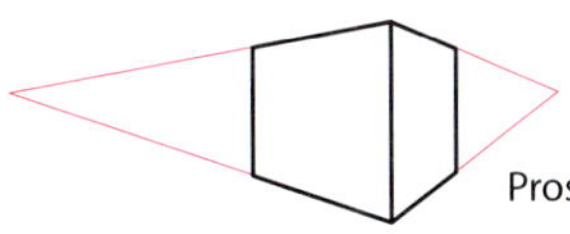

Prospettiva accidentale

■ Prospettiva a quadro inclinato

Il quadro è inclinato rispetto alle facce del solido. Anche gli spigoli verticali diventano convergenti.

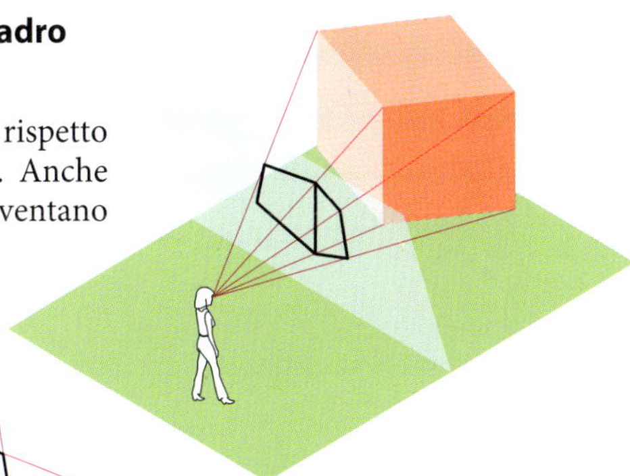

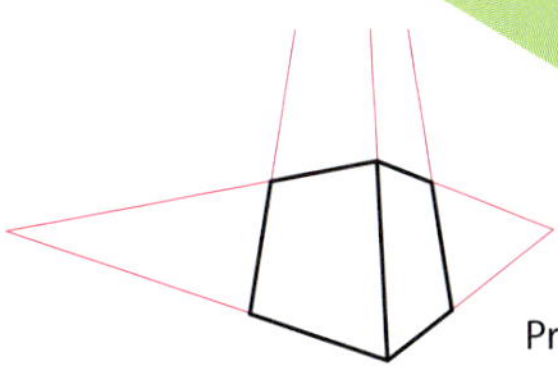

Prospettiva a quadro inclinato

NOTA BENE

La complessità e lo scarso uso della **prospettiva a quadro inclinato** inducono a tralasciarne la spiegazione in questo libro.

I principali elementi che intervengono nel disegno di un oggetto in prospettiva sono i seguenti:

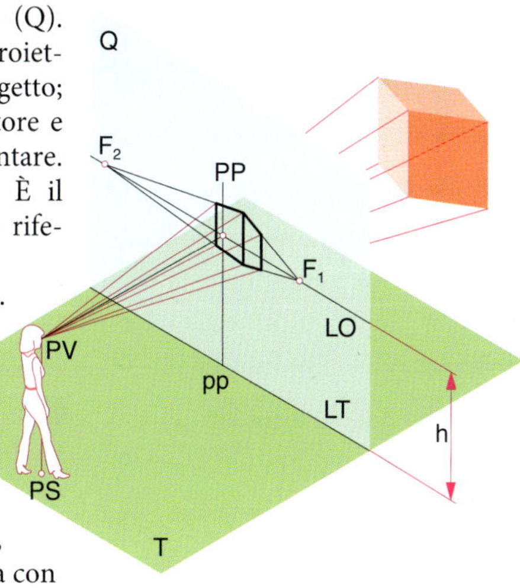

- **Quadro prospettico** (Q). È il piano su cui si proiettano i punti dell'oggetto; è posto tra l'osservatore e l'oggetto da rappresentare.
- **Piano di terra** (T). È il piano orizzontale di riferimento.
- **Linea di terra** (LT). È l'intersezione tra quadro e piano di terra.
- **Punto di vista** (PV). È il centro di proiezione, coincidente in pratica con l'occhio dell'osservatore.
- **Punto di stazione** (PS). È la proiezione ortogonale del punto di vista sul piano di terra.
- **Proiezione laterale del punto di vista**. È la vista da sinistra o da destra del punto di vista in proiezione ortogonale.
- **Punto principale** (PP). È la proiezione ortogonale del punto di vista sul quadro prospettico.
- **Proiezione del punto principale sul piano di terra** (pp). È la vista dall'alto del punto principale.
- **Linea d'orizzonte** (LO). È l'intersezione tra il quadro e il piano orizzontale passante per il punto di vista.
- **Punto di fuga** (F). È il punto di concorso di rette parallele nella realtà, ma convergenti in prospettiva.
- **Altezza d'orizzonte** (h). È l'altezza del punto di vista, coincidente con la distanza tra linea d'orizzonte e linea di terra.

Metodo generale

Per ottenere la prospettiva in generale ci si avvale di uno o più **disegni preparatori** in proiezioni ortogonali; questi disegni preparatori possono essere eseguiti a parte (su altro foglio oppure in una zona apposita del foglio stesso) o anche in una zona limitrofa all'immagine prospettica.

In questi disegni, oltre alla vista in proiezione ortogonale dell'oggetto, si rappresentano anche il quadro e il punto di vista. Tracciando i raggi proiettanti si possono individuare le loro intersezioni con il quadro; le coordinate di questi punti possono essere riportate nella rappresentazione prospettica.

APPROFONDIMENTI

- ***Sezione prospettica*** (1 pagina)
- ***Brunelleschi e l'invenzione della prospettiva*** (2 pagine)
- ***Scienza prospettica dal '400 al '500*** (2 pagine)
- ***Manuali e macchine prospettiche*** (2 pagine)
- ***Illusionismo prospettico*** (2 pagine)

PROBLEMA 1 PASSO PASSO

Prospettiva di un segmento verticale

La prospettiva del segmento AB si ottiene tracciando i raggi proiettanti dal PV verso i punti A e B. Dove essi intersecano il quadro si ottengono i due estremi del segmento in prospettiva.

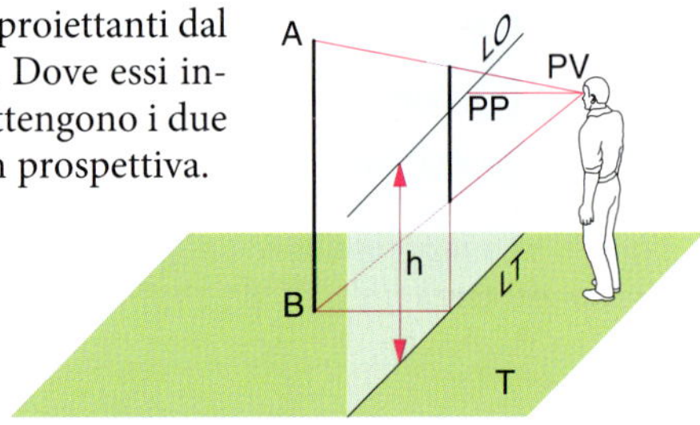

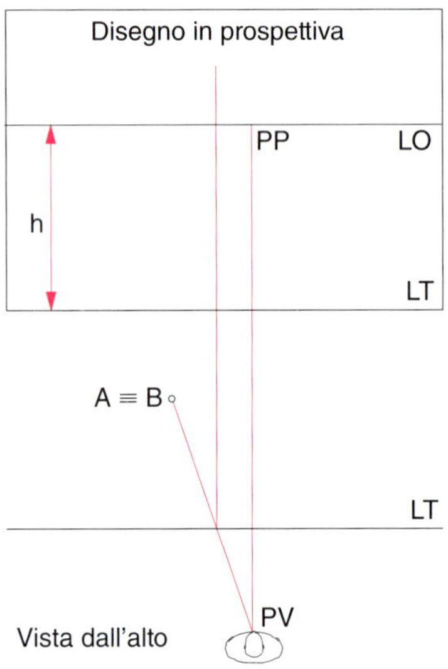

1 Si disegna la **vista dall'alto** tracciando la LT (che in pratica è il quadro), individuando il PV e la vista del segmento (il punto A ≡ B).
Da PV si conduce il raggio verso A ≡ B, che interseca la LT in un punto; da esso si traccia il riporto verticale verso il disegno in prospettiva.

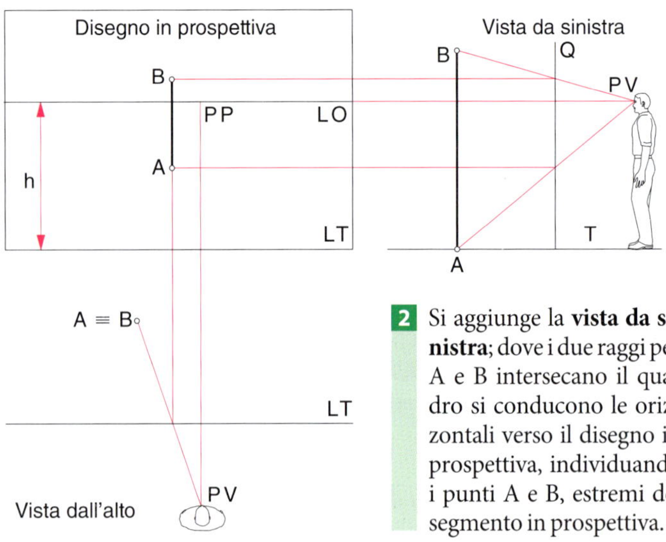

2 Si aggiunge la **vista da sinistra**; dove i due raggi per A e B intersecano il quadro si conducono le orizzontali verso il disegno in prospettiva, individuando i punti A e B, estremi del segmento in prospettiva.

NOTA BENE

Dal Problema 1 si può dedurre che:

- **segmenti verticali restano tali anche in prospettiva;**
- **l'immagine prospettica è sempre ridotta rispetto all'oggetto reale,** tranne nel caso di elementi poggiati sul quadro, che mantengono le dimensioni reali.

PROBLEMA 2 PASSO PASSO

Prospettiva di una retta: ricerca della traccia e del punto di fuga

Questo problema è fondamentale per ogni altro problema prospettico. Esso si risolve determinando la traccia e il punto di fuga della retta.

In questo caso poiché a si trova sul piano di terra può bastare un solo disegno preparatorio: la vista dall'alto.

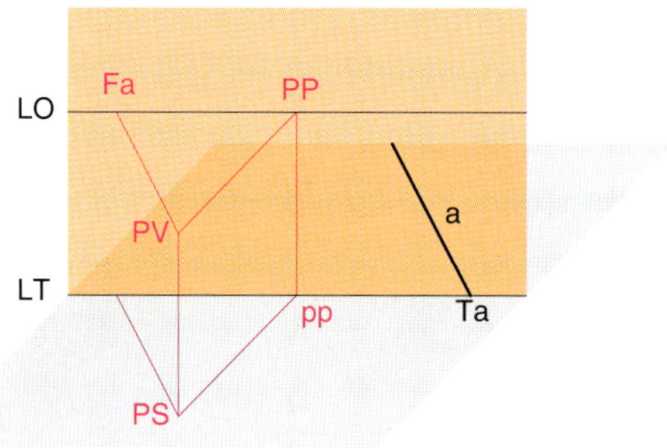

1 Si disegna la **vista dall'alto** tracciando la LT (che in pratica è il quadro) e la retta a. Si determina la Ta, intersezione di a con il quadro. Quindi si trova Fa, conducendo da PS (vista dall'alto del PV) la parallela ad a; dove essa interseca il quadro si determina Fa, **punto di fuga** della retta.

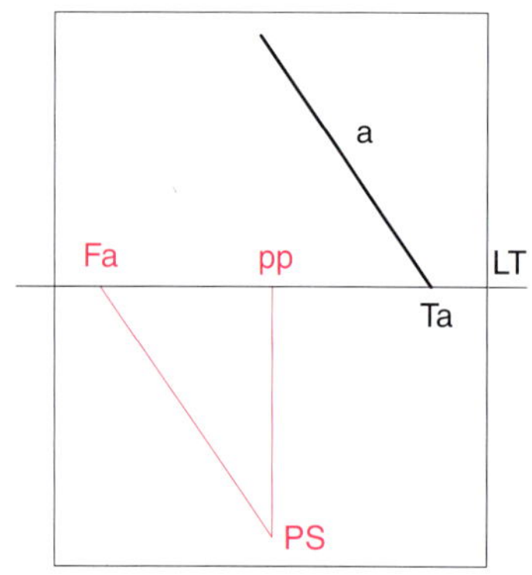

Vista dall'alto

2 Sotto la vista dall'alto si imposta la **prospettiva** tracciando la LT e la LO, che dista dalla LT quanto l'altezza del Punto di Vista da terra. Sulla prospettiva si conducono linee verticali da Ta e Fa; la Ta si trova sulla LT, mentre Fa appartiene alla LO.
Congiungendo i due punti si ha la prospettiva della retta a.

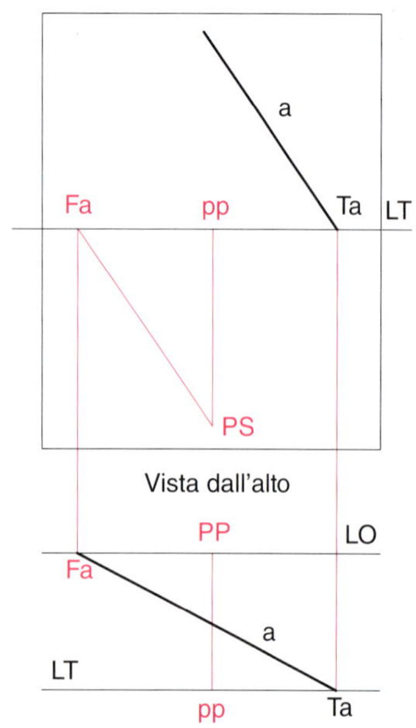

Prospettiva

PROBLEMA 3 PASSO PASSO

Prospettiva di un fascio di rette parallele

Anche in questo caso il problema si risolve trovando la traccia e il punto di fuga di ogni retta. Essendo però le rette parallele, il loro **punto di fuga** è **comune**.

Le rette date appartengono al piano di terra e pertanto per la ricerca della prospettiva è sufficiente realizzare un solo disegno preparatorio: la vista dall'alto.

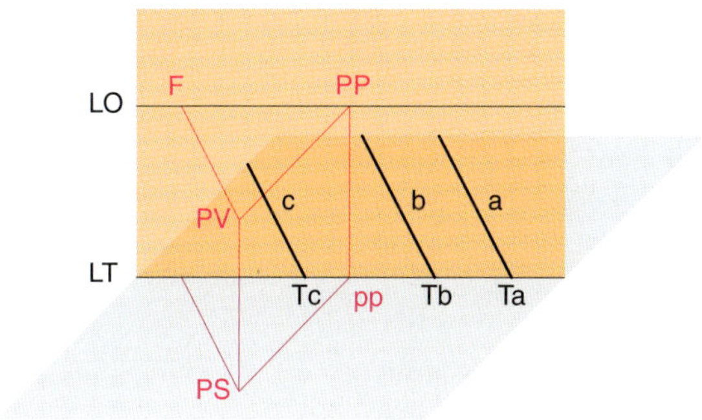

1 Definita la **vista dall'alto** con la LT e il punto PS, si tracciano le tre rette a, b e c. Si determinano le tracce Ta, Tb e Tc e il punto di fuga F, ottenuto mediante la parallela alle rette per PS.

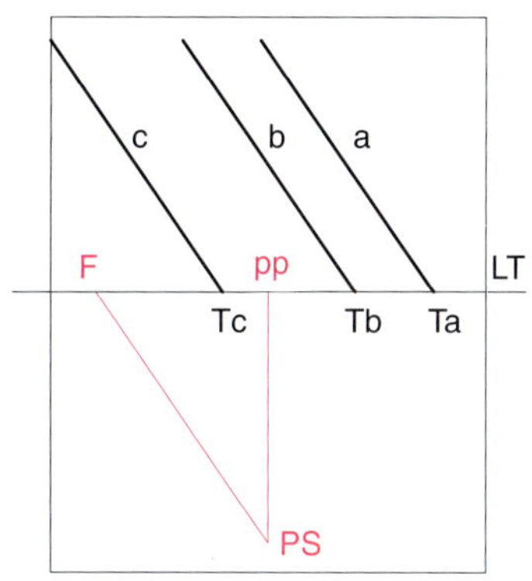

Vista dall'alto

2 Si riportano Ta,Tb, Tc e F nella **prospettiva**; le tracce si trovano sulla LT, mentre F appartiene alla LO. Congiungendo il punto di fuga con le singole tracce si ottiene la prospettiva delle rette.

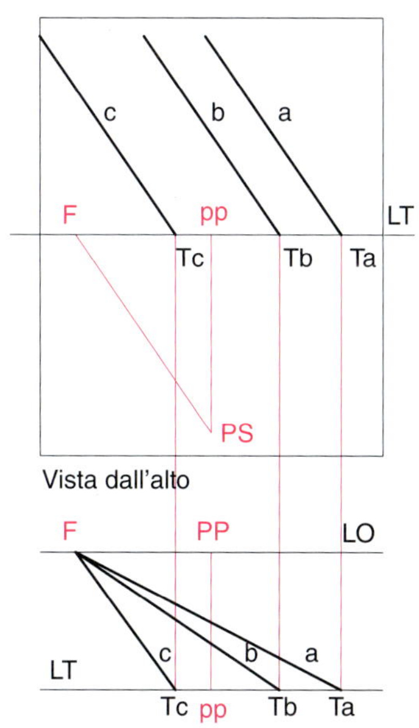

Prospettiva

PROBLEMA 4 PASSO PASSO

Prospettiva di rette perpendicolari al quadro

Questo problema è in tutto analogo ai precedenti; però in questo caso il **punto di fuga coincide con il punto principale** (PP).

Poiché le rette appartengono al piano di terra può bastare un solo disegno preparatorio: la vista dall'alto.

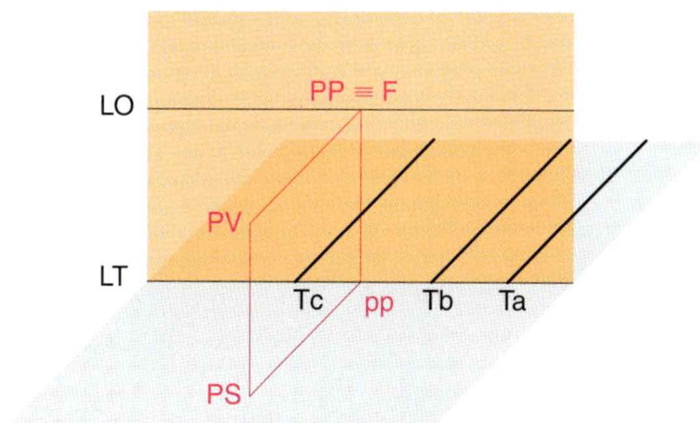

1 Definita la **vista dall'alto** con la LT e il punto PS, si individuano Ta, Tb e Tc dove le rette intersecano la LT (il quadro).

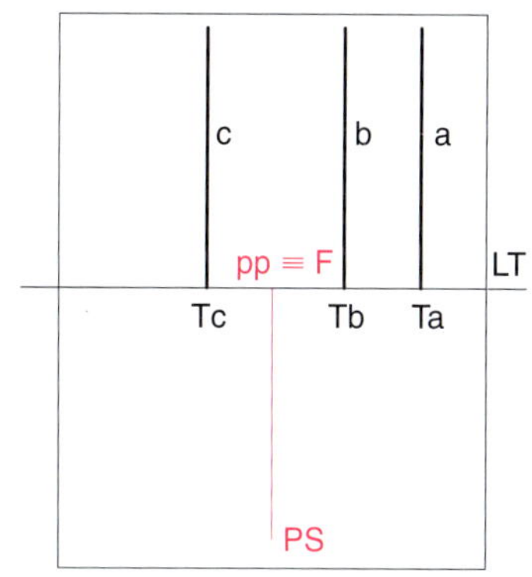

Vista dall'alto

2 Si riportano Ta, Tb, Tc nella **prospettiva** sulla LT. Congiungendo il punto di fuga (coincidente con PP) con le singole tracce si ottiene la prospettiva delle rette.

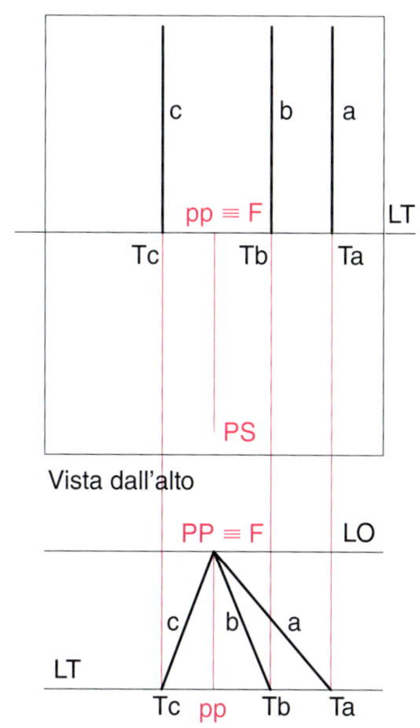

Prospettiva

PROBLEMA 5

Prospettiva di rette orizzontali inclinate di 45° rispetto al quadro

Il problema è identico a quelli precedenti, però in questo caso il punto di fuga è un punto particolare, il cosiddetto **punto di distanza** (PD).

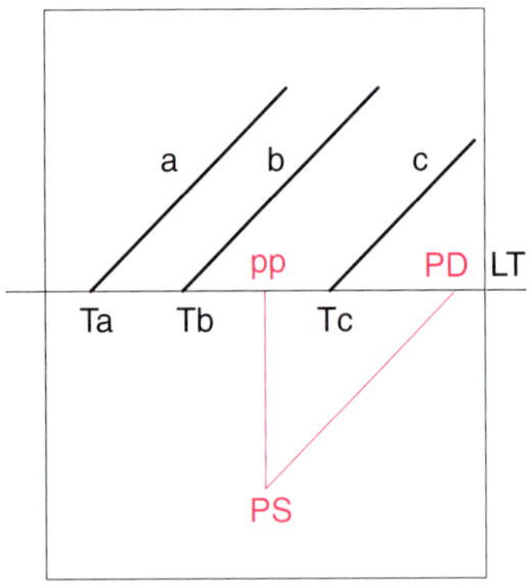

Vista dall'alto

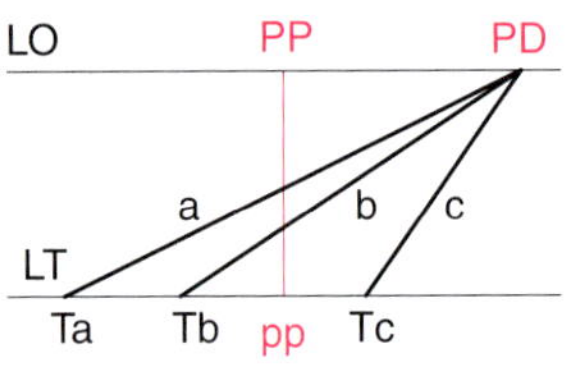

Prospettiva

Punti di distanza

I punti di distanza sono i due punti di fuga delle rette orizzontali che formano angoli di 45° e 135° con il quadro. Tali punti si trovano sulla linea d'orizzonte a una distanza da PP pari a quella tra PP e PV. I punti di distanza si possono quindi ottenere tracciando il **cerchio di distanza**, cioè un cerchio di centro in PP e raggio pari alla distanza del punto di vista dal quadro.

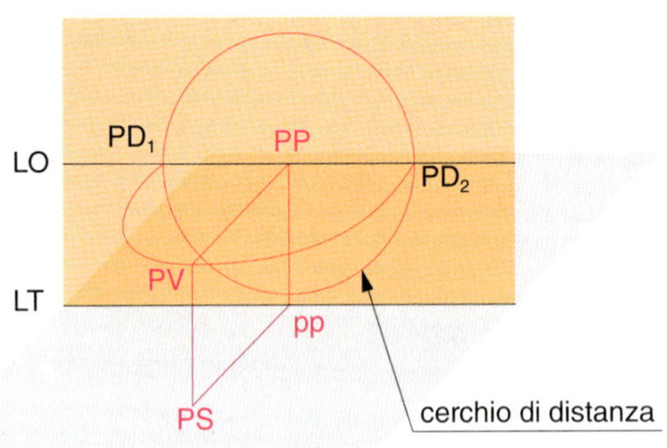

MEMO

La **traccia** della retta è la sua intersezione con il quadro; il **punto di fuga** è invece l'intersezione con il quadro della retta proiettante parallela a quella data.

PROBLEMA 6

Determinazione di un punto in prospettiva mediante due rette

Per individuare un punto in prospettiva ci si può servire di due rette passanti per esso; sono molto comode, per i loro punti di fuga particolari, le rette perpendicolari o inclinate a 45° rispetto al quadro.

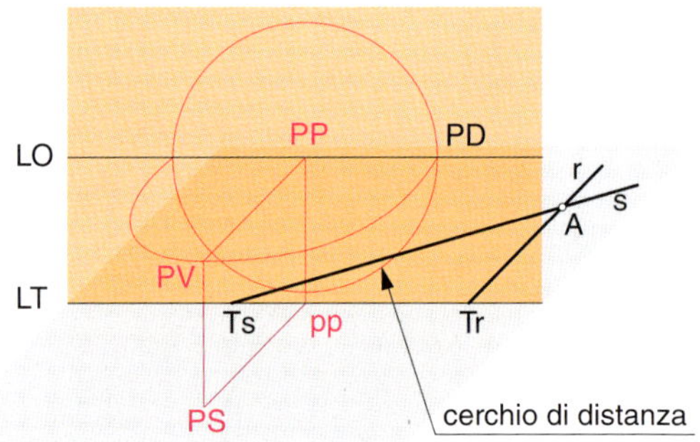

Nella **vista dall'alto** si conducono da A le rette r e s, la prima perpendicolare e la seconda inclinata di 135° rispetto al quadro. Si individuano quindi le tracce Tr e Ts.

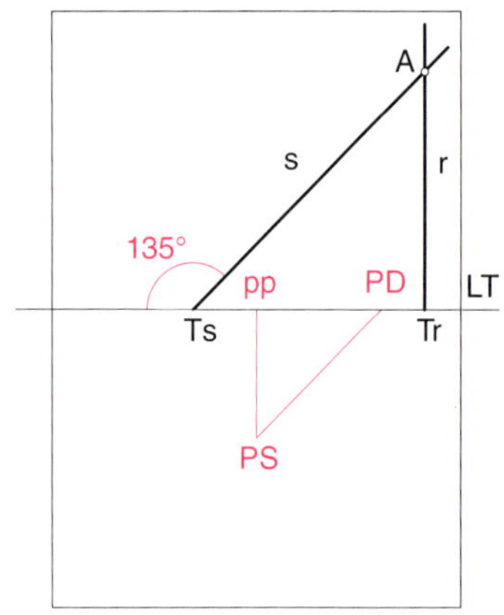

Vista dall'alto

In **prospettiva** la retta r passa per Tr e per PP (suo punto di fuga); la retta s si ottiene congiungendo Ts e PD (suo punto di fuga). All'intersezione delle due rette si individua la posizione di A in prospettiva.

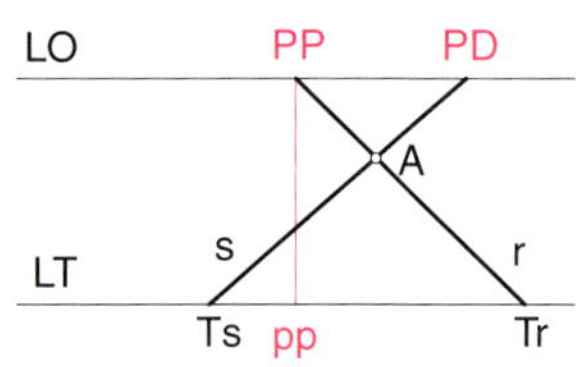

Prospettiva

Proprietà generali in prospettiva

Quanto è emerso dai problemi precedenti si può sintetizzare nelle seguenti proprietà generali che si verificano in prospettiva.

a) Ogni **retta** in prospettiva passa per il suo punto di fuga e per la sua traccia.
b) **Rette parallele** in prospettiva sono rappresentate da rette convergenti nel loro punto di fuga.
c) **Rette perpendicolari al quadro** in prospettiva sono raffigurate da rette convergenti nel punto principale.
d) **Rette parallele al piano di terra e inclinate di 45° o 135°** rispetto al quadro danno in prospettiva rette convergenti in uno dei punti di distanza.
e) **Rette parallele al quadro** restano tali anche in prospettiva; pertanto le rette verticali sono rappresentate da rette perpendicolari alla LT.
f) Un **punto** può essere individuato in prospettiva come intersezione di due rette, scelte in genere tra quelle con particolari punti di fuga.

Criteri d'impostazione

Il risultato di un disegno in prospettiva può essere molto diverso a seconda dell'impostazione; modificando la posizione del quadro e del punto di vista si possono avere prospettive più o meno gradevoli, più o meno adeguate alle esigenze della rappresentazione.

Posizione del quadro

Se il **quadro** è **parallelo** ad alcune facce o lati dell'oggetto si ottiene una **prospettiva frontale**, caratterizzata da una certa staticità; l'attenzione è calamitata dal punto principale, che diventa il vero centro dell'immagine prospettica.
Se il **quadro** è **inclinato** rispetto alle facce del solido si ricava una **prospettiva accidentale**, più dinamica ed equilibrata nella resa volumetrica.

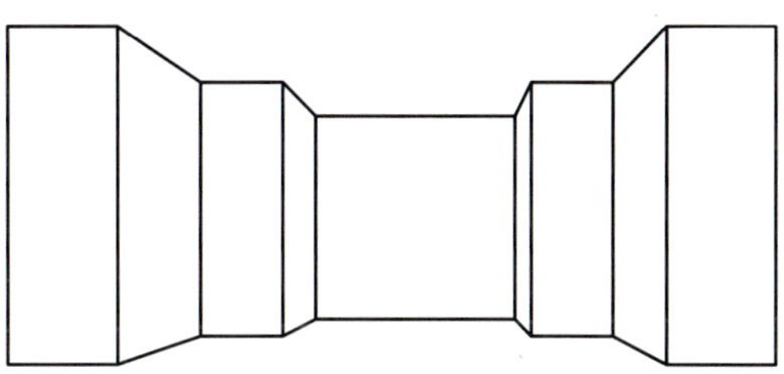
Prospettiva frontale

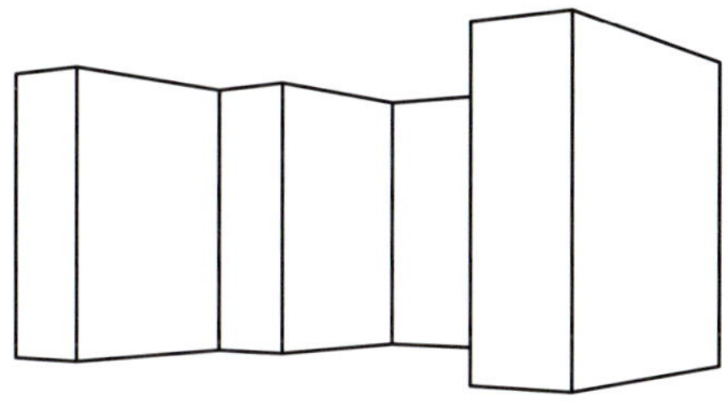
Prospettiva accidentale

Altezza del punto di vista

Assegnando valori diversi all'altezza si ottengono prospettive ad altezza d'uomo, dall'alto oppure dal basso. Esse corrispondono a esigenze diverse quali offrire una visuale ordinaria, un colpo d'occhio panoramico oppure un'immagine tecnicamente efficace.

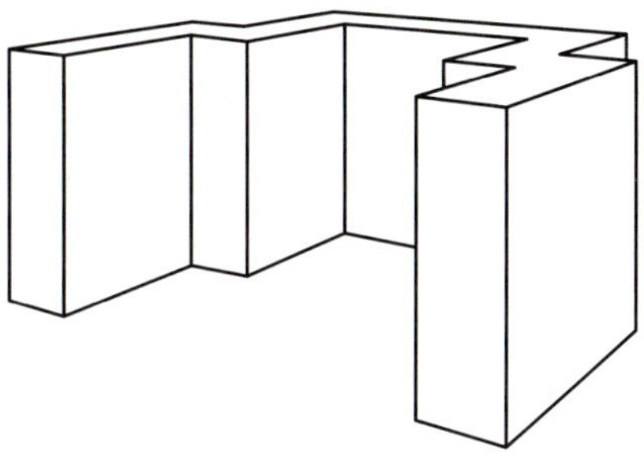
Prospettiva accidentale dall'alto

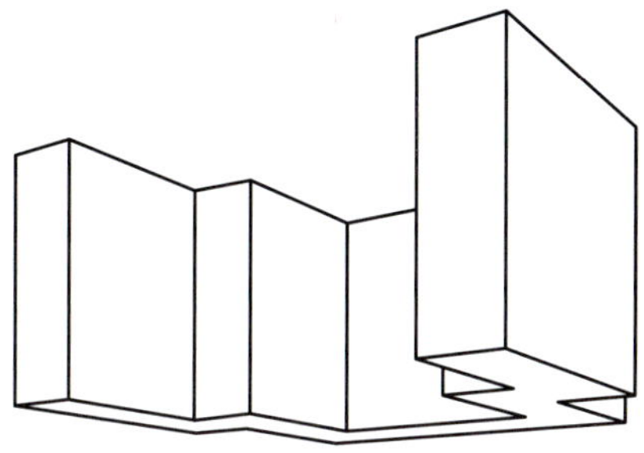
Prospettiva accidentale dal basso

Distanza del punto di vista

Avvicinando o allontanando il punto di vista si allarga o si restringe il campo visivo. Per evitare immagini troppo appiattite, o viceversa eccessivamente deformate da aberrazioni prospettiche, è consigliabile definire un punto di vista a distanza tale da racchiudere l'oggetto entro un **angolo visivo compreso tra 30° e 45°**, per le rappresentazioni di oggetti visti dall'esterno. L'angolo può invece essere ampliato a 60° per la rappresentazione di ambienti interni.

Per definire praticamente la distanza del punto di vista si può assumere un valore pari a 1,5 ÷ 2 volte l'ingombro massimo dell'oggetto sul quadro.

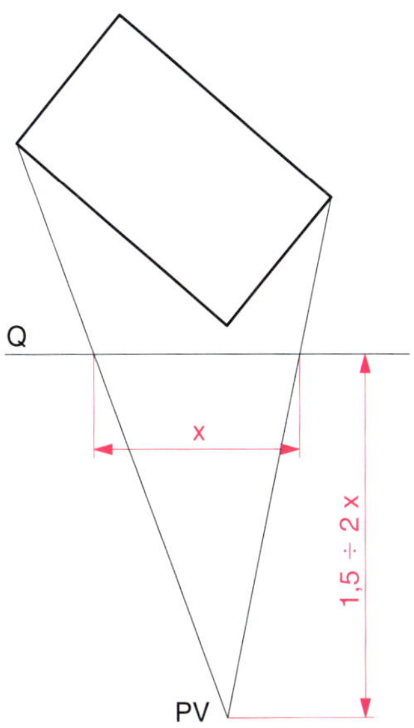

Sono infine da **evitare** posizioni del punto di vista che originano **immagini con simmetrie verticali o anche orizzontali** (vedi alcuni esempi nella tabella).

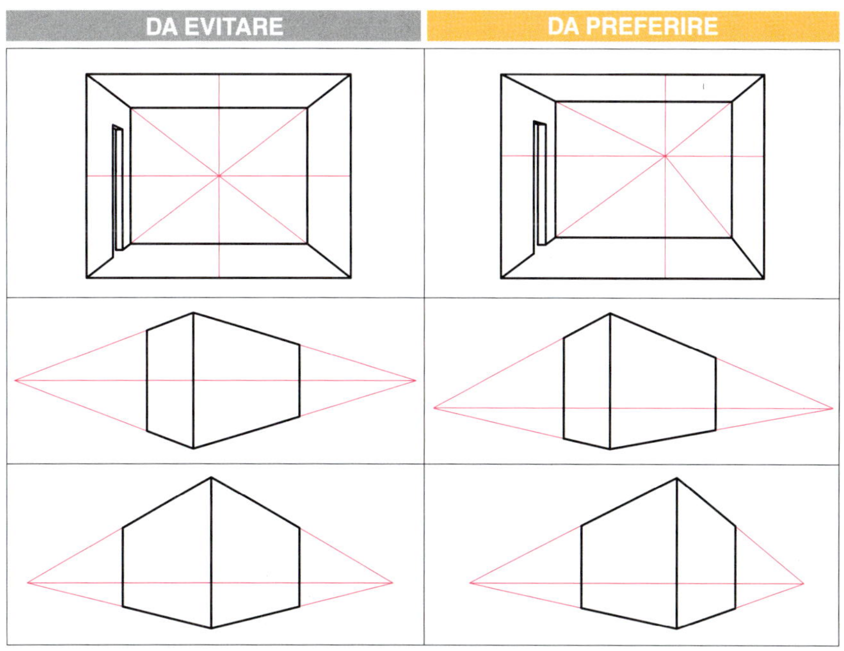

Metodi esecutivi

Le proprietà generali della prospettiva consentono di realizzare uno stesso disegno con metodi diversi. Quelli principali sono:

- **metodo del taglio**;
- **metodo delle fughe**;
- **metodo dei punti misuratori**;
- **determinazione delle altezze**;
- **griglie prospettiche**.

Metodo del taglio

Consiste nel determinare il singolo punto della prospettiva mediante una retta qualsiasi e la retta proiettante. Quest'ultima è sempre verticale e si può disegnare con l'aiuto della sua traccia, individuabile nella vista dall'alto.

NOTA BENE

I disegni preparatori in proiezioni ortogonali possono essere realizzati anche su altro foglio o in zona separata. Possono essere anche in scala diversa dalla prospettiva.
Le misure rilevate sui disegni preparatori si riportano quindi sul disegno in prospettiva.

PROBLEMA 7 PASSO PASSO

Quadrato in prospettiva frontale

Per ottenere una prospettiva frontale bisogna disporre il quadro in posizione parallela a un lato del quadrato. Ogni vertice del quadrato si determina come intersezione della retta r oppure s e il raggio proiettante che passa per il vertice stesso.

1 Nella **vista dall'alto** si individuano le tracce delle rette r e s; si tracciano poi i raggi proiettanti per i vertici e se ne trovano i punti d'intersezione con il quadro.

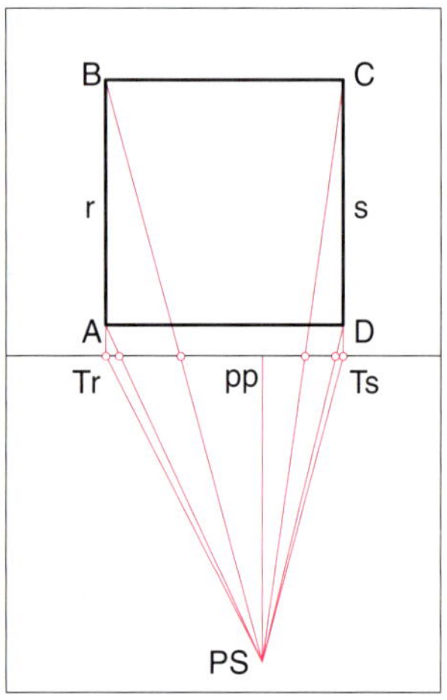

2 Impostata la **prospettiva** con LO, LT e PP, si disegnano le rette r e s congiungendo le loro tracce riportate sulla LT con la loro fuga, cioè PP. Le due rette intersecano le rette verticali condotte dai punti d'intersezione dei raggi con il quadro; i punti d'intersezione sono i vertici del quadrato in prospettiva.

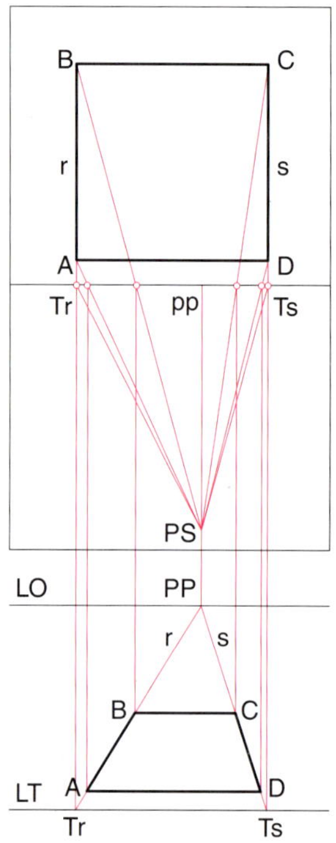

PROBLEMA 8 PASSO PASSO

Quadrato in prospettiva accidentale

Nella prospettiva accidentale la figura non ha lati paralleli al quadro. Analogamente al precedente problema i vertici si trovano mediante le rette r e s che intersecano i raggi proiettanti.

1 Nella **vista dall'alto** si individuano le tracce (Tr e Ts) e F, punto di fuga delle rette r e s; si tracciano poi i raggi proiettanti per i vertici e se ne trovano i punti d'intersezione con il quadro.

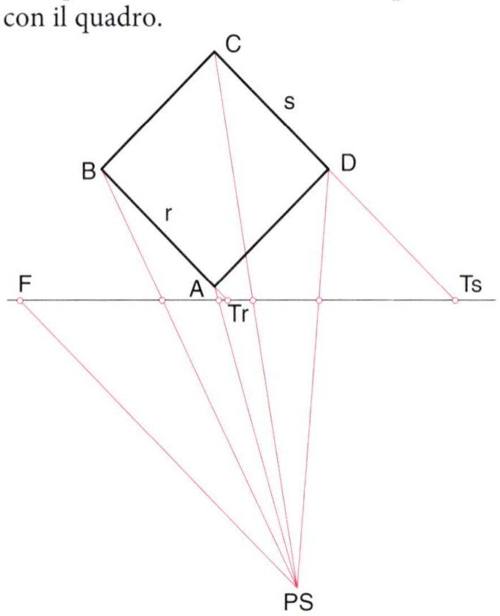

2 Si disegnano in **prospettiva** le rette r e s congiungendo le loro tracce riportate sulla LT con il punto di fuga F. Le due rette intersecano le rette verticali condotte dai punti d'intersezione dei raggi con il quadro; le loro intersezioni danno i vertici del quadrato in prospettiva.

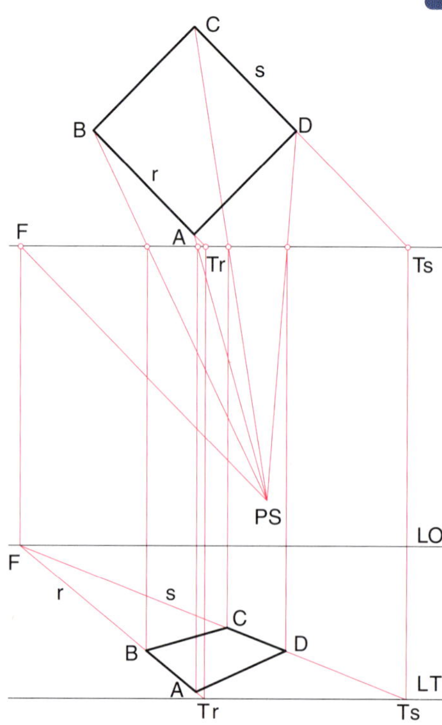

Metodo delle fughe

Consiste nel determinare il singolo punto della prospettiva mediante due rette di cui si individuano tracce e fughe. Le rette utilizzate possono essere la prosecuzione di lati della figura oppure nuove rette di costruzione (come diagonali, rette perpendicolari al quadro o inclinate a 45° rispetto a esso).

PROBLEMA 9

Esagono regolare in prospettiva frontale

Nel disegno preparatorio si disegnano l'esagono, il quadro parallelo a due lati dell'esagono e il punto di vista. Si tracciano quindi le rette passanti per i lati e per le diagonali del poligono; di queste rette si individuano le tracce e le fughe.

Si riportano le tracce sulla LT e le fughe sulla LO. Congiungendo la singola traccia con la relativa fuga si ottengono le rette a, b, c, d, e, f in prospettiva. Le loro intersezioni determinano i vertici dell'esagono.

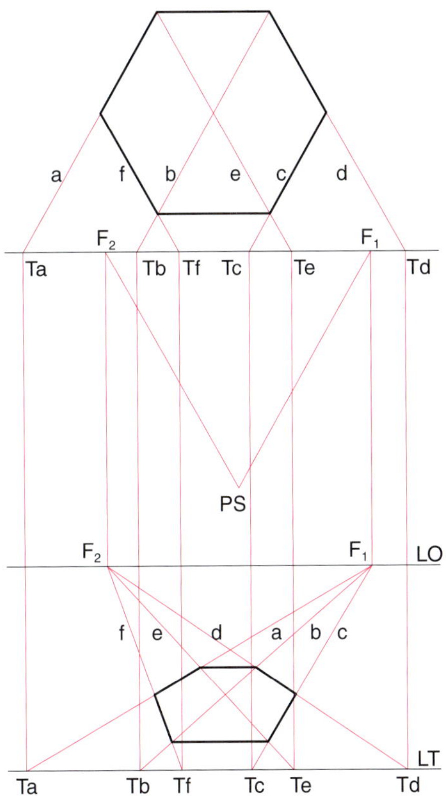

NOTA BENE

Dai disegni di questa pagina si può notare che la rappresentazione prospettica è notevolmente ridotta rispetto alla figura del disegno preparatorio. Quindi può essere utile disegnare le due figure in scala diversa; conseguentemente i riporti delle misure debbono essere ingranditi nel rapporto scelto.

PROBLEMA 10

Quadrato in prospettiva accidentale

Questo problema è identico al Problema 8, ma realizzato con il metodo delle fughe.

Nella **vista dall'alto** si individuano le tracce e le fughe delle rette che passano per i lati.

Nel disegno in **prospettiva** si riportano sulla LT le tracce e sulla LO le fughe. Unendo la fuga F_1 con Ta e Tc, e la fuga F_2 con Tb e Td si ottengono le rette in prospettiva. La loro intersezione determina i lati del quadrato.

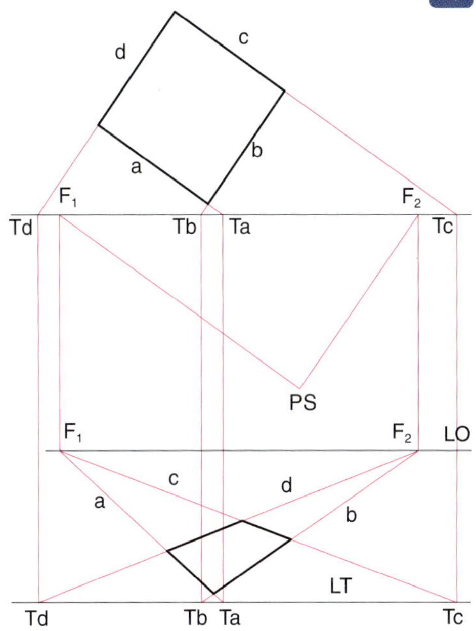

PROBLEMA 11

Ottagono regolare in prospettiva accidentale

Nella **vista dall'alto**, oltre al quadro e al punto di vista, si disegna l'ottagono; dai suoi vertici si tracciano rette perpendicolari o inclinate a 45° rispetto al quadro.

Queste rette hanno come punti di fuga rispettivamente il punto principale (PP) e i punti di distanza (PD_1 e PD_2).

Le tracce delle diverse rette si riportano nella rappresentazione prospettica, dove si possono disegnare le rette congiungendo traccia e fuga corrispondente. L'intersezione delle rette determina i vertici dell'ottagono in prospettiva.

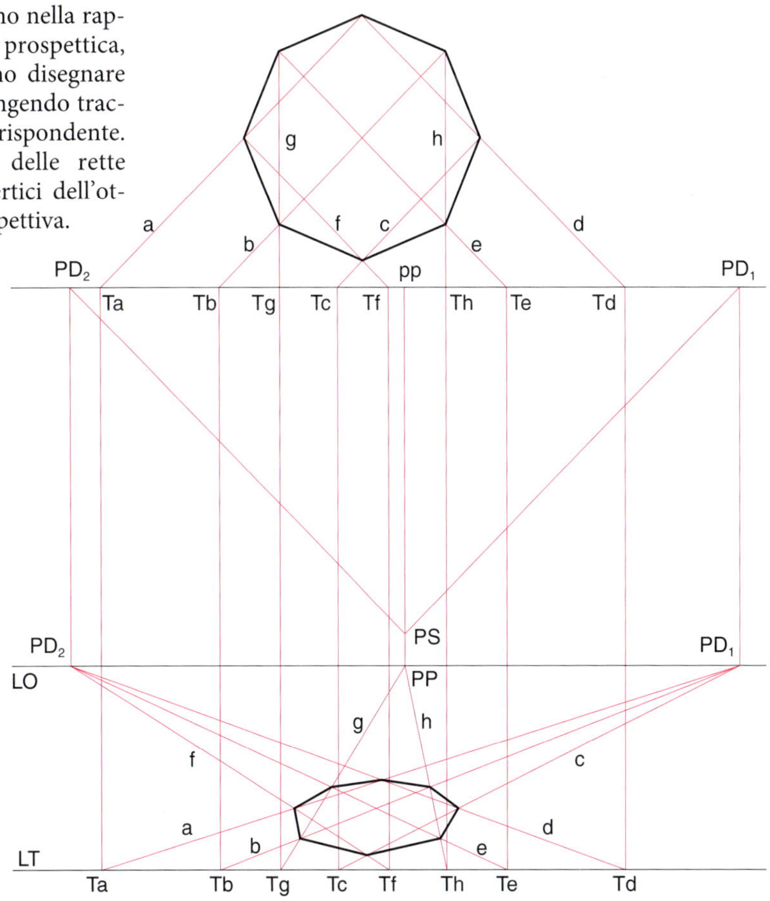

Metodo dei punti misuratori

Questo metodo consente di semplificare il riporto delle misure lineari nella prospettiva nella quale le misure reali possono essere disegnate direttamente. Se per esempio su una retta si vogliono prendere punti a distanze assegnate, si può individuare il punto misuratore della retta. Lo si può individuare nel disegno preparatorio ribaltando sul quadro uno o più segmenti della retta mediante archi di centro Tr. I punti iniziali (A, B, C, ...) e ribaltati (A_1, B_1, C_1, ...) individuano delle rette che hanno come punto di fuga il punto misuratore della retta (M). Il punto M si può disegnare con un arco di centro F (punto di fuga della retta) e passante per PS.

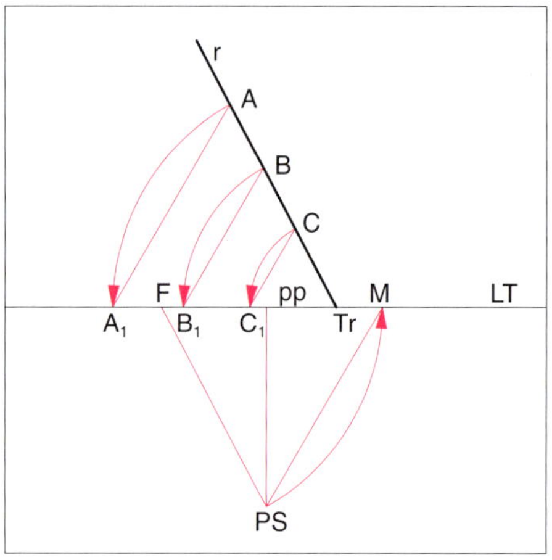

PROBLEMA 12

Prospettiva frontale di una griglia quadrettata

Nella figura preparatoria si individua il punto misuratore della retta AF; in questo caso esso coincide con il punto di distanza. Passando al disegno in prospettiva si può usare una scala diversa; sulla LO si individua il punto M, mentre sulla LT si trova il segmento AB e i punti divisori, da cui si tracciano le rette convergenti in PP.

A sinistra di A si prendono misure uguali ai lati dei quadretti, individuando i punti C_1, D_1, E_1, F_1. Congiungendoli con il punto M si trovano rette che intersecando la retta APP definiscono la divisione del segmento AF.

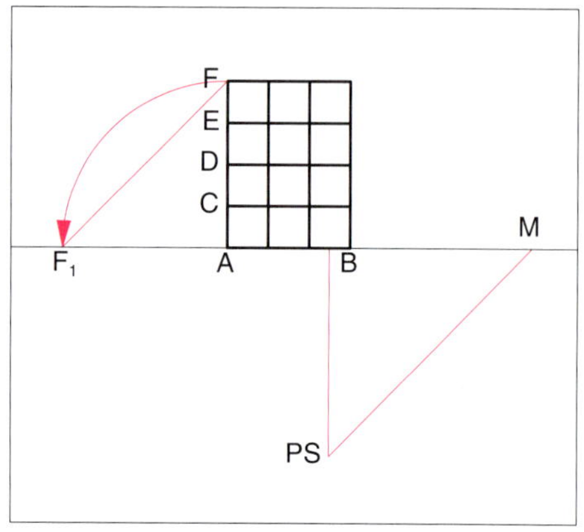

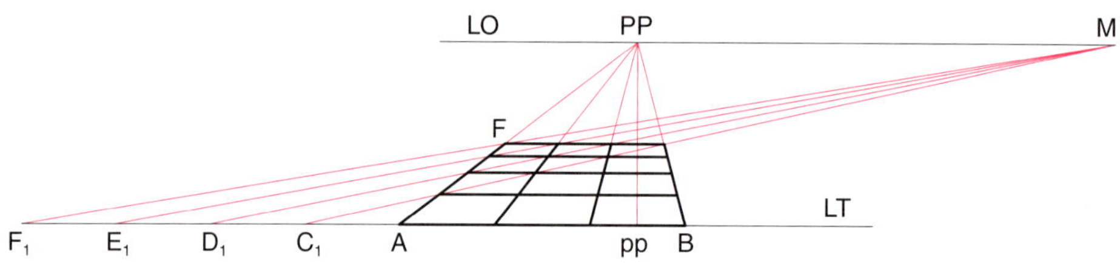

PROBLEMA 13

Prospettiva accidentale di una griglia quadrettata

Nella figura preparatoria si individuano i punti di fuga (F_1 e F_2) e i punti misuratori (M_1 e M_2) dei lati passanti per il vertice A.

Nella rappresentazione prospettica si riportano le posizioni dei punti di fuga e dei punti misuratori sulla LO; sulla LT si individua invece il punto A che viene congiunto con F_1 e F_2, ottenendo le rette a cui appartengono i lati. Quindi sulla LT si prendono a sinistra e a destra del punto A dei punti a distanza pari ai lati dei quadretti. Questi punti si congiungono con M_1 e M_2, ottenendo delle rette che intersecano le rette AF_1 e AF_2; dai punti d'intersezione si può completare la figura quadrettata mediante rette passanti per F_1 oppure per F_2.

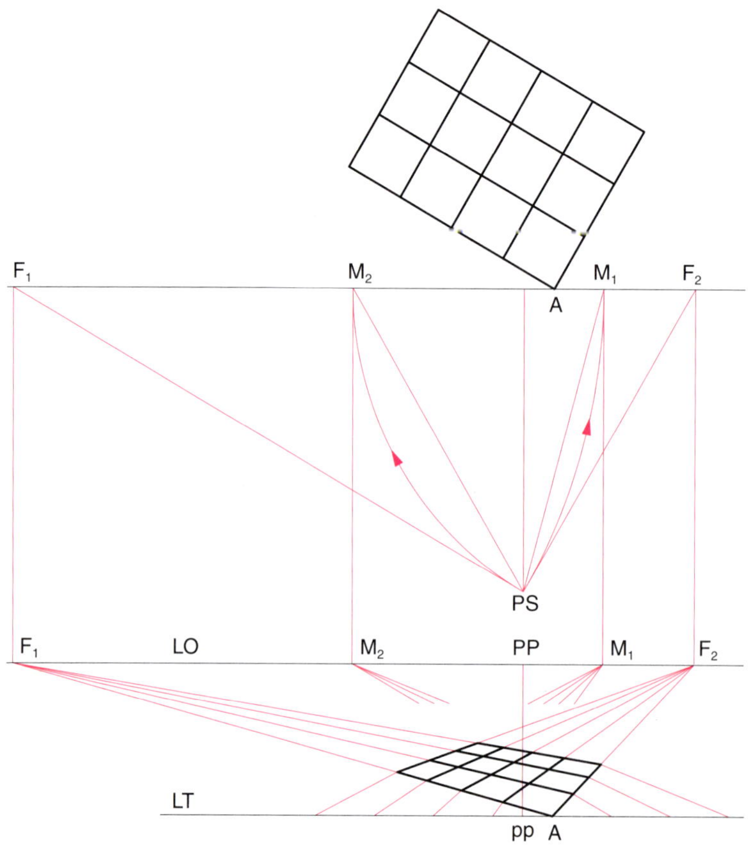

Determinazione delle altezze

Le figure piane disegnate finora appartenevano tutte al piano di terra. Per disegnare figure verticali o elevate è necessario individuarne le altezze.

Si può facilmente intuire che le altezze sono degradanti verso valori sempre più ridotti quanto maggiore è la distanza dal quadro. Un segmento verticale appartenente al quadro mantiene in prospettiva la sua dimensione reale (o in scala). Altri segmenti verticali della stessa altezza, ma più distanti dal quadro, sono racchiusi entro un triangolo che ha come vertici il punto di fuga (F) e le tracce (Ta e Tb) delle rette parallele che uniscono gli estremi dei vari segmenti. Servendosi di questo triangolo delle altezze si possono definire le prospettive di figure uguali a distanze diverse; prendendo invece altezze diverse sul segmento appartenente al quadro si possono disegnare figure a distanze e altezze diverse.

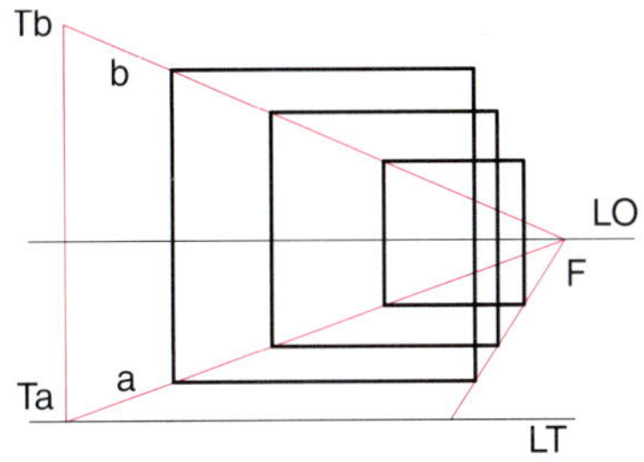

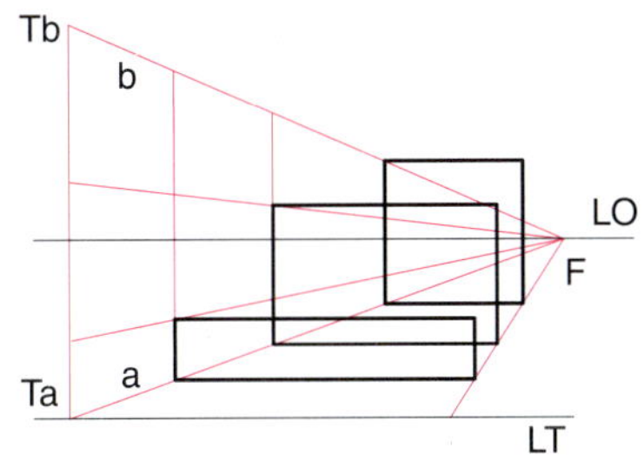

PROBLEMA 14

Prospettiva frontale di quadrati orizzontali ad altezze diverse

Preso sulla LT il lato AB del quadrato, si tracciano per i due vertici le linee di fuga passanti per PP; quindi si trova su LO il punto di distanza PD, punto di fuga delle rette a 45° e pertanto anche della diagonale per B. L'intersezione della diagonale con la linea di fuga per A consente di trovare un altro vertice del quadrato e di qui, mediante una retta orizzontale, il quarto vertice. Per ottenere i quadrati sollevati dal piano di terra, si disegna una verticale per A, prendendo da esso le diverse altezze; da questi punti si tracciano linee di fuga e rette orizzontali che consentono di definire i vertici degli altri quadrati.

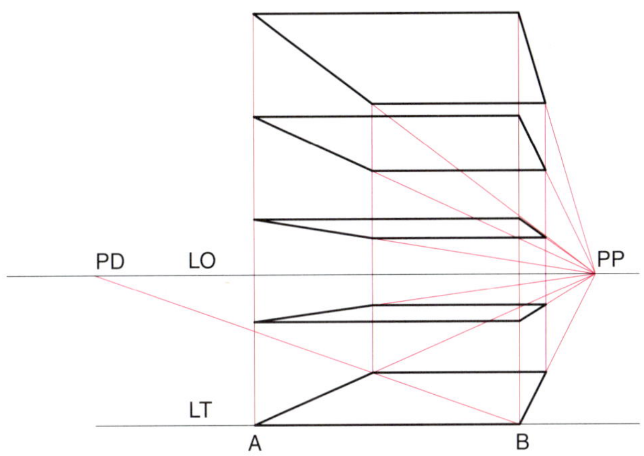

PROBLEMA 15

Prospettiva frontale di cerchi ad altezze diverse

Il procedimento è del tutto analogo a quello del problema precedente; in questo caso però sotto la LT si disegna la figura preparatoria, tracciando il cerchio, il quadrato circoscritto e le diagonali. In prospettiva si definiscono i quadrati e le loro diagonali alle diverse altezze; a questo scopo è stato usato il PD per individuare sul piano di terra il primo quadrato, le diagonali e i punti medi dei lati.

Per tracciare i cerchi in prospettiva si determinano gli otto punti in cui ciascuno di essi tocca i lati e le diagonali del singolo quadrato. Con l'aiuto del curvilineo si traccia la curva ellittica che rappresenta in prospettiva il cerchio.

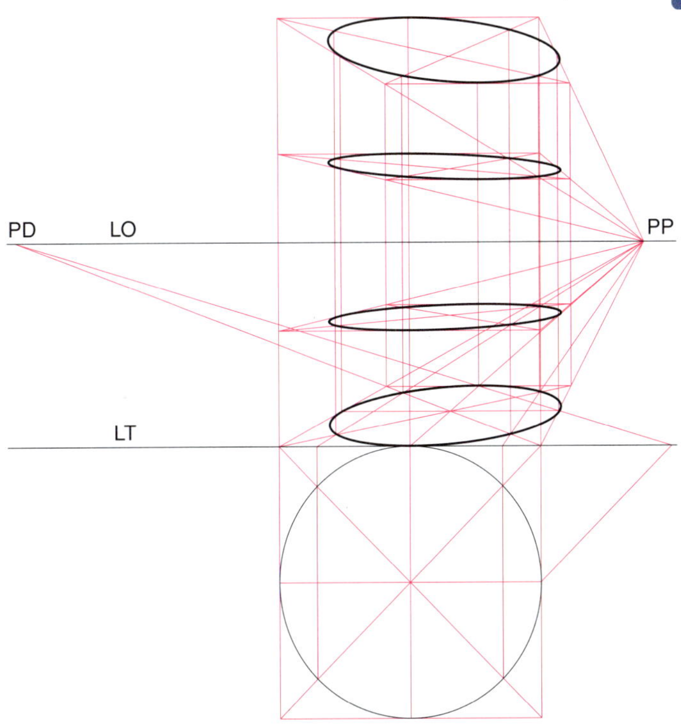

PROBLEMA 16

Prospettiva frontale di un clindro sovrapposto a un parallelepipedo

Il procedimento è del tutto analogo a quello dei Problemi 14 e 15; in questo caso il cilindro mostra i profili verticali e le circonferenze di base (ora divenute ellissi) che si vedono solo in parte.

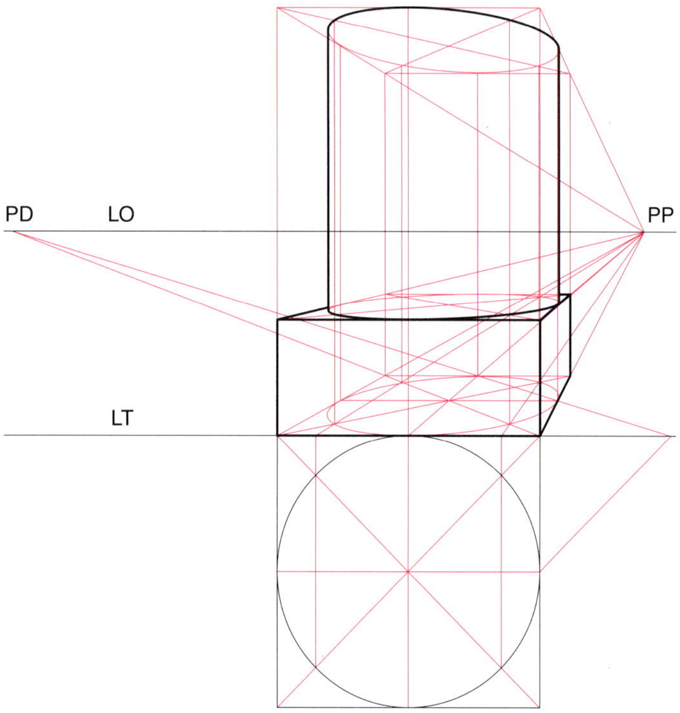

PROBLEMA 17

Scala in prospettiva accidentale

Da un disegno preparatorio si rilevano le posizioni del punto A e dei punti di fuga (F_1 e F_2) e dei punti misuratori delle rette passanti per A.

Nella rappresentazione prospettica si riporta (nella scala desiderata) sulla LT il punto A, mentre sulla LO si individuano i punti di fuga e i punti misuratori. Dal punto A si prendono a sinistra le misure delle pedate dei gradini, verso destra la larghezza della scala e verso l'alto le alzate dei gradini.

Mediante rette verso i punti misuratori e di fuga si determinano i vertici della rappresentazione prospettica.

È da notare che per i vertici dei gradini passano due rette di pendio; se in fase di costruzione si determinano i loro estremi, si può fare a meno di tracciare le linee di fuga delle alzate nel triangolo delle altezze.

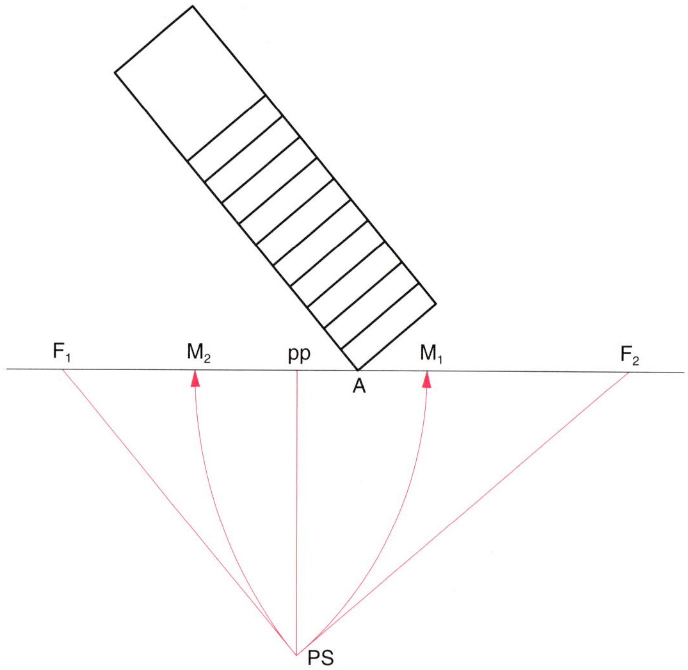

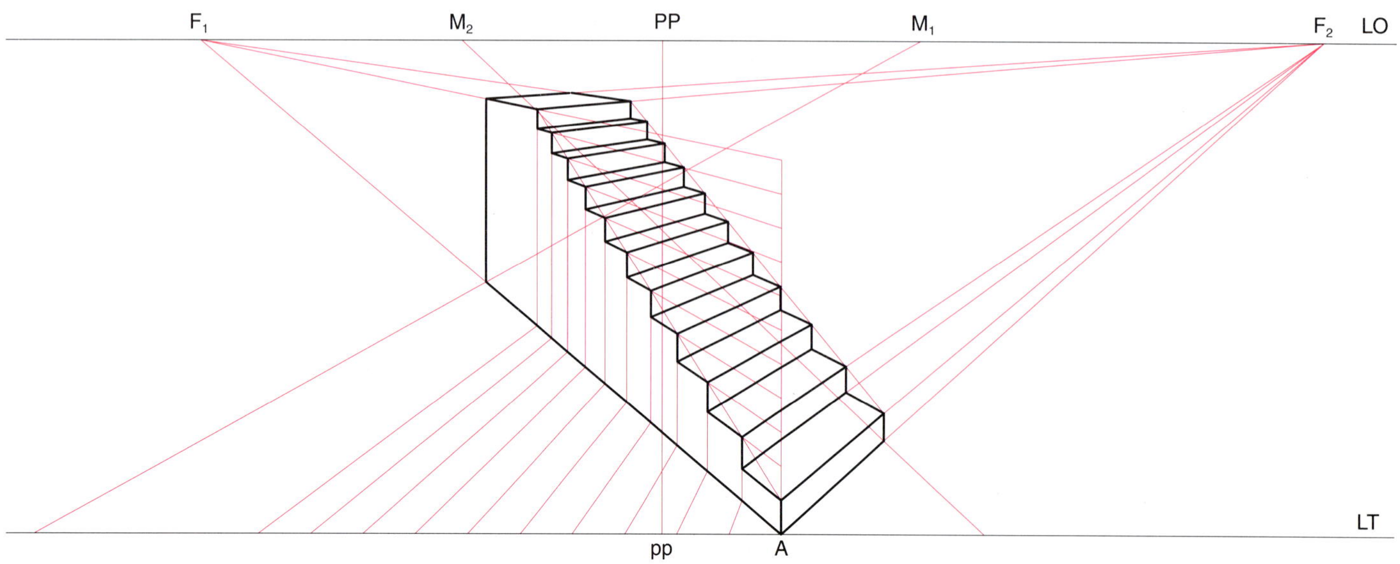

Griglie prospettiche

Per realizzare velocemente delle prospettive ci si può servire di griglie quadrettate disegnate in prospettiva sui diversi piani. Per disegnare una figura piana si può sovrapporla a una griglia quadrettata e ritrovarne i vertici corrispondenti sulla griglia prospettica.

Nei disegni sottostanti una figura piana sovrapposta a una griglia quadrettata è stata riportata su una griglia prospettica (già disponibile o appositamente realizzata) ottenendo la figura stessa su uno qualsiasi dei piani della scatola prospettica.

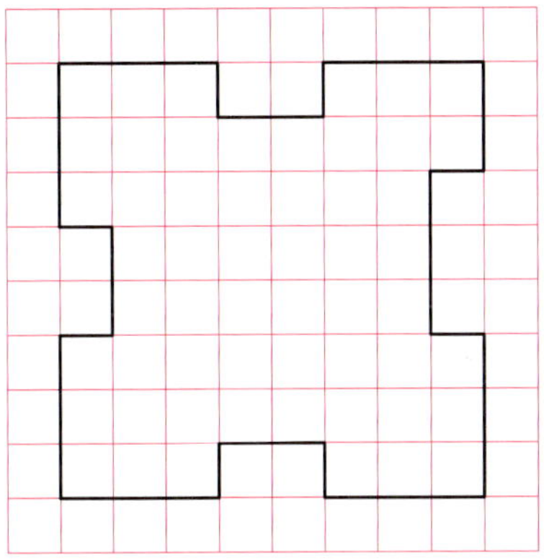
Figura su griglia quadrettata

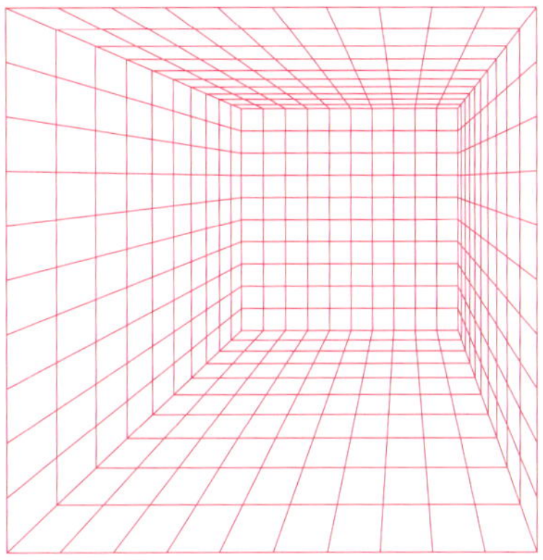
Griglia prospettica

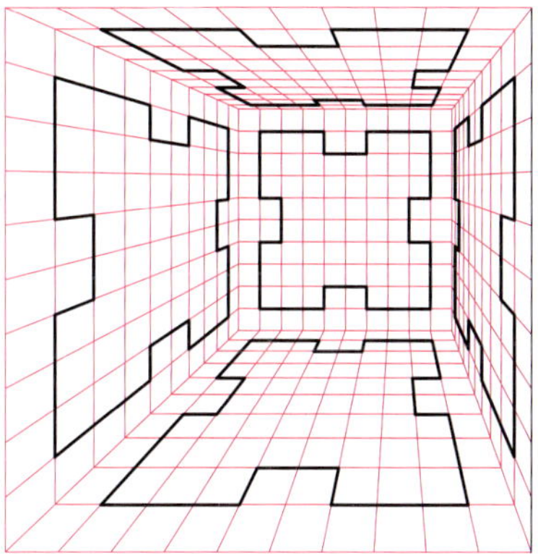
Figura su griglia prospettica

PROBLEMA 18

Prospettiva di parallelepipedi in ambiente modulare

In prospettiva frontale i solidi possono essere facilmente individuati entro il reticolo prospettico.

In prospettiva accidentale si individua agevolmente la posizione sui piani del reticolo, ma per tracciare le linee di fuga sollevate rispetto al piano di terra si deve identificare almeno un punto di fuga, immediatamente determinato dall'intersezione di due rette parallele del reticolo.

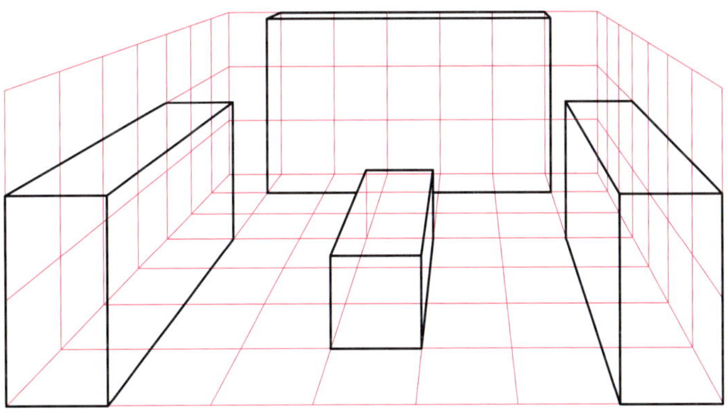
Prospettiva frontale

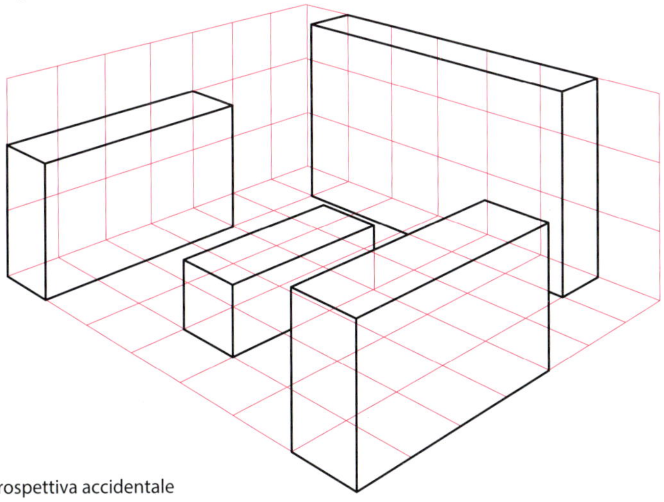
Prospettiva accidentale

PROBLEMA 19

Prospettiva accidentale di solido a gradini

In questo caso il reticolo prospettico consente di identificare anche le linee di pendio, mediante le quali si possono determinare le **alzate** dei gradini e conseguentemente le **pedate**.

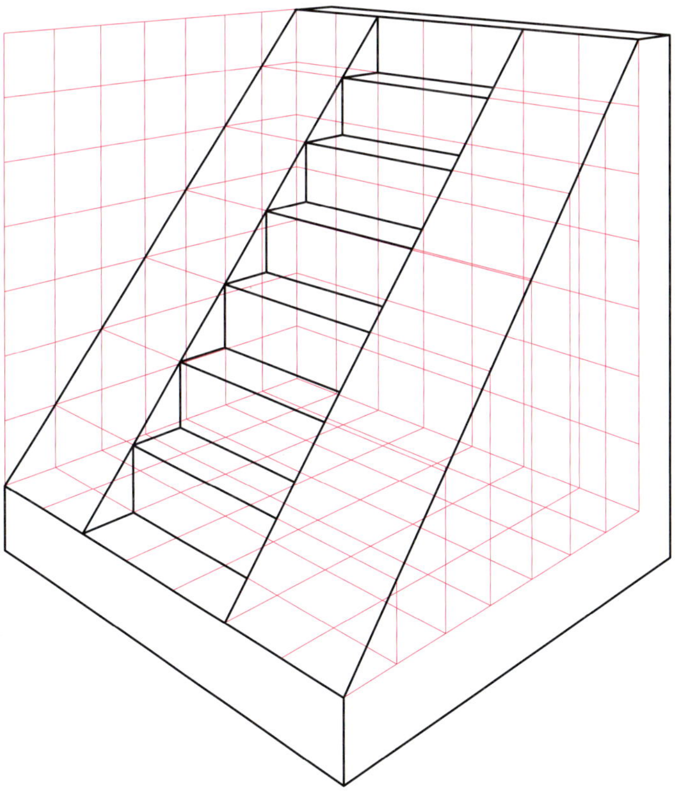

NOTA BENE

In appendice al libro sono disponibili **griglie** in prospettiva frontale e in prospettiva accidentale.

PROBLEMA 20

Prospettiva frontale di solidi poggiati su piano modulare

La presenza di un piano d'appoggio modulare induce ad avvalersi di un reticolo prospettico per questo piano; su di esso si possono collocare facilmente i solidi.

Mentre per la parte sinistra della composizione non si presentano difficoltà, la parte destra (i solidi a forma di obelisco) deve essere ottenuta con l'aiuto di figure preparatorie che possono essere disegnate ai margini del disegno in prospettiva.

La figura in basso (cioè la vista dall'alto del solido) consente di determinare i punti proiettati sul piano d'appoggio, mentre la figura laterale permette di definire le altezze dei singoli vertici.

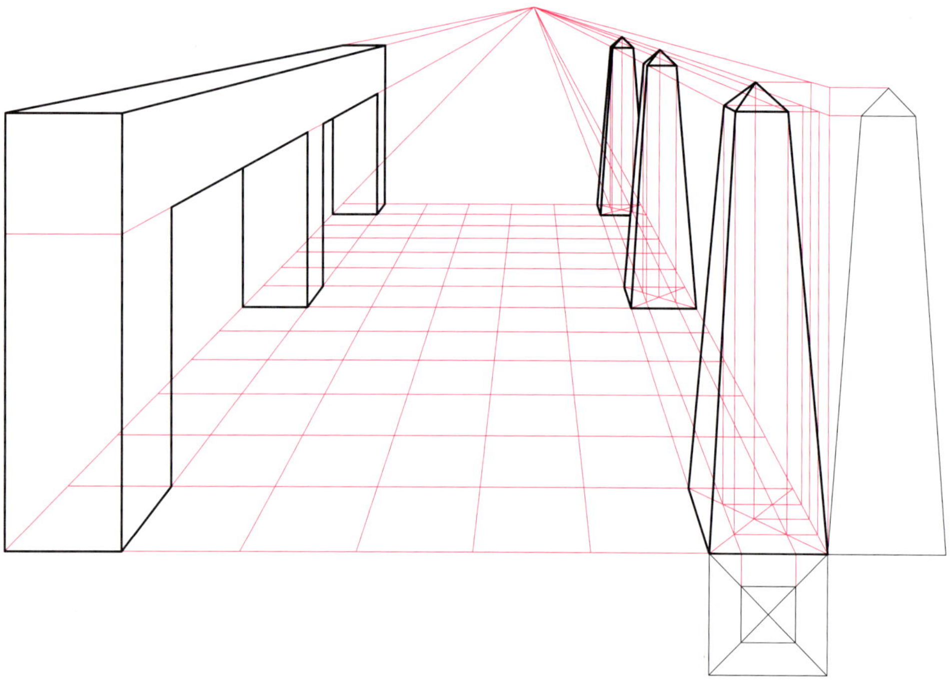

PROBLEMA 21

Prospettiva accidentale di mobili modulari

La modularità dei mobili induce a delineare il reticolo prospettico del piano d'appoggio mediante un disegno preparatorio in pianta, in cui si individuano i punti di fuga e i punti misuratori.

Nella rappresentazione prospettica per determinare le altezze ci si può servire delle viste in alzato disegnate (nella scala scelta) al di sopra della linea di terra.

Dalle due viste disegnate nella figura sono state riportate le misure verso due spigoli verticali (a e b) appartenenti al quadro; essi sono disposti in corrispondenza delle tracce di due lati del reticolo prospettico.

Dai punti presi su a e su b si tracciano le linee di fuga che definiscono i triangoli delle altezze; intersecando le verticali condotte dai punti del reticolo prospettico le linee di fuga individuano i vertici del solido.

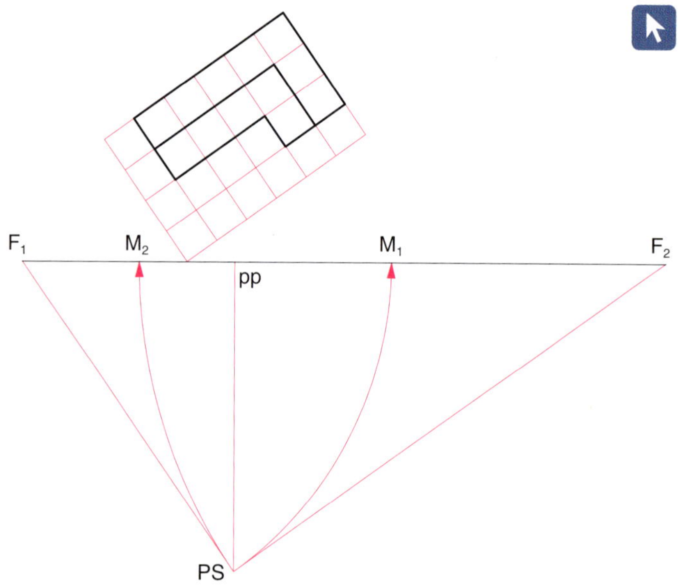

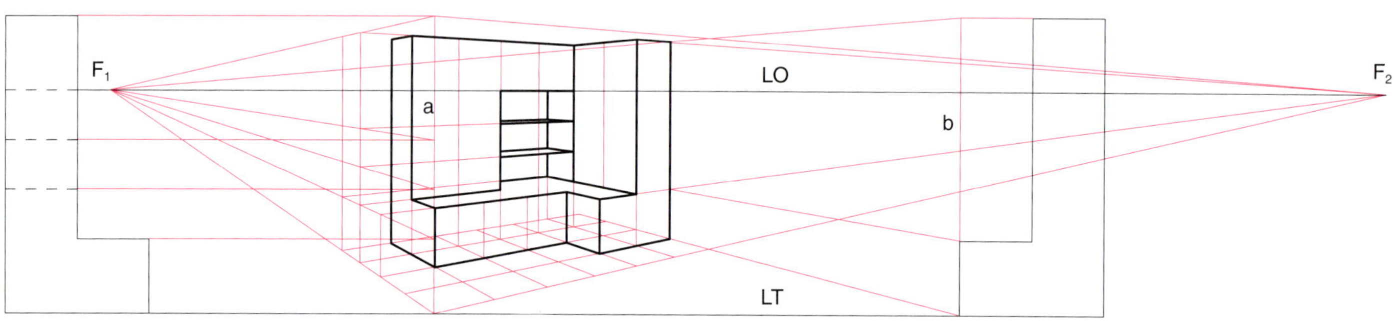

Pianta ausiliaria

Quando una figura piana orizzontale si trova a poca distanza dal piano dell'orizzonte, in prospettiva fornisce un'immagine molto schiacciata; le sue linee di contorno sono ravvicinate e formano angoli molto ridotti oppure molto ampi, rendendo il lavoro confuso e impreciso.

In questi casi può essere necessario disegnare la stessa figura su un piano più sollevato o più basso in modo da ottenere un'immagine molto più estesa, chiara e precisa; da questa immagine, per riporto dei punti lungo rette verticali, si può ricavare la figura definitiva all'altezza desiderata.

Nel disegno sottostante la prospettiva, preceduta pur sempre dal disegno preparatorio, è stata ottenuta mediante una **pianta ausiliaria**, cioè una pianta in prospettiva, ma disposta a un livello inferiore al piano di terra. Dai vertici della pianta ausiliaria si sono poi condotte delle verticali che sulle linee di fuga determinano i punti della prospettiva definitiva.

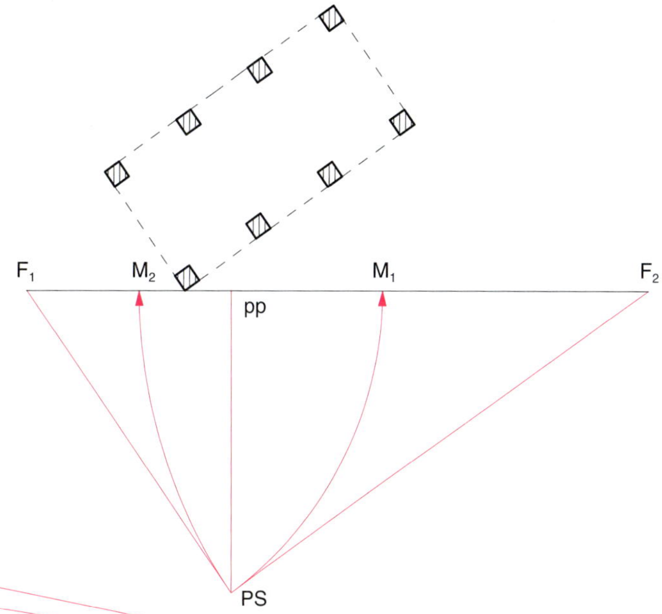

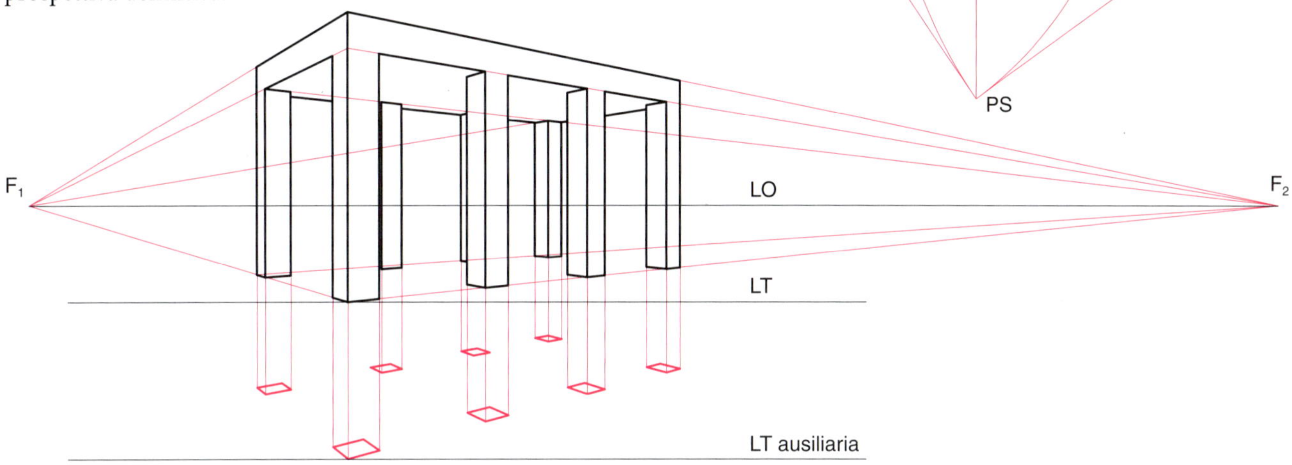

PROBLEMA 22

Schema basilicale in prospettiva frontale

Servendosi della pianta ausiliaria si può evitare che nel disegno in prospettiva si verifichi un eccessivo intreccio di linee che potrebbero ingenerare confusione.

In questo caso la planimetria ausiliaria è stata realizzata in alto e da essa sono state riportate le verticali verso il basso. Le intersezioni con le linee di fuga determinano i punti della rappresentazione prospettica.

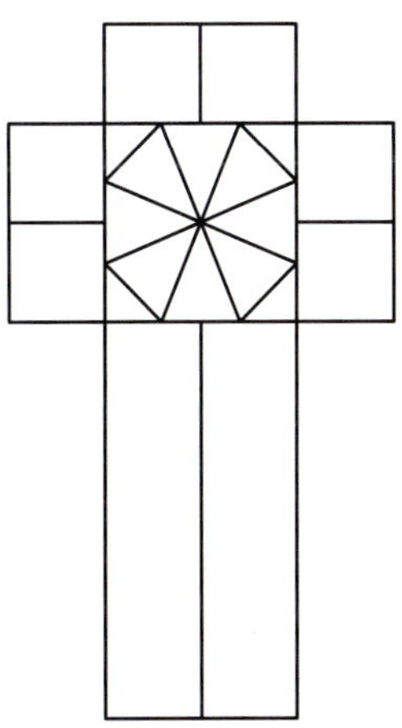

Planimetria

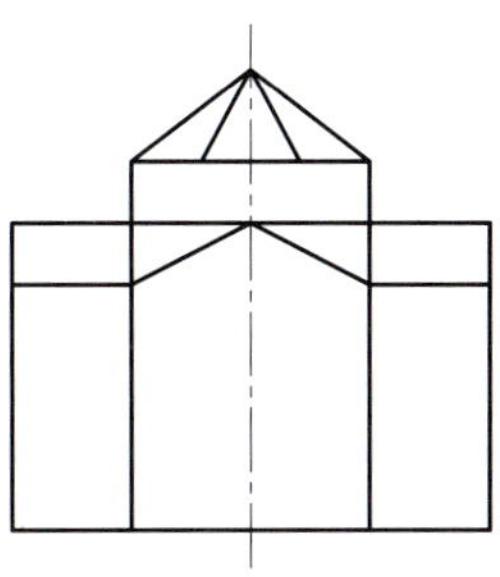

Prospetto

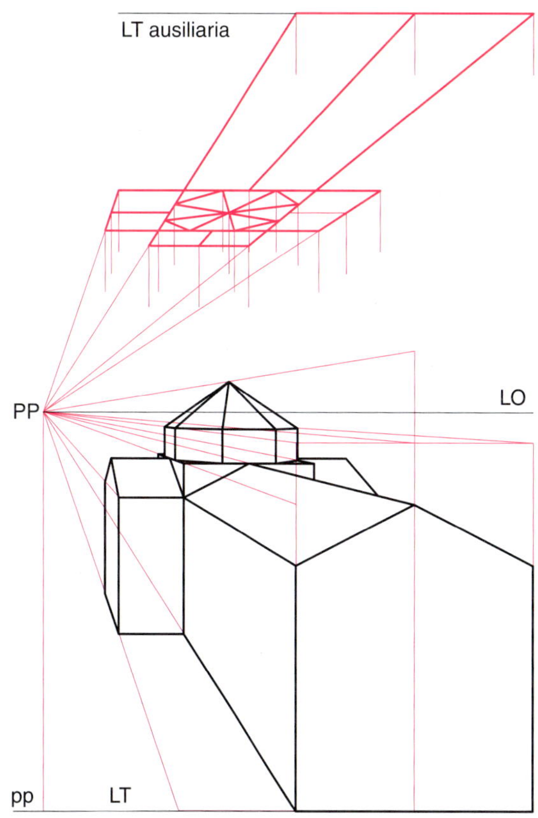

Sulla prospettiva abbiamo imparato...

PROSPETTIVA → **PROIEZIONE CENTRALE**: definita dal quadro e dal punto di vista (PV)

PROSPETTIVA → secondo la posizione del quadro

PROSPETTIVA FRONTALE

- Quadro verticale e parallelo a una faccia del solido
- Un solo punto di fuga

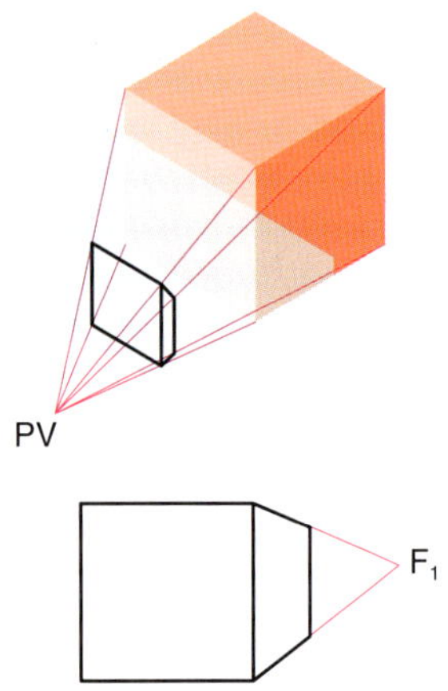

PROSPETTIVA ACCIDENTALE

- Quadro verticale e inclinato rispetto alle facce del solido
- Due punti di fuga

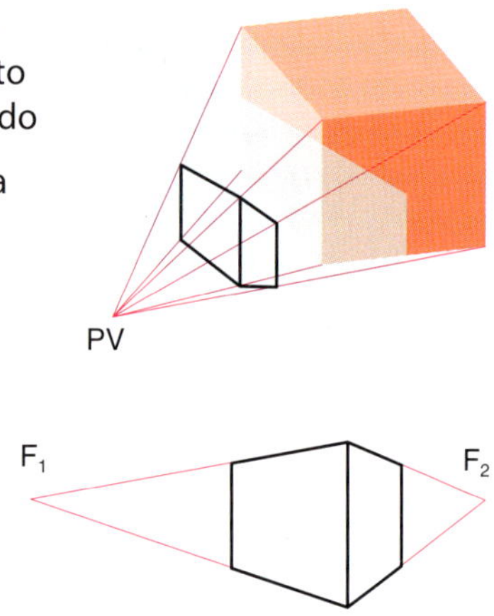

RETTA in prospettiva → è determinata da

TRACCIA E FUGA

- La **traccia** (Ta) è l'intersezione tra il quadro e la retta
- La **fuga** (Fa) è l'intersezione tra il quadro e la parallela alla retta condotta dal PV

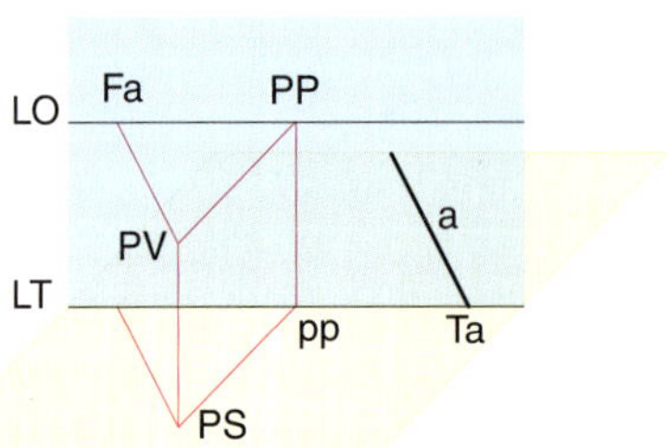

RETTA in prospettiva →

RETTE PARALLELE convergono nella loro fuga

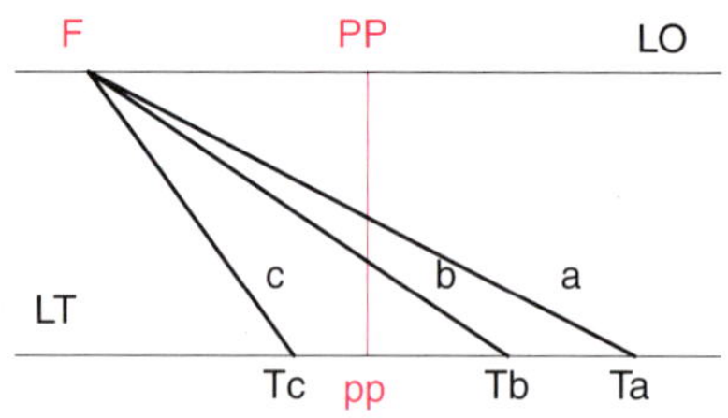

RETTE PERPENDICOLARI AL QUADRO convergono nel PP

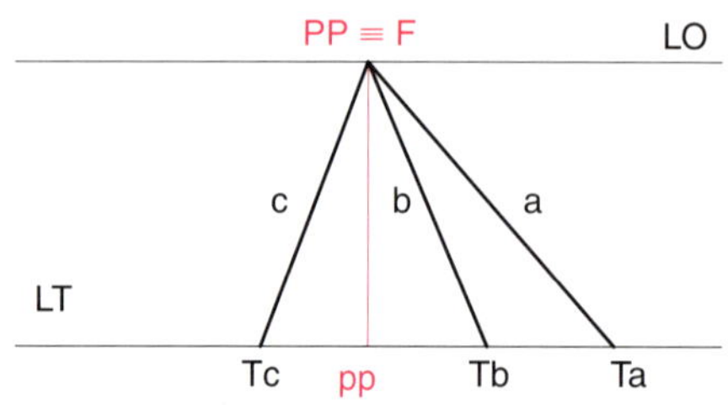

ESERCITAZIONE 1 GUIDATA

Motivo pavimentale in prospettiva frontale

Analisi della figura

Il motivo pavimentale è basato su un quadrato diviso in 16 quadretti. Al suo interno sono riconoscibili altri due quadrati ruotati di 45°.

1 I due quadrati interni (ruotati di 45°) e le diagonali passano per i vertici della griglia formata dai 16 quadretti; quindi possono essere trascurati durante la costruzione della prospettiva.

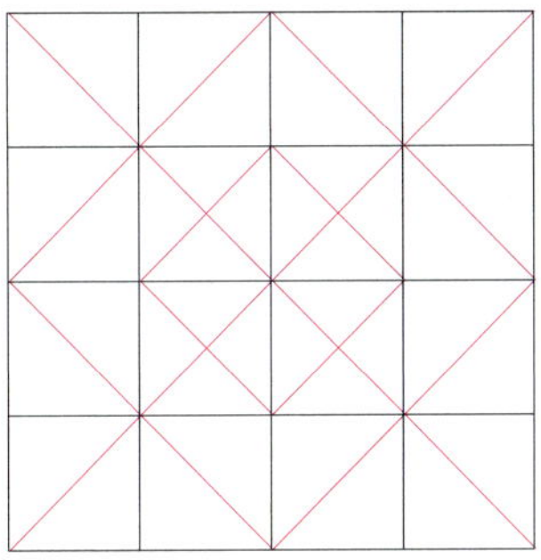

2 Seguendo la costruzione del Problema 7 si disegna la griglia quadrettata. La prospettiva si può realizzare in scala maggiore rispetto a quella della vista dall'alto usata come impostazione.

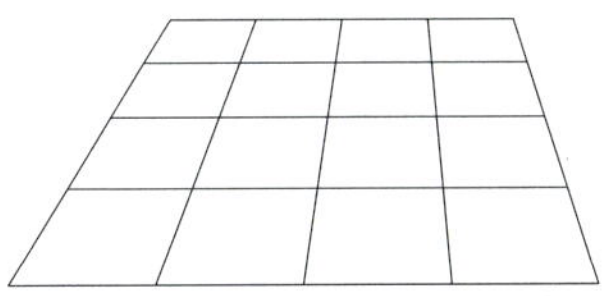

3 Si tracciano le diagonali principali.

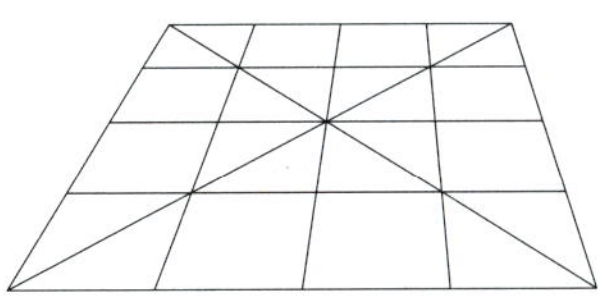

4 Si disegnano i due quadrati sfalsati di 45°, completando così la costruzione.
Si ripassano le linee del motivo assegnato, aggiungendo una eventuale colorazione.

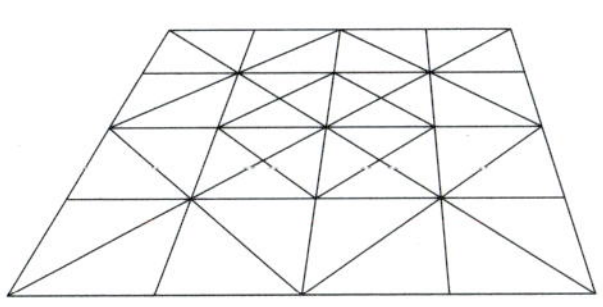

ESERCITAZIONE 2 GUIDATA

Motivo pavimentale in prospettiva accidentale

Analisi della figura

Il motivo pavimentale è basato su un quadrato, i suoi assi mediani e le sue diagonali che permettono di tracciare i due quadrati interni.

1 I due quadrati interni e le diagonali sono individuabili attraverso i vertici del quadrato e gli estremi dei suoi assi; pertanto nell'impostazione del disegno tracciamo solo il quadrato e i suoi assi.

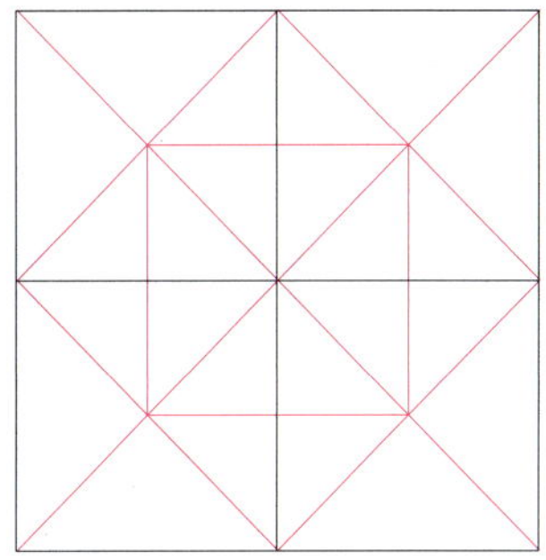

2 Seguendo la costruzione del Problema 8 si disegnano il quadrato e i suoi assi.
La prospettiva si può realizzare in scala maggiore rispetto a quella della vista dall'alto usata come impostazione.

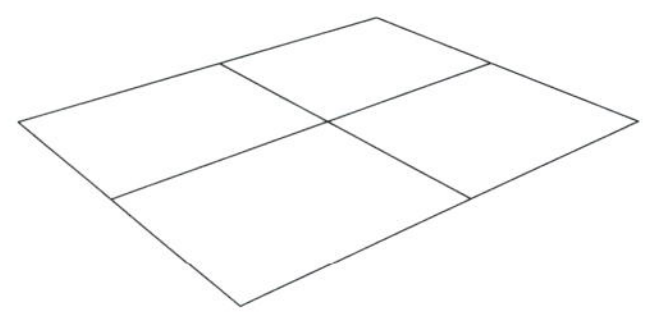

3 Si tracciano le diagonali del quadrato.

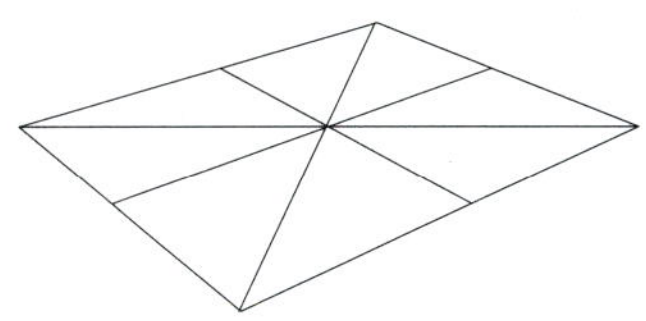

4 Si disegnano i due quadrati interni, completando così la costruzione.
Si ripassano le linee del motivo assegnato, aggiungendo una eventuale colorazione.

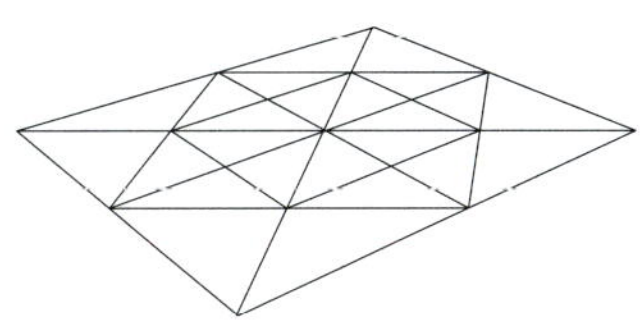

Disegna la prospettiva frontale o accidentale dei motivi pavimentali proposti, scegliendo a piacere il valore dei quadretti della griglia.

ESERCITAZIONE 3

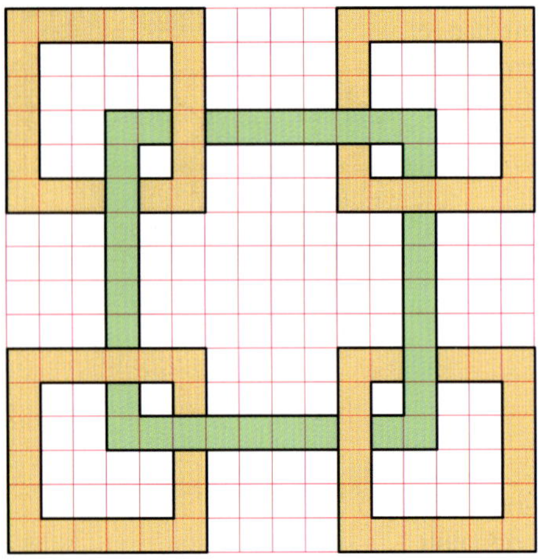

ESERCITAZIONE 4

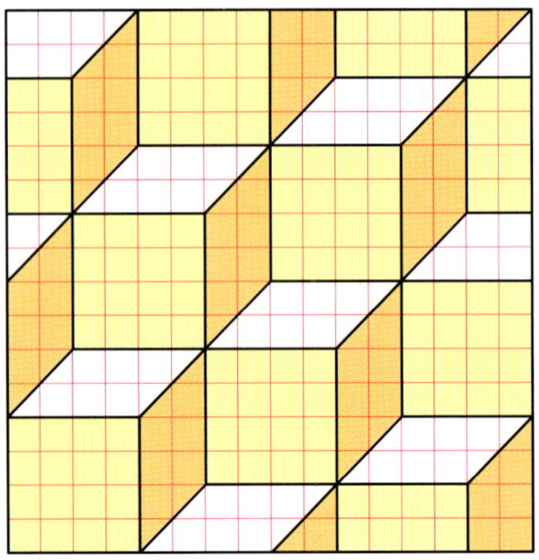

ESERCITAZIONE 5

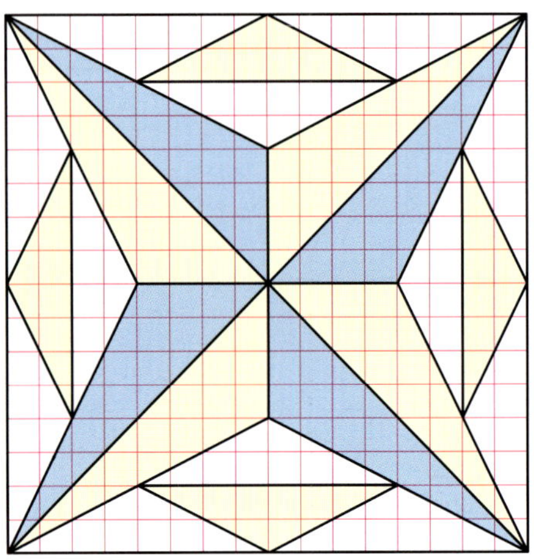

ESERCITAZIONE 6

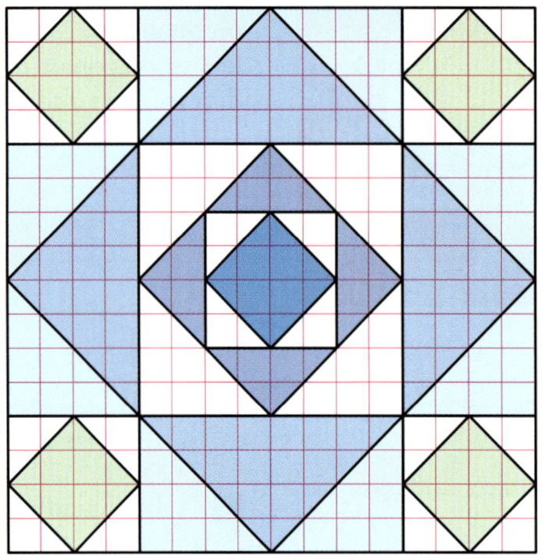

ESERCITAZIONE 7

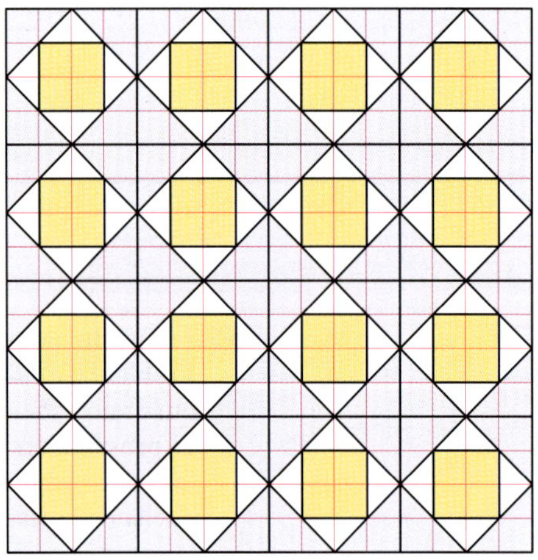

ESERCITAZIONE 8

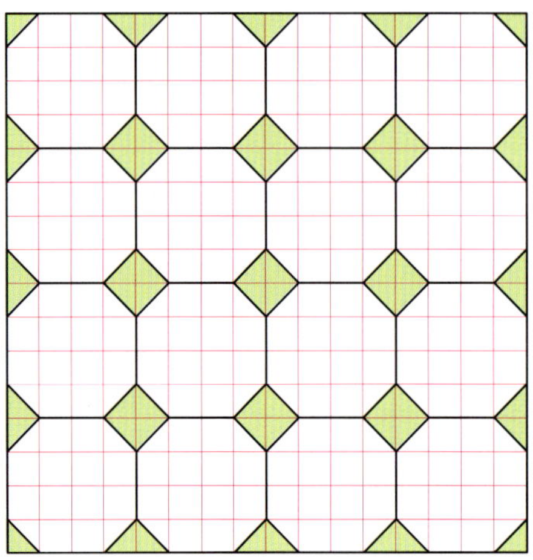

ESERCITAZIONE 9

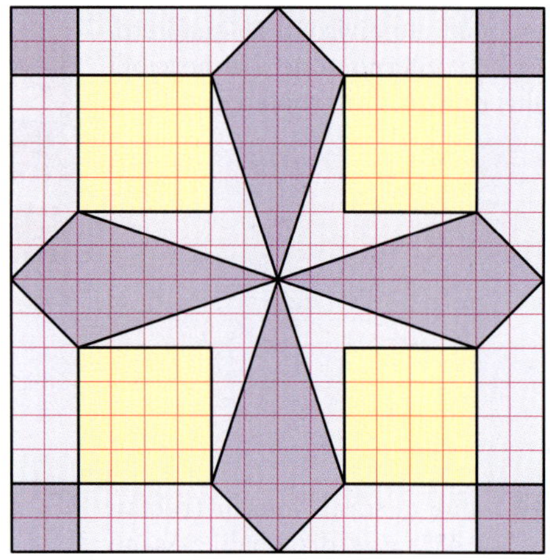

ESERCITAZIONE 10

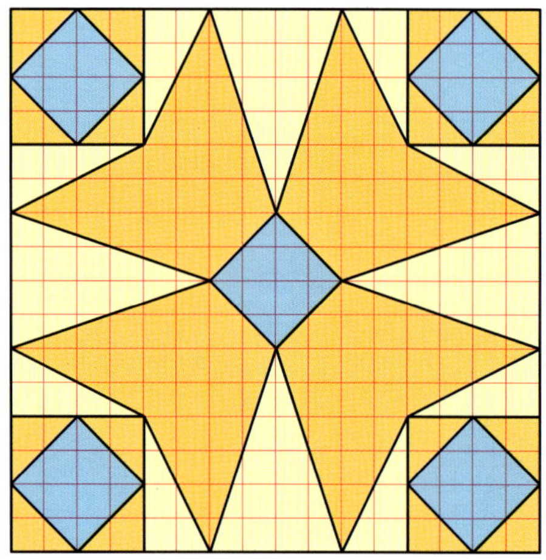

ESERCITAZIONE 11

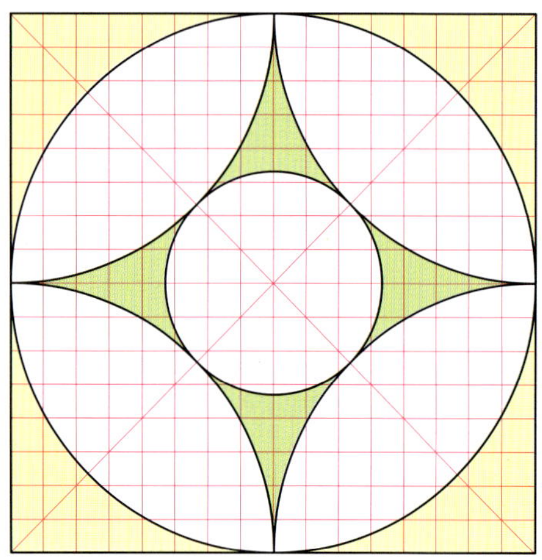

Utilizzando la griglia prospettica riportata in appendice, disegna la prospettiva frontale dei solidi proposti in due proiezioni ortogonali.

ESERCITAZIONE 12

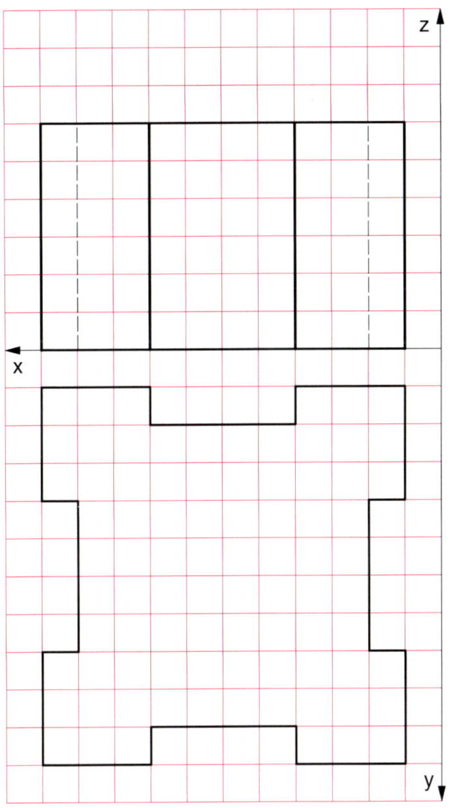

ESERCITAZIONE 14

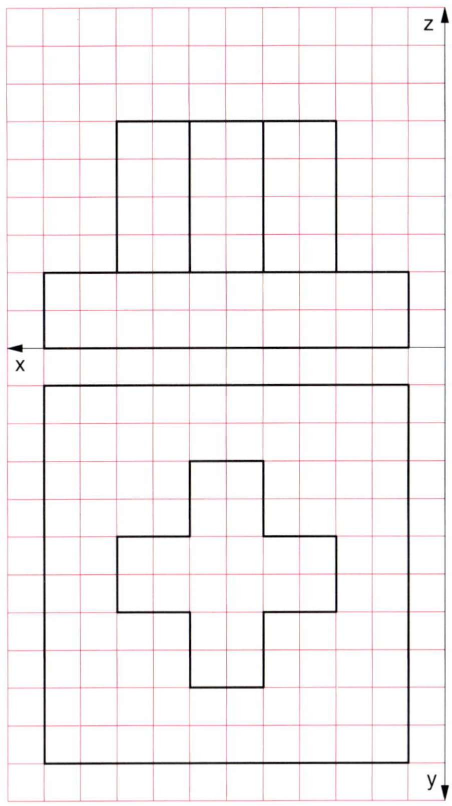

ESERCITAZIONE 17

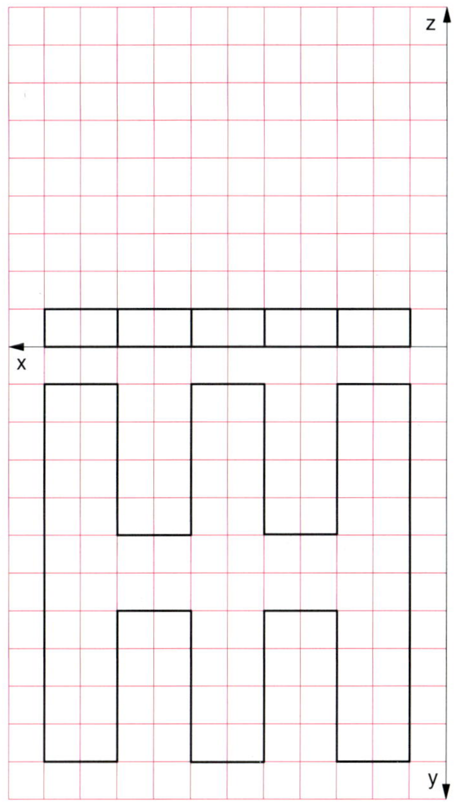

ESERCITAZIONE 13

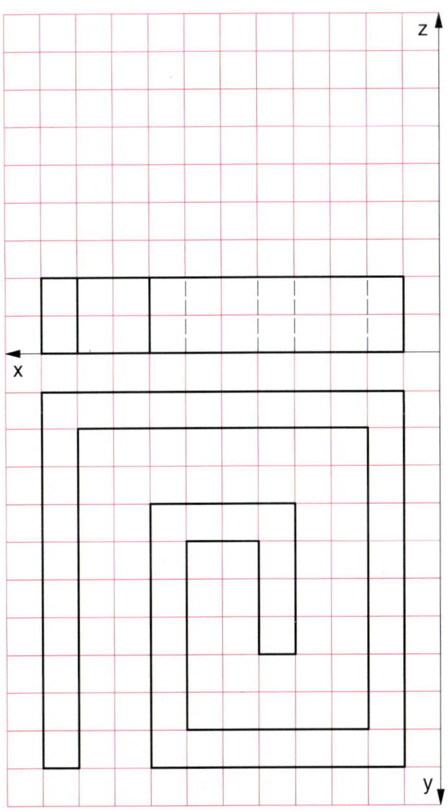

ESERCITAZIONE 15

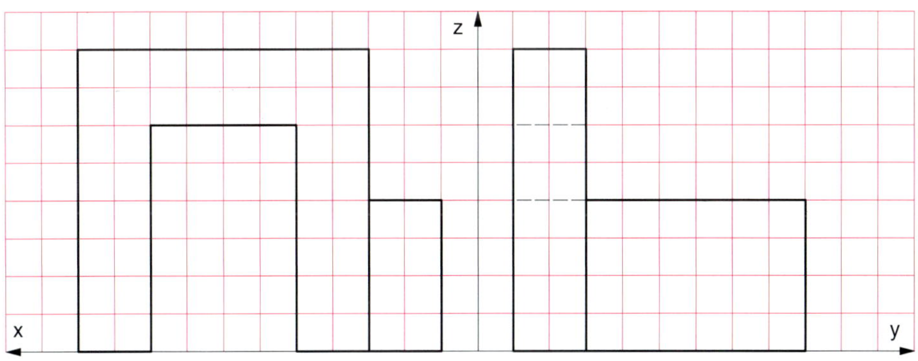

ESERCITAZIONE 16

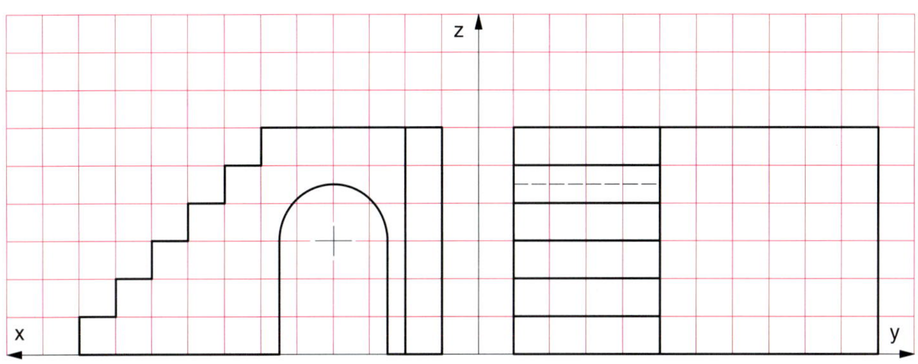

ESERCITAZIONE 18

Dalle viste date ricava la prospettiva frontale o accidentale in una scala a piacere

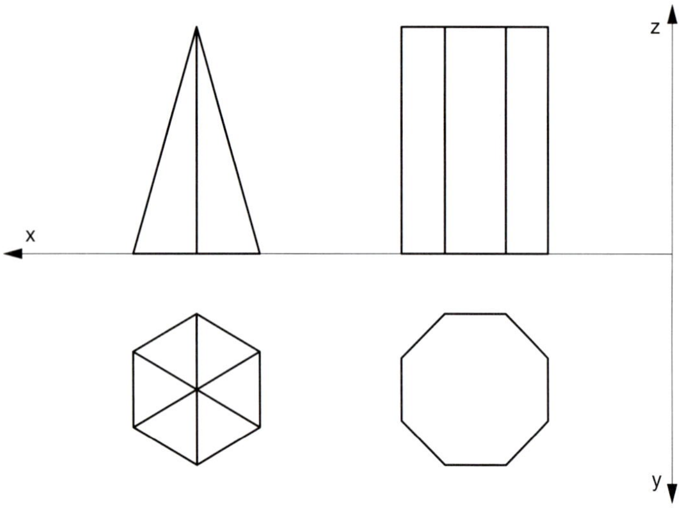

ESERCITAZIONE 19

Dalle viste date ricava la prospettiva frontale o accidentale dall'alto in una scala a piacere

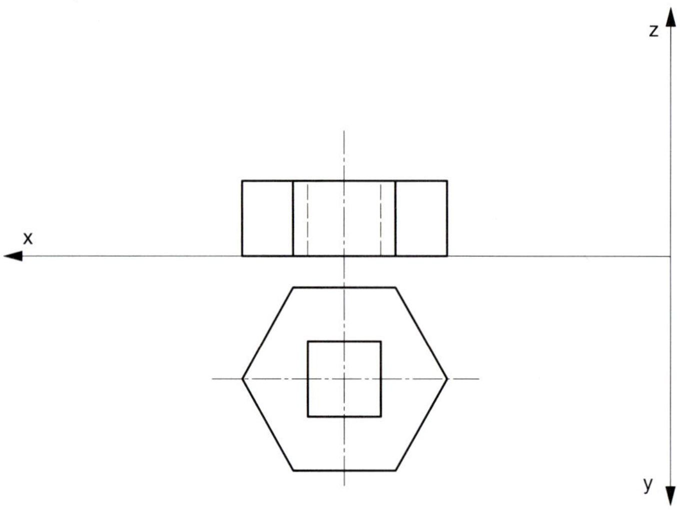

ESERCITAZIONE 20

Dalle viste date ricava la prospettiva frontale o accidentale dal basso in una scala a piacere

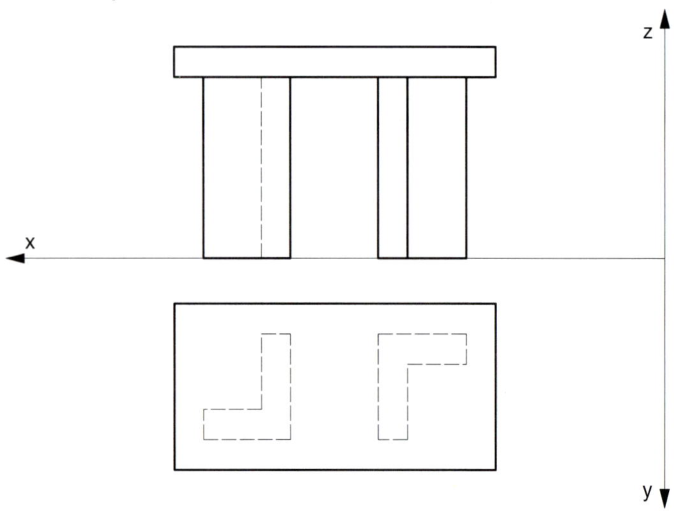

ESERCITAZIONE 21

Dalle viste date ricava la prospettiva frontale o accidentale dall'alto in una scala a piacere

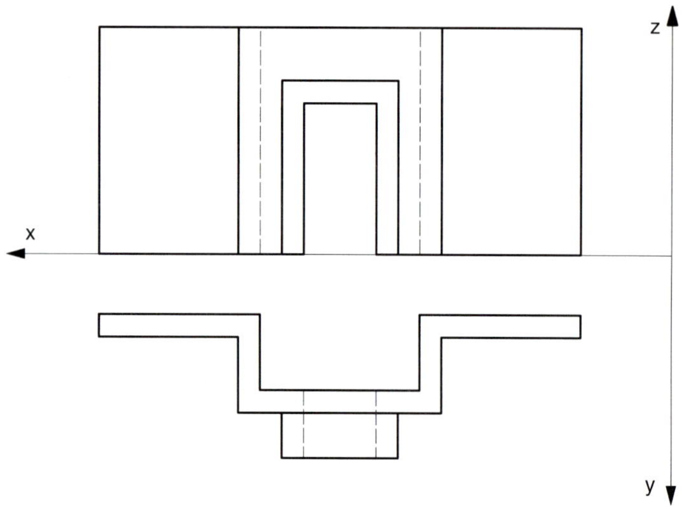

ESERCITAZIONE 22

Dalle viste date ricava la prospettiva frontale o accidentale in una scala a piacere

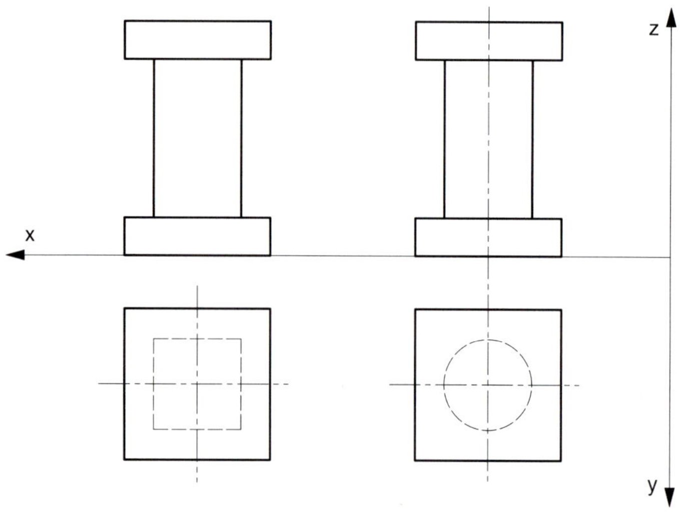

ESERCITAZIONE 23

Dalle viste date ricava la prospettiva frontale o accidentale dall'alto in una scala a piacere

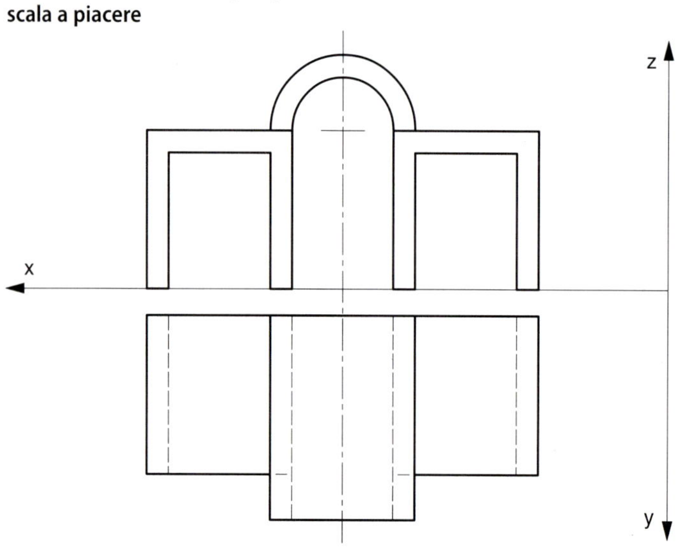

Esercitazioni

ESERCITAZIONE 24

Dalle viste date ricava la prospettiva accidentale dal basso in una scala a piacere

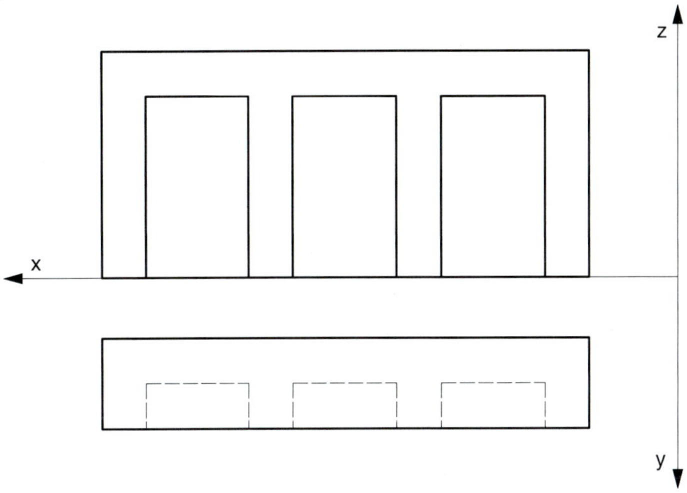

ESERCITAZIONE 25

Dalle viste date ricava la prospettiva accidentale in una scala a piacere

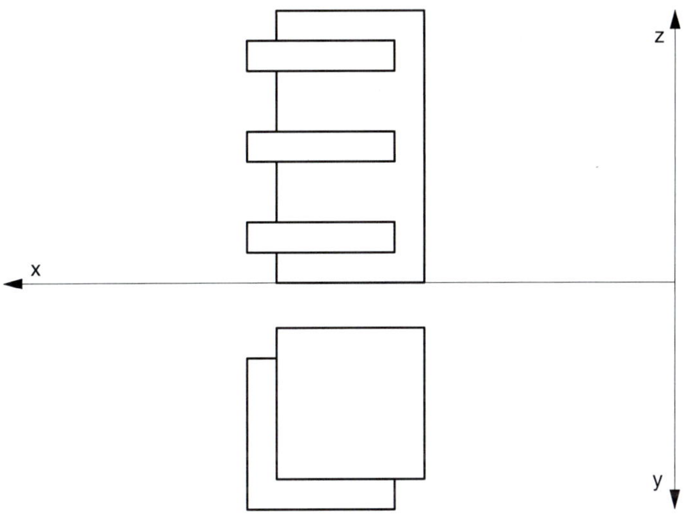

ESERCITAZIONE 26

Dalle viste date ricava la prospettiva frontale o accidentale dall'alto in una scala a piacere

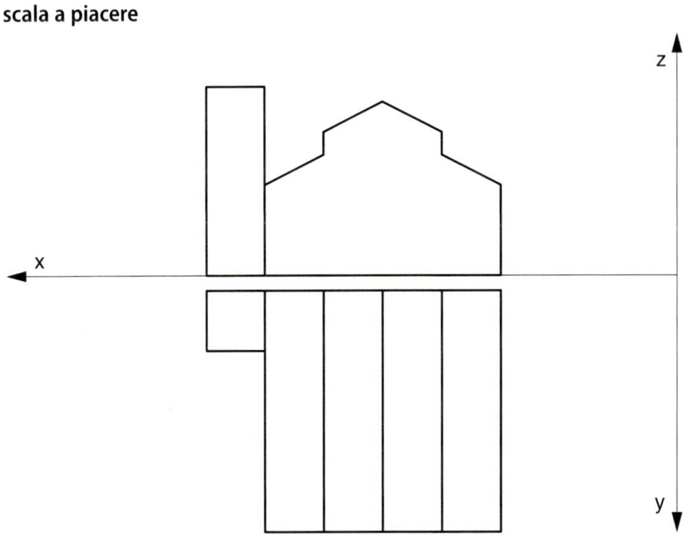

ESERCITAZIONE 27

Dalle viste date ricava la prospettiva frontale dal basso in una scala a piacere

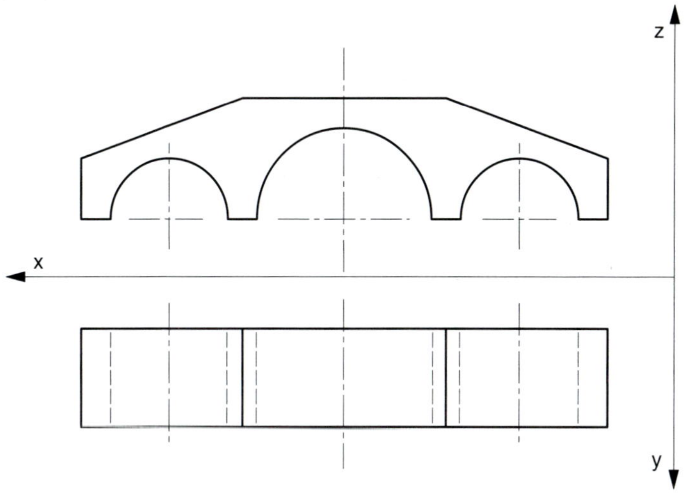

ESERCITAZIONE 28

Dalle viste date ricava la prospettiva frontale o accidentale dal basso in una scala a piacere

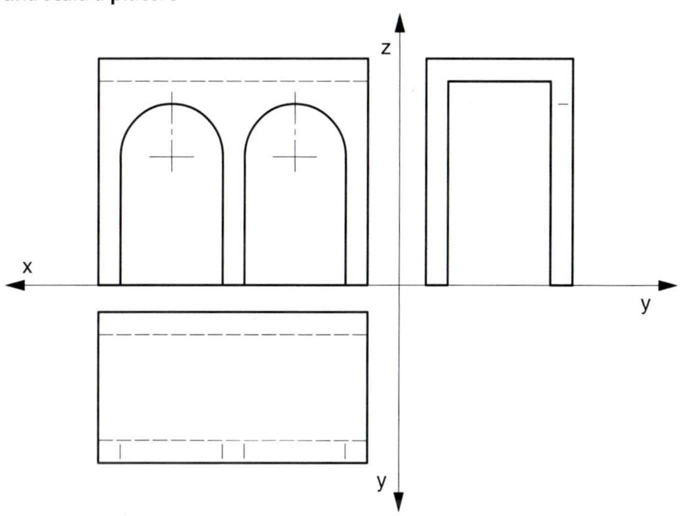

ESERCITAZIONE 29

Dalle viste date ricava la prospettiva frontale con la LO indicata in una scala a piacere

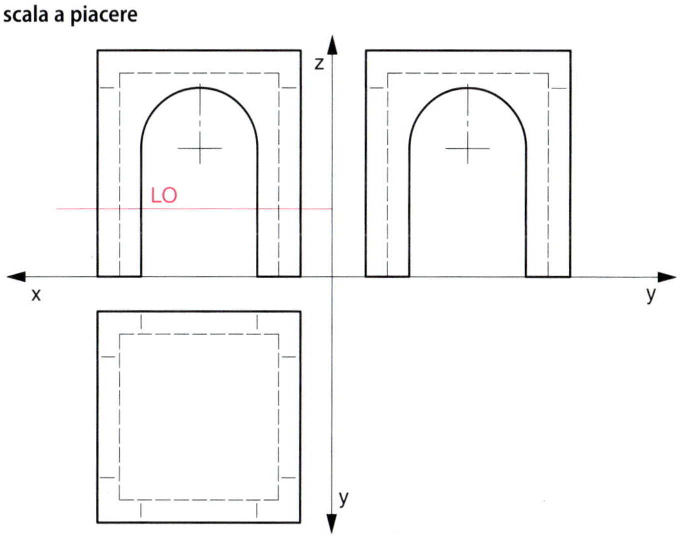

ESERCITAZIONE 30

Dalle viste date di un ambiente interno ricava una prospettiva frontale in una scala a piacere

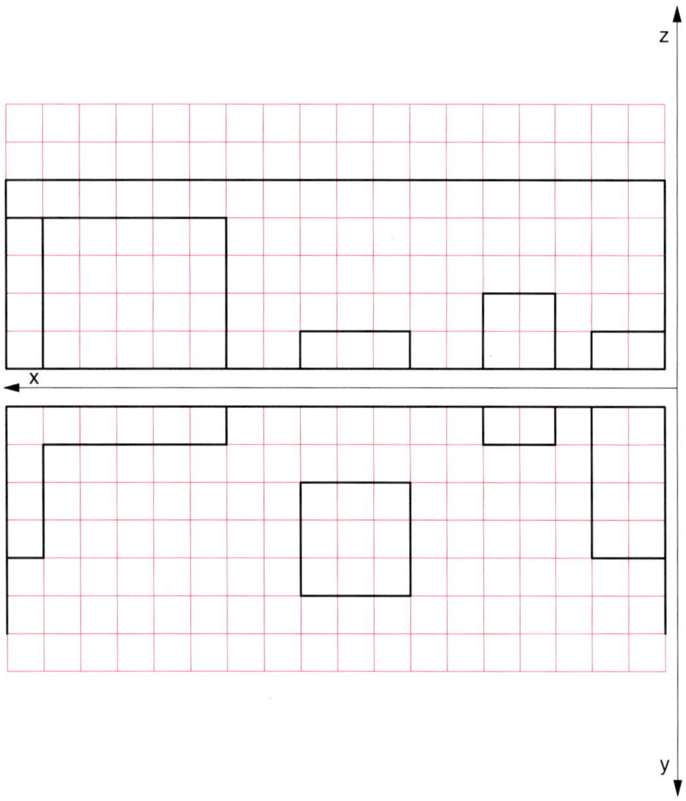

ESERCITAZIONE 31

Dalle viste date ricava una prospettiva accidentale in una scala a piacere

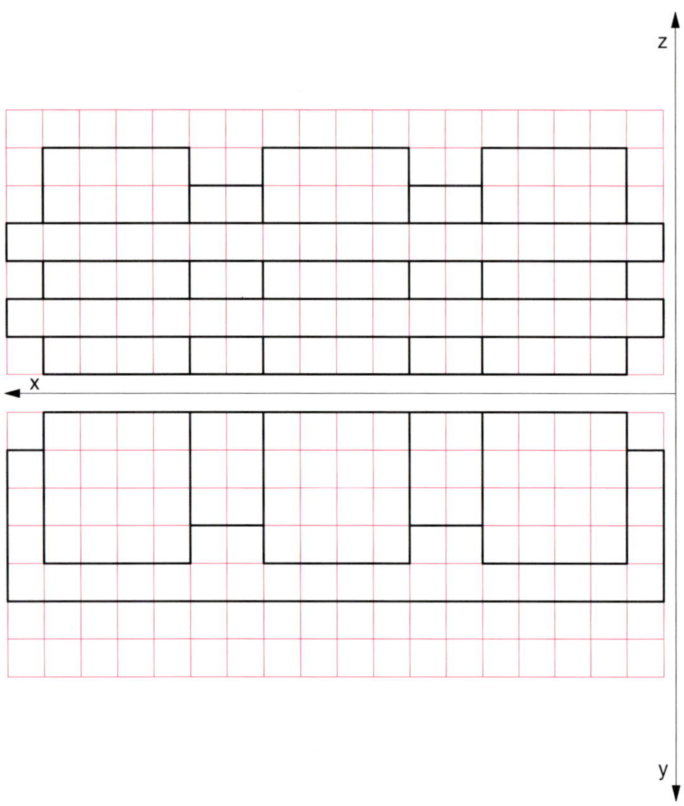

ESERCITAZIONE 32

Dalle viste date ricava una prospettiva frontale in una scala a piacere

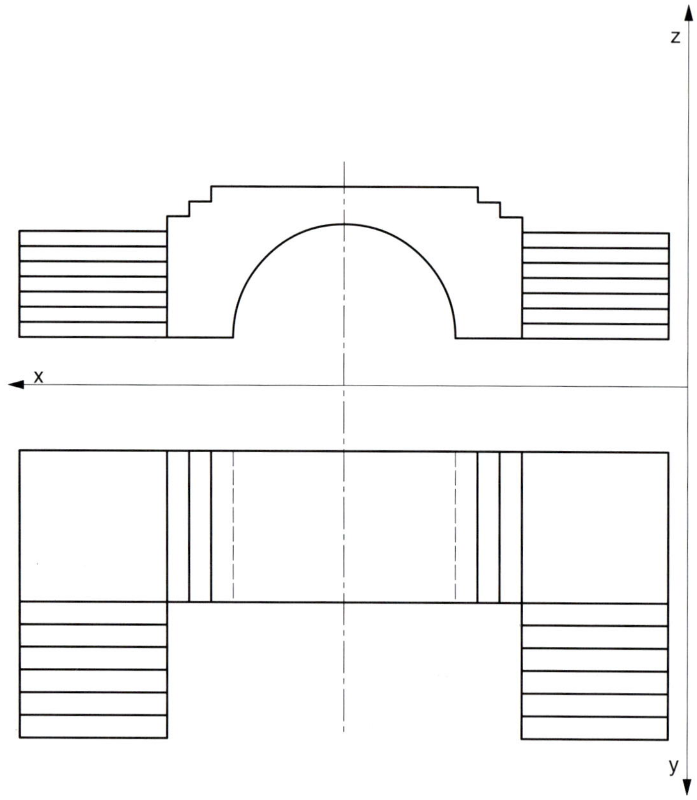

ESERCITAZIONE 33

Dalle viste date ricava una prospettiva frontale o accidentale dall'alto in una scala a piacere

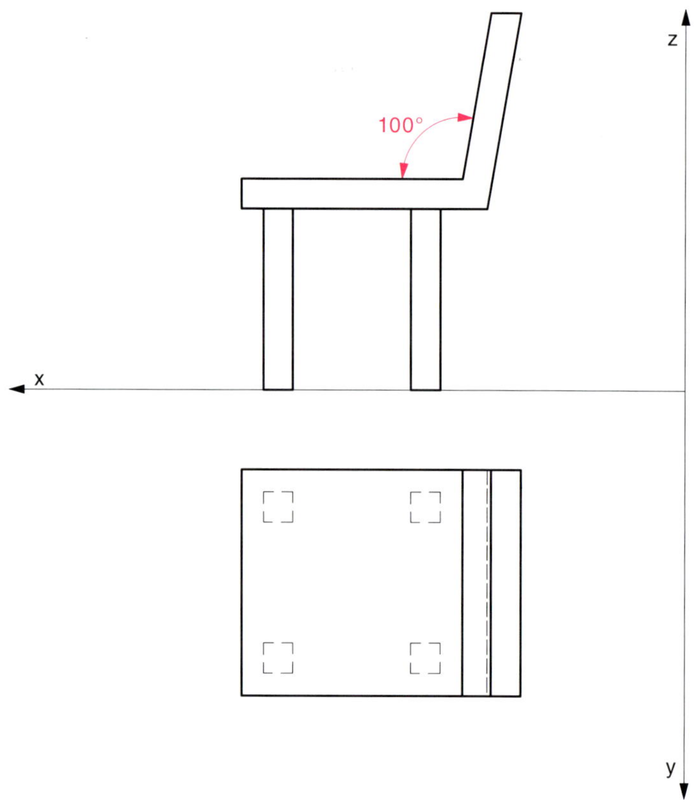

Errori tipici e suggerimenti

Non così…

- Quadro troppo distante dall'oggetto: immagine prospettica molto piccola.

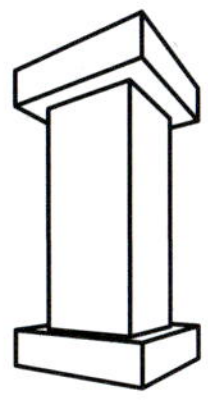

- Punto di vista troppo vicino oppure troppo lontano dal quadro: deformazione eccessiva o lieve.

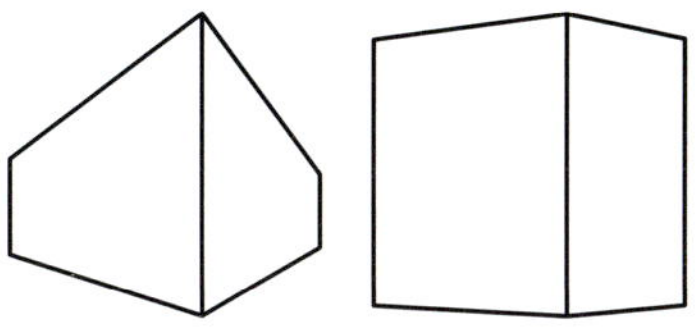

- Linea d'orizzonte (LO) disposta a un'altezza pari a quella dell'oggetto.

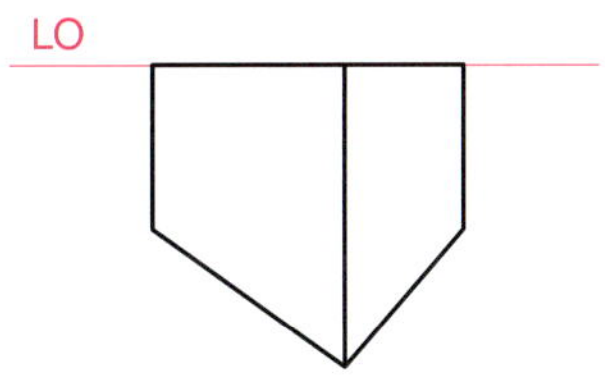

- Linea d'orizzonte (LO) centrata verticalmente.

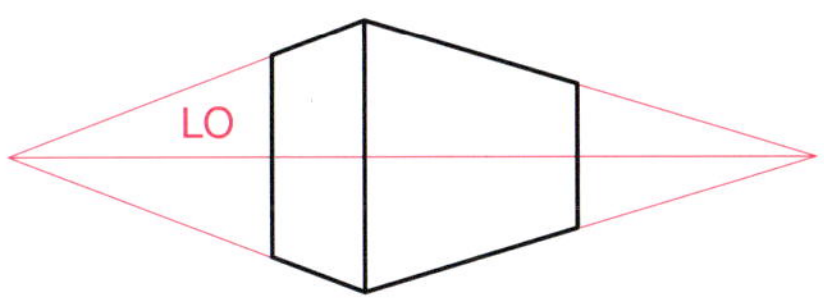

- Punto principale (PP) centrato orizzontalmente.

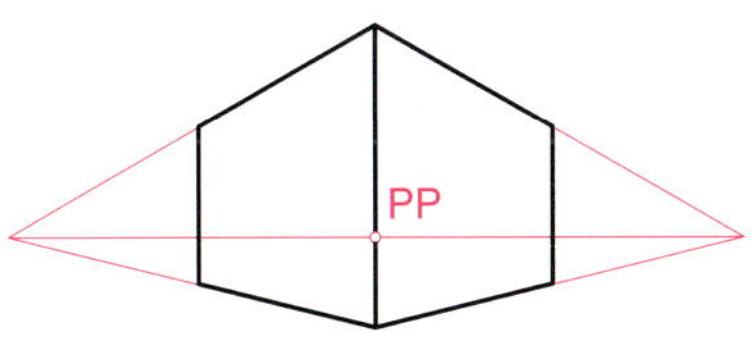

- Punto principale (PP) disposto in simmetria verticale e orizzontale.

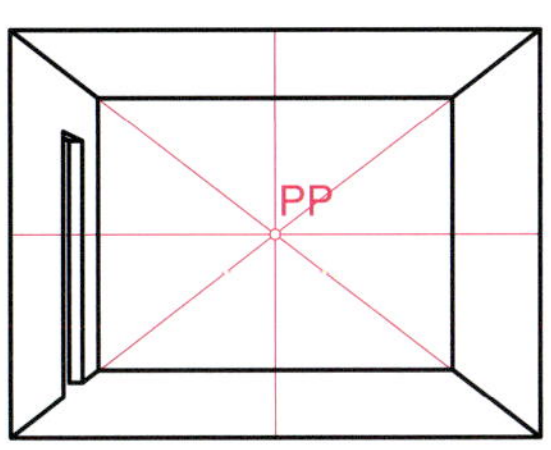

… ma così!

- Quadro vicino oppure a contatto dell'oggetto per avere prospettive più grandi. Eventualmente ingrandire in scala le misure rilevate dal disegno d'impostazione.

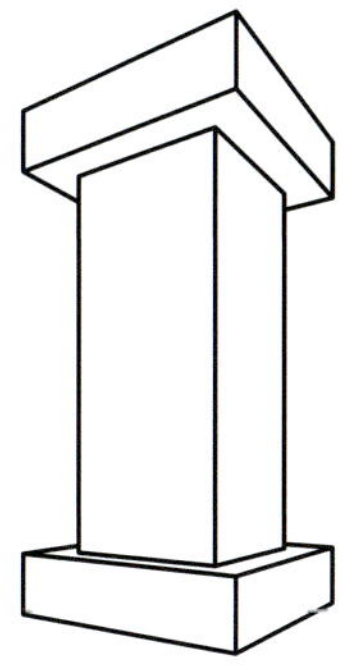

- Punto di vista a distanza circa doppia rispetto alla larghezza dell'immagine prospettica.

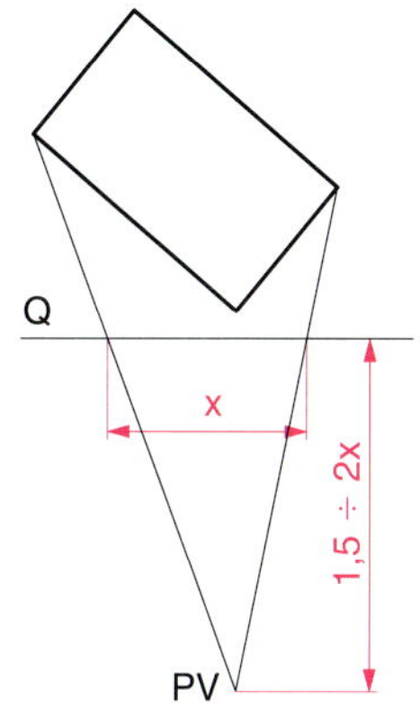

- Linea d'orizzonte (LO) ad altezza intermedia, inferiore (prospettiva dal basso) o superiore (prospettiva dall'alto) rispetto all'oggetto.

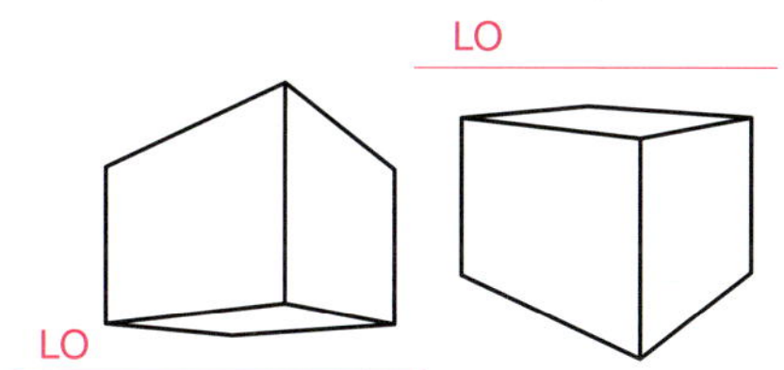

- Linea d'orizzonte (LO) decentrata verticalmente.

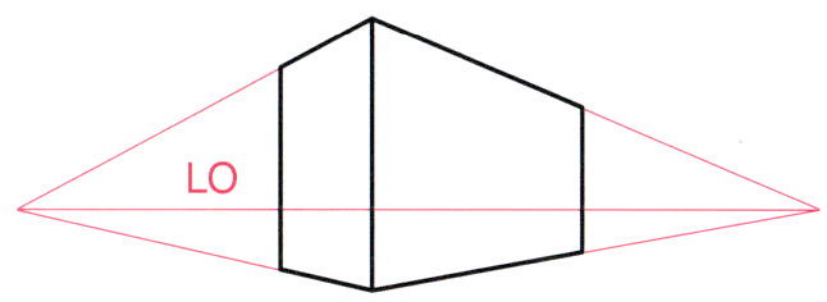

- Punto principale (PP) decentrato orizzontalmente.

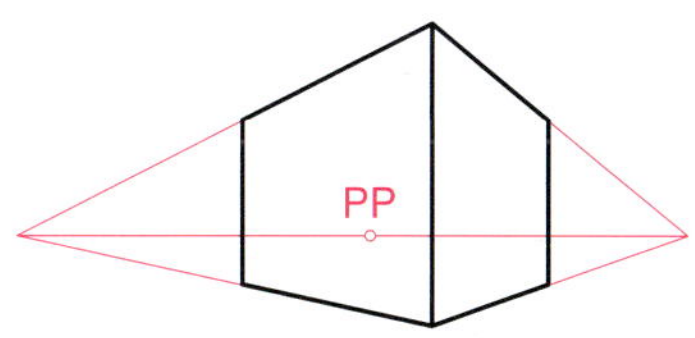

- Punto principale (PP) asimmetrico in verticale e in orizzontale.

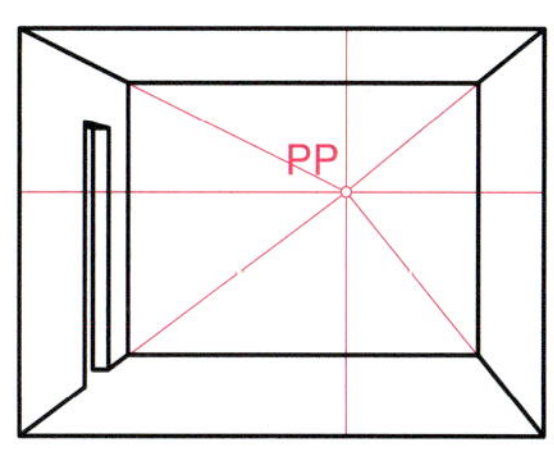

Capire lo spazio: dalle proiezioni ortogonali alla prospettiva

La prospettiva è una rappresentazione che imita l'immagine visiva monoculare, cioè con un solo occhio. Essa nasce dalla proiezione dei punti dell'oggetto su un quadro (il foglio di disegno) con rette proiettanti (raggi visivi) che partono da un centro, il **punto di vista** (PV), corrispondente all'occhio dell'osservatore. Gli elementi di una prospettiva sono: il **piano di terra** (T) su cui poggia l'osservatore, il **quadro prospettico** (Q), la **linea di terra** (LT), la **linea d'orizzonte** (LO) distante dalla Linea di terra di una misura pari all'altezza (h) del punto di vista. Partendo dal disegno in due proiezioni ortogonali (vista dall'alto e vista da sinistra) si possono trovare i punti d'intersezione delle rette proiettanti con il quadro; quindi si riportano le posizioni di questi punti sul quadro prospettico e si uniscono con linee che formano la prospettiva dell'oggetto. È da notare che gli elementi dell'oggetto che poggiano sul quadro restano uguali in prospettiva, cioè non subiscono alcuna deformazione.

ESEMPIO 1

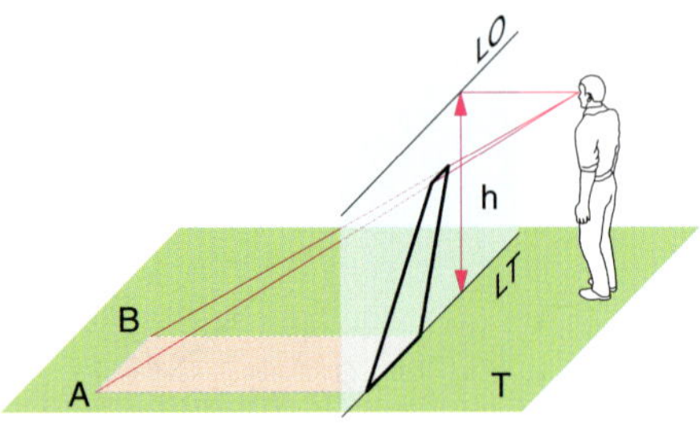

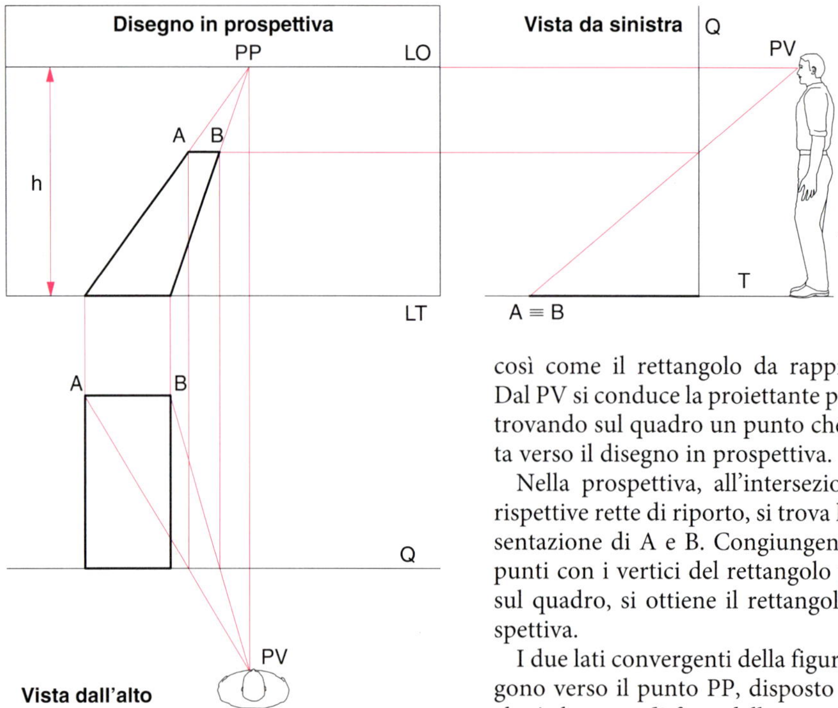

La prospettiva di un rettangolo posto sul piano di terra e poggiante sul quadro si riduce alla sola definizione di due vertici (in figura A e B).

Per realizzare questa rappresentazione sono necessari due disegni preparatori in proiezioni ortogonali.

Si disegnano la vista dall'alto del rettangolo, la posizione del quadro e del punto di vista; si conducono le proiettanti da A e B. Individuate le loro intersezioni con il quadro, le si riporta in verticale verso il disegno in prospettiva.

Nella vista da sinistra il piano di terra e il quadro sono rappresentati da segmenti, così come il rettangolo da rappresentare. Dal PV si conduce la proiettante per A ≡ B, trovando sul quadro un punto che si riporta verso il disegno in prospettiva.

Nella prospettiva, all'intersezione tra le rispettive rette di riporto, si trova la rappresentazione di A e B. Congiungendo questi punti con i vertici del rettangolo poggianti sul quadro, si ottiene il rettangolo in prospettiva.

I due lati convergenti della figura convergono verso il punto PP, disposto sulla LO, che è il **punto di fuga** delle rette perpendicolari al quadro.

ESEMPIO 2

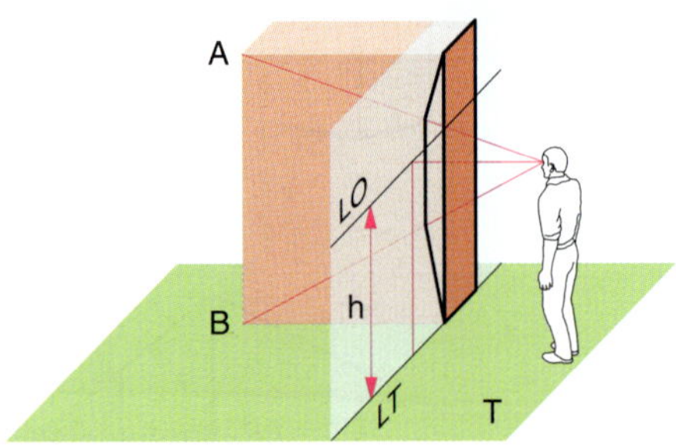

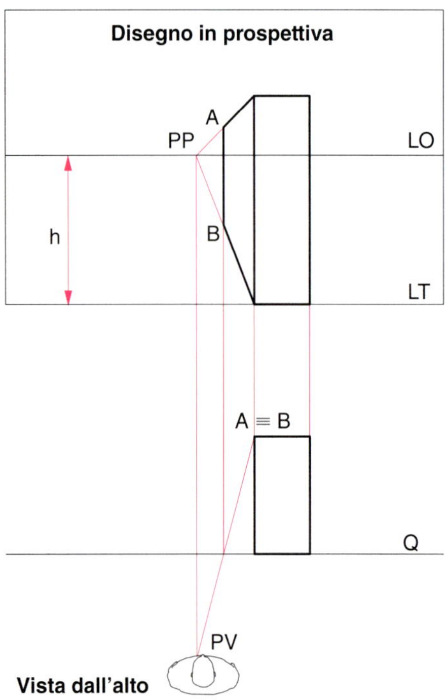

Si deve rappresentare un parallelepipedo poggiante sul piano di terra e sul quadro.

La faccia disposta sul quadro resta uguale anche in prospettiva e quindi la si può disegnare.

Delle altre facce una sola si può vedere dal punto di vista scelto: quella laterale che ha per vertici i punti A e B. Basterà trovare questi punti per ottenere la prospettiva del solido.

Con le acquisizioni del problema precedente si sa che le rette passanti per A e B, perpendicolari al quadro, convergono nel PP, loro punto di fuga. Ciò rende indispensabile un solo disegno preparatorio (la vista dall'alto).

Nel disegno in prospettiva, dopo aver tracciato la LT, la LO (a distanza h dalla precedente) e individuato il PP, si può disegnare la faccia frontale del solido, poiché poggia sul quadro e quindi è in vera forma. Dai suoi vertici di sinistra si conducono due semirette passanti per PP, sulle quali si troveranno i punti A e B.

Nella vista dall'alto si conduce per PV la proiettante passante per A ≡ B; dove essa interseca il quadro Q si individua un punto che si riporta verticalmente verso il disegno in prospettiva.

Questa retta verticale interseca i segmenti condotti per PP nei punti A e B rappresentati in prospettiva.

Unendo i quattro vertici della faccia laterale del solido si completa la prospettiva.

NOTA BENE

Quando il solido ha una faccia parallela al quadro (come nei problemi di questa pagina) si ha una **prospettiva frontale**.

Disegna la prospettiva frontale del solido proposto, raddoppiando le sue dimensioni e disponendo la LO e il PP indicati.

Gli esercizi di questa pagina devono essere disegnati dopo aver realizzato lo schizzo preparatorio, studiando la sequenza delle fasi di elaborazione grafica. Il disegno della prospettiva deve essere corredato del disegno preparatorio della vista dall'alto.

NOTA BENE

Le dimensioni degli oggetti proposti si possono rilevare dalla griglia sovrapposta ai disegni; essa è costituita da quadrati di lato 4 mm.

ESERCITAZIONE R1

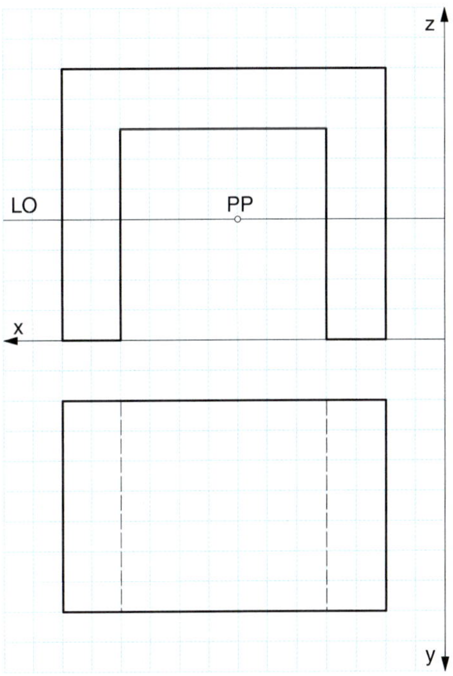

ESERCITAZIONE R3

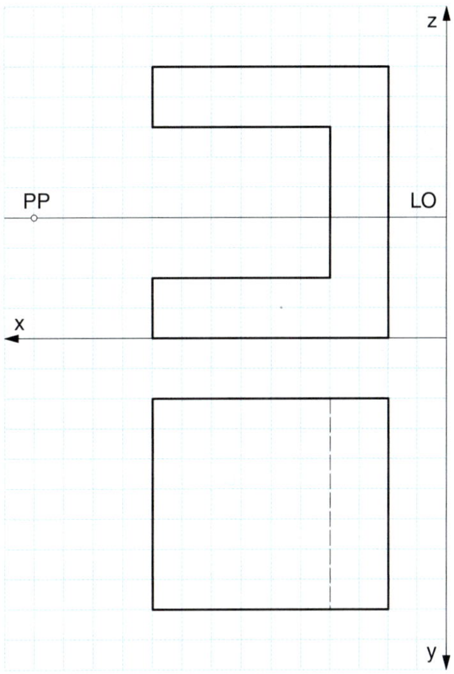

ESERCITAZIONE R5

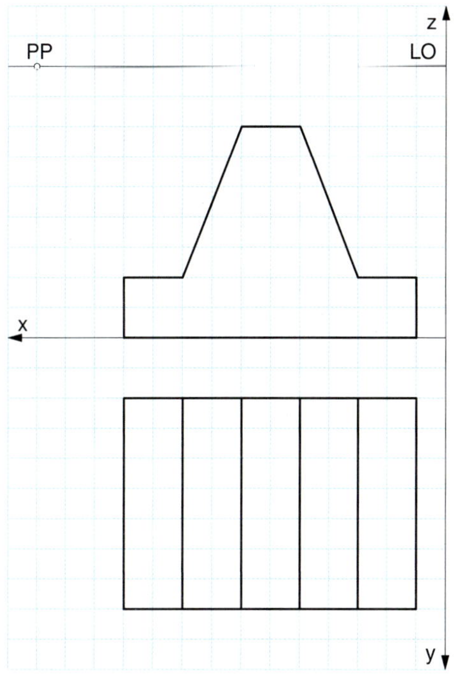

ESERCITAZIONE R2

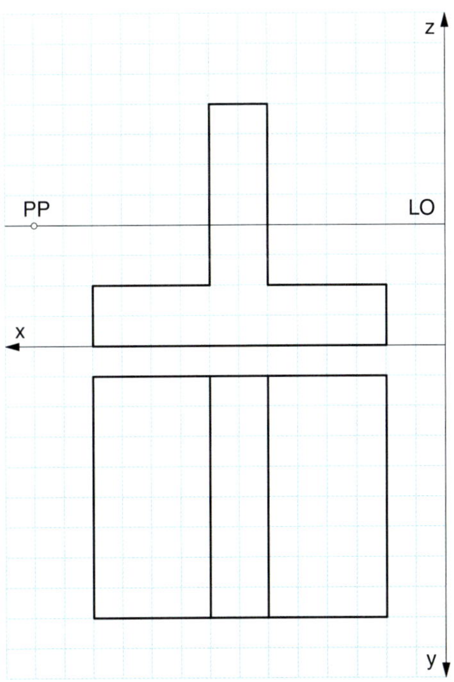

ESERCITAZIONE R4

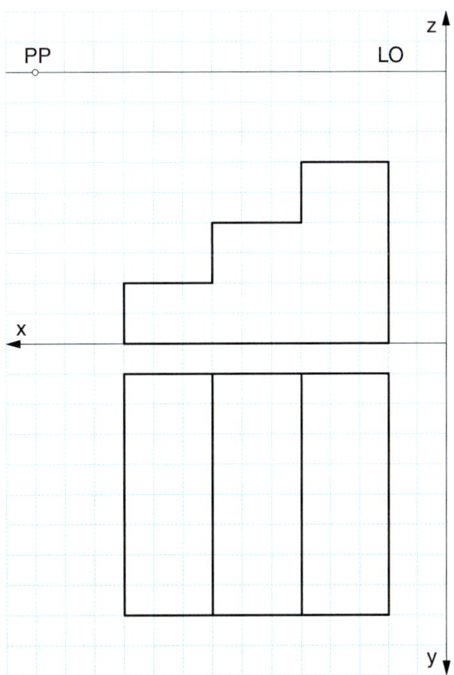

ESERCITAZIONE R6

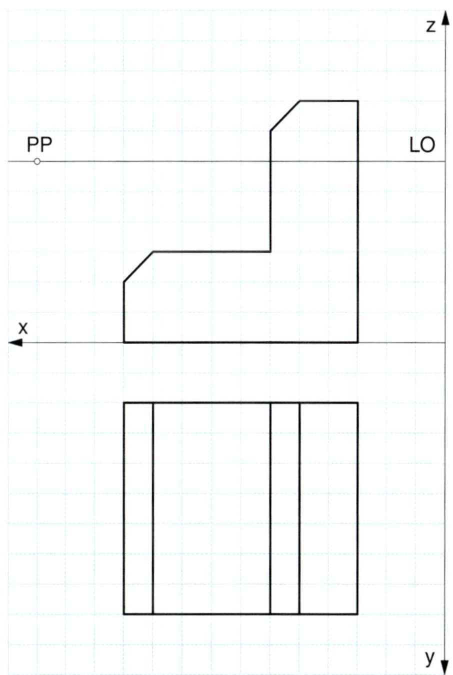

Verifica delle competenze

PROVA A Modifiche all'arredo della propria stanza

Volendo modificare l'arredo della propria stanza, innanzitutto bisogna individuare i problemi da risolvere. Per esempio scarsa illuminazione naturale sul tavolo, spazio carente per una libreria ecc.

Nell'esempio proposto a fianco, l'ipotesi di progetto soddisfa appunto le esigenze di una migliore illuminazione naturale sul tavolo (vicino alla finestra) e di un maggiore spazio per la libreria.

Disegna la pianta attuale della tua stanza, elenca i problemi da risolvere e studia in un'altra pianta il progetto con le modifiche.

Per esporre il progetto a persone poco abituate ai disegni in proiezioni ortogonali è opportuno realizzare una prospettiva che dia un'immagine più efficace e immediata del progetto.

La prospettiva riporterà i mobili semplificati in modo essenziale (parallelepipedi) ed escluderà sedie o altri oggetti secondari.

Per la realizzazione della prospettiva puoi ricorrere alle griglie prospettiche riportate in appendice al libro.

A seconda del tipo di prospettiva (frontale o accidentale) elimina un muro (nella frontale) oppure due muri d'angolo (nella accidentale) per rendere visibile l'ambiente della stanza.

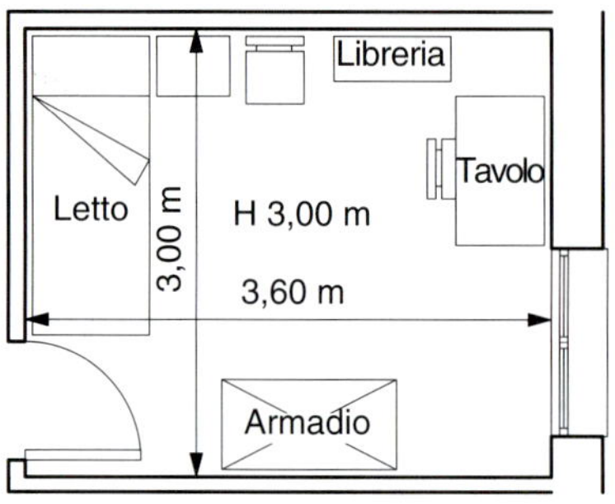

Stato attuale

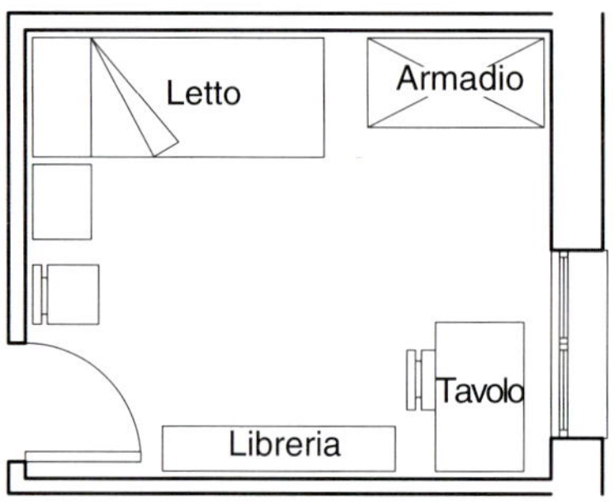

Ipotesi di progetto

PROVA B Progetto di mobilhome

Un'azienda che produce mobilhome (casette mobili per campeggi) sta mettendo in produzione un nuovo prodotto; per commercializzarlo vuole realizzare un depliant con pianta, prospetti e una prospettiva.

Dai prospetti (vista frontale e da destra) in scala 1:100 ricava una prospettiva accidentale.

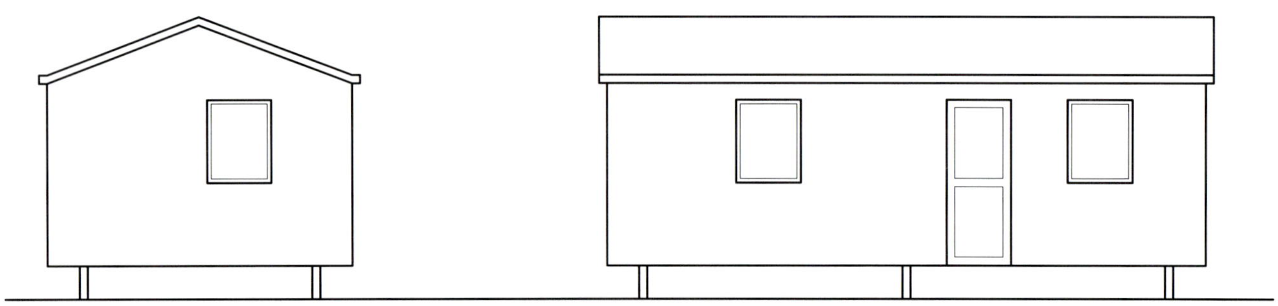

Scala 1:100

C2 Ombre

OMBRE

tipi

SORGENTE A DISTANZA INFINITA

Sorgente luminosa all'infinito (come il Sole) indicata da una retta r e dalle sue proiezioni sui piani

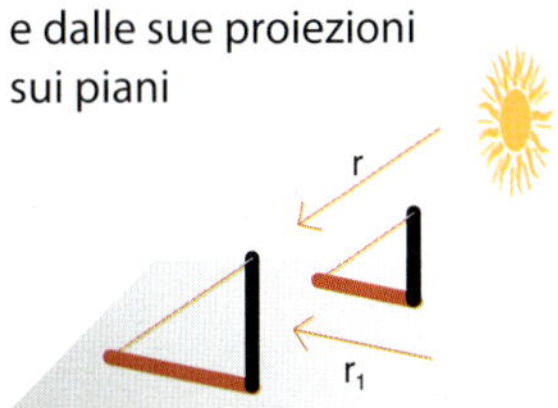

SORGENTE A DISTANZA FINITA

Sorgente luminosa (come una lampada) indicata da un punto S e dalle sue proiezioni sui piani

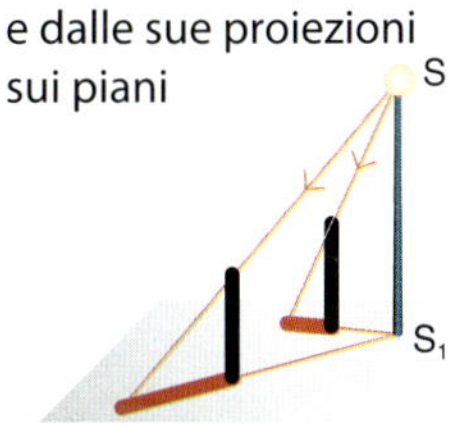

si applica a / **si applica a**

PROIEZIONI ORTOGONALI

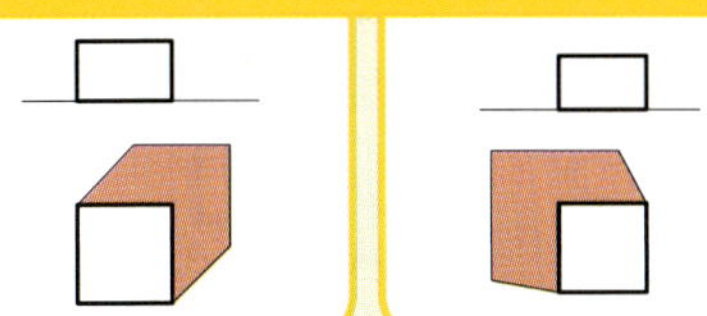

ASSONOMETRIA

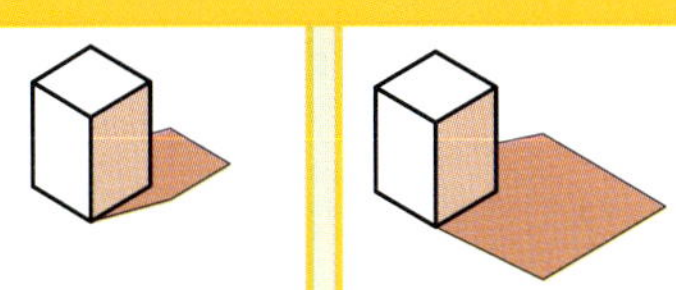

PROSPETTIVA

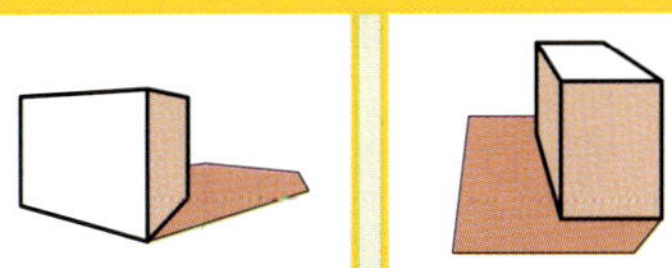

Conosci le ombre?

La nostra visione della realtà è possibile grazie alla luce; ma gli oggetti reali hanno zone più illuminate e altre meno. Luci e ombre rendono possibile la percezione dello spazio.

Le ombre possono avere contorni netti o morbidi (chiaroscuro). Questi effetti sono dovuti all'azione di diversi fattori fisici: intensità della luce, riflessione delle superfici, rifrazione dell'aria ecc.

La teoria delle ombre studia solo la forma delle zone d'ombra in rapporto alla sorgente luminosa e al corpo illuminato, ma esclude tutte le altre componenti fisiche.

In assenza di atmosfera l'ombra della Luna ha un contorno netto, assimilabile a quello realizzato sui disegni mediante la **teoria delle ombre**.

La presenza dell'aria genera morbidi effetti di **chiaroscuro**, studiato e applicato nel disegno pittorico.

A cosa serve conoscerle?

Con la teoria delle ombre possiamo dare ai disegni tecnici un effetto volumetrico più realistico; le nostre rappresentazioni in proiezioni ortogonali, assonometria o prospettiva hanno in tal modo un'efficacia spaziale decisamente maggiore.

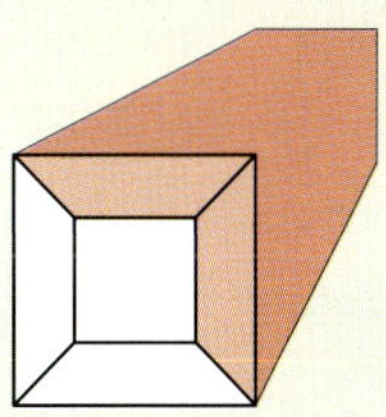

Ombre in proiezioni ortogonali

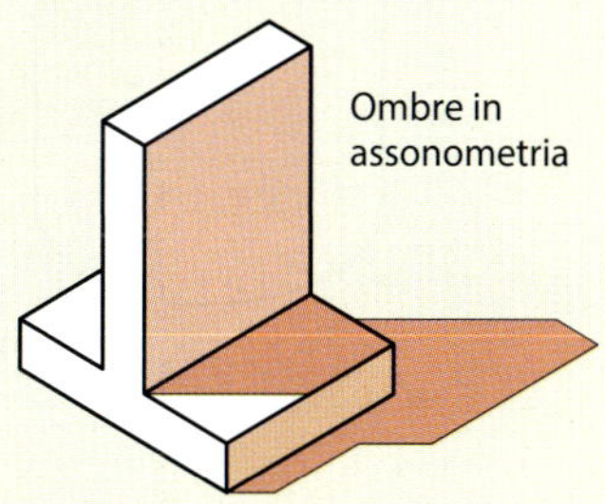

Ombre in assonometria

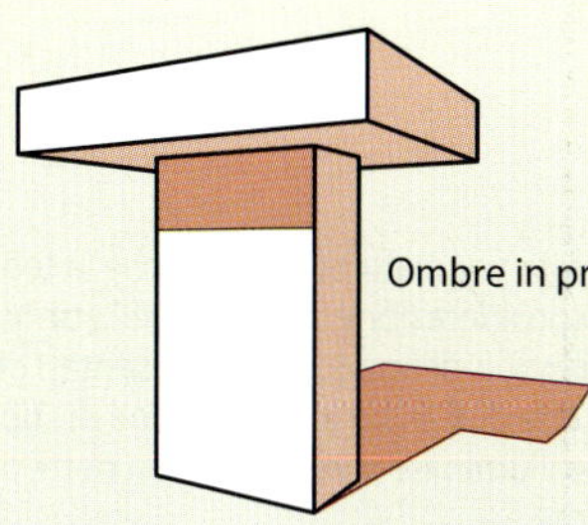

Ombre in prospettiva

Generalità

Ombre e teoria delle ombre

La luce nella sua propagazione può incontrare **corpi opachi**, che ne impediscono il passaggio, o **corpi trasparenti**, che invece ne consentono totalmente o parzialmente il passaggio. Se i corpi hanno superfici molto levigate oppure ruvide creano effetti di **riflessione** oppure **diffusione** della luce. Grazie a questi fenomeni luminosi si creano **luci** e **ombre** che determinano la percezione tridimensionale.

La **teoria delle ombre** è basata su un modello geometrico che esclude le altre componenti fisiche (potenza della sorgente luminosa, riflessione delle superfici e rifrazione dell'aria) e percettive (distanza dell'osservatore). Le ombre che si ottengono hanno contorni netti e colori senza sfumature; sono scientificamente rigorose ma molto semplificate rispetto alla complessità di quelle percepite dalla vista.

La **teoria delle ombre** ha per oggetto lo studio della *forma* delle zone d'ombra in rapporto al corpo e alla sorgente luminosa.

L'applicazione delle ombre alle rappresentazioni grafiche di un oggetto è usata per rendere più realistico l'effetto del disegno. La teoria delle ombre è applicabile a tutti i tipi di rappresentazioni: proiezioni ortogonali, assonometria e prospettiva.

Tipi di ombre

Osservando un oggetto si può notare che la luce crea zone illuminate e zone d'ombra (**ombra propria**). La linea che separa le zone illuminate da quelle in ombra si chiama **separatrice d'ombra**.

L'oggetto a sua volta genera sui piani e sui solidi circostanti altre zone d'ombra (**ombra portata**). L'ombra portata non è altro che la proiezione della separatrice d'ombra su altri piani.

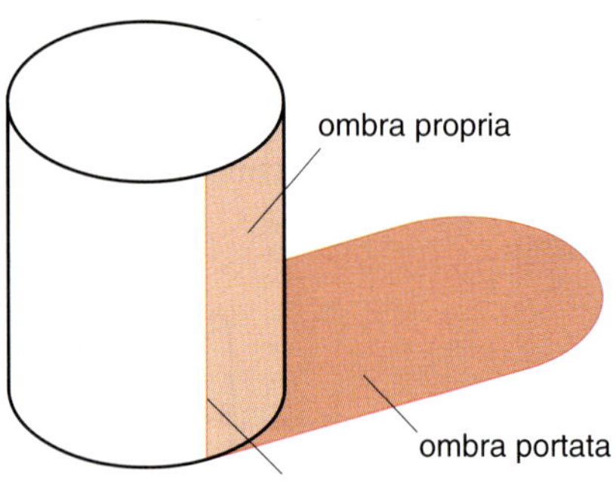

NOTA BENE

Dagli esempi riportati in questa pagina si può notare che la teoria delle ombre non prende in considerazione gli effetti dell'atmosfera sulla formazione delle ombre; quindi non sono rappresentati gli effetti chiaroscurali dovuti a rifrazione dell'aria o alla riflessione di superfici. Nei disegni compaiono zone illuminate o in ombra, con nette linee separatrici e senza mezze tinte.

L'ombra portata da un oggetto su alcune sue parti prende il nome di **ombra autoportata**.

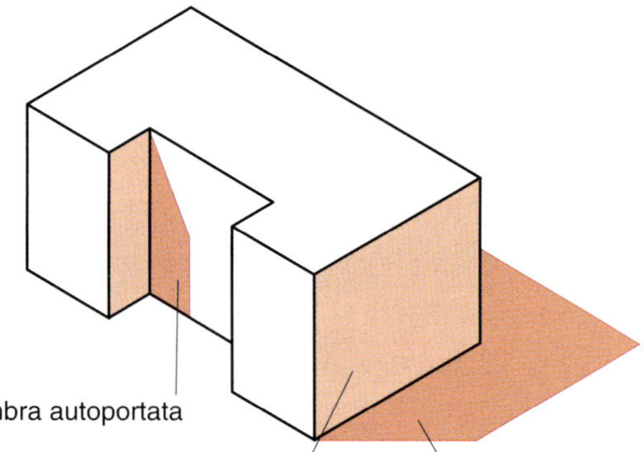

Sia l'ombra propria sia quella portata variano al variare della posizione della sorgente luminosa. Questa può trovarsi a una **distanza infinita** (come il Sole) o a una **distanza finita** (come una lampada). Con la sorgente all'infinito le linee di proiezione (o **raggi luminosi**) sono **paralleli** tra loro; con la sorgente a distanza finita i raggi luminosi sono **divergenti**.

- La **sorgente a distanza finita** si indica con un punto S nello spazio e con le sue proiezioni S_1 sul piano orizzontale e S_2 sul piano verticale.

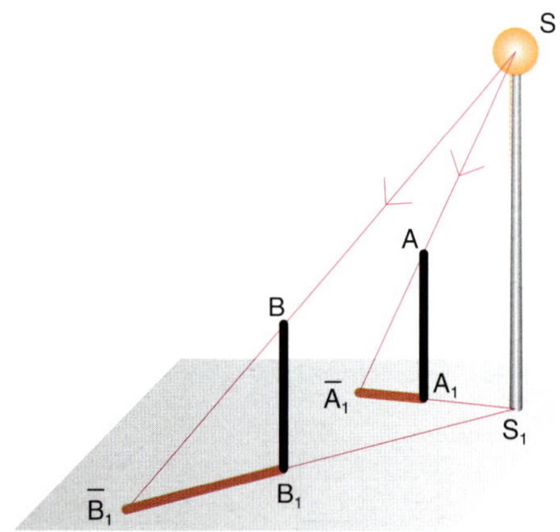

Sorgente luminosa a distanza finita

- La **sorgente a distanza infinita** si indica con una retta r nello spazio e con le sue proiezioni r_1 sul piano orizzontale e r_2 sul piano verticale. Con una freccia si indica inoltre il verso del flusso luminoso.

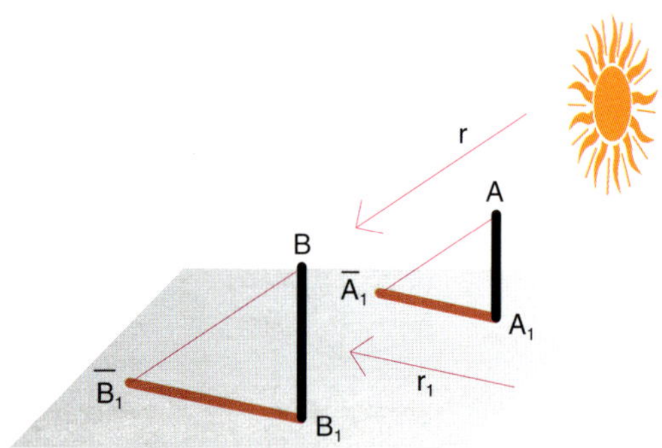

Sorgente luminosa a distanza infinita

Ombre in proiezioni ortogonali

Indicazione della sorgente luminosa

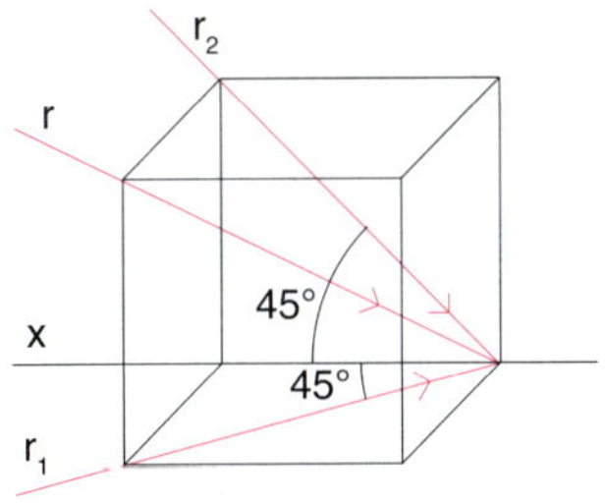

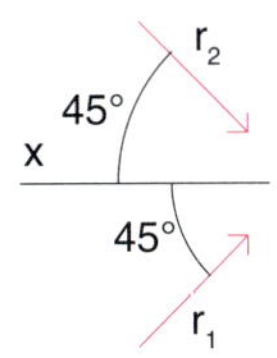

Se la sorgente luminosa è a **distanza infinita**, nelle viste la sua direzione si indica con rette che rappresentano le proiezioni del raggio luminoso.

Per rendere più agevole il disegno, le rette in proiezione sono solitamente inclinate a 45° in ambedue le viste, come se il raggio luminoso passasse per la diagonale di un cubo. Ovviamente questa inclinazione può essere modificata secondo necessità o preferenza.

Nel caso che invece la sorgente luminosa si trovi a **distanza finita**, essa viene indicata mediante le proiezioni del punto da cui partono i raggi luminosi.

Proprietà generali delle ombre

Anche per le ombre, come per tutte le proiezioni (centrali o parallele), valgono le seguenti proprietà comuni ai metodi di proiezione (v. pag. B6):

- **appartenenza**: se un punto appartiene a una retta, anche l'ombra del punto appartiene all'ombra della retta.
- **allineamento**: se più punti sono allineati lungo una retta, anche le loro ombre sono allineate.
- **incidenza**: se due rette sono incidenti in un punto P, anche le ombre delle rette si intersecano nell'ombra di P.

PROBLEMA 1 PASSO PASSO

Ombra di un punto in proiezioni ortogonali

Sorgente a distanza infinita

La sorgente a distanza infinita è data dalla retta r, individuata mediante le sue proiezioni r_1 e r_2.

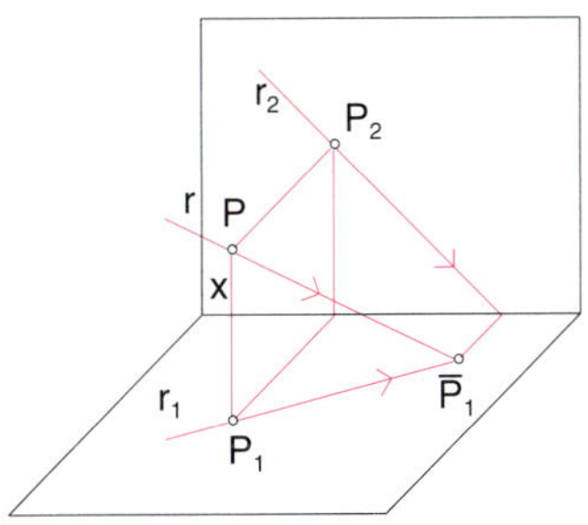

1

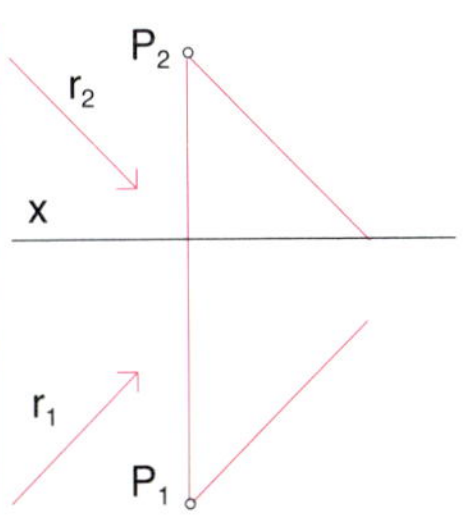

Per ottenere l'ombra del punto P si conducono da P_1 la parallela a r_1 e da P_2 la parallela a r_2.

2 Dove la parallela per P_2 interseca l'asse x si trova un punto da cui si traccia la verticale che determina sulla retta per P_1 il punto $\overline{P}_1$, ombra di P sul piano orizzontale.

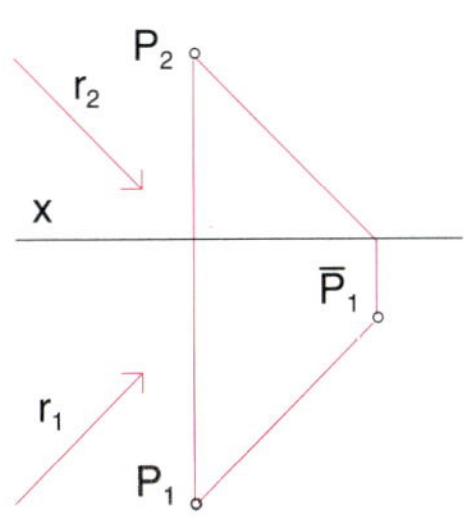

Sorgente a distanza finita

La sorgente a distanza finita è data dal punto S, individuato mediante le sue proiezioni S_1 e S_2.

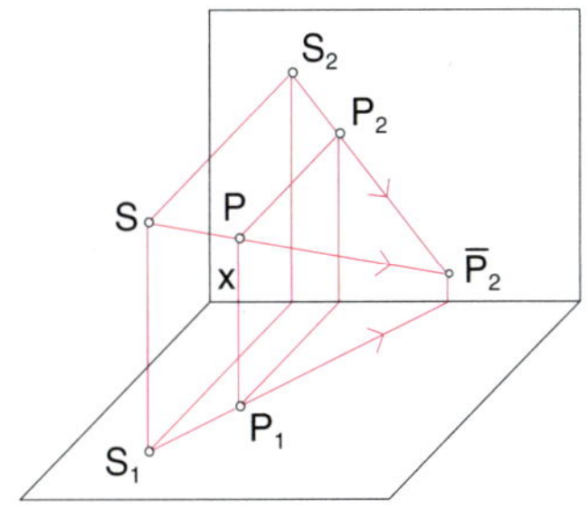

1

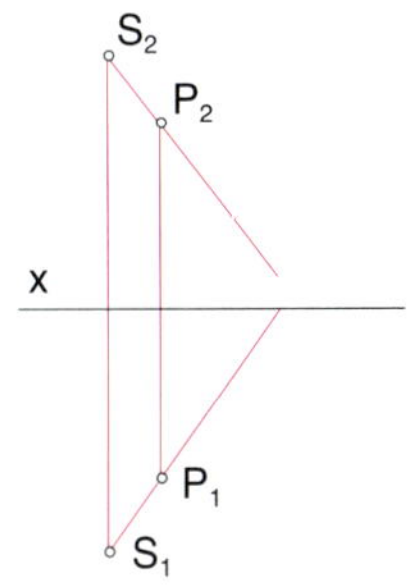

Si tracciano le rette S_1P_1 e S_2P_2.

2 Dall'intersezione di S_1P_1 con l'asse x si conduce la verticale verso la retta S_2P_2. Il punto d'intersezione è $\overline{P}_2$, ombra di P sul piano verticale.

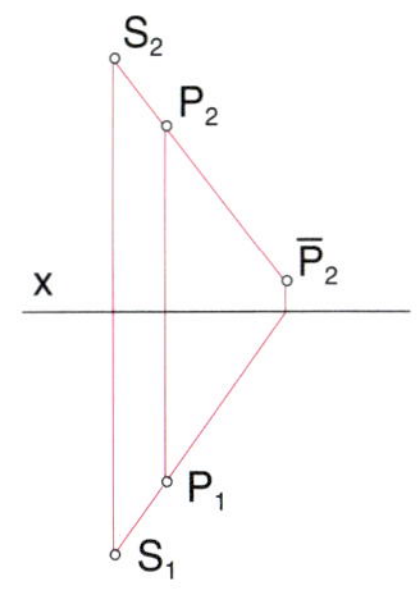

PROBLEMA 2 PASSO PASSO

Ombra di un segmento verticale in proiezioni ortogonali

Sorgente a distanza infinita

1 Come nel Problema 1 si trova $\overline{A}_1$ ombra del punto A.

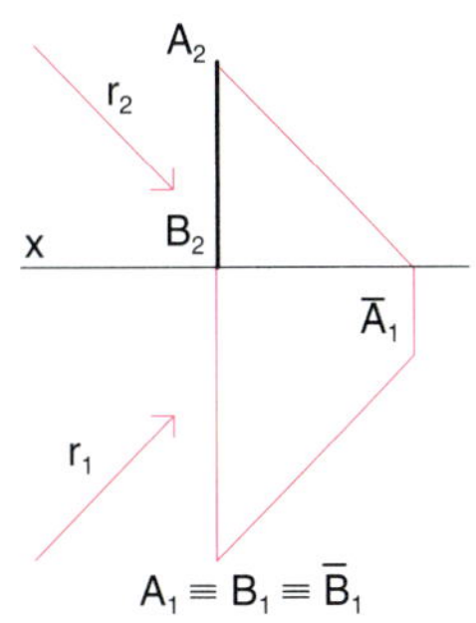

2 L'ombra del punto B, appartenente al piano xy, coincide con $A_1 \equiv B_1$. $\overline{A}_1\overline{B}_1$ è l'ombra del segmento AB.

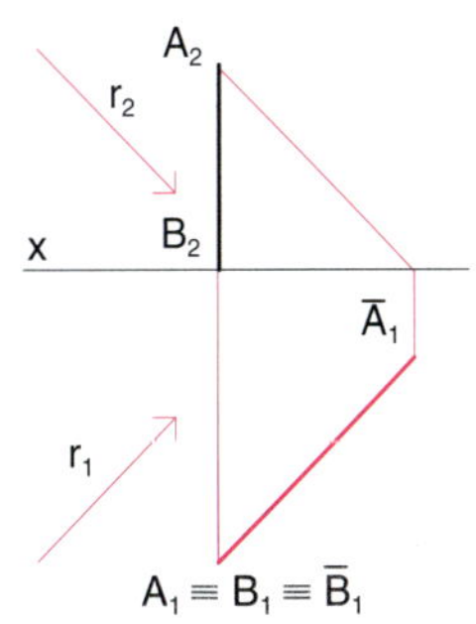

Sorgente a distanza finita

1 Come nel Problema 1 si trova $\overline{A}_1$ ombra del punto A.

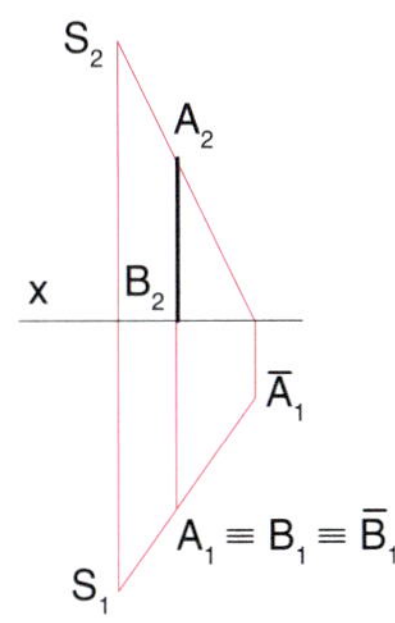

2 L'ombra del punto B, appartenente al piano xy, coincide con $A_1 \equiv B_1$. $\overline{A}_1\overline{B}_1$ è l'ombra del segmento AB.

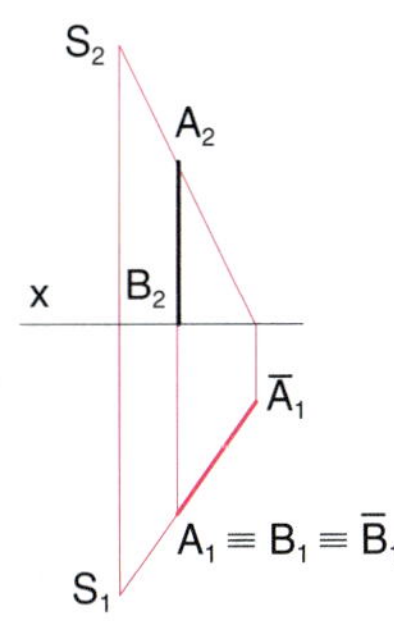

PROBLEMA 3

Ombra di un segmento variamente disposto in proiezioni ortogonali

Sorgente a distanza infinita

Procedendo come per il problema precedente si trovano le ombre degli estremi del segmento; congiungendo questi punti si ottiene l'ombra del segmento dato.

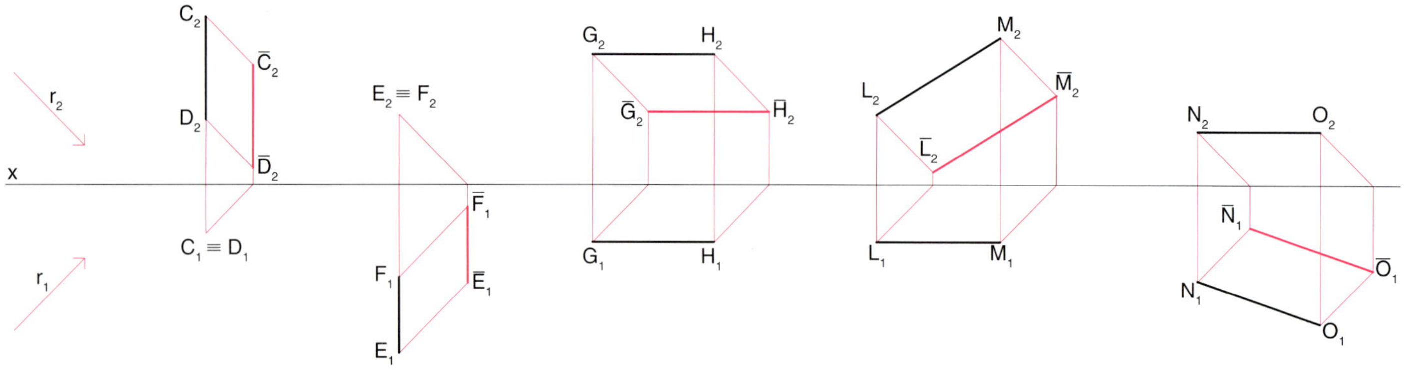

Sorgente a distanza finita

Anche in questo caso si trovano le ombre degli estremi del segmento mediante raggi passanti per la sorgente luminosa.

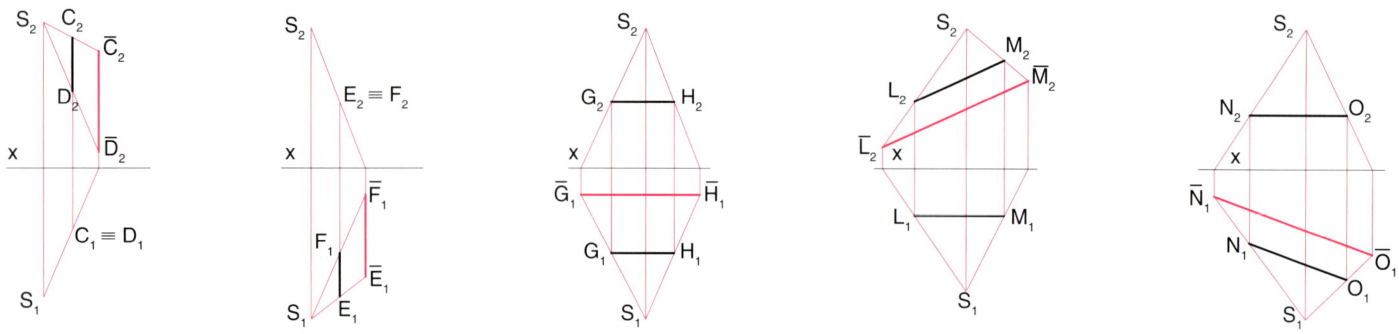

PROBLEMA 4 PASSO PASSO

Ombra di un rettangolo verticale in proiezioni ortogonali

Sorgente a distanza infinita

1 Come nel Problema 1 si trovano le ombre dei punti A, B, C e D, vertici del rettangolo.

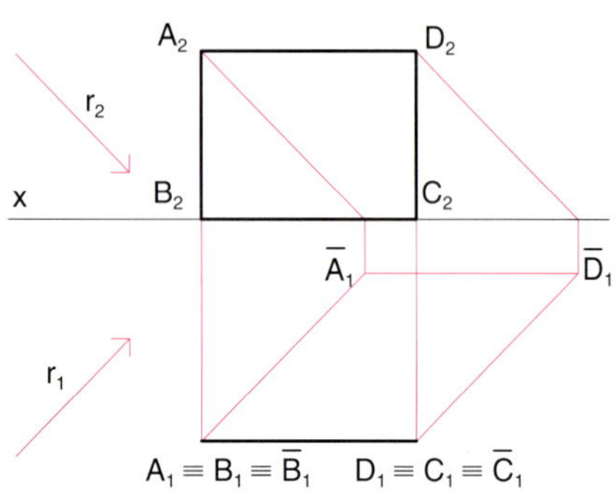

2 Si uniscono le ombre dei vertici, trovando il parallelogramma, che è l'ombra del rettangolo.

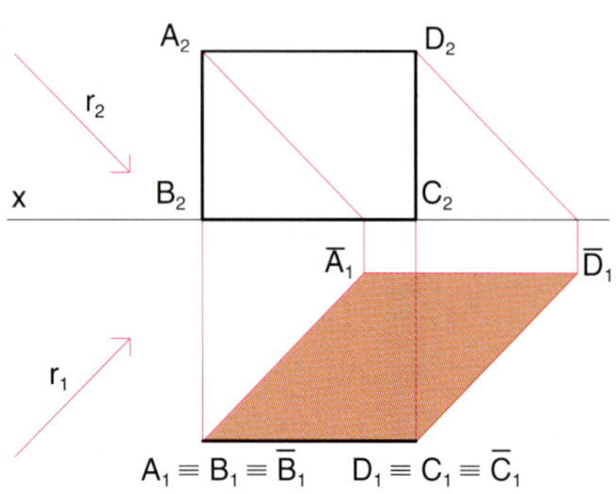

Sorgente a distanza finita

1 Come nel Problema 1 si trovano le ombre dei punti A, B, C e D, vertici del rettangolo.

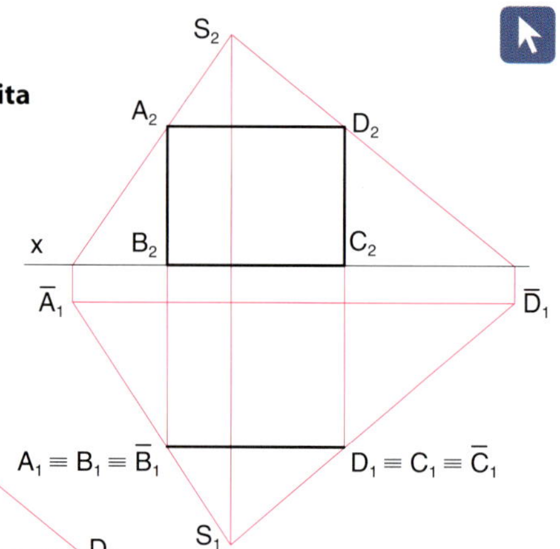

2 Si uniscono le ombre dei vertici, trovando il trapezio, che è l'ombra del rettangolo.

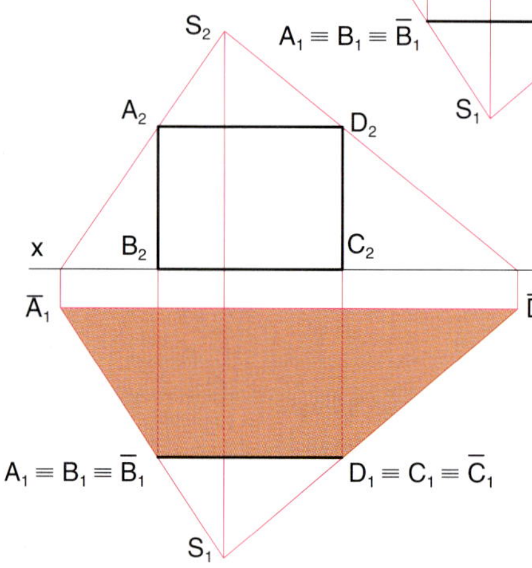

PROBLEMA 5

Ombra di figure piane in proiezioni ortogonali

Sorgente a distanza infinita

Procedendo come nei problemi precedenti si trovano le ombre dei vertici o dei lati della figura; esse delimitano l'ombra della figura.

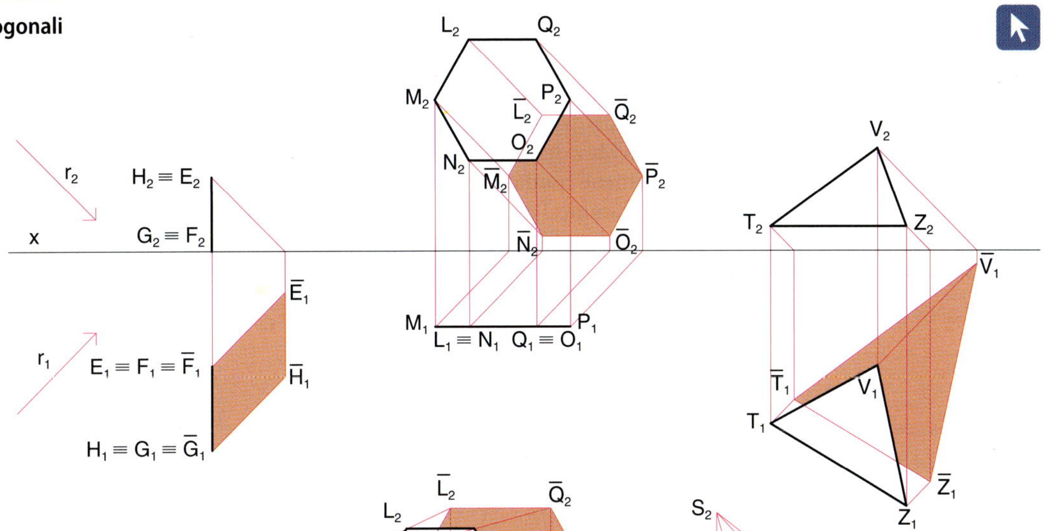

Sorgente a distanza finita

Analogamente ai problemi precedenti si trova la linea passante per le ombre dei singoli vertici.

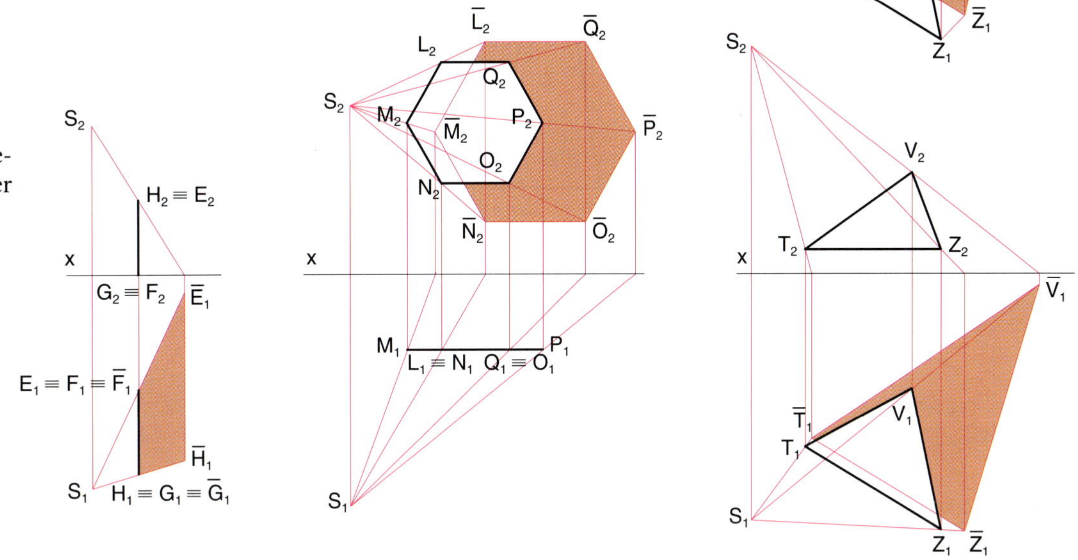

PROBLEMA 6

Ombra di parallelepipedi in proiezioni ortogonali

Sorgente a distanza infinita

Trovate le ombre dei vertici, si traccia la poligonale che racchiude tutte le ombre dei solidi, individuando così le separatrici d'ombra portata.

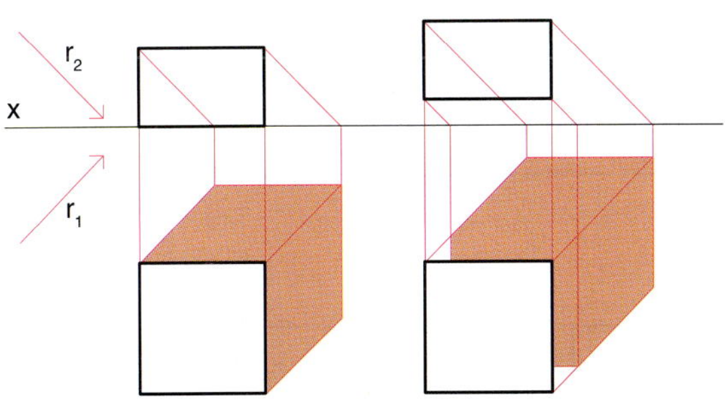

Sorgente a distanza finita

Anche in questo caso l'ombra portata dei solidi si individua mediante le separatrici d'ombra, che racchiudono tutti i punti d'ombra dei solidi stessi.

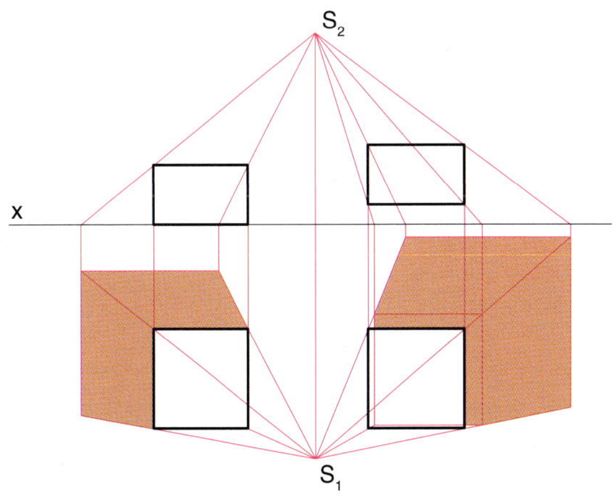

NOTA BENE

Dai diversi casi di ombre fin qui visti si può notare che:

- se un segmento è parallelo a un piano la sua ombra su di esso è sempre parallela alla proiezione ortogonale sullo stesso piano;
- se un punto appartiene a un piano la sua ombra sul piano stesso coincide con il punto.

PROBLEMA 7

Ombra di piramide retta in proiezioni ortogonali

Sorgente a distanza infinita

Per motivi di comodità in questo caso sono state scelte liberamente sia r_1 che r_2. Il problema si risolve trovando l'ombra del vertice della piramide. La separatrice d'ombra portata si ottiene conducendo dall'ombra del vertice le tangenti alla base della piramide. I punti di tangenza individuano anche le facce sulle quali si forma l'ombra propria. Le stesse facce appaiono in ombra propria anche nella vista frontale.

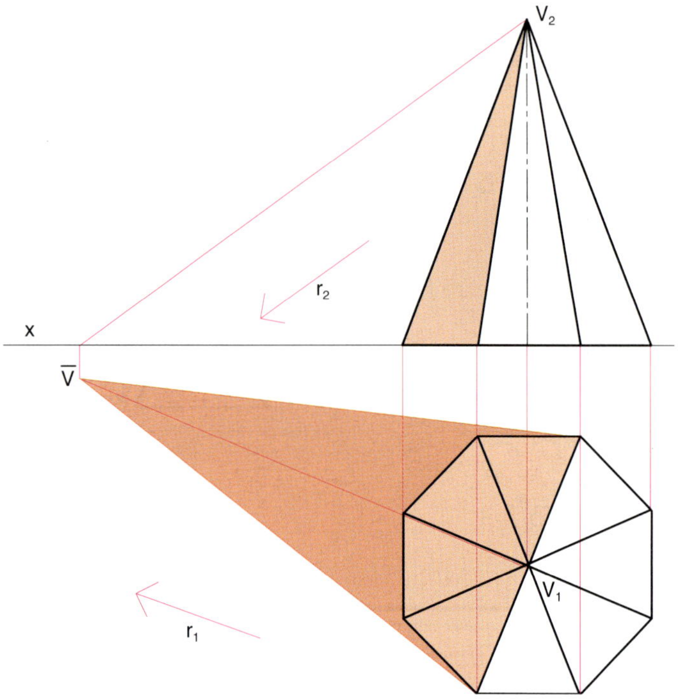

PROBLEMA 8

Ombra di prisma retto in proiezioni ortogonali

Sorgente a distanza finita

Si individua l'ombra portata sul piano orizzontale mediante la ricerca dei punti d'ombra dei vertici. La separatrice d'ombra portata è formata dal contorno che racchiude tutti i punti d'ombra.

Inoltre, dopo aver determinato le facce esposte al fascio luminoso, si può delineare la zona d'ombra propria, visibile in questo caso nella vista frontale.

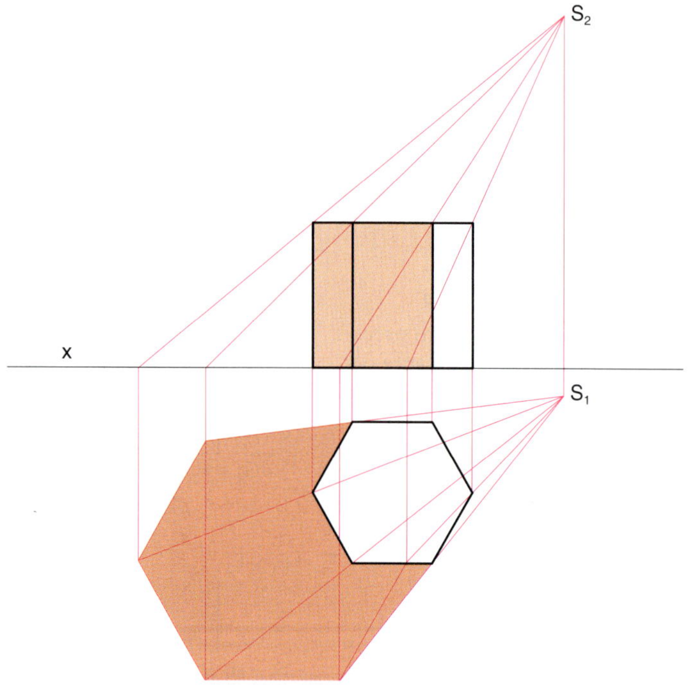

PROBLEMA 9

Ombra di scala in proiezioni ortogonali

Sorgente a distanza infinita

Poiché la scala poggia sul piano orizzontale ed è accostata a un blocco parallelepipedo, la sua ombra portata è visibile in parte nella vista dall'alto e in parte nella vista frontale. Come nei problemi precedenti la separatrice d'ombra è la linea che racchiude tutti i punti d'ombra dell'oggetto.

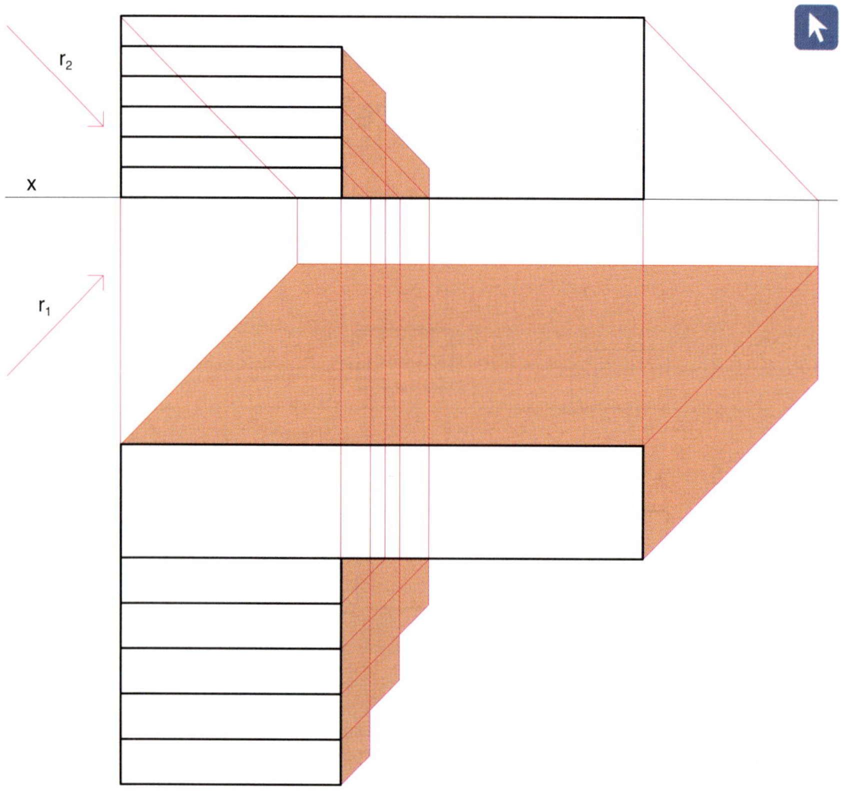

Ombre in assonometria

Anche in assonometria si possono disegnare le ombre sia con sorgente a distanza infinita, sia con sorgente a distanza finita. La sorgente a distanza infinita viene indicata mediante la direzione del raggio luminoso (r) e mediante la sua proiezione sul piano orizzontale (r_1). Se invece la sorgente è a distanza finita si deve fissare il punto (S) e la sua proiezione sul piano orizzontale (S_1). Da ogni punto dell'oggetto in assonometria si conduce il raggio luminoso, parallelo a r oppure passante per S. Si conduce poi da ogni punto proiettato sul piano la retta parallela a r_1 oppure passante per S_1. All'intersezione delle due rette si determina l'ombra del punto in assonometria. Le ombre dei singoli punti permettono di ottenere le ombre di spigoli, facce e quindi di tutto il solido.

PROBLEMA 10 PASSO PASSO

Ombra di parallelepipedo in assonometria

Sorgente a distanza infinita

1 Se il solido è poggiato sul piano, basta condurre dai vertici della base superiore le parallele a r, mentre dai vertici della base d'appoggio si tracciano le parallele a r_1. All'intersezione delle due rette si individua il punto d'ombra del singolo vertice.

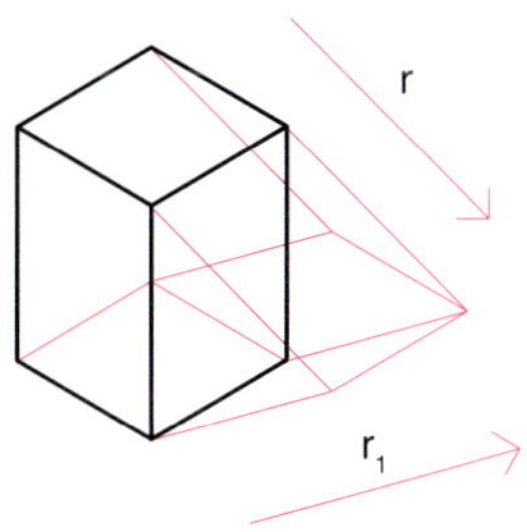

2 La poligonale passante per i punti d'ombra forma la **separatrice d'ombra portata**. Si definiscono anche le facce con **ombra propria**.

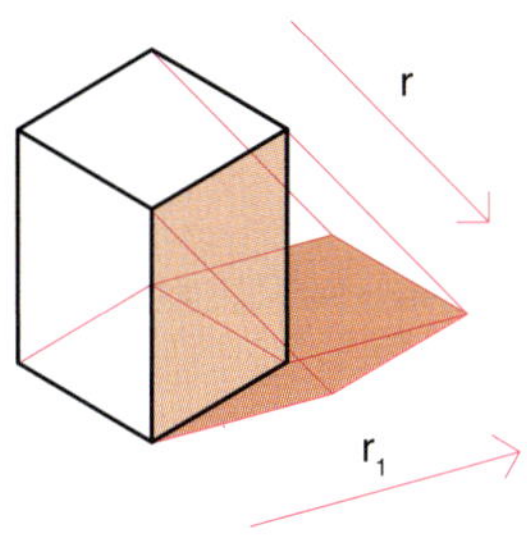

Sorgente a distanza finita

1 Analogamente al caso precedente dai vertici della base superiore si tracciano le rette per S, mentre dai vertici della base d'appoggio si conducono le rette per S_1.

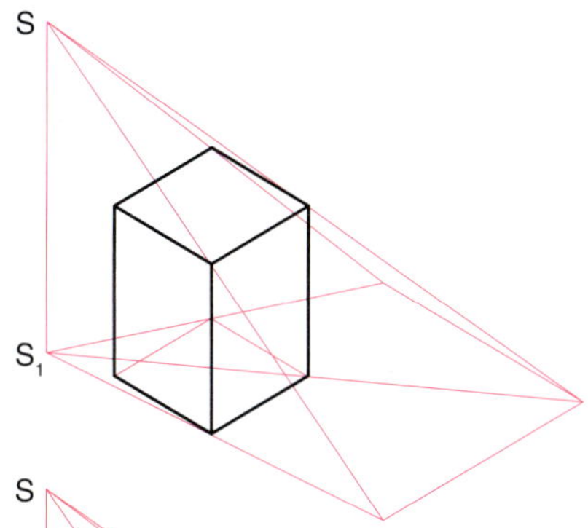

2 Le loro intersezioni definiscono l'**ombra portata** del solido. Si individuano anche le facce con **ombra propria**.

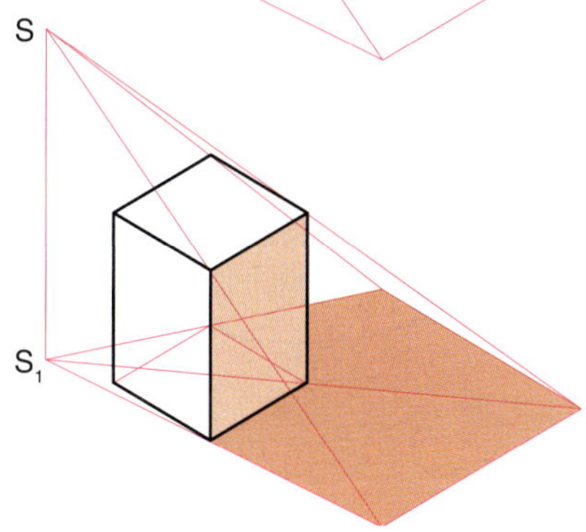

PROBLEMA 11

Ombra di tronco di piramide retta in assonometria

Sorgente a distanza infinita

In questo caso il solido è sollevato e pertanto dall'assonometria bisogna ricavare la proiezione dei vertici sul piano orizzontale; per ottenere questi punti è sufficiente riportarli in verticale a distanze pari alla loro elevazione dal piano. Dai punti ottenuti in proiezione si conducono le parallele a r_1, mentre dai vertici del solido in assonometria si tracciano le parallele a r. Le intersezioni delle rette corrispondenti determinano le ombre dei vertici della piramide. Per completare il disegno delle ombre bisogna individuare anche le facce illuminate e quelle in ombra propria.

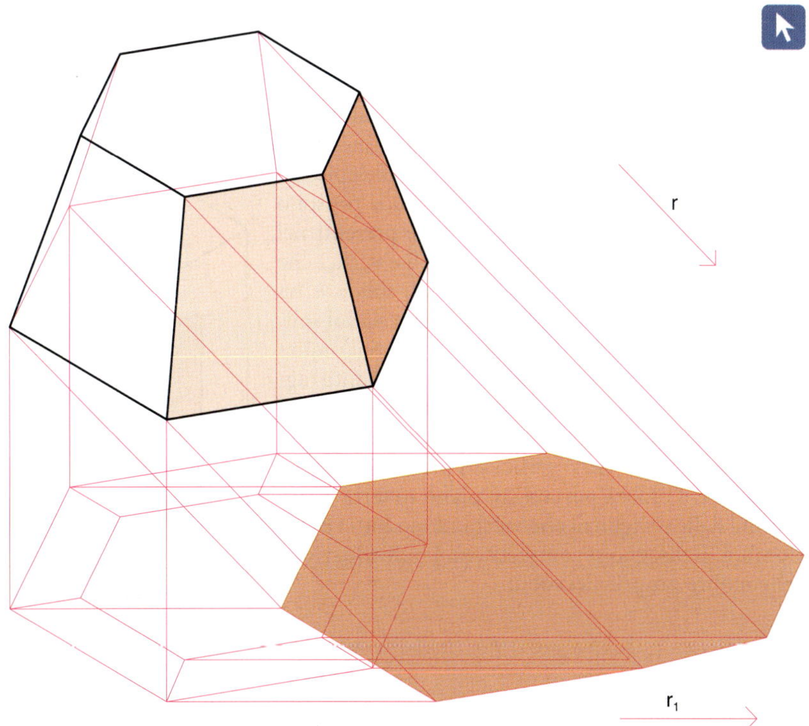

PROBLEMA 12

Ombra di cilindro retto in assonometria

Sorgente a distanza infinita

Se il cilindro è poggiato sul piano, si trova l'ombra della base superiore; essendo questa una linea curva, si prendono dei suoi punti dei quali si trova l'ombra. Congiunti questi punti con una linea curva, si tracciano le rette tangenti dalla curva alla base del cilindro. In questo modo si definisce la separatrice d'ombra portata. Mediante il punto di tangenza della separatrice sulla base si identifica anche la retta verticale che costituisce la separatrice d'ombra propria del solido.

Sorgente a distanza finita

Anche in questo caso si prendono dei punti sulla base superiore del cilindro; di essi si trova l'ombra, costituita da una linea curva. Tracciata la retta da S_1 tangente alla base, si può completare la separatrice d'ombra portata e definire la posizione della separatrice d'ombra propria.

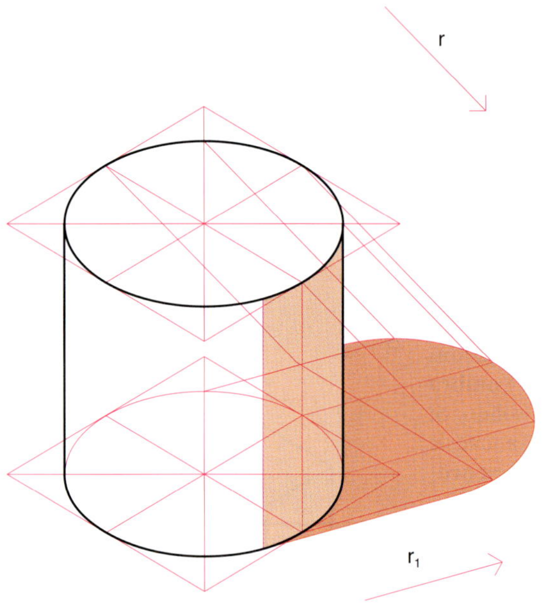

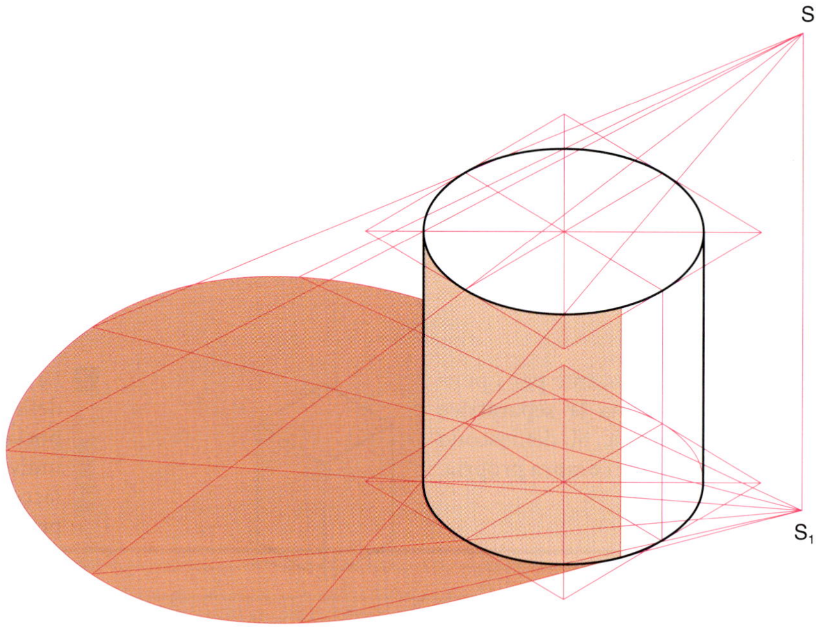

PROBLEMA 13

Ombra di solidi in assonometria

Sorgente a distanza infinita

L'ombra portata sul piano orizzontale dal solido inferiore si può inizialmente delineare mediante la separatrice d'ombra creata dal parallelepipedo che racchiude il solido stesso. In seguito si possono prendere in considerazione le aperture presenti nel solido e tracciare le ombre degli spigoli e vertici che delimitano queste aperture. Il secondo solido è un parallelepipedo che proietta la sua ombra sia sul solido d'appoggio sia sul piano di terra. I punti d'ombra creati su quest'ultimo piano si trovano mediante raggi paralleli a r condotti dai vertici del parallelepipedo. I raggi intersecano le rette parallele a r_1 passanti per le proiezioni degli stessi vertici sul piano di terra. La separatrice d'ombra portata sul piano di terra è così definita dalle poligonali che racchiudono tutti i punti d'ombra. Il disegno si completa con l'individuazione delle ombre proprie dei solidi.

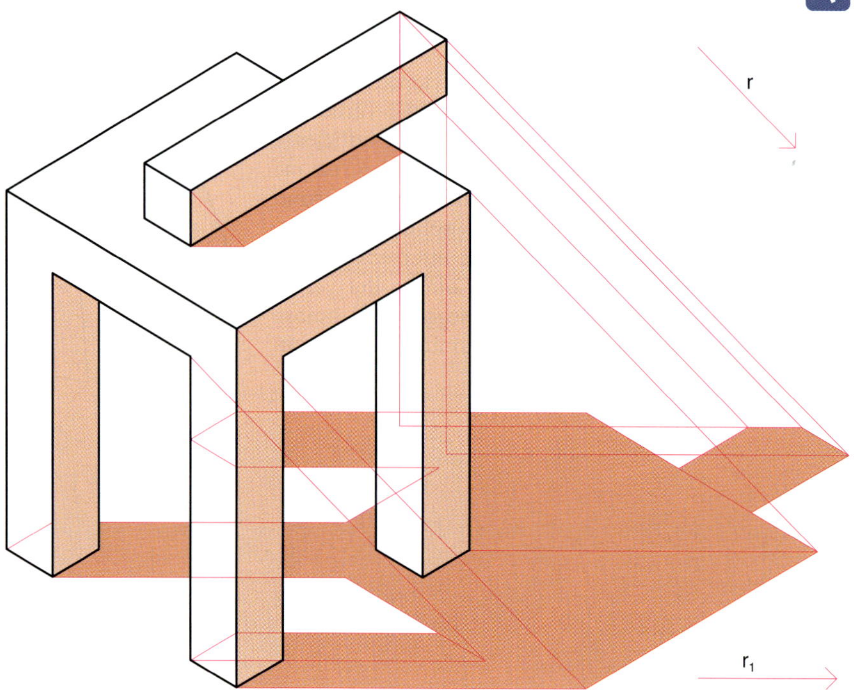

Sulle ombre abbiamo imparato...

OMBRE

tipi di sorgente

DIVERSI TIPI DI OMBRE

Le ombre si distinguono in:

- ombra propria
- ombra portata
- ombra autoportata

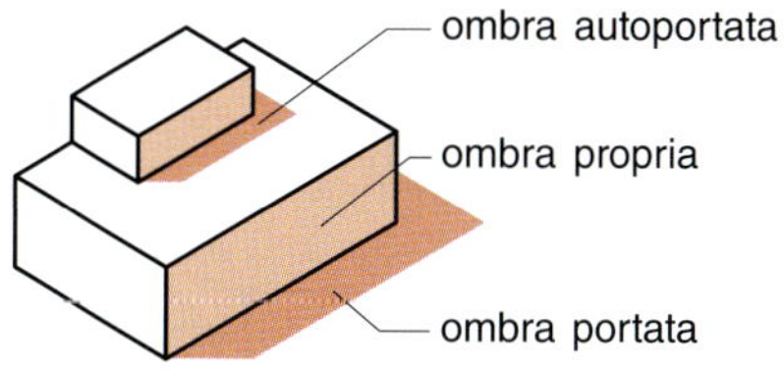

SORGENTE A DISTANZA INFINITA

Sorgente luminosa all'infinito (come il Sole) indicata da una retta r e dalle sue proiezioni sui piani

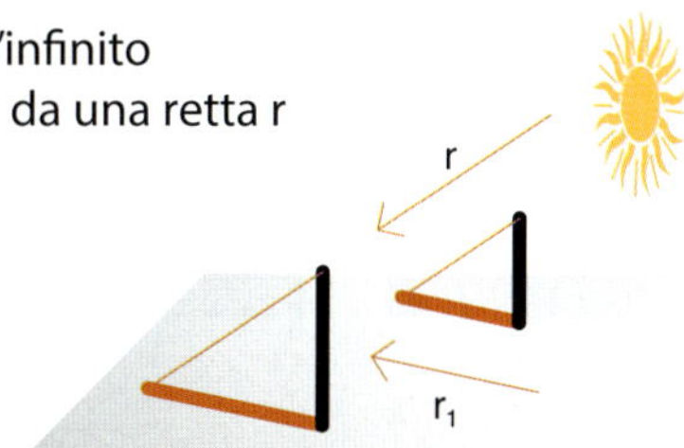

SORGENTE A DISTANZA FINITA

Sorgente luminosa (come una lampada) indicata da un punto S e dalle sue proiezioni sui piani

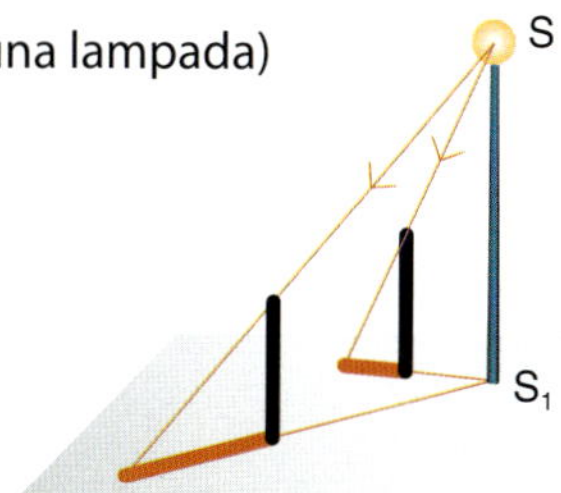

PROIEZIONI ORTOGONALI

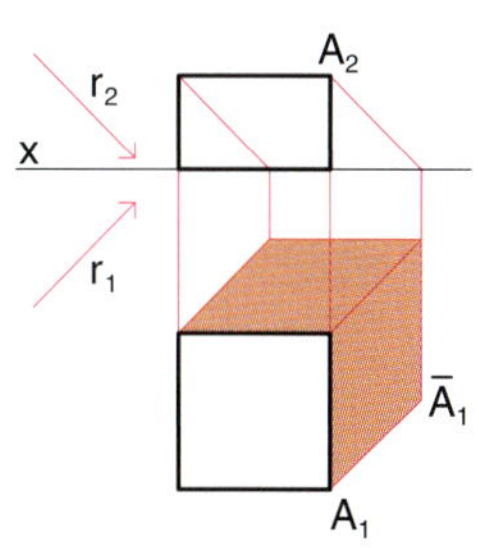

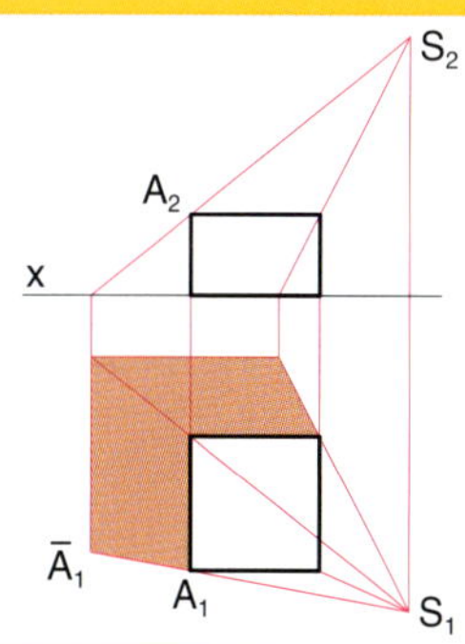

ASSONOMETRIA

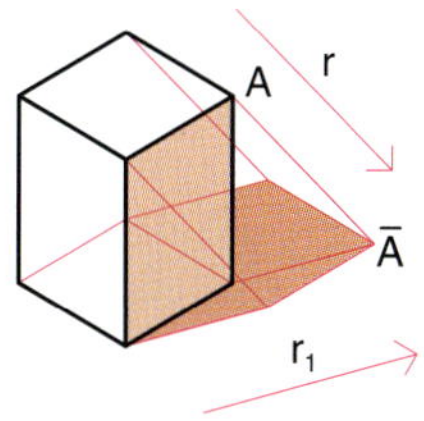

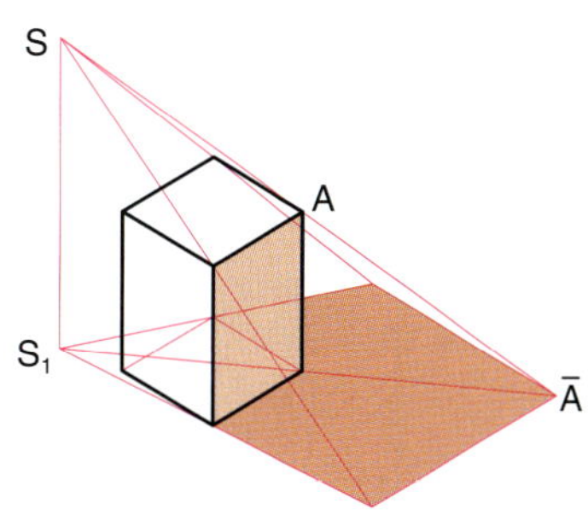

ZTE ONLINE

Esercitazioni

Disegna le viste date raddoppiando le misure rilevate dal libro; nella vista dall'alto aggiungi inoltre le ombre con la sorgente luminosa definita da r_1 e r_2.

ESERCITAZIONE 1

GUIDATA

Poiché il solido è poggiato sul piano xy, è sufficiente trovare le ombre dei sei vertici della base superiore.

1 Dai vertici nella vista frontale si conducono parallele a r_2 fino a incontrare l'asse x, e di qui si tracciano riporti verticali.

2 Dai vertici nella vista dall'alto si tracciano parallele a r_1 fino a intersecare il corrispondente riporto verticale. Quindi si ripassa la separatrice d'ombra.

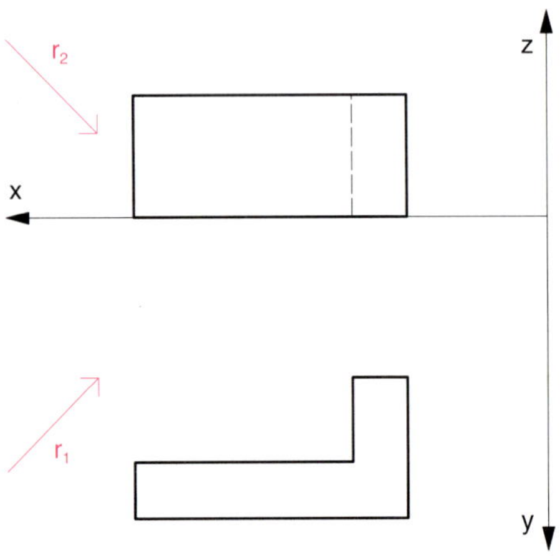

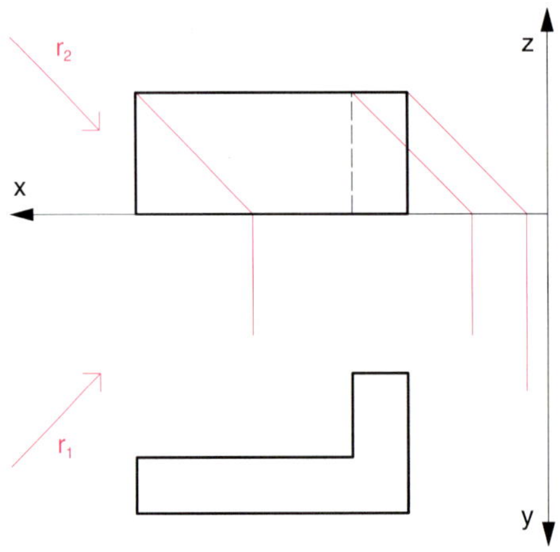

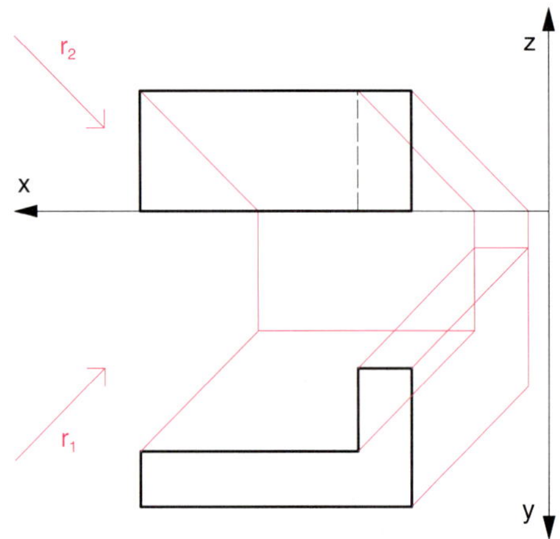

ESERCITAZIONE 2

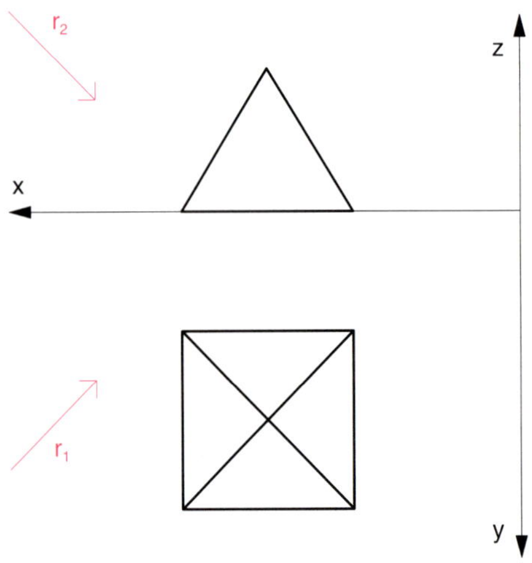

ESERCITAZIONE 3

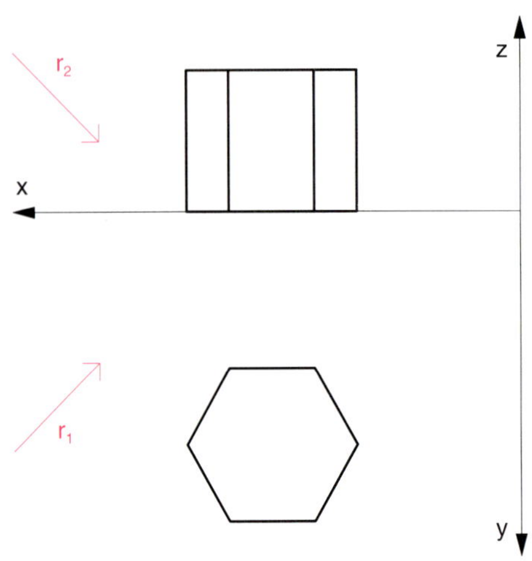

ESERCITAZIONE 4

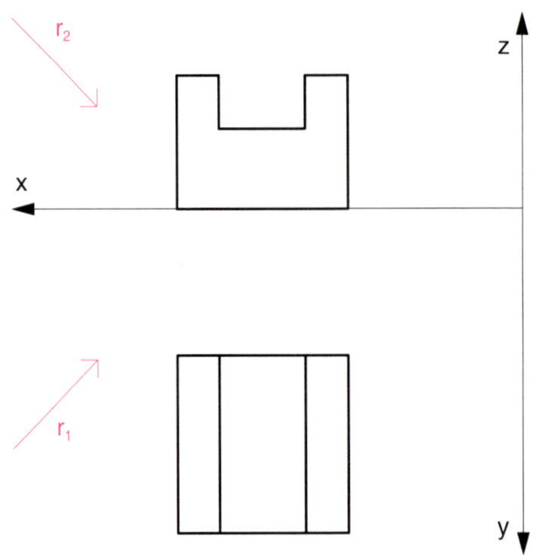

ESERCITAZIONE 5

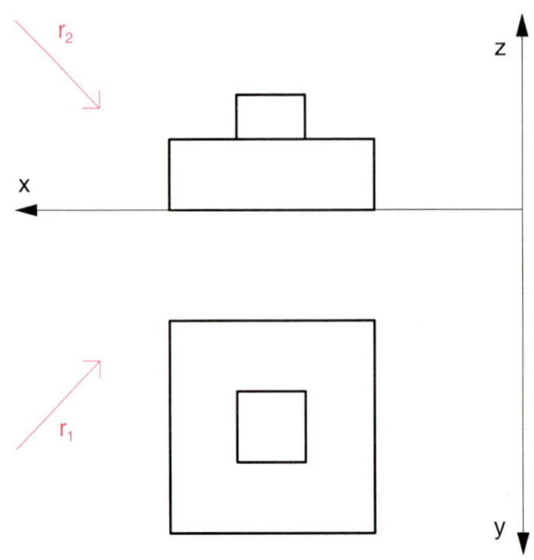

ESERCITAZIONE 6

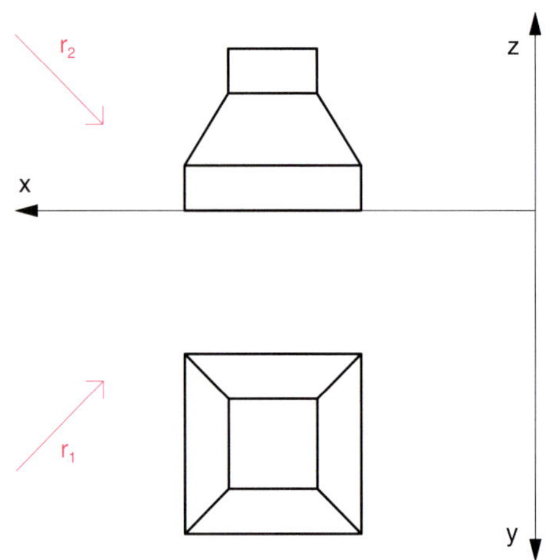

ESERCITAZIONE 7

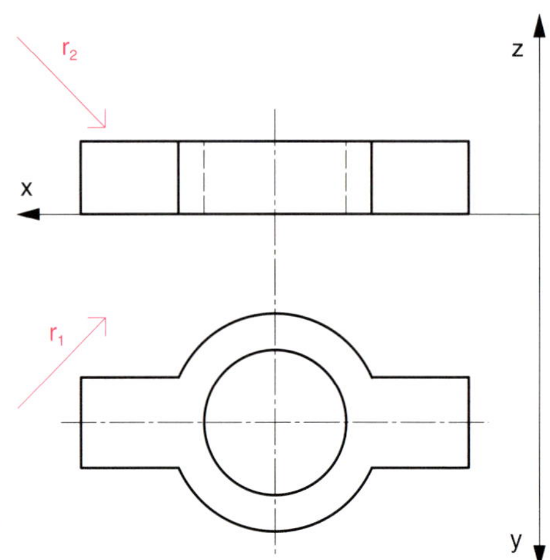

Disegna l'assonometria raddoppiando le misure rilevate dal libro, aggiungi le ombre con la sorgente luminosa definita da r e r_1.

ESERCITAZIONE 8

GUIDATA

Il parallelepipedo maggiore forma l'ombra sul piano orizzontale su cui è disposto; il parallelepipedo minore invece forma l'ombra sull'altro (ombra autoportata).

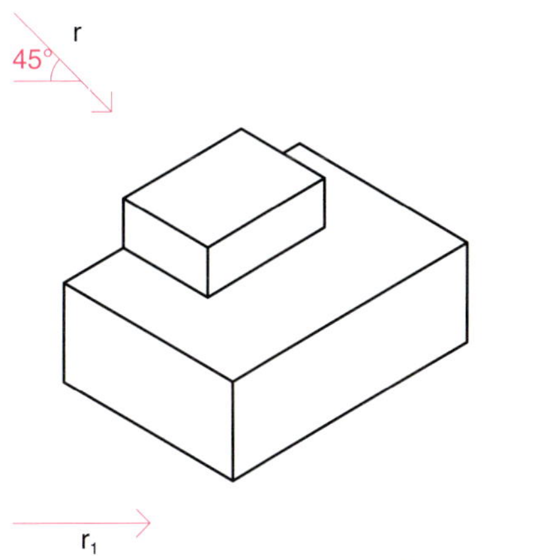

1 Dai vertici A e B si tracciano le parallele a r, mentre dai vertici corrispondenti sulla base inferiore si conducono le parallele a r_1. Nelle intersezioni di queste parallele si trovano le ombre di A e B.

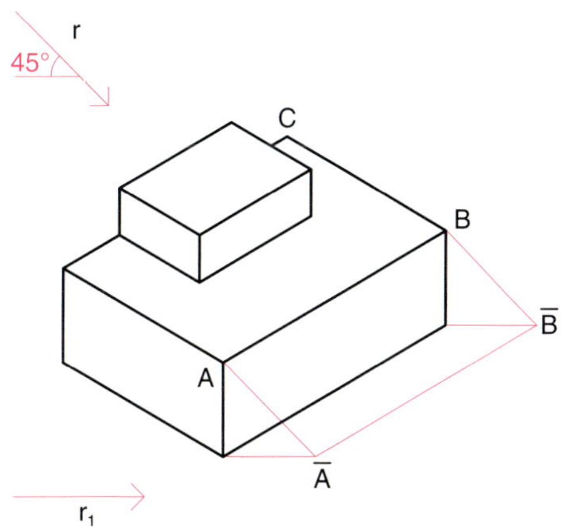

2 Dall'ombra di B si conduce una parallela allo spigolo BC, completando la separatrice d'ombra portata. Analogamente si ottiene l'ombra autoportata del parallelepipedo minore.

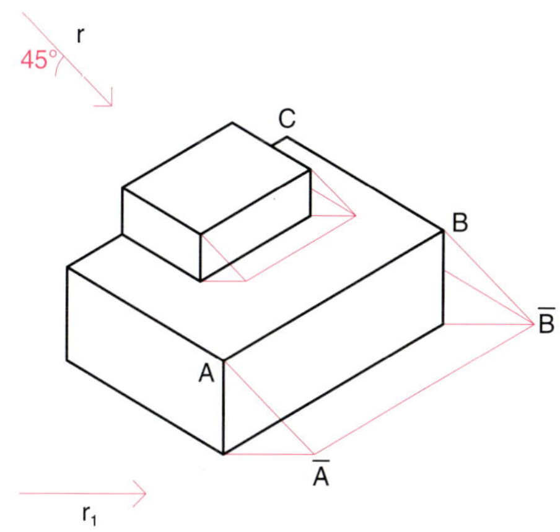

ESERCITAZIONE 9

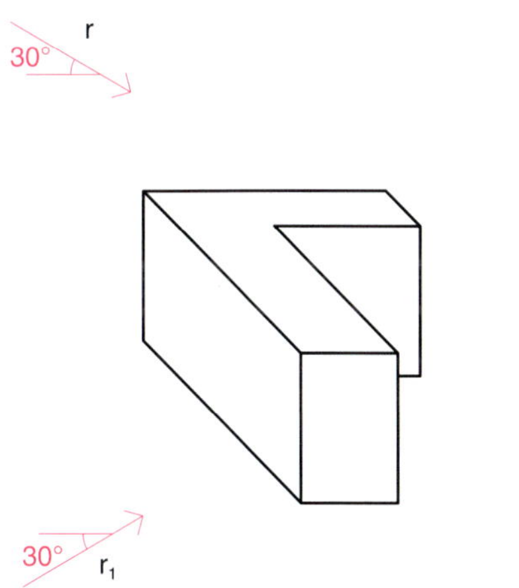

ESERCITAZIONE 11

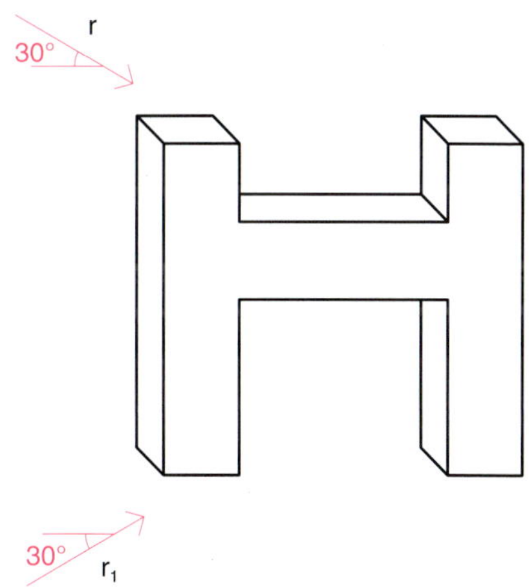

ESERCITAZIONE 13

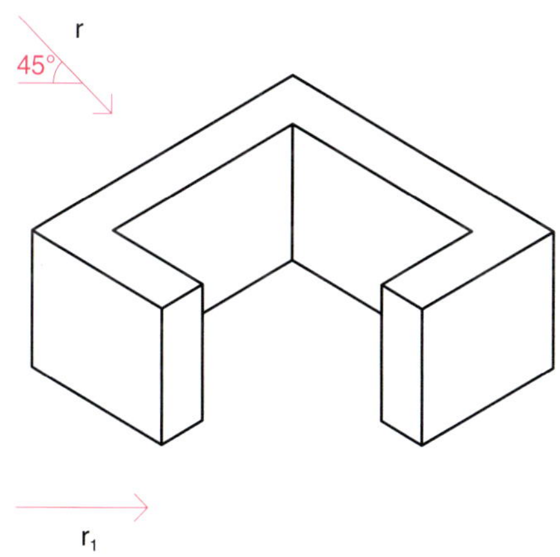

ESERCITAZIONE 10

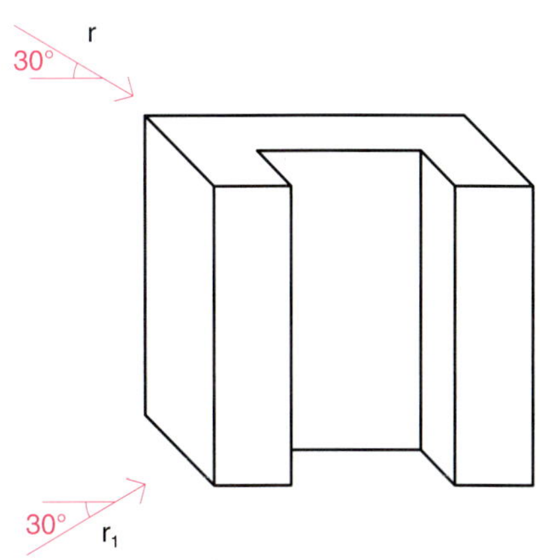

ESERCITAZIONE 12

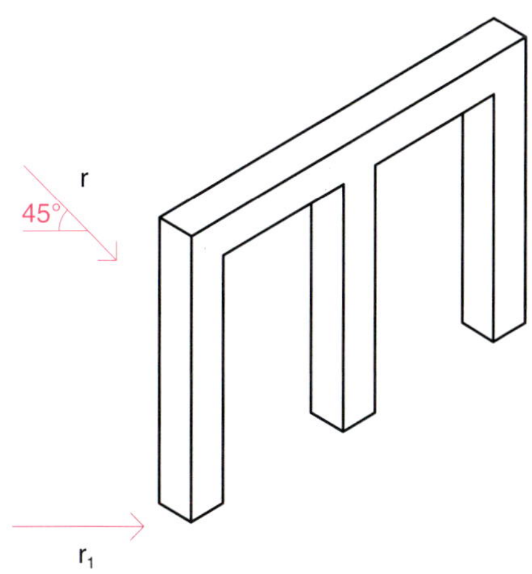

ESERCITAZIONE 14

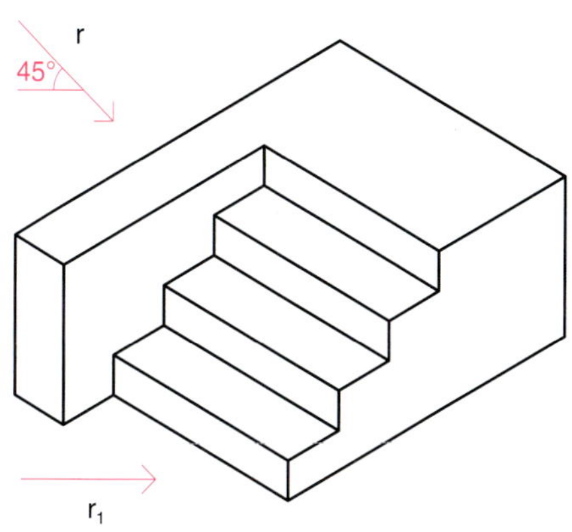

Capire lo spazio: le ombre, concreto esempio di proiezioni

Le ombre, effetto luminoso fondamentale per la percezione dello spazio, sono il caso più concreto di applicazione del concetto di proiezione. Se da una **sorgente luminosa** vengono emessi **raggi** che toccano un corpo opaco, essi vengono assorbiti; il corpo quindi crea una zona d'ombra sulle superfici circostanti (**ombra portata**) e sulle proprie superfici (**ombra propria**). La zona d'ombra ha un profilo, detto **separatrice d'ombra**.

Per individuarla si individuano i punti d'ombra del contorno dell'oggetto. Si può avere una **sorgente luminosa a distanza infinita** (come per esempio il sole) oppure una **sorgente luminosa a distanza finita** (come per esempio una lampadina).

Se dalla sorgente proiettiamo un punto A del corpo su una superficie (ad esempio sul piano di terra) troveremo $\overline{A}$, ombra di A.

Ombra con sorgente a distanza infinita

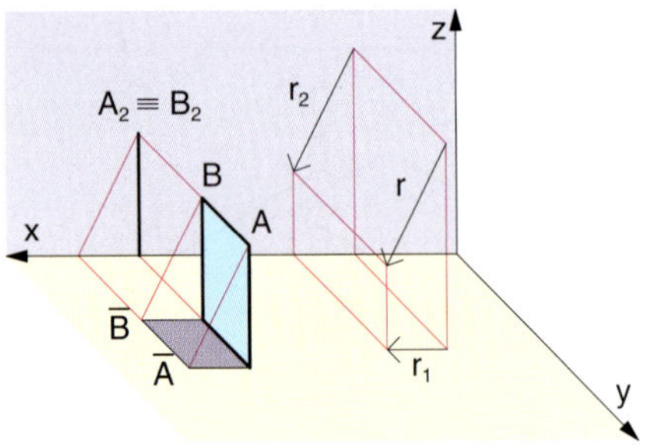

La sorgente è definita dai segmenti r, r_1 e r_2.

Nei vertici d'appoggio del rettangolo l'ombra coincide con i vertici stessi.

Le ombre dei vertici A e B si ottengono conducendo da essi le parallele a r, e dalle loro proiezioni ortogonali le parallele a r_1 e r_2.

PROIEZIONI ORTOGONALI

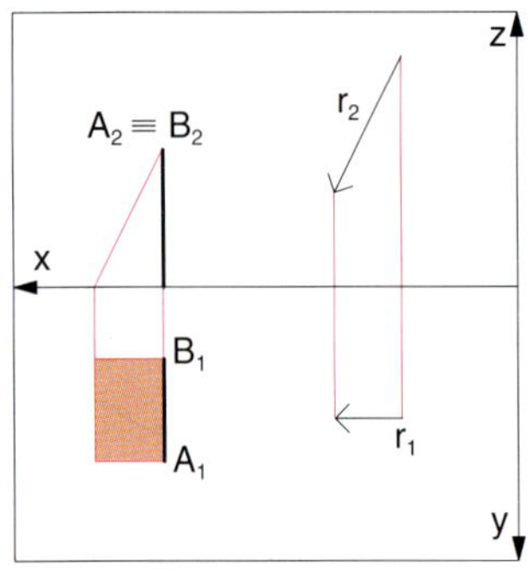

La sorgente è definita dai segmenti r_1 e r_2.

Nei vertici d'appoggio del rettangolo l'ombra coincide con i vertici stessi.

Le ombre dei vertici A e B si ottengono conducendo dalle loro proiezioni ortogonali le parallele a r_1 e r_2.

ASSONOMETRIA

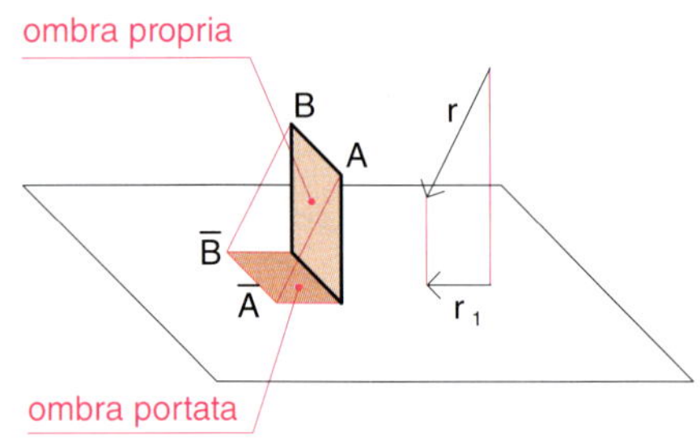

La sorgente è definita dai segmenti r e r_1.

Nei vertici d'appoggio del rettangolo l'ombra coincide con i vertici stessi.

Le ombre dei vertici A e B si ottengono conducendo da essi le parallele a r, e dalle loro proiezioni ortogonali le parallele a r_1.

Ombra con sorgente a distanza finita

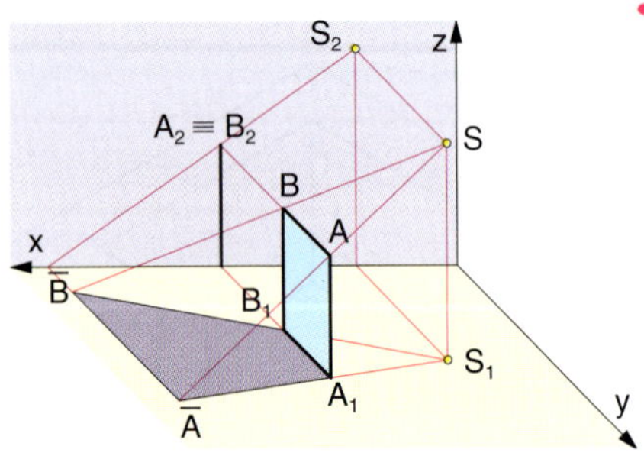

La sorgente è definita dai punti S, S_1 e S_2.

Nei vertici d'appoggio del rettangolo l'ombra coincide con i vertici stessi.

Le ombre dei vertici A e B si ottengono conducendo le rette SA e SB, e dalle loro proiezioni ortogonali le rette passanti per S_1 e S_2.

PROIEZIONI ORTOGONALI

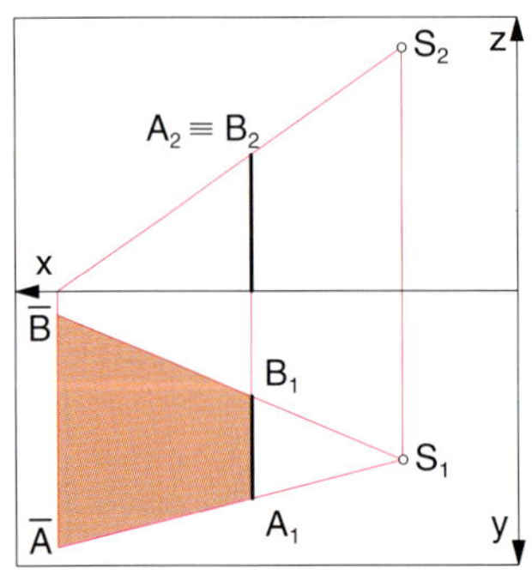

La sorgente è definita dai punti S_1 e S_2.

Nei vertici d'appoggio del rettangolo l'ombra coincide con i vertici stessi.

Le ombre dei vertici A e B si ottengono conducendo dalle loro proiezioni ortogonali le rette passanti per S_1 e S_2.

ASSONOMETRIA

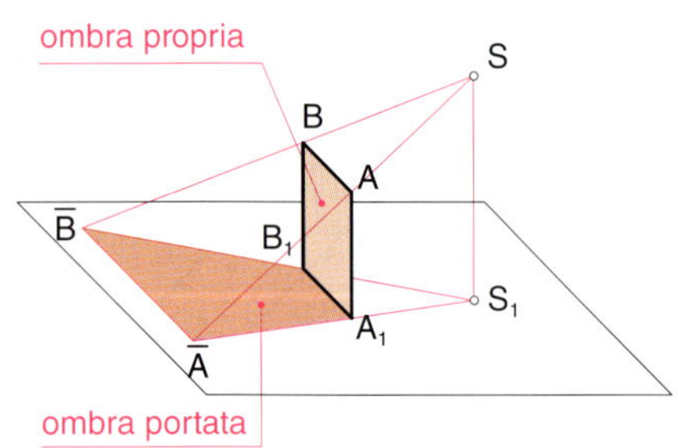

La sorgente è definita dai punti S e S_1.

Nei vertici d'appoggio del rettangolo l'ombra coincide con i vertici stessi.

Le ombre dei vertici A e B si ottengono conducendo le rette SA e SB, e dalle loro proiezioni ortogonali le rette passanti per S_1.

ESEMPIO 1

Ombra di cubo poggiante sul quadro xy

PROIEZIONI ORTOGONALI

Sorgente a distanza infinita

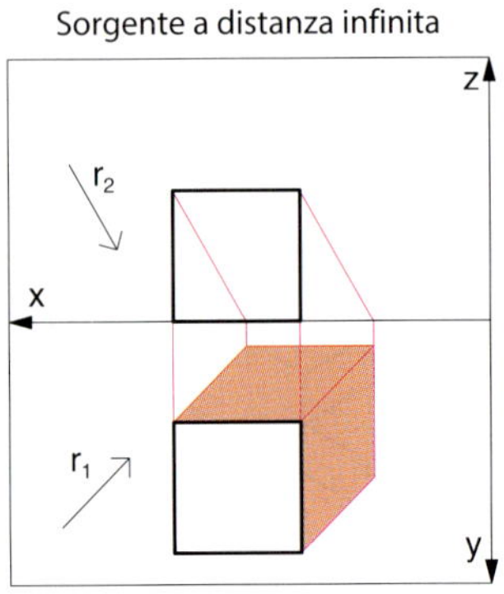

Sorgente a distanza finita

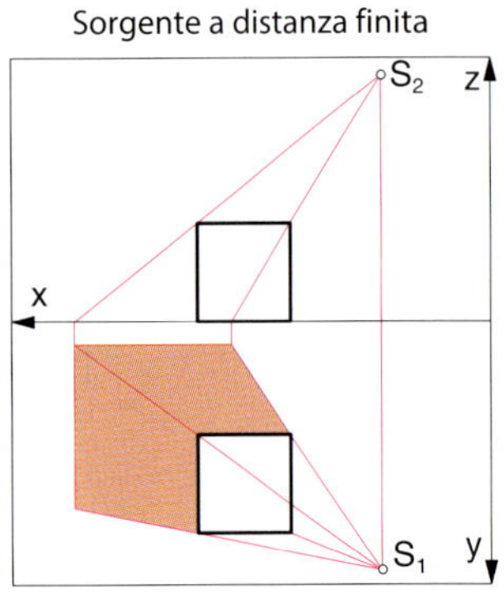

ASSONOMETRIA

Sorgente a distanza infinita

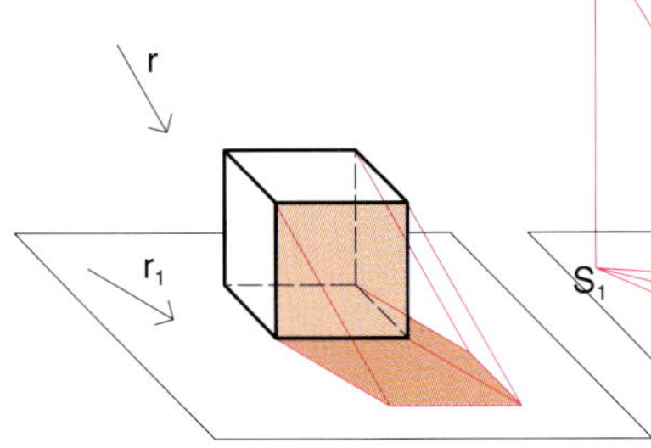

Sorgente a distanza finita

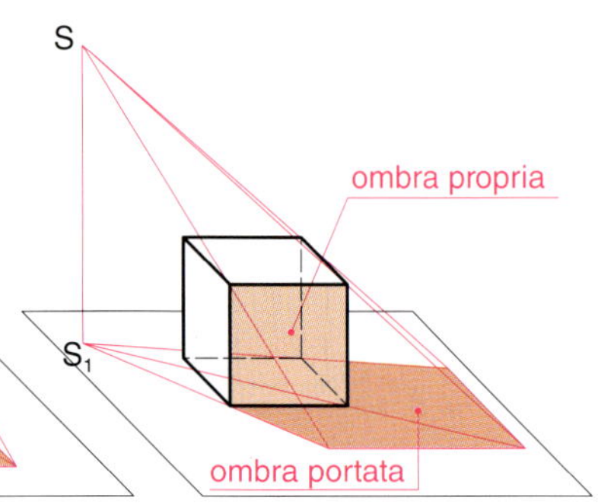

Gli esercizi di questa pagina devono essere disegnati dopo aver realizzato lo schizzo preparatorio, curando con molta attenzione la strutturazione del lavoro secondo una razionale sequenza delle fasi di elaborazione grafica.

NOTA BENE

Le dimensioni degli oggetti proposti si possono rilevare dalla griglia sovrapposta ai disegni; essa è costituita da quadrati di lato 4 mm.

ESERCITAZIONE R1

Disegna le viste del solido con le ombre, raddoppiando le dimensioni rilevate dal disegno

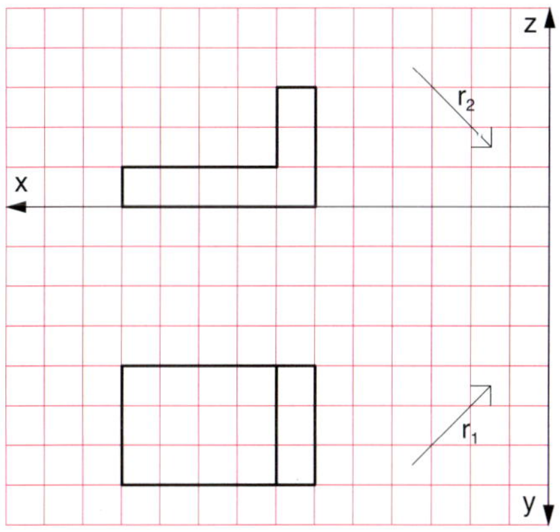

ESERCITAZIONE R2

Disegna le viste del solido con le ombre, raddoppiando le dimensioni rilevate dal disegno

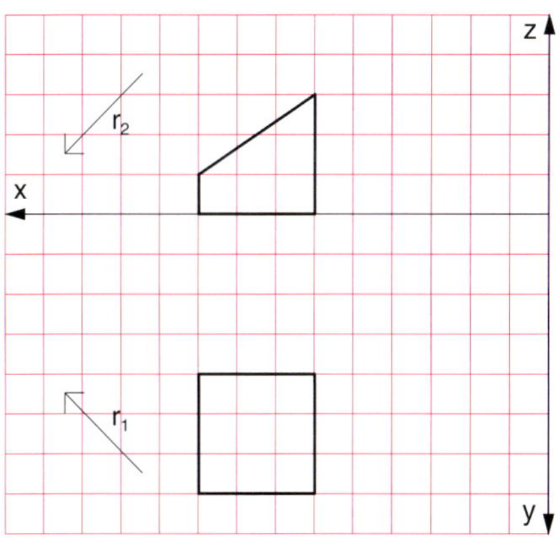

ESERCITAZIONE R3

Disegna le viste del solido con le ombre, raddoppiando le dimensioni rilevate dal disegno

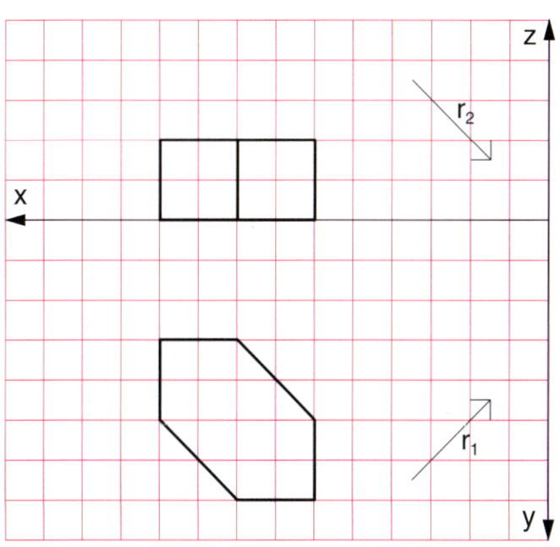

ESERCITAZIONE R4

Disegna le viste del solido con le ombre, raddoppiando le dimensioni rilevate dal disegno

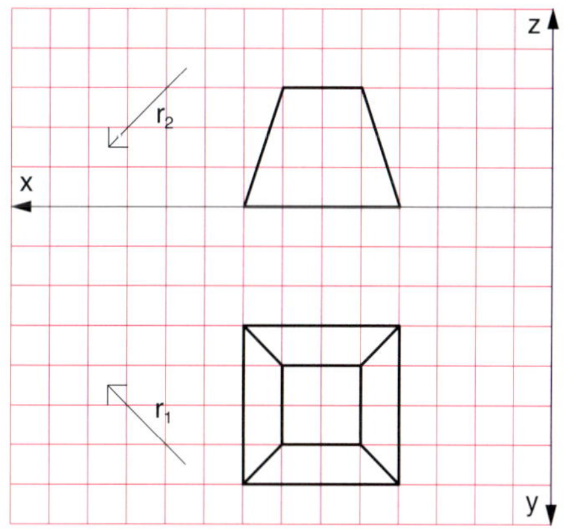

ESERCITAZIONE R5

Disegna le viste del solido con le ombre, raddoppiando le dimensioni rilevate dal disegno

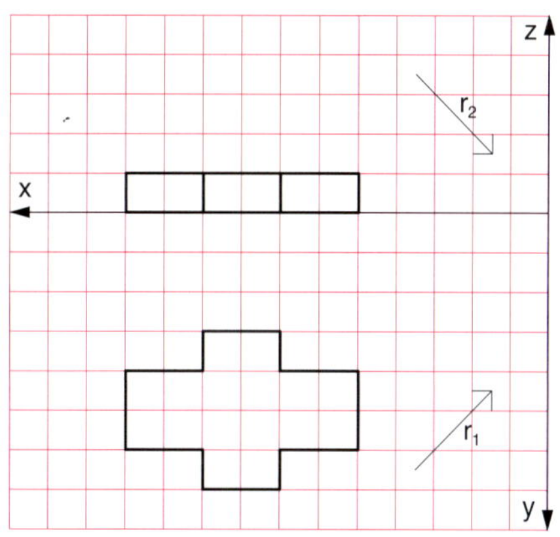

ESERCITAZIONE R6

Disegna l'assonometria del solido con le ombre, raddoppiando le dimensioni rilevate dal disegno

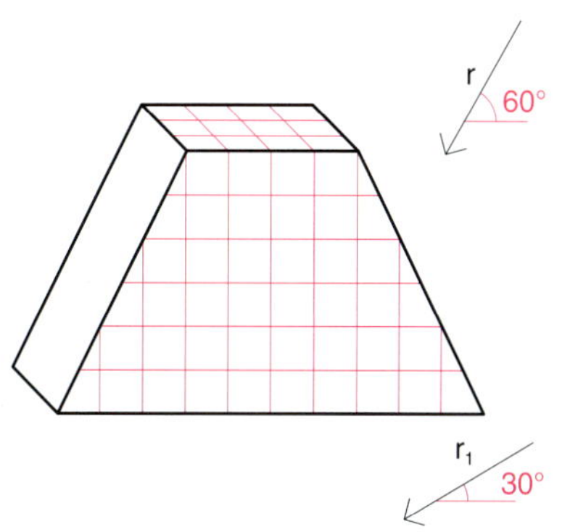

ESERCITAZIONE R7

Disegna l'assonometria del solido con le ombre, raddoppiando le dimensioni rilevate dal disegno

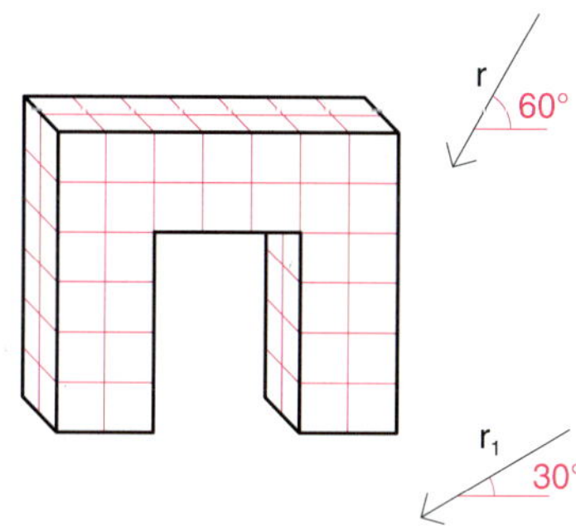

ESERCITAZIONE R8

Disegna l'assonometria del solido con le ombre, raddoppiando le dimensioni rilevate dal disegno

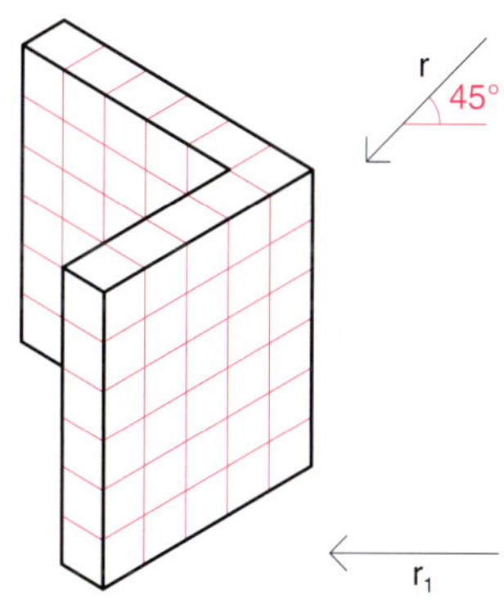

ESERCITAZIONE R9

Disegna l'assonometria del solido con le ombre, raddoppiando le dimensioni rilevate dal disegno

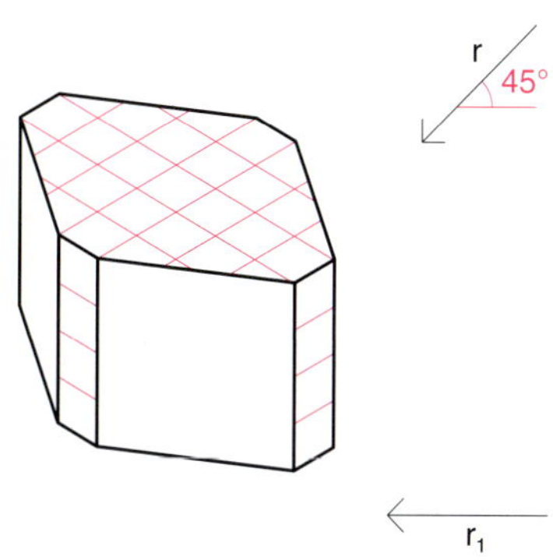

Verifica delle competenze

PROVA A Assonometria con ombre di edificio

Un'impresa di costruzioni sta realizzando un piccolo edificio unifamiliare che vuole vendere. Per la stampa di un piccolo depliant, oltre alle piante che già possiede, vorrebbe aggiungere queste assonometrie abbellite con ombre.

A tale scopo disegna in scala 1:200 le assonometrie date oppure altre di diverso tipo aggiungendovi le ombre. Scegli la sorgente luminosa a distanza infinita più opportuna per esaltare i volumi dell'edificio.

Scala 1:200

Scala 1:200

PROVA B Planimetria e prospetti con ombre di edificio

La stessa impresa pensa di arricchire il depliant pubblicitario con disegni diversi da quelli del progetto esecutivo, troppo ricchi di dettagli tecnici. A tale scopo chiede una planimetria e due o più prospetti corredati di ombre.

In scala 1:200 disegna:

- planimetria (vista dall'alto);
- prospetto nord (cioè la vista frontale delle facciate che guardano verso nord);
- prospetto est;
- altri eventuali prospetti;
- le ombre da sorgente luminosa a distanza infinita (opportunamente scelta) su tutti gli elaborati precedenti.

Appendice

Victôr Vasarely, *Pictor*, 1981.

Griglia millimetrata

Griglia quadrettata a 45°

Griglia isometrica

Griglia in prospettiva frontale

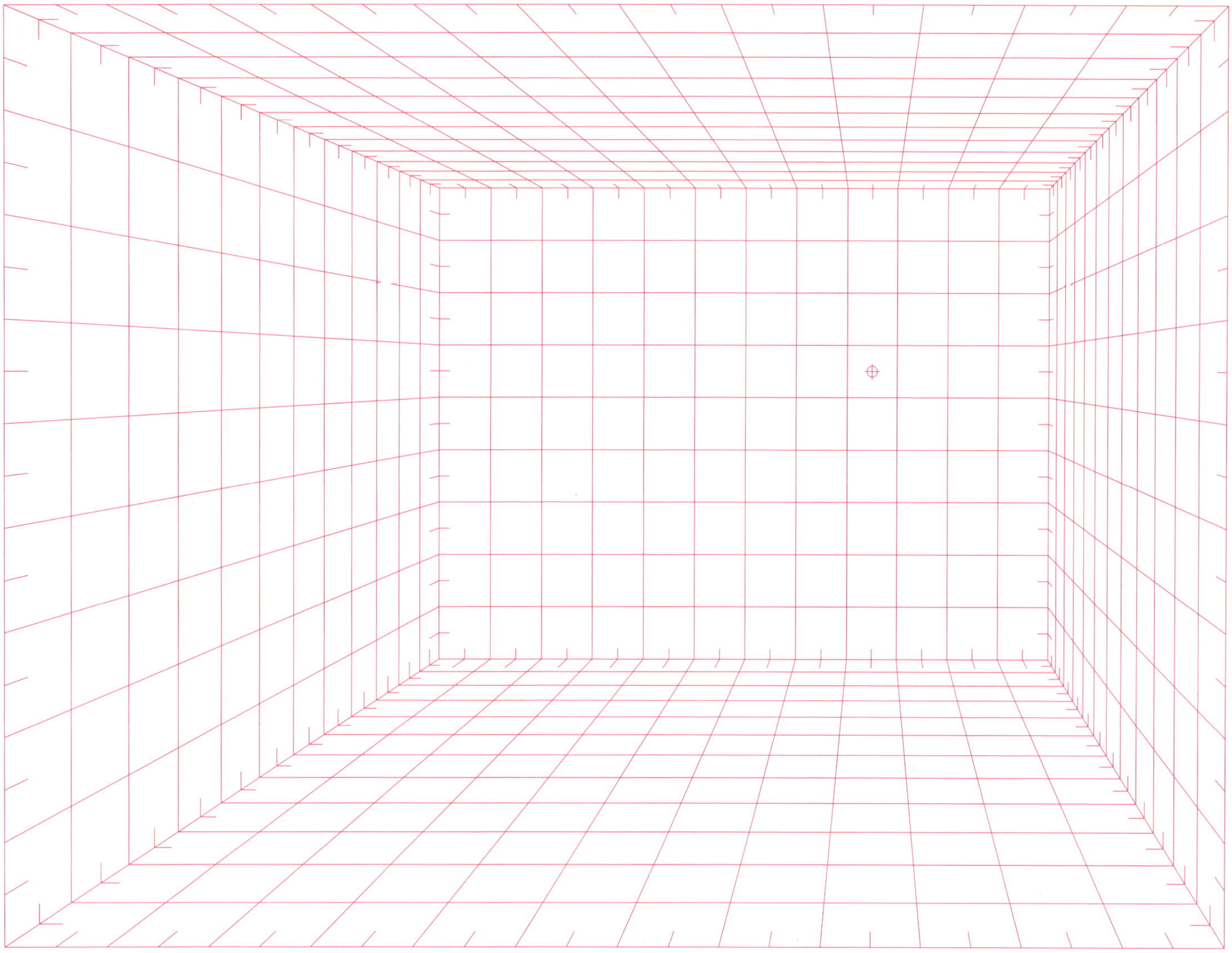

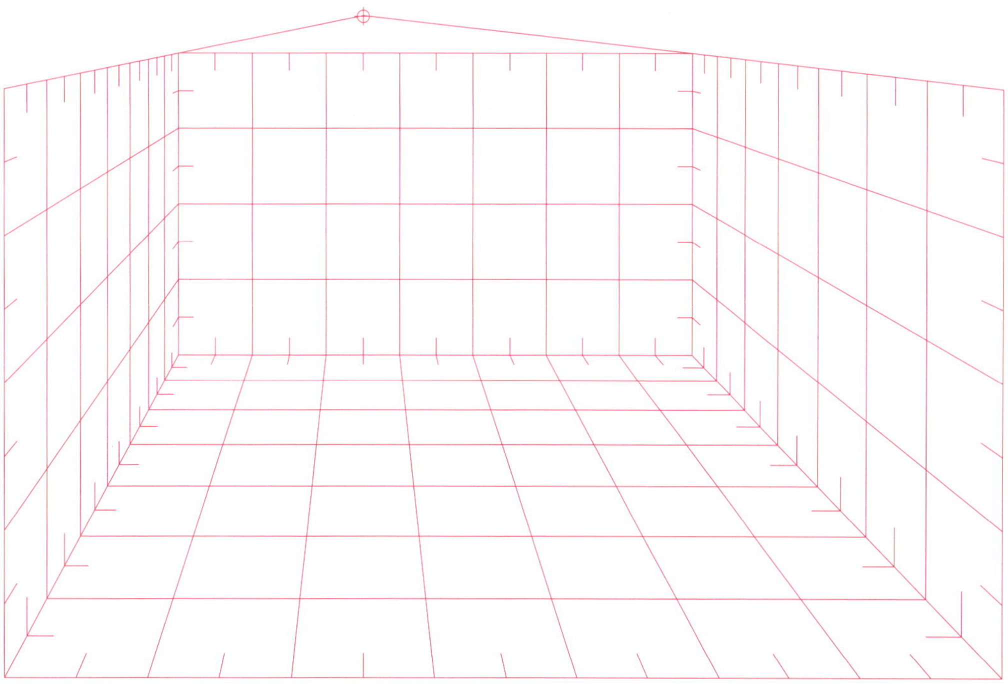

Griglia in prospettiva accidentale

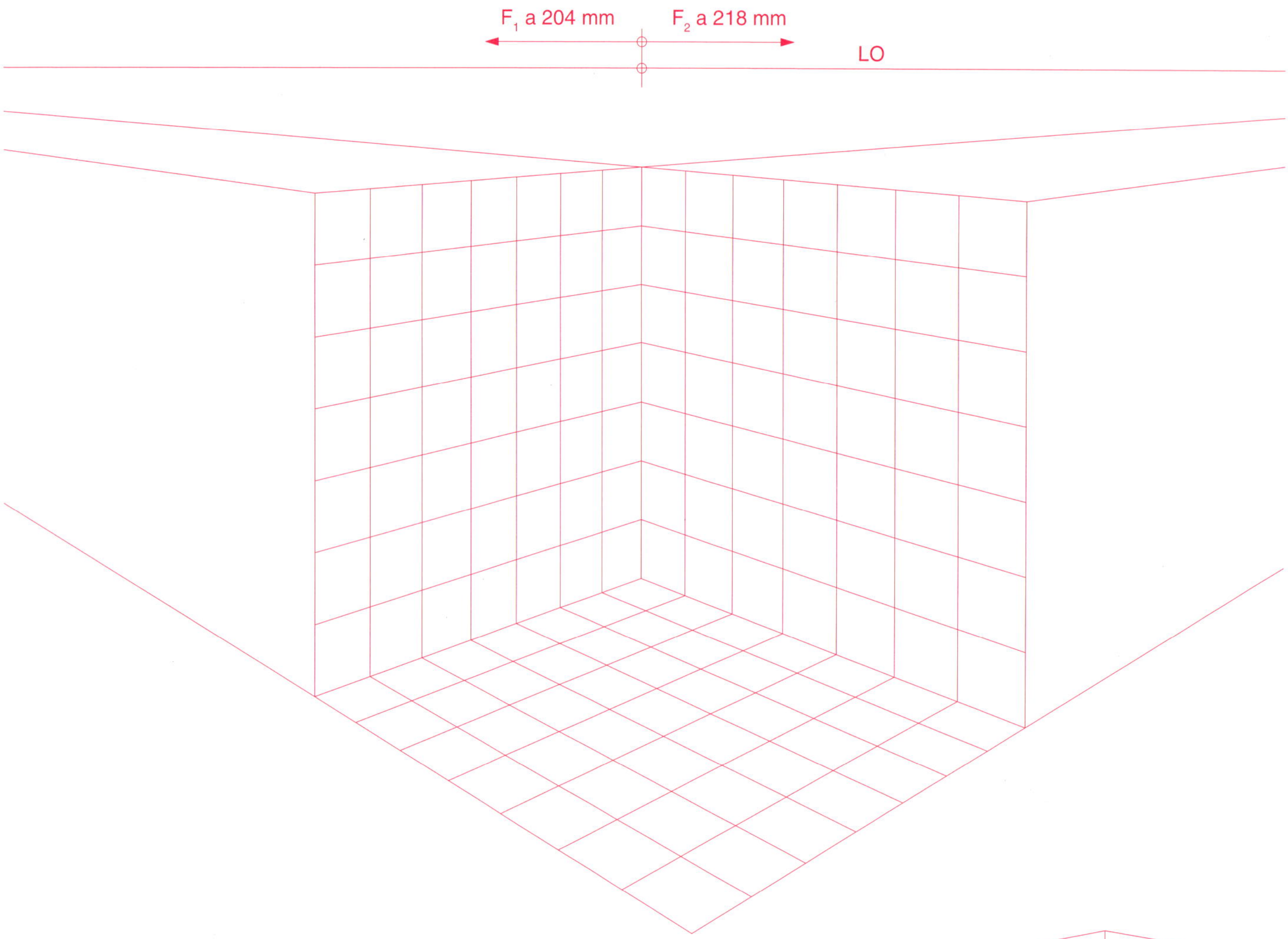

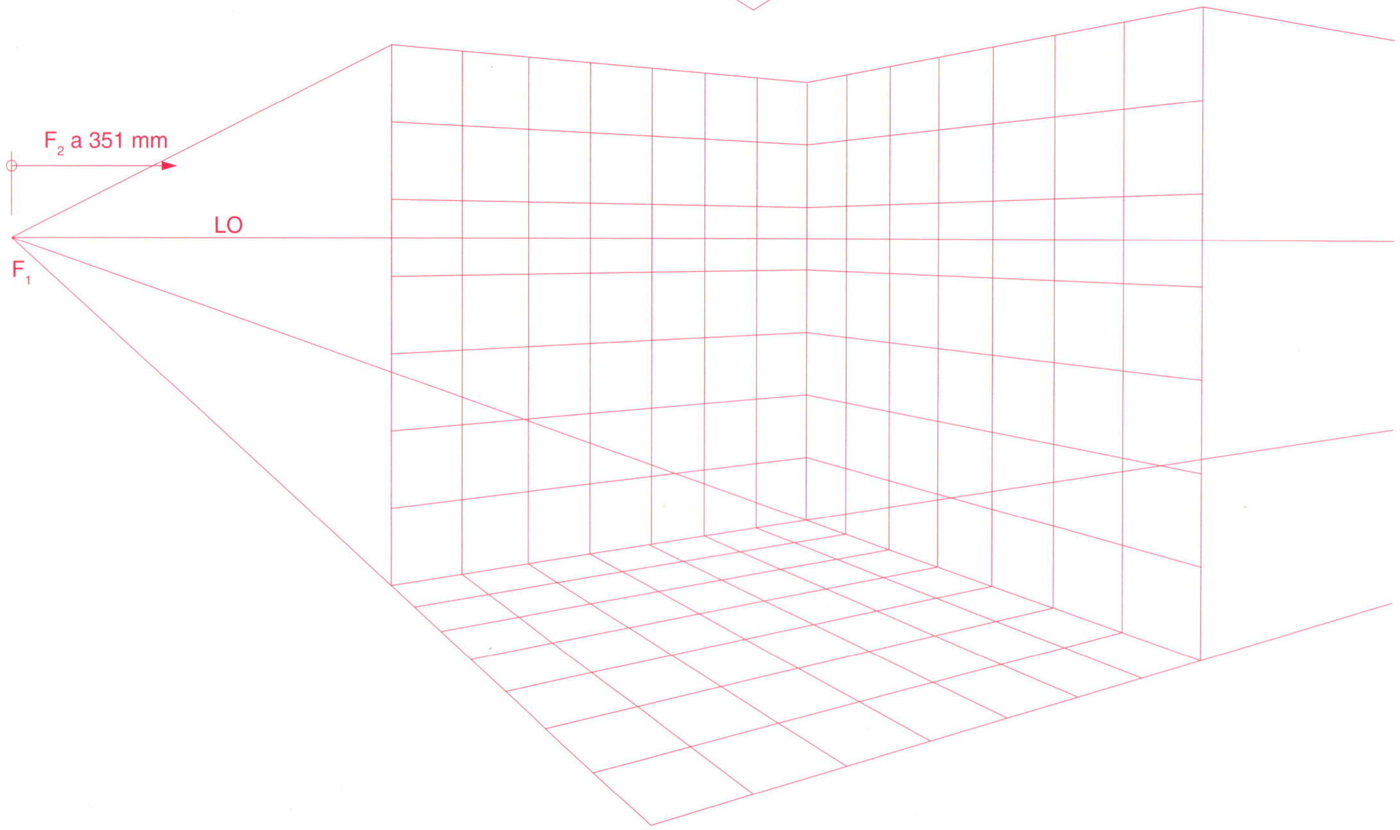

Indice analitico

FONTI DELLE ILLUSTRAZIONI

I numeri si riferiscono alle pagine, le lettere alla posizione dell'illustrazione nella pagina, procedendo dall'alto in basso e da sinistra a destra.

Di Sergio Sammarone sono le seguenti foto: A3a, A3c, A13b, A13c, A14, A16b, A16e, A16g, A17a, A17b, A19c, A35, A45a, A50a, A51, A52b, A57, A60, B53, C2b, C27b

Da G. Cricco, F.P. Di Teodoro, *Itinerario nell'arte*, 3 voll., Zanichelli, Bologna, 2003: A10a, A10c, A10d, A16h, A45b, A47a, A49b, A52c, A53a, A53b

A1 www.2giramondo.it.
A4a, b «Archeo», n. 232, De Agostini-Rizzoli Periodici, Milano.
A4c J. Kallir, *Egon Schiele: The complete works*, Abrams, New York, 1990.
A4d E. Battisti, *La Cappella Sistina*, Istituto Geografico De Agostini, Novara, 1983.
A4e *Nel segno di Masaccio*, Giunti, Firenze, 2001.
A4f H.M. Wingler, *Bauhaus*, Feltrinelli, Milano, 1972.
A5a «Quattroruote», n. 509, Editoriale Domus, Milano.
A5b Istituto Geografico Militare, Firenze.
A6a Arch. Maurizio Renzi.
A6b Arch. Maurizio Renzi.
A6c Arch. Maurizio Renzi.
A6d Arch. Maurizio Renzi.
A7a Arch. Maurizio Renzi.
A7b Arch. Maurizio Renzi.
A8a *La rappresentazione della città*, Silvana Editoriale, Milano, 2003.
A10b S. Bersi, P. Bersi, C. Ricci, *L'educazione artistica*, Zanichelli, Bologna, 1983.
A13a *M.C. Escher*, Taschen, Colonia, 1990.
A15 Foto aeree da Google Earth.
A16a *I centri della democrazia*, Rizzoli, Milano, 1978.
A16c M. Muraro, P. Marton, *Civiltà delle ville venete*, Magnus, Udine, 1986.
A16d *La grande storia dell'arte*, Scala Group-Gruppo Editoriale L'Espresso, Roma, 2003.
A16f www.flickr.com.
A17c D. Schattschneider, *Visioni della simmetria*, Zanichelli, Bologna, 1992.
A18a J.L. Locher, *Il mondo di Escher*, Garzanti, Milano, 1990.
A18b M. Kemp, *La scienza dell'arte*, Giunti, Firenze, 1994.
A19a, b W. Boesiger, *Le Corbusier*, Zanichelli, Bologna, 1991.
A44a www.pc.blogspot.com.
A44b S. Serlio, The five books of architecture, Reprint, Dover Publications, New York, 1982.
A46b www.flickr.com.
A47b www.pinterest.com.
A47c *Mario Botta*, a cura di E. Pizzi, Zanichelli, Bologna, 1991.
A48a L. Pacioli, *De divina proportione*, copia anastatica, Silvana Editoriale, Milano, 1982.
A48b Teoria dell'architettura, Taschen, Colonia, 2003.
A49c A. Palladio, *I quattro libri dell'architettura*, copia anastatica, Hoepli, Milano, 1990.
A50b D. Baroni, *Il manuale del design grafico*, Longanesi, Milano, 1999.
A52a www.wikimedia.org.
A54 *Enciclopedia dell'antiquariato*, Istituto Geografico De Agostini, Novara, 1975.
A55 P. Berdini, *Walter Gropius*, Zanichelli, Bologna, 1983.
A56 C.B. Griesbach, *Historic ornament. A pictorial archive*, Dover Publ., New York, 1975.
A61 www.cambridgeincolour.com.
B1 www.oma.eu/projects.
B3a Pagine Gialle.
B3b www.carblueprints.info.
B121a www.http://costruiamoimobili.blogspot.it/.
C1 www.openbuildings.com.
C2a Catalogo di «La Roma di Piranesi», Editoriale Artemide, Roma, 2006.
C2c Arch. Domenico Zangaro e Carlo Magrì.
C27a www.sbs114.com.
APP1 www.courant.com.